CONTINUATION DE L'HISTOIRE GÉNÉRALE DES VOYAGES,

OU COLLECTION NOUVELLE

1°. DES RELATIONS DE VOYAGES PAR MER,
DÉCOUVERTES, OBSERVATIONS, DESCRIPTIONS,
Omises dans celle de feu M. l'Abbé Prévôt, ou publiées depuis cet Ouvrage.

2°. DES VOYAGES PAR TERRE
FAITS DANS TOUTES LES PARTIES DU MONDE.

CONTENANT

Ce qu'il y a de plus remarquable & de mieux avéré dans les Pays où les Voyageurs ont pénétré ; Touchant leur Situation, leur Etendue, leurs Limites, leurs Divisions, leurs Climats, leur Terroir, leurs Productions, leurs Lacs, leurs Rivieres, leurs Montagnes, leurs Mines, leurs Habitations, leurs principales Villes, leurs Ports, leurs Rades, &c. Avec l'Histoire, les Mœurs & les Usages des Habitans ; leur Religion, leur Gouvernement, leurs Arts, leurs Sciences, leur Commerce, leurs Manufactures, &c. par M. de querlon.

Ouvrage enrichi de Cartes Géographiques nouvellement composées sur les Observations les plus autentiques ; de Plans & de Perspectives ; de Figures d'Animaux, de Végétaux, Habits, Antiquités, &c.

TOME DIX-HUITIEME,

FORMANT LE PREMIER VOLUME DE LA CONTINUATION.

A PARIS,

Chez ROZET, Libraire, rue S. Severin, au coin de la rue Zacharie, à la Rose d'Or.

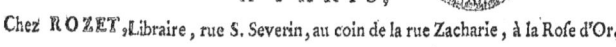

M. DCC. LXVIII.

AVEC APPROBATION ET PRIVILEGE DU ROI.

A MONSEIGNEUR
LE DUC
DE CHOISEUL-AMBOISE,
PAIR DE FRANCE,

Chevalier des Ordres du Roi & de la Toifon d'Or, Colonel Général des Suiffes & Grifons, Lieutenant Général des Armées de SA MAJESTÉ, Grand Bailli d'Haguenau, Gouverneur Général de la Touraine, Miniftre & Secrétaire d'État des Affaires étrangeres & de la Guerre, Grand - Maître & Surintendant - Général des Couriers, Poftes & Relais de France,

MONSEIGNEUR,

LORSQU'ON *réunit tout ce qui répand le plus d'éclat parmi les hommes, la haute naiffance, les*

EPITRE DÉDICATOIRE.

dignités, & les premiers emplois de l'Etat, il n'est plus d'autres distinctions, pour la vraie grandeur, que la simplicité qui la pare, & la modestie qui l'honore.

On connoît, MONSEIGNEUR, votre éloignement pour tous les hommages de la nature de celui-ci. Vous avez bien voulu le faire céder au motif d'encourager un Ouvrage utile, par la protection la plus capable de lui concilier l'estime ou la faveur du Public; & je me borne à vous en rendre les plus justes actions de graces.

Je suis avec un très-profond respect,

MONSEIGNEUR,

DE VOTRE GRANDEUR,

Le très-humble & très-obéissant serviteur,
QUERLON.

DISCOURS

DISCOURS
PRÉLIMINAIRE.

E *Prospectus* que nous avons publié, a fait connoître en général la nature de cet Ouvrage, celle du travail dont nous nous chargions, & les principaux moyens que nous avions pour l'exécuter. Il s'agit ici de présenter encore plus nettement notre objet ; de rendre compte de nos procédés dans la composition du premier Volume que nous donnons au Public, de l'usage que nous avons fait des secours qui se sont présentés, & du plan que nous avons suivi ; enfin de rendre à la mémoire de notre habile Prédécesseur le juste tribut que nous lui devons.

I.

AURIONS-NOUS besoin de revenir sur les agrémens & l'utilité de l'*Histoire générale des Voyages* ? Qui pourroit voir sans intérêt un Ouvrage de cette nature, seroit bien foiblement partagé du ressort ou du sentiment le plus vif qui paroisse animer les hommes, de cette heureuse curiosité, mere de toutes les connoissances. On a dit, il y a très-long-tems, que tel étoit l'attrait de l'Histoire, que de quelque façon qu'elle fût écrite, on ne la lisoit pas sans plaisir (1). Cette pensée, qui est de Pline le jeune, également applicable & à l'espece & au genre, regarde encore autant le fond que la forme ; & dans tous les âges de la vie, on en éprouve la vérité. Enfans, par l'avidité d'apprendre des faits, de nous porter au-delà des lieux & du tems où nous nous trouvons déja resserrés, nous dévorons toutes les fables, tous les faits prodigieux que l'on nous raconte ; & les Apologues, les Féries, où les plus absurdes fictions, nous tiennent lieu d'Histoire. Dans la jeunesse & dans l'âge des passions, qui s'étend quelquefois fort

---

(1) *Historia quoquo modo scripta delectat.*

Tome XVIII. a

loin ; on lit les Romans qui ne font, ainsi que les Contes & les Fables, qu'une imitation de l'Histoire. Et que voit-on dans ces Romans ? Un monde & des hommes factices, c'est-à-dire, peints avec plus ou moins d'art, avec plus ou moins de vérité, d'après le Monde physique & le Monde moral. Lorsque dégoûté des fictions, on s'attache enfin à l'Histoire, elle devient de jour en jour encore plus attrayante pour nous. La lecture de l'Histoire ancienne épuisée, on veut être instruit du génie, des mœurs & des faits des Nations modernes. On veut insensiblement voir toute la surface du Globe. On parcourt d'abord son pays, puis on voyage de proche en proche ; on passe enfin du Nord au Midi, on se porte aux extrémités des deux poles ; & toujours plus avide de connoître, à mesure que les connoissances s'accroissent, quelquefois on desireroit, comme l'ambitieux Disciple d'Aristote, avoir d'autres Mondes à conquérir. Cette conquête, les Voyageurs de tous les tems, de tous les pays, l'ont faite pour nous. Combien, depuis un siecle ou deux, a-t-on découvert de contrées dont il ne tient qu'à nous de nous mettre dès à présent en possession, & de jouir de la seule maniere qui ne soit point au pouvoir de la fortune !

L'*Histoire générale des Voyages*, commencée par les Anglois, & continuée par l'*Abbé Prevost* remplit en partie cet objet.

Mais si les progrès de la Navigation ne se ralentissent pas, si des guerres opiniâtres & destructives ne nous font pas reculer, par une trop longue inaction, d'autant de pas qu'on en auroit faits, en laissant les Mers libres & tranquilles, le Monde entier sera quelque jour aussi complettement connu qu'il puisse l'être. Alors, avec des Cartes & des Livres, chacun pourra, du coin qu'il occupe, & sans sortir de son cabinet, parcourir toute l'étendue des Terres & des Mers, en inventorier les richesses ou les productions différentes, & contempler tous les habitans du globe, plus différens encore par les mœurs, le génie, les inclinations, la maniere de vivre, &c. que par la figure & la couleur. On aura, dans l'Histoire des Voyages, un cadastre exact de ces immenses peuplades répandues sur la face de la Terre ; on sera par conséquent à portée de comparer continuellement la Nature avec elle-même ; de combiner les produits physiques, les résultats moraux, & toute l'habitude des êtres si prodigieusement variés. En supposant même qu'il y ait des portions du globe où la Nature a mis des barrieres que tous les efforts humains ne pourront franchir, quel fruit ne tirerons-nous pas toujours des progrès que

PRÉLIMINAIRE.

nous ferons dans les autres, & fur quel genre de connoiſſances n'influeront pas celles qu'ils nous auront procurées ?

On fait voyager tous les ans à Rome des Eleves en Peinture & en Architecture, pour ſe former fur les grands modeles que l'Italie leur préſente en foule. Il faut donc fournir à l'imagination de nouveaux objets pour la nourrir. Ce n'eſt qu'en voyant un autre ciel, d'autres lieux, d'autres hommes, que s'étend la ſphere de nos idées. Les voyages de Deſcartes, quoique bornés à quelques contrées de l'Europe, l'avoient bien mieux inſtruit que les Livres.

Combien la raiſon, l'induſtrie humaines ne peuvent-elles point encore acquérir de lumieres, d'activité même & de reſſort par la découverte d'un grand nombre de productions naturelles, & d'êtres dont nous ignorons l'exiſtence, d'hommes tout neufs à notre égard, plus près au-moins de la Nature, compoſés d'élémens ou plus groſſiers ou plus ſimples, mais partagés des facultés néceſſaires à leurs beſoins, & dont la perfectibilité n'attend peut-être qu'un rayon qui leur luira quelque jour (1) ?

Qui fait ſi, malgré les maſſes énormes de glaces qu'on trouve aux extrémités des deux pôles, on ne parviendra pas à découvrir toutes les Terres Arctiques & Antarctiques, à pénétrer ſur-tout dans ce vaſte continent que l'on entrevoit au Sud, & quel ſpectacle ces parties du globe réſervent à notre poſtérité ?

L'intérieur de l'Afrique, qu'on ne connoît gueres mieux, à l'exception de l'Egypte & de l'Abyſſinie, récele peut-être auſſi des hommes, des animaux, des minéraux & des plantes, dont on ne ſoupçonne point la nature, & dont la découverte étonnera nos neveux en les inſtruiſant.

Pourroit-on douter de l'accroiſſement que les Sciences & les Arts peuvent encore recevoir par le moyen des Voyages, en conſidérant combien ils ont déja contribué à étendre & à perfectionner toutes nos connoiſſances ?

A commencer par l'ASTRONOMIE & par la GÉOGRAPHIE qu'il ne faut pas ſéparer, que d'étoiles ſeroient encore inconnues, que d'obſervations intéreſſantes manqueroient à la *Science du Ciel*, ſi des Aſtronomes Européens, devenus d'intrépides Voyageurs, n'avoient eu la ſagacité, le courage, d'aller chercher les phénomenes ſous des points du globe fort éloignés de tous ceux que

---

(1) Le but des voyages, *dit Montagne*, eſt de frotter & limer ſa cervelle contre celle d'autrui.

a ij

leur préſentoit leur pays, & aux ſeules élévations du pôle où ces phénomenes, inviſibles ailleurs, pouvoient être vus (3). Ce ſont les voyages entrepris ſous le dernier regne, & ſous celui-ci principalement, par des Mathématiciens François, qui nous ont donné les plus exactes meſures, la forme la plus vraiſemblable, & peut-être la plus vraie de la Terre, celle au-moins qui répond le mieux aux réſultats des phénomenes.

La Mer Caſpienne, ſi connue des Anciens, n'a commencé à l'être avec quelque exactitude des Géographes modernes, que depuis la Carte que l'Empereur de Ruſſie, PIERRE PREMIER, en fit faire, & qu'il envoya à l'Académie Royale des Sciences; & combien les Voyageurs Anglois l'ont-ils fait connoître encore mieux depuis (4)! Il n'y a pas cinquante ans que toute l'Europe avoit les idées les plus fauſſes ou les plus obſcures de ces vaſtes contrées du Nord qui confinent à la Ruſſie. Tout pays, de ce côté-là, ſe nommoit indiſtinctement *Tartarie*; tous les peuples étoient réputés Tartares. Ce n'eſt encore que ſous Pierre premier & ſes ſucceſſeurs que ces contrées ont été beaucoup mieux connues, & qu'on en a diſtingué les peuples ſi différens de Langues & de Mœurs. Les Ruſſes attachés à pouſſer leur navigation dans les Mers du Nord & aux extrémités de l'Aſie ſeptentrionale, ont enfin trouvé ce fameux paſſage aux Indes Occidentales cherché par tant de Navigateurs.

Les Loix de la Nature, qui ſont l'objet de la PHYSIQUE GÉ-NÉRALE, ſont par-tout les mêmes; mais quelques phénomenes relatifs à ces Loix, obſervés par les Voyageurs, en ont fait connoître de nouvelles propriétés qui ont encore étendu la ſphere de cette Science.

Depuis toutes les Navigations & tous les Voyages entrepris par des Argonautes modernes dans l'hémiſphere occidental, que de progrès a fait par-tout la PHYSIQUE PARTICULIERE OU SYSTÉ-MATIQUE, par une connoiſſance plus exacte des climats, des vents, & des météores de toute eſpece! Si l'on parvient jamais à former un ſyſtême du Monde vrai, juſte & complet, c'eſt apparemment lorſqu'on en connoîtra bien toutes les pieces, & qu'on pourra par conſéquent en combiner tous les rapports.

Qu'étoit l'HISTOIRE NATURELLE en l'état où Ariſtote & Pline nous l'avoient laiſſée, au point même où les Ecrivains de cette

(3) Obſervations des paſſages de Mercure & de Vénus ſur le diſque du Soleil.
(4) Voyages d'Hannwai.

classe, venus depuis les Anciens, l'avoient pû porter à la fin du seizieme siecle ? Combien les Voyages ne l'ont-il pas enrichie ! Ce sont les Voyageurs attentifs à recueillir les singularités des trois regnes qui ont rempli nos cabinets des dépouilles du Monde entier ; nous leur devons la connoissance d'une infinité de productions, de substances maritimes, aquatiques & terrestres, inconnues à toute l'Antiquité.

Que la plûpart de ces connoissances, dont réjaillissent tant de lumieres & qui s'éclairent mutuellement, ne soient, si l'on veut, que des objets de curiosité. La MÉDECINE au moins a fait, par les voyages de long cours, d'importantes acquisitions dans trois parties bien essentielles, dans la Botanique, la Thérapeutique, l'Anatomie, & la plûpart sont consignées dans les Écrits des Voyageurs. On sait d'abord que la principale richesse des Jardins de Simples, aujourd'hui si multipliés parmi nous, consiste dans les plantes *exotiques* ou étrangeres, qui nous sont apportées par les Voyageurs de l'Asie, de l'Afrique & de l'Amérique. Combien leur doit-on encore d'excellens remedes ! Que l'Anatomie comparée a fait découvrir de choses, tant sur la structure des corps, que sur l'usage des parties, par la dissection d'un grand nombre d'animaux étrangers qui nous étoient inconnus ; & combien nous instruira-t-elle encore ! Car telle est l'admirable unité de la Nature, que toutes ses variétés, & ce que nous appellons ses bisarreries, ses caprices, se rapportent à des principes communs qui lient & rapprochent tous les êtres, toutes les productions des trois regnes ; ensorte qu'une partie de ses moyens ou de son méchanisme connue éclaircit celle qui l'est moins, qu'une observation en indique une autre, que la Nature seule bien vue est elle-même son commentaire, qu'il ne s'agit enfin, en bonne Physique, que d'amasser des faits & de comparer.

Les ARTS chez tous les peuples du monde sont en partie *indigenes*, ou nés parmi eux, en partie empruntés d'une industrie étrangere. Il faut distinguer encore la matiere & l'objet des Arts. La matiere de la plûpart, & de presque tous ceux du luxe, est une affaire de Commerce. Plusieurs de ces Arts, apportés par les Voyageurs, n'ont fait que se perfectionner dans nos mains : d'autres n'ont dû leur invention qu'à la connoissance des matieres ou des substances qu'ils mettent en œuvre. Mais considérons seulement ce que l'industrie des autres peuples, que les Voyageurs nous ont fait connoître, ajoute encore à la nôtre : nous nous bornerons à l'exemple le plus récent que nous ayons. Nous avons été fort long-tems sans porter l'Art de la Poterie de terre, plus loin qu'à fabriquer de la fayance à différens degrés de finesse, & nous tenions cette fabrique d'une Nation étrangere, d'une petite Ville d'Italie (*Faenza*). La vue continuelle des vases Chinois ou du Japon, que le Commerce de l'Asie fait passer chez nous, leur fragilité, le prix même que l'opinion y attache, ont excité notre industrie. On a cherché tous les moyens de faire de la Porcelaine; il s'est élevé des Manufactures, & ne pouvant atteindre à la finesse des pâtes Chinoises, faute d'avoir ou de connoître les ingrédiens qui les composent, on a renchéri sur les Asiatiques par la main-d'œuvre, par l'élégance des formes, & par la richesse des vases. Après bien des tâtonnemens pour parvenir à la perfection de la Porcelaine Chinoise, à force de recherches & d'expériences, la comparaison de quelques-unes de nos terres avec celles des Chinois a fait découvrir, qu'entre les 42 & 50e deg. de latitude septentrionale nous possédions, sans le savoir, les mêmes terres, les mêmes substances que les industrieux habitans d'entre le 20 & le 40e deg. de la même latitude (5) : découverte qui n'auroit jamais été faite, sans la connoissance des terres ou des substances avec lesquelles les nôtres se trouvent assimilées par d'exactes observations. Ainsi la seule connoissance des inventions en usage chez des hommes placés si loin de nous, & par la façon de voir, de combiner, de sentir, d'un génie si différent du nôtre, a souvent éclairé nos Arts, & les éclairera toujours.

 Peut-être il paroîtra singulier que, dans ce rapide coup-d'œil, où nous négligeons tant de choses, nous étendions le fruit qu'on peut tirer des Voyages, non-seulement à la connoissance de l'homme physique, mais encore à celle de l'homme moral. Il y a peu d'endroits sur la terre où notre espece ne soit répandue ; peu de contrées, sous quelque climat que ce soit, qui ne soient habitées ou destinées à l'être. Car, suivant l'observation d'un Rédacteur de Voyages que nous allons faire connoître, « il semble que ce soit » un privilege spécial à l'homme, joint aux autres avantages qu'il a » sur les animaux (qui ne peuvent vivre en toutes sortes de pays, » ou qui du-moins n'y multiplient pas), de pouvoir s'accoutumer » à tous les climats, de vivre & de multiplier dans tous les endroits » de la terre habitable ». S'il est donc intéressant de connoître

---

(5) *Voyez* l'Histoire de la découverte faite en France, de matieres semblables à celles dont la porcelaine de la Chine est composée, par M. *Guettard*, 1765.

toutes les variétés des hommes qui vivent à des distances infinies de nous, la maniere dont ils subsistent, celle dont ils sont organisés, &c. combien la considération de ces êtres, (qui sont au-moins conformés comme nous), étudiés, observés de près, & vus d'un œil philosophique, peut-elle encore répandre de jour sur la nature de notre espece, ou sur ses propriétés métaphysiques & morales! La Physique s'est emparé des Voyages qui lui appartiennent à bon titre, puisqu'ils sont le dépôt des faits qui lui servent de fondement, qu'elle y puise ses lumieres & ses preuves. Mais, comme on a fait récemment la *Philosophie de l'Histoire*, ne pourroit-on pas aussi quelque jour faire la *Philosophie des Voyages?* Le célebre Montesquieu, en cherchant la raison des Loix dans le génie des peuples & dans la qualité des climats, a peut-être mis sur la voie de faire des spéculations encore plus profondes.

Il faut donc continuer à ramasser des Voyages, à recueillir précieusement les Relations de toutes Langues & de tous Pays, puisqu'outre les agrémens infinis qu'ils nous offrent dans ces tableaux variés de lieux, de sites, de productions, d'êtres différens, qui passent sans cesse sous nos yeux, ils sont encore une source d'instructions.

Si les Anglois ne nous avoient pas prévenus, si nous ne leur devions pas la justice de reconnoître qu'ils ont les premiers ébauché la Collection d'Histoire la plus satisfaisante & la plus utile, les François, par l'esprit de méthode qu'on ne peut leur refuser pour ces sortes d'Ouvrages, étoient dignes de la donner à l'Europe. Si l'Histoire des Voyages enfin nous manquoit, ce seroit le moment de la faire.

Mais en reconnoissant les Anglois pour les auteurs primitifs de *l'Histoire générale des Voyages*, nous ne leur en accordons point l'invention. Il y a plus de cinquante ans qu'un François en avoit conçu le dessein. L'idée en est due originairement au Sieur *Duperier de Montfraisier*, auteur d'une *Histoire universelle des Voyages faits par Mer & par Terre, dans l'ancien & dans le nouveau Monde, pour éclaircir la Géographie ancienne & moderne*, publiée à Paris chez *Pierre Giffart*, rue S. Jacques 1707. Cet Ouvrage est un Volume *in-*12. de 458 pages, dédié à Monseigneur le Duc de Bourgogne, pere du Roi; il est attribué dans quelques Catalogues, on ne sait sur quel fondement, à l'Abbé *de Bellegarde*, & il ne paroît pas avoir eu de suite. Le plan de l'Auteur étoit simple: c'étoit de donner une analyse exacte des Relations de tous les

Voyageurs anciens & modernes, selon l'ordre des tems, & de parcourir successivement les différentes parties de la terre. Ces Auteur s'étoit proposé de plus « de donner la Bibliographie de » tous les voyages maritimes & terrestres, c'est-à-dire, de les in- » diquer d'abord exactement par leurs titres ; de faire un Abrégé » de la vie & des aventures des Voyageurs, avec une Relation » sommaire de leurs voyages, & de ce qu'ils contiennent de plus » curieux ou de plus remarquable, tant pour l'Histoire naturelle, » que pour la Géographie, les Mœurs, les Coutumes, le Com- » merce, la Religion & l'Histoire du pays ». Il se proposoit en- core « d'examiner avec soin les Ouvrages dont il feroit l'ana- » lyse, & de porter un jugement équitable sur le caractere de » leurs Histoires ; d'établir la créance due aux Relations des Voya- » geurs ; de donner des regles pour discerner les Auteurs & les » faits qui méritent d'être crus d'avec ceux qui ne le méritent » pas ». Il comptoit donner aussi le détail de tous les voyages remarquables, depuis le commencement du monde jusqu'à nos jours ; déduire les raisons qui avoient fait entreprendre ces voya- ges, le dessein de l'entreprise, leur succès pour les sciences, la Philosophie, la Médecine, l'Astronomie, &c ; enfin montrer l'uti- lité qu'on en pouvoit tirer pour le Commerce, les fautes qu'on y avoit faites, & les mesures à observer pour y réussir. Il devoit parler des colonies & des établissemens formés par tant de Na- tions différentes, en donner les époques, & faire connoître les Souverains ou les Etats qui avoient fait entreprendre ces voya- ges, soit dans de simples vues de commerce, soit pour acquérir une connoissance plus parfaite des lieux. Il n'auroit pas négligé les objets relatifs à la navigation, ce qui auroit rendu son Ouvrage utile aux Navigateurs même. Quoiqu'il y eût plusieurs Relations des mêmes lieux, il n'auroit pas laissé que d'en donner des Ex- traits, afin d'avoir une Histoire plus complette de chaque pays, & une Géographie exacte. « Car, dit-il, comme un homme qui » voyage ne peut pas tout voir & tout remarquer, ceux qui vien- » nent après lui remarquent des choses considérables qui étoient » échappées à sa connoissance ». La premiere Partie de sa Col- lection devoit contenir les voyages faits dans l'Amérique septen- trionale & méridionale, au Détroit de Magellan & dans la Mer Pacifique, suivant l'ordre des tems, à commencer depuis Chris- tophe Colomb, & Améric Vespuce jusqu'à présent. Il auroit ensuite donné les voyages faits en Afrique, en Egypte, sur les

côtes

côtes de Barbarie, fur celles qui font le long de l'Océan depuis le Détroit de Gibraltar jufqu'à l'Ifle de Madagafcar, le long des côtes de la Mer Rouge, & les voyages faits dans les Terres intérieures. De-là il auroit paffé dans l'Afie, auroit parcouru l'Afie-Mineure, la Terre-Sainte, la Perfe, les Indes, les Ifles adjacentes, la Tartarie, la Chine & le Japon. Il auroit après cela vifité l'Europe, & il auroit donné la fuite des Voyages faits en Italie, en France, en Efpagne, en Allemagne, en Angleterre, & dans les autres Etats de cette partie du Monde. Il fe promettoit de ne point dire des chofes triviales ou trop connues, & de ne rien préfenter qui ne fût digne de l'attention des honnêtes gens. Enfin, pour ne laiffer rien à défirer, il devoit indiquer les noms des Auteurs qui ont écrit fur toutes fortes de Voyages, en faire une Critique abrégée, & diftinguer les apocryphes des bons. Tel étoit le plan du Sieur *Perrier de Montfraifier* d'après fon Difcours préliminaire, que nous n'avons fait qu'abréger. L'exécution s'en eft réduite à l'unique Volume que nous avons indiqué, & il contient l'Hiftoire de la découverte du Nouveau-Monde par Chriftophe Colomb, avec les premiers Voyages faits dans l'Amérique méridionale. C'eft fous les différens points de vue que cet Ecrivain embraffoit, que nous avons envifagé la continuation de cette Hiftoire.

Que ceux qui ne jugent d'un Ouvrage que fur le réfultat du travail, qui ne doit plus être fenfible, ne croient pas celui-ci fans difficultés. Il en a fans doute beaucoup, & nous les voyons de trop près, pour avoir pu nous les cacher. La principale eft celle dont il faut qu'on apperçoive le moins les traces. C'eft la Critique fi néceffaire dans un Ouvrage de ce genre, & fans laquelle on ne fauroit faire un pas. Elle confifte non-feulement dans la recherche même des fources, pour découvrir ce que l'on a de plus récent & de plus certain fur chaque partie, mais encore dans le difcernement de ces fources, dans la comparaifon qu'il faut faire continuellement des différens Voyageurs, pour ne rien donner que d'exact, dans l'examen de chacun d'eux relativement à fa patrie, à fa profeffion, aux intérêts nationaux ou particuliers qui peuvent avoir influé dans les Relations, enfin dans la conciliation qu'il faut néceffairement en faire, pour éviter les contradictions, & ne préfenter que les réfultats les plus vrais ou les plus probables.

Feu M. le Marquis de *Montmirail*, fi digne de tous nos regrets, avoit conçu le plan d'une *Bibliotheque de tous les Voyageurs connus, avec une Notice de ce qu'ils renferment de plus curieux*, & un jugement sur le mérite de leurs Ouvrages, sur le caractere de leurs personnes, sur la foi qu'on doit ajouter à leurs récits, &c. Si ce Seigneur, qui n'étoit pas moins laborieux ni moins appliqué qu'instruit, avoit assez vécu pour exécuter cet excellent projet, il nous auroit sans doute épargné bien des discussions, & le Public pourroit jouir, même assez promptement, de la continuation de l'Abbé Prevost.

Disons plus : une Bibliotheque des Voyages, telle que M. *de Montmirail* étoit en état de l'exécuter, tant par ses propres connoissances, que par tous les moyens qu'il s'étoit procurés à grands frais, en formant la plus ample collection que l'on connoisse en ce genre, auroit peut-être rendu cette continuation inutile. Il est sûr au moins qu'un pareil ouvrage seroit infiniment plus utile que les plus vastes Recueils de Voyageurs ou de Relations, & que tous les Extraits qu'on en pourra faire, sous quelque forme que ce soit. Il seroit bien à désirer qu'un si beau projet ne restât point sans exécution, & que de bonnes têtes eussent le courage de l'entreprendre. Ce seroit, en matiere de Livres, le meilleur présent que l'on pût faire à l'Europe. Cet Ouvrage bien conçu, réduit à la précision nécessaire, ne seroit certainement point immense ; mais moins on le feroit volumineux, plus il couteroit de travail. On pourroit y joindre une *Concordance des Voyages*, & si elle étoit bien faite, elle serviroit de *Criterium*, pour lire les Voyageurs avec bien plus de confiance, de sûreté, d'intérêt, de fruit.

II.

Nous avons dit que les Anglois avoient imaginé les premiers l'*Histoire générale des Voyages*, publiée en François par l'Abbé *Prevost*. On avoit déja plusieurs Collections de Voyages en Latin, en Italien, en Anglois, en Espagnol, en Portugais, en François ; mais ces Collections, loin d'embrasser toutes les parties du monde connu, étoient très-bornées & très-imparfaites. Les Auteurs Anglois, en formant le projet de leur grande Histoire, se proposerent trois objets également utiles : 1°. d'empêcher la perte d'un grand nombre de Livres précieux ; 2°. de rendre plus communs des Livres rares & très-chers ; 3°. de former un corps des meilleurs Ecrits qu'il y ait sur les différentes parties du monde.

Ce plan les ayant assujettis à travailler d'abord sur les anciennes Collections de Voyages, qui leur présentoient des matériaux

PRÉLIMINAIRE.

tout préparés, ils furent néceſſairement aſtreints à ſuivre l'ordre chronologique des Relations, non celui des lieux.

Mais, à-moins de multiplier prodigieuſement les Volumes & de faire un Ouvrage énorme, ils ne pouvoient pas donner chaque Auteur de Voyage ou de Relation en entier. Ils prirent donc le parti de ſéparer ſon Journal & ſes Aventures de ſes Remarques, d'inſérer la premiere de ces deux parties ſans mélange, & d'incorporer la ſeconde avec les Remarques des autres Voyageurs ſur les mêmes contrées. Ainſi toute la matiere de leur travail fut diſtribuée en *Extraits* & en *Réductions*. Les Extraits devoient contenir le Journal de chaque Voyage, les Aventures du Voyageur, & les autres évenemens qu'il raconte, avec la deſcription des lieux telle qu'il la donne, lorſqu'elle ne ſeroit point démentie par quelqu'autre Voyageur. Les Réductions devoient comprendre les Remarques des Voyageurs ſur chaque pays, ſur ſes habitans & ſur ſes productions naturelles, fondues enſemble, & formant un ſeul corps d'Hiſtoire. Mais l'exécution de ce plan ne put commencer qu'au quatrieme Livre de l'Ouvrage (*Tome II. de la Collection Françoiſe*, in-4°.), parce que les premieres découvertes des Portugais & les anciennes Relations Angloiſes n'en étoient pas ſuſceptibles.

L'Hiſtoire des Voyages fut publiée à Londres par cahiers ou par feuilles, ſuivant l'uſage obſervé en Angleterre pour les Ouvrages d'une certaine étendue.

M. le Chancelier d'Agueſſeau, qui avoit engagé l'Abbé *Prevoſt* à traduire ſimplement cette Hiſtoire, la faiſoit venir auſſi par feuilles, & chaque feuille de la Traduction étoit auſſitôt imprimée. La réputation de ce grand Ouvrage enflamma la curioſité du Public. Dès qu'il y eut une Souſcription ouverte, on s'empreſſa d'y prendre part ; & l'Abbé *Prevoſt*, obligé de faire jouir le plus promptement les Souſcripteurs qui attendoient chaque Volume avec beaucoup d'impatience, n'avoit plus le tems de faire au fond de l'Ouvrage les changemens qu'il y jugeoit néceſſaires. Cependant il ne laiſſa pas que de travailler le premier Tome, qui étoit informe, découſu, ſans ordre, & qu'on n'auroit pu lire en François. A l'égard des Tomes ſuivans, il ſuivit juſqu'à la fin le plan des Anglois ; & ſans toucher au fond de l'Ouvrage, il ſe contenta, d'une part, de retrancher beaucoup de longueurs, de répétitions, d'inutilités, d'expreſſions indécentes, &c. de l'autre, de ſuppléer quelques omiſſions.

Après la publication du ſeptieme Volume de la Traduction de

l'Abbé *Prevost*, la constance ayant manqué aux Auteurs Anglois, ils cesserent entierement leur travail.

Les sept Volumes de leur Collection contenoient : 1°. les premiers Voyages des Portugais aux Indes Orientales ; 2°. les premiers Voyages des Anglois en Afrique & vers les Indes Orientales ; 3°. leurs premiers Voyages aux Indes mêmes ; 4°. les premiers Voyages entrepris par une Compagnie de Marchands Anglois, dans ces mêmes Indes. Le cinquieme Livre, jusqu'au quatorzieme inclusivement, contenoit une longue suite de Voyages en différentes parties de l'Afrique, dans les Isles adjacentes, & sur toutes les côtes, avec la description des pays & des habitans. Les Voyages d'Asie, dont plusieurs sont dispersés dans les premiers Tomes, composoient les cinq, six & septieme Volumes, & comprenoient les anciens & nouveaux Voyages faits à la Chine, dans la Tartarie, le Tibet, la Bukkarie, &c. Telle est la substance de la Collection Angloise, qui, malgré le peu d'ordre qu'on y trouve, est par elle-même considérable, puisqu'elle fait près de la moitié de l'Histoire générale des Voyages, en l'état où elle est actuellement.

L'Abbé Prevost, quoiqu'abandonné de ses guides, ne voulut pas rester en chemin, & entreprit de continuer la Collection. Au milieu de l'Asie, où l'avoient laissé les Anglois, il ne pouvoit pas se faire un nouveau plan, & se trouvoit comme forcé d'achever cette Partie à-peu-près comme elle étoit commencée.

Mais, pour éviter le reproche qu'on avoit fait aux Auteurs Anglois de donner dans leur Histoire des Voyages trop peu de part aux autres Nations, & de faire principalement valoir les Navigations Angloises, l'Abbé Prevost s'attacha d'abord à ramener indistinctement sur la scène, François, Espagnols, Hollandois, & différentes Nations du Nord négligées dans les précédens Volumes. Nous devons à cet esprit d'équité ce qu'il y a de plus intéressant dans le dixieme Tome, c'est-à-dire, les Voyages aux Indes par le Sud-Ouest, tout ce qui regarde les Terres Australes, les Voyages nommés *Errans*, parce qu'ils n'avoient point d'objet fixe, & les Voyages autour du Monde.

Il mit ensuite bien plus d'ordre, de liaison & d'intérêt dans les Relations qu'il rassembla, qu'il n'y en avoit dans toutes celles de la Collection Angloise. Enfin, il eut l'attention d'éviter les répétitions inutiles ; mais il n'hésita point à présenter plusieurs Journaux d'une même route, lorsqu'ils étoient suffisamment variés, soit par les observations, soit par les événemens.

Il donna de cette maniere la suite des Voyages de l'Asie en qua-

PRÉLIMINAIRE.

tre Tomes, qui, joints aux précédens, porteront ces deux Parties, l'Afie & l'Afrique, à onze Volumes.

Reftoit l'Amérique, Partie féconde, immenfe, & celle des trois qui, fans être entierement connue, devoit fournir le plus de Voyages. M. l'Abbé Prevoft, maître alors de fa matiere & de fon plan, l'a traitée avec une intelligence & un foin qui prouvent bien ce qu'il auroit fait fur la totalité de l'Ouvrage, s'il n'eût pas été d'abord fimple Traducteur, & enfuite afferri par les circonftances à la méthode de fes prédéceffeurs. La fienne, dans fa fimplicité, remplit tous les objets du plan trop compliqué des Auteurs Anglois, & eft beaucoup plus agréable. Les Relations de l'Amérique font réduites en un feul corps, & forment une Hiftoire fuivie. Ce qui eft perfonnel aux Voyageurs, tout ce qui mérite d'être confervé, fans pouvoir entrer dans une narration foutenue, eft rejetté dans les Notes. C'eft fur ce plan, que l'on peut voir bien développé dans l'Avant-Propos du douzieme Tome, que font rédigés les quatre Volumes qui comprennent tout ce qu'il a pu ramaffer fur l'Amérique ; & cette Partie eft certainement ce qu'il y a de mieux fait dans la Collection. A la fin du quinzieme Tome, qui eft le dernier de ces quatre Volumes, on trouve les Voyages au Nord qui font peu nombreux, & la plûpart affez courts.

L'Abbé Prevoft avoit à peine fini le premier Tome de fa Traduction, que les Libraires d'Hollande annoncerent qu'ils alloient réimprimer cet Ouvrage. Ils tinrent parole, & pour colorer cette contrefaction, ils promirent non-feulement d'y faire beaucoup d'additions importantes, mais encore de reftituer ce que la raifon & le goût, qui conduifoient l'Abbé Prevoft, lui avoient fait retrancher du Texte Anglois, mais dont les Etrangers, difoit-on, ne vouloient rien perdre.

Il eft vrai que les Editeurs Hollandois, parmi beaucoup d'inutilités, fuppléerent des chofes effentielles, & qu'ils releverent même quelques erreurs. C'étoit auffi tout l'avantage que cette contrefaction d'Hollande pouvoit avoir fur l'Edition de Paris, fupérieure à beaucoup d'autres égards, fur-tout dans l'importante Partie des Cartes.

L'Abbé Prevoft étoit trop habile, pour ne pas profiter de tout ce qui pouvoit perfectionner fon Ouvrage, s'il eût pu revenir fur fes pas. Mais marchant le premier, il auroit fallu rallentir ou changer fa marche ; il continua donc, fans regarder derriere lui.

Il étoit à-peu-près au milieu de fa carriere, lorfqu'en 1752 il parut chez David, pere, à Paris, un fameux Programme, fous ce titre : *Introduction à l'Histoire universelle des Voyages sur Terre & sur Mer, ou Cours de Voyages aux Indes Orientales, en Afrique & aux Echelles du Levant, avant la descente des Portugais & des autres Navigateurs modernes sur ces côtes, rédigé selon l'ordre & la situation des lieux, aussi-bien que celui des évenemens ; utile à la connoissance parfaite de ces pays, & nécessaire à l'intelligence de l'Histoire, de la Religion, des Mœurs, Sciences, Arts, Coutumes, & différens gouvernemens de ces peuples depuis leur origine. Par une Société de Gens de Lettres. Ouvrage proposé par souscription, & borné à cinq Volumes in-4°. enrichis de Cartes & de Figures.* On vouloit ainsi remonter bien plus haut que les Auteurs Anglois, c'est-à-dire, suppléer à l'Histoire des Voyages les anciennes Navigations & toutes les Antiquités maritimes qu'on auroit pu ramasser. Nous ignorons ce qu'est devenu ce projet ; s'il en a paru quelque chose, il ne nous en est rien parvenu.

Les Auteurs du *Prospectus* n'épargnerent point l'*Histoire des Voyages* ; mais au-lieu d'en faire une bonne Critique, ils ne montrerent que de l'humeur. L'Abbé Prevost ne daigna point repousser des traits qui s'émousserent en tombant ; il continua paisiblement son travail, & il l'a porté sans interruption à quinze Volumes *in-4°.*

Cet Ouvrage a été enrichi d'une Table bien faite, qui, par son étendue, forme seule le seizieme Tome, & dont nous sommes redevables à M. *Chompré*, frere du célebre Instituteur. On y a joint un dix-septieme Volume, composé de Supplémens sur chaque Livre de l'Histoire des Voyages, qu'on a tirés de l'Edition Hollandoise ; & pour ne laisser rien à desirer aux Curieux, la plûpart des restitutions nécessaires ou superflues qui la faisoient rechercher, ont été représentées dans l'Avant-Propos de ce même Tome. Ainsi cette Edition d'Hollande, inférieure par tant d'endroits à l'Edition originale de Paris, est devenue absolument inutile à ceux qui ne voudroient l'acquérir, que pour réunir le travail des Editeurs Hollandois à celui de l'Abbé Prevost.

Cette Notice, que nous tirons simplement de notre *Prospectus*, en représentant au Lecteur toute la suite de ce grand Ouvrage, fait voir aussi toute la richesse du fond. L'accueil qu'on lui a fait en France, & sur-tout dans les pays étrangers, où il a été traduit, comme s'il étoit entierement original, en est le garant le moins équivoque, le témoignage le plus sûr.

Nous ne prétendons pas sans doute défendre envers & contre toute l'*Histoire des Voyages*, sur ce qu'il peut y avoir de défectueux. Elle nous est devenue trop familiere, pour n'en avoir pas apperçu, peut-être encore mieux que qui que ce soit, les négligences & les endroits foibles. Aussi desirerions-nous très-sincerement que quelque homme de cabinet bien instruit, bien pourvu des connoissances nécessaires, voulût se charger d'en faire une révision exacte & suivie. Ce seroit encore un travail d'une très-grande utilité ; & l'Ouvrage par lui-même est digne de toute l'attention des bons Critiques. Ne dissimulons pas du-moins, par trop de prévention pour l'Auteur, ou par intérêt pour nous-mêmes, ce qu'on lui reproche assez généralement. Cet estimable Ecrivain paroît avoir un peu trop négligé dans certaines parties, même de sa composition, l'Histoire Naturelle, qui devoit faire l'objet le plus piquant de son travail. Accoutumé d'ailleurs au style nombreux, qui lui avoit si bien réussi dans ses Romans, il n'a pas toujours soutenu celui qui convenoit uniquement au nouveau genre qu'il traitoit. Le style de Relation, qui doit être essentiellement concis & serré, n'est pas ennemi des agrémens naturels, qui ne coutent point de recherche ; mais la moindre redondance le rend diffus, lâche, ennuyeux, traînant. Il doit, ce semble, participer de l'austérité du Voyageur, qui, content d'être toujours vêtu selon les lieux, les tems, les climats, ne se charge point d'une parure incommode. Quant aux erreurs qui peuvent toucher le fond de l'Histoire, outre qu'elles ne sont pas toutes sur son compte, il étoit sûrement bien difficile que, dans une Collection si vaste, il ne s'en glissât de plus d'une espece ; & c'est principalement de ces sortes d'Ouvrages, qu'on peut dire que le meilleur est celui où il s'en trouve le moins, *qui minimis urgetur*.

Une des fautes les plus graves, en ce qu'elle intéresse l'honneur d'un Officier de distinction, & que nous aurions à nous reprocher de couvrir, en quelque façon, par notre silence, est le récit faux & calomnieux, inséré dans le XVII. Tome, qui sert de Supplément à l'Edition de Paris. Il s'agit du détail de la malheureuse entreprise formée sur Trichenapali en 1751, où on lit expressément ce qui suit, à la page 285 (6).

« LA maladie du Comte d'Auteuil l'ayant forcé de retourner
» à Pondichery, le commandement fut donné à M. *de Law* (Ecos-
» sois), qui signala son pouvoir *par des imprudences, des lâchetés*
» *& des trahisons*. C'est du-moins ce qu'on peut recueillir du Mé-

(6) Cette faute n'est point du fait de l'Abbé Prevost, qui n'est pas l'Auteur de ce XVII. Tome. Ce Volume a été tiré de l'Edition Hollandoise, & ce n'est qu'à son Editeur, ou plus vraisemblablement aux Editeurs Hollandois qu'il faut attribuer cette erreur énorme.

» moire qui le repréfente, tantôt manquant la plus belle occafion
» de réduire Trichenapali; tantôt méprifant les ordres formels de
» M. Dupleix; tantôt prenant des réfolutions manifeftement con-
» traires à la fûreté des troupes Françoifes; tantôt livrant, fous
» de vains prétextes, fans traité, fans ôtages, Chandafaeb aux An-
» glois, qui lui firent auffitôt trancher la tête; enfin fignant une
» honteufe capitulation, qui rendit toute fon armée prifonniere
» de guerre.... *Tous les faits & toutes les circonflances qui caracté-*
» *rifent l'étrange conduite de M. Law* (ajoute-t-on dans les termes
» du Mémoire) *furent conftatés par des informations regulieres, dont*
» *le Gouverneur François rendit compte à la Compagnie; & l'unique*
» *châtiment qu'il fe crut en droit d'impofer à cet* infidele Officier, *fut*
» *de le mettre aux arrêts* ».

Le Mémoire, dont l'Editeur du Volume a tiré ces faits fi étrangement altérés, eft celui de M. Dupleix contre la Compagnie des Indes.
On fçait que l'excellent Ecrivain (7), dont il eft l'Ouvrage, étant
alors malade & prefque mourant, avoit très-mal vu cette affaire;
on fait auffi qu'ayant depuis reconnu qu'il avoit totalement pris
le change, il fe propofoit de réparer l'injure faite à M. Law, &
dans fa perfonne, à une famille honorable. Sa mort prévint malheureufement l'effet de fes réfolutions, & elle a laiffé fubfifter, dans
fon Mémoire, la tache qu'avoit imprimée fa plume. Mais voici des
témoignages plus forts que toutes les réparations qu'il auroit pu
faire, & qui détruifent entierement fes imputations.

On ne foupçonnera pas la Compagnie des Indes d'avoir été mal
inftruite de tout ce qui s'eft paffé dans la guerre du Carnatte. Elle
s'exprime ainfi dans le Mémoire qu'elle publia contre M. Dupleix
en 1763, à la page 72.

« DE toutes les entreprifes du Sieur Dupleix, la plus fatale à
» la Compagnie, fut celle qu'il forma contre Trichenapali. Il avoit
» envoyé le Sieur *d'Auteuil*, au mois d'Août 1751, pour en for-
» mer le fiége. Mécontent des repréfentations que cet Officier
» crut devoir lui faire fur la témérité de cette entreprife, il le ré-
» voqua, & il chargea le Chevalier Law, *dont le mérite & la va-*
» *leur lui étoient connus, & pour qui il avoit follicité auprès du Mi-*
» *niftre la Croix de S. Louis*, de prendre en fa place le comman-
» dement de l'armée. Le débordement du Cobram arrêta long-
» tems nos troupes; elles pénétrerent enfin, & s'approcherent de
» Trichenapali. L'état de défenfe où fe trouvoit cette Ville, le

(7) Feu M. *de Genes*, Avocat célebre.

» nombre

» nombre des assiégés, la foiblesse de notre armée, le délabrement
» de notre artillerie, tout convainquit le Chevalier Law de la ju-
» stice des représentations du Sieur d'Auteuil, & *de l'impossibilité*
» *de réduire cette place, l'une des plus fortes de l'Inde.* Sur la pein-
» ture fidele qu'il en fit, le Sieur Dupleix négocia avec *Mahamet*
» *Alikan* (qui tenoit Trichenapali), & comptant sur la foi de ce
» Prince, il donna ordre au Sieur Law de disposer une attaque,
» & de se présenter à l'ennemi, qui devoit, disoit-on, nous ouvrir
» ses portes. Le Sieur Law obéit, mais la crédulité du Sieur Du-
» pleix couta cher à nos troupes. Mahamet Alikan fit faire sur
» elles une décharge qui les endommagea considérablement.
» Tandis que nous éprouvions tous ces désastres, Chandasaeb &
» ses Cavaliers, qui étoient auprès de nous, ne servoient qu'à
» consumer nos vivres & nos munitions ; le Commandant Fran-
» çois n'en pouvoit tirer aucun secours. Enfin, après tant d'échecs,
» nous fûmes investis dans l'Isle de Cheringam. Nos troupes dé-
» couragées, manquant de tout, mourant de faim, n'étoient pas
» en état de faire une longue résistance. On fut obligé de capitu-
» ler le 18 Juin 1752, & le Sieur Law *forcé*, comme il l'avoit
» écrit dès le 12 au Sieur Dupleix, *plutôt par la faim que par les*
» *forces des ennemis, & sur les représentations de tous les Officiers*, se
» rendit avec sept Officiers & six cens trent-cinq Soldats. Chan-
» dasaeb (Nabab d'Arcatte) avoit prévenu notre exemple, & *sur*
» *la parole qui lui avoit été donnée & au Sieur Law, qu'on n'attente-*
» *roit point à sa vie*, il s'étoit livré au Général des troupes de Tan-
» jaour ; Mahamet lui fit trancher la tête. Le Sieur Dupleix accusa
» le Sieur Law d'avoir trahi l'Etat & livré nos troupes à l'enne-
» mi. Il avoit cependant écrit une Lettre à ce Commandant le 16.
» Juin, dans laquelle il reconnoissoit tellement la triste extrémité
» où l'armée étoit réduite, qu'en parlant de la retraite de Chan-
» dasaeb dans l'armée de Tanjaour, il lui disoit : *C'est une grande*
» *charge de moins pour vous*. C'étoit évidemment approuver la
» conduite du Sieur Law ; & le Sieur Dupleix n'auroit pas certai-
» nement tenu ce langage, si cet Officier avoit été, comme il en
» est accusé, coupable de persécution & de trahison envers Chan-
» dasaeb. Au-moins une accusation de cette espece demandoit-elle
» l'instruction la plus réguliere & la plus exacte, & il n'y avoit
» sans doute qu'un Conseil de Guerre qui eût qualité suffisante
» pour la faire..... Le Sieur Dupleix nomma un Officier nou-
» vellement arrivé de France ; pour faire l'information, un Ecri-

» vain de la Place pour servir de Greffier, & pour Interprete, un
» nommé *Dhosti* (More). Il seroit trop long de rendre un compte
» exact de cette *procédure informe*. Mais, quoique la famille du Sieur
» Law ait déja pris soin de le venger, quoique *le Sieur Dupleix*
» *lui-même ait été contraint, par la force de la vérité, de faire une es-*
» *pece de réparation à cet Accusé*, on dira ici à sa louange & à sa
» justification : *Que la Compagnie a eu les preuves les plus authen-*
» *tiques de son innocence. Assurée de son zèle & de sa fidélité, elle a*
» *continué de l'employer, & elle a toujours reconnu en lui la conduite*
» *la plus pure. C'est à sa bravoure & à sa fermeté qu'elle a dû depuis le*
» *salut de l'armée du Sieur de Bussy, que les troupes de Salabetzingue*
» *tenoient assiégée dans Eyderabat ; & elle n'a pas fait de difficulté de*
» *lui remettre enfin*, pour prix de ses services, *la Croix de l'Ordre*
» *Militaire de S. Louis*, qu'elle avoit sollicitée pour lui à la recom-
» mandation du *Sieur Dupleix*. Le Sieur Dupleix lui-même, *con-*
» *vaincu de l'injustice de l'accusation*, fit sortir le Sieur Law de pri-
» son, & *rendit publiquement hommage à sa bonne conduite*. Il fit
» plus : il voulut l'engager à oublier cet affront ; il lui donna en
» conséquence un nouvel emploi dans les troupes, & peu de tems
» après, il conclut lui-même le mariage de la belle-sœur de cet
» Officier avec le Sieur de *Kerjean*, son neveu ».

Une justification si formelle & de cette énergie doit suffire, pour effacer jusqu'aux moindres traces de l'injuste flétrissure qui pouvoit résulter des faits outrageans, consignés dans le XVII. Tome de l'*Histoire des Voyages*. Mais nous avons encore deux Pieces qui la mettent dans le dernier degré d'évidence.

L'une intitulée : *Plainte du Chevalier Law contre le Sieur Du-pleix*, contient les motifs de cette plainte, relativement au Mémoire du dernier, avec les Preuves. On y trouve, entr'autres, un Précis exact & fidele de l'expédition de Trichenapali (7).

(7) C'est sur ce Précis qu'il faut rétablir le détail de cette Expédition, défiguré dans le XVII. Tome de l'*Histoir générale des Voyages*, pour se fixer à ce qui suit. « Dans les premiers jours de Septembre 1751, M. *Dupleix* fit relever, par
» M. Law, M. *d'Auteuil*, qui commandoit
» l'armée destinée à faire le siége de Tri-
» chenapali, & que le débordement des
» eaux retenoit depuis quelque tems sur
» les bords du *Colram*. M. Dupleix se flat-
» toit qu'il n'étoit question que de passer
» cette riviere, pour entrer dans la place.
» Mahamet Alikan (qui le trompoit) lui
» avoit promis que les portes seroient ou-
» vertes, qu'on entreroit tambour battant,
» & que le pavillon blanc seroit arboré sur
» les remparts, dès que notre armée paroî-
» troit. M. Law, malgré la rapidité des
» eaux & les dangers du passage, franchit
» le *Colram*, arrive sur le terrein ennemi,
» & se présente devant la place. Il est ac-
» cueilli par le feu le plus meurtrier, &
» perd bien du monde. M. Dupleix, irrité
» de la perfidie de Mahamet Alikan, donne
» aussitôt ses ordres pour faire le siége. On

PRÉLIMINAIRE.

L'autre qui a pour titre, *Lettre de Madame Dupleix au Chevalier Law*, est une retractation formelle du contenu dans le Mémoire de M. Dupleix, concernant cet Officier. Voici les expressions de cette Lettre publiée en 1764, & munie, tant de la signature de la Dame veuve de M. Dupleix, que de celle de M. *Loyseau de Mauléon*, Avocat non moins distingué que M. de Genes. « Pour que je jouisse en paix
» de l'honneur que le Public équitable accorde à la mémoire du
» Marquis Dupleix, je dois, M. réparer authentiquement l'at-
» teinte involontaire qu'on a portée sous son nom à votre répu-
» tation. *La satisfaction qu'il croyoit vous devoir, étoit à ses yeux*
» *une dette sacrée. Il étoit prêt à l'acquitter lui-même.* Au milieu de
» l'embarras & de la triste situation où m'a plongée sa mort, je
» me hâte de remplir envers vous les intentions dont il m'a fait
» dépositaire. Et pour ne pas différer davantage une *Rétractation*
» que vous avez déja trop attendue, je commencerai cette Lettre

» manquoit de grosse artillerie : M. Law
» envoie à *Karikal* pour en faire venir, &
» l'opération dure près de trois mois. L'en-
» nemi profite de ces longueurs ; il met
» dans ses intérêts le Roi de Maissour, le
» Nabab de Tanjaour, les Palliagars ses
» voisins, & un parti de Marattes. D'un
» autre côté, les Anglois, alliés de Maha-
» met Alikan, attaquent Arcatte, Capitale
» de la Province de ce nom, où nous
» avions très-peu de monde. Cette place
» est très-promptement enlevée. Aux pre-
» mieres nouvelles du siége, M. Dupleix
» avoit détaché de l'armée de M. Law cent
» Soldats & la moitié de la Cavalerie, pour
» les envoyer au secours d'Arcatte ; ils ar-
» rivent quand la place est rendue. On veut
» la reprendre, on échoue. Nos troupes
» sont attaquées, battues par trois fois,
» entierement dissipées à la quatrieme, le
» camp pris, & tout le canon enlevé. Au mi-
» lieu de tout ce désastre, on reçoit le gros
» canon de *Karikal* pour le siége de Tri-
» chenapali, que pressoit toujours M. Du-
» pleix. On met aussitôt en batterie ; mais
» l'argent vient tout-à-coup à manquer
» pour les opérations du siége ; la Cavale-
» rie de Chandasaeb refuse le service, &
» ne veut plus marcher. Les vivres en
» même tems deviennent rares ; il falloit
» de forts détachemens pour en chercher ;
» on avoit à garder différens postes, & les
» Anglois avoient reçus par leurs Vais-
» seaux des secours d'Europe. Maîtres

» d'Arcatte, ils s'avancent en force pour
» délivrer Trichenapali. M. Law, qui con-
» tinuoit le siége, va à leur rencontre ; il
» est battu & obligé de se retirer dans
» l'Isle de Cheringam, où l'ennemi l'assiége.
» Il écrit à Pondichery, demande du se-
» cours & des ordres. M. Dupleix lui or-
» donne de rester dans sa position, & lui
» promet un prompt secours. Il l'assuroit
» que les vaisseaux d'Europe, qui de-
» voient amener des troupes, arriveroient
» incessamment ; que M. de Bussi & Sa-
» labetzingue venoient en diligence, &
» qu'ils étoient déja dans la Province d'Ar-
» catte. M. Law, qui de moment en mo-
» ment serré de plus près par l'ennemi,
» voit la perte de son armée inévitable, de-
» mande à être remplacé, & le comman-
» dement des troupes est redonné à M.
» d'Auteuil. Ce dernier part de Pondi-
» chery avec un détachement, des muni-
» tions & de l'argent. Il est suivi par les
» Anglois, attaqué dans sa marche, obligé
» de se retirer sur Valagonde, enfin assié-
» gé & si vivement pressé, que tout le
» détachement, Officiers & Soldats, est
» fait prisonnier de guerre. M. Law, qui
» étoit toujours dans les Pagodes de Che-
» ringam, manquant de tout, mourant de
» faim, & entouré d'ennemis, tient jus-
» qu'à la derniere extrémité ; mais dénué
» de toute ressource, & sans espérance de
» secours, il est aussi forcé de se rendre à
» discrétion ».

DISCOURS

» par déclarer publiquement au nom de mon mari : *Que jamais*
» *il n'a entendu vous accuser de trahison, de lâcheté, d'aucune action*
» *déshonorante ; qu'au contraire il vous a toute sa vie reconnu pour un*
» *très-brave & très-fidele sujet du Roi, & qu'il a toujours désavoué*
» *l'article qui vous offense dans son Mémoire* ».

L'intérêt de la vérité, le seul amour de la justice, dont le sentiment nous auroit suffi, & l'honneur d'un Officier de mérite (8), ne nous permettoient pas de laisser subsister, dans l'*Histoire des Voyages*, des faits calomnieux, des imputations destituées de tout fondement, sans y apporter le plus puissant correctif; nous avons même envisagé cette restitution nécessaire, comme un des premiers devoirs que nous avions à remplir.

Cependant, nous le répétons, malgré cette erreur de fait si grave & si fâcheuse, dans laquelle l'Auteur du Tome XVII. a été induit par le Mémoire de M. Dupleix; malgré toutes celles qu'on pourra remarquer encore, & en dépit de tous les mauvais Critiques, l'*Histoire des Voyages* sera toujours, comme nous l'avons dit, l'Ouvrage le plus complet, le plus riche, le plus exact, le plus utile, le plus intéressant & le plus curieux que nous ayons en ce genre dans aucune Langue, puisqu'aucun autre ne rassemble autant de notions ou de détails géographiques & astronomiques, autant de bonnes observations, de faits singuliers, de particularités historiques, de connoissances nécessaires à la Navigation, au Commerce, aux Arts, &c.

L'Abbé Prevost, témoin de l'empressement avec lequel on avoit reçu cette Histoire, & certain de sa supériorité sur toutes les autres Collections de cette espece, avoit prévu qu'elle seroit continuée. Il pensoit que ces deux Puissances qui remuent tout dans le monde, qui sont les principes de toute action, de tout mouvement, l'intérêt & la curiosité, ne cesseroient jamais d'agiter les hommes ; qu'il se feroit toujours des Voyages ; qu'il se publieroit par conséquent après lui bien des Relations, & que les *Didot* (9), ou leurs successeurs, seroient obligés d'en donner par intervalles un, deux, ou plusieurs Volumes, pour servir de Supplément & de suite aux siens. Ainsi l'Abbé Prevost lui-même regardoit comme indispensable la continuation de son travail, & l'avoit plus d'une fois indiquée long-tems avant qu'il parût un XVII. Tome (10).

(8) Les Nouvelles publiques ont appris qu'il étoit mort à l'Isle de France en repassant dans l'Inde.

(9) Imprimeur de l'Histoire des Voyages.
(10) C'est son langage qu'on a rendu dans la Préface de ce XVII. Tome.

PRÉLIMINAIRE.

Dès que le Sieur *Rozet* eut acquis le fonds de l'Histoire des Voyages de la succession de *Durand*, dans laquelle il avoit passé après la mort de *Didot* le pere, il saisit cette ouverture, & songea d'abord à réaliser ce que l'Abbé Prevost ne s'étoit représenté qu'en perspective. Il nous proposa de continuer son Histoire, & nous goûtâmes l'entreprise. Le projet de cette Continuation fut bientôt répandu dans la Librairie, & le Public parut desirer qu'il s'effectuât.

Pendant que nous étions occupés à reconnoître le terrein, & que nous faisions nos dispositions pour entamer ce travail, l'idée de reprendre l'Histoire des Voyages où l'avoit laissée l'Abbé Prevost, avoit fermenté dans quelques têtes, & l'on travailloit à nous prévenir. Notre *Prospectus* étoit encore sous presse, lorsqu'il parut vers le mois de Juin 1765, à Paris, chez *Vincent*, rue S. Severin, un Ouvrage en deux Volumes *in-*12. sous ce titre : *Le Voyageur François*, ou *La Connoissance de l'ancien & du nouveau Monde*.

Ce titre si simple en apparence sembloit d'une part imaginé par opposition à la Collection Angloise, dont le Public étoit en possession, & d'autre part n'annonçoit pas moins qu'une nouvelle Collection de Voyages qui devoit absorber ou rendre inutile tout ce que nous avions en ce genre, puisqu'elle embrassoit les deux hémispheres, *la connoissance de l'ancien & du nouveau Monde*. Mais il falloit entendre l'Auteur ; on ne pouvoit juger de la nature & de l'étendue de son entreprise que sur l'exposition de son plan. L'Auteur nommé, la concurrence n'avoit sans doute rien d'effrayant ; & puis tant mieux pour le Public, s'il se présentoit de meilleurs Ecrivains que nous, pour remplir le même objet ou tout autre. L'intérêt seul du Libraire qui venoit d'acquérir l'Histoire des Voyages, pouvoit nous toucher ; nous n'y étions encore pour rien, mais c'en étoit assez pour avoir beaucoup d'empressement à connoître l'Ouvrage de notre concurrent. Nous nous attendions à trouver dans la Préface de cet Ouvrage un plan développé, des vues nettes ; nous lûmes un petit Avertissement sec & maigre, où l'Auteur, après avoir dit vaguement assez de mal du travail de l'Abbé Prevost, sembloit réduire tout ce que promet le titre spécieux de son Livre à la continuation de ce travail même.

« L'Ouvrage n'est point achevé, dit-il. Il manque à ce Re-
» cueil la Collection des Voyages de terre, c'est-à-dire, de toute
» cette partie de l'ancien Monde, où se sont passés les évenemens
» les plus mémorables. L'état actuel de ces lieux célebres, les

» révolutions qu'ils ont éprouvées, les restes précieux des monu-
» mens qui attirent l'attention des Voyageurs, eussent complette
» cette vaste compilation. Aussi est-ce par-là que commencent les
» Relations du Voyageur François. Et quand les deux premiers
» Volumes n'auroient d'autre utilité que de servir de SUPPLÉMENT
» à *l'Histoire générale des Voyages*, c'est un avantage dont le Pu-
» blic pourroit lui savoir gré ».

On pouvoit dès-lors répondre à l'Auteur, qu'il n'avoit pas une idée exacte de l'Ouvrage de l'Abbé Prevost, qu'il devoit pourtant bien connoître, puisqu'il en tire assez bon parti; que cet Ouvrage commencé par les Anglois, n'ayant jamais eu d'autre objet que les Voyages maritimes & les découvertes des Navigateurs, il étoit achevé autant qu'il pouvoit l'être à l'époque où notre prédécesseur avoit cessé d'écrire; que les Voyages de terre ne pouvoient completter cette *compilation*, qu'il trouvoit déja si vaste, qu'en la rendant encore plus volumineuse, & qu'il n'entroit point dans le plan de l'Abbé Prevost d'effleurer seulement cette partie qu'il auroit mieux traitée que personne; qu'ainsi le *Voyageur François* n'étoit rien moins qu'un Supplément à l'Histoire générale des Voyages, mais un Ouvrage tout différent & même assez neuf à plusieurs égards.

Cependant le Sieur *Rozet*, à qui l'Histoire des Voyages coutoit un prix considérable, entendant parler d'un autre Supplément que celui qu'il avoit entrepris de faire, prit l'alarme & crut être prévenu. Il porta directement ses plaintes au Sieur *Vincent* lui-même, & cet Imprimeur eut pour son Confrere le procédé le plus honnête. Il lui offrit, en galant homme, de changer ce qui le blessoit dans l'*Avertissement* de son Auteur, & de lui donner, sur ce point, toutes les satisfactions qu'il pouvoit desirer. L'examen des deux premiers Volumes de la *nouvelle compilation* rassûra bientôt le Sieur *Rozet*. Jamais en effet deux Ouvrages ne pouvoient moins se ressembler, soit pour le fond, soit pour la forme, que la continuation de l'Histoire des Voyages, telle que nous l'avions conçue, & le *Voyageur François*, que nous discutons ailleurs.

Ainsi le champ étoit bien libre : point de continuation de l'Abbé Prevost, point de Supplément à l'Histoire des Voyages qui pût nous croiser, qui nous empêchât d'exécuter celui dont nous nous chargions.

Notre *Prospectus* étoit distribué; nous avions à-peu-près même tous les matériaux qui devoient composer le premier Volume de notre Con-

PRÉLIMINAIRE.

tinuation, lorsqu'un de nous, celui qui dirigeoit le travail, fut attaqué d'une maladie cutanée, dont le simple détail suffiroit pour justifier le plus long retard qu'on ait pû faire éprouver au Public. Un feu cruel & dévorant (11) qui s'étoit jetté sur son visage, commença par lui ôter presqu'entierement l'usage des yeux. Bientôt il gagna ses mains, & le priva de cette maniere des principaux instrumens du travail. Le caractere particulier de la maladie que la perte totale du sommeil aigrissoit de plus en plus, en détruisant l'effet des remedes, le mal seul qui, par sa nature, est un des plus insupportables, & par conséquent un des plus contraires à cette liberté de l'esprit, sans laquelle il peut difficilement opérer ; la continuité des remedes que l'opiniâtreté de la maladie obligeoit de multiplier sans relâche ; la durée du mal & du traitement qui ont été de plus de quatorze mois : toutes ces circonstances sembloient s'être réunies, pour traverser nos travaux, pour tout interrompre & tout ralentir. Nous ne sommes donc point coupables du retard causé par un de ces accidens naturels qu'on ne peut ni prévoir, ni parer, qui subjuguent impérieusement & la force & la volonté de l'homme. Un très grand nombre d'honnêtes gens ont vu le malade dans l'état que nous venons de décrire, sans la moindre exagération, & plusieurs Libraires, entr'autres, pourroient l'attester, si l'on avoit d'autres témoignages à invoquer sur un pareil fait que ceux des deux Médecins de la Faculté qui lui ont donné leurs soins, de M. *Lorry* & de M. *Missa*.

Il ne seroit donc pas étonnant que le principal Rédacteur d'un Ouvrage hérissé de détails Topographiques & Physiques, ayant été si long-tems malade, & sur-tout pris par les yeux, le Volume que nous présentons au Public, s'en ressentît, selon les tems, plus ou moins, c'est-à-dire qu'il s'y fût glissé des fautes plus ou moins considérables. Ceux qui l'ont vu dans la situation où nous l'avons représenté, pourroient même être assez justement surpris de n'en pas trouver un plus grand nombre. Celles que nous avons remarquées, sont insérées dans l'*Errata* du Volume, avec les fautes Typographiques. Ainsi, on nous permettra de le dire, il nous semble qu'il y auroit peu de justice à juger trop rigoureusement un Ouvrage composé dans les circonstances où l'a été celui-ci. Il y en auroit peut-être encore moins à juger de toute la continuation par ce premier Tome, puisque celui qui devoit tout conduire n'a pu

---

(11) Un Érésipelle dartreux de l'espece la plus maligne & la plus rebelle que des Médecins expérimentés eussent encore vue.

seulement exécuter ni le plan particulier d'analyse, ni les procédés qu'il s'étoit proposé de suivre, & que toujours dans un état violent, tourmenté tant par la nécessité d'un travail qui devenoit de jour en jour plus pressant, que par un mal très-importun, dont le sentiment étoit continuel, il étoit proprement forcé, pour la partie qui le concernoit, de vivre en quelque sorte au jour le jour. Mais, comme on a dit, il y a long-tems : *Quam difficilis excusatio, quæ non apud conscios !*

III.

POUR commencer à suppléer véritablement l'Abbé Prevost, on a cru devoir donner d'abord la Description de l'Islande, sur laquelle on ne trouve rien dans l'*Histoire générale des Voyages*. La situation de cette Isle dans l'Océan Atlantique, d'où l'on se rend dans les mers du Nord de l'Asie, sembloit nous indiquer cette marche, & les raisons en sont exposées dans l'Introduction de cette partie. De l'Islande, après avoir seulement reconnu l'*Isle de Jean Mayen*, nous avons été conduits à la *Nouvelle-Zemble*. De-là nous aurions dû passer chez les *Samojedes*, les *Ostiacks*, &c. Ces peuples font partie de la Sibérie ; ils nous ramenoient directement dans cette vaste région de l'Empire Russe, la plus septentrionale de toutes, & qui s'étend dans l'Asie. Mais n'ayant pu recouvrer assez-tôt le Mémoire sur les *Samojedes* employé dans ce Volume ; parce qu'il a fallu le faire venir de Hambourg (12), pour ne pas nous arrêter en chemin, nous avons été obligés d'entamer le Voyage des Professeurs de Petersbourg fait en 1733 par la Sibérie, pour se rendre au Kamtschatka, où n'est parvenu qu'un seul d'entre eux, M. *de Lisle de la Croyere*.

L'Histoire abrégée de l'Islande est tirée de sources connues & indiquées dans l'Introduction. On s'est fixé principalement à la Relation de M. *Horrebow*, parce que, s'il y en a de plus récentes, elles ne peuvent certainement être plus sûres ou mieux autorisées.

L'*Isle de Jean Mayen*, où nous touchons en passant, est si peu de chose, que nous en parlons seulement pour constater son existence, qu'aucun Géographe n'ignore.

Depuis le Voyageur Hollandois *Witsen*, on a peu fait de découvertes sur la Nouvelle-Zemble, parce qu'il n'y en a point proba-

---

(12) C'est M. *Rousseau* de Toulouse, auteur du *Journal Encyclopédique*, qui nous l'a procuré.

blement

PRÉLIMINAIRE. xxv

blement à faire. Il paroît très-certain qu'elle est inhabitée, & que les prétendus Zembliens, dont parlent quelques Histoires naturelles, n'existent absolument que là. Nous en avons dit à-peu-près tout ce qu'on en sait.

La traversée de la Sibérie, pour aller au Kamtschatka, est proprement un Voyage de terre, & l'un des plus grands qui aient été faits. Le Journal de M. *Gmelin*, dont nous donnons un très-ample Extrait, contient donc seul un Voyage d'une étendue immense, quoique borné à la Sibérie, & que *Jakutzk* en ait été le terme. Rien de plus exact, de plus détaillé, même de plus minutieux que ce Journal. L'Auteur décrit avec une attention étonnante les Villes, les Villages, les moindres stations, les fleuves, les rivieres, les ruisseaux, les lacs, les montagnes, les mines, les Eglises, les Monasteres, les Peuples de chaque contrée, leurs Mœurs, leur Religion, leurs Cérémonies, leurs Coutumes, leurs usages particuliers, & tous les incidens de ce long Voyage. Malgré ce fond de détails unique que nous avons bien abrégé, nous avons tiré, des Relations de M. *Muller*, quelques particularités échappées à M. Gmelin.

Son Journal écrit en Allemand, langue naturelle de l'Auteur, forme quatre Volumes *in-*8°. imprimés à Gottingue en 1751 & 1752. Un des Continuateurs, qui entend cette Langue, étoit chargé d'en faire l'Extrait, & il commençoit à s'en occuper, quand M. *de Lisle*, Doyen de l'Académie des Sciences, voulant nous faciliter ce travail, nous abandonna généreusement une Traduction manuscrite qu'il en avoit fait faire pour son seul usage. Cette Traduction étoit l'Ouvrage du Sieur *Sellius*, homme de Lettres très-connu, qui joignoit, à l'intelligence de plusieurs Langues du Nord, des connoissances physiques & sur-tout beaucoup d'Histoire naturelle (13). Pour un habile homme qui n'a besoin que des choses, le mérite d'une pareille Traduction consistoit principalement à être exacte & littérale. Celle-ci, sans rien exagérer, avoit si éminemment ce mérite, qu'elle n'étoit guere moins Tudesque que Françoise. L'idiotisme & toute la *bourre* de l'original Allemand avoient été fidelement conservés par le Traducteur Allemand ou Prussien,

(13) *Godefroy Sellius*, de Dantzic, de la Société Royale de Londres & de l'Académie des Curieux de la Nature, mort à Paris le 25 Juin 1767. Personne n'a peut-être fait plus de Traductions de l'Allemand, du Hollandois, de l'Anglois ; mais quoiqu'il sçût assez bien notre Langue, il traduisoit sans se gêner, à course de plume, & toujours plus attentif à rendre la lettre de son Auteur ou le génie de sa Langue, qu'à le faire bien parler François ; ce qui le rendoit souvent fort obscur.

enforte que nous étions obligés d'être nous-mêmes aussi souvent Traducteurs qu'Abréviateurs. On auroit peut-être mieux fait de renoncer à la Traduction, & de travailler sur l'original ; mais on croyoit par-là regagner le tems que la maladie du principal Rédacteur faisoit perdre depuis quatre à cinq mois, & l'on n'apprécioit point celui que l'on employoit à vérifier continuellement la Traduction sur le texte.

L'Abrégé du *Journal de M. Gmelin* étoit susceptible de différentes formes, & toutes se sont présentées ; mais les circonstances ont forcé de s'en tenir à la plus simple. Plusieurs personnes, prévenues de l'importance du Voyage, auroient préféré, pour avoir tout, une Traduction quelconque au meilleur Extrait, & elles conseilloient de n'en réformer que le style. Nous avons pris un parti moyen, celui de donner à-peu-près l'équivalent d'une Traduction, c'està-dire, de représenter exactement l'ordre du Journal ; d'en ôter seulement les répétitions, les digressions inutiles, & les observations météorologiques ; d'abréger tous les détails trop minutieux, trop chargés, &c : or cette seule opération a produit des retranchemens considérables. Du reste, on a suivi presque pas à pas l'Auteur du Journal ; on ne le perd point un instant de vue. Par terre ou par eau, dans toutes ses courses, jusque dans ses promenades botaniques, & dans les lieux où il séjourne, on est toujours avec lui.

L'Auteur du *Voyageur François* prétend que *ce n'est point l'Histoire du Voyageur qu'il importe de savoir, mais celle des pays où il a voyagé.* Nous sommes bien de son avis, lorsqu'il s'agira d'un Voyageur imaginaire ou romanesque, tel qu'est le sien, encore ferons-nous une exception pour *Robinson* & quelques autres ; mais à l'égard des vrais Voyageurs, nous pensons (& l'expérience le prouve) qu'on lit toujours avec intérêt ce qui leur est personnel. Ce sera, si l'on veut, un intérêt différent de celui qui nous attache à l'Histoire des pays qu'ils nous font connoître : celle-ci sans doute est la plus utile ; mais l'Histoire particuliere des Voyageurs n'est indifférente à personne. On est curieux de voir leur façon de vivre, de se conduire parmi des hommes & dans des climats très-différens de ceux que nous connoissons ; on veut être instruit de leurs aventures ; on se plaît à considérer comment ils se sont tirés des périls ou des embarras inévitables dans des pays privés de toutes les commodités, de tous les secours que nous trouvons dans les nôtres ; & c'est en partie pour cela qu'on a nommés les Voyages

PRÉLIMINAIRE.

les Romans des honnêtes gens. Qui est-ce qui fit lire, il y a quelques années, avec un empressement si général & si vif, le *Voyage de l'Amiral Anson*, sinon ses propres aventures & tous les dangers qu'on lui voit courir ? On le suit avec une curiosité singuliere depuis son départ de l'Isle de *Ste Helene* jusqu'à son retour à *Spithead*, sans s'ennuyer le moins du monde de tous les incidens d'un Voyage de près de quatre ans autour du Globe. D'où peut provenir l'intérêt qu'inspire ce Navigateur ? si ce n'est de ce qu'on s'attache insensiblement à sa fortune, de ce qu'en un mot, sous quelques rapports que l'on contemple l'humanité, tout en intéresse plus ou moins, & aussi bien le vrai Philosophe qui n'affecte point un vain Stoïcisme, que l'homme simplement sensible (14). La nature des Voyages ne fait rien ici. Voyages maritimes & de longs cours, ou Voyages de terre, il y a par-tout des aventures, des incidens, des incommodités, des périls, d'agréables momens, des hasards heureux, &c. Or quelque *casanier* qu'on puisse être, on aime à perdre quelquefois de vue son foyer & à voyager sans fatigues ; on s'amuse avec ceux qui nous font sortir de chez nous, & qui nous rendent en quelque sorte tranquilles spectateurs ou témoins des hasards auxquels ils sont exposés, enfin de tout ce qui leur arrive de bien ou de mal. Les Voyageurs nous intéressent à leur sort du-moins autant que nos Héros de Théatre, & nous font partager, comme eux, leur bonne ou leur mauvaise fortune.

Il n'est donc pas vrai que l'Histoire particuliere des Voyageurs ne produise aucun intérêt, & ne doive entrer pour rien dans celle des Voyages ou des pays qu'ils décrivent. Cette proposition que veut établir l'Auteur du *Voyageur François*, pour faire goûter ses *Découpures*, est un vrai Sophisme, dont nous démontrons encore mieux ailleurs l'illusion.

Ce n'est pas que nous cherchions à faire valoir le *Journal de M. Gmelin* par l'endroit que nous défendons, c'est-à-dire, par les faits personnels, par les incidens & les aventures. Il ne faut pas s'attendre à lire ici des Relations apprêtées comme celles de quelques Voyageurs, tels que *Tavernier*, *Paul Lucas*, & d'autres.

Mais que l'on conçoive un Voyage par terre de près de mille lieues, fait par les ordres & aux frais du plus puissant Souverain du Nord ; un Voyage entrepris par des Astronomes, des Géographes, des Physiciens, des Botanistes, ou par d'habiles

(14) *Homo sum, humani à me nihil alienum.* Voilà ce que le cœur nous dit, malgré nous, en mille occasions, & sur-tout en lisant les Voyageurs.

d ij

Obfervateurs en tout genre ; un Voyage dont le but étoit d'acquérir les connoiffances les plus exactes fur tous les objets de leur miffion. Que l'on fe repréfente enfuite d'immenfes contrées foumifes à la même domination, mais partagées entre un grand nombre de peuples auffi différens par les mœurs, les habillemens, la maniere de vivre, que par le génie, la figure, par la diverfité des climats. Qu'on imagine enfin l'ancienne patrie des Scythes Afiatiques & des Huns, parcourue dans toute fon étendue par nos Voyageurs, & décrite fidelement, dans le plus grand détail, en l'état où elle fe trouve aujourd'hui. Si tout cela n'eft pas capable d'intéreffer les Philofophes & les véritables Curieux, il faut abandonner l'*Hiftoire des Voyages* ; il faut la confiner dans la pouffiere parmi ces Livres furannés, ces vieux monumens de nos ayeux, oubliés depuis long-tems ou rarement ouverts.

En confervant la forme du *Journal de M. Gmelin*, réduit aux bornes où nous l'avons renfermé, nous y avons fait entrer prefqu'entierement l'itinéraire des Voyageurs & la plûpart des détails Géographiques. Si cette partie n'eft pas la plus amufante, elle eft certainement une des plus utiles, & nous avons cru l'inftruction auffi néceffaire que l'amufement dans une *Hiftoire générale des Voyages*, dont on ne doit pas perdre de vue l'objet principal.

Dans le tems que nous étions occupés à rédiger ce Journal, nous n'ignorions pas que M. *de Keralio* (premier Aide-Major de l'Ecole Royale Militaire) fe propofoit d'en publier un Extrait. Quand nous lui fîmes part du projet de la Continuation que nous allions faire, il nous parla de fon travail fur *Gmelin*. Mais comme il n'avoit pas le même but que nous, & que notre affaire étoit de lier ce Journal à l'Hiftoire des Voyages que nous reprenions où nos prédéceffeurs en étoient reftés, la connoiffance de fon travail ne nous fit rien changer au nôtre.

Ainfi le Journal de *Gmelin*, en l'état où nous le donnons, étoit à-peu-près imprimé, quand l'Ouvrage de M. *de Keralio* parut fous ce titre : *Voyage en Sibérie, contenant la Defcription des mœurs & ufages des peuples de ce pays, les cours des rivieres confidérables, la fituation des chaînes de montagnes, des grandes forêts, des mines, avec tous les faits d'Hiftoire Naturelle qui font particuliers à cette contrée, fait aux frais du Gouvernement Ruffe, par M.* Gmelin, *Profeffeur de Chymie & de Botanique. Traduction libre de l'Original Allemand. A Paris, chez* Defaint, *Libraire, rue du Foin S. Jacques,* 1767. Deux Volumes *in*-12.

PRÉLIMINAIRE. xxix

Cet Ouvrage devoit faire fuite ou partie de la *Collection de différens morceaux fur l'Hiftoire Civile & Naturelle des pays du Nord*, déja publiée par M. *de Keralio*, & très-bien reçue du Public. Il fut accueilli comme il méritoit de l'être, & nous en vîmes le fuccès avec d'autant plus de fatisfaction, que c'étoit en quelque forte pour nous un bon garant du goût du Public pour l'objet de notre travail. Nous l'avons même lu comme un Livre qui nous auroit été nouveau ; & fi l'Auteur avoit befoin de joindre notre témoignage aux autres, nous pourrions certainement mieux que perfonne garantir fon exactitude.

Dans l'Avertiffement de l'Ouvrage, M. *de Keralio* expofe, avec fa netteté ordinaire, les raifons & le plan de fon travail. Il fuit la marche du Voyageur depuis fon départ de Ruffie jufqu'à Jakutzk & à fon retour ; mais fans s'affujettir aux détails & aux incidens du Voyage, comme auffi fans le dénaturer.

Nous donnons ici le même fond ; mais tantôt nous laiffons parler l'Auteur du Journal, tantôt, pour l'abréger, nous devenons nous-mêmes Hiftoriens. Nous n'abandonnons prefque point nos Voyageurs, ou nous les fuivons de fort près ; nous voulons toujours favoir où nous fommes, & avec qui nous fommes. Enfin, pour définir en deux mots cette partie de notre travail, c'eft l'Hiftoire du Voyage & des Voyageurs préfentée fidelement avec toute la précifion que l'on a pu concilier avec les retranchemens indifpenfables.

Nous avons détaché du Journal deux courtes Relations des *Voyages tentés par les Ruffes pour paffer par le Lena dans la Mer Glaciale & par le Nord-Eft au Kamtfchatka*, parce qu'elles y faifoient une trop longue digreffion, & qu'il a paru plus convenable de les faire lire féparément à la fuite du même Journal.

La nouvelle Relation des Samojedes, qui fuit immédiatement, eft tirée d'un très-bon Mémoire fur ces peuples, imprimé à Kœnigsberg, en Pruffe, en 1762. C'eft l'Ouvrage d'un Etranger de mérite, employé depuis long-tems en Ruffie, & très-inftruit, comme l'on verra, de l'état actuel des Samojedes.

La Notice particuliere des Oftiacks qu'on y a jointe, a été formée de tout ce qu'on a pu recueillir de plus certain & de plus exact dans les meilleures Relations, qui ne s'accordent pas toujours dans l'idée qu'elles donnent de ces peuples.

Quant au Voyage de Sibérie fait par M. *de Lifle* en 1740, auffi par ordre du Gouvernement Ruffe auquel il étoit alors attaché, comme il avoit pour objet non-seulement d'observer le passage de Mercure sur le Soleil, mais encore de faire beaucoup de reconnoissances & d'opérations concernant la Géographie, il ne pouvoit être mieux placé qu'après le Journal de M. *Gmelin*. La concurrence des deux Voyages, faits à-peu-près dans le même tems, la nouveauté de celui-ci qui paroît pour la premiere fois, la qualité du Voyageur, homme célebre & de plus François, (ce qui ne gâte rien, comme a dit quelqu'un): voilà suffisamment de quoi rendre ce dernier intéressant. On refait volontiers, avec l'Astronome, une partie du Voyage dont on a lu les détails; on revient avec quelque plaisir sur les pas de M. *Gmelin* jusqu'à *Beresow*, c'est-à-dire, à plus de dix journées par-delà *Tobolsk*; on compare les Relations des deux Professeurs, ou la maniere dont ils ont vu les mêmes choses, & en les conciliant on se forme une idée plus exacte des lieux. Telle est la substance de ce XVIII. Tome.

Si le Public paroît en désirer la suite, suivant le plan du *Prospectus*, le Voyage de Sibérie, dont le vrai but étoit de passer dans la Presqu'Isle du *Kamtschatka*, amene nécessairement l'histoire de cette derniere contrée. Il en a paru récemment à Lyon une Description traduite de l'Anglois d'après la Relation de M. *Kraschenninikow*, & M. l'Abbé *Chappe d'Auteroche*, de l'Académie Royale des Sciences, en doit publier une Traduction faite sur l'Original Russe à Petersbourg, & sous les yeux de M. *Muller*, par M. *de Sainpré*. Il faudra peut-être préférer celle-ci, ou du-moins les conférer ensemble. On ne pourra se dispenser d'y joindre un Extrait de la *Relation des Voyages & Découvertes des Russes sur l'Océan Oriental*, donnée par M. *Muller*(15), & de dire aussi quelque chose de celles qui ont été faites depuis dans les mêmes Mers (16). Ensuite viendra le Groenland, sur lequel on ne trouve rien dans l'*Histoire générale des Voyages*, & dont on formera le tableau tant sur la Relation du Ministre *Egede*, publiée en 1720, que sur celle de M. *Crantz*, beaucoup plus récente. Enfin pour suppléer seulement, dans l'Ouvrage de l'Abbé Prevost (qu'il s'agit d'abord de completter, avant que de penser aux Voyages de terre), ce qui peut manquer dans l'Histoire des Mers & des Pays dont il a parlé, un

---

(15) *Voyages & Découvertes faites par les Russes le long des côtes de la Mer Glaciale & sur l'Océan Oriental, tant vers le Japon que vers l'Amérique*, &c. par M. Muller. Cet Ouvrage imprimé à Amsterdam en 1766, en deux Volumes *in-*12. se trouve à Paris chez Rozet, Libraire, rue S. Severin, qui vient d'en acquérir le fonds.

(16) Elles sont indiquées dans la Gazette de Leyde du 26 Février 1767.

PRÉLIMINAIRE.

assez grand nombre de Voyages Anglois & Allemands nouvellement publiés s'offrent au travail des Continuateurs.

Le Traducteur de M. *Gmelin* ayant conservé beaucoup de termes locaux, Russes ou Sibériens, particuliers aux pays dont nous entretient le Voyageur, & n'ayant pas toujours eu soin d'en marquer les rapports à nos usages, nous allons en expliquer les principaux, ou ceux qui se rencontrent le plus fréquemment.

Géodésistes, (nom composé du Grec γία, terre, & ὀδὸς, chemin), Arpenteurs. Les Russes comprennent aussi quelquefois sous ce nom les Géographes. On trouvera dans ce Volume quelques endroits où les Imprimeurs ont lu *Navigateurs*, au-lieu d'*Arpenteurs*, & notamment page 72, ligne 31 : il faut y substituer ce dernier mot.

Wolock, nom générique, qui signifie *portage* ou *passage*.

Slobode, est un Bourg fortifié par une enceinte de bois.

Ostrog, est une Forteresse aussi défendue par des ouvrages construits en bois, & munie de tours, de barrieres, de chevaux de frise, &c. Il y a peu d'autres fortifications dans la Sibérie, parce qu'il n'y a d'autres ennemis à craindre que les Baskires, les Calmoucks, & les Tartares de la *Casaska-Horda*. Or comme toutes leurs hostilités ne consistent que dans des irruptions subites qu'ils font ordinairement à cheval, emmenant avec eux tout ce qu'ils rencontrent, & que la plûpart n'ont d'autres armes que des arcs & des fleches, il ne faut que leur opposer des barrieres que leurs chevaux ne puissent franchir.

Simowies, sorte d'habitations d'hiver, qui, dans les endroits de la Sibérie où les Villages sont trop éloignés les uns des autres, y suppléent & servent d'hospices aux Voyageurs. On y trouve ordinairement du fourrage pour les chevaux. Ce nom de *simowie* désigne aussi toute maison isolée, quoique habitée même en toutes saisons.

Jar, est un lieu situé sur un rivage élevé.

Muis, est une espece de Promontoire ou de Cap beaucoup plus saillant que le Jar, & situé de même sur le bord d'une riviere ou de la mer.

Werste, mesure itinéraire, qui revient à un quart de la lieue Françoise.

Rouble, monnoie d'argent de Russie, revenant à-peu-près à 5 liv. de la nôtre.

Copec ou *copeque*, menue monnoie, qui vaut environ 1 s. 4 d. de France.

Poud, poids Russe qui peut être évalué à quarante livres.

DISCOURS IV.

CE seroit peut-être ici l'endroit de répondre aux Critiques vagues & aux mauvaises plaisanteries hasardées sur l'*Histoire des Voyages*, tant par l'Auteur du *Voyageur François*, que par le Rédacteur des éloges prodigués à cet Auteur dans quatre ou cinq Volumes du Mercure de France. Les Continuateurs de l'Abbé Prevost sont bien en droit de défendre son Ouvrage ; c'est même, en quelque sorte, une obligation de leur emploi. Mais nous avons rempli ce devoir dans un écrit particulier fait *ad hoc*, & nous croyons même avoir mis les Railleurs sur la défensive. Il ne nous reste donc qu'à faire connoître l'homme dont nous continuons le travail. L'Auteur de la plus belle Collection de Voyages qu'on ait encore faite, mérite assurément bien que son nom & ses talens y soient consignés par la main de ses successeurs. On a déja quelques Eloges historiques de l'Abbé Prevost (17) ; mais nous n'emprunterons rien de personne. L'Auteur de ce Discours étoit du petit nombre des gens de Lettres, avec qui cet Ecrivain estimable avoit conservé des liaisons : il étoit par conséquent à portée de connoître aussi particulierement sa personne que ses écrits.

Eloge historique de l'Abbé Prevost.

ANTOINE-FRANÇOIS PREVOST D'EXILES étoit né à Hesdin, Ville d'Artois, le premier Avril 1697, d'une ancienne famille du pays. La nature, en l'avantageant d'une de ces figures heureuses qui préparent agréablement les voies dans toutes les sortes de sociétés, en lui donnant un esprit facile & propre à tout ce qu'il auroit voulu entreprendre, une ame douce, sensible, liante &c, lui fit payer ces avantages par une jeunesse fort agitée. Nous ne dirons rien du succès de ses études qu'il commença dans sa Province, & vint achever à Paris. Il falloit qu'elles eussent été bien solides, pour toutes les ressources qu'il en a tirées dans le tems de ses plus grandes dissipations. Glissons aussi légerement sur les petites révolutions de son goût pour la vie religieuse. Deux fois admis au Noviciat des Jésuites, & deux fois pris de la même ferveur pour la profession des armes, il fit comme une infinité de jeunes gens : il se méprit toujours à sa vocation, & parcourut les extrémités (18).

---

(17) Celui que l'on trouve à la suite de l'Eloge de *Louis Racine* dans l'Ouvrage intitulé, *Ordre Chronologique des deuils de Cour* &c, pour l'année 1765, est très-bien fait. Mais l'*Abrégé de sa vie*, mis à la tête d'un Recueil qui a pour titre, *Pensées de M. l'Abbé Prevost*, est ce que nous avons de plus exact, & mérite d'être conservé.

(18) » JE laisse, disoit-il, à juger » quels devoient être, depuis l'âge de » vingt jusqu'à vingt-cinq ans, le cœur & » les sentimens d'un homme qui a composé » le *Cleveland* à trente-cinq ou trente-six ». *Pour & contre*, Tome IV.

Enfin

PRÉLIMINAIRE.

Enfin ses irrésolutions aboutirent à se faire Bénédictin dans la Congrégation de S. Maur, & ce fut là vraisemblablement qu'il contracta le goût du travail. On y connut bientôt ses talens, & on se hâta de les employer ; on lui fit professer d'abord les Humanités dans le College de S. Germer ; ensuite il fut exercé au ministere de la parole, & quelques particuliers d'Evreux, où il prêcha pendant un an, se souviennent encore de l'onction, de la force, du vrai pathétique qu'il mettoit dans tous ses discours. De-là passant au travail du Cabinet, il fut appellé à l'Abbaye de S. Germain des Prés, & il fit presque seul un Volume du *Gallia Christiana*.

L'Abbé Prevost avoit déja trop respiré l'air du monde ; il étoit d'une complexion trop sensible, & trop fait pour la société, pour s'accommoder long-tems d'un travail obscur, desséchant, qui ne pouvoit satisfaire ni son imagination ni les besoins de son cœur, porté de lui-même à s'épancher. Il communiqua ses dégoûts à ses amis. Il étoit lié par des vœux qui l'attachoient rigoureusement à une vie sérieuse, austere, & tout-à-fait incompatible avec son génie. On lui conseilla de passer dans une autre branche de l'Ordre de S. Benoît, où, maître de ses occupations, il pût choisir un genre de travail plus conforme au tour de son esprit, ainsi qu'à son goût. Il obtint un Bref de translation ; mais trop de précipitation à vouloir jouir de la liberté qu'il devoit attendre de la seule Indulgence de l'Eglise, des imprudences mêmes, si l'on veut, ou des circonstances malheureuses, l'obligerent de se réfugier en Hollande. Il y eut une espece d'aventure qui donna lieu pendant quelque tems à des gens mal intentionnés de le représenter sous les plus fausses couleurs, & de prévenir contre lui le Public chez qui toutes sortes d'impressions s'établissent bien plus aisément qu'elles ne s'effacent. Nous n'entrerons dans aucun détail sur cet incident : on peut voir dans le *Pour & Contre* la maniere dont l'Abbé Prevost présente le fait. Cependant nous le trouvons bien mieux justifié, sur les idées de libertinage qu'on a voulu répandre de lui, par toute la suite de sa vie, dont ceux qui l'ont vu de près ne peuvent que rendre un très-bon témoignage, que par ce qu'il a écrit lui-même pour sa justification.

D'Hollande, l'Abbé Prevost passa en Angleterre, & pendant le séjour qu'il fit à Londres, il s'appliqua tellement à l'étude de la Langue Angloise, devenue alors la Langue à la mode, que peu de François sont parvenus à se la rendre aussi familiere. L'amour du travail, qui ne l'abandonna jamais, le fuivit dans toutes fes courfes. En Hollande, il compofa l'*Hiftoire Métallique des Pays-Bas*, & commença la Traduction de l'*Hiftoire de M. de Thou*, dont il donna le premier Tome adopté par l'Abbé *Desfontaines*, quoiqu'il en dife affez de mal. Mais l'Abbé Prevoft né mélancolique, & l'imagination tournée à cette agréable magie qui crée de rien, pour ainfi dire, le pathétique & l'intérêt, *qui pectus inaniter angit*, fe livra bientôt à fon goût pour la compofition des Romans. Les *Mémoires d'un homme de qualité*, dont le fuccès fut prodigieux, l'*Hiftoire de Cleveland*, fi tragique, celle du *Chevalier des Grieux & de Manon Lefcaut*, fi intéreffante, diftinguerent avec éclat fon début dans une carriere où fes premiers pas lui firent d'abord obtenir la palme.

Cependant, éloigné de fa patrie, il jettoit de tems en tems des regards vers la Capitale où fon afcendant & la nature de fes talens l'appelloient. On accommoda fes affaires par rapport à la tranflation dont l'incident, rapporté dans l'*Abrégé de fa vie*, l'avoit empêché de jouir en France, & de puiffantes protections s'en mêlerent. M. le Prince de Conti, qui a le difcernement des hommes en tout genre (l'un des plus rares dons du génie), connut tout ce que valoit l'Abbé Prevoft. Ce Prince ne fe contenta pas de fe déclarer fon Protecteur, il voulut encore fe l'attacher en qualité d'Aumônier, afin qu'à l'ombre de fa protection il pût fuivre tranquillement fon attrait pour les Lettres.

L'Abbé Prevoft de retour en France, & paifible Poffeffeur d'une liberté, fans laquelle tout talent fe rouille ou périt, s'appliqua d'abord à des ouvrages plus conformes au genre des bonnes Lettres, dont il avoit confervé le goût. Il compofa le *Pour & Contre*, efpece de Journal d'un genre nouveau, qui, par le mélange piquant dont il étoit affaifonné, fe faifoit lire plus agréablement, & peut-être avec autant de fruit, que les plus célebres Journaux. Cet Ouvrage fut conduit jufqu'à vingt Volumes qui font encore recherchés, malgré la mauvaife rapfodie qu'en a faite un Compilateur.

On le vit paffer ainfi tour-à-tour des Romans à la Littérature, & de la Littérature aux Romans; & ce paffage, très-convenable à la foupleffe de fon efprit, ne lui coutoit rien. Le *Doyen de Killerine*, où il y a tant de philofophie, les *Mémoires de Montcal*, *Marguerite d'Anjou*, l'*Hiftoire d'une Greque moderne*, les *Mémoires pour fervir à l'Hiftoire de Malte*, l'*Hiftoire de Guillaume le Conquérant*, les *Mémoires d'un*

PRÉLIMINAIRE.

honnête homme, tous ces Ouvrages qui se suivirent de près, en cinq ou six années, exerçoient la facilité de sa plume & la fécondité de son imagination, sans les émousser. Il n'avoit encore fait usage de l'intelligence singuliere qu'il avoit de la Langue Angloise que dans le *Pour & Contre*, qu'il enrichissoit de morceaux traduits des Papiers publics & des *Pamphlets* de Londres, & dans la Traduction d'un Tragédie intitulée, *La mort d'Antoine & de Cléopatre*: il traduisit successivement l'excellente *Histoire de Cicéron*, de Middleton; les *Voyages de Robert Lade*; l'*Histoire de Clarisse*, chef-d'œuvre de caracteres, de sentiment, & de connoissance du cœur humain; celle de *Grandisson*; l'*Histoire de la Maison de Stuart*, de M. Hume; celle de *Miss Bidulphe*, *Almoran & Hamet*, & les *Lettres de Mentor à un jeune Seigneur*. Ce seroit de quoi faire aujourd'hui cinq ou six réputations littéraires.

Quoique sa grande facilité ne lui fît qu'un amusement de toute espece de travail, pour le varier encore, il faisoit de tems en tems succéder des Ouvrages utiles aux Ecrits de pur agrément. C'est ainsi qu'il donna les *Lettres de Cicéron à Brutus* & celles que nous appellons *Familieres*, traduites en François, & qu'il publia son *Manuel Lexique*. Ces sortes de compositions le délassoient de la peinture des passions, objet commun aux Romans & à l'Histoire. C'est dans un de ces fréquens retours à la bonne Littérature, à laquelle il étoit ramené par l'ascendant de ses premieres études, qu'il se chargea du *Journal Etranger*, dont il a composé neuf Volumes.

L'Ouvrage le plus considérable de l'Abbé Prevost, est l'*Histoire générale des Voyages*. Il revenoit des Pays-Bas & d'Allemagne, où il s'étoit retiré pour se mettre à couvert d'un petit orage, dans lequel il fut enveloppé par l'imprudence d'un Nouvelliste & par sa propre facilité, lorsqu'il entreprit ce grand Ouvrage, & certainement il suffiroit seul pour lui faire un nom distingué. Une Dame du premier rang (19) lui disoit un jour à l'occasion de cette Histoire: « Vous pouviez mieux faire cet Ouvrage, mais per-
» sonne ne pouvoit le faire aussi bien ». Ce jugement ingénieux & vrai pourroit servir de réponse aux froids contempteurs de l'*Histoire générale des Voyages*, qui ne pouvant payer de critique, donnent, pour raison suffisante de leurs dédains, de mauvais sarcasmes.

L'Abbé Prevost ne cessa d'écrire qu'en cessant de vivre, & sans l'accident qui précipita la fin de ses jours, il se disposoit à donner encore plusieurs autres Ouvrages. Il venoit de publier les deux

_____
(19) Madame la Duchesse d'Aiguillon.

premieres Parties du *Monde Moral*, Roman tiré de son propre fond, & la suite en a paru après sa mort. M. le Prince de Condé l'avoit choisi pour faire l'Histoire de sa maison. C'étoit, pour sa plume exercée, féconde, une grande & riche matiere qu'il n'auroit sûrement pas dégradée : il se promettoit bien d'y mettre tout ce qu'il avoit d'acquis & de style, tout ce qui lui restoit de vigueur.

On a fait différens portraits de l'Abbé Prevost ; mais il n'en est point de plus ressemblant, ni de plus vrai, que celui qu'il a publié lui-même dans le *Pour & Contre*, où il s'est peint à l'âge de trente-sept à trente-huit ans. « C'EST, dit-il, un homme qui porte sur son
» visage & dans son humeur les traces de ses anciens chagrins ;
» qui passe quelquefois des semaines entieres sans sortir de son cabi-
» net, & qui y emploie tous les jours sept ou huit heures à l'étude ;
» qui cherche rarement les occasions de se réjouir ; qui résiste
» même à celles qui lui sont offertes, & qui préfere une heure
» d'entretien avec un ami de bon sens à tout ce qu'on appelle
» *plaisirs du monde* & *passe-tems agréables* : civil d'ailleurs, par l'ef-
» fet d'une excellente éducation, mais peu galant ; d'une humeur
» douce, mais mélancolique ; sobre enfin, & réglé dans sa con-
» duite, &c ».

L'Abbé Prevost ne s'est point flatté, le voilà peint très-fidelement : il ne faut qu'ajouter les traits que sa modestie lui avoit fait supprimer. Ami désintéressé, solide, attaché, sensible & du commerce le plus sûr ; le cœur vrai, net, ouvert, facile, mais dans sa franchise un peu crédule ; beaucoup de douceur naturelle, & d'égalité dans l'esprit ; toutes les qualités sociales, avec un grand fond de philosophie. Il étoit difficile de le voir, sans chercher à le connoître, de le connoître sans l'aimer, de l'aimer sans trouver des raisons pour l'estimer davantage. Avec un pareil caractere, il ne pouvoit manquer d'être agréablement dans le monde, pour lequel il sembloit fait plus que personne ; cependant il ne l'aimoit point, un goût inné pour la retraite l'entraînoit invinciblement. Il avoit fait l'acquisition d'une maison à Saint-Firmin, près de Chantilly, & il y a passé les dernieres années de sa vie. C'est dans cet asyle qu'il mourut d'un coup de sang, ou d'une goutte remontée, le 23 Novembre 1763, âgé d'environ soixante-six ans.

L'Abbé Prevost doit être placé parmi nos meilleurs Ecrivains. Histoires, Romans, Journaux, Traductions, tous ces Ouvrages différens développent des connoissances que réunissent peu de

PRÉLIMINAIRE.

gens de Lettres. Il avoit bien cultivé notre Langue, & l'écrivoit élégament, purement; mais doué, comme on l'a dit dans le *Prospectus*, des mœurs les plus douces, il avoit assujetti sa plume au caractere de ses mœurs, & jamais il ne lui permit la moindre amertume. Dans le grand nombre de Volumes qu'il a donnés au Public, il ne lui est rien échappé ni contre les Mœurs, ni contre la Religion, pour laquelle il eut toujours le plus grand respect.

Quant à son génie particulier, on voit la fertilité, la richesse de son heureuse imagination dans tous ces Romans où il a versé tant de sentiment, d'intérêt, d'énergie, de variété, d'agrémens, même d'excellente morale, & d'art & d'esprit. Le Public qui les lit toujours, ne les a point perdus de vue, & la constance de son goût pour *Cleveland*, *Manon Lescaut*, &c. fait mieux leur éloge que tout ce que nous en pourrions dire.

Terminons le Tableau par un trait unique de désintéressement, qui va peindre toute l'ame de l'Abbé Prevost.

Lorsqu'il entreprit l'Histoire générale des Voyages, M. *de laBoissiere*, Fermier Général, lui offrit de faire les frais de l'Impression, dont tout le profit lui seroit par conséquent revenu : c'étoit pour lui dans les circonstances un coup de fortune. L'Abbé Prevost refusa des offres si généreuses & si séduisantes. Il ne voulut point priver d'un gain considérable & sûr son Libraire qu'il affectionnoit; il lui abandonna son travail aux simples conditions qu'il crut pouvoir exiger, en l'enrichissant.

Fin du Discours Préliminaire.

APPROBATION.

J'AI lu, par l'ordre de Monseigneur le Vice-Chancelier, la *Continuation de l'Histoire Générale des Voyages*, où je n'ai rien trouvé qui ne soit très-digne de l'attention du Public. Fait à Paris, ce 31 Janvier 1768.

CAPPERONNIER.

PRIVILEGE DU ROI.

LOUIS, par la Grace de Dieu, Roi de France & de Navarre : A nos amés & féaux Conseillers les Gens tenans nos Cours de Parlement, Maîtres des Requêtes ordinaires de notre Hôtel, Grand Conseil, Prevôt de Paris, Baillifs, Sénéchaux, leurs Lieutenans Civils, & autres nos Justiciers qu'il appartiendra, SALUT. Nôtre amé le Sieur BARROIS, Libraire à Paris, Nous a fait exposer qu'il desireroit faire imprimer & donner au Public des Livres qui ont pour titre, *Histoire des Voyages, Traduction de l'Histoire des Voyages de terre sur l'Allemand de* . . . . *&c*, s'il Nous plaisoit lui accorder nos Lettres de Privilege pour ce nécessaires. A ces causes, voulant favorablement traiter l'Exposant, Nous lui avons permis & permettons par ces Présentes, de faire imprimer les Livres autant de fois que bon lui semblera, & de les faire vendre & débiter par tout notre Royaume pendant le tems de *quinze* années consécutives, à compter du jour de la date des Présentes. Faisons défenses à tous Imprimeurs, Libraires & autres personnes, de quelque qualité & condition qu'elles soient, d'en introduire d'impression étrangere dans aucun lieu de notre obéissance : comme aussi d'imprimer, ou faire imprimer, vendre, faire vendre, débiter ni contrefaire lesdits Livres, ni d'en faire aucuns extraits sous quelque prétexte que ce puisse être, sans la permission expresse & par écrit dudit Exposant, ou de ceux qui auront droit de lui, à peine de confiscation des Exemplaires contrefaits, de trois mille livres d'amende contre chacun des contrevenans, dont un tiers à Nous, un tiers à l'Hôtel-Dieu de Paris, & l'autre tiers audit Exposant, ou à celui qui aura droit de lui, & de tous dépens, dommages & intérêts ; à la charge que ces Présentes seront enregistrées tout au long sur le registre de la Communauté des Imprimeurs & Libraires de Paris, dans trois mois de la date d'icelles ; que l'impression desdits Livres sera faite dans notre Royaume & non ailleurs, en bon papier & beaux caracteres, conformément à la feuille attachée pour modele sous le contrescel des Présentes ; que l'Impétrant se conformera en tout aux Réglemens de la Librairie, & notamment à celui du 10 Avril 1725 ; qu'avant de les exposer en vente, les imprimés qui auront servi de copie à la réimpression desdits Livres, seront remis dans le même état où l'approbation y aura été donnée, ès mains de notre très-cher & féal Chevalier Chancelier de France, le sieur DE LAMOIGNON, & qu'il en sera ensuite remis deux Exemplaires dans notre Bibliotheque publique, un dans celle de notre Château du Louvre, un dans celle de notredit très-cher & féal Chevalier Chancelier de France le sieur de Lamoignon, & un dans celle de notre très-cher & féal Chevalier Garde des Sceaux de France, le sieur BERRYER. Le tout à peine de nullité des Présentes ; du contenu desquelles vous mandons & enjoignons de faire jouir l'Exposant & ses ayans cause pleinement & paisiblement, sans souffrir qu'il leur soit fait aucun trouble ou empêchement. Voulons que la copie des Présentes qui sera imprimée tout au long au commencement ou à la fin desdits Livres, soit tenue pour duement signifiée, & qu'aux copies collationnées par l'un de nos amés & féaux Conseillers Secrétaires, foi soit ajoutée comme à l'original. Commandons au premier notre Huissier ou Sergent sur ce requis, de faire pour l'exécution d'icelles, tous actes requis & nécessaires, sans demander autre permission, & nonobstant clameur de Haro, Charte Normande & Lettres à ce contraires : Car tel est notre plaisir. Donné à Paris, le quatrieme jour du mois de Février, l'an de grace mil sept cent soixante-deux, & de notre Regne le quarante-septieme. Par le Roi en son Conseil.

LE BEGUE.

Regiftré fur le Regiftre XV. de la Chambre Royale & Syndicale des Libraires & Imprimeurs de Paris, N°. 593, fol. 273, conformément au Réglement de 1723. A Paris, ce 15 Mars 1762.

VINCENT, Adjoint.

J'ai cédé & transporté à M. DURAND mon droit au préfent Privilege. A Paris, ce 3 Avril 1762.

BARROIS.

CESSION.

JE foufsigné, nommé pour faire la vente du fonds de Librairie de feu M. DURAND, & en vertu du pouvoir qui m'en a été donné par la Veuve, Tuteurs & Créanciers, ai cédé & transporté à M. ROZET le Privilege entier de L'HISTOIRE DES VOYAGES, pour en jouir en lieu & place de M. DURAND, comme de chofe à lui appartenante. Fait à Paris, le 15 Novembre 1764.

LE CLERC.

Regiftré la préfente Ceffion fur le Regiftre XVII. de la Chambre Royale & Syndicale des Libraires & Imprimeurs de Paris, N°. 269, conformément aux anciens Réglemens, confirmés par celui du 28 Février 1723. A Paris, ce 17 Juillet 1767.

GANEAU, Syndic.

ERRATA.

Pages	lignes	
2	29	Bourguemaître, *lis.* Bourg-Mestre.
17	12	défaut de cultiver, *lis.* défaut de culture.
64	2	côte orientale & celle d'occident, *lis.* côte orientale & occidentale.
64	26	détenu, *lis.* retenu.
65	29	informations qu'il a faites, *lis.* informations qu'il a prises.
68	15	disgression, *lis.* digression.
71	10	par de gens, *lis.* par des gens.
72	30	Géodesistes ou Navigateurs, *lis.* Géodesistes ou Arpenteurs.
80		(en marge) Wolkow, *lis.* le Wolchow.
91	35	Tschebakar, *lis.* Tschebaxar.
105	30	Katun, *lis.* Kalun.
107	22	Savodes, *lis.* Sawodes.
146	5	orgies, mesure qui revient à une brasse.
176	46	Riviere de Kan, *lis.* riviere de Kan.
192		(Note au bas de la page, seconde colonne) 1734, *lis.* 1735.
195		(en marge) pareisse, *lis.* paresse.
195	19	Kiachta, *lis.* Kjachta.
240	13	au-dessus d'eux, *lis.* au-dessous d'eux.
244	34	rayez le chiffre de renvoi (62).
278	28	escamoter, *lis.* escamoté, ou, voulu escamoter.
297	30, 35, 39	pounch, *lis.* punch.
331	44	Prikasie, *lis.* Prikase.
413	4	éclatante, *lis.* éclatante.
411	22	d'attirent, *lis.* d'attirer.
442	15	de tems er tems, *lis.* de tems en tems.
ibid.	21	à mi-côté, *lis.* à mi-côte.
ibid.	35	en gruaux, *lis.* en grumelaux.
498	36	si je réunis, *lis.* si je réussis.
563		où le servicé, *lis.* service.

CONTINUATION

CONTINUATION DE L'HISTOIRE GÉNÉRALE DES VOYAGES.

xxxxxxxxxxxxxxxxxxxxxxxxxxx*xxxxxxxxxxxxxx

HISTOIRE PARTICULIERE DE L'ISLANDE.

INTRODUCTION.

L'ISLANDE isolée dans l'Océan Atlantique, est située sous le cercle polaire Arctique, entre notre continent & le Groënland, qu'on croit tenir à l'Amérique ; ainsi, pour se rendre de presque toutes les parties de l'Europe dans les Mers du Nord de l'Asie, il faut nécessairement passer devant l'Islande. Cette Isle d'ailleurs a toujours dépendu d'une Puissance Européenne, dont elle a reçu les Loix & la Religion. Son Histoire, à la tête de ce Volume, aura donc le double avantage d'être dans l'ordre géographique, & à sa véritable place.

INTRODUC-TION.

Quant à l'ordre géographique, en jettant les yeux sur une Carte, on verra qu'en partant de l'Islande, notre marche se dirige naturellement vers la Nouvelle-Zemble, qui sépare les mers du Nord de l'Europe, de celles du Nord de l'Asie. Or, après avoir rassemblé sur cette derniere Isle tout ce qu'on a pu recueillir de plus exact & de plus certain dans quelques Relations modernes, dont l'Abbé Prevost n'a point fait usage, nous sommes conduits à l'embouchure de la Lena d'où sont partis les Russes pour leurs expéditions ; ce qui nous met à portée de les suivre dans toute cette partie de l'Asie septentrionale, qui compose le Kamtschatka & la Sibérie.

Tome XVIII. A

HISTOIRE GÉNÉRALE

INTRODUCTION.

Il fuit clairement de-là que la Defcription de l'Iflande ne pouvoit être mieux placée qu'à la tête de cet ouvrage, puifque nous ferons par-là difpenfés de revenir fur nos pas, à l'occafion du Danemarck dont dépend cette Ifle, & que c'eft un de ces morceaux échappés aux Auteurs anglois & françois de l'Hiftoire générale des Voyages.

Après ce court préambule, nous allons, fuivant la méthode de notre prédéceffeur, indiquer d'abord les Voyageurs qui ont vifité l'Iflande, les Relations qu'ils en ont données, & les Ecrivains qui ont parlé de cette Ifle : nous ferons voir enfuite quel fond on doit faire fur tous ces récits.

Nous paffons fous filence les Auteurs anciens, dans lefquels on croit qu'il eft fait mention de l'Iflande fous le nom de *Thulé*, que quelques Écrivains appliquent à la Scandinavie (1). Cette Thulé, quelle qu'elle puiffe être, étoit regardée comme une des extrémités du monde, & les anciens ne l'ont jamais envifagée que fous ce point de vue, fans la faire connoître exactement par fes qualités phyfiques, ni par les habitans qu'elle renfermoit.

Olaüs Magnus.

Olaüs Magnus, Archevêque d'Upfal, en a donné une courte Defcription (2), mais remplie de contes abfurdes, qui annoncent affez les tems d'ignorance & de crédulité où écrivoit cet Archevêque.

Arngrimus Jonas & Théodore Thorlacius.

Arngrimus Jonas & Théodore Thorlacius, Iflandois, ont publié des Relations de leur patrie ; mais les ouvrages du premier, qui font fort rares d'ailleurs, apprennent peu de chofe, & ceux du dernier font inconnus en France.

La Peyrere.

La *Peyrere*, auteur du fameux fyftême des Préadamites, a donné, d'après les Ecrivains Iflandois & Danois, quelques Notions de cette Ifle dans une Lettre adreffée de Coppenhague en 1644 à M. Lamothe-le-Vayer ; il s'y trouve des traits intéreffans, mais beaucoup de chofes fauffes ou fufpectes.

M. Anderfon.

L'Hiftoire d'Iflande publiée il y a vingt ans par M. *Anderfon*, Bourguemaître de Hambourg, fit oublier toutes les anciennes Relations : la réputation du favoir de l'auteur mérita la plus grande faveur à fon Ouvrage, & perfonne ne douta que ce favant n'eût réuni la vérité & l'exactitude à la plus profonde érudition. L'Hiftoire d'Iflande de M. Anderfon

M. Horrebows.

jouiffoit de la plus haute eftime, lorfqu'en 1750 M. *Horrebows*, favant Danois, fut envoyé par le Roi de Danemarck en Iflande, pour y faire des obfervations exactes & fûres, & pour rectifier les erreurs que le

---

(1) La Scandinavie des Anciens eft la Prefqu'Ifle qui renferme aujourd'hui la Suede, la Norvege & le Danemarck. On croit que les Anciens la regardoient comme une île, & qu'ils l'appelloient par cette raifon *Ultima Thule*. C'eft le fentiment de la Martiniere, du Baron de Stralenberg, Officier Suédois, qui a donné d'excellens Mémoires fur la grande Ruffie, & fur l'Europe & l'Afie Septentrionales. *Voyez* fes Mémoires fur la grande Ruffie, Tome I. p. 104. Ce qui donne beaucoup d'avantage à cette derniere opinion fur celle qui fait de l'Iflande l'ancienne Thulé, c'eft que Strabon, liv. 4. écrit que la Thulé de fon tems eft un pays de plaine qui porte du froment. On verra que cette Defcription ne peut abfolument fe rapporter à l'Iflande, & convient parfaitement à la Scandinavie.

(2) *Breviarium Hiftoriæ gentium Septentrionalium*, lib. 2. c. 2.

Savant d'Hambourg avoit répandues sur l'Histoire de cette Isle. Après avoir résidé en Islande pendant les années 1750 & 1751, il revint à Copenhague, & offrit à son Souverain l'hommage de ses travaux & de ses observations, sous le titre de *Nouvelle Description physique, historique, civile & politique de l'Islande, avec des Remarques critiques sur l'Histoire naturelle de cette Isle, donnée par M. Anderson.* Cette Description nouvelle décrédita absolument les anciennes, & dissipa toute la prévention qu'on avoit pour celle de M. Anderson, sans cependant rien diminuer de la reconnoissance qui lui est si justement due pour les recherches savantes & pour les vérités qui s'y trouvent. Aussi l'Auteur Danois lui rend-il la justice de croire qu'il n'auroit jamais publié son Ouvrage, s'il avoit été convaincu de la fausseté des rapports qu'il avoit recueillis. Mais laissons parler M. Horrebows lui-même, ou du-moins dans les termes de son Traducteur. Le Lecteur en sera plus à portée de juger du mérite des Ecrivains qui ont publié des Relations de l'Islande, puisque l'Auteur Danois, dans sa Préface, les examine tous, & paroît s'expliquer sur leur compte avec autant de discernement que d'impartialité.

« Quoique l'Islande, dit cet Historien, soit après l'Angleterre & l'E-
» cosse, l'Isle la plus considérable de l'Europe, & qu'elle forme un pays
» très-étendu qui méritoit bien d'être connu, il n'en est cependant aucun
» sur lequel on ait des connoissances si vagues ou si peu vraies. Ce n'est
» pas que les Islandois ayent ignoré l'art d'écrire : aucun peuple au monde
» n'a peut-être pris plus de soin qu'eux, de consacrer dans des écrits la
» mémoire de tout ce qui s'est passé dans leur pays ; mais autant ils ont
» écrit sur l'Histoire civile & politique, autant ils ont négligé l'Histoire
» physique, & c'est de-là que procede le défaut de connoissances à cet
» égard.

» On ne peut regarder comme des Descriptions parfaites les petits
» Ouvrages qu'ont publiés sur leur patrie Arngrimus Jonas, Théodore
» Thorlacius, Islandois, & quelques autres.

» Quelques Etrangers ont voulu suppléer à ce qui nous manquoit ; mais
» comment s'en sont-ils acquittés ? Il est plus difficile qu'on ne pense de
» décrire avec vérité un pays de cette étendue, qui renferme des choses
» extraordinaires, sur-tout si l'on en ignore la Langue, & si l'on n'y a pas
» fait un séjour de plusieurs années. Malgré ces difficultés, il s'est trouvé
» des Ecrivains qui se sont crus en état de hasarder des Descriptions de
» cette Isle ; les uns, parce qu'ils y avoient résidé pendant quelques se-
» maines, les autres sans y avoir jamais abordé, mais d'après des Rela-
» tions orales qu'ils tenoient de gens qui commerçoient en Islande. *Bleff-*
» *kenius* est du nombre des premiers. Un Vaisseau Hollandois, sur lequel
» il étoit, resta quelque tems à l'ancre sous l'Islande ; peut-être même
» cet Auteur alloit-il à terre quelquefois : mais il est sûr qu'il n'entendoit
» pas la Langue. Cependant à son retour en Hollande, il publia de l'Islande
» une Description aussi fausse, que calomnieuse, à l'égard de ses habitans.
» Le savant Arngrimus Jonas l'a refutée dans un Ouvrage qui porte pour
» titre *Anatome Bleffkeniana.*

» On peut mettre à-peu-près au même rang le savant & célebre *Jean*

A ij

HISTOIRE GÉNÉRALE

» *Anderson*, premier Bourguemaître de Hambourg. Ce dernier avoit en
» d'assez bonnes intentions en publiant son Histoire naturelle d'Islande;
» mais il n'a pas fait attention que les Capitaines de Navire, les Négo-
» cians ou leurs Commis qu'il avoit consultés, étoient des gens trop peu
» instruits, & trop ignorans dans la science des observations, pour adop-
» ter aveuglément leurs rapports. Il est arrivé de-là qu'il a renouvellé
» d'anciens contes, qu'il a publié beaucoup d'erreurs & de faussetés, &
» que le Public a été trompé. Son Ouvrage a été cependant traduit de l'Al-
» lemand en Danois, puis dans toutes les Langues de l'Europe (3), & reçu
» par-tout avec plaisir. Mais comme le nom d'un Savant tel que M. An-
» derson, attiroit beaucoup de confiance à ses récits, & accréditoit des
» faits controuvés ou injurieux aux Islandois, j'ai cru qu'il étoit de
» mon devoir de désabuser le Public, & de relever tout ce qui se trouve
» de faux & de défectueux dans l'Histoire de M. Anderson. Tout ce qui
» est de son propre fond, est marqué au coin du savoir & de l'érudition
» la plus vaste: aussi n'est-ce pas sur ce point que je prétends le contre-
» dire. Je me suis attaché seulement aux rapports des gens qu'il a consul-
» tés, rapports qui n'annoncent que de très-foibles connoissances, &
» beaucoup d'envie de ridiculiser les Islandois. Je dois prévenir aussi que
» ma Relation diffère d'autant plus de toutes les autres, qu'elle ne con-
» tient rien que je n'aie vu par moi-même, ou dont je ne doive la connois-
» sance à l'expérience & au séjour que j'ai fait pendant deux ans dans
» cette Isle. Pour ce que j'ai rapporté d'antérieur à mon arrivée, je l'ai
» appris d'Islandois très-éclairés, qui en ont été témoins ».

M. Horrebows dit ensuite, que les observations astronomiques & météorologiques qu'il a faites pendant son séjour, lui ont procuré des connoissances certaines sur la hauteur de cette île, & sur la température de son
climat; que l'éclipse de Lune arrivée au mois de Décembre 1750, lui a
fait connoître exactement la longitude de l'Islande, & qu'il a remarqué
qu'elle est de quatre degrés plus orientale qu'on ne la croyoit.

« Je me suis efforcé, conclud-il, de bien déterminer son étendue & sa
» position, & je crois pouvoir me flatter d'avoir réussi dans la Carte géo-
» graphique que j'en ai donnée. De toutes celles qu'on a eues jusqu'à pré-
» sent, il n'en est aucune d'exacte : celle même de M. Anderson est la
» plus défectueuse de toutes. La mienne, je l'avoue, doit sa perfection aux
» bontés de mon très-gracieux Souverain. Il a ordonné qu'on me commu-
» niquât la Carte levée en Islande, il y a quelques années, par plusieurs
» Ingénieurs qui y étoient allés par son ordre, & que le Capitaine *Knopf*
» a achevée en 1734. Ma Carte est une copie fidelle de cette grande Carte
» qui n'a point été publiée; ainsi je me flatte qu'elle sera reçue avec quel-
» que distinction ».

On juge donc bien que M. Horrebows a été notre principal guide dans la
Description qui va suivre; mais on a eu soin d'y joindre tout ce qu'il n'a pas
censuré dans l'Histoire de M. Anderson. Ainsi ces deux Ouvrages fondus

---

(3) La Traduction qu'on en a en France, est dûe à M. *Sellius*, ancien Professeur de Philosophie à Gottingue, de l'Académie Royale de Londres. Elle a été publiée en 1750, avec l'Histoire Naturelle du Groën-land. Deux Volumes *in-12.* chez Jorry.

ensemble, donnent de l'Islande les connoissances les plus exactes, les plus étendues & les plus récentes qu'on ait eues jusqu'à ce jour, sans qu'on ait négligé de recueillir tout ce qu'on a pû trouver de sûr & d'intéressant dans les différens Ecrivains qu'on a cités.

DESCRIPTION DE L'ISLANDE.

§. I.

Situation de l'Islande, étendue de cette Isle, sa température, &c.

L'ISLANDE est située dans l'Océan Atlantique (4), sous le 64 d. 6 '. de latitude, & à 25 d. à l'Ouest du Méridien de Londres, * à 240 lieues des côtes de Norvege, & à 100 de celles du Groënland. Elle est (5) par conséquent de quatre degrés plus à l'Est qu'on ne la croyoit.

Quant aux dimensions exactes de l'Isle, dit M. Horrebows, il est très-difficile de les donner : cette opération exigeroit bien des voyages, & ce n'est qu'après de longs travaux qu'on pourroit se flatter de quelque succès. Cependant à réunir les différentes remarques qu'il a faites, aux témoignages des Islandois les plus instruits, on peut juger que leur pays a de l'Orient à l'Occident près de quatre-vingt-seize lieues Danoises (6). A l'égard de sa largeur du Sud au Nord, si l'on considere les endroits les plus étroits, ils n'ont gueres que quarante lieues, mais il s'en trouve d'autres dont la largeur va jusqu'à soixante. Ainsi, en balançant le fort & le foible, on peut, sans errer, porter la largeur de l'Isle en général à cinquante lieues de Danemarck, ou à cent lieues de vingt-cinq au degré.

« L'Islande entiere, selon M. Mallet (*Introduction à l'Histoire du Dane-*
» *marck*), ne doit être regardée que comme une vaste montagne, parse-
» mée de cavités profondes, cachant dans son sein des amas de minéraux,
» de matieres vitrifiées & bitumineuses, & s'élevant de tous côtés du milieu
» de la mer qui la baigne en forme d'un cône court & écrasé. Sa surface
» ne présente à l'œil que des sommets de montagne blanchis par des nei-
» ges & des glaces éternelles ; & plus bas, l'image de la confusion & du
» bouleversement. C'est un énorme monceau de pierres & de rochers
» brisés & tranchans, quelquefois poreux & à demi-calcinés, souvent
» effrayans par la noirceur & les traces du feu qui y sont encore empréin-
» tes. Les fentes & les creux de ces rochers ne sont remplis que d'un sa-

(4) On donne ce nom ou celui de Mer d'Espagne à l'Océan qui baigne les côtes de Barbarie & d'Europe, depuis le mont Atlas jusqu'aux îles de Hetland, qui avoisinent les côtes de Norvege.
* Qui reviennent au 17 deg. 25 min. à l'Occident de celui de Paris.
(5) Un Auteur Allemand prétend que M. Horrebows s'est trompé, & qu'il n'est pas vraisemblable que l'Islande soit plus Orientale qu'on ne la croyoit. Voyez *Friderick Busching, Doctors von der Theologie und Philosophie*, &c. *Neue Erd-Beschreibung*, *Hamburg 1758*. Tome I. p. 176.
(6) La lieue de Danemarck est de cinq mille pas, il en faut douze pour un degré : ainsi quatre-vingt seize lieues Danoises font environ deux cens lieues de France, de vingt-cinq au degré.

HISTOIRE GÉNÉRALE

DESCRIPTION DE L'ISLANDE

» ble rouge, noir & blanc ; mais dans les vallées que les montagnes forment entr'elles, on trouve des plaines vastes & agréables, où la Nature, qui mêle toujours quelque adoucissement à ses fléaux, laisse un asyle supportable à des hommes qui n'en connoissent point d'autre, & une nourriture abondante & très-délicate au bétail ».

On croit avec assez de fondement, que c'est la vue de ces glaces dont le sommet des montagnes & la plus grande partie des côtes de l'Isle sont presque perpétuellement couverts, qui lui a fait donner le nom d'*Eis-Land*, mot allemand qui signifie *Pays-de-Glace*.

Température du pays.

Le climat de cette Isle est en général le même qu'en Suede & en Danemarck. Les Observations Météorologiques de M. Horrebows le démontrent clairement. Il résulte de leur examen, que les quatre saisons y sont très-distinguées, contre l'opinion générale qui n'admettoit en Islande que l'Eté & l'Hyver.

Le Printems y est doux & agréable; l'Eté n'incommode point par des chaleurs excessives ; l'Automne est mêlée de tems pluvieux & de beaux jours ; l'Hyver commence au mois de Décembre, & amene quelquefois beaucoup de neige, mais les plus grands froids se font sentir communément au mois de Février ou de Mars.

Aux rigueurs de l'Hyver, se joint encore le désagrément de la courte durée des jours ; mais il n'est pas vrai que les ténebres y regnent plusieurs mois de suite, comme toutes les Géographies le débitent. On doit faire attention d'abord que les jours ne peuvent pas être égaux dans toute l'Isle, mais qu'ils sont plus courts en Hyver, & plus longs en Eté, suivant que les lieux sont plus septentrionaux, & *vice versa*.

Longueur des nuits d'Hyver.

M. Horrebows nous assûre, d'après le témoignage de gens habiles & lettrés qui ont habité la partie septentrionale de l'Isle, que dans le jour le plus court de l'Hyver, le Soleil paroît environ une heure sur l'horison, & que la clarté y regne près de quatre heures. Il peut se faire aussi que, dans les extrémités les plus septentrionales, comme par exemple, à la pointe du *Norder-Strand* & de *Kisefior'ds-Syssel*, le Soleil ne se montre pas pendant quelques jours ; mais cependant on n'y reste point dans l'obscurité. Au moyen de la réfraction, on y a des crépuscules qui éclairent pendant plusieurs heures. Ils sont d'autant plus remarquables, observe l'Auteur Danois, qu'en Islande le Soleil, long-tems avant son lever & après son coucher, avance très-près sous l'horison, ou à côté de l'horison, c'est-à-dire qu'il forme avec l'horison un angle plus aigu que dans les autres pays moins septentrionaux. En se couchant & en se levant, on sait qu'il suit une ligne qui approche davantage de la perpendiculaire, à mesure qu'on avance vers l'équateur, où la ligne qu'il décrit est exactement perpendiculaire à l'horison. C'est par cette raison que près des poles on jouit de longs crépuscules, tandis que sous la ligne & dans les pays voisins les ténebres arrivent au moment même que le Soleil a quitté l'horison.

Durée des Jours d'Eté.

A l'égard de ce qui arrive l'Eté en Islande, la longueur des jours de cette saison y dédommage de la briéveté de ceux d'Hyver : le Soleil ne reste que deux ou trois heures sous l'horison, & depuis la mi-Mai jusqu'au mois de Septembre, il n'y a plus de nuit, ou du-moins elles sont toujours accompagnées d'une clarté assez grande, pour qu'on puisse lire très-aisé- ment. Les Aurores Boréales & les Parélies sont des phénomenes qu'on observe assez souvent en Islande, sur-tout les premieres. Elles éclairent presque toutes les nuits d'Hyver, mais leur clarté est rarement assez forte pour qu'on puisse en tirer de grands avantages. Les Voyageurs seulement peuvent profiter de cette lueur pour se guider, mais elle ne suffiroit pas pour que l'on pût faire quelque ouvrage.

Les Parélies sont des anneaux colorés comme l'Arc-en-Ciel, qu'on observe autour du Soleil. Il y a peu d'années qu'il n'en paroisse en Islande, & on les regarde, ainsi qu'ailleurs, comme l'annonce des mauvais tems & des orages, ce qui n'empêche pas que le contraire n'arrive souvent.

La situation de l'Islande l'exposant beaucoup à la violence des vents, on y ressent quelquefois des ouragans qui y font de grands ravages, mais cependant ils n'y sont pas aussi communs que l'a prétendu M. Anderson; car M. Horrebows assure qu'il n'en a vu que deux en deux ans. En Eté, les vents sont d'un grand secours contre la chaleur. Toutes les fois qu'il fait beau tems, il s'éleve communément pendant la nuit un vent de Terre, qui regne dans toute l'Isle. Entre neuf & onze heures du matin, succede un petit vent de Mer, qui dure jusqu'à cinq heures du soir, & même quelquefois jusqu'au coucher du Soleil. L'un & l'autre de ces vents rafraichissent l'air fort doucement, & ne donnent ni pluie, ni mauvais tems.

§. II.

Constitution de l'Islande, nature de ses montagnes & leur différence.

L'ISLANDE est fort inégale dans toute son étendue, & hérissée d'une extrémité à l'autre de rochers & de montagnes immenses, qui sont contiguës, soit du Sud au Nord, soit de l'Est à l'Ouest; cependant il se trouve entre ces montagnes des vallées très-fertiles, & d'une grandeur très-considérable. Cette disposition du pays l'a fait diviser en dix-huit districts, appellés *Harden* & *Syssel*, dont chacun peut avoir quinze à vingt lieues. Ces Harden sont aussi séparés dans quelque canton par de grands golfes ou par des rivieres, & il y en a plusieurs de si étendus, qu'il a fallu y établir deux Sous-Baillis.

De toutes les montagnes qui sont dans le centre de l'Isle, la plûpart sont stériles & inhabitées. Il en est peu qui donnent des pâturages; mais celles qui sont près des districts, celles qui les séparent ou qui sont situées dans leur arrondissement sont en général très-fertiles, & fournissent d'excellente nourriture pour les bestiaux.

On divise les montagnes stériles en deux especes. Les unes sont de simples montagnes de roche & de sable; les autres sont des rochers qui pendant toute l'année sont couverts entierement, ou seulement à leur sommet, de glace & de neige, & on les appelle *Jokuls*, *Jockelen*. Il en sort en

HISTOIRE GÉNÉRALE

DESCRIPTION DE L'ISLANDE. Eté de grands ruisseaux, dont les eaux sont troubles, noirâtres, & pour la plûpart de fort mauvaise odeur.

Ce qu'il y a de singulier, c'est que ces Jokuls qui ne sont pas bien hauts, sont dominés par plusieurs autres montagnes beaucoup plus élevées, & sur lesquelles cependant on ne voit en Eté ni glace, ni neige. Il faut sans doute en chercher la cause dans la constitution intérieure de ces rochers, & dans l'abondance du nître & du salpêtre dont ils sont remplis.

La nature de ces Jokuls, dit notre Voyageur Danois (7), n'étonne pas moins que les phénomenes qui s'y font remarquer. Une suite d'Observations physiques sur ces montagnes instruiroit sans doute bien plus qu'une Description historique ; mais comme je n'ai pu me procurer que des connoissances du dernier genre, je vais rapporter ce qui m'a frappé davantage.

Ces Jokuls croissent, décroissent, s'élevent & s'abaissent, grossissent & diminuent perpétuellement. Chaque jour ajoute à leur forme, ou en enleve quelque chose. Par exemple, si l'on apperçoit des traces de quelqu'un qui a passé la veille, & qu'on suive ces traces, elles se perdent tout-à-coup & se trouvent aboutir à des monceaux de glace qu'on ne peut absolument traverser, d'où l'on conclut que ces glaces n'existoient pas le jour précédent. Ce fait se vérifie avec beaucoup de facilité, puisque si l'on abandonne le premier sentier, & que l'on veuille remonter les Jokuls, en faisant un circuit à leur pied, on retrouve les traces qu'on avoit abandonnées à la même hauteur & sur la même ligne que les premieres.

Il arrive aussi qu'on trouve un passage & un chemin dans des endroits où quelques jours auparavant on n'avoit vu que des monceaux de glaces inaccessibles.

Souvent des Voyageurs imprudens ou téméraires voulant tenter de passer à-travers ces glaces, ont perdu leur cheval dans les crévasses qui s'y trouvent. Et une chose fort surprenante, c'est que peu de jours après, on a retrouvé le cheval étendu sur la surface de la glace : ainsi ce qui étoit un gouffre, un précipice de plusieurs toises de profondeur, redevient au niveau, & ne présente plus aucun vuide.

Il s'ensuit de ces faits, qu'il n'y a réellement point de chemin sûr à travers ces Jokuls, & que les Voyageurs y sont exposés à de fâcheux accidens. On ne trouve de ces Jokuls que dans le canton de Skaftefield, à la partie Méridionale de l'Isle.

Les autres montagnes couvertes de glace, telles que l'*Hécla*, le *Wester*, le *Jockel*, le *Dranga*, & quelques autres, sont d'une nature différente des Jokuls, & n'éprouvent pas, comme eux, les changemens dont on vient de parler.

(7) Tome I. page 9.

§. III.

§. III.

Volcans les plus remarquables d'Islande. Description des ravages les plus terribles & les plus récens arrivés dans cette Isle.

LA plûpart de ces Jokuls sont des volcans qui, de tems à autre, jettent du feu & des flammes, & causent des tremblemens de Terre : on en compte environ une vingtaine dans toute l'Isle. Les habitans des environs de ces Jokuls ont appris par leurs observations, que lorsque ces montagnes de glace s'élevent jusqu'à une hauteur considérable, c'est-à-dire, lorsque la glace & la neige ont bouché les cavités par lesquelles il est anciennement sorti des flammes, on doit s'attendre à des tremblemens de Terre, qui sont suivis immanquablement d'éruptions de feu. C'est par cette raison, dit M. Horrebows, qu'à présent les Islandois craignent que les Jokuls qui jetterent des flammes en 1728 dans le canton de Skaftefield, ne s'enflamment bientôt ; la glace & la neige s'étant accumulées sur leur sommet, & paroissant fermer les soupiraux qui favorisent les exhalaisons de ces volcans.

On pourra se faire une idée des effets terribles de ces Jokuls, par le récit que nous allons donner du plus affreux ravage qu'on ait jamais vu en Islande, & qui arriva en 1721.

Le Jokul, appellé *Koëtlegau*, à cinq ou six lieues à l'Ouest de la Mer, & près de la Baie de Portland, s'enflamma après plusieurs secousses de tremblement de Terre, & vomit beaucoup de fumée & de feu. Cet incendie fondit des morceaux de glace d'une grosseur énorme, d'où se formerent des torrens impétueux, qui porterent fort loin l'inondation avec la terreur, & entraînerent jusqu'à la Mer des quantités prodigieuses de terre, de sable & de pierre. Tout le terrein que ces eaux parcoururent, fut entierement ruiné & dépouillé de cette couche supérieure que forme le sol, & il ne resta qu'un lit profond de sable. Les masses solides de glace, & l'immense quantité de terre, de pierre & de sable qu'emporta cette inondation, comblerent tellement la Mer, qu'à un demi-mille des côtes il s'en forma une petite montagne qui a diminué un peu avec le tems, mais qui paroissoit encore au-dessus de l'eau en 1750, tems où M. Horrebows étoit en Islande.

Deux Voyageurs se trouvant près du Jokul embrasé, se refugierent promptement sur une petite montagne voisine, située entre la Mer & le Volcan. La violence de l'inondation détacha une quantité si considérable de terre, de sable & de pierre de cette montagne, que ces Voyageurs saisis d'effroi croyoient à chaque instant voir entraîner la montagne entiere ; cependant il ne leur arriva aucun accident. Après avoir demeuré sur le sommet un jour & demi, ils traverserent tout le terrein qui venoit d'être inondé. C'est de ces hommes, témoins oculaires & les plus fideles, qu'on puisse consulter sur cet affreux événement, que l'Auteur Danois paroît tenir ce récit.

Tome XVIII. B

Il ajoûte qu'on peut juger combien cette inondation amena de matieres à la Mer, puisqu'elle la fit remonter douze milles au-delà de ses bords.

La fumée & les cendres que lançoit chaque éruption du Jokul, obscurcirent tellement l'air, que pendant une journée entiere on ne vit pas le Soleil dans tout le canton. Les cendres qui suivoient le cours du vent, furent jettées à un éloignement incroyable. Le foin qui étoit dans la campagne, ainsi que l'herbe, & une partie du poisson qu'on avoit étalé pour sécher, en furent couverts. Heureusement peu de tems après il survint une pluie abondante qui dura un jour entier, & qui rétablit une partie du desordre. Le feu du volcan ne donnoit pas toujours une flamme bien claire. Il ne paroissoit d'abord que des bouffées qui s'élançoient avec violence ; bientôt après, on appercevoit une colonne de fumée extraordinairement épaisse, qui répandoit une odeur sulphureuse très-forte. Le feu vraisemblablement étoit étouffé de tems en tems par des monceaux de neige & de glace, qui se précipitoient dans le gouffre ; c'est ce qui occasionnoit une interruption dans la flamme, & un redoublement de fumée & d'exhalaisons sulphureuses.

La durée entiere de cette inondation fut de trois jours, & ce ne fut qu'après ce tems qu'on put passer sur les montagnes comme auparavant.

A l'égard des autres volcans, le mont Hécla, que l'on a toujours compté parmi les plus fameux de l'univers, à cause de ses éruptions terribles, est aujourd'hui un des moins dangereux de l'Islande. Les monts de Koëtlegau, dont on vient de parler, & le mont Krafle, ont fait récemment autant de ravages que l'Hécla en faisoit auparavant.

On remarque que ce dernier volcan n'a jetté des flammes que dix fois dans l'espace de huit cens ans, savoir dans les années 1104, 1157, 1222, 1300, 1341, 1362, 1389, 1558, 1636, & pour la derniere fois, en 1693. Cette éruption commença le 13 Février, & continua jusqu'au mois d'Août suivant. Tous les autres incendies n'ont de même duré que quelques mois. Il faut donc observer que l'Hécla ayant fait les plus terribles ravages au quatorzieme siecle, à quatre reprises différentes, a été tout-à-fait tranquille pendant le quinzieme, & a cessé de jetter du feu pendant cent soixante ans (*). Depuis cette époque, il n'a fait qu'une seule éruption au seizieme siecle, & deux au dix-septieme ; ainsi il y a plus de soixante-dix ans qu'il est tranquille.

Actuellement on n'apperçoit sur ce volcan ni feu, ni fumée, ni exhalaisons. On y trouve seulement dans quelques petits creux, ainsi que dans beaucoup d'autres endroits de l'Isle, de l'eau bouillante.

En 1750, deux Islandois, qui avoient fait leurs études à Copenhague, & qui voyageoient dans l'intention de chercher des plantes, parcoururent l'Hécla, & n'y trouverent que des pierres, du sable & des cendres, si ce n'est de côté & d'autre de petites cavités remplies d'eau chaude. Après s'être beaucoup fatigués à marcher dans les cendres & le sable jusqu'aux genoux, ils revinrent sans avoir vu aucune marque de feu, & sans avoir pu aller jusqu'au sommet du mont, parce que l'Hécla, qui est une des plus hautes montagnes de l'Islande, a son sommet perpétuellement couvert de glace & de neige.

(*) Suivant les Gazettes étrangeres & celle de France, il y a eu une éruption de l'Hécla en 1724.

En 1726, après quelques secousses de tremblement de Terre, qui ne furent sensibles que dans les cantons du Nord, le mont Krafle commença à vomir avec un fracas épouvantable de la fumée, du feu, des cendres & des pierres : cette éruption continua pendant deux ou trois ans, sans faire aucun dommage, parce que tout retomboit sur ce volcan, ou autour de sa base.

En 1728, le feu s'étant communiqué à quelques montagnes de soufre, situées près du Krafle, elles brûlerent pendant plusieurs semaines ; lorsque les matieres minérales qu'elles renfermoient furent fondues, il s'en forma un ruisseau de feu qui coula fort doucement vers le Sud, dans les terreins qui sont au-dessous de ces montagnes. Ce ruisseau brûlant s'alla jetter dans un lac, appellé *My-Varne*, à trois lieues du mont Krafle, avec un grand bruit, & en formant un bouillonnement, & un tourbillon d'écume horrible. La lave ne cessa de couler qu'en 1729, parce qu'alors vraisemblablement la matiere qui la formoit, étoit épuisée. Peu de tems après, cette lave s'endurcit, & laissa sur son passage des pierres calcinées, dont la couleur & la friabilité indiquoient assez les effets terribles de ces matieres ardentes. Il y eut une Eglise & plusieurs métairies ruinées, avec les prairies qui les avoisinoient ; mais il n'y périt personne. Le lac *My-Varne*, dans lequel s'étoit jetté cette lave enflammée, fut rempli d'une grande quantité de pierres calcinées, qui firent considérablement élever ses eaux, & il y périt un grand nombre de poissons. Ce lac a environ vingt lieues de circuit, & il est éloigné de la Mer aussi de vingt lieues. La lave étoit comme un métal en fusion, & un mélange de soufre, de minéraux & de pierres ; elle coula pendant presque deux années entieres, mais avec tant de lenteur & de tranquillité, qu'on pouvoit en approcher sans courir le moindre risque.

L'Ecrivain Danois dit que dans plusieurs entretiens qu'il eut sur cet événement avec un Islandois, homme d'esprit & de considération, cet homme l'assûra qu'il avoit été souvent examiner ce courant de feu, & que même il y avoit allumé plusieurs fois sa pipe.

Nous ne parlerons pas des autres volcans de l'Islande, il suffit d'avoir fait remarquer les plus considérables.

§. IV.

Plaines & vallées d'Islande, leurs productions, &c.

ENTRE les montagnes & sur les côtes, on trouve des vallées & des plaines qui donnent d'excellens pâturages. Les vallées du milieu du pays ne sont point habitées, mais on y conduit les moutons qui restent toute l'année dans la campagne. Ces vallées sont entrecoupées de beaucoup de petites rivieres, de ruisseaux, même de lacs, & d'excellentes eaux douces, qui nourrissent quantité de truites & de saumons, & qui répandent la fertilité & l'agrément dans les prairies qu'elles arrosent.

Les autres grandes vallées qui sont habitées, sont toutes plus basses que

HISTOIRE GÉNÉRALE

DESCRIPTION DE L'ISLANDE. celles du milieu du pays. Elles s'étendent vers les côtes & le long de la Mer. Il y en a qui ont quatre à cinq milles de largeur ; d'autres qui, après avoir serpenté pendant plusieurs milles entre les montagnes, se prolongent jusqu'aux bords de la Mer. Ces grandes vallées composent les districts, & renferment encore de petits vallons qui servent à entretenir des herbages. Plusieurs particuliers y ont des maisons qu'ils habitent pendant l'Eté, & où demeurent pendant toute l'année des gens qui ont soin du bétail, & qui recueillent le beurre, le lait & la laine.

§. V.

Rivieres, eaux douces, fontaines, sources chaudes qu'on trouve en Islande. Singularités qu'elles offrent ; avantages qu'en retirent les habitans.

TOUTES les rivieres & tous les torrens qui descendent des montagnes dans le plat pays, sont fort poissonneux. La Mer forme aussi de grands golfes, très-favorables & très-propres à la pêche. Il y a encore plusieurs lacs d'eau douce, qui ont jusqu'à douze lieues de circonférence ; & d'autres plus petits, qui nourrissent aussi de très-bons poissons, tels que des saumons, des truites de plusieurs especes, des anguilles, &c.

Les mêmes poissons, dit M. Horrebows (8), se trouvent aussi dans quelques eaux chaudes, qui coulent directement dans les rivieres ; ce qui prouve que ces eaux n'ont aucune qualité sulphureuse ou minérale.

Eaux chaudes, appellées huerer. On distingue en Islande trois sortes d'eaux chaudes, appellées généralement *huerer*. Quelques-unes d'une chaleur médiocre, ne la doivent qu'à leur passage sur un terrein échauffé ; d'autres forment des fontaines, dont le bassin est plus ou moins grand, & dans lequel l'eau bout comme si elle étoit sur un grand feu. Enfin il y en a qui bouillant avec violence, lancent leurs eaux en l'air, les unes continuellement & sans régularité, les autres périodiquement & dans un ordre continuel.

De cette derniere espece est une source chaude, qui se trouve dans le canton du Nord, & non d'Hufevig. Elle a des singularités dignes de l'attention des Physiciens, & que M. Horrebows fait connoître.

Singularités des trois sources chaudes. Près d'une Métairie, appellée *Reykum* (9), sont situées trois sources d'eau chaude, éloignées l'une de l'autre d'environ trente toises ; l'eau dans chacune bouillonne & s'élance alternativement : c'est-à-dire, lorsque la fontaine, qui est à une extrémité, a jetté de l'eau, celle du milieu en jette à son tour, puis celle qui se trouve de l'autre côté ; la premiere ensuite recommence à bouillonner, & à jetter de l'eau de la même maniere, ce qui continue toujours successivement dans le même ordre, & si régulierement, que chaque source jette environ trois fois dans un quart d'heure.

(8) Premier Volume, page 90.
(9) Reyk en Islandois signifie *fumée ;* comme il s'en éleve beaucoup des huerer, on a fait le mot *reykum* pour désigner toutes les Fermes ou Métairies du pays qui sont situées près des eaux chaudes.

Ces trois fontaines ne font point fur une montagne, mais dans une plaine d'affez grande étendue, à quinze ou dix-huit lieues du mont Krafle. Le terrein où elles font fituées, eft de pure roche. L'eau de deux de ces fources, dont l'ouverture eft apparente, perce à-travers des pierres & des crévaffes. Elles ne lancent leurs eaux qu'environ à la hauteur de deux pieds au-deffus de terre. La troifieme a une ouverture pratiquée dans une roche fort dure, & fi exactement arrondie, qu'on la croiroit un ouvrage de l'Art, ce qui lui donne beaucoup de reffemblance avec une chaudiere de Braffeur. Lorfque cette fontaine a bouillonné, elle lance l'eau à dix ou douze pieds de hauteur, & retombant enfuite dans l'ouverture, elle s'enfonce de quatre pieds. On peut alors s'en approcher pour la confidérer à fon aife; mais il faut fe retirer avant que l'eau remonte, & l'on en eft averti par trois bouillonnemens. Le premier éleve l'eau à la moitié de la diftance, qui eft entre la furface & l'ouverture; par le fecond, elle monte jufqu'à l'ouverture même; le troifieme forme un jet de la hauteur marquée ci-deffus, & retombe auffitôt, comme on a dit, à quatre pieds au-deffous du niveau de l'ouverture. Pendant que l'eau de cette fource reprend fon état naturel, la fontaine de l'autre côté jette de l'eau, puis celle du milieu, & ainfi de fuite, dans un ordre conftant & alternatif.

 Le mouvement perpétuel & régulier de ces trois fources n'eft pas la feule chofe qu'on y remarque; leurs eaux produifent encore des effets finguliers, qui ne font pas moins furprenans. Si l'on met de l'eau de la grande fontaine dans une bouteille, on la voit fortir de la bouteille deux ou trois fois au même inftant que la fource lance fon eau, & ce jeu continue auffi long-tems que dure l'effervefcence de l'eau qui eft dans la bouteille. Après le fecond ou le troifieme bouillonnement, elle devient tranquille & froide. Lorfqu'on bouche la bouteille après l'en avoir remplie, elle éclate en morceaux au premier jet de la fource. M. Horrebows dit s'être affûré de ce phénomene par plufieurs expériences. Lorfque l'on peut approcher de la grande fource, & que l'on y jette quelque chofe, de quelque nature que ce foit, & même du bois, elle l'entraine au fond; mais auffi lorfqu'elle rejette l'eau, elle lance le bois & les pierres par-deffus fes bords, & même à quelques pas de fon ouverture. On a quelquefois éprouvé fa force, en y jettant des pierres auffi groffes & auffi pefantes qu'un homme vigoureux pouvoit en porter: elles occafionnoient un grand bruit dans la fontaine; mais bientôt elles cédoient à la violence du bouillonnement, & malgré leur pefanteur, elles étoient rejettées hors de l'ouverture.

 De l'eau que cette fource lance en l'air, il fe forme un petit ruiffeau qui fe refroidit dans fon cours, & va fe jetter dans une riviere à peu de diftance de-là. Cette eau n'a que très-peu de goût minéral, & elle eft fort bonne à boire lorfqu'elle eft froide. Le terrein des environs donne toujours de bons pâturages, excepté à huit ou dix pieds autour des trois fources, où le fol eft très-pierreux.

 La Ferme près de laquelle coulent les eaux encore tiedes de ces trois fontaines, y fait abreuver fon bétail, & il eft prouvé que fes vaches donnent plus de lait que les autres; c'eft un nouvel effet particulier à ces eaux,

HISTOIRE GÉNÉRALE

Description de l'Islande. Au reste, cette derniere propriété, quoique extraordinaire, n'est pas affectée seulement aux trois *huerer* qu'on vient de décrire : il y en a plusieurs autres qui l'ont aussi, quoiqu'elles n'ayent aucun mouvement réglé.

Autres sources d'eaux chaudes. On trouve en plus de cent endroits d'Islande d'autres eaux chaudes ; mais n'offrant rien de curieux, elles ne méritent d'être considérées que par les avantages qu'elles procurent aux habitans. Le premier, est d'être un excellent barometre. On a appris par l'expérience, que lorsque ces eaux donnent une fumée épaisse, la pluie n'est pas éloignée ; au contraire quand elles fument peu, c'est le présage d'un tems sec & serain. La raison de ce phénomene se conçoit très-facilement. Lorsque l'air est humide, les exhalaisons étant plus considérables, il s'ensuit nécessairement que les vapeurs de ces eaux s'augmentent ; au contraire si l'air est sec, il ne fournit que très-peu de vapeurs, & les exhalaisons sont en petite quantité.

Usages des eaux bouillantes. Les habitans qui ont leur demeure près de ces eaux chaudes, & particulierement auprès de celles qui sont bouillantes, s'en servent fort utilement à différens usages. Ils mettent leur viande, ou ce qu'ils veulent faire cuire, dans une marmite remplie d'eau froide qu'ils suspendent au-dessus de la fontaine ; tout s'y cuit de la même façon que sur un grand feu, sans qu'aucune mauvaise odeur se communique aux alimens, ni à l'eau de la marmite. Les Voyageurs tirent de même un bon parti de ces sources, en y suspendant la theiere qu'on porte ordinairement en voyage, & elle bout en moins d'un demi-quart-d'heure.

Près de Krusevig est une de ces fontaines bouillantes, où le Voyageur Danois dit avoir vu un homme qui étoit occupé à courber des cerceaux, sans employer d'autre moyen que celui de tremper ses perches dans l'eau chaude. Quoiqu'elles eussent plus d'un pouce d'épaisseur, elles acqueroient un tel degré de flexibilité, que l'Ouvrier paroissoit faire ses cerceaux sans aucune peine. Cependant, observe M. Horrebows, il étoit obligé de s'éloigner de la source d'heure en heure, quelquefois même plutôt, pour respirer un autre air : ce qui rendoit cette précaution nécessaire, c'est que la fontaine, qui est environnée de soufre, d'alun, de salpêtre, & de toutes sortes de terres colorées, exhale une odeur aussi infecte que dangereuse. J'ai moi-même, ajoute-t-il, ramassé dans cet endroit différens échantillons de cette terre ; mais l'odeur qu'exhaloit cette source, étoit si violente, que je ne pus la supporter que très-peu de tems.

Les Islandois tirent encore un bon service de ces eaux chaudes ; ils en forment des bains, dont on tempere la chaleur comme on veut. Ils sont en général si persuadés que ces bains sont salutaires & qu'ils prolongent la vie, que ceux qui en ont à portée de leur habitation, en font un usage fréquent dans toutes les saisons de l'année.

§. VI.

Qualités du Terroir de l'Islande, ses plantes & ses fruits.

COMME dans tous les pays du monde, le terroir de cette Isle a beaucoup de variété. En plusieurs endroits, il se trouve une bonne terre grasse ; en d'autres, c'est de la terre argilleuse ou sablonneuse ; ailleurs on voit des terres fangeuses, appellées *myren*, qui deviennent d'un bon rapport, lorsqu'on est parvenu à les dessécher. La tourbe est assez commune par-tout, & d'une bonne nature.

Quelle que soit la différence des terres d'Islande, & l'utilité qui pourroit en résulter pour l'Agriculture, les habitans ne connoissent généralement aucune autre occupation champêtre que celle de cultiver des prairies, de les fumer, de les garantir des bestiaux, & d'y recueillir le fourage qu'elles produisent. C'est-là ce qui fait la richesse des Métairies, & chacune a ses prairies autour ou à peu de distance de ses murs. L'herbe y pousse avec une telle vitesse, que, quoique la neige soit à peine fondue à la fin de Juin en quelques endroits, quinze jours après on y voit de beau foin d'un pied de hauteur.

On ne connoît jusqu'à présent d'autres plantes en Islande que l'oseille, la cochlearia, l'angélique, & une certaine espece de mousse qui croît sur les rochers nuds & stériles, appellée *Muscus catharacticus* (10). Cette derniere plante est un aliment fort commun, & beaucoup d'habitans s'en servent au-lieu de pain. Ceux qui sont voisins des lieux où elle croît, en ramassent non-seulement pour leur provision, mais encore pour vendre à ceux qui ne sont pas à portée d'en recueillir. J'ai souvent mangé de cette plante par goût, dit l'Ecrivain Danois : je l'ai trouvée fort bonne & bienfaisante.

Ces quatre plantes, ajoute-t-il, ne sont pas les seules que produise l'Islande, il s'y trouve encore une grande quantité de simples dignes de la curiosité d'un Botaniste ; mais c'est tout ce qu'il nous apprend à l'égard des plantes sauvages.

Quant à celles qu'on appelle *potageres*, il paroît, par son récit, qu'avec des soins & de l'expérience dans le Jardinage, on peut parvenir à en faire croître dans toute l'Isle, puisqu'en plusieurs jardins on trouve des choux, du celeri, du persil, des navets, des petits-pois, plusieurs autres légumes de cette espece, & en général toutes les plantes qui sont d'usage dans nos cuisines.

Il n'en est pas de même des arbres ou arbrisseaux fruitiers : on n'en voit pas d'autres ici que des groseilliers, dont les fruits mûrissent assez bien, & sont de bon goût. « Je ne doute pas, observe notre Auteur, que plusieurs autres sortes d'arbres & d'arbustes ne pussent très-bien y réussir, en leur donnant les soins convenables. Le plus grand inconvénient me pa-

---

(10) Bartholin en a donné une Description exacte dans le premier Volume de ses *Acta Medica & Philosophica Haffniensia*, année 1671, page 126.

DESCRIPTION DE L'ISLANDE.

Occupations champêtres des Islandois.

Plantes connues en Islande.

Plante qui sert de pain.

Autres simples.

Plantes potageres.

Arbres fruitiers.

Précautions qu'il faudroit prendre pour transporter des arbres dans cette Isle.

» roit être dans la difficulté de transporter les arbres sans leur faire tort,
» pour l'éviter, il faudroit choisir un tems contraire à celui où l'on fait
» le trajet de cette Isle. Les Vaisseaux ne partent de Copenhague que dans
» le mois de Mai, tems où les arbres ont déja poussé, & où quelques-uns
» même sont en fleurs, c'est ce qui les rend très-difficiles à transporter.
» Cependant, avec certaines précautions, on pourroit peut-être encore
» les apporter bien sains, & dans un état où l'on pourroit les transplanter
» avec succès ».

§. VII.

Etat de l'Agriculture en Islande ; preuve que cet Art y a été anciennement en vigueur.

PUISQUE l'Islande renferme des Jardins qui produisent toute sorte de racines & de légumes, il est probable qu'elle produiroit également des grains, si son terrein étoit cultivé ; mais les Islandois ignorent absolument toute espece de labourage & l'art de semer. On ne sait d'où peut procéder cette ignorance ; car la tradition nous apprend que le pays étoit autrefois cultivé, & qu'il y avoit des champs ensemencés. La vérité de cette tradition se reconnoît en divers endroits par les sillons de ces champs, & par les divisions qui en avoient été faites. Beaucoup de Métairies, des plaines entieres, & même quelques promontoires ont des noms dérivés d'*Aker*, qui veut dire *champ*; tels sont *Akrekot*, *Akregierde*, situés tous deux près de la Ferme Royale de Bessested, & *Akernef*, qui en est éloigné de trois milles. « D'ailleurs, dit M. Horrebows, j'ai sous les yeux le Code
» de Droit d'Islande ; j'y trouve différens Chapitres où il est traité des
» terres labourées, des champs ensemencés, des contestations qu'ils
» pouvoient faire naître, & des décisions qui devoient intervenir sur
» ces objets ». Quoiqu'il soit démontré par ces faits que l'Agriculture a été en vigueur dans l'Isle, il est assez difficile d'expliquer comment un Art si utile a été abandonné généralement ; comment tous les habitans ont pu perdre à-la-fois l'habitude & le goût de labourer & de semer. On peut cependant présumer avec assez de fondement, que l'affreuse mortalité qui, vers le milieu du quatorzieme siecle, fit périr une si grande quantité de monde en Europe, & sur-tout dans les pays septentrionaux, ayant réduit les Islandois à un très-petit nombre d'hommes, les bras manquerent à la culture, & qu'insensiblement la facilité de recueillir les pâturages fit abandonner les occupations plus pénibles & plus multipliées du labour, des semailles & de la recolte.

Depuis cette époque si funeste à l'humanité, on ne trouve rien dans les Annales Islandoises qui concerne l'Agriculture. L'Auteur Danois nous apprend que son Souverain a fait passer dans l'Islande plusieurs Paysans de Danemarck & de Norvege, pour rétablir la culture des terres. Le climat de cette Isle ne peut contrarier les succès qu'on est en droit de se promettre, puisqu'en Laponie, où l'Eté est beaucoup plus court, on y recueille de très-bon très-bon froment ; six ou sept semaines suffisent pour le semer, le faire *Description* mûrir & en faire la moisson (11). Nous avons de plus un fait qui démon- *de l'Islande.* tre que le bled viendra très-bien en Islande ; il croît en certains endroits de cette Isle, sur-tout dans le canton de Skastefield, une sorte de bled sau- Bled sauvage; vage, dont on fait une farine excellente que les Naturels estiment autant que celle qu'on leur apporte de Danemarck. Ce bled sauvage croît dans un terroir profond, où il ne croît aucune autre plante. En quelques endroits, il est petit & clair-semé ; en d'autres, il est abondant & très-épais. Il se seme de lui-même chaque année. Sa tige qui s'éleve à la hauteur de trois pieds, fournit une belle paille garnie d'un épi long, dont la forme est semblable à celle de notre froment. Peut-être que ce bled est un reste de celui qu'on avoit anciennement semé, & que le tems ou le défaut de cultiver ont fait dégénérer au point où on le voit aujourd'hui. Quoi qu'il en soit, le Roi de Danemarck a donné des ordres précis d'examiner cette plante, & d'essayer de la faire venir par-tout où l'on pourra, pour le bien général des habitans.

§. VIII.

Productions marines, Forêts, arbres, bois extraordinaire qu'on trouve en creusant la terre.

LEs plantes marines, suivant notre Auteur, sont en très-grand nombre ; Plantes mari- mais il ne nomme que l'*Alga marina saccharifera*, sur laquelle il nous L'Algue sucrée; apprend qu'un jeune Médecin Islandois a donné une belle Dissertation. Aucune de ces productions marines ne sont inutiles aux habitans : les unes servent à nourrir les bestiaux pendant l'Hyver, lorsque l'on manque de fourrage ; l'algue sucrée se mange par goût plutôt que par nécessité ; elle fait même une branche de Commerce entre les habitans des côtes, & ceux qui sont plus éloignés dans les Terres. Le prix de cette plante est de la moitié du prix que vaut le poisson séché.

A l'égard des arbres des Forêts qui appartiennent encore au genre vé- Forêts gétal, ils sont en assez petit nombre en Islande. On n'y voit que des bouleaux & des saules, dont la grosseur n'excede pas celle du bras ; & dont la hauteur va au plus à dix ou douze pieds. En plusieurs endroits, les arbres sont rassemblés, de maniere qu'ils forment çà & là de petits bouquets ; mais généralement parlant, on peut dire qu'ils sont assez rares relativement à l'étendue de l'Islande. Outre ces bois, il y a des broussailles & des arbrisseaux qui donnent assez d'ombrage, pour garantir du Soleil une personne ou deux ; le Genevrier & d'autres arbustes de cette espece sont fort communs. Nous ne faisons ici mention de ces productions peu considérables, que parce qu'elles offrent aux habitans des ressources pour faire du charbon,

(11) Ce fait est tiré d'une excellente Description, que M. *Hogstroms*, Professeur Allemand a donnée recemment de cette Contrée qu'il a visitée lui-même. On en donnera la Traduction à l'Article des Voyages par terre.

Tome XVIII. C

HISTOIRE GÉNÉRALE

DESCRIPTION DE L'ISLANDE. à l'usage des forges. Les habitans riverains en ont de bien plus sûres dans des arbres, que la Mer amene tous les ans en grande quantité sur les côtes de leur Isle.

En creusant la terre de côté & d'autre, on trouve des souches pourries, & de vieilles racines qui indiquent qu'il y a eu anciennement des bois en bien des lieux, où il n'en existe plus actuellement. Quelquefois on en rencontre Bois singulier appellé Noir-Tison. une espece fort singuliere, que l'on nomme *Schwartzen-Brand*, *noir-tison*. Ce bois est toujours à une grande profondeur, en morceaux larges & minces, comme des grandes tablettes, & communément entre de grosses pierres qui le couvrent par-dessus & par-dessous. Il est d'une pesanteur singuliere, fort dur, noir comme l'ébene & ondé. « Je fus extrêmement surpris, dit M. Horrebows, » lorsque j'en vis pour la premiere fois, & plus encore lorsqu'on m'assûra de quelle maniere il se trouvoit dans les pierres. » Je doutai que ce fût du bois, & je crus devoir le mettre au rang des » pétrifications ; mais comme je fis l'expérience qu'il cédoit au rabot, qu'il » donnoit des copeaux très-fins, & qu'on pouvoit le travailler comme » on jugeoit à propos, je pense qu'il doit être regardé comme un bois » d'une espece singuliere, & en conserver le nom (12) ».

§. IX.

Genre animal. Individus qu'il comprend.

Ours qui viennent du Groënland sur des glaçons. IL n'y a point de bêtes fauves en Islande ; il ne s'y trouve d'autres animaux sauvages que des renards. On y voit arriver quelques ours qui viennent du Groënland sur de gros glaçons ; mais les habitans ont grand soin de les empêcher de pénétrer dans le pays, ou de s'y multiplier lorsqu'ils parviennent à y entrer. Dès qu'ils en apperçoivent un, ou seulement ses traces, ils ne cessent pas de le chercher & de le poursuivre jusqu'à ce qu'il soit tué. Deux motifs très-pressans les portent à cette chasse : le premier, est de prévenir les ravages que ces animaux, très-voraces dans les pays septentrionaux, pourroient faire parmi leurs troupeaux ; le second, c'est de gagner le prix assigné pour la peau qui doit en toute occasion être remise au Baillif, parce qu'elle est dévolue de droit au Fisc Royal. Ces peaux d'ours de Groënland passent pour les plus belles : on en a de blanches, de grises, de brunes & de tigrées.

Renards de différente couleur. Les renards d'Islande sont à-peu-près de la même couleur que les nôtres ; les habitans les appellent *morroth*. Les noirs y sont très-rares, & on les regarde comme des étrangers qui sont venus dans l'Isle sur les glaces du Groënland.

Il n'en est pas de même des renards blancs. Ils sont très-communs ; mais on en voit très-peu de gris-bleu. Les blancs le sont l'Eté comme l'Hyver,

---

(12) Il y a beaucoup d'apparence que ce bois est une sorte de bois fossile, qu'on trouve assez souvent dans les Tourbieres. Bartholin l'appelle *ébene fossile*. Voyez les *Acta Medica & Philosophica*, *Hafniensia*, Tome IV, page 182.

& ne changent pas de couleur (13). Ceux des autres couleurs la conser- DESCRIPTION
vent également pendant toute l'année, à l'exception du tems de leur DE L'ISLANDE.
mue, où, comme l'on sait, tous les animaux paroissent d'une couleur mêlangée.

Les animaux domestiques d'Islande, sont les chevaux, les bœufs, les va- Animaux do-
ches, les moutons & les chevres. Les premiers sont généralement petits, mestiques.
courts & ramassés, mais vigoureux & forts. Les habitans les aiment beaucoup : ils sont si communs, que les Bergers gardent leurs troupeaux à cheval, & que chacun se pique d'en avoir le plus qu'il peut ; ce qui leur est
d'autant plus facile, qu'il ne coutent rien à nourrir, & que ceux dont on
n'a pas besoin, on les mene, après les avoir marqués, dans les montagnes
où on les laisse plus ou moins de tems. Lorsqu'on veut les prendre, on envoye des gens qui les chassent, les rassemblent en une troupe & les prennent avec des cordes, parce qu'alors ils sont devenus très-sauvages. Si
quelques jumens donnent des poulains dans ces montagnes, les proprié- Chevaux sau-
taires les marquent comme les autres, & les laissent-là trois ans. Ces che- vages.
vaux deviennent communément plus beaux, plus fiers, & plus gras que
tous ceux qui sont élevés dans les écuries.

En général les bœufs & les vaches n'ont rien en Islande qui les distin- Bestiaux.
gue des nôtres ; mais dans les parties méridionales de l'Isle, on voit plusieurs de ces animaux qui n'ont point de cornes. Les Islandois tirent leur
principal revenu de leurs vaches, par le commerce de beurre qu'ils font ;
& par l'usage où ils sont de composer leurs boissons ordinaires avec le
petit-lait qui reste, lorsque le beurre est fait. Ils donnent à cette liqueur
le nom de Syre. A mesure qu'elle vieillit, elle devient claire & aigre jusqu'à égaler en force le vinaigre de vin ; après quoi n'étant plus potable
seule, on y mêle beaucoup d'eau pour en tempérer l'acidité.

Dans les contrées méridionales où les pâturages ne sont pas assez com- Nourriture ex-
muns relativement à leur population, les Islandois ont un usage qu'on traordinaire des
pourroit éprouver peut-être avec quelque avantage dans tous les pays vaches.
maritimes, où les fourrages sont rares. On nourrit les vaches avec l'eau
dans laquelle on a fait cuire du poisson, & on y mêle même des poissons
pourris & des arrêtes, qu'on réduit en bouillie à force de feu. Les vaches
y sont si bien accoutumées, qu'elles sont très-friandes de cette nourriture.
C'est même pour elles une espece de rafraîchissement, après lequel elles donnent de bon lait, sans qu'il contracte ni mauvais goût, ni odeur désagréable.

Les chevres, les moutons sont de même grandeur que les nôtres. Ces Moutons & bre-
derniers ne different de nos moutons qu'en ce qu'ils ont presque tous, mou- bis différens des
tons, brebis & béliers, des cornes plus grandes & plus grosses que ces ani- nôtres.
maux n'en ont chez nous. Il s'en trouve plusieurs qui ont trois cornes, &
quelques-uns même qui en ont quatre, cinq, & même davantage. Cependant
il ne faut pas croire que cette particularité soit commune à toute la race
des moutons d'Islande, & que tous les béliers y ayent plus de deux cornes. Dans un troupeau de cinq à six cens moutons, on en trouve à peine
trois ou quatre qui ayent quatre ou cinq cornes ; & lorsque le cas arrive,
on les envoie à Copenhague comme une rareté. Tout mouton qui a plus

(13) Premier Volume, page 154.

C ij

DESCRIPTION DE L'ISLANDE. de deux cornes vaut en Islande, comme ailleurs, beaucoup plus qu'un autre, à cause de sa singularité ; & c'est une preuve qu'ils n'y sont pas bien communs.

Trafic de moutons & de laine. Il se fait tous les ans un grand trafic de moutons & de la laine qu'on a recueillie, qu'on enleve pour le Danemarck ; cependant cette laine en général ne paroît pas supérieure à celle des moutons de ce Royaume. Le choix de la matiere, la préparation qu'on fait lui donner, ce sont là les moyens les plus sûrs qu'on doive employer dans la fabrication des étoffes pour les conduire à la perfection, & c'est aussi par-là qu'on parvient à tirer un parti très-avantageux de la laine d'Islande, qui a, comme par-tout, différens degrés de qualité & de bonté.

§. X.

Oiseaux domestiques & sauvages.

Rareté de la volaille domestique. CETTE Isle n'ayant point d'autres grains que ceux qu'on y apporte de Danemarck, ce qui les rend toujours chers, on y éleve peu de volaille, telle que des poules, des canards & des pigeons. Il ne s'en trouve même que chez quelques gens aisés, qui se piquent de vivre avec un peu de délicatesse, ou chez des Marchands qui nourrissent des poules, pour faire commerce de leurs œufs.

Abondance d'oiseaux aquatiques. La disette de volaille domestique est à la vérité bien réparée par l'abondance du gibier, & sur-tout des oiseaux aquatiques. Le gibier consiste en bécasses, en cailles, & en perdrix d'une espece particuliere, qui est blanche en Hyver, grise pendant l'Eté, & qui a toujours les pattes couvertes d'un petit duvet (14) : c'est ce qui a fait donner à ces oiseaux, par les Ornythologistes, le nom de *Lagopodes*, en Allemagne & en Suisse on les appelle *Poules-à-neige*.

Oiseaux de Mer. Parmi les oiseaux qui vivent sur les eaux & qu'on y voit en grand nombre, il faut distinguer ceux d'eau douce & ceux de mer. Ces derniers sont en troupes immenses sur de petites Isles voisines de l'Islande, & se répandent jusqu'à douze ou quinze lieues de distance. C'est même à la vue de ces oiseaux qu'on commence à s'appercevoir qu'on approche de cette Isle. On retrouve parmi ces oiseaux de mer différentes especes de mouettes, & la plûpart de ceux, dont on trouve la Description au Tome XV. de cet Ouvrage, à l'article du Voyage au Spitzberg de *Martenz*.

Oiseaux de riviere. Parmi les oiseaux de riviere & d'eau douce qui sont mangeables, il y en a quelques-uns d'un goût exquis. On met dans cette classe les cygnes, les oies, les canards, les plongeons, les sarcelles, & d'autres de cette espece.

Les cygnes & les canards sont de tous ces oiseaux ceux qui font le plus de profit aux Islandois par leur multitude, par leurs œufs qui sont une bonne nourriture, & par le duvet & les plumes dont on fait un commerce très-lucratif.

---

(14) Voyez la *Flora Lapponica* de M. Linnæus, paragraphe 342. Il a été parlé ci-devant de ces oiseaux à l'Art. de la Lapponie. *Voyez* le XV. Vol. de cet Ouvrage, p. 324.

Les Islandois distinguent dix sortes de canards, qu'ils désignent tous par des noms particuliers. Dans ce nombre, il n'y en a que six sortes qui se mangent. Les meilleurs sont de la grosseur d'un pigeon, & paroissent être une sorte de *rouges* ou *rougets*. Mais l'espece la plus estimable, la plus utile est le canard à duvet, appellé en Islandois *Aeder-Fugl*, en Allemand *Eyder-Ente*, & en Latin *anas plumis mollissimis* (15). Le mâle est à-peu-près de la grosseur d'une oie ordinaire, & porte beaucoup de plumes blanches; la femelle n'est pas plus grosse qu'une canne commune, & ses plumes sous l'estomac sont brunes. Il y en a une grande quantité dans toutes les parties de l'Isle; mais le plus grand nombre se tient du côté de l'Occident, parce qu'il s'y trouve de petites Isles, où ces oiseaux font leur retraite. Les habitans ayant reconnu le bénéfice qu'ils tiroient de ces *Aeder-Fugl*, ont formé plusieurs petites Isles à quelque distance des côtes pour y attirer ces oiseaux; aussi s'y en trouve-t-il une multitude infinie, parce qu'ils multiplient beaucoup. Quoique ce canard ait soin de choisir ainsi de petites Isles désertes, pour y établir son ménage, cependant avec un peu de précautions, on parvient à l'accoutumer à vivre près des habitations; mais il ne faut alors garder ni chien ni bétail. J'ai moi-même été témoin, dit M. Horrebows, que les canards vont quelquefois habiter la terre-ferme. Alors si ceux qui les y ont attirés ne leur donnent point d'inquiétude, ils peuvent aller & venir parmi ces oiseaux, même quand ils sont sur leurs œufs, sans qu'ils en soient effarouchés. On peut aussi leur ôter ces œufs, sans qu'ils quittent leurs nids, & sans que cette perte les empêche de renouveller leur ponte jusqu'à trois fois. Les petits qui naissent dans ces endroits, y couvent l'année suivante, & se multiplient au profit du Propriétaire.

L'estomac de cet oiseau est garni de ce duvet, mol & élastique, connu sous le nom d'*eiderdunen*, d'où vient notre mot corrompu d'*egledon* ou celui d'*eiderdon*. Le meilleur est celui qu'on appelle *duvet-vif*, parce qu'il a le plus de ressort, & qu'il est encore le plus durable. L'oiseau se l'arrache de l'estomac pour faire son nid; c'est-là qu'on le ramasse, & qu'on l'enleve avec les œufs. La premiere ponte enlevée, le canard refait un autre nid, se déplume de nouveau, & pond d'autres œufs qu'on lui dérobe encore. Cependant il ne se décourage point; un autre nid est bientôt refait, & remplumé une troisieme fois. Mais comme la femelle est alors toute dépouillée de plumes sous l'estomac, le mâle vient à son défaut, & se déplume à son tour. C'est ce qui fait que ce nouveau duvet est le plus précieux & le plus blanc: car le mâle a l'estomac blanc, au-lieu que la femelle l'a brun. Elle fait donc une troisieme ponte; mais si on enleve encore ses œufs, elle abandonne pour jamais cet endroit. Aussi les bons économes ont grand soin de lui laisser couver cette ponte; ils sont assurés que l'année suivante revenant au même endroit avec son mâle & ses enfans, au lieu d'un nid, ils en auront trois ou quatre.

Quand les petits canards ont quitté le nid, on ôte le duvet pour la troisieme fois. De cette façon, les habitans ont de chaque nid deux pontes d'œufs, & trois recoltes de duvet. On peut juger de-là quel profit ces

(15) Voyez le *Musæum Danicum* de Wormius, p. 302.

HISTOIRE GÉNÉRALE

Description de l'Islande. oiseaux rapportent à ceux qui ont plusieurs centaines de nids sur leur terrein. Les œufs ont très-bon goût, & ne le cedent point à ceux de poule. Tout ce que les Islandois amassent de duvet, est transporté hors du pays, parce qu'ils en font peu d'usage, & qu'ils aiment mieux en tirer de l'argent ; cette marchandise est toujours d'un prix assez cher.

Avant de terminer la Description de ce qui concerne les oiseaux aquatiques qu'on voit en Islande, il est bon de remarquer l'industrie avec laquelle les habitans vont dénicher leurs œufs & leurs petits, malgré le danger affreux dont ils sont ménacés dans cette expédition. J'ai moi-même été témoin, dit leur Historien, de la maniere dont on s'y prend ; & je dois avouer que je n'ai pu voir, sans frémir, avec quelle intrépidité des hommes osent risquer leur vie pour servir leur intérêt. Plusieurs fois il est arrivé que, faute de prendre assez de précautions, plusieurs personnes ont péri malheureusement à cette chasse.

Maniere dangereuse de dénicher les nids des oiseaux aquatiques. On a déja dit que les oiseaux cherchent pour placer leurs nids les endroits les plus inaccessibles aux hommes, & les rochers les plus escarpés. Voici les dispositions que l'on fait pour réussir à attaquer ces petites habitations. On attache très-solidement au haut du rocher une solive qui reste saillante le plus qu'il est possible : elle porte une poulie & une corde, au moyen desquelles un homme lié par le milieu du corps descend tout le long des rochers. Il tient une longue perche armée d'un crochet de fer, pour s'approcher des rochers & se diriger à son gré. A certain signal convenu, les hommes qui sont sur le rocher retirent celui-ci qui fait chaque fois une recolte de cent à deux cens œufs. La promenade se continue tant qu'on trouve des œufs, ou tant qu'il est possible de supporter cette suspension, qui devient très-fatigante. Pendant cette chasse, on voit les oiseaux s'envoler par milliers, en poussant des cris affreux. Les habitans des endroits où cette chasse est pratiquable, en retirent un grand bénéfice ; car outre les œufs, ils enlevent aussi quantité de jeunes oiseaux, dont les uns servent de nourriture, & les autres donnent beaucoup de plumes qui se vendent aux Négocians Danois, ainsi que l'*eiderdon*.

Couleur des œufs des oiseaux aquatiques. On remarque que tous ces œufs sont d'un jaune verdâtre, tacheté de brun, comme le sont ordinairement ceux des oiseaux qui habitent les eaux douces. La coquille des premiers est infiniment plus épaisse que celle des œufs des oiseaux terrestres (16) ; & c'est vraisemblablement afin que dans ce climat froid ils conservent mieux la chaleur, qu'ils reçoivent de l'incubation de la femelle pendant le tems qu'elle les laisse découverts pour aller chercher sa nourriture. La plûpart de ces œufs sont d'un bon goût, & font un aliment très-sain.

Oiseaux de proie. Les oiseaux de proie qu'on trouve en Islande, se réduisent aux quatre espèces suivantes ; savoir, l'aigle, le faucon, l'épervier & le corbeau ; on n'y en voit aucune autre. Comme trois de ces oiseaux n'ont rien qui

---

(16) On a aussi remarqué que les œufs des oiseaux aquatiques contiennent beaucoup plus de blanc que ceux des autres oiseaux, parce qu'il faut beaucoup plus de tems au fœtus pour parvenir à sa maturité, à cause de l'humidité & du froid dont il est continuellement environné, & que par conséquent il doit avoir une plus grande quantité de blanc qui est sa nourriture dans l'œuf.

les distingue de ceux de la même espece qu'on connoît par-tout, nous ne nous arrêterons qu'à faire connoître le faucon d'Islande, qui a la réputation d'être le plus brave & le plus adroit à la chasse de tous les autres faucons de l'Europe.

On ne connoît ici qu'une seule espece de faucons, parmi lesquels il en est des blancs, des gris-blancs & d'entierement gris. On trouve quelquefois dans le même nid des petits de toutes ces couleurs. Ce qui a pû donner lieu de dire qu'il y en avoit de plusieurs especes, c'est cette variété de couleurs, & la différence de grosseur qui est entre le mâle & la femelle, le premier étant bien plus petit & moins haut que l'autre.

Outre les faucons qui font leur nid en Islande, il y en vient encore quelquefois en Hyver du Groënland, qui sont presque tous blancs. On appelle ceux-ci *faucons volans*, parce qu'ils ne pondent pas dans le pays.

Dans chaque canton il y a un ou plusieurs Fauconniers, qui s'attachent si bien à observer les faucons qui l'habitent, & à épier leurs mouvemens, qu'il n'y a pas un seul nid qu'ils ne connoissent. Ces Chasseurs ont des Brevets du Bailli, & ils sont les seuls auxquels il soit permis de prendre des faucons. Tous doivent être Islandois, & cette occupation est très-lucrative, quand on joint l'intelligence au bonheur.

La maniere dont on attrape les faucons mérite d'être rapportée à cause de sa simplicité. On plante à terre deux pieux sur une même ligne, à la distance de deux toises l'un de l'autre. On attache au premier, par une patte, un pigeon ou une perdrix, avec une ficelle de trois ou quatre aunes de long, afin que l'oiseau ait du jeu pour voltiger. A l'autre pieu le Fauconnier tient une autre ficelle de cinquante ou soixante toises de long, qui passe dans le second pieu, & dont le Fauconnier tient le bout pour tirer la perdrix du premier au second pieu. Près de ce dernier est planté un bâton qui porte un filet tendu perpendiculairement sur un demi-cercle de trois ou quatre aunes de diametre, de maniere qu'en tombant il couvre ce pieu & tout le terrein qui l'environne à une certaine distance. A l'extrémité du filet en demi-cercle est attachée une ficelle de même longueur que la précédente, & qui passe par le pieu planté du côté du Fauconnier. C'est avec cette ficelle qu'il peut tirer à terre le filet pour envelopper le faucon, de la même maniere qu'il a tiré la perdrix du premier piquet au second. Les Fauconniers choisissent pour cette chasse les endroits voisins des nids des faucons, & les lieux où ils ont vu reposer des faucons volans nouvellement arrivés.

Dès que le faucon apperçoit voltiger la perdrix qui sert d'appât, on le voit tourner en planant directement sur l'oiseau, & examiner s'il n'y a point de danger. Enfin il se précipite à terre avec une rapidité sans égale ; d'un coup de bec il coupe d'abord la tête de l'oiseau aussi nettement que si elle eût été tranchée avec un couteau, puis il remonte en l'air assez haut pour s'assûrer qu'il peut tranquillement se repaître. Pendant qu'il s'envole, le Fauconnier tire la perdrix vers le filet, mais assez promptement, pour que le faucon ne puisse pas s'en appercevoir. Bientôt après, cet oiseau revient se saisir de sa proie, alors le Fauconnier tire le filet, & le faucon se trouve pris comme dans un cage. Le Fauconnier s'approche : il prend le faucon avec beaucoup de précaution, pour ne lui arracher aucune plume, & aidé d'un de ses gens, il lui met un chaperon sur les yeux. Pendant la chasse, il faut que le Fauconnier se tienne bien caché ou couché par terre à cinquante ou soixante toises de son filet ; car le faucon, qui est naturellement soupçonneux, & qui a la vue très-sûre, n'approcheroit jamais de la perdrix qui sert d'appât, s'il découvroit la moindre chose qui lui fît ombrage, & sur-tout des hommes.

Tous les ans, le jour de la S. Jean, chaque Fauconnier se rend à Bessested, maison appartenant au Roi de Danemarck, où loge le grand Baillif de l'Isle, & il y dépose ses faucons. Le Fauconnier du Roi qui vient aussi chaque année dans l'Isle, choisit les faucons capables de servir, réforme ceux qui ne le sont pas, & fait porter les premiers dans son Vaisseau pour les conduire à Copenhague.

Sur la vérification du Fauconnier du Roi, les Fauconniers Islandois reçoivent du Baillif de Bessested quinze rixdales (17) pour un faucon blanc, dix pour un gris-blanc, & sept pour chacun de ceux qui sont entierement gris. On leur accorde même une gratification de deux ou de quatre rixdales, quand ils livrent un ou plusieurs faucons des deux premieres couleurs, parce qu'ils sont les plus rares.

Quand le Vaisseau destiné à transporter les faucons est prêt à mettre à la voile, le Fauconnier Royal fait tuer autant de bœufs qu'il en faut pour nourrir ces oiseaux pendant quinze jours ; mais on en conserve de vivans, ainsi que d'autre bétail, afin de ne pas manquer de provisions, si le trajet duroit plus de trois semaines ou un mois, qui est le tems qu'on y emploie communément, étant défendu à ce vaisseau de prendre terre, à moins d'une nécessité très-pressante. Il faut beaucoup de soins pour que ces faucons arrivent sains & saufs en Danemarck (18) ; ils sont rangés entre les deux ponts sur des perches auxquelles on les attache, & qui sont garnies de coussins de gros drap d'Islande remplis de foin. La quantité de faucons que le Danemarck tire annuellement de l'Islande, n'est pas toujours la même, mais communément le nombre de ces oiseaux de proie est de cent ou cent vingt, & quelquefois il a été à plus de deux cens. C'est de ces jeunes faucons que le Roi de Danemarck envoye tous les ans à différens Princes de l'Europe.

Après tous les oiseaux dont nous avons parlé, les Islandois en ont de petits, que M. Horrebows croit inconnus en Danemarck, & auxquels les Insulaires donnent des noms particuliers. Il y en a de la grosseur des alouettes, d'autres approchans des moineaux, & tous sont très-bons à manger.

(17) La rixdale courante de Danemarck vaut 4 liv. 10 s. 6 d. de notre monnoie.

(18) On peut en voir le détail dans l'Ouvrage de M. *Anderson*, p. 84.

§. XI.

§. XI.

Ichtyologie d'Islande.

DE toutes les claffes que comprend le genre animal en Iflande, celle des poiffons en eft la plus nombreufe, la plus variée & la plus intéreffante. Cette Ifle, par fa fituation, jouit préférablement à tous les endroits du monde, d'une abondance inépuifable de grands & de petits poiffons de Mer, qui ont encore l'avantage d'être du plus excellent goût. Car, pour l'obferver en paffant, l'expérience fait reconnoître que le poiffon eft plus gras & meilleur dans les plages les plus voifines du Nord, & que partout il eft plus parfait en Hyver & par les grands froids, qu'en tout autre tems. Il eft d'ailleurs vraifemblable, comme le penfe M. Anderfon (19), que les abymes profonds fitués fous le pole, font la véritable fource des poiffons de la Mer ; qu'ils y trouvent la nourriture qui leur convient le plus ; qu'ils y acquierent toute leur confiftance ; & que plus ils s'en éloignent, plus ils perdent de leur vigueur & de leur graiffe. Cependant la multiplication exceffive de ces poiffons, les force à fortir de leur lieu natal, à fe répandre fur les côtes qui environnent la Mer du Nord, & à venir s'offrir eux-mêmes aux peuples qui les habitent, & dont l'induftrie fait fuppléer par le commerce de ces poiffons au défaut des autres productions que la Nature a refufées à leurs climats.

Les Iflandois principalement doivent donc à leur fituation, l'avantage de recevoir en abondance, avec tous les vents, dans le Golfe & dans les Baies de leur Ifle, toutes fortes de bons poiffons qui viennent immédiatement du Nord.

Les principaux & les plus utiles font le hareng, le cabeliau, la grande morue, le merlan, le turbot, le flaitan & les foles.

Le hareng, ou le *poiffon couronné*, comme l'appellent les Pêcheurs Danois, eft fi généralement connu, qu'il n'eft pas befoin de le décrire pour le faire diftinguer de tous les autres. Cependant on ne connoît point encore affez toutes les efpeces de ce poiffon, pour les ranger fous des claffes particulieres. On croit communément que les harengs ne vivent que du limon de l'eau, & c'eft une erreur fort accréditée parmi les Pêcheurs. Mais l'examen de leur bouche, dans laquelle on voit de petites dents, prouve d'une maniere inconteftable que ces dents ne leur ont pas été données pour avaler de l'eau. En effet des Curieux ont trouvé dans l'eftomac de ces poiffons des alimens folides. *Neukrants*, qui a donné un traité fur les harengs (20), rapporte qu'il a fouvent trouvé dans l'eftomac d'un

---

(19) Hiftoire naturelle d'Iflande, T. I. p. 99.

(20) *De Harengo exercitatio Medica in qua principis prifcium exquifitiffima bonitas fummaque gloria afferta & vindicata*, in 4°. Lub. 1654.

Ceux qui defireront avoir des connoiffances exactes & détaillées de toute l'économie du hareng & de fa conftitution anatomique, les trouveront dans l'Ouvrage qui vient d'être cité ; dans un autre Ecrit de

Tome XVIII.

26 **HISTOIRE GÉNÉRALE**

DESCRIPTION DE L'ISLANDE. de ces poiſſons plus de ſoixante petits crabes, à moitié digérés. *Leuwenhoeck* ayant fait la diſſection de quelques harengs dans le tems du frai de ces poiſſons, a vu quantité d'œufs dans leurs inteſtins.

Quoi qu'il en ſoit de la variété des eſpeces du hareng & de la nourriture qu'il prend, il eſt ſûr que ces poiſſons arrivent tous les ans par troupes innombrables ſur les côtes d'Iſlande, ainſi que dans les Mers Septentrionales d'Europe, & que c'eſt-là que vont les attendre différentes Nations auxquelles ils fourniſſent une branche de commerce conſidérable. Ce n'eſt pas un ſpectacle indifférent, que de conſidérer les migrations des harengs, & la guerre que leur font les autres poiſſons. Anderſon, d'après Neukrantz, en fait une Deſcription curieuſe. C'eſt donc de cet Ecrivain, ou plutôt de ſon Traducteur, & du Journal Etranger de Mai 1757, que nous empruntons les détails qui ſuivent.

Migration des harengs. Anderſon, après avoir établi par différentes preuves tirées des Relations des Voyageurs, que les harengs, ainſi que beaucoup d'autres petites eſpeces, telles que les maquereaux, les plies, les ſardines, &c. font leur ſéjour habituel dans les abymes les plus reculés du Nord, s'explique en ces termes. « Il eſt certain que les glaces immenſes qui ne ſe fondent jamais dans » ces Mers, & qui augmentent tous les ans en épaiſſeur & en étendue, » font pour ces poiſſons une retraite ſûre, qui conſerve leur frai, & qui » favoriſe l'accroiſſement de leurs petits ; car il eſt évident que dans ces » gouffres profonds & glacés ils n'ont rien à craindre des marſouins, ca- » beliaux, &c. que la difficulté de reſpirer dans ces endroits empêche d'y » pénétrer, & moins encore des baleines qui ayant les poumons confor- » més preſque comme les animaux terreſtres, ont toujours beſoin d'un air » pur & nouveau pour reſpirer ; enſorte que ces petits poiſſons jouiſſent » dans leur retraite d'un repos qui ne peut être troublé ni par les gros » poiſſons, ni par les Pêcheurs qui ne peuvent en approcher ». Il arrive delà que ſe multipliant prodigieuſement, leur nombre s'accroît tellement, qu'enfin la nourriture leur manque, & les oblige à détacher des colonies, pour aller vivre ailleurs. Peut-être auſſi qu'un petit reſte de ces colonies, ou du moins leur progéniture, après bien des détours dont nous parlerons inceſſamment, s'en retourne enſuite vers le pole, pour contribuer de ſa part à la conſervation de l'eſpece.

Sortant des glaces du Nord, les troupes de harengs ſont auſſi-tôt attaquées par toutes les groſſes & les petites eſpeces de poiſſons voraces, qui, preſſés par la faim & conduits par un inſtinct particulier, vont à leur rencontre, & les chaſſent continuellement devant eux, de la Mer Glaciale dans l'Océan Atlantique. Les harengs effrayés cherchent bientôt les côtes, & ſe jettent dans les golfes, les bas-fonds, & même aux embouchures des fleuves ; tant pour y trouver un aſyle contre leurs ennemis, que pour mettre leurs petits en ſûreté. Auſſi-tôt qu'ils ont jetté leur frai, ils continuent leur route ; & le même inſtinct qui fait voyager les peres, porte leurs enfans à les ſuivre, dès qu'ils en ont la force. Tous ceux qui échappent aux

Jacques Solas Dodd, Anglois, qui a publié en 1750 un Volume in-8°. ſous le titre : *Eſſay towards a Natural, Hiſtory of the Herring*, & dans le Journal Etranger du mois de Mai 1757.

filets des Pêcheurs, se rendent vraisemblablement dans d'autres Mers ; car ils disparoissent entierement. Mais suivons, avec notre Historien, les harengs dans leurs voyages. Nous trouverons également de quoi exciter notre admiration, & satisfaire notre curiosité.

C'est au commencement de l'année que débouche des Mers du pole la troupe innombrable des harengs. Elle se montre d'abord à l'endroit de la Mer où elle paroît la plus large, & son étendue occupe, suivant un Auteur Anglois (21), pour le moins autant d'espace en largeur que toute la longueur de la Grande-Bretagne & de l'Islande. Son aîle droite se détourne vers l'Occident ; elle tombe au mois de Mars sur l'Islande, & c'est-là principalement que les colonnes de harengs sont d'une épaisseur prodigieuse. La quantité de gros poissons qui les attendent, les oiseaux de Mer qui fondent sur eux par milliers, les font tenir tellement serrés de tous côtés, qu'on les apperçoit de loin par la couleur noirâtre de la Mer, & par l'agitation qu'ils y excitent en s'élevant souvent jusqu'à la surface, & s'élançant même en l'air pour éviter un danger pressant. Si alors on va au-devant d'eux, & qu'avec une espece de pelle dont on se sert pour arroser les voiles des Vaisseaux, ou un autre instrument large & creux, on puise de l'eau, on est certain de tirer chaque fois un grand nombre de harengs. Au reste on ne sait pas si cette colonne, avant d'aborder l'Islande, n'envoie pas un fort détachement au Banc de Terre-Neuve, & on ignore de même ce que devient le reste de la colonne qui file le long de la Côte occidentale de l'Isle. Ce qu'il y a de certain, c'est que ses Golfes, ses Détroits, ses Baies sont tous remplis de harengs, & en même tems de quantité d'autres gros poissons qui les attendent. Parmi ces ennemis des harengs, on distingue, entre autres, le nordcaper (22), qui est un des plus dangereux, & remarquable par la ruse dont il se sert pour en faire sa proie. Il se tient le plus souvent aux environs de l'extrémité septentrionale de la Norvege, qu'on appelle *Cap du Nord*, d'où il a tiré son nom. Ce poste ne peut être plus favorable à ses vues ; car il est d'abord averti du passage des harengs qui côtoyent la Norvege en descendant du Nord. Lorsque toutes les troupes de harengs ont dépassé sa demeure habituelle, son intérêt l'amene aux environs de l'Islande. Là, quand il est pressé par la faim, il a l'adresse de rassembler les harengs dispersés dans les Golfes de l'Isle, & de les chasser devant lui vers la Côte. Lorsqu'il les voit en assez grande quantité, il les resserre le plus qu'il peut dans quelque Baie, & par un coup de queue il y excite un tourbillon très-rapide, & capable même d'entraîner de légers canots. Cette petite tempête étourdit & comprime tellement les malheureux harengs, qu'ils se précipitent par milliers dans sa gueule qu'il tient ouverte. Il les y attire encore en aspirant avec force l'air & l'eau, ce qui les entraîne directement dans son estomac comme dans un gouffre.

(21) Dans l'Atlas maritime & commerçant, publié en Anglois à Londres en 1728, & cité par M. Anderson, p. 149.
(22) C'est une espece de baleine qui se nourrit de harengs, & à laquelle les Islandois ont donné le nom de *sildreke*, mot qu'il ne faut pas rendre par *maître des harengs*, comme M. Anderson (p. 115), mais par *persécuteur des harengs*, ainsi que l'observe M. Horrebows, qui nous apprend que *reke* en Islandois signifie *chasser & poursuivre*, p. 259.

D ij

DESCRIPTION DE L'ISLANDE. Suite de la route des harengs.

L'aîle gauche des harengs, par sa marche, est plus à portée de notre connoissance. Elle se porte à l'Orient ; & après avoir détaché une colonne qui rase les Côtes Orientales & Occidentales de l'Islande, elle descend la Mer du Nord, sans cesse chassée par les marsouins & les cabeliaux. A une certaine hauteur, elle forme deux divisions. L'aîle Orientale dirige sa course vers la Norvege, dont elle rase la Côte ; & se divisant de nouveau, une partie suit la Norvege en ligne droite jusqu'à ce qu'elle tombe par le Détroit du Sud dans la Mer Baltique, & l'autre partie étant arrivée à la pointe du Nord du Jutland, se sépare encore en deux colonnes. La premiere défile le long de la Côte Orientale de Jutland, & se réunit promptement par les Belts avec celle de la Mer Baltique, pendant que la seconde descendant à l'Occident des mêmes plages, & côtoyant ensuite le Slefwick, le Holstein, l'Evêché de Breme & la Frise, se jette par le Texel & le Vlie dans le Suiderzée ; puis après l'avoir parcouru, s'en retourne dans la Mer du Nord.

La seconde des deux grandes divisions, qui tourne à l'Occident, est aujourd'hui la plus nombreuse. Elle s'en va, toujours accompagnée de marsoins, de cabeliaux & de requins, droit aux Isles de Hittland & aux Orcades, où les Pêcheurs de Hollande les attendent au tems marqué ; de-là s'avançant vers l'Ecosse, elle s'y divise en deux colonnes, dont l'une, après avoir descendu le long de la Côte Orientale de l'Ecosse, fait le tour de l'Angleterre en laissant toutes fois dans sa route des détachemens considérables qui se portent sur les Côtes des Frisons, des Hollandois, des Zéelandois, des Brabançons, des Flamands & des François. L'autre colonne tombe en partage aux habitans de la partie Occidentale de l'Ecosse & aux Irlandois, qui de tous côtés sont alors environnés de harengs. Toutes ces divisions s'étant à la fin réunies dans la Manche, ce qui est échappé aux filets des Pêcheurs, à la voracité des poissons & aux oiseaux de proie, forme encore un nombre prodigieux (23), & se jette dans l'Océan Atlantique où il se perd ; du moins on n'en voit plus sur toutes les Côtes de l'Europe.

Le hareng fréquente aussi les Côtes de l'Amérique Septentrionale, mais il s'en faut beaucoup qu'il y soit aussi abondant qu'en Europe ; & en tirant du côté du Midi, on n'en voit plus au-delà des fleuves de la Caroline. On ne sait pas si la colonne qui pénetre en Amérique est un détachement de la grande troupe descendant du Nord, ou si c'est un reste de ceux qui s'en sont retournés par la Manche. « Quoi qu'il en soit, dit l'Auteur Anglois de l'*Atlas maritime & commerçant* ; » autant que j'ai pu découvrir par
» mes recherches, le hareng ne se trouve jamais, du moins en grande
» quantité, dans les Pays Méridionaux, comme l'Espagne, le Portugal,
» les Côtes Méridionales de la France, ni sur les Côtes de l'Océan, ni
» dans la Méditerranée, ni dans les parages d'Afrique, *comme s'il étoit défendu à ce poisson de se livrer à ces peuples, ainsi qu'il fait aux autres, pour les mettre dans la nécessité de tirer leurs provisions d'Angleterre* ».

(23) Cet Auteur ajoute que ceux qui font au fait des calculs, prétendent que la proportion du nombre de harengs pris par tous les Pêcheurs, est à celui de la troupe, lorsqu'elle arrive du Nord, comme un est à un million.

DES VOYAGES.

Quelque envie que ce même Anglois, par zèle pour son pays, paroisse avoir de nous persuader que sa Nation, fait un commerce considérable de harengs, il est sûr que ce sont les Hollandois qui distribuent ce poisson par toute l'Europe, & que le commerce qu'ils en font, est non-seulement beaucoup plus étendu que celui des Anglois, mais même supérieur à celui de toutes les autres Nations.

DESCRIPTION DE L'ISLANDE.

Cette seule Pêche nourrit en Hollande ordinairement plus de cent mille personnes, & elle en enrichit beaucoup. *Huet* fait monter à la quantité de trois cens mille tonneaux, le produit annuel de cette Pêche qu'il évalue à vingt-cinq millions d'écus de banque, dont dix-sept millions en pur gain, & huit millions pour les frais. *Funcius* soutient que les Hollandois pêchent par ans quatorze mille huit cens millions de harengs. *Doot* prétend qu'en 1688 quatre cens cinquante mille Hollandois furent employés à la Pêche du hareng (24.)

De la Pêche des harengs.

Chaque année, à la S. Jean, les Hollandois se rendent, ainsi qu'on l'a déja dit, aux Isles de Shetland ou Hitland, du côté de Fayrhill & de Bockeness, avec douze ou quinze buses ou buyses, sorte de barques destinées à cette Pêche. Lorsqu'elles sont rassemblées, on se met en Mer en poussant au Nord-Nord-Ouest, & on jette le premier filet près de Fayrhill la nuit du lendemain de la S. Jean d'abord après minuit. La Pêche ne se fait jamais pendant le jour, tant pour mieux reconnoître le fil du banc de harengs qu'on distingue plus aisément par le brillant de leurs yeux & de leurs écailles, & pour régler là-dessus la direction des filets, que parce que le poisson est attiré par la clarté des lanternes que portent les buses, & qu'en étant ébloui, il ne peut discerner les piéges qu'on lui tend.

Filets dont on se sert pour la Pêche du hareng.

Les filets qui servent à pêcher le hareng, ont des dimensions marquées par les ordonnances, dont il n'est pas permis de s'écarter. Aujourd'hui, au-lieu de chanvre, on y emploie une espece de grosse soie qu'on tire de Perse, parce qu'on a trouvé que des filets de cette matiere durent au moins trois ans, tandis qu'il falloit renouveller tous les ans ceux de chanvre. L'usage est de les teindre en brun, à la fumée de copeaux de chêne. Ces filets ont mille ou douze cens pas de long, & on ne les retire qu'une fois dans la nuit. D'un seul coup, on prend quelquefois trois, quatre, cinq, dix & jusqu'à quatorze lasts de harengs: chaque last comprend douze tonneaux, & le tonneau contient mille poissons.

Il n'est pas permis de jetter les filets avant le 25 Juin, parce que le poisson n'est pas encore arrivé à sa perfection, & qu'on ne sauroit le transporter loin sans qu'il se gâte. Chaque année les Etats Généraux rendent une Ordonnance expresse, & font afficher des Placards, par lesquels il est enjoint aux Maîtres de Buses, Pilotes & Matelots de prêter serment, avant leur départ de Hollande, de ne pas précipiter la Pêche; & à leur retour, ils font un nouveau serment, pour attester que ni leur Vaisseau, ni aucun autre n'a enfraint la Loi, au moins à leur connoissance. En conséquence de ce double serment, on expédie des certificats à chaque Vaisseau destiné au transport des nouveaux harengs, pour empêcher la fraude & pour conserver le crédit de ce commerce lucratif. Cet Article est si important,

(24.) Journal Etranger déja cité, p. 99.

Description de l'Islande. què dans la convention faite en 1606, entre la Hollande & la Ville de Hambourg, il a été expressément stipulé qu'on veilleroit très-exactement de part & d'autre à l'exécution des Ordonnances relatives à cette Pêche.

Tems de la Pêche des harengs. Dans les trois premieres semaines qu'elle dure, c'est-à-dire depuis le 25 Juin jusqu'au 15 Juillet, on met tout le hareng qui a été pris pêle-mêle dans des tonneaux qu'on expédie à mesure sur certains Bâtimens bons voiliers, appellés *Chasseurs*, qui le transportent en Hollande ; le premier hareng qui arrive est nommé par cette raison *hareng de Chasseur*.

Quant à celui qu'on prend après le 15 Juillet, aussi-tôt qu'il est à bord des Buses, & qu'on lui a ôté les ouïes, on a grand soin d'en faire trois classes, qu'on nomme *hareng vierge*, *hareng plein* & *hareng vuide*. Chaque espece est salée, & mise dans des tonneaux particuliers. Le *hareng vierge* (en Hollandois *voll haaring*) est celui qui se prend le premier, & qui est rempli de laites ou d'œufs, ce qui est son état d'intégrité ou de perfection.

Le *hareng vuide* (*holl* ou *schooten-haaring*) est celui qui a frayé ; & le *hareng plein*, celui qui est sur le point de frayer. La premiere de ces deux especes est la moins estimée, & ne se conserve pas si bien que le hareng plein : ce sont les deux dernieres especes qui forment la charge ordinaire des Buses, & elles partent à mesure qu'elles sont remplies, ou quand la Pêche est finie. Cette Pêche dure ordinairement jusqu'au mois de Novembre, & les Ordonnances même permettent de la continuer jusqu'à la fin de Décembre.

Maniere de préparer le hareng. Les tonnes de harengs des trois especes étant arrivées en Hollande, avant de les transporter plus loin, on les ouvre, on les sale de nouveau, & on les rehausse si bien, que de quatorze tonnes de Mer on en fait douze tonnes d'Amsterdam, qui forment ce que les Marins appellent *un tonneau*, ou on les met dans de petites caques. Le meilleur hareng qu'on connoisse en Allemagne & en France, vient de Hollande par la voie de Hambourg. A son arrivée en cette ville, on le fait ouvrir par des Jurés Emballeurs qui, après l'avoir encore salé & entonné à la façon Hollandoise, en font une estimation juridique, & mettent sur les nouveaux tonneaux des marques réglées par l'Ordonnance. Si le hareng de Hollande est si excellent & son goût infiniment plus délicieux que celui des harengs pris & préparés par toutes les autres Nations, c'est que les Pêcheurs Hollandois lui coupent les ouïes, à mesure qu'ils les prennent, & qu'après l'avoir préparé avec soin, ils ne manquent jamais de serrer tout ce qu'ils ont pris dans une nuit avant la chûte du jour. Les tonneaux dans lesquels on entasse ces harengs, sont tous de bois de chêne, & on les y arrange avec beaucoup d'ordre sur des couches de gros sel d'Espagne ou de Portugal. Toutes les autres Nations de l'Europe prenant beaucoup moins de précautions, leurs harengs sont d'une qualité très-inférieure, & se conservent bien moins que ceux de Hollande.

Il y a environ trois cens cinquante ans que l'usage d'encaquer le hareng subsiste. Avant qu'on eût trouvé le moyen de le conserver, on ne le mangeoit vraisemblablement que frais ou sec. L'époque de cette utile invention est fixée, par quelques Historiens, à l'an 1397, & par d'autres à 1416. L'Inventeur s'appelloit *Guillaume Beuckels*, ou *Beuckelsen*, ou *Buckfeld*, & il étoit de Biervliet en Flandre. On reconnut bientôt en Hollande les

DES VOYAGES. 31

avantages de la caque pour conferver le goût du hareng, & pour le tranf- DESCRIPTION
porter aifément par-tout. Depuis ce tems, cette invention fi fimple eft de- DE L'ISLANDE.
venue comme la bafe du Commerce des Hollandois. Auffi la mémoire de
Beuckels a-t-elle été dans la fuite en telle recommandation, que l'Empereur
Charles V. & la Reine de Hongrie allerent en 1536 en perfonnes voir fon
tombeau à Biervlier, comme pour le remercier d'une découverte fi avan-
tageufe à leurs fujets de Hollande.

Avant d'encaquer les harengs, il y a deux façons de les faler, en blanc
ou en rouge; c'eft ce qu'on appelle *blanc falé* & *rouge falé*. Voici la premiere façon. Auffi-tôt que le hareng eft péché, on l'ouvre, on fépare les
boyaux d'avec les œufs ou la laite, & on les ôte. On lave enfuite le poiffon
dans de l'eau fraîche, on le frotte bien avec du fel, & on le met dans une
faumure compofée de fel & d'eau fraîche, affez forte pour qu'un œuf
puiffe y tenir fans s'enfoncer. Les harengs y reftent quatorze ou quinze
heures; après quoi on les retire, on les feche bien, & on les met dans
un tonneau bien preffés, avec du fel au fond & par-deffus la derniere couche, lorfqu'il eft tout-à-fait rempli. On ferme enfuite exactement le tonneau, pour que la faumure n'en découle pas, & qu'il n'y entre pas le
moindre air; fans cette précaution, le hareng fe gâteroit bientôt. Quand
on change les harengs de tonneaux, & qu'on les remet dans les caques, il
faut avoir les mêmes attentions.

La préparation des harengs en rouge fe fait de la maniere fuivante. Harengs forets.
Quand les poiffons font tirés de la faumure où ils ont refté au moins vingt-
quatre heures, on leur paffe une broche de bois dans la tête, & on les ac-
croche dans un four préparé pour cet effet, & qui en contient ordinairement
douze mille. On allume enfuite au-deffous des poiffons du farment, qui
fait beaucoup de fumée & très-peu de flamme. On les laiffe en cet état
jufqu'à ce qu'ils foient fuffifamment feches & fumés, ce qui fe fait dans
l'efpace de vingt-quatre heures. Alors on les retire pour les mettre dans
des tonneaux. Leur mérite confifte à être gros, gras, frais, tendres, d'un
bon fel, d'une couleur dorée, & à n'être point déchirés. C'eft l'efpece de
hareng appellée *picklings*, & en François *hareng fore* ou *foret*. La premiere
forte s'appelle *hareng blanc* (25).

Les harengs que l'on mange en France, ne paroiffent pas tous les ans fur
les Côtes d'Iflande en auffi grande quantité, mais feulement de tems à
autre; de forte que ces poiffons ne font point une branche de Commerce
pour les Iflandois.

L'efpece de harengs qui chaque année ne manque pas de fe montrer dans Sardines.
ces parages, eft celle qu'on appelle *fardine*, & qui arrive avec les cabeliaux, dont elle eft pourfuivie. La baleine, qui ne les épargne pas non
plus, engloutit fouvent les fardines & leurs perfécuteurs.

L'ardeur & l'avidité d'une baleine (26) l'ayant un jour fait échouer fur le Baleine échouée
fable pour s'être trop approché des Côtes, tous les Iflandois du canton à la pourfuite
vinrent bientôt l'affaillir, & la tuerent. Une baleine étoit pour eux une des fardines.
prife très-agréable & très-heureufe; mais elle le devint bien davantage

(25) Journal Etranger, Mai 1757, p. (26) Defcription de l'Iflande, d'Horre-
100. bows, Tome I. p. 158.

DESCRIPTION encore, lorsqu'on trouva dans son ventre plus de six cens cabeliaux frais DE L'ISLANDE. & vivans, une multitude infinie de sardines, & même quelques oiseaux.

Oiseaux qui font la guerre aux sardines.
Il est amusant & curieux (dit M. Horrebows qui avoit joui plusieurs fois de ce spectacle) de voir arriver les sardines en grandes troupes. Pendant que les flots sont agités par le mouvement de ces poissons accumulés par millions, le ciel est obscurci par une multitude innombrable d'oiseaux de proie, qui voltigent au-dessus des malheureuses sardines, & qui remplissent l'air de cris perçans. A chaque instant quelques-uns de ces oiseaux se détachent, s'élancent dans les eaux comme un trait, s'y enfoncent assez profondément, & remontent avec leur proie dans le bec.

Des poissons bien plus utiles aux Islandois que les harengs & les sardines, ce sont le cabeliau qu'ils appellent *torchs*, la lange ou la grande morue (27), l'égrefin (28), & tous ceux que nous avons nommés au commencement de ce paragraphe.

Le cabeliau.
Le cabeliau (28) est trop connu pour qu'il soit besoin d'en donner la Description. Sa chair est d'un goût si excellent, qu'il passe par-tout pour un mets délicieux. Les Islandois pêchent ce poisson à l'hameçon, en y attachant pour amorce un morceau de moule, de poisson ou de viande crue.

Sa Pêche.

Sa facilité à digérer.
On remarque que le cabeliau a reçu de la Nature une facilité de digérer singuliere. Tout poisson qu'il mange est digéré en moins de quatre heures. L'écaille des crabes qu'il avale, devient dans son estomac aussi rouge que si elle étoit bouillie.

C'est avec le cabeliau, la lange & l'égrefin que les habitans préparent le *flackfisch* (29) & le *hengefisch*, deux sortes de poissons séchés, auxquels on donne le nom général de *stockfisch* (30) en Allemagne. Le détail de la façon dont on prépare ces poissons, apprendra en même tems ce que c'est que le flackfisch & le hengefisch, & en quoi ils different l'un de l'autre.

Manieres différentes de préparer le cabeliau.
Pour faire du flackfisch, on coupe la tête aux cabeliaux, morues ou égrefins; on leur ouvre le ventre dans toute sa longueur; on leur arrache l'épine du dos, & on applique ces poissons les uns contre les autres par le côté ouvert, si le tems est sec. Après cette opération, on étale ces poissons sur des pierres arrangées exprès, ou sur le sable; on les retourne plusieurs fois dans le jour, exposant alternativement à l'air le côté de la chair & celui de la peau. Lorsque le tems est beau & qu'il regne un air sec, quatorze jours suffisent pour sécher parfaitement ces poissons; mais communément il faut trois semaines ou davantage, parce qu'il est rare que la sécheresse ne soit pas interrompue par un tems humide dans la saison de la Pêche, qui dure pendant les mois de Mai & de Juin. Le poisson étant bien desséché, on le met alors en tas sur un mur construit exprès pour cela, en observant que le côté de la peau soit toujours en-dehors. Quelque tems qu'il fasse alors, rien ne peut lui causer d'altération.

Quant au *hengefisch*, il se prépare de la même maniere, avec la seule

(27) *Asellus major vulgaris.*
(28) *Asellus longus*; dans Willougby.
(29) *Asellus tertius* ou *eglefinus* dans Rondelet, & *egrefinus* dans Bellonius, en Anglois *haddock*.

(30) Ce nom composé de deux mots Allemands, qui signifie *poisson-bâton*, se donne indistinctement à tout poisson séché, sans doute par analogie à la dureté qu'il contracte par la dessication.

différence

différence qu'on fend le poisson par le dos, & qu'on lui fait un trou au ventre, afin de pouvoir y passer une broche de bois, pour le suspendre à l'air dans de petites cafes construites aussi pour cet usage. Les parois de ces cafes, qu'on appelle *hialdes* dans le pays, ne sont formées que de lattes attachées à une certaine distance l'une de l'autre, de façon que le vent & l'air puissent passer au-travers, & un toît garantit le poisson de la pluie. Le nom de *hengefisch* que porte ce poisson ainsi préparé, vient de cette préparation même, *hengen* signifiant *suspendre*, d'où le mot composé de *hengefisch* veut dire *poisson suspendu*. Il se vend plus cher que le flackfisch, & il est aussi bien plus estimé; cependant on en fait beaucoup moins que de ce dernier, qui est, à proprement parler, la monnoie du pays: aussi prépare-t-on communément cent livres de flackfisch contre une de hengefisch.

Ces deux sortes de poissons ainsi séchés, se conservent très-long-tems, même pendant dix ans. Cependant on a vu qu'il n'entre point de sel dans cette préparation, & qu'elle consiste simplement à l'exposer à l'air. C'est dans les qualités de cet élément qu'il faut chercher les causes de cette conservation; la pureté & la sécheresse de l'air, suivant M. Horrebows, sont les agens principaux de la dessication, à quoi il faut ajouter une chaleur modérée & constante pendant dix-huit ou vingt heures.

Avoir nommé les autres poissons, tels que le merlan, le turbot ou flaiton, les plies & les soles, c'est les avoir assez fait connoître. Les Islandois en tirent les mêmes avantages que les autres peuples, c'est-à-dire qu'ils les mangent frais, lorsqu'ils en prennent, ou qu'ils font sécher pour leur provision tout ce qu'ils en ont de superflu.

Ces Insulaires en usent de même à l'égard du *steinbeisser*, ou loup marin ou brochet de mer, des rougets, & de quelques autres poissons de la petite espece qui n'ont rien de particulier.

Loup marin; ou brochet de mer.

Parmi les poissons de la grande espece, la baleine tient le premier rang. On en distingue en Islande plusieurs sortes qui ont chacune leur nom, mais que l'on ne nous fait connoître que par cette seule observation. Au reste il a été déja traité de ces animaux monstrueux, & de la façon de les prendre, à l'Article du Spitzberg, dans le quinzieme Volume de cet Ouvrage; ainsi nous n'ajouterons rien à ce sujet. Nous remarquerons seulement qu'il y a vingt ans que les Islandois se contentoient de darder la baleine avec un harpon, où étoit la marque de celui qui l'avoit lancé; qu'ils attendoient l'effet de la blessure que le fer avoit faite, & que la baleine vînt échouer en expirant sur la Côte. Alors celui à qui appartenoit le harpon, alloit le reconnoître, & la Loi d'Islande lui adjugeoit une certaine portion de la baleine; le reste étoit dévolu au Propriétaire du fonds sur lequel elle avoit échoué. Mais le Roi de Danemarck ayant fait passer en Islande, en 1748, tous les ustensiles du harponnage, & un homme très-entendu dans le métier de Harponneur, on pratique aujourd'hui dans cette Isle à-peu-près la même méthode que nous avons indiquée ci-devant.

Baleines.

Les bœufs marins, les espadons ou scies de mer, les veaux & les chiens marins sont encore des poissons assez communs sur les Côtes d'Islande; la Description qu'on en trouve au même endroit que celle de la baleine.

Bœufs marins; Espadons; Veaux & Chiens marins.

Tome XVIII. E

nous dispense de rien dire ici de ces animaux, si ce n'est des chiens marins dont les Islandois tirent de très-grands avantages.

Ils en distinguent trois sortes, les *land-sele*, chiens marins de terre, *oe-sele*, chiens marins d'isle, *gronland-sele*, chiens marins de Groenland. La premiere espece est la plus petite, mais la plus commune. On les appelle chiens marins de terre, parce qu'ils se tiennent presque toujours près de la terre. Ils vont aussi dans les golfes & les petits bras de mer, pour donner la chasse aux truites & aux saumons. Les chiens marins d'Isle sont les plus grands. Ils ont reçu ce nom, parce qu'ils se tiennent volontiers dans les isles semées autour de la Terre ferme, & surtout dans celles qui sont désertes, où rien ne trouble leur repos. Le chien marin de Groenland, quoique grand comme celui des isles, auquel il ressemble, n'a été distingué sans doute que parce qu'il est étranger, & qu'il arrive tous les ans au mois de Décembre. Il se tient principalement sur les Côtes Septentrionales du pays où il reste de ces animaux, jusqu'au mois de Mai qu'ils s'en retournent. Comme ils viennent en troupes très-nombreuses, on peut regarder ceux-ci comme une richesse de l'Islande.

Dans les golfes où ils arrivent, on arrange 20 ou 30 filets longs d'environ 20 brasses, de maniere que par les détours & les contours qu'on leur fait faire, ils forment un espece de labyrinthe, d'où peu de ces poissons qui s'y prennent, peuvent s'en dégager. Au bout d'un ou de deux jours, les Pêcheurs levent leurs filets, & ils y trouvent depuis 60 jusqu'à 100 chiens marins. Chacun de ces animaux est estimé la valeur de deux écus d'Empire, par rapport à sa graisse & à sa peau. Il y a des cantons en Islande, où, au lieu de tendre des filets aux chiens marins, les habitans les harponnent comme les baleines. Ils sont si adroits, qu'ils lancent à dix ou vingt brasses un harpon auquel est attachée une longue corde, & rarement ils manquent leur coup.

Ces chiens marins de Groenland ont deux, quatre & même six aunes d'Allemagne de long. A l'égard de ceux des Isles, quelquefois on en prend aussi de grandes quantités, surtout dans les Isles désertes. Comme ces animaux s'y croyent en sûreté, les habitans s'y rendent en troupe pour les épier; & dès que les chiens marins sont sortis de la Mer pour venir se coucher au soleil, ils les attaquent & les assomment avec une massue dont ils sont armés. Il arrive souvent qu'ils en tuent une centaine en une seule fois. On prend aussi les chiens marins de terre de la même façon que ceux de Groenland, c'est-à-dire avec des filets arrangés en labyrinthe, ou on les tue à coups de fusil.

Les poissons d'eau douce ne sont pas en aussi grand nombre en Islande que les poissons de mer. On n'y connoît que ceux dont nous avons déja parlé; sçavoir, les saumons, les truites & les anguilles, poissons trop connus pour que nous nous y arrêtions.

§. XII.

Reptiles, & Insectes d'Islande.

ON ne voit en Islande ni serpens ni aucun reptile venimeux. M. Anderson en attribue la raison à la rigueur du climat; mais, comme dit M. Horrebows, les observations météorologiques démontrent que le froid n'y est pas plus excessif qu'en Dànemarck, & les serpens pourroient y vivre de la même façon. D'ailleurs on sçait que l'Isle de Madere & celle de Malte, toutes deux situées sous un climat où la gelée est inconnue, ont comme l'Islande l'avantage de ne nourrir aucun reptile venimeux; propriété heureuse dont vraisemblablement il faut assigner la cause à quelques qualités particulieres de l'air ou du sol, & peut-être à quelque accident, tel qu'un tremblement de terre ou une inondation qui a pu anciennement bouleverser ces Isles & faire périr tous les reptiles, sans que personne ait été tenté d'en rapporter de dehors pour rétablir l'espece.

Il y a peu de pays qui soient moins tourmentés des insectes que l'Islande. Les plus communs sont des araignées fort petites; on n'y connoît ni ces moucherons piquans, nommés communément cousins & mosquites, ni guepes, ni taons. Après les araignées, le seul insecte dont on soit incommodé en quelques endroits, ce sont de grandes mouches dont il y a une quantité infinie, surtout dans le *Norder-sissel*, canton le plus froid du pays. Elles se tiennent particuliérement près des eaux & autour du lac Myvarne dont il a été parlé, nom qui lui a été donné à cause des mouches dont ses bords sont infectés presque toute l'année. Les hommes en sont aussi incommodés que les bestiaux, de maniere que les Voyageurs qui sont obligés de passer dans le voisinage de ce lac, mettent communément un crêpe sur leur visage pour se défendre de ces insectes dont la piquure est très-vive & très-sensible.

Aux endroits où les Pêcheurs étalent leur poisson pour en faire du flakfisch, il se trouve aussi des essains nombreux de ces grosses mouches; mais on ne voit en Islande aucune autre espece d'insectes volans, ou du moins, dit M. Horrebows, on ne les connoît pas.

Lorsqu'après une grande secheresse il survient une pluie abondante, on voit en plaine, comme partout ailleurs, sortir de terre une grande quantité de vers rougeâtres, appellés vers de pluie, & quelques autres qui sont entiérement verds, que les Insulaires croyent être tombés du Ciel avec la pluie. Ces derniers ont presque la grandeur & la figure des vers à soie qui n'ont que la moitié de leur accroissement ordinaire; ils gâtent & consument l'herbe d'une façon étonnante aux endroits où ils paroissent.

§. XIII.

Productions du Genre minéral.

Argent & autres métaux.

LES productions naturelles d'Islande, dans le genre minéral, paroissent être en assez grand nombre, mais elles ne sont pas encore toutes bien connues. On sçait que plusieurs habitans ont trouvé dans les montagnes du métal qu'ils ont eux-mêmes fondu, & qui s'est trouvé être de bon argent; mais on ignore où existent les mines. D'autres particuliers, lorsqu'ils veulent souder des clefs, vont chercher sur les montagnes une certaine matiere qu'ils appliquent à la clef, & dans laquelle ils placent la barbe. Ils enveloppent ensuite le tout d'une pâte de glaise ou de limon, & le jettent au feu, où ils le laissent jusqu'à ce qu'ils croyent la matiere fondue. Ils retirent alors la clef, brisent l'enveloppe de terre, & trouvent la barbe aussi bien attachée à la clef, que s'ils eussent employé du cuivre dont on se sert communément pour de pareilles soudures. Peut-être se trouve-t-il des parties cuivreuses dans la matiere qu'ils ramassent, & qui, selon les apparences, ne peut être que du minerai d'un métal quelconque.

Mines de cuivre & de fer.

Tous les Islandois sont instruits par la tradition que leur Isle renferme de riches mines de cuivre, mais on n'en a jamais cherché ni ouvert aucune. Quelques-uns font de leurs propres mains des ustenciles de ménage, avec du fer dont ils recueillent sans peine la mine en différens endroits. Ainsi l'induction naturelle qu'on doit tirer de tous ces faits, c'est que l'Islande ne renferme pas seulement des mines de cuivre & de fer, mais peut encore receler des métaux bien plus précieux.

Les autres productions minérales, après les métaux, sont le crystal, le bitume, la tourbe, la pierre-ponce, le gagathe ou ambre noir, le soufre & le sel.

Crystal d'Islande.

Parmi les crystaux qu'on trouve en Islande, il en est un d'une espece particuliere connu sous le nom de crystal d'Islande. Il a la propriété de représenter doubles tous les objets qu'on regarde au-travers. Il devient feuilleté, lorsqu'on le fait calciner dans un creuset, & il acquiert alors la vertu de luire dans l'obscurité. M. Horrebows appelle ce crystal *lapis specularis*, Pierre spéculaire; en quoi il se trompe, ainsi que quelques Auteurs qui ont cru que c'étoit une pierre talqueuse, à cause de son tissu feuilleté. D'autres ont regardé ce crystal comme une espece de sélénite. Cependant il paroît constant que c'est un *spath calcaire* qu'il ne faut pas confondre avec d'autres substances qui lui ressemblent par la figure rhomboïdale & par la transparence, mais qui en différent par d'autres propriétés. (31).

---

(31) On peut voir à ce sujet l'excellent Ouvrage d'Huygens *sur la lumiere*; il y traite fort amplement du crystal d'Islande, in-4°. Leyde 1690, chap. 5, p. 49. Voyez aussi la *Continuation de la Lithogeonosie* de M. Pott, p. 226. les *Mémoires de l'Académie des Sciences*, avant 1699, Tome I. p. 286. ceux de l'année 1710, p. 341.

Le bitume, la tourbe, les pierres-ponces sont des matieres assez connues pour nous dispenser d'en parler; il suffit d'observer qu'elles sont fort abondantes en Islande, & qu'en cela rien n'est plus naturel, puisqu'il s'y trouve autant de volcans que nous l'avons dit.

Description de l'Islande. Bitume, tourbe, pierres ponces.

C'est vraisemblablement avec le bitume que se forme la pierre appellée *gagathe* ou *ambre noir*, que l'on trouve en différens endroits. On en distingue deux sortes. L'une qui brûle comme une bougie, lorsqu'on l'allume, est, suivant M. Horrebows, une espece de poix terrestre assez dure & d'un noir brillant. L'autre, que les Islandois appellent *harfn tinna*, c'est-à-dire, pierre-à-fusil noire, ne brûle pas, & est beaucoup plus dure que la premiere. Elle est très-noire & très-luisante. Les Danois l'appellent *agathe noire*, parce qu'elle fait du feu comme la véritable agathe. C'est à celle-ci que convient véritablement le nom de gagathe & de pierre obsidienne. Il paroît que cette pierre noire n'est autre chose qu'une scorie ou vitrification très-pure, unie & bitumineuse, formée par l'action d'un feu violent (32); & en effet lorsque l'on en casse un morceau, il s'éclate comme le verre. La montagne de Krafle fournit une grande quantité de ces pierres, parmi lesquelles on a trouvé des feuilles de la grandeur d'une petite table, qui pesoient 6 lispfuns (33) & plus. La pierre que les Anciens appelloient *obsidienne*, servoit, au rapport de Pline (34), à faire des cartes & des cachets. La gagathe d'Islande se grave & se travaille de même, mais il faut beaucoup de précaution. Un Roi de Danemark ayant eu un gros morceau de cette pierre noire d'Islande, en fit faire une jatte avec son couvercle, & l'on prétend, dit M. Anderson (35), qu'il fallut quatre ans pour l'achever. Communément on en fait des manches de couteaux, des colliers, des boucles d'oreilles, & toute sorte de bijoux qui entrent dans la parure des femmes en tems de deuil.

Ambre noir, forte de poix terrestres.

Agathe noire, ou forte de jayet.

Jatte singuliere de Gagathe.

Le soufre se trouve abondamment en deux endroits de l'Islande; savoir, dans le district de Hufevig, au canton du Nord, & près de Kryfevig dans la partie Méridionale, au quartier de Guedbringe. Ces lieux sont secs & ardens; on voit des vapeurs s'en élever sans cesse, & presque toujours il se trouve aux environs quelque source chaude. Lorsqu'on a découvert un terrein de cette nature, on trouve le soufre non seulement sur les rochers & sur les montagnes, mais même dans la plaine & assez loin du pied de la montagne. Il y a toujours sur le soufre une couche de terre stérile, ou pour mieux dire, de limon ou de sable. Cette terre est de différentes couleurs, blanche, jaune, verte, rouge & bleue.

Soufre.

---

(31) Cette pierre, qui est une espece de jais ou jayet, semble être la même que celle qui étoit connue des Anciens sous la dénomination de *pierre obsidienne*, du nom d'*Obsidius*, qui l'apporta le premier d'Ethiopie. On lui a donné ensuite le nom de *gagas* ou *lapis Thracius*, parce qu'elle se trouvoit en Lycie, dans la riviere de Gaga, près de la Ville du même nom. M. le Comte de Caylus, que l'amour des Sciences & des Arts distinguoit encore plus que la naissance, a très-bien décrit cette pierre dans un Mémoire lu à l'Académie Royale des Inscriptions, le 10 Juin 1760.

(33) Le lispfund vaut dix livres pesant.

(34) Histoire naturelle, liv. 36, chap. 26.

(35) Page 40.

DESCRIPTION DE L'ISLANDE.
Maniere de ramasser le soufre.

Sous la croûte de terre, on trouve le soufre qu'on leve avec des bêches & des peles. Souvent il faut que les ouvriers creusent la terre jusqu'à trois pieds pour trouver de bon soufre ; mais ils ne peuvent creuser à une plus grande profondeur, ils y auroient trop chaud, & l'ouvrage seroit trop pénible ; ce qui seroit d'autant plus désavantageux, qu'ailleurs ils peuvent en prendre des provisions suffisantes avec beaucoup moins de peine. Dans les endroits abondans en soufre, on peut en charger dans l'espace d'une heure quatre-vingt chevaux, dont chacun porte près de douze lispfuns, (120 livres). Les meilleures mines de soufre se reconnoissent à une petite éminence que forme la terre dans ces endroits. Cette éminence est percée dans le milieu, & il s'en exhale une vapeur beaucoup plus forte & plus chaude que dans les environs. Ce sont là les endroits que l'on choisit par préférence pour l'exploitation du soufre.

Lorsqu'on a enlevé la croûte de terre sur cette éminence, on y trouve le soufre le plus compact, le meilleur & en plus grande quantité ; il ressemble presque à du sucre-candi. A peu de distance du tertre, on trouve du soufre en petits morceaux détachés, & on le ramasse avec des peles. Au contraire celui qui se trouve sous l'élévation qu'on a fouillée, est en masse très-dure ; il faut beaucoup de travail pour le détacher & le ramasser. Le soufre qu'on ramasse par globules dans la terre est bon, mais cependant beaucoup moins que celui qui est ferme & inhérent au tuf. On continue ainsi d'exploiter la mine, jusqu'à ce qu'elle soit épuisée. Alors on tâche d'en decouvrir une autre, & l'on y parvient d'autant plus vîte, qu'elles sont en grande quantité dans les deux endroits qu'on a indiqués.

Quand il fait chaud, les ouvriers ne peuvent travailler pendant le jour. Ils choisissent les nuits qui en Eté sont assez éclairées pour ces sortes de travaux. Ils ont soin aussi d'attacher autour de leurs souliers un morceau de wadmel, gros drap du pays, ou de quelque autre étoffe de laine ; autrement ils seroient exposés à se brûler les pieds. En effet, lorsqu'on tire le soufre, il est si chaud qu'on peut à peine le tenir dans les mains ; il se refroidit peu-à-peu dès qu'il est à l'air. Dans l'endroit où l'on a tiré du soufre une année, on peut en tirer encore l'année suivante, & même la troisiéme, les mines de soufre étant inépuisables.

Causes qui ont fait abandonner le commerce du soufre aux Hollandois.

Quelque bénéfice que le commerce de ce minéral paroisse offrir aux Islandois, ils s'y adonnent peu aujourd'hui, & différentes causes ont concouru à détruire cette branche de trafic. La premiere, c'est qu'un Vaisseau qui étoit chargé de cette marchandise ayant échoué malheureusement au sortir du Port, le soufre qui étoit tombé à la Mer, écarta tellement le poisson de cette Côte, qu'il se passa plusieurs années avant qu'on pût en prendre. Cet événement degoûta les habitans du commerce de soufre. Ce minéral étoit de plus devenu si commun dans les villes de commerce de l'Isle, qu'on n'en ayoit plus de débit ; ainsi ceux qui l'apprêtoient perdant leurs frais & leurs peines, le soin d'en recueillir fut avec raison négligé par les habitans. Une troisiéme cause qui a fait cesser absolument le commerce de soufre, c'est que le particulier qui avoit à Copenhague le privilége de trafiquer cette marchandise, étant mort à peu près dans le même tems, aucun autre n'a entrepris de le remplacer; & depuis cette époque ce commerce est toujours resté languissant.

Quoique M. Anderson prétende qu'il n'y a dans cette Isle ni sel ni source d'eau salée, il paroît par le récit de l'Auteur Danois que cette assertion est hasardée. » Je n'ai vu, dit-il (36), aucune source salée ni aucune mi-
» ne de sel, mais j'ai tenu un morceau de sel minéral, & l'on m'a assuré
» qu'il s'en trouvoit une grande quantité en plusieurs endroits. Il est
» certain aussi qu'il doit y avoir des sources salées sur les Côtes, & même
» dans le pays. J'ai vu en beaucoup d'endroits des rochers que la Mer
» venoit battre pendant la marée, couverts d'une croûte de sel desséché
» par le Soleil. Les habitans à portée de ces endroits, ont attention de
» ramasser ce sel pour leur usage : ces faits suffisent pour pouvoir con-
» clure que l'Islande n'est pas dépourvue de sel. Au surplus, on voit par
» les anciennes Fondations & par les Lettres de donations des tems où
» l'Isle étoit Catholique, qu'en différens endroits de l'Isle, & surtout dans
» la partie Septentrionale, on donnoit à de certaines Eglises & aux Prêtres,
» des morceaux de sel, *salts Koun*, & le droit seigneurial de faire du sel.
» D'où il suit évidemment que dans ces tems reculés il y avoit du sel
» en mine dans le pays, & que l'on sçavoit en faire avec de l'eau de la
» Mer ; car enfin des Ecclésiastiques se seroient-ils contentés d'un droit
» chimérique, c'est ce qu'il n'est pas possible de présumer ?

» Tout récemment deux Sous-Baillifs ont essayé de faire du sel avec
» de l'eau de la Mer, & l'un d'eux m'a assuré qu'après avoir fait fondre
» une tonne de sel de France dans de l'eau de la Mer, & avoir fait bouillir
» le tout pendant quelques heures, il en avoit retiré une tonne & un
» quart de beau sel blanc & fin, aussi bon que celui de Lunebourg. Cette
» expérience faite, *rudi minervâ*, par des gens qui n'étoient pas instruits
» de la meilleure maniere de procéder à cette opération, & qui man-
» quoient des ustenciles nécessaires, porte à croire qu'il est possible &
» très-aisé même de se procurer du sel en Islande.

---

§. XIV.

Peuples d'Islande, leur portrait, leurs habillemens, leurs habitations, leurs Villes.

Les Islandois sont en général d'une stature médiocre, mais bien faits, assez semblables aux Norvégiens par la figure & par les traits. Ils ont les dents blanches & bien saines; d'où l'on doit conclure que leur constitution est excellente, le climat sain & leur nourriture assez bonne : aussi leur tempérament est-il vigoureux.

Les femmes sont d'une figure passable, & quoique d'une constitution moins robuste que les hommes, elles jouissent d'une santé qui n'est jamais

(36) Tome I. p. 118.

altérée que par les accidens fâcheux dont leurs accouchemens sont assez fréquemment suivis.

Description de l'Islande.

L'habillement des Islandois, ou du commun de la Nation, est assez semblable à celui de nos Matelots. Il consiste pendant l'Eté en une veste & une culotte de toile ; & pendant l'Hyver, l'une & l'autre sont de wadmel. Chaque homme a encore un habit fort long, fait comme un surtout qui s'appelle *hempe*. On s'en sert lorsqu'on sort de la maison, lorsqu'on voyage, ou qu'on va à l'Eglise.

Habillement des hommes.

Les femmes ont des robes, des camisoles & des tabliers de wadmel ou d'autre drap. Par dessus leur camisole, elles mettent ordinairement une robe très-ample qui monte jusqu'au cou, enveloppe bien la poitrine, & dont les manches étroites leur couvrent les bras jusqu'au poignet ; c'est à-peu-près la forme de celles qu'on appelle en France *robe en amadis*. Cette robe chez les Islandoises ne traîne pas à terre, mais elle laisse dépasser les vêtemens de dessous d'environ six pouces. Elle est toujours noire, & porte le nom de *hempe*, ainsi que le surtout des hommes. Elle est bordée par en-bas d'un ruban de velours ou de certaine garniture qu'elles font elles-mêmes, & qui ressemble à de la dentelle. Le tout est cousu très-proprement, & cet habillement est d'assez bon air.

Habillement des femmes.

Les personnes aisées portent le long du devant de la hempe plusieurs paires de boucles d'argent agréablement travaillées & presque toujours dorées. Elles ne servent uniquement que pour la parure, & composent la garniture de la robe. Le bas du tablier est aussi garni de rubans de velours ou de soie de différentes couleurs. Au haut de ce tablier sont trois grands boutons de filigrame d'argent, qui sont ordinairement dorés, & quelquefois de cuivre ; ils servent à attacher le tablier à une ceinture garnie de petites plaques,& bossettes d'argent ou de cuivre, dans lesquelles sont pratiquées de petites ouvertures pour recevoir les boutons. Cette ceinture se ferme pardevant avec un crochet de même travail.

Ornement des Islandoises.

Les camisoles, qui sont toujours de la même couleur que la hempe & justes à la taille avec des manches étroites qui vont presqu'au poignet, sont aussi garnies par derriere & aux côtés, sur toutes les coutures, de rubans de soie ou de velours de diverses couleurs, & tout le devant est couvert d'une étoffe de soie pareille aux rubans. Il y a au bout de chaque manche quatre ou six boutons d'argent qui servent à la tenir ouverte ou fermée. Ces camisoles ont un collet fermé, large de trois doigts, & un peu saillant. La robe de dessus se joint très-exactement à ce collet qui est d'une belle étoffe de soie ou de velours noir, bordée d'un cordon d'or ou d'argent.

Leur coëffure.

La coëffure des Islandoises est un grand mouchoir de grosse toile blanche fort roide. Une autre bande de toile plus fine couvre la premiere. Elle est arrangée sur la tête en forme pyramidale, ensorte que ces femmes semblent porter sur la tête un pain de sucre de la hauteur de 3 pieds. Autour du front, elles mettent un autre mouchoir de soie qui leur enveloppe la tête & le front de la largeur de trois doigts.

Grande parure des Islandoises.

Outre ces habillemens ordinaires, la coquetterie & le luxe en ont fait inventer d'autres pour les femmes qui veulent se distinguer ; elles font

font usage de différens petits ornemens d'argent proprement travail- *Description* lés, & sur-tout de filigrame doré, tels que de gros boutons montés *de l'Islande.* de pierres diversement colorées, ou de petits anneaux & des plaques à jour. On met trois ou quatre de ces gros boutons au-dessus du front en forme d'aigrette, & c'est-là le plus riche ornement de la coëffure.

L'habillement des jeunes mariées est singulier. Le jour de la nôce, elles *Habillement* ne portent point de hempe, mais seulement leur camisole telle qu'on l'a *des mariées.* décrite. Elles ont sur la tête une couronne d'argent doré qui s'étend jusque sur le front. Deux chaînes aussi d'argent doré sont disposées en sautoir sur la camisole, y forment des festons & se croisent pardevant & parderriere. Leur col est entouré d'une pareille chaîne à laquelle est attaché une petite cassolette d'odeur, ou *à baume*, comme ils l'appellent, qui leur tombe sur la poitrine. Cette boëte s'ouvre des deux côtés, & a communément la forme d'un cœur ou d'une croix. » Je puis assurer, dit M. Horrebows, » que la parure & les ornemens des femmes d'Islande sont » d'assez bon goût, & ne manquent pas de grace, par la disposition & » l'arrangement qu'on leur donne. » Les femmes les plus aisées en ont pour trois ou quatre cent écus de l'Empire.

A l'égard des riches Islandois, des Officiers de Justice, & autres person- *Habillement* nes employées à l'administration publique, ils s'habillent de la même fa- *des gens riches.* çon qu'en Danemarck ; on leur voit des habits de beau drap & fort propres.

Les femmes font elles-mêmes leur chaussure, & celle des hommes. *Chaussure de* Cette chaussure est sans beaucoup de façon : elle est faite de cuir de bœuf *la Nation Islandoise.* ou de peau de mouton, dont on a gratté le poil ou la laine. On les ramollit dans l'eau, on les fait sécher ensuite, puis on les coud de maniere que les souliers emboitent exactement le pied, & n'ont point de talons. On les assujettit encore au moyen de quatre courroies fort minces de peau de mouton ; deux de ces courroies attachées au derriere du soulier, se lient pardevant au-dessus du cou-de-pied ; les deux autres partent des deux côtés, nommés communément *oreilles*, & après avoir fait un tour par-dessous la chaussure, se lient de même au bout du pied.

L'usage des chemises n'est point inconnu à ces Insulaires, mais il n'est pas général. On en porte de flanelle légere ou de grosse toile. Lorsque les hommes vont à la pêche, ils ont des habits de peau de mouton ou de veau, qu'ils mettent par-dessus leurs habits ordinaires, & qu'ils ont soin de frotter avec du foie ou de la graisse de poisson, ce qui exhale une odeur très-désagréable.

Les habitations des Islandois, sans être ni magnifiques ni élégantes, sont *Maisons de ces* commodes, & ils y trouvent toutes leurs aisances à proportion de leurs *Insulaires.* facultés. On trouve dans notre Auteur Danois la description d'une maison ordinaire de paysan, dont quelques détails suffiront pour montrer combien ces Insulaires sont éloignés de l'état de barbarie dans lequel on les a toujours représentés. Car, à notre avis, rien ne prouve mieux qu'une Nation est civilisée, que son industrie à se vêtir, à se loger & à se nourrir le plus avantageusement qu'il lui est possible.

La premiere piece, est un corridor long & étroit, de la largeur d'une *Leur construction.*

Tome XVIII, F

toife, lequel est couvert par un toît porté sur des soliveaux de traverse. On pratique de distance en distance au toît, pour donner passage à la lumière, des ouvertures en forme d'œils-de-beuf, fermées par de petits carreaux de verre, ou plus communément par de petits cerceaux sur lesquels est un parchemin fortement tendu. Ce parchemin est de la fabrique de nos Insulaires ; ils le font avec les membranes *allantoïdes* des bœufs & des vaches ; ils l'appellent *hinne*, & il est fort transparent. Lorsqu'il neige ou qu'on est menacé d'orage, les petites fenêtres se couvrent avec des especes de contre-vents. A l'un des bouts du corridor, est l'entrée commune ; l'autre enfile une piece de vingt-quatre ou trente pieds de long, sur douze ou quinze de large, laquelle fait face à l'entrée. Les Islandois appellent cette salle *bastube* ou étuve ; c'est ordinairement la salle de travail, où les femmes cousent & font les ouvrages du ménage, où l'on prépare la laine, &c. Derriere cette bastube, est une chambre à coucher pour le maître de la maison & sa femme, & au-dessus couchent la plûpart des enfans & des servantes.

Aux deux côtés de cette salle de travail, sont quatre autres pieces ou petites chambres, deux de chaque côté de l'entrée commune ; elles n'ont d'issue que dans le corridor. Une de ces pieces sert de cuisine, l'autre de garde-manger, la troisieme de laiterie, la quatrieme est la chambre à coucher des domestiques. On y fait coucher aussi les Etrangers & les Voyageurs de cette classe ; elle porte le nom de *skaule*.

Ce bâtiment qui renferme dans son entier six chambres, dont chacune paroît détachée, n'a d'autre entrée que celle du corridor, de façon que cette porte étant fermée, les chambres n'ont plus de communication au dehors. On pratique dans le toît de chaque chambre, comme dans celui du corridor, des ouvertures pour y introduire la clarté, au moyen de quelques vitraux ou châssis de hinne ; mais la salle de travail est ordinairement éclairée par une couple de fenêtres en vîtrage, afin d'y recevoir plus de jour.

Dans quelques bâtimens, outre les six chambres, il y a une piece du côté de la skaule, c'est-à-dire, à l'entrée du corridor, destinée à recevoir les Etrangers & les Voyageurs de distinction. C'est, à proprement parler, la chambre des hôtes, & en même tems la chambre de parade ou d'honneur des Islandois ; c'est aussi la seule de la maison qui ait une porte particuliere en-dehors, indépendamment de celle du corridor.

Vis-à-vis ou du côté de la skaule, il y a d'autres réduits appellés *skiuner*. Les habitans y serrent leur poisson sec & toute espece de provisions pour l'Hyver, ainsi que les harnois des chevaux & toutes sortes d'ustenciles.

Près de-là, ils ont une *cabanne* ou *maisonnette* qu'ils appellent la Forge. C'est-là qu'ils fabriquent leurs ouvrages en fer & en bois. Près de ces bâtimens, sont les étables ou les bergeries, suivant l'espece de bétail que nourrit le paysan. Il y a toujours une étable à vaches, une écurie pour les chevaux & une ou plusieurs bergeries où l'on tient les agneaux séparés des moutons. On ne serre pas le foin dans des bâtimens, mais on l'entasse dans une place que l'on entourre d'un fossé, & dans laquelle on le met par petites meules séparées l'une de l'autre, & de la hauteur d'une toise. Ces tas de foin sont recouverts de gazon, qui sert à les assujettir & à les garantir de la pluie.

L'étuve, la chambre à coucher du Maître & l'appartement des Etrangers sont entiérement boisées pour la plûpart ; & au-dessus de ces pieces, il y a de petits cabinets où ils serrent leurs coffres, leurs habits & leurs effets. Ordinairement ces mêmes chambres ont de petits chassis composés de cinq ou six carreaux de verre ; mais les autres n'ont point d'autre plafond que le toît, point d'autres fenêtres que les ouvertures couvertes de parchemin, dont on a parlé.

Les meubles de ces maisons ne sont pas en général d'une grande valeur. Des lits faits de wadmel & de plumes, que la quantité d'oiseaux aquatiques ne rend ni rares ni cheres ; des tables, des chaises, des bancs, des armoires, c'est à-peu-près tout ce qui compose l'ameublement des Islandois. Mais si ces meubles ne sont pas fort délicatement travaillés, ils n'en sont pas moins commodes ; & le soin que prennent les femmes de les tenir propres, compense ce qui leur manque du côté de l'élégance.

Au reste tout ce qu'on vient de dire ne regarde que les maisons des paysans qui font récolte & des autres habitans de la campagne. A l'égard des personnes distinguées, des habitans riches, ils sont très-bien meublés : les glaces, les commodes, tous les autres meubles utiles ou simplement de luxe, ne leur manquent pas plus qu'ailleurs.

Quant à l'architecture & à l'apparence extérieure des maisons, on conçoit qu'il n'y a rien de bien recherché. Comme tous les matériaux se tirent de Copenhague, & coutent par conséquent fort cher en Islande, on y bâtit avec la plus grande économie. Par cette raison, les maisons n'ont ni fondemens ni poutres. Les pieces d'appui, les corniers, les angles des édifices reposent sur de grosses pierres. Les murs sont construits de pierres mêlées avec de la terre & du gazon. Ils peuvent avoir à leur base environ quatre pieds d'épaisseur, & sont terminés en talus large de deux pieds. Les toîts sont formés de planches arrangées les unes sur les autres comme des ardoises, & chez les pauvres, c'est de la bruyere recouverte simplement de gazon. Ces maisons, telles qu'on les voit par ce détail, sont très-fraiches en Eté, & assez chaudes en Hyver, pour que quelques habitans n'ayent pas besoin de faire du feu dans la *bastube* ou salle de travail. D'autres ont des poëles de terre cuite ou de brique. Telle est l'idée qu'on doit se faire de toutes les habitations des métayers ou fermiers de l'Islande.

Il n'y a proprement en Islande ni villes ni bourgs : on n'y trouve que des villages, ou plûtôt ce que nous appellons des hameaux. Cependant on y donne le nom de villes ou de places de commerce à l'assemblage de trois ou quatre maisons appartenant à la Compagnie Danoise qui fait le commerce de cette Isle, & dont dépendent autant de bâtimens qui servent de cuisines & de magasins. Aux environs de ces prétendues villes qui sont communément bâties près de quelque Port, on voit çà & là quelques habitations de Pêcheurs qui trafiquent leur stockfisch avec les Négocians Danois : aussi les Côtes & le voisinage des établissemens de la Compagnie sont-ils beaucoup plus peuplés que l'intérieur du Pays.

Dans toute l'Isle, chaque ferme ou métairie est bâtie seule au milieu des prairies qui en sont dépendantes. Il réside dans ces prairies autant de locataires ou fermiers que le propriétaire peut s'en procurer, en leur louant des pâturages ou simplement une maison. Quelquefois un seul propriétaire a autour de lui cinq ou six fermiers qui font valoir son fonds. On les appelle *hialege maenner*, c'est-à-dire, homme locataire de prairies, & la maison qu'ils occupent porte le nom d'*hialege*. Les *hialeges maenner* sont distingués des autres locataires en ce qu'ils ont un pâturage pour nourrir une ou plusieurs vaches, au lieu que les autres ne louent que la maison; c'est ce qui fait que toute l'Isle est divisée par paroisses.

Ces métairies ainsi bâties séparément, & quelquefois à une grande distance les unes des autres, forment un hameau ou un village ; car il y a de ces métairies qui, comprenant les locataires, ont depuis douze jusqu'à cinquante bâtimens. Au reste, il ne faut pas regarder comme un inconvénient cette méthode de bâtir au milieu de ses fonds une maison isolée. On en a plus de facilité à veiller aux travaux de la campagne, moins d'embarras pour la recolte & plus de sûreté contre les incendies ou les autres accidens qui peuvent provenir de la négligence des voisins.

Après le poisson frais ou sec cuit à l'eau de la Mer, & accommodé à force de beurre, la principale nourriture des Islandois, est le lait de vache ou de brebis. Ils font usage aussi de gruau ou de farine de froment cuite dans du lait. La soupe faite avec de la viande fraîche & du gruau est encore un de leurs mets favoris. Comme ils ont peu d'épicerie, c'est le gruau qui leur en tient lieu, & ils le mêlent dans toutes leurs sauses. Le rôti ne leur est pas inconnu ; mais ils ont l'habitude de faire cuire à l'eau toutes les viandes qu'ils mangent, même celles qui sont destinées à être rôties, ce qui se fait dans une poële de fer ; au surplus chacun regle la maniere de se nourrir sur ses facultés, & les gens aisés se nourrissent en Islande aussi bien qu'ailleurs.

Leur boisson ordinaire est, comme on l'a dit, cette liqueur piquante qui reste après que le beurre est fait, & qu'ils appellent *syre*, lorsqu'ils l'ont préparée à leur maniere.

C'est à tort qu'on a débité dans les Géographies & dans l'Histoire même d'Islande, que ses habitans ne connoissoient point l'usage du pain. Il est vrai que l'Agriculture n'y étant presque point exercée, le bled & tous les autres grains y sont rares ; mais le Commerce supplée à cette disette. Tous les ans on apporte dans ses Ports de la farine & du pain cuit, qui se répandent par tout le pays. Il n'est point de Port en Islande, où il n'entre annuellement depuis quatre cens jusqu'à mille tonneaux de farine, outre deux ou trois cens tonnes de pain. Quoique cette provision ne soit pas suffisante pour que tous les Insulaires mangent du pain tous les jours ; au moins en est-ce assez pour qu'on ne puisse pas dire qu'ils en ignorent l'usage. Il est certain que les Islandois les plus pauvres font cuire communément du pain dans les jours des Fêtes solemnelles, pour des noces & autres assemblées de cette espece, & que les autres en mangent toute l'année.

Le bled sauvage, dont il a été parlé ci-devant, sert aussi à faire d'excellent pain. Malheureusement il se trouve en petite quantité ; mais il donne une farine si belle & si propre à faire du pain, qu'un habitant n'en donneroit pas une tonne pour une pareille quantité de farine de Danemarck (37). La farine de ce bled sauvage a cependant le défaut d'être noire, ce qui provient de ce que les Islandois manquant de bons moulins-à-bras, pour broyer ce bled, ils le font tellement sécher au feu, qu'il en est un peu brûlé. Ainsi la farine qu'il produit fait un pain noir, comme le pain de seigle : en revanche une tonne de farine fait un quart de profit de plus qu'une tonne de farine de Danemarck.

§. XV.

Etat actuel de la Population en Islande.

ON ne peut certainement pas dire qu'un pays soit bien peuplé, lorsqu'il contient à peine la vingtieme partie des habitans qu'il peut nourrir ; tel est l'état de l'Islande. La premiere cause de ce petit nombre d'habitans est attribuée d'abord à cette épidémie si terrible, appellée la *peste noire*, qui désola tout le Nord pendant les années 1347, 1348 & 1349. Il périt tant de monde en Islande, qu'il n'y resta plus personne en état de faire une Relation des effets de ce fléau meurtrier. Les Annales Islandoises, où tout ce qui est arrivé depuis que le pays est habité, est exactement rapporté, n'en font aucune mention. On sait seulement, par une tradition orale, qu'il n'échappa de cette funeste contagion qu'un petit nombre d'habitans qui s'étoient sauvés dans les rochers. Tout le reste de cette Nation périt sans secours, & dans la plus affreuse misere. Cette même tradition apprend que tout le plat-pays, où la peste exerçoit le plus ses fureurs, étoit couvert d'un brouillard très-épais. Le Danemarck ayant été aussi dépeuplé dans le même tems, on ne put y envoyer de colonies.

Cependant les habitans échappés à la destruction générale, repeuplerent l'Isle de leur mieux. Mais leurs malheureuses générations ont encore été détruites en partie par des fléaux non moins cruels que la peste.

En 1627 (38), des Corsaires Algériens firent une irruption dans cette Isle, y commirent d'horribles cruautés, plusieurs massacres, & enleverent deux cens quarante-deux hommes.

En 1687, un Corsaire Turc prit aussi terre en Islande, & ne l'aban-

(17) S'il est vrai que l'Islande soit la *Thulé* des Anciens, il ne sera pas difficile de découvrir l'origine de ce bled sauvage, qui vraisemblablement n'est qu'un froment dégénéré. Une seule chose pourroit contrarier cette conjecture, c'est le rapport des Ecrivains Islandois & Danois, qui disent que l'Islande depuis sa découverte a toujours tiré du bled de la Norvege. Reste à savoir si cela doit s'entendre de la provision totale de l'Isle. Vid. *Tractatus Œconomico-Physicus de habitu Norvegiæ ad Agriculturam*, auctore *Claudio Ursin*, in 12. Hafniæ 1754, p. 15 & 16. *Erici Pontoppidani Episcop. Berghensis, Annales Eccles. Danicæ*, in 4°. Tom. 1. p. 744.

(38) Busching, dans sa *Géographie*, Tome 1. p. 390.

46 HISTOIRE GÉNÉRALE

DESCRIPTION DE L'ISLANDE. donna qu'après y avoir volé des marchandises & une douzaine d'hommes.

Les années 1697, 1698 & 1699 furent encore plus funestes à la Nation Islandoise : il mourut beaucoup de monde de faim, & l'on prétend qu'il périt de cette maniere plus de cent vingt personnes en une seule paroisse.

En 1707, la petite-vérole, jointe à une autre maladie épidémique & pestilentielle, emporta plus de vingt mille habitans ; & peu de tems après, la petite-vérole seule fit périr encore beaucoup de personnes.

Aujourd'hui on fait monter le nombre des Islandois à quatre-vingt mille ; ce qui est bien peu considérable, si l'on fait attention que leur Isle a deux cens lieues de long, sur presque cent de large.

§. XVI.

Caractere des Islandois, leurs dispositions aux Arts & aux Sciences, leurs Arts méchaniques.

Bravoure des Islandois.

J'AI souvent été témoin, dit M. Horrebows (39), que les Islandois ne sont ni poltrons, ni timides, ainsi que les en accuse M. Anderson. On en a vu dans les troupes du Roi de Danemarck servir avec distinction, & parvenir au grade de Capitaine. S'il ne se trouve que peu d'Islandois dans les Armées Danoises, c'est que ce pays étant peu peuplé, ses habitans voyagent rarement au-dehors ; c'est en outre qu'étant pour son bonheur fort éloignée du Royaume, aucun Enrôleur n'est tenté d'entreprendre un voyage long & pénible pour y aller faire des recrues.

Leurs guerres civiles.

Les Annales Islandoises prouvent encore qu'ils n'ont pas plus de timidité & de lâcheté que les autres peuples de l'Europe. Ils ont eu entr'eux des guerres civiles, dans lesquelles on a vu, comme dans toutes les guerres de cette espece, autant d'exemples de valeur que de férocité.

A l'égard du service maritime, il est aisé de présumer qu'ils y sont aussi propres qu'à celui de Terre, étant continuellement sur la Mer, & très-familiarisés avec cet élément.

Islandois distingués par le savoir.

Quant aux Sciences, nombre d'Islandois s'y sont appliqués avec succès. Cette Isle a produit un *Snorron Sturleson*, un *Sæmondre*, un *Thormodus Thorlacius*, un *Arnas Magnacus*, *Arngrimus Jonas* (40), & plusieurs autres Ecrivains assez célebres. On voit encore actuellement dans l'Université de Copenhague des Etudians Islandois qui ne le cedent point aux autres : à parler même en général, ils les surpassent ordinairement, & dans le nombre de ces Etudians, il s'en trouve peu de médiocres.

Leur goût pour les voyages.

On apprend encore par leurs Annales, & quelques Auteurs Islandois le confirment, que plusieurs de ces Insulaires voyageoient beaucoup ancien-

---

(39) Tome II. p. 57 & 58.

(40) Cet Ecrivain a donné dans sa *Crimogée* la vie abrégée de plusieurs Islandois célebres ou par leur naissance, ou par leur savoir. Voyez cet Ouvrage, liv. 2. p. 3. in-

4°. Edition de Hambourg de 1610. Voyez aussi le *Specimen Islandiæ Historicum & Chorographicum*, du même Auteur, in-4°, Amsterdam 1643.

nement, dans le deſſein de s'inſtruire. Un Ecrivain de cette Nation a pu- DESCRIPTION
blié, il y a quelques années, une Diſſertation Latine ſur les voyages des DE L'ISLANDE.
anciens Peuples Septentrionaux, & il s'étend particulierement ſur ceux
de ſes compatriotes. Il s'attache ſur-tout à démontrer que ces derniers ne
méritent pas les reproches de barbarie & de groſſiereté qu'on leur fait gratuitement, ſans les connoître. De tous les tems, dit cet Ecrivain, les Iſlandois ont aimé à voyager. Ceux qui n'étoient pas ſortis de l'Iſle étoient
mépriſés de leurs concitoyens; tandis qu'au contraire ceux qui revenoient
après de longs voyages, étoient fêtés, chéris & en grande vénération. L'Auteur tire des preuves de ce qu'il avance de pluſieurs maximes Iſlandoiſes,
recueillies dans les plus anciens Ecrivains de la Nation (41). On voit
en effet parlà combien les Iſlandois étoient perſuadés que les voyages ſervent beaucoup à l'inſtruction de la jeuneſſe, & à perfectionner ſon
éducation.

Un défaut cependant que M. Horrebows dit avoir remarqué dans ces Maladie du
Inſulaires, c'eſt qu'ils ſont ſujets à ce qu'on appelle *la maladie du pays*, pays.
quoiqu'il ſoit aſſez apparent qu'ils ſont beaucoup mieux & plus agréablement ailleurs que chez eux. Mais on ne doit pas en être ſurpris;
cette foibleſſe leur eſt commune avec toutes les Nations. Si elle ſe trouve
principalement chez celles du Nord, qui paroîtroient devoir y être les
moins ſujettes, puiſqu'elles ne peuvent que gagner à changer de climat,
c'eſt que leurs pays étant moins fréquentés par les Etrangers, & qu'eux- Source ordi-
mêmes voyageant peu, l'habitude de ne voir que ſes compatriotes, jointe au naire de cette
peu de connoiſſance qu'on y a des autres peuples, attache chacun à ſa patrie, maladie.
ce qui lui inſpire naturellement des regrets dès qu'il l'a quittée, & des deſirs
de la revoir qui lui cauſent une langueur mortelle, s'il n'y retourne promptement. D'où l'on peut conclure que moins un pays ſera fréquenté, moins
ſes habitans communiqueront avec d'autres peuples, plus ils ſeront paſſion-
nés pour leur ſol & leur climat, & ſujets à la maladie du pays.

A l'égard des diſpoſitions des Iſlandois pour les Arts, on ne peut leur Leurs diſpoſi-
conteſter qu'ils n'en ayent de très-grandes. On en voit la preuve en Iſ- tions aux Arts.
lande, où il ſe trouve pluſieurs bon Ouvriers en différentes profeſſions,
ſans qu'ils ayent jamais eu d'autres Maîtres que leur goût & leur génie.
Pluſieurs habitans travaillent également en Orfévrerie, en Cuivre, en
Menuiſerie, & à tout ce qui eſt du reſſort du Maréchal & du Forgeron,
du Conſtructeur de Barque, & des autres métiers de premiere néceſſité.

(41) *Stulti ſunt qui domi educantur liberi.... ſon objet & ſes vues: Diſquiſitio Hiſtorico-
non ſe ab imperitiæ liberabit culpâ, qui nullas antiquaria de veterum ſeptentrionalium im-
præter Iſlandiam noſtram perluſtrat terras.... primis Iſlandorum peregrinationibus, in quâ ex-
Prudenti rationis uſu opus eſt ei qui paſſim va- antiquorum Iſlandorum peregrinandi ſtudio
gatur; domi contra quidlibet impuné licet. eorumque de peregrinationum uſu & neceſſitate
Aſpernabili aliorum obtutui ſubjicitur, qui im- ſententiis politi populi mores aſtruuntur, & Hi-
peritus eſt, ubi urbanis aſſidet. So us cognoſcit, ſtoricorum Iſlandorum auctoritas vetuſtiorum
qui laté proficiſcitur multaque peragravit loca, manuſcriptorum fide vindicatur. Per Joannem
quale ingenium foveat virorum unus quiſque Erici Iſlandum in communitate regia de-
quem rationis cura tenet.* On peut avoir re- canum. *Petit in-12. de 140 pages*, Leipſiæ
cours à la Diſſertation même de l'Auteur, 1755, p. 19, 25, 37, &c.
dont le titre annonce avec aſſez d'étendue

Or rien ne marque plus d'adreffe que de favoir faire tout ce qui eft à l'ufage ordinaire, fans avoir ni les meilleurs matériaux, ni les inftrumens propres à toutes les profeffions.

On remarque auffi à l'avantage des Iflandois, qu'il en eft très-peu qui ne fachent lire & écrire. C'eft une étude pour laquelle toute la Nation montre le même empreffement ; & je mets en fait, dit l'Ecrivain Danois, qu'on trouve en Iflande parmi le peuple plus de gens qui écrivent bien que par-tout ailleurs.

Leur façon de tanner. Les autres occupations de nos Infulaires font de prendre foin de leurs beftiaux, & de tirer parti de tout ce qui en eft le produit. Les peaux de ces animaux, ils les tannent affez groffierement, parce qu'ils n'ont ni le tan, ni les uftenfiles néceffaires à la profeffion de Tanneur; mais, par leur méthode, ils gagnent en célérité ce qu'ils perdent du côté du fini. Avec un couteau bien affilé, ils raclent le poil fur leurs genoux d'une maniere fi prompte, qu'on en eft étonné. Ils étendent enfuite ces peaux, & les font fécher au vent. Après cette premiere opération, on les laiffe tremper dans de l'eau falée ou dans du petit-lait, & on les foule plufieurs jours de fuite avec les pieds. Ils favent auffi noircir les cuirs de bœuf, & en faire des felles & des harnois qui durent plus que ceux des autres pays, quoiqu'ils foient apprêtés avec beaucoup moins d'art & de propreté.

Leur façon de filer la laine, & d'en fabriquer des étoffes. Mais l'occupation la plus générale, celle de toute la Nation pendant l'Hyver, c'eft de préparer les laines de leurs moutons. Ils la filent, la tordent, & en font des étoffes fur des métiers auffi peu commodes que groffierement fabriqués. Ces métiers ne font point horifontaux comme les nôtres, mais perpendiculaires ; de façon que la pofture gênante à laquelle font affujettis les Ouvriers, jointe au défaut d'outils convenables, leur permet à peine de faire par jour une demi-aune de France de ce gros drap qu'on appelle *wadmel*. C'eft ce qui a engagé le Roi de Danemarck à faire paffer dans cette Ifle plufieurs Tifferans habiles dans les métiers ordinaires, & on en efpere de grands fuccès pour le perfectionnement des Fabriques.

Différentes manieres de fouler. Le pays n'ayant point de moulin à foulon, on conçoit bien quelle peine les habitans ont à fouler leurs étoffes de laine, & les autres objets de fabrique qui ont befoin de cette opération, tels que les gants, les bas & les camifoles. Ils y emploient plus de travail que d'art, & voici en quoi il confifte. Après avoir fait tremper dans de l'urine pendant plufieurs jours leur wadmel ou autre étoffe, ils la mettent dans un tonneau dont les deux fonds font ôtés & qui eft fur le côté. Deux hommes affis vis-à-vis l'un de l'autre devant chaque fond du tonneau, y pouffent les pieds de toute leur force, pour fouler l'étoffe qu'on arrofe de tems à autre, toujours avec de l'urine. Si les pieces font petites, ils les foulent fur une table en les preffant avec la poitrine ; mais l'une & l'autre de ces méthodes font également pénibles & très-longues. Pour les gants, ceux qui vont en Mer les mettent à leurs mains, les trempent de tems en tems dans l'eau, & les foulent en ramant. Ainfi la peine de ramer fait toute la difficulté.

Dans les endroits où il y a des bains chauds, ils foulent dans l'eau chaude ; l'étoffe eft bien plutôt préparée, & s'amollit davantage que par l'urine.

l'urine. Pour fouler les bas & les gants, ils ont auſſi l'uſage de s'aſſeoir deſſus, & de les fouler, en ſe remuant alternativement d'un côté & de l'autre. Il arrive de-là qu'ils contractent ſi bien l'habitude de ce mouvement, qu'ils le conſervent perpétuellement dès qu'ils ſont aſſis, alors même qu'ils n'ont rien à fouler. Le Tiſſerand que le Roi de Danemarck a fait paſſer en Iſlande; y ayant fait tranſporter un moulin à foulon, il y a lieu de croire que les habitans abandonneront leur ancienne méthode.

On ne ſe ſert point de ſavon pour blanchir le linge, parce qu'il eſt très-rare & fort cher; il n'y a gueres que ceux qui ont été en Danemarck qui connoiſſent la propriété de cette compoſition, & qui en faſſent venir pour leur uſage particulier. Tout le peuple ne ſe ſert que d'urine, & quelquefois de leſſive faite avec de la cendre; cependant le linge blanchi de cette maniere, n'eſt point ſi mal qu'on le pourroit croire.

On connoît en Iſlande l'uſage de tirer du verd-de-gris, du cuivre qu'on arroſe d'urine; cette drogue entre pour beaucoup dans les teintures des laines dont on veut faire des étoffes rayées & de différentes couleurs.

Il ne faut pas oublier d'ajouter que les Iſlandois n'ayant pas la moindre connoiſſance de l'horlogerie ni d'aucune façon artificielle de meſurer le tems, ils ſe réglent uniquement ſur le Soleil, ou ſur les marées, & ſur les Etoiles, quand cet Aſtre n'eſt point viſible. Ils n'ont point l'uſage de compter les heures comme nous par un, deux, trois, quatre, &c; ils ont même aſſez de peine à comprendre cette méthode; mais ils diviſent les vingt-quatre heures en certains eſpaces qui ont des noms particuliers. Ils connoiſſent midi & minuit; puis ils ſubdiviſent le tems écoulé avant le premier de ces points en intervalles d'une durée égale, à qui ils donnent en leur langue des noms qui reviennent à-peu-près à mi-jour (42), jour plein.... jour de midi; & après midi, c'eſt mi-ſoir.... ſoir-nuit, minuit.

§. XVII.

Commerce d'Iſlande: maniere dont ſe font les payemens; poids & meſures.

LE principal commerce des Iſlandois conſiſte en beſtiaux qu'ils conduiſent dans les Ports. Là ils les tuent & les livrent à la Compagnie Danoiſe, après en avoir ôté la tête & les entrailles; les Danois ſalent ces viandes & les emportent dans des tonneaux. Il y a un tarif qui regle le prix du bétail, ainſi que celui du poiſſon ſec, qui eſt une autre branche de commerce, la plus conſidérable après la vente des beſtiaux.

Les autres Marchandiſes qu'on exporte d'Iſlande, ſont du beurre, de l'huile de poiſſon, des marchandiſes de laine telles que du wadmel, des camiſoles groſſieres & médiocres, des gants & des bas de la laine brute des peaux de

---

(42) Manquent ici les diviſions intermédiaires, l'Auteur Danois n'ayant pu les rendre.

HISTOIRE GÉNÉRALE

Description de l'Islande. mouton, d'agneaux & de renards de différentes couleurs, de l'Edreidon & diverses plumes. On tiroit aussi autrefois du soufre de cette Isle ; mais on a déjà dit que ce commerce a cessé.

Marchandises d'importation. Les Marchandises qu'on apporte en retour aux Islandois, sont du bois de charpente & de ménuiserie, du fer ouvré & non ouvré, beaucoup de hameçons & de fers à cheval, du vin, de l'eau-de-vie, du bled, du tabac, du pain, de la farine, du sel, de la grosse toile & quelques soieries. Au reste on leur apporte tout ce qu'ils demandent. Ce Commerce étant affermé à une Compagnie, on pense bien que ses priviléges en excluent toute autre Nation. Les Marchandises qu'elle tire d'Islande sont exemptes de tous droits à l'entrée dans les Ports du Royaume de Danemarck & des Provinces conquises.

Payemens faits en poisson. Tout ce que les Islandois reçoivent, ils le payent avec leurs denrées, & le reste en argent comptant, dont cependant on fait peu d'usage. Celui qui a cours en Islande, est argent de banque, & il consiste en couronnes de Danemarck. Toutes les acquisitions, les ventes, &c. se font en une certaine quantité de poissons secs. Les livres de compte se tiennent sur ce pied. Un

Valeur déterminée de ces poissons. bon poisson de deux livres vaut deux schellings de Lubec (43). Ainsi quarante-huit poissons de cette sorte font un écu d'Empire, argent de banque (44). Une couronne de Danemarck (45) vaut, suivant la taxe du Pays, trente poissons ; une demi-couronne, quinze ; un demi-écu d'Empire, vingt-quatre poissons ; & enfin un quart d'écu, douze poissons. Les douze poissons sont la moindre monnoie reçue en Islande. Les comptes se réglent sur le nombre des poissons. Comme en Danemarck, on y calcule par marc (46) & par schelling jusqu'à la concurrence de l'écu de banque (47). En Islande, ce qui vaut moins de douze poissons ne peut se payer en argent. En pareil cas, on se sert de poissons en nature ou de tabac, dont une aune se compte pour un poisson. De cette sorte, on peut regarder les poissons & le tabac comme la véritable monnoie d'Islande.

Poids & mesures. Le calcul des poids ne s'y fait pas comme en Danemarck, où on les réduit en lispfuns. Le plus grand poids des Islandois s'appelle *vetten* : c'est le poids ordinaire de quarante poissons qui valent quatre-vingt livres ou cinq lispfuns. Le poids qui suit immédiatement le vetten, est appelé *fühnung* ou *foringen* : il est de dix livres. Ils ont aussi des poids d'une livre, dont deux font un poisson. Cependant, quoique tous ces poids soient conformes à ceux de Danemarck, ils ne calculent pas par lispfun, mais par foringen & vetten ; en sorte qu'un foringen est composé de dix livres, & que huit foringens font un vetten, qui vaut cinq lispfuns.

---

(43) Le schelling vaut 4 sols 3 den. de la monnoie de France.

(44) L'écu d'Empire est de même valeur qu'un petit écu.

(45) La valeur d'une couronne de Danemarck est d'une livre seize sols.

(46) On distingue en Danemarck trois sortes de marcs : le *marc Lubs*, qui s'appelle aussi *croon* ordinaire, & qui vaut une livre dix sols ; le marc Danois, qui vaut quinze sols ; & le marc double, qui vaut une livre quinze sols.

(47) L'écu de banque vaut cinq livres dix sols six deniers. *Voyez* l'Abrégé Chronologique de l'Histoire du Nord, par M. de la Combe, Tome I. p. 792, & le Dictionnaire du Commerce.

§. XVIII.

Epoque de la découverte de l'Islande. Ancienne Religion de cette Isle.

ARNGRIMUS Jonas, auteur Islandois, est le seul qui ait jetté sur cette matiere quelques lumieres, qu'il dit avoir puisées dans les Annales de sa Patrie. Son récit est assez curieux pour trouver place ici. Il nous apprend qu'un certain *Naddocus* (48), allant aux Isles de *Faro* ou *Feroe*, fut jetté par une tempête sur la Côte orientale de l'Islande, à laquelle il donna le nom de *Snelande* à cause des hautes neiges qu'il y trouva. Ce fut là le premier Navigateur du continent qui prit terre en Islande, mais il ne s'y arrêta pas. *Gardarus*, Suedois, entendit parler de cette découverte : il partit pour aller chercher l'Islande. Il y passa l'hyver en 864, & lui donna le nom de *Gardars-Holm*, c'est-à-dire Isle de Gardarus.

Un troisieme nommé *Flocco*, Pirate renommé de Norvege, voulut aussi reconnoître cette Isle dont il avoit entendu parler. On lui attribue une invention très-heureuse qu'il employa pour diriger sa route, au défaut de boussole & de compas qui étoient alors inconnus. Comme il parcouroit les Isles des Mers septentrionales, sans découvrir celle qu'il cherchoit, il prit trois corbeaux en partant de l'Isle de Hetland, l'une des Orcades, & en lâcha un lorsqu'il se crut bien avant en Mer. Il reconnut qu'il n'étoit pas si éloigné de terre qu'il l'avoit cru, puisque le corbeau reprit la route de Hetland. Il avança toujours, & lâcha un second corbeau qui revint dans le vaisseau après avoir beaucoup tourné de côté & d'autre sans voir de terre. Un troisiéme corbeau, lâché encore plus avant en Mer, découvrit l'Islande & s'y envola. Flocco remarqua la direction de son vol, le suivit des yeux & de ses voiles, & aborda heureusement à la partie orientale de *Gardars-Holm* où il passa l'hyver. Au printems, se voyant assiégé des glaces qui venoient du Groenland, il donna le nom d'Islande à cette Isle, & elle l'a toujours conservé. Flocco passa un second hyver dans la partie méridionale de l'Islande ; mais apparemment il ne s'y trouva pas bien, car il revint en Norvege où il fut appelé *Rafnasloke*, c'est-à-dire, *Flocco-le-corbeau*, en mémoire des corbeaux dont il s'étoit servi pour faire sa découverte.

Les Annales Islandoises ne marquent point si ces trois Navigateurs trouverent des habitans en Islande. Elles citent comme la source des Peuples de cette Isle, un certain *Ingulfe*, Baron de Norvege, qui se retira dans cette Isle avec son beau-frere *Hiorleifus*, pour avoir tué deux grands Seigneurs de leur pays. Comme c'étoit une coutume que les bannis de Norvege arrachassent les portes de leurs maisons & les emportassent avec eux, Ingulfe, qui n'avoit pas oublié les siennes, les jetta dans la Mer dès qu'il fut à la vue de l'Islande, en se proposant d'aborder au hasard où les flots

---
(48) *Voyez* sa Crimogée, p. 9, & le *Specimen Historicum & Chorographicum*, p. 1.

G ij

Description de l'Islande
Époque de la Population d'Islande.

les pousseroient. Cependant il prit terre en un autre endroit, & ne trouva ses portes que trois ans après ; ce qui l'obligea de fixer son séjour où elles s'étoient arrêtées. C'est à l'an 874 qu'est fixée l'époque du séjour d'Ingulfe en Islande. Les Annales assurent qu'il trouva cette Isle inculte & deserte, lorsqu'il y arriva, & qu'il reconnut néanmoins que des Mariniers Anglois ou Irlandois avoient autrefois pris terre dans cette Isle, par quelques cloches, par certaines croix & quelques autres ouvrages faits à la mode d'Irlande & d'Angleterre, qu'on voyoit sur le rivage. Cependant on ne peut pas conclure de ce récit, que l'Islande ne fût point habitée avant l'arrivée d'Ingulfe, mais seulement que le canton où il se fixa ne l'étoit point. Les mêmes Annales rapportent, que les anciens Islandois appelloient ces Irlandois *Papas*, & la partie occidentale de leur Isle *Papey*, parce que les Etrangers avoient coutume d'y aborder comme à la plus proche & à la plus commode. Or ces anciens Islandois, parmi lesquels vraisemblablement Flocco passa les deux années qu'il demeura en Islande, doivent être regardés comme les habitans primitifs de l'Isle ; mais leur origine se perd dans la nuit des tems, & leur source se confond avec celle des Celtes, dont il y a beaucoup d'apparence qu'ils faisoient partie (49).

Idolâtrie des Islandois.

Il paroît encore par leurs Annales, que, dans ces tems reculés, ils adoroient, entre autres Dieux, *Thor* & *Odin*. Thor étoit comme le Jupiter, & Odin, comme le Mercure des anciens Grecs & Latins. C'est de-là que le Jeudi porte encore parmi les Islandois modernes le nom de *Thorsdag*, & le Mercredi celui *Odensdag* ; ce qui répond au *dies Jovis* & *dies Mercurii* des Latins. Les Autels consacrés à ces Divinités étoient revêtus de fer ; un feu perpétuel y brûloit, & on y plaçoit un vase d'airain, pour recevoir le sang des victimes qui servoit à arroser les assistans. A côté de ce vase, étoit un anneau d'argent du poids de 20 onces, qu'on frottoit de ce même sang, & qu'on empoignoit quand on vouloit faire un serment solemnel (50). Ces Idolâtres sacrifioient des hommes à leurs Idoles. Ils les écrasoient sur un grand rocher, ou les jettoient dans des puits profonds creusés exprès à l'entrée des Temples. Le rocher étoit au milieu d'un cirque, suivant les fastes d'Islande. Cette coutume barbare ayant été abolie, le rocher retint plusieurs siecles après la couleur du sang humain qui y avoit été répandu.

Sacrifices humains.

Anciens Historiens Islandois.

On représente ces anciens Islandois comme des hommes spirituels & curieux, qui conservoient avec soin la mémoire, non seulement de tout ce qui se passoit dans leur patrie, mais même de tous les événemens remarquables qui arrivoient dans les Royaumes de l'Europe. Aussi leur compatriote, Arngrimus Jonas, leur applique-t-il ce qu'Herodote & Platon ont dit des Egyptiens, *ad totius Europæ res historicas Lyncei*. En effet, Saxon le Grammairien, dans la Préface de son Histoire Danoise, avoue qu'il s'est servi très-utilement des Annales Islandoises. *La Pereyre* (51) dit que le Docteur Wormius, qui en avoit une copie, lui en avoit expliqué différens endroits, & qu'il y avoit remarqué plusieurs traits d'Histoire relatifs à la Norvege, au

(49) *Voyez* la Collection de différens morceaux sur l'Histoire Naturelle & Civile du Nord, par M. *de Keralio*, Chevalier de l'Ordre Royal de S. Louis, & Capitaine Aide-Major de l'Ecole Militaire.
(50) *Voyez* la Crimogée, liv. 1. p. 112.
(51) Lettre à la Mothe-le-Vayer.

DES VOYAGES.

Danemarck, à l'Angleterre & aux Isles Orcades; & entr'autres, le récit de l'irruption des Normands en France, lequel étoit sans date. Il parle aussi de la descente d'Ingulfe. Or cette premiere irruption des Saxons étant de l'an 845, sous Charles le Chauve, c'est une nouvelle preuve que l'Islande étoit habitée depuis long-tems, puisqu'elle avoit déjà des Historiens & des Poëtes; car une partie de ces Annales est écrite en vers, & les Islandois ont toujours joui parmi leurs voisins d'une grande réputation par leurs Poësies.

DESCRIPTION DE L'ISLANDE.

Les Islandois ont une Mythologie très-ancienne, dont la collection se nomme *Edda*. Voici l'idée qu'en donne la Peyrere, dans sa Lettre déjà citée. » Les Auteurs de l'Edda, dit-il, posent pour principe éternel un Géant qu'ils » appellent *Junner*. Il sortit du cahos, selon eux, de petits hommes qui se » jetterent sur le Géant & le mirent en pieces. De son crâne, ils firent » le Ciel; de son œil droit, le Soleil; de son œil gauche, la Lune; avec ses » épaules, les montagnes; avec ses os, les rochers; avec sa vessie, la Mer; » les rivieres, avec son urine, & ainsi de toutes les autres parties de son » corps. De sorte que ces Poëtes appellent le Ciel, le *Crâne* d'Immer; le So- » leil, *son œil droit*; la Lune, *son œil gauche*. Les rochers, les montagnes, la » Mer, les rivieres n'ont de même point d'autres noms, que ceux *d'os*, » *d'épaules*, de *vessie* & *d'urine* de *Junner* (52). Le Docteur Wormius, ajoute la Pereyre, » m'a fait voir une vieille copie de l'Edda écrite en Islandois, de » la main même d'un Islandois, & c'est lui qui m'a expliqué les gentillesses » que je vous écris ».

Mythologie Islandoise.

Quoi qu'il en soit de ce récit de la Peyrere, ou des explications de Wormius, personne n'a répandu plus de lumieres sur la Mythologie Islandoise, & en particulier sur l'Edda, que M. *Mallet*, auteur de la meilleure Histoire de Danemarck que nous ayons. A la suite de son Introduction à cette Histoire, on trouve la traduction de l'Edda ou de la Mythologie Celtique, & nous y renvoyons les Lecteurs curieux de connoître cet Ouvrage.

Le même nous apprend, qu'il y a eu deux *Edda* : la premiere & la plus ancienne, rédigée par *Sæmund Sigfusson*, surnommé le *Sçavant*, & né en Islande environ l'an 1057; l'autre recueillie environ 126 ans après par *Snorro Sturleson*, célébre Islandois, né l'an 1179 d'une des plus illustres familles de l'Isle.

On sait que les Prêtres des Celtes, nation dont les Islandois faisoient partie, avoient, comme les anciens Prêtres d'Egypte, ou comme les Brames modernes de l'Inde, deux especes de doctrine, l'une qu'ils se reservoient comme un secret inviolable & qui a péri avec eux ; l'autre qui n'étoit qu'un mélange informe de fables & de dogmes politiques, transmis de génération en génération par tradition orale. Ces vers se perdirent chez les Gaulois & les Bretons, lorsque la forme de leur gouvernement changea; mais probablement les Islandois les conserverent avec soin jusqu'au milieu de l'onzieme siécle, époque de la premiere collection faite par Sæmund, sous le nom d'Edda. Ce nom d'Edda appliqué au corps de la Mythologie Islandoise, a donné la torture aux Etymologistes; mais comme, selon M. Mallet, il vient d'un terme de l'ancien Gothique qui signifie *Ayeule*, » Il est, dit-il;

(52) Un Spinosiste rafiné pourroit trouver dans cette fable, toute absurde qu'elle est, le germe du système Ethico-Physique du fameux Juif d'Amsterdam.

54   HISTOIRE GÉNÉRALE

DESCRIPTION DE L'ISLANDE. » dans le génie des anciens Philosophes Celtes, d'avoir voulu désigner ainsi l'antiquité de leur doctrine ».

Il ne reste aujourd'hui de l'Edda que trois Poëmes entiers & l'abrégé qu'en fit en Prose, au commencement du treizieme siecle, *Snorro Stourleson*. Ces trois Poëmes sont les plus anciens qui existent en Langue Gothique. L'un est intitulé *Vaulospa*, ou Prophétie de la Sibylle; le second, *Havamaal*, & il contient la morale d'Odin qui passe pour en être l'Auteur; le troisiéme a pour titre, *Chapitre Runique*: il renferme le détail des prodiges que l'Auteur se croyoit ou vouloit se faire croire capable d'opérer par le moyen de la magie & sur-tout des Runes ou caracteres Runiques dont le même Odin est cru l'inventeur.

Histoire d'Odin.   Cet Odin, suivant les Annales Islandoises, étoit un Prince Asiatique, dont les Etats étoient situés entre la Mer Caspienne & le Pont Euxin (53). Vaincu & soumis par les armées Romaines que Pompée commandoit dans la Phrygie mineure, Odin prit la route du Nord, s'établit d'abord en Saxe, & passa successivement dans la Suéde, la Scandinavie & l'Islande, avec les Phrygiens qui l'avoient suivi.

On place cette migration environ 70 ans avant J. C. & à cette époque la scene de ces Régions septentrionales change tout-à-coup. Odin y apporte l'usage des Lettres : il enseigne l'art de la Poësie ; il persuade à ces Peuples qu'il a mille secrets divins ; qu'il peut par des paroles & de certains caracteres appaiser les querelles, chasser la tristesse & guérir toutes les maladies, enchaîner les vents, enfin exciter & appaiser les flots. Cet Odin qui parloit ainsi aux Scandinaves, Nation pauvre & sauvage, étoit accompagné d'une Cour, dont l'éclat les éblouissoit. Il ne leur parut pas moins qu'un Dieu. Le Prince Asiatique sçut bien profiter de leur étonnement, pour répandre une Histoire merveilleuse accommodée à leurs idées, & qu'il fit composer par ses Poëtes. La crédulité des hommes est toujours en raison de leur ignorance. Les Scandinaves aisément trompés, deifient l'homme qu'ils avoient reçu pour Maître. Ce Souverain établit pour juges de la Nation, douze Seigneurs de sa suite : bientôt on en fit autant de Dieux ; leurs femmes & leurs filles participerent aux mêmes honneurs. Après avoir vu mourir toutes ces Divinités humaines, on continua de les invoquer comme s'ils présidoient encore aux emplois qu'ils avoient exercés pendant leur vie.

Langue des Islandois.   La Langue & les caracteres Runiques apportés par Odin en Scandinavie, sont la source de celle qui se parle encore à présent en Islande. Le Docteur Wormius assuroit à la Pereyre, que l'Islandois étoit le plus pur Runique qui se fût conservé. Cet idiôme est, suivant Busching (54), l'ancienne Langue Norvégienne qui a reçu quelque altération, mais cependant très-utile pour expliquer les Langues des anciens Peuples du Nord. Les caracteres

---

(53) On croit que ces Etats d'Odin comprenoient la contrée qui porte aujourd'hui le nom de *Georgie*. Strabon l'appelle *Asia*, & en nomme la capitale *Aspurgia*, nom traduit vraisemblablement du mot Gothique *Asgard*, dérivé lui-même d'un mot Grec, qui signifie *Fort* & *Château*. Ptolémée appelle *Asiotes*, & Pline *Ascens* les habitants de ce pays, noms qu'Odin & ses compagnons conservoient en passant dans le Nord. Collection de M. *de Keralio*, p. 86.

(54) *Voyez* sa Géographie en Allemand, Tome I. p. 389.

de la Langue Islandoise ont retenu de même leur origine Runique. Il y en a d'hyérogliphiques qui signifient des mots entiers.

§. XIX.

Etablissement de la Religion Chrétienne en Islande.

ON ne peut révoquer en doute, que l'Islande n'ait reçu les lumieres de l'Evangile dès le neuvieme siecle, puisqu'il existe des monumens qui l'attestent. Telles sont, entre autres, les Lettres-Patentes de Louis le Debonnaire, du 15 Mai 834, où il est dit que J. C. a été annoncé en Islande & dans le Groenland. Ces Lettres-Patentes sont adressées à *Ansgarius*, François, Prélat très-célébre, que le Monde Arctique reconnoît pour son premier Apôtre. L'Empereur le fit Archevêque de Hambourg, en érigeant pour lui ce district en Archevêché, dont il étendit la Jurisdiction dans tous les Pays Septentrionaux depuis l'Elbe jusqu'à la mer Glaciale & dans les Isles qu'elle renferme. Ces Lettres-Patentes furent confirmées par une Bulle de Grégoire IV. de l'an 835 (55). Quoique l'Evangile eût été annoncé en Islande, toute l'Isle ne l'embrassa pas d'abord. Arngrimus Jonas rapporte que le Paganisme n'y fut absolument extirpé que vers l'an 1000 de l'Ere Chrétienne.

Au milieu du seizieme siecle, Frederic, Roi de Danemarck, ayant introduit le Luthéranisme dans ses Etats, voulut l'établir aussi dans l'Islande qui lui appartenoit comme une dépendance de la Norvege, unie dès-lors au Danemarck; mais la réformation ne put s'effectuer dans cette Isle sans trouble & sans effusion de sang. Un Evêque de haute qualité, fort attaché à la Cour de Rome, & soutenu par un parti puissant, s'opposa vigoureusement, pendant plusieurs années, à l'établissement de la nouvelle Religion; mais il paya sa fermeté de sa tête, & sa mort fut suivie de l'anéantissement total de la Religion Catholique. Depuis cet événement, dont nous ne trouvons point l'époque, le Luthéranisme est la seule Religion que l'on professe en Islande; toutes les autres en sont bannies. Busching dit dans sa Géographie (56) que les troubles occasionnés par l'établissement de la Réforme durerent depuis 1539 jusqu'en 1551.

---

(55) *Voyez* le Continuateur de Puffendorf, Tome VIII. p. 510.
Pontanus rapporte tout-au-long ces Lettres Patentes. Voici ce qu'on lit au sujet de l'Islande. *Idcirco Dei Ecclesia præsentibus scilicet & futuris certum esse volumus, qualiter, divina ordinante gratia, nostris in diebus, aquilonaribus in partibus, scilicet, in gentibus Danorum, Suecorum, Norvagorum, Groenlandorum, Helfinglandorum, Islandorum, & omnium Septentrionalium, Nationem magnam cœlestis gratiæ prædicationis sive acquisitionis patefecit ostium. Data idus Maii anno 421. Imperii Romani Ludovici piissimi Augusti, indictione XV. anno D. N. J. C. 834.*
Le même Historien donne aussi la Bulle de Gregoire IV. *Rerum Danicarum Historia*, in fol. Amsterd. 1631, p. 97 & 8. *Voyez* aussi l'Histoire Ecclésiastique de M. Fleury, Tome X. p. 167, Edition de 1704, & le Recueil des *Historiens des Gaules*, par les PP. Bénédictins, Tome VI. p. 221.
(56) Tome I. p. 390.

DESCRIPTION DE L'ISLANDE. Etat ecclésiastique de l'Islande.

Deux Evêchés partagent le Domaine spirituel de l'Islande, *Skalhoet* & *Hoolum*. Le premier comprend les trois quarts du Pays, savoir, les Cantons de l'orient, du midi & de l'occident. Le quartier du nord seul forme le Diocèse de Hoolum. Il y a dans chaque Evêché une Ecole Latine pourvue d'un Recteur & d'un Régent, dans laquelle les Etudians prennent tous les ans le degré de Licentié. Ensuite, lorsqu'ils ont donné des preuves de leur capacité, ils sont nommés aux Cures du Pays, sans qu'ils soient obligés de subir aucun examen à l'Université de Copenhague. Cependant il se trouve toujours plusieurs Islandois qui passent dans cette Capitale, pour y étudier la Théologie & le Droit Civil; aussi ceux-là sont-ils assurés, à leur retour dans leur patrie, d'avoir la préférence sur les autres, & d'obtenir les meilleures Cures. Ce sont eux qui remplissent encore les Offices de Baillifs, de Sous-Baillifs & les autres Charges de Judicature.

On peut bien dire des Evêques d'Islande ce qu'on disoit de ceux de la primitive Eglise, *Crosses de bois, Evêques d'or*; il y a surement peu de Pays où ils se rapprochent autant des Apôtres, dont ils sont les Successeurs. Lorsque la réformation fut introduite dans cette Isle, une petite partie des biens du Clergé Catholique demeura unie aux Siéges Episcopaux & aux Cures, le reste fut confisqué au profit du Roi qui en jouit encore.

Les Evêques d'Islande ont eux-mêmes la régie de leurs biens temporels. Ils en tirent environ deux mille écus par an: mais sur cette somme chaque Prélat paie dans son Diocèse le Recteur, le Régent & le Prédicateur de la Cathédrale qui est aussi son Grand-Vicaire. Il est en outre obligé de loger & d'entretenir en partie un certain nombre d'Etudians. L'entretien de l'Eglise & de tous les bâtimens qui dépendent de son Siége ou qui composent le Palais Episcopal, sont encore à sa charge. Tout cela payé, M. Horrebows estime qu'il ne lui reste pas mille écus par an. La modicité de ce revenu a engagé le Roi de Danemarck à concéder aux Evêques d'Islande le droit de percevoir la Taxe annuelle que paie chaque habitant, qui consiste en dix poissons par tête; mais ils n'usent de ce droit qu'en quelques Paroisses, & même sur un petit nombre de têtes: ainsi c'est une foible augmentation à leurs revenus.

Les Curés ou Prédicateurs ne sont pas à proportion plus opulens que leurs Evêques. Leurs revenus ne consistent qu'en fonds de terre, joints à la Cure, en Impositions sur chaque Métairie, & dans les émolumens qu'ils reçoivent de la Communauté pour l'exercice de leur Ministere. L'étendue d'une Paroisse & le nombre de ses habitans en font la valeur. Les meilleures Cures ne vont gueres qu'à 1200 liv. Il y en a de très-pauvres, & dont les Pasteurs ont si peu de revenu, qu'ils sont obligés de travailler pour faire subsister leurs femmes & leurs enfans. On les voit aller à la pêche avec leurs Paroissiens, & suivre en cela, comme dit l'Ecrivain Danois, l'exemple de Saint Paul, qui, pour vivre du travail de ses mains, n'en étoit pas moins un grand Apôtre justement respecté pendant sa vie, & révéré après sa mort.

On peut juger, par ce détail des richesses du Clergé, que les Eglises d'Islande sont peu somptueuses. Il n'y a même à proprement parler, que les deux seules Cathédrales qui méritent le nom d'Eglises; tous les autres bâtimens

bâtimens de ce genre ne font que de petites Chapelles bâties comme les maifons des Payfans. Un Autel, une Chaire, un Confeffional, un Chœur, des Fonds baptifmaux & des Bancs en font toute la décoration. Quelques-unes cependant font boifées en-dedans, & entretenues fuivant les facultés de la Communauté : les ornemens de l'Autel, & ceux des Prêtres, répondent de même à l'opulence ou à la pauvreté des Paroiffiens.

Des deux Cathédrales, celle de Hoolum eft la plus confidérable par fa grandeur, & par la façon dont elle eft conftruite. Ce Bâtiment, & le Palais Epifcopal qui s'y trouve joint, paffent en Iflande pour la merveille du pays.

Cette Eglife, dit M. Horrebows (57), eft conftruite de bois de charpente portée fur de gros murs. Elle a environ quatre-vingt pieds de longueur, trente de largeur, & eft élevée de quarante ou cinquante. Elle eft bâtie fur une petite éminence, & elle a un petit Clocher de bois. Autour du Chœur fubfifte encore un gros mur de belle pierre de taille, conftruit il y a plus de quatre cens ans, par un Evêque qui avoit deffein de faire bâtir toute la Cathédrale de la même façon ; mais fa mort interrompit l'entreprife, & l'on n'a pas fongé depuis à la continuer.

Le Palais de l'Evêque confifte en différentes maifons bâties à la maniere d'Iflande, à la réferve de celle qui forme la réfidence habituelle du Prélat. Celle-ci eft de bois de chêne, avec un mur de pierre & un toît de bois, fans revêtiffement de terre, non plus qu'aux murs extérieurs. Les principales pieces de cette conftruction ont été travaillées à Copenhague, puis-raffemblées & pofées en 1576, par les foins de l'Evêque *Gudbrander* : c'eft ce qu'indique une Infcription gravée fur le lambris de la falle. Depuis deux cens ans, cet édifice s'eft très-bien confervé, à l'exception de quelques parties des fondemens qui auroient befoin d'être renouvellées.

L'Auteur Danois reproche affez vivement à M. Anderfon, d'avoir injuftement calomnié les Pafteurs Iflandois, en difant qu'ils font généralement d'une ignorance craffe, & qu'ils font de fi mauvaifes études, qu'à peine ils favent lire le Latin. Quant aux mœurs, M. Anderfon écrit, que les Eccléfiaftiques d'Iflande font fort libertins, qu'ils s'enivrent perpétuellement d'eau-de-vie, que même on a vu quelquefois le Pafteur & les Ouailles tellement hors d'état de remplir les devoirs communs de la Religion, qu'on étoit obligé de remettre le Service à un autre jour.

L'Auteur Danois réfute expreffément ces accufations par fon propre témoignage. Il affure que l'ignorance n'eft rien moins qu'un vice commun à tout le Clergé ; qu'il peut y avoir à la vérité, comme il s'en trouve partout, quelques Eccléfiaftiques peu inftruits, mais qu'il a vu plus communément parmi eux des Prédicateurs dignes du nom de favans & d'habiles Littérateurs. Ils n'étoient pas même, dit-il, feulement bons Théologiens & verfés dans la connoiffance des Livres Afcétiques ; ils poffédoient encore fort bien les Poëtes & les Auteurs Grecs & Latins. D'ailleurs, comme il l'obferve, la plûpart des Prêtres Iflandois font leurs études à Copenhague, & y fubiffent des examens fur la Théologie, avant de pouvoir poffé-

(57) Tome II. p. 112.

der des Bénéfices en Islande ; il faut par conséquent en conclure que le Clergé ne peut y être aussi ignorant que M. Anderson a voulu le persuader.

Il y a plus : on veille en Islande avec tant d'attention sur les Prédicateurs, sur les Ministres de l'Evangile, & sur tout l'Etat Eccléfiaftique, que le vice le plus léger ne peut manquer d'y être apperçu, & que les fautes y sont punies très-sévérement. Qu'un Prédicateur entreprenne seulement un petit voyage un jour de Dimanche ou de Fête, il est auſſi-tôt cité au Confiftoire, & il n'en fort qu'après avoir été amendé, ou du-moins après avoir effuyé une réprimande févere. Par ce qui s'enfuit d'un fait ſi peu grave, on peut juger de la juſtice que l'on feroit des Eccléfiaftiques qui meneroient une vie ſcandaleuſe.

§. XX.

Mariages des Iſlandois. Education des enfans. Divertiſſemens de ces peuples. Maladies auxquels ils ſont ſujets.

Les mariages des Iſlandois ſe font communément ſans beaucoup de cérémonies ; & comme par-tout ailleurs, l'intérêt y a toujours plus de part que l'inclination. Il n'eſt pas rare non plus qu'il ſe faſſe des mariages forcés & arrangés par les parens, ſans la participation des époux ; mais, dans tous ces cas, la célébration eſt toujours la même. L'uſage eſt, que le Miniſtre de la Paroiſſe du jeune homme faſſe les propoſitions du mariage aux pere & mere de la fille, ou à ceux qui les repréſentent. Lorſqu'on eſt d'accord, les plus proches parens de part & d'autre conduiſent les futurs à l'Egliſe, où ils reçoivent la Bénédiction nuptiale. Elle ſe donne ordinairement le Dimanche devant l'Autel, après que le Service divin eſt commencé, & avant que le Prêtre monte en Chaire. L'Office fini, les nouveaux mariés ſe rendent avec les conviés dans leur maiſon, où l'on boit & l'on mange, où l'on ſe divertit, ſuivant leur état & leurs facultés. Quelquefois en revenant de l'Egliſe, on donne un verre d'eau-de-vie à chaque aſſiſtant ; mais jamais il n'y a ni muſique, ni danſe. Après le premier repas, qui eſt toujours aſſez frugal, chacun ſe retire chez ſoi. Tout ce détail, tiré de M. Horrebows, prouve contre M. Anderſon, que les Iſlandois ne portent pas le goût de l'ivrognerie juſques dans l'Egliſe, où cet Ecrivain « fait » boire de l'eau-de-vie à l'inſtant même de la cérémonie du mariage, » au Prêtre, aux Futurs & aux Aſſiſtans, auſſi long-tems qu'ils peuvent » tenir la bouteille, & ſe ſoutenir ſur leurs jambes ».

Cet Hiſtorien, ſuivant M. Horrebows, n'eſt pas mieux inſtruit ſur l'éducation des enfans : tout ce qu'il en dit eſt faux & inventé à plaiſir. On éleve les enfans en Iſlande, comme ailleurs ; on a pour eux les mêmes ſoins, les mêmes attentions, & la ſource en eſt, ainſi que par-tout, dans la tendreſſe des parens & ſur-tout des meres. La ſeule choſe qu'on trouvera peut-être ſinguliere, c'eſt qu'on met d'ordinaire les enfans en culotte & en veſte à neuf ou dix ſemaines. Cependant l'Auteur Danois aſſure qu'il n'a vu parmi les Islandois aucun homme qui eût quelque défaut corporel, ou qui fût contrefait.

DESCRIPTION DE L'ISLANDE.

Les soins de former le cœur & l'esprit des enfans suivent ceux qu'on a pris pour le corps; les facultés & la condition des parens reglent le genre d'éducation qu'ils reçoivent, mais on commence d'abord par leur apprendre à lire & les élémens de leur Religion. Le Catéchisme du célebre Pontoppidan, Evêque de Berghen, en Norvege, a été traduit en Langue Islandoise; il est enseigné aux enfans non-seulement dans la maison paternelle, mais encore dans les Eglises & par les Ministres eux-mêmes. Il y a à Hoolum une Imprimerie, qui est particulierement occupée à imprimer des Livres de dévotion. On imprime aussi quelquefois des Livres de Droit, & les Ordonnances du Roi de Danemarck, le tout en Langue Islandoise.

Instruction des enfans.

Imprimerie établie en Islande.

Les divertissemens des Islandois sont aussi simples que la vie qu'ils menent. Toutes leurs récréations, dans les momens de loisir qu'ils ont pendant l'Hyver, pendant les tems orageux, & les Dimanches & les Fetes, consistent à se rassembler en famille, à converser ensemble, à chanter d'anciennes chansons guerrieres de leurs ancêtres, & à jouer aux échecs. Ils ont une grande quantité de ces chansons, & ils les chantent sur des airs assez grossiers, parce qu'ils ne connoissent ni mesure, ni musique, ni aucune sorte d'instrumens. La Danse étant également ignorée chez eux, ils n'en font aucun usage, & ils n'ont même aucun exercice qui en approche; c'est en quoi ils different particulierement de tous les habitans des pays Septentrionaux, & peut-être de tous les peuples du monde.

Récréations & amusemens.

Les Islandois ont un goût marqué pour le jeu d'échec, & il paroît que de tout tems ils ont passé pour d'habiles joueurs, comme ils en ont encore la réputation. Le jeu des échecs est donc fort en usage chez eux, & il n'est pas rare de trouver, même parmi le petit peuple, des gens qui le jouent très-bien. La Pereyre dit qu'il n'y a point de si misérable paysan qui n'ait chez lui son jeu d'échecs fait de sa main, & d'os de poisson. La différence qu'il y a de leurs pions aux nôtres, c'est que leurs Fous sont des Evêques, parce qu'ils pensent que les Ecclésiastiques doivent être près de la personne des Rois; leurs Rocs, aujourd'hui les Tours, sont de petits Capitaines représentés, l'épée au côté, les joues enflées, & sonnant d'un cor qu'ils tiennent des deux mains. Le jeu d'échec n'est pas ancien & commun seulement chez les Islandois, mais encore dans toutes les contrées du Nord. La Chronique de Norvege rapporte que le géant Drofon, qui avoit élevé Héralde le Chevelu, ayant appris les grands exploits de son Eleve, lui envoya, parmi des présens d'un grand prix, un très-beau jeu d'échec. Cet Héralde régnoit vers l'an 870 (58).

Goût des Islandois pour le jeu d'échec.

(58) La Pereyre rapporte ensuite qu'il a joué aux échecs sur un échiquier d'ambre blanc & jaune, avec des pieces d'or émaillées des mêmes couleurs que l'échiquier, & d'un travail très-curieux. Les Rois & les Reines de ce jeu étoient assis sur des trônes, avec le manteau royal, la couronne sur la tête & le sceptre à la main: les Evêques avoient des mitres fort riches; les Chevaliers étoient montés sur des chevaux bien faits, & proprement harnachés. Les Rocs étoient des éléphans portant des tours; & les pions, de petits Arquebusiers qui mettoient en joue, & sembloient attendre l'ordre de faire feu. *Voyez* les Voyages au Nord, Tome I. Relation de l'Islande, p. 50.

H ij

Malgré la vie frugale que menent les Islandois, ils parviennent rarement à une grande vieillesse. Dès qu'ils ont passé cinquante ans, ils sont communément attaqués de phtysie, ou d'autres maladies de poitrine qui les conduisent au tombeau, après quelques années de langueur. Il n'est pas douteux, dit M. Horrebows, que cette prompte destruction ne provienne des travaux excessifs qu'ils supportent en mer, & de l'imprudence avec laquelle ils se conduisent. Ces Insulaires revenant de la Pêche, où souvent ils sont entierement trempés d'eau, n'ont pas la précaution de changer d'habits.

Ils donnent à la plus grande partie des maladies auxquelles ils sont sujets, le nom général de *land-farsock*, fievre de pays. Il regne en Islande une autre maladie, appellée *lepre*, qui est presque toujours héréditaire, sans qu'elle soit pourtant contagieuse. Le scorbut, les coliques de toute espece, les maladies hypocondriaques sont encore très-communes dans l'Isle ; & comme il n'y a ni Médecins, ni Chirurgiens, les Islandois sont très-souvent victimes de la premiere maladie qui les attaque. Rien sur-tout n'est plus digne de compassion, que de voir quelqu'un qui a eu une jambe ou un bras cassé, ou d'autre fracture de cette espece. Abandonné à la Nature, faute de Chirurgien & de secours, il demeure estropié toute sa vie, ou meurt misérablement après avoir langui dans les souffrances.

C'est à tort que quelques Voyageurs ont attribué aux femmes Islandoises l'heureux avantage d'accoucher facilement, de s'aller baigner même, & de se remettre à l'ouvrage aussi-tôt après leur délivrance. Il s'en faut beaucoup qu'elles soient douées de tant de force, dit l'Ecrivain Danois; les couches sont la maladie la plus funeste aux Islandoises. Il en meurt beaucoup en cet état, parce qu'elles n'ont ni Sages-femmes, ni hommes expérimentés dans l'art des accouchemens.

§. XXI.

Gouvernement civil d'Islande. Revenus qu'en retire le Roi de Danemarck.

LE Chef de l'administration, est ordinairement un Seigneur du premier rang, qui a le titre de *Gouverneur Général*, & qui fait sa résidence à la Cour. Après le Gouverneur, est le Grand-Baillif ; il est obligé de demeurer en Islande, à Bessested, maison appartenant au Roi, & où est le siége du Conseil souverain, dont le Grand-Baillif est comme le premier Président, tant pour le civil que pour le criminel.

Le Grand-Baillif n'est pas le seul Officier considérable d'Islande ; le Roi y entretient encore un Receveur Général, appellé *Sénéchal*, & deux Juges principaux, appellés *Lowmen*. L'emploi du Sénéchal est de percevoir tous les droits & les revenus royaux, & d'en rendre compte à la Chambre des Finances de Copenhague.

Ces revenus consistent en une sorte de capitation, appellée *giestold*, que chaque habitant doit dès qu'il a atteint l'âge de vingt ans, & qui est de dix poissons par tête ; dans la location de certains bâtimens publics ; dans les droits qui se payent sur les Ports, & dans ceux que la Compagnie Danoise doit chaque année pour le Commerce exclusif d'Islande.

La capitation se perçoit dans toute l'Isle par le moyen des *Syslomen*, ou Sous-Baillifs, auxquels le Sénéchal passe un bail particulier de cette taxe, chacun pour le district qui est de sa Jurisdiction ; ces Juges y trouvent en même-tems les appointemens de leurs Charges.

§. XXII.

Tribunaux d'Islande. Maniere dont se rend la Justice. Peines capitales.

QUOIQUE le Grand-Baillif ait la Jurisdiction générale de l'Isle, elle est encore partagée entre les deux *Lowmen*, ou Juges principaux, dont l'un a le Département des cantons de l'Orient & du Sud, l'autre, celui du Nord & de l'Occident.

Outre les Districts généraux des *Lowmen*, il y en a dix-huit particuliers, appellés *Syssel*, nom qu'on peut rendre par le mot de *Bailliage*. Ces Syssel ont chacun un Syslomen ou Sous-Baillif, qui, dans chaque Ressort, juge les causes en premiere instance : ce sont eux qui, comme on l'a observé, font les fonctions de Fermiers & de Receveurs particuliers des revenus qui appartiennent au Roi de Danemarck. Quelques Syssel, tels que ceux de Mule & de Skastesiel, plus étendus que les autres, ont deux Syslomen ; ainsi en y comprenant celui qui réside aux Isles de Westman, qui touchent à l'Islande & qui en dépendent, on compte vingt-un de ces Juges.

Il y a différentes Loix, par lesquelles tous les cas litigieux se décident. La premiere est un ancien Code de Droit Islandois, auquel on a recours dans ceux où il s'agit de successions, de biens fonds, & en général dans toutes les contestations qui s'élevent au sujet du *tien* & du *mien*. Les causes qui regardent les Terres Seigneuriales & les affaires Ecclésiastiques, se décident par les Loix de Norvege & par différens Edits particuliers des Rois de Danemarck.

A l'égard des formalités prescrites dans les procès criminels, on se conforme encore aux Loix de Norvege. Il y a de plus différentes Coutumes & quelques Edits particuliers, qui, avec ceux qu'on vient de citer, forment le Corps de la Jurisprudence. Frédéric IV. (59) Roi de Danemarck, avoit chargé plusieurs Jurisconsultes de composer un nouveau Corps de Droit pour l'Islande ; il a été exécuté sous le feu Roi Frédéric V. (60) ; mais on ignore s'il est actuellement établi en Islande.

(59) Ce Prince commença à regner en 1699, & mourut en 1730. L'Histoire le compte au rang des meilleurs Rois.

(60) Ce Souverain vient de mourir le 12 Janvier 1766, regretté de tous ses sujets qu'il gouvernoit en pere, bien plus qu'en maître.

DESCRIPTION DE L'ISLANDE. Formalités à obferver.

Toutes les caufes font portées d'abord par-devant le Syflomen, & à l'audience du diftrict où elle reffortit ; car chacun de ces Juges a des audiences déterminées auxquelles appartiennent les caufes de certains diftricts, à l'exclufion de toutes autres. Du Tribunal du Syflomen, on peut appeller au Lowmen, qui tient des efpeces d'affifes ou de plaids tous les ans en un certain lieu. Sa féance commence le 8 Juillet, & continue auffi long-tems qu'il fe préfente des affaires à juger. Chaque Lowmen a huit Affeffeurs qui prononcent les Jugemens avec lui ; cependant ils ne font pas encore définitifs : on peut en faire appel à la grande Jurifdiction, qui fe tient dans le même tems & au même endroit, & dont le Grand-Baillif eft le Préfident. Ce Magiftrat eft affifté par le Lowmen qui n'a pas rendu le Jugement fur lequel on plaide, par plufieurs Syflomen, &, en cas de befoin, par les Affeffeurs de la Jurifdiction du Lowmen. Il y a donc toujours douze Juges, fans compter le Grand-Baillif qui préfide ; & en fon abfence, il eft remplacé par le Sénéchal. Cette Cour de Juftice a du rapport avec le Confeil fouverain de Norvege, quant aux formalités, & en ce qu'un Juge peut y être cité directement pour déni de Juftice ou pour d'autres cas qui concernent fes fonctions. De ce Tribunal fupérieur d'Iflande, on appelle à la Cour fuprême de Copenhague, lorfque l'affaire eft importante & d'une nature prefcrite par les Loix.

Juftice Eccléfiaftique.

Les affaires Eccléfiaftiques fe jugent en premiere inftance par la Jurifdiction du Chapitre de chaque Cathédrale, qui eft compofé d'un Prevôt & de deux Affeffeurs. Elles paffent de ce Tribunal à celui d'une Chambre confiftoriale tenue par l'Evêque, le Prevôt, les Prébendaires & autres Eccléfiaftiques, & encore préfidée par le Grand-Baillif ou par un autre Magiftrat que nomme le Gouverneur-Général de l'Ifle. Cette Chambre de Juftice reffortit directement à la Cour fouveraine de Copenhague. Dans ces Affemblées Eccléfiaftiques, on ne s'occupe pas feulement d'affaires contentieufes, on y examine auffi tout ce qui a rapport à la Police du Clergé. On y diftribue des penfions aux anciens Miniftres, & aux veuves de ceux qui font morts dans l'année.

Point d'Avocats ni de Procureurs.

Il n'y a en Iflande aucun Avocat reconnu & immatriculé. Les Juges en conftituent chaque fois qu'on en a befoin.

Exécutions.

C'eft une erreur de M. Anderfon, d'avoir dit que les Syflomen ou Sous-Baillifs étoient chargés des exécutions, tant au civil qu'au criminel. Quoique l'office de Bourreau ne foit pas plus infâmant en Iflande qu'il l'étoit jadis chez les Grecs, où il formoit une charge de Magiftrature (61), cependant il y a des particuliers qui ont des gages pour exercer cette profeffion.

Il n'y a d'autres fupplices pour les hommes que d'avoir la tête tranchée avec une hache, ou d'être pendus. Les femmes qui ont mérité la mort, font noyées dans un fac.

---

(61) *Voyez* le chapitre dernier du liv. 6. de la Politique d'Ariftote & le Journal des Savans de 1703, p. 83.

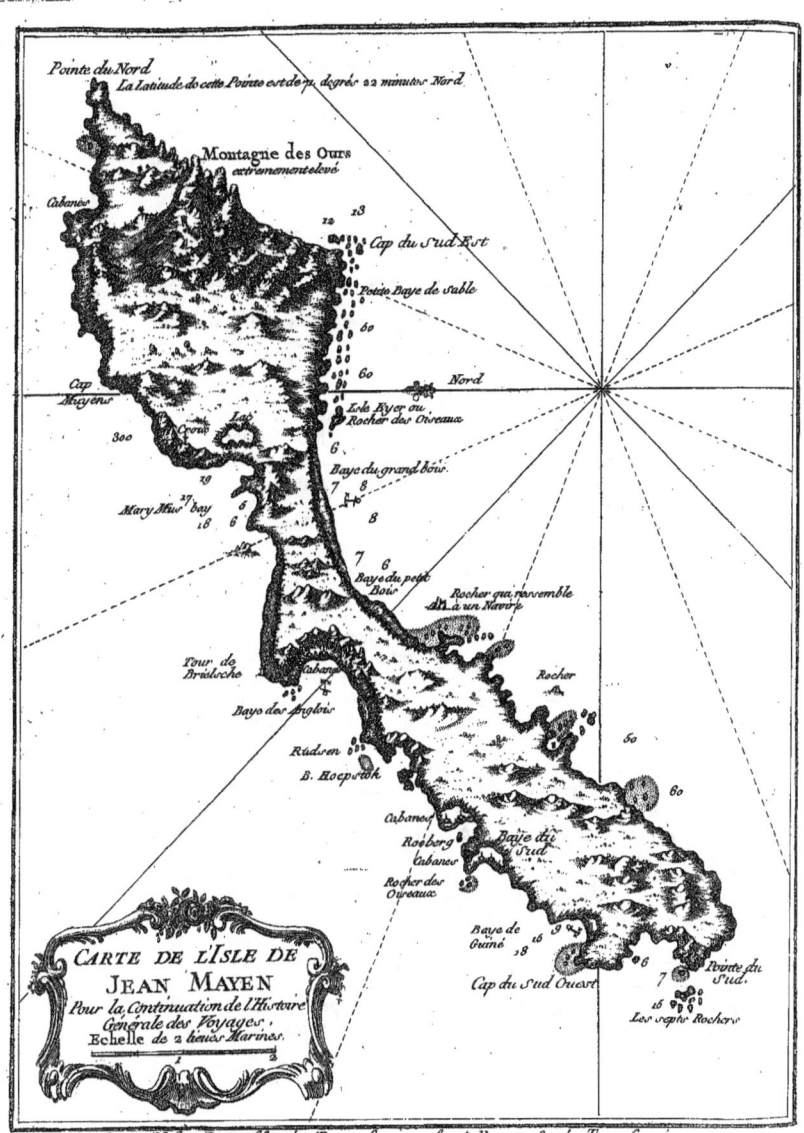

DESCRIPTION
DE L'ISLE DE JEAN MAYEN,
OU
DE LA TRINITÉ.

Situation de cette Isle. Epoque de sa découverte. Ce qu'il y a de plus remarquable.

CETTE Isle, située sous le 71 deg. de latitude, & à 40 deg. environ de longitude occidentale du Méridien de Paris, n'est considérable ni par son étendue, ni par ses productions. Aussi n'en ferions-nous pas mention, si elle ne se trouvoit sur la route qui nous mene naturellement d'Islande en Sibérie, en touchant à la Nouvelle-Zemble.

L'Isle de Jean Mayen tire son nom du Capitaine *Jean Jacobs May*, Hollandois, qui la découvrit en 1614. Son étendue n'est que de huit à dix lieues du Sud-Ouest au Nord-Est. Sa largeur varie suivant la hauteur où l'on aborde. En quelques endroits, elle peut avoir deux ou trois lieues de largeur, & en d'autres un quart de lieue. Elle se retrécit, à mesure que l'on avance du Nord-Est au Sud-Ouest.

Cette Isle est entierement couverte de rochers plus ou moins élevés, mais absolument nuds & stériles. Elle étoit autrefois très-fréquentée par les Européens, qui alloient à la Pêche des baleines dans ses parages. Mais aujourd'hui que ces animaux en ont abandonné les Côtes, on n'y aborde que fort rarement, & seulement pour se mettre à l'abri des gros tems, ou pour chercher du secours contre le scorbut.

La Côte orientale de cette Isle, au rapport des Navigateurs, est environnée de glaces pendant toute l'année, jusques dans l'étendue de dix milles en mer. A la difficulté du passage, le long de cette Côte, se joint encore le danger auquel on est exposé par un vent terrible qui vient d'une montagne, nommée *Beerenberg*, c'est-à-dire, *Montagne des Ours*.

Cette Isle, dit M. Anderson (1), paroît être un fragment du monde détaché du continent, ou produit soit par des feux souterreins, soit par quelque autre accident extraordinaire : elle est inhabitée, & tout-à-fait inhabitable. Dans la partie septentrionale, est le *Mont des ours*, ainsi appellé à cause de la grande quantité de ces animaux qu'on y apperçoit en tout tems. Il est si élevé, que sa cime se perd dans les nues ; &, selon le rapport de quelques Navigateurs de Hambourg très-dignes de foi, on le découvre par un tems serein à la distance de trente-deux lieues. Cette mon-

(1) Histoire Naturelle d'Islande, Tome I. p. 10.

HISTOIRE GÉNÉRALE

DESCRIPTION DE L'ISLE DE JEAN MAYEN OU DE LA TRINITÉ.

tagne est nue, & son sommet est perpétuellement couvert de glaces & de neiges. Elle remplit tout l'espace qui est entre la Côte Orientale & celle d'Occident, & c'est en cet endroit qu'est la plus grande largeur de l'Isle.

Il ne s'y trouve ni herbes, ni broussailles, ni aucune terre propre à produire des végétaux. Mais au pied de la montagne des ours seulement, on voit une croûte assez mince d'une matiere de couleur de terre, qui n'est autre chose que de la fiente des oiseaux de proie, dont il se tient-là des quantités prodigieuses, pour donner la chasse aux crabes de mer très-fréquens dans les bas-fonds qui environnent cette Isle. Cette fiente, par un heureux hasard, produit beaucoup de *cochlearia*, d'oseille, & d'autres herbes anti-scorbutiques, d'une grande ressource pour les Marins qui passent devant cette Isle dans leur voyage au Groënland.

L'Isle de Jean Mayen n'offrant plus rien d'intéressant du côté de ses productions, nous allons terminer cet article par le récit d'un incendie singulier qu'on y a vu en 1732. Ce phénomène ne manquera pas de plaire aux Physiciens, & pourra leur fournir en même tems une belle occasion d'exercer leurs talens pour les conjectures. M. Anderson, dans son Histoire naturelle de l'Islande, le rapporte de la maniere suivante.

Un Capitaine de Vaisseau de Hambourg, nommé *Jean-Jacques Laab*, allant en Groënland, & étant à l'ancre à cause du vent contraire, à trois lieues au Sud de la montagne des ours, vit le 17 Mai des flammes d'une longueur prodigieuse qui s'élevoient du bas de la montagne, en se dispersant de tous côtés comme des éclairs très-vifs & très-rapides; des détonnations souterreines & terribles accompagnoient cet incendie de terre. Laab saisi de la plus grande frayeur, ne pouvoit quitter l'endroit où il étoit detenu par le vent contraire, & avoit de vives inquiétudes sur les suites que pourroit avoir cet incendie à l'égard de son Vaisseau. Un brouillard fort épais & très-étendu sembla mettre fin à ces accidens, & les flammes ne durerent que vingt-quatre heures. La montagne ne s'ouvrit point; elle ne jetta ni pierre, ni matiere combustible, mais il en sortit une fumée noire & épaisse qui continua jusqu'au 21 du même mois. Le vent ayant alors changé, le Vaisseau gagna promptement le large. Il étoit à peine à quinze lieues de cette Isle, que Laab fut effrayé de nouveau par une énorme quantité de cendres que le vent jettoit derriere lui, & dont les voiles & le pont de son Navire furent bientôt couverts & tout noircis. Il craignit d'abord que ces cendres n'eussent apporté avec elles quelques charbons ardens, ou des parcelles de minéraux enflammés qui auroient pû mettre le feu à son Vaisseau : mais ayant trouvé ces cendres froides à l'attouchement, & n'y voyant rien de combustible en les approchant du feu, il se rassûra, & les fit enlever avec de l'eau. Tout l'équipage s'occupa de ce travail pendant plus de cinq heures, avant qu'on pût venir à bout de nettoyer parfaitement le Navire, parce que tant qu'il fut sous le vent, il recevoit de tems en tems de nouvelles bordées de ces cendres. M. Anderson, à qui l'on apporta de cette cendre, trouva qu'elle étoit d'un gris clair, & fort douce au tact ; vue au microscope, elle lui parut composée de petits grains de sable, ou plutôt de petits morceaux de pierre brisée.

Un

Un autre Capitaine de Vaiſſeau, appellé *Alick Payens*, compatriote du précédent, paſſa quinze jours après dans cet endroit. Comme il avoit entendu parler de l'aventure de Laab, il aborda à l'Iſle de Jean Mayen, & il eut aſſez de courage pour viſiter l'endroit où avoit paru l'incendie. Il remarqua que la montagne n'avoit aucune crévaſſe, qu'elle n'avoit jetté que des cendres, & que tout le terrein en étoit couvert à deux lieues à l'entour à la hauteur d'un pied.

DESCRIPTION DE L'ISLE DE JEAN MAYEN OU DE LA TRINITÉ.

DE LA NOUVELLE-ZEMBLE.

IL eſt déja parlé de la Nouvelle-Zemble, ou *Zemle*, dans le XVe Volume de cet Ouvrage, à l'Article des Voyages au Nord-Oueſt & au Nord-Eſt; mais il eſt aſſez difficile de prendre une idée exacte de ſon véritable état, & des différentes productions qu'elle renferme. Notre prédéceſſeur ſemble n'en avoir parlé qu'en paſſant, & ſeulement parce que les Voyageurs, dont il raconte les expéditions au Nord, y avoient pris terre. C'eſt pour ſuppléer, autant qu'il eſt poſſible, au peu qu'il en dit, que nous avons cru devoir raſſembler ici toutes les obſervations éparſes dans les différens Voyageurs, qui ont viſité les Côtes de cette contrée. Si le peu de ſecours que nous trouvons chez eux, ne nous permet pas d'en donner une Deſcription complette, au-moins nous pouvons nous flatter d'en donner toutes les notions que nos recherches ont pu nous faire découvrir.

NOUVELLE-ZEMBLE.

Les Voyageurs & les Géographes ne ſont point d'accord entre eux ſur le véritable état de la Nouvelle-Zemble. Les uns la repréſentent comme une Iſle ſéparée de notre continent par le détroit de Weigatz, & toujours bordée de ce côté-là par des montagnes de glace d'une hauteur étonnante. Les autres donnent cette terre pour une Péninſule, & aſſurent qu'elle tient par un iſthme à la côte orientale de la Sibérie, fort près de l'embouchure du fleuve Oby.

Variété des ſentimens ſur l'état de cette Terre.

Le Baron de Strahlenberg, Colonel Suédois, qui a paſſé douze années dans ces contrées, & qui s'eſt appliqué à les connoître, aſſure poſitivement que, ſur les informations qu'il a faites au ſujet de la Nouvelle-Zemble, il paroît certain qu'elle tient à la Sibérie du côté de l'Eſt, en partie par des montagnes de glaces qui occupent tout l'intervalle qui la ſépare de cette Province Ruſſe, & en partie par un iſthme (1). Cet Ecrivain entre enſuite dans le détail de pluſieurs témoignages qu'il a recueillis de différentes perſonnes qui ont habité la Ville de *Turochanski*, ſituée ſur le Jeniſei, & aſſez près de la Mer; il s'en ſert pour inſinuer que la Nouvelle-Zemble tient à la Sibérie. Un vieillard principalement l'a aſſuré, que pendant ſon ſéjour à *Mangazeia* ou *Turochanski*, un domeſtique Ruſſe, qui s'étoit ſauvé de chez

Opinion de Strahlenberg.

(1) *Voyez* l'Ouvrage Allemand de cet Ecrivain, qui a pour titre: *Das Nord und Oſtliche Theil von Europa und Aſia hiſtoriſch-geographiſche Beſchreibung*, &c. von *Philipp Johann von Strahlenberg*, in-4°. Stockholm 1730, p. 17. Une partie de cette Hiſtoire a été traduite en François, par M. *Sellius*, & donnée ſous le titre de *Deſcription de l'Empire Ruſſien*. Deux Volumes in-12. Paris 1757.

Tome XVIII. I

66   HISTOIRE GÉNÉRALE

NOUVELLE-ZEMBLE. son Maître & qui vouloit éviter d'être poursuivi, avoit pénétré à la Nouvelle-Zemble en suivant du côté du Nord l'isthme qui la joint au continent; & qu'après avoir fait le tour du golfe *Tasowskoï* du côté septentrional, il étoit revenu sur la glace, par le détroit de Weigatz, près de l'embouchure de l'Oby. Mais ce rapport est formellement contredit par la Relation des Découvertes faites par les Russes, qu'a publiée M. Muller. (2). Le Lieutenant *Murawiew* fut commandé en 1734, pour tenter le passage d'Ar-

Preuves que la Zemble ne tient pas au continent. changel jusqu'à l'Oby; il n'avança le premier Eté que jusqu'à la riviere de *Petschera*, & passa l'Hyver à *Pusto - Serskoi - Ostrog*. L'Eté suivant, il passa le détroit de Weigatz, ayant à sa gauche l'Isle de ce nom, & le continent à sa droite. Il ne visita pas l'autre passage entre l'Isle Weigatz & Nowa-Zembla. Le même Navigateur remonta le long de cette pointe, jusqu'à la hauteur de 62^d. 30'. Les Lieutenans *Malygin* & *Skuratow* continuerent la navigation, doublerent le cap *Jutmal*, & entrerent dans le golfe de l'Oby en 1738.

La même année *Owzin* & *Koschelev*, partis de l'Oby, doublerent non-seulement le cap *Matsol*, situé à l'Est du golfe de l'Oby, mais eurent encore le bonheur d'entrer dans le *Jenisëi* sans obstacle. Ces navigations démontrent d'une maniere incontestable que la Nouvelle-Zemble est une Isle. Ainsi tout ce qu'a rapporté M. de Strahlenberg est contraire à la vérité, quelque confiance qu'y ayent pris quelques Géographes Européens. (3). Au reste si les sentimens ne peuvent plus être partagés sur la

Son étendue. question de savoir, si la Nouvelle-Zemble est une Isle ou une Péninsule, on doit aussi convenir unanimement de son étendue. Tous les Ecrivains & les Géographes s'accordent à la placer depuis le 69e degré de latitude, jusques près du 77e. Sa longueur est donc d'environ deux cens lieues, sur soixante à soixante-dix de largeur.

Le nom de *Nouvelle-Zemble*, suivant Strahlenberg, signifie en Langue

La Zemble connue des Anciens. Russe *nouveau pays*. Le même Ecrivain remarque que cette Isle est celle de Tazata, que Pline place dans la Mer septentrionale ou de Scythie. Elle fut ainsi nommée anciennement du fleuve Taas, qui est passablement grand & navigable pour de gros Bâtimens. Ce fleuve se décharge vis-à-vis la Nouvelle-Zemble dans le même golfe que l'Oby, avant d'entrer dans le détroit de Weigatz. Les Russes donnent au golfe le nom de *Guba Tasowskaia*, c'est-à-dire, golfe du Taas. C'est vraisemblablement du nom de ce fleuve qu'on avoit appellé l'Isle qui en est proche, *Tasata* ou *Isle de Taas*.

Il résulte des rapports de tous les Navigateurs qui ont pris terre

Qualités du pays. dans la Nouvelle-Zemble, que c'est le plus misérable pays de l'univers; un pays rempli de montagnes & toujours couvert de neige, & que les seuls endroits qui en soient exempts, sont des fondrieres inaccessibles, où il croît une sorte de mousse qui porte de petites fleurs bleues & jaunes, à quoi se réduisent apparemment toutes les productions de cette Isle dans le genre végétal.

(2) Voyages & découvertes faites par les Russes le long des Côtes de la Mer Glaciale & sur l'Océan Oriental, par M. Muller. Deux Volumes *in-12*. Amsterdam, chez Michel Rey 1766, Tome I. p. 185.
(3) On parlera ci après avec plus de détail des différentes expéditions qui se firent dans ces Mers.

Le regne animal n'eſt guere plus riche : à l'exception des renards & des ours blancs qui ſont très-féroces, il ne paroît pas que la Nouvelle-Zemble nourriſſe d'autres quadrupedes. A l'égard des oiſeaux, on y retrouve une partie des mêmes eſpeces dont il eſt parlé à l'article du Spitzberg ; mais ils n'y paſſent que huit ou neuf mois. Le reſte de l'année, qui eſt le tems de l'Hyver, où le Soleil ne ſe montre que quelques inſtans, ou même ne paroît pas du tout, on n'y voit que des renards. Les ours même reſtent continuellement dans leurs tannieres. On trouve la Deſcription de ces animaux & des exemples terribles de leur force & de leur voracité en différens endroits du quinzieme Volume de cet Ouvrage.

<small>NOUVELLE-ZEMBLE.</small>

Les obſervations du Capitaine *Wood*, Anglois, rapportées dans le même Volume, font voir que les productions minérales de la Nouvelle-Zemble ſont encore plus rares que celles des deux autres regnes. On ne trouvoit que de la glace, dit ce Voyageur, en creuſant même à deux pieds en terre, & cette glace étoit auſſi dure que du marbre. Il ajoute qu'en quelques endroits découverts par les ruiſſeaux, qui ſe forment pendant l'Eté de la fonte des neiges, on voit ſur quelques montagnes du marbre noir à raies blanches & de l'ardoiſe.

Quelque foibles que ſoient les notions que nous avons pu raſſembler ſur la Nouvelle-Zemble & ſur ſes productions, il faut avouer que nous en avons encore moins à l'égard des habitans qu'elle peut renfermer. Il y a très-peu de Voyageurs qui ayent parlé des Zembliens ; & le portrait qu'ils en ont fait eſt ſi éloigné de la vraiſemblance, que leur exiſtence paroît une chimere. Le plus grand nombre des Ecrivains & des Voyageurs modernes prétend que la Nouvelle Zemble n'a point d'habitans naturels ; & c'eſt l'opinion la plus probable. Suivant les Voyageurs Hollandois (4) & un Manuſcrit du *Dépôt de la Marine*, cotté XX & XXIX, les hommes qu'on trouve dans cette Terre ſont des Samojedes, qui paſſent à la fin de l'Hyver, & qui s'y occupent pendant l'Eté ſeulement à la chaſſe & à la pêche ; mais leurs cabanes & leurs inſtrumens y reſtent toute l'année, & c'eſt ce qui a fait croire ſans doute que la Nouvelle-Zemble avoit des habitans. Les Samojedes rapporterent aux Hollandois, qu'il n'y avoit point d'habitans dans la Nouvelle-Zemble que ceux de leur Nation, qui y paſſoient & qui y reſtoient pendant l'Hyver, lorſqu'ils ne pouvoient pas revenir. Ils dirent auſſi qu'il en périſſoit ſouvent par un vent de Nord, qui éteignoit, en très-peu de tems, toute chaleur naturelle, quelques précautions qu'on eût priſes pour ſe garantir des effets du froid. C'eſt vraiſemblablement ce qui rend cette Iſle inhabitable.

<small>La Zemble inhabitée.</small>

Un Seigneur Ruſſe diſgracié (ſelon le même Manuſcrit), ayant rapporté à la Cour de Moſcow, qu'il y avoit des mines d'argent dans la Nouvelle-Zemble, y fut envoyé pour en faire la découverte, mais il revint comme il y étoit allé. Il y retourna une ſeconde fois, accompagné d'une grande quantité d'Ouvriers : il n'a jamais reparu, ni lui, ni aucun des ſiens. On ſoupçonne qu'étant reſtés trop long-tems à terre, ils n'auront pû s'en revenir avant l'Hyver, à cauſe des glaces, & qu'ils ſont tous morts de froid.

---

(4) Voyage au Nord, Tome IV, pages 196, 197.

NOUVELLE-ZEMBLE.
Faux rapport d'un Voyageur François.

Cependant un certain *la Martiniere*, non le Géographe, mais un Chirurgien de Vaisseau, dans un *Voyage aux pays septentrionaux*, &c. dit avoir vu des Zembliens; & il en fait une peinture si ressemblante à celle des Samojedes, qu'en supposant qu'ils formassent réellement deux Nations distinctes, la Description des derniers, qui suivra celle de la Sibérie, seroit aussi nécessairement celle des Zembliens, s'il en existoit. Mais il y a bien de l'apparence que ce Voyageur s'est trompé à cet égard, puisque tous les Navigateurs Hollandois & Anglois qui ont abordé à la Nouvelle-Zemble, avouent qu'ils n'y ont jamais vu aucun naturel du pays. On ignore même jusqu'à leur nom dans tout le Nord. Ainsi l'on doit être étonné, que les judicieux Auteurs de l'*Histoire naturelle* ayent, sur la foi d'un témoin unique & justement suspect, parlé des Zembliens & des Borandiens. Au reste, pour mettre les Lecteurs à portée de juger eux-mêmes du degré de foi que mérite le rapport de la Martiniere, nous allons donner un exemple de sa maniere de voir les choses & de les raconter. Cette digression servira du moins à jetter quelque variété dans une Description que l'on n'a pu rendre intéressante ni par le fond, ni par la forme.

Ce Chirurgien raconte d'abord fort sérieusement, que le Capitaine de son Vaisseau & lui, ayant appris qu'il y avoit parmi les habitans des Côtes de la Lapponie Danoise des sorciers qui disposoient des vents à leur volonté, ils s'adresserent au principal Négromancien d'une habitation, & le prierent de leur fournir un vent qui les portât au Cap nord dont ils étoient fort éloignés. Le Lappon leur répondit, qu'il ne pouvoit fournir du vent que pour les conduire jusqu'à un promontoire qu'il leur nomma, & qui étoit assez près du Cap où ils vouloient aborder. En conséquence ils firent marché pour ce vent à vingt francs, outre une livre de tabac. Le prétendu Sorcier attacha à un coin de la voile du mât de misene un lambeau de toile de la longueur d'un tiers d'aune, & large de quatre doigts, auquel il avoit fait trois nœuds, & regagna son habitation.

Sortilège prétendu d'un Lappon.

« Il n'eut pas plutôt quitté notre bord, poursuit la Martiniere, que
» notre Patron défit le premier nœud du lambeau. Aussi-tôt il s'éleve un
» vent d'Ouest-Sud-Ouest, le plus agréable du monde, qui nous poussa
» à plus de trente lieues du Maelstroom (5), sans être obligé de défaire le
» second nœud. Cependant le vent commençant à varier, & à vouloir se
» tourner au Nord, notre Patron dénoua le second nœud, & le vent nous
» demeura favorable jusqu'à plus de quarante lieues de cet endroit. Aux
» montagnes de Roucela, notre boussole se détourna de plus de six lignes.
» Notre Pilote la fit fermer; & comme il avoit souvent navigé dans ces
» mers, il se servit seulement de la Carte marine, pour gouverner le
» Vaisseau jusqu'à ce que nous eussions dépassé toutes les montagnes, dans
» lesquelles nous soupçonnâmes qu'il y avoit de l'aimant. Alors la bous-

(5) Le Maelstroom est un gouffre situé auprès de l'Isle de Morkoc, sur les Côtes de Norvege. Il étoit autrefois très redouté des Navigateurs, & on l'évitoit avec beaucoup de soin. *Hubner*, dans sa Géographie Allemande, assure qu'il a vingt-quatre lieues de circuit. Pendant six heures, il absorbe tout ce qui est dans son voisinage, les baleines, l'eau & tout ce qui nage au-dessus; il rend ensuite pendant le même espace de tems tout ce qu'il avoit englouti.

DES VOYAGES.

NOUVELLE ZEMBLE.

» fole reprit fa direction, & nous fit connoître que nous approchions du
» Cap.

» Le vent manquoit : notre Patron dénoua le troifieme nœud du lam-
» beau. Mais, ô malheur ! nous eûmes grand fujet de nous en répentir. A
» peine ce nœud fut-il défait, qu'il s'éleva un furieux vent de Nord-Nord-
» Ouest, qui nous fit voir à chaque inftant des abymes immenses, près
» d'engloutir notre Vaisseau. Il sembloit que le firmament alloit s'écrou-
» ler pour nous écraser sous ses ruines, & que Dieu, par une juste ven-
» geance, nous vouloit exterminer pour la faute que nous avions com-
» mise d'avoir adhéré aux Sorciers. Nous ne pouvions tenir aucune voile, &
» nous fûmes obligés de nous abandonner à la merci des flots en courroux.
» Après avoir passé trois jours dans cet état cruel, une bourrasque nous
» jetta tout-d'un-coup sur un rocher à quatre lieues des Côtes. Chacun
» commença à se lamenter, & à demander pardon à Dieu de bon cœur,
» croyant que c'étoit son dernier jour ; car tout le monde s'attendoit à
» voir briser le Vaisseau en mille pieces. Une vague des plus violentes fit
» notre bonheur : elle releva notre Vaisseau de dessus le rocher, & le re-
» mit à flot. »

CONTINUATION
DE
L'HISTOIRE GÉNÉRALE
DES VOYAGES.

VOYAGE AU KAMTSCHATKA
PAR LA SIBÉRIE.

Journal de M. GMELIN, traduit de l'Allemand.

INTRODUCTION.

L A Presqu'Isle du Kamtschatka, située au Nord-Est de l'Asie, à l'extrémité de l'Empire Russien & de notre continent, a été aussi peu connue de l'Europe jusqu'à la fin du dernier siecle, que l'étoient, avant le seizieme, les Indes orientales & occidentales.

M. *Muller* (dans sa *Relation des voyages & découvertes des Russes sur l'Océan oriental*, nouvellement publiée) dit qu'en 1690 on avoit à Jakutks, dans la Sibérie, quelques connoissances du Kamtschatka, mais très-foibles. *Isbrand Ides*, qui traversa la Sibérie en 1693, pour aller en ambassade à la Chine, en avoit seulement entendu parler, mais par de gens très-mal instruits, puisque dans la Carte qu'il a jointe à la Relation de son voyage, cette Presqu'Isle est désignée comme une Ville, ou comme un Village fort avancé vers le Nord, près duquel les Russes alloient à la pêche du Narval.

Le même auteur, M. *Muller*, met en 1696 la premiere reconnoissance qui fut faite du Kamtschatka. Quelques Cosaques, conduits par un Lieutenant de *Wolodimer Atlaſſow*, Officier qui commandoit un corps de ces troupes au service de la Ruſſie, pénétrerent juſqu'à un oſtrog ou habitation de Kamtſchadales, & en exigerent un tribut. C'eſt à cet Officier Coſaque *Atlaſſow* qu'on attribue communément la découverte, ou, comme s'expriment les Ruſſes, la conquête du Kamtſchatka. Ce fut lui du moins qui l'année suivante, 1697, non en 1701, comme M. *de Voltaire* l'a marqué dans son *Hiſtoire de Pierre le Grand*, apparemment d'après *Strahlenberg* (1), en prit poſſeſſion pour l'Empereur de Ruſſie. Depuis d'autres Commandans envoyés ſucceſſivement de Jakutſk, pour perfectionner cette découverte, firent de tels progrès en trois ou quatre ans, qu'en 1706 les Ruſſes s'étoient rendus maîtres de la partie la plus méridionale du pays, & avoient reconnue une partie des Iſles *Kuriles*. Le Knèes *Gagarin*, Gouverneur & Fermier-Général de la Sibérie, fit faire encore, depuis 1710 juſqu'en 1716 ou 1717, quelques voyages par terre & par mer au Kamtſchatka, & l'on ne perdit plus de vue cette Presqu'Iſle (2).

Un Monarque puiſſant qui, pour apprendre à regner, avoit porté de toutes parts ſon active curioſité, qui lui-même avoit été long-tems Voyageur, ne pouvoit qu'encourager les Voyages, dont il avoit déjà tiré tant de fruit.

PIERRE LE GRAND, ſous le ciel rigoureux du Nord, à peine aſſis ſur le trône de ſes peres, s'étoit créé un nouvel Empire, un peuple nouveau. Dans le pays des Scythes & des Huns, il avoit introduit les Sciences & les Arts, avec les Mœurs de l'Europe inſtruite & polie. Il regardoit ces acquiſitions comme ſes plus précieuſes conquêtes, & n'étoit ſans ceſſe occupé que du ſoin de les étendre encore. Il s'attachoit ſur-tout à connoître exactement toutes les parties de ſes vaſtes dominations, à perfectionner ſa Marine, à ſe procurer, par la navigation & par les voyages, ce qui manquoit aux connoiſſances qu'il avoit été chercher lui-même en diverſes contrées de l'Europe, où, cachant le Souverain, il n'avoit montré que l'Obſervateur.

Au commencement de 1719, ce Prince envoya deux *Géodeſiſtes* ou Navigateurs au Kamtſchatka; mais le réſultat de leur miſſion paroit entierement ignoré. Ce voyage en prépara du-moins un autre bien plus important, que l'Amiral Apraxin fut chargé de faire exécuter, ſuivant les inſtructions que l'Empereur avoit dreſſées de ſa propre main. On choiſit pour ce fameux voyage (regardé comme la premiere expédition du Kamtſchatka) le Capitaine *Beering*, habile Marin, Danois de nation. Pierre le Grand mourut avant ſon départ; mais l'Impératrice Catherine, qui venoit de lui ſuccéder, loin d'abandonner l'entrepriſe, en preſſa vivement l'exécution. On donna pour Lieutenans à Beering, *Martin Spangenberg* ou *Spangberg*, auſſi Danois, & *Alexis Thichiricow*, Officier Ruſſe; & ils partirent de Petersbourg le 5 Février 1725. Ce voyage dura cinq ans, & le Capitaine Beering fut de retour avec ſes deux Lieutenans à Petersbourg au mois de Mars 1730.

(1) Il y a de l'apparence qu'ils ont confondu l'époque de cette découverte, avec celle de la dépoſition que fit l'Officier Coſaque à Moſcou, à la Prikaſe de Sibérie en 1701.

(2) On donnera tous les détails de ces petites expéditions dans l'Hiſtoire même du pays.

L'Impératrice

L'Impératrice Catherine, & Pierre II, son succeffeur, étoient morts. La Duchesse de Courlande, *Anne Ivanovna*, venoit d'être élevée sur le trône. Cette Princeffe, dont la capacité furprit ceux qui ne l'avoient peut-être appellée à l'Empire que dans l'efpérance de regner fous fon nom, n'eut pas de peine à entrer dans les vues de Pierre le Grand. Le Capitaine Beering ayant propofé lui-même de faire un fecond voyage au Kamtfchatka, fa propofition fut très-bien reçue. Au mois d'Avril 1732, un ordre impérial, adreffé au Sénat fuprême, mit d'abord tout en mouvement pour la nouvelle expédition. Le Sénat demanda à l'Académie des Sciences un détail de toutes les connoiffances qu'on avoit jufqu'alors de cette contrée, & des mers qui l'environnent. Cette Compagnie chargea de ce travail M. *de Lifle*, premier Profeffeur d'Aftronomie, & l'un de fes principaux membres. Ce Profeffeur dreffa une Carte qu'il préfenta lui-même à l'Impératrice, avec un Mémoire où il indiquoit trois différentes routes à fuivre par mer, pour découvrir ce qui reftoit d'inconnu vers l'Orient du Kamtfchatka. On fit en conféquence toutes les difpofitions néceffaires, pour tirer les plus grands fruits de cette expédition. L'Académie eut ordre de nommer un Profeffeur de fon corps, qui accompagneroit le Capitaine Beering, pour déterminer, par des obfervations aftronomiques, la pofition des nouvelles terres qu'on pourroit découvrir, & pour enrichir l'Hiftoire naturelle de tout ce qu'on rencontreroit de remarquable ou de curieux dans les animaux, les plantes, les minéraux, &c. Deux membres de l'Académie, M. *Gmelin*, Médecin Allemand & Profeffeur de Botanique, & M. *de Lifle de la Croyere*, fecond Profeffeur d'Aftronomie, s'offrirent d'eux-mêmes à faire le voyage, & furent agréés par le Sénat. Quelque tems après, M. *Muller*, autre Académicien attaché à l'Hiftoire naturelle, & bon Obfervateur, offrit de les accompagner, pour écrire l'Hiftoire des pays qu'on alloit parcourir, & celle du voyage ; fes offres furent pareillement acceptées.

Pour completter la Caravanne académique, on y joignit fix Etudians, un Interprete, cinq Géometres & un Faifeur d'inftrumens, tous Ruffes, avec un Peintre, & un Deffinateur Allemands. Mais la Troupe, avant fon départ, perdit malheureufement trois fujets. Le jour de la naiffance de l'Impératrice (3 Février 1733), les Etudians étant allés tous enfemble voir le feu d'artifice qu'on avoit conftruit fur la Neva, un d'eux fut tué par la baguette d'une fufée volante qui lui tomba fur la tête. Le 27 Avril fuivant, veillé du couronnement de l'Impératrice, le Faifeur d'inftrumens fe trouva le foir dans un cabaret, où il fe mit à chanter. Un Soldat logé dans la maifon, étoit occupé à nettoyer fon fufil pour le lendemain, & le chant de l'Ouvrier l'étourdiffoit. Il s'en plaignit, & fur le refus que celui-ci fit de fe taire, il le menaça plufieurs fois de lui lâcher un coup de fufil. L'Artifan, ne pouvant pas croire qu'il effectuât fes menaces, continuoit toujours ; le Soldat impatienté chargea fon fufil, & jetta le Chanteur fur le carreau. Celui-ci fut remplacé par un Apprenti du même métier. Enfin peu de tems après, un Géometre, & le plus habile des cinq, fut emporté par une maladie violente. Ainfi la Troupe fut réduite aux trois Académiciens ; à cinq Etudians, qui étoient le fieur *Etienne Krafcheninnikow*, des

Tome XVIII. K

puis Professeur de l'Académie, & les sieurs *Feodor Popow*, *Alexis Gorla-*
now, *Luc Iwanow*, *Alexis Tretjakow*; au sieur *Ilia Jachontow*, Interprete;
aux quatre Géometres, savoir, les sieurs *André Krassilnikow*, *Moyse Uscha-*
kow, *Nikifor Tschakin*, & *Alexandre Iwanow*; à l'Apprenti faiseur d'instrumens, nommé *Etienne Owijannikow* ; aux sieurs *Jean-Chrétien Berckan*,
Peintre , & *Jean-Guillaume Lursenius*, Dessinateur. On donna encore aux
Académiciens douze Soldats pour leur garde, avec un Caporal & un
Trompette.

 Ce voyage intéressant avoit plus d'un objet. Il s'agissoit non-seulement
de se rendre au Kamtschatka, pour y faire les observations nécessaires, &
de-là se porter par-tout où il étoit ordonné de faire des reconnoissances &
des tentatives, mais encore de parcourir presque toute la Sibérie, pour
en connoître exactement la Topographie, les propriétés, les différens peuples, &c. Ainsi l'expédition étoit partagée entre les Officiers de la Marine &
les trois Académiciens. Spangberg avoit pris le devant dès le mois de Février 1733 : le Capitaine Beering, nommé Commandant en chef, partit, avec
plusieurs Officiers sous ses ordres, le 18 Avril suivant ; & les Académiciens,
ayant obtenu la faculté d'aller par terre, se mirent en route au mois d'Août.

 C'est le voyage de ces trois Académiciens dans la Sibérie, dont nous
donnons ici le Journal, publié par M. *Gmelin* à son retour dans sa patrie
en Allemagne. Quoique cette Relation appartienne proprement aux Voyages de terre que nous n'entamons point encore, puisqu'un seul des Académiciens est parvenu jusqu'au pays qui étoit le terme de leur expédition ;
nous avons cru que le récit de leurs courses jusqu'à Jakutks, à l'extrémité
de la Sibérie, étoit inséparable de l'Histoire du Kamtschatka, & qu'il devoit la précéder.

 « RAREMENT, dit M. Muller, on verra l'exemple d'un voyage si pé-
» nible & si long, entrepris par tous ceux qui en furent, avec plus de
» courage & de satisfaction que celui-ci. On s'encourageoit les uns les
» autres : on ne négligeoit rien, on étoit attentif à tout ce qui paroissoit
» devoir tourner le moins du monde à l'avantage de ce dont on étoit
» chargé ». M. Gmelin, dans la Préface de sa *Flora Sibirica*, rend la même
justice à ses compagnons de voyage. Il faut donc commencer par faire connoître des Voyageurs si raisonnables & capables d'une concorde si rare,
quoique pourtant si nécessaire pour le succès de ces sortes d'entreprises.

 Jean-Georges Gmelin, né à Tubingue en 1709, étoit Docteur en Médecine,
& il l'exerçoit dans sa patrie, lorsqu'il fut appellé à Petersbourg, en 1727,
pour y remplir une place à l'Académie. Il fut nommé, en 1730, Professeur
de Chymie & d'Histoire naturelle. Revenu de Sibérie après un nouveau séjour de quatre ans à Petersbourg, il voulut retourner dans sa patrie. Il se
rendit à Tubingue en 1747, & y mourut le 20 Mai 1755, Professeur de
Botanique & de Chymie. « Ce fut, dit M. Muller (avec lequel il étoit
» fort uni), » une vraie perte pour les Sciences ; car il s'en falloit beau-
» coup qu'il eût mis au net les observations aussi nombreuses que curieu-
» ses, qu'il avoit faites en Sibérie (3). »

 (3) On a de cet habile Professeur d'excellens Mémoires composés avant son voyage
en Sibérie, & insérés parmi ceux de l'Académie de Petersbourg.

Gérard-Frédéric Muller, Prussien de nation, étoit aussi Professeur de l'Académie Impériale. Avant le voyage de Sibérie, il avoit publié en Allemand différentes Pieces originales, concernant l'Histoire de la Russie, de la Sibérie, de la Tartarie. Il étoit chargé dans l'expédition de la partie historique, ou des recherches sur l'origine, la fondation, & l'Histoire des Villes que le Journal nous fait connoître. On le croit retiré dans sa patrie.

Louis de Lisle de la Croyere, frere puîné du célebre Géographe *Guillaume de Lisle*, étoit le second Professeur d'Astronomie de l'Académie Impériale. On l'avoit donné pour Adjoint à M. *Nicolas de Lisle*, aussi son frere, premier Astronome de l'Empire, actuellement Doyen de l'Académie Royale des Sciences, & premier Astronome de la Marine. On verra dans l'Histoire du Kamtschatka le détail de ses courses particulieres, & le triste évenement qui les a terminées avec sa vie.

Les trois Académiciens entrerent dans la Sibérie vers la fin de l'année 1733. Ils trouverent au mois de Janvier 1734, à Tobolsk, le Capitaine Beering. Après plusieurs tours & détours dans le pays, *au grand profit de la Géographie & de l'Histoire naturelle*, dit M. Muller, dans cette même année 1734, M. de la Croyere se sépara de ses deux Confreres, pour accompagner le Capitaine Tchirikow jusqu'à l'embouchure de la riviere d'*Ilim*, où il le quitta, pour aller à *Irkutzk*, & de-là, par le lac Baikal, à *Selinginsk*, à *Nerstschinsk*, & à la riviere d'*Argun*. MM. Gmelin & Muller s'embarquerent sur l'*Irtisch*, qu'ils remonterent jusqu'à *Ust-Kamenogorskaia-Krepost*. Ils en parcoururent les contrées, sur-tout les plus orientales, jusqu'à l'Obi & aux confins des Kalmoucks, & s'avancerent jusqu'à Irkutzk. D'Irkutzk, ils se transporterent dans les contrées qui sont de l'autre côté du lac Baikal, & tout l'Eté de 1735 fut employé à les parcourir. Au printems de 1736, les trois Académiciens se rassemblerent aux environs du haut Lena. M. de la Croyere descendit ce fleuve, sans s'arrêter, jusqu'à Jakutzk. MM. Gmelin & Muller le descendirent aussi, mais plus lentement, pour faire leurs observations dans le pays. Pendant qu'ils étoient à Jakutzk, où ils furent rendus à la fin de la même année 1736, il y arriva un incendie, dans lequel M. Gmelin perdit tout le Recueil des remarques de son voyage (4). Ce malheur le détermina à remonter le Lena, ce qu'il fit dans l'Eté de 1737, tandis que M. de la Croyere descendoit au contraire ce fleuve.

Le mauvais état de la santé de M. Muller l'engagea à ne pas se séparer de M. Gmelin, pour être à portée de ses secours. Il ne retourna point même à Jakutzk : un ordre du Sénat le dispensa de pousser jusqu'au Kamtschatka, & le chargea de parcourir les contrées de la Sibérie, où il n'avoit pas encore été, ou qu'il n'avoit traversées qu'à la hâte, afin que rien ne manquât à la Description de ce pays. M. Gmelin ne tarda pas à demander aussi son rappel, & l'obtint de même. Ainsi n'ayant point tous deux passé Jakutzk, leur voyage fut borné à la Sibérie, qu'ils parcoururent presque dans toute son étendue.

Les deux Professeurs, pour remplir leur mission, réduite alors à l'inté-

---

(4) « Celles qu'on devoit le plus regretter, dit M. Muller, étoient les observations faites pendant le dernier Eté (1736) sur le Lena, dont il avoit décrit les diverses régions, jusqu'au 62 deg. Pour les autres, il en avoit envoyé copie à Petersbourg ».

rieur de la Sibérie, visiterent, en 1738, les pays arrosés par les rivieres d'*Angora* & de *Tunguska*. Ils passerent l'année suivante, & toute l'année 1740, à suivre les bords du *Jenisëi* ou *Jenista*, & à reconnoître d'abord les pays qu'il traverse entre le 51 & le 66 deg. de latitude, puis ceux qui s'étendent entre ce fleuve & l'Oby. C'est après avoir atteint le Jeniséa, que M. Gmelin s'apperçut, dit-il, qu'il étoit entré dans l'Asie. Jusqu'alors, il n'avoit point vu d'animaux, de plantes, ou généralement de productions fort différentes de celles de l'Europe. Là, toute la nature lui parut avoir changé de face. En 1741, les mêmes Académiciens se porterent dans les vastes champs des *Barabintzi* & de l'*Ischim*. Ils virent, en 1742, une grande partie des contrées de l'*Iset* jusqu'au *Jaïk*, dans le district d'Astracan, & toutes les mines de cette partie (5). A la fin de 1742, ils quitterent la Sibérie, où ils avoient passé neuf ans, & ils revinrent à Petersbourg vers le milieu de Février 1743.

M. Gmelin, dans la Préface de sa *Flora Sibirica*, donne une idée de la façon dont ils voyageoient. Ils ne négligeoient aucune partie de l'Histoire naturelle; ils ne se fioient aux rapports d'autrui qu'avec beaucoup de précaution, & ils vouloient presque tout voir par eux-mêmes. Pour les aider dans les travaux de ce pénible & long voyage, ils avoient des Botanistes très-ardens, un homme versé dans la connoissance des mines, & des Chasseurs qui leur servoient à la recherche des animaux. Outre ces secours, le Peintre *Berckan*, qui avoit beaucoup de génie pour l'Histoire naturelle, faisoit de son côté des recherches & de fort exactes Descriptions. C'étoit un homme infatigable, & de mœurs très-douces : aussi peu de tems après son retour, fut-il aggrégé à l'Académie. Ce Peintre, & le Dessinateur, son adjoint, (le sieur *Lucsenius*) malgré les fatigues du voyage, qui renaissoient tous les jours, exécutoient promptement tout ce qu'on exigeoit d'eux; & souvent à la fin de la journée, travaillant au dessein d'une plante, ils ne la quittoient pas qu'ils ne l'eussent entierement terminée, de crainte que le lendemain elle ne fût moins fraîche, ou qu'il n'y eût encore quelque nouvelle plante à dessiner, aussi pressée. M. Gmelin avoit de plus des Coureurs à cheval, qui alloient de côté & d'autre à la découverte, & qui lui apportoient tout ce qu'ils trouvoient de curieux dans les trois Regnes. L'Académie Impériale lui avoit envoyé dès 1738 un excellent Coopérateur. M. *Georges-Guillaume Steller*, Adjoint de cette Compagnie, & homme tout fait, dit M. Gmelin, pour l'Histoire naturelle, joignit les deux Académiciens à Jeniséa vers la fin de l'année. En 1740, on leur envoya encore le sieur *Alexandre Guillaume Martinius*, pour copier leurs observations. Ce nouveau Compagnon, aussi très-intelligent, aida beaucoup M. Gmelin dans ses recherches Botaniques. Ils n'avoient plus avec eux, depuis quelque tems, M. *Krascheninnikow*. En 1737, les trois Professeurs, qui se trouvoient réunis à Jakutsk, voyant d'une part les obstacles qui ne leur permettoient pas de partir alors pour le Kamtschatka, & de l'autre, la nécessité de continuer dans la Sibérie les recherches qu'on y avoit commencées, conformément aux intentions de l'Impératrice, se détermine-

(5) *Omnem tractum metallicum.* Præfat. Flor. Sibir.

rent à y envoyer cet habile Etudiant. M. Krafcheninnikow fut chargé d'y faire conſtruire une habitation propre à loger commodément les Voyageurs, & une ſerre pour les plantes du pays ; de commencer des obſervations météorologiques, principalement ſur le flux & le reflux de la Mer, & d'écrire exactement tout ce qu'il pourroit apprendre de la nation des Kamtſchadales, ſoit par les monumens publics, ſoit par le rapport des habitans (6). Toutes ces diſpoſitions furent exécutées avec la plus grande intelligence.

Dès que MM. Muller & Gmelin ſe virent diſpenſés d'aller juſqu'au Kamtſchatka, ils ne s'occuperent plus qu'à ſe procurer, en parcourant la Sibérie, les connoiſſances les plus étendues & les plus variées qu'il ſeroit poſſible. M. Gmelin n'ayant pu voir les contrées inférieures de l'Oby, le diſtrict de Verchoturie, & les montagnes voiſines, ce vuide fut rempli par M. Muller. Ces deux Profeſſeurs n'avoient preſque point été ſéparés juſqu'en 1740 (7). Mais à cette époque, conſidérant combien il leur reſtoit encore de contrées à parcourir dans la Sibérie, & le tems qu'il faudroit y employer, ils convinrent de ſe partager les voyages, afin qu'il n'y eût preſque pas d'endroit qui n'eût été vu par l'un d'eux. Ils étoient tellement unis, dit M. Gmelin, dans ſa Préface déja citée, qu'ils s'empreſſoient à l'envi à ſe ſoulager mutuellement, & que chacun, outre ſes propres travaux, ſe chargeoit volontiers d'une partie de ceux de ſon compagnon. Après cette réſolution, M. Muller ſe porta dans les contrées du Bas-Oby, dans celles de l'Iſet, dans le pays de Verchoturie, & dans la partie des montagnes, où il recueillit avec ſoin tout ce qu'il put rencontrer de plantes, de minéraux, de quadrupedes, d'oiſeaux, & de poiſſons rares ou ſinguliers. Lorſqu'il réjoignit M. Gmelin, il lui remit le tout, avec les deſſeins qu'il en avoit fait faire, & avec d'exactes notices des lieux, du jour même où chaque piece avoit été trouvée.

M. *Steller*, qui mérite bien auſſi d'être connu, tant par ſon mérite perſonnel, que par toutes les obſervations qu'on lui doit, étoit de Vinsheim en Franconie, & Membre de l'Académie Impériale. M. Gmelin en fait un très-beau portrait. C'étoit un homme bien conſtitué, très-laborieux, capable de ſoutenir les ennuis & toutes les incommodités du plus pénible voyage. Il ſe chargeoit de tout, ne refuſoit rien, ne cherchoit même que les opérations les plus difficiles, & mépriſoit également les délices & les aiſes de la vie (8). Doux & patient, comme doit l'être un Naturaliſte qui veut s'inſtruire & qui a beſoin de tout le monde, il étoit encore plus robuſte, plus endurci aux fatigues de toutes eſpeces qu'un Matelot ne peut l'être, & de plus, très-alerte, très-ſain. Il offrit de lui-même de faire le voyage de Kamtſchatka, & perſonne en effet n'étoit plus propre à faire utilement un pareil voyage. On le fit partir au commencement de 1739; & dès cette année

(6) Il a publié, en Langue Ruſſe, une Deſcription du Kamtſchaka, qui a été traduite en Anglois. On la trouvera à la ſuite du Journal de M. Gmelin.

(7) C'eſt en cette même année 1740 que M. de Liſle, premier Profeſſeur d'Aſtronomie de l'Académie Impériale, ſe tranſporta en Sibérie, pour y obſerver le paſſage de Mercure ſur le Soleil.

(8) *Commodorum & deliciarum hujus vitæ contemptor ſtrenuus.*

même, il justifia très-avantageusement ce qu'on attendoit de lui, par le grand nombre d'observations qu'il fit tant aux environs d'*Irkutzk*, dont le territoire lui fournit une ample collection de plantes, qu'au lac Baikal, au fleuve Bargusin, &c. Il fut rendu au Kamtschatka en 1740. Les deux années suivantes, il les passa continuellement avec les Marins du pays. En allant d'Irkutzk au Kamtschatka, il observa les plantes des bords du Lena, & à celles qu'avoit ramassées M. Gmelin dans ces mêmes lieux, il en ajouta beaucoup d'autres, qu'il recueillit entre *Irkutzk* & le port d'*Ohkota*. Il enrichit encore l'Histoire naturelle du Kamtschatka d'un très-grand nombre de Descriptions, soit de productions marines, & de poissons ou d'animaux marins, soit de singularités concernant les Kamtschadales & l'Amérique. A son retour par la Sibérie, il joignit de même beaucoup d'Observations importantes à celles que les Professeurs y avoient faites. Il se donnoit à peine le tems de respirer, dit M. Gmelin, & c'est le modele du plus excellent Observateur. Il ne revit point Petersbourg, & mourut assez malheureusement en chemin. M. Muller raconte ainsi les circonstances de son retour (9). « En revenant du Kamtschatka, il se mêla imprudemment &
» sans nécessité, quoique dans la meilleure intention du monde, de
» choses qui n'étoient pas de sa compétence. Cela lui fit des affaires auprès de la Chancellerie Provinciale d'Irkutzk, & l'on en envoya le
» rapport au Sénat Dirigeant à Petersbourg. Cependant il se justifia si
» bien à Irkutzk, que le Gouverneur lui laissa continuer sa route. Mais
» la nouvelle de son passage à Tobolsk étant arrivée plutôt à Petersbourg,
» que celle de sa justification à Irkutzk, le Sénat envoya un Exprès, avec
» ordre de le ramener à Irkutzk, Bientôt après, les Lettres d'Irkutzk étant
» parvenues à Petersbourg, il fut dépêché un second Exprès, avec la
» révocation de l'ordre précédent; mais le premier de ces deux Exprès
» ayant trouvé M. Steller à *Sólikamsk*, lui avoit fait rebrousser chemin
» jusqu'à *Tura*, lorsque le second Courier les atteignit. M. Steller, sans perdre de tems, reprit le chemin de Petersbourg par Tobolsk; mais il n'alla
» que jusqu'à *Tumen*. Il fut arrêté dans cette Ville par une fievre-chaude
» qui le saisit, & qui l'emporta au bout de huit ou dix jours, le 12 Novembre 1756, âgé de quarante-sept ans & sept mois, étant né le 19 Mars
» 1709 (10) »

La Sibérie ou Sibirie, comme l'appellent MM. Gmelin & Muller, conformément à l'analogie, tire son nom de *Sibir*, riviere qui se jette dans l'Irtis ou l'Irtisch, au-dessous de la Ville de Tobolsk (11). Cette vaste partie de l'Empire Russien s'étend de l'Occident à l'Orient, depuis les montagnes du district de Verchoture ou Verchoturie, jusqu'à la Mer de Kamtschatka, & comprend dans sa largeur tous les pays en-deça de la Mer Glaciale, jusqu'aux confins des Tatars ou Tartares Calmoucks & Monguls, & jusqu'à la Chine. Elle se divise en deux parties, La Sibérie occidentale en-deça de l'Oby, est comprise dans l'Europe, & *Tobol* ou

(9) Voyages & découvertes des Russes, Tome I. p. 335.
(10) *Quasi ardore & siti, quibus perferendis habitudo ipsi erat à natura data, illam ipsam* *ultimam lauream mereri voluisset*, ajoute M, Gmelin,
(11) *Sibir*, selon d'autres, signifie *Pays septentrional*.

Tobolsk en est la capitale. La partie orientale, la plus étendue au-delà de l'Obi, appartient à l'Asie. La Sibérie & la Tartarie étoient connues des Anciens sous le nom vague & général d'*Asia extra Taurum*. C'étoit la patrie de ces Scythes qui, selon Justin (12), disputoient d'antiquité avec les Egyptiens, & le Kamtschatka est peut-être ce qu'on appelloit la *Scythie inconnue* (13). C'est encore de la Sibérie que sont sortis les Huns, & la plus grande partie des Nations Barbares, qui, après la destruction de l'Empire Romain, que la fortune sembloit avoir élevé comme une digue immense pour contenir les autres peuples, inonderent, comme un torrent impétueux, toute l'Europe, & en changerent la face. La Sibérie fut découverte en 1563, & conquise par les Russes en 1595.

Ces courtes notions doivent suffire pour mettre le Lecteur en état de voyager avec M. Gmelin: nous passons à son Journal.

EXTRAIT du Journal du Voyage fait en Sibérie, depuis 1733 jusqu'en 1743.

LE 7 Juillet 1733, la Troupe Académique eut l'honneur de baiser la main de Sa Majesté, en prenant son audience de congé; & le lendemain elle fut admise aux honneurs auprès de la Famille Impériale.

Les Académiciens furent plusieurs jours à attendre les chevaux qui leur avoient été promis. Ils avoient demandé qu'on les fît partir par terre, & le Sénat leur en avoit donné toutes les assurances possibles; mais ces dispositions furent changées. On leur amena un Bateau, qui devoit les conduire jusqu'à Bronnitz. Ce Bateau leur paroissant mal-assuré contre le vent & la pluie, ils firent de nouvelles représentations. L'absence de la Cour fit que l'on n'obtint que pour les trois Professeurs la faculté d'aller par terre, & de se faire accompagner d'un Géometre, du Peintre, de l'Interprete, & de quatre Soldats. Le reste de leur suite fut embarqué, & le Bâtiment partit le 3 Août, à une heure après midi. Il falloit remonter la Newa, de-là, entrer dans le canal de Ladoga, puis dans le Wolchow jusqu'à Novogrod. Le commandement de cette troupe fut confié au Dessinateur, le sieur Lursenius.

Le départ des Académiciens par terre fut retardé jusqu'au 8 Août 1733; ils quitterent Petersbourg à 5 heures du soir, & par une pluie forte & continuelle, ils arriverent à minuit & demi à *Ischora*, sur la Newa. Là, ils furent obligés de faire enfoncer la porte d'une hôtellerie par leurs Soldats, & ne trouverent pour toute provision que de l'eau.

Le 9, ils partirent de ce mauvais gîte à 6 heures du matin; ils arriverent à midi par une pluie aussi forte que la veille au Bourg *Sablini*, & à 11 heures du soir, au Bourg *Tosna*,

(12) L. 2. c. 1.
(13) Les Antiquités de Sibérie doivent répandre quelque jour sur l'Histoire des anciens Scythes. Vers la source du Jenisséi, on a trouvé, dans des tombeaux très-anciens, toutes sortes d'outils tranchans de cuivre, & pas un instrument de fer; ce qui prouve que l'usage du cuivre a précédé dans cette contrée, comme dans la Grece & ailleurs, celui du fer, & l'a fort long-tems remplacé.

HISTOIRE GÉNÉRALE

VOYAGE EN SIBÉRIE.
1733.

Le 10, ils se mirent en route à 8 heures du matin. On voulut leur faire croire en chemin, qu'il y avoit une bande de voleurs dans le voisinage. Ils se mirent en état de défense ; mais il ne parut point de voleurs, & ils arriverent sains & saufs au Village de *Lubani*, qu'ils quitterent le lendemain matin à 4 heures.

Le 11, ils atteignirent le Bourg de *Tschudowa*, pousserent jusqu'au Village du même nom, & dans cette route, passerent deux fois la riviere de *Keres*. Ils furent obligés, à cette station, de coucher dans leurs voitures, à cause de la quantité prodigieuse de punaises & des *tarakanes* (14), qui s'étoient emparé de l'Auberge.

Le lendemain à 5 heures au matin, on partit par un tems couvert, & dans l'étendue d'environ un werst & demi, on fut obligé de passer encore trois fois le Keres. La troupe arriva la même matinée à *Nowaja Pristan*. Les instrumens d'Astronomie souffrirent beaucoup dans ce trajet par les cahottemens violens & continuels qu'on essuya dans les mauvais chemins. M. Gmelin profita de la lenteur des voitures pour botaniser.

Embarquement sur le Wolkow.
On s'apprêta d'abord à Nowaja Pristan à gagner Novogrod par eau, en s'embarquant sur le *Wolchow*. En conséquence, on choisit un des meilleurs Bâtimens à fond plat, parce que cette riviere est remplie de bas-fonds. Les Académiciens y embarquerent leurs voitures & leurs instrumens, & ils partirent à deux heures après-midi par un beau tems, mais le vent contraire. Comme il falloit remonter la riviere, cette circonstance jointe à la lenteur du Bateau qu'il falloit tirer, fit que la troupe n'arriva que le troisieme jour vers midi au Couvent de S. Antoine, situé un peu au-dessous, & vis-à-vis Novogrod.

Monastere de S. Antoine.
Les Académiciens, curieux de voir le Couvent, s'y firent passer. On les mena d'abord à l'Eglise, où on leur montra, entr'autres choses, la mule sur laquelle on prétend que S. Antoine fit le voyage de Rome à Novogrod, & le tombeau du Saint. Ils demanderent à voir son corps ; mais on leur dit qu'il n'y avoit que l'Archevêque & l'Archimandrite, qui eussent le privilege de le découvrir. L'Archevêque étoit à Petersbourg, & l'Archimandrite leur fit dire qu'il n'étoit pas visible.

Weliki-Novogrod.
Après avoir quitté le Couvent, ils prirent la route de la Ville, & furent rendus à 2 heures à *Weliki-Novogrod*, où ils jugerent à propos de s'arrêter, pour attendre des nouvelles de leur suite qui venoit par eau.

Couvent de S. Georges.
Le lendemain après-midi, nos Voyageurs se firent conduire au Couvent de S. Georges, situé sur le bord de la riviere. Le Supérieur de la maison les reçut avec amitié, & les régala de pommes, d'eau-de-vie, de biere, & d'hydromel. Les cellules des Moines sont fort étroites. Au haut du Couvent est un réfectoire, où la table est toujours mise ; chacun y mange, aussi souvent & autant qu'il veut. On y sert des concombres, des navets, des choux, &c, mais dans aucun jour de l'année, il n'est permis de manger

---

(14) Escarbot, que *Frisch* (*Tome V. de ses Insectes*, n. 3.) appelle la grande teigne noire des poëles, & *escarbot noir à farine* ; & que *Linnaeus* (dans son *Syst. Nat.*) a laissé sous le nom de *blatta*. Il est à présumer que cet insecte a passé des Finlandois aux Russes. Il tire en effet de plus en plus vers l'Est, ce qui peut faire conjecturer que le nom de *tarakan*, qu'on donne à cet insecte en Russie, est dérivé du Finlandois.

DES VOYAGES. 81

de la viande, ni du lait. Ce réfectoire est assez grand, mais mal éclairé; on y célebre aussi la Messe. Dans une chambre à côté, on voyoit une vingtaine de jeunes garçons, dont l'emploi est de tenir les cellules & la vaisselle propres, & qui mangent les restes des Moines.

M. Gmelin passa le 16 à chercher des plantes : les forêts & les champs de Novogrod ont abondamment de quoi bien occuper un Botaniste.

Le 17, les Académiciens visiterent la Cathédrale. On leur fit remarquer, entr'autres curiosités, une des portes de l'Eglise, à deux battans de cuivre jaune, laquelle y avoit été anciennement apportée de *Corsun*.

Ce même jour au soir, la troupe eut avis que le Bateau qui portoit les instrumens des Académiciens & leur suite, avoit passé à Novaja-Pristan. Comme on devoit faire quelques observations à Bronnitz, pour être prêts à quitter ce lieu aussitôt que le Bâtiment y arriveroit, on résolut de se mettre au plutôt en route. La troupe partit donc le lendemain à 6 heures du soir de Novogrod par eau ; mais elle ne put aller ce jour-là plus loin qu'au Cloître de S. Georges. On laissa le Peintre Berckhan à Novogrod, pour achever le plan de cette Ville.

Le lendemain 19, nos Voyageurs passerent le lac d'*Ilmen*, & se trouverent en peu de tems à l'embouchure du *Msta*, où ils entrerent. Ils remonterent cette riviere à voiles, avec un vent favorable ; mais la voile étoit si mauvaise, qu'il fallut aider le Bateau en le faisant tirer. Ils arriverent l'après-midi à *Bronnitz*, & débarquerent à l'Hôtel où la Cour s'arrête ordinairement dans ses voyages : ce qui lui a fait donner le nom de *Dworez*. Ils envoyerent aussitôt chercher l'Inspecteur des Voituriers (*Janiskoi Uprawitel*), lui montrerent leurs ordres, & lui demanderent des Ouvriers. Cet Officier ayant refusé d'obéir, ils furent obligés d'attendre les nouveaux ordres qu'ils avoient demandés, pour cet objet, à la Chancellerie de Novogrod. Enfin le Bâtiment de leur suite arriva ce même jour au matin, & le Peintre Berckhan qui s'y étoit embarqué, apporta l'ordre de Novogrod, qui enjoignoit à l'Inspecteur des Voituriers, ou, en son absence, à l'Ancien du Bourg (15), de fournir à la troupe académique tout le monde dont elle avoit besoin. Le premier de ces Officiers étoit à Novogrod, & l'on eut bien de la peine à venir à bout de l'Inspecteur, qui à la fin amena des hommes vers les deux heures après midi.

Les Académiciens sortirent avec leur escorte, pour visiter une montagne à deux lieues à l'Est du Bourg. Ce fut la premiere montagne qu'ils rencontrerent dans leur route ; le reste du pays, autant que la vue pouvoit s'étendre, n'étoit qu'une plaine. Cette montagne est presque ronde; le Msta n'en est pas fort éloigné, & le terrein s'éleve depuis le bord de cette riviere jusqu'à la montagne. A cent pas de son sommet, est une

VOYAGE EN SIBÉRIE.
1733.

Lac d'Ilmen.
Embouchure du Msta.

Premiere montagne vue dans la route.

---

(15) Cet emploi a différentes dénominations, comme en Allemagne. C'est un homme élu par la Communauté des paysans, & confirmé par un Tribunal supérieur, à qui les paysans sont obligés d'obéir sans réserve dans l'absence du Commandant. On l'appelle dans quelques endroits *Starost* ou l'*Ancien*, parce qu'ordinairement on ne choisit pas de jeunes gens. Ici on l'appelle *Wuborn* ou *Elu*. Dans plusieurs Villages, il y a un Starost & un Wuborn qui lui est subordonné. Tous deux doivent être nés du lieu, & de l'ordre des paysans.

Tome XVIII. L

source qui, par la quantité de pierres dont elle est embarrassée, n'a pas plus d'une brasse de profondeur.

Les Académiciens voulurent examiner les tombeaux qui s'y trouvent. Ils en virent deux, plus apparens que les autres, au Nord-Est de la montagne ; ils firent creuser assez profondément dans un de ces tombeaux, & l'on déterra un cadavre, que les Ouvriers assurerent être le corps d'un voleur enterré depuis peu. A la profondeur d'une orgée, on découvrit des charbons ; mais comme la nuit étoit venue, on renvoya les Ouvriers au lendemain. Ce fut en vain qu'on les attendit ; le Commandant les avoit fait écarter, & malgré les ordres positifs de la Chancellerie, les Académiciens ne purent pousser leurs recherches plus loin.

Il leur fallut donc poursuivre leur route. Ils demanderent pour cet effet des chevaux ; mais le même Officier sut encore éluder cette demande par mille subterfuges, & leur causa par ce refus beaucoup de dépense. Ils quitterent enfin Bronnitz le 27, à 6 heures du soir.

Le 31 au soir, les Voyageurs arriverent à *Krestenski-Jam* (16). A peu de distance du lieu, ils virent des deux côtés du chemin deux tombeaux placés sur des hauteurs ; celui du côté droit étoit le plus apparent, & il y avoit au bas une niche habitée par un mendiant.

La troupe avoit résolu de partir de grand matin le lendemain premier Septembre ; mais la mauvaise humeur du Commandant de Bronnitz les poursuivoit encore. Il avoit donné le mot au Starost & au Wuborn : on leur donna donc de mauvais outils pour leurs Ouvriers, & on les accabla de frais, en les forçant de prendre dix à douze chevaux de plus à un prix exorbitant.

Par toutes ces difficultés, ils ne purent reprendre leur route que le 2 Septembre au soir. Ils arriverent dans la même nuit à *Rogwina* ; ils passerent le lendemain par *Ischelbiza*, sur la riviere de *Polamet*, & la nuit du 4, ils se trouverent au Bourg de *Waldey*. Tout le terrein, depuis Bronnitz jusqu'à ce Bourg, est montagneux. On rencontre la premiere montagne, après le Village de *Saitza*, & les boues en font un cloaque ; les autres montagnes sont plus petites, & les chemins meilleurs.

Le lendemain matin, la troupe parvint à *Simagow-Jam*, qui n'est qu'à trois werstes de Waldey. Le Commandant du lieu voulut imiter celui de Bronnitz ; mais on lui en imposa en le menaçant d'en porter ses plaintes à la Cour.

On partit du lieu le même soir, & l'on gagna celui d'*Hidrowa*. Le 6, la troupe passa par *Kuschankina*, & arriva encore dans la matinée à *Chotielowskoi-Jam*. Il y a peu d'endroits où il y ait autant de mendians qu'ici, à proportion du lieu. Les Académiciens furent assaillis par quarante enfans à-la-fois. La voix de ces mendians étoit comme une espece de chant, & leur prononciation ressembloit à celle du peuple de Novogrod.

Ils quitterent Chotielowskoi le même jour, & arriverent à une heure après minuit à *Kolomna*, bourg éloigné de douze werstes de la derniere poste. Ils y furent très-mal logés, & s'étant remis en route dès le len-

---

(16) *Jam* signifie une *poste* ; c'est ici ordinairement un *Bourg*.

demain, 7 du mois, de grand matin, ils parvinrent à 6 heures du soir à *Wuschnei-Wolotschok.*

Leur premier soin fut de chercher un Bâtiment qui les conduisît par eau jusqu'à Twer, pour éviter les frais énormes que leur coutoit le transport de leurs instrumens par terre. Ils trouverent plusieurs Barques, & en choisirent une. Pendant qu'on la préparoit, ils eurent le tems de voir le Bourg, qui est grand, assez beau, & que la navigation rend fort vivant. Les vivres sont à très-grand marché ; mais le poisson y est très-rare, parce qu'il n'y en a presque point dans la riviere de *Twerza*. Cette riviere & celle de Msta sont jointes ici par un canal, moyennant lequel les Bâtimens d'Astracan, de Casan & de Twer passent dans la Newa ; parce que, comme on l'a dit, le Msta se jette dans le lac d'Ilmen. Le Wolchaw sort de ce même lac, & cette riviere ouvre le passage dans la Newa par le lac ou le canal de Ladoga.

Les Académiciens s'embarquerent le 9 au soir, mais ils ne trouverent dans le Bâtiment ni gouvernail, ni rames ; les Ouvriers travailloient à en fabriquer. Quant au gouvernail, ces sortes de Bateaux n'en ont proprement jamais. On attache au Bâtiment deux poutres fort longues, grossierement équarries, l'une à l'avant, l'autre à l'arriere. Elles entrent par un bout dans l'eau, l'autre bout remonte jusqu'au milieu du Bateau, & l'on fait agir la poutre qui se trouve du côté où l'on veut aller. Ces poutres & les rames furent prêtes le lendemain, & les Voyageurs partirent ce jour même 10 du mois, à 8 heures du matin. Le vent, quel qu'il eût été, ne pouvoit pas beaucoup leur servir : car, outre qu'ils n'avoient point de voiles, la riviere est si petite & si cachée dans les forêts, que le vent n'a guere de prise sur elle. Ils voguerent nuit & jour sans s'arrêter, & arriverent le 12 au matin à *Torschock*. Cette Ville est assez grande, & munie d'un rempart. Elle étoit autrefois entourée d'un mur, qui tombant en ruine, fut abattu par ordre de Pierre le Grand. Tous les vivres y sont à très-bon compte ; mais il ne fut pas possible à nos Voyageurs d'avoir du poisson, quoiqu'ils en eussent demandé, à quelque prix que ce fût. Il se rembarquerent le même soir, & après avoir fait quinze werstes, ils furent obligés de s'arrêter, pour ne pas s'exposer pendant la nuit, au choc dangereux des cataractes qui étoient devant eux. Car la nuit d'auparavant ils avoient donné sur une cataracte contre un Bâtiment pareil au leur, ce qui les avoit fort effrayés. Heureusement que leur Barque étant plus forte que l'autre, qui fut percée d'outre en outre, n'avoit point été endommagée.

En passant par tant de forêts, les Ouvriers entretenoient souvent les Académiciens des *Lieschis*, dont elles étoient toutes remplies, selon eux. Ils dépeignoient ces Lieschis comme des Sauvages, tout couverts de poil, dont la taille se mettoit à la mesure de tous les objets auprès desquels ils se trouvoient. Dans les forêts, par exemple, ils devenoient, aussi hauts que les arbres ; dans le bled, ils n'étoient qu'à la hauteur du bled ; dans l'herbe, ils se reduisoient à celle de l'herbe. Ils ne faisoient pas de mal aux hommes, disoient-ils : ils ne faisoient que leur rire au nez, & les chatouiller. Quand ils trouvoient un homme sensible à l'attouchement,

84　　　　HISTOIRE GÉNÉRALE

Voyage en Sibérie. ils le chatouilloient jufqu'à le faire mourir. Ils affûroient encore, qu'il y avoit des Liefchis mâles & femelles. On promit une récompenfe à celui qui pourroit amener à la compagnie un de ces curieux couples; un Ouvrier s'engagea d'en faire venir par fon art. Tout fon fecret confiftoit apparemment à crier & à hurler continuellement ; car il ne fit autre chofe pendant toute la nuit. On le menaça le lendemain de le métamorphofer lui-même en Liefchi, s'il n'en faifoit pas venir au-moins un dans la journée. Il ne put en venir à bout, & demanda grace.

On reprit le Bateau à la pointe du jour, & la troupe arriva vers les 10 heures du matin, au Bourg de *Miedna*. Ils y trouverent une prononciation finguliere ; on prononçoit par-tout le *tfch* comme *ç*. Après y être refté environ deux heures, ils continuerent leur route pendant toute la nuit, & aborderent le lendemain, 14 du mois, vers 6 heures du matin, à la Ville de *Cataractes de* *Twer*. Ils eurent dans ce court trajet beaucoup d'inquiétude, par rapport à la *la Twerza.* quantité de cataractes & de petits rochers qui fe trouvent dans la *Twerza*.

La faifon qui étoit fort avancée, obligea les Académiciens à précipiter leur voyage de Cafan. Ils trouverent à *Twer* un Bâtiment, avec un Pilote, un Contre-Maître, & trois Matelots, que le Capitaine Beering y avoit laiffés pour eux. On difpofa le Bâtiment pour le rendre le plus commode qu'il feroit poffible ; on y fit conftruire quelques cabanes, une cheminée pour chauffer la troupe, & deux foyers pour la cuifine. On fe pourvut *Defcription de* auffi de quelques ancres, de perches & de câbles. En attendant que ce *laVilledeTwer.* Bâtiment fût prêt, les Académiciens parcoururent la Ville qui n'a rien de remarquable. Elle eft fituée au-deffus de l'embouchure de la *Twerza*, des deux côtés du *Wolga*, & divifée en deux parties qui font jointes par un pont de bateaux. Près du rivage droit du Wolga, elle a une Fortereffe entourée d'un rempart de terre, qui étoit autrefois furmonté d'un mur, mais dont il ne refte plus qu'une tourelle au-deffus de la porte du côté de l'Eft. La Ville eft affez grande, mais les maifons en font mal bâties. Les vivres n'y font pas chers, à l'exception du poiffon, qui eft d'une cherté exorbitante.

Le 26 au matin, on fe remit en route, & l'on paffa ce même jour devant les Bourgs de *Conftantinowskai*, de *Bolfchaja-Peremiero*, de *Wlaffiewo*, de *Jamnik*, de *Semenowsko*, de *Jurjewsko* & d'*Igumenka*.

On s'arrêta près d'Igumenka, parce que le Pilote n'ofa pas franchir pendant la nuit la cataracte *Barau-Porog*, qu'on ne pouvoit éviter. Entre le Village de *Pifchtfchulina* & le Bourg d'*Igumenka*, à quelques werftes de Twer, à la droite du Wolga, on voit fur le bord de ce fleuve, environ à trente petites collines, les unes près des autres, qui reffemblent affez d'anciens tombeaux.

Le 27 de grand matin, on fit route, & l'on paffa encore devant *Fenewo-Sielço*, *Goroden-Sielo*, *Tfchelifchtfchewa-Sloboda*, & devant les Bourgs de *Jedimonewo*, de *Borki*, de *Nowoje*, de *Sucharino*, de *Sutfchki*, de *Troitzkoje*. Le Bâtiment marcha toute la nuit, dépaffa les Bourgs de *Chartfchewo*, de *Krewa*, de *Nikolskoje*, de *Dubanskoje-Uftie*, d'*Iwanowskoje*, & fe trouva le lendemain matin près de *Kymra*. Ce même jour, on vit les Bourgs d'*Abramowo*, de *Bieloje*, de *Biel-Gorodok*, de *Puchlino*, de *Medwediçkoi* & de *Romanzowo*. Le Bâtiment, pendant la nuit, fut à l'an-

cre ; mais on partit de grand matin , & après avoir laissé derriere soi les
Bourgs de *Sknietin*, *Nikititzkoi* , *Kaschinsk-Uflie*, la *Nicolskaja-Sloboda*,
la *Slufchia-Sloboda* , & *Gorodifchfche* , *Jergootzko* , *Wafsfina* , *Spafnakukfe*,
Spirowa , *Priluki* , on arriva le 29 au soir , devant la Ville d'*Uglitz*. Cette
Ville , située sur la rive droite du Wolga , a près du rivage , à son centre,
une Forteresse quarrée de bois , munie de tourelles au milieu , & à ses
angles. M. *Muller* , & après lui le sieur *Lurfenius* , le sieur *Krafilnikow*
& le Pilote, que le Capitaine Beering avoit laissés , voulurent aller voir la
Ville. Sur le signal qui fut donné , le premier revint au Bâtiment ; les autres resterent plus long-tems, & ne rejoignirent la troupe que fort avant
dans la nuit. On étoit venu de Twer jusqu'à Uglitz sans voile & à rames
seules , tant à cause des basses eaux , que par rapport à la quantité de rochers dont la riviere est semée. Ce qu'on appelle ici *cataracte*, est un endroit où il y a beaucoup de rochers , & où l'eau fait du bruit ; car aux
cataractes *Báran* , *Lofs* , *Kur* , *Tfchernetzkoi* , *Nikitzkoi*, que l'on avoit déja
passées , on avoit rarement remarqué que l'eau eût une pente ; il sembloit
quelquefois au contraire qu'elle couloit plus lentement qu'ailleurs. A peu
de distance de la cataracte *Tfchernitzkoi* , au milieu de la riviere , un peu
vers la droite , est une petite Isle que les Voyageurs auroient dû laisser à
leur droite ; mais la violence du vent les força de prendre la gauche.
L'eau n'avoit pas plus de trois pieds de profondeur , & le Bâtiment qui
prenoit plus de trois pieds d'eau , y échoua. Cependant on fut bientôt
débarrassé , & après avoir gagné avec peine l'autre côté de l'Isle , on continua de marcher.

VOYAGE EN SIBERIE.
1733.
Arrivée dans la Ville d'Uglitz.

En partant d'Uglitz , on passa pendant la nuit la Slobode *Ribatzkaja* , les
Bourgs de *Salotorutfcha* , *Woskrefenskoje* , *Rabanowo* , *Myfchkina* , *Kriwetz* ,
Jeremeitzowa , *Gorodok* , *Gliebowo* & *Koprino*. Vers le midi , après avoir
passé le Bourg de *Schumarowo* , on vit la Slobode *Mologa*. Le vent étoit
foible alors , & peu favorable ; il devint plus violent vers le soir , & le
Bâtiment fut obligé de s'arrêter , après avoir dépassé les Bourgs de *Witska*,
Mikulska & *Kammenik*.

Le lendemain, après avoir eu la vue du Bourg de *Balobanowa*, on arriva
vers midi à la Slobode *Ribna* (*). On s'y arrêta pour y prendre des vivres, &
l'on ne put avoir de poisson. La Troupe marcha tout le jour suivant & la nuit,
en laissant derriere elle les Bourgs de *Schachonskoje Uflie* , *Wafiljewskoje* ,
Semenowska, *Spaskoje* , *Ilunskoje*, *Sawinska*, *Bogoflowskoje*, la petite Ville de
Romanow, la Slobode *Boriffo-Gliebskaja*, les Bourgs de *Petrai-Pawla*, *Idskoje-*
Uflie , *Wofdwyfchenie* , la Slobode *Norskaja* & le Bourg d'*Iwanowskoje* ;
& le 2 Octobre , elle se trouva à *Jaroflaw*.

Jaroslaw est une grande & belle Ville : les vivres y sont à très-grand
marché ; les boutiques du grand magasin-marchand sont très-bien arrangées , & remplies de belles marchandises tant étrangeres que du pays.
Les Académiciens se rendirent l'après-dînée au Couvent de *Spaskoi*. On
leur montra dans une Chapelle des ossemens , qu'on prétendoit être des
os de géans , trouvés dans la terre même sur laquelle est bâtie la Chapelle,

Jaroflow.

(*) *Sloboda*, *Slobode*, est un Bourg fortifié à la mode du pays , c'est-à-dire fermé
par une enceinte de bois.

lorsqu'on voulut y enterrer *Tryphon*, Archevêque de Rostow ; mais M. Gmelin croit que ce sont des os d'éléphans.

On quitta Jaroslaw à l'entrée de la nuit, & on mit à la voile par un vent très-fort ; mais comme la direction de la riviere ne suivoit pas celle du vent, on ne put avancer que quatre werstes, après avoir passé devant la Slobode *Korowniki*, située à une werste de la Ville. Le 3 Octobre, on s'avança, non sans peine, encore de six werstes jusqu'au Bourg d'*Orlowa*, & la violence du vent obligea le Bâtiment de s'arrêter, comme la nuit & le jour suivant. Le tems s'étant calmé vers le soir, on essaya d'aller plus loin, mais après avoir passé le Village de *Tunoschna*, on fut encore obligé de rester-là. Vers les 9 heures du soir, le Bâtiment s'embarrassa dans les sables ; & s'étant remis à flot avec peine, on n'osa pas s'exposer davantage. Le vent devint tout-à-fait favorable vers les 2 heures après minuit, & l'on passa les Bourgs de *Gorodischtsche*, *Meleda* & la Slobode *Selischtsche*.

Costroma. Le 5, vers midi, on poussa jusqu'à la Ville de *Costroma*. Cette Ville est d'une étendue médiocre ; elle a un rempart de terre, & vis-à-vis de la Ville sur la rive droite, on voit la Slobode *Gorodischtche*. Au-dessus de Costroma, les Voyageurs laisserent sur la gauche l'*Ipatskoi-Monastir*, dont ils ne purent s'empêcher d'admirer de loin la magnificence. Ce Monastere est entouré de fortes murailles & de tourelles murées ; c'est le modele d'un Sanctuaire bien fortifié.

Le vent étant devenu contraire, on fut obligé de rester jusqu'au lendemain devant Costroma ; mais le vent changea vers les 4 heures du matin, & le Bâtiment reprit sa marche. Après avoir passé les Bourgs d'*Ilunsko*, *Krasnija-Poschni*, *Micolsko*, *Siderowskoje* & *Sungurowo*, on arriva vers midi dans le district de la Slobode *Pliossa*. Ce même jour, on eut encore la vue des Bourgs de *Nowlensko*, *Wosdwischensko*, *Iwanowsko*, *Polujechtowo* & *Nawalki* ; mais on ne marcha point la nuit. Le 7, le Bâtiment força de rames, pour avancer ; on dépassa les Bourgs de *Solpuga*, *Merinowo* & *Kriwetz*, & vers le midi, on apperçut la Ville de *Kineschma*, qui est peu de chose. Ce même jour & la nuit suivante, on passa devant les Bourgs *Nicola-Miera*, *Ilunskoje*, la Slobode *Rieschena* & *Jolnat* ; on arriva le lendemain à 7 heures du matin devant *Jurjew-Powolski-Gorod*. Le vent contraire ne permit pas d'aller plus loin, quoique la petite Ville devant laquelle on étoit, ne promît rien d'intéressant.

Cette Ville peut avoir été plus considérable autrefois, car le rivage au-dessus & sur la droite est extrêmement élevé. On voit aussi près de là les ruines d'une Forteresse assez grande, dont les murs étoient de briques. L'estomac des Voyageurs fut ici mieux régalé que leur curiosité. Ils y trouverent à très-bon marché des esturgeonneaux (*sterleden*), dont ils mangerent avidement le premier jour, & dont ils furent presque dégoûtés le troisieme. Ce poisson est tout-à-fait semblable à l'esturgeon : il n'a, comme lui, que des cartilages, au-lieu d'arrêtes ; mais il n'est jamais aussi gros que le véritable esturgeon, & la hure en est plus pointue. Sa graisse rend sa chair fort délicate, mais rassasiante.

L'après-dînée, on essaya de marcher ; mais on ne put avancer au-delà de quatre werstes, parce que la riviere changeant de direction, le vent étoit contraire & très-violent. On fut donc obligé de s'arrêter pendant quelque tems ; le vent s'étant calmé vers le soir, on continua de voguer, en faisant remorquer le Bateau par une Chaloupe à quatre rames. Les Voyageurs eurent beaucoup à souffrir, dans cette occasion & dans beaucoup d'autres, de la paresse de leurs Conducteurs. A la moindre difficulté, ces gens étoient prêts à jetter l'ancre ; & si l'on s'en fût rapporté à eux, on auroit souvent perdu cinq ou six jours, tandis qu'ils n'avoient quelquefois qu'une demi-heure à travailler, pour trouver une autre direction de la riviere, & un bon vent. On vint cependant à bout de leur en imposer ; on leur défendit même de jetter dorenavant l'ancre sans ordre. On regagna bientôt en effet un vent favorable, & l'on avança beaucoup pendant la nuit. Le 9, à 4 heures du matin, les Voyageurs furent éveillés par un bruit affreux. Il étoit occasionné par les flots qui donnoient avec violence contre le Bâtiment, & par les craquemens terribles qu'on entendoit dans toutes ses parties. On étoit échoué sur un banc de sable, & la nuit étant fort obscure, il n'y avoit d'autre parti à prendre que celui d'attendre le jour. En effet, dès qu'il commença à paroître, on fut bientôt débarrassé : mais comme le vent étoit contraire, on fut obligé de jetter l'ancre aussitôt. On n'étoit alors qu'à trois werstes ou environ du Bourg de *Putschefchk*, qu'on voyoit de loin ; & le Bâtiment resta à l'ancre jusqu'au lendemain matin.

Après avoir passé les Bourgs de *Krosti*, *Katunka* & *Wasilewa*, la violence du vent obligea les Voyageurs de s'arrêter encore le soir au dernier endroit. Leur Bâtiment étoit endommagé par le choc des flots qu'il avoit essuyé à Putschefchk. L'eau y entroit, & en moins de six minutes, il y en avoit de la hauteur d'un pied. On fut très-embarrassé pour trouver l'endroit par où le Bâtiment faisoit eau. Les Ouvriers refusoient de le chercher, ou le faisoient de mauvaise grace ; il fut à la fin découvert par les Matelots que le Capitaine Beering avoit laissés aux Voyageurs, & l'on y remédia sur le champ. Bientôt après, le Bâtiment fit un chemin considérable ; il passa ce même jour vers le midi devant la Slobode *Gorodez*, & le soir devant *Balachna*. Un accident singulier l'avança beaucoup dans cette course. Le vent étant assez foible, on entendit tout-à-coup du côté de Gorodez un bruit & un sifflement très-fort au-dessus du Bâtiment. C'étoit un nuage chargé de neige, que le vent poussoit avec violence contre ce Bâtiment qui dans un instant en fut couvert, pendant que la voile, enflée par le vent qui venoit de l'arriere, l'emportoit assez rapidement. Ce coup de vent ne dura pas plus d'une demi-heure ; mais le même accident se renouvella vers les 4 heures du soir.

La Ville de Balachna n'est pas d'une belle apparence, mais elle est fort longue & fameuse par ses salines. Elles sont si riches, qu'on y entretient continuellement plus de cinquante puits de sel. Les bords de la riviere près de cette Ville, sont partout bien garnis de bois propre à l'usage des salines qui en font une consommation étonnante. Les Ouvriers de l'Equipage Académique en firent provision. Il s'en consommoit beaucoup dans le Bâtiment, mais on trouvoit tout le bois dont on avoit besoin sur les bords des rivieres, coupé, fendu & prêt à brûler. » Nous nous fai-

» fions d'abord un fcrupule, dit M. Gmelin, d'emporter ainfi du bois fans
» le payer ; mais ayant envoyé dans les Villages pour en acheter, nous
» eûmes toujours pour réponfe que les payfans ne vendoient point de
» bois, & nous fûmes obligés de le voler malgré nous ».

Il n'y a de *Balachna* jufqu'à *Nifchnei-Novogrod*, que vingt-cinq werftes, & les Voyageurs s'attendoient à marcher pendant toute la nuit. Le Contre-Maître demanda s'il jetteroit l'ancre à Nifchnei, ou s'il pafferoit outre. On lui défendit de s'arrêter, parce qu'on aima mieux fe priver du plaifir de voir une affez belle Ville, que de retarder le voyage dans une faifon fi avancée. Les Académiciens eurent à cet égard beaucoup de contradictions à fouffrir de la part des gens de leur fuite : les uns vouloient aller voir leurs parens à Nifchnei, & d'autres y acheter des vivres. Ils tinrent ferme ; ils firent défenfe au Contre-Maître d'arrêter en aucun endroit, & à la Garde de laiffer fortir qui que ce fût du Bâtiment. On paffa la nuit devant les Bourgs de *Sausfolie*, *Bolfchoi*, *Kofino*, *Kopoffowo*, & à l'embouchure de la riviere de Linda. Peu après, le Bâtiment échoua contre le rivage, & le Contre-Maître foutint qu'il étoit impoffible de paffer outre tant que le vent feroit contraire. Les Académiciens ne jugerent pas à propos de faire revivre les mouvemens que leur ordre avoit excités parmi les gens de leur fuite. Le lendemain matin, après avoir depaffé le Bourg de *Gordiewska* & l'embouchure de l'Oka, on arriva devant *Nifchnei-Novogrod*. Les Académiciens s'apperçurent qu'on avoit donné le mot au Contre-Maître, pour arriver de jour devant cette Ville. Ils diffimulerent & renouvellerent les ordres de ne laiffer fortir perfonne du Bâtiment, ni d'arrêter en aucun endroit fans une extrême néceffité. On paffa dans la matinée devant plufieurs marais, dont le terrein eft fi propre pour les choux, qu'on en charge des bateaux par centaine, qui les tranfportent en d'autres lieux. L'Ifle de *Duban* qui eft à vingt werftes de Coftroma, eft particulierement célébre par l'abondance de fes légumes.

Nifchnei-Novogrod eft une grande Ville qui fe préfente bien. Perfonne de la troupe n'y entra, à l'exception de M. Muller, qui crut devoir y aller pour ramaffer quelques Mémoires hiftoriques. Les boutiques font très bien difpofées ; elles renferment des magafins immenfes de Marchandifes étrangeres & du pays. Tous les vivres y font à bon marché, & la farine quatrefois moins chere qu'à Petersbourg. M. Muller garda la Chaloupe avec lui, & la troupe depaffa la Ville, la Slobode *Podnowia*, les Bourgs de *Stolblfcha*, *Xiowa*, *Weliki-Wrak* & *Befwodna*. Ce fut devant ce dernier Bourg que M. Muller vint rejoindre. On continua de marcher pendant toute la nuit, & après avoir traverfé les Bourgs de *Radniẓi*, *Rabotki*, *Tatineẓ* & *Jurkina*, on arriva le treize à fix heures du matin près de *Makariew-Monaftir*. On fut porté ce même jour au-delà des Bourgs de *Proffek*, *Mafa*, *Kremonki*, *Barmino*, *Sonowka*, *Tokino*, & les Voyageurs fe trouverent à la brune près de Wafili-Gorod ; mais l'obfcurité ne leur permit pas d'en voir autre chofe que les clochers. Pendant cette nuit, le Bâtiment paffa encore devant le Bourg de *Sumka*, & le lendemain quatorze, à la pointe du jour, devant la Ville de *Kufma-Demianskoi*. De-là, dans la même matinée, on s'avança jufqu'à cinq werftes au-deffus

DES VOYAGES.

dessus d'*Illinskaja-Pustinka*, où le vent contraire obligea d'arrêter.
Les Académiciens apprirent qu'il y avoit dans ces quartiers-là beaucoup de *Tschuwasches*, & comme la violence du vent leur ôtoit toute espérance de quitter si-tôt cet endroit, M. Gmelin & M. Muller résolurent de devancer le Bâtiment dans la Chaloupe jusqu'à la Ville de *Tschebaxar*. Ils se firent accompagner de l'Interprete, de deux Valets & de quatre Soldats. On convint, avant leur départ, que le grand Bâtiment les suivroit aussi-tôt qu'il seroit possible; qu'en passant devant Tschebaxar, on leur donneroit le signal, en tirant quelques coups de fusil; qu'ils y répondroient, & rejoindroient sur le champ. Laissons parler ici M. Gmelin.

Nous quittâmes, dit-il, notre Bâtiment à trois heures du soir, & nous eûmes fait à-peine cinq werstes, que nous vîmes, aux environs de Pustinka, un feu allumé sur une montagne. Deux de nos Soldats, qui étoient des Tschuwasches baptisés, nous dirent que quelques Tschuwasches idolâtres faisoient-là quelque cérémonie religieuse. La curiosité nous y attira. Nous grimpâmes comme nous pûmes sur cette montagne, en traversant les bois avec beaucoup de peine, & nous atteignîmes à la fin le feu. Nous y trouvâmes deux Tschuwasches, & à quelques pas de-là un cheval attaché à un arbre, sur lequel ils étoient venus. Les Tschuwasches venoient de tuer un mouton ; ils en faisoient cuire dans un chaudron les entrailles & l'estomac, qu'ils avoient farci de graisse, de sang & de gruau. Près de ce lieu, à l'Orient, étoit un espace quarré & fermé d'une espece de palissade, vers lequel ils se tournoient, en faisant leurs prieres. Nous ne vîmes pas leurs cérémonies : elles étoient finies vraisemblablement, ou ils ne les firent qu'après notre départ. Quant à l'enclos palissadé, on nous raconta que c'étoit une espece de Sanctuaire ou de lieu sacré, dont la consécration étoit faite par un homme ou par une femme, que les Tschuwasches appellent dans leur langue *Jumasses*, & les Russes *Woroschei* ou *Woroscheja*, c'est-à-dire, Sorcier ou Sorciere. Par la description qu'on nous fit de ces Jumasses, il paroît que ce font des Prêtres : dignité qui chez eux peut être remplie par l'un & l'autre sexe, & dont les fonctions consistent en quelques prestiges. Ces Prêtres ont beaucoup de pouvoir & d'autorité ; il n'arrive point de maladie ni d'autre accident à un Tschuwasche, qu'il ne demande des conseils & des secours à ces Jumasses ; je présume que ce n'est pas sans les payer. Chaque Village de Tschuwasches a son Jumasse, & peut-être plusieurs. Le Jumasse consulté détermine la qualité du sacrifice que le Tschuwasche doit faire. Quand c'est un mouton, comme celui que nous vîmes, ils l'amenent à l'endroit que j'ai décrit, l'égorgent, en farcissent l'estomac, & en mangent autant qu'ils veulent. Ils font ensuite leurs prieres : puis chacun, selon ses facultés, met quelque argent dans un arbre creux, qui n'a qu'une seule fente, & qui est renfermé dans l'enclos. On emporte à la maison ce qui reste du sacrifice, & on le mange avec ses amis. Autrefois, dit-on, ils faisoient cette cérémonie en se tournant vers la peau de l'animal qu'on suspendoit dans l'enclos ; cet usage a été aboli, parce que, au rapport des Russes, ils trouvent plus de profit à vendre ces peaux. Ils adorent, à ce qu'on fait d'eux-mêmes, un seul Dieu qu'ils

Tome XVIII. M

appellent *Tora*. Ils regardent le Soleil comme un Etre du premier ordre, & lui adressent aussi leurs hommages. Ils ont encore des Divinités subalternes, qu'ils comparent aux Saints que les Chrétiens révèrent. Chaque Village a son Idole particuliere, qui réside dans un enclos pareil à celui de la montagne. L'Idole commune du Village, d'où étoient nos deux Tschuwasches, se nommoit *Borodon*. Nous visitâmes son petit Temple, & nous n'y trouvâmes aucun ustensile sacré. Nous n'avons pas pu savoir ce que devenoit l'argent de l'offrande : peut-être sert-il à l'entretien des Jumasses. Tout ce que nous en avons appris, c'est qu'après un certain tems, cet argent est enlevé de l'arbre par un homme de confiance du Village. Il ne nous a pas été possible d'être plus instruits des usages, des mœurs & de la religion des Tschuwasches. Les deux Soldats qui étoient de cette Nation, paroissoient lui être encore affectionnés, & peu disposés, par conséquent, à révéler ses mysteres. Nous avons su depuis que c'étoit une Nation très-économe & fort éloignée de l'ivrognerie. On dit qu'ils ont un talent singulier pour voler des chevaux aux Russes, & que ces vols sont très-fréquens chez eux. Nous vîmes le lendemain à Tschebaxar deux Tschuwasches aux fers, pour un vol de cette nature. Nous aurions été bien charmés de prendre de plus amples informations sur ce Peuple ; mais le jour commençoit à tomber, & nous avions encore vingt werstes à faire, jusqu'à *Tschebaxar*. Nous gagnâmes promptement notre Chaloupe, & nous nous rembarquâmes près de la *Pustinka* (17). Dans notre passage de ce lieu jusqu'à Tschebaxar, il nous parut que le vent étoit devenu favorable pour le Bâtiment que nous avions laissé derriere nous, & nous espérions le revoir dans la même nuit en cette Ville. Nous y arrivâmes à huit heures du soir, & après avoir confié notre Chaloupe à une bonne garde, nous entrâmes dans la Ville pour chercher un gîte. Nous y fûmes fort mal logés. Nous n'eûmes pour notre souper que du lait & des œufs, qu'il fallut manger sur des assiettes de bois avec des cuilliers de bois. Quoique couchés aussi sur des bancs de bois, nous dormîmes assez bien, dans l'espérance d'être éveillés par l'arrivée de notre Bâtiment, mais il ne parut point. Nous étions dans un grand embarras : nous n'avions pour tout vêtement qu'une veste doublée de fourrure & un manteau ; ainsi nous n'étions pas en état de nous présenter. Nous allâmes au marché, pour acheter des provisions ; mais nous ne trouvâmes point d'ustensiles pour les faire cuire. Nous résolûmes de payer de hardiesse, & d'aller chez le Waywode pour lui conter notre aventure. Il nous reçut avec amitié, & nous donna un bon dîner.

En nous entretenant avec cet Officier, nous apprîmes de lui que les Tschuwasches étoient une Nation fort nombreuse ; que dans le district de *Tschebaxar* il y en avoit plus de 18000 ; dans celui de *Kusnademjanski* plus de 10000 ; dans celui de *Sirilsgorod* plus de 12000 ; dans celui de *Soyaschk* plus de 60000, & dans celui de *Kokschaisk* environ 400. Nous demandâmes, s'il n'étoit pas possible de convertir ces Idolâtres au Christia-

(17) Pustink est un Hermitage, habité par un seul homme, qui vit séparé du monde & d'aumônes.

nisme : le Waywode nous répondit qu'on y travailloit ; que dans toutes les Villes Russes de ces mêmes districts, on avoit fondé des Ecoles pour les jeunes Tschuwasches, afin de les instruire des principes du Christianisme, pour qu'un jour ils puissent convertir toute leur Nation ; que cependant on n'étoit pas fort avancé dans cet ouvrage, parce qu'on manquoit de sujets capables de bien étudier le caractere de ces jeunes prosélytes ; qu'on avoit déja baptisé beaucoup de Tschuwasches, mais que ces sujets ne tournoient pas à la gloire de la Religion ; qu'enfin la plus grande partie de ces peuples n'avoient embrassé le Christianisme, que pour se soustraire aux persécutions, ou pour profiter des avantages qu'on faisoit aux nouveaux convertis, & pour en abuser même, en se livrant à diverses extravagances qui ne leur étoient pas permises comme Payens. Nous retournâmes vers le soir dans notre quartier, & nous fûmes fort effrayés de n'y point trouver de nouvelles de notre Bâtiment. Nous craignîmes qu'il n'eût passé pendant la nuit du Dimanche, sans que la garde que nous avions posée à notre Chaloupe s'en fût apperçu. Le lendemain nous fîmes prier le Waywode d'envoyer un homme à cheval du côté de notre Bâtiment, pour s'informer à tous les Bâtimens des environs de Tschebaxar, si l'on n'avoit point de nouvelles du nôtre. En dînant encore ce jour-là chez le Waywode, nous eûmes une fausse alarme ; on vint nous avertir qu'un Bâtiment semblable au nôtre, avoit passé devant la Ville la nuit du Dimanche ; que l'obscurité avoit empêché de le voir, & que du bord on avoit crié à la Sentinelle que le Bâtiment étoit chargé de Soldats. Ce récit redoubla nos frayeurs : nous savions qu'on ne pouvoit pas passer des deux côtés de la Ville à cause des bancs de sable ; que le seul bon passage étoit du côté gauche, éloigné de deux werstes du côté droit, & que par conséquent notre Bateau auroit aisément pu passer, sans être apperçu. Nous resolûmes sur le champ de faire couvrir notre Chaloupe, & de courir après notre Compagnie. En attendant que tout fût prêt, nous fîmes chercher deux Tschuwasches, pour nous distraire avec eux par des questions sur l'état de leur Nation. Nous leur demandâmes bien des choses ; mais nos deux Soldats étoient de si mauvais Interpretes, & ceux que nous interrogions savoient si mal le Russe, que nous en tirâmes des réponses peu satisfaisantes. Nous apprîmes, à l'égard de leurs Fêtes, qu'ils ne travailloient pas le Vendredi, mais qu'ils ne regardoient pas cependant ce jour comme plus saint qu'un autre ; qu'ils avoient tous les ans une grande Fête ; & qu'ils se rendoient tous ce jour là vers l'enclos décrit ci-dessus, pour faire leurs prieres ; que cette Fête n'étoit pas immobile, & que leur Jumasse la fixoit chaque année au jour qu'il jugeoit à propos. Nous les congédiâmes en leur faisant un petit présent de coraille.

Cependant on avoit couvert la Chaloupe d'écorce de bouleau, tendue d'un bord de la Chaloupe à l'autre, dans l'endroit où nous devions être assis. Cette espece de dais étoit ouvert devant & derriere, pour ne pas donner trop de prise au vent. N'ayant point de nouvelles du Courrier dépêché par le Waywode, nous nous embarquâmes le 17 Octobre à 5 heures du matin. Après avoir gagné la Chaloupe avec beaucoup de peine par un très-mauvais chemin, il fut d'abord question de savoir qui de nous se chargeroit du gouvernail, car personne n'y entendoit rien, & tout étoit ici plein de bancs de sable. Enfin un de nos gens prit le gouvernail à tout hasard : nous eûmes beaucoup de peine à quitter seulement la terre, & nous y fûmes même repoussés à plusieurs reprises. Le vent étoit fort & glacial, nous étions transis, & nos Soldats commençoient à murmurer. Après nous être tourmentés inutilement pendant plus de deux heures, nous fûmes forcés de débarquer au Village de *Bereschnaja*, à une demi-werste de la Ville. De-là nous envoyâmes encore au Waywode demander des nouvelles de notre Bâtiment; mais il n'en avoit eu aucune. Nous persistâmes dans la résolution de poursuivre notre route; cependant nous ne voulions faire ce jour-là que vingt werstes, & nous arrêter au Bourg de *Sundir*, au cas que nous n'y trouvassions point de nouvelles de notre Bâtiment. Nous louâmes trois Ouvriers, pour nous conduire à Casan, & nous leur promîmes à chacun quarante copeques. Le vent ayant un peu changé, nous quittâmes Bereschnaja. Le rivage s'élève toujours depuis *Jurjew* jusqu'à *Casan*, & c'est sur une de ces montagnes qu'est situé le Village d'où nous partîmes. Nous avions eu beaucoup de peine à y monter, & plus encore à descendre. Les paysans de ce Village ne s'embarrassent pas de réparer le chemin; ils gagnent la Ville par les hauteurs, & n'ont pas besoin de descendre pour aller à l'eau, parce qu'ils ont une belle source au haut de la montagne. Nous atteignîmes le Bourg de *Sundir* sur le 4 heures du soir. Nous mîmes pied à terre, pour nous informer si l'on n'avoit pas vu notre Bâtiment. On nous dit qu'il en avoit passé un Lundi à midi; & la description qu'on nous en fit, nous persuada que c'étoit le nôtre, qui par conséquent devoit être arrivé à Casan, ou près de cette Ville. Nous fûmes confirmés dans notre idée par un Bâtiment qui remontoit le Wolga, & dont l'équipage assura en avoir rencontré un tout pareil au nôtre, dont les gens alloient en Sibérie. En supposant donc que notre Bâtiment étoit déjà rendu à Casan, nous y crûmes notre présence très-nécessaire. Nous passâmes devant *Kokschaisk*, petite Ville très-pauvre, & vers les 7 heures du soir, nous nous trouvâmes au Village de *Kuschnikowa*. Personne de nous ne connoissoit cette route, & nous étions roides du froid; nous mîmes pied à terre, pour attendre au-moins le clair de lune. Notre souper fut un morceau de rôti froid, que nous avions apporté de Tschebakar, avec une soupe au lait, & nous bûmes du quas (18). Nous avions le choix de nous coucher au-dessus du poêle, ou par terre. Le premier endroit étoit trop chaud, l'autre étoit trop froid. La famille, dans cette maison, étoit déja couchée au haut du poêle; ce lieu d'ailleurs étoit infecté d'un mélange d'ail, d'oignons, d'huile de lin, &c. dont l'odeur étoit insupportable; de plus les punaises & les *tarakanes* en étoient en possession: nous aimâmes mieux affronter le froid, & coucher par terre. A 11 heures

(18) Le *Quas* est une boisson aigrelette, faite avec de la farine, qu'on délaye dans de l'eau & qu'on laisse fermenter, ou de pain sans levain, sur lequel on verse de l'eau, & qu'un peu de chaleur met en fermentation. On se sert souvent, au défaut du Quas, d'une biere fort légere, qu'on fait sur le champ en versant de l'eau sur la drêche qui reste après avoir brassé la biere, en la laissant un peu fermenter.

de la nuit, nous nous remîmes en route, nous passâmes devant le Bourg de *Bielowolschki*, & nous arrivâmes à 5 heures du matin à *Wjæsowie*, où nous mîmes encore pied à terre pour nous chauffer, parce que le froid étoit augmenté considérablement dans cette matinée ; mais nous nous rembarquâmes une demi-heure après. Nous étions encore gelés vers les 8 heures, & nous espérions nous rechauffer à la Slobode *Griwa*, dont nous n'étions plus éloignés que de cinq werstes ; mais il nous arriva un nouveau malheur. Notre Pilote d'hasard, glorieux de ne nous avoir fait échouer que deux fois sur le sable, dont il avoit même eu l'adresse de nous débarrasser assez promptement, se crut assez habile pour risquer un coup de sa tête. La riviere se divisoit en deux bras, le plus gros, à la gauche, & l'autre à la droite. La terre qui étoit entre deux, parut une Isle au Pilote ; il enfila le plus petit bras, qu'il prétendoit être le chemin le plus court. Les Ouvriers s'apperçurent bientôt que l'eau n'avoit plus de courant, & ils représenterent à notre Pilote que nous étions dans un cul-de-sac. Il s'entêta, & nous mena encore cinq werstes plus loin ; mais enfin ne voyant point d'issue, il gagna la côte, & monta sur un arbre, pour en chercher des yeux ; il n'en trouva point, & nous fûmes obligés de retourner sur nos pas. Nous passâmes devant *Swiolsk-Gorod*, Ville située sous le Gouvernement de Casan, & qui se trouvoit éloignée de nous de deux werstes dans les terres. Quelques Eglises de pierre, dont elle est ornée, lui donnoient assez d'apparence. Nous eûmes bientôt après la vue de la Slobode *Griwa* ; & le froid étant devenu insupportable, nous y fîmes pointer en droiture. Un instant après, nous fûmes pris dans les sables qui rendent cet endroit inabordable. Le froid excessif qu'il faisoit, nous paroissant dans ces circonstances ce qu'il y avoit de plus dangereux pour nous, nous mîmes pied à terre pour nous réchauffer en courant : nous rentrâmes ensuite dans la Chaloupe. Peu de tems après, nous arrivâmes près du Bourg d'*Uslon* ; de-là, nous fîmes route en droiture vers l'embouchure de la riviere de Casanka, où nous parvînmes enfin, après tant de peines, vers les deux heures après midi. Près de l'embouchure, il y avoit un poste où nous demandâmes des nouvelles de notre Bâtiment. On nous dit que, depuis le Dimanche, il n'en étoit point entré dans la Casanka. Nous fûmes d'autant plus étonnés de cette réponse, qu'un Soldat de Casan venoit de nous assûrer qu'il avoit vu notre Bâtiment remonter cette riviere. Nous y entrâmes aussitôt, & n'ayant trouvé aucune trace de notre Compagnie, nous arrivâmes fort tristes à *Casan*.

Nous étions accablés de sommeil, affamés & glacés de froid ; il nous auroit fallu un bon gîte. Nous en fîmes demander à *Platon Jwanwitsch Muschin Puschkin*, Statthalter du lieu. On nous assigna un assez mauvais logement ; mais nous nous en consolâmes par l'espérance qu'on nous donna de trouver du vin & de l'eau-de-vie. Nous achetâmes en effet pour trente copeques un *galenok* de vin blanc, & pour vingt-cinq copeques un demi-*galenok* d'eau-de-vie de France. Le vin est apporté dans cet endroit de Makariew ; son goût approche assez de celui du cidre ; il est fort, mais assez agréable à boire. L'eau-de-vie est passable ; quoiqu'un peu renforcée de poivre. Nous fûmes fort heureux d'avoir trouvé de quoi corriger le *Quas* que nous avions bû depuis quelques jours. Après nous être affez bien repofés, l'inquiétude nous reprit le matin fur le fort de nôtre Bâtiment. Cependant il fallut fonger à faire quelques provifions, pour nous donner le tems d'attendre les événemens. Il nous reftoit heureufement environ dix *roubles* que M. Müller avoit portés avec lui, pour acheter des habillemens de *Tfchuwafches*. Nous fîmes emplette de vivres, d'uftenfiles & d'un peu de mauvais linge. Il falloit tout faire cuire dans le poële qui fert à chauffer la chambre, & nous étions continuellement enfumés. Toutes ces incommodités m'ennuyerent; je courus dans la Ville pour chercher les moyens d'être un peu plus à notre aife, & je vins à bout de déterrer un homme de ma profeffion, le fieur *Speer*, Chirurgien de la Garnifon. Je l'engageai par tous les motifs capables de toucher un homme fenfible, à nous fecourir. Il fit d'abord chercher M. Müller, & il nous donna d'entrée de jeu un bon fouper & de bons lits. Le lendemain ayant repris de nouvelles forces, nous allâmes nous promener fur le bord du Cafanka, & nous apprîmes d'un foldat, que notre Bâtiment venoit d'entrer dans la riviere. Nous retournâmes dîner chez le Chirurgien, & bien-tôt on vint nous dire, que notre Bâtiment étoit arrivé devant la Fortereffe. Nous nous y rendîmes auffi-tôt, nous embrafsâmes notre Compagnie, & nous pafsâmes fort joyeufement la foirée.

Avant l'arrivée de notre Bateau, nous avions préfenté un Mémoire à la Chancellerie, pour qu'on nous fournît un logement & nos autres befoins. Mais ayant retrouvé nos habits, nous allâmes folliciter nous-mêmes de vive voix le Statthalter. Il nous promit une prompte expédition, & il envoya fur le champ pour cet objet à l'Hôtel-de-Ville; ce ne fût cependant que trois jours après qu'on nous affigna des logemens convenables.

Le 22 du mois, dès le matin, le Statthalter nous fit dire, qu'on célébreroit, ce même jour, une Fête en l'honneur de Notre-Dame de Cafan, & il nous invitoit d'y affifter. Nous nous rendîmes à fon hôtel vers les 10 heures: il defcendoit alors l'efcalier, accompagné du Sous-Statthalter & d'autres perfonnes diftinguées de la Ville, pour fe rendre en cérémonie à la Cathédrale, & nous nous rangeâmes à fa fuite. Arrivés à l'Eglife, nous vîmes l'Archimandrite faire les fonctions de l'Archevêque, qui étoit à Petersbourg. Il y avoit encore deux Abbés (*Igumeni*), & quelques Diacres, vêtus comme l'Archimandrite, en habits pontificaux. A notre arrivée, le Clergé fe mit en ordre. On apporta l'Evangile & quelques Images, & la Proceffion commença. L'Evangile & les Images étoient portés devant l'Archimandrite. Le Statthalter, avec fa fuite, dont nous faifions partie, fuivit le Clergé, & la Proceffion fe rendit au Couvent de Notre-Dame de Cafan, Monaftere de Religieufes. Lorfqu'on fut arrivé devant la porte, on lut quelque paffage de l'Evangile, & l'on encenfa. On vit enfuite arriver l'Abbeffe & quelques Religieufes avec l'Image de N. Dame de Cafan, C'étoit un Tableau peint fur bois, où la Vierge étoit repréfentée, tenant l'Enfant Jefus fur fon bras. Elle étoit parée d'une couronne & d'un collier fi magnifiques, que la feule façon du Jouaillier avoit coûté 300 roubles. Cette figure, eft l'ouvrage d'un Eccléfiaftique, à qui l'on prétend qu'apparut la

Vierge, & qui la peignit le lendemain, trait pour trait, telle qu'il l'avoit vue. [M. Gmelin rapporte ici simplement ce qui lui fut dit.]

Il est bon d'observer, à cette occasion, qu'il y a toujours dans le Clergé Russe des Ecclésiastiques qui se mêlent de Peinture, & qui se font un bon revenu des Tableaux de piété qu'ils peignent pour l'usage des Eglises. L'Abbesse ayant fait le compliment ordinaire au Magistrat, l'Image de la Vierge fut portée processionnellement devant lui jusques à l'Eglise qui dépend du Monastere, où elle est gardée. Cette Procession fut suivie d'une espece de Panégyrique. Pendant le service, on apportoit de toutes parts quantité de cierges de différentes grosseurs, avec lesquels on remplaçoit continuellement ceux que portoient les flambeaux, & qu'on remettoit à mesure dans une grande caisse. On dit que le Couvent n'a d'autre revenu que le produit des cierges qui lui restent, & dont le nombre dépend du degré de dévotion de ceux qui les apportent. Après le Sermon, on commença la Liturgie & les Prieres ordinaires, ce qui termina la cérémonie.

Au sortir de l'Eglise, *Neset Miquititz Scudraszow*, premier Commissaire de l'Amirauté de Casan, nous pria tous à dîner, & nous nous y rendîmes sur le champ, parce qu'il étoit midi. Nous y trouvâmes une nombreuse assemblée distribuée dans deux sales : dans l'intérieure étoient les femmes, & dans l'extérieure, les hommes. Les deux compagnies se mirent aussitôt à table, & elles furent servies à la maniere du pays. On donna de la biere à ceux qui en demandoient ; il se but aussi beaucoup de vin blanc & rouge : le blanc étoit un bon vin de France, le rouge étoit du vin d'Astracan, qui me parut insipide. On but dans de grands verres, la santé de l'Impératrice & de la Famille Impériale, & ensuite, dans de petits verres, celles du Prince *Tserkaski*, du Statthalter, qui étoit avec nous, & du Kneès *Demetri-Michailowitz Galitzin*, son parent. On servit au dessert du punch fait avec de l'eau-de-vie commune & du jus de citron. Les Dames vinrent après le repas nous saluer avec des gobelets pleins de punch, & chacun fut obligé de leur faire raison. Nous avions eu pendant le repas une assez bonne Musique ; après être sorti de table, on dansa des menuets & des Polonoises. Nous vîmes passer en revûe toutes les beautés de l'autre salle, & quelques femmes étoient horriblement fardées. La fête dura jusqu'à minuit, mais nous nous retirâmes dès sept heures du soir.

Le 23 nous allâmes occuper les logemens qui nous avoient été distribués par l'Hôtel-de-Ville : c'étoient des maisons de Marchands, infectées de punaises & de tarakanes, mais où nous avions du moins de quoi nous étendre. Nous fîmes construire une cuisine, & dans deux jours nous fûmes passablement arrangés.

Nous allâmes le 26 au Couvent de *Silandow*, situé sur le bord du Casanka, environ à deux werstes de Casan. Nous y trouvâmes un Archimandrite avec qui nous nous entretînmes en Latin ; il étoit arrivé depuis peu de *Kiow*, où il avoit rempli la place de Professeur. Il nous prit pour des Philosophes, & nous parla beaucoup d'un Maître de Philosophie qu'il avoit amené de *Kiow*. Nous desirâmes de le connoître. On nous fit voir un homme aussi gros qu'une tonne, qui avoit le front étroit & le nez pointu, avec des joues pâles, au milieu d'une troupe de petits garçons Tschuwafches, Tfcheremifches, Mordunes, Calmoucs & Tatares, auxquels il enfeignoit la Philofophie. Ils entendoient peu la Langue Ruffe, mais le Philofophe avoit le fecret de leur apprendre cette Langue en même-tems que la Philofophie. Voici ce que c'eft que ces enfans.

On a établi dans ce Couvent une Ecole, dans laquelle on enfeigne la Langue Ruffe, les principes de la Religion Chrétienne, la Langue Latine & la Philofophie. Ces enfans font choifis dans toutes les Nations par des gens entendus qui les enlevent à leurs parens, & leur choix tombe principalement fur ceux qui paroiffent les plus éveillés. On efpere avec le tems en faire des fujets propres à convertir leurs Nations au Chriftianifme. C'eft par cette raifon qu'on ne les laiffe jamais aller avec des enfans Ruffes, & que dans leurs heures de récréation on les laiffe toujours parler leur Langue naturelle. L'Archimandrite leur fit réciter devant nous quelques vers en Langue Ruffe, & enfuite dans leur propre Langue. Ils s'en acquitterent fort bien, & nous remarquâmes, entr'autres, deux de ces enfans qui nous parurent prometttre beaucoup. La nuit étant venue, nous regagnâmes la Ville.

Nous fûmes plufieurs jours fans fortir de notre logis : il fallut attendre que la Chancellerie nous eût envoyé un Interprete pour pouvoir communiquer avec les Etrangers qui fe trouvoient dans la Ville. Nous employâmes ce tems de réfidence à arranger nos Obfervations.

Le 9 Novembre, nous nous tranfportâmes à une heure après-midi à une *Metfched*, où Temple Tatare. Il y en a quatre dans la Slobode Tatare, qui eft un peu féparée de la Ville, & près du Lac *Bulak*. La Metfched que nous vifitâmes, & dont l'Architecture eft peu différente de celle du Pays, étoit un bâtiment quarré de bois, furmonté d'un clocher & entouré d'une galerie, fans cloches ni croix. Elle eft dans le rang des autres maifons, mais un peu ifolée de chaque côté. On y monte de la rue par un perron de quatre à cinq marches, & l'on entre d'abord par une petite porte dans une efpece de veftibule. C'eft-là que les Tatares ôtent leurs fouliers, pour entrer dans le Temple par une autre porte qui eft vis-à-vis la premiere, & toute femblable. Après avoir admiré la quantité de fouliers qu'on avoit laiffés dans le veftibule, l'adreffe de ces gens-là à diftinguer chacun fa chauffure, ou quelquefois même à changer de mauvais fouliers contre de bons, nous entrâmes fans autre cérémonie dans le Temple. C'étoit un bâtiment quarré percé de quantité de fenêtres & fort clair. Près de la porte à droite, il y avoit un poêle qui répandoit une chaleur douce dans toute la piece, & qui portoit fur quatre colonnes. Au-deffus de la porte, étoit une petite tribune, dans laquelle il y avoit des Chantres. Vis-à-vis de la porte, & au milieu du mur oppofé, étoit une efpece de niche où fe tenoit l'*Abiff* ou Prêtre Tatare, la face tournée vers le Peuple. A fa gauche, & vis-à-vis du poêle, étoit une place plus élevée, où il falloit monter quelques marches, & l'on y voyoit un pupitre avec quelques Livres. Cette place étoit éclairée par une fenêtre particuliere qui jettoit beaucoup de clarté fur le pupitre ; on y marchoit entre les colonnes fur des tapis. Cet emplacement eft le fanctuaire du Temple, & il ne nous fut pas permis d'y marcher avec nos fouliers. Le Temple étoit tout plein, & les Tatares y étoient

étoient rangés par files avec beaucoup d'ordre. Ils étoient aſſis les jambes croiſées à la mode des Turcs, & tous le bonnet ſur la tête. Auſſi-tôt qu'un Tatare entroit, il joignoit le rang qui n'étoit pas rempli, ſe laiſſoit tomber ſur les genoux, & s'aſſeyoit. Nous entrions au moment que l'Abiſs faiſoit une lecture en chantonnant, & nous nous tînmes près de la porte, la tête couverte. Les Tatares gardoient un profond ſilence pendant la lecture de l'Abiſs, & avoient toujours les mains jointes. Un inſtant après, on entendit chanter; ce chant ne fut pas long, & ne nous parut point déſagréable. L'Abiſs revêtu des habits ſacerdotaux de la Religion, monta enſuite à la place élevée pour lui à ſa gauche, & lut quelque choſe d'un Livre Arabe très-bien écrit. Je ne ſçais ſi c'eſt le génie de la Langue, ou ſi ce Prêtre avoit un défaut dans l'organe, il prononçoit tout d'une maniere ſi gênée, que nous peinions à l'entendre. En liſant, tantôt il montoit une marche plus haut, tantôt il en deſcendoit une plus bas. Enfin, il ceſſa de lire, & revint à ſa premiere place. Les Chantres recommencerent leur Muſique qui dura aſſez long-tems. Le fort de la cérémonie parut pour lors commencer. L'Abiſs marmotta quelques mots, & jamais Troupes bien exercées ne firent de mouvement plus prompt que le fut celui des Tatares en entendant ces paroles. A l'inſtant, ils ſe dreſſerent droits comme des cierges; mais leurs mouvemens depuis furent moins uniformes. On voyoit bien qu'ils étoient en priere, puiſque chacun tenoit ſon chapelet & qu'on entendoit un bruit ſourd. Tantôt ils ſe bouchoient les oreilles avec les doigts; tantôt ils paſſoient la main ſur leur viſage, & principalement ſur la bouche, ce qu'ils faiſoient exactement, quand on chantoit les mots *lai-laha illalahu Mahammeden raſulutja*. Souvent, comme s'ils vouloient ramaſſer quelque choſe à terre, ils s'inclinoient fort bas & ſe redreſſoient tout de ſuite; quelquefois ils ſe jettoient tout-à-fait par terre, y reſtoient pendant quelques minutes, puis ſe relevoient à demi, & retomboient encore. Celui qui avoit fini ſa priere, s'en alloit ſur le champ: ainſi le Temple dans un quart-d'heure fut vuide, à l'exception de quelques dévots qui allerent l'un après l'autre s'aſſeoir autour de l'Abiſs. La nuit commençoit à tomber, & nous étions trop éloignés pour bien diſtinguer ce qu'ils faiſoient, mais nous entendions le bruit des chapelets qui ſe remuoient rapidement. Ceci nous parut durer trop long-tems, & nous quittâmes la partie. Nous nous fîmes conduire à-travers toute la Slobode Tatare, & de-là dans une Slobode Ruſſe, contiguë à la premiere, dont elle n'eſt ſéparée que par des *ragattes* (19). Nous aurions bien voulu pouſſer juſqu'à l'extrémité du Lac Bulak, ſi les chemins avoient été praticables. Nous regagnâmes promptement la Ville, & en chemin nous vîmes encore la maniere dont les Tatares & les Turcs appellent leur monde au Service. Un homme monté au haut d'un clocher, appellé *Maaſin* en Langue Tatare, & *Minaret* chez les Turcs, crioit ou plutôt chantoit de toute ſa force. Il n'avoit pas crié long-tems, qu'on voyoit les croyans du Muſulmaniſme courir en foule au Temple. Nous apprîmes à cette occaſion, que les Tatares ont chaque jour cinq Offices différens: le premier, à la pointe du jour; le ſecond, vers les dix

(19) Barrieres ou poutres garnies de pointes de bois, qui ſervent à fermer les rues.

heures du matin ; le troisieme, à midi ; le quatrieme, à quatre heures ; & le dernier, à six heures.

Le 14, on nous fit voir des *Jakutes* : c'étoit une fille & un garçon. La fille avoit quatorze ans, & le garçon 11. Ils avoient été amenés de leur pays par ordre de la Cour ; ils voyageoient déja depuis près de trois ans, & devoient partir dans deux jours pour Petersbourg. Leur habillement ne les auroit pas fait prendre pour des Etrangers. Ils avoient resté deux ans à Tobolsk, où on les avoit habillés très-proprement à la mode du pays. Ils ressembloient par la forme du visage aux Calmoucs. Ils avoient le nez plat, de petits yeux, un visage presque rond, & des cheveux noirs. Leur visage étoit peint de plusieurs couleurs, ce qui n'est point du-tout l'usage des Jakutes ; mais on l'avoit fait faire à ceux-ci, parce qu'on n'avoit pû avoir de *Tunguses* qui se barbouillent de cette maniere, & que la Cour avoit demandé des visages peints. Les figures tracées sur ces visages étoient assez régulieres & bleuâtres. M. *de la Croyere* nous montra sur différens endroits de son corps plusieurs figures semblables de la même couleur, que les Sauvages Américains lui avoient incrustées dans la peau jusqu'à la chair, avec trois aiguilles-très-fines, serrées ensemble, & dont les pointes avoient été trempées dans de la poudre à canon. Mais on nous assura que les figures des Jakutes étoient cousues avec du fil. A la suite de ces Jakutes, il y avoit quelques animaux étrangers, qui se trouvent communément dans les environs de *Jamyschewi*. Nous ne pûmes pas bien les distinguer, à cause de l'obscurité de la nuit ; nous apprîmes seulement qu'on les appelloit en Russe *Marali*. Le 17, nous fîmes amener ces animaux à notre logis. Il y en avoit sept, six mâles & une femelle. Ils étoient fauves ; & par leur figure, ainsi que par leur bois, ils ressembloient exactement à des cerfs : aussi n'étoit-ce pas autre chose.

Le 5 Décembre, M. le Major *de la Moshe*, dont nous avions reçu bien des politesses pendant notre séjour à Casan, nous fit inviter à voir le serment des Tatares & des *Worjakes* nouvellement enrôlés. Un Ecrivain Russe lut aux Tatares le serment en Langue Russe ; il leur fut expliqué dans leur Langue par un Abifs présent à la cérémonie. Pendant la lecture, ils étoient à genou, & après l'avoir entendue, avec l'interprétation, ils baiserent le Koran que l'Abifs leur présenta ouvert. On lut aux *Worjackes* le même serment, qui leur fut expliqué de même en leur Langue par leur Sotnik (20) aussi présent : car ils n'entendent presque point le Russe, ou ne veulent pas l'entendre par entêtement. On leur présenta ensuite deux épées nues croisées. Ils s'approcherent les uns après les autres, & l'on donna à chacun, par-dessus les épées, un petit morceau de pain coupé en forme de dez & trempé dans le sel ; ils le reçurent presque à genou, & l'avalerent tout de suite. Cette cérémonie signifie qu'ils consentent que ce morceau de pain leur donne la mort, s'ils ne font pas fidellement leur service.

Le 9 Décembre, nous fûmes invités à dîner chez le Statthalter. Nous y trouvâmes une assemblée très-nombreuse, & entr'autres beaucoup d'Ecclésiastiques, à qui le Statthalter sembloit marquer beaucoup de respect.

(20) Mot Russe, dont la signification revient à celle du mot Latin *Centurio*. Le Sotnik commande cent paysans.

La table étoit toute servie en maigre. On portoit beaucoup de santés, mais on ne forçoit personne à boire. Après le repas, on présenta du punch fait avec de mauvaise eau-de-vie, & nous nous retirâmes de bonne-heure.

La Ville de Casan, chef-lieu du Gouvernement de ce nom, est située sur le rivage gauche du *Casanka*, à 7 werstes de son embouchure où elle se jette dans le *Wolga*. Elle a une belle forteresse bâtie de pierre, & située dans un endroit élevé. Cette forteresse est la demeure du Statthalter & du Commandant. Ce dernier est un zelé Luthérien, quoiqu'il n'entende point d'autre Langue que le Russe. Cette forteresse renferme aussi la Cathédrale (*Sobor* ou *Sobornaja Jerkow*), comme c'est l'usage dans toutes les forteresses de l'Empire Russe. Près de l'entrée à gauche, est un Couvent avec son Eglise, fondés l'un & l'autre par le Czar *Iwan Basilowitz*. On voit encore dans la forteresse un Arsenal bâti de pierre. Il est permis à tout le monde, même aux Tatares, d'entrer dans la forteresse; ils sont même souvent obligés d'y entrer malgré eux, parce qu'elle renferme aussi la Chancellerie du Gouvernement, où il faut quelquefois paroître. Personne de ceux que nous avons questionnés, n'avoit entendu dire que l'entrée de la forteresse eût jamais été défendue aux Tatares, comme *Olearius* l'avance mal-à-propos.

Dans l'endroit le plus élevé de la Ville, il y a un beau magasin pour les marchandises, construit de pierre, composé de boutiques fort spacieuses, & où l'on trouve toutes sortes de marchandises étrangeres & du pays. Les premieres y sont à-peu-près au même prix qu'à Petersbourg. Les Tatares ont dans ce magasin leurs boutiques particulieres, où ils vendent des marchandises de Perse, qui sont presque toutes des étoffes de soie. A peu de distance de ces boutiques, est un marché, où l'on vend des pommes, des noix &c, & de la poterie; plus loin il y en a un autre où l'on achete des traîneaux, des voitures, &c. A l'autre extrémité de la Ville, qui est presqu'inhabitée, sont les boucheries. Le marché au foin, est du côté de la Slobode Tatare. A un autre bout de la Ville, on trouve une Fabrique de draps, établie aux dépens de l'Empereur, par un Russe nommé *Iwan Afanajewitz Mekleew*. Ce particulier avoit amassé tant de richesses, soit par cette Fabrique, soit par quelque autre commerce, qu'il a fait bâtir à ses dépens la Cathédrale de S. Pierre & S. Paul, & sept Eglises Paroissiales, toutes de pierre. Tous les Gentilshommes qui ont des terres dans le district de Casan, sont obligés, par ordre de la Cour, de fournir une certaine quantité de laine à cette Fabrique. Les draps qui s'y font sont vendus à la Couronne à un prix fixe, & employés à habiller les Soldats. Le possesseur de la Fabrique étoit alors *Afanassi Feodorowitz Mekleew*, cousin du précédent.

Environ au milieu de la Ville, est un Hôpital bâti de bois pour la garnison de Casan, qui consiste en trois Régimens.

Derriere la Slobode Tatare, il y a le *kaban Osero*, d'où la riviere de Bulak s'écoule par le milieu de la Ville basse. On préfere son eau à celle du Casanka, & quelques-uns prétendent même que cette derniere est malsaine: du moins ne vaut-elle rien pour le thé.

Nous quittâmes Casan le 12 Décembre, vers les 9 heures du soir, &

HISTOIRE GÉNÉRALE

VOYAGE EN SIBÉRIE.

1735.

Habitations, ufages & mœurs des Tatares.

nous arrivâmes à une heure après-midi à *Wufchnaja-Gora*. De-là nous pouſsâmes juſqu'à *Tschiptschugi*, où nous arrivâmes vers les 7 heures du matin. Nous paſsâmes enſuite par *Katschielina* ; nous arrivâmes vers les 4 heures du ſoir à *Kurſa* ; le lendemain à 5 heures du matin à *Schikiſchi*, à 2 heures après-midi à *Ulga*, & le ſoir à 8 heures & demie à *Serednï Schuri*. Katſchielina & les Villages ſuivans ſont tous habités par des Tatares. Nous eûmes occaſion, chez ces Peuples, de voir beaucoup de choſes aſſez nouvelles pour nous. Ils ſont de la Religion Mahométane, & ont par conſéquent chacun autant de femmes qu'ils en peuvent nourrir. Leurs habillemens ſont les mêmes que ceux des Ruſſes ; mais les hommes ont la tête raſée, & pluſieurs d'entr'eux portent la barbe en pointe. Notre Hôte de Kurſa avoit quatre femmes, & comme il étoit alors à Moſcou, il nous fut d'autant plus aiſé de les voir. Elles vinrent les unes après les autres nous rendre viſite, & nous firent beaucoup de politeſſes. Elles auroient été charmées de s'entretenir avec nous ; mais nous n'avions pas toujours un Interprete ſous la main. Elles tirerent de leurs poches des noix mêlées avec quantité de petits oignons qu'elles paroiſſoient aimer beaucoup, & elles nous en préſenterent. Comme en ce moment nous prenions le thé, nous leur donnâmes du ſucre, qu'elles mangerent avidemment. Une de ces femmes étoit dans ſes grands atours : elle avoit une coëffe garnie de vieux copeques & de corail, qui lui couvroit preſque toute la tête, & un anneau paſſé dans la narine droite ; le reſte de ſon habillement étoit Ruſſe. Dans la compagnie de ces femmes, il y avoit une jeune perſonne qui portoit ſes cheveux à la Ruſſienne. Ils étoient treſſés par derriere, & la treſſe étoit terminée par un ruban, dont les deux bouts entroient dans l'écharpe dont elle avoit le corps entouré, & pendoient en devant. Cette jeune Tatare avoit des anneaux paſſés dans les oreilles, & réunis par une chaîne jaune garnie de copeques, qui pendoit aſſez bas ſur ſa poitrine. Dans cette même compagnie étoit encore la fille de notre Hôte, qui étoit venue dîner avec les quatre femmes. Elle nous raconta que ſon mari avoit payé pour elle 18 roubles de *kalun* (21) ; mais que ſon pere avoit rendu l'argent. Les Tatares n'ont point de chambres à poële & à bain ; mais dans chaque chambre il y a deux cheminées, l'une pour ſe chauffer, l'autre pour faire la cuiſine. Leurs chambres ont un air aſſez propre ; il y a des bancs larges & bas, ſur leſquels on trouve preſque par-tout un tapis arrangé ſelon les facultés du maître de la maiſon, avec un matelas ou couſſin, pour aſſeoir les Etrangers plus commodément. Au lieu de vitres aux fenêtres, ils ſe ſervent de la membrane extérieure de l'eſtomac du veau étendue ſur des chaſſis, ce qui donne aſſez de clarté dans leurs chambres.

(21) C'eſt un don que le marié ou ſes parens ſont obligés de faire aux parens de la mariée. La même choſe eſt en uſage chez toutes les Nations Payennes de la Sibérie ; ſi ce n'eſt que ce don le fait non en argent, mais en chevaux, en moutons, en beſtiaux, en rennes, en fourrures, &c. Le don augmente & diminue, ſelon le mérite de la mariée, ou la fortune des parens. On entend rarement parler de la reſtitution de ces ſortes de dons. Les Tatares ſont les plus polis de tous les peuples de la Sibérie ; & en général, les Mahométans le ſont beaucoup plus que les Idolâtres.

Les Tatares en général nous ont paru bonnes gens, officieux, humains, tels enfin qu'ils nous ont forcés d'attacher au nom de *Tatare* une idée toute différente de celle qu'on s'en fait en Europe. Nous trouvions par-tout, en arrivant, des préfens destinés pour nous sur une table : c'étoit ordinairement une oie plumée & un pain, ou une espece de gâteau. Nous eûmes de plus à *Ulga*, chez un *Sotnik* à son aise, une assiette d'étain pleine de miel, avec trois spatules de bois, & une autre assiette remplie de noisettes.

Les Tatares ont un instrument de Musique que les Russes appellent *Gusli*, & qui ressemble à une harpe. Il est monté de dix-huit cordes de boyau sur un chevalet fort bas, derriere lequel elles sont arrêtées. La tablature de cet instrument est telle : la premiere & la seconde cordes different d'une quinte; la troisieme est d'un semi-ton plus élevée que la seconde; la quatrieme fait une tierce avec celle-ci, comme la cinquieme en fait une avec la quatrieme; les autres jusqu'à la dix-huitieme, different toutes d'un ton entr'elles. Quand le Musicien veut jouer de cet instrument, il est assis, & il se sert des deux mains; de la droite pour la basse, & de la gauche pour le dessus.

Nous partîmes très-contens des Tatares. Nous arrivâmes le lendemain à 7 heures du matin à *Bolschoi Saramak*; à une heure après-midi à *Makan Pilga*, & à une heure après-minuit à *Kaxia*. Le lendemain 16 du mois, vers les 9 heures du matin, nous gagnâmes *Sirijes*. Ces quatre Villages sont habités par des *Wotjackes*. Nous trouvâmes encore chez ces Peuples des choses bien étrangeres pour nous.

Ils ont tous de cheveux roux, hommes & femmes. L'habillement des hommes est Russe, & leurs cheveux sont coupés fort courts. Les femmes ont des habillemens différens, selon les trois âges qui les distinguent le plus : les vieilles sont habillées à la Russe; les jeunes ont aussi une robe à la Russienne, mais dont les manches sont fendues vers le milieu à la Polonoise; elles y passent les bras, & le bas des manches est arrêté dans l'écharpe ou dans la ceinture qui leur serre le corps. Elles portent sur la tête une coëffe étroite d'écorce de bouleau, aux deux côtés de laquelle sont attachées par le haut des barbes de deux doigts de large qui pendent par-derriere, & sont garnies des deux côtés de bandes d'une étoffe à jour ou de mauvaises franges. Cet ajustement ressemble beaucoup aux anciennes coëffures élevées des Européennes. Les Wotjackes un peu distinguées portent une espece de calotte bordée de six rangs de rubans, qui sont garnis de corail, & entremêlés d'ornemens, de copeques d'argent ou d'étain. Cette calotte est pointue par en-haut, & garnie pareillement en hauteur de huit étages de rubans. Leurs cheveux sont entrelacés à la maniere Russe, & forment deux tresses terminées par des houpes. Les femmes, ainsi que les filles, sont fort timides, & nous fûmes obligés de garder avec elles un grand sérieux, pour ne pas les effaroucher. Les Wotjackes n'ont presque point de religion. Ils croient un Dieu qu'ils appellent *Jumar*, & dont, selon eux, le séjour est dans le soleil; mais ils ne lui rendent presque point de culte. Quand il leur arrive quelque affliction, ils s'adressent à une espece de Prêtre appellé *Donia*, & qui est à-peu-près comme le Jumasse des Tschuwasches; ils lui content leurs peines, & lui demandent conseil. Nous fîmes chercher un de ces *Dona*, & nous le consultâmes sur ce qui nous vint d'abord dans l'esprit. Son art consistoit à remuer un peu de tabac à fumer, soit à sec dans la main, soit avec de l'eau-de-vie dans une tasse : il prononçoit ensuite son oracle, tel qu'on peut bien l'imaginer. Les Wotjackes n'ont point de Fêtes ; ils nous dirent bonnement qu'il étoit Fête chez eux, quand ils avoient bien à boire. Ils connoissent pourtant la Fête de Noël, qu'ils appellent *Roschdowy*, mais elle n'a point chez eux de jour fixe ; ils la célébrent deux ou trois jours plutôt ou plus tard, c'est-à-dire, le jour que leurs bierres, qu'ils braffent exprès pour cette occasion, sont prêtes à boire. Au reste, ils ne manquent pas de bon sens. Je leur fis voir une montre, & je leur dis qu'elle marquoit à chaque instant l'heure du jour. C'est donc, me répondirent-ils, un *Solnzuschka*, ou petit Soleil ? Ils sont d'une grande pauvreté : ce ne fut qu'à *Makanpilga*, où l'on put nous faire présent d'une oie. Ils s'occupent principalement de la Chasse. Aussi-tôt qu'il gele, ils courent les bois, & tuent des ours, des renards, des loups, des lievres, des écureuils, les uns avec l'arc, d'autres, mais en petit nombre, à coups de fusil.

Les scenes de la Siberie sont extrêmement variées. Nous partîmes ce même jour de *Sirijes*, & nous arrivâmes à 4 heures après-midi à *Werchnoi Pobju*, Village des *Tscheremisches*, où tout ce que nous vîmes, hommes & femmes, étoient ivres. Il se faisoit dans ce Village une nôce, ce qui nous procura l'occasion de voir les habillemens des deux sexes. Les hommes sont presque tous habillés à la mode Russe ; & les femmes, comme chez les Wotjackes, s'ajustent selon les différens âges. Les jeunes portent deux sortes d'habits ; mais la différence entr'elles & les vieilles ne consiste que dans la coëffure. Les unes portent deux cercles, dont l'un entoure la tête devant & derriere, & l'autre tombe du haut en bas. Le premier cercle est beaucoup plus large que l'autre ; il est garni d'un rang de copeques, d'ornemens de corail, & de rubans attachés en zigue-zague. (Tout les détails de cette coëffure font la matiere d'une longue description, dont nous croyons devoir épargner l'ennui aux Lecteurs). Les deux cercles de la tête sont surmontés d'un bonnet très-haut, qui ressemble à un bonnet de Grenadier ; les cheveux sortent sur le devant du bonnet, & derriere, ils sont tortillés en rond. Une autre jeune femme avoit sur la tête une espece de calotte peu large, & garnie de même de copeques & d'ornemens de corail. Cette calotte étoit terminée par une queue formée par un ruban large d'un pouce. Nous vîmes encore une jeune fille d'environ quinze ans, qui n'avoit sur la tête qu'un linge brodé par derriere dans le goût des tapis de Perse, & terminé en triangle. La personne étoit fort jolie, & son pere l'avoit présentée ce jour même pour la marier ; mais personne n'avoit voulu donner plus de cinq roubles de kalun, & le pere en demandoit dix. Il résolut donc de la garder pour une meilleure occasion. Nous observâmes encore bien d'autres singularités dans l'habillement des Tscheremisches, & nous remarquâmes, entre autres, quelques femmes qui portoient de petits grelots à leurs pieds. Nous étions fort curieux de voir le Sorcier du Village, ou comme ils l'appellent le

Autres Habillemens des Femmes de Sibérie.

Tom. XVIII. n°. 7.   Page 102.

Worofchei ; mais il étoit abfent, à ce qu'on nous dit, ou s'étoit caché.

Nous quittâmes *Werchnei Pobju* vers les 5 heures du foir, & le lendemain 17 Décembre, nous arrivâmes à 8 heures du matin à *Koetfcho Pilga*, Village de Wotjackes. Ces Wotjackes-ci nous parurent tous différens des premiers : je ne puis mieux les comparer pour l'obftination, qu'aux payfans de Finlande. Sur cent queftions, à peine répondoient-ils un mot, & tous font femblant de ne pas entendre le Ruffe ; au-lieu que ceux que nous venions de quitter, fe donnoient toutes les peines imaginables pour fatisfaire à tout ce que nous leur demandions. C'eft peut-être parce qu'ils font plus voifins des Tatares, & par-là plus fociables. Car, comme je l'ai déja dit, les Tatares font fort affables ; & ceux qui ont paffé trente ans parlent ordinairement affez bien la Langue Ruffe & la Tfcheremifche. Les Tfcheremifches & les Wotjackes parlent auffi le Tatare & le Ruffe ; mais les derniers, à ce qu'ils nous dirent, n'entendent pas un mot du langage des Tfcheremifches, parce qu'ils converfent fort peu avec cette Nation.

De ces Nations différentes, les Tatares, & après eux les Tfcheremifches, font les plus propres. Les Wotjackes, au contraire, vivent dans une malpropreté étonnante. Cependant les uns & les autres n'ont pas de bains ni de chambres à poêles, & leurs habitations reffemblent à celles des Tatares décrites plus haut. Leurs chambres au refte font auffi remplies de fumée que celles du Peuple Ruffe ; car ils ne brûlent point de chandelles, mais du *Pergel*, Lutfchinki (22). Leur viande eft de la chair de cheval, d'ours, de vache & d'écureuil. Les Wotjackes & les Tfcheremifches mangent auffi du cochon, mais en élevent rarement chez eux : quant aux Tatares Mahométans, leur loi ne leur permet pas d'en manger.

Etant arrivés à *Koetfcho Pilga*, nous avions deux chemins devant nous, l'un par lequel on traverfoit tous les Villages jufqu'à *Offa*, l'autre par *Sarapul*. Le dernier a 10 werftes de détours ; cependant nous le choisîmes, dans l'efpérance d'apprendre quelque chofe de pofitif fur la conftruction de cette Ville & fur les lieux voifins. Nous partîmes à midi, & quoique nous euffions réfolu d'aller d'une feule courfe jufqu'à Sarapul, un de nos traîneaux qui fe caffa, nous obligea de nous arrêter dans le Village de *Bugrufch Jefafchnoi*. Le furnom de *Jefafchnoi* indique, que ce Village n'appartient pas au Domaine, comme la plus grande partie de ceux des environs. A une werfte delà, eft *Bugrufch Tjagloi* qui eft du Domaine. Quelques werftes avant d'arriver à Bugrufch, nous vîmes deux *Keremets*, l'un de Wotjackes, & l'autre de Tfcheremifches, tous les deux en pleine campagne. Les Keremets font des enceintes confacrées aux Cérémonies de la Religion ; ceux-ci reffembloient entierement à celui que nous avions vû chez les Tfchuwafches, fi ce n'eft que le dernier & tous ceux des mêmes Peuples font au milieu des bois. Toute la raifon qu'on put nous donner de cette différence, c'eft que le *Dona* des Wotjackes, & le *Mufchan* ou *Mufshangetfch* des Tfcheremifches l'avoient ainfi ordonné. Les Tfcheremifches, outre leur Mufchan, ont encore un perfonnage plus diftingué, qu'ils nom-

(22) Ce font des éclats ou des morceaux de fapin longs & minces.

ment *Jugtufch*. Sa fonction eſt d'ordonner les offrandes, & de régler l'ordre dans lequel elles doivent être faites; de réciter à la célébration des Mariages quelques Prieres pour la bénédiction de la maiſon, & de préſenter aux convives de la bierre & de l'hydromel, juſqu'à ce qu'ils croient qu'ils ont aſſez bû.

Après avoir changé de traîneau, nous arrivâmes à 3 heures du matin à *Sarapul Sloboda*. Près de cette Sloboda eſt une petite Ville, ou plutôt une Fortereſſe aſſez élevée & munie d'une forte enceinte de bois. Nous y trouvâmes trois *Uprawitels*, ſorte d'Officiers municipaux, dont deux étoient ſortis de charge. Au ſouvenir du mal que nous avoit fait celui de Bronnitz, nous craignions que trois hommes de cette eſpece ne fiſſent encore pis qu'un ſeul, mais nous fûmes agréablement trompés. Ces Officiers ſe piquerent, comme à l'envi l'un de l'autre, de nous bien recevoir. En nous conduiſant dans la Fortereſſe, ils nous montrerent quatre canons, avec leſquels on avoit diſperſé les Baſchkirs qui avoient voulu approcher de la Fortereſſe (23). Nous vîmes chez l'Uprawitel en charge un jeune caſtor privé, qui ſe promenoit dans la chambre, & qu'on manioit comme on vouloit. L'Uprawitel nous raconta que cet animal faiſoit quelquefois une route de trente werſtes; qu'il enlevoit les femelles des autres caſtors, les amenoit à la maiſon, & les laiſſoit en liberté, après s'être ſatisfait avec elles.

Caſtor apprivoiſé.

Enfin les Uprawitels nous amuſerent ſi bien, que nous ne quittâmes Sarapul qu'à 3 heures après midi. Nous traverſâmes le Village de *Noetſchkina*, où nous paſſâmes le Kama; nous arrivâmes vers les 5 heures du matin au Village de *Saigatki*, & vers les 4 heures du ſoir, nous fûmes rendus au Bourg de *Dubrowa*. On nous avoit conſeillé à Sarapul d'aller de-là par le pays des Baſchkirs à *Kuagur*, & nous avions réſolu de le faire, parce que nous comptions trouver ſur la route bien des ſingularités curieuſes. Mais ceux de Dubrowa nous en détournerent, ſous prétexte que les chemins étoient fort mauvais; que dans bien des endroits il n'y en avoit point, & que nous ſerions obligés de revenir ſur nos pas. Nous nous rendîmes à ces raiſons, que nous apprîmes enſuite n'être que des menſonges. Nous paſſâmes donc par *Tſchaſtie S.* à *Oſſa S:* nous arrivâmes le lendemain 20 du mois, au premier de ces endroits, à 9 heures du matin, & à l'autre à 7 heures du ſoir. En venant de Caſan à Dubrowa, nous avions traverſé des forêts plantées principalement de chênes; après avoir paſſé Dubrowa, nous ne vîmes plus de ces arbres. C'eſt même de-là que ce lieu tire ſon nom: *Dubrowoi-Lies* ſignifie une *Forêt* mêlée de bouleaux & de ſapins. En allant à Oſſa, à cinq werſtes du lieu, nous rencontrâmes une *Sawode* ou *Forge de cuivre*, qui appartenoit à *Nikita-Nikititz Demidow*. Nous mîmes pied à terre, pour viſiter cette Fabrique; mais nous apprîmes qu'elle étoit nouvellement établie, & qu'il n'y avoit encore ni Ouvriers, ni fourneaux. Depuis *Tſchipſchugi S.* on a une façon particuliere d'exprimer les diſtances des lieux; les Tatares comptent par *aletſchak*, les Wotjackes par *tſchumkas*, & les Tſche-

---

(23) Il y avoit dix-huit ans, ſelon les uns, & vingt-ſix, ſelon les autres.

remiſches

remiches par *kofchniafch* ; les Russes ont conservé le nom Wotjacke de *tschumkas*.

Cette mesure vaut une bonne lieue d'Allemagne ; mais il est d'usage de n'y compter que cinq werstes. A tous les endroits, où nous changions de chevaux, j'ai marqué la distance à la maniere ordinaire ; savoir, en comptant cinq werstes pour un tschumkas, pendant qu'on en devroit compter huit. Suivant ces dernieres mesures, il y a de Casan jusqu'à Ossa sept cens dix-sept werstes. Nous eûmes souvent des stations ou postes de sept tschumkas, pour lesquels on peut hardiment compter près de soixante werstes ; cependant on ne nous en faisoit payer que trente-cinq. Nous vîmes avec étonnement, à cette occasion, que les chevaux se soutenoient quelquefois pendant quatorze ou quinze heures sans manger, & sans paroître trop fatigués.

Près de la Slobode *Ossa*, est *Ossa Gorod*, endroit fort petit ; nous ne pûmes pas le voir, à cause de la nuit. Nous ne demandions qu'à avancer ; mais l'Uprawitel & le Starost étoient ivres, & hors d'état de nous expédier. Il fallut donc rester jusqu'au lendemain, encore les chevaux n'étoient-ils pas prêts. Ayant quelques observations à faire à *Kungur*, où nous voulions rester un jour ou deux, nous résolûmes, M. Muller & moi, de prendre les devants avec le Peintre Berkhan & quelques Soldats, afin d'avoir achevé nos observations, quand toute la Compagnie arriveroit à Kungur, & pouvoir continuer notre route sans aucun délai. Nous donnâmes l'inspection sur les instrumens & sur les Soldats au Dessinateur Lursenius ; nous partîmes à 7 heures du matin, & nous gagnâmes, avec les mêmes chevaux, *Burma*, Village Tatare, où nous arrivâmes le même soir vers les 9 heures. Nous passâmes par une forêt qui avoit cinquante-quatre werstes de long. Les Tatares qui habitent ce Village, sont de la Tribu de Kungur ; ils ont un dialecte différente de celle des Tatares de Casan. Les femmes sont aussi habillées d'une autre maniere. Une jeune femme, pour laquelle son mari avoit payé cinquante roubles de Katun, portoit un long étui de fer-blanc pendu à sa ceinture, dans lequel il y avoit du fil & une aiguille. A cet étui étoit attaché un amulete, & c'étoit un os tiré du genou d'un castor. On porte cet amulete, quand on a mal aux pieds.

Le 22 Décembre, nous arrivâmes à midi dans la Ville de *Kungur*, & heureusement assez-tôt, pour conférer encore un instant avec M. de la Croyere, qui étoit sur son départ. Il partit une demi-heure après, & nous nous emparâmes de son logement. L'Hôte de la maison, qui étoit le premier Bourgmestre de la Ville, nous fit mauvaise mine, parce qu'il craignoit que notre séjour ne s'étendît jusqu'aux Fêtes de Noël ; ce qui l'auroit empêché de régaler ses amis.

Le lendemain de notre arrivée, nous nous fîmes conduire à la Grotte dont *Strahlenberg* a donné la Description, & qui attire la curiosité de tous les Voyageurs. Nous n'avions d'autre Conducteur qu'un de nos Voituriers, qui l'avoit vue à différentes reprises. Nous y entrâmes à neuf heures & demie ; nous nous perdions de tems en tems, & nous étions souvent obligés de marcher, comme on dit, à quatre pattes. Excédés de fatigue, nous nous arrêtâmes près d'une croix de bois élevée dans la Grotte par un habitant des environs, & qui en est l'endroit le plus remarquable. On nous raconta que cette Grotte avoit été autrefois habitée par des Russes, qui s'y étoient retirés pendant une invasion des Baschkires; c'est à cette occasion qu'on avoit érigé la croix. Nous avions recommandé à notre Conducteur de nous chercher un chemin aisé pour le retour, & de nous venir prendre. Il ne revint pas, & nous sortîmes de la Grotte à deux heures & demie par un chemin beaucoup plus court & plus commode, que le hasard nous fit trouver. Cependant ayant appris que notre homme y étoit encore, nous l'appellâmes; comme il ne répondit pas, nous fûmes obligés de le laisser. Il vint nous retrouver le lendemain au soir, & nous dit qu'il ne faisoit que de sortir de la Grotte, que ses lumieres s'étoient éteintes, & qu'il s'étoit perdu. Il étoit blessé au visage. Il nous dit encore avoir entendu toute la nuit beaucoup de bruit dans la Grotte; il prétendoit que c'étoit un *Revenant*, & que d'autres l'avoient entendu comme lui. Cette Grotte naturelle est formée de pierres à chaux; mais elle n'est pas, à beaucoup près, aussi singuliere que la fameuse Grotte de Boman au Hart, & que le Trou-à-Brouillard (*Nebel-Loch*) du Duché de Wurtemberg (24).

Après avoir quitté Kungur (le 24 Décembre), & passé deux petits Bourgs, nous fîmes un détour de dix werstes, pour visiter les *Sawodes* ou Fonderies d'Irgin. Nous y arrivâmes à midi; mais nous n'y trouvâmes point ce que nous avions espéré. Dans ces Sawodes nouvellement établies nous ne vîmes que de mauvais Ouvriers. Il y avoit deux fourneaux pour la mine de fer, un fort élevé pour la fonte du métal, & un autre pour le purifier. Pour la mine de cuivre, il y avoit deux fourneaux de fonte, un fourneau de digestion, & un fourneau de liquation, où l'on fondoit le cuivre pour en faire des lingots. La mine de fer est à vingt werstes de-là, & le quintal n'en rend que vingt livres; la mine de cuivre y est apportée de Burma. Il y a ici un magasin où l'on vend toutes sortes de grosses marchandises de Moscovie, & des vases de cuivre de cette fabrique, étamés en-dedans & en-dehors. Les ouvrages de cuivre sont assez mal travaillés.

Nous passâmes le lendemain à *Jalum*, Village Tatare, composé d'un petit nombre de maisons. L'habillement des femmes avoit ici quelque

(24) STRAHLENBERG, dans l'Edition Allemande de sa *Description historique & géographique de l'Empire Russien*, chap. 13, page 371, décrit ainsi la *Grotte de Kungur*. » A deux werstes de cette Ville, sur les » bords escarpés de la riviere, appellée » *Sylva*, qui sont formés d'une sorte d'al- » batre fort mol que brûlent les Russes, » pour faire du plâtre, est un souterrein » qui paroît être l'ouvrage de la nature, » mais où l'on a creusé des logemens ca- » pables de contenir une centaine de fa- » milles; ce qui fait conjecturer, qu'an- » ciennement il a été habité. Ce souterrein » a six werstes, ou un mille d'Allemagne » (qui vaut une lieue de France) de lon- » gueur, & environ la moitié de largeur. » Des pierres gypieuses, recouvertes de » terre, en forment la voûte; il est percé » en dessus de plusieurs ouvertures sem- » blables à des soûpiraux. On y voit un » rocher naturel; une figure de S. Nico- » las, que des Ouvriers Russes y ont pla- » cée, & une croix; un petit étang rond, » d'où sort un ruisseau qui se perd dans la » terre; une source d'eau tombant d'un » rocher; qui forme un courant écumeux » & bruyant; un grand espace, où il croit » de l'herbe & des fleurs; une espece de » lac, plus long que large; beaucoup » de petites niches creusées naturellement » dans le roc, &c. »

chose de différent de celui des autres Tatares. Leur robe est faite à la mode Russe, avec des boutons & des boutonnieres ; mais leur coëffure est assez bisarre. Des deux côtés pend un ruban large de deux doigts, garni de copeques & de grains de corail, & les deux rubans se joignent sous le menton. Le haut de la tête est couvert d'une espece de calotte aussi garnie de copeques d'argent, & bordée tout-autour de corail rouge. Elle se termine derriere par une queue, presque aussi lourde que la femme qui la porte.

Depuis Jalum jusqu'à *Podglinoi-Gori*, où est une Douane ou Bureau de visite, pendant l'espace de cinq werstes, nous allions toujours en descendant. Cette pente est formée par le mont *Urali*, qui, selon Strahlenberg, sépare l'Europe de l'Asie, & la Russie de la Sibérie. Il y a de même à Werchoturie deux Bureaux, où les marchandises qui viennent de l'Europe, sont simplement marquées d'un cachet. Ce cachet est rompu dans les Villes, les marchandises sont visitées, & l'on fait payer les droits de péage.

Notre marche, dans tout ce district, fut bien ralentie, faute de chevaux. On trouve ici peu de Villages, & ce n'est ordinairement qu'une ou deux maisons, dans lesquelles il y a un Corps-de-Garde. A peine pouvions-nous rassembler à chaque poste six à huit chevaux, pour relever ceux qui étoient les plus fatigués.

Le 28, nous atteignîmes les Fonderies ou Savodes de *Schelesnie* ; nous y vîmes trois fourneaux, où l'on fond la mine qui se tire à vingt werstes du lieu sur le bord du ruisseau de *Schischim*. Enfin le lendemain 29, nous arrivâmes à Catherinenbourg.

Cette Ville fondée en 1723 par Pierre I. & achevée en 1726 sous l'Impératrice Catherine, dont elle porte le nom, est de la Province de Tobolsk ; mais elle a sa Jurisdiction particuliere, & ne dépend point de la Chancellerie de ce Gouvernement. On peut la regarder comme le point de réunion de toutes les Fonderies & Forges de Sibérie qui appartiennent au College suprême des Mines : car ce College y réside, & c'est de-là qu'il dirige tous les Ouvrages de Sibérie. Toutes les maisons qui la composent, ont été bâties aux dépens de la Cour : aussi sont-elles habitées par des Officiers Impériaux, ou par des Maîtres & des Ouvriers attachés à l'exploitation des mines. La Ville est réguliere, & les maisons sont presque toutes bâties à l'Allemande. Il y a des fortifications, que le voisinage des *Baschkires* rend très-nécessaires. L'Iser passe au milieu de la Ville, & ses eaux suffisent à tous les besoins des Fonderies. L'Eglise de Catherinenbourg est de bois ; mais on a jetté les fondemens d'une Eglise en pierres. Le Commandant de la Ville étoit alors M. d'*Hennin*, Lieutenant Général, qui a le plus contribué à l'établissement du lieu. Il étoit Président du College suprême des Mines, & il avoit sous lui un Assesseur tiré du College du Commerce, outre les Officiers qui dépendent de celui des Mines. Il y a dans cette Ville un magasin garni de boutiques, & bâti de bois ; mais on n'y trouve guere que des marchandises du pays. Il y a aussi un Bureau de péage, dépendant de la Régence de Tobolsk ; les marchandises des Commerçans qui y passent dans le tems de la Foire d'*Irbit*, y font vifitées. La durée de cette Foire eſt le feul tems où il foit permis aux Marchands de paſſer par Catherinenbourg. On retireroit même volontiers cette permiſſion, parce qu'on n'eſt pas toujours aſſûré de la vérité des paſſeports, & qu'il eſt aifé de frauder le péage en paſſant à côté; mais comme les Marchands feroient obligés de faire un trop grand détour, fi on leur défendoit cette route, on préfere le bien public, & l'on apporte feulement toute l'attention poſſible pour empêcher la fraude.

Pour s'inſtruire à fond dans la matiere des Mines, Forges, Fonderies, &c. il fuffit de voir cette Ville. Les ouvrages y font tous en très-bon état, & les Ouvriers y travaillent avec autant d'application que d'habileté. Auſſi la Police y eſt-elle admirable. On empêche, fans violence, ces Ouvriers de s'enivrer, & voici comment. Il eſt défendu par toute la Ville de vendre de l'eau-de-vie dans d'autres tems, que les Dimanches après-midi. De plus, pour ne pas profaner ce jour, on ne permet de vendre qu'une certaine mefure; & l'on tient exactement la main à l'exécution d'un réglement fi fage. Les Ouvriers d'ailleurs n'ont pas à fe plaindre, ils ne manquent de rien. Ils touchent leur paie régulierement tous les quatre mois, & les vivres font à très-grand marché. Lorſque quelqu'un d'eux tombe malade, il eſt très-bien foigné dans un Hôpital bâti exprès pour eux, & dirigé par un bon Chirurgien-Major. On y apporte même les malades des Mines ou Fonderies des environs.

Dans la nuit du 31 Décembre, nous fûmes régalés d'un fpectacle Ruſſe où nous ne trouvâmes pas le mot pour rire. Notre appartement fe remplit tout-à-coup de maſques. Un homme vêtu de blanc conduifoit la Troupe; il étoit armé d'une faux qu'il aiguifoit de tems en tems, & c'étoit la Mort qu'il repréfentoit : un autre faifoit le perfonnage du Diable. Il y avoit des Muficiens, & une grande fuite d'hommes & de femmes. La Mort & le Diable, qui étoient les principaux Acteurs de la Piece, difoient que tous ces gens-là leur appartenoient, & vouloient nous emmener auſſi. Nous nous débarraſsâmes d'eux, en leur donnant pour boire.

Au commencement de Janvier, M. Muller & moi, nous allâmes, avec M. d'Hennin, vifiter les Mines de cuivre de *Polewai*, fituées à cinquante-deux werſtes de Catherinenbourg. Nous entrâmes dans la Mine de cuivre, qui eſt dans l'enceinte des Ouvrages élevés contre les incurfions des Baſchkires; nous defcendîmes par un efcalier bien conſtruit; & pour y pénétrer, nous n'eſſuyâmes pas, à beaucoup près, les difficultés qu'il faut furmonter dans les Mines d'Allemagne. Le rocher n'eſt pas indomptable; cependant il faut, pour le brifer, de la poudre à canon. La Mine ne s'y trouve pas par couches : elle eſt diſtribuée par chambres, & donne, l'un portant l'autre, trois livres de cuivre par quintal. La terre qui la tient eſt noirâtre, & un peu alumineufe. Comme la Mine n'eſt pas profonde, on a rarement befoin de pouſſer les galleries au-delà de cent braſſes de profondeur; auſſi n'eſt-on pas beaucoup incommodé des eaux, qui d'ailleurs font chaſſées par des pompes que la riviere de Polewa fait agir.

De la Mine, nous allâmes aux Fonderies, où l'on voit tous les fourneaux néceſſaires pour préparer la pierre crue (*rohſtein*), & le cuivre. Dans le même endroit, font les Forges avec les marteaux. Tous ces ouvrages sont mis en mouvement par la Polewa, qu'un batardeau fait enfler. Après avoir tout visité, nous revînmes le même jour à Catherinenbourg.

M. de la Croyere pressoit son départ pour Tobolsk, où il avoit des observations astronomiques à faire, pour déterminer la vraie situation de cette Ville, tant en longitude qu'en latitude. Il nous quitta donc le 9 Janvier, emmenant avec lui les quatre Géometres & deux Etudians. M. Muller & moi nous fûmes obligés de nous arrêter quelques jours de plus à Catherinenbourg, tant pour avoir encore sur les Fonderies & sur les Forges de Sibérie quelques éclaircissemens qui nous manquoient, que pour faire construire divers instrumens, dont nous avions besoin pour nos observations météorologiques. Nous nous étions aussi proposé de visiter encore quelques travaux des Mines avec le Lieutenant-Général d'Hennin, & de voir la Foire d'*Irbit*. Le 14, M. Muller reçut une lettre du Capitaine Beering, qui lui mandoit son départ prochain de Tobolsk. Nous avions encore bien des choses à régler avec cet Officier, relativement à notre voyage ; mais ne pouvant pas partir tous deux ensemble, M. Muller se mit le même jour en route, avec le Peintre, l'Interprete & deux Etudians; ainsi je restai seul avec un Etudiant & deux Soldats.

Je partis enfin à mon tour le 19 Janvier, avec ma petite suite, & j'accompagnai le Lieutenant-Général aux autres ouvrages qu'il me restoit à voir. En passant à *Phomino*, on me dit qu'à deux journées de ce Village il y avoit un grand desert, dans lequel se trouvoient plusieurs lacs, les uns salés, d'autres si amers, que les bestiaux même évitoient d'y boire, & des chevaux sauvages. A *Pokrowskoje Sielo*, qui est à soixante-treize werstes en droiture de Catherinenbourg, je vis une espece particuliere de cerises sauvages, qui ont un goût aigrelet, & un noyau alongé.

J'atteignis le même jour au soir la Fonderie de fer de *Kamenskie*, située sur la riviere de Kamenka. Cette Fonderie, qui est entourée de bois, est une des plus anciennes, & le fer qu'on y prépare, est le meilleur de toute la Sibérie ; il est fort fibreux, très-doux, & le plus propre pour la fabrique du canon.

J'arrivai le 22 à la Slobode *Kamuschtowska*, où se séparent les chemins pour Irbit & pour Tobolsk. Le chemin de la gauche conduit à *Irbit*, & ce fut celui que je pris.

Irbit, où je fus rendu le 23, est éloigné de Werchoturie de deux cens werstes, & de deux cens vingt-huit de Catherinenbourg. En y entrant, nous nous apperçûmes du concours qu'occasionnoit la Foire. On pouvoit à peine y passer, tant les rues étoient pleines d'hommes, de chevaux, de traîneaux, &c.

Il n'est presque point de Ville en Russie, & dans les autres Provinces soumises à cette Couronne, dont il n'y eût alors un ou plusieurs Négocians à Irbit. Quant aux Etrangers, il y avoit des Grecs, différentes sortes de Tatares, & des Buchares de la domination de *Kaldan Ziran*, Souverain des Kalmouks. Chaque Forain avoit apporté des marchandises de son pays, ou fabriquées chez lui. Les Grecs avoient principalement des marchandises étrangeres d'Archangel, comme des vins, des eaux-de-vie de France, &c. Les principales marchandises des Buchares consistoient en or & en argent pur qu'ils vendoient au *Poud*, poids de 40 livres. Quelques Russes avoient aussi de l'argent, qu'ils avoient trouvé dans des tombeaux. Ici, les Marchands sont obligés de déclarer toutes leurs marchandises au Bureau du péage, & d'y payer le droit ; l'or & l'argent en sont exempts. Ce péage est le dixieme de toutes les marchandises en nature ; on estime ensuite le reste, & l'on en paie dix pour cent. Le péage acquitté, il dépend ensuite du Waywode de Werchoturie, qui se trouve au tems de la Foire à Irbit, avec un petit détachement de sa Chancellerie, d'ouvrir la Foire quand il lui plaît. Il est de l'intérêt des Marchands que l'ouverture en soit prompte ; mais, si le Waywode aime les présens, il en differe le terme jusqu'à ce qu'il en ait suffisamment reçus. Le terme ordinaire étoit autrefois le jour des Rois ; il fut reculé cette année jusqu'au 27 Janvier. On ouvrit à la vérité toutes les boutiques le 20, mais on les ferma presqu'aussitôt ; quelques heures après, elles furent rouvertes, & de nouveau refermées un instant après. L'ouverture se fit enfin définitivement le 27. On établit un Receveur sous la porte de la Slobode, pour lever le péage de tous les vivres qui entreroient pendant la durée de la Foire. Ce droit est apparemment arbitraire ; car j'entendis les plaintes d'un paysan qui ayant apporté deux cochons-de-lait, fut obligé de payer six copeques pour le péage, & ne put vendre ses cochons que quatre copeques.

Dès que les boutiques furent ouvertes, elles furent inondées de Marchands & de curieux. Une de ces boutiques étoit remplie des marchandises prises au péage, & dont on cherchoit à faire de l'argent. Une autre étoit toute garnie de vases de cuivre, travaillés à Catherinenbourg. On vendoit encore toutes sortes de friandises & de boissons extraordinaires ; on cuisoit des petits gâteaux & des tartelettes dans les rues. Il y avoit aussi des troupes de mendians assis en cercle autour d'un grand feu, qui demandoient l'aumône aux passans en chantant des hymnes.

Je quittai le même jour Irbit & sa Foire ; & après deux jours de marche, je gagnai *Tumen* ou *Tiumen*.

Cette Ville est d'une moyenne grandeur, & presqu'entierement bâtie de bois ; son enceinte est de la même construction. Il y a neuf Eglises & deux Couvents, dont un habité par des Religieuses. Le Couvent des Moines & la Cathédrale sont bâtis de pierre. Le premier est situé sur la rive méridionale de la Tura, hors de la Ville, dans un lieu qui doit être fort agréable en Eté. On bâtissoit alors derriere le Couvent une Eglise neuve & un mur de pierre. La Ville est de même située sur le rivage méridional de la riviere, lequel est fort élevé ; mais elle s'étend du côté des terres. Elle est traversée par une petite riviere, appellée *Tamenki Klutschi* ou *Retschi*, qui se décharge dans la Tura. A peu de distance du Couvent des Moines, on voit encore hors de la Ville la *Jamskaja Sloboda*, & vis-à-vis de celle ci, du côté septentrional de la riviere, une Slobode Tatare.

Il est d'usage d'aller de Tiumen à Tobolsk, sans changer de chevaux. Je l'ignorois, & pour vouloir précipiter mon voyage, je perdis bien du tems à attendre des relais. J'arrivai le 30 au matin à *Mirim* ou *Mirimowi Jufti*, & je voulus y changer de chevaux. Mais les habitans du lieu, qui font des Tatares, originaires de la Bucharie, prétextoient d'anciens privileges obtenus des Czars, en vertu desquels ils étoient exempts de tous impôts, & par conséquent de la fervitude de fournir des chevaux aux Voyageurs. Je demandai à voir leurs titres : ils eurent l'adresse d'éluder ma demande, en me difant qu'ils étoient dépofés dans un autre Village. Je remarquai à cette occafion une grande inimitié entre les Tatares de *Mirim* & ceux de *Turbin*. Les premiers voulurent me perfuader qu'il falloit contraindre les autres à me louer leurs chevaux ; ceux-ci prétendoient qu'il falloit enlever de force ceux des premiers, & les maltraiter même en cas de réfistance. Je priai les Tatares de Turbin de me mener eux-mêmes plus loin, & je vins à bout d'eux. Ce fut un nouveau fujet de difcorde : les deux Nations penferent en venir aux mains. Les Tatares de Mirim voyant que les autres alloient me conduire, fe moquoient d'eux du haut du rivage qu'ils occupent ; mes Conducteurs, de leur côté, leur répondoient des injures. Enfin les premiers commençoient à defcendre la montagne pour joindre ceux-ci : je coupai cours à cette querelle, en ordonnant à mes Tatares de preffer le pas. J'arrivai donc ce même jour à *Tobolsk* vers les 10 heures du matin, & j'y trouvai mes Collegues, avec toute notre fuite, en bonne fanté.

La Troupe, depuis mon abfence, étoit augmentée d'une perfonne. Le Capitaine *Beering* y avoit joint par ordre du Sénat un Chirurgien en fecond, nommé *Pierre-Thomas Brauner*.

Il ne fe paffa rien de remarquable à Tobolsk avant le 17 Février. La *Semaine du beurre*, qui commença ce jour-là, mit en mouvement toute la Ville. Les gens les plus diftingués fe rendoient continuellement des vifites, & le peuple faifoit mille extravagances. On ne voyoit, & l'on n'entendoit que jour & nuit, dans les rues, que des courfes & des cris ; la foule des paffans & des traîneaux y caufoit à chaque inftant des embarras. Une nuit paffant devant un cabaret, je vis beaucoup de monde affis fur un tas immenfe de neige qu'on y avoit élevée exprès. On y chantoit & l'on y buvoit fans relâche ; la provifion finie, on renvoyoit au cabaret. On invitoit tous les paffans à boire, & perfonne ne fongeoit au froid qu'il faifoit. Les femmes fe divertiffoient à courir les rues ; elles étoient fouvent jufqu'à huit dans un traîneau, & parmi elles, il s'en trouvoit qui étoient prifes de boiffon. Tous les matins, on entendoit parler de quelque malheur arrivé dans la nuit : une femme, entr'autres, fut dépouillée toute nue dans la rue par un Bas-Officier de Marine, & fi mal traitée par tout le corps à coups de *katze* (25), qu'elle en mourut quelques jours après.

Le 28 Février, je reçus des Lettres de Catherinenbourg, par lefquelles on me donnoit avis que le Général étoit tombé dangereufement malade, & qu'il m'invitoit à l'aller voir. Je me mis en route le premier Mars

---

(25) *Katze* eft un paquet de cordes, femblable à un martinet, avec lequel on frappe fur le dos nud des Matelots pour les punir.

VOYAGE EN au matin, & je repassai par tous les endroits que j'ai ci-devant articulés. A *Pechler*, j'entrai dans une maison de Tatares. Ceux du district de Tobolsk ne sont nullement comparables aux Tatares de Casan pour la politesse & la propreté. Ces derniers ont ordinairement une chambre particuliere pour leurs femmes. Ceux de Tobolsk n'ont qu'une seule chambre, dans laquelle toute la famille vit pêle-mêle, avec les bœufs, les vaches, les veaux, les moutons. Cette mal-propreté provient vraisemblablement de leur pauvreté ; c'est par la même raison qu'ils ont rarement plus d'une femme, & qu'ils ne boivent que de l'eau. Cependant j'ai trouvé la même malpropreté chez les Tatares *Mirimow*, qui devroient du-moins être plus à leur aise, puisqu'ils sont exempts de la plûpart des impôts. Les chambres des Tatares de Tobolsk sont construites comme celles des Tatares de Casan. Je vis encore à Pechler un enfant Tatare qui avoit trois amulettes pendus à son col. Ils étoient tous trois cousus dans du cuir. Ces amulettes d'ordinaire renferment des passages de l'Alcoran, & on les achete de l'Abiss. On les regarde comme efficaces pour la conservation des enfans, & l'on n'en voit point qui n'en ait au-moins un.

J'arrivai le 4 Mars, à une heure après midi, à Catherinenbourg. Le Général étoit malade de la gravelle, & il avoit déja rendu deux petites pierres ; je lui fis jetter encore beaucoup de sable. Je restai auprès de lui tout le tems que je crus pouvoir lui être utile : dès qu'il me parut à peu-près rétabli, je pressai mon départ, & je fus de retour à *Tobolsk* le 13 vers midi.

Cérémonies religieuses de Tobolsk.

Autant la Ville avoit été tumultueuse dans la *Semaine du beurre*, autant je la retrouvai tranquille. On voyoit tout le monde en priere ; la dévotion publique éclata sur-tout dans une cérémonie qui se fit le 3 Mars à la Cathédrale, & qui fut célébrée par l'Archevêque du lieu. Elle commença par une espece de béatification de tous les Czars morts en odeur de sainteté & de leurs familles, des plus vertueux Patriarches, & de plusieurs autres personnages, du nombre desquelles fut le *Jermak*, qui avoit conquis la Sibérie. Ensuite on prononça solemnellement le grand Ban de l'Eglise contre tous les infideles, hérétiques & schismatiques, c'est-à-dire contre les Mahométans, les Luthériens, les Calvinistes, & les Catholiques-Romains, supposés auteurs du schisme qui sépare les deux Eglises. Pendant tout le Carême, on n'entendit point de musique ; il n'y eut aucune sorte de divertissement, ni noces, ni fiançailles. Si nous n'eussions pas eu des Tatares à observer, nous aurions été réduits à la plus grande inaction.

Noce Tatare.

Le 15 Mars, nous eûmes avis qu'il se faisoit une noce Tatare au Village de *Sabanaka* ; nous fûmes curieux de la voir, & nous nous rendîmes sur les lieux. On compte de Tobolsk à Sabanaka sept vieux werstes, qui en font environ douze nouveaux. Nous allâmes droit à la maison des nouveaux mariés ; nous fûmes conduits, avec d'autres Etrangers, qui avoient eu la même curiosité que nous, dans une chambre particuliere, où l'on avoit rangé des chaises pour nous recevoir. Nous y trouvâmes aussi les bancs larges & bas, que nous avions vus jusqu'à présent dans toutes les chambres Tatares, & ils étoient couverts de tapis. La table avoit aussi son tapis ;

tapis ; on y avoit fervi un gâteau, de gros raifins & des noix de cedre. En arrivant dans la chambre, on nous préfenta de l'eau-de-vie à la maniere Ruffe, & enfuite du thé. On nous prévint qu'on avoit raffemblé à Tobolsk quelques chevaux qui viendroient en courfe, pour difputer les prix. C'eft un ancien ufage dans toutes les Noces Tatares, de donner le fpectacle de ces courfes avant de commencer la noce. Or afin qu'il fe trouve toujours des cavaliers & des chevaux pour les courfes, il y a des prix propofés, tant de la part du marié, que du côté de la mariée ; & le plus confidérable eft adjugé à celui qui atteint le premier le but. Le prix donné par le marié, étoit une piece de *kamka* rouge, une peau de renard, une piece de *cham* verd, une piece de *tfchandar* (ces deux dernieres étoffes font de coton, & tirées de la Calmouquie), & une peau rouffe de cheval. De la part de la mariée, il y avoit une piece de *kamka* violet, une piece d'étoffe de Bucharie rayée rouge & blanc, moitié foie & moitié coton, qu'on nomme *darei*, une peau de loutre, une piece de *kitaika* rouge, & une peau rouffe de cheval ; ce qui faifoit en tout dix prix, deftinés pour les dix meilleurs Coureurs. Ces prix étoient attachés à de longues perches, & étalés devant la maifon des mariés.

Vers les 11 heures, on vit arriver trois Cavaliers. C'étoient deux jeunes garçons Ruffes qui avoient des culottes fort larges ; ils remporterent les trois premiers prix. Quelque tems après, il en arriva plufieurs autres, qui étoient prefque tous de jeunes Tatares ou de jeunes Ruffes. Les prix furent donnés aux dix premiers ; mais nous apprîmes, qu'on les diftribuoit quelquefois avec un peu de partialité, & qu'ici particulierement il y avoit eu de la faveur. A peu de diftance de ces prix, il y avoit deux tables, fur chacune defquelles il y avoit un inftrument de Mufique Tatare, confiftant en un vieux pot, fur lequel étoit un cuir bien tendu, & fur lequel on frappoit comme fur un tambour. Cette Mufique n'étoit pas merveilleufe ; cependant il y avoit une fi grande foule de Tatares empreffés de l'entendre, qu'on avoit de la peine à en approcher.

Après la diftribution des prix, nous paffâmes dans la chambre du marié, qui étoit dans la cour de la maifon où demeuroit la future. Cette chambre étoit remplie de gens qui fe divertiffoient à boire. Deux Muficiens Tatares étoient de la fête. L'un avoit un fimple rofeau percé de quelques trous, avec lequel il rendoit différens tons ; l'embouchure de cette efpece de flûte étoit entierement cachée dans fa bouche : l'autre racloit un violon ordinaire. Ils nous jouerent quelques morceaux qui n'étoient pas abfolument mauvais ; nous fûmes fur-tout invités à entendre la *Chanfon* ou *Romance de Jermak*, qu'ils nous affûrerent avoir été faite dans le tems que ce Guerrier conquit la Sibérie, & que leurs ancêtres furent foumis à la domination Ruffe.

De-là, nous repaffâmes dans la premiere chambre, d'où nous vîmes le marié, conduit par fes Paranymphes & par fes parens, faire trois fois le tour de la cour. Lorfqu'il paffa la premiere fois devant la chambre de la mariée, on jetta des fenêtres de celle-ci des morceaux d'étoffe, que le peuple s'empreffa de ramaffer. Le marié avoit une longue vefte rouge, avec des boutonnieres d'or. Son bonnet étoit brodé en or, & de la même couleur. De la cour, il monta droit l'escalier, & se rendit dans une chambre, où l'*Achun* (Prêtre égal en dignité à un Evêque), deux *Abuss* ou *Abiss*, & deux hommes qui représentoient les peres du marié & de la mariée, étoient assis sur un banc. Il y avoit dans cet endroit une grande foule de spectateurs accourus pour voir la cérémonie. Les deux Paranymphes entrerent dans la chambre avant le marié, & demanderent à l'Achun, si la cérémonie se feroit. Après sa réponse, qui fut affirmative, le marié entra: les Paranymphes lui demanderent, *si lui N. N. pourroit obtenir N. N. pour femme?* Là-dessus, l'Abuss envoya chez la mariée, pour avoir sa réponse. Son consentement étant arrivé, & les peres & meres des futurs conjoints ayant aussi donné le leur, l'Achun récita au marié les Loix du mariage, dont la principale étoit qu'il ne prendroit jamais d'autre femme, sans le consentement de celle qu'on alloit lui donner. A toutes ces formalités, le marié gardoit un profond silence; mais ses Paranymphes promirent qu'il feroit tout ce qu'on exigeoit de lui. L'Achun pour-lors donna sa bénédiction, & il finit la cérémonie par un éclat de rire, qui fut imité par plusieurs des assistans. Pendant tout ce tems, les parens & les amis des mariés apportoient des pains de sucre pour présens de noce. Après la bénédiction nuptiale, on cassa ces pains en plusieurs morceaux. On sépara les gros des petits, & on les mit séparément sur des assiettes. Les plus gros furent distribués au Clergé, & les autres aux Assistans; nous eûmes chacun environ deux onces de sucre. On quitta cette chambre, pour s'aller mettre à table, & nous fûmes servis dans l'endroit où l'on nous avoit reçus d'abord. Le repas étoit composé de riz, de pois, de bœuf & de mouton. A une heure après midi, nous nous retirâmes, & nous revînmes à Tobolsk. Nous sûmes depuis que la noce avoit duré trois jours, pendant lesquels on n'avoit cessé de boire & de manger.

Telles sont les cérémonies publiques du mariage chez les Tatares; mais il en est de particulieres qui se célebrent chez la mariée dès la veille, & auxquelles on n'admet guere que les plus proches parens ou des amis bien intimes. M. *Muller* y assista quelques années après (le 9 de Décembre 1740), aux environs de Tobolsk; & le récit qu'il m'en a fait, ne peut être mieux placé qu'ici. La veille du mariage, il y avoit chez la fiancée un grand nombre de femmes & de filles, qui paroissoient s'y être assemblées pour pleurer sa virginité, cérémonie qui est pareillement en usage chez les Russes. Toute la chambre étoit si pleine, qu'à peine y pouvoit-on trouver place. D'abord on se mit à manger: bientôt après, on entendit un violon & un hautbois Tatares, au son desquels de petits garçons unirent leurs voix, & danserent. Près d'eux étoit un homme, à qui les Assistans donnoient de tems en tems quelques copeques, & qui, par reconnoissance, louoit continuellement la générosité des convives. Pendant tout ce tems, la mariée étoit assise derriere un rideau, & entourée d'un grand nombre de filles. Un présent de quelques livres de raisins secs valut à M. Muller la permission de pénétrer jusque derriere le rideau. Il vit la mariée sur un tapis, & à côté d'elle une jeune fille de ses compagnes. Elles étoient toutes deux couvertes d'un grand linge blanc. On voyoit successivement une femme & une fille s'approcher de la future, l'embrasser

& prendre auſſitôt congé d'elle. Il parut enfin deux hommes du côté du marié, qui ſe tinrent au milieu de la chambre, & chanterent l'hymne nuptiale. Cette hymne étoit aſſez lamentable : elle diſoit à-peu-près, Que la future avoit été juſques-là dans la dépendance de ſes parens, mais que maintenant le marié (qui pourtant ne parut pas de la ſoirée) l'avoit acquiſe pour ſa femme, & l'alloit prendre chez lui. Les femmes & les filles pleuroient, & l'on entendoit ſangloter la future. L'hymne finie, les deux Chanteurs & les gens de leur ſuite coururent en ſautant derriere le rideau, ſaiſirent les quatre coins du tapis, enleverent la future avec ſa compagne, & les porterent dans une autre maiſon, qui n'étoit pas cependant celle du futur. Les lumieres & la muſique précédoient leur marche. Dans cette nouvelle maiſon, la mariée fut encore poſée derriere un rideau ſur le même tapis, avec ſa compagne. Là, d'autres femmes, du côté du marié, reçurent la future, en l'accablant de careſſes. La muſique & la danſe recommencerent ; la fiancée reſta comme en dépôt dans cette maiſon pendant la nuit, & y paſſa le lendemain tout le tems de la célé-bration, juſqu'à ce que le marié la menât chez lui.

Nous ne vimes rien de remarquable à Tobolsk, juſqu'au 14 Avril, jour que finit le Carême. Les cérémonies de Pâques, uſitées chez les Ruſſes parmi le peuple, ſont ici les mêmes. Le 15, nous eûmes à-peu près le même ſpectacle qu'on nous avoit donné à Catherinenbourg, ſi ce n'eſt qu'il ſe fit en plein jour. Ce fut la repréſentation d'une pieuſe farce, toute ſemblable à nos anciens *Myſteres*, & diſtribuée en trois Actes. Le premier commença par des chants. Enſuite vint un petit garçon, qui complimenta la compagnie ſur la Fête de Pâques. Ce Prologue fini, parut le Diable, tel qu'on le peint ordinairement, & tout noir. Il chaſſoit devant lui un vieillard à barbe griſe qui touſſoit avec violence, pour repréſenter les in-firmités de la vieilleſſe : il devoit figurer le vieil Adam. Le Diable fit autour de lui toutes ſortes de poſtures & de grimaces, & lui mit au col l'image d'un ſerpent empaillé, qui tenoit dans ſa gueule une pomme. Le vieil Adam tomba par terre, & reſta comme inanimé. La Mort ſurvint avec ſa faux, & voulut enlever le corps ; mais le Diable s'y oppoſa. Enfin Jeſus-Chriſt, repréſenté par un jeune homme fort laid, arriva ; il tenoit d'une main une croix, & de l'autre une couronne d'or. Sa vue paroiſſoit effrayer beaucoup le Diable, qui ne ſavoit où ſe fourrer, juſ-qu'à ce qu'il trouvât le moment de s'eſquiver de la chambre. La pré-ſence & la vertu de la croix rendirent la vie au vieil Adam, & Jeſus-Chriſt lui ayant ordonné de ſe lever, lui donna ſa couronne d'or. Le vieil Adam ne ſavoit comment exprimer ſa joie, & Jeſus-Chriſt l'em-mena pour le conduire au Ciel. Le ſujet du ſecond Acte, étoit la tradition du Décalogue, ou des dix Commandemens de Dieu. Je n'y vis rien de plus remarquable, que l'horrible perruque dont étoit coëffé le Patriarche Abraham, qui vint prononcer un galimathias philoſophique ſur le monde. Dans le troiſieme Acte, le Sacrement de Baptême fut repréſenté de cette maniere. Il parut un homme vêtu d'une mauvaiſe peliſſe, par-deſſus laquelle on avoit jetté un filet. Il avoit un ſabre au côté, & ſur ſon dos un carquois garni des fleches, & repréſentoit un Prince Oſtiaque. Deux autres hommes, à moitié nuds, s'avancerent fur l'Oſtiaque, qui avoit beaucoup vanté ſa bravoure, le ſaiſirent, & le deshabillerent preſque tout nud. Puis ayant fait apporter un baquet plein d'eau, ils le mirent dedans, lui jetterent quelques *wiedros* (26) pleins d'eau ſur la tête, & le firent renoncer à ſa peliſſe & à tout ce qu'il avoit. Après l'avoir ainſi baptiſé malgré lui, ils ſe retirerent. Le ſpectacle finit, comme il avoit commencé. Le Diable, le vieil Adam, la Mort, & Jeſus-Chriſt reparurent : un petit garçon prononça un diſcours, & les Chanteurs ſe firent entendre. Toute la piece étoit en vers, & la ſeule choſe qui nous frappa, fut la maniere aiſée avec laquelle les Acteurs débitoient leur rôle. Il eſt vrai que ce ſont de jeunes garçons formés, dès leur enfance, à ces exercices par le Clergé dont ils dépendent (*).

Il y eut ce même jour à Tobolsk une autre ſolemnité dont M. Muller fut témoin. A une werſte de la Ville, il étoit entré dans une maiſon, ſituée ſur une éminence, & qui paroiſſoit ne contenir qu'une ſeule chambre. Il y deſcendit par quelques marches baſſes, & il y trouva beaucoup de cerceuils remplis de corps morts, & qu'on pouvoit aiſément ouvrir. Ce ſont les cadavres de gens qui ſont morts d'une mort violente, ou ſans Sacremens, & qui par conſéquent ne peuvent pas être enterrés avec ceux qui les ont reçus, ou qui ſont morts d'une mort naturelle. Près de ces bieres, il y avoit un grand concours de monde, ſoit parens des morts, ſoit inconnus, qui venoient prendre congé des défunts : *Car,* diſent-ils, *quoique nous ne ſoyons pas parens, les morts peuvent dire un mot en notre faveur.* Ce n'eſt pas qu'ils croient que ceux qui ne ſont pas morts dans les regles, ne puiſſent pas être ſauvés : ces morts, ſelon les dévots de Tobolsk, ne reſtent pas au-delà d'un an dans cet état, & quelques-uns même n'ont pas ſi long-tems à attendre. Suivant cette opinion, tout ce qui meurt dans l'année, entre les deux Jeudis antérieurs à celui qui précede les Fêtes de la Pentecôte, reſte ſans être inhumé juſqu'à ce dernier Jeudi, & eſt gardé dans ce magaſin de Morts. S'il arrive que quelqu'un meurt ce Jeudi même, il faut qu'il attende une année entiere pour être enterré ; ſi, au contraire, il ne meurt qu'un ſeul jour avant, il l'eſt dès le lendemain. Ce Jeudi eſt appellé *Tutpa* en Langue Ruſſe ; mais la plûpart le nomment *Sedmik*, parce que depuis le Jeudi-Saint juſqu'à celui-ci, il y a ſept ſe-

---

(26) Un *wiedro* eſt une meſure de vingt-ſix livres peſant d'eau.

(*) Voilà notre *Confrairie de la Paſſion*. Il eſt curieux de retrouver, ſi loin de nous, au fond du Nord, & chez des peuples que nous regardons à-peu-près comme des Sauvages, nos premiers ſpectacles. C'eſt qu'originairement tous les hommes ont eu le même tour d'imagination, & les mêmes goûts. Les variétés ou les différences que la Nature a miſes entr'eux, ne ſont rien en comparaiſon de celles produites par la culture & le progrès des ſociétés, qui les poliſſent en les dénaturant, comme la greffe change les eſpeces des arbres qu'elle améliore. Peut-être en eſt-il auſſi de certains uſages, autrefois communs à des peuples qui ſont ſéparés aujourd'hui par des intervalles immenſes, comme de ces idiotiſmes d'où les Etymologiſtes déduiſent les anciennes origines, & l'identité des Nations. Quoi qu'il en ſoit, il doit paroître encore plus étonnant, qu'il ſubſiſte dans quelques-unes de nos Provinces de ces ſpectacles que l'on croiroit rélégués dans la Sibérie.

maines. Ce même jour, l'Archevêque de Tobolsk fait une procession solemnelle, avec son Clergé, jusqu'à cette maison ; & après avoir récité quelques prieres, il absout les morts des péchés dont ils se sont rendus coupables par leurs négligences, ou qu'ils n'ont pu expier par leur mort subite.

La semaine de Pâques se passa gaiement en visites respectives. La populace la célébra par beaucoup de divertissemens à sa mode ; mais ses extravagances n'approchoient pas à beaucoup près de celles qui se firent dans la *Semaine du beurre*. C'est-là principalement le tems des débauches avec les femmes, qui cependant ne sont pas rares tout le reste de l'année en cette Ville. Je n'ai vu dans aucun lieu du monde autant de gens sans nez, qu'à Tobolsk. Le froid ne peut pas en être la cause, puisqu'il y fait plus chaud, ou du-moins qu'il n'y fait pas plus froid qu'à Petersbourg, où ces accidens sont baaucoup plus rares. Il est donc assez vraisemblable, qu'ici la perte du nez est un des fruits ordinaires du mal vénérien, qui est très-commun dans cette Ville. On le conçoit d'autant plus aisément, que, pour toute la garnison, il n'y a qu'un seul Chirurgien, & qu'il n'est pas obligé d'administrer gratuitement ses remedes aux habitans ; d'où il arrive que les pauvres restent sans secours pour cette maladie. Le remede ordinaire de la gonorrhée, est le vitriol. Le gros mal a jusqu'à présent été traité, comme je l'ai appris, avec de l'arsenic & du sublimé corrosif. Il y avoit alors à Tobolsk une vieille femme, qui avoit la réputation d'avoir guéri dans trois semaines tous ceux qui s'étoient mis entre ses mains. J'ai vu l'onguent avec lequel elle frottoit ses malades ; il étoit composé de mercure & de saindoux.

Le 2 Mai, on mit à l'eau la double Chaloupe qu'on avoit construite ici, & qui devoit passer de l'Obi, par la Mer Glaciale, à l'embouchure du Jeniséi. Il y avoit, pour cette opération, un traîneau d'une construction particuliere ; cependant cette Chaloupe ne fut pas lancée en une seule fois, parce que l'eau avoit un peu trop élevé le devant du traîneau, ce qui obligea de couper cette partie. On se servit en même tems d'une ancre qu'on avoit jettée à quelque distance du Bâtiment, & vers laquelle on le fit avancer, en retirant le cable : c'est par ces deux moyens qu'on vint à bout de le lancer. Ce Bâtiment ressembloit par sa forme à une Chaloupe, sinon qu'il étoit beaucoup plus gros, & couvert ; il étoit monté de huit canons. Dès qu'il fut à l'eau, la Forteresse tira trois coups de canon, & le nouveau Bâtiment y répondit de tous les siens. Le Statthalter & le Sous-Statthalter, qui étoient présens à l'opération, se firent mener à bord du Bateau. On y avoit préparé pour eux, & pour toute la compagnie, un repas qui dura jusqu'au soir ; il finit par des santés, qui furent bues au son des trompettes, & au bruit continuel du canon. Le Commandant de la Chaloupe, étoit un Lieutenant de la Flotte, nommé *Owzin*. Elle portoit le nom de *Tobol*, qui lui fut donné par le Statthalter.

Cette Chaloupe mit à la voile le 14 Mai, & les mêmes personnes se trouverent encore à bord. En passant devant la Forteresse, elle tira tous ses canons, & la Forteresse répondit par trois coups. On but ensuite, & l'on tira continuellement jusqu'au soir fort tard. La Chaloupe étoit accompagnée de quatre *Doschtschennikes*, sorte de Bâtimens usités dans le pays, qui portoient les vivres ; elle étoit montée de cinquante Soldats, de deux Matelots & de vingt-quatre Travailleurs. Dès le lendemain, elle perdit deux Travailleurs, qui furent noyés en ramassant les voiles. Cet accident fit tenir beaucoup de discours à Tobolsk, où il fut regardé de mauvais augure.

Le 15, M. Muller & moi, nous nous rendîmes à l'endroit où, selon l'opinion commune, avoit été bâtie la Ville de *Sibir*, résidence des anciens Souverains de Sibérie. Il est sur la rive droite de l'*Irtisch*, à dix-huit werstes de Tobolsk, & près d'un petit ruisseau, nommé *Sibirka*, qui se jette dans l'Irtisch. Nous y vîmes quelques vestiges d'un rempart, & rien autre chose.

Le 19, M. *de la Croyere* partit de cette Ville, avec le détachement de la Marine, que le Capitaine Beering y avoit laissé. Tout l'Escadre consistoit en *Doschtschennikes*, ou Bâtimens de convoi.

TOBOLSK, Capitale de la Sibérie, est située sur le fleuve Irtisch, à la latitude de 58 deg. 12 min. Elle est divisée en Ville haute & en Ville basse. La Ville haute est sur la rive orientale de l'Irtisch ; la basse occupe le terrein qui est entre la montagne & ce fleuve. Elles ont l'une & l'autre un circuit considérable ; mais toutes les maisons sont bâties de bois. Dans la Ville haute, qu'on appelle proprement la *Ville*, est la Forteresse qui forme presqu'un quarré parfait, & qui a été construite par le Statthalter *Gagarin*. Elle renferme un Magasin de merchandises bâti de pierre, la Chancellerie de la Régence, & le Palais Archiépiscopal. Près de la Forteresse, est la maison du Statthalter. Outre le Magasin de marchandises, il y a dans la haute Ville encore un Marché pour des vivres & pour toutes sortes de menues denrées. Le Statthalter faisoit alors entourer toute cette Ville haute, du côté oriental vers la terre, d'un rempart terrassé, qui devoit être achevé dans peu de tems.

La Ville basse a son Marché particulier, avec quelques boutiques, où l'on vend aussi toutes sortes de menues denrées. Quand on veut faire ici quelque provision, il faut se trouver au Marché le matin, & l'après-midi à certaines heures, hors desquelles on ne trouve plus rien. Comme tout le monde s'y rend à-peu-près dans le même tems, il y a une telle presse, qu'on a de la peine à passer dans les rues, parce que le chemin de la Ville basse à la haute donne, en Eté sur-tout, par ce Marché.

La Ville haute a cinq Eglises, dont deux construites de pierres, enclavées dans la Forteresse, & trois bâties de bois, outre un Couvent appellé *Roschdestwenskoi Monastir*. La Ville basse a sept Paroisses, & un Couvent bâti en pierre, qui se nomme *Snamenskoi*.

La Ville haute a l'avantage de ne point être sujette aux inondations ; mais elle a une grande incommodité, en ce qu'il faut y faire monter toute l'eau dont elle a besoin. L'Archevêque seul a un puits profond de trente brasses, qu'il a fait creuser à grands frais, mais dont l'eau n'est à l'usage de personne hors de son Palais. La Ville basse a l'avantage d'être proche de l'eau ; mais elle est sujette à des inondations.

On nous dit à Tobolsk, que cette Ville essuie tous les dix ans une inondation qui la met sous l'eau. En effet, l'année précédente (1733) non-seulement la Ville, mais tous les lieux bas des environs, jusqu'à Tiumen, étoient inondés.

Les deux Villes ont communication par trois chemins différens : le premier, qui est du côté de la riviere, est le plus escarpé ; il va droit à la Forteresse, & c'est l'ouvrage de l'ancien Statthalter Gagarin. Comme ce chemin est pavé, c'est le plus fréquenté dans l'Eté & dans le Printems ; il conduit d'un bout dans la Ville basse jusqu'au Couvent de *Snamenskoi*, & par en-haut jusqu'au rempart de terre, qui est à l'extrémité de la haute Ville. Il est incommode à Tobolsk de demeurer ailleurs que sur cette rue : car, comme par-tout ailleurs le terrein est fort glaiseux, les boues dans le Printems sont si fortes, qu'on a de la peine à s'en tirer. L'autre chemin de communication, qui est celui du milieu, n'est pas beaucoup pratiqué ni en Eté, ni en Hiver, parce qu'il n'est point pavé, & que la pente en est rude. Le troisieme, qui est le plus fréquenté dans l'Hiver, a une pente assez douce, qui le rend beaucoup plus praticable que les deux autres.

Je n'ai pas trouvé d'endroit où l'on voie autant de vaches qu'on en rencontre à Tobolsk. Elles courent les rues, même en Hiver ; de quelque côté que l'on tourne, on voit des vaches, mais bien plus encore en Eté & dans le Printems.

La principale riviere qui passe au-devant de Tobolsk, est l'*Irtisch*. Sa source est fort avant dans la Calmouquie. Après y avoir parcouru bien du terrein, il traverse un lac, appellé en Langue Calmouque *Nur-Saissan*; puis parcourant encore un district d'environ deux mille werstes jusqu'à Tobolsk, il reçoit en chemin plusieurs rivieres grandes & petites, dont les principales sont l'*Ischim* & le *Tobol*, & se décharge enfin à quatre cens werstes au-dessous de Tobolsk dans l'Obi, près de *Samarowskoi-Jam*. Le Tobol, comme on l'a déja dit, a son embouchure un peu au-dessus de la Ville, sur la rive occidentale. L'eau de l'Irtisch est toujours trouble & mêlée de vase. Les Voyageurs rapportent que l'eau du Tobol est beaucoup plus claire & plus pure, & qu'on peut la distinguer de l'eau de l'Irtisch jusqu'à une lieue au-dessous de son embouchure : cela ne s'accorde point du tout avec mes observations. Pour m'en assûrer, je me fis apporter de l'eau du Tobol ; elle étoit presqu'aussi trouble que l'eau de l'Irtisch, & avoit la même pesanteur. Ces mêmes Voyageurs se trompent, en donnant à l'Irtisch un cours fort rapide. Sans parler des glaces qui charient très-lentement, lorsque cette riviere dégele, nous avons constaté que son cours n'avance dans une heure que d'une werste. Outre ces rivieres, il y a de petits ruisseaux qui se déchargent dans l'Irtisch, après avoir traversé la Ville basse : ce sont les *Kurdjamka*, le *Monastirska*, le *Katschalowka*, le *Piligrimka* & le *Solijanka*.

La Ville de Tobolsk est fort peuplée, & les Tatares sont près du quart des habitans. Les autres sont presque tous des Russes, ou exilés pour leurs crimes, ou enfans d'exilés. Comme ici tout est à si grand marché, qu'un homme d'une condition médiocre peut vivre avec un modique revenu de dix roubles par ans (27), la pareſſe y regne au ſuprême degré. Quoi-qu'il y ait des Ouvriers de tous métiers, il eſt très-difficile d'obtenir quel-que choſe de ces gens-là; on n'y parvient guere qu'en uſant de contrainte & d'autorité, ou en les faiſant travailler ſous bonne garde. Quand ils ont gagné quelque choſe, ils ne ceſſent de boire juſqu'à ce que n'ayant plus rien, ils ſoient forcés par la faim à revenir au travail. Le bas prix du pain cauſe en partie ce deſordre, & fait que les Ouvriers ne penſent à rien épargner; deux heures de travail leur donnent de quoi vivre une ſemaine, & ſatisfaire leur pareſſe.

Du Statthalter de Tobolsk, dépendent le Sous-Statthalter d'*Irkutzk*, & tous les Waywodes de Sibérie. Il ne peut pas cependant les deſtituer, ni les choiſir lui-même; mais il eſt obligé de les recevoir tels qu'on les lui envoie de la *Prikaſe*, ou Chancellerie de Sibérie, qui réſide à Moſcow. Il reçoit, ainſi que le Sous-Statthalter & les autres Officiers de la Chancelle-rie, des appointemens de Sa Majeſté Impériale. Il y a deux Secrétaires à la Chancellerie de ce Gouvernement, qui ſont perpétuels, quoiqu'on change les Statthalters. Ces Secrétaires, par cette raiſon, ſont fort reſ-pectés; les grands & les petits recherchent leur protection, & ils gou-vernent preſque deſpotiquement toute la Ville.

Le Statthalter célebre toutes les Fêtes de la Cour. Il fait inviter ces jours-là tous ceux qui ſont au ſervice de Sa Majeſté Impériale, & même tous les Négocians de la Ville. Tout ce qu'il y avoit à Tobolsk de perſonnes deſtinées pour le voyage de Kamtſchatka, reçut de pareilles invitations. Nous étions toujours placés à la même table avec l'Archevêque, les Ar-chimandrites, quelques autres Eccléſiaſtiques d'un ordre inférieur, & les Officiers de la Garniſon. Le dîner étoit ſervi à la maniere Ruſſe; on y buvoit beaucoup de vin du Rhin & de vin muſcat. Ordinairement après le dîner, hors le tems du Carême, on danſoit juſqu'à 7 ou 8 heures du ſoir. D'autres fumoient, jouoient au trictrac, ou s'amuſoient à d'autres jeux. Ces repas furent très-fréquens à Tobolsk pendant notre ſéjour, non-ſeulement les jours de gala, mais encore à toutes les Fêtes de la famille du Statthalter, qui étoit très-nombreuſe. Le Sous-Statthalter & les deux Se-crétaires en faiſoient autant les jours de Fêtes de leurs familles.

Ces repas, quelque multipliés qu'ils ſoient, ne ſont rien moins que ruineux: car aucun des Négocians ne quitte la table, ſans laiſſer un demi-rouble, ou un rouble, & c'eſt à qui fera mieux les choſes. Or les Négo-cians, qui ſont ici le plus grand nombre, ſuffiſent pour payer tout le repas, ſur-tout lorſqu'il n'y a pas de Voyageurs, tels que ceux du Kamtſchatka, qui buvoient plus de vin dans deux mois, que n'en peuvent boire en deux ans cent Négocians de Tobolsk. Car quand ils veulent s'émanciper à en boire plus que de coutume, on leur donne, au-lieu de vin, de l'hydromel, & on leur fait bien entendre qu'ils ſont encore trop honorés d'être reçus dans une grande maiſon.

Les Tatares établis dans cette Ville, deſcendent en partie de ceux qui l'habitoient avant la conquête de la Sibérie, & en partie des Buchares,

(27) Il faut ſe rappeller ici l'époque du voyage : les choſes peuvent être fort chan-gées.

qui

qui s'y sont introduits peu-à-peu avec la permission des Grands-Ducs, dont ils ont obtenu certains privileges. Ils sont en général fort tranquilles, & vivent du commerce ; mais point de métier parmi eux. Ils regardent l'ivrognerie comme un vice honteux & deshonorant. Ceux d'entr'eux qui boivent seulement de l'eau-de-vie, sont fort décriés dans la Nation. Je n'eus point d'occasion de voir leurs cérémonies religieuses. Ils sont tous Mahométans, & peuvent avoir autant de femmes qu'ils veulent ; mais comme ils demeurent avec des Chrétiens, ils en prennent rarement plus d'une. M. *Muller* a assisté plusieurs fois à leur circoncision, & a vu circoncire cinq jeunes garçons à-la-fois. L'opération se fait à différens âges, depuis six ans jusqu'à quatorze. Elle commence par un repas, dans lequel l'*Achun*, ou, en son absence, un Ministre d'un ordre inférieur, occupe la premiere place. Après lui sont assis les autres Tatares sur de larges bancs, & la cour de la maison est ordinairement remplie de monde. Après le repas, on prend du thé. Ensuite arrivent les enfans qui doivent être circoncis, & qui sont portés par autant d'hommes dans la chambre où la compagnie est assemblée. L'*Abdal* (c'est l'Opérateur) les présente aux Assistans ; & demande à l'Achun sa bénédiction pour l'opération qu'il va faire à ces enfans. Toute la compagnie se met aussitôt en prieres, ce qui se fait tout bas. Les enfans sont rapportés dans la chambre : on les met les uns à côté des autres sur un large banc, & sous une couverture légere. Ordinairement toute la compagnie, & même l'Achun, restent dans l'endroit où l'on a mangé. Alors les meres des enfans assistent seules à la circoncision, & l'on n'y admet point d'autres femmes. Si la pauvreté des Tatares ne leur permet pas d'avoir plusieurs pieces, la chambre où se fait la cérémonie est souvent remplie d'hommes & de femmes. La bénédiction donnée, l'Abdal opere sur le champ. Tout l'appareil consiste en un plat de bois, dans lequel est une petite baguette, en une tenaille élastique de bois, en un vieux rasoir, & un peu de coton brûlé. L'Opérateur tenant ce plat, se met à genoux aux pieds de l'enfant, le déchausse, & serre ses jambes entre ses genoux, tandis qu'on lui tient les bras.

[M. Gmelin décrit toute l'opération qu'on peut voir, si l'on en est curieux, dans l'Original Allemand. Nous en avons dit assez pour les gens du métier, qui devineront de reste l'usage du rasoir & de la tenaille : le coton brûlé s'applique sur la plaie, & sert à arrêter le sang.]

Pendant la cérémonie, les Assistans font des exclamations de joie de ce que l'enfant va devenir un vrai Musulman. On bat aussi sur un petit tambour, soit pour l'amuser, soit pour étouffer seulement ses cris. Les enfans supportent quelquefois l'opération fort tranquillement, & ne bronchent pas ; d'autres s'agitent beaucoup, se défendent même, & l'on n'en viendroit pas à bout, si on ne leur remplissoit la bouche de petits gâteaux, pour les empêcher de crier. Cette cérémonie que les Tatares regardent plutôt comme un simple usage & une sorte de fête que comme un grand mystere, est accompagnée, chez ceux qui sont à leur aise, des mêmes divertissemens usités dans les noces Tatares, tels que les courses de chevaux, &c. On se régale sur-tout pendant plusieurs jours. C'est pourquoi les Tatares lui donnent le nom de *swadba*, qui signifie *noce* en Langue Russe. Quelque tems après cette Fête, les Tatares en font une autre, lorsqu'on leur rase la tête. Comme ils y prennent encore les mêmes divertissemens qui sont en usage aux noces, ils disent que, chez eux & chez tous ceux qui veulent devenir de vrais Musulmans, deux noces doivent précéder la véritable. La boisson d'honneur, avec laquelle ils se régalent dans ces sortes de solemnités, est le thé; la plus exquise, selon eux, est le *kirpitschnoitschai* (28), ou *thé-boë*, qu'ils font bouillir sur le feu dans un grand chaudron, & dans lequel ils mêlent du lait & du beurre: ils le boivent avec une avidité singuliere. La chair de poulain est aussi pour eux une viande délicieuse.

Les Tatares font leurs prieres au lever & au coucher du Soleil, ainsi que chaque fois qu'ils mangent. Je demandai un jour à un Tatare, qui faisoit son action de graces après le repas, pourquoi à la fin de ses prieres il passoit la main sur sa bouche? Il me répondit par cette autre question: *Pourquoi joignez-vous les mains en priant?*

Les Tatares ne changent pas aisément de Religion: on en a cependant baptisé quelques-uns, mais ces Prosélytes sont fort méprisés dans leur Nation. Ceux qui s'appellent *les Vrais-Croyans*, leur reprochent qu'ils ne changent de Religion que par goût pour l'ivrognerie, ou pour se tirer de l'esclavage. Cette derniere raison paroît la plus vraisemblable. Les Tatares l'ont pénétrée dès la fin du dernier siecle, & s'en sont plaint très-vivement. Le Czar qui regnoit alors avoit en effet ordonné qu'on n'affranchiroit plus de Tatares, sinon ceux qui, après un sévere examen, se trouveroient véritablement convaincus de la vérité de la Religion Chrétienne. Mais, disent les Tatares, on n'observe pas bien cette défense.

Le tems de notre départ approchoit. Nous avions fait préparer deux Doschtschennikes, où l'on avoit réuni toutes les commodités possibles. Un *Doschtchennik* est un Bâtiment qui a la forme d'une Barque, & qu'on peut regarder comme une grande Barque couverte. Lorsqu'il est destiné à remonter les rivieres, il a un gouvernail comme les autres Bâtimens; mais ceux qui les descendent, ou qui en suivent le cours, ont, au lieu de gouvernail, une grande & longue poutre devant & derriere, comme les Bâtimens du Wolga. Dans chacun de ces Bâtimens, il y avoit vingt-deux Manouvriers, tous Tatares. Chacun étoit en outre muni de deux canons & d'un Canonier. M. Muller & moi nous occupâmes le premier Bâtiment; sur l'autre étoient les Peintres, l'Interprete, le Chirurgien, les Etudians, le Géometre, le Minéralogiste & le Maréchal. Nous étions prêts à nous mettre en route, & nous avions arrêté de partir le 22 Mai au soir. Mais vers deux heures après-midi, on vint nous avertir que notre second Bâtiment faisoit beaucoup d'eau. On se mit à pomper tant qu'on put, mais on n'avançoit rien, & l'eau gagnant à vue d'œil, on fut forcé de le décharger entierement. Dans la confusion qu'occasionna cette opération, plusieurs choses furent détournées, la plus grande partie fut trempée d'eau, & l'équipage essuya beaucoup de pertes. Nous vîmes

---

(28) Mot Russe, qui signifie *thé en brique*, parce que les feuilles de thé sont couchées l'une sur l'autre, & pressées ensemble comme des briques.

enfin couler à fond le Bâtiment ; quoique fort près du rivage, ce qui retarda notre départ. Le Statthalter employa ses soins pour y remédier promptement. Il nous falloit un autre Dofchtfchennik. Il en fit choisir un bien folide ; & le lendemain de grand matin, on nous en amena un qui appartenoit à un Marchand de la Ville. Nous nous en accommodâmes fur l'eftimation, & nous y fîmes faire fur le champ les cabanes & les autres commodités néceffaires. Ainfi, grace à l'activité du Statthalter, nous fûmes en état de partir le 24. Ce nouveau Bâtiment étoit bien plus fpacieux que l'autre, & nous fut beaucoup plus commode.

Nous partîmes en effet ce même jour au foir. Notre marche fut d'abord très-lente, parce qu'il fallut tirer les Bateaux. Le 26 au matin, nous arrivâmes à la Slobode *Abalak*, qui n'eft qu'à vingt werftes de Tobolsk. Nous allions pourtant nuit & jour ; mais les grands détours de la rivieré ne nous permettoient pas d'avancer beaucoup. Avant d'arriver à cette Slobode, j'allai à pied le long du rivage, qui eft élevé jufqu'à *Solennaje-D*, & je vis en chemin quantité de tombeaux Tatares. Ce font de petits emplacemens quarrés, fexangulaires, ou d'autre forme, entourés d'un enclos, & qui renferment une ou plufieurs tombes. Ils font ordinairement plantés en-dedans de bouleaux. Au-devant de quelques-uns font dreffées de longues perches, comme des mâts, du haut defquelles pend un arc. Les Tatares qui ont fervi dans les Troupes Ruffes, ont le droit de marquer ainfi leurs fervices.

La Notre-Dame d'*Abalak* eft fort célebre. On y voit beaucoup de pélérinages dans tous les tems de l'année. Il y a dans cet endroit deux Eglifes, l'une de bois, abandonnée par fa vetufté, l'autre de pierre, où eft gardée la figure de la Vierge.

Nous atteignîmes le même jour au foir *Kotfelan* ou *Jepantfchinskie-Jurki*. Une tempête violente, accompagnée de tonnerre & de pluie, nous obligea d'y paffer la nuit & tout le lendemain ; nous en partîmes fur le foir, la voile déployée. Le 28 après midi, nous paffâmes devant la *Befifchewskoje*, fituée fur une montagne près du rivage, dans une fituation agréable. Le 30 au foir, j'allai dans un Village, appellé *Schafchina* ou *Ogrifchkowofaimka*, récemment bâti, & compofé feulement de deux ou trois maifons. Elles appartiennent à des Marchands qui commercent dans la Calmouquie. La fituation en eft des plus agréables ; le bled y vient très-bien, & les pâturages y font excellens.

Le 5 Juin au foir, nous arrivâmes à un gros Village Tatare, appellé *Utus-Aul* ; il eft proprement compofé de trois Villages, dont deux d'Eté & un d'Hiver. Les Tatares de ces cantons-là ont affez généralement l'ufage d'avoir une habitation pour l'Eté, & une autre pour l'Hiver ; ils changent de demeure à l'approche de chaque faifon. La raifon de ces changemens eft, felon toutes les apparences, que la grande route de Tobolsk à Tara eft différente en Eté de celle qu'on pratique en Hiver : c'eft pourquoi les Villages d'Hiver fe trouvent fur la route d'Hiver, & les Villages d'Eté fur la route de cette faifon. Les Villages Tatares & Ruffes, qui fe trouvent le long de l'*Irtifch*, font diftingués par le furnom d'*Aul* & *Derewna*. *Aul* fignifie en Langue Tatare un Village appellé *Derewna* en Langue Ruffe. Les

Russes donnent à tous les Villages des Tatares le nom de *Jurti*, d'un mot Tatare, qui ne signifie qu'une maison.

Le 6 au matin, nous nous retrouvâmes à un endroit, où nous avions déja passé la veille, parce que la riviere fait-là une courbure des plus singulieres, & revient au même point. La ligne droite de cette courbure est de sept brasses ou de sept orgies mesurées, & le détour par eau fait au moins quinze werstes. Les Tatares y avoient creusé un canal, qui devoit être incessamment achevé.

Le 10, nous parvînmes à *Mursina D.* Village Russe, & le premier que nous rencontrâmes au-delà de *Schaschina D.* Les Villages Russes sont dans la proximité des Villes, & ceux des Tatares au contraire sont dans les écarts.

Le 11 au soir, nous atteignîmes *Tschertiwa* ou *Snaminskoi-Pogosti*. C'est un Village situé dans les terres, sur une colline, près d'un petit lac, & dont la situation est fort agréable. Il est à quarante-six werstes, en ligne droite, de Tara. J'y ai vu des maisons de paysans, qui ne cedent pas à bien des maisons bourgeoises des Villes.

Arrivée des Académiciens à Tara. Le 13 au soir, nous nous trouvâmes devant la Ville de *Tara*. Nous remontâmes l'*Angarka*, riviere qui se jette dans l'*Irtisch*, fort près de la Ville, du côté gauche ou occidental, & nous arrivâmes bientôt après à Tara. J'aspirois après le séjour de cette Ville ; je me sentois incommodé depuis huit jours, & j'avois perdu l'appétit : les cousins qui nous dévoroient sur l'eau, m'avoient ôté le sommeil. Ma maladie devint une fievre ardente, mais qui fut terminée dans huit jours : j'en fus quitte pour perdre tous mes cheveux, qui revinrent peu à-peu dans la suite. Ma situation ne me permit pas de profiter beaucoup du séjour que nous fîmes dans cette Ville ; ainsi je n'en dirai rien de particulier.

Description de Tara. On peut diviser Tara en Ville haute & Ville basse. La Ville haute, située sur une colline, est défendue par un Ostrog ; il y a aussi des chevaux de frise, & sur le devant un rempart de terre. Elle sert de résidence au Waywode, & à la Chancellerie ; il y a trente canons de bronze. Dans la Ville basse est une Slobode Tatare qui tient à la Ville, avec une Metsched ou Chapelle. La Ville est petite, & les habitans en sont pauvres. On n'y voit pas un seul bâtiment de pierre, ni public ni particulier, & l'on n'y trouve que les vivres absolument nécessaires pour le soutien de la vie. Aussi est-elle très-peu peuplée : ce qui vient en partie de la perte de sept cens habitans, qui ayant refusé en 1722 de prêter, par ordre de Pierre le Grand, le serment d'hommage pour la succession à la Couronne, furent tous exécutés l'année suivante. Les habitans qui restent, sont fort adonnés à l'oisiveté ; car pendant toute la semaine que nos Bâtimens y resterent, nous vîmes chaque jour un grand nombre de personnes, de tout âge & des deux sexes, s'amuser à regarder ces Bâtimens. Nous n'y fûmes pas heureusement incommodés par les tarakanes, parce qu'il n'y en a point, & qu'il ne s'en trouve plus en remontant l'*Irtisch*.

Départ de Tara. Le 22, nous quittâmes *Tara* vers midi, après qu'on nous eut donné une Escorte de vingt *Sluschiwies* (29), bien munis d'armes & de poudre : ce

(29) Les *Sluschiwies* sont des Troupes irrégulieres qui servent à pied, comme les Cosaques sont des Troupes irrégulieres qui servent à cheval.

qui renforça considérablement celles que nous avions déjà. Comme il n'y avoit point de place pour eux dans notre Bâtiment, ils furent embarqués dans un Bâtiment particulier, qui devoit aller de conserve avec nous jusqu'à *Omsk*. Le lendemain à 8 heures, nous passâmes devant l'embouchure du Tara. Cette riviere se décharge dans l'Irtisch, du côté gauche à l'Est-Nord-Est, & son eau, en comparaison de celle de l'*Irtisch*, est fort claire. Son embouchure est à trente-deux werstes de la Ville, en ligne droite. Cette Ville porte son nom, parce que dans toute la Sibérie les rivieres donnent leur nom aux Forteresses qu'on bâtit sur leurs rives. A peu de distance de cette embouchure, est un Village de Tatares, que les Russes appellent *Ust-Tara*, & les Tatares *Tar-tamak*. C'est la résidence d'un *Knjasez* (30) *Tatare*, qui commande les Tatares *Jesaschnie* (31) de ces environs. Pour faire connoissance avec lui, nous le fîmes inviter à se transporter sur notre Bâtiment. Il vint nous voir avec une Chaloupe assez grande à quatre rames. Les gens qui nous l'amenerent, sembloient lui porter beaucoup de respect. Son âge avancé, sa bonne mine, & la propreté de ses habits, lui donnoient un air vénérable qu'il soutenoit par son affabilité. Nous comprîmes même par ses discours, qu'il étoit homme de beaucoup d'esprit. Il vit par hasard une boussole, & il nous fit entendre qu'il en connoissoit bien l'usage ; ce qu'il avoit appris d'un Matelot de distinction (32) qui passoit par son Village. Il nous dit que l'aiguille aimantée se dirigeoit toujours vers la grande barre de fer, qui étoit d'un côté du monde, & qui s'élevoit jusqu'à une petite étoile. [Il vouloit désigner l'étoile polaire.] Il nous fit plusieurs questions sur les qualités de l'*Opium*, & nous en montra, mais qui étoit mêlangé avec d'autres drogues. Quand on en mangeoit le soir, disoit-il, on étoit le lendemain *pochmieli* (33). Nous le remerciâmes bien de sa visite, & il nous fit présent d'un gros mouton.

Le 24, nous essuyâmes, depuis une heure après midi jusqu'à trois, deux gros orages, avec une pluie épouvantable. L'eau pénétra dans nos cabanes, & nous eûmes toutes les peines du monde à sauver nos livres, papiers, &c. Le même accident nous est arrivé plus d'une fois ; mais nous y étions mieux préparés. Ce fut pour nous un avertissement de faire mieux calfater à l'avenir nos Bâtimens par en-haut.

Au point de l'Irtisch, où nous nous trouvions alors, nous avions au rivage oriental la *Steppe* ou le Désert des Tatares *Barabins*, & à l'occidental celui des Cosaques. Ainsi nous fîmes faire bonne garde. Nous n'avions rien à craindre des premiers qui sont soumis à l'Empire Russe, si ce n'est que la horde des Cosaques vient quelquefois visiter leur désert. Heureusement que la riviere, qui est entre deux, les empêche d'y venir en Eté. Mais le désert, qui est de leur côté, est très-dangereux : car du bord de l'Irtisch, on peut arriver en trois jours jusqu'à la *Casatschia horda*,

---

(30) *Knjasez* est le diminutif de *Knjas*, Prince.

(31) *Jesaschnie-Tatari* sont des Tatares qui paient un *jesak*, c'est-à-dire, un tribut à la Couronne.

(32) Les Tatares donnent le nom de Matelot à tous les Marins, de quelque ordre qu'ils soient.

(33) *Pochmieli* est un mot Russe, qui désigne le *goût du houblon*. Dans le sens propre, ce mot signifie la sensation qu'on éprouve, lorsqu'on a trop bu la veille.

horde de Cosaques, ainsi nommée par les Russes, qui court de tems en tems ce désert, & qui s'est rendue redoutable. Ces Cosaques tuent ordinairement tous les hommes qu'ils rencontrent, & emmenent les femmes. Ils traitent les Tatares un peu plus doucement que les Russes ; ils les font marcher avec eux quelques pas, puis les dépouillent, les battent bien, & les laissent aller. Autrefois ils se contentoient d'emmener les Russes en captivité ; j'en ai vu plusieurs qui en étoient sortis, & qui ne se lassoient point de parler des cruautés qu'on leur avoit fait souffrir.

Ces idées, quelque tristes qu'elles fussent en elles-mêmes, ne nous firent pas beaucoup d'impression ; nous étions rassûrés par la direction du fleuve, qui ne faisoit plus de courbure vers les terres, & par le vent favorable qui nous faisoit marcher très-vîte. Le 27 au soir, après avoir échoué de tems en tems sur le sable, nous atteignîmes l'embouchure de la riviere d'*Om*. Nous remontâmes cette riviere jusqu'au pont, & nous nous rangeâmes près d'*Omskaja-Krepost*. L'Om se jette du côté droit au Sud-Ouest dans l'Irtisch, & son eau paroît noire en comparaison de celle de ce fleuve : c'est pourquoi quelques-uns l'appellent *tschorna-reka*, riviere noire. Sa couleur la fait distinguer de fort loin en descendant l'Irtisch, ses eaux ne se mêlant qu'à une werste au-dessous de son embouchure. A gauche, est le nouveau *Krepost*, où réside le Commandant de la garnison. Ce Krepost est composé de maisons entourées d'un petit fossé & de chevaux de frise. Il y a dans cet Ostrog ou Fortin quelques canons en petit nombre. L'Irtisch est à l'Occident de la Forteresse. Au-dessous sont encore plusieurs maisons qui s'étendent presque jusqu'à l'embouchure de l'Om, & au-delà de cette embouchure, une Slobode.

Ce fut là que nos *Slufchiwies* Tatares furent relevés par d'autres : mais ne se trouvant point pour eux de Bâtiment, comme à Tara, nous en distribuâmes dix sur les nôtres, & l'on donna des chevaux à dix autres, pour accompagner les Doschtschennikes le long du rivage oriental. Nous repartîmes le 28 à 4 heures après midi. Comme depuis cet endroit, jusqu'à *Schelesinskaja-Krepost*, il n'y a pas un seul Village, nous fîmes provision d'un bœuf & de quelques poulets. Nous avions encore des deux côtés du fleuve les déserts des Tatares & des Cosaques, qui s'étendent jusqu'à *Sempalat*. Depuis cet endroit, on ne trouve plus de Villages, pour désigner la route par leurs noms, & l'on compte par *plioesses*. Un *Plioesse* est un district que la riviere parcourt dans une même direction ; dès qu'elle se courbe, on compte un nouveau plioesse. Ainsi lorsque je demandois, combien il y avoit encore jusqu'à *Schelesinska ?* on me répondoit, *tant de plioesses*.

Le 29 au matin, nous passâmes devant *Solonowska-Reischka*, situé sur un lac salé de la Steppe. Il y a plusieurs de ces lacs salés dans les deux déserts, principalement dans celui des Cosaques. Près de l'Irtisch, à soixante-six werstes au-dessus de l'Omsk, on trouve encore quantité de ces lacs salés les uns près des autres. Nous comptions bien les aller voir ; mais en nous levant le matin du 30, nous apprîmes que pendant la nuit nous avions dépassé l'endroit. Toute l'eau de ces lacs est amere ; ils méritent par conséquent qu'on fasse des recherches sur leur nature. Un Officier des

Mines, qui avoit demeuré pendant quelque tems à portée de celles de Kolywa, me procura, quelques années après, du sel de ces lacs qu'il avoit purifié par la solution & la cryftallifation. Ce fel eſt entierement femblable au *Sel admirable de Glauber*, & en a toutes les propriétés; les Mineurs s'en ſervent avec ſuccès, au-lieu de ſel d'Angleterre, pour ſe purger.

Le 30 au matin, étant à dîner, nous eûmes une terrible alarme. Notre Bâtiment faiſoit eau, & elle y entroit à vue d'œil. L'accident que nous avions eu à Tobolsk, nous étoit encore préſent: nous fîmes pomper & vuider l'eau du mieux qu'il nous fut poſſible. Mais comme elle ne diminuoit pas, nous fîmes porter en diligence tout notre équipage ſur le pont du Bateau, & nous gagnâmes la côte. Nous étions à peine à terre, que l'eau diminua beaucoup; on nous dit qu'on avoit trouvé l'endroit par où elle entroit, & nous revînmes ſur le champ dans nos cabanes. Notre joie fut bien courte: un inſtant après, on vint nous annoncer qu'on ne pouvoit boucher la voie d'eau, à-moins que le Bâtiment ne fût tiré à terre, & entierement déchargé. Il fallut, malgré nous, s'y réſoudre; mais il ſe paſſa plus de deux heures, avant que l'on pût trouver un endroit commode pour tirer le Bâtiment à terre. Cependant il n'y eut de gâté qu'une petite quantité de vivres, & comme le tems étoit fort beau, le Bâtiment ſe trouva bien réparé vers les 7 heures du ſoir. Ainſi nous partîmes de-là, & le 4 Juillet, nous arrivâmes heureuſement à *Schelefinskaja-Krepoſt*. Nous y avions envoyé du monde deux jours avant, pour trouver tout prêt à notre arrivée; c'eſt pourquoi nous n'y reſtâmes que le tems qu'il falloit pour prendre une idée du lieu. La Forterefſe eſt bâtie comme toutes celles que nous avions rencontrées juſqu'alors, & paſſablement grande: elle eſt ſituée ſur le rivage oriental de l'Irtiſch, qui eſt aſſez élevé. Il y a près de cette Forterefſe des caſernes, dont alors le Commandant étoit un Lieutenant, Suédois de naiſſance, qui avoit embraſſé la Religion Ruſſe à Tobolsk. La garniſon étoit compoſée de 70 hommes, & la Forterefſe munie de quatre pieces de canon. Il n'y avoit d'autres habitans que ces Soldats, & environ cent Sluſchiwies; auſſi n'y labouroit-on pas, tout y étoit apporté d'Omsk, de Tara & de Tobolsk. Ce ne fut qu'avec beaucoup de peine que nous pûmes avoir un mouton; on nous dit pour raiſon, qu'ils s'en étoit égaré depuis peu plus de cent dans la Steppe, accident très-commun, parce que les moutons, pourſuivis par les bêtes ſauvages, ſe ſauvent de tous côtés, & ſe perdent. C'eſt ce qui fait qu'on ne vit ici la plûpart du tems que du gibier, qu'on fait ſécher au ſoleil pour le conſerver. Les maiſons, dans cette Forterefſe, pour n'être pas ſujettes au feu, ſont toutes par en-haut couvertes de terre, & n'ont point de toits.

De cet endroit, en voyageant par eau, on ne compte plus par werſtes, mais par *ruſchkes*, mot qui ſignifie un rivage élevé & eſcarpé. Or comme le fleuve n'a pas toujours un rivage eſcarpé du côté oriental, & que, par rapport à ſes courbures, cette hauteur eſt ſouvent bien loin dans les terres, on commence à compter d'un rivage élevé à l'autre; le premier eſt appellé *la premiere ruſchka*, & ainſi des autres. M. Muller les avoit fait meſurer tous exactement, mais je ne ſuivrai pas cette maniere de compter; je déterminerai les distances par l'éloignement des rivieres qui tombent dans l'Irtisch.

Le 5, nous passâmes devant *Schelesinsk*, situé sur un ruisseau, qu'on nous dit être fort poissonneux. Nous envoyâmes à l'embouchure de nos gens, pour y jetter le filet. Ils le jetterent à deux reprises, & eurent leur Barque pleine de brochets, de perches, & d'autres poissons. Parmi les brochets, il s'en trouva un long d'une aune & demie de Russie. Tous ces poissons furent distribués entre les Tatares, les Slufchiwies & les Soldats. Il y en avoit tant, qu'ils voulurent en faire sécher à l'air une partie, pour les conserver. Comme il faisoit extrêmement chaud, le Bâtiment en fut tellement infecté, que nous fûmes obligés de leur ordonner de jetter tout le poisson à l'eau, ou de le manger dans la journée. Heureusement nous avions à faire à des estomacs si expéditifs, que dès le lendemain matin, il ne parut aucun vestige de poisson.

Le 6 au soir, nous arrivâmes à l'extrémité de la huitieme & derniere *ruschke*, où un petit ruisseau, qui vient du lac *Kriwoje-Osero*, se jette dans l'Irtisch. De *Schelesinsk* jusqu'à ce ruisseau, il y a cinquante-une werstes. Ici finit le compte par *ruschkes*, la disposition du rivage ne permettant plus de mesurer ainsi les distances. On s'aide de quelques renseignemens, qu'on appelle *urotschischtsche*; c'est le nom qu'on donne aux endroits qui ont quelque marque particuliere : une simple croix, par exemple, placée à un certain endroit du rivage, est un *urotschischtsche*.

Le 7, étant bien débarrassés de la puanteur des poissons, on nous demanda la permission de pêcher. Nos gens avoient choisi pour la pêche un lac, appellé *Gluchoje-Osero*, situé à côté de l'Irtisch. Nous eûmes de la peine à y consentir, de crainte de retomber dans l'inconvénient du 5. Nous le permîmes enfin, mais à condition qu'on ne prendroit pas une si grande quantité de poissons. Nos Pêcheurs revinrent bientôt après tous joyeux, ayant leur Barque pleine de corbans, dont quelques-uns avoient une demi-aune Russe de longueur.

Nous leur demandâmes pourquoi ils avoient passé nos ordres, en prenant tant de poissons ? ils nous répondirent, qu'ils n'avoient pu s'opposer à la volonté de Dieu, qui avoit béni leur pêche. Pour que cette bénédiction n'eût pas de mauvaises suites pour nous, nous leur permîmes d'arrêter pendant toute la nuit, pour se régaler à leur aise. Nous nous trouvâmes bien de cette complaisance ; ils passerent toute la nuit à expédier leur poisson, & le lendemain matin il n'en restoit plus.

Le 8, nous marchâmes lentement & avec beaucoup de peine, comme nous faisions depuis quelque tems. Tous les rivages étoient embarrassés de quantité de gros saules, de peupliers, & de vieux bois que la riviere avoit amenés en se débordant au Printems. Depuis *Schelesinsk*, nous n'avions point eu de vent : nos gens qui étoient déja fort fatigués, pour avoir si long-tems tiré les Bâtimens contre le cours de l'eau, avoient alors un surcroît de peine ; il leur falloit sans cesse écarter ou franchir les bois qui embarrassoient le passage, & c'étoit pour eux un tourment continuel. Nous rencontrâmes ce même jour sur le rivage occidental quelques habitations de Pêcheurs. La derniere étoit occupée par cinq à six hommes,

qui

qui s'étoient associés ensemble, pour prendre du poisson & du gibier, & pour en partager le profit. Ces sortes de gens se nomment *Promyschlenia*. Ceux que nous vîmes ici, étoient de Tara; ils avoient choisi ce genre de vie, parce qu'ils étoient, disoient-ils, absolument hors d'état de payer la capitation que la Couronne exige. Ils font sécher au soleil les éturgeons, les brochets, les tanches & les *jasſi* (34) qu'ils prennent, & ils rejettent dans la riviere les perches & les corbans, comme peu propres à être séchés. Ils font aussi sécher au soleil le gibier qu'ils tuent, & que le pays leur fournit abondamment. Dans l'Automne, ils portent leurs provisions à Tara, & les vendent. Ils reviennent l'Hiver habiter leur *isbuscke*, petite maison composée d'une seule chambre, bâtie sur la rive orientale du fleuve, ou en prennent une autre, & chassent pendant toute cette saison.

La quantité prodigieuse d'arbres qui flottent dans l'Irtisch, rend le passage de *Schelesinsk* à *Jamuschewa-Krepost*, extrêmement pénible & dangereux, sur-tout quand on marche jour & nuit, comme nous avions fait jusqu'alors. Il y a dans ces environs quantité de sangliers de la plus grosse espece; cependant il ne s'y trouve point de chêne, on n'y voit d'autres arbres que des peupliers & des saules, qui ne fournissent rien de propre à la nourriture du sanglier. Mais on nous assura qu'ils ne mangeoient que de l'herbe & des racines. En Hiver, ils savent trouver sous la neige une certaine herbe, appellée dans la Langue du pays *kunduruk*, dont ils se nourrissent dans cette saison.

Notre voyage avoit été jusqu'ici fort lent; nos gens nous avertirent encore, que si le vent contraire continuoit, ou qu'il survînt un calme, nous n'arriverions pas de huit jours à *Jamuschewa*. Le crainte de manquer, par toutes ces longueurs, le tems des observations que nous avions à faire, nous fit prendre le parti de dépêcher le 12 à *Jamuschewa* quelques-uns de nos *Slufchivies*, pour prier le Commandant du lieu de nous envoyer quelques chevaux. Notre dessein étoit de prendre le devant, pour avoir le tems de voir, à cette station, ce qui nous paroîtroit digne de remarque, pendant que les Bâtimens arriveroient. On nous amena des chevaux le 13 au soir, lorsque nous étions encore à soixante-six werstes de Jamuschewa. Nous fîmes arrêter nos Bâtimens; nous mîmes sur des charrettes tout ce que nous voulions emporter, & dans la nuit même, M. Muller & moi nous montâmes à cheval, avec le Peintre Berkhan, le Sous-Chirurgien & l'Interprete.

Jusques-là notre navigation sur l'Irtisch, à la lenteur près, & malgré les inconvéniens dont je viens de parler, ne pouvoit être plus heureuse. Nous n'avions qu'à nous louer des Travailleurs ou Manouvriers que nous avions pris à Tobolsk. C'étoient tous gens tranquilles, officieux, pleins de bonne volonté. Nous étions toujours touchés de voir ces pauvres gens travailler, sans un moment de relâche, sans même un instant de repos la nuit, & pourtant sans le moindre murmure. L'accident qui arriva à notre Bâtiment, nous fit encore mieux connoître toute la bonté de ces Ta-

(34) Poisson du genre du *Cyprinus d'Artedi*. Il ressemble au poisson que *Gesner* appelle en Allemand *rothelen*, *rothe*, &c. en Latin *rutilus* ou *rubellus*: c'est peut-être notre *rouget*.

130   HISTOIRE GÉNÉRALE

VOYAGE EN SIBÉRIE.
1714.

tares. Nous avions, dans notre Bâtiment, une provision considérable de cochon fumé. On sait que cette viande est en horreur aux Tatares, & qu'ils n'osent seulement pas la toucher. Cependant comme le mal pressoit, & qu'il falloit que le Bâtiment fût promptement déchargé, nous les vîmes, avec des mains tremblantes, aider à porter cette viande à terre. Une autrefois, un cochon-de-lait étant tombé dans l'eau, un de nos Tatares s'y jetta sur le champ, nagea après l'animal, & le rapporta. Nous avons aussi vu des marques de l'amitié qu'ils ont les uns pour les autres. Entre *Schelesinskaja-Krepost* & *Jamuschewa*, il étoit souvent arrivé que trois ou quatre Tatares étoient obligés, soit en nageant, soit en marchant dans l'eau, de prendre les devants, pour sonder la profondeur de l'eau, & empêcher nos Bâtimens d'échouer sur les bancs de sable. Un jour un de ces Travailleurs qui, contre l'ordinaire des Tatares, ne savoit pas bien nager, fut embarrassé dans un endroit profond, & près de se noyer. Ses camarades le voyant en danger, trois ou quatre d'entre eux se jetterent à l'eau, & le sauverent. Nous ne nous sommes jamais apperçu qu'ils nous ayent volé la moindre chose. Leur probité est connue par-tout; aussi n'exige-t-on d'eux aucun serment. Ils n'en connoissent pas même l'usage; mais lorsqu'ils ont frappé dans la main, en promettant quelque chose, on peut être plus sûr de leur foi, que de tous les sermens de la plûpart des Chrétiens. Ils sont de plus très-religieux; je ne les ai jamais vu manger, qu'ils n'ayent fait leur prière à Dieu avant & après le repas. Ils ne levoient jamais la voile, sans demander à Dieu, par des exclamations en leur Langue, sa bénédiction pour notre voyage.

Grand' appétit & mal-propreté des Tatares.

Ces Tatares sont presque tous maigres, secs, fort bruns, & ont les cheveux noirs. Ils sont grands mangeurs; & quand ils ont des provisions, ils mangent quatre fois le jour: on a vu plus haut qu'ils mangerent une fois pendant toute la nuit. Leur mets ordinaire est de l'orge, qu'ils font un peu griller, & qu'ils appellent *kurmatsch*. Ils la mangent ainsi presque crue, ou, quand ils veulent se régaler, ils la font griller encore une fois avec un peu de beurre. De toutes les viandes, celles qu'ils aiment le mieux, est la chair de poulain. Ils furent obligés, avec nous, de se contenter de ce que nous pouvions leur donner; mais ils n'étoient point délicats. Je les ai souvent vu mettre sur le feu des morceaux de viande toute pourie, qu'ils mangeoient de très-bon-appétit. A Tara, à Omsk, & quelquefois dans la route, ils se régaloient d'un *buschbarmak*; ce mot traduit littéralement signifie *plat à cinq doigts*. Ce mets se peut faire avec toute sorte d'animaux vivans; mais il faut que l'animal dont on le compose, soit entierement mangé dans un seul repas. Pour nous donner le plaisir de leur voir apprêter & manger ce plat, nous achetâmes à *Schelesinsk* un mouton que nous leur donnâmes. Le repas qu'ils en firent, paroit tenir un peu à

Repas cérémonial des Tatares.

la Religion, & peut-être à la Pâque des Juifs. La cérémonie fut faite par trois Tatares, dont l'un faisoit la fonction de Boucher. Ils lierent les pattes du mouton, le porterent du côté du Bâtiment qui regardoit le Midi (la Meque), & tournerent de ce côté la tête de l'animal. Après qu'ils eurent fait leur prière, le Boucher coupa le col au mouton, & laissa couler son sang dans l'eau. Quand le mouton fut mort, il versa un peu d'eau sur la

plaie, & la lava. L'animal fut enfuite couché par terre, & le Boucher le
dépeça. Lorfqu'il fut entierement coupé par morceaux, les Tatares, partagés en plufieurs bandes, fe jetterent fur ces morceaux, féparerent les os
de la chair, firent cuire ces os & la chair à part ; & après avoir fait leur
priere, ils mangerent tout, fans couteaux ni fourchettes, avec les mains
feules. Il étoit curieux de voir avec quelle célérité ces gens avaloient
leur mouton. L'animal fut tué vers les dix heures du matin, & à deux
heures après-midi, il n'en reftoit pas un morceau. Les convives étoient
au nombre de vingt. Il paroît que tout le myftere du repas confifte en
ce qu'on doit, en mangeant, ne fe fervir que des doigts, fans couteaux
ni fourchettes, d'où l'unique mets qui le compofe eft appellé le *Plat à cinq
doigts*.

Nous n'eûmes dans tout ce voyage par eau qu'une feule incommodité,
à laquelle il ne fut pas poffible de trouver le moindre remede. C'étoient
les coufins dont il y a des quantités prodigieufes dans tous les endroits où
nous paffâmes. Ils s'attachent à toutes les parties du corps qui font découvertes; ils pénetrent avec leur trompe jufques dans la peau, en fucent le
fang, jufqu'à ce qu'ils en foient raffafiés, & s'envolent enfuite. Si on les
laiffe faire, ils couvrent entierement la peau, & caufent des douleurs in-
fupportables. On m'a même affuré qu'à *Ilimsk* ils tourmentent quelquefois fi cruellement les vaches, qu'elles en tombent mortes. Le coufin des
bords de l'Irtifch eft d'une efpece très-délicate, on ne peut guere le toucher fans l'écrafer ; & fi on l'écrafe fur la peau, il y laiffe fon aiguillon,
ce qui rend la douleur encore plus fenfible. Sa piquure fait enfler la peau aux
uns, & à d'autres ne fait que des taches rouges, telles qu'en font naître
les orties. Le moyen ufité dans le pays pour s'en garantir, eft de porter une
forte de bonnet fait en forme de tamis, qui couvre toute la tête & qui
n'ôte pas entierement la liberté de la vue. On met autour des lits des rideaux d'une toile claire de Ruffie, nommée *brjanoi-cholst*. Nous employâmes les deux moyens ; mais nous trouvâmes de l'inconvénient à l'un
comme à l'autre. Le premier caufoit une chaleur incommode, qui fe faifoit fentir à la tête, quand l'air ne pouvoit pas la frapper librement, &
qui, par la chaleur qu'il faifoit, devenoit bientôt infupportable. L'autre
moyen nous parut d'abord fans effet : nos lits étoient affiégés de coufins, &
nous ne pouvions pendant la nuit fermer l'œil. Quant au premier, je réfolus
de fupporter plutôt les coufins, que d'avoir toujours la tête enveloppée.
D'ailleurs on pouvoit y réfifter jufqu'à un certain point dans le Bâtiment,
fur-tout quand l'air étoit très-froid ou très-chaud. Lorfqu'au contraire il
pleuvoit un peu, ou que le tems étoit couvert, les coufins redoubloient
de fureur. Quand on les tuoit, on avoit d'abord tout le vifage en fang, &
l'on fouffroit de vives douleurs. C'étoit encore pis de fe laiffer piquer ; il
falloit néceffairement alors recourir au tamis. On ne fe garantiffoit les mains
& les jambes, qu'en mettant des gants & des bas de peau. Les coufins font
en bien plus grande quantité fur les bords de l'eau, que fur les Bâtimens,
& quelque chofe qu'on faffe, on en eft toujours couvert. Je rifquai
un jour d'aller fur le rivage les mains & le vifage découverts ; je ne puis
exprimer tout ce que je fouffris. Mes mains & mon vifage furent auffitôt

R ij

132 HISTOIRE GÉNÉRALE

VOYAGE EN SIBÉRIE.
1734.

remplies de petites pustules qui me causoient une démangeaison continuelle. Je regagnai vîte le Bâtiment, & je me soulageai bientôt en me lavant avec du vinaigre. Nous nous apperçûmes à la fin que les cousins qui nous tourmentoient la nuit, ne venoient pas à-travers les rideaux, mais qu'ils montoient d'en-bas entre les rideaux & le lit. Il étoit aisé de leur ôter ce passage : nous arrêtâmes les rideaux dans le lit, & nous n'étions plus interrompus dans notre sommeil. Pour pouvoir tenir pendant le jour dans nos cabanes, il falloit y faire une fumée continuelle : le mal étoit moindre, quand il faisoit du vent, il ne falloit alors qu'ouvrir les fenêtres. Les cousins ne supportent pas le vent ; & comme il y en avoit toujours un peu sur le pont, ils étoient dispersés. Plus nous approchions de *Jamuschewa*, moins nous étions incommodés de ces insectes. Quand il faisoit froid, il n'y avoit plus de cousins. Ils restoient dans les cabanes attachés aux murs, & comme morts ; mais la moindre chaleur les faisoit revivre. Du côté de *Jamuschewa*, nous avions, au-lieu de cousins, une espece de très-petites mouches, appellées *moschki* (35). Elles se trouvent en très-grande quantité dans les endroits marécageux. Cette mouche s'attache de même à la peau, & à peine l'a-t-elle effleurée, qu'elle est aussitôt gorgée de sang. Elle est aussi très-délicate ; on ne sauroit presque la toucher, sans l'écraser.

Voyage de terre.

Je reviens à notre voyage de terre. Nous montâmes à cheval avec une petite suite, & nous emmenâmes avec nous la moitié de l'escorte qu'on nous avoit donnée à *Schelesinskaja-Krepost*. Notre chemin traversoit directement la Steppe, qui est par-tout fort unie. Nous vîmes au-loin à diverses distances des feux que nous avions déja observés quelques nuits auparavant. Les *Slufchiwies* nous dirent qu'il y avoit quelque incendie dans ce désert.

Arrivée des Académiciens à Jamuschewa.

Le lendemain à 6 heures, nous avions fait la moitié du chemin. Nous laissâmes manger de l'herbe à nos chevaux, & après les avoir fait reposer, nous nous remîmes en route. Mais nous eûmes beaucoup à souffrir jusqu'à *Jamuschewa* ; la chaleur étoit devenue si forte, que nous pensâmes périr. Il faisoit à la vérité du vent, mais il étoit aussi chaud, que s'il sortoit d'une fournaise ardente. Nous n'avions pas dormi depuis près de trente-six heures ; le sable & la poussiere nous ôtoient la vue, & nous arrivâmes très-fatigués à une heure après midi à *Jamuschewa-Krepost*. Là, nous sentîmes encore à notre arrivée la chaleur si vivement, que nous désespérions de pouvoir la supporter davantage ; tout ce qu'on nous servoit à table, quand nous prenions nos repas, étoit plein de sable que le vent y faisoit entrer. La chambre n'avoit point de fenêtres ; il n'y avoit que des ouvertures pratiquées dans la muraille, & c'étoit par-là que le vent nous charioit ce sable incommode. Il me prit envie de me baigner, & je m'en trouvai bien ; je me trouvai tout-à-la-fois rafraîchi & délassé. En rentrant à notre logis, j'entendis le tambour de la Forteresse qui donnoit le signal du feu. Nous apprîmes qu'il étoit dans la Steppe, & qu'il y faisoit du ra-

Incendie considérable dans la Steppe.

(35) *Linnæus* range les *Moschki* parmi les cousins. Il parle de cette mouche dans sa *Fauna Suecica*, n. 1118. sous le nom de *Culex niger alis aqueis, pedibus nigris, annulo albo. & n. 1116.* sous le nom de *Culex cinereus abdomine, annulis fuscis etc.*

vage. Le vent chaſſoit la flamme avec violence vers la Forterreſſe, & de la rue on voyoit le feu. Nous montâmes aux ouvrages de fortification, & nous vîmes en pluſieurs endroits du déſert des feux qui répandoient une grande lumiere. Quelques-uns de ces feux reſſembloient à un cordon de lumieres formé ſur une longue rangée de maiſons. L'Officier qui commandoit dans la Forterreſſe, n'étoit pas fort à ſon aiſe : car le feu le plus proche n'étoit pas éloigné de lui de plus de cinq werſtes. Toutes les femmes du lieu furent commandées pour porter chacune, en cas d'accident, une meſure d'eau dans ſa maiſon, & quelques hommes furent occupés à creuſer des foſſés, pour empêcher la communication du feu de ce côté-là. Ces précautions furent inutiles : le feu s'éteignit, en quelque façon, de lui-même. La Steppe reſſemble à une terre labourée, où il n'y a que du chaume, tant elle eſt ſeche & ſtérile. L'herbe aride y brûle très-vite, & en eſt d'autant plûtôt conſumée. Le vent ne peut porter le feu dans d'autres endroits par les étincelles qu'il diſperſe ; tout ce qui ſe trouve combuſtible, brûle de ſuite & de proche en proche. Or, dans ces Steppes, outre les routes fort battues & les lacs, il y a au Printems quantité d'endroits marécageux, & en Eté beaucoup d'endroits ſecs, où il ne croît point du tout d'herbe. Ainſi dans tous ces endroits, le feu s'arrête de lui-même, ſans pouvoir aller plus loin, & s'éteint faute d'aliment. Les incendies des Steppes ne ſont point rares : nous en avons vus pluſieurs, & les habitans des environs aſſûrent qu'on en voit preſque tous les ans. On indique deux cauſes de ces incendies. La premiere vient des Voyageurs, qui font du feu dans les endroits où ils s'arrêtent pour faire manger leurs chevaux, & qui en s'en allant n'ont pas ſoin de l'éteindre. L'autre cauſe vient des fréquens orages, & s'attribue au feu du ciel. Les huit derniers jours que nous paſsâmes ſur nos Bâtimens, nous eûmes preſque tous les jours deux ou trois orages, & les jours qu'il ne tonnoit pas, il y avoit ordinairement des éclairs très-vifs : cependant je crois que la plûpart de ces incendies proviennent de la premiere cauſe. En effet, du côté des Coſaques, où paſſent très-rarement quelques *Promyſchlennikes*, & jamais de Voyageurs, nous ne vîmes qu'une ſeule fois du feu, & cela dans un ſeul endroit, pendant qu'au contraire nous vîmes la Steppe du bord oriental brûler pendant pluſieurs jours de ſuite en différens tems, & dans différens endroits. Or c'eſt le côté où tout le monde voyage.

Le lendemain de notre arrivée à Jamuſchewa, nous nous rendîmes, avec peu de ſuite, au fameux lac ſalé *Jamuſchewa*, dont la Forterreſſe a pris ſon nom, & qui en eſt éloignée de ſix werſtes à l'Eſt. Ce lac eſt une merveille de la Nature. Il a neuf werſtes de circonférence, & eſt preſque rond. Ses bords ſont couverts de ſel, & le fond eſt tout rempli de cryſtaux ſalins. L'eau eſt extrêmement ſalée ; & quand le ſoleil y donne, tout le lac paroît rouge comme une belle aurore. Le ſel qu'il produit, eſt blanc comme la neige, & ſe forme tout en cryſtaux cubiques. Il y en a une quantité ſi prodigieuſe, qu'en très-peu de tems on pourroit en charger beaucoup de Vaiſſeaux, & que dans les endroits où l'on en a pris une certaine quantité, on en retrouve de nouveau cinq à ſix jours après. Les Provinces de Tobolsk & de Jeniſeik en ſont abondamment fournies, &

ce lac suffiroit encore à la fourniture de cinquante Provinces semblables. La Couronne s'en est réservé le commerce, comme celui de toutes les autres salines. A peu de distance de ce lac, sur une colline assez élevée, est une station de dix hommes qui sont postés-là, pour prendre garde que personne, excepté ceux qui sont autorisés par la Couronne, n'emporte du sel. Ce sel, au reste, est d'une qualité supérieure : rien n'approche de sa blancheur, & l'on n'en trouve nulle part qui sale aussi bien les viandes.

L'arrivée de nos Bâtimens qui vinrent nous joindre, la diminution de la chaleur, & la fraîcheur du vent nous firent penser à continuer notre route. Le Bateau qui nous avoit portés jusque-là, M. Muller & moi, étoit fort vieux, caduc ; nous ne voulûmes pas risquer d'aller plus loin par cette voie. Nous le fîmes décharger, & nous le remîmes à la Chancellerie de la Forteresse, résolus d'aller encore par terre jusqu'à *Sempalatnaja-Kreposl*, avec la même suite qui nous avoit accompagnés jusqu'à Jamuschewa. Nous nous fîmes donner ici de nouveaux Travailleurs, & une nouvelle escorte pour le second Bâtiment, qui portoit le reste de notre Compagnie. On y mit trente Travailleurs, six hommes d'escorte, & deux Pilotes-Côtiers, nommés en Langue Russe *Prewodniki*. Nous y laissâmes encore les quatre hommes de notre escorte ordinaire, & nous continuâmes l'inspection du Bâtiment au Dessinateur *Lursenius*, qui le fit partir le 19 à la pointe du jour.

Jamuschewa-Kreposl est situé sur la rive orientale de l'Irtisch, qui est fort élevée en cet endroit. La premiere Forteresse qu'il y eut ici, fut construite en 1715 par le Lieutenant-Colonel *Buchholtz*, à l'occasion d'une certaine entreprise ; mais elle fut rasée dans l'année même par cet Officier, à cause de l'invasion des Calmoucs. Elle avoit été bâtie au-dessus & près de l'endroit où est la nouvelle Forteresse. On en voit encore les restes ; elle avoit une très petite enceinte. En 1717, le Major *Stupin* fit construire celle qui subsiste aujourd'hui, par ordre du Kneès *Gagarin*, alors Statthalter de Sibirie. Elle est bâtie de bois, & munie de bastions & de tourelles. Pour sa défense, elle a onze canons, qui sont disposés de maniere qu'on peut les transporter promptement à tous les endroits de la Forteresse. Dans les murs, on a pratiqué des casernes. Aux deux côtés, oriental & méridional, est une Slobode, entourée par-dehors d'un Ostrog, de chevaux de frise & de *Dolobis*. Le Major qui commande dans la Forteresse, a sous sa dépendance celles de *Schelesinsk*, *Sempalat* & *Ust-Kameno-Gorsk*. Les environs de Jamuschewa sont les plus desagréables de tous les lieux qui sont situés sur l'Irtisch. Du côté de la riviere où est la Forteresse, ce n'est qu'une Steppe continuelle, à l'exception d'un petit district, dont le terrein est assez bon, assez boisé même, & qui s'étend le long des bords du *Presnaja-Retschka*, riviere que reçoit l'Irtisch un peu au-dessus de la Forteresse. Cette Forteresse est si mal fournie de vivres, qu'un Voyageur risqueroit de mourir de faim, s'il n'apportoit pas de quoi se nourrir. Elle est cependant située sur une riviere très-poissonneuse ; mais pendant tout notre séjour, nous n'y vîmes pas un seul poisson. Les habitans en rejettoient la faute sur le Commandant, qui permettoit, nous disoient-ils, à peu d'habitans de sortir de la Forteresse pour leurs affaires. Ce lieu d'ailleurs est sujet à une incommodité : toutes les maisons sont remplies de perce-oreilles, & l'on ne peut se garantir des mouches.

Nous en partîmes le 21 sur le soir, avec une escorte de vingt hommes commandés par un Enseigne & un Caporal. Comme il falloit aller avec les mêmes chevaux jusqu'à *Sempalat*, nous étions obligés de les faire manger à toutes les vingt ou trente werstes. On choisit communément pour cela des herbages situés sur la riviere, appellés *Kormowischtschts*, endroits de fourrage. Hors de-là, nous marchions continuellement dans des *steppes* ou champs arides, & nous voyions presque dans toutes des feux semblables à ceux dont j'ai parlé. Le 22, à cinquante-huit werstes ou environ de *Jamuschewa*, nous passâmes devant un lac tout-à-fait desséché, & qui n'a de l'eau que dans le Printems. Il étoit tout blanc, & contenoit un sel un peu amer, qui s'étoit précipité dans son lit & sur ses bords. Nous en avions déja trouvé de pareils entre *Tara* & *Omsk*, & nous en rencontrâmes encore plusieurs sur la route de *Sempalat*. La nuit du 23, nous arrivâmes à la cinquieme *Kormowischtsche*, où nous étions à moitié chemin. Ce fut-là que nous observâmes un changement considérable dans la qualité du terrein. Tout n'étoit auparavant que du sable. Depuis *Schelesinsk*, nous n'avions presque vu d'autre bois que du peuplier blanc & noir, & de grands saules. Ici la terre étoit noire, elle n'avoit plus cet air desséché, elle étoit mêlée de petits cailloux, & tant sur la *steppe* que sur le bord de la riviere, on voyoit quantité de sapins & de bouleaux. Quant aux plantes, nous remarquions principalement la sauge qui commençoit à y croître en grande quantité, & dont nous n'avions pas vu le moindre vestige auparavant. Le 24, quelques-uns de nos *Sluschiwies*, ayant apperçu au-delà de la riviere une grande quantité de *Saigas*, nous demanderent la permission d'aller à la chasse. Le *Saiga* est un animal fort ressemblant au chevreuil, sinon que ses cornes, au-lieu d'être crochues, sont droites. On ne connoît cet animal que dans ce canton de la Sibérie ; celui qu'on appelle *saïga* dans la Province d'Irkutzk, est le *Musc*. On mange ici beaucoup de cette espece de chevres sauvages ; mais notre Compagnie ne voulut point en goûter, vraisemblablement parce qu'aucun de nous n'avoit fait l'essai de cette viande. Il est d'ailleurs assez dégoûtant de voir cet animal heberger tout vivant des vers, qui sont nichés entre l'épiderme & la chair. Ces vers sont blancs, d'environ trois quarts de pouce de longueur, & pointus des deux côtés. On en trouve de même aux élans, aux rennes & aux biches. On nous assûra que la chair du *saiga* avoit exactement le même goût que celle du cerf. Les Sluschewies nous tourmentoient donc, pour obtenir la permission de tirer quelques-uns de ces animaux. La grande difficulté étoit de passer la riviere : car il n'y avoit point-là de Bateaux de passage. Mais à peine eûmes-nous accordé la permission, qu'en moins d'un quart-d'heure ils eurent construit un radeau de deux arbres liés ensemble, avec un autre morceau de bois qui servoit de gouvernail & d'aviron. Ils furent aussi lestement embarqués ; & quoique le courant de l'eau les entraînât un peu plus bas, ils gagnerent promptement le bord. Quelques heures après, ils revinrent avec trois saigas.

136 HISTOIRE GÉNÉRALE

VOYAGE EN SIBÉRIE.
1734.

Nous arrivâmes le 26 Juillet à *Sempalatnaja-Krepost*. Avant d'y être rendus, deux de nos Soldats qu'on avoit envoyés prendre le devant pour préparer nos logemens, vinrent nous donner une nouvelle effrayante. Un Soldat de la Forteresse avoit été tué la veille, du côté des Cosaques, par les Calmoucs, & un autre avoit été mortellement blessé. Leur rapport nous inquiéta d'autant plus, que si nous avions malheureusement rencontré des Calmoucs, loin de nous défier d'eux, nous les aurions regardés comme amis. En arrivant dans la Forteresse, le Commandant, au lieu de nous rassûrer, nous dit positivement, qu'il craignoit une invasion des Calmoucs. Il nous raconta, que depuis peu cent Calmoucs étoient venus visiter la Forteresse ; qu'ils s'étoient informés de la santé de l'Impératrice ; qu'ils avoient dit en même tems, par ordre exprès du *Galdanzir*, qu'il y avoit dans le voisinage encore mille Calmoucs, mais qu'ils n'en vouloient point à la Russie ; qu'ils n'étoient envoyés que contre la *Casatschi-Horda*. L'Officier Russe prenoit cet avis pour une ruse de guerre, & croyoit qu'ils méditoient quelques coups de main. J'allai d'abord voir le blessé, en cas qu'il eût besoin de mon ministere. Il me dit qu'il avoit été attaqué par une troupe d'environ cent cinquante Calmoucs à cheval ; qu'il avoit aussi-tôt gagné la riviere, pour se sauver à la nage ; que les Calmoucs avoient tiré sur lui avec des *turki* (36) ; que quelques-uns même s'étoient jettés à la nage, pour le saisir ; qu'un d'eux l'avoit percé d'un coup de lance dans le dos, & qu'enfin il avoit eu le bonheur de leur échapper, & de gagner l'autre bord de la riviere ; que son camarade qui s'étoit séparé de lui, avoit été pris & tué ; qu'ils avoient d'abord dévoré le pain qui s'étoit trouvé dans sa poche ; qu'ensuite ils avoient déchiré ses hardes en plusieurs morceaux, & les avoient partagés entr'eux. Il ajouta que ces Calmoucs entendoient si bien les surprises, qu'ils n'en avoient pas vu la moindre trace, qu'au moment qu'ils en avoient été attaqués. Nous trouvâmes bien à rabattre du récit de ce Soldat, en voyant le lieu de la scene, puisqu'on n'y trouvoit les traces que de dix-sept chevaux. Ainsi nous perdîmes beaucoup de notre crainte, & nous jugeâmes que ces dix-sept hommes étoient des Voleurs Calmoucs, sortis pour faire du butin. Nous continuâmes donc notre route ; & après avoir traversé un chemin montagneux, rempli de sables, & fort incommode pour nos chevaux, ainsi qu'un petit district de la *steppe*, nous arrivâmes à *Sempalat*, lieu situé à seize werstes de la Forteresse, sur le bord de la riviere & sur la *steppe* même. Le nom de *Sempalat* lui a été donné par les Russes, parce qu'à leur arrivée on y voyoit encore les restes de sept bâtimens de pierre fort anciens : car le mot *Palati* désigne en Langue Russe toute sorte de bâtimens de pierre. Ce lieu est appellé en Langue Calmouque *Darchan-Zordschin-Kit*, ce qui signifie Couvent du *Darchan-Zordschi*, ou bâti par *Darchan-Zordschi*, Prêtre idolâtre des Calmoucs, qui sans doute y résidoit. Ces bâtimens étoient entassés les uns près des autres, sans ordre, & il n'en restoit plus que les murs. Dans l'un, il y avoit encore deux idoles ou deux figures d'ours en bois. Les murs d'un autre

(36) *Turki*, en Langue Russe, sont des mousquetons fort en usage chez les Calmoucs & chez les Nations voisines. On y met le feu avec une meche, parce qu'ils n'ont point de batterie.

étoient

étoient chargés de figures humaines, peintes sur plâtre; le tout fort mal fait, & de plus devenu méconnoissable par les injures du tems. Tous ces bâtimens, à la réserve d'un seul, étoient construits de briques crues.

[Un plus long détail n'instruiroit pas les Lecteurs autant que pourra le faire la simple vue de ces monumens. On les représente ici d'après les Planches, qui se trouvent à la fin de la Dissertation de M. Muller, *de Scriptis Tanguticis in Sibiria repertis* (37), & dont les desseins ont été faits sur les lieux.]

Sur le terrein de ces bâtimens, nous trouvâmes de petits morceaux de porcelaine commune, & nous vimes près d'une masure une grande fosse, dont on nous dit qu'on avoit tiré, depuis peu de tems, environ deux onces d'or fort pâle.

Comme on nous avoit prévenu que le voyage de *Jamuschewa* jusqu'ici par eau étoit difficile, nous trouvâmes à-propos de renforcer le nombre des Travailleurs qui étoient dans nos Bâtimens. Nous priâmes donc le Commandant du lieu d'envoyer vingt hommes au-devant de ces Bateaux. Ils furent détachés dès le lendemain matin, avec un Caporal, dans un *Saissanká*: c'est un petit Bâtiment qui ressemble à une Chaloupe, dont on se sert dans le pays depuis l'expédition faite par le Major-Général Licherow au *Nurr-Saissan*, dans la Calmouquie, en 1720. Cet Officier ne pouvant y arriver avec de gros Bâtimens, à cause du peu de profondeur de la riviere, & les Barques du pays n'étant point propres à son dessein, fit construire de ces sortes de Chaloupes, dans lesquelles il transporta ses troupes, avec ses munitions & son artillerie. On se sert aujourd'hui des Bâtimens qui restent de cette expédition; & comme on les trouve très-commodes, on en construit tous les ans quelques nouveaux. On leur a conservé le nom de *Saissanki*, en mémoire de l'incursion faite sur ces sortes de Bâtimens au *Nurr-Saissan*, qui, dans la Langue Calmouque, signifie *Lac des Nobles*.

Le 28 au matin, deux Slusschiwies de notre Troupe nous apporterent une lettre du Dessinateur Lursenius. Il nous mandoit que le Bâtiment, après des difficultés inexprimables, étoit enfin parvenu à un endroit encore éloigné de nous de plus de cent werstes; qu'il étoit impossible d'aller plus loin, par rapport aux rochers cachés sous l'eau & aux bas-fonds; que, par cette raison, il s'arrêtoit-là, pour y attendre nos ordres. Après nous être bien informés du fait, comme on nous assura que les difficultés du passage pourroient être surmontées par le grand nombre de Travailleurs que nous avions réunis; pour éviter l'embarras de faire décharger & porter à terre nos instrumens, nous dépêchâmes un des Slusschiwies, avec ordre de tenter tout ce qui seroit possible, pour franchir le passage, & en cas d'impossibilité absolue, de nous en donner avis.

Nous fûmes six jours, sans avoir aucunes nouvelles des Bâtimens. Le 3 Août, il nous vint un Exprès, qui nous apprit que le Bâtiment étoit arrivé à vingt-huit werstes de l'endroit où nous étions. Il avoit couru les plus grands dangers en passant entre deux longs bancs de rochers, d'où l'on

(37) *Commentar. Academ. Petropol.* Tom. X. pag. 431-439.

n'avoit pu le tirer qu'avec des peines infinies, & après avoir eu tous ſes cables déchirés ; les équipages manquoient de vivres, & l'on avoit dépêché cet homme pour en chercher. Enfin le lendemain, ſur le ſoir, nous apprîmes que le Bâtiment étoit près de la Forterefſe, & il parut le 5 au matin.

Deſcription de Sempalat.

La Forterefſe de Sempalat fut conſtruite en 1718, près du rivage oriental de l'Irtiſch ; mais comme l'eau de ce côté-là emportoit de tems en tems la terre, il a toujours fallu reculer cette Forterefſe des bords, enſorte qu'elle étoit alors à ſa quatrieme place. On ne craint plus aujourd'hui la diminution du terrein du côté de la riviere, parce qu'une Iſle qui s'y eſt formée peu-à-peu, fait l'effet d'un bâtardeau & en ralentit la rapidité. C'eſt un inconvénient d'évité pour un autre qui n'eſt pas moindre. Au moyen de tous ces déplacemens, la Forterefſe eſt ſi avant dans les terres, qu'on peut aiſément la battre des montagnes voiſines qui ſont à l'Eſt, & qu'elle n'eſt plus exactement régulière. Elle eſt entourée d'un fofſé, de *ragattes* & de *dolobis*. Entre le fofſé & les ragattes ſont les maiſons des habitans, qui ſont des *Sluſchiwies* & des *Promuſchlennikis*. Le Commandant réſide dans la Forterefſe, avec un Lieutenant & un Enſeigne, & les Soldats ſont dans des caſernes qui forment les murs de la Forterefſe. Les environs de Sempalat ſont fort agréables, & paroiſſent fertiles ; cependant on n'y cultive point de fruits. Il croît dans les jardins une ſorte de melons, appellés *concombres de Calmouquie*. Ces concombres, quand ils ſont murs, ont l'odeur ſuave des melons, & ils m'ont paru plus délicats que tous ceux que j'aie encore mangés (38). Le mouton de la Calmouquie que nous mangeâmes ici, eſt délicieux ; il y eſt auſſi plus commun que celui de Ruſſie. Les maiſons ſont ſans toits, comme celles de *Jamuſchewa*, & très-peu commodes. Toutes les fenêtres ſont de papier : dans la Chancellerie même, où nous logeâmes, il n'y en avoit point du tout, & il fallut en faire pour nous ; mais nous les ôtions, quand il n'y avoit point de vent, parce que le papier rendoit nos chambres trop ſombres.

Nous avions réſolu à Tobolsk de ne ſuivre l'Irtiſch que juſqu'à Sempalat ; mais nous changeâmes ici d'avis. La ſaiſon ſe trouvant favorable, & notre voyage étant aſſuré par une bonne eſcorte, nous réſolûmes de remonter encore ce fleuve juſqu'à *Uſt-Kameno-Gorskaja-Krepoſt*. On nous repréſentoit cependant les chemins ſi mauvais, qu'on ne pouvoit, diſoit-on, y faire paſſer ni charriots, ni autres voitures de tranſport, par le grand nombre de rivieres & de montagnes qu'on rencontroit. D'un autre côté, nos inſtrumens nous embarraſſoient beaucoup, & n'étant pas trop bons cavaliers, nous n'étions pas ſûrs de pouvoir ſoutenir le voyage à cheval. Malgré toutes ces difficultés, nous réſolûmes de riſquer l'aventure, parce que nous étions les maîtres d'aller auſſi vîte, ou auſſi lentement que nous jugerions à-propos. Mais il nous parut néceſſaire, par rapport aux inſtru-

---

(38) M. Amman, dans ſon Ouvrage intitulé : *Stirpium rariorum in Imperio Ruthenico ſponte provenientium Icones & Deſcriptiones*, & imprimé à Petersbourg en 1739, a donné la Deſcription de ce melon. Il le caractériſe ainſi : *Melo rotundifolius, fructu longiſſimo, tereti, non ſulcato* ; & *Melo rotundifolius, fructu oblongo, tereti, non ſulcato, flavo & viridi colore vario*, n. 12 & 13, p. 8 & 9.

mens, de partager notre monde. Il fut donc décidé que nous irions à cheval jusqu'à *Uſt-Kameno-Gors*, & que nous emmenerions avec nous les Deſſinateurs, l'Interprete, le Sous-Chirurgien, le Minéralogiſte, avec le Caporal & quatre de nos Soldats. Comme nous voulions emporter auſſi les vivres avec nous, nous emmenâmes encore quatre charrettes, & nous nous mîmes en route le 7 Août, vers les 3 heures après-midi, avec une eſcorte de vingt hommes commandés par un Lieutenant. Nous dépêchâmes en même tems le Géometre, les trois Etudians & le Maréchal, avec les quatre autres Soldats, le Tambour, dix hommes à cheval, & dix autres prépoſés à la garde des charrettes qui devoient porter nos bagages & nos inſtrumens. Ils avoient ordre de tenir le même chemin que nous juſqu'au ruiſſeau de *Schulba*, d'où ils devoient ſe rendre droit aux *Koluwanskie-Sawodi*, où nous comptions les joindre au bout de quinze jours. Cependant comme, au rapport des habitans de Sempalat, il étoit preſqu'impoſſible de paſſer avec des charrettes chargées ſur la route juſqu'au *Schulba-Retſchka*, à cauſe des ſables & des montagnes, nous prîmes le parti d'embarquer tous nos inſtrumens ſur cinq *Saiſſanki*, de les faire deſcendre juſqu'au *Schulba-Retſchka*, & d'y envoyer les charrettes à vuide, avec leur eſcorte à cheval, pour y faire décharger les Bateaux, dont la charge ſeroit tranſportée ſur les charrettes, & amenée droit aux Mines. Pour cet effet, nous fîmes partir les Saiſſankis en même tems que nous.

Un voyage de cette nature ne pouvoit manquer d'être fort pénible. Nous marchâmes le premier jour juſqu'à 8 heures du ſoir dans des ſables très-profonds; nous paſſâmes pluſieurs ruiſſeaux, & nous ne fîmes que dix-huit werſtes. A peine étions-nous à dix werſtes de Sempalat, que les chevaux des charrettes refuſerent d'aller plus loin: chacune n'étoit pourtant chargée que de huit *pouds* tout-au-plus; mais ces charrettes, quoique de la même forme que celles d'Allemagne & de France, ſont bien plus légeres & beaucoup plus petites. Nous fûmes donc obligés d'envoyer chercher encore une couple de chevaux.

A quarante werſtes de Sempalat, nous vîmes ſur la ſteppe les reſtes d'une ancienne habitation d'un Prêtre idolâtre Calmouc. C'étoient les fondemens d'une maiſon qui avoit été compoſée de ſix chambres bâties ſimplement de terre glaiſe. Nous trouvâmes aux environs dans les champs quelques conduites d'eau, dont les Buchares qui habitoient ces cantons, ſe ſervoient vraiſemblablement pour arroſer les terres qu'ils y cultivoient. Ces Buchares ne ſubſiſtent plus, parce que l'ancien *Buſtuchan*, après avoir conquis la petite Bucharie, fit priſonniers tous les Buchares, par tout où il put en trouver. On ſait d'ailleurs que tout le pays, qui s'étend depuis *Omsk* le long de l'Irtiſch, étoit autrefois occupé par les Calmoucs. Or les Calmoucs ne connoiſſent pas le labourage; ils vivent uniquement de leurs beſtiaux (39). Leur Souverain même n'a point de réſidence fixe; il eſt errant comme tous ſes ſujets, qui reſtent rarement un jour dans le même endroit. Ils ſe renferment cependant dans un diſ-

(39) Voyez la Diſſertation citée de M. *Muller*, p. 439.

trict, d'où ils ne sortent point. La principale cause de ces mouvemens continuels, est qu'ils sont sans cesse obligés de chercher de nouveaux pâturages, à mesure que ceux où ils se trouvent sont mangés. On assure que leurs bestiaux peuvent paître pendant tout l'Hiver, parce qu'il tombe peu de neige dans la Calmouquie. Ainsi pour peu que les Calmoucs puissent faire subsister leurs bestiaux, ils n'ont pas besoin d'autre chose, & ne s'embarrassent point de la culture des terres.

A trois werstes de-là, nous vîmes une riviere qui tombe dans l'Irtisch à l'Ouest, & qu'on nomme en Langue Calmouque *Zaar-Gurban*, Trois-Bœufs. C'est le long de cette riviere qui est bordée de montagnes, & dans laquelle il y a beaucoup de castors & de loutres, que les Calmoucs vont communément en Russie.

Nous quittâmes dès ce même soir cette station, appellée *Smolnich-Jam*, poste de Cambouis, parce qu'il s'y faisoit anciennement de cette espece de courroi.

Le Lieutenant qui conduisoit notre escorte, voyant les difficultés du chemin pour nos charrettes, fit son possible pour en découvrir un plus commode. Il trouva, à peu de distance de l'Uba, un *Promyschtennik* de *Kusnetzk*, qui entreprit de les conduire par un chemin tout différent & meilleur. Nous le suivîmes, mais bientôt nous commençâmes à sentir un grand froid, causé par un vent de Nord-Est très-violent. Nous étions déja fort avant dans la steppe, nous ne voulions pas retourner sur nos pas : il fallut donc continuer notre route. Le froid augmenta beaucoup, & nous mit de fort mauvaise humeur. Enfin nous nous apperçûmes que nous allions au Nord ; nous crûmes par conséquent que notre guide ne savoit pas le chemin, & qu'il nous ramenoit sur nos pas, au-lieu de nous conduire en avant. Nous perdîmes peu-à-peu courage. Il falloit continuellement monter & descendre des montagnes escarpées ; & chaque fois que notre guide nous promettoit de rencontrer un ruisseau où nous pourrions faire du fourrage, il ne s'en trouvoit point. On voyoit à la vérité, dans certains endroits, qu'il y avoit eu autrefois des ruisseaux ; mais nous apprîmes qu'ils étoient entierement desséchés, & notre guide, qui n'avoit point passé par-là depuis plusieurs années, ne pouvoit pas connoître ces changemens. Nous marchâmes jusqu'à une heure après minuit, sans trouver de l'eau ; mais nous trouvâmes au-moins du bois pour nous chauffer. Comme nous croyions être revenus sur nos pas, nous campâmes assez chagrins dans ce lieu, qui, selon le Promyschlennik, étoit à trente werstes de la station précédente. Après nous être bien chauffés, nous nous couchâmes auprès du feu, sur des carreaux que nous avions pour tous lits.

Le 10 Août, nous repartîmes dès 6 heures du matin ; & après avoir encore passé avec beaucoup de peine de grandes montagnes, nous parvînmes au ruisseau de *Beresowka*. Nous rencontrâmes sur ces montagnes, comme dans toute notre route le long de l'Irtisch, quantité de Tombeaux, qui sont des restes de l'ancienne résidence des Calmoucs ou des Buchares. De tous ceux que nous avions vus jusqu'alors, il n'y en avoit presque point qui n'eussent été ouverts. Ces tombeaux ont été long-tems une ressource pour les habitans des environs qui les ont fouillés ; ils en ont tiré de l'or

& de l'argent, souvent même en assez grande quantité. Ces métaux ouvragés sont des ornemens de chevaux, des sceaux ou cachets de différens volumes, des brasselets, & quelquefois des idoles entieres. Cependant toutes les pieces de ce genre ne sont pas toujours d'or ou d'argent ; plusieurs sont de fer, de cuivre ou de laiton. Le Dessinateur *Lursenius* trouva dans un de ces tombeaux, entre *Jamuschewa* & *Sempalas*, de petits ciseaux de fer quarrés, & terminés en pointe pyramidale. Ceux qui fouillent ces tombeaux, ont malheureusement l'habitude de fondre l'or & l'argent, & de jetter le cuivre & le fer ; ce qui est une perte irréparable pour la connoissance des Antiquités du pays. Près d'*Ust-Kameno-Gorskaja-Krepost*, il reste encore quelques Tombeaux qui n'ont point été violés. Nous aurions été curieux d'en visiter l'intérieur ; mais cette fois le tems ne nous le permit pas.

L'endroit où couloit le ruisseau de *Beresowka*, étoit si charmant, qu'il auroit échauffé l'imagination d'un Poëte. Le ruisseau étoit clair comme du crystal ; ses bords étoient garnis de bouleaux qui lui donnent son nom, & toute la rive couverte de fleurs ou d'une verdure agréable. La vue de l'Irtisch & des montagnes nous présentoit le plus beau spectacle, & le chant des oiseaux, particulierement celui des *choucas* (*) flattoit agréablement nos oreilles. Ce fut-là que nous nous rassurâmes, & que nous fûmes convaincus de ne nous être point égarés la nuit précédente. J'allai, dans l'après-dînée, chercher des simples sur la plus haute montagne. J'eus beaucoup de peine à y gravir, à l'aide des saviniers dont les rochers sont couverts, & auxquels je me retenois ; je revins assez satisfait retrouver la Compagnie, & nous quittâmes cet endroit au coucher du soleil. Vers les 10 heures du soir, nous arrivâmes dans des environs charmans, près du ruisseau de *Gluboka*, qui est à treize werstes de la derniere *Kormowischische*: *Gluboka* signifie *profond* en Langue Russe. Le lendemain, après avoir traversé de beaux vallons bien boisés, nous arrivâmes à *Ust-Kameno-Gorskaja-Krepost*.

Nous étions si peu fatigués de notre voyage, que nous résolûmes d'abord de partir dès le lendemain pour *Ablaikit*, endroit devenu depuis quelque tems assez célebre. Nous fîmes même des préparatifs pour ce voyage ; mais après de mûres réflexions, nous fûmes obligés d'y renoncer, & nous prîmes le parti d'y envoyer un détachement de notre Troupe. Comme nous n'osions exposer aucun des Professeurs & de leurs Adjoints à faire ce voyage qui est assez dangereux, par rapport aux irruptions de la *Casatschia-Horda*, nous nous déterminâmes à faire partir notre Caporal, avec deux de nos Soldats, une escorte de trente hommes, & un Ecrivain de la Forteresse où nous nous trouvions. Nous chargeâmes ce dernier de décrire ce qu'il trouveroit de plus remarquable à *Ablaikit* ; & nous ordonnâmes au Caporal, ainsi qu'à ses gens, de ramasser & d'emporter tout ce qu'ils pourroient.

Ce détachement se mit en route le 12 Août au coucher du soleil, & fut de retour le 15 à 8 heures du matin. L'Ecrivain & le Caporal nous

___

(*) *Monedula, cornix*, espece de corneille.

142 HISTOIRE GÉNÉRALE

VOYAGE EN SIBÉRIE.

1734.

rapporterent « qu'après avoir fait à cheval environ soixante-quinze wer-
» stes sur la steppe, au côté occidental de l'Irtisch, & presque toûjours
» le long du ruisseau *Ablaikit*, qui court tantôt au Sud & tantôt à l'Est,
» ils avoient découvert *Ablaikit* ou *Ablainkit*, comme le prononcent les
» Calmoucs, à une werste du ruisseau au Nord ; que l'endroit n'étoit com-
» posé que de trois maisons, & des ruines d'une quatrieme qui avoit l'air
» d'une cuisine, où l'on voyoit encore les restes d'un âtre ou foyer ; que les
» maisons étoient entourées d'une muraille composée de morceaux de
» roc ; que cette muraille, qui formoit un quarré long, avoit une porte
» du côté du Midi, & une autre du côté de l'Est ; que ce mur n'entouroit
» pas exactement les maisons, mais qu'il étoit interrompu dans un endroit
» par des rochers qui remplissoient l'intervalle ; que la porte méridio-
» nale conduisoit à deux bâtimens placés sur un terrein très-élevé ; que le
» premier bâtiment n'avoit qu'une grande salle ; qu'à deux des coins de
» cette salle étoient deux fourneaux d'une forme singuliere, ayant au bas
» une ouverture ou registre pour l'écoulement des matieres, & un autre trou
» pour y appliquer un soufflet ; que dans le bâtiment qui étoit derriere
» celui-ci, il y avoit pareillement une grande salle, dans laquelle étoit
» autrefois une grande Idole de terre, posée sur un piédestal, & environ-
» née de seize autres Idoles plus petites ; que derriere ces piédestaux, qui
» subsistoient encore, on voyoit sur les murs des peintures bisarres, assez
» ressemblantes aux hiérogliphes des Alchymistes ».

Peintures sin-
gulieres trou-
vées dans des
ruines à Ablai-
kit.

Une, entre autres (dont la Description suffira) représentoit un homme avec quatre têtes & vingt-quatre bras, tenant une femme embrassée,
& la baisant avec une seule de ses têtes. Dans cette même salle étoit
une espece de grande armoire, avec quantité de séparations ou de niches
pratiquées en-dedans : ces niches, lorsqu'on découvrit cette retraite, étoient
remplies de paperasses dispersées alors dans le bâtiment. Tous ces bâtimens étoient de briques cuites, & avoient quelques ouvertures, mais
qui n'ont jamais tenu lieu de fenêtres. Nos gens nous apporterent un grand
nombre de manuscrits Tanguts & Calmoucs, de différentes formes & de

Manuscrits Tan-
guts, Calmoucs,
& caracteres
Mongales trou-
vés dans ces
ruines.

différens caracteres. La plûpart des manuscrits Tanguts étoient comme
peints sur du papier bleu, fort lissé, les uns avec du blanc, les autres
avec une couleur d'or ; les manuscrits Calmoucs au contraire étoient tous
écrits sur du papier blanc avec de l'encre noire, ou de l'encre rouge. A ces
manuscrits étoient joints d'autres papiers en petits caracteres, qu'on voyoit
bien être imprimés : car, parmi nos curiosités, il y avoit aussi des moules
de lettres gravées en bois, qui avoient la forme d'un quarré long, & sur
lesquels on voyoit de l'écriture Mongale. A la noirceur de ces moules, il
étoit aisé de reconnoître qu'ils avoient été remplis d'encre d'Imprimeur,
& qu'ils avoient par conséquent servi à imprimer quelque chose ; mais
nous n'en trouvâmes pas dans tous les papiers qui nous furent remis une
seule épreuve. Il y avoit, parmi le butin d'*Ablaikit*, quelques morceaux de
peinture sur bois en détrempe, assez mal faite, mais bien conservée ;

Figures ou Ido-
les trouvées dans
le même lieu.

ils avoient servi de parquet à l'un de ces bâtimens, & ils représentoient des Saints. Nous obtînmes à *Ust-Kameno-Gorsk* une pareille
image sur du papier beaucoup mieux peinte ; elle venoit aussi d'*Ablaikit*,

PLAN DES ENVIRONS ET DE L'ENCEINTE DU TEMPLE D'ABLAIKIT.

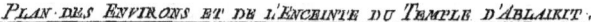

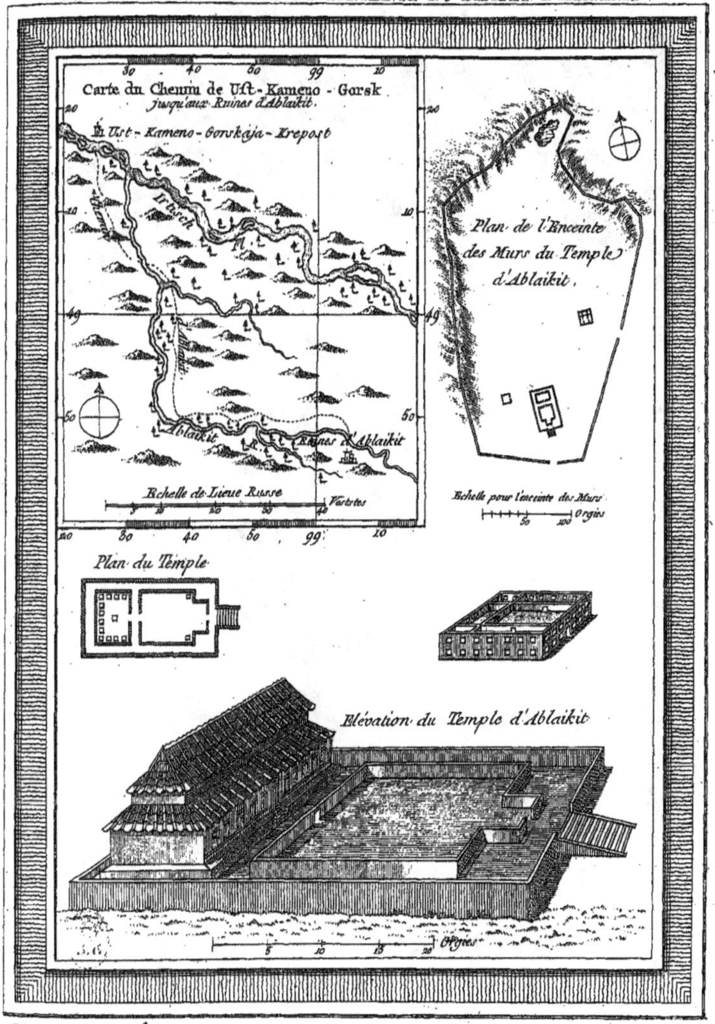

Peintures du Temple d'Ablaikit, Piedestaux sur lesquels etoient les Idoles et Vase singulier.

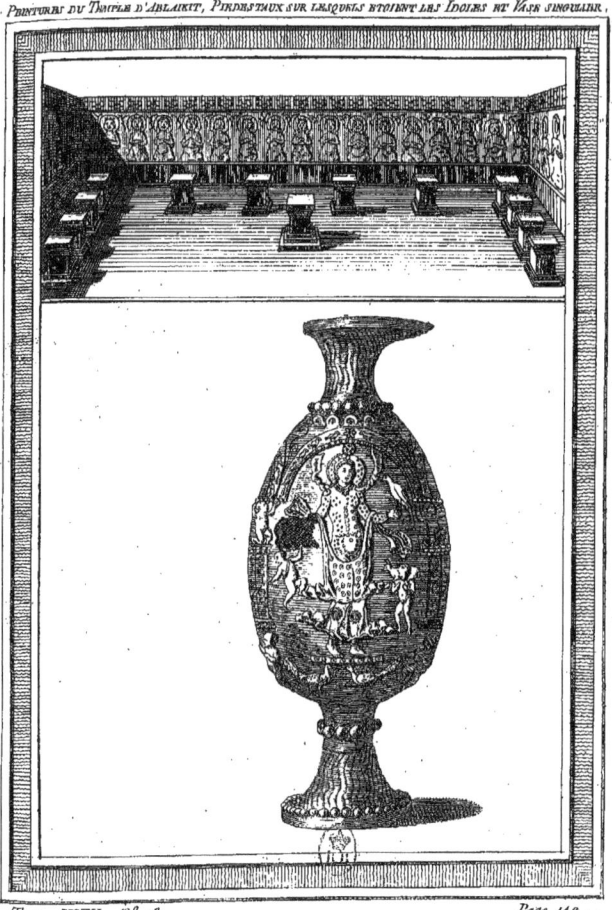

Tom. XVIII. N.º 13. Page 142.

où il s'en étoit trouvé beaucoup d'autres. Ce qui me parut de plus remarquable dans toutes ces figures, c'est qu'elles avoient autour de la tête une espece de gloire ou d'auréole d'or, comme on en voit communément aux représentations des Saints dans les Eglises Catholiques. Ces figures étoient encore presque toutes représentées assises & les jambes croisées. Quant aux manuscrits, nos gens nous assurerent qu'ils en avoient encore laissé, dans les bâtimens d'*Ablaikit*, une quantité si prodigieuse, qu'on pouvoit en charger plus de vingt charrettes. Quoique nous fussions assez contens de ce qu'ils nous en avoient apporté, nous fûmes fâchés de n'y avoir pas été nous-mêmes, d'autant plus que le voyage n'auroit pas été si long qu'on nous l'avoit dit. *Ablaikit* signifie le Temple d'*Ablai*, Prince Calmouc de la Tribu de *Choschot*, qui vivoit vers le milieu du dix-septieme siecle, & qui dans les guerres civiles des Calmoucs fut chassé de sa résidence, vers l'an 1671.

Toutes les nuits que nous passâmes à *Ust-Kameno-Gorsk*, nous vîmes à l'Est une grande clarté, qui provenoit de l'incendie d'une steppe située derriere les montagnes. Les Calmoucs, à ce qu'on nous dit, sont dans l'usage de mettre ainsi le feu aux steppes de ces quartiers-là, pour en imposer à la *Casutschia-Horda*. Ils pensent qu'en brûlant le fourrage, qui pourroit servir à leurs chevaux, ils mettent par-là les Cosaques, qui font toutes leurs expéditions à cheval, hors d'état de venir les inquiéter.

Ust-Kameno-Gorskaja-Kreposti tire son nom d'une chaîne de montagnes, qui commence à ce point de l'Irtisch. Cette Forteresse est située sur un bras peu profond de ce fleuve, dans une grande plaine, & la chaîne des montagnes est à l'Est. Elle a fort peu de circonférence ; c'est pourquoi on ne l'apperçoit, pour ainsi dire, que quand on est dedans. Elle consiste en un quarré régulier qui a deux portes, mais dont seule est ouverte. Deux côtés de la Forteresse sont occupés par les casernes, & les deux autres contiennent les logemens des Officiers, & le grand Corps-de-Garde. L'Eglise est au milieu de la Forteresse. Le Commandant a sous ses ordres cent cinquante hommes, tant *Slutschiwies* que Soldats. Hors de la Forteresse, il y a sur le même bras de l'Irtisch quelques maisons bâties par des hommes de la garnison qui étoient mariés. Toute la Forteresse est entourée de chevaux de frise & de *dolobis*, du côté où est la *Slobode* : c'est ainsi qu'on nomme une espece de Fortification construite uniquement pour arrêter les Nations ennemies de ces cantons, qui ne font la guerre qu'à cheval, & par conséquent inconnue ailleurs. Elle consiste en deux rangs de poutres portées sur des poteaux à demi-hauteur d'homme, & liés en plusieurs endroits par de petites poutres de traverse. Le rempart de la Forteresse est de terre liée avec des fascines, pour le mettre en état de résister aux coups de vent fréquens dans ces quartiers-là. L'intérieur du rempart est garni tout-autour de pilotis, & en-dehors il est muni d'un fossé profond. Le terrein d'alentour n'est pas de la bonté de celui de Sempalat, & les montagnes qui l'environnent lui donnent un air beaucoup plus sauvage. Nous comptions d'y trouver abondamment des concombres de Calmouquie, & ce lieu étant plus au Sud, nous ne doutions pas de les avoir bien mûrs ; mais on ne put nous en ramasser qu'un petit nombre, encore verds, parce qu'ils avoient été femés trop tard. La fauge & l'hyfope couvrent ici la terre. Il y a auffi beaucoup de bêtes fauves, des cerfs, *manati*, des biches, *rofli*, deux fortes de chevres fauvages, dont l'une, peu différente du *faiga*, s'appelle en Langue Calmouque *argali*, des élans, appellés dans ces cantons *fochati*, & des fangliers, *kabani*. Depuis qu'il y avoit des ordres de la Cour de travailler à prendre vivans des *maralis* & des *argalis*, pour les envoyer à Petersbourg, on s'occupoit beaucoup de cette chaffe qui eft fort aifée. On fait des foffes (*jami*) qui ont environ la longueur & la largeur de l'animal qu'on veut prendre. D'un côté de la foffe, on fait une longue haie qu'on laiffe ouverte vis-à-vis de l'endroit qui rend directement au piege. Cette foffe eft légerement couverte de gazons par en-haut, enforte que rien ne paroît au-dehors. Lorfque la bête arrive en cet endroit, elle cherche à paffer la haie, & ne trouvant d'autre ouverture que vis-à-vis de la foffe, elle y entre ; le gazon s'enfonce auffi-tôt fous le poids de fon corps, & elle eft prife. On nous dit, qu'on y prenoit fouvent des cerfs fi forts & fi furieux, qu'il étoit impoffible de les dompter, & que l'on étoit obligé de les tirer dans la foffe. La Caiffe Impériale paye deux roubles & demi pour un *argali*. Ainfi les Officiers & les *Promyfchlennikis*, ou Chaffeurs, trouvent bien leur compte à ce marché : car comme on paye également les animaux qui meurent en chemin, dans un fi grand éloignement, il eft aifé d'en paffer quelques-uns de morts qui n'ont jamais été livrés. Quoi qu'il en foit, tous les Chaffeurs fe trouvent affez bien de leur métier, & je n'en ai point vu de plus riches.

Ici l'Irtifch a fi peu de profondeur, qu'à peine eft-elle navigable pour les plus petits Bâtimens.

M. Muller alla vifiter quelques Tombeaux de ces environs, qui n'avoient pas encore été ouverts, & voici comme il en trouva l'intérieur. Le mort étoit fimplement couché dans la terre, la tête tournée vers l'Orient. Les offemens qui reftoient encore, étoient tous dans leur fituation naturelle, mais fort amollis. Il y avoit parmi ces offemens de petits morceaux de fer mangés de rouille, dont on ne put deviner l'ufage. La cavité du tombeau étoit comblée de cailloux, de l'efpece de ceux qui fe trouvent dans ces cantons, fur les bords des ruiffeaux & des rivieres.

Le 16 au foir, nous partîmes d'*Uft-Kameno-Gorsk*, & entre les ruiffeaux de *Gluboka* & de *Berefowka*, nous trouvâmes beaucoup de petits amandiers (40) ; j'en fis porter quelques-uns fur les bords du dernier ruiffeau, & je les y plantai pour augmenter les charmes du lieu.

Le 14 au matin, nous arrivâmes fur le ruiffeau d'*Uba*, dont nous avions déja fuivi la rive gauche pendant cinq werftes. Il foufloit un vent très-violent, qui eut bientôt pour nous de fâcheufes fuites. Nos gens firent du feu, comme à l'ordinaire, pour faire la cuifine ; mais à peine il fut allumé, qu'il

---

(40) *Amygdalus foliis petiolatis bafi attenuatis*. Linn. H. Cliff. p. 186. Upfal. 124. n. 3.
Amygdalus Indica nana. Pluk. Alm. 28. L. II. f. 3.

Armeniaca perficæ foliis, fructu exfucco, villofo, Tab. XXX. Amman. Stirp. rar. in Imper. Ruth. fponte proven. Icon. & Defcrip. 1739, p. 194, n. 273.

enflamma

enflamma les broussailles voisines, & qu'on ne put l'éteindre. En moins d'un quart-d'heure, tout le bois des environs fut en feu ; il fallut transporter nos bagages, nos instrumens & nos ustensiles tout près du ruisseau, pour les garantir des flammes. Cet incendie auroit peut-être duré très-long-tems, sans une forte pluie qui tomba d'abord, & l'affoiblit considérablement.

A quinze werstes de cet endroit, est une montagne, appellée *Ploskaja-Gora*, ou *Montagne-Plate*, d'où l'on tire la Mine de cuivre pour les Forges de *Kolywan*. Nous ne pouvions passer sur cette montagne, parce qu'elle faisoit un détour, & que le chemin étoit d'ailleurs impraticable pour nos charrettes, qui auroient été obligées de suivre une chaîne de montagnes fort hautes ; cependant nous ne voulions pas négliger l'occasion de visiter cette Mine. Nous résolumes donc d'aller seuls à la montagne avec six hommes de notre Troupe, & de faire prendre le chemin ordinaire au reste de l'escorte. Nous nous donnâmes rendez-vous, pour nous rejoindre tous le soir, près du ruisseau d'*Alai*, & nous partîmes. Nous arrivâmes sur les 3 heures au *Ploskaja-Gora*, où nous vîmes le minérai distribué par chambres sur la surface. Nous entrâmes dans l'intérieur de la Mine, qui n'avoit encore que huit orgies de profondeur. Il y avoit trente Travailleurs en état de fournir cent à deux cens pouds de minérai par jour. La Mine est assez riche, mais on ne peut y travailler que pendant les trois mois de l'Eté, par rapport aux incursions de la *Casaïschia Horda* ; car dans le Printems & dans l'Automne les Mineurs risqueroient d'être pillés, tués ou enlevés ; & pendant l'Hiver, à ce qu'on nous dit, il s'entasse souvent dans une seule nuit des monceaux de neige d'un volume prodigieux, qui rendent les chemins impraticables. Les travaux de cette année devoient donc cesser dans quinze jours. Les Mineurs habitent dans des cabanes couvertes d'écorce de bouleau, au pied de la montagne, où passe le ruisseau d'*Uba*.

Nous fûmes rendus le soir à 8 heures au ruisseau d'*Alai*, le premier de tous que l'*Ob* ou l'*Obi* reçoive. C'est-là qu'on abandonne entierement les bords de l'Irtisch. A notre arrivée, nous apprîmes que nos voitures n'arriveroient pas précisément à cet endroit, mais un peu plus bas. Personne de nous ne savoit le chemin ; nous avions très-peu de vivres, & point d'autre boisson que l'eau de la riviere, encore falloit-il la boire dans les vases de nos Slutchiwies, ou simplement dans la main : de plus, nous n'avions rien pour nous couvrir pendant la nuit, & nos chevaux étoient trop las pour pousser plus loin. Il fallut s'armer de patience. Après un très-mince souper, nous nous couchâmes par terre autour du feu. Il fit un vent très-froid pendant toute la nuit, & nous souffrîmes beaucoup.

Le lendemain à 4 heures du matin, nous remontâmes à cheval, & nous arrivâmes après trois heures de marche à *Pichtowa*. Nous logeâmes chez un Officier des Mines, Allemand de nation ; il nous donna du quas, qui nous rafraîchit beaucoup, & du bœuf frais, qui nous restaura. Deux heures après, contre notre attente, nos charrettes arriverent au même endroit, ce qui nous fit oublier tous les mauvais momens de la veille. *Pichtowa-Gora* tire son nom du mot *Pichta*, qui signifie *sapin blanc*, parce que cet arbre vient en quantité fur les montagnes qui l'environnent. Il y a dans ces montagnes cinq Mines, que nous vîmes toutes les unes après les autres. Le bénéfice en est confidérable, parce que, fans creufer beaucoup, le minérai fe trouve aifément. Aucune de ces Mines n'a plus de quinze orgies de profondeur. Le minérai, dont la plus grande partie eft dans des filons très-riches, rend douze pour cent de bon cuivre pur. On n'a pas befoin de chercher de nouvelles veines, on n'a qu'à fuivre les filons découverts par les anciens habitans. On ne fait pas bien ce que c'étoit que ces anciens habitans : ce n'étoient pas des Calmoucs, puifqu'encore aujourd'hui ces peuples ne favent guere fondre que le fer. A une werfte au Sud de *Pichto-wa-Gora*, eft encore une autre montagne, où l'on trouve auffi quelques veines de cuivre. La Mine eft entourée d'un mur de pierre de roc, d'où l'on peut conjecturer qu'il y a eu autrefois une Fonderie. Il y a dans toute cette contrée qui eft montagneufe, peu de montagnes où l'on ne trouve des traces d'anciennes exploitations de Mines ; mais on ne voit dans la plûpart que des veines ou des filons entamés. Quelques-unes, en petit nombre, ont été creufées jufqu'à la profondeur d'environ huit orgies, mais celles-là font dans un terrein mol qui cédoit aifément au marteau ; d'où l'on peut encore conclure que ces anciens Exploiteurs de Mines ne connoiffoient pas la poudre à canon.

De *Pichtowa*, nous allâmes à *Koliwano-Woskrefenskie-Sawodi*, où nous trouvâmes le refte de notre monde que nous avions laiffé à Sempalat, & qui nous attendoit là depuis le 17. Ces gens nous raconterent que le voyage d'eau jufqu'à *Schulba* avoit été fort pénible, & que par le peu de profondeur de l'eau il avoit fouvent fallu porter, pour ainfi dire, les *Saiffankis* ; qu'ils avoient affez heureufement fait le voyage de terre, mais que faute d'avoir un guide qui connût la nouvelle route faite depuis un an d'Uba jufqu'ici, ils s'étoient détournés d'environ cinquante werftes.

Le 20 au foir, il arriva une petite caravane de *Calmoucs-Urungai* ; ce font des payfans Calmoucs qui ne fervent pas à la guerre. Ils font fujets d'un petit Prince, qu'ils appellent *Omba*, & ils ont autrefois habité ces cantons. A la nouvelle du premier établiffement des Mines, ils étoient venus pour protefter contre ces entreprifes fur leur terrein. Mais ils s'en font retirés, parce qu'ils ont été deux fois attaqués & pillés par la *Cafatfchia-Horda*. Ils demeurent aujourd'hui à la fource de la riviere de *Tchanuefch*, & ont renoncé depuis long-tems à leurs prétentions. Ils ont vécu jufqu'à préfent, comme les autres Calmoucs, en fi bonne intelligence avec les Ruffes, qu'en 1733 ayant eu avis de quelque irruption des Cofaques, ils en avertirent les habitans de cet endroit. Ces alarmes étoient bien fondées, car les Cofaques oferent venir fort près de la Fortereffe. Mais comme on étoit fur fes gardes, on en prit un, & les autres furent difperfés. Nous invitâmes le lendemain ces Calmoucs à nous venir voir. Ils avoient prefque tous des bonnets ronds & rouges, garnis de fourrures, & furmontés d'une houpe jaune ; ils étoient d'une petite taille, avoient les yeux petits, de groffes joues & le menton long. Ils portoient une longue vefte ; leur tête étoit entierement rafée, à l'exception de quelques cheveux qui leur pendoient en queue par derriere. Ils étoient venus pour acheter des provisions. Après nous être entretenus avec eux pendant quelque tems, nous les priâmes de tirer au blanc avec leurs fleches, qui étoient larges & émoussées à la pointe ; tous frapperent juste au but dans un éloignement de sept à huit brasses. On marqua ensuite différens buts, vis-à-vis desquels ils devoient passer en courant de toute la vîtesse de leurs chevaux, pour tirer à chacun une fleche. Nous fûmes surpris de l'adresse avec laquelle ils s'en acquitterent ; pas un seul d'entr'eux ne manqua son but. Cependant ce n'étoient que des paysans, qui n'étoient guere élevés pour ces exercices équestres. Les Calmoucs ont l'étrier attaché fort court; leur carquois pend du côté droit, & leur arc du côté gauche. Ils nous montrerent quelques-unes des fleches dont ils se servent à la guerre ; elles étoient beaucoup plus trenchantes & plus pointues que celles dont ils se servent pour la chasse.

Le 23, nous allâmes à *Kolywanka-Gora*, montagne de *Koliwanka*. Cette montagne court au Sud, & s'étend un peu à l'Ouest des ouvrages des Mines ; c'est la premiere qu'*Akinfi Nikititz Demiedow* ait fait fouiller. C'est encore au pied de cette montagne qu'on a construit en 1728 la premiere Fonderie avec un Ostrog, dont on ne voit plus que les ruines, parce qu'elle a été abandonnée pour être transportée l'année suivante dans un lieu plus convenable, où elle est aujourd'hui. Au haut de la montagne, on voit encore les restes d'une fouille profonde de dix-sept orgies, où se trouve une veine ou un filon d'environ cinq pieds, dont le minérai est bleu & verd. Il rend vingt-quatre pour cent, & c'est le plus riche du canton. Cependant on a cessé depuis 1732 d'exploiter cette Mine, parce qu'elle fut brûlée comme toutes les autres du même district, par un incendie qui s'étendit depuis l'*Irtisch* jusqu'à l'*Obi*. A quelque distance de cette montagne, il s'en éleve une autre, appellée *Sinaja-Sopka*. *Sopka*, chez les Sibériens, signifie une *montagne isolée*. Cette montagne paroit bleue de loin, ce qui lui a fait donner le surnom de *Sinaja*, qui désigne cette couleur. Elle est si haute, que, par un tems serein, on la voit d'*Ust-Tschumutsch*, à la distance d'environ deux cens cinquante werstes : c'est ce qui la rend fort célebre dans ces cantons, où elle sert de guide aux Voyageurs. Il se trouve sur cette montagne une espece de petites zibelines noires à poil court ; mais il est défendu de leur donner la chasse, pour ne pas faire tort aux travaux des Mines. La même espece de zibelines est connue chez les *Calmoucs-Urungai*, dont on a parlé ; elles sont distinguées sous le nom de *zibelines de Kangaraga*.

Voici l'Histoire de ces Mines. En 1725, quelques paysans fugitifs étant venus s'établir sur l'*Ob*, apporterent à un particulier Russe, nommé *Demiedow*, plusieurs échantillons de Mines qu'ils avoient trouvés dans ces cantons en chassant. *Demiedow* ayant obtenu du College des Mines la permission de faire fouiller & de bâtir des Fonderies, fit de nouvelles recherches, & construisit la Sawode ou Fonderie de *Kolywanka-Gora*. Elle est située dans les montagnes, & a pour défense un Fortin de quatre bastions, entouré d'un rempart de terre & d'un fossé. C'est la résidence des Officiers & des Travailleurs aux ouvrages des Mines. La plûpart de ces

148 HISTOIRE GÉNÉRALE

Travailleurs font des payfans de différens cantons, qui viennent ici pour gagner la capitation qu'ils font tenus de payer à la Couronne : c'eſt pourquoi, après avoir gagné cet argent, ils s'en retournent preſque tous chez eux, ce qui ralentit beaucoup le travail des Mines. L'Entrepreneur, pour y remédier, a établi quelques Villages ſur le *Tſcharuſch* ; mais ils fourniſſent à peine quarante ou cinquante hommes, lorſqu'il en faudroit au-moins huit cens (41). Il y a pour la ſûreté du lieu cent *Sluſchiwies* à cheval, tirés de *Kuſnetzk*, qui ont la paie ordinaire des Troupes Ruſſes.

Le diſtrict des Fonderies n'a point d'Egliſe publique : la plûpart des Travailleurs font du nombre de ceux qu'on appelle *Starowjergis* ou *Roskolſchtſchikes*, c'eſt-à-dire ſéparés de l'Egliſe Ruſſe ou du Rit Grec. Ils ont leurs dogmes particuliers, dont il eſt aſſez difficile de pouvoir être bien inſtruit. Ils font au-moins fort ſuperſtitieux : ils ne boivent & ne mangent rien dans aucun vaſe qui ſerve à l'uſage d'un Conformiſte Ruſſe. Ils ne vont dans aucune Egliſe de cette Nation ; ils s'abſtiennent entierement de l'eau-de-vie ; ils font le ſigne de la croix avec deux doigts ſeulement, comme font les Eccléſiaſtiques Ruſſes, lorſqu'ils donnent la bénédiction au peuple. Leurs dogmes au reſte font bien embrouillés. Un d'eux me vint conſulter ſur une maladie qu'il avoit : je voulus lui donner quelques médicamens ; il n'en voulut pas, dans l'idée qu'en les prenant il commettroit un grand péché. Je cherchai à le perſuader du contraire, en l'aſſûrant que Dieu, le Créateur des remedes, vouloit que l'on conſervât ſa vie par tous les moyens poſſibles. Il craignoit que ceux de ſa ſecte venant à ſavoir qu'il avoit fait des remedes, ne le regardaſſent comme un diſcole. Je lui conſeillai de ſe médicamenter en cachette ; je lui offris même de lui faire prendre la médecine chez moi ; il y conſentit, & prit ſur le champ celle que je lui

(41) Depuis le voyage de M. Gmelin, cette Fonderie de *Kolywanka-Gora* eſt devenue une des plus conſidérables de l'Europe. D'habiles Minéralogiſtes ont fait divers eſſais des Mines, & ont trouvé que les Mines de cuivre du pays, déja ſi riches par elles mêmes, tenoient encore beaucoup d'argent, & que l'argent contenoit tant d'or, que ce ſeul objet valoit bien qu'on fît la dépenſe d'en faire la ſéparation. On a donc conſtruit, pour cet effet, des fourneaux de départ qui rendent beaucoup. On a de plus découvert une montagne, nommée *la Montagne des Serpens*, parce qu'il s'y trouve une quantité prodigieuſe de ces ſortes de reptiles, ſi remplie de riches Mines d'argent & de cuivre, qu'il y a des filons de deux à trois pieds de profondeur, qui s'étendent à plus d'une lieue d'Allemagne Ces Mines contiennent auſſi de l'or très-pur, que l'on y trouve tantôt dans de petites veines, tantôt par grains, & ſouvent en lames ſur la ſurface du fragment de Mine, ou dans la pierre même ; ce qui augmente conſidérablement la valeur de l'argent, qui par lui même tient beaucoup d'or. Cette richeſſe des Mines n'eſt pas particuliere à celles de la Montagne des Serpens : elle eſt commune à pluſieurs autres qu'on a découvertes depuis, & qui s'étendent juſqu'à la riviere de *Buktuma*, qui reçoit l'Irtiſch : enſorte qu'il y a lieu de préſumer que tout ce canton, entre l'Irtiſch & l'Ob, eſt rempli de Mines abondantes, qui ne ſeront pas ſi-tôt épuiſées. Un avantage particulier de ces Mines, c'eſt qu'on n'a pas beſoin de machines fort diſpendieuſes pour l'épuiſement des eaux. Les veines de la Mine raſent la ſurface de la terre, & il eſt rare d'en trouver à la profondeur de plus de dix orgies. Si les Mines d'Allemagne & d'autres pays de l'Europe étoient de cette richeſſe, on auroit miné tout le pays, & à peine pourroit on faire un pas ſur la terre. Mais la Providence a ſu d'une part contenir l'avidité trop active, & de l'autre encourager la pareſſe.

préparai. Le chef de ces *Roskolschtschikes* étoit un *Rudoischtschik*, ou Chercheur des Mines, nommé *Kudrauzow*, dont l'habitation étoit sur la riviere de *Tscharusch*. C'étoit un simple payſan, mais dont l'exemple fait voir que la fineſſe & l'artifice ſont de toutes les conditions. Il employoit toutes ſortes de moyens, & ſur-tout beaucoup de promeſſes, pour être inſtruit des découvertes faites par d'autres payſans dans la recherche des Mines; il alloit auſſi-tôt en faire part à l'Entrepreneur, en tiroit une bonne récompenſe, & n'en donnoit jamais rien à ceux qui avoient trouvé les Mines.

Nous quittâmes ces Fonderies le 29, & nous nous mîmes en route ſous l'eſcorte de vingt *Sluſchiwies*, à qui nous en joignîmes quinze autres, parce que nous étions dans le tems des plus fortes incurſions des Coſaques.

Nous fûmes rendus le 31 au ruiſſeau d'Alaï, où nous trouvâmes des chevaux de relai qu'on avoit ramaſſés dans les Villages d'alentour. Ayant eu juſque-là le bonheur de ne point rencontrer la *Caſatſchia-Horda*, notre crainte étoit entierement diſſipée, & nous renvoyâmes à Sempalat une partie de notre eſcorte.

Pendant tout l'Eté, nous avions vu peu de forêts; maintenant nous touchions à l'Automne, & nous commencions à voir des bois de ſapin & de bouleaux.

Le 2 Septembre, nous arrivâmes ſur les bords de l'*Obi*. Nous y embarquâmes ſur un gros Bâtiment nos bagages, avec nos inſtrumens & nos uſtenſiles. L'*Obi*, l'un des plus grands fleuves de la Sibérie, a ſa ſource dans la *Mungalie*; il eſt formé de deux grandes rivieres, nommées *Bija* & *Katuna*. Il ne prend le nom d'*Obi* qu'à leur confluent qui ſe fait à *Bisk* ou *Bikatunskaja-Krepoſt*. C'eſt depuis cette Forterreſſe que les bords de l'Obi ſont habités, & ſes rivages ſont bordés de quantité de Slobodes. *Bisk* eſt une Forterreſſe de frontiere contre les Calmoucs. On voyage avec tant de ſûreté dans ce pays-là, qu'on n'a pas beſoin d'eſcorte: nous voulûmes donc renvoyer les vingt *Sluſchiwies* que nous avions pris aux Sawodes. Mais l'Officier des Mines qui nous accompagnoit, voulut, par honneur, qu'elle nous ſuivît juſqu'à *Kuſnetzk*, & nous y conſentîmes.

Le 4 Septembre au ſoir, nous nous trouvâmes ſur les bords de la *Tſchumuſch*; nos gens nous attendoient déja de l'autre côté de cette riviere. Mais comme ce n'eſt pas un endroit de paſſage ordinaire, il fallut en toute diligence faire un petit pont avec des Barques de Pêcheurs, appellées *Lotki*, liées par des traverſes, & nous paſsâmes aiſément. Le long de la riviere de *Tſchumuſch*, il y a beaucoup de Tatares, & la plûpart de *Theleut*. Autrefois il y en avoit bien davantage, mais les invaſions des Calmoucs en ont écartés beaucoup, qui ſe ſont retirés plus avant dans la Sibérie. Ils commençoient alors à revenir peu-à-peu, & à reprendre leurs anciennes demeures.

Le 5, nous arrivâmes à *Onitima* ou *Utibert D*. ſitué ſur le ruiſſeau de ce nom. Il faut remarquer en paſſant, que la plûpart des Villages de Sibérie tirent leur nom des payſans qui les ont bâtis: tres-peu portent le nom du ruiſſeau ſur lequel ils ſont ſitués. Pluſieurs, comme celui-ci, ont deux noms; mais celui du Fondateur est toujours le plus familier dans la bouche du peuple. A Ulibert nous étions logés chez le Fondateur même du Village. Nous lui demandâmes son nom ; il s'appelloit *Kolesnikow*, mot Russe, qui signifie en général *un Faiseur de roues*, & qui désignoit particulierement *un Faiseur de roues à moulin* : ensorte que ce paysan portoit le nom de son métier. Cet homme étoit assez bon railleur. Il s'apperçut bientôt que nous étions étonnés que son Village ne s'appelloit point de son nom *Kolesnikowa*. Les habitans, nous dit-il, sont des coquins trop glorieux, pour me faire cet honneur de mon vivant.

Le 8, après avoir passé une forêt presqu'entierement de Melesses (*Larix*), nous nous trouvâme le soir au Village de *Kaltirak*, situé sur un ruisseau du même nom. C'est un Village Tatare, dans lequel il n'y avoit que quatre maisons Russes. Les Tatares qui habitent ce Village, sont de différentes Tribus ; la plûpart sont de Tatares de *Theleut* & de *Kischtim*, & beaucoup d'entr'eux ont été baptisés dans le voyage apostolique que *Philophei*, Archevêque de Tobolsk, fit chez les Ostiaques ; mais ils n'en sont guere meilleurs Chrétiens. La chose la plus essentielle chez ceux de ces cantons, est la croix qui leur a été donnée au Baptême. Cependant ils ne la portent pas, & quand on leur en demande la raison, ils disent qu'ils l'ont serrée précieusement. Ils ne se contraignent même pas pour dire qu'on les a baptisés de force, & que s'ils eussent été les maîtres, ils n'y auroient jamais consenti. Ils sont pourtant le signe de la croix toutes les fois qu'on le leur demande ; ils se couvrent aussi du manteau de la Religion Chrétienne, lorsqu'ils veulent se marier, & vont même quelquefois à l'Eglise Russe. Nous entrâmes dans quelques-unes de leurs maisons, que nous trouvâmes peu différentes de celles que nous avions vues. Nous fîmes inviter une femme & une jeune fille Tatares, de la Tribu de *Theleut*, à nous venir voir, pour considérer leurs habillemens. La femme étoit d'une beauté singuliere : elle avoit les cheveux noirs, & la peau fort blanche, tous les traits du visage agréables & une très-belle taille : elle avoit amené son mari qui étoit borgne. Nous lui demandâmes, si ce mari lui plaisoit, & si elle n'en desiroit pas un de meilleure mine ? Elle répondit, qu'elle ne seroit pas fâchée qu'il eût ses deux yeux ; mais que Dieu l'ayant ordonné ainsi, elle étoit contente. Elle parloit assez bien Russe, & avec autant de facilité que de graces. Son habillement étoit une longue robe, d'une étoffe de soie rouge, sous laquelle elle avoit une chemise de laine ; elle portoit, comme toutes les femmes Tatares, des caleçons de toile : le col de sa chemise étoit garni tout-autour de perles Chinoises ; cette chemise étoit ouverte dans toute sa longueur en-devant, comme nos habits d'homme, & garnie de boutons & de boutonnieres. Elle avoit un bonnet Tatare, d'une forme agréable, & bordé de zibeline : ses cheveux étoient tressés, & formoient deux cadenettes, qui pendoient de chaque côté en-devant, de la longueur de près d'un pied, & remontoient de-là sur les épaules, où les deux bouts étoient noués ensemble. Elle avoit à chaque oreille deux anneaux d'argent, un grand & un petit. La jeune fille étoit habillée de la même façon, si ce n'est que ses vêtemens étoient moins beaux, & que ses cheveux ne formoient qu'une seule queue qui lui tomboit sur le dos. Nous passâmes la nuit dans ce Village, & nous en partîmes le lendemain.

J'appris ce jour-là qu'à dix werstes du Village de *Kaltirak*, nous avions passé la veille un endroit qui étoit autrefois couvert d'eau, mais dont l'eau s'étoit perdue depuis cinq ans, & d'où il s'élevoit une fumée continuelle. Je crus d'abord que c'étoit un champ brûlant, comme on en voit près de *Baku* sur la Mer Caspienne, & il n'en fallut pas davantage pour me faire retourner sur mes pas. Je fis sur le champ seller un cheval, & j'y courus suivi d'un seul Soldat. Je n'eus pas de peine à découvrir la cause de la fumée que je vis s'élever dans plusieurs endroits. Le terrein étoit auparavant un marais, où la mousse s'étoit tellement accumulée depuis long-tems, qu'elle en avoit peu-à-peu desséché toute l'eau: c'étoit donc cette mousse qui brûloit alors, & qui vraisemblablement avoit été allumée par le feu du ciel, ou par des gens qui s'étoient arrêtés-là. Comme personne ne s'avisoit d'éteindre cette mousse, elle continuoit de brûler. Je donne à ce terrein le nom de *Terre de tourbe*, parce que la fumée avoit précisément la même odeur que celle de la bonne tourbe de Hollande.

Le 11, après avoir passé le *Tom* sur des radeaux, nous arrivâmes le soir à *Kusnetzk*, où nous employâmes notre séjour à satisfaire pleinement notre curiosité sur les Tatares du pays.

Le 16, nous allâmes à trois werstes de la Ville dans un Village habité par des Tatares *Theleut*. Ce Village est composé de deux sortes de maisons ou *jurtes*; les habitans occupent les unes pendant l'Eté, & les autres pendant l'Hiver. Les maisons d'Hiver sont toutes semblables à celles que nous avions vues à *Kaltirak*. Les habitations d'Eté sont rondes & pointues par en-haut; elles ont en-bas trois orgies de diametre. Un espece de trou pratiqué dans toutes du côté de l'Orient, & fermé d'une porte, leur sert d'entrée. Ces maisons sont construites de roseaux entrelassés, sur des bâtons joints ensemble. Pour empêcher la pluie de pénétrer, l'intervalle entre les roseaux & les bâtons est rempli d'écorce de bouleau. Nous entrâmes dans une jurte, où l'on distilloit de l'eau-de-vie. Cette opération se faisoit dans la cuisine. Il y avoit sur un trépied un chaudron de fer, avec un couvercle de bois, percé d'un trou au milieu, & d'un autre à la partie latérale: le trou du milieu étoit bouché. Dans le trou latéral passoit un tuyau de bois courbe, dont l'autre bout entroit dans un petit vase porté sur une espece d'auge remplie d'eau. L'eau-de-vie est faite de lait de jument, qu'on laisse auparavant s'aigrir dans un vase de cuir, & le tout est fort mal propre. Aussi cette eau-de-vie, quoique assez forte, a-t-elle une très-mauvaise odeur. Les Tatares prétendent que l'ivresse de leur eau-de-vie ne cause aucun mal de tête, qualité que n'a pas l'eau-de-vie de vin: on dit la même chose de l'eau-de-vie de grain. Ces Tatares ne sont pas Mahométans: leur Religion n'a point de forme certaine, & il paroît qu'ils ne savent guere eux-mêmes ce qu'ils croient. Ils rendent pourtant un culte à Dieu, mais bien simple. Ils se tournent tous les matins vers le Soleil levant, & prononcent cette courte priere: *Ne me tue pas!* Leur langage est différent de la Langue ordinaire des Tatares. Près de leur Village, dans une place qu'ils nomment *Taulga*, est un quarré où sont quatre poteaux plantés à la distance d'une brasse l'un de l'autre: c'est-là qu'ils célebrent tous les ans, une ou plusieurs fois, la cérémonie suivante. Ils tuent un cheval, lui ôtent la peau, & mangent la chair près du Taulga, où ils sont tous assis en rond. Il empaillent ensuite la peau, & mettent le cheval empaillé sur des bâtons qui traversent les quatre poteaux : ce cheval a dans la bouche deux branches de bouleau garnies de leurs feuilles, & sa face est tournée vers l'Orient. A côté du Taulga sont d'autres pieces, où sont attachées des peaux de lievres & d'hermines. Nous leur demandâmes si d'autres animaux étoient également propres à cette cérémonie ; nous comprîmes assez par leur réponse, que c'étoient les seuls animaux qu'ils regardoient comme sacrés. Ils nous dirent que le rénard n'y étoit pas propre, parce qu'il remuoit la terre. Leur Taulga est aussi pour eux un lieu sacré, puisque les peaux qu'ils y mettent, sont une offrande qu'ils font à Dieu. Leur Prêtre, dans leur Langue, est appellé *Kam* ; c'est lui qui ordonne toute la cérémonie. Ils prétendent que ce saint homme passe quelquefois des nuits entieres dans les champs, à méditer ce qu'il doit leur prescrire. Ce Prêtre ne sait, non plus qu'eux, ni lire ni écrire ; toutes les preuves de capacité qu'on exige de lui pour remplir dignement cette dignité, ne consiste qu'à sçavoir faire bien des grimaces, & des postures extravagantes. Après ces contorsions, il dit que Dieu vient de l'ordonner Prêtre, & ils le croient sur sa parole. Dès qu'il est Prêtre, il est aussi Sorcier : il a un tambour magique, par la vertu duquel il peut faire revenir ce qui a été perdu, guérir les malades, & faire quantité de prédictions. Cependant ils conviennent eux-mêmes que ses prophéties & ses cures ne réussissent pas toujours. Nous aurions été curieux de voir quelques sortileges ; mais ils avoient l'esprit de nous dire, qu'il n'y avoit point de *Kam* dans le lieu. Ces Tatares moitié Chrétiens, moitié Idolâtres, se permettent la polygamie ; ils ne mangent point de cochon, mais ils boivent de l'eau-de-vie, & s'enivrent assez souvent. Leurs femmes n'ont ordinairement rien d'agréable, & elles fument du tabac. Une de ces femmes me voyant remplir ma pipe, tira la sienne de sa poche, & me demanda de quoi fumer. Après avoir allumé sa pipe, elle en avala toute la fumée, & la présenta un instant après à une autre femme qui en fit autant. Les hommes, vieux ou jeunes, faisoient la même chose ; & c'est parmi eux un usage général d'avaler la fumée du tabac. Quelques-uns brûlent leurs morts, d'autres les enterrent.

Nous desirions, M. Muller & moi, de voir quelque volcan. D'anciennes Relations en plaçoient un près du *Tom* ; c'étoit aussi la tradition du pays : nous résolumes de vérifier le fait. Le 17 au matin, nous montâmes à cheval pour nous rendre à la montagne qui receloit ce fourneau naturel, & nous la trouvâmes en effet près de la riviere de *Tom*. Arrivés dans les environs, nous vîmes sortir de la fumée en plusieurs endroits au pied de la montagne ; nous approchâmes, & nous sentîmes une odeur desagréable. Enfin nous allâmes au prétendu volcan, & après avoir bien examiné le local, nous vîmes que toute cette fumée ne provenoit que d'un terrein résineux, qui s'étoit enflammé à la surface de la terre, & qu'il étoit aisé d'éteindre, si l'on eût voulu s'en donner la peine. Avec cette mince découverte, qui peut apprendre à se défier de toutes les Relations fondées sur des traditions populaires, nous revînmes le soir à Kusnetzk.

Le

Le lendemain 18, nous résolûmes de faire encore une promenade. Nous passâmes le Tom, près de la Ville; & nous allâmes à pied à un petit Village, habité par des Tatares d'*Abnizi*. Leurs jurtes ont un air fort misérable : ce ne sont que des especes de caves. La plûpart construites de torchis, & recouvertes de bâtons posés en travers, avec de la terre par-dessus. La structure intérieure est semblable à celle des Tatares *Theleutes*, si ce n'est que tout y est encore plus mal propre. Nous ne trouvâmes dans tout le Village qu'un seul homme; les femmes en étoient restées maîtresses, & tous les hommes travailloient dans les champs. Ainsi nous ne pûmes rien apprendre de leur Religion, ni de leurs usages, sinon qu'on nous dit qu'ils étoient entierement conformes à ceux des Tatares Theleutes. Nous demandâmes leur Kam, pour voir quelque chose de leurs sortileges : on nous dit qu'il étoit mort depuis deux mois. Nous demandâmes à voir sa jurte; on nous assûra qu'elle étoit démolie, & on nous en montra les décombres. Nous apprîmes, à cette occasion, que l'usage général de ces peuples est de détruire les jurtes de ceux qui sont morts. Nous demandâmes encore ce qu'étoit devenu le tambour magique; on répondit, qu'on l'avoit mis dans le tombeau du Kam. Le principal ajustement des femmes est à-peu-près le même que chez les Tatares Theleutes : leurs cheveux sont seulement séparés en quatre ou cinq cadenettes, garnies de coquilles, appellées *porcelaines*, avec des anneaux à l'extrémité; elles portent aussi sur le front un bandeau garni de coquilles.

Le lendemain 19, nous fîmes encore un voyage de curiosité. Nous avions appris que plusieurs Tatares établis sur les rivieres de *Kondoma* & de *Mrasa* savoient tirer le fer de la Mine par la fonte, & que même on n'avoit en ce lieu d'autre fer que celui qui venoit de ces Tatares. Cela nous donna l'envie de voir leurs Fonderies qui n'étoient pas fort éloignées. Nous choisîmes la plus prochaine qu'on nous avoit indiquée dans le Village de *Gadœwa*, & nous envoyâmes quelqu'un les avertir de notre arrivée, afin qu'ils tinssent tout prêt.

Nous partîmes dès le matin, & après avoir traversé plusieurs Villages Russes & Tatares, & passé deux fois la *Kondoma*, nous trouvâmes sur le bord de cette riviere le Village de *Gadœwa*. Notre premier soin fut de chercher une Fonderie de fer, mais nous ne remarquions aucun bâtiment d'une apparence différente des autres. Tout ressembloit au Village d'*Abnizi*, où nous avions été la veille. On nous conduisit enfin dans une jurte, & dès l'entrée nous vîmes d'abord le fourneau de fonte. Nous conçûmes même à sa structure que, pour un pareil fourneau, on n'avoit pas eu besoin de construire une jurte particuliere, & qu'elles pouvoient toutes également être propres à cet usage. Les travaux de la fonte n'empêchoient pas même les Ouvriers d'habiter la même jurte. Le fourneau étoit à l'endroit où l'on fait ordinairement la cuisine, & la terre y étoit un peu creusée. Ce creux, qui dans toutes les jurtes Tatares sert pour la cuisine, faisoit une des principales parties du fourneau. Un chapiteau d'argile ou de terreglaise de forme conique, d'environ un pied de diametre, qui alloit en se rétrécissant par en-haut, composoit, avec un trou creusé dans la terre, tout le fourneau de fonte. Deux Tatares font ici toute la besogne; l'un apporte alternativement du charbon & du minérai pilé, dont il remplit le fourneau; l'autre a soin du feu, & fait agir deux soufflets appliqués au fourneau. A mesure que les charbons s'affaissent, on fournit de nouvelle matiere & de nouveaux charbons ; ce qui continue jusqu'à ce qu'il y ait dans le fourneau environ trois livres de minérai : ils n'en peuvent pas fondre davantage à-la-fois. Des trois livres de minérai, ils en tirent deux de fer, qui paroît encore fort impur, mais qui cependant est fort bon. Dans une heure & demie nous avions tout vu.

Pendant qu'on s'occupoit à fondre, nous fîmes chercher le Kam du lieu, pour nous faire voir ses sortileges, ce qu'ils appellent *faire le kamlat*. Il se fit apporter son tambour magique, qui avoit la forme d'un tamis, ou plutôt d'un tambour de Basque, avec une peau tendue d'un côté. Du côté vuide étoit un morceau de bois en travers, & un peu plus mince au milieu par où le Kam tenoit le tambour. Cette traverse étoit beaucoup plus grosse à ses extrémités, & creusée comme un gobelet, apparemment pour augmenter le son du tambour. Au travers de ce morceau de bois passoit une petite barre de fer, d'où pendoient neuf petits tuyaux de fer. Ce tambour se battoit avec une seule baguette. Le Kam armé de son tambour, tantôt marmotoit quelques mots Tatares, & tantôt grognoit comme un ours ; il couroit de côté & d'autre, puis s'asseyoit, faisoit d'épouvantables grimaces, & d'horribles contorsions du corps, tournant les yeux, les fermant, & gesticulant comme un insensé. Ce jeu ayant duré un quart-d'heure, un homme lui ôta le tambour, & le sortilege finit. Nous demandâmes ce que tout cela signifioit : il répondit que, pour consulter le Diable, il falloit s'y prendre de cette maniere, que cependant tout ce qu'il avoit fait, n'étoit que pour satisfaire notre curiosité, & qu'il n'avoit pas encore parlé au Diable. Par d'autres questions, nous apprîmes que les Tatares ont recours au Kam, lorsqu'ils ont perdu quelque chose, ou lorsqu'ils veulent avoir des nouvelles de leurs amis absens. Alors le Kam se sert d'un paquet de quarante neuf morceaux de bois, gros comme des allumettes ; il en met cinq à part, & joue avec les autres, les jettant à droite & à gauche, avec beaucoup de grimaces & de contorsions ; puis il donne la réponse comme il peut. Les Tatares Tscheremisches & Wotjaques se servent de quarante-neuf feves. Lorsqu'ils veulent être guéris de quelque mal ou maladie &c., le Kam leur fait accroire que par ses conjurations il évoque le Diable, qui vient toujours du côté de l'Occident, & en forme d'ours, & qu'il lui révele ce qu'il doit répondre. Il leur fait entendre qu'il est quelquefois maltraité cruellement par le Diable, & tourmenté jusque dans le sommeil. Pour mieux convaincre ces bonnes gens de son intelligence avec le Diable, il fait semblant de s'éveiller en sursaut, en criant comme un possédé. Nous lui demandâmes pourquoi il ne s'adressoit pas plutôt à Dieu, qui est la source de tout bien ? Il répondit, que ni lui, ni les autres Tatares ne savoient rien de Dieu, sinon qu'il faisoit du bien à ceux-mêmes qui ne l'en prioient pas ; que par conséquent ils n'avoient pas besoin de l'adorer ; qu'au contraire ils étoient obligés de rendre un culte au Diable, afin qu'il ne leur fît point de mal, comme il songeoit continuellement qu'à faire de son pis aux hommes. Ces Tatares, sur ces

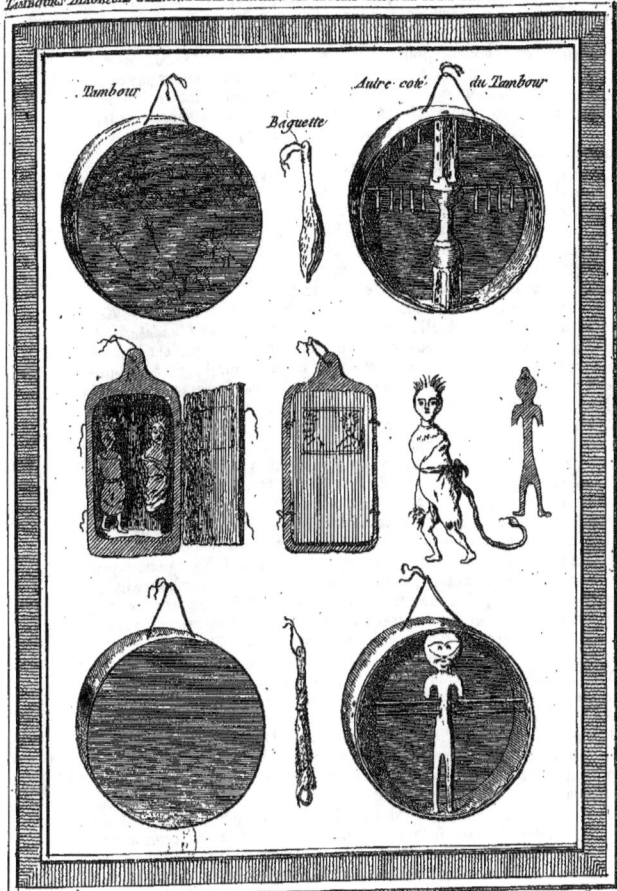

beaux principes, font des offrandes au Diable, & braffent fouvent de gros tonneaux de biere qu'ils jettent en l'air, ou contre les murs, pour que le Diable s'en accommode. Quand ils font près de mourir, toute leur inquiétude & leur frayeur, c'eft que leur ame ne foit la proie du Diable. Le Kam eft alors appellé pour battre le tambour, & pour faire leurs conventions avec le Diable, en le flattant beaucoup. Ils ne favent pas ce que c'eft que leur ame, ni où elle va; ils s'en embarraffent même fort peu, pourvu qu'elle ne tombe point entre les mains du Diable. Ils enterrent leurs morts, ou les brûlent, ou les attachent à un arbre, pour fervir de proie aux oifeaux.

Les inftrumens de labour dont ils fe fervent, ils les fabriquent eux-mêmes du fer dont on vient de parler; ces inftrumens confiftent en un feul outil, qui a la forme d'un demi-cercle fort tranchant, & dont le manche fait avec le fer un angle droit. Ils travaillent avec cet outil dans les champs, comme on travaille dans nos jardins avec la houe, & n'entament, en labourant, la terre qu'à la profondeur de quelques pouces. Pour faire leur farine, ils broient le grain entre deux pierres.

Leurs Mines font à quarante werftes de diftance fur la riviere de Kondoma, dans l'endroit où elle reçoit les eaux du ruiffeau de Mandabafch. Ils les exploitent en partie avec le même inftrument qu'ils emploient à couper la terre qui couvre la Mine, en partie avec un autre outil, fait à-peu-près comme une hache, finon que le fer en eft plus long & fort tranchant, mais plus étroit. C'eft encore avec ce dernier inftrument qu'ils fendent le bois, & ils s'en fervent à plufieurs autres ufages.

Leurs habillemens ne font pas différens de ceux des Tatares *Theleutes*, fi ce n'eft que les garçons portent, comme les filles, des marques particulieres de leus liberté. Ils ont les cheveux entortillés, & en queue derriere la tête, comme les Chinois & les Calmoucs Urangai.

M. Muller fit tout ce qu'il put pour obtenir d'eux le tambour magique. Le Kam en marqua beaucoup de triftefle; & comme on répondoit à toutes les défaites qu'il cherchoit pour ne s'en pas défaifir, tout le Village nous pria de ne pas infifter davantage, parce qu'étant privés de ce tambour, ils feroient tous perdus, ainfi que leur Kam. Ces belles raifons ne fervirent qu'à nous faire infifter encore davantage, & le tambour nous fut remis. Le Kam, par une rufe Tatare, pour fafciner les yeux de fes gens & leur diminuer le regret de cette perte, avoit ôté quelques ferremens de l'intérieur du tambour. Le lendemain, un autre *Kam*, le plus fameux du canton, nous donna auffi des preuves complettes de fon ignorance, en répondant à deux queftions que nous lui fîmes fur des faits dont nous étions fûrs; il étoit cul-dejatte, & il prétendoit qu'il en étoit redevable au Diable.

Kufnetz eft dans un pays habité autrefois par les *Tatares Kirgifi*, qui fe trouvant trop refferrés du côté de la Ruffie, fe font retirés peu-à-peu vers la frontiere des Calmoucs. La Ville qui commence à être ancienne, a été peuplée par des colonies tirées des diftricts de *Tomsk*, & *Werchoturie* & de *Weliki-Novogrod*. Elle tire fon nom de fes anciens habitans, qui étoient tous Forgerons, c'eft-à-dire du mot Ruffe *Kufner*, qui défigne un *Ouvrier* de ce genre. Cette Ville eft fituée fur le rivage oriental du *Tom*. Elle fe divife

V ij

en trois parties, qui font la haute, la moyenne & la baffe Ville. Les deux premieres font fituées fur la plus grande élévation du rivage; la Ville baffe eft dans une plaine qui s'étend de l'autre côté; c'eft la plus peuplée des trois. Dans la Ville haute, il y a une Citadelle de bois, qui a une Chapelle. La Ville moyenne eft décorée d'un Oftrog, qui contient la maifon du Waywode & la Chancellerie. Le nombre des maifons, dans les trois Villes, peut aller environ à cinq cens.

Les habitans font pareffeux & adonnés à l'oifiveté; on a de la peine à trouver des Ouvriers pour de l'argent. Le Tom eft affez poiffonneux, cependant on ne trouve point de poiffon dans les Marchés. On n'y connoît pas non plus le fruit; on ne trouve que de la viande & du pain. Chacun cultive ici le bled dont il a befoin pour fon pain, & l'on peut dire que c'eft la feule occupation qu'ayent les habitans. Leurs terres à bled font toutes fur les montagnes, non dans les vallées; & la raifon qu'ils en donnent, c'eft qu'il fait beaucoup plus froid dans les vallées que fur les montagnes. On n'y connoît plus aucune efpece de gibier. Des habitans nous affurerent, que quand on bâtit cette Ville, le canton fourmilloit de zibelines, d'écureils, de martres, de cerfs, de biches, d'élans, & d'autres animaux, mais qu'ils l'ont abandonné depuis, & qu'ils fe font retirés dans un pays inhabité, comme l'étoit celui-ci avant la fondation de Kufnetz. La plûpart des Villes de Sibérie font affez commerçantes; mais celle-ci n'a aucun commerce. Le tabac & les chevaux de *Tfcherkaftie* font les feules marchandifes qu'on y trouve: car depuis plufieurs années, il n'y paffe plus de caravanes. Ainfi le commerce doit fe faire avec des marchandifes qui puiffent être vendues aux habitans ou dans les environs.

Le jour de notre départ fixé, pour nous mettre en état de faire des obfervations plus utiles, nous partageâmes encore notre Compagnie. M. Muller prit fa route par terre, avec notre Interprete & un Interprete Tatare; moi je partis par eau avec le refte de la Troupe, & un Interprete Tatare. M. Muller m'accompagna par eau jufqu'à *Krafnojarskoi-Sielo*, & fit fuivre fa voiture à vuide. Les Bâtimens, fur lefquels nous étions, avoient peu de commodités: c'étoient des Barques un peu plus grandes que les Barques ordinaires, & couvertes d'écorce de bouleau. Il n'y avoit point par conféquent de foyer, & l'on ne pouvoit fe tenir droit fous le pont. On ne pouvoit pas fe fervir d'autres Bâtimens dans cette faifon, où les eaux font très-baffes. Au Printems, que les eaux font hautes, on fe fert de Dofchtchennike. Nous étions glacés en arrivant le foir à *Krafnojarskoje-Sielo*. Après y être reftés quelques momens, M. Muller & moi, nous nous féparâmes, & nous pourfuivîmes chacun notre route.

Dans cette traverfée par eau, j'eus beaucoup de contradiction à effuyer des Travailleurs qui prétendoient que nous nous expofions au danger d'être arrêtés par les bas-fonds. Mais comme il faifoit pleine-lune, ce danger me paroiffoit peu de chofe. Nous échouâmes en effet le lendemain à 4 heures du matin, & il fallut un travail continuel de quatre heures pour nous débarraffer.

Nous arrivâmes le même jour au foir au Village de *Mamufchewa*, habité par un seul paysan Russe, & par huit à dix Tatares de *Tulibert*. Nous fûmes forcés par le froid de nous y arrêter ; mais il ne se trouva point de logement qui pût nous convenir. Dans toutes les habitations des Tatares, il regnoit une puanteur insupportable, & je n'avois encore rien vu de plus misérable que le logis du Russe. Je le préférai cependant, parce qu'il y avoit du moins de quoi se chauffer. J'appris que toutes les femmes & filles Tatares s'étoient sauvées à notre arrivée, comme si nous eussions été des ennemis, quoique, depuis près de vingt-cinq ans, on n'eût point entendu parler dans ce canton-là d'aucune invasion. J'eus encore ici de la peine à faire continuer notre route. Le Pilote me fit beaucoup de difficultés, & me dit qu'il n'étoit responsable de rien, si nos Bâtimens se brisoient sur le sable. Cependant, comme j'étois toujours rassuré par la pleine-lune, je fis peu de cas de ses protestations. Nous fûmes en effet arrêtés par les sables à diverses reprises ; à cela près, notre navigation ne fut pas malheureuse. Le Bâtiment que je montois étoit plat par en-bas, & j'en reconnus l'avantage, je fus fort rarement arrêté ; mais nous allions fort lentement, parce qu'il falloit attendre les autres, & leur détacher de tems en tems des gens de mon bord, pour les débarrasser des sables.

Le 30 au matin, nous arrivâmes aux *Sustanokowii-Jurti*, habitation de Tatares de *Kistim* & de *Tulibert*. Je m'y arrêtai, & plusieurs Tatares vinrent au-devant de moi. Ces Tatares ont encore bien des usages communs avec les Theleutes. Ils font tous les ans à Dieu l'offrande d'une peau de lievre, & rien plus. Je leur demandai, où étoit le séjour de Dieu ? Ils répondirent, que leur Dieu demeuroit dans le voisinage du Dieu des Russes, & qu'ils s'accordoient si bien ensemble, qu'ils se rendoient réciproquement des visites. Quant au Diable, ils nous dirent qu'ils ne lui offroient que quelques tonnes de biere, pour pouvoir de tems en tems le consulter par l'organe de leur Kam, dans leurs différens besoins. Leur ayant encore demandé pourquoi ils ne mettoient pas plutôt leur confiance en Dieu ? J'eus pour réponse, qu'ils croyoient bien que Dieu avoit le pouvoir de les aider en toutes choses, mais que demeurant dans le Ciel, ils ne pouvoient le consulter, & qu'il leur étoit plus aisé de s'adresser au Diable, qui demeuroit, comme eux, sur la terre. Je partis, & j'arrivai le même soir à *Mungatskoi-Ostrog*, lieu situé sur la rive gauche du Tom, & habité par quelques Slusschiwies & un Commandant. Suivant les ordres qu'on y avoit envoyés d'avance de *Kusnetzk*, on m'y fournit sur le champ de nouveaux Travailleurs. Le lendemain au matin j'arrivai au *Poruweg-Porog*. Cette cataracte tire son nom de l'épouvante qu'elle cause aux habitans de ce canton. La description effrayante que m'en avoit faite le Commandant de l'Ostrog me fit mettre pied à terre, pour ne pas risquer ma vie, & je fis arrêter le Bâtiment. Tous les paysans voisins avoient été mandés, avec ordre de se tenir prêts à nous aider à la passer, parce qu'ils sont dans l'usage de faire descendre les Bâtimens avec des cordes. Après l'avoir examinée avec attention, j'eus peine à croire que ce fut-là cette cataracte qu'on m'avoit représentée si dangereuse. La chûte de l'eau étoit à peine sensible, & le bruit n'étoit occasionné que par une grande quantité de grosses pierres qui resserroient le lit de la riviere. J'en fis sonder la profondeur par quelques hommes que j'envoyai dans une petite Barque, & n'étant bien assûré qu'il n'y avoit rien à craindre, je fis auffi-tôt paffer un Bâtiment le long du rivage, fans aucune corde & fans autre fecours que celui de mes Travailleurs ordinaires. Sur le foir, je fis arrêter auprès de *Borodina D.* qui n'eft habité que par des Ruffes & des Tatares de *Jetfchinsk* La barbe refpectable d'un Ruffe lui a donné fon nom. Les Tatares de ce Village ont tous été baptifés, il y a environ quarante ans, fur des ordres émanés de Tobolsk, par le Pope Ruffe de cette Ville. Ils paroiffent plus zélés pour la nouvelle Religion, que les habitans de *Katúracki* : car non-feulement ils portent des croix, & vont affiduement à l'Eglife Ruffe, mais encore ils ont dans leurs chambres des images de Saints, devant lefquelles ils font le figne de la croix.

Le lendemain, nous atteignîmes *Werchno-Tomskoi-Oftrog*, fur le même côté de la riviere. J'avois déja dépêché de *Mungat* un Exprès au Commandant de ce lieu, pour le prier de faire relever les Travailleurs de mes Bâtimens par d'autres nouveaux, & de les tenir prêts. J'envoyai les mêmes ordres au Commandant de *Sofnowskoi-Oftrog*, & j'arrivai vers 6 heures du foir auprès de *Pifanoi-Kamen*. Cette montagne eft fur la rive droite de la riviere : elle a reçu fon nom de certaines figures qu'on y a gravées. J'envoyai chercher au Village du même nom, fitué un peu au-deffus, des *pergels* ou gros fanaux, pour me donner la facilité de les examiner. Mais cette lumiere n'étoit pas fuffifante pour diftinguer les figures gravées, ainfi je fus obligé d'attendre le jour.

Cette montagne eft une ardoife verte, qui tient de la nature de la chaux, coupée tranfverfalement par une autre ardoife encore plus calcaire, & mêlée de quartz. J'eftime fa hauteur d'environ dix braffes. L'endroit où font les figures, eft un peu faillant & au Sud; de-là au pied de la montagne, qui s'étend jufqu'à la riviere, il y a environ deux braffes en hauteur. On y arrive par un chemin difficile; une efpece de terraffe, large d'une demi-braffe, laiffe la liberté d'examiner les figures. Elles font gravées fur un mur haut de trois braffes, dont la furface eft partagée naturellement, par un lit d'ardoife mêlée de quartz blanc, en deux bas-reliefs, où font repréfentés des cerfs, des biches, des chevaux, des élans, des poiffons, & des hommes. Ce qui eft dans le bas-relief fupérieur, eft beaucoup mieux confervé, parce qu'on n'y fauroit atteindre. A gauche de ce mur & à fept braffes de diftance, on en trouve un autre d'une braffe de hauteur, avec de pareilles figures. Entre ces deux murs, au milieu de deux lits d'ardoife, eft une fente, par laquelle on grimpe à un troifieme élevé de quelques braffes, dont les figures font encore mieux confervées. Dans celui-ci, des animaux font repréfentés accouplés enfemble & conduits par un homme; ils font d'autant plus diftincts, que le relief ayant jauni, le fond verd de l'ardoife s'eft confervé.

Après avoir fatisfait ma curiofité, nous partîmes. Nous échouâmes plufieurs fois fur le fable, & nous arrivâmes le lendemain au matin près de *Sofnowskoi-Oftrog*, fitué fur le même côté de la riviere ; mais les bas-fonds nous forcerent d'aborder fur la droite, vis-à-vis d'un Village où nous logeâmes. Auffi-tôt que je fus arrivé, le Commandant m'amena les gens que je lui avois demandés : ils étoient moitié Ruffes, moitié Tatares.

Nous continuâmes notre route l'après-midi, & malgré les obstacles de la navigation, le froid qui augmentoit nous fit redoubler d'activité pour arriver à *Tomsk* le lendemain. J'y trouvai M. Muller, qui y étoit arrivé dès le premier d'Octobre.

Les fondemens de cette Ville ont été jettés sous le regne du Czar *Féodor Iwanowitz*, vingt ans avant la construction de celle de Kusnetz. Ce n'étoit d'abord qu'une Forteresse, pour contenir les peuples du voisinage; mais ayant été soumis peu-à-peu, ils s'y sont rassemblés & ont formé une Ville, qui renferme dans son enceinte plus de deux mille maisons; elle est après Tobolsk la plus considérable de la Sibérie. Un ruisseau, nommé *Uschaika*, la traverse par le milieu, & se décharge au Nord dans le Tom. On la divise en haute & basse Ville. Dans la haute, est une petite Forteresse quarrée de bois, qui a le Tom à l'Ouest, à la distance d'une demi-werste. L'*Uschaika*, qui peu avant fait tourner un moulin, rase au côté méridional le pied de la montagne, sur laquelle est la Forteresse. Elle a des tourelles de bois aux quatre coins & aux deux portes, qui sont au midi & au Nord. L'Artillerie consiste en quatorze canons. L'Eglise Cathédrale bâtie de bois, la maison du Waywode, la Chancellerie & l'Arsenal sont dans la Forteresse. Dans le clocher de la Cathédrale, il y a une horloge sonnante, qui, selon l'ancien usage, indique l'heure du lever & du coucher du Soleil. Hors de la Forteresse au Septentrion, il y a un *Tschassownja* ou Chapelle, & au Midi une Paroisse, ainsi que plusieurs maisons bourgeoises.

La Ville basse est la plus peuplée; l'*Uschaika* la coupant en deux parties, la partage en droite & gauche. Dans cette derniere, il y a deux Couvens, un de Religieuses, l'autre de Moines, une Eglise & un Slobode Tatare. Dans le côté droit, on trouve trois Paroisses, & un grand magasin de marchandises (*Gostinnoi-Dwor*), qui renferme environ quarante-cinq boutiques. On trouve les marchandises au même prix qu'à Petersbourg, & tout ce qu'on peut desirer en fourrures non-préparées. Mais les Marchés ne sont ouverts que depuis neuf heures jusqu'à midi. L'Eté même, il n'est pas d'usage de tenir les boutiques ouvertes dans l'après-dînée.

La situation de cette Ville la rend plus propre au commerce qu'aucun autre du pays. On y arrive commodement pendant l'Eté par l'*Irtisch*, l'*Ob* & le *Tom*. Par terre, la route de *Jeniseisk* & de toutes les Villes de Sibérie, situées plus à l'Est & au Nord, passe par *Tomsk*. Non-seulement il arrive tous les ans une ou deux caravanes de la Calmouquie, mais encore toutes celles qui vont de la Chine en Russie, & de la Russie à la Chine, prennent leur route par cette Ville. Elle a de plus son commerce intérieur, dont les affaires sont sous la direction d'un Magistrat particulier.

Les Vieux-Croyans ou Non-Conformistes (*Starawierzi*) sont en grand nombre dans cette Ville, & l'on prétend que toute la Sibérie en est remplie. Ils sont tellement attachés aux anciens usages, que depuis la publication de la défense de porter des barbes, ils aiment mieux payer chaque année cinquante roubles à la Chancellerie, que de se faire raser. Un homme de notre Troupe alla un jour se baigner chez un de ces *Starawierzis* ou

Roskolſchtſchikès ; auſſi-tôt qu'il fut ſorti, le Vieux-Croyant caſſa tous les vaſes dont il s'étoit ſervi, ou qu'il avoit ſeulement touchés.

Les vivres ſont à ſi bas prix, qu'une demi-copeque ſuffit à un Ouvrier pour chaque jour ; mais ils n'en ſont que plus pareſſeux, le beſoin ſeul les fait travailler, & dès qu'ils ont quatre copeques, ils ſe livrent à l'ivrognerie & à la débauche : elle eſt pouſſée ſi loin, que la plus grande partie des habitans en porte des fruits cuiſans.

Leur indolence eſt telle, que les beſtiaux ayant été attaqués l'année précédente d'une maladie épidémique ſi conſidérable, qu'il ne reſta que dix vaches & à peine le tiers des chevaux, aucun habitant ne chercha à y apporter du remede, fondés ſur ce que leurs ancêtres n'en avoient point employé en pareil cas.

On ne connoît point les rats dans cette Ville ; mais le nombre prodigieux des ſouris peut être regardé comme un fléau habituel, dont ils laiſſent aux chats le ſoin de les délivrer.

Les chemins étant devenus praticables par les traîneaux, nous réſolûmes, M. Muller & moi, d'aller voir les Fonderies de fer qui ſont ſur les bords de l'*Ob*. Nous partîmes le 31 Octobre, & le jour ſuivant, après avoir paſſé cette riviere, nous arrivâmes à *Bogorodskoje-Sielo*, qui eſt de l'autre côté.

Il y a dans l'Egliſe de ce Village une Notre-Dame fort célebre, ſurnommée l'*Odejitria*. Cette Vierge eſt portée tous les ans proceſſionnellement à *Tomsk*, de même que celle d'*Abalatski* l'eſt à Tobolsk, & le Waywode, accompagné des principaux de la Ville, va à pied au-devant d'elle. On l'y garde pendant quelques jours, puis on la rapporte dans ce Village avec les mêmes cérémonies. La maniere dont cette Vierge eſt arrivée ici, eſt une pieuſe anecdote conſacrée par la tradition populaire. L'endroit où eſt le Village, étoit autrefois habité par des Tatares. Ils crurent entendre à différentes fois une ſonnerie : ils en parlerent à pluſieurs habitans de Tomsk, qui préſumerent qu'il y avoit en cela quelque choſe de divin. En conſéquence ils envoyerent chercher à Tobolsk une image de la Vierge, peinte par un Barbouilleur qui l'ayant finie, lui donna ſa bénédiction, & le conſeil de ſe chercher elle-même une demeure. L'image fut apportée de Tobolsk par eau, fit pluſieurs miracles pendant ſon voyage, & les cloches dans tous les lieux de ſon paſſage ſe firent entendre d'elles-mêmes ; d'où l'on jugea que cette Vierge avoit choiſi ſa réſidence dans le lieu où les Tatares avoient entendu ſonner. On y fit donc bâtir une *Tſchaſſownja* ou Chapelle ; peu de tems après, l'image apparut à un dévot, & lui ordonna de bâtir une Egliſe, ce qui fut exécuté. Le concours qui s'y fait annuellement a rendu ce Village aſſez floriſſant.

Pendant qu'on faiſoit les préparatifs pour fondre le fer, nous nous embarquâmes ſur l'Ob, pour aller à la pêche des *Muxums*, eſpece de truites qui n'a point de dents ; le froid étoit ſi cuiſant, que nous payâmes cher notre curioſité.

Nous revînmes à la Fonderie. Elle étoit compoſée de quatre murs & d'un toit qui ſe démontoit par pieces. Il y avoit deux fourneaux,

d'une

d'une aune de profondeur & d'une demie de largeur. L'ouverture du foyer & celle des soufflets étoit la même. Après avoir versé quelque poussiere de charbon dans le fourneau, & avoir appliqué le tuyau d'argile auquel on adapte les soufflets, on bouche toute l'ouverture avec des pierres cuites, & les fentes ou les petits trous avec de la terre glaise, séchée & pilée. La Mine qu'ils employent, se tire par petits morceaux sur les bords de l'Ob; elle est fort compacte, jaune en-dehors & brune en-dedans. A quinze werstes de ce Village, il y a une montagne composée entierement de Mine de fer. Elle est presque de la même couleur, mais non si compacte, & ils l'employent seulement, quand ils n'ont pas assez de l'autre, l'expérience leur ayant appris que la premiere donne un fer beaucoup plus pur. Ils rôtissent tous les morceaux de mine entre du bois, ce qui les fait devenir rouges & friables. Ils les versent pourlors dans une auge longue & étroite, où un homme les bat avec un gros marteau. On remplit le fourneau de charbon; on souffle le feu, & en même tems on ôte une partie du chapiteau, pour laisser sortir la fumée. On met ensuite peu-à-peu le minérai battu sur les charbons, jusqu'à ce qu'on en ait une quantité suffisante. Les *Barsajakes*, dont j'ai parlé ci-devant, en usent de même; ils fondent dans un pareil fourneau des morceaux du poids de deux pouds, qu'ils vendent trente à quarante copeques. Ce fer est excellent, & c'est peut-être le plus doux qu'on ait jamais fait en Sibérie.

Nous repartîmes vers midi, & revînmes le soir à *Tomsk* par le même chemin.

Le jeûne d'avant Noël, qu'ils appellent *Philippon-Post*, parce qu'il commence le 14 Novembre, jour de la Fête de saint Philippe, pendant lequel on ne peut se marier, s'approchant, nous eûmes occasion de voir quelques mariages, dont les cérémonies sont assez singulieres pour être décrites. Lorsque les parens sont d'accord & le mariage arrêté, le Fiancé & la Fiancée, accompagnés de leurs *Schwacha*, Demandeuses & Meres représentives, ainsi que de quelques Parens & du *Druschka*, ou Invitateur, se rendent chez les personnes qu'ils veulent inviter, leur présentent un verre d'eau-de-vie, font un compliment, & indiquent le jour de la cérémonie. On y répond en offrant à toute la compagnie des liqueurs fortes, dont les femmes n'usent pas plus modérément que les hommes.

Le jour de la cérémonie arrivé, les futurs époux couverts d'un manteau de soie, galonné en or sur le devant & fourré de zibelines, se rendent à l'Eglise. Placés devant l'Autel, le marié à la droite, le *Druschka* & la *Schwacha* à leurs côtés, le Prêtre, en habits de cérémonie, détache les cheveux noués de la mariée, en quoi il est aidé par la *Schwacha*: il met un cierge allumé dans la main des époux, & lit les Prieres du Rituel Russe; ensuite on apporte un tapis qu'on met sous leurs pieds. Le Prêtre prend leurs anneaux, fait encore quelques prieres, & les leur rend après les avoir changés. Il apporte ensuite une image de Saint, à la place de la couronne ordinaire, la leur fait baiser, & la tient sur la tête du marié, en lui demandant s'il veut cette fille pour sa femme? Après sa réponse, le *Druschka* prend l'image, & continue de la tenir sur lui. Le Prêtre en apporte une autre à la mariée, & lui fait les mêmes cérémonies; la *Schwacha* prend à son tour l'image, & la tient sur la tête de la mariée. Le Prêtre saisit alors la main du marié qui tient celle de son épouse, & leur fait faire plusieurs tours dans l'étroit espace où étoit le tapis de pied. Enfin il leur fait baiser une seconde fois les images qu'on avoit tenues sur leur tête, pour confirmer leur nouvelle alliance, & la cérémonie finit. Toute la compagnie se retire, & le reste du jour se passe en festins.

Du 17 au 21, il arriva de la Calmouquie une caravane composée de Russes, de Tatares *Tschutzis*, de Casan & de Bucharie. Les Calmoucs les avoient quittés près de Sempalat, pour aller à *Jamyschewa*; ils avoient deux cens chameaux pour porter leurs marchandises ; elles furent déchargées au *Gordinnoi-Dwor*, & les boutiques où on les serra, furent scellées par les Commis de la Douane. Il faut observer qu'il y a eu un Traité conclu entre l'Ambassadeur de Russie & le Galdan-Zir, en vertu duquel les deux Nations peuvent commercer ensemble, sans payer de péage : ce Traité est observé des deux côtés, mais les Russes exigent le péage de l'acheteur. Pour qu'il ne se fasse point de fraude, il est ordonné de visiter & de sceller les marchandises des Calmoucs & des Buchares à Sempalat. A leur arrivée à Tomsk, on prend une note exacte de ces marchandises ; il leur est enjoint de dénoncer à la Chancellerie tous ceux qui en achetent, & faute d'accuser leurs noms, ils en payent eux-mêmes le péage, qui est le dixieme de toutes les marchandises, à la réserve de l'or, de l'argent & des pierres précieuses.

Les marchandises que cette caravane avoit apportées, consistoient en toiles de coton, en *Tschandar* (espece d'étoffe commune blanche de coton), en *Cham*, & en tapis de Perse, qui sont apportés par la Bucharie aux Calmoucs, & qui pour cette raison coutent plus cher en venant de la Calmouquie, qu'on ne les achete en Russie. Quant aux fourrures, ils avoient des *stepnie-lisiți*, c'est-à-dire, des renards de désert, qui ne sont pas bien roux, & qui sont rarement de la grosseur des renards ordinaires; des *korsoki* (espece de très-petits renards), des *merluschki* noirs (peaux d'agneaux morts), des *stepnie-wolki* (loups de désert), des *stepnie-medwiedia* (ours de désert). Autrefois il venoit aussi des peaux de tigres & de pantheres de la Calmouquie. La peau d'un renard de désert coute soixante à soixante-dix copeques, & deux peaux de *korsok* ensemble valent autant qu'une peau de ce renard. Une peau d'agneau mort-né se vend dix copeques. Il y avoit aussi une petite quantité de coton crû, qui se vend dix copeques la livre.

Pendant notre séjour à Tomsk, nous fîmes connoissance avec un Cosaque assez intelligent, qui avoit du goût pour les Sciences. Nous fûmes d'autant plus charmés de cette découverte, que nous avions ordre d'établir des correspondances par-tout où nous le pourrions. Ainsi nous demandâmes à la Chancellerie, qu'on laissât à cet homme la liberté de faire des observations météorologiques. Nous l'instruisîmes, & nous lui laissâmes les instrumens nécessaires, comme nous avions déja fait à Casan, à Tobolsk & à Jamyschewa. Le dessein de l'Académie des Sciences étoit d'obtenir par-là des observations sur la température de la Sibérie, afin de pouvoir calculer à-peu-près l'élévation du terrein de ce pays au-dessus du niveau de la mer. Avant notre arrivée, le 30 Septembre, entre 8 & 10 heures du matin, le Soleil étant à l'Est, ce Cofaque avoit obfervé autour du Soleil, 1°. un anneau rouge en-dehors, verd en-dedans, & jaune au milieu, dont le demi-diametre faifoit environ quinze diametres du Soleil. Le Ciel étoit couvert de nuages du côté de l'horifon, & l'on ne put y voir l'anneau entier. 2°. Un autre demi-anneau fort grand, dont la partie convexe étoit en-bas, & la partie concave en-haut paffoit par le centre du Soleil; il étoit jaune en-dedans, rouge en-dehors, & à fon extrémité méridionale & feptentrionale, il paroiffoit un fecond Soleil ou une parrhélie. 3°. Un anneau un peu plus petit, mais affez grand en comparaifon du premier, blanchâtre en-dehors, bleuâtre en-dedans, paffoit avec fon arc inférieur par le centre du Soleil. Ces trois anneaux s'entrecoupoient des deux côtés du Soleil, & dans les points d'interfection, il y avoit encore une parrhélie un peu plus grande que la précédente. Au-deffus de ce dernier anneau, vers le zénith, étoit un arc, dont les pointes étoient tournées en-haut, verd en-dedans, rouge en-dehors, & jaune au milieu : on voyoit un arc pareil au-deffus du premier anneau (*).

Nous partîmes de Tomsk le 26, à 6 heures du foir. Le 27, à 2 heures du matin, nous atteignîmes *Semilufchki D.* & le foir *Spaskoje-Sielo*. Pendant notre féjour à Tomsk, nous n'avions eu que des tempêtes & un tems fombre ; mais auffi-tôt après notre départ il changea, & nous eûmes dès le lendemain un tems calme & ferein, qui continua pendant toute notre route. Le 28 à midi, nous arrivâmes à *Suranskoje-Sielo*, & à dix heures du foir à *Tfchirdataul*. Nous n'y trouvâmes que des Tatares. Nous arrivâmes le 29, à 9 heures du matin, à *Cafanowue-Jurti* ; le même jour, à 7 heures du foir, à *Kumuefchanowue-* (autrefois *Dafratfchi*) *Jurti* ; le 30, à 7 heures du matin, à *Sarbatfchakowue-Jurti* ; à une heure après minuit, à *Tutalskago-Knjæsza-Jurti* ; le premier Décembre, à dix heures avant midi, à *Tubanowue-Jurti* ; à 8 heures du foir, à *Kufemotfchowi-Jurti* ; le 2 Décembre, à 4 heures du matin, à *Kulpifekewue-Jurti* ; à 10 heures du matin, à *Mefleskoi-Oftrog*. Ce dernier Fort fut conftruit avant l'établiffement de Tomsk, pour fervir de barriere aux incurfions des Tatares de *Tfchulum*, & il a frayé le chemin aux conquêtes ultérieures ; l'Officier qui reçoit le tribut des Tatares, y fait fa réfidence. Le lendemain nous arrivâmes à *Uft-Kemtfchuk*.

Depuis *Tfchirdat* jufqu'ici, à la réferve de l'Oftrog qui eft garni de Ruffes, il n'y avoit que des Tatares, & tous de ceux qui avoient été baptifés, il y a environ feize ans, par l'Archevêque *Philophei*, dont j'ai parlé ci-deffus. Leur ancienne Religion étoit à-peu-près la même que celle des autres Tatares Payens. Ils ne favoient rien de Dieu, finon que lorfqu'on leur avoit volé quelque chofe, ils difoient : Dieu trouvera le voleur. Quand quelqu'un d'entr'eux étoit mort, ils mangeoient fon cheval, & en offroient la peau au Diable. Ils enterroient leurs morts, & tous ceux qui

---

(*) L'Hiftoire de l'Académie Royale des Sciences de 1699 contient la Defcription d'un phénomene prefque femblable, qui fut obfervé à Marfeille, par M. *de Chazelles* & par le P. *Feuillée*.

avoient été de l'enterrement, sautoient, en revenant, au travers d'un feu allumé exprès, pour ne pas être poursuivis par la mort, qui, selon eux, craint le feu. Ils se servoient de leurs Kams pour guérir les malades. Ces Kams avoient une médecine universelle pour toutes les maladies. C'étoit communément une peau d'hermine, dans laquelle on avoit pratiqué des yeux de métal, & que le Kam portoit autour du col devant le malade, en battant le tambour. Leurs maisons étoient de misérables cabanes, dont l'entrée étoit toujours tournée vers l'Orient. Quelques-uns commencent à construire des chambres à poële & à bain, & ne sont plus si exacts à tourner l'entrée vers l'Orient. Dans plusieurs jurtes, il y avoit un veau attaché derriere la cheminée, suivant un usage très-ancien. Les ouvertures des fenêtres étoient couvertes de glace, de même qu'on a l'usage dans certains endroits d'en laisser accumuler devant les soupiraux des caves.

Lorsque l'Archevêque arriva dans ces cantons, il fit chercher tous les habitans qu'on pouvoit trouver ; quelques-uns venoient de bonne volonté, mais le plus grand nombre lui fut amené par les Dragons qu'il avoit avec lui. Comme tous ces Tatares demeurent le long du *Tschulum*, rien n'étoit plus commode pour le Baptême (42) : car ceux qui ne vouloient pas se faire baptiser, étoient poussés de force dans la riviere ; lorsqu'ils en sortoient, on leur pendoit une croix au col, & dès-lors ils étoient censés baptisés. Pour que ces gens pussent persévérer dans la nouvelle Religion, on construisit dès l'année suivante une Eglise à *Sarbatschakowue-Jurti*, à laquelle on attacha un Pope Russe. Ceux qui demeurent plus haut en remontant le Tschulum, furent renvoyés à l'Eglise de *Meleskoi-Ostrog*. Ce qu'il y a de certain, c'est que ces Tatares n'ont pas la moindre connoissance de la Religion Chrétienne. Ils croient que l'essentiel consiste à porter la croix, à faire le signe ordinaire de la croix, à aller à l'Eglise, à faire baptiser leurs enfans, à ne prendre qu'une femme, à faire abstinence de ce qu'ils mangeoient autrefois, comme du cheval, de l'écureuil, & à observer les Carêmes des Russes. Ils ont aussi, chacun dans leur jurte, une image, devant laquelle ils font leur dévotion, en disant : *Gospodipomilui !* (Seigneur, ayez pitié de moi !). Au reste, on ne peut en exiger d'eux davantage, parce que les Popes Russes, qui devroient les instruire, ignorent leur Langue, & ne peuvent s'en faire entendre : d'ailleurs le peu d'attention qu'on apporte à les choisir, est cause que souvent leur conduite n'est pas d'un bon exemple pour ces peuples. Il suffit pour le présent d'être parvenu au point, que ces Tatares se disent *Chrétiens* : peut-être Dieu permettra qu'un jour ils apprennent ce que c'est qu'un Chrétien.

Tous les lieux où nous avons passé depuis *Tscherdat-Aul* jusqu'à *Ust-Kemtschuk*, sont situés sur le Tschulum, qui est une des principales rivieres qui tombent dans l'Ob. Son embouchure est près de Tscherdat-Aul. Le Village d'Ust-Kemtschuk est à deux werstes au-dessus de l'embouchure du Kemtschuk, qui tombe dans le Tschulum, que nous quittâmes en ce lieu. On nous avoit dit à Tomsk, que cette riviere geloit plus tard que les autres, parce que son cours étoit fort rapide ; mais les Tatares nous

---

(42) Le Baptême des Russes se donne par immersion.

aſſûrerent qu'elle étoit comme les autres rivieres de la Sibérie ; que, dans le Printems, elle groſſiſſoit conſidérablement, & avoit un cours fort rapide ; mais que dans l'Eté & dans l'Automne, ce n'étoit plus la même choſe. Au reſte, elle ne peut porter que des Barques.

La petite-vérole faiſoit alors beaucoup de ravage dans le pays. Cette maladie n'y eſt point habituelle ; dix années ſe paſſent quelquefois, ſans qu'on en ſoit incommodé ; mais quand elle commence, elle dure deux ou trois ans ſans interruption.

Le 3, à 9 heures du matin, nous arrivâmes à une *Simowje*, où nous fûmes obligés de dîner & de donner à manger à nos chevaux. Comme nous l'avions prévu, nous avions dès l'Oſtrog détaché en avant la plus grande partie des inſtrumens & de notre ſuite, d'autant plus qu'il étoit impoſſible que toute notre Compagnie tînt dans une ſeule petite chambre à poële. Auſſi-tôt que nous y arrivâmes, le reſte de notre ſuite prit encore le devant. Les Tatares d'Uſt-Kemtſchuk paient un homme pour demeurer ici l'Hiver, & y amener le bois & le foin néceſſaires pour les Voyageurs. Toute ſa paie conſiſte en deux roubles. Le dégoût nous fit bientôt quitter ce triſte endroit ; nous abrégeâmes notre halte, & nous arrivâmes à 8 heures du ſoir à *Malaketska-Sloboda*, après avoir paſſé la petite riviere de *Ket*.

Nous fîmes encore prendre le devant à une partie de notre ſuite. Nous partîmes nous-mêmes à minuit, & nous arrivâmes à 4 heures du matin à la premiere Simowje. Le Garde de ce poſte étoit muet, & celui du précédent étoit ſourd. Nous ne nous y arrêtâmes pas long-tems, & nous arrivâmes ſur les 11 heures à la ſeconde Simowje. Celle-ci avoit un peu meilleure apparence que les deux précédentes, & il y avoit deux *Simowſchtſchikes*, dont l'un étoit aveugle : il ſemble qu'il n'y ait que des hommes affligés de quelque infirmité attachés à ces Simowjes. Près de celle-ci, & avant d'y arriver, nous paſsâmes la grande riviere de *Ket*. Nous arrivâmes à 9 heures du ſoir à *Bielskoi-Oſtrog*. Depuis *Uſt-Kemtſchik*, nous avions preſque toujours paſſé par des forêts épaiſſes : ce qui étoit cauſe que nous n'avions pu arrêter à aucun Village, excepté *Malukeitkaju-Sloboda*, parce que les habitans de ce pays penſent que le terrein n'eſt pas propre pour l'Agriculture. Le 5 de Décembre, à 7 heures du matin, nous atteignîmes *Tſchalbueſchew-Pogoſt*. Nous ſouhaitions d'arriver le matin à Jeniſeisk, pour avoir le tems d'arranger nos logemens avant la nuit : c'eſt pourquoi nous reſtâmes ici tranquilles juſqu'à une heure après midi. A 8 heures & demie, nous arrivâmes à *Mordowska D*. La route ordinaire de terre, eſt de paſſer par *Jelanskoi D*.; mais le Commandant du dernier Village nous avoit aſſuré que le chemin par *Mordowska D*. étoit plus beau & plus court. Cependent nous n'en avions pas encore trouvé d'auſſi mauvais ſur toute la route. Nous paſsâmes preſque toujours par des forêts, dont les chemins étoient tantôt trop étroits, tantôt embarraſſés par des arbres couchés à-travers. Nous partîmes de *Mordowska D*. à 4 heures du matin, avec des chevaux frais ; & nous arrivâmes à 7 heures du matin à *Jeniſcisk*. Notre voyage n'auroit pas été ſi long, ſi nous avions eu de bons chevaux, ou ſi nous en avions eu à changer ; mais il nous étoit arrivé de faire juſqu'à cent werſtes avec des chevaux fatigués.

HISTOIRE GÉNÉRALE

VOYAGE EN SIBÉRIE.

1734.
Situation & Description de Jeniseisk.

La Ville de Jeniseisk est située sur le rivage gauche ou occidental du Jeniséi, qui en cet endroit a une werste & demie de largeur. Ce fleuve a sa source dans la Mungalie, & après un cours d'environ trois mille werstes, il se décharge dans la Mer Glaciale. La Ville est plus moderne que Kusnetz. On n'y bâtit d'abord qu'un Ostrog, comme à la plûpart des Villes de Sibérie ; mais l'avantage de sa situation a contribué à son aggrandissement. Elle est beaucoup plus longue que large, & a environ six werstes de circonférence. Les bâtimens publics sont la Cathédrale, la maison du Waywode, la vieille & la nouvelle Chancellerie, un Arsenal, & quelques petites cabanes : le tout est enfermé dans un Ostrog, qui reste encore du premier établissement, mais qui est presque tombé en ruine. La Ville contient sept cens quatre maisons de particuliers, trois Paroisses, deux Couvens, dont un de Moines & l'autre de Religieuses, un magasin à poudre & un autre de munitions de bouche ; ces deux magasins sont entourés d'un Ostrog particulier. Dans le Couvent des Moines réside l'Archimandrite du lieu. Presqu'au milieu de la Ville, coule un petit ruisseau, appellé *Ruisseau du Moulin* (*Miel-Nitschnaja-Rietschka*), à cause d'un Moulin qui étoit autrefois en cet endroit. Tout près & au-dessus de la Ville, il y a un enclos de Couvent (*Dworez*), dépendant du Couvent de *Troizkoi* de Mangasea. Ce fut après *Tjumen*, la premiere Ville de Sibérie, que nous vîmes dans la plaine.

Les habitans sont pour la plûpart des Marchands qui pourroient faire un bon commerce ; mais l'ivrognerie & la fainéantise y sont aussi communes que dans les autres Villes dont j'ai parlé, & la maladie vénérienne y est familiere. Ils passent pour rusés & trompeurs : c'est pourquoi on leur donne le surnom de *Skowniki*, qui veut dire *gens qui pénétrent toutes choses à fond*. Les habitans des Villes de ce pays se donnent entr'eux certains surnoms : ainsi ceux de Tobolsk sont appellés *Jassowiki*, d'une espece de loches à yeux rouges (*jassi*), qui s'y trouvent en quantité. Ceux de Tara sont surnommés *Roskolschtschiki* ou *Kolowitschi*. Le premier surnom vient de ce qu'il s'y trouve beaucoup de Non-Conformistes, *Roskolschtschikki* ; l'autre de ce que plusieurs d'entr'eux furent empalés dans la grande exécution. Ceux de Kusnetzk ont le surnom de *Surki*, parce qu'ils portent quantité de peaux d'une petite espece de marmottes, appellées *surki*. Ceux de Tomsk sont surnommés *oljonitschi*, d'après une femme autrefois fort célebre par sa force surprenante, qui s'appelloit *Oljona*, & *Buligi*, qui signifie *fanfaron*. Ceux de Surgut sont appellés *Grisvije*, parce qu'ils sont presque tous louches. Ceux de Beresow sont surnommés *Bielkojedi*, parce qu'ils mangent, dit-on, des écureuils. Ceux de Mangasea portent le surnom de *Swietlolobi* (qui ont un front clair) dont je ne sais pas l'origine, & *Porsawiki*, parce qu'ils mangent des poissons séchés & émiettés (42) en guise de pain. Ceux de Krasnojarsk sont surnommés *Buntowschiki*, parce qu'ils se sont fort souvent revoltés contre leurs Waywodes. Ceux d'Irkutzk sont appellés *Iwrni*, & je n'en sais pas la raison. Ceux d'Udinsk portent le surnom d'*Udinskaja-*

Origine des surnoms des habitans des Villes de Sibérie.

(42.) *Porsa* sont des poissons séchés & émiettés.

Safcha, parce que leurs maisons ont en-dedans une apparence fort sale. Ceux de Selenginsk sont surnommés *Pesoschniki* de la quantité prodigieuse de sables qui se trouve aux environs. Ceux de Nertschinsk sont surnommés *Tumaki*, parce qu'ils fréquentent beaucoup les Tunguses : aussi l'enfant qui vient d'un Russe & d'une femme Tunguse, est-il appellé *Tumak*. Ceux d'Ilimsk portent le surnom d'*Ilimkaja-Moschka*, à cause de la quantité de cousins (*moschki*) de ces environs. Les Jakutes sont appellés *Korkojedi*, parce qu'ils mangent l'écorce des arbres.

Nous fûmes à peine arrivés à Jeniseisk, que nous entendîmes crier par-tout, *schiwaja-woda* (eau vivifiante). Nous apprîmes que c'étoient des Emissaires d'un Colonel de Cosaques, du *Cosatschi-Golowa*, appellé *Alexei-Samoilow*, qui avoit appris peu de tems auparavant, d'un Enseigne de la Garnison de Tobolsk, le secret de distiller une eau, qui, selon lui, guérissoit dans une minute toutes les blessures, même mortelles. La proposition seule sentoit assez le Charlatan, pour ne pas y ajouter foi. Cependant des gens sensés me citerent tant de cures faites par cette eau fameuse, que je fus obligé de me taire. Comme en Allemagne, le célebre *Dippel* savoit faire valoir son baume vulnéraire par la cure merveilleuse d'un chien auquel il faisoit entrer un clou dans la tête, de même ce *Golowa* opere avec une poule, à laquelle il pousse un clou ou un canif dans la cervelle; il verse ensuite de son eau dans la plaie, & lui en fait avaler. Au bout de quelques instans, elle se releve, & paroît se porter aussi-bien qu'auparavant.

Je feignis donc de recevoir toutes leurs histoires comme de pures vérités, & je résolus de m'instruire sous main, sur les circonstances de cette eau merveilleuse, & d'en faire moi-même des expériences. Par ce moyen j'ai acquis une pleine certitude de l'effet du remede, & j'ai même découvert tout le secret. J'avois déja reçu à ce sujet des Lettres du Chirurgien-Major de l'expédition de Kamtschatka, qui m'avoit mandé qu'il avoit fait des expériences sur la poule, tant avec le *spiritus matricalis*, qu'avec l'eau commune, qu'il avoit même laissé la poule sans secours, que l'effet en avoit été le même que celui de l'eau vivifiante du Golowa, mais que cette expérience ne réussissoit par aucun de ces moyens, lorsqu'on blessoit la poule au derriere de la tête. Le Golowa croyant avoir trouvé en moi un défenseur zélé de sa Médecine, me fit présent d'une bouteille, avec laquelle j'ai fait les expériences suivantes. 1°. J'enfonçai à une poule un petit canif dans le milieu de la tête, jusqu'à ce que je crus avoir blessé la cervelle bien avant, jusque dans le cervelet. Je versai ensuite de l'eau vivifiante sur la plaie, & en remplis le bec de la poule. Elle resta d'abord comme morte; mais un quart-d'heure après elle revint, se mit à courir, & se porta bien depuis pendant quinze jours qu'elle fut sous mes yeux. L'ayant fait tuer, je vis que j'avois assez blessé le cerveau sur le devant, & plus loin que jusqu'à la moitié, & il paroissoit même encore une petite marque de cette blessure, mais on ne voyoit point de sang extravasé. 2°. Je fis à une autre poule une blessure un peu plus profonde dans le cerveau avec un couteau assez épais, & je la traitai de même. Elle mourut cinq heures après; & après l'avoir ouverte, je trouvai la partie gauche de la cervelle blessée jusqu'à l'intérieur. Sous le crâne & dans la blessure même du cerveau, on voyoit beaucoup de sang extravasé. Cette derniere expérience m'empêcha d'en faire d'autres, parce que je croyois pouvoir conclure avec certitude, que si cette eau vivifiante ne pouvoit pas guérir une blessure de cerveau, elle devoit guérir encore moins une blessure du cervelet.

Maniere de préparer l'eau vivifiante. L'herbe qui fait la base de cette eau, est celle que les Botanistes appellent *Anacampferos purpurata*, & qui est connue de tout-tems pour un bon vulnéraire : les Médecins de Jeniseisk la coupent en petits morceaux, en remplissent la moitié d'un tonneau, y versent de l'eau, le bouchent exactement avec un bondon, laissent fermenter le tout dans un lieu chaud pendant environ huit jours, & le font distiller ensuite : le produit de cette opération est cette fameuse eau vivifiante. Le goût qu'ont les habitans de Jeniseisk pour la Médecine empyrique, me paroît excité & entretenu par les prétendus succès de cette eau dont ils sont fort entêtés.

Nous trouvâmes dans la même Ville un autre personnage à qui l'on attribuoit de grands secrets & une connoissance singuliere des plantes. Il ressembloit en tout à un Kam ou Schaman des Nations Sibériennes, & les traits de son visage décéloient assez l'Imposteur. Son principale secret consistoit à chasser le Diable : car il croyoit que le Diable étant l'auteur de tous maux, devoit l'être aussi des maladies, & c'est pour cela que la plûpart des herbes qu'il indiquoit servoit à le chasser. Il me nomma, entr'autres, une herbe, par la vertu de laquelle on pouvoit, disoit-il, partager les eaux, comme Moyse divisa la Mer Rouge.

Le Waywode de Jeniseisk ne souffre point l'ivrognerie : aussi les Fêtes de Noël se passerent assez tranquillement, non pas qu'on ne se fût diverti à boire ; mais du-moins les réjouissances ne se faisoient pas si publiquement, ni avec autant de vacarme qu'on les fait communément aux grandes Fêtes dans les autres Villes de Sibérie. Je vis une cérémonie usitée en Allemagne, où trois hommes, représentant les trois Rois, se promenent dans les rues précédés d'une grande étoile. Ici trois Chanteurs se promenoient avec une immense lanterne divisée en deux parties, dont on pouvoit voir l'intérieur au moyen de portes pratiquées exprès. Dans l'étage d'en-haut étoit l'Enfant Jesus dans la crèche ; le Bœuf & l'Ane n'y étoient pas oubliés ; la Mere de Dieu & S. Joseph y étoient représentés comme Spectateurs. L'étage d'en-bas renfermoit les trois Rois, les Bergers dans les champs, des bœufs, des chevaux, des chameaux, des ânes, & sur le devant on voyoit une étoile. Le tout étoit disposé de sorte qu'en tournant une manivelle, les figures de l'étage d'en-bas marchoient toujours en-avant. Les Chanteurs chantoient & prononçoient de tems en tems des discours relatifs aux représentations.

Froid excessif de la Sibérie. Ce que les Voyageurs avancent du froid qu'on ressent en Sibérie, n'est point exagéré ; car à la mi-Décembre il fut si violent, que l'air même paroissoit gelé. Le brouillard ne laissoit pas monter la fumée des cheminées. Les moineaux & autres oiseaux, & celui qu'on appelle en Latin *Pica varia caudata*, tomboient de l'air comme morts, & mouroient en effet, si on ne les portoit sur le champ dans un endroit chaud. Outre ce froid excessif, on éprouva une autre incommodité. Aussi-tôt que le poële étoit chauffé,

chauffé, tout le monde fentoit des maux de tête terribles, accompagnés des effets ordinaires de la vapeur du foufre, qu'on appelle en Ruffe *tfchad* ou *ugar*. Nous occupions une des meilleures maifons de la Ville ; mais quoique notre poële fut chauffé par-dehors, & que nous priffions toutes les précautions imaginables, nous ne fûmes pas exempts de fouffrir. Les fenêtres en-dedans de la chambre en vingt-quatre heures étoient couvertes de glace de trois lignes d'épaiffeur. Dans le jour, quelque court qu'il fût, il y avoit continuellement des parrhélies ; dans la nuit, des parafélenes & des couronnes autour de la Lune. Le Mercure defcendit, par la violence du froid à 120^d. de la Table de divifion de *Fahrenheit*, & plus bas par conféquent qu'on l'eût obfervé jufqu'alors dans la nature.

Dans la maifon où nous logions, il y avoit un Tableau repréfentant la Sainte-Trinité. La figure avoit un col, d'où fortoient trois têtes, avec quatre yeux, trois nés, trois barbes & deux oreilles. J'en ai vu à Tomsk un autre qui repréfente Jefus Chrift triomphant de Satan. Il eft à cheval armé d'un arc & de fleches, & le Diable eft couché aux pieds du cheval, fous la forme d'un dragon. Notre Seigneur tire fur le Diable une fleche, mais fi mal-adroitement, que la fleche paffe à côté.

Il y avoit chez le Waywode de cette Ville un Nain, âgé de cinquante ans, haut tout-au-plus d'un arfchin, buvant & mangeant plus que l'homme le plus gros. Il étoit à fa feconde femme, & avoit cinq enfans vivans.

Il y a dans le territoire de Jenifeisk deux fortes d'Oftiakes, ceux de *Narim* & de *Jenifei* ; enfuite les Tungufes, qui demeurent fur le *Tunguska* & fur la riviere de *Tfchun* ; & enfin les Tatares d'Affan, qui habitent les bords de l'Uffolka & de la riviere d'Ona. Les Oftiaques & les Tatares d'Affan vivent dans la plus grande mifere ; les premiers font tous baptifés. Il ne reftoit plus qu'environ une douzaine de ces Tatares, dont à peine deux ou trois favoient leur Langue. C'étoit autrefois une Tribu très-confidérable. Jufqu'à préfent, on n'a pu parvenir d'aucune façon à convertir les Tunguses à la Religion Chrétienne. Ils font affez riches en beftiaux. Ils font dans l'ufage de tracer fur le vifage de leurs enfans, comme un agrément, des figures bleues & noirâtres : cependant tous ne le font pas.

Nos occupations ne nous permettant pas d'arriver le jour des Rois à *Krafnojarsk*, où les différentes Nations de fon territoire viennent dans ce tems payer le tribut de l'année précédente, nous dépêchâmes le 3 de Janvier la moitié de nos uftenfiles, & nous priâmes la Chancellerie de Krafnojarsk de retenir dans la Ville jufqu'à notre arrivée deux hommes de chaque Nation. Par ce moyen nous reftâmes à Jenifeisk jufqu'au 13. Ce même jour nous en partîmes à 6 heures du foir, & nous nous arrêtâmes au *Dworez* du Couvent de *Mangafca*, où l'Archimandrite nous combla de politeffes, & nous régala fplendidement. Nous arrivâmes bientôt à *Werchnoja-Derewna*, où nous changeâmes de chevaux. A 4 heures du matin, nous atteignîmes *Marcowo-Gerodifchefche*, qui eft un Village affez confidérable.

A 10 heures du matin, après avoir paffé par quantité de petits Villages, nous arrivâmes à *Uft-Tunguskoi-Pogoft*, beau & grand Village, fitué à fept werftes,

Tome XVIII.

au-dessous de l'embouchure du Tunguska. Nous y dînâmes, & le soir à sept heures & demie, nous arrivâmes à *Rutschkowa* ou *Kriwolutzkaja-Derewna*, où nous arrêtâmes pour donner à manger à nos chevaux : car quoiqu'il y eût sur la route assez de Villages où l'on auroit pu changer de chevaux, tout étoit si mal-ordonné, qu'on ne le fit pas. Vers 6 heures du matin, nous atteignîmes *Kasatschei-Lug-Pogost*, où nous relayâmes encore, & nous arrivâmes à 11 heures du matin à *Mokro-Slobodskaja-Derewna*. Vers 4 heures après midi, nous passâmes à *Bolschaja-Jelan D*: à 6 heures & demie, à *Bobrowoskaja D*: vers minuit, à *Tolowka D*, & le lendemain à 4 heures & demie du matin à *Kantat D*. *Bolschaja-Jelan* est le premier Village du territoire de *Krasnojarsk*. A 8 heures & demie, nous arrivâmes à *Mischnaja-Mustinskaja D*, & à 11 heures & demie à *Juxeewskaja D*. Vers 6 heures du soir, nous atteignîmes *Pawlowskaja D*. Nous trouvâmes dans la maison où nous étions entrés une femme assez babillarde, qui nous dit que la petite-vérole avoit fait de terribles ravages dans le canton, mais que vraisemblablement elle étoit alors déja du côté d'*Irkutzk* & de *Jakutzk*, parce qu'elle étoit persuadée que la Compagnie de l'expédition de *Kamtschatka* menoit la petite-vérole avec elle; & comme la plus grande partie de cette Compagnie étoit partie pour Irkutzk & Jakutzk, elle croyoit que la petite-vérole devoit nécessairement y être arrivée aussi. Nous changeâmes de chevaux à *Bolschaja-Nachwalnaja D*. nous arrivâmes à 10 heures & demie du soir à *Busimskoje-Sielo*; le lendemain à 3 heures du matin à *Cloptunowkaja D*. & à 8 heures & demie à *Schiwerskaka D*, où nous dînâmes. Après avoir encore passé par *Tschasto-Ostrowskaja D*, nous arrivâmes à une heure après midi à *Jesaulowo-Sielo*, très-beau Village, dont les habitans sont à leur aise, comme dans la plûpart de ces cantons. De-là traversâmes les Villages de *Beresowskaja* & *Lodjsiki*, nous parvînmes heureusement à 5 heures du soir à *Krasnojarsk*.

Cette Ville est plus moderne que Jeniseisk, & c'est de Moscou qu'on est venu la bâtir. Elle est sur la rive gauche du Jenissei. A son extrémité est la riviere de Katscha, dont une embouchure est près & au-dessous de la Ville. Comme les autres Villes de Sibérie, celle-ci a commencé par un Ostrog, qui est devenu peu-à-peu une Ville. Il est au Nord, & renferme une Eglise, la Chancellerie, la maison du Waywode, quelques barraques, dans lesquelles il n'y a qu'une seule chambre, un magasin à poudre, &c. La Ville s'étend de l'Ostrog au Midi, & contient trois cens cinquante maisons. Quant aux bâtimens publics, on y voit une Eglise, un Hôtel de Ville, & quelques barraques, dans lesquelles il y a une chambre. Le clocher de l'Eglise est placé de maniere qu'en traversant la Ville, on est obligé de passer dessous.

Les habitans de cette Ville sont pour la plus grande partie des Slutschiwies, qu'on y avoit établis par la nécessité de garantir ces cantons des incursions des Tatares de *Kirgis*, qui venoient ravager les environs; mais depuis quelques années, ils se sont retirés vers le pays des Calmouks. Depuis ce tems, les Slutschiwies ont fait des courses sans aucun risque dans les environs du pays. Ils ont trouvé à-travers les steppes un chemin assez droit, depuis Krasnojarsk jusqu'à Irkutzk & Tomsk, qui est très-

VASES, BIJOUX ET USTENCILES TROUVÉS DANS LES TOMBEAUX.

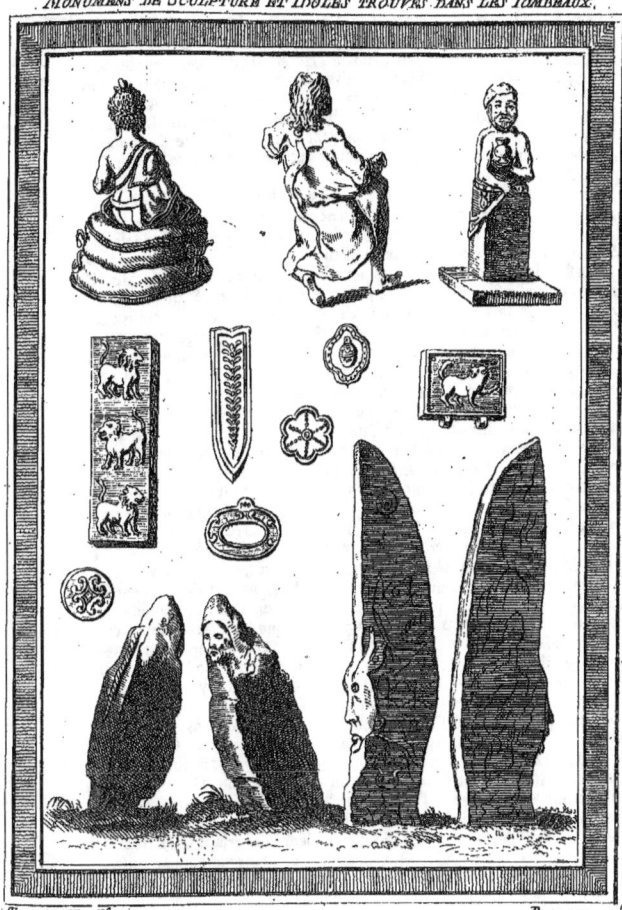
Monumens de Sculpture et Idoles trouvés dans les Tombeaux.

commode pour voyager, sur-tout en Eté, puisque les eaux & les fourrages s'y trouvent en abondance. S'il y avoit quelques Villages, ce seroit aussi la route la plus commode pendant l'Hiver. Il est de cent werstes plus court, que celui qui prend par Jeniseisk, en remontant le Tunguska. Les personnes qui voyagent aux dépens de la Couronne, prennent ce chemin, ce qui épargne beaucoup de frais de voiture à la Caisse Impériale. Les Négocians y gagnent considérablement : aussi la Ville de Krasnojarsk est-elle plus fréquentée qu'elle ne l'étoit autrefois, & le sera encore plus par la suite.

Les Sluschivies menent ici une vie fort agréable ; ils sont riches en chevaux & en bestiaux, qui ne leur coutent pas beaucoup à nourrir. Ils les laissent paître sur les steppes ; car en Hiver même on y voit peu de neige, & quand il y en a, les bestiaux fouillent dans la terre, & en tirent toujours assez de racines & de plantes pourries pour ne pas mourir de faim. Il est vrai qu'en Russie un cheval tire plus que trois des leurs, & qu'une vache y donne vingt fois plus de lait que celles de ces cantons. On cultive ici du bled, & la terre est si fertile, qu'il suffit de la remuer légerement pour y semer pendant cinq ou six années consécutives, sans le moindre engrais. Quand elle est épuisée, on en choisit une autre qui n'exige pas plus de soins, ce qui convient fort à la paresse des habitans.

Ils ont encore un autre moyen de s'enrichir, mais c'est au grand préjudice de la Caisse Impériale. Les Tatares qui demeurent en grand nombre dans ces cantons, sont tenus de payer leurs tributs en zibelines, en renards, & autres pelleteries. Or comme ils ne pouvoient pas toujours fournir autant de pelleteries qu'on en avoit exigé, on avoit fixé la valeur de chaque sorte de pelleterie, & ils la payoient en argent. Lorsqu'on a imposé ce tribut aux Tatares, ils apportoient leurs fourrures telles qu'ils les avoient prises, & il s'y trouvoit souvent des zibelines d'un très-grand prix. Mais les habitans de la Ville leur ont ouvert les yeux, & achetent à présent ces fourrures à un prix sur lequel ils gagnent ordinairement le quadruple. Quelque bas qu'il soit, en comparaison de la marchandise, il monte toujours beaucoup au-delà d'un rouble que les Tatares apportent au Magasin Impérial pour une zibeline ; de sorte qu'au-lieu de les apporter en nature, ils n'apportent presque plus aujourd'hui que de l'argent. Les Tatares, pour ne pas découvrir leur secret, disent qu'il n'y a plus tant de fourrures aujourd'hui qu'il y en avoit autrefois.

Les Antiquités qu'on trouve ici, ont été tirées des anciens tombeaux, qui sont en grand nombre, près d'*Abakansk* & de *Sajansk*. On y a autrefois déterré tant d'or, que les habitans de Krasnojarsk se souviennent qu'on pouvoit acheter un *solotnik* d'or pour un demi-rouble. On y a pareillement trouvé de l'argent. J'ai vu chez le Waywode d'aujourd'hui une grande soucoupe & un petit pot, l'un & l'autre d'argent dorés. Il y avoit sur la soucoupe des figures ciselées, qui ressembloient à des griffons. On trouve encore assez souvent en cuivre des couteaux, de petits marteaux de différentes formes, des garnitures d'harnois de chevaux, du bronze ou du métal de cloches, & de l'argent faux de la Chine. Le premier de ces métaux est ordinairement la matiere des *Argalis* de fonte, dont les uns ont un piédestal

Y ij

creux, & les autres sont montés sur une espece d'aiguille. Ces figures, qui sont assez bisarres, ont vraisemblablement servi d'Idoles aux Nations du pays. Quant à l'argent faux, ils s'en trouve différens vases, à l'achat desquels bien des personnes ont été trompées, & ne s'en sont apperçu quelquefois que long-tems après. Jusqu'à présent on n'a trouvé aucun vestige de fer dans tous ces tombeaux, quoiqu'il y ait assez de mines de ce métal dans le canton.

Outre mes occupations ordinaires dans ce lieu, je devois visiter les grottes souterreines qui sont le long du Jeniséi. Comme sur cette même route il y avoit un rocher peint à l'ancienne maniere des Tatares (*Pisanoi-Kamen*), nous résolûmes, M. Muller & moi, de nous y transporter; mais une indisposition l'empêcha de m'y accompagner.

Le premier Février, je dépêchai l'Etudiant *Kraschenninikow* à la tête de trente Sluschiwies, pour faire réparer un peu les chemins qui conduisent à ces grottes souterreines, & pour ordonner par-tout les échelles nécessaires pour y entrer.

Le 2 du même mois, nous dépêchâmes encore l'Etudiant *Tretjakow*, avec les instrumens de l'Académie & une partie des nôtres, pour Irkutzk, parce que nous jugeâmes qu'il seroit difficile dans ce voyage d'avoir des chevaux pour tout notre monde.

Le 4 Février à 6 heures du matin, je me mis en route pour les Grottes & le rocher peint, accompagné du Peintre *Lursenius* & du Géometre *Alexandre Iwanow*. Nous allâmes toujours en remontant le Jeniséi, & à 8 heures & demie nous arrivâmes à *Owsianka D.* où je m'arrangeai d'abord pour entrer dans la Grotte, qui est vis-à-vis ce Village sur la rive droite de la riviere. Le chemin pour y arriver est aisé, quoique tout le rivage de ce côté soit montagneux; ce fut un bonheur pour nous, car la Grotte n'a rien de curieux : ce n'est qu'une gallerie de sept brasses de profondeur, large & élevée. A midi, j'allai plus loin; je passai devant le rocher peint, & vers 4 heures après midi, j'atteignis le Village de *Birgisinska*, d'où, en remontant le Jeniséi, je me rendis encore ce même soir à la Grotte, appellée *Supérieure* (*Werchnaja-Peschtschora*). Elle est dans une montagne sur la rive droite. On y avoit attaché six échelles; on avoit pratiqué entre ces échelles plusieurs degrés dans la neige, & j'avois cinquante brasses à monter jusqu'à l'ouverture de la Grotte. Nous étions tous si fatigués en y arrivant, que nous fûmes obligés de nous asseoir. Nous y entrâmes, après avoir fait allumer des flambeaux : elle peut avoir environ seize orgies de profondeur, & est spacieuse. Les murs étoient abondamment couverts de galactite, ressemblant à une éponge pierreuse; la pierre de la montagne est une pierre à chaux. Le haut de la Grotte est revêtu de glaçons d'une eau très-pure & pendans, que nos flambeaux faisoient paroître comme des diamans. Nous revînmes à notre Village sur les 8 heures du soir.

Je voulus visiter aussi la Grotte inférieure, qui est à trois werstes du Village, & tout le monde me représenta la chose comme impraticable. Mais n'étant pas d'humeur à y renoncer, j'imaginai qu'on pourroit y arriver par en-haut. Le lendemain matin, je traversai, avec ma Compagnie, les montagnes situées sur le rivage droit du Jeniséi, & je fis, à tout événement, porter une couple d'échelles. Nous arrivâmes sans aucune difficulté, quoique par un chemin fort pénible, à une ouverture de la Grotte inférieure (*Nifchnaja-Pefchtfchora*), autre que celle qui est tournée vers la riviere. J'y entrai, & je descendis la montagne assez obliquement. A six brasses de distance, on trouve à gauche une autre ouverture d'où s'étend un canal allant perpendiculairement en profondeur. Nous continuâmes d'avancer dans la premiere allée qui étoit à droite; & comme elle étoit fort escarpée, nous descendîmes par deux échelles, & nous parvînmes dans la Grotte, dont l'ouverture se voit du côté de la riviere. Cette Grotte est fort grande, & près de l'allée, par laquelle nous étions descendus, on voit à gauche l'orifice du canal perpendiculaire, d'où la grande Grotte s'étend encore d'environ cinq brasses plus avant en descendant dans la montagne, où elle finit en se rétrécissant beaucoup. La pierre, dans laquelle est creusée cette Grotte, est une pierre de chaux, d'où s'élevent en divers endroits des concrétions pierreuses en forme d'éponges. Nous n'y trouvâmes autre chose qu'un morceau de filet pourri, & une dent de musc mâle.

Le même jour vers le midi, nous atteignîmes le *Rocher peint*, situé sur le rivage droit de la riviere, qui n'a pas plus de sept brasses de hauteur. Quoique de la riviere on pût distinguer les figures, je fis apporter une échelle, pour les voir de plus près. Les endroits du rocher où se trouvent ces figures (dont plusieurs étoient peintes en rouge) me parurent avoir été unis au ciseau & enduits de plâtre, mais cet enduit s'étoit presqu'entierement détaché; il n'en restoit plus que quelques traces. La couleur rouge, dont quelques figures étoient peintes, ressembloit beaucoup à de l'ocre brûlé, & je crois que ce n'étoit pas autre chose. Ces figures représentoient des hommes & des animaux; la mieux conservée de toutes, étoit un homme à cheval; les autres étoient fort mutilées. Le dessein en étoit semblable à celui des figures du rocher que nous vîmes entre Kusnetzk & Tomsk, & dont on a parlé plus haut, c'est-à-dire, tel que tout paysan est en état d'en faire. Le côté du rocher où sont ces figures, est tourné à l'Ouest-quart-Nord, & presque parallele au cours de la riviere. Après avoir fait dessiner & le rocher & les figures, je partis & je revins le soir par le même chemin à *Krasnojarsk*.

Le lendemain, M. Muller & moi, nous allâmes nous promener chez les Tatares du canton, pour les voir dans leurs jurtes, & pour nous instruire autant que nous pourrions de leur façon de vivre. Nous choisîmes pour cet effet l'*Ulufs* (43) le plus proche, & nous remontâmes la riviere de *Katscha* jusqu'à l'Ulufs Tatare, appellé *Mungat*. Cet Ulufs étoit composé de six ou sept jurtes, toutes semblables à celles que j'ai décrites chez les Tatares de *Kufnetzk*. Les matériaux dont elles sont bâties, sont des poutrelles liées ensemble par des traverses, & revêtues d'écorce de bouleau. Les jurtes des plus riches, sont de plus recouvertes en plusieurs endroits de peau de daim. Elles ont deux ouvertures, l'une en-haut par où s'ex-

(43) *Ulufs*, mot Tatare, qui désigne un assemblage de plusieurs jurtes, ou un Village Tatare.

hale la fumée, & l'autre en-bas vers l'Orient, qui sert d'entrée au logis: Celle-ci est ordinairement décorée d'une espece de portiere, faite aussi de peau de daim. Nous entrâmes successivement dans plusieurs, & nous vîmes dans toutes un foyer allumé au milieu de l'habitation, autour duquel étoient couchés l'homme, la femme, les enfans, &c. Les chiens dont les Tatares se servent à la chasse, leur tiennent fidelle compagnie. Pour n'être pas suffoqués par la fumée, nous fûmes obligés d'en sortir bien vîte. Les Tatares y sont tellement accoutumés, qu'ils ne paroissent pas seulement s'en appercevoir. Les plus aisés ont pour l'Hiver des chambres à poële & des chambres de bain ; mais en Eté, ils habitent tous également leur jurte. Ceux-ci même étoient déja rentrés dans leurs logis ordinaires, parce que le froid n'étoit plus si violent, quoiqu'il fut encore assez sensible pour nous. Dans une de ces jurtes, on nous offrit du bœuf, du mouton, du cheval &c ; mais nous ne fûmes point curieux de tâter d'aucun de ces mets. Pour eux, ils mangent ce qu'ils trouvent, & leur boisson est de l'eau pure ou du lait caillé de jument. Ils cultivent aussi la terre, & en mangent les fruits. Ils se nourrissent encore, comme les autres peuples des environs de *Krasnojarsk*, de petites pommes de terre très-abondantes dans ces cantons, ou de leurs racines, appellées en Langue Russe *noix de terre* (44), ainsi que des oignons du turban commun, ou du turban rouge de vermillon, & d'une autre espece de lis. Dans la même jurte, nous trouvâmes une femme aveugle qui filoit avec une quenouille, & qui paroissoit la maîtresse du logis. Cette femme qui étoit curieuse, nous faisoit beaucoup de questions, & répondoit pour son mari à toutes celles que nous lui faisions, apparemment parce qu'elle croyoit en savoir un peu plus que lui.

Ces Tatares ont peu de religion extérieure, mais ils croient un Dieu ; & comme ils conversent beaucoup avec les Russes, ils portent souvent des cierges aux Eglises Russes, pour marquer la confiance qu'ils ont dans leur Dieu. Cependant ils suivent en secret les directions de leurs Kams, & ils paroissent en général être bien éloignés d'embrasser la Religion Chrétienne. Les objections qu'ils font, lorsqu'on leur en parle, sont 1°. que leurs ancêtres ont fort bien vécu, sans connoître la Religion Chrétienne ; 2°. que la Religion Chrétienne est trop gênante ; qu'on n'ose manger du cheval, & qu'en Carême il faut manger des choses qu'on ne sait où prendre. Ils regardent d'ailleurs la maniere de vivre des Russes, qu'ils connoissent seule avec la leur, comme très-malheureuse ; car on nous dit, que quand dans leurs jurtes ils veulent donner une malédiction à quelqu'un, ils se servent de cette expression très-familiere parmi eux : *Puisses-tu être condamné à vivre comme les Russes !*

Outre ces Nations Tatares, le district de *Krasnojarsk* en contient d'autres, qui leur sont entierement étrangeres : ce sont les *Arinzi*, les *Kotowzi* & les *Kamatschinzi*. La Nation des *Arinzi*, qui formoit autrefois, à ce qu'on prétend, une Tribu considérable, étoit alors réduite à dix personnes, qui même n'entendoient pas tous l'idiome national. Les *Korowzi* occupent une

(44) *Terræ Glandes.* Dod. Pempt. 150.
Lathyrus arvensis repens tuberosus, Bauh. Pin. 344.

partie des cantons d'*Abakansk* & de *Kansk* ; les *Kamatschinzi* habitent sur le *Mana* & vers la source de la riviere de *Kan*.

Les réjouissances à *Krasnojarsk* commencerent le 9, avec la *Semaine du beurre*. Les hommes se divertissoient à monter à cheval ; les femmes couroient les rues à pied, & toutes les nuits étoient fort bruyantes. Les enfans cherchoient des endroits escarpés ; ils y portoient une peau, s'asseyoient dessus, & se laissoient glisser en-bas tous ensemble. Les réjouissances redoublerent vers la fin de cette semaine. Dans les trois derniers jours, on voyoit souvent trente hommes ivres à cheval, accompagnés d'une bande de jeunes gens montés de même, & tous faisant toutes sortes de folies.

Je fus curieux d'assister à un divertissement, dont le Waywode me procura l'occasion. Je me rendis le 15 du mois, dernier jour de la *Semaine du beurre*, à la suite de cet Officier, au Village de *Torgufchina*, situé à cinq werstes de la Ville ; il y avoit été invité par le Fermier des eaux-de-vie, dont la fabrique étoit près de ce Village. Nous allâmes en grande cavalcade ; notre traîneau étoit escorté de seize ou dix-huit hommes à cheval, armés de carquois, d'arcs & de fleches, qui dans toute la route s'exercerent à tirer de l'arc. Ils décochoient d'abord au loin sur la terre une fleche qui leur servoit de but, & sur laquelle ils tiroient tous les uns après les autres en courant au grand galop. Nous passâmes une petite riviere, qui prend sa source dans des montagnes voisines, & qui ne se gêle jamais : elle fait aller, près de sa source, dix petits moulins à bled à la file, & se perd bientôt après dans la terre. Etant arrivés dans le Village, & introduits dans le logis où le Waywode étoit attendu, nous vîmes entrer dans la chambre où nous étions plusieurs paysans qui vinrent successivement mettre sur la table quelque chose d'enveloppé dans du papier ; ces paquets étoient destinés pour le Waywode & pour sa femme ; il y en avoit même aussi pour leur fils. Le Waywode ouvrit plusieurs de ces papiers, & je vis qu'il y avoit dans chacun dix copeques. Il y avoit toujours moitié de cette somme dans les paquets de Madame la Waywode. Je compris dès-lors la raison pour laquelle le Waywode & sa femme se promenoient tous les jours de la *Semaine du beurre* dans tous les Villages voisins : c'étoit pour faire cette collecte. Il ne venoit d'ailleurs aucun homme de la campagne chez le Waywode, qui ne laissât de même sur une table un petit paquet ou rouleau de papier, où étoit apparemment son tribut. Au reste, un Waywode qui veut s'attirer beaucoup de présens, est obligé de traiter tous les paysans comme ses égaux, & de boire souvent avec eux. J'ai su même que le moyen d'en tirer un meilleur parti, sur-tout dans le district de *Krasnojarsk*, étoit, lorsqu'on régaloit ces sortes de gens, de les renvoyer bien ivres chez eux ; il arrive souvent qu'un Chasseur se laisse enivrer jusqu'à donner sa derniere zibeline.

Le même jour au soir, les Slufchiwies donnerent un plat de leur métier. On avoit élevé dans un champ deux murs de neige joints par en-haut avec une poutre de traverse, faite aussi de neige. Cet édifice représentoit une sorte de fortification. Autour du Fort étoient rangés quelques Slufchiwies armés de bâtons, & d'autres Slufchiwies à cheval en faisoient l'atta-

HISTOIRE GÉNÉRALE

que. Tout se faisoit avec la plus grande confusion. On ne voyoit jamais plus de deux ou trois Cavaliers venir à-la-fois se présenter devant le Fort, souvent même il n'en venoit qu'un, & c'étoit toujours au grand galop. Mais ces braves Assaillans étoient chaque fois si mal reçus, qu'ils se sauvoient au plus vîte. On leur appliquoit de furieux coups de bâtons; deux Cavaliers furent abattus de cheval & cruellement maltraités. Piqués de tant de résistance, les Assiégeans voulurent tirer des fleches sur la Garnison de la Place; mais le Waywode ne voulut pas le permettre, & le Fort ne fut point pris. Voilà un échantillon de l'habileté de cette Milice. Autrefois cependant les Slufchiwies avoient, dit-on, un air formidable. Ils avoient deux sortes de cuirasses qui leur couvroient tout le corps; l'une composée de petits anneaux de fer, l'autre de petites plaques minces de fer-blanc. La derniere plus aisée à porter que l'autre, garantissoit l'estomac, le ventre, le dos & les bras. Ils portoient encore un bonnet doublé de fer par en-haut. J'ai vu toute cette armure qui n'est plus en usage.

Le tems étant devenu favorable, nous partîmes de Krasnojarsk le 18 Février au matin. En passant par le Village de *Ladaika*, j'y remarquai une croix de bois que je n'avois point apperçue d'abord. Je demandai ce qu'elle signifioit : on me dit, que l'endroit n'étoit pas sûr, que la forêt étoit infestée de *Lieschi*, ou Démons des bois, dont il est parlé au commencement du Journal, à l'occasion du trajet de la *Twerza*. On ajouta que quantité d'enfans du Village qui étoient allés jouer, s'étoient égarés ; que quelques-uns même avoient été tout-à-fait perdus, les *Lieschis* les ayant emmenés dans le fond du bois, & que d'autres n'étoient revenus qu'au bout de huit ou de quinze jours. C'étoit donc pour être délivrés de ces Démons forestiers qu'on avoit depuis un an dressé cette croix. Le vrai de tout ceci, c'est que la forêt est épaisse, & qu'il est aisé de s'y égarer : c'est pourquoi il seroit bon qu'on y élevât un plus grand nombre de croix, pour diriger les Voyageurs ou ceux qui pourroient s'y perdre.

Jusqu'alors notre voyage avoit été assez prompt, parce que nous avions souvent changé de chevaux. Si nous n'eussions pas été dans l'Hiver, nous n'aurions pas si agréablement voyagé : car le chemin le plus court pour gagner *Irkutzk* passe directement sur la *steppe*, qui dans cette saison est impraticable. Nous eûmes à *Baltschuk* assez de peine à rassembler tous les chevaux qu'il nous falloit. Après avoir été retenus pendant six heures dans ce Village, nous fûmes à la fin obligés d'en venir à des voies de fait avec le Sous Escoutet (*Sakaschtschik*) : car l'*Escoutet* (*Prikaschtschik*) s'étoit caché. Les Voituriers furent donc chargés d'amener vingt chevaux de main, & des fourrages pour les quatre-vingt chevaux avec lesquels nous partîmes. Nous marchâmes près de six heures pour faire dix werstes, tant les chemins étoient mauvais ; nous traversions une forêt, & la quantité prodigieuse de racines d'arbres ou de vieux bois qui embarrassoient toutes les routes, les rendoit extrêmement fatigantes. Nos guides auroient pu nous mener le long de la riviere de *Ran*, sur laquelle est situé Baltschuk, mais ils ne s'en aviserent point. Après avoir fait en tout vingt-quatre werstes, nous donnâmes à manger à nos chevaux, & nous dînâmes au

grand

grand air sur la riviere de *Kan*. Nous fîmes encore vingt werstes jusqu'à 8 heures du soir, & nous passâmes la nuit sur la riviere fort mal à notre aise, attendu qu'il faisoit un vent terrible. Cependant nous ne manquions point de bois pour nous garantir du froid, puisque le rivage de la riviere à droite est tout couvert de sapins. Nous aurions bien fait de nous munir de pelles, pour entasser la neige du côté d'où venoit le vent. Le 20 à 3 heures du matin, nous atteignîmes *Barginska D.* où nous eûmes quelques chevaux pour relayer, & nous arrivâmes à *Kiruschinskaja D.* vers une heure après midi. Les montagnes ont sur cette route un air fort sauvage, & l'on nous dit qu'il y avoit près du Village une cataracte. Le soir, nous atteignîmes *Kanskoi-Ostrog*. Nous fûmes obligés d'y rester tout le lendemain, parce que, malgré la précaution que nous avions eue d'envoyer en avant du monde pour que tout fût prêt à notre arrivée, nous n'y trouvâmes rien du tout; nous n'aurions peut-être même rien obtenu, sans le parti que nous prîmes, comme nous avions fait à *Baltschuk*, de faire mettre le *Sous-Escoutet* en prison. Cependant nous passâmes assez agréablement le tems qu'il nous fallut rester dans cet Ostrog. Nous fîmes chercher quelques Tatares du canton. Ils sont en général assez pauvres: les hommes, aussi-bien que les femmes, sont tous nuds sous leurs robes, & n'ont jamais porté de chemise. Ceux d'entr'eux qui sont baptisés, se distinguent des autres à cet égard; mais ils sont en très-petit nombre. Ils ont tous l'air fort mal-propre, parce qu'ils ne se lavent jamais; & quand on leur demande la raison de cette négligence, ils répondent que leurs peres ne se sont jamais lavés non plus qu'eux, & qu'ils n'ont pas laissé que de bien vivre. Quand ils veulent se reposer ou dormir, ils se couchent dans leur jurte autour du foyer dans une posture singuliere. Ils se rangent deux à deux, de façon qu'ils se touchent par le dos, & leurs jambes sont passées les unes dans les autres. Ainsi quand un des dormeurs se retourne d'un autre côté, l'autre se retourne en même tems du côté opposé, pour se trouver toujours adossé & entrelassé de la même maniere, ce qui se fait très-prestement de part & d'autre. Ces mêmes Tatares, au-lieu de pain, mangent aussi des oignons de turban ou d'autres especes de lis, & dédaignent l'agriculture. Leur exercice continuel est la chasse des zibelines, qu'ils font de différentes façons. Quand l'animal ne sait plus de quel côté tourner, il monte sur un arbre fort haut, & les Tatares y mettent aussitôt le feu: l'animal que la fumée incommode, saute en-bas de l'arbre, se prend dans un filet tendu à l'entour, & est tué.

Kansk est un des endroits les plus propres pour l'achat des zibelines, par rapport à l'habileté des Chasseurs de ce canton. Aussi la plûpart des Négocians qui vont à la frontiere de la Chine, s'y arrêtent-ils d'ordinaire pendant quelque tems pour cette branche de leur commerce. A l'égard de ceux qui voyagent par ordre de la Cour, ils ne trouvent pas aisément à en acheter; car comme plusieurs d'entr'eux enlevent les marchandises sans les payer, les habitans n'ont garde de leur montrer leurs pelleteries, de crainte qu'on ne les achete pour rien. *Kans* est du district du Waywode de *Krasnojarsk*, & c'est un des meilleurs lots de son district. Un Receveur de tributs de Kans achete sa charge fort cher.

Tome XVIII.

La nuit à 10 heures, nous fîmes partir nos instrumens, & nous les suivîmes de près. Le lendemain vers les 10 heures du matin, après avoir fait trente werstes, nous nous arrêtâmes dans un bois de sapins mêlés de cedres, pour faire manger nos chevaux. A huit werstes de-là, nous passâmes la riviere de *Pojam*, & nous fûmes ensuite obligés souvent de traverser des montagnes & des forêts de sapins, mêlés de bouleaux & de melesès (*larix*). Nous passâmes encore plusieurs autres forêts de melesès, & la riviere de *Tumantschu*, sur le bord de laquelle il y avoit de grands aunes & des merisiers (*padus*). Le 24, à 8 heures du matin, nous atteignîmes une *Simowje* qui n'étoit point habitée, quoique bâtie depuis peu de tems : le dedans en étoit si noir, que, par le beau tems qu'il faisoit, nous aimâmes mieux camper au grand air, comme insensiblement nous en contractions l'habitude. La forêt qui nous y conduisit, n'étoit point épaisse ; nous y vîmes des coqs & des poules de bruyere. Le 25, à 7 heures du soir, nous vîmes une couronne autour de la Lune, & deux parasélènes. Nous passâmes le même jour un ruisseau, appellé *Solonnaja-Rietschka*, qui ne se gele jamais en Hiver, & qui prend sa source dans les montagnes que nous avions à l'Est. Son eau a le goût minéral, & paroît saine. La forêt, depuis ce ruisseau jusqu'à la station où nous parvînmes à 3 heures après midi, étoit toute entiere plantée de peupliers ou de trembles. Le 26, à 8 heures du matin, on fit manger nos chevaux sur le *Turbur-Rietschka*, lieu rempli de cedres. De-là nous eûmes un chemin détestable, où il falloit toujours monter & descendre, ce qui est bien incommode, sur-tout dans un pays où les chevaux ne sont pas ferrés. A cette incommodité près, tout le long du chemin la forêt est très-belle ; elle étoit composée de cedres, de deux especes de pins, de peupliers, de trembles, de sapins, de melesès & de bouleaux. Nous rencontrâmes encore un ruisseau où nous ne pûmes abreuver nos chevaux, parce qu'il étoit tout-à-fait pris. Ce n'est pas un grand inconvénient dans l'Hiver, puisqu'on trouve par-tout de la neige, & que les chevaux, pour se désaltérer, s'en accommodent tout aussi bien que les hommes. Ils savent même écarter la neige avec leurs pieds, & trouver l'herbe seche qu'elle couvre, ensorte que les Voituriers n'emportent guere avec eux autre chose que du pain, dont ils donnent, chaque fois qu'ils s'arrêtent, un petit morceau aux chevaux ; le reste est l'affaire de ces pauvres animaux & de la Providence. Le 27 avant midi, nous atteignîmes *Udinskoi-Ostrog* & *Derewna*.

Cet Ostrog a été bâti en 1644, comme il paroît par l'inscription d'une croix de bois plantée tout auprès. Il est fort petit, & n'est composé que du Corps-de-Garde & de quelques chambres de bois. Le Commandant a son logis à côté de l'Ostrog, & contigu à un bâtiment de bois, où l'on garde les pelleteries de tribut. Le Village n'est composé que de quatre maisons, où nous fûmes obligés de nous retirer jusqu'à ce qu'on eût rassemblé les chevaux qui nous étoient nécessaires. En attendant qu'ils fussent prêts, nous nous amusâmes avec les *Buraetes*, qui sont ici en grand nombre, & que les Russes appellent *Bratski*. Nous fîmes venir des hommes, des femmes & des filles de cette Nation, dans leurs beaux atours. Les hommes ont presque tous la tête rase ; mais leur habillement n'a rien de fort différent de celui des Russes. Le plus grand ornement des femmes consiste dans leurs cheveux : elles en forment deux cadenettes qu'elles laissent pendre sur leurs épaules, & revenir par-devant ; elles y mêlent souvent du crin pour en augmenter le volume & les allonger. Elles portent de plus sur le front un bandeau, qui est noué derriere le col. De ce bandeau pendent des anneaux de fer, qui viennent leur entourer le menton. Leur habillement est une longue pelisse, par-dessus laquelle est encore une espece de robe de peau teinte & de *kitaika* (*), sans manches, & ouverte par-devant. Les anneaux de leurs oreilles ont deux pouces de diametre. On nous amena une jeune Buræte du premier rang. Elle avoit cinq petites clochettes suspendues à des rubans qui lui retomboient sur le dos, & dont nous entendâmes le son, avant qu'elle fût arrivée. Elle avoit de plus une large ceinture garnie de coquilles de l'espece des *porcelaines*, & couverte de plaques de fer-blanc, d'où pendoient encore plusieurs anneaux de cuivre jaune. Un fille est obligée de quitter ces deux pieces, les cloches & la ceinture, lorsqu'on la livre à un mari. Un Buræte livre sa fille, comme les Tatares, pour une somme d'argent, ou pour un nombre de bestiaux. Quand il est d'accord avec son gendre, celui-ci peut emmener sa femme ; mais le pere ne laisse jamais sortir sa fille de la jurte, que l'acquéreur ne l'ait entierement satisfait.

Nous nous fîmes emmener trois *Schamans* ou *Sorciers*, appellés *Bœ* en Langue Buræte. Leur habillement étoit d'une bisarrerie effrayante. C'étoit une robe de peau, garnie de griffes d'aigles & de chouettes, & chargée par-tout de ferrailles : ce qui la rendoit d'un poids énorme, & faisoit un bruit épouvantable, quand le Sorcier marchoit. Le bonnet du Schaman est pointu par en-haut, comme un bonnet de Grenadier, & garni de même de griffes d'aigles & de chouettes. Il en vint trois à-la-fois nous voir ; & cela sur le soir, parce que leurs opérations magiques ne réussissoient point, à ce qu'ils disoient, en plein jour. Ils choisirent la cour où il y avoit un grand feu pour le théatre des diableries, dont ils prétendoient nous régaler. Nous voulions les voir opérer tous trois à-la-fois ; mais ils dirent, que cela n'étoit pas possible. Il fallut donc les laisser faire. Leurs cérémonies furent exactement les mêmes que celles que nous avions déja vues, & le résultat fut aussi le même, c'est-à-dire, la plus grossiere imposture. Nous demandâmes si quelqu'un de notre connoissance, qui demeuroit à Moscou, étoit encore vivant : on nous répondit, que le Diable ne pouvoit pas faire un si long voyage ; car, selon eux, c'est toujours le Diable qui leur révele ce qu'ils lui demandent. C'est pour ces Schamans un furieux travail que leurs sortileges. Les sauts, les mouvemens & les contorsions extraordinaires qu'ils font, joints à la pesanteur de leur robe, les fatiguent beaucoup ; aussi les voit-on tout trempés de sueur & même écumans. Mais s'ils furent obligés de nous en donner pour rien le spectacle, ils se font bien payer des gens du pays.

Nous allâmes voir le 28 les pelleteries de tribut gardées dans le magasin de la Couronne. C'étoient des peaux de renards, d'ours, de loups, de zibelines & d'écureuils. Il y avoit quelques zibelines d'une beauté admirable, & parmi les peaux de renard, des morceaux parfaits. Je vis deux

(*) Sorte d'étoffe de coton.

de ces peaux qui étoient presque tout-à-fait noires, à l'exception de quelques endroits tachés de blanc, de gris ou de jaune. Le soir, nous continuâmes notre route, & le 3 Mars nous atteignîmes *Burinskaja D.* sur le *Burjar.* Près de ce Village, il y a quelques jurtes de *Bratskis*, que nous allâmes visiter. Leur construction est peu différente de celle des *Buræus* d'*Udinsk*. Elles sont sexangulaires, & formées de poutres de traverse posées les unes sur les autres à la hauteur d'un peu plus d'une demi-brasse. L'entrée de la jurte est vers l'Orient, entre deux bouleaux joints par une corde, d'où pendent des rubans & quelques peaux d'hermines ou de belettes. C'est devant ces chiffons que chaque Buræte s'incline deux ou trois fois par jour, le matin & le soir, en mettant deux doigts sur son front à la maniere Orientale.

Le 4, nous vîmes les bords de l'*Angara*, qui, en cet endroit, a jusqu'à une werste de largeur, & nous arrivâmes à *Schiwerskaja D*. Il n'y avoit dans ce lieu presque personne, parce que tous les habitans avoient été commandés pour porter à *Ilimsk* des provisions pour l'expédition du Kamtschatka. Ainsi nous eûmes peu de chevaux Russes; mais en récompense on nous amena une centaine de chevaux *Bratskis*, & nous choisîmes les moins mauvais; car les pâturages de cette contrée ne sont guere propres à former d'excellens chevaux. Depuis cet endroit, nos traîneaux côtoyerent presque toujours l'*Angara*. Ce même jour au soir, nous parvînmes à *Balachanskoi-Ostrog*, situé sur la même riviere. Cet Ostrog est d'une construction plus ancienne que la Ville d'*Irkutzk*, & c'est un des plus considérables de tous ceux que nous vîmes dans ce voyage. Il contient la Chancellerie, la maison du *Prikaschtschik*, une Eglise, quelques cabanes, & il a deux canons de bronze. Hors de l'Ostrog, du côté des terres, on trouve environ soixante maisons habitées en partie par des Sluschiwies, en partie par des Commerçans: ces maisons sont presque toutes assez bien bâties; elles ont du-moins de bonnes fenêtres, & des chambres fort claires. Les Marchands, comme la plûpart des habitans de la Ville, sont fort à leur aise. Comme la route d'eau pour *Irkutzk* y attire en Eté beaucoup de Marchands, il y a près de la riviere une maison composée de plusieurs boutiques, qui ne sont ouvertes que quand les Marchands qui passent, veulent débiter leurs marchandises.

Aux environs de cet Ostrog habitent un grand nombre de *Buræres*, qui négligent la culture des terres, & ne vivent que du commerce qu'ils font avec leurs bestiaux. Les bœufs *Bratskis* de ces cantons sont fort estimés. Contre l'usage général de ces infideles, les Bratskis de ce canton exercent un Art, dans lequel ils ne réussissent pas mal. Ils savent si bien incruster dans le fer l'argent & l'étain, qu'on prendroit ce travail pour de l'ouvrage damasquiné. La plûpart des harnois de chevaux, des ceinturons, & des autres ustensiles qui en sont susceptibles, sont ornés de ces incrustations. Curieux de voir la façon dont se faisoient ces ouvrages, nous fîmes venir de leurs Ouvriers, pour en faire faire sous nos yeux un essai. Nous leur commandâmes une platine, sur laquelle il s'agissoit de tracer le chiffre de Sa Majesté Impériale en argent, & ils l'entreprirent. Ils forgerent d'abord un morceau de fer, suivant le modele que nous leur avions donné;

ils firent rougir le fer une seconde fois, & le laisserent refroidir. Ils le hacherent ensuite avec un ciseau trenchant, & firent trois hachures dans trois directions différentes qui se croisoient. Ils regardoient souvent ces hachures, & ils avoient grand soin de les faire égales. Les hachures faites, ils remirent au feu la platine de fer pour lui donner une couleur bleue, & la disposerent à recevoir le dessein du chiffre. L'argent dont ils se servoient pour ce travail, étoit du fil d'argent fin de deux différentes grosseurs & de l'argent battu mince. Ils essayerent de l'appliquer, mais ils n'en purent venir à bout. On leur traça le dessein du chiffre sur la platine même, & bientôt alors ils parvinrent à faire l'incrustation. Suivant les contours du dessein, ils appliquoient un fil d'argent à l'extrémité de chaque trait du chiffre, où ils l'arrêtoient : ils suivoient ensuite le trait avec le fil jusqu'à l'autre bout, l'y faisoient entrer dans toute sa longueur, & le coupoient à cette extrémité. Ils continuerent à remplir ainsi tous les traits, & le chiffre fut achevé. Le fil d'argent ne tenant pas dès la premiere fois, ils continuerent de frapper jusqu'à ce qu'il fût tout-à-fait entré. Lorsqu'ils veulent incruster d'argent toute une platine, ils coupent leur argent battu dans la forme qu'ils veulent lui donner sur le fer, & l'y font entrer de même à coups de marteau. Ils ne se servent pour ces ouvrages que d'un seul & même marteau, dont les deux bouts sont larges, mais dont l'un est uni sur sa surface, l'autre haché par-tout & rude. Ils ne se servent d'aucun des deux bouts pour hacher la platine ; ils saisissent le marteau dans sa largeur, & frappent avec le milieu sur le ciseau : ils frappent avec le bout haché pour faire entrer l'argent dans le fer, & se servent du bout uni pour le polir. Quant à leur façon de passer l'argent par la filiere, c'est à-peu-près la nôtre. Ils battent aussi l'argent eux-mêmes, & l'on voit bien qu'il n'a pas passé par le rouleau. Ils le fondent dans des vaisseaux de fer, & ne connoissent point nos creusets de terre.

Le 7, nous fûmes rendus à la Slobode *Olonki*, qui est composée de deux Villages, situés à près d'une werste l'un de l'autre, & tous les deux passablement gros. Depuis *Balachansk* jusqu'ici, nous avions toujours été en traineaux sur l'Angara ; mais comme les glaces commençoient à devenir dangereuses par rapport au grand nombre de tranchées qu'on y avoit faites, nous fûmes obligés de nous y arrêter assez long-tems. Les environs d'*Olonki* sont fort agréables, & le terrein est fort propre à l'agriculture. En partant de cette Slobode, nous nous éloignâmes de la riviere. Après avoir traversé une forêt de bouleaux & de sapins assez claire, nous arrivâmes le soir par un tems admirable à *Balt*, Village situé sur l'Angara, & habité par des Sluschiwies. Nous en partîmes à minuit, & à 3 heures du matin, nous atteignîmes la Slobode d'*Urik*. Cette Slobode est composée de cinquante maisons bien bâties : elle tire son nom du ruisseau d'*Urik*, sur lequel elle est située, & dont les eaux, passant dans le *Kuda*, sont portées dans l'Angara avec celles de ce dernier ruisseau qui s'y jette. Nous y restâmes environ deux heures, & ensuite nous continuâmes notre route. Nous eûmes à descendre une montagne sort escarpée, où des chevaux non-ferrés, tels qu'étoient les nôtres, n'auroient jamais pû tenir, si nos Voituriers, abandonnant le chemin battu, ne nous avoient fait passer par des endroits où il y avoit encore beaucoup de neige. Au moyen de la diligence que firent ainsi nos traineaux, nous fûmes rendus à 7 heures & demie dans la Ville d'*Irkutzk*. Nos instrumens que nous avions fait partir avant nous de *Balagansk*, y étoient arrivés dès la veille au soir, & les gens que nous avions envoyés aussi en avant de *Krasnojarsk*, y étoient depuis dix jours. Quant à l'Officier des Mines, que le Grand-College de Catherinenbourg nous avoit expédié d'*Ilimsk*, comme nous l'en avions requis, il étoit arrivé depuis un mois.

Nous ne trouvâmes plus, contre notre attente, M. de la Croyere en cette Ville; mais il avoit laissé une Lettre pour nous, où il nous marquoit que dès le mois de Janvier il étoit parti pour *Nertschinsk* & pour les Mines d'argent d'*Argun*, & qu'il espéroit revenir par le chemin d'Hiver. Les circonstances de notre voyage nous permettant de rester encore un an dans ces cantons, dès les premiers jours de notre arrivée à Irkutzk, nous résolumes d'aller d'abord à *Selenginsk* par les chemins d'Hiver, & de là de pousser plus loin par les chemins d'Eté. Mais comme on nous avoit représenté ce voyage, tel que nous l'avions projeté, si pénible & si difficile qu'on ne pouvoit le faire qu'à cheval, nous ne jugeâmes point à propos de nous embarrasser de beaucoup de bagages, & nous en laissâmes une partie. Nous avions en tout trente-sept voitures, & il est d'usage en Russie de fournir autant de chevaux de poste. Conformément à cette regle, la Chancellerie d'Irkutzk ordonna de nous amener seulement trente-sept chevaux, sans considérer que la premiere poste où nous devions en changer étoit à plus de deux cens werstes. Le Sous-Statthalter ne voulut jamais écouter nos représentations; d'ailleurs les éclaircissemens que nous demandions à la Chancellerie, tant sur l'Histoire que sur la Topographie de la contrée, mettoient ces gens-là de mauvaise humeur. Cependant, malgré les injures que le Chef & les Officiers nous disoient assez souvent à cette occasion, nous les forcions, en leur présentant les ordres Impériaux dont nous étions munis, à faire leur devoir. Mais ils trouverent les moyens de nous molester de mille manieres. Les choses furent portées au point que nous déclarâmes à la Chancellerie que nous étions résolus de rester à Irkutzk une année entiere à ses risques & dépens, si elle ne donnoit pas ses ordres pour nous faire fournir un grand nombre de chevaux. On parut d'abord s'en effrayer peu; mais dès le lendemain nous apprîmes que les ordres étoient donnés pour nous satisfaire. Ainsi tout se trouvant prêt pour notre voyage, & nos instrumens étant chargés, nous fîmes partir toute notre suite le 23 avant midi. Nous envoyâmes encore en avant deux Tireurs dont notre Compagnie étoit augmentée, & nous restâmes pour attendre les chevaux dont nous avions besoin. On nous en amena quelques-uns vers le soir; mais leur nombre n'étant pas encore suffisant, & ne voulant pas attendre ici davantage, aux risques de manquer le passage d'Hiver sur le lac *Baikal*, nous résolûmes d'envoyer le lendemain matin au marché, & de faire enlever par les Soldats les meilleurs chevaux. Ce moyen en effet nous procura le nombre de chevaux qu'il nous falloit, & nous quittâmes Irkutzk le 24 Mars. Nos instrumens & nos bagages étoient portés sur des traîneaux, & nous partîmes dans des charriots de voiture. Nous fîmes d'abord de suite environ vingt-six werstes sur l'Angara ; mais les glaces devenant de plus en plus dangereuses, nous gagnâmes une forêt, par laquelle nous allâmes jusqu'à *Molodowa-Simowje*. L'Angara, dans cet endroit, étoit toute ouverte. Le 25 à 3 heures du matin, nous arrivâmes à *Nikolskaja-Saftaw*, & une heure après à *Liftwinifchnoje-Simowje*. Le chemin, depuis la première station jusqu'à l'autre, est toujours sur l'Angara, qui sort en cet endroit du lac *Baikal* ; ainsi ce trajet étoit effrayant, & paroissoit très-dangereux. La *Nikolfkaja-Saftawa* n'a point de singularité plus remarquable que l'immense quantité de canards sauvages de toute espece qui se rassemblent aux environs. Mais quoique nous eussions envoyé nos Tireurs en avant sur les lieux, nous n'eûmes pas une seule piece de gibier. Ce qu'on nomme en Sibérie *Saftawa*, est un endroit où se leve un droit de péage ; le Bureau de ce lieu reçoit le péage de toutes les marchandises qui viennent de la frontière de la Chine, & qui ne peuvent guere prendre une autre route. Comme ces marchandises sont nombreuses, la place de Receveur est très-lucrative, & il ne lui faut guere plus d'un an pour s'enrichir. C'est le Statthalter qui dispose de cet emploi, & ceux qui veulent l'obtenir, l'achetent à force de présens ; le pot de vin ordinaire est de trois cens roubles. On nous raconta que cette place s'étant trouvée depuis peu vacante, il s'étoit présenté trois Compétiteurs, dont chacun comptoit emporter la place ; qu'elle avoit été promise en effet à chacun d'eux séparément ; qu'enfin ayant obtenu tous trois l'agrément du Statthalter, ils avoient payé chacun les trois cens roubles, & s'en étoient fort bien trouvés.

Arrivés à cette station, nous nous trouvâmes sur le lac *Baikal*, dont les glaces étoient encore très-fortes ; nous entrâmes dans ce lac, & rangeant toujours son rivage septentrional, nous parvînmes à une heure après midi à la *Simowie* de *Goloufna*, où notre Interprete *Bratski* avoit ramassé près de cent cinquante chevaux, qui étoient dans les pâturages du canton. Nous choisîmes les meilleurs, & laissant en arriere quelques chevaux Russes qui étoient fatigués, nous regagnâmes le lac que nous traversâmes obliquement jusqu'à son bord méridional. Notre voyage sur ce lac fut assez divertissant.

C'est comme un article de foi, chez les peuples de cette contrée, de donner le nom de *Mer* au lac *Baikal*, & non de l'appeller un *Lac*. Cette mer est deshonorée, selon eux, lorsqu'on la ravale à la simple dénomination de lac, & c'est un outrage dont elle ne manque point de se venger. Ils croient que cette mer a quelque chose de divin, & par cette raison ils la nomment de toute ancienneté *Swjatoje-Mare*, c'est-à-dire, *Mer sacrée*. Ils appuient cette vision de quelques histoires aussi folles, qu'on ne manqua pas de nous raconter : mais nous fîmes voir à nos Voituriers qu'on ne couroit aucun risque, en appellant par un tems tranquille un vrai lac de son nom de lac, & nous nous moquâmes de leur superstition. Le plus grand danger qu'il y ait en Hiver à passer en traîneaux sur ce lac, c'est qu'il s'éleve en plusieurs endroits des morceaux de glace, entre lesquels il y a des trouées dont il faut bien éviter la rencontre. Toutes les fois que nous en appercevions, nous faisions chercher un autre passage, & c'est ce qui fatiguoit le plus la patience de nos Voituriers, qui ne nous en vouloient pas plus de bien.

Le lac *Baikal* s'étend fort loin en longueur de l'Ouest à l'Est. Sur toutes les Cartes que nous avions vues jusqu'alors, ses limites à l'Orient n'étoient pas marquées, parce que vraisemblablement personne n'avoit encore été jusque-là. On estime communément que sa longueur est de cinq cens werstes. Sa largeur du Nord au Sud en ligne droite n'est guere que de vingt-cinq à trente werstes, & dans quelques endroits elle n'en excede pas quinze. Il est environné de hautes montagnes, sur lesquelles cependant lorsque nous y passâmes il y avoit très-peu de neige. Une autre particularité de ce lac, c'est qu'il ne se prend que vers Noël, & qu'il ne dégele qu'au commencement de Mai. On nous dit que depuis son dégel jusqu'à la fin d'Août, il y périssoit peu de Bâtimens; mais qu'au mois de Septembre, les vents commencent à devenir forts, & leur violence augmentant de mois en mois, il y avoit beaucoup de naufrages. On ne s'est servi jusqu'à présent sur ce lac d'autres Bâtimens que de *Doschtschennikes*; mais comme ces sortes de Bâtimens ne peuvent aller que le vent en pouppe, les Voyageurs sont obligés d'attendre souvent plusieurs jours un vent favorable. On assure encore que le passage est toujours plus aisé en venant d'*Irkutzk*, qu'en y allant, parce que les vents de Nord-Ouest sont de ce côté-ci plus fréquens.

Après avoir passé le lac, nous eûmes le lendemain 28 Mars la vue du *Posolskoi-Monastir*. Ce Couvent n'est bâti que de bois, mais il a beaucoup d'apparence du côté du lac, sur les bords duquel il est situé: il est environné de quelques maisons habitées par des paysans qui en dépendent. De-là nous marchâmes quelque tems sur un bras de la riviere de *Selenga*, où nous avions pour perspective une chaîne de montagnes, & nous vinmes le même jour au soir à *Kabanskoi-Ostrog*, situé sur le ruisseau de *Kabana*. Ce ruisseau tire son nom de la quantité de sangliers que l'on trouva dans ce canton, lorsqu'on y bâtit la Ville de *Selinginsk*.

Ici nous commençâmes à nous appercevoir de la disette ou de la cherté des vivres, qu'on a plus de peine à se procurer que dans tout ce que nous avions déja parcouru de la Sibérie. Quoiqu'il y ait des terres labourées & de bons pâturages, les gens du pays sont dans l'habitude de ne rien vouloir vendre qu'à un prix exorbitant. On nous demanda cinquante copeques pour un poulet. Nous voulions acheter un veau; il n'y eut pas moyen d'en avoir. On nous dit que si l'on se défaisoit du veau, la vache ne donneroit plus de lait. C'est le langage que les paysans tiennent dans toute la Sibérie. Si le veau vient à mourir, ou à être vendu, voici ce qu'on fait pour tromper la vache. On empaille la peau d'un veau, & quand on veut avoir du lait de la mere, on lui montre cette effigie; elle en donne alors, & non autrement.

Nous fûmes obligés en cet endroit de faire charger nos bagages sur des charrettes, parce que la neige commençoit à diminuer. Partis de-là, nous vîmes deux chaînes de montagnes, entre lesquelles il fallut passer, & que le Selenga traverse. Nous fîmes encore pendant deux ou trois jours une

marche

marche assez pénible, partie à-travers des montagnes & des fondrieres, partie sur le Selinga, partie dans des steppes arides, la difficulté d'avoir des chevaux, renaissant à chaque station par la mauvaise volonté des gens du pays. Nous passâmes par *Ilunskoi-Ostrog* ou *Bolschaja-Saimka* ; par *Troitzkoi-Monastir*, ancien & beau. Couvent très-riche ; par *Polowinoje-Simowie*, qui est à moitié chemin entre *Ilunsk* & *Udinsk* ; & par *Udinsk-Prigorod*, qui est sur le rivage droit du Selinga. A cet endroit on nous amena autant de chevaux Russes & Bratskis qu'il nous en falloit pour pouvoir prendre, M. Muller & moi, les devants, avec quelques voitures qui nous étoient absolument nécessaires ; nous laissâmes donc nos gens en arriere, en leur ordonnant de nous suivre aussi-tôt qu'il leur seroit possible. Mais nous eûmes à peine marché six heures, quoique dans une steppe unie qui formoit une plaine parfaite, que nos relais se trouverent si las, qu'ils ne purent aller plus loin ; il fallut donc arrêter en pleine campagne, pour laisser reposer les chevaux dans un endroit où nous n'avions ni bois, ni eau, ni neige, ni fourrage. Il faisoit avec cela un vent si terrible, que nous n'osions pas mettre la tête hors de la voiture. Cependant après une petite halte, nous continuâmes de marcher, & nous parvînmes avec beaucoup de peine vers le midi à une Simowie, située au milieu de la steppe sur le ruisseau d'*Orongoi*. Là nous envoyâmes en avant notre Interprete Bratski, pour nous tenir quelques chevaux prêts. Nous trouvâmes par ce moyen environ cinq cens chevaux Bratskis qu'on nous avoit amenés ; nous prîmes ceux qu'il nous falloit, & nous en laissâmes en arriere pour notre Suite. Les Buræetes de ce canton n'ont point de métier, & ils ne vivent que de leurs bestiaux, comme ceux de *Balachansk* ; cependant ils sont fort à leur aise, & il y en a parmi eux qui ont jusqu'à mille bêtes à laine, avec un grand nombre de bœufs & de chevaux. Tous leurs moutons ont la queue extrêmement large comme ceux de Calmouquie. Les Buræetes montent indifféremment les chevaux, les bœufs ou les vaches, selon qu'ils se trouvent à leur portée, & vivent d'ailleurs avec autant de mal-propreté que les autres Nations payennes. Le 30 vers les 3 heures du matin, nous passâmes à *Sui*, Village situé sur les bords du *Selinga*, & nous fûmes rendus à 9 heures dans la Ville de *Selenginsk*. Nous y trouvâmes M. *de la Croyere*, qui y étoit revenu depuis quatre jours de son voyage de *Nertschinsk*. Le reste de notre suite & nos instrumens n'arriverent que le lendemain, & vingt-quatre heures après nous.

Quelques jours après notre arrivée à *Selenginsk*, nous apprîmes qu'il y avoit sur la riviere de *Tschikoi* un *Taischa* ou Prince de la Religion Mongole ou de *Dalai-Lama*, qui lui-même avoit été Prêtre Mongole, & qui ayant renoncé à la Prêtrise, pour pouvoir se marier, avoit encore avec lui un Prêtre de cette Religion. Nous crûmes pouvoir apprendre d'eux beaucoup de particularités de la Religion Mongole, & pour cet effet nous résolûmes, M. Muller & moi, de leur aller rendre visite. Nous partîmes pour ce petit voyage le 11 Avril, accompagnés d'un Interprete Russe & d'un Interprete Mongole.

Nous marchâmes le long du *Selenga* jusqu'à l'embouchure de la riviere de *Tschikoi*. De-là nous tournâmes à gauche, & nous prîmes notre route par des montagnes de sable. Nous rencontrâmes en chemin deux jurtes de *Bratskis*, qui appartenoient au même homme. La plus propre étoit habitée par le maître & par sa famille; l'autre l'étoit par ses domestiques. Elles étoient rondes toutes les deux, & garnies tout-autour d'une sorte de lambris, tapissé de *woelokes* blancs, étoffe que ces gens-là font eux-mêmes. C'étoit un assemblage de lattes clouées les unes sur les autres, qui ressembloit à un treillage. La jurte étoit composée de plusieurs de ces assemblages, posés tout près les uns des autres. Lorsqu'il s'agit de transporter les jurtes d'un endroit à un autre, toutes les lattes qui étoient dans une direction oblique les unes à l'égard des autres, étant repliées, deviennent paralleles & se joignent. Un lambris ainsi rassemblé tient fort peu de place. On ôte les *woelokes*, on plie les treillages, & le tout est chargé sur des chevaux ou des bœufs. Le déménagement est bientôt fait ; car la jurte une fois détendue, ils n'ont guere à transporter d'autres meubles que deux ou trois caisses au plus, leur plus grande richesse consistant en chevaux, bœufs, moutons & chevres. Un Buræte ne reste guere plus d'un mois dans le même endroit. Quand ses bestiaux ont mangé tous les environs de sa demeure, il choisit un autre terrein. Nous entrâmes dans la principale jurte, & nous y trouvâmes un Buræte avec sa femme, deux filles, un enfant, un agneau de trois jours, trois veaux & un chien ; c'étoient là tous ses commençaux & ses animaux favoris. La femme n'avoit rien de particulier dans son habillement, & tout avoit un air fort mal-propre. Les filles avoient un collier de quelques rangs de corail jaune, & leurs cheveux pendoient en queues sur leurs épaules. A l'entrée de la jurte, étoit un sac quarré de *woelokes*, sur lequel il y avoit une peau de furet ; & tout auprès étoit attaché un *Onchon*, sorte d'idole, de laiton battu, longue de trois pouces. Il y avoit dans le sac plusieurs autres poupées faites de *solowka*, sorte d'étoffe de soie de la Chine, dans laquelle sont entrelassés des fils de métal. On avoit barbouillé sur cette étoffe quelques traits confus en couleur brune, pour représenter des visages, & deux petites boules de plomb en marquoient les yeux. Les bestiaux couroient en liberté autour de ces jurtes, & nous vîmes parmi eux un jeune garçon monté sur un bœuf qu'il menoit avec une bride passée dans ses narines. A peu de distance de-là, nous arrivâmes près d'un lac, dont les bords étoient couverts de cignes, d'oies, de turpans & de bécasses. On peut juger de quelle musique tous ces oiseaux nous régalerent. Le son que rend un turpan (45), ressemble à celui d'une basse de hautbois ; il formoit la basse du concert. De ce lac, après avoir passé par un terrein montagneux, par des sables & par une steppe, nous arrivâmes sur un fonds bas, appellé *Caravanoi-Lug*, champ bas de la Caravane, parce que les foins qu'il produit sont pour l'usage de la Caravane qui va à la Chine. Nous passâmes en cet endroit quelques ruisseaux très-rapides, & nous arrivâmes à 8 heures du soir à une *Simowje*, située sur le *Tschikoi*, où demeuroit un Buræte baptisé, que dans cette Langue on appelle *Karimmi*. La lassitude & la crainte que nos voitures qui nous suivoient ne restassent

---

(45) Le Turpan est de la classe des canards & des oies : il est presque entierement roux comme un renard, sinon qu'il a des plumes noires aux ailes & autour du croupion.

trop long-tems en arriere, nous obligerent de nous arrêter dans ce mauvais gîte. La chambre du Buræte étoit assez commode ; mais nous n'avions absolument rien à manger ni à boire. Nous n'avions pas encore assez de goût pour les mets & le thé des Bratskis. Nous nous déterminâmes à garder pour le lendemain notre appétit & notre soif, & nous nous couchâmes sur des bancs de bois ; mais nous fûmes éveillés à une heure de nuit par l'arrivée de nos voitures, qui nous donnerent à souper. Le lendemain vers les 4 heures du matin, nous nous remîmes en route ; & après avoir traversé un bois de sapins, nous nous trouvâmes sur une steppe, où nous vîmes venir au-devant de nous le *Taïscha*, accompagné de son *Gelun* & de deux autres personnes de sa famille. Devant lui marchoient trois hommes à cheval, armés d'arcs & de fleches, & celui du milieu portoit un drapeau rouge. C'étoit un présent fait au *Taïscha* par le Comte *Sawa Wladislawitz Ragusinski*, lorsqu'il passa dans ces cantons en qualité d'Ambassadeur de Russie. De chaque côté du drapeau étoit un soleil, avec ces mots Russes : *Nikomu ne ustupajet*, c'est-à-dire, *Ne me cédez à personne*. Au-bas on lisoit : *Vivat semper Augustus Peter Phtoru Wserossuskoi Imperator 1727 Godu*, Pierre II. Empereur Russe, 1727. Nous descendîmes de notre voiture, & nous montâmes à cheval pour suivre le *Taïscha*. Après quelques werstes de marche, nous arrivâmes à 11 heures du matin à ses jurtes d'Eté, construites sur un fond bas de la steppe.

Le Taïscha nous mena d'abord dans la jurte du *Gelun*, qui étoit la plus proche. Elle ressembloit à toutes celles que nous avions vues ; mais elle étoit bien plus propre. Elle étoit tapissée intérieurement tout autour de tapis de Turquie, & nous fûmes invités à nous y asseoir. Dans un des coins de la jurte, il y avoit des coffres ou cassettes de laque, plusieurs tasses à thé d'argent dorées en-dedans, & une lampe allumée. Sur une des cassettes de laque étoit un *Burchan* ou idole de métal jaune, de plus d'un demi-pied de hauteur, & enveloppée d'une étoffe de soie, à l'exception de la tête & d'une partie de l'estomac qu'on avoit laissé découvertes. On nous permit de développer le *burchan*, pour l'examiner. Il avoit les jambes croisées à la façon des Bratskis. A côté de ces cassettes étoit suspendu au mur de la jurte un morceau quarré de *Solomjanka*, entierement peint, où l'on distinguoit environ quinze figures ou personnages, en vénération parmi les Bratskis.

Nous eûmes avec ce *Gelun* ou Prêtre Mongole un assez long entretien sur sa Religion. Il étoit de la moindre classe de ceux de son ordre, ce qui pourroit faire présumer qu'il n'étoit pas des mieux instruits ; mais il nous dit en tout la vérité. Il paroît que la Religion Mongole, ou de *Dalaï-Lama* est une branche bâtarde de l'ancienne Religion Catholique. Il nous expliqua les attributs de son idole : elle représentoit, selon lui, le Fils du vrai Dieu, qui étoit venu au monde pour enseigner les hommes, & ensuite étoit remonté au Ciel. Le vase plein qu'il tenoit sur ses genoux, signifioit que ce Fils de Dieu, ayant été obligé pendant son séjour sur la terre de vivre des bienfaits des hommes, il avoit promis des biens en abondance à tous ceux qui avoient toujours rempli son plat. Ce même Fils de Dieu avoit, disoit-il, une Mere qui secouroit dans toutes les adversités ceux qui portoient fur eux fon image, & principalement les Voyageurs. Il nous montra une de ces images, empreinte fur une efpece de terre figillée. Elle étoit couverte de feuilles d'or, enveloppée dans du coton, & enfermée dans un étui de cuivre. Le *Gelun* fit préfent à M. Muller d'une pareille image de la Mere de Dieu, après s'être bien affûré qu'il n'en feroit pas un mauvais ufage. Il nous ajouta, que le Fils de Dieu avoit un Pere & un Grand-Pere ; que ce dernier étoit le principal ; qu'au refte, ils ne connoiffoient point d'autres Dieux, fi ce n'eft qu'ils révéroient, comme tels, les Lamas qui avoient faintement vécu, & ceux qui les gouvernoient avec juftice. Le jour de notre vifite étoit juftement un de leurs jours de dévotion : c'eft pourquoi la lampe étoit allumée ; mais leur fervice étoit fini, lorfque nous arrivâmes, parce qu'il fe fait toujours le matin. Pour raffembler ceux qui doivent affifter au fervice, les valets de l'Eglife fonnent d'un inftrument qui a la forme d'un cromorne, & percé de trous qui forment différens tons. L'embouchure eft de cuivre jaune ; mais on ne peut jouer de l'inftrument qu'au moyen d'un petit rofeau qu'on y introduit. Quelquefois, pendant le fervice, le Prêtre fonne de tems en tems d'une cloche qu'il tient de la main gauche. On y bat auffi fouvent un tambour qui, par fa forme, reffemble affez aux tambours magiques des Nations payennes. Les mots les plus folemnels qui fe prononcent au fervice font *Ommani podmuchum*, qui fignifient, *Seigneur, ayes pitié* : c'eft le *Gofpodi pomilui* des Ruffes. A l'article de la mort, les Prêtres donnent aux malades une forte de pillules, que notre Interprete comparoit au Viatique des Catholiques. Ils ont auffi l'ufage de l'encens qu'ils font brûler fur des charbons. Tout Mongole zélé porte en voyage fur lui, dans une petite boëte d'argent, de ces pillules & de l'encens, pour s'en fervir au befoin. Les Prêtres font diftingués des autres Mongoles par l'habillement : ils n'ont pas de houpe à leur bonnet, qui eft tout plat par en-haut ; ils ne treffent pas non plus leurs cheveux, comme la plûpart des féculiers ; ils portent une efpece de rofaire au col, & c'eft principalement ce rofaire qui diftingue les Moines & les Religieufes. Car la Religion Mongole a cela de commun avec la Catholique, que certaines perfonnes s'abftiennent du mariage, ne mangent point de viande, & font plus de prieres que d'autres.

Les Mongoles, ainfi que les Catholiques, ont une Hiérarchie Eccléfiaftique. Le *Dalai-Lama* eft pour eux ce que le Pape eft dans fon Eglife ; il réunit en même tems le Gouvernement Eccléfiaftique & le temporel. Il a un Coadjuteur, appellé dans la Langue Mongole *Kutuchta*, mais qui lui eft foumis. Ils prétendent, fuivant la tradition qu'ils ont reçue de leurs peres, que leur *Dalai-Lama* ne meurt jamais, c'eft-à-dire, que l'ame d'un *Dalai-Lama* paffe dans fon fucceffeur. On nous a découvert le fecret de cette métempfycofe. Les *Tangutes*, chez qui fe trouve le fiége des connoiffances orientales, élevent des enfans qu'ils tâchent de rendre capables de remplir la place de *Dalai-Lama*. Ainfi lorfqu'il meurt un *Dalai-Lama*, ils font dire à celui de ces Eleves qu'ils croient le plus capable de lui fuccéder, que l'ame du défunt eft entré dans lui ; le jeune Pythagore en eft cru fur fa parole, & reconnu pour Chef de la Religion. On nous affûra qu'il se trouvoit souvent des imposteurs aussi fins que les *Tangutes*, qui, sans leur participation, se substituoient à ce ministere, en vertu de leur transmigration qu'ils soutenoient aussi-bien que leurs Eleves, ce qui occasionnoit bien des schismes. C'étoit à cause d'un pareil concours, c'est-à-dire, parce qu'il s'étoit trouvé deux personnages qui se donnoient pour le *Dalaï-Lama*, qu'il n'y en avoit point dans le tems dont je parle ; les Mongoles n'avoient qu'un *Kutuchta*, mais qui, par son habileté, s'étoit peu-à-peu rendu immortel. Comme il voyoit qu'il étoit aimé, pour ne pas avoir de supérieur, il avoit trouvé le moyen de faire rejetter les deux concurrens, ensorte qu'on se passoit de *Dalaï-Lama*. Le Gelun nous apprit encore que les Mongoles ne regardoient point les Buraetes comme de Vraicroyans, mais comme des gens uniquement attachés au Diable, & qui ne se soucioient point du tout de Dieu : car nous, disoit-il, quoique les *Tangutes* aient, comme eux, leurs *Schamans* ou Sorciers, ce métier de *Schaman* n'a rien de commun avec la Religion, & est méprisé par un Vraicroyant. Les Buraetes sont en effet aussi complettement payens que l'aient jamais été les hommes. Leur Langue est Mongole : ainsi les Prêtres Mongoles peuvent converser avec eux. C'est ce qui fait qu'ils en convertissent de tems en tems quelques-uns, & qu'ils en font de Vraicroyans à leur maniere.

Dans la jurte où nous fûmes instruits de toutes ces singularités, il y avoit un brasier, sur lequel étoit un grand chaudron de fer, contenant cinquante livres d'eau, & rempli d'une préparation de thé, que les Bratskis nomment *satúran*. On voulut nous en régaler, & l'on en remplit des tasses de bois qui nous furent présentées ; mais nous demandâmes la permission de faire du thé à notre maniere & dans nos vases, ce qui nous fut accordé. De cette jurte, nous fûmes conduits à celle du *Taïscha*, qui étoit aussi fort propre, & nous y prîmes notre thé. A peine y étions-nous arrivés, que le *Taïscha* voulut nous régaler de mauvaise eau-de-vie, qu'il avoit fait chercher dans un Village Russe du voisinage. Nous le remerciâmes encore, & il but avec sa suite son eau-de-vie dans de grands verres. Nous dinâmes dans la jurte, malgré les politesses du *Taïscha*, qui nous invitoit à venir dans sa demeure d'Hiver, à cinq ou six werstes au-delà. Pendant tout le tems que nous fûmes dans la jurte du Taïscha, le Gelun ne nous quitta point ; & lorsqu'à 6 heures du soir nous prîmes congé d'eux, ils eurent la complaisance de nous accompagner un bout de chemin, avec les mêmes cérémonies qu'en venant au-devant de nous. Nous marchâmes une partie de la nuit, & nous passâmes l'autre sur le bord d'un petit ruisseau. Nous en partimes le lendemain à 5 heures du matin ; nous repassâmes le *Turpan-Osero*, & nous fûmes rendus à 9 heures près de la jurte des Bratskis, où nous nous étions arrêtés la veille. Nous en retrouvâmes le Maître aussi poli que nous l'avions laissé ; M. Muller obtint de lui toutes les idoles de soie que nous avions vues, & malgré toutes nos instances, il ne voulut point prendre d'argent. Il nous dit qu'il en auroit d'autres de quelque Lama pour une couple de moutons. Les femmes de la jurte s'amusoient alors à coudre & à fumer tour-à-tour. Pour coudre l'étoffe, appellée *kitaïka*, elles se servoient de fil de crins de cheval. Après avoir dîné, nous prîmes la route de *Selenginsk*, & nous y arrivâmes vers les 6 heures du soir.

Nous fîmes bientôt nos dispositions pour le voyage que nous voulions faire à la frontiere de la Chine ; nous n'attendions plus que le dégel du *Tſchikoi* qu'il falloit passer. Les glaces furent à flot dès le 19 Avril, & le 20, la riviere étoit nettoyée. M. *de la Croyere* sortit de la Ville le même jour, à 6 heures du soir, & nous le suivîmes le lendemain 21. Vers les 8 heures du soir, nous nous trouvâmes vis-à-vis de *Strielki* ou de *Petra-Pawloskaja-Krepoſt*, & nous passâmes le *Tſchikoi* avec tout notre équipage. Ce passage se fit avec une seule Barque. On ôta l'avant-train de notre voiture, & elle fut placée dans la Barque, de telle maniere que les roues de derriere entroient dans l'eau : deux Rameurs suffirent pour ce trajet qui fut prompt. Les charrettes furent aussi placées dans des Barques telles qu'elles étoient, si ce n'est qu'on en avoit détélé les chevaux qu'on laissa passer à la nage, suivant l'usage de Sibérie. Le passage de cette riviere étant extrêmement fréquenté, on a voulu y construire un pont, ou du-moins y tenir des radeaux, pour la commodité des Voyageurs ; mais la rapidité de l'eau a rendu tous ces moyens impraticables. Par la même raison, on ne risque guere ce passage par un grand vent. La largeur de la riviere, dans l'endroit où nous la passâmes, n'a pas plus de soixante brasses. Nous nous arrêtâmes deux heures à *Strielki*, pour laisser reposer nos misérables chevaux, qui s'étoient fort fatigués dans les montagnes de sable ; après quoi nous continuâmes à marcher.

Le 24 Avril au matin, nous arrivâmes à *Kjachta*, où nous trouvâmes M. *de la Croyere* & sa suite, qui y étoient arrivés la veille. Nous sentîmes tous pendant trois jours une grande lassitude ; cependant le chemin que nous avions fait depuis *Strielki*, n'avoit pas été fort fatigant, & la chaleur n'étoit pas extraordinaire. Quelques-uns se plaignoient de maux de tête, & deux hommes de notre Troupe eurent une fievre ardente, dont ils furent heureusement bientôt délivrés. Nous observâmes sur le barometre, que, dans aucun des endroits où nous avions passé, l'air n'étoit pas aussi léger qu'il l'étoit à cette station : mais je ne déciderai pas, si c'est à cette circonstance qu'il faut attribuer la cause de notre indisposition commune.

Kjachta, ou *Kjachtinskoi-Krepoſt*, ou *Kjachtinskaja-Torgowja-Sloboda*, forme la frontiere de la Sibérie du côté des Chinois vers le Midi, telle qu'elle fut réglée en 1727 par le Commissaire Impérial, le Comte *Sawa Wladiſlawitz Raguſinski*. Cette frontiere étoit autrefois reculée jusqu'à la riviere de *Bura*, qui est environ à huit werstes au Sud : c'étoit au-delà de cette riviere que les Chinois recevoient les Ambassadeurs de Russie. Or il est certain que cette frontiere étoit beaucoup plus avantageuse aux Russes, que la nouvelle qui est arbitraire & tirée par la steppe à-travers des montagnes, où l'on ne voit d'autres limites que des pierres élevées, appellées *majakes*, & marquées de quelques chiffres. Deux Slobodes, l'une Russe, l'autre Chinoise, sont établies sur cette frontiere dans le terrein le plus aride, puisque c'est une misérable steppe qui ne produit rien ; de sorte qu'on n'y trouve point de quoi nourrir ni abreuver les chevaux. Aussi tout y est d'une cherté extraordinaire. Un poulet coute cinquante copeques ;

un agneau, cent vingt, & ainsi du reste. Les Russes en changeant leur frontiere, ont encore perdu un avantage considérable. On s'est donné beaucoup de peine dans ces districts méridionaux pour trouver une bonne Mine de fer, & le tout inutilement ; au-lieu que le long du *Bura*, il y a des montagnes entieres remplies de Mines de ce métal, qui non-seulement sont très-riches, mais qui fournissent encore du fer excellent.

Les Slobodes sont bâties depuis 1727. La Slobode Russe est au Nord, & l'autre au Midi : elles ne sont qu'à cent vingt brasses l'une de l'autre. Entre les deux stations, mais plus près de la Slobode Chinoise, on voit deux colonnes de bois élevées d'environ une brasse & demie. Sur celle qui est en-deçà, on lit cette Inscription : *Rossiiskoi Kraitorgowoi Slobodis*, Slobode du Commerce de la frontiere Russe ; sur l'autre, qui n'en est éloignée que d'une brasse, on voit quelques caracteres Mansures & Chinois.

Entre les deux Slobodes, dans les montagnes, il y a des Gardes posées pour empêcher de part & d'autre que personne ne viole les frontieres.

La Slobode Russe forme un quarré, entouré de palissades, de six bastions & d'un fossé : elle a une porte du côté du Nord, une autre du côté du Midi, & du côté de l'occident trois guichets vers le ruisseau de *Kjachta*, sur lequel sont les deux Slobodes. Près de la premiere, on voit d'anciennes Casernes abandonnées ; & du côté Septentrional, quinze nouvelles Casernes construites en 1733, beaucoup plus commodes : les Marchands Russes n'ont point d'autres logemens. Au milieu des anciennes Casernes est un magasin pour les marchandises, qui a quarante-trois brasses de longueur, & quarante-huit de largeur. Il y a aussi un magasin pour les vivres, une cave pour la biere, & une autre pour l'eau-de-vie, deux bains communs, une brasserie & un cabaret.

La Slobode Chinoise n'est entourée que d'un simple Ostrog. Elle a trois portes, au Nord & au Midi, deux guichets du côté du *Kjachta*, & une petite porte à l'Orient. Trois rues assez longues aboutissent aux portes, & une quatrieme traverse toute la largeur de la Slobode. Les maisons sont bâties en ligne droite ; elles sont fort basses, & construites de bois & de terre-glaise. Chaque maison a un Ostrog particulier & deux chambres, dont l'une sert de magasin pour les marchandises, & l'autre de logement. La chambre qu'habitent les Marchands, est fort petite ; elle est presque entierement remplie par un banc large & bas, qui ne laisse d'autre espace qu'une espece d'allée ou de ruelle de toute la longueur du lieu ; mais tout y est d'une propreté ravissante. Il n'y a point de poële : en-dehors & au-dessous de la chambre, on voit quatre niches où l'on allume du bois, & d'où partent des tuyaux qui font plusieurs contours au-dessous du banc. Ces tuyaux échauffent la chambre, & c'est sur le banc que les Chinois font tout ce qu'ils ont à faire ; ils y mangent, y dorment, y jouent, &c. Ils ont toujours dans leurs chambres des charbons ardens, & sont habiles Charbonniers. On ne trouve jamais de fumerons dans leur charbon, qui d'ailleurs est plus durable que le nôtre, parce qu'ils n'en font vraisemblablement que de bouleau. Ils ont communément dans leurs chambres une idole ou peinte ou sculptée, mais toujours d'une figure ridicule. Il n'y a dans leur Slobode aucun Temple qui puisse donner une idée du culte religieux qu'ils pratiquent. Les Chinois de cette frontiere ne fêtent absolument d'autre jour que le premier Février, qui chez eux commence l'année, ce qui lui a fait donner le nom de *mois blanc*. Ce jour ils ôtent l'ancien calendrier de dessus la porte de leur maison, & en collent un nouveau. Au-dessus de leurs habitations, ils élevent de longues perches, avec des lanternes qui sont allumées pendant toute la nuit, & ils font beaucoup d'illuminations. Ils s'enivrent aussi pendant tout ce mois, & le passent en divertissemens. Leurs jeux ordinaires sont les échecs & les cartes; ils s'y entêtent quelquefois si fort, que plusieurs Marchands s'y ruinent. En examinant leurs ustensiles, la construction de leurs charrettes m'a paru digne de remarque. Leurs roues ont un essieu mobile, qui tourne en même tems que la roue. Au-lieu de rayons, elles sont composées de deux bâtons de traverse qui se croisent, & qui tiennent par le centre à l'essieu. Ces charrettes sont de bois de chêne.

Quant au commerce qui se fait ici, les Marchands Russes y ont du drap, de la toile, des cuirs de Russie, de la vaisselle d'étain, & toutes sortes de pelleteries qu'ils vendent en cachette. Les Chinois, que les Russes appellent *Naimantschin*, Marchands, y apportent différentes soieries, telles que des damas de toute espece, des satins de toute qualité, du chagrin, des gazes, des crêpes, une sorte d'étoffe de soie sur laquelle sont collés des fils d'or, à l'usage des Ecclésiastiques & des Comédiens, des cotonnades de diverses sortes, des toiles, du velours, du tabac de la Chine, de la porcelaine, du thé, du sucre en poudre, du sucre-candi, du gingembre confit, des écorces d'oranges confites, de l'anis étoilé; des pippes à fumer, des fleurs artificielles de papier & de soie, des aiguilles à trous ronds, des pouppées d'étoffe de soie & de porcelaine, des peignes de bois, toutes sortes de babioles pour les Bratskis & les Tunguses, du *zenzoing* (médicament Chinois), des Bibles Chinoises, imprimées sur étoffe de soie, & d'autres garnies d'ivoire; des ceinturons de soie, des rasoirs, des perles; de l'eau-de-vie, de la farine, du froment, du poivre, des couteaux & des fourchettes, des habits Chinois, des éventails, &c (46).

Voilà les marchandises qui forment le commerce de cette frontiere; & l'on voit que les marchandises Chinoises excedent de beaucoup celles des Russes. L'intelligence de ceux-ci cede encore à la sagacité des Chinois: car les derniers sachant que les Marchands Russes qui font le voyage de la frontiere, ne cherchent qu'à se débarrasser de leurs marchandises pour pouvoir s'en retourner promptement, attendent qu'ils commencent à s'ennuyer, & les amenent par leur lenteur à se défaire de leurs marchandises au prix qu'ils ont résolu d'y mettre. Je voulus obtenir des Chinois quelques-uns de leurs médicamens, & je n'ai jamais pu m'en procurer. On ne peut pas non plus, quelques questions qu'on leur fasse, tirer d'eux les moindres lumieres sur leur pays. Les Chinois qui viennent à *Kjachta*, sont de la plus

(46) M. Gmelin a porté l'attention & l'exactitude jusqu'à marquer les noms Russes où Chinois de ces marchandises. Il y a joint un tarif des prix, tels qu'ils étoient alors, en 1734; mais comme il y a bien de l'apparence que les choses sont fort changées, il ne peut plus être d'aucun usage.

vile

vile condition ; ils ne connoiffent que leur commerce, & du refte ils n'en cedent point aux payfans les plus groffiers. Ils ont à leur tête une efpece de Facteur, qu'ils appellent *Surgutfchei*, ce qui fignifie *Secrétaire*. Cet homme, qui eft envoyé du College des affaires étrangeres de Pekin, eft changé tous les deux ans. Il difcute non-feulement toutes les conteftations des Chinois, mais encore celles qui furviennent entre eux & les Marchands Ruffes ; & dans le dernier cas, il agit de concert avec le Commiffaire de Ruffie.

Le 27, nous fûmes invités par le Capitaine de la *Troitzkaja-Krepoft*, & nous nous y rendîmes à cheval. Cette Fortereffe, qui eft à trois werftes & demie de la ftation limitrophe, eft fituée fur le ruiffeau de *Kiachta*. Elle a été conftruite à l'occafion du voyage fait fur la frontiere par le Comte *Sawa Wladiflawitz Ragufinski*, pour le réglement des limites. C'eft ce Commiffaire Impérial qui choifit l'endroit, & défigna la place du Fort. Le ruiffeau qui paffe au milieu, eft très-incommode l'Hiver, parce qu'il déborde, & très-bourbeux pendant l'Eté. Dans la Fortereffe, au moyen d'une digue qu'on y a conftruite pour le faire renfler, il fait aller un moulin. Les ouvrages de fortification confiftent en un Oftrog quarré, de quatre-vingt-dix braffes de longueur & de foixante de largeur, en quatre baftions, en deux portes, & en quelques chevaux de frife. Il y a dans cette Fortereffe une Eglife, des logemens pour les Officiers, des cafernes, des *aubares*, forte de cabanes accompagnées d'une chambre, un arfenal, des écuries & un bain. En-dehors font des maifons de Soldats, avec un cabaret, & à une demi werfte de-là un enclos quarré, où font encore des cafernes pour les Soldats qui gardent la frontiere. Ici les Marchands qui vont & qui viennent paient le péage, à-moins qu'ils ne prennent des chemins détournés, comme il y en a quelques-uns.

Quelques jours avant notre départ de *Kiachta*, un Marchand Ruffe, qui avoit eu pendant quelque tems la fievre, mourut tout-d'un-coup, pour avoir avalé de l'arfenic. On m'affûra que c'étoit ici le remede ordinaire ; & qu'au-lieu d'en mourir, il auroit au contraire été fûrement guéri, s'il n'en eût pris une trop forte dofe.

M. *de la Croyere* partit le 6 Mai avec fa fuite, & l'ayant fuivi le lendemain, nous arrivâmes le 8 à *Strielki*. Ce pofte eft ainfi nommé, parce qu'il eft fur une pointe de terre, entre le *Tfchikoi* & le *Selenga* ; *Strielka* fignifie *pointe* en Langue Ruffe. Ce lieu eft un des meilleurs terreins du canton ; auffi eft-il depuis long-tems habité par des payfans. La Fortereffe, nommée *Petro-Pawlowskaja-Krepoft*, ou *Tfchikoiskaja-Strielka*, eft encore l'ouvrage du Comte *Sawa Wladiflawitz*, qui l'a fait conftruire. Elle eft fituée fur le bras gauche du *Tfchikoï*, & confifte en un quarré palliffadé, qui a cent cinquante braffes de longueur & cent quarante de largeur. Elle a quatre tours, dont deux fur la riviere font jointes enfemble par des palliffades & des chevaux de frife, & les deux autres du côté des montagnes, vis-à-vis les premieres. Il y a deux Eglifes, celle de la Fortereffe, & l'Eglife de la Caravane. La Caravane Chinoife a auffi fes logemens au-dedans du Fort, & les Soldats ont leurs cafernes. Il y a de plus un magafin pour les marchandifes des Caravanes, avec un Corps-de-Garde, un magafin à poudre, un arsenal, & un hangar pour les voitures des Caravanes. Les logemens des Officiers, des Soldats & des autres habitans sont hors de la Forteresse. Les maisons des Officiers ont été construites aux dépens de Sa Majesté Impériale, & ce sont peut-être les meilleurs bâtimens de toute la Sibérie. *Strielka* est souvent sujette aux inondations du *Tschikoi*, mais non pas la Forteresse qui est plus élevée. La Garnison, dont dépend la sûreté de la frontiere, doit être composée d'un Régiment entier ; mais ce Régiment, quand nous le vîmes, étoit réduit à deux cens cinquante hommes, le reste étant détaché ailleurs.

Nous dînâmes à *Strielka*, & après avoir passé le *Tschikoi* dans des Barques, comme nous avions fait en venant, & des montagnes de sables, nous rentrâmes à 5 heures du soir à *Selenginsk*.

Description de Selenginsk.

La Ville de *Selenginsk*, bâtie en 1666, est située sur la rive orientale du *Selenga*. Ce ne fut d'abord qu'un simple Ostrog, selon l'usage du pays: environ vingt ans après, on construisit la Forteresse qui subsiste encore, & ce lieu lui doit son accroissement. La Ville s'étend le long de la riviere, & a environ deux werstes de longueur, mais elle est étroite. Elle renferme la Forteresse, qui est entourée d'un enclos de bois, & dont l'étendue en quarré est d'environ cinquante brasses. Du côté de la riviere est une redoute, vis-à-vis de laquelle est la Chancellerie. Du côté des montagnes, qui est opposé à celui de la riviere, il y a aussi des redoutes dans les deux angles. Outre les bâtimens de la Forteresse, il y a cinq magasins à bled, un magasin à poudre, deux bureaux pour le tribut, & au-dessous un second magasin à poudre, un arsenal, dans lequel il y a cinq canons de fonte, dont trois appartiennent à la Ville & deux au Régiment, avec cinq canons de fer. Hors de la Forteresse, il y a deux Eglises de bois, la maison du Brigadier, le grand Corps-de-Garde, la Chancellerie du Régiment, l'Hôpital, un magasin à poudre pour le Régiment, deux magasins à bled, une cave pour l'eau-de-vie, quelques boutiques marchandes, & deux cabarets.

La riviere près de la Ville est large d'environ deux cens brasses ; il y a plusieurs Isles, & des bas-fonds. Les environs de la Ville sont montagneux & stériles ; mais à quinze werstes au-dessous, on trouve un terrein bon & labourable. Il n'y a presque point d'endroit près de *Selenginsk*, où l'on puisse faire paître les chevaux, & cultiver des légumes. Une Isle au-dessus de la Ville, appellée *Konnis-Offrow*, est le seul endroit qui produise de l'herbage ; mais comme elle est sujette à être inondée, les habitans perdent souvent leurs recoltes. Il n'est pas d'usage dans la Sibérie d'améliorer un terrein, en y portant des engrais ou de la bonne terre. Celui dont les champs auroient le plus besoin d'amandement, aime mieux les laisser tels qu'ils sont & manquer de recoltes, que de vouloir se procurer par son travail ce que Dieu ne lui donne pas de lui-même ; mais cette belle résignation n'est que pure paresse. On ignore encore en Sibérie l'usage de donner quittance, ou de rendre l'obligation de son débiteur, lorsqu'on est rempli de la dette : les Créanciers sont dans l'habitude de demander plusieurs fois leur dû, après quelque tems d'intervalle. Un paysan Bargusin, qui avoit déja payé deux fois la même dette, tua son Créancier par précaution,

DES VOYAGES.

pour le mettre hors d'état de la lui demander une troisième fois. Les Sibériens en général font fort enclins à la friponnerie ; ils préferent ce moyen d'acquérir, plus expéditif & plus aifé, a tout le mérite du travail. Au refte, la maniere de vivre des habitans de *Selingensk* differe peu de celle des *Bratskis*. Ils mangent tranquillement ce qu'ils trouvent, & prennent surtout beaucoup de thé. Le *Selenga* n'eft pas fort poiffonneux ; on y pêche des éturgeons, des truites faumonées, & une autre efpece de truites, appellées *Lenki*, mais le tout en très-petit nombre. Les poiffons qu'on y trouve le plus abondamment, font les *Omuli*, efpece d'Ablette (*Alburnus*), qui monte vers la fin d'Août en grande quantité du lac *Baikal*, & dont les habitans font leur provifion pour toute l'année.

Pendant tout notre féjour dans cette Ville, nous eûmes beaucoup de peine à obtenir feulement du lait pour notre thé. Les habitans font trop pareffeux pour ramaffer un peu de fourrage, & pour nourrir leurs beftiaux. Ils les laiffent courir l'Hiver & l'Eté, pour chercher à paître où ils peuvent. Il y a dans la Ville quelques boutiques, mais où l'on ne trouve prefque rien ; ils aiment mieux refter couchés derriere leurs poëles pendant cinquante-une femaines, que de fe donner la moindre peine pour gagner quelque chofe. Enfin la cinquante-deuxieme, ils vont à *Kiachta*, & ce qu'ils y gagnent, leur fuffit pour vivre pendant l'année entiere.

Nous eûmes ici des vents de Nord prefque perpétuels & très-violens, qui furent mêlés de quelques pluies ; cependant les habitans nous difoient, qu'ordinairement les pluies y étoient fort rares avant le mois d'Août.

Le tems s'étant enfin mis au beau, l'ennui que nous faifoit éprouver notre inaction à *Selenginsk*, nous fit travailler avec ardeur aux préparatifs néceffaires pour notre départ. Nous chargeâmes nos uftenfiles dans deux Bâtimens que nous procura le Brigadier *Buchholtz*, à qui ils appartenoient, & nous partîmes le 23 Mai, vers midi. Nous laiffâmes à *Selenginsk* l'Etudiant *Tretjakow*, pour y faire des obfervations météorologiques pendant notre abfence. Nous allâmes jufqu'au Village de *Sui*, fitué à feize werftes au-deffous de la Ville, où nous dînâmes. Un vent violent du Nord nous empêcha de pouffer plus loin ce même jour. Selon l'ufage du pays, les Bâtimens n'avoient d'autre gouvernail qu'une poutre, avec laquelle on ne peut gouverner un Bâtiment que par un tems abfolument calme ; il fallut donc refter tranquilles jufqu'au lendemain que nous arrivâmes à *Kiballina*, Village fitué fur le rivage oriental du *Selenga*, où nous dînâmes. Nous fûmes enfuite obligés, par la violence du vent qui étoit contraire, de faire halte vis-à-vis d'un rocher efcarpé & fauvage, fitué près de la riviere, & qui porte le nom de *Baran*. Le vent fe calma fur les 7 heures du foir, & nous continuâmes notre route ; nous paffâmes devant *Aranfina D.* & nous nous arrêtâmes encore à 9 heures, parce que, malgré tout ce que nous pûmes dire, nos gens ne voulurent pas aller plus loin. Le 25, nous nous remîmes en route, & après avoir remonté la riviere d'*Uda*, nous arrivâmes vers midi dans la Ville d'*Udinsk*, où il fallut nous apprêter pour le voyage de terre, & refter deux jours tranquilles. Dans notre voyage par eau, nous avions paffé devant un grand nombre de *Simowjes* & de Villages, fitués fur le rivage occidental du *Selenga*. Le lendemain 26,

VOYAGE EN SIBÉRIE.

1735.

Pareffe des habitans.

M. de la Croyere arriva auſſi à *Udinsk*, & il continua ſa route pour *Irkutzk*, où il avoit réſolu de paſſer l'Eté. Il ſe preſſa ſi fort, que nous apprîmes ſon départ auſſitôt que ſon arrivée. Nous partîmes d'*Udinsk* au coucher du Soleil avec les chevaux Ruſſes & Bratskis qu'on avoit ramaſſés; mais les derniers n'étant point dreſſés pour le trait, donnerent beaucoup de peine, & ne purent faire plus de dix werſtes. Ainſi nous n'avançâmes pas beaucoup ce ſoir, & ce ne fut que le lendemain à 7 heures du matin que nous atteignîmes le ruiſſeau appellé dans la Langue Bratske *Nochoi-Gorochon*, après avoir traverſé une ſteppe. Ses bords garnis de petits ſaules, ſont preſque au niveau de l'eau. Nous y dinâmes ſous une tente, & congédiâmes les chevaux Bratskis, qui retardoient trop notre marche. Nous atteignîmes à 5 heures du ſoir le ruiſſeau de *Kurba*, après en avoir paſſé pluſieurs autres aſſez rapides, qui tiroient tous leur ſource de la chaîne de montagnes que nous avions à notre gauche, & ſur leſquelles on ne voyoit que quelques ſapins aſſez clair-ſemés. Depuis *Udinsk*, nous paſſâmes une ſteppe fort unie, & couverte d'une verdure agréable.

Le *Kurba*, qu'il nous falloit paſſer en cet endroit, ayant quinze braſſes de largeur, étoit trop profond & trop rapide pour que nos charrettes & nos voitures ordinaires puſſent le traverſer. Comme nous n'avions point de Barques à notre diſpoſition, nous fûmes obligés de faire conſtruire des radeaux, dont il fallut aller chercher le bois à deux werſtes de-là; & pour remédier à la rapidité du courant, il fallut attacher à chaque radeau une corde, dont le bout tenu par pluſieurs hommes ſur chaque rivage, nous ſervoit à les diriger dans la traverſée. Ce travail ne fut achevé que le 29 au ſoir. A l'égard des chevaux, nous les laiſſâmes paſſer à la nage, ſelon l'uſage du pays. Ce même jour, nous fîmes encore cinq werſtes; nous eûmes à droite un lac deſſéché, appellé dans la Langue Bratski *Ummukei-Nos*, lac puant. Il étoit d'une couleur blanche, & ſa ſubſtance étoit ſalée. Les Bratskis l'appellent *Gatſchi*; ils s'en ſervent pour leur thé, qui, ſelon eux, acquiert un meilleur goût & devient épais. C'eſt une matiere terreſtre imprégnée d'un ſel de cuiſine lixivieux & de ſoufre. Nous atteignîmes peu après le *Kurbinskoi-Bær*, que nous traverſâmes dans l'étendue de ſept werſtes. De-là nous marchâmes preſque toujours ſur des ſteppes unies, en paſſant quelques ruiſſeaux & quelques bras de l'*Uda*, ſur les bords de laquelle nous arrivâmes à 9 heures du ſoir. Nous avions à gauche une montagne, appellée en Langue Buræte *Tutchaltu-Chadda*. Quoique nous fuſſions un peu courts de bois, nous nous y arrêtâmes. Nous vîmes pendant la nuit un feu qui paroiſſoit éloigné; on nous dit le lendemain, que depuis trois ans on voyoit continuellement dans ce même endroit du feu pendant la nuit, & de la fumée pendant le jour: ce n'étoit autre choſe qu'un terrein de tourbe enflammé, comme il y en a pluſieurs dans ces cantons. Nous vîmes auſſi près de nous quelques moutons élevés ſur des poteaux, d'où nous jugeâmes que nous n'étions pas éloignés des jurtes des Bratskis.

Le lendemain matin, nous traverſâmes une ſteppe ſtérile, où nous trouvâmes quelques tombeaux qui n'avoient pas encore été ouverts, & qui étoient environnés de gros morceaux de rochers élevés exprès. Nous paſsâmes aussi devant un lac, appellé *Kolpinnoje-Osero* ou *Narang-Nor*, que nous laissâmes à notre gauche, & nous apprîmes qu'il y en avoit encore deux semblables & du même nom, situés du même côté, mais plus loin du chemin. Nous passâmes ensuite quelques ruisseaux & un bras de l'*Uda*; & à 10 heures du matin, nous nous arrêtâmes, pour donner à manger à nos chevaux, près d'une montagne, appellée *Sannoi-Muis*, & en Langue Bratski *Zurkuçu*, Montagne-des-Daims. Après avoir détaché quelqu'un au *Taischa Erinçe*, pour lui notifier notre arrivée, nous continuâmes notre route. Nous avions fait environ douze werstes, lorsque le *Taischa* vint au-devant de nous à cheval, accompagné de quelques Buræetes armés d'arcs & de fleches : il nous conduisit à ses jurtes, autour desquelles il y avoit des perches élevées, portant pour offrandes des moutons, dont la peau & les entrailles étoient ôtées. Nous entrâmes d'abord dans celle qu'occupoit le *Taischa* même. Il nous montra ses deux femmes, & nous offrit un régal que nous n'acceptâmes point, notre visite ayant un autre objet. Nous avions appris à *Selenginsk* que sa grand-mere, après avoir fait pendant plusieurs années le métier de Sorciere, étoit parvenue au point que les Bratskis l'adoroient comme une divinité, & nous voulions la voir. Pour y parvenir, elle s'étoit procuré une statue de cuivre d'environ un pied de haut, qui avoit la figure humaine, & qui étoit extrêmement polie, de sorte qu'elle avoit un éclat étonnant, étant exposée aux rayons du Soleil. Munie de cette piece, elle annonça aux Bratskis qu'elle avoit appris par révélation, que Dieu descendroit dans peu sur la terre. Deux jours après, elle marqua le jour & le lieu où il paroîtroit. Elle proposa la chose avec tant d'éloquence, qu'il y eut une assemblée innombrable de Bratskis qui se rendirent chez elle. Le jour étant venu, elle alla à cheval accompagnée de tout ce peuple au lieu indiqué. Lorsqu'elle s'apperçut que le Soleil alloit se lever, elle dit tout haut, que le moment de l'apparition du Dieu approchoit, & que celui qui voudroit le voir, n'avoit qu'à se présenter à elle, comme il convenoit. Chacun vint donc lui faire son offrande ; l'un donnoit une zibeline, l'autre une piece d'étoffe de soie, de *kitaika*, &c. Après avoir fait sa recette, elle montra vers la montagne la petite statue de cuivre qu'elle y avoit secrettement exposée pendant la nuit ; & comme le Soleil en augmentoit l'éclat, ils s'imaginerent tous voir une clarté, telle qu'ils n'en avoient jamais vue, & se prosternerent avec une extrême dévotion. La friponne s'en retourna en triomphe à sa jurte chargée d'une infinité de présens. La fourberie fut découverte peu après par *Alexis Popow*, qui lui avoit vendu cette figure, mais elle n'en perdit rien de son crédit.

Nous appercevions déja dans sa jurte bien des choses que nous n'avions pas vues dans les autres, comme une quantité de babioles attachées aux murs, qui servoient à habiller les Idoles, & quelques *Kamas*. Ce n'étoient pas des habits complets, mais de simples ornemens pour pendre autour du corps, & dont la plûpart avoient à-peu-près un archin & demi de longueur, sur un demi-pied de largeur. Nous fîmes ouvrir une caisse, qui étoit remplie d'une quantité prodigieuse de chiffons, dans lesquels se trouverent toutes sortes d'instrumens propres aux sortileges, comme des

VOYAGE EN SIBÉRIE. 1735.

pierres à fusil, de petits morceaux de pierre sanguine, d'autres de pierre noire, qu'ils appelloient *pierres de tonnerre*, & une sorte de petites pillules rouges, qui sembloient être faites de cire. Nous visitâmes encore un sac de *woelockes* (47), que nous trouvâmes dans un autre coin de la jurte. Ce sac étoit rempli d'idoles de woelockes de toutes sortes, & découpés de la maniere la plus grossiere. Pour faire une pareille idole, il suffit de découper un morceau de *woelocke*, arrondi par en-haut, & ensuite un peu plus étroit & allongé. La partie ronde d'en-haut désigne la tête, & on évuide un peu le bout d'en-bas pour faire paroître des jambes.

Nous nous fîmes conduire par le *Taïscha* dans la jurte de sa grand-mere. Nous y trouvâmes une femme de quatre-vingt ans, d'une figure hideuse. Nous la priâmes de nous faire voir quelque échantillon de ses sortileges ; mais elle nous dit, que depuis que *Scholubow* l'avoit fait venir à Irkutzk, elle n'avoit plus travaillé, & que même elle n'en avoit plus la force. Il n'y eut pas moyen de la persuader, & elle ne voulut même entrer dans aucune explication sur ses cures, dont on contoit des merveilles dans tout le canton. Comme on nous dit encore, qu'il y avoit une jurte particuliere pour les Idoles ou *Burchans*, nous nous y fîmes conduire. Cette jurte ressembloit aux autres : il y avoit seulement dans un coin deux gros *Burchans* d'argent, que le Commissaire des frontieres avoit achetés des Chinois pour cette vieille Sorciere, & qui ressembloient aux poupées de la Chine. M. Muller, à force de bonnes paroles, obtint quelques idoles de woelockes, & un des ornemens décrits ci-dessus. Nous ne jugeâmes point à propos de nous arrêter là plus long-tems, & nous partîmes. Après avoir traversé pendant deux jours des steppes arides, & quelques petits bois de meleses & de bouleaux, & avoir passé ou côtoyé la riviere d'*Ona*, l'*Uda* & le ruisseau du *Domna*, marchant toujours entre deux chaînes de montagnes, qui s'étendent vers l'Est & l'Est-Nord-Est, nous arrivâmes sur les 9 heures du soir à *Jerawinskoi-Ostrog*.

Description de Jerawinskoi-Ostrog.

Ce petit Poste est situé sur le bord oriental du lac *Malaja-Jerawnja*, qui est très-poissonneux, & large d'environ huit werstes. Hors de la Forteresse, il y a une Eglise, un cabaret, & seize maisons. Les habitans ne connoissent point l'agriculture, & vivent presque en tout à la maniere des Bratskis. Leurs pâturages leur procurant de la viande sans peine, mais la pêche exigeant des filets & des barques, ils aiment mieux ne pas observer de Carêmes, que de se gêner un peu pour se conformer aux usages de l'Eglise Russe : aussi nous eûmes bien de la peine à les déterminer à prendre pour nous quelques poissons à la ligne.

Il falloit ici changer de chevaux, & l'Ostrog n'en pouvant fournir que trente, on alla chercher le reste chez les *Tungusès* ; ce qui nous força de rester jusqu'au 3 de Juin. Nous marchâmes tout le jour à-travers la steppe & quelques petits bois ; nous passâmes même sept fois le ruisseau de *Domna*,

---

(47) *Woelocke* est une étoffe épaisse, que toutes les femmes, dans les Villages de Russie, fabriquent avec des poils de vache. Les Idolâtres de Sibérie qui élevent des chameaux, les fabriquent du poil de ces animaux. On s'en sert communément en Russie pour couvrir les planchers, lorsqu'il fait bien froid ; le peuple les étend en guise de lits pour coucher dessus, & les Idolâtres en couvrent enrs jurtes pendant l'Hiver.

& nous arrivâmes sur les 10 heures de la nuit à *Udinskie-Werschini*, où sont quelques petites sources qui contribuent à former l'*Uda*, dont la principale est éloignée de six werstes vers l'Orient. Nous y couchâmes, & le lendemain nous traversâmes le petit & le moyen *Konda*, marchant à-travers les bois dans un terrein pierreux, inégal, & souvent marécageux, dont nos voitures souffrirent beaucoup ; nous arrivâmes à 9 heures du matin au grand *Konda*, où nous fîmes manger nos chevaux. Quoique la source du *Konda* ne soit pas ici, mais à environ dix-sept werstes vers le Midi, on appelle cet endroit *Kondinskie-Werschini*. Cette riviere se décharge à deux cens werstes de-là dans le *Witim*. De-là, de très-mauvais chemins nous conduisirent au lac *Schakscha-Osero*, que nous côtoyâmes pendant six werstes ; nous arrivâmes à 7 heures du soir à la terre du Couvent d'*Uspenskoi* de *Nertschinsk*, situé sur le bord oriental du lac, & nous y passâmes la nuit. Le lieu n'est composé que d'une maison & d'une chapelle. Le Village qui en dépend, en est à une werste & demie ; & quoiqu'il soit situé sur le lac d'*Arachlei*, il est appellé *Schakschinskaja D*. Les paysans & ceux qui commandent dans le Couvent, sont fort à leur aise, quoiqu'ils ne cultivent point la terre. Lorsqu'on leur demande d'où ils tirent leur entretien, ils répondent : Nous avons des vaches, du lait, du beurre de la Mere de Dieu, &c. C'est la Mere de Dieu qui leur donne tout. D'ailleurs les deux lacs, savoir le *Schakscha-Osero*, sur lequel est la terre du Couvent, & l'*Arachlei-Osero* qui est près du premier, sont si bien fournis de perches, de brêmes, de brochets &c. qu'on est sûr de n'y jamais pêcher en vain. Si ces lacs ne suffisent pas pour les approvisionner, il y en a trois autres, à peu de distance de-là, fort grands & fort poissonneux, qui sont, l'*Irginskoje* à droite, l'*Iwan* & le *Tasseewo* à gauche. Il n'y a pas plus de huit ans que ces cinq lacs tenoient ensemble par de petits bras qui s'étendoient des uns aux autres, & comme il y avoit aussi pour-lors une communication par un bras entre l'*Irginskoje-Osero* & le *Chilok*, on pouvoit arriver par eau de *Selenginsk* dans ces cantons. Plusieurs années seches qui se sont succédées, & qui ont causé dans le pays une grande disette, ont desséché peu-à-peu tous les petits canaux de communication, qui pourront se rétablir dans la suite.

Sur les bords du *Schakscha-Osero*, on trouve quantité de morceaux de mine de fer assez riche.

Nous eûmes à peine quitté ce lieu, que nous vîmes des deux côtés quantité de melesses presque tous morts ou desséchés, au haut desquels nous apperçûmes beaucoup de nids d'oiseaux, les uns au-dessous des autres. Ces oiseaux sont appellés *Baklans* : ce sont des especes de corbeaux aquatiques. Les gens du pays nous dirent, que quelque frais que fût un arbre, il se dessechoit aussitôt qu'un *baklan* y faisoit son nid. Tous ces arbres en effet étoient ou desséchés, ou près de mourir. Mais il faudroit examiner, si ce n'est pas plutôt parce que ces arbres sont desséchés que les *baklans* y font leurs nids : ce qui feroit disparoître le merveilleux. Pendant l'Hyver, ces oiseaux se retirent sur le lac *Baikal*, d'où ils ne reviennent qu'aux approches du Printems (48).

(48) *Corvus Lacustris*, *aquaticus*, Gesn. *Mergus magnus niger*, Nonn. *Gulo*, Schwenckf. *Phalacrocorax*, Var. *Corvus aquatic.* Maxill. Charlet. Albin.

VOYAGE EN SIBÉRIE.

1735.

Nous fîmes huit werstes dans une steppe pour arriver au mont appellé *Jablonnoi-Chrebet*, qu'il fallut passer. Le chemin sur ces montagnes n'étoit point rapide, mais rempli de grosses pierres, appellées dans le pays *Jabloki*, d'où elles tirent leur nom. Je remarquai dans les terreins bas de ce canton une espece d'arbres qui paroît y venir abondamment, & que les Russes du pays appellent *pommiers* (49). On trouve encore sur cette montagne les sources de plusieurs rivieres, telles que le *Tschikoi*, l'*Ingoda* & le *Tschita*; elles sont aussi bien garnies de bois, ce qui en rend la vue agréable. Tout le canton qui est au-delà s'appelle *Daurie*. Ce même jour, à 10 heures du soir, nous parvînmes au Village de *Serkowa*, situé sur un ruisseau appellé *Domna*, où nous nous arrêtâmes jusqu'au lendemain à midi. Nous allâmes de-là par une steppe un peu montagneuse, mais assez bien garnie, & nous arrivâmes vers les 4 heures après-midi à *Tschitinskoi-Ostrog* ou *Plotbischtscha*. Nous apperçûmes de l'autre côté de la riviere un terrein mêlé d'argile blanche, qui sert à faire les creusets nécessaires pour l'exploitation des Mines d'argent : on l'appelle *Bieloi-Jar*.

Description & situation de Tschitinskoi-Ostrog.

Tschitinskoi-Ostrog est situé sur la rive gauche du ruisseau *Tschita*, qui, à une werste plus bas, se jette dans l'*Ingoda*. Il a deux Eglises, l'une pour l'Eté, l'autre pour l'Hiver, huit maisons pour les *Slushiwies*, & trois autres éloignées d'environ une demi-werste au-delà du *Tschita*. On y construit des radeaux, pour y descendre jusqu'à *Nertschinsk*. Il y en avoit huit préparés pour notre Compagnie, & quoique cette voiture ne fût point de notre goût, nous fûmes obligés de nous en servir, parce que le voyage par terre auroit été trop pénible.

Nous partîmes le 8 à la pointe du jour ; nous descendîmes l'*Ingoda*, & plusieurs de nos radeaux se briserent dans ce trajet. Nous nous amusâmes à pêcher des écrevisses excellentes, dont la figure faisoit peur aux Travailleurs qui conduisoient nos radeaux. Nous passâmes devant plusieurs Villages, dont les plus considérables étoient *Polowinnoi-Muis* ; *Anadsikanskaja*, à deux werstes duquel est une cataracte ; *Kaidalowa*, *Subarowa-Saimka*, *Worowskaja-Pai D.* à peu de distance duquel l'*Onon* se jette par la droite dans l'*Ingoda*, qui prend alors le nom de *Schilka* ; & *Sawatjewa D.* où le *Schilka* est grossi par le ruisseau *Nertscha*, sur lequel est bâti *Nertschinsk*, où nous arrivâmes le 17 au soir. Les bords de l'*Ingoda* ou *Schilka* sont assez bien boisés ; ils offrent même quelquefois d'assez belles prairies & des terres propres au labour.

Description de Nertschinsk.

Le Fort qui donna lieu à l'établissement de *Nertschinsk*, a été bâti en 1658, sur la gauche de *Nertscha*. Il a quatre-vingt-cinq brasses de longueur, sur cinquante de largeur : il est aujourd'hui presque ruiné, mais on attendoit des ordres pour en construire un autre dans un situation moins exposée aux inondations. Cependant l'intérieur du Fort est encore en assez bon état : on y trouve l'ancienne & la nouvelle Chancellerie, la maison du Waywode, la caisse, un magasin à poudre bâti de pierre, un magasin de canons, un Corps-de-Garde, un magasin à sel, sept magasins de vivres & un arsenal. L'artillerie est composée de trente-deux

(49) *Crataegus cerasi foliis, floribus magnis*, Amm. stirp. var. Imp. Ruth. Icon. & Descrip. n. 274. p. 195. Tab. XXXI.

canons

canons de fonte de différens calibres & de deux mortiers. La Forteresse n'a point d'Eglise ; mais dans la Ville, il y en a deux, une construite de pierre, & une autre de bois. On y voit aussi quelques boutiques de Marchands, l'Hôtel de Ville, le Bureau du péage, deux Boulangeries & une Brasserie. Le nombre des maisons bourgeoises monte en tout à cent cinquante ; elles n'ont pas grande apparence, & depuis vingt à trente ans qu'il a été défendu à la caravane Chinoise de passer par *Nertschinsk*, cette Ville n'a plus de commerce. Les femmes & l'ivrognerie sont à présent la seule occupation des habitans. Si quelqu'un perd sa maison par un incendie, il ne la fait pas rebâtir ; si elle tombe en ruine, il ne l'étaie pas, & aime mieux l'abandonner. Il y a peu de familles qui ne soient infectées du mal vénérien ; & comme ils n'ont aucun secours de Médecins ni de Chirurgiens, on en voit de si cruellement mal traités, qu'ils semblent des cadavres ambulans. Les Waywodes s'embarrassent peu de remédier à ces ravages, & ne pensent qu'à bien faire valoir leur emploi. On en a vu ramasser, dans une seule visite de leur département, jusqu'à mille moutons, cent chevaux & quatre-vingt chamois, qu'ils avoient extorqués aux habitans. Il arriva, dans un des Villages du district de *Nertschinsk*, qu'un Slufchiwie ayant volé un chamois à un Marchand qui passoit, il l'offrit au Waywode en lui demandant le commandement d'un Village. Le Waywode accepta la proposition. Deux jours après, le Marchand alla trouver le Waywode, & lui prouva, tant par témoins qu'en désignant des marques imprimées sur l'animal, que le chamois que le Slufchiwie lui avoit donné, lui appartenoit ; mais le Waywode garda le chamois, & le Slufchiwie resta Commandant. Les Waywodes Russes sont les plus âpres, parce qu'ils se fient sur les protections qu'ils ont à Moscou ; au lieu que les Officiers Sibériens n'étant point ordinairement de familles fort considérables, & n'ayant que quelque protection de hasard, qu'ils peuvent perdre aisément, se conduisent avec plus de modération.

Le Capitaine *Beering* avoit envoyé dès l'année précédente à *Nertschinsk* deux Géographes, pour découvrir sur les terres de l'Empire de Russie un chemin jusqu'à la source de la riviere d'*Uda*, sans toucher à la frontiere de la Chine. Or comme ils avoient besoin de gens qui connussent les endroits où cette riviere prend sa source, & qu'il ne leur fut pas possible d'en obtenir de la Chancellerie de *Nertschinsk*, parce que ces entreprises ne sont d'aucun profit pour le Waywode, ils y resterent dans l'inaction jusqu'au commencement de cette année, que M. *de la Croyere* y arriva. Il apprit d'eux tous les obstacles qu'on leur avoit suscités, & voyant que, malgré ses instances réitérées, il n'y avoit rien à espérer de la part de la Chancellerie, il leur conseilla de s'en retourner. Mais *Jerophei Firsow* ayant indiqué à *Selenginsk* à M. Muller un homme qui connoissoit parfaitement les chemins, on envoya de nouveaux ordres aux Géographes de se rendre à *Nertschinsk*, & ils y étoient arrivés deux jours avant nous. Nous avions nous-mêmes trouvé sur notre route un homme qui connoissoit le pays, & qui consentit à faire le voyage, & les Géographes en amenerent un qui connoissoit tous les environs de la riviere d'*Uda* : ensorte que l'expédition devint alors aussi aisée, qu'elle avoit paru difficile auparavant.

Enfin plusieurs habitans même de *Nertschinsk*, disposés favorablement par la conduite que nous avions tenue dans la Sibérie, s'offrirent pour ce voyage aussitôt qu'ils apprirent que nous dirigions l'entreprise. Ils étoient d'autant plus utiles, qu'ils devoient mieux connoître que personne le pays qu'on avoit à parcourir : car la montagne où il falloit chercher la source de cette riviere, ne pouvoit être que le *Stannowo-Chrebet*, situé entre les fleuves *Lena* & *Amur* ; c'est la plus fameuse montagne de toute la Sibérie pour la chasse des zibelines, & la plus fréquentée par les habitans de *Nertschinsk*.

Il est aisé de penser qu'un pareil voyage devoit être long ; il falloit des hommes forts & robustes pour résister à toutes les fatigues, pour traîner avec soi les instrumens nécessaires, vivre comme on pouvoit dans des lieux inhabités, & quelquefois supporter la faim pendant plusieurs jours. Il étoit encore essentiel que nos Voyageurs fussent très-unis, & le Chef devoit si bien se conduire, qu'en contenant ceux qui l'accompagnoient, il pût leur inspirer encore plus d'attachement que de crainte. Enfin l'espoir d'une récompense bonne & sûre devoit soutenir leur courage, & adoucir ou compenser même les incommodités, les ennuis & tous les accidens du voyage. Une compagnie d'hommes qui partent pour la chasse des zibelines, est composée de gens égaux, qui se choisissent eux-mêmes un Chef, auquel ils promettent d'obéir. C'est lui qui leur dicte des loix, qu'ils sont obligés d'observer : il annonce les punitions & les peines attachées aux contraventions, & qui sont établies entr'eux par un long usage. Un tel Chef doit avoir acquis, par beaucoup d'expérience, une connoissance exacte de toutes les incommodités du voyage, & par-là l'estime de ses camarades, ce qui est la base de son autorité. Il sait si bien ménager les provisions de chacun & les siennes propres, qu'on ne se trouve jamais dans le cas de la derniere disette. Il punit dans l'occasion les contrevenans, & il est aidé par toute la Compagnie, intéressée à maintenir les loix. Enfin l'intérêt commun porte chacun d'eux à faire tous les efforts possibles pour procurer le bien de tous. Il y a sans doute une grande différence entre une Compagnie de Chasseurs & une Compagnie de Géographes ; la derniere n'a pas le tems de prendre des zibelines : ainsi point de motifs d'intérêt. La Compagnie doit obéir aux Géographes, & opérer quand ils ordonnent. Le motif de l'obéissance ne peut donc être qu'une récompense considérable à la fin du voyage. Les Géographes de leur côté doivent écouter ceux de leur Compagnie qui ont des connoissances sur le pays qu'ils parcourent. Ils doivent les traiter avec douceur, & se plier à leur caractere, ce qui n'est pas toujours aisé. Un Waywode de Sibérie qui reçoit ordre de rassembler une pareille Compagnie, en differe l'exécution tant qu'il peut, fait naître la méfiance dans l'esprit des habitans, & leur inspire des craintes sur le caractere de ceux qui doivent conduire l'entreprise, ensorte que les proclamations, faites par ordre de la Chancellerie, pour indiquer les chemins, sont presque toujours sans effet. Nous fûmes, comme on l'a déja vu, plus heureux. Nous dressâmes donc pour nos Géographes des instructions fort amples sur tout ce qu'ils avoient à faire. Nous leur donnâmes les gens nécessaires, les bestiaux & autres provisions dont ils pouvoient avoir besoin, & nous fixâmes leur départ au premier Août, qui est la saison propre à la chasse des zibelines, parce que les grandes chaleurs cessent alors.

Comme cette expédition demandoit beaucoup de tems, que M. Muller n'avoit pas encore achevé ses recherches dans les Archives de *Nertschinsk*, & que nous craignions de revenir trop tard, si nous voulions aller aux Mines d'argent d'*Argunsk*, & y faire nos observations avec soin, il fut résolu que M. Muller resteroit à *Nertschinsk*, jusqu'à ce qu'il eût achevé son travail, que je prendrois le devant pour *Argunsk* avec peu de bagage, & qu'en attendant son arrivée je ramasserois tout ce que je pourrois de relatif à ses recherches.

Pendant notre séjour à *Nertschinsk*, une partie de cette Ville fut inondée. Le *Nertscha*, dont à notre arrivée les eaux étoient fort basses, grossit considérablement par les fortes pluies qui tomberent; la rapidité du courant étoit semblable à un trait d'arbalete. Mais c'étoit, nous dit-on, encore peu de chose en comparaison de quelques débordemens, où non-seulement la Ville entière, mais encore toute la campagne qui est en-deçà du *Nertscha*, jusqu'au pied des montagnes avoient été submergées.

Avant mon départ, j'eus le plaisir de voir les sortileges d'un Schaman des Tunguses. Vers 10 heures de la nuit, il nous mena dans les champs, & fit un grand feu, autour duquel il nous invita de nous asseoir en cercle. Il se déshabilla tout nud, & endossa sa robe de Schaman, qui étoit de cuir & garnie de toutes sortes d'instrumens de fer. Sur chaque épaule il portoit une corne de fer avec plusieurs aiguillettes, pour augmenter la terreur. Il n'avoitpoint de tambour, parce que le Diable ne l'avoit pas, disoit-il, encore autorisé à s'en servir, & qu'il n'ordonne le tambour que quand il est résolu d'avoir un intimité particuliere avec le Schaman. C'est même, ajouta-t-il, le chef des Diables qui doit l'ordonner; car ces gens-là reconnoissent une hiérarchie de Démons, & plusieurs ordres de Diables. Chaque Schaman a les siens, & celui qui en a le plus, est le plus habile dans son art. Cependant plusieurs légions de ces Diables subalternes n'ont pas, disent-ils, la vertu qu'il y a dans le petit doigt de leur Chef. Ce fut par ces belles instructions que débuta le Sorcier Tunguse. Il se mit ensuite à courir au-dedans du cercle que nous formions, le long & autour du feu, & pendant sa course on entendoit la musique infernale que faisoient les ferremens attachés sur lui. Avant de commencer sa magie, il voulut nous rassûrer; il nous pria de croire fermement ce qu'il répondroit à nos questions, & d'être persuadés que le Diable ne l'avoit encore jamais trompé. Ce que nous craignions le plus, ce n'étoit point du tout le Diable, mais les ferremens dont il étoit garni, & nous le priâmes seulement de ne pas trop s'approcher de nous. Il commença donc à faire beaucoup de sauts & d'hurlemens, & nous entendîmes bientôt des voix qui lui répondoient. Il avoit amené deux de ses Acolytes qui s'étoient glissés dans notre cercle, & qui chantoient avec lui, pour être mieux entendus des Diables. Après s'être bien demené, il voulut nous faire accroire qu'enfin les Diables étoient arrivés, & il nous demanda ce que nous voulions savoir. Nous lui fîmes quelques questions imaginaires, comme nous avions fait à d'autres Sorciers de la même étoffe : mais il ne fit que nous convaincre de plus en plus de son ignorante imposture, & si nous en eussions été maîtres, nous l'aurions volontiers emmené avec nous aux Mines d'*Argunsk*, pour l'y laisser à perpétuité.

Pour me rendre à ces Mines d'argent, je choisis le chemin le plus court; il fallut par cette raison me résoudre à aller à cheval, & à emporter sur des chevaux tout ce qui m'étoit nécessaire. J'emmenai avec moi le Peintre *Berkhan*, un Etudiant, deux Officiers des Mines, deux Tireurs & deux Soldats, & je sortis avec eux de *Nertschinsk* le 29 vers midi. J'allai jusqu'à l'embouchure du *Nertscha*, où l'on déchargea les chevaux pour les laisser passer le *Schilka* à la nage, & je passai cette riviere dans une Barque avec le bagage. De-là je traversai une plaine, où je vis un beau Couvent, avec une Eglise de pierre, situé sur un bras du *Schilka*. Cette plaine me conduisit à un moulin que l'eau du *Schilka* fait aller. Je passai le long de cette riviere, & toujours sur des montagnes à travers des bois épais de melesès, où souvent un cheval a de la peine à passer; je fis de cette maniere quinze werstes, & comme la chaleur étoit excessive, je me reposois de tems en tems. Enfin j'arrivai avec tout mon monde par de très-mauvais chemins à *Udinskoi-Chrebet*; & lorsque nous fûmes au haut de la montagne, il fallut traverser quelques marais, ce qui nous embarrassa beaucoup. Cependant nous parvînmes à passer la montagne, & à la sortie du bois, nous vîmes le Village de *Liessowka* devant nous. Nous le dépassâmes, & traversant une belle vallée, nous atteignîmes sur les 8 heures du soir la Slobode *Undinskaja*, située sur le rivage droit de l'*Unda*. Le lendemain à 6 heures du matin, nous partîmes avec des chevaux frais; & après avoir un peu longé l'*Unda*, nous passâmes cette riviere. Là se présentoit au Midi un chemin qui conduit à *Zuawhaitu*. Nous suivîmes la rive gauche de l'*Unda*, jusqu'au ruisseau que nous passâmes encore, & nous reprîmes notre route en marchant sur la rive droite. Nous traversâmes deux Villages; & vers 11 heures du matin, nous atteignîmes celui de *Scholopugina*, qui dépend des Sawodes d'*Argunsk*. Ici le chemin alloit toujours par une belle plaine; mais la chaleur fut encore plus grande que la veille: cependant, après avoir changé de chevaux, je continuai de marcher. A deux cens brasses ou environ de *Scholopugina*, je passai l'*Unda* pour la derniere fois; & à quelques werstes de-là, je la perdis entierement de vue. Sur cette route, je passai encore le *Turow*, & quatre fois à l'*Alaschir*, trajet de six werstes; le chemin donnoit sur un terrein à tourbes fort marécageux. Nous montâmes ensuite à-travers un bois épais de melesès, où l'on ne pouvoit faire dix pas sans trouver des arbres couchés par terre, & nous n'en vîmes le bout qu'au petit jour. Nous eûmes alors à droite le ruisseau *Bunni*, le long duquel nous marchâmes pendant dix-sept werstes à-travers une belle campagne. Ce ruisseau passé, nous arrivâmes à minuit à *Bunskaja*, situé sur les deux ruisseaux de *Bunni* & de *Gasimur*. Un beau champ un peu élevé nous conduisit jusqu'à *Igdotscheskaja D.* qui tire son nom du ruisseau *Igdotscha*, que le *Gasimur* y reçoit; à peu de distance de-là, je passai cette riviere, dont la largeur en cet endroit n'est que de quinze à vingt brasses, & j'arrivai par une steppe tantôt marécageuse, tantôt feche, vers 10 heures du matin à *Taina-Saimka*. A peu de diſtance de-là, il y avoit deux jurtes Tunguſes, où je me rendis. Je voulois apprendre d'eux, quelle étoit la racine que mangent les Tunguſes de *Gaſimur*, & qu'ils appellent *muka*. On m'en apporta ſur le champ de ſeches, & un inſtant après l'herbe même, que je reconnus d'abord pour une eſpece de *Biſtorte* (50). Ils me dirent qu'ils ne ſe donnoient pas la peine de fouiller la terre exprès pour déterrer cette racine; que vers l'Automne ils alloient dans les ſteppes chercher de marmottes, & qu'ils y trouvoient de grands amas de cette racine & de la *farana*, dont ces animaux faiſoient de grandes proviſions pour l'Hiver. Vers une heure après midi, je repartis de *Taina-Saimka*; je fis neuf werſtes dans une plaine, & environ autant ſur une montagne, où le chemin étoit encore fort pénible, & couvert d'arbres couchés par terre dans une épaiſſe forêt de meleſes & de bouleaux; je traverſai enſuite pluſieurs petits ruiſſeaux, & une campagne admirable, émaillée des plus belles fleurs, juſqu'au ruiſſeau *Orkija* ou *Solonniſchnaja*, que je paſſai encore. Je me remis en route vers 7 heures du ſoir. Après avoir traverſé une plaine un peu marécageuſe, bordée ſur la gauche par des montagnes, & un petit bois de bouleaux, j'arrivai à 10 heures de la nuit à *Serentui-Saimka*. Depuis le *Solonniſchnaja*, je m'apperçus que dans ce trajet nous éprouvions alternativement un froid extrême & une grande chaleur. La route que j'avois tenue juſque-là, étoit marquée par des colonnes de werſte en werſte; je la laiſſai ſur ma gauche, & le Village de *Serentu*, d'où je fis venir des chevaux frais, reſta un peu à ma droite. Le chemin continuoit toujours ſur une plaine; j'y fis environ ſeize werſtes, & j'arrivai au *Bolſchoi-Serentui*, où je m'arrêtai un peu. De cet endroit j'eus encore environ huit werſtes de plaine; le chemin devint enſuite montagneux, mais garni de beaux bouleaux & de fleurs admirables. A la ſortie du bois, je traverſai un vallon de quatre werſtes, & j'arrivai vers le midi aux Sawodes. Toute la route de *Nertſſchinsk* juſqu'ici étoit Sud & Sud-Eſt.

Les *Sawodes* d'*Argunsk* ſont ſitués ſur le ruiſſeau *Tuſatchi*, dont la ſource eſt un peu éloignée, à quatorze werſtes de la riviere d'*Argun*, & à ſix & demie du ruiſſeau *Serebrenka*, dans une vallée, entre deux chaînes de montagnes qui courent de l'Oueſt à l'Eſt.

Les Sawodes ſont compoſées, 1°. d'une grande Forge, dans laquelle eſt un fourneau à main pour fondre du fer; 2°. de l'ancienne Fonderie, où l'on voit ſix fourneaux fort élevés, & les débris de ſix autres. Dans deux des premiers, on ſe ſert de ſoufflets de bois mis en mouvement par des chevaux. La conſtruction de ces fourneaux tient de la maniere Allemande & de la Greque: ils ſont plus hauts que ceux des Grecs, & plus bas que ceux des Allemands. La 3ᵉ piece, eſt la cabane à cuiſſon, où il y a un fourneau de forme circulaire, voûté par en-haut à la maniere Allemande, muni d'un couvercle, & muré. Le foyer a trois arſchins de diametre; & avec ſes parois ou murs, quatre arſchins; on peut y expédier ſoixante à ſoixante-

---

(50) *Biſtorta foliis ad oram nervoſis, imis ovalibus, ſuperioribus linearibus, ſemine gigartino.* Hall. Helvet. 179. *Biſtorta montana minor*, &c. Meſſ. Xen. IIid. Sib. 143. p. 165.

dix puds de plomb. On y voit encore un autre foyer à la maniere Grecque, sans couverture, de figure ovale, ayant deux arschins de longueur, sur cinq quarts d'arschin de largeur, & un peu penché par en-bas, pour faire écouler la matiere. On y expédie vingt à vingt-cinq puds de plomb. D'un côté de la cabane, on a dressé un mur, sur lequel il y a trois petits foyers pour faire de l'argent brûlé, & un petit fourneau d'essai pour le cuivre. Dans cette même cabane, on garde le plomb qu'on doit séparer & les provisions de minérai. 4°. Pour le rôtir, il y a quatre foyers construits en plein air, d'une demi-brasse en quarré, & entourés d'un mur, à l'exception d'une ouverture assez grande pratiquée au milieu, par où l'on met le bois & le charbon. 5°. La nouvelle Fonderie consiste en deux fourneaux élevés, construits à la maniere Allemande, & l'on fond dans tous les deux. Ce sont aussi des chevaux qui font aller les soufflets. Il y a encore de plus une Eglise, une Chancellerie, un magasin pour les matieres d'argent & de plomb qui appartiennent à la Couronne, & pour tous les matériaux nécessaires aux travaux métalliques, enfin plusieurs maisons bâties pour les Maîtres qui sont employés aux Sawodes.

Quoique la Chancellerie de *Nertschinsk* eût eu connoissance de cette Mine, dès l'année 1677, par un Envoyé des Calmoucs, & que l'examen en eût été fait dans la même année, les véritables fondemens de ces Sawodes n'ont été jettés qu'en 1704 par trois Grecs, qui entreprirent de fondre la Mine. Ils commencerent par suivre les veines que les anciens habitans avoient ouvertes. On trouva dans une montagne qui est à l'Ouest, à la distance d'environ cent cinquante brasses, une grande ouverture, & au-dessus un lien de traverse de beau minérai luisant, qu'on y avoit laissé exprès, pour empêcher l'éboulement des terres que cette traverse soutenoit. On avoit vraisemblablement tiré beaucoup de minérai de cette ouverture : car, dans tout ce canton, on ne trouve point d'autres veines entamées, quoiqu'on y voie quantité de scories. Un peu au-dessus de cette traverse étoit un conduit, au fond duquel on trouvoit encore des morceaux de minérai. On s'arrêta d'abord à ce qui frappoit le plus les yeux. On coupa la traverse, & les terres commencerent à s'écrouler. On présumoit trouver au dessous encore plus de minérai ; mais l'écroulement du rocher empêcha d'y pénétrer. Enfin, à force de sonder de haut en-bas & de tous côtés, on découvrit en plusieurs endroits de la montagne, & particulierement dans une Mine à qui on donne le nom de *Troitzkaja-Jama*, des veines fort riches, dont on a tiré jusqu'à présent assez de métal, pour dédommager des dépenses que l'établissement de ces Sawodes ont causées. Les Grecs construisirent les Sawodes, & fondirent la Mine à leur façon. Leurs fourneaux à fonte étoient bas, & leurs foyers de cuisson sans couverture ; leurs soufflets étoient de cuir, & gouvernés par des hommes. Cependant il y eut des années où ils fondirent dix, douze, & jusqu'à quinze puds d'argent. Malgré l'imperfection de leurs travaux, quoiqu'il n'y eût là personne en état de travailler ce minérai, & que tous les rapports des Grecs fussent si obscurs, qu'on ne pouvoit les entendre, leur fonte se faisoit à-peu-près de la même maniere qu'un Forgeron Sibérien, qui n'a jamais rien vu faire en grand, fond le fer. En 1716, le Kneès

Gagarin, Gouverneur de Sibérie, découvrit, entre les prisonniers Suédois, un homme au fait des Mines, nommé *Pierre Dames*, qu'il envoya pour exploiter celles de cuivre trouvées sur le *Gasimur*. Ce Suédois entreprit en même tems l'exploitation des Mines d'argent : il examina tous les travaux qu'on avoit faits jusqu'alors ; il en envoya un ample rapport au College des Mines établi depuis, & y joignit son avis sur la maniere dont il falloit opérer dans la suite. Il crut que le minérai se trouveroit plus parfait, à mesure que l'on fouilleroit plus avant, comme on l'observe dans toutes les Mines, & il forma d'après cette idée de bons projets, qui furent approuvés par le College des Mines. Il construisit des conduits pour la décharge des eaux, & des galleries pour l'ouverture des filons, qu'il poussa de différentes manieres, jusqu'à ce qu'il eût atteint ces eaux ; mais il vit alors que le minérai ne se découvroit pas ici comme en Suede & en Allemagne. Pendant ces opérations, il arriva un Commissaire envoyé des Sawodes d'*Uk-Tuss*, nommé *Burzow*, qui proposa de retenir l'éboulement de la montagne par des caisses, & de reprendre les travaux d'en-haut : car on voyoit évidemment qu'il falloit chercher le minérai près de la surface plutôt que dans la profondeur. Les caisses empêcherent à la vérité la montagne de s'écrouler davantage : on fut même, par ce moyen, en état de recommencer les travaux, & l'on en tire encore aujourd'hui un peu de minérai qui se trouve dans une matiere molle & terreuse, mais qui n'est pas extrêmement riche. Quoique les Mines fussent alors assez mal exploitées, les Sawodes étoient déja en très-bon état. *Dames* fit encore dans cette partie des changemens avantageux, & l'on reconnut bientôt que la maniere de fondre des Grecs étoit fort inférieure à la méthode Allemande. Comme on espéroit toujours découvrir de nouvelles veines encore plus riches, le College de Catherinenbourg donna ordre de construire, à la distance de trente-six werstes, sur l'*Ischaga*, avant sa chûte dans l'*Argun*, une machine hydraulique, pour faire jouer les soufflets nécessaires à la fonte. L'ouvrage étoit commencé, lorsqu'on vit arriver un Maître de Mines, Allemand, nommé *Heidenreich*, qui étoit envoyé ici pour examiner l'état des travaux, & les perfectionner autant qu'il seroit possible. Ce Minéralogiste, fondé sur les observations qu'il avoit faites en Allemagne, jugea qu'il n'y avoit point d'espérance de découvrir de nouvelles veines, qu'il falloit fondre le minérai qui pouvoit rester, & ensuite abandonner les Sawodes. En conséquence, on discontinua les travaux jusqu'à nouvel ordre ; & pendant les années 1731, 1732, & partie de 1733, on ne fit que fondre ce qui se trouva dans les anciens foyers, dont il y en avoit déja plus de mille comblés de terre. Le College des Mines envoya en 1733 de nouveaux ordres pour reprendre encore les travaux ; mais la plûpart des bâtimens de ces Sawodes étoient ruinés ; la digue commencée avoit été entraînée par un débordement des eaux de l'*Argun*, & de celles de la Mine de *Troiizki*. Il fallut donc réparer tout cela, ainsi qu'un magasin dans lequel les habitans des Sawodes conservoient leur viande, & tout ce qui est sujet à se corrompre par le grand froid qu'on y ressent même dans les jours les plus chauds de l'Eté. On a fait depuis de nouvelles recherches, & à douze werstes d'ici, on a trouvé le minérai renfermé dans une pierre dure, ce qui l'a fait abandonner. Mais dans le même endroit, on a fait pendant mon séjour l'ouverture d'un filon dont le minérai promet davantage, parce qu'il se trouve dans une terre molle, comme dans toutes les bonnes Mines d'argent de ce canton. C'est sur cette découverte que l'on fonde l'espérance des années suivantes. Ici la nature en général paroît se montrer aussi favorable dans la production de ces richesses souterreines, que dans le district de *Kolywan*. La Mine se trouve immédiatement sous la surface de la terre, & est rarement bien profonde; on la voit souvent entassée dans des endroits que les Mineurs appellent *des nids*. Ce n'est même pas toujours dans les montagnes qu'il faut chercher les métaux; ils se trouvent assez souvent dans les plaines qui sont entre les montagnes, quoiqu'on y soit plus exposé aux incommodités des eaux. Il est donc à présumer, que dans un canton si abondant en Mines, on ne manqueroit jamais de minérai, si l'on faisoit plus de recherches; on ne peut pas même s'exposer à de grandes dépenses, puisqu'il n'est pas nécessaire de creuser à plus de deux pieds de profondeur pour toucher aux veines du minérai, qui ne sont pas, comme en d'autres pays, de la grosseur d'un pouce, mais de l'épaisseur d'une brasse. J'ai donc conseillé de ne pas faire cesser les travaux des Sawodes, & j'ai prédit qu'en travaillant d'après les principes que j'ai expliqués, on sera toujours en état d'entretenir avantageusement les Sawodes, quand même le profit ne seroit pas considérable, & que le minérai ne manquera jamais (51). Je n'exagere pas le profit, parce qu'en effet

(51) La suite a fait voir que mes conjectures n'ont pas été fausses. Jusqu'en 1741 & 1742, on a toujours trouvé assez de minérai pour la fonte. Il y a entr'autres de ocre de plomb, qu'on jettoit au commencement comme une terre jaunâtre inutile. Mais comme on a trouvé, dans cette terre, une espece de noyau de la même terre, si ce n'est qu'il est plus rougeâtre, plus compact encore, & plus pesant, on a jugé qu'il méritoit d'être essayé par le feu. Il s'est trouvé que cette partie tenoit du plomb, de l'argent, & même de l'or. On a fait aussi l'essai de la terre légere qu'on avoit jettée jusqu'alors comme inutile, & l'on a reconnu qu'elle tenoit les mêmes métaux, quoiqu'en moindre quantité : c'est pourquoi ce minérai est appellé *sumnitelnajaruda*, *minérai douteux*. Je ne parle pas d'une petite portion de fer qui s'y manifeste encore assez distinctement. Elle contient peut-être de l'antimoine, mais en si petite quantité, qu'on ne sauroit le démontrer. Cette terre donne un plomb fort grossier, qui, sans une addition de litharge, ne s'en va pas au test, & qui le disperse entierement. Rôti même dans quatre feux, il ne change pas de qualité. J'ai parlé de cette circonstance à la personne qui m'avoit donné la premiere notion de ce minérai, en ajoutant que je croyois qu'il renfermoit un peu d'antimoine, parce que le régule, mêlé tant avec l'argent qu'avec l'or, produit les mêmes effets dans la coupelle. Il m'a fait savoir qu'on avoit en effet trouvé depuis, dans cette mine, de l'antimoine entremêlé de grains d'or dans un *quartz* d'un blanc jaunâtre, dont il m'envoya même un échantillon. L'or contenu dans ce minéral, est assez abondant pour valoir la peine & les frais d'en faire la séparation : car une livre d'argent fin contient deux ducats & demi d'or bien ductile, & d'une belle couleur. Outre ce riche métal, les Mineurs Saxons ont découvert, à quelques werstes de l'ancienne Mine d'*Ildikun*, un nouveau filon d'un beau minérai luisant, très-ferme, mêlé d'un peu de gravier, qui contient deux onces d'argent, & plus de cinquante livres de plomb. Au commencement de 1742, on en avoit déja tiré à la profondeur de plus de six brasses. Quant à l'ancienne Mine d'*Ildikun*, dont je n'avois point de connoissance pendant mon séjour sur les lieux, & qui par conséquent étoit tout-à-fait tombée dans l'oubli, elle a été nouvellement rouverte. Jusqu'à ce tems (1742), on n'y avoit trouvé que

effet il n'y a pas dans ces cantons de ces belles montagnes toujours plus avantageuses pour les productions métalliques, abondantes & durables, que ne peut l'être un petit district couvert de quelques collines qui ne s'étendent pas au-delà d'une lieue. Il n'en est pas de même sur le *Schilka*, au-dessous de *Nertschinsk* : les montagnes y sont bien plus favorablement disposées ; on y a trouvé aussi quelques minéraux, mais en petite quantité. Au contraire, dans les cantons de l'*Argun*, où les minéraux sont très-

de la terre graveleuse, sans aucune trace de pierre ; mais on y voit souvent aujourd'hui de petits échantillons durs, ronds & luisans, qui sans doute y ont été entraînés par les eaux. Ce minérai contient trois onces d'argent, & soixante quatorze livres de plomb ; mais à l'essai, il est presqu'aussi rude que l'ocre jaune dont j'ai parlé. Cependant l'argent qu'il donne, contient de l'or, à la quantité d'un ducat par livre d'argent. Jusqu'en 1747, que je quittai la Russie, j'ai appris que ce minérai n'avoit pas manqué. *Pierre Dames* étant mort en 1718, on y envoya de nouveaux Minéralogistes Saxons, & entr'autres (en 1740) *Jean-Courad John*, homme fort versé dans la maniere d'essayer les Mines & de les travailler en grand. Il introduisit d'abord la méthode de laver la Mine, travail qui jusqu'alors avoit été absolument ignoré dans ces cantons, quoique très-avantageux pour certains métaux. On a déja dit, que *Pierre Dames* avoit fait des changemens très-avantageux dans la fonte Greque, & que les grands fourneaux qu'il avoit construits pour cela, facilitoient bien ce travail. Mais il ne savoit encore rien lui-même des fourneaux courbes. Les Fondeurs Saxons en firent bientôt voir la différence & les avantages. Dans quatre petits fourneaux que les Saxons trouverent à leur arrivée aux Sawodes, on expédioit, avec trente-deux chevaux & quatre machines, environ mille puds de minérai par semaine. A la place de ces quatre fourneaux, les Saxons construisirent deux fourneaux courbes, & dans une semaine, ils fondirent, avec seize chevaux & deux machines, mille deux cens puds de mine. *Pierre Dames* avoit aussi fait construire un foyer à la façon Allemande, pour la séparation du plomb & de l'argent ; cependant il avoit préféré la façon d'opérer des Mineurs Grecs, & on l'avoit conservée après sa mort jusqu'à l'arrivée des Saxons. Il en donnoit pour raison, que le foyer Allemand étoit trop grand pour séparer une petite quantité d'argent,

& que les foyers Grecs étoient précisément ce qu'il falloit. Un foyer Grec n'est autre chose qu'un trou fait dans la terre, qu'on remplit de cendres : on mettoit par-dessus quelques rondins de bouleau, & l'on animoit le feu avec deux petits soufflets de main jusqu'à ce que l'argent parût. On pouvoit expédier à-la-fois trente livres, ou un peu plus, de plomb, & il falloit douze heures pour cette opération. Le travail étoit dur & pénible, parce que la vapeur de la fumée de plomb (qui est sur-tout extrêmement forte dans celui des environs de l'*Argun*), ainsi que la continuité du feu, tourmentoient beaucoup ces pauvres gens pendant toute la journée. Les suites d'ailleurs en étoient funestes pour la santé. Les Saxons ont construit à leur maniere un fourneau de séparation, sur lequel, par le moyen d'une machine que font aller des chevaux, ils expédient quatre-vingt, quatre-vingt-dix ou cent puds à-la-fois, poussent l'argent à la cuisson dans 14 ou 16 heures au plus, & consument cependant moins de bois. Les mêmes ayant encore trouvé de grands amas de litharge qui n'est point de vente dans le pays, parce que les balles qu'on en fond, par leur dureté qui égale presque celles du fer, endommagent les armes à feu, & que par cette même raison on ne peut le travailler pour d'autres usages, ils firent l'essai de cette litharge, & reconnurent qu'elle tenoit aussi de l'argent : ils firent donc repasser une seconde fois tous ces plombs, & en tirerent seize livres d'argent pur, dans lesquelles il y avoit six onces & demie de bon or. Après cette séparation, le plomb devint doux, tendre, & propre à être employé, tant pour les balles à fusil, qu'à toute autre chose. On étoit ainsi parvenu, en 1740 & 1741, à pouvoir fournir à la Couronne, des Mines d'argent d'*Argun*, vingt-six puds & quelques livres d'argent, & plus de vingt-sept livres d'or fin, qui furent envoyés à Petersbourg.

Tome XVIII.   D d

abondans, on ne voit nulle part des montagnes hautes & continues.

Il y a trois chemins pour venir de *Nertſchinsk* ici : l'un eſt celui par où j'y vins à cheval, & qu'on fait auſſi l'Hiver en traîneaux ; l'autre eſt l'ancienne route des caravanes, qui ne diffère pas beaucoup de la premiere, ſi ce n'eſt qu'on peut en cas de beſoin y voyager en charrette. On va de *Nertſchinsk* par *Uſpenskoi-Monaſtir*, *Schiffkinskaja D*, *Borſchowskaja D*, *Lukina D*, & *Kolobowaja D*, ce qui fait cinquante-deux werſtes, & l'on y paſſe l'*Unda*. De-là, on fait encore trente werſtes par les Villages de *Un-Dumowa* & de *Schelopugina*. Vingt-trois werſtes plus loin, on paſſe l'*Unda* pour la ſeconde & la derniere fois ; d'où à quarante-neuf werſtes on arrive au *Gaſimur*, & au Village de *Kotkowa* ſitué ſur cette riviere. A quatre werſtes plus bas, on paſſe le *Gaſimur*, & à huit werſtes de diſtance, eſt *Kraſnojarskaja* ou *Kalmakowa D*, où l'on quitte le *Gaſimur*. Après avoir fait ſix werſtes, on arrive à *Masjukowa D*, & à ſoixante werſtes plus loin, à *Serentiskaja D* ; ainſi toute la route meſurée juſqu'aux Sawodes, eſt de deux cens ſoixante-dix-huit werſtes. M. Muller choiſit la troiſieme route, qu'on appelle *Solonnaja-Doroja* ou *Chemin-de-Sel*, parce qu'il paſſe devant un lac ſalé. Il eſt environ le double de celui que j'avois pris ; mais on y va bien en voiture. M. Muller ſortit le 5 Juillet à 4 heures après midi de la Ville, & paſſa la nuit à *Sabateewa D*, ſur le rivage méridional du *Schilka*, à dix werſtes au-deſſus de *Nertſchinsk*. Le 6 à midi, il étoit à *Olenguiskaja-Sloboda*, ſur la riviere d'*Olengui*, qui tombe dans le *Schilka*, & il y prit des relais. Il alla encore le même jour juſqu'à *Makarewa D*, ſur le ruiſſeau de *Makarewa*, qui ſe décharge dans l'*Onon*, où il changea encore de chevaux. Le 7 à midi, il arriva ſur la riviere d'*Unda* ; il paſſa la nuit ſur le *Gurban-Guruchai-Nor* (le chemin des trois lacs) au pied méridional du *Lapatoſchnoi-Chrebet*, & il fit proviſion de bois dans la ſteppe qui commence là. Le 8, vers 6 heures du matin, il atteignit la riviere de *Turga*, qui ſe décharge dans l'*Onon*, & il y trouva de nouveaux relais des Tunguſes. Il arriva à midi près de *Tſchaſtie-Oſtro*, où l'on prétend qu'il y a ſoixante lacs. Il paſſa la nuit ſur la riviere qui tombe dans l'*Onon*, & les Tunguſes lui amenerent encore des relais. Les familles des Tunguſes s'appellent ici *Namjæti* & *Doloti*. Le 9 au matin, il paſſa l'*Uralengiuskoi-Chrebet*, où il fit encore proviſion de bois ; & à midi, il arriva au pied oriental du *Chrebet* à *Jike-Bułak*. Il paſſa la nuit à *Zagan-Nor*. Le 10 à midi, il paſſa le ruiſſeau d'*Urulengui*, & après midi, celui de *Kurkirabach* qui tombe dans le premier. Il y trouva des relais fournis par des Tunguſes. Le même jour au ſoir, il deſcendit le *Kurkira*, & y paſſa la nuit. C'eſt dans ces cantons qu'eſt la famille des *Namjæti* d'*Argun*, devenus célebres dans ces cantons par leur mutinerie, qui a fait conſtruire l'*Argunskoi-Oſtrog*. Le 11 à midi, M. Muller arriva au *Nortubach*, qui tombe dans le *Werchnei-Borſa*. Il paſſa la nuit ſur cette riviere, près de l'embouchure par laquelle elle ſe décharge dans l'*Argun*, & il y trouva de nouveaux relais des Tunguſes. Le 12 à midi, il étoit au *Serednoi-Borſabach*, qui ſe décharge auſſi dans l'*Argun* ; il y changea de chevaux, & le ſoir il pouſſa juſqu'au *Kilgibach*, à peu de diſtance & au-deſſus du *Jaſchma-Gora*. Enfin le 13 au matin, il arriva aux Sawodes. Depuis l'*Unda* juſqu'au *Kilgi*, il n'eut devant lui que des steppes ; mais de-là jusqu'ici le terrein étoit assez montagneux.

Réunis ensemble , nous employâmes notre tems à faire les recherches nécessaires. Le 16 , nous dépêchâmes l'Etudiant *Gorlanow* par *Nertschinsk* à *Gorodischtsche* D. On a déja dit qu'il y avoit près de cette station , de l'autre côté de la riviere , quantité de tombeaux qui n'avoient jamais été ouverts. Nous espérions en tirer beaucoup de lumieres pour l'Histoire des anciens peuples de ces cantons ; nous chargeâmes donc cet Etudiant d'en faire ouvrir une bonne partie, de décrire exactement leur structure & leur intérieur , & après avoir achevé ses observations , de nous attendre à *Tschisinsk*. Ensuite, accompagnés de notre Interprete & du Peintre *Berkhan*, nous nous mîmes en route pour *Argunskoi-Ostrog* , & nous laissâmes aux Sawodes le reste de notre suite. A six werstes & demie des Sawodes , nous passâmes le *Serebrenkabach* , & nous arrivâmes par de belles campagnes à *Onochoskaja* & *Olotschinskaja*, Villages tous deux situés sur l'*Argun*, & qui sont fort peuplés. De ce dernier Village , nous passâmes la riviere d'*Argun* dans une Barque , & nous laissâmes passer les chevaux à la nage. Nous entrâmes un peu dans les terres , pour examiner les noisettes qu'elles produisent en quantité , & dont l'arbre est beaucoup plus bas qu'en Europe. Les noisettes ne sont pas communes dans la Sibérie , & comme les noisettiers y sont plus petits que par-tout ailleurs , je comptois en découvrir une nouvelle espece ; mais nous trouvâmes que c'étoit celle qui est commune à l'Allemagne , à la Russie , & à d'autres contrées. Nous retournâmes ensuite au Village. Nous avions fait neuf werstes , lorsque nous atteignîmes *Kljutschewskaja* D , où nous changeâmes de chevaux. Nous passâmes ensuite par les Villages de *Lugowskaja* & d'*Ischaginskaja*, où nous vîmes les restes des ouvrages hydrauliques qu'on avoit commencé d'y construire pour les Fonderies ; puis par *Musurantowa*, & après avoir descendu une petite montagne fort escarpée, nous arrivâmes le soir à *Surowaja-Saimka*. Ce Village appartient à *Pierre Dames* , qui l'a bâti, & il nous invita à y passer la nuit. Les autres Villages sont situés le long de l'Argun , & sont du district des Sawodes ; ils sont tous beaux & considérables. La *Saimka* de *Dames* est située à deux werstes de l'Argun sur le ruisseau de *Surowa* ; elle est dans une situation très-agréable , & assez élevée pour n'avoir rien à craindre des inondations de l'Argun. Vers l'Ostrog , ce n'est qu'une petite riviere de soixante brasses de largeur ; mais quelquefois elle est enflée si considérablement par les eaux de pluie, qu'elle inonde tout le pays voisin , comme elle fit en 1718 ; dans d'autres tems, elle se desseche si fort , qu'on peut la passer à cheval à gué , comme il arriva en 1731. En Hiver , elle se gele souvent , & l'eau qui y reste ressemble à une décoction de *thé-boe*. Son eau a un goût acide ; elle peut servir tout-au-plus pour la cuisine , & pour abreuver les bestiaux.

Le 17 au matin , M. Muller se rendit à l'Ostrog , & je restai dans la *Saimka* , où je m'amusai à herboriser. Je trouvai quantité de ces bouleaux noirs, dont les feuilles approchent beaucoup, par leur couleur & leurs veines, de celles de l'yeuse , espece de chêne , sinon que leurs bords ne sont pas si dentelés. L'écorce ressemble à celle du sapin. Ces arbres viennent de la même hauteur que les bouleaux ordinaires ; & ce n'est pas en effet une espece particuliere, puisqu'on en trouve en d'autres pays. De l'autre côté de la riviere, est une autre espece d'arbres, tout-à-fait particuliere à ces cantons. Ils ressemblent aux cerisiers à petites cerises noires que mangent les oiseaux, & viennent parmi eux ; mais leurs feuilles sont plus longues, d'un verd plus sombre, & ont des veines presqu'aussi fortes que les feuilles de citronnier. Ces arbres portent des baies, mais elles n'étoient pas encore mûres. Le bois est d'une couleur rougeâtre : c'est pourquoi les gens du pays l'appellent *krasnoje-derewo*, arbre rouge, & *santal*. Ils l'emploient, pour sa dureté, à faire des manches de couteaux (52). Je remarquai un arbrisseau qui ressembloit de loin à un jeune bouleau, & qui porte un fruit assez semblable à nos abricots. Mais la chair en devient dure en mûrissant, & on ne sauroit en manger. Les Russes de ces environs l'appellent *tschernoslyw*, prunier de damas (53). Vers midi, je pris aussi la route de l'Ostrog, & j'y arrivai par une plaine bordée de montagnes à gauche.

Je fus à peine arrivé dans l'Ostrog, que je fus accablé de visites d'un grand nombre de malades, qui m'étoient adressés par *Pierre Dames*. Je fus ainsi tout-à-coup à portée de connoître les principales maladies de ces cantons, telles que l'épilepsie, le mal vénérien, & une maladie particuliere, appellée *wolossez*, qui attaque très-fréquemment & les Russes & les Tungufes. Quant à l'épilepsie, ils pensent qu'à la premiere attaque du mal, il suffit de couvrir l'enfant, sans le toucher, pour qu'il ne revienne jamais ; mais qu'il devient incurable, si on le touche. Au reste, peu d'enfans meurent de cette maladie, mais ils la gardent toute leur vie. Le mal vénérien fait plus de ravage : j'ai vu des hommes & des femmes de tout âge, ainsi que des enfans, qui en étoient cruellement maltraités. Tout le district de l'*Argun* est si rempli de ces malheureux, qu'on ne les voit point sans frémir, en pensant aux suites funestes qui les attendent. Ils n'ont d'autre remede que de faire une décoction de l'écorce du peuplier ou du tremble blanc avec de l'alun. Or ce remede repercussif doit nécessairement faire rentrer le mal dans le corps, enforte que les parties intérieures en étant plutôt attaquées, il en meurt un grand nombre, & que ceux qui n'en meurent pas, menent une vie languissante, pire que la mort. Ainsi quoique le pays soit un des plus sains & des plus fertiles du monde, les paysans, qu'on y a transplantés en grand nombre, meurent peu-à-peu ; & ceux qui survivent sont tellement incapables de travailler, qu'ils se trouveront un jour dans le cas de mourir de faim, les années, comme on l'a dit, n'étant point également abondantes. Sans le commerce avec les Chinois, ils auroient été souvent fort embarrassés.

Le *wolossez* est une maladie qui se manifeste d'abord comme un ulcere, & dont la matiere se change en vers aussi déliés que des cheveux. Quel-

---

(52) C'est le *Rhamnus ramis spina terminalis, floribus quadrifidis, divicis.* Linn. Hort. Cliff. 70. Roy. Lugdb. 224. *Rhamnus catharticus.* Bauh. Pin. 478. *Cornus foliis citri angustioribus.* Amm.

l. c. p. 178. p. 200. Tab. XXXIII.

(53) Feu M. Amman, l. c. p. 272. p. 191. l'appelle *Armeniaca betulæ folio & facie, fructu exsucco*, & il en donne la figure. Tab. XXIX.

ques-uns prétendent que ces vers proviennent des eaux qui en sont remplies. Ils s'attachent par-tout où ils peuvent, & sur-tout aux gens qui se baignent ; ils pénetrent ensuite dans la peau, sous laquelle ils se glissent, pour ronger les chairs ; ils y forment d'abord une tumeur qui produit des douleurs cuisantes, & ensuite un ulcere, d'où il faut que tous les vers sortent, pour pouvoir espérer une parfaite guérison. Le traitement de cet ulcere n'est pas moins singulier que le mal : on fait mettre, soir & matin, le malade dans de la lessive chaude, où l'on a fait infuser de la rue; ce bain fait sortir les vers, mais le malade doit bien se garder de les voir, parce qu'alors la cure ne réussit pas. On connoît si l'on s'est assez baigné par la cessation de la douleur que cause l'ulcere. Ceux qui négligent ce traitement, ont les ulceres les plus malins, qui s'étendent comme un cancer. De tous les malades qui vinrent me voir, il n'y en avoit qu'un seul attaqué de cette maladie, & je ne lui trouvai que l'ulcere. Comme il avoit en même tems la rougeole, on ne put pas le mettre dans la lessive, sans laquelle il étoit impossible de faire sortir les vers. Il y avoit trois ans qu'il étoit affligé de ce mal ; & ses Médecins Russes & Tunguses lui faisoient toujours entendre que les vers sortoient de l'ulcere ; mais, pour ne pas retarder sa guérison, il n'osoit les regarder pour vérifier ce qu'ils disoient. J'examinai soigneusement ces sortes de vers : ils ont dans l'eau un mouvement très-rapide, avec la faculté de se retirer & de s'alonger extraordinairement. Au premier coup d'œil, on les prendroit en effet pour des cheveux animés, & quand on les considere de près, on trouve qu'ils appartiennent à la classe des vers composés d'anneaux ; mais il faut un bon microscope pour les distinguer. Leur extrémité du côté de la tête paroît plus pointue & plus mince que le reste du corps, qui cependant est si délié, qu'il n'excede guere l'épaisseur d'un cheveu : ils ont ordinairement environ cinq à six pouces de longueur : ils sont d'un blanc-jaunâtre, ont une raie brune sur le dos, & les extrémités noirâtres : leur bouche m'a paru ressembler à la trompe d'une sangsue.

Nous étions curieux de voir les colonnes frontieres que les Chinois posent chaque année de leur côté sur l'*Argun*. On dépêche tous les ans quelques Officiers de la Ville de *Mergen* & quelques autres de *Pekin*, pour visiter la frontiere. Ceux de *Pekin* partent de *Zuruchaiou*, ceux de *Mergen* d'*Argunskoi-Ostrog*, & leur voyage est arrangé de façon qu'ils arrivent à-peu-près en même tems sur les lieux. Ils se joignent alors, & font élever tous les ans deux nouvelles colonnes, sur lesquelles chaque député fait mettre une Inscription, qui constate apparemment leurs opérations respectives. Nous passâmes la riviere en bateau, & nous la remontâmes à cheval pendant l'espace d'environ trois werstes. Nous y trouvâmes huit colonnes, chacune de la longueur d'une brasse, dont quelques unes étoient renversées. Il y en avoit deux posées nouvellement, & c'étoient celles de l'année. Les Inscriptions de ces colonnes étoient en caracteres Mansures, & peintes avec de l'encre de la Chine. Nous montâmes environ cent brasses plus haut, & nous vîmes l'endroit où étoit l'*Argunskoi-Ostrog*, avant le traité de paix que *Fedor Alexiewitsch Golowin*, Ambassadeur de Russie, conclut en 1689 avec les Chinois. On voit encore très-distinctement aujourd'hui la forme qu'il avoit alors : car aussitôt après la conclusion du traité, il a été transporté, tel qu'il étoit, à l'endroit où il se trouve aujourd'hui. Il étoit bâti en quarré, & à-peu-près de la même grandeur que *Jerawinskoi-Ostrog*. Il y avoit du côté de l'eau, au-lieu de mur, une Chancellerie & un Corps-de Garde. On a commencé de l'agrandir, tant en longueur qu'en largeur. Hors de l'Ostrog, il y a une Eglise solidement bâtie en bois, & environ vingt habitations. Le froid est extrêmement violent dans ces cantons, même au milieu de l'Eté, puisque la terre ne dégele pas dans bien des endroits au-delà d'un arschin & demi de profondeur. Quand, depuis le 20 Juillet jusqu'au 6 Août, il s'éleve tous les matins un brouillard, on n'a pas à craindre de gelée préjudiciable à la recolte; mais si ce brouillard manque une seule fois, il y a du danger. Je fis creuser un puits dans une maison de l'*Argunskoi-Ostrog*, qui étoit un peu éloignée de la riviere; on fit peu-à-peu dégeler la terre jusqu'à la profondeur de quelques brasses, & l'on étoit déja parvenu à une brasse & demie au-dessous de la ligne horisontale de la riviere d'*Argun*; mais on ne put avoir de l'eau. Le 17 Juillet, le froid étoit encore au point de la congélation, suivant mon thermometre.

Le district d'*Argun* est sujet à un léger tremblement de terre, qui revient régulierement tous les Printems, & au commencement de l'Hiver. La terre s'éleve alors peu-à-peu & presqu'imperceptiblement jusqu'au mois de Novembre, où son élévation est d'environ un quart d'arschin, & dans le Printems suivant elle s'affaisse peu-à-peu. Mais ce fait extraordinaire doit être vérifié par des observations bien exactes, avant de pouvoir raisonner sur la cause du phénomene. On m'a assuré qu'une caravane Russe allant à la Chine, se trouva dans les environs de la Ville Chinoise de *Naun*, au moment où il y eut un tremblement de terre, avec une grande éruption d'eaux qui sortoient abondamment de la terre, sous la forme d'une poussiere fine.

Avant notre départ de l'Ostrog, on nous apporta une espece de sarrasin sauvage dont est rempli ce canton, & qui ne differe du sarrasin ordinaire que par la grosseur & par la forme de la graine (54). Comme nous avions un meilleur quartier à *Surowaja-Saimka*, que nous n'en aurions trouvé dans tout l'Ostrog, nous retournâmes au premier endroit, & nous y passâmes la nuit. Le lendemain nous revînmes aux Sawodes, où nous arrivâmes à 6 heures du soir.

Le 29, nous dépêchâmes les Sieurs *Alexandre Iwanow*, Géographe, & *Stephan Krafchenninikow*, Etudiant, pour examiner un bain chaud qui sort d'une montagne sous la forme de ruisseau, près du *Kira*, qui se dé-

---

(54) Cette sorte de bled sarrasin se trouve aussi dans le district de *Krasnojarsk*, où l'on prétend qu'elle a été apportée de la Calmouquie. On le plante maintenant près de *Krasnojarsk*, & le gruau qu'on en fait a aussi bon goût que celui du sarrasin ordinaire. J'ai vu aussi de cette espece de sarrasin à *Catherinenbourg*, dans un jardin où il avoit été apporté de la Calmouquie. C'est le *Fagopyrum fructu aspero*, Amm. l. c. n. 141. p. 163. *Helxine caule erectiusculo inermi, foliis cordato-sagittatis, seminibus subdentatis*, Linn. H. Ups. p. 96. n. l. Comme il est sauvage, les habitans des environs de l'Argun l'appellent *Dikusch*, & ceux de *Krasnojarsk* lui donnent le nom Calmouque ou Tatare de *Kyrlyk*.

charge du côté du Nord-Ouest dans la riviere d'*Onon*. Nous leur donnâmes les instructions, ainsi que les instrumens & tous les gens nécessaires, pour faire leurs observations, avec un Guide, un Interprete Tunguse, un Soldat, un Tireur & un Mineur.

Nous quittâmes les Sawodes le 24 à 4 heures après midi, en dirigeant notre route au Sud-Est, & nous arrivâmes par un chemin agréable, quoiqu'un peu montagneux, à 9 heures du soir au ruisseau *Kilgi*: A quatre werstes plus loin, en nous écartant sur la gauche, nous arrivâmes au côté méridional du *Jaschma-Gora*, Montagne de Jaspe, située sur un faux bras de l'*Argun*. Nous gravîmes cette montagne avec beaucoup de peine, parce qu'elle est fort rapide. Elle est toute composée d'un très-beau jaspe verd, mais fort entremêlé de cailloux, ensorte qu'on en trouve rarement des morceaux du poids de trois livres qui soient purs & sans crevasses. Si l'on en rencontre quelquefois des morceaux d'un ou de deux *puds*, pour peu qu'ils soient exposés pendant quelques jours au grand air, ils se fendent en long & en large. On s'est donné jusqu'à présent beaucoup de peines inutiles pour en tirer des blocs, dont on put faire des colonnes, des tables, &c. La montagne est semée de carrieres, d'où l'on a tiré abondamment de cette précieuse pierre.

Le lendemain à 7 heures du matin, après avoir passé le *Nischaja-Borsa*, nous atteignîmes le *Serednija-Borsa*. A 8 heures du soir, nous arrivâmes à *Werchnaja-Borsa*, où nous passâmes la nuit. Nous y trouvâmes trois Sorciers & une Sorciere, que M. Muller avoit fait venir, en passant pour aller aux Sawodes. L'un d'eux avoit été nommé depuis peu, par le Waywode de Nertschinsk, *Saissan* (55) de la famille de *Konot*. Ces Schamans étoient affublés à-peu-près comme celui de *Nertschinsk*, d'un habillement garni de bandes de cuir, d'anneaux, de grelots, & d'autres ornemens de fer. La Schamanka étoit distinguée des Schamans par l'habillement. Le sien étoit garni d'un grand nombre de plaques de cuivre jaune. Par derriere pendoient quelques longs rubans, & un grand cadenat de fer rouillé. Elle avoit aussi un tambour magique, & les Sorciers n'en avoient point.

Le *Saissan* de la famille des *Namjeti*, qui passoit pour un esprit-fort, nous engagea à demander aux Schamans un plat de leur métier. Nous y consentimes, & nous feignîmes de les consulter sur la maladie d'une personne de notre suite qui se portoit très-bien. Ils commencerent aussitôt à entrer en enthousiasme, à crier & à sauter les uns contre les autres, comme s'ils vouloient se battre. La femme battoit en même-tems son tambour. Ils voulurent nous persuader qu'il y avoit parmi nous une légion de Diables. Ce prélude n'étoit pourtant qu'un essai, pour voir lequel d'entr'eux auroit à ses ordres les Diables les plus puissans. Le sort tomba sur un vieux Sorcier de soixante-dix ans, petit homme fort & trapu, & qui s'ap-

(55) *Saissan* signifie en Langue Calmouque & Mongole un *Noble*; mais ici c'est un préposé sur une famille. Par cette place, il a le droit de décider des petits différends qui peuvent survenir entre ceux qui composent la famille. Il semble que le Waywode regardoit cette espece de Sorciers comme des Philosophes: ils sont du moins ordinairement les plus sensés de la Nation, & vraisemblablement les plus à leur aise.

puyoit de tems en tems sur un bâton. Il étoit regardé depuis long-tems comme le plus grand Sorcier de ces cantons, & il faisoit le métier depuis plus de cinquante ans. Il se vantoit qu'étant dans la force de son âge, il avoit eu jusqu'à cent vingt Démons toujours prêts à ses commandemens ; mais que maintenant il en avoit peu, parce qu'à cause de son grand âge il ne pouvoit plus soutenir leurs fréquentes visites. Après ce prélude, il fut question de la personne malade, dont nous demandions quel étoit l'état, & les moyens de la guérir. Le vieux Sorcier, après les préliminaires de la diablerie, s'approcha du prétendu malade, lui tendit successivement les deux mains, & prononça que sa maladie provenant du pays qui étoit mal-sain, il pourroit être guéri par l'usage de quelques herbes. La Sorciere vint à son tour examiner le malade, lui regarda dans la main, & finit par dire, qu'elle ne voyoit point la maladie. Un autre Schaman toucha de même à plusieurs reprises le faux-malade ; mais le coquin, après bien des simagrées, ne put s'empêcher de rire (ce que nous regardâmes tous comme un aveu tacite de son imposture), & il conclut comme la Sorciere, dont il répéta l'expression. Comme il étoit déja tard, nous dispensâmes le troisieme Sorcier de nous donner son avis. Nous voulûmes seulement voir comment le vieux Schaman se passoit des fleches à-travers le corps, ainsi qu'on nous l'avoit dit. Mais lorsqu'on l'eut poussé à bout, il dit en présence d'un assez grand nombre de Tunguses, que jusqu'alors il leur en avoit imposé, qu'il ne s'étoit jamais passé de fleches à-travers le corps, mais à-travers ses habillemens, & que ce n'étoit pas sa faute, si les gens de sa commune étoient des imbéciles, qui croioient tout ce qu'on vouloit leur faire accroire. « Quand je fais ce tour, ajouta-t-il, je » passe la fleche d'un côté de mon vêtement de peau ; je me retrécis le » plus qu'il m'est possible ; je fais ensuite glisser la fleche autour de mon » corps, & je la fais sortir de l'autre côté de mon habit ; je tiens de ce » côté-là dans une de mes mains une vessie qui contient du sang ; pen- » dant que je passe la fleche, je fais couler un peu de ce sang, & mes im- » béciles Tunguses s'imaginent qu'il sort de mon corps ». Il confirma ce qu'il nous disoit par un essai qu'il fit devant nous. Comme nous le trouvâmes en si bonne disposition de nous découvrir ses impostures, nous voulûmes tirer de lui un aveu public, que tous ses sortileges n'étoient que des friponneries ; que lui & ses confreres n'avoient absolument point d'idée du Diable, & que par conséquent ils ne pouvoient pas agir par lui. Mais comme un pareil aveu auroit fait trop de tort à son métier, il soutint toujours qu'il avoit à ses ordres un certain nombre de Diables. Cependant les trois Sorciers & la Sorciere nous promirent de renoncer entierement à leur diablerie ; pour nous en convaincre, ils nous offrirent leurs habits de cérémonie que nous acceptâmes, & que nous payâmes bien.

Etant aux Sawodes, on m'avoit parlé d'une source qui se trouve dans ces cantons, & dont les propriétés sont fort singulieres. On disoit que les hommes qui en buvoient étoient obligés de vomir, & que les bestiaux n'en vouloient pas goûter. Je trouvai bien à propos un Tunguse qui s'offrit de m'y conduire : je partis avec lui à cheval, accompagné d'un Interprete

&

& d'un Soldat. Je vis cette source, d'où se forme un ruisseau qui se perd à quelque distance de-là. Après avoir fait toutes les observations & les expériences nécessaires, je trouvai que l'eau contenoit une grande quantité de vitriol de fer. Je rejoignis le même jour à *Zuruchaitu* notre Compagnie, qui y étoit arrivée une heure avant moi.

Zuruchaitu, qui tire son nom du voisinage de la montagne du *Brochet* en Langue Tunguse *Zuruchai*, a été bâti, ainsi que *Kiachta*, comme Slobode frontiere, en 1728; mais il étoit difficile de choisir une situation plus ingrate. Il faut faire venir le bois de quarante-cinq werstes de distance; & à la moindre crue de l'*Argun*, tout le pays est noyé. Aussi n'y a-t-il que la maison du Capitaine de bâtie; les Sluschiwies habitent de fort misérables cabanes faites de branchages de saule, comme celles des Tungufes, & en Hiver ils se retirent dans les Villages circonvoisins. Cependant, au Printems, les Soldats y font quelque commerce avec les Chinois, au moyen des pelleteries qu'ils achetent des Tungufes à très-bon marché.

Les Chinois plus avisés ne se sont pas pressés de faire construire leur Slobode, quoique cela fût stipulé dans le traité des limites.

Le 27 Juillet, nous allâmes, M. Muller & moi, accompagnés du Peintre *Lursenius* & d'un Interprete, pour visiter les restes d'une ancienne Forteresse abandonnée depuis long-tems. Nous descendîmes l'*Argun* jusqu'à l'embouchure de la riviere de *Gan*; ensuite nous traversâmes une steppe, en tirant au Nord-Est, pendant dix werstes, & nous arrivâmes à une montagne, au pied de laquelle elle étoit située. Elle consistoit en trois enceintes quarrées, dont la plus grande étoit de trois cens brasses, & flanquée, sur chaque face, de six bastions. Après avoir tout visité, nous voulûmes aller jusqu'à la vraie frontiere; mais on nous fit observer, qu'il n'y avoit pas de chemin réglé pour aller à *Tschitiusk*, & qu'il faudroit se passer d'eau pendant trois jours : en conséquence nous fûmes forcés de revenir à *Zuruchaitu*.

Nous en partîmes le même soir, emportant du bois avec nous : nous avions l'*Argun* à notre gauche assez loin. Le lendemain matin, nous nous arrêtâmes près de quelques petits lacs, appellés *Norki*; & sur le soir, nous arrivâmes à *Kailassutinskoi-Majak*, où il y a une colonne frontiere, & une werste plus loin à *Kailassutinskoi-Karaul*, où l'on tient une garde depuis que les limites sont réglées. Elle est composée de deux Sluschiwies qu'on y envoie de *Nertschinsk*, & de cinq Tungufes : ils vivent assez misérablement. Nous avions rencontré le long de l'Argun plusieurs petits Forts abandonnés, appellés *Kiriens* en Langue Tunguse & Mongole.

Nous vîmes distiller de l'eau-de-vie à la maniere des Tungufes; mais quoiqu'il y ait quelque différence dans les instrumens qu'ils emploient, & ceux dont il a été parlé dans notre voyage de *Kusnetzk*, je n'en ferai pas la description. Nous goûtâmes de cette eau-de-vie : elle étoit très-forte, & s'enflammoit aisément.

Nous nous remîmes en route à la pointe du jour, & nous arrivâmes par une misérable steppe, à 8 heures du matin, près de la derniere garde de la frontiere, qui est aux environs de la montagne d'*Abagaitu*. La route de *Zuruchaitu* jusqu'ici alloit toujours au Sud-Ouest, entre deux chaînes de montagnes. Nous trouvâmes dans quelques endroits bas de la steppe des cailloux d'un blanc-de-lait, d'autres jaunâtres & rougeâtres, à demi-transparens, qui ressembloient à l'agathe. La garde en cet endroit est composée de trois Slutschiwies détachés de *Nertschinsk*, & de dix Tunguses, dont la maniere de vivre est la même que celle des Tungufes de *Kailaſſutuisk*. L'après-dînée, nous allâmes à cheval aux deux *Majakes* frontieres, distantes d'environ deux werstes au Sud. Ces *Majakes* sont deux tas de petites pierres, hauts de deux brasses, sur une même ligne du Nord au Sud; l'un marque la frontiere Russe, l'autre la Chinoise. A la *Majake* des Chinois, on voyoit quantité de morceaux d'étoffes attachés à des bâtons comme des drapeaux, & marqués de lettres Tunguses & Indiennes. On nous dit que les Mongoles y venoient tous les ans, & qu'ils se faisoient accompagner de quelques Lamas, avec l'assistance desquels ils célebrent une cérémonie religieuse, qui les oblige d'amener leurs bestiaux avec eux. Cette cérémonie finie, les Lamas distribuent ces morceaux d'étoffe aux Mongoles, qui les attachent à des bâtons, & les arborent ici comme des drapeaux. M. Muller lisoit sur ces drapeaux cette formule souvent répétée: *Seigneur, ayez pitié de moi!* De-là nous descendîmes la montagne, allant à l'Est jusqu'à la *Kailarskie-Uſtie*, & au commencement de l'*Argun*. D'ici au *Dalai-Nor*, on trouve beaucoup de petits lacs, qui, dans la saison des pluies, se réunissent, & n'en forment qu'un très-vaste. Le *Kailar*, qui vient de l'Est, se partage ici en trois parties; l'une se décharge dans le *Dalai-Nor*; une autre, dans un de ces lacs dormans; & la troisieme, dans l'*Argun*.

Après avoir satisfait notre curiosité, nous retournâmes à *Zuruchaitu*, sans éprouver d'autre incommodité que celle que nous causoit la grande quantité de cousins, dont nous étions aussi tourmentés que sur les bords de l'*Irtiſch*. Nous ne trouvâmes en général dans la steppe que nous traversâmes d'autres herbes que de l'ail & des échalottes sauvages.

Nous ne nous arrêtâmes à *Zuruchaitu* que jusqu'à minuit, & nous en partîmes par un beau clair de lune. Le lendemain à 8 heures, nous arrivâmes par une assez bonne steppe sur l'*Urulenguir*, ruisseau dont l'eau n'est pas bonne à boire, parce qu'il est rempli d'herbes. Après une traite de huit werstes, nous touchâmes au chemin qui va de *Nertschinsk* aux Sawodes d'*Argunsk*; & à 9 heures du soir, nous nous arrêtâmes au ruisseau *Kurkira*, dont nous avions suivi le rivage gauche pendant quinze werstes. Nous commençâmes ici à voir quelques saules, & dans les montagnes à droite, nous apperçûmes de grandes forêts, dont nous tirâmes de nouvelles provisions de bois. Ces steppes sont remplies d'une sorte de daims, appellés dans la Langue du pays *dsherem*. Cet animal ne differe du daim de l'Europe que par ses cornes qui sont courbes, & qui ne tombent pas à mesure qu'elles croissent. L'os du gosier leur grossit en vieillissant; de sorte que, dans les vieux *dsherems*, elle paroît au-haut de leur col comme une grosse tumeur. M. *Meſſerſchmidt* dit que cette sorte de chevre a de l'aversion généralement pour toute espece d'eau. Les Tunguses au contraire m'ont assûré, que, quand on poursuit ces bêtes sur la steppe où elles courent par troupes, elles paſſent ſouvent l'eau. De plus, le Brigadier *Buchholtz* m'a raconté à *Selenginsk*, qu'il avoit élevé un de ces animaux, & l'avoit rendu ſi familier, qu'il le ſuivoit lui & ſes gens comme un chien, & qu'un de ſes Domeſtiques qui alloit ſouvent dans une Iſle du *Selenga*, l'ayant un jour emmené avec lui, l'animal ſe jetta de lui-même à l'eau, & le ſuivit à la nage : ce qu'il n'auroit certainement pas fait, s'il avoit eu naturellement de l'averſion pour l'eau.

Le lendemain à 6 heures du matin, nous nous retrouvâmes encore ſur les bords de l'*Urulengui*, qui paſſe en cet endroit entre deux montagnes, appellées *Murguzæki*. De-là nous traverſâmes une ſteppe ſeche & remplie de ſalines, juſqu'à *Zagan-Nor. Zanga-Nor* veut dire *Lac-blanc*, & ce nom convient bien à celui-ci, qui paroît de loin blanc comme neige. Il a fort peu d'eau ; mais elle eſt extrêmement ſalée, & ſon ſel reſſemble à celui de *Glauber*. Depuis *Zuruchaitu* juſqu'ici, nous pouſſâmes preſque toujours à l'Oueſt. Au coucher du Soleil, nous arrivâmes à une ſteppe toute pierreuſe, & preſqu'entierement couverte de quartz blanc. Le lendemain, nous arrivâmes avant midi au ruiſſeau *Borsja*, vis-à-vis & à ſept werſtes & demie au Sud d'un lac ſalé, fort célebre dans ces cantons. Nous voulûmes y arrêter un peu, tant pour examiner ce lac, que pour voir une chaſſe de mulets ſauvages que devoient faire les Tunguſes. Ce lac a environ trois werſtes de tour, & s'étend du Nord au Sud. Nous n'y trouvâmes qu'une pellicule blanche qui ſurnageoit ſur l'eau, mais le ſel s'y forme en très-peu de tems ; car huit jours auparavant, le Géographe & l'Etudiant que nous avions envoyés aux bains chauds, n'y en avoient pas trouvé, tant parce que les Collecteurs de ſel qui viennent de *Nertſchinsk* & de *Tſchitinsk*, avoient fait leur levée, qu'à cauſe des pluies abondantes qui étoient tombées. Ce ſel au reſte eſt bon & ſemblable à celui de cuiſine. A peu de diſtance, & encore au Sud, eſt un autre petit lac qui produit auſſi du ſel.

Nous attendîmes pendant un jour les Chaſſeurs que nous avions envoyés pour chercher des mulets ſauvages, *tſchigitai* ; ils revinrent le lendemain matin, ſans en avoir trouvé, quoiqu'ils en euſſent cherché juſqu'à la frontiere de la Chine. Ils nous dirent, que la ſteppe en étoit ſouvent ſi remplie, principalement dans les années de ſéchereſſe, qu'on les voyoit courir par troupes, parce qu'alors ils quittoient la Mongolie, leur patrie, faute d'y trouver de l'eau. Deux ans après, j'ai vu quelques-uns de ces animaux à *Irkutzk*. Ils reſſembloient au cheval, mais leur queue étoit ſemblable à celle du bœuf ; leurs oreilles étoient fort longues, & leur poil d'un brun-clair ; ils ſont très-légers à la courſe. M. *Meſſerſchmidt*, pour les diſtinguer de nos mulets, lui a donné le nom de *Mulus fertilis*.

Le 5 Août au matin, nous continuâmes notre route. Nous paſsâmes d'abord le *Borsja*, & nous entrâmes dans le *Soljana-Doroga*, Chemin-ſalé, qui nous conduiſit le long du *Borsja*, en deſcendant, pendant vingt-cinq werſtes. Là, M. Muller & moi, nous nous ſéparâmes de notre ſuite, à laquelle nous ordonnâmes de pouſſer juſqu'à l'*Onon*, pour examiner un ſouterrein, ſitué à vingt werſtes en tirant au Nord-Nord-Oueſt. Cette Grotte eſt fameuſe dans le pays par les recherches que pluſieurs particuliers ont faites, pour découvrir les trésors qu'on prétend qu'un certain *Kotscheway Zaar* (56) y avoit fait enterrer il y a soixante ans. Nous prîmes toutes les instructions nécessaires sur cette Grotte, dont on nous raconta bien des fables, & nous nous y acheminâmes. Arrivés à la montagne où elle nous étoit indiquée, nous trouvâmes au sommet deux Grottes, au-lieu d'une. La vue en-dehors en étoit effrayante: leurs ouvertures, qui étoient presque rondes, pouvoient avoir huit brasses de diametre.

Nous entrâmes d'abord dans la Grotte méridionale, dans laquelle nous descendîmes par un chemin fort escarpé, & garni par-tout d'une espece particuliere d'orties très-piquantes (57) & très-communes dans ces cantons. Nous n'espérions pas d'abord aller bien loin : car il y avoit d'un côté des eaux assez profondes, & de l'autre des glaces qui craquoient sous nos pas. Cependant après avoir un peu sondé ces glaces, nous passâmes dessus. Quand nous fûmes avancés d'environ six orgies, la Grotte devint tout-à-coup si étroite, qu'elle n'avoit qu'une très-petite ouverture du côté du Sud-Sud-Ouest, vers lequel elle s'étendoit ; mais il n'étoit pas possible de pénétrer de ce côté-là. Les parois de cette Grotte, ainsi que le reste de la montagne, étoient d'une pierre calcaire fort blanche, & toute lisse par l'effet de l'eau qui passoit dessus.

Nous y restâmes plus long-tems qu'il ne falloit pour satisfaire notre curiosité, parce qu'il y regnoit une fraîcheur admirable, qui nous délassa bien des fatigues que nous avions essuyées pour y arriver. Nous allâmes ensuite à l'autre Grotte, située au Nord. Mais quelqu'envie que nous eussions d'y entrer, nous n'osâmes tenter l'aventure, parce que nous aurions évidemment exposé notre vie. Le seul endroit par où l'on pouvoit descendre avoit trente orgies, & étoit beaucoup plus escarpé que l'ouverture de l'autre : d'ailleurs toute la Grotte paroissoit au fond remplie d'eau ; ce que nous reconnûmes en y jettant des pierres, & nous jugeâmes de sa profondeur par la longueur du chemin que faisoient les pierres avant de tomber dans l'eau. Nous vîmes voler dans ces Grottes une sorte de pigeons sauvages, de la plus petite espece, qui paroissoient y avoir leurs nids.

Nous rejoignîmes le même soir notre Compagnie sur les bords de l'*Onon*, près de l'endroit où le *Borsja* y décharge ses eaux. Malgré la précaution que nous avions eue d'envoyer préparer des radeaux pour le traverser, parce qu'il étoit enflé par les pluies, notre passage nous retint un jour entier. L'année précédente, la caravane Russe qui venoit de la Chine avoit fait des radeaux avec des peaux de bœuf; mais nous ne pûmes en faire autant. Pendant que l'on passoit notre bagage, nous nous amusâmes à entretenir un Lama, fameux dans le pays par ses connois-

(56) *Zaar* signifie en vieux Russe un *Roi* ou un *Souverain* qui commande des Princes. Le nom de *Kotscheway* désigne un *Chef* qui n'a pas de demeure fixe, & qui sans cesse change de camp, à-peu-près comme le Cham des Calmoucs, ou les Princes Mongoles.

(57) *Urtica foliis oppositis, tripartitis, incisis.* Linn. H. Upsal. 182. n. 1. *Urtica foliis profunde laciniatis, femina.* Lin. Amman. Ruthen. p. 173. n. 249. T. XXV.

fances en Médecine & en Chirurgie; mais toute fa fcience confiftoit à appliquer les ventoufes affez mal adroitement, à lever les cataractes & à donner quelques remedes pour les yeux. Il avoit une groffe ventoufe de cuivre de la continence de feize onces : il l'appliquoit, après avoir bien fait raréfier l'air, à l'endroit où il vouloit opérer. Pour toutes les maladies de la peau, comme dartres, gales, &c. il prenoit parties égales de plomb & de mercure, qu'il fondoit enfemble dans une cuillere de fer ; il y ajoutoit autant de foufre en poudre, remuoit bien ce mêlange jufqu'à ce que toute la maffe fût reduite en cendres, & l'humectoit avec du thé. Ses remedes pour les yeux confiftoient en deux poudres, l'une d'un brun-jaunâtre, & l'autre blanche. La premiere n'étoit autre chofe que des lames de cuivre, réduites en chaux avec du foufre. L'autre étoit compofée de deux parties d'argent, & d'une de bronze, mêlées & fondues enfemble dans une cuillere de fer. Quand la matiere étoit échauffée au point d'allumer une certaine racine qu'il y jettoit, il remuoit continuellement cette compofition avec un petit morceau de fer, jufqu'à ce qu'elle fût calcinée. Il fe fervoit ainfi de ces poudres. Il délayoit la premiere dans du thé, & en faifoit diftiller quelques gouttes dans l'œil malade. L'autre poudre, à caufe de fa blancheur, étoit délayée dans du lait de femme. Il prétendoit que la chaux de cuivre étoit encore le meilleur remede pour faire pouffer la petite-vérole ; qu'elle fervoit même de panacée dans toutes les maladies internes, & qu'elle évacuoit la matiere peccante, tantôt par le vomiffement, tantôt par les felles, tantôt par les voies infenfibles. Pour l'opération de la cataracte, il employoit trois inftrumens ; un crochet, une aiguille droite, & un fer affez reffemblant par la forme à la lancette des Maréchaux, appellé *flamette*. Le premier lui fervoit à faifir la pellicule qu'il falloit enlever ; il la perçoit avec le fecond, & la détachoit avec le troifieme. Comme il préparoit lui-même tous fes médicamens, il fabriquoit auffi tous les inftrumens de Chirurgie dont il avoit befoin : ainfi ce Prêtre étoit tout-à-la-fois Médecin, Chirurgien, Apothicaire, Faifeur d'inftrumens, &c. Ce Prêtre idolâtre étoit marié, & il buvoit beaucoup d'eau-de-vie, quoique l'un & l'autre foit expreffément défendu à tous les Lamas. Il profeffoit la Religion Indienne, & regardoit comme un grand péché de manger du bœuf, ou des poiffons à queue rouge. Il fit préfent à M. Muller d'un Manufcrit Indien, & d'une piece d'étoffe, fur laquelle étoient peintes quelques idoles.

Il voulut nous accompagner jufqu'à *Aruikbulak*, fource en-deçà des montagnes, où nous le quittâmes. Le lendemain matin, nous traversâmes une fteppe couverte de collines, & un petit bois de bouleaux jufqu'au ruiffeau d'*Aga*, que nous paffâmes. Ce ruiffeau coule de l'Oueft & l'Eft, & fe décharge dans l'*Onon*. Depuis fon embouchure jufqu'à la diftance d'environ quarante werftes au Sud, on trouve quantité de Mines anciennement entamées par les habitans du canton & par les Ruffes ; le plus précieux minérai de cuivre verd & azuré eft difperfé fur leur furface. Les ouvertures faites par les Ruffes, ont différentes époques, & les plus récentes font de 1733. Depuis ce tems, on néglige ces Mines. Le minérai qui eft d'une grande beauté, eft abondamment répandu dans de riches veines d'une grosseur considérable, mais qui ne poussent pas en profondeur. Cependant le plus nécessaire manque ici : il n'y a dans la proximité ni bois, ni eau, ni Village, ni commodités pour en bâtir.

De plus, quand tous ces secours ne manqueroient pas, quel avantage tireroit-on ici de ces Mines de cuivre ? Il n'y a pas dans les environs de Manufacture qui puisse en consommer beaucoup. Les Tungufes & les Russes établis dans le pays n'employeroient pas la centieme partie du produit d'une bonne Mine, quand même ils se détermineroient à substituer des vases de cuivre à ceux de fer dont ils se servent. Enfin si l'on vouloit exporter ce cuivre dans les districts les plus habités de la Sibérie, ou même en Russie, il en seroit comme du plomb qu'on a essayé de transporter des Mines d'Argunk à *Irkutzk*. On a trouvé que ce plomb y revenoit aussi cher que celui que les Marchands de Russie apportoient auparavant dans cette Ville.

Depuis l'*Onon*, nos Conducteurs avoient été des Tungufes des tribus de *Namjæti*, d'*Uljeti* & de *Balikagiri* ; ils furent ici relevés par d'autres, des familles de *Potschegirski*, des *Kattagiri* & des *Guidstlik*, qui la plûpart portoient des bonnets de peaux de têtes de cerfs, où les bois tenoient encore. Nous partîmes le 9 d'Août à 3 heures du matin, & nous marchâmes par une steppe assez unie pendant l'espace d'environ vingt-cinq werstes, jusqu'à une vallée qui porte le nom d'*Argal*, Fumier de cheval. Là commence une montagne, au pied de laquelle & au Nord coulé le ruisseau *Tschjukiofs*, que nous atteignîmes à dix werstes de-là. Nous côtoyâmes aussi celui d'*Argal*, que nous passâmes deux fois avant d'arriver sur les bords du *Tura*, ruisseau rempli d'écrevisses, qui se décharge dans l'*Iugoda*. Après quelques momens de repos, nous continuâmes notre route par une steppe montagneuse, où l'on rencontre les ruisseaux de *Sagaldsur* & *Anadsiken*. Nous arrivâmes vers le soir à *Anandsikanskaja* ou *Usutuewa D*, situé sur la rive méridionale de l'*Ingoda*. La quantité prodigieuse de bêtes fauves qui couroient par troupes, nous divertit beaucoup le long de la route. Nous rencontrâmes aussi depuis l'*Onon* beaucoup de Tombeaux entourés de grosses pierres, qui, par leur position, avoient de loin l'apparence de Châteaux. Pour ne pas nous retarder en chemin, nous fîmes passer notre bagage dès ce même soir sur des radeaux préparés exprès à l'autre bord de l'*Ingoda*.

Le 10 Août, à la pointe du jour, nous nous mîmes en marche, & nous passâmes l'*Ingoda* assez promptement, parce que les radeaux étoient tirés par des chevaux. Après avoir fait sept werstes, en passant presque toujours par des bois de sapins & de melezes, nous arrivâmes vers 6 heures du matin à *Makæwa-Saimka*; nous remontâmes le long de l'*Ingoda* par une steppe assez commode, où nous vîmes encore quantité d'anciens Tombeaux, jusqu'à *Lemontiewa-Saimka* ou *Krutschinskaja D*. où nous fîmes une halte. De-là nous marchâmes par des bois continuels de sapins, par des montagnes pierreuses & fort incommodes pour les Voyageurs, toujours en longeant l'*Ingoda*, & nous arrivâmes à 6 heures du soir à *Tschitinsk*, où toute notre Compagnie se trouva rassemblée. Les deux Etudians, *Gorlanow* & *Krascheninnikow*, & le Géographe *Alexandre Iwanow*, y étoient depuis six jours. Le premier qui avoit été détaché pour aller visiter des Tombeaux, en avoit fait ouvrir quinze de différentes formes, & n'y avoit trouvé que des ossemens de chevaux. Le second & l'Etudiant *Kraschenin-nikow*, que nous avions chargés d'examiner les bains chauds de . . . . , nous rapporterent que la chaleur de l'eau étoit telle qu'on pouvoit s'y baigner dès sa source. Les Tungufes en font usage dans toutes sortes de maladies, internes ou externes. Les Lamas, qui les accompagnent, leur indiquent les cas où ils doivent prendre ces bains. Les deux sexes ont leurs bains séparés. Les environs de ces eaux thermales sont sont montagneux & couverts de bois, & les chemins pour y arriver très-difficiles.

Avant de quitter le pays des Tungufes, je crois nécessaire de rapporter tout ce que j'ai pu observer à leur sujet. Les différentes montures, dont ils se servoient lors de la conquête du pays par les Russes, ont donné lieu de les distinguer par les noms de *Tungufes à cheval*, de *Tungufes à rennes*, & de *Tungufes à chiens*. Mais à présent que toutes leurs rennes sont mortes, & qu'ils se servent tous de chevaux, on les appelle *Konnie-Tungufi* : c'est avec ces derniers que nous avons voyagé depuis les Mines d'*Argunsk* jusqu'à *Tschitinsk*. Ces Tungufes ressemblent assez aux Calmoucs, quoiqu'ils n'aient pas la face aussi large, & sont en général de petite taille. Ils ont tous des cheveux noirs, & ils les portent, comme les Chinois, nattés par derriere & en queue ; cet usage n'est cependant pas général, j'en ai vu qui, dans les chaleurs de l'Eté, ne conservoient que quelques cheveux sur le bord du front ; ils ont peu de barbe ; & aussitôt qu'elle paroît, ils l'arrachent jusqu'à ce qu'elle ne revienne plus. Leur habillement consiste en une pélisse (que les riches couvrent de *kitaika* ou d'une étoffe de soie), en un bonnet, une culotte & des bottes. Ils portent la pélisse sur le corps nud, mais ils la quittent dans les chaleurs ; & lorsqu'ils restent dans leurs jurtes, ils ne gardent que la culotte. Quand ils se couchent la nuit, près du feu, soit dans leur jurte, soit dans les champs, ils ôtent encore la pélisse, & ne s'en couvrent que le côté du corps qui n'est pas tourné vers le feu ; & comme ils se retournent continuellement tantôt d'un côté, tantôt de l'autre, ils le font avec tant de vitesse, que la pélisse se trouve toujours du côté opposé au feu. Leur bonnet est communément rouge, & bordé de fourrure. Ils portent tous des ceintures de la façon des Bratskis, à laquelle sont attachés leur briquet, leur sac à tabac & leur pipe. Les femmes portent pour ornement ordinaire des boucles d'oreilles & des colliers de corail. Ils mangent tout ce qu'ils trouvent : l'oignon du turban, & d'autres especes de lis qui viennent dans les champs, la racine de bistorte, le lait, le fromage, la chair de cheval, le mouton, toutes sortes de bêtes fauves, comme cerf, loup, renard, ours, marmotte, &c. font leur nourriture ; mais ils ne tuent guere les animaux domestiques ou privés ; ils n'en mangent que quand ils sont morts naturellement, & c'est un trait d'humanité de leur part. Ils mangent du pain avec une grande avidité ; ils en demandent même aux Voyageurs qui passent, & le donnent à leurs enfans, comme une friandise. Leur boisson est du thé, qu'ils font bouillir avec du lait ou du beurre,

& du lait aigre ; en Eté, ils boivent aussi de l'eau-de-vie qu'ils distillent du lait. Ils entretiennent de nombreux troupeaux de bœufs, de chevaux, de moutons & de chevres : on voit des Tungufes qui ont jufqu'à cinq cens chevaux, & les riches ont de plus des chameaux. Ils en vendent tous les ans autant qu'il faut pour payer le tribut, & pour s'habiller, eux, leurs femmes & leurs enfans ; mais ils ne vendent pas volontiers les chevaux blancs, ni les moutons qui ont la tête noire. Quand ils n'ont plus rien à manger, ils vont à la chaffe ; & tant que dure le gibier qu'ils ont pris, ils ne penfent pas à de nouvelles provifions. Ils pourfuivent ordinairement les marmottes jufques dans leurs trous : ils mettent du feu à l'entrée, & la bouchent enfuite, jufqu'à ce que l'animal prêt à être fuffoqué, en forte. Ils font errans, & ils tranfportent leurs jurtes & tous leurs uftenfiles avec eux. Ils proteffent l'ancienne Religion Payenne, établie autrefois généralement dans toute la Sibérie : elle leur permet de prendre autant de femmes qu'ils veulent ; cependant on en voit rarement qui aient plus de deux femmes, & ils font obligés de les acheter. Leurs Idoles, appellées *Schewuki*, font de bois ou de cuivre, & habillées de peau. Pour obtenir de ces Idoles ce qu'ils defirent, ils font femblant de les nourrir, en leur paffant de tems en tems dans la bouche un peu de crême ou quelque chofe de gras ; ils les régalent auffi quelquefois de la même façon, quand leur chaffe a bien réuffi. Ils révèrent encore le Soleil : mais dans leurs plus preffans befoins, ils ont recours à leurs Schamans. Dans leurs maladies, ils s'adreffent aux Lamas Mongoles, qui font fouvent, à cette occafion, des Profélytes.

Au refte, ils vivent en bonne intelligence entr'eux, & il arrive rarement qu'un Tungufe en accufe un autre devant les Magiftrats Ruffes, parce qu'ils terminent ordinairement à l'amiable leurs différends, qui d'ailleurs font de très-petite importance. Ils font diftribués par familles : un certain nombre de maifons eft foumis à un *Saiffan*, qui a fous lui un *Schulinga*, & tous deux dépendent d'un *Taifcha*. Ces trois fortes d'Officiers qui font du corps de la Nation, ainfi que ceux qui leur font foumis, font commis & penfionnés par Sa Majefté Impériale ; ils font chargés de faire exécuter, chacun dans fon diftrict, tous les ordres Impériaux qui leur font adreffés, & de maintenir parmi les Tungufes l'obéiffance & le bon ordre. Ils ont auffi le pouvoir de décider les petits différends ; mais ils ne peuvent pas infliger une punition un peu forte. Cependant tous ces peuples paroiffent en général être fort contens du Gouvernement Ruffe, & il n'y en a point qui fe retirent dans la Mongolie ; prefque tous les Mongoles au contraire feroient charmés de fe mettre fous la protection des Ruffes, fi ceux-ci vouloient les recevoir. Nos Tungufes furent à notre égard les plus officieux du monde, & nous ne fûmes jamais dans les cas d'ufer avec eux de la moindre violence. Ils ne font point du tout accoutumés aux charriots, ni aux charrettes, & ne favent pas y atteler un cheval : c'eft pourquoi nous avions emmené avec nous d'*Argunskoi-Oftrog* dix Voituriers Ruffes, pour nous conduire jufqu'à *Tfchitinsk*, & pour inftruire les Tungufes. Comme très-peu d'entr'eux entendent le Ruffe, il nous falloit par cette raifon un Voiturier Ruffe pour chaque charriot, & pour leur montrer

montrer le chemin. Les Russes de ces cantons parlent tous les Langues Tungufe & Mongole.

Le 11, à 4 heures du soir, nous quittâmes *Tschitinsk*. A douze werstes de l'*Onon*, nous trouvâmes sur un échaffaut de bois un cheval qui, trois semaines auparavant, avoit été tué par le tonnerre. Comme les Bratskis pensent que la foudre du Ciel est l'ouvrage du Diable, & qu'il désigne ainsi les victimes qui lui conviennent, ils ne manquent pas d'exposer de cette maniere les hommes ou les chevaux qui ont été frappés du tonnerre. A quatre werstes en-deçà de *Schibetu-Chadda*, nous vîmes sur la steppe quantité de Tombeaux anciens. Comme les recherches que nous avions récemment fait faire près du Village de *Gorodischtsche*, avoient eu un mauvais succès, & que nous doutions beaucoup de l'exactitude de ceux que nous avions envoyés, nous fîmes à *Jerawna* provision de pelles, pour nous mettre en état d'examiner ces monumens-ci par nous-mêmes. Ces Tombeaux, comme tous les autres, avoient la forme d'un quarré long, & ils étoient de même environnés de grosses pierres. Les plus considérables avoient environ trois brasses de longueur, & une de largeur. La face orientale étoit particulierement distinguée par deux pierres fort grosses, dont le volume excédoit celui des autres. Les Tombeaux s'étendoient en longueur de l'Est à l'Ouest ; nous en fîmes ouvrir deux, où nous trouvâmes d'abord un squelette de cheval. Nous eûmes ensuite des pierres à débarrasser jusqu'à la profondeur d'un arschin. A l'extrémité du côté oriental, étoit une pierre énorme posée en travers, qui nous embarrassa beaucoup ; nous ne pûmes en venir à bout qu'en la cassant, & en l'ôtant par morceaux. Il n'y avoit, sous cette pierre, qu'environ deux pouces de terre, & cette terre couvroit des ossemens humains, qui paroissoient encore assez frais : mais on ne voyoit point de vestige de tête, pas même aucunes dents, sortes d'os, qui, comme on sait, ne se pourrissent jamais. Dans l'espérance de trouver autre chose, nous fîmes creuser la terre jusqu'à son lit naturel, & rien ne nous dédommagea de cette peine. Ainsi nous reprîmes notre route, & nous arrivâmes le 18 au soir à *Udinsk*.

Vers l'an 1670, on construisit ici un Ostrog, auquel l'Ambassadeur *Feodor Alexiewitsh Golowin* fit ajouter quelques fortifications, lorsqu'il y passa en 1685. Tels sont les commencemens de cette Ville. Elle est située sur la riviere d'*Uda* qui vient de l'Est & qui est alors large d'environ trente brasses ; un peu au-dessous, elle reçoit un bras du *Selenga*, auquel elle se réunit une demi-werste plus bas. La Forteresse est à l'Orient sur une éminence, au pied de laquelle passe l'*Uda* ; elle est de forme quarrée, & bâtie en bois ; à chaque coin, il y a des tourelles, & au milieu du mur occidental est une grosse tour, au-bas de laquelle est la principale entrée. On y trouve un Corps-de-Garde, un magasin à poudre, trois magasins à bled, & un arsenal. A l'Occident de la Forteresse, on voit dans une plaine les habitations ou les maisons de la Ville, qui sont au nombre de cent seize. Elles sont bâties sans ordre, & les rues sont très-irrégulieres. Il y a trois Eglises, mais on ne fait le service que dans une ; il y a aussi une Chancellerie, un Cabaret, une Brasserie, & quelques boutiques de

Marchands. Du côté septentrional de la Forteresse, la Ville est entourée de palissades jusqu'à la riviere, dont le côté est libre ; & dans l'angle formé par les deux côtés de ces palissades, qui sont percées de plusieurs poternes, est élevée une batterie de canons, au-devant de laquelle est une enceinte de chevaux de frise ; au-delà de l'*Uda*, il y a encore quelques maisons qui dépendent de la Ville. Les habitans d'*Udinsk*, sont des *Dworjænini* d'Irkutzk, des *Dieti Bojarskie*, des Cosaques, des Marchands, des Officiers des Caravanes, & des *Carimmi-Jasaschnie* (58). La Ville n'a point de Waywode, mais seulement un *Prikaschtschik*, qui dépend de *Selenginsk*.

La situation de la Ville est fort agréable, & les campagnes qui l'environnent sont propres au labour. Il y a d'excellens pâturages & du bois en abondance ; ce qui est d'autant plus avantageux, qu'elle est située sur une riviere navigable, & qu'on est obligé d'y passer pour aller à la frontiere de la Chine, tant méridionale qu'orientale. On peut juger par le nombre des maisons logeables qu'elle renferme, de l'opulence de ses anciens habitans ; mais depuis que la Caravane Chinoise prend sa route par *Selenginsk*, la Ville d'*Udinsk* est un peu tombée en décadence, & plus encore depuis qu'on a fait l'établissement de *Kiachta*. Avant ces changemens, elle étoit, pour ainsi dire, l'entrepôt de tous les Marchands & de toutes les marchandises qui alloient en Chine, ou qui en venoient ; sa situation mérite encore bien des préférences, & peut lui rendre son ancien lustre.

La Ville ne manque pas de vivres ; & comme le terrain est favorable au jardinage, on y trouve abondamment toutes sortes de fruits & de légumes. Le poisson, en Eté, est si abondant, qu'on peut en faire provision pour toute l'année : c'est de quoi nous avons été témoins. Les habitans ayant appris, dès le 26 Août, que les *Omules* étoient déja arrivés près de *Bolschaja-Saimka*, il apprêterent d'abord leurs filets ; & du 27 au 28, le *Selenga*, près & au-dessus de cette Ville, fut si rempli de cette espece de poisson, qu'il suffisoit de jetter le filet & de le retirer aussitôt, pour être assuré d'en prendre à chaque fois au moins quatre mille. Cette abondance dura trois jours ; mais du 30 au 31, les poissons défilerent. Il arrivent régulierement près d'*Udinsk* vers la fin d'Août, non au

---

(58) Ce qu'on appelle *Dworjænin*, est un homme de famille, qui a droit à des distinctions par sa naissance, on par son mérite personnel. C'est une sorte de Noblesse, qui ressemble à celle des Patriciens en Allemagne. On les désigne en Russie & en Sibérie par les Villes dont ils sont *Dworjænins*, comme *Dworjænin* de Moscou, de Tobolsk, d'Irkutzk, &c. Ils ne paient point d'impôt à la Couronne, & en reçoivent d'ordinaire des appointemens, pour lesquels ils sont obligés de remplir certains emplois dans les Ambassades, & même quelques emplois civils, comme *Baillifs*, *Waywodes*, &c. On tiroit autrefois de cet Ordre des Ambassadeurs pour la Chine.

Dieti Bojarskie signifie proprement enfans de *Bojans*. *Sinbojarskoi*, fils de *Bojare*, en est le nominatif. Ceux-ci sont d'un rang un peu inférieur, mais ils sont aussi regardés comme des Officiers de la Couronne, qui les emploie pareillement dans les Ambassades, & dans les Villes ou dans les campagnes.

On nomme *Officiers de Caravannes* ceux qui voyagent aux dépens de la Couronne, & ils ont des appointemens.

Carim désigne un *Bratski*, qui a épousé une femme Russe, & qui par conséqnent a embrassé la Religion Chrétienne. *Carim-Jasaschnoi* ou *Jesaschnoi*, est un *Carim* qui paie un tribut à la Couronne.

mois de Juillet, comme dit fauffement *Isbrand Ydes* au *Chap. IX.* de fa Relation. Il paroît, pour le dire en paffant, que cet Ecrivain a beaucoup écrit d'après des oüi-dire, & qu'il a très-peu vu par lui-même ; ou qu'après avoir terminé fon voyage, il a écrit de mémoire, & que fa mémoire l'a fouvent trompé. Il rapporte au fujet de ces *Omules*, que les habitans les prennent avec des facs, avec des chemifes & des draps de lit ; ce qui certainement ne s'eft jamais fait. Il en eft de même du conte de la chaux vive, que le Commandant du lieu avoit fait jetter dans la riviere, & que la foule des poiffons avoit empêché d'aller à fond. L'*Omule* eft une efpece d'Ablette (*Coregonus Artædi*), & n'a rien de commun avec le harang, finon que fes écailles font luifantes. *Witfen*, dans fa *Tartarie Septentrionale & Orientale*, les compare avec plus de raifon aux *Schelvis*, finon qu'ils font plus petits. Leur longueur ordinaire eft d'un pied : on dit qu'ils font plus forts dans le *Tfchiwurkui* & dans le *Jenifëi*, & qu'ils ont quelquefois une aune ou plus de longueur. Il s'en trouve non feulement dans le lac *Baikal*, dans les ruiffeaux ou rivieres qui s'y jettent, & dans les golfes par lefquels il entre dans les terres, mais encore dans le lac *Sor* qui, près du Couvent de *Pofolk*, s'étend au Sud-Eft le long du lac *Baikal*, avec lequel il communique par deux ouvertures. Il s'en trouve auffi dans la Mer Glaciale, d'où ils fe rendent dans le *Jenifëi* en Automne, vers le mois d'Octobre, & toujours avant la gelée, près de *Mangazea*. On m'a encore affûré qu'ils entrent dans la riviere de *Petfchora*, & qu'ils la remontent jufqu'au *Puftoferskor-Oftrog*, & encore plus haut. Ils remontent auffi le *Chatanga* & l'*Indigirka*. C'eft pourquoi je ne comprends pas qu'on n'en voie point ni dans le *Tafs*, ni dans l'*Obi*, ni dans le *Lena*, comme l'ont affûré pofitivement des Voyageurs qui ont été dans ces cantons, & qui les connoiffent bien. Un Oftiaque Surgute me dit qu'il s'en trouvoit auffi dans la riviere de *Kafur*. Dans l'Oftrog de *Bargufinsk*, il y a beaucoup de gens qui vont au *Tfchiwirkui* pour la pêche des *Omules*. Ces poiffons ne s'y trouvent gueres avant le mois d'Octobre, & les Pêcheurs en tirent l'avantage de ne pas avoir befoin de les faler ; ils fe contentent de laiffer geler le poiffon, & le tranfportent en cet état par-tout, ce qui leur facilite le moyen de le donner plus frais, à meilleur marché, & de le vendre avec plus d'avantage. Voici la marche de ces poiffons à leur fortie du lac *Baikal*. Ils commencent à s'ébranler vers la mi-Août ; ils fe partagent alors, & entrent dans le *Selenga*, dans le *Bargufin*, & dans un grand golfe formé par le lac *Baikal*, appellé *Tfchiwirkui* ; puis de-là dans un ruiffeau du même nom, & dans la *Werchnaja-Angara*. Ils remontent ces rivieres jufqu'à ce qu'ils rencontrent des glaces, qui les obligent de retourner au lac. Ils ne voyagent pas ainfi tout d'une traite ; ils font des haltes régulieres pour fe repofer, & s'arrêtent toujours dans les endroits de la riviere où le courant eft le moins rapide. Ceux qui entrent dans le *Selenga*, n'enfilent aucune riviere avant d'arriver au *Tfchikoi* ; ils ne touchent point non plus l'*Uda*. Lorfqu'ils font arrivés au *Tfchikoi*, il en entre une partie dans cette riviere ; les autres reftent dans le *Selenga*. Quand cette derniere colonne arrive au *Dfchida*, elle fe partage encore. Les habitans ne fe fouviennent que de deux années, où ces poiffons n'ont pas exactement observé cet ordre ; ils s'arrêterent tout-à-coup près de *Bolschaja-Saimka*, sans aller plus loin : ce qui obligea les habitans de *Selenginsk* & d'*Udinsk*, de se rendre à cet endroit pour y faire leurs provisions ordinaires.

L'air des environs de cette Ville est fort pur, & pendant notre séjour je n'ai point entendu parler de maladies considérables. Cependant les habitans sont sujets à une maladie appellée *smejowitsch*, & connue sous le même nom en Russie. Il leur vient à un de leurs doigts un ulcere accompagné de douleurs fort cuisantes : cet ulcere s'ouvre enfin, mais la cure en est longue & difficile, si on ne fait usage du remede suivant. On prend une once de sain-doux, une livre de résine de sapin ou de pin, deux drachmes de verd de-gris & de vitriol de Chypre, une demi-once d'alun, deux scrupules de sublimé ; & l'on fait du tout un onguent qu'on applique sur le doigt, quand l'ulcere n'est pas encore formé, pour le faire mûrir. Lorsque l'ulcere est déja formé, l'effet de cet onguent est très-prompt : en deux jours l'ulcere est nettoyé, & la plaie se ferme aussitôt.

Notre séjour à *Udinsk* dura jusqu'au 12 Septembre ; nous nous embarquâmes ce jour-là le soir fort tard dans deux Doschtschennikes, & nous partîmes le lendemain à 6 heures du matin. Nous passâmes avant midi devant *Itansiuskoi-Ostrog*, bâti par les habitans de *Nertschinsk*, dont il dépend, quoique situé au milieu du territoire de *Selenginsk*. Le *Selenga* qui, depuis *Selenginsk* jusqu'à *Udinsk*, a son cours au Nord-Est, tire au Nord jusqu'à *Itanzinsk*. De-là tournant à l'Ouest, il suit cette direction jusqu'au lac *Baikal*. Nous ne nous arrêtâmes en aucun endroit, & nous passâmes vers une heure devant *Bolschaja-Saimka* ; mais nous laissâmes cette station à gauche, parce que la riviere principale qui passoit il y a dix ans tout auprès, s'est retirée assez loin au Nord. Le soir, avant d'atteindre *Triaskowskaja* ou *Archangelskaja-Sloboda*, nous fûmes engravés sur le sable, & nous ne pûmes être débarrassés que fort tard dans la nuit. Quoique nous n'eussions que trois werstes à faire pour aller jusqu'à la Slobode, nous n'osâmes aller plus loin à cause du peu de profondeur de la riviere, & nous n'arrivâmes qu'après avoir échoué plusieurs fois. Nous la passâmes le lendemain à 8 heures du matin, & après avoir encore touché plusieurs fois le sable, nous arrivâmes vers les 11 heures à *Mokieewa-Saimka*, où un grand vent accompagné de pluie nous força de rester. Vers le soir, le tems devint calme, de sorte que nous passâmes devant *Kabanskoi-Ostrog*, & parvînmes à *Kolesnikowa Sloboda*. On compte de ce dernier endroit trente werstes jusqu'à l'embouchure de la riviere de *Selenga* ; c'est-là qu'en remontant la riviere, on laisse ordinairement les ancres & tout l'attirail des manœuvres, pour naviger sur le lac, & que l'on vient les reprendre en le descendant. Nous arrangeâmes les choses de façon que nous eûmes tout chargé dès le soir même, pour pouvoir aller plus loin dès le lendemain matin. Nous passâmes devant les Villages de *Charitonowa* & de *Twarogowa*. A trois werstes au-dessus du dernier Village, la riviere se partage en deux bras ; le bras gauche va droit au lac, & c'est ce qu'on nomme la *Nischneje-Ustie*, l'embouchure inférieur du *Selenga* : le bras droit se divise encore en deux autres bras, dont le bras droit va gagner le lac, sous le nom de *Werchneje-Uſtie*, l'embouchure supérieure ; le bras gauche s'y rend de même, entre les deux autres embouchures, sous le nom de *Serednije-Uſtie*, embouchure moyenne. Près de l'embouchure inférieure, il y a une Chapelle & une Simowje ou logement d'Hiver. Nous entrâmes dans l'embouchure moyenne, parce que l'inférieure étoit remplie de bas-fonds, & que la supérieure auroit trop alongé le chemin.

Il s'éleva dans l'après-dînée un fort vent d'Ouest qui continua le lendemain avec la même impétuosité. Nos Travailleurs promirent des monts d'or au lac, qu'ils appellent *Mer sacrée*, s'il vouloit faire cesser la tempête. Les uns lui promettoient tant de copeques, & d'autres une bonne portion de pain : quelques autres promirent un certain nombre de Messes à saint Nicolas, à l'honneur duquel est une Chapelle près de l'embouchure de l'*Angara*, s'il vouloit nous donner un vent favorable. Le 17, le tems fut fort serein, parce que le vent étoit à l'Est, circonstances presqu'inséparables, & auxquelles les Mariniers du pays font beaucoup d'attention. Quand le vent est à l'Est, s'ils voient quelques nuages au Ciel, ils n'osent pas se mettre en route, ces nuages présageant, selon eux, que le vent changera bientôt. Le 16 au matin, le vent étoit à l'Est, & nous voulûmes partir ; mais nous ne pûmes y déterminer nos gens, par rapport aux nuages qui s'étoient formés, & le vent se mit bientôt en effet à l'Ouest. Nous ne partîmes donc que le 17, un peu avant le lever du Soleil, & dans l'espace de cinq werstes, nous passâmes continuellement sur des bancs de sable. Aussitôt qu'on eut levé la voile & fait les cris ordinaires, nos gens commencerent à faire leurs offrandes au lac ; aucun d'eux ne manqua à sa parole. On jetta dans le lac environ vingt copeques en especes, & un pain entier de six à huit livres ; mais le vent étant devenu fort, nos Mariniers eurent peur, & firent leurs efforts pour passer promptement. Nous continuâmes alors notre route le long du rivage méridional. Peu de tems après, nous eûmes des coups de vent d'Est-Nord-Est qui tourmenterent beaucoup nos frêles Bâtimens, mais qui nous avancerent bien aussi. Nous passâmes devant les *Peschtchannie-Gubi*, golfes sablonneux, la *Golonsnoje-Simowje*, la *Kadilnoje-Simowje* & la *Sobolew-Orstoi*. Allant si bon train, nous comptions atteindre l'embouchure de l'*Angara* ; mais le vent changea vers les 4 heures du soir. La tempête qui nous étoit venue jusqu'alors d'Est-Nord-Est, se calma, & quelques minutes après, il s'en éleva une autre du Nord-Ouest avec une forte pluie. Comme nous n'étions pas éloignés des bords du lac, on se mit à forcer de rames, pour y arriver : malheureusement on ne trouva point de fond pour jetter l'ancre ; ainsi nous fûmes obligés de faire remonter les Bâtimens avec des peines infinies jusqu'à *Sobolew-Orstoi*, où nous avions déja passé. On donne le nom d'*Orstoi* à tous les endroits où il y a fond d'ancre, & où l'on peut se sauver en cas de tempête. Les *Peschtchannie-Gudi*, dont on a parlé ci-dessus, ont deux ancrages semblables. Un Bâtiment qui s'est sauvé d'une tempête dans quelque endroit de cette nature, y laisse ordinairement une marque, pour s'en souvenir. On éleve une croix de bois sur le bord du lac ; & les principaux passagers y mettent leurs noms, avec l'époque de leur avanture, & le tems qu'ils y ont resté. Il étoit déja presque nuit, & nous jettâmes deux ancres ; nous amarrâmes encore les Bâtimens à terre avec plusieurs cables, pour qu'ils pussent résister à la violence du vent qui les poussoit vers le côté méridional du lac. La nuit étoit extrêmement sombre ; le ballottement continuel des Bâtimens fit détacher un ancre de celui sur lequel nous étions, & le cable se cassa un instant après. Cet accident nous embarrassa beaucoup, &, malgré toute notre diligence, l'obscurité de la nuit nous empêcha d'y remédier aussi promptement que nous aurions voulu. La Chaloupe de ce Bâtiment étoit entierement brisée ; il fallut attendre celle d'un autre Bâteau, pour mettre quelques gens à terre. Pendant qu'on l'amenoit, l'autre ancre se détacha, & notre Bâtiment étoit en danger d'être emporté dans le lac. Les cables, avec lesquels il étoit amarré à terre, le retenoient un peu, mais ne l'empêcherent pas d'être poussé dans le lac. Pour surcroît de malheur, nous n'avions pas avec nous un seul Marin un peu habile, ensorte que, si le Bâtiment eût été porté en plein lac pendant l'obscurité de la nuit, il couroit risque d'être brisé contre quelque rocher du rivage méridional. M. Muller & moi, nous prîmes la résolution de gagner la terre avec la misérable Chaloupe qui nous restoit pour nous sauver. Nous ordonnâmes aux Etudians qui étoient sur notre bord, de nous suivre. Cette résolution fit un bon effet, en excitant nos gens au travail. Après des peines incroyables, ils parvinrent enfin à amener le Bâtiment plus près de terre, & à bien assûrer un ancre qui n'étoit pas encore détachée. Cependant ne voulant pas nous y fier, nous restâmes à terre ; & comme il faisoit froid, nous construisîmes une cabane, & fîmes du feu. La tempête continua le jour suivant, & quoique nos Bâtimens tinssent ferme, nous ne quittâmes point la terre. Nous nous fîmes apporter du Bâtiment les choses dont nous avions besoin, & nous attendîmes tranquillement que le vent changeât. On repêcha l'ancre que nous avions perdue. La tempête se calma vers la nuit, & nous eûmes l'espérance de pouvoir continuer le lendemain notre route. Ainsi nous nous rembarquâmes, & nous passâmes la nuit à bord de notre Bâtiment.

Le lendemain matin, le vent souffloit encore du Nord ; mais il étoit si foible, que, nous trouvant d'ailleurs à l'abri du rivage, nous résolûmes d'avancer à force de rames, & en faisant tirer le Bâteau. Nous marchâmes dès 7 heures du matin ; & après avoir fait seize werstes, nous arrivâmes à *Gnutaja-Guba*, qu'on regarde comme le meilleur port du lac, & où nous vîmes plus de trente croix élevées sur le rivage. La *Listwennischnoje-Simowje* n'en étant qu'à six werstes, nous l'atteignîmes vers les trois heures & demie, & nous y prîmes un guide pour nous conduire à l'embouchure de l'*Angara*. Vers les 3 heures, nous fûmes rendus à cette embouchure. Elle est semée de rochers, qui rendent le passage fort étroit, & le courant très-rapide. Nous arrivâmes en un quart-d'heure près de *Nikolskaja-Sastawa*, où plusieurs de nos gens nous demanderent la permission d'aller à terre pour exécuter leurs vœux. Nous n'osâmes pas la refuser, parce que nos Matelots étoient fort indisposés contre nous : ils prétendoient que nous nous étions attiré cette tempête, parce que, pour nous divertir, nous nous fervions toujours devant eux, en parlant du Lac, du mot d'*Ofero*, qui eft le mot propre, & que nous ne lui donnions pas le nom de *Mer*. Tantôt en effet nous leur difions, qu'il ne falloit pas avoir peur, parce que ce n'étoit qu'un lac, & que nous n'étions pas fur la mer ; tantôt nous gourmandions le *Baikal*, de ce que n'étant qu'un fimple lac, il vouloit, par fes bourrafques, imiter la mer. Nos Travailleurs, fcandalifés de notre irrévérence, voyoient dans toutes les circonftances, même dans les plus favorables, que le lac nous en vouloit.

Le bord feptentrional de ce lac eft revêtu prefque par-tout de groffes pierres : le bord méridional au contraire eft fablonneux en plufieurs endroits ; c'eft pour cela que le danger n'eft pas fi grand, quand on eft jetté fur le bord méridional, parce qu'on fe trouve prefque toujours fur le fable, pendant que le bord oppofé n'a que quatre endroits où l'on puiffe jetter l'ancre, & pas un feul où l'on puiffe s'arrêter fans danger. Les deux rivages font montagneux, & garnis de rochers fort hauts, qui defcendent quelquefois perpendiculairement dans le lac. Ces montagnes font parfemées de bois de melefes & de fapins, mêlés quelquefois de bouleaux. Celles du midi font couvertes de neige du côté de l'eau prefque pendant tout l'Eté ; c'eft de-là que quelques Voyageurs en ont fait des montagnes de neiges. Au refte, on n'a pas encore remarqué qu'il y eût dans ce lac des rochers cachés : car, malgré le mauvais état des Bâtimens qui s'y expofent, il n'y a pas d'exemple qu'il s'en foient brifés ailleurs qu'au rivage, & l'on ne fauroit dire non plus que perfonne y ait péri. Il eft même affez vraifemblable, que fi l'on avoit feulement de gros Bateaux de la conftruction ordinaire à la place des Dofchtfchennikes dont on fe fert fur ce lac, on n'entendroit jamais parler de Bâtimens brifés fur fes bords. Ce lac eft communément glacé vers le tems de Noël, & il dégele au commencement de Mai. Comme les quatre derniers mois de l'année font prefque toujours orageux, on ne s'expofe pas volontiers à y naviger, à moins que l'on n'y foit forcé par des circonftances bien preffantes : cependant on y paffe encore en Décembre, quoiqu'alors le *Selenga* foit gelé, & qu'il y ait déja tant de glaces attachées aux bords du lac, qu'il faut les rompre avec des peines infinies, pour pouvoir pénétrer jufqu'à la plage.

Le tems fe foutenant toujours, & le cours de la riviere étant fort rapide, nous pouffâmes le même foir depuis *Nikolskaja-Saftawa* jufqu'à *Molodowo-Simowje*. Nous y paffâmes la nuit fur nos Bâtimens, pour faire un peu repofer nos Travailleurs qui s'étoient fort fatigués pendant tout le jour, foit à ramer continuellement, foit à tirer les Bateaux. Le cours de l'*Angara* que nous avions à paffer, eft par-tout également rapide à fon embouchure ; mais il y avoit ici deux endroits qu'on ne pouvoit paffer fans guide, l'un près de *Chomutowa-Simowje*, appellé dans la Langue du pays *Sabatfchia-Dira* (Trou-de-Chien), l'autre au-deffous du premier, défigné par le nom général de *Schiwera* (59). Nous avions réfolu de marcher

---

(59) *Schiwera* eft un endroit femé de rochers, & où les eaux par conféquent font fort baffes.

dès la pointe du jour ; mais un brouillard fort épais, qui nous avoit em-
pêchés de remarquer les endroits dangereux de la riviere, ne nous
permit pas de partir avant huit heures & demie. Nous passâmes d'abord
sur une *Schiwera*, ensuite devant *Chromowo-Simowje*, *Michailewa Saimka*,
Dolganowa - Simowje, *Grundinina Der.*, *Sukino - Simowje*, *Schtschukina
Der.*, *Kriæschanowskaja Der.*, *Jerschowa D.*, *Bolschaja-Roswodnaja* ou
Werch-Angarskaja D., *Malaja-Roswodnaja* ou *Werch-Angarskaja D.*, *Kus-
michina Der.*, & *Glaskowa Der.*, & vers les deux heures après midi,
nous fûmes rendus près d'*Irkutzk*, où nous trouvâmes notre troisieme
Collegue (M. de Lisle de la Croyere) en bonne santé.

La Ville d'*Irkutzk*, bâtie vers l'an 1661, est, après *Tobolsk* & *Tomsk*,
une des plus grandes Villes de la Sibérie. Elle est située sur la rive orientale de l'*Angara*, dans une belle plaine, vis-à-vis de l'embouchure de
l'*Irkut*, d'où elle tire son nom. Il y a plus de neuf cens maisons assez bien
construites, & dont le plus grand nombre contient, outre la chambre du
poële & celle du bain, une chambre sans fumée où se tient la famille ;
mais toutes ces maisons sont de bois. Le Comte *Sawa Wladislawitz* a fait
entourer cette Ville, comme les autres de ce district, de pallissades en
quarré, excepté du côté de la riviere, qui est fortifiée par la nature.
Tout l'emplacement, sur lequel sont les pallissades, est de douze cens
soixante-dix-sept brasses ou orgies. Les pallissades sont entourées d'un
fossé, & le fossé l'est de chevaux de frise. Au-dedans des pallissades sont
élevées quatorze redoutes ou tourelles. Les véritables fortifications de la
Ville sont en-dehors & près du rivage de l'*Angara*. Elles ont quatre-
vingt-dix brasses de longueur, sur soixante-dix de largeur. Aux trois angles de la Forteresse, il y a des tourelles pour tirer, & du côté de la
riviere des guerites pour les sentinelles. Du même côté, dans la Forteresse, on trouve encore la Chancellerie qui est bâtie de pierre,
l'ancienne Chancellerie construite en bois, & la maison du *Sous-Statthalter*, aussi de bois. De l'autre côté, est une Eglise-Cathédrale toute en
pierre, avec son clocher & une horloge. On a pratiqué dans les murs
de la Forteresse plusieurs chambres, & au-dessous des caves & des magasins. Dans l'intérieur, sont un magasin à poudre, un Corps-de-Garde,
& le logement d'une ancienne Chambre des Comptes : vingt canons composoient son artillerie. Au-dessous de la Forteresse, il y a une autre Cathédrale aussi de pierre, avec son clocher de même construction ; & en
différens endroits de la Ville, quatre Eglises paroissiales construites de
bois. Une cinquieme Eglise en bois, avec titre de Paroisse, est au-dessus
de la Ville, & non loin de-là un Couvent de filles, dont l'Eglise est pareillement de bois. Entre ce Couvent & la Ville, tombe dans l'*Angara* un
ruisseau nommé *Uschakowka* ou *Ida*, qui fait aller trois Moulins. Les bâtimens publics de la Ville, sont l'Hôtel de Ville, le magasin des Marchands, le Bureau des péages, un magasin d'eau-de-vie, la Boucherie,
la Fripperie, le logement des Troupes, le Bureau de la Police, la Prison,
un magasin à poudre entouré d'une enceinte de bois, une Brasserie & un
Cabaret à biere, dix Cabarets où l'on distribue de l'eau-de-vie & de l'hydromel, un Bain pour les Marchands, & trois Greniers à sel.

Cette

Cette Ville est habitée par des Marchands, des Slufchiwies, des *Ditti Bojarskie*, des *Dworjænini*, & par plusieurs gens de métier. La plûpart de ces gens-là sont des fuyards des autres Provinces, & presque toute la Sibérie n'a pas d'autres habitans Russes. Ils sont ici, comme dans les autres Villes de cette vaste région, adonnés à l'ivrognerie, à la fainéantise, à l'amour immodéré des femmes, &c.

La Ville d'Irkutzk a un Sous-Statthalter, auquel toute la Province est soumise. De lui dépendent les Waywodes de *Selenginsk*, de *Nertschinsk*, d'*Ilinsk*, de *Jakutzk*, & les Commandans d'*Ochotsk* & de *Kamtschatka*. Ses revenus sont beaucoup plus considérables que ceux du Statthalter de Tobolsk dont il est dépendant, & les émolumens annuels qu'il se procure, indépendamment des gages ordinaires de son office, ne vont guere à moins de trente mille roubles. Il se fait craindre des Waywodes qui lui sont soumis; mais il ne craint pas aisément qu'on lui fasse des affaires, attendu le grand éloignement de Tobolsk.

Irkutzk a un Evêque qui n'y siége pas, mais dont la résidence est dans un Couvent bâti à cinq werstes de distance au côté occidental de l'Angara. On devoit lui bâtir incessamment une maison dans la Ville. C'est de cet Evêque que dépendent toutes les fondations ecclésiastiques qui sont dans la Province d'Irkutzk, tout le Clergé séculier & régulier.

La Police est assez bien observée dans cette Ville. Toutes les grandes rues ont des chevaux de frise, & des gardes de nuit. Les Officiers de la Police font outre cela la patrouille pendant la nuit; ils arrêtent tous ceux qui commettent quelques désordres dans les rues, & visitent de tems en tems les maisons suspectes. Cependant il arrive souvent que les cabarets sont, pendant la nuit, pleins de monde, contre les ordonnances expresses publiées sur cela par toute la Russie.

Les environs d'Irkutzk sont agréables, quoique montagneux. Il y a sur-tout de belles prairies du côté occidental de l'Angara. On ne cultive point de bled dans le district de cette Ville: tout celui qui s'y consomme est amené des plaines de l'Angara, des Slobodes situées sur la riviere d'*Irkut* & sur la *Konda*, & du territoire d'*Ilimsk*. Le gibier n'y manque pas; on y trouve des élans, des cerfs, des sangliers, & autres bêtes fauves. En volaille & volatille, il y a des coqs & des poules de bruyere, des perdrix, des francolins, des gelinottes, &c. L'Angara n'est pas fort poissonneux; mais le lac Baïkal y supplée abondamment. D'ailleurs on apporte ici d'*Udinsk*, & des Bourgs ou Villages situés sur le Selenga, une si grande quantité d'*omules*, que le peuple peut en faire à très-bas prix d'amples provisions. Depuis que les Chinois n'achetent plus tant de bestiaux, la viande est à un prix très-modique: on pouvoit alors avoir un pud de bon bœuf pour cinquante copeques. A l'égard des marchandises étrangeres, celles de la Chine n'y sont pas beaucoup plus cheres qu'à *Kiachta*, & toutes en général y sont quelquefois, sur-tout au Printems dès que les eaux sont dégelées, à presqu'aussi bon compte qu'à Moscou & à Petersbourg. Le commerce de la Chine attire ici des Marchands de toutes les Villes de Russie; ils y viennent au commencement ou au milieu de l'Hiver, & commercent pendant toute cette saison avec les Chinois. Si, dans cet espace de tems, ils n'ont pû tout vendre, comme ils sont obligés de s'en retourner aussitôt que les rivieres sont navigables, ils se défont promptement de leurs marchandises, & les donnent quelquefois à meilleur compte qu'on ne les trouve à Moscou & à Petersbourg. Ce qui les presse encore de vendre, c'est qu'à leur retour en Russie, ils ont besoin d'argent pour payer les péages & les Mariniers qui conduisent leurs Bateaux. Ainsi dans la nécessité de faire de l'argent à quelque prix que ce soit, les marchandises qu'ils n'ont pas vendues aux Chinois, ils les laissent ordinairement à des Commissionnaires de cette Ville, qui les débitent comme ils peuvent en boutique. Quelques-uns d'entr'eux cependant vont jusqu'à *Jakutzk* avec les marchandises qu'ils ont prises en échange des Chinois, & cherchent à les y placer. De cette façon, un Marchand Russe fait quelquefois un très-long voyage avant de retourner chez lui. Il part au Printems de Moscou, arrive dans l'Eté à la Foire de *Makari*, & au commencement de l'année à celle d'*Irbit*. Dans la premiere, il cherche à troquer quelques-unes de ses marchandises contre d'autres, dont il puisse tirer un meilleur parti à Irbit. Là, au contraire, il porte ses vues sur le commerce de la Chine. Quand il lui reste une espece de marchandises qu'il ne peut pas débiter avantageusement à Irbit, il cherche à s'en débarrasser pendant l'Hiver à Tobolsk. Il part de cette Ville dans le Printems, parcourt toute la Sibérie, & arrive en Automne à Irkutzk, où, si les glaces ne lui permettent pas d'aller si loin, il ne manque pas de s'y rendre au commencement de l'Hiver. Il va pour-lors à *Kiachta*, & le Printems à *Jakutzk*. De là, il tâche en s'en retournant de s'avancer de six à sept cens werstes, pendant que les eaux sont encore ouvertes, & il pousse en traineau droit à *Kiachta*, où il travaille à se défaire de ses marchandises de *Jakutzk*. Il revient au Printems à *Irkutzk*, & arrive en Automne à *Tobolsk*. L'Hiver & l'Eté suivant, il visite les Foires d'*Irbit* & de *Makari*. Enfin, après quatre ans & demi de courses, il reprend la route de Moscou. Or pour peu qu'il entende le commerce, ou qu'il soit aidé de quelque bonheur, il doit dans cet espace de tems gagner pour le moins trois cens pour cent.

Il n'arriva rien de remarquable pendant le séjour que nous fîmes dans cette Ville. La plus grande partie de notre tems fut employée à mettre en ordre les observations que nous avions faites pendant l'Eté précédent. Le 21 Décembre, nous dépêchâmes le Géographe *Alexandre Iwanow* à *Tunkinskoi-Ostrog*, pour en observer la latitude septentrionale, parce que M. Muller conjecturoit qu'il avoit été placé dans les Cartes beaucoup trop au Nord. Il fut aussi chargé de faire une Description exacte des environs de la riviere d'*Irkut* & des Nations Payennes qui les habitent. Ce voyage eut son utilité. Tunkinskoi-Ostrog est situé au 51ᵈ. 15″. Dans les environs de l'Ostrog, il se trouve une espece de Tatares Payens vagabonds, nommés *Sojeti*, qui parlent le même idiome que les Tatares de *Krasnojarsk*. Les *Burætes*, peuple très pauvre, habitent les bords de l'*Irkut*. Entre Tunkinsk & Irkutzk est un gros rocher d'une pierre blanche, dont les Burætes ont une telle peur, qu'aucun d'eux n'ose l'approcher de cinquante pas, à-moins qu'il ne soit prévenu de quelque grand crime ; car alors il n'y a point pour eux d'afyle plus fûr que de monter fur ce rocher ; mais tout Buræte qui prend ce parti, eft méprifé de fes compatriotes. La route d'*Irkutzk* à *Tunkinsk* n'eft pas mefurée ; mais notre Géographe Ruffe l'eftime d'environ deux cens werftes.

Le 28 Décembre, j'allai avec M. Muller vifiter une *Kafchtak* ou Fabrique d'eau-de-vie, fituée à 6 werftes d'Irkutzk, où nous y vîmes trente-fept chaudieres à diftiller. Il y en a trois femblables qui appartiennent à la Couronne, & qui fourniffent les territoires d'Irkutzk, d'Ilimsk & de Selenginsk. Celle que nous vifitâmes, eft appellée *Perwoi-Kafchtak* ; la feconde plus éloignée, & qui a cinquante-trois chaudieres, eft nommée *Serednoi* ; la troifieme, où font foixante chaudieres, eft appellée *Pofliednoi*. Les particuliers avoient ci-devant les Fabriques d'eau-de-vie, & la fourniffoient à la Couronne à un prix réglé. Mais les Chancelleries, les Waywodes, & les Fabriquans gagnoient trop fur la vente de cette liqueur ; & quoique la Couronne n'y perdît pas beaucoup, le peuple en fouffroit, parce que l'eau-de-vie étoit fouvent deux fois plus chere qu'elle n'auroit dû l'être. Maintenant l'Hôtel de Ville en a l'infpection, & il eft obligé de la fournir à un prix raifonnable à la Caiffe, d'où elle eft repartie dans les Cabarets, ou lieux de débit.

Nous revînmes à Irkutzk par un autre chemin : nous paffâmes devant un Moulin que l'eau de l'*Ufchakowka* faifoit aller, & nous rentrâmes par ce côté-là dans la Ville.

Ayant appris qu'à environ dix werftes du lac Baikal, & plus avant dans les terres, il y avoit un bain chaud, nous y envoyâmes le Géographe *Alexandre Iwanow*, & l'Etudiant *Krafchenninikow*, pour faire quelques expériences fur cette eau minérale, prendre une exacte connoiffance du lieu, & en lever le plan. Nous expédiâmes en même tems quelques autres perfonnes de notre fuite, par *Itazinkoi-Oftrog*, droit à *Bargufin*, pour y vifiter les archives, & de-là fe rendre à *Wercholensk*, afin d'y faire des obfervations météorologiques en nous attendant.

Pendant qu'ils feroient ce voyage, nous réfolûmes, M. Muller & moi, d'aller, par *Balagansk* & *Bratskoi-Oftrog*, à *Ilimsk*, & de pouffer jufqu'au Lena. Pour cet effet, nous envoyâmes, dès le 24 Janvier 1736, fous la conduite de l'Etudiant *Gorlanow*, tous les inftrumens dont nous avions befoin, & nos bagages. Le 26 du même mois, à 10 heures du matin, nous quittâmes Irkutzk. M. *de la Croyere* fe mit le lendemain en route pour *Kiachta* par *Udinsk* & *Selenginsk*, dans le deffein de reprendre les obfervations qu'il avoit été obligé d'interrompre l'année précédente par rapport au mauvais tems. Il comptoit bien revenir encore par le chemin d'Hiver à Irkutzk, & nous réjoindre au Printems fur le Lena.

M. Muller & moi, nous arrivâmes vers une heure après midi à *Urikowskaja-Sloboda* : de-là nous allâmes, par *Balei* ou *Baleiskaja D*, à *Olonki* ou *Olonskaja Sloboda*, où nous fûmes rendus le 27 au matin. Nous paffâmes devant les Sawodes, qu'on y avoit bâties au commencement de l'année 1733 fur le plan du Commiffaire *Timophé Burzow*. Elles font fituées fur le ruiffeau de *Telma*, à deux werftes des bords de l'Angara. On n'y fondoit le fer que dans des fourneaux à la main : mais on y auroit fait construire des ouvrages plus confidérables, fi la Mine eût été plus aifée à exploiter. Dès l'Automne de 1734, on renonça à tous les travaux, parce qu'il falloit y apporter le fer de plus de quatre-vingt werftes. Car à dix-huit werftes au-deffous du *Kamenkat*, il faut paffer le Village de *Bumafchkina*, fur la rive droite de l'Angara, puis aller de-là cinq werftes en avant dans les terres, pour trouver la montagne d'où fe tiroit la Mine. Depuis un tems immémorial, les Bratskis de ce canton, & les Ruffes depuis vingt ans, en tiroient du fer en abondance; le roc eft couvert de terre à la hauteur d'un arfchin, & c'eft ce roc qui recele le minérai de fer, qui s'étend à quatre, cinq, fix, & même fept orgies de profondeur. On le trouve le plus fouvent en forme de terre ou de gravier jaune, dans des couches affez fermes, qui font parfemées de petites boules groffes comme des pois. Le minérai étant brûlé a une couleur rouge, & donne ou le quart, ou le tiers, ou jufqu'à la moitié de fer.

À huit werftes au-deffous de ces Sawodes, il y a deux fources falées, dont l'une appartient au Couvent de *Wofnefensk*; l'autre à un particulier d'Irkutzk. Elles font dans une Ifle de l'Angara, & à cinquante braffes l'une de l'autre : elles donnent enfemble affez de fel pour en fournir abondamment chaque année tout le diftrict d'Irkutzk en-deçà du lac Baikal, & une partie du diftrict d'Ilimsk.

D'*Olonki*, nous arrivâmes vers midi à *Burezkaja* D. Ce font quatre Villages d'une file qui portent ce nom. Le foir à 7 heures, nous atteignîmes *Kamenka* D, où nous paffâmes la nuit. Nous y reftâmes auffi le jour fuivant. Les habitans font riches en beftiaux.

Nous en partîmes le 29 à 7 heures du matin, & nous paffâmes par le Village de *Bumafchkina*, où nous apprîmes qu'il y avoit quelques fourneaux que nous ne jugeâmes point mériter beaucoup la peine de nous arrêter. On nous dit encore qu'il y avoit un pareil fourneau de Mine dans les environs de *Bielskoi-Oftrog*, & que les habitans y fondoient un minérai de fer qui fe trouve fur la riviere de *Bielaja*, que l'Angara reçoit au-deffous du Telma. Nous dînâmes à *Pawlowa* D. Village appellé auffi *Kulakowa*, ou *Strodkina*, ou *Sorogina*; car on trouve communément dans ces cantons des Villages qui ont plufieurs noms. Quand le notable qui a donné le fien à quelque Village, eft mort, on lui en donne auffitôt un autre. Les Bratskis de ces cantons ne font pas auffi riches en troupeaux, que ceux qui demeurent au-delà du Baikal : c'eft pourquoi il y en a beaucoup qui fe convertiffent & fe font baptifer. Ceux qui font autour de l'Oftrog, commencent à cultiver la terre. Ils n'ont point d'Idoles comme leurs freres errans de l'autre côté du lac, en quoi ils reffemblent aux Tatares Payens des territoires de *Krafnojarsk*, de *Tomsk* & de *Kufnetz*. Ils ne réverent que le Ciel & le Diable; & leurs Sorciers leur apprennent auquel des deux ils doivent facrifier dans tel ou tel cas. Tous les facrifices pour l'avenir en général fe font en l'honneur du Ciel; mais quand ils veulent détourner d'eux quelque mal, ils font obligés de facrifier au Diable. Ils facrifient toujours au Ciel en plein air; toute la cérémonie confifte en ce qu'ils mangent la chair de l'animal, & qu'ils en expofent la peau & le fquelette fur un poteau. Le plus fouvent ils tendent une voile entre deux perches, à laquelle ils suspendent des peaux d'animaux ou des morceaux de *kitaika* & d'autres étoffes, suivant que leur Schaman l'ordonne. Dans la plûpart des sacrifices qui se font en Eté, leur eau-de-vie de lait sert d'offrande. Leur Schaman en jette un peu en l'air, & boit le reste avec les Assistans. Le sacrifice qui se fait en honneur du Diable, se fait toujours dans les jurtes : le Schaman prononce d'abord un discours en se tournant vers l'Ouest ; celui qui fait le sacrifice, expose sur un poteau le squelette de la victime, & en garde la peau pour son usage. Si l'offrande est de l'eau-de-vie, le Sorcier la répand du côté occidental de la jurte, & boit le reste ; il désigne ensuite à celui qui l'a consulté ce qu'il faut qu'il offre encore, outre l'animal & l'eau-de-vie, soit peaux d'animaux, soit morceaux d'étoffes. Le Bratski en fait un paquet, & les coud dans les woelockes, qu'il pend au côté occidental de la jurte. Ces sacrifices se renouvellant à chaque nouveau besoin, on trouve quelquefois quinze ou vingt de ces sacs pendus dans une jurte. Ils pensent aussi que leurs Schamans peuvent les tourmenter même après leur mort, & ils font des sacrifices, pour éviter leur ressentiment.

Le 10 Février, à 8 heures du matin, nous quittâmes *Balagansk* ; nous arrivâmes à 11 heures à *Taschlukowa D*, & à 5 heures du soir à *Schiwerskaja*. Nous passâmes devant *Swietlotobich*, & nous traversâmes vers minuit *Jekimowa-Semenowskaja* ou *Semenichina*. Nous marchâmes toute la nuit, & le lendemain à 7 heures du matin nous nous trouvâmes à *Jendenskoi*. Cet Ostrog fut construit en même tems que celui d'*Ilinsk*, à cause des Bratskis qui étoient habitués dans le canton ; mais comme ils se sont retirés, il n'est presque plus nécessaire.

Nous arrivâmes vers 10 heures du soir à *Koscharowa* ou *Rosboinikowa D*, & nous y restâmes quelques heures pour laisser reposer nos gens. Le lendemain à 8 heures du matin, nous passâmes à *Raspuvina D*, & après une traite de cinq werstes, devant *Podwoloschnoja D*. De-là, bien fatigués, nous atteignîmes *Malolietnich D*, sans nous y arrêter, & nous poussâmes jusqu'à *Suworoba D*, où nous fîmes halte. Comme nous y trouvâmes des chevaux pour changer, nous nous remîmes en route le 13, à 2 heures du matin, & nous arrivâmes à dix heures à *Gronu* ou *Gromoskaja D*, après avoir passé devant un bois de bouleaux, & près du Village, sur un ruisseau qui ne se gele pas en Hiver, & qui fait aller deux Moulins. Nous changeâmes là de chevaux, & nous étant remis en marche, nous atteignîmes le soir à 10 heures *Anamurskaja* ou *Podwoloschnaja D*. Nous passâmes près de deux Isles qui étoient toutes couvertes de pins : c'est la seule espece d'arbres que l'on voye dans les Isles de l'*Angara*, & nous les côtoyâmes en descendant jusqu'au lendemain 8 heures du matin que nous arrivâmes à *Kaschemskaja D*. C'est un des plus gros Villages du canton, où l'on a déja bâti une Eglise, & où l'on devoit envoyer incessamment un Prêtre. D'ici nous passâmes par d'autres Villages assez considérables, & nous arrivâmes à 3 heures après midi à *Bratskoi-Ostrog*, où l'Etudiant *Fretjakow*, que nous avions laissé l'année précédente à *Selenginsk*, fut aussi rendu deux jours après nous. Ce poste, qui dépend d'*Ilinsk*, est situé sur le rivage gauche de l'*Angara*. Cette riviere coule ici à l'Occident, & reçoit dans les environs celle d'*Ocka* qui vient du Sud-Est, & qui se divise à environ six werstes au-dessus de l'Ostrog en deux bras, dont chacun a son embouchure particuliere. Le bras inférieur se décharge auprès & au-dessous de l'Ostrog ; le supérieur à quelques werstes plus haut. Du bras inférieur, auprès & au-dessus de son embouchure, sort un autre bras plus petit, qui se rend droit à l'*Angara*.

Paschkow, Waywode de Jeniseisk, avant tenter la conquête de ce pays, envoya par eau, en 1652, *Dunajew*, Sin-Bojarskoi de Jeniseisk, à la tête de cent cinq Slusçhiwies, qui bâtirent d'abord une *Simowje* près & au-dessus de la grande cataracte de *Padun*, qui est à trente werstes au-dessous de cet Ostrog. Le *Sin-Bojarskoi*, à la tête de cinquante hommes, remonta l'*Angara* & l'*Ocka* jusqu'à un petit ruisseau, situé à deux werstes au-dessus de l'endroit où se divise l'*Ocka*, & qui, du nom de cet Officier, est encore appellé aujourd'hui *Dunajewa*. Il y mit pied à terre avec son monde, pour reconnoître le pays & les habitans ; mais s'étant laissé surprendre par un grand corps de Buraetes de ces cantons, il fut tué avec toute sa suite. Ceux qui étoient restés en arriere, ayant appris ce malheur, enterent droit dans le bras supérieur de l'*Ocka*, & construisirent à quelques deux werstes au-dessus de son embouchure un Ostrog. Les Bratskis se soumirent en apparence, & offrirent de payer le tribut, en stipulant cependant de le payer dans un lieu neutre ; ils proposerent pour cet effet la grande Isle formée par les deux bras de l'*Ocka*, ce qui fut accepté. Mais les Bratskis, après un feint accueil, attaquant les Slusçhiwies, les poursuivirent jusqu'au bras inférieur, où ils les massacrerent, ce qui lui a fait donner le nom de *Krowowaja-Protoka* ou *Bras-sanguin*, & ensuite brûlerent l'Ostrog. Cependant trois ans après, savoir en 1655, on envoya de Jeniseik un nouveau détachement de Slusçhiwies qui construisirent celui qui subsiste ; on se mit à l'abri des surprises, & tout réussit. *Paschkow* arriva cette même année dans l'Ostrog, & y passa l'Hiver. L'année suivante, il remonta l'*Angara*, passa le lac *Baikal*, arriva, par le *Selenga* & le *Chilok*, jusqu'à l'*Irgen-Osero*, & hiverna dans un Ostrog, situé sur le *Chilok*, à peu de distance du lac, qui depuis fut abandonné & brûlé par un incendie de la steppe. Le même *Paschkow* alla plus loin en 1657, & construisit *Nertschinsk*.

Bratskoi-Ostrog a trente brasses en quarré ; il a du côté de l'*Ocka* une grande entrée, & une petite du côté de l'*Angara*. La Chambre de Justice (*Prikasnaja-Isba*) est placée près de la premiere. Du côté opposé, ou du côté de l'*Ocka*, chaque angle de l'Ostrog a une tour, au-dessous de laquelle il y a d'anciennes chambres noires. Dans l'Ostrog, il y a une Eglise, quelques magasins de vivres, un magasin à poudre, & une cave à eau-de-vie. Hors de l'Ostrog, il y a cinquante maisons, & à cinq werstes au-dessus, un Couvent de Moines, appellé *Spaskoi*, qui dépend de celui de *Wosnesensk* à Irkutzk.

Les habitans sont très-riches en troupeaux, & en fournissent même la Ville d'*Ilimsk* ; cependant nous pûmes à peine obtenir, à force d'argent, de quoi nous empêcher de mourir de faim.

Les Bratskis, qui ont occasionné la construction de cet Ostrog, se sont presque tous retirés d'ici ; les Tungufes au contraire se trouvent en assez grand nombre dans ces environs. Ils n'ont point de bestiaux ; ils vivent dans les bois, & ils sont si pauvres, qu'ils n'ont pas seulement de rennes pour aller à la chasse. Leur pauvreté les engage donc à fréquenter beaucoup plus les Russes, dont ils entendent presque tous la Langue. Ils ont leurs Schamans, comme les autres peuples idolâtres ; mais on en baptise un assez grand nombre.

Nous étions presque déterminés, M. Muller & moi, à pousser jusqu'à l'embouchure de l'*Ilim*, où commence la *Tunguska*, & à remonter la premiere, pour voir & même mesurer les cataractes de l'*Angara*. Mais ayant appris que les glaces s'étoient si fort accumulées au dessous de ces cataractes, qu'on les appercevoit à peine, nous changeâmes de résolution, & nous prîmes le parti de continuer notre route, selon notre premier plan. Les cataractes de l'Angara sont au nombre de cinq. La plus forte, appellée le *Padun*, est formée de quatre napes d'eau tombant par étages, qui forment une élévation de cinq brasses. Celle qu'on nomme *Schamanskoi*, est fort dangereuse à passer, sur-tout en remontant, parce qu'étant fort rapide, les cables avec lesquels on tire les Bâtimens, sont sujets à se casser, & les Bâtimens à se briser contre les rochers. Une de ces cataractes est fort longue, & s'étend jusqu'à dix werstes ; on la nomme *Dolgoi-Porog*. Près de *Padun* & de *Schamanskoi-Porog*, il faut ordinairement décharger les marchandises, & les transporter par terre ; mais en descendant, on décharge rarement, même à *Schamanskoi*. Au reste, il y a sur les lieux des gens qui connoissent parfaitement les passages de ces cataractes, ce qui diminue les naufrages, qui sans cela seroient très-fréquens.

Malgré ces difficultés, l'Angara produit bien des avantages à la Sibérie, parce qu'il communique avec le Jeniséi & le lac *Baikal*. Par son moyen, on peut aller de *Tobolsk* jusqu'à *Selenginsk* par eau, à l'exception seulement d'un trajet de quatre-vingt-treize werstes, entre les rivieres de *Jeniséi* & *Ket*, appellé *Mukovskoi-Molok*, qu'il faut nécessairement faire par terre. Quoique l'Angara coule entre des montagnes, on trouve cependant sur ses bords, depuis sa sortie du lac *Baikal* jusqu'à la *Tunguska*, & même jusqu'à l'embouchure de cette riviere, des champs fertiles & labourables, principalement dans les Isles. Le sapin & le melese sont en abondance sur ses bords, & les Isles sont remplies de pins. L'Angara donne beaucoup de coquillages, dans lesquels, au rapport des Riverains, on a trouvé quelquefois de bonnes perles ; les vieillards disent même, qu'il y a eu autrefois une véritable pêche de perles au-dessus de *Bratskoi-Ostrog*. Cette riviere n'est pas poissonneuse ; mais après sa réunion avec l'*Ilim*, où elle prend le nom de *Tunguska*, elle est si remplie d'esturgeons & de sterledes, qu'elle en fournit non-seulement l'habitant de ses bords pour toute l'année, mais encore tout le district d'*Ilimsk*, & une bonne partie de ceux de *Jeniséik* & d'*Irkutzk*. Cependant les esturgeons & les sterledes ne sont guere que pour les gens aisés. C'est en Hiver, & lorsque la riviere est gelée, qu'on prend ces poissons, qui cherchent à se cacher ; mais leur ruse même les perd, en indiquant leur asyle aux Pêcheurs. On se sert, pour cette pêche, d'une perche de bois longue de cinq à six brasses, à l'extrémité de laquelle on attache un fer qui se termine en deux pinces ou en deux sortes de dents courtes, presque rondes, de l'épaisseur d'un doigt, & dans leur plus grande distance éloignées par en-haut d'environ un demi-pied l'une de l'autre ; elles sont de deux pouces plus longues, & pointues à leurs extrémités. Entre les deux dents sort un autre fer large de trois ou quatre lignes, & muni d'un crochet pointu qui sert à arrêter la corde, dont tout le fer est enveloppé, pour fortifier encore plus la perche. On casse la glace, & l'on sonde pour s'assûrer s'il y a du poisson, avec la précaution de faire toujours cette opération en remontant la riviere ; parce que n'étant pas possible de prendre de ces poissons, sans qu'ils répandent du sang, les autres en l'appercevant se sauveroient, si l'on n'étoit au-dessus d'eux ; & lorsqu'on a trouvé le poisson, on enfonce la perche le plus droit que faire se peut. Le poisson entre aussi-tôt de lui-même entre les dents du fer ; souvent il en entre deux à-la-fois, & les efforts qu'ils font, pour se débarrasser, avertissent les Pêcheurs de leur capture. On replonge aussi-tôt la perche au même endroit, & l'on continue jusqu'à ce qu'on ne trouve plus de poisson : ce qui fait connoître qu'on a pris tout ce qu'il y avoit dans une certaine étendue de l'eau. Quoique les Pêcheurs aient toujours reporté la perche dans le même endroit, ils prétendent être bien sûrs que tous ceux qui se trouvoient dans cette étendue, se sont laissé prendre. C'est pourquoi les trous dans la glace ne se font jamais sur la largeur, mais toujours sur la longueur du canal. Quand le Pêcheur a suffisamment fouillé une premiere ligne, il avance avec son fer, en remontant un peu l'eau, & pêche comme auparavant, jusqu'à ce que les poissons s'appercevant, comme il y a de la vraisemblance, de la diminution de leur nombre, se retirent en remontant la riviere. On prend au-moins cent ou deux cens esturgeons par pêche, & quelquefois jusqu'à mille dans le même endroit.

Le 25, nous fîmes partir notre bagage avant le jour ; nous suivîmes vers le Midi ; nous arrivâmes, à 4 heures, à *Keschimskaja*, & sur le soir à *Anamurskaja* D.

Les paysans de ce canton ne sont pas mal : ils ont abondamment du gibier, & des fruits qui viennent bien chez eux. Les fauves qu'ils chassent le plus, sont le *rossomak* ou *goulu* & le renard, qui ont l'un & l'autre une bonne fourrure ; mais on n'y voit guere que des renards rouges. La meilleure façon qu'ils aient de prendre ces renards, est de mettre, dans les endroits de la forêt qu'ils fréquentent le plus, un morceau de viande avec un peu de sublimé pour amorce ; on prétend qu'aussi-tôt qu'ils en ont mangé, ils ne peuvent guere aller plus loin qu'à dix à douze pas, mais qu'ils sont souvent assez rusés pour ne manger que la viande, & pour laisser le sublimé. La peau des renards tués de cette façon est tout aussi bonne, & le poil y tient aussi ferme, qu'à ceux qui ont été tués à coups de feu.

Nous quittâmes cette station vers minuit ; nous prîmes notre route par le *wolock* (60) ; nous arrivâmes à 8 heures du matin dans une *simowje*

(60) On appelle *wolock* un espace compris entre deux rivieres, & souvent aussi un chemin couvert de bois & inhabité : alors il désigne la même chose que *steppe*.

(maison

(maison bâtie pour les voyages d'Hiver) sur le ruisseau de *Widin*, qui se jette dans l'*Angara*, & nous eûmes près de-là une montagne assez difficile à passer. Après avoir fait dix-huit werstes, nous vîmes un arbre sur lequel on avoit taillé deux croix, pour indiquer que cet endroit faisoit la moitié du chemin entre *Anamirska D.* & *Ilimsk*. Nous nous trouvâmes vers les 6 heures du soir près de *Tschornaja R.* petit ruisseau presqu'à sec, près duquel on devoit construire une *Simowje*. Le lendemain nous arrivâmes avec beaucoup de peine sur les 8 heures du matin dans la Ville d'*Ilimsk*. Tous les bois que nous avions traversés étoient plantés de cedres, de melefes, de pins blancs & communs, de sapins, de bouleaux & de trembles. Nous y vîmes les traces des Tungufes qui étoient sortis, pour aller prendre des écureuils. Ces Chasseurs marchent avec des *lifchis*, sorte des patins fort larges par en-bas, qui les font glisser sur la neige, quelque profonde qu'elle soit, sans enfoncer. On trouve ici beaucoup d'hermines & de renards, ainsi que quantité de rennes, d'élans, d'ours & de muscs, que les Russes appellent *saigi*, & les Tungufes *miktschan*.

La Ville d'*Ilimsk* est située sur le rivage septentrional de l'*Ilim*, large en cet endroit de quarante à cinquante brasses, dans une vallée formée par de hautes montagnes qui s'étendent de l'Orient à l'Occident, & si étroite, qu'en y comprenant la riviere, elle n'a pas cent brasses de largeur : sa longueur est à-peu-près d'un werste. Presqu'au milieu de la Ville, est un Ostrog construit de bois, long de cent vingt brasses, sur quarante de largeur. Ses fortifications extérieures sont des tours, des tourelles & des guerites. Au-dedans de la Forteresse, il y a une Eglise, une Chancellerie, un logement pour le Commandant, un Bureau de péage, une maison d'emballage, un endroit pour le débit de l'eau-de-vie, onze Boutiques, un magasin à sel, une maison pour la Caisse des tributs tant en argent qu'en effets, une cave à eau-de-vie, un magasin de dreche, un Corps-de-Garde, &c.

Les maisons des particuliers sont situées au-dessus & au-dessous de la Forteresse, & leur nombre se monte à soixante-dix-sept. Quant aux bâtimens publics, ils consistent en une Eglise, deux cabarets, & six magasins à bled. A l'une des extrémités de la Ville, est un moulin, que fait tourner un petit ruisseau, nommé *Mikitina*, qui se décharge en cet endroit dans l'*Ilim*. Toutes les maisons des habitans sont très-misérables; il ne faut pas s'en étonner, c'est le pays de la paresse. On n'y fait presqu'autre chose que boire & dormir. Toute l'occupation des habitans se borne à tendre des piéges aux petits animaux, à creuser des fosses, pour attraper les gros, & à jetter du sublimé aux renards; ils sont trop paresseux pour aller eux-mêmes à la chasse. Quelques-uns vivent d'un petit troupeau que leurs peres leur ont laissé, & se gardent bien de cultiver eux-mêmes la terre : ils louent pour cela des Russes qui sont exilés dans ce canton, & quelquefois des Tungufes qu'ils frustrent ordinairement de leur salaire. La plûpart de ces habitans sont des *Slutschiwies*, qui ne font gueres de service par eux-mêmes, & qui s'en dispensent, en achetant de leur Chef la faculté d'envoyer aux expéditions, pour lesquelles ils sont commandés, d'autres hommes à leur place. Quand les habitans, par exemple, sont obligés de fournir des chevaux de poste, ils ne les menent pas eux-mêmes ; ils en chargent des Exilés, & restent dans la Ville à visiter les cabarets, qui sont toujours pleins en tout tems & même pendant le Carême. Les vivres heureusement n'y sont pas chers; car il y a dans tout le canton supérieur, arrosé par la riviere d'*Ilim*, de bonnes terres labourables, & la Ville est abondamment pourvue, tant de bled & de bestiaux, par le canton de *Bratskoi-Ostrog*, que de poissons, par la *Tunguska*.

Les occupations de M. Muller nous forcerent de faire un assez long séjour à *Ilimsk*. J'employai ce tems à faire mes observations sur la Nation des *Tungufes*, qui sont en grand nombre dans cette contrée.

Leurs jurtes, presque toutes semblables à celles dont j'ai déja fait la description, sont construites avec des perches posées en rond, & couvertes d'écorces de bouleau cousues ensemble. Le plancher est percé d'un trou de deux pieds, pour laisser sortir la fumée. L'entrée qui, dans les bois, est tournée vers le chemin, & dans la plaine, vers la riviere, est fermée de peaux ; & quand ils changent de canton, ils n'emportent que les écorces de bouleaux. Ils ressemblent de visage aux Bratskis & aux Tungufes de *Meltschinsk* ; mais ils ajoutent à leur bonne mine, comme un embellissement, trois ou quatre raies bleues, qui leur partent du coin de l'œil & finissent près de la bouche, & d'autres qui leur traversent le front. Cette coquetterie exige même des talens, qui sont le partage d'un fort petit nombre d'entr'eux.

Les Tungufes d'*Ilimsk* sont mal propres & très-grossiers ; ils n'ont pas beaucoup de vices, mais c'est à l'ignorance du mal qu'ils doivent cette ombre de vertu : car lorsqu'ils viennent dans les Villes, ils poussent bientôt la débauche aussi loin que les Russes. Ces derniers les croient stupides ; mais j'ai trouvé qu'ils ne manquent point d'adresse pour se procurer tout ce qui leur est nécessaire.

Ces Tungufes, pendant l'Hiver, ne vivent que de leur chasse, & c'est pour cela qu'ils changent si souvent d'habitations. Les rennes leur servent alors de bêtes de charge ou d'attelage, pour tirer un léger traîneau. Ils leur mettent sur le dos un morceau de *woelok*, & par-dessus une espece de selle formée avec deux petites planches étroites, longues d'un pied & demi, réunies aux deux extrémités par deux os minces, & évuidées comme un chevalet, mais qui s'élevent d'environ quatre pouces ; ils y attachent leurs ustensiles, ou font monter dessus les enfans & les femmes malades. On ne peut pas beaucoup charger les rennes ; mais elles vont fort vîte. Leur bride consiste en une sangle qui passe sur le col de l'animal, & quelque profonde que soit la neige, il passe par-dessus sans jamais enfoncer : ce qui provient en partie de ce que la renne en marchant élargit considérablement la sole de ses pieds, en partie de ce qu'elle tient cette sole élevée par-devant, & ne touche point la neige à plat. Si les rennes ne suffisent pas pour porter tous les ustensiles, le Tungufe s'attele lui-même au traîneau. Dès qu'ils sont arrivés à l'endroit où ils ont résolu de fixer pour quelque tems leur tabernacle, après avoir dressé la jurte, ils chassent aussi-tôt dans les environs, en courant sur leurs larges patins. Lorsqu'ils ne trouvent plus de gibier, ils passent avec leur famille dans un autre canton, & ils continuent cette façon de vivre pendant tout l'Hiver. Le meilleur tems pour la chasse, est depuis le commencement de l'année jusque vers le mois de Mars, parce qu'alors il tombe peu de neige, & que les traces des animaux y restent plus long-tems. En Eté & en Automne, ils se nourrissent presqu'uniquement de poisson, & dressent alors pour cet effet leurs jurtes sur le bord des rivieres. Ils ne négligent pourtant point la chasse dans ces deux saisons: ils guettent au contraire le gibier dans les endroits où la terre porte des fleurs de sel, parce qu'ils savent qu'il y donne volontiers.

Les Tungusés se construisent eux-mêmes des Barques fort étroites à proportion de leur longueur, & dont les deux bouts finissent en pointe; leurs plus grosses Barques ont à peine trois brasses & demie de longueur, & un arschin dans leur plus grande largeur, qui est le milieu; les petites Barques sont longues d'environ une brasse, & ont six *werschoks* (61) de largeur. Elles sont faites d'écorce de bouleau cousue; & pour qu'elles ne prennent point l'eau, les coutures & tous les endroits où se trouvent des fentes & des ouvertures, sont enduits d'une sorte de goudron: elles sont de plus bordées par en-haut avec le bois dont on fait des cercles de tonneaux: d'autres cercles sont encore appliqués dans toute la largeur de la Barque, & coupés par de semblables cercles qui la traversent en longueur, ensorte que par leur position ils renforcent la Barque. Leurs grands Bâtimens tiennent quatre hommes assis, & les plus petites Barques n'en tiennent qu'un. Les Tungusés remontent & descendent les rivieres dans ces Barques avec une rapidité étonnante: quand une riviere fait un grand détour, ou quand ils ont envie de passer dans une riviere voisine, ils mettent la Barque sur leurs épaules, & la portent par terre jusqu'à ce que la fantaisie leur reprenne de se rembarquer. Autant la Barque porte d'hommes, autant elle a de rames. Ces rames sont larges aux deux bouts; car on rame & on gouverne en même tems, & par conséquent on est obligé de les faire aller continuellement, tantôt d'un côté, tantôt de l'autre. Ils se servent des filets ordinaires, aussi leur façon de pêcher n'a-t-elle rien de particulier.

Les Tungusés d'*Ilimsk* sont presque tous fort pauvres; le plus grand nombre n'a pas plus de six rennes, & ceux qui en ont cinquante, sont regardés comme très-riches, parce que ces animaux forment toutes leurs richesses. Leur habillement est simple; ils portent en tout tems sur leur peau une pelisse de peau de rennes, dont le poil est tourné en-dehors, & qui descend un peu plus bas que les genoux. Cette pelisse se ferme par-devant avec des courroies. Les femmes en ont de semblables, mais la fourrure est tournée en-dedans. Quand elles veulent se parer, elles portent de plus une subreveste de peau de daim, le poil tourné en-dehors, qui

---

(61) Un *werschok* est la seizieme partie d'un *arschin*.

ne descend que jusqu'aux hanches, & est ouverte sur la poitrine.

Leur Religion permet la polygamie, mais leur pauvreté les empêche d'avoir plus d'une femme à-la-fois. Les cérémonies de leurs mariages se réduisent à la demande que fait le Tungufe aux parens de la fille, en leur préfentant quelques rennes ou des peaux, fuivant ses facultés. Lorfqu'ils y confentent, il l'emmene avec lui. Ses occupations font de foigner les rennes, de les aller chercher dans les champs, lorfqu'on en a befoin, & d'avoir foin du ménage pendant que fon mari va à la chaffe.

Ils expofent leurs morts dans des lieux écartés fur un arbre, ou fimplement fur la terre : quelquefois, & c'est le comble des honneurs, ils le guindent fur un échafaud de bois. Dans l'un ou l'autre cas, ils couvrent le corps avec des branches d'arbre ou des broffailles, pour empêcher qu'il foit la proie des oifeaux : ils mettent auffi près de lui fon arc, fes fleches, & quelqu'autre des uftenfiles qui lui ont apparten.

Leur Religion differe de celle des Tungufes de *Nertfchinfk*, en ce que ceux-ci ont adopté beaucoup de chofes des Bratskis & des Mongoles, ignorées totalement de ceux-là. Ils ont des Idoles de bois qu'ils travaillent du mieux qu'ils peuvent, & qui ont fouvent un demi arfchin de longueur. Ils leur adreffent foir & matin des prieres, pour en obtenir une chaffe ou une pêche abondante, à quoi fe bornent prefque tous leurs vœux ; ainfi leur dévotion purement matérielle, comme celle de tous les Idolâtres, n'est relative qu'à leurs befoins. Ils facrifient au Diable le premier animal qu'ils ont tué à la chaffe, & fur le lieu même, ce qu'ils font de cette maniere. Ils dévorent la viande, gardent la peau pour leur ufage, & n'expofent que les os tous fecs fur un poteau pour la part du Diable : c'est du-moins n'être pas trop dupes, & traiter le Démon comme il le mérite. Si la chaffe est heureufe, les Chaffeurs, de retour à la jurte, en font des remercîmens à leur Idole, la careffent beaucoup, & lui font goûter du fang des animaux qu'ils ont tués. Si la chaffe au contraire n'a pas bien réuffi, ils s'en prennent à l'Idole, & la jettent de dépit d'un coin de la jurte à l'autre. Quelquefois on la met en pénitence, & l'on eft un certain tems fans lui rendre aucune forte de culte, fans lui marquer aucun refpect ; ou, quand on est bien piqué contre elle, on la porte à l'eau pour la noyer (62).

En 1641 ou 1642, les habitans de *Jenifeisk* bâtirent un Oftrog un peu au-deffus d'*Ilimsk*, fur la riviere, & dans un terrein fi étroit, qu'il n'y avoit que dix braffes du pied des montagnes à l'*Ilim*. L'incommodité d'une pareille fituation fit abandonner la place en 1647, pour bâtir la Ville d'*Ilimsk*. Il n'est refté de cet Oftrog, qu'une Eglife & fept maifons qui compofent un Village, près duquel nous paffâmes le 24 Mars, en fortant d'*Ilimsk*, pour continuer notre route. A la fortie de ce Village, nous prîmes à gauche, pour gagner les montagnes à-travers les bois, qui font tous femblables à ceux que nous avions paffés fur la route d'*Ilimsk*.

Ce même jour, vers les 7 heures du foir, nous atteignîmes la premiere *Simowje*, fituée près de la fource d'un ruiffeau qui fe jette dans la *Muka*, & nous y paffâmes la nuit. Le payfan qui la gardoit, ne fe donnoit pas la peine de cultiver la terre pour avoir du bled, parce que les Sibériens se font un scrupule & presqu'un crime de changer un bois en terre labourable. Le lendemain 25, nous arrivâmes à 10 heures du matin près de *Muzkoje-Plotbifchtfche*, Simowje située sur la *Muka*, qui se rend près de-là dans la *Kupa*. C'est ici qu'on construisoit autrefois les Radeaux & les Bâtimens qui servoient à transporter du bled & de la farine sur les bords du *Lena*, & de-là vient le nom de *Plotbifchtfche*. On les construit aujourd'hui sur le *Lena* même, parce qu'on avoit trop d'embarras dans la route sur ces petites rivieres. Nous suivîmes pendant dix werstes les bords de la *Kupa* jusqu'à son embouchure dans la *Kuta*, & nous parvînmes au Village de *Kai-Monowskaja*, non sans beaucoup de peine, par la quantité de sources qui étoient alors gelées.

Le 26, à la pointe du jour, nous continuâmes notre route, & suivant les bords de la *Kuta*, nous arrivâmes après-midi aux sources salées, qui fournissent du sel à tout le district d'*Ilimsk*. Il y en a deux, qui sont peu éloignées l'une de l'autre. La source inférieure, appellée *Oserko*, a une brasse & demie de diametre ; l'autre n'a pas plus d'un arschin de largeur. Toutes les fois que l'*Oserko* est forte, l'autre source est foible, & ainsi alternativement : d'où l'on peut conjecturer qu'elles se communiquent. Je ne pus voir la petite source, parce qu'elle étoit couverte de neige. Le petit lac autour de la grande source étoit gelé. J'examinai l'eau des deux sources, & je trouvai qu'une livre d'eau ne rendoit gueres plus d'une once & demie de sel. Au-dessus de la grande source, on a pratiqué un réservoir où l'on amasse l'eau qu'on en tire. De-là, part un conduit prolongé jusqu'à la saline distante d'environ dix brasses, d'où l'eau salée qu'il ramasse une seconde fois, coule tout droit dans la chaudiere. Cette chaudiere, qui est de fer, est suspendue à de grosses poutres, & le bois qu'on y brûle se met au-dessous. Les deux ou trois premieres fois qu'on y cuit le sel, celui qu'on en tire est gris ; & comme la chaudiere fuit ordinairement dans quelques endroits, parce que le sel ronge le fer (ce qui fait qu'une chaudiere neuve ne dure pas plus de six ans), on ne tire en vingt-quatre heures que vingt à vingt-cinq puds de sel ; mais quand tous les trous sont bouchés, & que l'intérieur du vaisseau est revêtu d'une croute terreuse, alors le sel devient blanc comme la neige, & l'on en tire dans vingt-quatre heures au-moins soixante puds. Il faut à la vérité faire évaporer au-moins huit cens quarante-sept wiedros d'eau : car il se forme au fond chaque fois un sédiment d'une espece de sable blanc, qui, quoiqu'un peu salé, est jetté comme inutile. Le sel se précipite, à chaque cuisson, en grande quantité, & de l'épaisseur d'un doigt. Quant au sable qui en retient un peu, on l'emploie avec succès dans les Mines de cuivre aux environs de *Selenginsk*, pour dompter les minéraux trop rebelles. Ce sel est vendu sur les lieux à *Ilimsk* & dans tout le district, au profit de la Couronne. Cette saline est environnée de bois, dont la quantité en rend l'exploitation très-avantageuse. Comme dans le même canton il se trouve de bonnes terres labourables, il s'est formé près de la saline un Village, appellé *Uffolskaja-Derewna*, qui est fort peuplé. De-là, nous marchâmes encore quelque-tems sur la *Kuta*, & nous atteignîmes vers le soir *Uft-Kutskoi-Oftrog*, appellé communément *Uſt-Kut*, petit Fort bâti ſur la *Kuta* & le *Lena*. Les rivieres que nous paſsâmes, étoient déja dégelées en pluſieurs endroits, & nous n'osâmes nous y riſquer pendant la nuit. Quelqu'envie que nous euſſions de nous repoſer quelques jours, la ſaiſon avancée ne nous le permettoit pas. Nous jugeâmes donc à propos de remonter le *Lena*, parce que nous étions incertains ſi nous repaſſerions, à notre retour, par cette contrée.

Uſt-Kutskoi-Oſtrog étoit autrefois le lieu principal, par où s'entretenoit la communication entre *Jakutzk* & les parties les plus occidentales de la Sibérie. C'étoit l'entrepôt où l'on apportoit les marchandiſes de *Jakutzk* deſtinées pour *Ilimsk*, & celles d'*Ilimsk* pour *Jakutzk*. On ne conſtruiſoit que là les Bâtimens qui ſervoient à voyager ſur le *Lena*. Enfin c'eſt encore aujourd'hui le chemin le plus court en partant de *Jeniſeisk*, puiſqu'on remonte la *Tunguska* juſqu'à l'embouchure de l'*Ilim*, & que de-là les marchandiſes ſont apportées en Bateaux juſqu'à *Ilimsk*. En Hiver, on vient ici en traîneau, & quand les eaux ſont navigables, on va par eau à *Jakutzk*. Les Capitaines *Spangenberg* & *Tſchirikow* prirent cette route en 1734 & 1735; mais depuis qu'*Irkutzk* eſt bâti, on va de-là droit au *Lena*. Ce chemin ne fait gueres plus de deux cens werſtes par terre, & il eſt preſque par-tout uni & commode; c'eſt ce qui fait que l'on conſtruit aujourd'hui preſqu'autant de Bâtimens à *Katſchega*, à *Wercholensk* & à *Tuturskoja-Sloboda* qu'à *Uſt-Kut*. La plûpart des Marchands qui vont à *Jakutzk*, choiſiſſent auſſi cette route, parce qu'ils vont auparavant à *Kiachta*, & de-là par des chemins d'Hiver droit à *Katſchega*, en paſſant par les montagnes du *Baikal*. Ils trouvent plus avantageux de vendre auparavant la meilleure partie de leurs marchandiſes à *Kiachta*, & de ne porter à *Jakutzk* que les rebuts qui s'y débitent plutôt que dans d'autres endroits, où l'on trouve de bonnes marchandiſes. L'Oſtrog d'*Uſt-Kut* n'eſt qu'un enclos d'environ quinze braſſes en quatré, au-dedans duquel eſt une Égliſe.

Nous y reſtâmes le 27, & nous y laiſsâmes l'Etudiant *Treţjakow* pour faire des obſervations météorologiques. Nous partîmes le 28 vers le midi, & nous côtoyâmes le *Lena*. Nous paſsâmes devant trois Villages, compoſés chacun de deux ou trois maiſons, parce qu'il n'y a pas de terres labourables pour nourrir un plus grand nombre d'habitans. Le dernier de ces trois Villages, qui eſt à quarante-ſept werſtes d'*Uſt-Kut*, porte le nom de *Riga*, Ville de Livonie. Nous arrivâmes à 9 heures du ſoir à *Sinuſchkina D*, où nous prîmes gîte. Le lendemain, nous paſsâmes devant quelques miſérables Villages, comme la veille, & nous atteignîmes vers les 11 heures du matin *Skoknina D*, où nous changeâmes de chevaux. Après midi, nous vîmes encore trois Villages, dont le dernier, à vingt-cinq werſtes de *Skoknina*, eſt nommé *Karaſſowa* ou *Wuſokuch*; il eſt compoſé de ſix maiſons bâties par un ſeul payſan, pour lui, pour ſes enfans & ſes petits-fils, &c. Vers les 7 heures du ſoir, nous fûmes rendus à *Orlenskaja-Sloboda*, qui tire ſon nom de la riviere d'*Orlenga*, parce qu'elle ſe jette à cet endroit dans le *Lena*, & nous y paſsâmes la nuit. Le lendemain, après quelques momens de marche, on nous montra ſur le rivage oriental du *Lena* une espece de Sawode, nommée *Plawilnoi-Sarrai* (Cabane-à-Fonte), & nous y allâmes à cheval. Nous trouvâmes une cabane couverte d'écorce de bouleau, où étoit un fourneau semblable, par sa forme & par sa grandeur, aux fourneaux Grecs d'*Argun*, & un autre plus petit, semblable aux fourneaux à la main, dans lesquels les Forgerons de Sibérie fondent leur fer. La Mine qu'on y essayoit, étoit rangée dans la cabane par petits tas. Nous vîmes un minérai, crû d'argent, qui étoit luisant & marqueté; mais il ne tenoit par quintal qu'une once de fer, qui nous parut à la vérité d'une bonté singuliere. Il y avoit encore un minérai de cuivre assez pauvre, & ni l'une ni l'autre de ces Mines ne méritoit d'être exploitée. Nous rejoignîmes notre Compagnie, & continuant notre route, nous atteignîmes vers les 8 heures du soir *Tomschtschinich*. Le lendemain à 10 heures du matin, nous arrivâmes à *Botowskaja D*, où l'on envoya au-devant de nous quelques chevaux d'*Ust-Ilga* & des Villages les plus voisins. A 9 heures du soir, après avoir passé une forêt claire de bouleaux & quelques champs, nous nous trouvâmes à *Ust-Ilginskaja D*. Le fleuve Lena, sur lequel nous avions fait toute la route depuis *Ustkut* jusqu'ici, étoit déja dégelé en plusieurs endroits; mais plus nous montâmes, plus nous trouvâmes le passage difficile.

Depuis *Ustkut*, nous allâmes presque toujours entre l'Ouest & le Sud-Ouest; mais le fleuve faisoit en certains endroits des sinuosités considérables. Nous passâmes devant un assez grand nombre de Villages, qui ne consistoient la plûpart qu'en une seule maison : car les montagnes étant presque toutes fort près du rivage, & les endroits où il n'y a pas de montagnes, étant couverts de bois, aucun paysan n'ose cultiver des terres labourables, quand la nature ne lui en présente pas de toutes formées. Pour que les Sibériens s'attachent à quelque culture, il faut qu'ils trouvent un champ libre & de bonne terre noire, ou du-moins un terrein où les arbres soient fort clair-semés. On ne rencontre donc des Villages que dans ces sortes d'endroits; & comme il n'y a gueres plus de terres labourables qu'il n'en faut pour nourrir un paysan avec sa famille, ils ne sont ordinairement composés que d'une seule maison.

Dans tous les Villages où nous passâmes, nous vimes les paysans fort appliqués à la chasse des écureuils, qui sont très-abondans dans ces cantons. Ils se servent pour cela d'une espece de trappe, appellée *plaschka*, qu'ils posent sur un arbre : ils mettent pour amorce un morceau de poisson sec, la chair des animaux terrestres, ni le poisson frais n'y étant pas propres; & il y a des paysans qui ont un millier de ces sortes de trappes. La plus forte capture d'écureuils se fait depuis le commencement de Mars jusqu'au milieu d'Avril. C'est alors que les paysans s'établissent entierement dans les bois, pour pouvoir surveiller leurs trappes. Ceux qui se contentent de peu, & dont les trappes sont dans le voisinage, sortent une fois tous les cinq à six jours, pour les visiter & les redresser. On peut juger combien cette chasse est avantageuse, par la quantité d'hommes qui se louent pour un an, & qui se contentent pour leurs gages du tiers des écureuils que l'on prend, ou de vingt-cinq roubles par an, outre leur nourriture. Quoique les écureuils de ce canton-là ne soient pas de la meilleure espece, les Marchands d'Irkutzk les recherchent à l'envi les uns des autres. On prend assez souvent dans ces trappes des *Ecureuils volans*. Ces deux especes d'écureuils ne se ressemblent que par le nom & par leur maniere de monter sur les arbres : car leur figure est tout-à-fait différente. L'écureuil volant (62) ressemble plutôt à un rat. Il differe principalement de l'autre, en ce qu'entre les pattes de devant & de derriere il a des deux côtés une peau forte & large d'environ un pouce, qu'il sait étendre ou replier, & au moyen de laquelle il s'élance à une certaine distance. Sa queue differe aussi de celle de l'écureuil ordinaire, principalement pour la couleur.

Nous résolumes d'attendre à *Ust-Ilga* le dégel du fleuve, & nous comptions d'y trouver les Géodésistes *Swistunow* & *Krascbenninikow*, qui devoient y être, suivant les instructions qu'ils avoient reçues de M. de la Croyere; mais ils ne vinrent nous rendre visite que trois jours après notre arrivée. Ils avoient préféré pour leur séjour *Ilginskoi-Ostrog*, situé à environ trente werstes sur l'*Ilga*, & ils y retournerent le 3 Avril. Le Village où nous séjournâmes, pouvoit avoir quinze maisons, & presque par-tout des chambres noires à bain & à poële, qui valoient encore mieux que les meilleures chambres d'*Ilimsk*. Les habitans vivent de leurs pâturages, de la culture des terres, & de la chasse des écureuils, des daims & du musc. Pour les écureuils, ils se servent des mêmes trappes que celles que je viens de décrire. Quant aux daims & aux muscs, ils les chassent avec des chiens, & tâchent de les pousser vers quelque vallon, où ils ont tendu des nœuds coulans, dans lesquels ces animaux s'embarrassent. En Eté, ils les guettent près des endroits où il y a du sel, dont ces animaux sont fort friands ; ils les prennent encore avec des trappes (63).

Les appâts qu'emploient les Chasseurs, sont, pour les lievres, des rejets de peupliers ; pour les coqs de bruyeres, des baies du sureau aquatique (64) ; pour les renards, de la chair suspendue en divers endroits ; pour le musc, de la même mousse que celle dont les rennes sont leur nourriture ordinaire, & des broussailles de pin, &c.

Les *Tunguses* ont encore une autre façon de prendre les muscs & les daims. Quand les petits de ces animaux sont égarés, ils ont un cri particulier pour appeller leurs meres. Cette découverte faite par les Tunguses leur donne la facilité de prendre ces animaux, ce qu'ils font toujours dans l'Eté. Ils ne font que plier un morceau d'écorce de bouleau, avec lesquels ils imitent le cri des jeunes muscs & des petits daims aussi parfaitement que s'il étoit naturel, & les meres accourant à ces cris, ils les tuent sans peine à coups de fleches. Ils ont encore un autre moyen, dont ils usent indistinctement dans toutes les saisons de l'année, & principalement dans les vallons étroits : ils y dressent des arcs qui tirent d'eux-

(62) C'est le *Polatouche* ou *Polatacha* des Russes, décrit par M. *Buffon*, dans son *Hist. Natur.* T. XX. de l'Edit. in 12. p. 114.

(63) M. Gmelin décrit ici dans un grand détail l'espece de trappes, avec lesquels on prend le musc & les daims. Nous avons cru devoir épargner cette description trop minutieuse & d'une prolixité fatigante. Ceux qui sont curieux de machines, consulteront l'original.

(64) *Vaccinium foliis perennantibus obversè ovatis.* Linn. flora Lapp. 144. Cliff. 148. Ray. pag. 159.

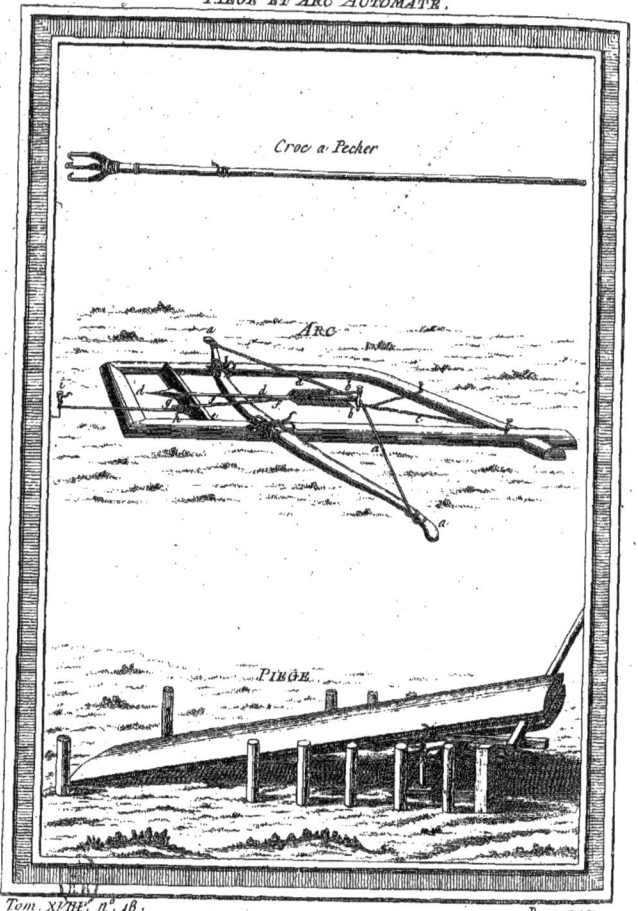

mêmes. L'arc qui n'eſt pas différent de l'arc ordinaire, repoſe ſur un morceau de bois plat, qui a des entailles en-deſſus & en-deſſous. Il eſt armé d'une fleche tendue, & ajuſté avec des cordes & du crin, de maniere que, pour peu que l'animal en marchant touche un ſimple crin blanc qu'il peut voir à peine, la détente fait ſon effet : le trait part & le frappe même à la tête.

[La figure ci-jointe (65) rendra le jeu de ces arcs automates beaucoup plus ſenſible que la longue & prolixe Deſcription de M. *Gmelin*, dont nous épargnons l'ennui au Lecteur.]

Les Ruſſes du canton ont adopté l'arc des Tunguſes, avec quelques différences qui ne ſont pas avantageuſes, puiſque leur machine demande beaucoup plus de mouvement que celle des Tunguſes, & que l'animal eſt atteint au corps plutôt qu'à la tête.

Il n'arriva rien de remarquable pendant notre ſéjour à *Uſt-Ilga*. Nous reconnûmes que la même façon de vivre, commune à la plûpart des Villes & des Villages de la Sibérie, y régnoit. L'eau-de-vie qui s'y débite, eſt fournie d'*Ilginskoi-Oſtrog*, ce qui fait qu'on n'en trouve pas toujours. Quand elle manque, il faut attendre qu'il plaiſe au Commiſſaire chargé de cet approviſionnement, d'en faire venir. Auſſitôt qu'il en eſt arrivé, l'endroit où elle ſe détaille eſt plein de buveurs, & ne ſe déſemplit point que tout ne ſoit conſommé. Dans ce même cabaret, on braſſe auſſi quelquefois de la biere ; & dès qu'elle eſt faite, quand elle n'auroit repoſé qu'une demi-journée, il n'y a plus moyen de fermer le cabaret que tout ne ſoit bu. Il ſurvient quelquefois des occaſions de boire, lorſqu'il n'y a dans le cabaret ni biere ni eau-de-vie ; & c'eſt ce qui arriva le 12 Avril, jour auquel la riviere étant priſe, les payſans commencerent à battre le bled qui leur reſtoit de l'année précédente. Ils font ordinairement cet ouvrage ſur la glace, parce que tout y eſt bien uni, & ils invitent tous les payſans à les venir aider. Or ils ſont dans l'uſage de régaler de biere le ſoir tous ceux qui les ont aidés pendant la journée : c'eſt pourquoi tout bon économe braſſe de la biere vers ce tems-là, & ceux qui ont aidé à battre le bled, ſont les maîtres de boire tant qu'ils veulent, de ſorte qu'il eſt rare alors de rencontrer un homme qui ne ſoit ivre. Les Soldats qui nous avoient été donnés pour eſcorte, firent comme les autres, & il fallut trois à quatre jours pour les remettre à la raiſon. En général, un Sibérien ne manque aucune occaſion de boire, quand ce ſeroit chez le plus grand de ſes ennemis. On nous aſſûra que, quand les Batteurs de bled n'eurent plus rien à boire, ils avalerent avidement juſqu'à la lie de leur biere, ne trouvant rien de dégoûtant, pourvu qu'ils puſſent s'enivrer. Cependant, vers la ſemaine de Pâques, les payſans parurent fort inquiets de ce qu'il n'y avoit pas d'eau-de-vie dans le cabaret. La riviere n'étoit pas encore navigable, & l'on ne pouvoit plus y aller en traîneau ; il ne

(65) *aaa* eſt l'arc avec ſa corde ; *bb* gros bâton court, qui ſert à tenir l'arc tendu ; *c* corde à laquelle tient le gros bâton court ; *dd* la fleche ; *ee* morceau de bois, ſur lequel repoſe l'arc ; *f* le crin qui tire le gros bâton en avant ; *g* petit morceau de bois par où paſſe le crin ; *h* autre morceau de bois, auquel s'attache un autre crin qui traverſe le ſentier ; *i* ce même crin.

restoit donc d'autre moyen que de transporter avec beaucoup de peine l'eau-de-vie à dos de cheval le long du rivage de l'*Ilga*. Or le Préposé de l'eau-de-vie ne voulant pas faire ce transport aux dépens de la Couronne, quelques paysans lui firent une députation, & lui proposerent de faire venir cette boisson à leurs propres dépens. Dans le même tems, chaque économe avoit brassé de la biere, & la fureur de l'ivrognerie commença dès le jour de Pâques, à 8 heures du matin. Le Village n'a point d'Eglise; il n'y a qu'une Chapelle desservie par un *Diatschok*, sorte de Clerc du plus bas ordre. Comme cette espece de Desservant n'étoit pas moins pressé de boire que les autres, le service qui se fait ordinairement à 8 heures, il le fit commencer à 6. Le désordre continua quatre à cinq jours, sans interruption, & il n'y eut pas moyen de l'arrêter. Nous en essuyâmes, de la part de nos Ouvriers, des suites fort désagréables : remontrances, exhortation, punition, tout fut inutile. Mais quel que fût, à cet égard, le débordement à *Ust-Ilga*, il n'approchoit point de celui qui régnoit dans l'Ostrog, où l'on étoit plus à portée d'avoir de l'eau-de-vie. Les paysans y buvoient, y jouoient aux cartes, & l'emportement alloit quelquefois si loin, que quelques-uns perdoient jusqu'à leur derniere mesure de farine, jusqu'au seul habit qui les couvroit.

L'*Ilga* dégela le 30 Avril, & le *Lena* le 4 Mai. Dès-lors nous attendîmes impatiemment ceux de notre Compagnie, que nous avions laissés à *Wercholensk* & à *Katschega*, dans la crainte de manquer le tems favorable pour notre voyage. Les gens du pays savent bien observer ce tems. Le plus avantageux est celui qui suit immédiatement le dégel ; car la glace qu'entraîne le courant, s'arrête en plusieurs endroits, bouche les passages, & fait gonfler considérablement le haut du fleuve. La même chose arrive tous les ans ; mais en certaines années plus qu'en d'autres, ce qui produit souvent de grandes inondations. Le tems des glaces passé, les neiges dont la fonte inonde les montagnes, & les fortes pluies qui surviennent ordinairement dans cette saison, font encore beaucoup grossir les eaux. Ainsi le passage est assez commode pendant tout le mois de Mai, & d'autant plus favorable au commencement du même mois, que les eaux, en augmentant, ont le cours plus rapide. D'après ces connoissances, nous fîmes toutes les dispositions nécessaires, pour avancer notre départ, pendant que les Chancelleries, qui avoient des ordres rigoureux de nous expédier promptement, ne se donnoient presqu'aucuns soins.

Le Géographe *Krascheninnikow* arriva le 15 Mai d'*Ilginskoi-Ostrog*, & le sieur *Swistunow* le 18. Ils amenerent avec eux les trois Bâtimens, qui y avoient été construits pour notre Troupe. Le 22, M. *de la Croyere* vint aussi de *Katschega* & de *Wercholensk* avec le reste de notre suite. Par ce moyen, toute la Troupe académique se trouva rassemblée avec les Bâtimens qu'on avoit construits pour elle, & qui consistoient en six *Doschtschennikes* & en six *Kajukes* (66). Il ne manquoit plus que du monde pour les conduire. Le détachement de Marine, qui étoit parti l'année précédente, avoit sur chaque *Doschtschennike* douze Travailleurs &

_____
(66) *Le Kajuke* est un petit *Doschtschennike*.

deux Pilotes, & sur chaque Kajute six Travailleurs, & pareillement deux Pilotes. On vouloit que cette répartition fît une loi pour nous qui n'entendions rien à la Marine. Cependant la Chancellerie d'*Irkutzk* nous fit donner avis qu'elle nous avoit envoyé quatre-vingt-seize hommes ; mais vingt-trois Slufchiwies du lieu, compris dans ce nombre, ne parurent jamais. Nous fûmes obligés de les remplacer, ainsi que le reste des hommes qui nous manquoient, par des paysans, ce qui ne se fit point sans peine ; car le canton n'est pas si bien peuplé, que cinquante hommes de moins n'y causent un grand vuide ; qui d'ailleurs cultiveroit la terre, si l'on employoit les paysans à d'autres travaux ? La Couronne entretient les *Slufchiwies* pour ces sortes d'occasions, & pour les envoyer par-tout où il est besoin ; mais, comme on l'a déja marqué, ils se rachetent aisément de ces sortes de travaux, & ne marchent guere que pour les expéditions où il y a quelque chose à gagner pour eux, ce qu'ils obtiennent des Commandans qui n'ont d'autres vues que de s'enrichir.

Depuis que les eaux étoient ouvertes, comme on s'exprime dans ces contrées, nous voyons passer tous les jours quantité de Radeaux devant *Uft-Ilga*. Les gens du pays sont trop paresseux pour construire des Bâtimens ; cependant ils sont dans l'usage de porter tous les ans une grande quantité de farines à *Jakutzs*, parce qu'ils esperent en trouver un bon prix. Or la construction d'un Radeau coute très-peu aux paysans ; car ils ont le bois, pour ainsi dire, à leur porte & pour rien, puis ils sont eux-mêmes les Constructeurs. Ils peuvent charger sur un Radeau mille à deux mille puds de farine, suivant la longueur qu'ils lui donnent ; mais ils ne la chargent point en sacs ; ils font simplement au milieu du Radeau un enclos de planches, dans lequel ils versent leur farine. Ils vendent ensuite à *Jakutzk*, avec la farine, le Radeau même dont les habitans emploient le bois à leur chauffage ; & comme ils partent de bonne heure de chez eux, ils y reviennent le même Eté. Il arrive quelquefois que les habitans de *Jakutzk* n'achetent pas toutes leurs farines, parce qu'ils en ont trop apporté ; mais alors la Chancellerie les achete sur la Caisse de la Couronne à un prix raisonnable, afin que les paysans ne soient pas dégoûtés d'en apporter une autre fois. Par ce moyen, ils s'en retournent toujours avec un bon profit ; & comme ils gagnent encore beaucoup sur la vente de leurs écureuils, les paysans des bords du *Lena* se trouvent à leur aise : aussi les paysannes, quand elles sont parées, sont elles vêtues de soie. Le grand nombre de Radeaux que nous vîmes passer, provenoit en partie de l'usage où sont ces paysans, de porter beaucoup de farine à Jakutzk, en partie de l'expédition du Kamtfchatka : car comme il n'y avoit pas assez de vivres à Jakutzk pour tout le monde qui devoit y passer, il falloit y transporter bien des provisions, & l'on se servoit de Radeaux par économie. Pour amarrer ces Radeaux au rivage, on ne se servoit point de cables fabriqués avec du chanvre ; c'étoient de menues branches de bouleaux tortillées ensemble, & formant un cable au-moins de l'épaisseur du bras, qui me parut beaucoup plus fort que le meilleur cable de chanvre.

Le 27 Mai, nos Bâtimens furent prêts & pourvus de tous les Manouvriers nécessaires. Nous partîmes vers les 5 heures du soir, & nous atteignîmes à 9 heures *Grufnich D*, où nous reftâmes. Comme le fleuve eft fort bas dans ces cantons, on n'ofe pas y paffer la nuit. La maniere de gouverner les Bâtimens, eft un peu plus commode ici qu'en tout autre endroit de la Sibérie & fur le *Wolga*. A l'arriere du Bâtiment, on applique au milieu de la poupe une longue poutre, dont un bout, taillé comme un gouvernail ordinaire, entre dans l'eau : quand on la pouffe d'un côté, le Bateau tourne du côté contraire. On s'en accommode donc fort bien fur le *Lena*, où il ne fe trouve point d'endroits affez dangereux, pour qu'on foit obligé de faire tourner tout-à-coup un Bâtiment dans un efpace étroit, tantôt à droite & tantôt à gauche ; mais avec un pareil gouvernail, on ne fauroit avancer contre le courant, & l'on fe fert alors d'un gouvernail ordinaire.

Nous pourfuivîmes notre route à la pointe du jour, & nous arrivâmes à 8 heures du matin près de *Schamanowa D*. Nous nous y arrêtâmes, pour voir quelques travaux de Mines qu'on y avoit commencés en 1732. Il y avoit à peu de diftance l'une de l'autre deux Mines de cuivre, dont une étoit feulement ouverte, parce que la veine s'étoit perdue. L'autre avoit été traitée felon la méthode ordinaire, & l'on avoit même commencé à bâtir pour l'exploitation du minérai. Ce minérai étoit verdâtre, & enveloppé dans un roc dur, dont on ne pouvoit le dégager qu'avec le fecours du feu : il tenoit très-peu de cuivre, mais on avoit quelque efpérance que la veine s'amélioreroit. Elle s'étendoit de l'Orient à l'Occident, & elle avoit peu de profondeur. Les travaux durerent jufqu'en 1734, & les fouilles étoient alors pouffées jufqu'à onze braffes & demie. Cependant on fouilla tout le diftrict voifin, pour trouver une veine plus forte & plus riche ; mais après bien des travaux & des recherches inutiles, fur les différens rapports qui furent faits au grand College des Mines de leur peu de fuccès, il vint au commencement d'Octobre de la même année 1734, des ordres précis de faire ceffer les travaux, & de renvoyer les Travailleurs à Catherinenbourg. Je revins à 3 heures après midi à nos Bâtimens. Nous pouffâmes plus loin à 4 heures, & à 9 heures du foir, nous abordâmes à quelque diftance au-deffous du Village de *Sakobenina*, où nous paffâmes la nuit.

Le lendemain vers 9 heures du matin, nous atteignîmes *Tfchudinowa-Saimka*. Je favois que dans ce diftrict on avoit fait autrefois beaucoup de recherches fur la rive orientale du *Lena*, pour découvrir une Mine d'argent qui devoit s'y trouver ; je quittai donc le Bâtiment pour paffer la riviere dans une Chaloupe, & je gagnai la montagne où les travaux avoient été commencés. Cette montagne eft fituée au-deffus de l'embouchure de la riviere d'*Orlenga*, fur le rivage oriental du *Lena*, & elle eft d'un accès facile. J'y vis une ouverture d'où s'étendoient deux bâtimens de Mines, l'un au Sud-Eft, l'autre au Sud-Oueft. Les couches des montagnes dans ces cantons font prefqu'horifontales, & les veines fuivent la même direction. J'en vis une marquetée d'une matiere femblable au luifant de plomb, mais fans nulle apparence d'argent : auffi n'y en avoit-il point, ce qui l'a fait abandonner.

A une heure après midi, je rejoignis les Bâtimens qui étoient arrêtés près d'*Orlenskaja-Sloboda*. Nous y avions envoyé d'*Ust-Ilga*, pour qu'on nous tînt prêts quelques payſans qui puſſent relever ceux d'*Ilga*; nous n'y trouvâmes que ſix hommes, & nous ne pûmes aller plus loin. M. *de la Croyere*, qui s'étoit propoſé d'accélérer ſon voyage autant qu'il ſeroit poſſible, ſe contenta de ces ſix hommes, & partit avec ſa ſuite ſur les 4 heures du ſoir.

L'Officier des Mines, que nous avions avec nous, me raconta que pendant ſon ſéjour dans ce quartier-là, il avoit un jour trouvé par haſard, dans une pierre dure, au-deſſous de l'embouchure de l'*Orlenga*, quelques cailloux d'une forme ſinguliere, mais qui tenoient ſi fortement au rocher, qu'il n'avoit jamais pû les en détacher. La deſcription qu'il en faiſoit, me fit croire que c'étoient des pierres figurées; je me fis montrer l'endroit, & nous y allâmes. C'étoient des *petoncles* pétrifiés, de la groſſeur d'une noiſette, ou un peu plus gros, incruſtés dans une pierre griſe, calcaire, & très-dure. Nous en caſſâmes pluſieurs morceaux, & nous nous donnâmes bien du mouvement pour trouver quelqu'autre eſpece de pétrifications; nous perdîmes & notre tems & nos peines, & la nuit qui approchoit, nous obligea de retourner à nos Bâtimens. On voit rarement des pierres figurées dans la Sibérie; je ne ſais ſi c'eſt parce qu'on n'a pas aſſez fouillé les montagnes, ou ſi en effet il n'y en a point. Je lis dans *Witzen*, qu'on rencontre ſur le *Tura* quelques gloſſopetres pétrifiées; mais je n'en ai jamais entendu parler dans toute la Sibérie. Il eſt vrai que quand nous y arrivâmes, & ſur-tout au commencement, les habitans eurent grand ſoin de nous cacher tout ce qu'ils croyoient pouvoir exciter notre curioſité; mais nous trouvions de tems en tems quelques Officiers qui ſe faiſoient un plaiſir de nous inſtruire de tout; & les entretiens familiers que nous avons eus depuis avec des nationaux de toute eſpece, nous ont mis au fait de bien des choſes, ou plutôt ne nous ont laiſſé preſque rien ignorer de vraiment curieux. Excepté ces petoncles, dont la matiere intérieure étoit ſélénitique, & qui étoient blanchâtres en-dehors, je n'ai rien vu de remarquable en ce genre dans la Sibérie, qu'une groſſe corne d'Ammon, qui me fut donnée à *Jeniſeisk* par ce Colonel des Coſaques, dont il eſt parlé page 167. Il me dit, qu'elle avoit été trouvée par un Coſaque de *Jeniſeisk*, au-deſſous de *Dubtſcheskaja-Sloboda*, ſur la rive droite du *Jeniſéi*, dans une montagne. On l'avoit donnée à cet Officier comme un ſpécifique, pour faciliter les accouchemens; il ne s'agiſſoit que de la mettre infuſer dans de l'eau-de-vie pendant deux heures, & de boire cette infuſion.

Nous partîmes le 31 à la pointe du jour. Vers les 10 heures du matin, nous perdîmes de vue un de nos gros Bâtimens, qui étoit échoué ſur un banc de ſable. Pour l'attendre, & lui envoyer du ſecours en cas de beſoin, nous abordâmes à cinq werſtes au-deſſous de *Skoknina D*. Nous y reſtâmes juſqu'à 3 heures après midi, & à 8 heures & demie, nous deſcendîmes à *Sinuſchkina D*, où nous paſſâmes la nuit.

Le lendemain, premier Juin, vers 10 heures du matin, nous arrivâmes près d'un ruiſſeau à deux werſtes au-deſſous de *Turukinskaja D*. Le terrein nous parut fertile en plantes, & plus agréable que ne le font ordinairement les environs du *Lena*. Nous résolûmes d'en profiter ; nous y restâmes jusqu'au 3, que nous partîmes à 5 heures du soir, & nous arrivâmes deux heures après à *Uſt-Kut*. Nous entrâmes dans un des bras du *Kuta*, & nous mîmes pied à terre vis-à-vis l'Oſtrog. M. *de la Croyere* y étoit reſté juſqu'à ce moment pour changer de Travailleurs. Ce changement fut fait le même ſoir, & il partit le lendemain vers midi. Pour nous, qui ne ſouhaitions rien tant que de pouvoir nous paſſer du ſervice de tous ces Riverains du *Lena*, nous avions envoyé demander à la Chancellerie d'*Ilimsk*, qu'on nous fournît des Exilés (67) ou d'autres gens de tout état, pour ſervir ſur nos Bâtimens. Mais notre Meſſager n'étant pas encore revenu, nous fûmes obligés de nous arrêter en cet endroit. Enfin il arriva le 6 Juin, ſans nous amener un ſeul homme : il nous apporta ſeulement des ordres de la Chancellerie d'*Ilimsk* adreſſés aux Eſcoutets de l'*Orlenga*, de l'*Ilga*, de *Tutursk̄a* & de *Nowo-Udinsk*, pour qu'ils euſſent à nous fournir le nombre d'hommes dont nous avions beſoin. Nous fûmes curieux de voir le réſultat de ces ordres, & nous preſſâmes les Eſcoutets, excepté celui de *Nowo-Udinsk* qui étoit trop éloigné pour y ſatisfaire promptement.

Pendant notre ſéjour à *Uſt-Kut*, nous viſitâmes les ſalines, décrites dans le Voyage d'Hiver, d'après les informations que j'en avois priſes, & nous vîmes cuire le ſel. La chaleur y étoit inſupportable, & il nous fut impoſſible d'y reſter plus de deux minutes. On ne ſe ſert ici d'aucun moyen pour épaiſſir plus promptement le ſel. Le ſeul feu de bois le force aſſez ; & d'ailleurs il n'eſt pas d'uſage en Sibérie de tuer aucuns beſtiaux dans d'autres tems qu'en Automne. Ainſi, dans une autre ſaiſon, où pourroit-on prendre du ſang ? On étoit alors dans de grandes inquiétudes, parce que les deux ſources de la ſaline commençoient à ſe boucher. La plus groſſe s'écoule dans le *Kuta*, & des deux côtés à ſon embouchure croit abondamment le *kali* (68), herbe qu'on voit ordinairement ſur les bords des lacs ſalés. Il y avoit tout près du Village un Radeau chargé de ſel, qui devoit partir cette année pour *Tſchetſchiskoi-Oſtrog*, mais qui ne pouvoit deſcendre le *Kuta* ; parce que ſes eaux étoient trop baſſes. Un payſan du lieu s'étoit obligé de fournir ce ſel à la Couronne pour un certain prix. Le ſel étoit couvert ſimplement d'écorces de bouleaux, qui ne pouvoient le garantir de la pluie ; mais ici les Fermiers de ſel ne ſont pas fâchés de cette aventure, le ſel en devient plus humide & plus peſant. D'ailleurs ils entendent aſſez leur métier, pour l'empêcher de ſe fondre. Au reſte, la Couronne n'y perd rien : car l'Eſcoutet, qui reçoit le ſel au poids, doit payer à raiſon du poids qu'il a reçu. Si le ſel ſe ſeche chez lui, & qu'il ne trouve plus ſon poids, il ſait au débit s'arranger ſi bien, qu'il ne perd rien ſur la peſée.

(67) Ils ſont appellés *Sſilnie* ou *Priſſilnie* ; ce ſont la plûpart des gens du peuple envoyés des Villes de Ruſſie en exil pour des crimes capitaux, & qui ſont obligés de faire tous les travaux pour leſquels ils ſont commandés, dans les Mines, ſur les Bâtimens, aux Fortifications, &c. On leur donne pour cela des vivres, & tous les jours un peu d'argent.

(68) *Salicornia* & *Chenopodium*, dictum *Kali minus album*.

Nous passâmes au retour à la fabrique d'eau-de-vie, située sur le rivage gauche du *Kuta*. Il y avoit six chaudieres qui n'étoient seulement pas couvertes, & nous y trouvâmes un seul homme qui dormoit ; lorsqu'on l'eut éveillé, ce qui ne se fit pas sans peine, il ne pouvoit se soutenir sur ses jambes. On dit ici communément, qu'en Hiver on tire beaucoup moins d'eau-de-vie qu'en Eté ; mais ces gens-là n'entendent rien à faire cette liqueur.

Nous revînmes au coucher du Soleil à *Ust-Kut*, & nous y trouvâmes l'homme que nous avions envoyé aux Ostrogs & aux Slobodes supérieurs du *Lena*. Il fut suivi le lendemain de douze Travailleurs qu'il avoit ramassés à *Orlenga* parmi les Exilés & d'autres gens de toutes especes. Il nous en fit espérer d'autres qui devoient nous venir de l'Ostrog de l'*Ilga*. D'ailleurs nous avions arrêté & amené avec nous six autres hommes d'*Ust-Kut*. Nous crumes donc qu'avec le renfort qu'on nous promettoit de l'*Ilga*, nous pourrions nous passer de paysans. Cependant nous ne jugeâmes pas à propos d'attendre cette derniere recrue : nous partîmes le 18 à 2 heures après midi, & nous dépêchâmes en même-tems un Soldat, pour recevoir nos Travailleurs quand il les rencontreroit, & nous les amener promptement. Ainsi nous fûmes obligés de garder avec nous quelques paysans d'*Ust-Kut*. Nous arrivâmes le soir près de *Polawinnoje-Simowje*, située au-dessous de *Polawinnaja-Rietschka*. Là, & dans plusieurs autres endroits, nous vîmes des forêts entieres enflammées. Les habitans voisins du *Lena* y mettent exprès le feu, afin d'avoir de l'emplacement pour faire des prés ; car il y a très-peu de champs autour de ce fleuve, & l'on a besoin de terres labourables. D'un autre côté, le nombre des bestiaux augmentant, il faut beaucoup plus de foin qu'autrefois. Enfin les terres labourables ne produisent point ce qu'elles devroient produire, parce que les paysans de cette contrée fument leurs terres, pour leur faire porter du grain tous les ans : usage inouï dans la Sibérie, & qui paroît contraire à la nature qui s'y montre par-tout sans apprêt.

Nous partîmes le lendemain à la pointe du jour, & nous arrivâmes vers midi à *Tajurskaja D*, Village situé sur la riviere de *Tajura*, qui est aussi considérable que l'*Ilim*, & dont les rivages sont assez fertiles. A 9 heures du soir, nous passâmes devant *Glatkoi-Muis*; & nous nous arrêtâmes à deux werstes plus bas. Nous avions encore six werstes pour arriver au Village de *Nasarowa* ; mais comme la riviere va très-lentement depuis *Tajurskaja D*, ne pouvant point y arriver avant minuit, nous n'allâmes pas plus loin. Nous en partîmes de meilleure heure le lendemain matin ; mais, après avoir marché jusqu'à une heure, nous ne nous trouvions encore qu'à *Tirskaja D*, sur la riviere de *Tira*, dont les bords sont aussi fertiles que ceux de la *Tajura*. Cette riviere forme les confins du territoire d'*Ust-Kut* & de celui de *Kriwoluck*. *Ulkanskaja D*, situé sur le ruisseau d'*Ulkan*, à sept werstes & demi de *Tirskaja D*, est le premier Village de *Kriwoluck*, que nous passâmes le soir. Vers les 10 heures, nous nous arrêtâmes auprès de *Krasnojarskaja D*. Nous avions eu pendant toute la journée un vent de Nord fort & contraire, qui nous avoit beaucoup arrêtés : il fit le soir une forte pluie, qui nous fit souvenir de notre voyage sur l'*Irtifch*. Nous avions prévu ce mauvais tems, & nous avions demandé qu'on nous mît à l'abri de la pluie en doublant les planches du Bateau ; mais on nous avoit juré que les Bâtimens étoient conftruits de façon qu'il étoit impoffible que la pluie y pénétrât. De plus, comme on fe défioit de notre peu de crédulité, pour nous en convaincre par nos propres yeux, on avoit verfé de l'eau fur le pont, & l'on nous avoit fait voir que rien n'entroit dans les *cajutes*. Cependant nous n'aurions ajouté foi ni aux proteftations de nos Matelots, ni à l'expérience qu'ils nous firent, fi nous n'euffions alors été trop occupés d'autres foins qui nous firent oublier ceux que demandoit la fûreté de notre voyage. En un mot, notre embarras fut auffi grand ici que fur l'*Irtifch* ; il fallut fauver tous nos papiers, & doubler nos Bâtimens à neuf. Ce mal fut accompagné de l'inconvénient des coufins qui, par leur nombre prodigieux & leur importunité continuelle, nous rappellerent encore mieux notre navigation fur l'*Irtifch*.

Le lendemain, vers une heure après midi, après avoir paffé devant plufieurs Villages, vers l'un defquels appartenant à une Maifon religieufe, la riviere commence à faire une courbure confidérable, nous fûmes rendus près de *Skobelska D*. Nous en partîmes à 5 heures du matin ; & après avoir fait onze werftes & demi, nous atteignîmes *Saborskaja D*. La riviere faifoit ici beaucoup de finuofités, qui durerent jufqu'à *Wologda D*, où nous paffâmes la nuit. Le chemin en droiture de *Saborskaja* jufqu'à *Wologda*, eft de deux werftes & demi, & le chemin de la riviere de fix werftes. Outre cette courbure, la riviere couloit fort lentement, & le lendemain nous nous apperçûmes encore plus de cette lenteur. Nous pourfuivimes notre route dès 2 heures du matin, & marchant toujours à force de rames, nous n'arrivâmes que 4 heures après à la *Surewskaja D*, qui n'eft qu'à huit werftes de l'endroit où nous avions paffé la nuit ; mais c'eft là que finit la principale courbure de la riviere. Pour juger de l'étendue de l'arc qu'elle décrit, il fuffit d'obferver que, depuis le Village du Couvent, le chemin à-travers les montagnes jufqu'à *Surewskaja*, n'eft que de huit werftes, pendant que le chemin par eau eft de trente-fix. Au refte, le courant de la riviere en partant de ce dernier endroit, ne devient pas plus rapide, & fe maintient entre Nord & Nord-Eft.

Notre voyage fut encore retardé par un vent violent du Nord, qui nous força vers les 4 heures du matin d'aborder à un werfte au-deffus de *Tfchertowskaja D*. Ainfi dans neuf heures, en ramant toujours, nous n'avons fait que vingt-deux werftes & demi. Mais les Matelots nous affûrerent qu'avec le vent le plus favorable & le plus fort, on n'avançoit gueres dans ce trajet fans le fecours des rames ; & le fleuve en effet, à cette hauteur, reffembloit affez à un lac. Le nombre de nos Travailleurs fut augmenté ici de fix hommes, qui nous vinrent de l'*Ilginskoi-Oftrog*, avec le Soldat que nous avions laiffé à *Uft-Kut*. Le vent s'étant calmé vers les 5 heures du foir, nous marchâmes & nous paffâmes devant *Obuchow-Oftrow*. C'eft une Ifle qui porte le nom d'un Waywode d'*Ilimsk*.

En

En 1665, ce Waywode s'en retournant de la Foire de *Kirenga* à *Ilimsk* avec quantité de fourrures précieuses, fut assassiné dans cet endroit par les Slufchiwies qui l'accompagnoient; & ce meurtre occasionna la conquête du pays des *Dauriens*, situés sur le fleuve *Amur*. Nous continuâmes d'aller à rames jusqu'au lendemain à 2 heures, que nous atteignîmes *Kriwolutzkaja-Sloboda*. Je n'ai point vu de Slobode plus misérable que celle-ci: elle n'a guere plus de dix maisons, & n'est honorée du nom de *Slobode*, que parce-que le Commandant du district de *Kriwoluk* y fait sa résidence. Il n'y a pas d'Eglise, mais seulement une Chapelle. Le terrein, comme presque tous ceux des environs du *Lena*, est fort montagneux: On voit une belle campagne entre la *Kirenga* & le *Lena*, mais que leurs eaux ont quelquefois inondée. Nous ne voulûmes pas nous arrêter en cet endroit, pour profiter plus long-tems de la vue des environs de la *Kirenga*, célebres dans toute la Sibérie par leur fertilité. Ainsi nous en partîmes dès le soir vers les 4 heures, & nous arrivâmes à 8 heures près de *Kirenskoi-Ostrog*, bâti sur le rivage droit du *Lena*, qui est fort élevé. L'Ostrog a été construit vers l'an 1655: cependant on voit dans l'Eglise du lieu une inscription, par laquelle il paroît qu'il a été bâti en 1164, c'est-à-dire 1656 après la naissance de Jesus-Christ. Cet Ostrog est, selon l'usage ordinaire de la Sibérie, de forme quarrée & de bois; il a vingt-huit brasses de longueur, sur vingt-quatre de largeur; ce n'étoit alors que des ruines, dont il restoit une seule tour du côté de la riviere. On voyoit encore dans son enceinte quinze vieilles boutiques de Marchands, dans deux ou trois desquelles on avoit exposé différentes marchandises de peu de valeur. Les Marchands qui vont à *Irkutzk* cherchent à se débarrasser ici d'une partie de leurs marchandises, quand ils n'ont pas d'espérance de tout débiter à *Irkutzk*, & ils se donnent en commission jusqu'à leur retour. Ces boutiques furent anciennement bâties à cause de la Foire qui se tenoit tous les ans dans l'Ostrog. C'est ici que s'assembloient aussi chaque année tous les Chasseurs de ces cantons, & quelquefois même les Tungufes. Ils y trafiquoient des zibelines, & cette sorte de pelleterie étoit alors si abondante, que le seul péage de celles qui se vendoient publiquement rapportoit des sommes considérables à la Caisse Impériale, comme on le voit par les anciens Registres des Chancelleries. La chasse des zibelines étoit anciennement permise à tout le monde; mais on fut long-tems sans en prendre beaucoup dans ce canton, à l'exception de ce que les Tungufes en prenoient pour leur usage. Or les Tungufes, sur cet article, étoient si modérés, que leurs chasses ne diminuoient pas beaucoup le nombre de zibelines. Les Chasseurs Russes au contraire, occupés de l'intérêt présent, sans s'embarrasser de l'avenir, forcerent en peu de tems la chasse de telle maniere, qu'à peine voyoit-on une zibeline; & c'est par-là qu'a fini la Foire. Pendant cette destruction des zibelines, les Tungufes s'épuisoient en plaintes de ce qu'on les mettoit hors d'état de payer le tribut qu'ils devoient en cette espece de fourrures; mais depuis, ce même tribut se paye non-seulement en zibelines, mais encore en peaux d'écureuils, d'ours, de rennes, de loutres, &c. On en reçoit même la valeur en argent dans les environs du *Lena*, & dans les territoires d'*Ilimsk*, d'*Irkutzk*, de *Selenginsk* & de *Nertschinsk*. Tout ce qu'ont produit les plaintes des Tungufes, eſt de faire défendre aux Ruſſes la chaſſe des zibelines; mais la Caiſſe Impériale n'y a rien gagné: cette défenſe a ſeulement obligé les Braconniers Ruſſes à chaſſer avec plus de précaution & à vendre ſecrettement leurs peaux de zibelines.

La maniere dont ſe font ces chaſſes, mérite un peu de détail. Il ſe forme ordinairement une ſociété de dix à douze Chaſſeurs, qui partagent entr'eux toutes les zibelines qu'ils prennent. Avant de partir pour la chaſſe, ils font vœu d'offrir à l'Egliſe une certaine portion de leurs priſes. Ils choiſiſſent entr'eux un Chef, à qui toute la Compagnie eſt tenue d'obéir. Ce Chef eſt appellé *Peredowſchik*, c'eſt-à-dire *Conducteur*, & ils lui portent un ſi grand reſpect, qu'ils s'impoſent eux-mêmes les loix les plus ſéveres, pour ne point s'écarter de ſes ordres. Quand quelqu'un manque à l'obéiſſance qu'il doit au Conducteur, celui-ci le réprimande de paroles: il eſt même en droit de lui donner une volée de coups de bâton, & ce châtiment ſe nomme, ainſi que la ſimple réprimande, *une leçon*, (*uſthenie*). Outre cette leçon, le refractaire perd encore toutes les zibelines qu'il a priſes. Il lui eſt défendu d'être aſſis en cercle avec les autres Chaſſeurs pendant leurs repas; il eſt obligé de ſe tenir debout, & de faire tout ce que les autres lui commandent. Il faut qu'il allume le poële de la chambre noire, qu'il la tienne propre, qu'il coupe du bois, & faſſe enfin tout le ménage. Cette punition dure juſqu'à ce que toute la Société lui ait accordé ſon pardon, qu'il demande continuellement & debout, tandis que les autres mangent aſſis.

Dès qu'on a pris une zibeline, il faut la ſerrer ſur le champ ſans la regarder; car ils s'imaginent, que de parler bien ou mal de la zibeline qu'on a priſe, eſt le moyen de la gâter. Un ancien Chaſſeur pouſſoit ſi loin cette ſuperſtition, qu'il diſoit qu'une des principales cauſes qui faiſoient manquer la chaſſe des zibelines, c'étoit d'avoir envoyé quelques-uns de ces animaux vivans à Moſcou, parce que tout le monde les avoit admirés comme des animaux rares, ce qui n'étoit point du goût des zibelines. Une autre raiſon de leur diſette, c'étoit, ſelon lui, que le monde étoit devenu beaucoup plus mauvais, & qu'il y avoit ſouvent dans leurs ſociétés des Chaſſeurs qui cachoient leurs priſes, ce que les zibelines ne pouvoient encore ſouffrir.

Les bâtimens publics que nous vîmes hors de *Kirenſkoi-Oſtrog*, étoient un Magaſin à ſel, une Chambre où étoit le dépôt des Archives, une Cave à eau-de-vie, un Cabaret qui en dépendoit, un autre Cabaret à biere, la maiſon du Commandant qui étoit en fort mauvais état, un endroit où l'on rendoit la Juſtice, & un Bureau de péage. Il y avoit encore une Egliſe dépendante du Fort. Nous y comptâmes vingt-neuf maiſons habitées par des Marchands, & par d'autres gens de tous états. De cet Oſtrog dépend encore un ſeul Village, appellé *Balachnia* ou *Balachonſkaja D*, & vis-à-vis eſt le dernier Village du territoire de *Kriwolutzk*, appellé *Woronina D*. Les environs de cet Oſtrog ſont d'une grande fertilité, & nous ne pouvions regarder ſans admiration des champs ſi beaux à une pareille élévation du pole, qui eſt de $57^d. 47'$. Toutes les herbes & les plantes y viennent d'une hauteur & d'une force extraordinaires. Les *éturgeons* & les *flerledes* qu'on prend dans cet endroit du *Lena*, font, pour la délicateffe & la fineffe du goût, les meilleurs de la Sibérie, & fupérieurs même à ceux du *Wolga*.

La riviere de *Kirenga* fe jette dans le *Lena* au-deffous de l'Oftrog. Elle eft fort large à fon embouchure, mais on ne peut y naviger qu'avec des Barques. Ses rivages font des montagnes tellement efcarpées, qu'on ne peut y voyager ni à pied, ni à cheval. Il y a pourtant par intervalles quelques champs fertiles, & par conféquent des Villages. Ses eaux font fi rapides, qu'elle parcourt dans une heure environ quatre werftes & demi. Le *Lena* qui, au-deffus de l'embouchure de cette riviere, ne fait que quatre cens braffes dans une heure, après l'avoir reçue, avance dans le même efpace de tems de trois werftes & quelques braffes, & conferve la même rapidité jufqu'à la diftance de quatre werftes. Les éturgeons & les fterledes n'entrent pas dans la *Kirenga*, où l'on ne trouve que les poiffons que produifent ordinairement les rivieres pierreufes & baffes. Près de cette embouchure, il fort encore un bras de la *Kirenga*, qui ne s'unit au fleuve qu'à deux werftes de-là. Au refte, il eft douteux fi cette embouchure appartient au *Lena* ou à la *Kirenga* : car on dit d'une part, que dans le Printems, où cette riviere s'enfle beaucoup, l'embouchure court dans le *Lena* ; & de l'autre, que quand les eaux du *Lena* fe gonflent à leur tour, ce fleuve reflue dans la *Kirenga*. Entre le *Lena* & le bras formé par l'embouchure inférieure de la *Kirenga*, on voit une Ifle appellée *Monaftirskoi-Oftrow*, qui dépend d'un Couvent bâti fur le rivage droit du *Lena*. Ce Couvent n'eft conftruit que de bois, mais fes revenus font confidérables. Les meilleurs cantons au-deffus & au-deffous fur le *Lena* lui appartiennent. Son territoire s'étend jufqu'à la riviere d'*Anga*, qui tombe dans le *Lena* près de *Wercholensk*, où il poffede encore un fort beau Village. Il ne reftoit plus dans la maifon que deux Religieux ; mais elle nourriffoit quelques vieillards pauvres ou infirmes, qui s'y étoient mis en penfion à vie pour une fomme très-modique (*). Ce Couvent a deux Eglifes, une pour l'Eté, l'autre pour l'Hiver. Il y réfidoit un Abbé (*Igumen*), qui faifoit les fonctions d'Econome. La fertilité du pays femble n'être pas bornée aux plantes, mais s'étendre encore, jufqu'au fuperflu, fur le genre animal. Les habitans de ce diftrict & des bords du *Lena*, hommes & animaux, comme les bœufs, les vaches &c. font fujets aux goëtres ; j'en ai vus qui n'en cédoient point aux goëtres les plus refpectables de la Suiffe & de quelques endroits d'Allemagne. C'eft même ici que l'on pourroit dire, avec plus de droit qu'en aucun autre lieu du monde, qu'un homme n'eft cenfé bien complet que quand il a un bon goëtre. Voudroit-on en rejetter la caufe fur les montagnes ? Les vaches n'y vont point, & les femmes ne fe mêlent d'aucun ouvrage hors de la maifon ; ainfi leurs goëtres ne proviennent point des efforts

(*) Il y a dans la Sibérie plufieurs de ces maifons où font reçus les gens âgés & fans famille qui ont quelque bien. Au moyen de l'abandon qu'ils en font au Cou- vent après leur mort, ils font logés & alimentés tout le refte de leur vie. Ces fortes de Penfionnaires font appellés *Wikladtfchiki*.

qu'elles font pour grimper les montagnes. Un jeune homme, pourvu d'un goëtre aussi bien conditionné qu'il y en eut, me racontoit qu'ayant passé une année entiere dans les environs de la riviere d'*Anga*, son goëtre pendant ce séjour s'étoit considérablement diminué, mais qu'il avoit repris son volume quelque tems après son retour dans le district de la *Kirenga*. On croit ici communément que les goëtres sont héréditaires, & que les enfans naissent avec ces sortes d'excroissances, ou du moins en apportent le germe, mais ce sentiment n'est pas général; il n'est pas adopté sur-tout par ceux qui ont des goëtres, & qui cherchent à se marier.

Pendant notre séjour à cette station, il y eut de fréquentes pluies; mais il faisoit toujours chaud. Nous y restâmes jusqu'au 11 Juillet, & nous y laissâmes encore l'Etudiant *Tretjakow*, qui y étoit arrivé trois semaines avant nous, pour faire des observations météorologiques avec ordre de les continuer jusqu'au mois de Septembre. Notre but étoit d'obtenir par ce moyen des observations correspondantes, avec celles que M. *de la Croyere* devoit faire à *Jakutzk*, & celles que nous voulions aussi faire en route. Nous partîmes ce même jour au soir, & nous marchâmes toute la nuit; nous passâmes devant plusieurs Villages, & le lendemain 12, à 7 heures du matin, nous nous trouvâmes près de *Tschetschinskoi-Ostrog*. Ce poste est situé sur la rive droite du *Lena*; il a vingt brasses en quarré, & il tomboit alors tellement en ruine, qu'il n'y restoit plus qu'une tour avec une porte du côté de la riviere. Il y avoit dans l'intérieur une Eglise, avec un Magasin à bled; & au-dehors, seize maisons de paysans, une Chambre ou Tribunal de Justice, un Bureau de péage qui servoit en même-tems de Cabaret à eau-de-vie, avec une Cave au-dessous, & un Cabaret à biere.

De cet Ostrog, un chemin battu conduit à la *Tunguska*, qui se jette dans le *Jenisli* à peu de distance & au-dessus de *Turuchansk*. Comme il nous importoit beaucoup, pour nos travaux géographiques, de savoir dans quelle position cette riviere étoit à l'égard du *Lena*, & la distance qu'il y avoit entre elle & le fleuve, nous y dépêchâmes le 13 au matin un homme à cheval, pour prendre sur les lieux les instructions nécessaires. Il revint le lendemain au soir, & nous rapporta que tout le terrein, entre le *Lena* & la *Tunguska*, avoit quarante werstes d'étendue.

Jusqu'ici la fréquence des Villages ne nous laissoit pas craindre de manquer de vivres, mais les Villages commençoient déja à être plus clairsemés : c'étoit pour cela, disoit-on, que quelques-uns de nos Sluschiwies s'étoient sauvés de nos Bâtimens. Quoi qu'il en fût, cette désertion nous donna beaucoup de chagrin; car plus nous avancions, moins nous avions d'espérance de pouvoir réparer ce vuide. Cependant nous fîmes de si bons réglemens, qu'il n'y avoit guere d'apparence qu'aucun homme de notre Troupe pût dans la suite s'échapper. Il n'étoit permis à personne de quitter le Bâtiment, ni d'en rien emporter, sans être accompagné d'un Soldat. Ainsi tous ceux qui vouloient déserter, étoient obligés de laisser leurs vivres, leurs bagages, leurs hardes, & tout ce qui ne pouvoit pas entrer dans leurs poches. Mais les Déserteurs ne s'en embarrassoient guere : la plûpart s'échappoient sous prétexte de différens besoins qui les faisoient descendre sur le rivage, & nous laissoient tout ce qu'ils avoient apporté. Le grand nombre de Déserteurs qu'il y eut dans l'expédition de *Kamtschatka*, avoit été cause que l'année précédente on avoit fait dresser dans tous les Villages un peu considérables des potences destinées à pendre sur le champ ceux qui déserteroient. Mais il y avoit déja eu un grand nombre de Déserteurs, & l'on n'avoit encore pendu personne. Malgré les défenses très-sévères de ne loger qui que ce fût, sans passeport, on logeoit tous ceux qui se présentoient. Nous envoyâmes de tous côtés, nous fimes visiter toutes les maisons, & l'on ne nous ramena personne. Un de nos Déserteurs étoit un Slufchiwie de *Wercholensk*, qui avoit la confiance de tous ses camarades. Il sut si bien cacher son dessein, que plusieurs lui confierent leur argent. Aussitôt qu'il eut ramassé environ trente roubles, il se sauva avec l'argent, en veste & sans bonnet. Depuis ce moment, nous ne laissâmes sortir personne des Bateaux sans escorte. La douceur n'est d'aucun usage avec les Sibériens : il faut, pour en tirer du service, employer la derniere rigueur. Le plus grand malheur pour nous, étoit d'être obligés d'apprendre tout à nos dépens, & de n'avoir personne pour nous instruire. Dès le commencement de notre voyage, nous aurions pu nous précautionner contre mille choses, qu'il n'étoit pas possible de prévoir ; mais les gens de lettres qui voyagent sont faits pour être dupes, comme ils le sont en général dans toutes les affaires de la vie.

A l'occasion de nos Fuyards, j'appris une superstition des Sibériens que j'ignorois. Lorsqu'on ouvrit le sac de voyage d'un de ces Déserteurs, on y trouva, entr'autres choses, un petit paquet rempli de terre. Je demandai ce que c'étoit : on me dit que les Voyageurs qui passoient de leur pays dans un autre, étoient dans l'usage d'emporter de la terre ou du sable de leur sol natal, & que par-tout où ils se trouvoient, ils en mêloient un peu dans l'eau qu'ils buvoient sous un ciel étranger ; que cette précaution les préservoit de toutes sortes de maladies, & que son principal effet étoit de les garantir de celles du pays. En même tems on m'assûra que cette superstition ne venoit originairement pas de Sibérie ; mais qu'elle étoit établie depuis un tems immémorial parmi les Russes mêmes.

Le 17, nous partimes vers le midi par un vent très violent & tout-à-fait contraire, qui nous fit marcher fort lentement. Ce vent se calma un peu vers les 4 heures, & nous arrivâmes à 7 heures du soir près de *Spoloschenskaja*. Cette Slobode, située sur le rivage droit du *Lena*, contient une Paroisse & vingt-huit maisons de paysans ; c'est par conséquent un des Villages les mieux peuplés qu'il y ait sur ses bords. A deux werstes plus bas, sur la rive gauche, & au-dessus de l'embouchure de la riviere de *Paluda*, on voit encore un autre Village composé de dix maisons. Les environs présentent une belle campagne & de bonnes terres labourables, dont l'herbe alors étoit coupée. Les paysans des bords du *Lena* ne fauchent qu'une fois l'an ; leurs bestiaux restent fort long-tems dans les pâturages, & on leur laisse encore manger l'herbe qui repousse après que la premiere est coupée. Les faux dont ils se servent, ne sont pas non plus aussi grandes que les nôtres ; elles n'ont guere plus de deux empans de longueur, & le manche en est un peu recourbé. Ce canton est aussi fameux pour les goëtres. Dans un Village compofé de feize maifons, appellé *Suknewka*, a D, & fitué à quatre werftes plus haut, il y avoit une fille que la groffeur de fon goëtre avoit prefque rendue célebre : ce monftrueux champignon de chair ne lui permettoit pas de voir fes pieds ; elle paroiffoit faite pour regarder toujours le Ciel, malgré qu'elle en eût.

Le 18, après notre dîner, nous entendîmes un grand bruit qui venoit du cimetiere de l'Eglife, où l'on fe battoit avec force cris : voici ce que c'étoit. Dans les Fêtes particulieres de l'Eglife, il eft d'ufage que le Doyen braffe de la biere, qu'il diftribue le jour de la Fête à tous ceux qui mettent quelque argent dans fon tronc, pour n'avoir pas l'air de vendre fa boiffon : il leur fait préfent de la biere, ils lui font préfent de l'argent. Au refte, il s'arrange fi bien, qu'il ne perd rien à ce marché, & que les revenus de fon Eglife n'en fouffrent point. Cette biere, dans la Langue du pays, eft appellée *kanun*, mot Ruffe, qui défigne le plat que l'on mange ordinairement chaque année fur le tombeau de fes parens, pour honorer leur mémoire. Il fignifie encore en Langue commune le jour qui précéde une Fête, & ce qu'on appelle *Vigile*. Il s'étoit donc fait une diftribution de biere, fans qu'il y eût eu pour cela de Fête particuliere. Cependant le jour pour lequel on avoit braffé cette biere, étoit celui d'*Ilyna*, qui ne tomboit qu'au 20 du mois ; mais comme c'eft la biere même qui fait en tout tems pour ces gens-ci la plus grande Fête, on avoit folemnifé l'*Ilyna* d'avance par d'amples effufions de ce breuvage. Il en reftoit pourtant affez pour qu'on pût célébrer le 20, avec les réjouiffances ordinaires. Or dès midi, le Doyen de l'Eglife avoit débité toute fa biere ; mais on continua de boire & de faire du bruit jufqu'au lendemain matin.

A deux journées de-là, fur la riviere d'*Itfchora*, eft une montagne, d'où l'on nous dit qu'il fortoit une fource abondante d'eau falée, & dont on raconte bien des merveilles. Le Couvent de *Jakuzk* y fait cuire du fel depuis nombre d'années ; mais il ne lui eft pas permis d'en faire cuire plus qu'il n'en a befoin pour fon ufage, & le fel deftiné pour les habitans des bords du *Lena* eft ordinairement apporté d'*Uft-Kut*. Nous avions bien envie de connoître cette merveilleufe faline ; mais perfonne n'ofoit s'expofer à y aller en Eté par terre , parce que des marais très-profonds en rendent la route impraticable dans cette faifon. Pour fatisfaire notre curiofité, nous y envoyâmes l'Etudiant *Krafcheninnikow*, & l'Apprentif Géodéfifte *Makfcheew ;* nous les fîmes aller par eau jufqu'à l'embouchure de l'*Itfchora*, & nous les chargeâmes de remonter cette riviere jufqu'à cet endroit, de nous décrire la riviere même le plus exactement qu'ils pourroient, de faire à la fource du fel toutes les obfervations néceffaires, & de revenir par le même chemin. Ce foir & pendant toute la nuit, nous effuyâmes une forte pluie qui nous inquiéta beaucoup ; car, malgré toutes les précautions que nous avions prifes, elle perçoit partout. J'en fus en mon particulier plus incommodé que perfonne, puifqu'il fallut m'occuper le lendemain à faire fécher une quantité confidérable de plantes qui avoient été mouillées.

Le 23, après un trajet de feize werftes, nous parvînmes à l'embouchure de la riviere de *Tschetschui*, dont *Tschetschinskoi-Ostrog* porte le nom, & quand nous l'eûmes atteinte, nous avançâmes beaucoup. Cette riviere est très-rapide, & l'on voit aisément ses eaux entrer dans le fleuve qui la reçoit. Il y avoit autrefois près de son embouchure un Village ; mais les eaux ayant peu-à-peu dégradé le rivage sur lequel il étoit bâti, les paysans furent obligés de le transporter ailleurs. Il est maintenant situé plus bas, à la distance de deux werstes, & connu sous le nom de *Puschtschina*. Vers le midi, nous nous arrêtâmes au-dessous de l'embouchure de la riviere de *Tschaja*, & près de-là nous vîmes le Village d'*Ust-Tschaiskaja* ou *Terakonowa*. Nous nous remîmes en marche vers les 6 heures, & nous nous plaisions à considérer la maniere dont les Bâtimens étoient repoussés en remontant la riviere, avant qu'on eût recours aux rames. Les Matelots appelloient cet endroit *Sawod* ; ils prétendoient que cette espece de reflux qui fait remonter les Bateaux, provenoit de la situation des deux rivieres. Après avoir fait dix werstes, nous passâmes devant *Darunskaja D*, & ensuite devant un autre endroit, où les Bâtimens furent poussés avec une force extraordinaire. Nous arrivâmes vers minuit à *Ischorskaka D*, où nous nous arrêtâmes le lendemain. Le soir nous revîmes les deux Etudians que nous avions envoyés aux salines d'*Ischora*. Ils avoient eu une pluie continuelle, & n'avoient pu l'éviter, parce qu'il n'y a sur cette route qu'une seule *simowje* ; mais cette pluie avoit bien avancé leur voyage, parce que l'*Ischora*, riviere fort basse par elle-même, s'en étoit considérablement accrue, quoique leur petite Barque en eût eu d'ailleurs plus de peine à faire la traversée. Le lit principal de l'*Ischora* est Sud-Sud-Est, & se courbe considérablement. Depuis l'*Ussolie* jusqu'à l'embouchure, il y a le long des côtes environ quatre-vingt werstes, qui, en ligne droite, en font à peine quarante. Les deux rivages sont couverts de bois épais, plantés de pins, de sapins, de cedres, de me'eses, de trembles blancs, &c. La saline est située sur le rivage de Nord-Est, & au-dessous est la source d'eau salée, qui sort d'une montagne à la hauteur d'environ une brasse au-dessus de la riviere. Cette source est dans un cadre de pierre que joint un conduit, par lequel l'eau coule dans la saline. Il y en a plusieurs autres plus bas, & à deux werstes plus haut. Au reste, comme le Couvent ne fait pas une grande consommation de sel, on n'en cuit ici qu'en Hiver. Quoique toutes ces sources ne contiennent pas beaucoup de sel, elles communiquent néanmoins à l'*Ischora* un goût salin, dont on s'apperçoit jusqu'à son embouchure. C'est ce qui ne laissa pas que d'embarrasser nos deux Etudians, en remontant cette riviere. Ils n'avoient point emporté de provision d'eau douce avec eux, & dans leur trajet, ils ne trouverent ni ruisseau, ni source ; il fallut s'accomoder de celle-ci ; & plus ils en buvoient, plus ils étoient altérés. Ils nous assûrerent que les habitans des salines, qui n'ont que deux werstes à faire pour trouver de l'eau douce, ne buvoient jamais que de l'eau salée, & qu'ils n'en éprouvoient point d'autre effet que de l'eau ordinaire.

Le 25, nous arrivâmes vers midi près d'*Iwanuschkowa D*, où nous nous arrêtâmes. Depuis *Spoloschenskaja-Sloboda*, nous avions encore eu quelques Déserteurs ; nous fûmes à la fin convaincus que toutes nos précautions étoient inutiles, & nous nous en tînmes à réitérer nos défenses. Cependant nous voulûmes essayer, s'il ne seroit pas possible d'attraper quelqu'un de ceux qui s'étoient échappés depuis *Tschetschinsk*, pour le punir sévèrement, & le faire servir d'exemple aux autres. Nous pensions bien que nos Déserteurs, aussitôt que nous serions passés, se montreroient hardiment par-tout, & qu'ils se laisseroient engager par les paysans pour les travaux d'Eté, ce qui nous faisoit espérer de découvrir quelque Fuyard ou quelque Paysan en contravention. Nous détachâmes pour cet effet deux Soldats travestis en Paysans, pour aller à la découverte jusqu'à *Tschetschinsk*, & nous amener ceux qu'ils trouveroient, sous bonne escorte, à *Wittimskaja-Sloboda. Iwanuschkowa D.* est le dernier Village du district de *Tschetschinsk*, & c'est ici par conséquent que finit le territoire d'*Ilimsk*.

Nous partîmes de la Slobode vers les 3 heures après midi. Tous les environs du *Lena* commençoient à nous présenter l'aspect le plus sauvage; on ne voyoit presque de toutes parts que des montagnes fort escarpées, & la plûpart couvertes de bois. Nous ne rencontrions plus de colonnes milliaires ou de werstes, comme nous en avions trouvé dans la plûpart de nos routes. Après avoir fait environ douze werstes, nous vîmes sur le rivage droit du *Lena* un rocher fort haut & fort escarpé, & à gauche une grande plaine, l'un & l'autre entièrement couverts d'arbres renversés. Tous les arbres étoient couchés du Sud au Nord, & le terrein où se voyoit tout cela, alloit en ligne droite. On nous assûra que des Chasseurs avoient suivi cette ligne droite à la poursuite des écureuils pendant une journée entière, sans en voir la fin. Ce même district, disoit-on, avoit été couvert de bois, qui tout-à-coup avoient été renversés en 1733 par un ouragan furieux. Un peu avant la fin du jour, nous passâmes par un endroit du fleuve assez remarquable, à qui le contour singulier des rivages a fait donner le nom de *Schtscheki* (Jeu de la Nature). Nous venions d'avoir le cours du Lena Nord-Nord-Ouest; sa largeur étoit en certains endroits de trois cens cinquante brasses, & d'un werste en d'autres. Elle étoit ici réduite à cent brasses, & son cours tournoit au Nord-Ouest-quart-d'Ouest. Depuis *Iwanuschkowa* jusqu'à ce point, nous comptions environ trente-cinq werstes. Le rivage droit étoit bordé d'une chaîne de montagnes fort escarpées, qu'on appelle *le premier Schtscheki*. Tant que le fleuve garde la même direction, les montagnes à la droite continuent de même, & le cours de l'eau tire beaucoup vers le rivage gauche. On nous dit que dans les crues d'eaux, il devenoit si violent, qu'on avoit bien de la peine à s'empêcher d'échouer de ce côté-là. De-là, ce fleuve tire au Nord. Les montagnes de la droite se perdent tout à-coup, & se retrouvent à gauche; c'est là le second *Schtscheki*. Au bout de cette direction, près du rivage droit, on rencontre deux petites Isles, & les gens du pays prétendent que le bras du *Lena* qui coule entre ces Isles & le continent, est fort profond. Les Bâtimens y passent en remontant ce fleuve, & l'eau s'y porte contre son cours ordinaire. Tant que le *Lena* conserve sa direction au Nord, les montagnes courent à gauche. Lorsqu'ensuite il tourne au Nord-Ouest, les montagnes reparoissent sur la
droite;

droite ; c'est le troisieme *Schtscheki*. Jusqu'à l'extrémité de ces montagnes, depuis le commencement du premier *Schtscheki*, la distance est d'environ trois werstes & demi. Le fleuve après cela s'élargit, se tourne au Nord-Ouest-quart-Nord, puis au Nord-Nord-Est, & reprend enfin sa première direction. La figure ci-jointe, où l'on a représenté ces directions différentes & les distances, rendra ceci beaucoup plus clair.

Nous eûmes pendant la nuit un très-fort brouillard, & c'est le tems qu'il fait ordinairement dans cette saison sur le *Lena*. Mais comme ce fleuve a par-tout une profondeur suffisante, nous ne cessâmes point de marcher, & sans nous être presque servi des rames, nous atteignîmes le lendemain à 6 heures du matin *Schalagina* ou *Kureiskaja D.* Depuis *Iwanuschkowa*, nous n'avions pas vu de Villages ; celui-ci n'avoit qu'une seule maison, & c'est le premier du territoire de *Jakutzk*. Vers le midi, nous vîmes de l'autre côté du *Lena* quantité de Tungufes dans des Barques, & avec des rennes. Nous envoyâmes après eux, pour en déterminer quelques-uns à nous venir voir. Mais ceux qui étoient dans les Barques, gagnerent la terre, & les abandonnant, se retirerent vers les bois ; & ceux qui avoient des rennes, se sauverent de même. Nous nous remîmes en route vers les 2 heures, & nous vîmes au côté gauche du fleuve une quarantaine de Tungufes, hommes, femmes & enfans, qui marchoient ensemble ; mais ils se retirerent aussi dans un bois voisin. Ces derniers ressembloient de loin à des cheminées ambulantes : chacun d'eux portoit sur le dos un pot de terre entouré d'écorce de bouleau, dans lequel il y avoit des broussailles allumées, dont la fumée servoit à les garantir des cousins. Un Antiquaire qui eût rencontré ces gens-là, & qui n'auroit pas été prévenu de ce que c'étoit, les auroit pris pour de vieux Romains ressufcités qui portoient leurs urnes avec eux. Nous envoyâmes encore vers eux, & après avoir abordé à terre, nous marchâmes pour tâcher de les joindre ; mais ils se sauverent comme les autres. Il ne resta de toute la troupe qu'une vieille femme, deux jeunes, & une quatrieme qui avoit accouché la nuit précédente, avec environ vingt rennes & quelques chiens. Deux Tungufes se montrerent de loin, mais avec leurs arcs tendus & de longs couteaux à la main, sans se laisser approcher : quand on alloit à eux, ils grimpoient la montagne, & il y a de l'apparence qu'ils se seroient défendus, si on eût voulu les prendre de force. Nous les priâmes de nous venir voir, mais nos instances furent inutiles. Ils dirent pour raison, qu'ils n'avoient pas de quoi nous faire des présens, & qu'ils avoient honte de nous venir trouver les mains vuides. Nous les fîmes assûrer, que nous n'étions pas venus pour recevoir des présens, que nous avions au contraire de quoi leur en faire ; mais toute notre éloquence n'aboutit à rien. Ils nous prenoient apparemment pour des *Sluschiwies*, milice avide, qui rançonne & pille ces pauvres gens en toutes occasions. Les femmes, toutes noires & malpropres qu'elles étoient, nous parurent fort affables, & elles chercherent à lier conversation avec nous ; mais elles ne parloient presque point le Russe, & ceux de nos Sluschiwies qui savoient un peu de Tungufe, étoient occupés à parlementer avec les hommes. Ces femmes avoient toutes un jupon de peau fort court, fermé par-devant & par-derriere; ce jupon ne defcendoit guere plus bas que les cuiffes, & il étoit garni par en-bas d'anneaux de fer & de laiton, paffés dans des cordons de fil. Quand elles marchoient, cet attirail faifoit un bruit femblable à celui que font les *Sthamuns*, lorfqu'ils procedent à leurs fortileges. Elles avoient de longs bas de peau, qui leur couvroient les jambes & les cuiffes jufques aux hanches. On nous dit, qu'elles avoient encore une forte de culotte de peau, mais très-courte, & qui defcendoit à peine jufqu'aux bas. Les femmes Tungufes fument auffi bien que les hommes, & du tabac de la Chine. Celles-ci portoient pour cet effet à leur culotte un petit fac de peau, dans lequel étoit leur tabac, & auquel étoient attachés leur briquet & leur pipe. L'enfant nouveau-né étoit enveloppé dans de l'écorce de bouleau, & couché dans un petit coffre du même bois. Nous invitâmes ces femmes à venir fur nos Bâtimens; elles refuferent d'abord; mais fur les promeffes que nous leur fîmes de leur donner du tabac, de la farine & du pain, elles nous fuivirent bientôt. C'étoit un plaifir de voir avec quelle avidité elles reçurent tout ce que nous leur donnâmes. On leur enveloppa le tabac dans un papier; mais pour ferrer le refte, elles ôterent leurs bas, & elles y mirent tout pêle-mêle. Quand elles eurent fait leurs paquets, nous les congédiâmes, en les priant de dire à leurs hommes que nous étions prêts à leur faire de pareils préfens, s'ils vouloient nous venir trouver: nous les attendîmes en conféquence jufqu'à 5 heures, mais nous ne vîmes perfonne.

Le vrai féjour & le berceau de ces Tungufes eft fur le *Nifchnaja-Tungufka*. A l'entrée de l'Hiver, ils vont à la chaffe, & fe rendent tous fucceffivement fur les bords des rivieres & des ruiffeaux qui fe jettent dans le *Lena*, pour y refter jufqu'au Printems. Alors ils defcendent une de ces rivieres jufqu'à fon embouchure; de-là ils remontent le *Lena*, & paffent tout l'Eté dans les environs de ce fleuve pour prendre des élans. Cette chaffe fe fait de deux manieres différentes. En Eté, on les chaffe dans l'eau, & on les pourfuit avec des Barques qui vont plus vite que les élans ne peuvent nager. On les chaffe avec des chiens dans l'Hiver, & quand il y a beaucoup de neige, parce que ces animaux ne peuvent pas y courir bien vite. Ainfi dans ces cantons, on n'aime que les Hivers, où la neige tombe en abondance. Tant il eft vrai qu'il n'exifte rien dans le monde, dont les extrémités oppofées n'aient leurs partifans. Vers l'Automne, les Tungufes s'en retournent au *Tunguska*, & y reftent jufqu'à ce que le tems de la chaffe revienne.

Ces peuples font un acte folemnel du ferment qui s'exige entr'eux, pour s'affûrer de la vérité d'un fait grave en matiere criminelle. En voici l'appareil & la forme, tels qu'on me les a rapportés, & fort différens de ce qu'on lit fur cet objet dans la Relation d'*Isbrand Ydes*. On allume un fen de bois, près duquel on tue un chien, en le frappant fur la tête; on pofe ce chien fur le bois dont eft formé le foyer, mais du côté qui ne brûle point encore; on lui fait une incifion au col, & on met au-deffous un vafe pour recevoir le fang. L'Accufé, pour prouver fon innocence, enjambe ou paffe par-deffus le feu, & boit deux coups du fang qui coule

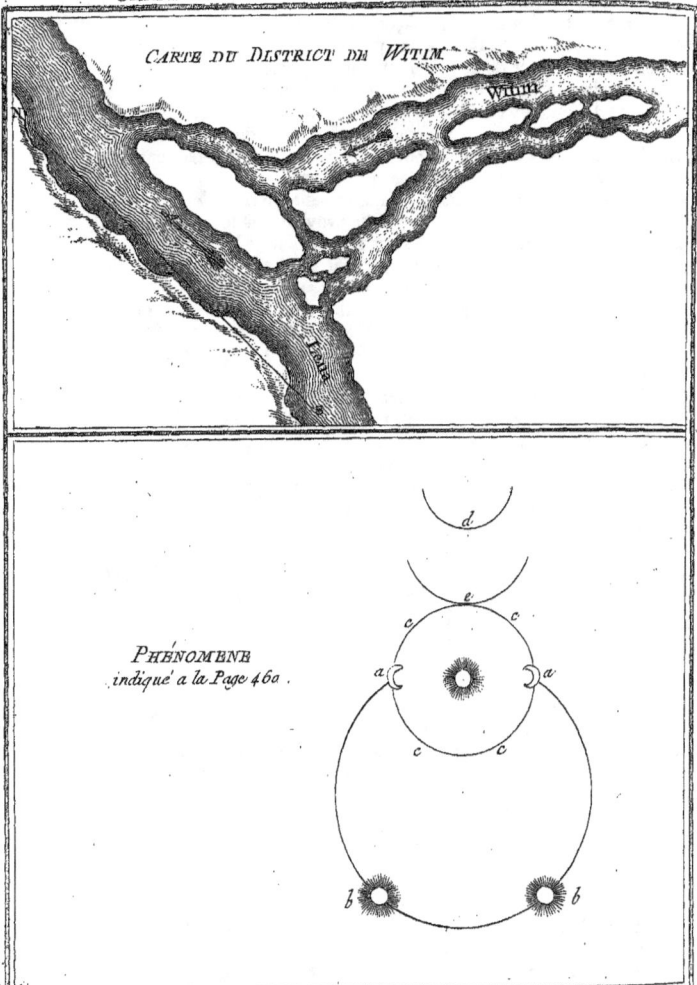

de l'incision faite à l'animal ; le reste du sang est jetté dans le feu. Le chien est ensuite exposé sur un poteau près de la jurte, & l'Accusé prononce ces mots : « De la même façon que brûle le sang qu'on a versé
» dans le feu, je souhaite que ce que j'en ai bu, brûle dans mon corps ;
» & comme le cadavre de ce chien mis sur le poteau, se racornira, je
» veux de même que mon corps se retire ou se racornisse, si je suis coupable de telle ou telle chose ». D'autres m'ont raconté la même chose, avec des circonstances un peu différentes, ce qui provient apparemment du fait des Interpretes, dont les rapports varient autant que leur conception ; mais ces différences au fond sont peu essentielles.

Le soir vers les 8 heures, tous ceux qui étoient restés sur les Bâtimens, sentirent une puanteur épouvantable. Elle provenoit d'un petit ruisseau salin, qui se jette du côté droit que nous tenions, dans le *Lena*, avec un grand bruit, en se brisant sur de grosses pierres & sur des rochers. On appelle ce ruisseau *Soljankoi Rietschka*. Son eau avoit un goût de sel, fort & sans odeur ; mais le terrein par où il passe, exhale une odeur très-fétide. Le sel qu'on en tire, est blanc, d'assez bon goût, & différent du sel ordinaire, en ce qu'il est plus acide, comme celui de l'*Itschora*.

Le soir vers les 11 heures, pendant qu'il régnoit un calme agréable dans l'air, il s'éleva tout-à-coup un vent violent qui venoit de la rive gauche du *Lena*, & d'un vallon situé entre deux chaînes de montagnes. De ce même vallon se précipitoit dans le fleuve un ruisseau rapide, appellé *Utesnaja*, qui faisoit presque autant de bruit que le précédent. Aussitôt que nous eûmes dépassé le vallon, nous retrouvâmes le calme. Nos Matelots nous dirent que ces sortes de ventouses n'étoient point rares sur la *Lena*, & nous en avions remarqué la veille une semblable, mais le vent n'avoit pas été à beaucoup près si violent. Dans la nuit, nous passâmes devant quatre sources salines qui sortent d'une montagne escarpée du rivage gauche, au-dessous du ruisseau d'*Utesnaja*, & qui se rendent encore dans le fleuve. L'obscurité ne me permit pas de m'y rendre ; mais j'y envoyai du monde, & je m'en fis apporter de l'eau. On m'assura que l'endroit exhaloit la même odeur que le marais le plus infect. L'eau cependant ne sentoit rien ; mais elle tenoit le même sel que le ruisseau précédent, & que celui de l'*Itschora*, quoiqu'en très-petite quantité.

Le lendemain, après avoir passé devant l'embouchure de la riviere de *Tschuja*, située sur le rivage gauche, & devant le Village de *Noschkina*, nous atteignîmes *Witimskaja-Sloboda*, située sur la même rive dans un endroit élevé. Le *Witim* se jette dans le *Lena* par trois embouchures. La largeur de cette riviere, à sa véritable embouchure à un demi werste de la Sloboda, est d'environ deux cens cinquante brasses. En donnant trois embouchures au *Witim*, je ne fais que suivre l'usage ; car peut-être cette riviere n'a-t-elle en effet qu'une seule embouchure remplie d'Isles ; & si l'on disoit que c'est lui donner trop de largeur, on sait que toutes les rivieres sont plus larges dans les endroits où elles ont des Isles, que par-tout ailleurs. Quoi qu'il en soit, je joins ici la figure de tout ce district. Les mesures, selon l'échelle & les véritables lignes du compas (ou de la

Ll ij

bouffole), y font obfervées. Le cours du *Lena*, au-deffus de l'embouchure du *Witim*, eft un peu plus rapide qu'il n'eft près de *Spolofchenf-
kaja-Sloboda*.

Witimskaja-Sloboda eft une des plus anciennes habitations Ruffes qu'il
y ait fur ce fleuve ; elle a été bâtie prefqu'en même tems que *Jakutzk*. Il
n'y a que douze maifons de payfans, une Eglife, un Bureau de péage, &
une maifon où demeuroient autrefois les Commandans. Cette maifon
alors étoit vuide, parce qu'il n'y avoit plus de Commandant dans la Slobode, la Chancellerie de *Jakutzk* ayant fupprimé cette charge depuis quelques années. Depuis quarante ans ou environ, l'endroit étoit devenu
célebre par le beau talc que les habitans exploitoient abondamment dans
les environs. Mais les anciennes carrieres font épuifées, & les payfans
n'en ont pu chercher de nouvelles, par rapport aux occupations que leur
a données, à ce qu'ils difent, l'expédition de *Kamtfchatka*. Deux jours
après notre arrivée, nous apprîmes que des payfans avoient nouvellement découvert une belle Mine de talc, & qu'ils étoient occupés à
l'exploiter.

Curieux d'être mieux inftruit fur cet objet qu'on ne l'eft par les rapports des payfans qui ne font pas toujours fideles, je réfolus de m'y
tranfporter moi-même. Je fis apprêter pour ce voyage un de nos petits Bâtimens, appellé *Kajuke*, & pour en tirer tout l'avantage poffible, nous réfolûmes de décrire le plus exactement que nous pourrions la partie du *Witim* que nous allions parcourir, d'autant plus que
jufqu'alors on ne favoit rien de bien précis de fon cours. J'amenai pour
cet effet avec moi *Ilia-Jachontow* notre Interprete, l'Etudiant *Stepan Krafchenninikow*, & le Géographe *Alexei Makfcheew*. Je me fis de plus accompagner de deux Officiers des Mines, d'un Tireur, d'un Guide, & de huit
Travailleurs, qui devoient fe relever par quatre, pour tirer le Bâtiment
contre le fil de la riviere. Tous nos préparatifs furent faits le premier
Août, & ce même jour, vers les 7 heures du matin, je me mis en route.
Comme les chemins des environs du *Witim* n'étoient pas mefurés, notre
premier foin fut d'indiquer celui que nous ferions, de maniere à ne pas
nous écarter beaucoup de la véritable mefure. Faute d'avoir affez de
monde pour faire toifer tout le chemin, je faifois prefque continuellement
mefurer pendant le jour avec une perche, ce qui pouvoit être mefuré
par une feule perfonne, & pendant l'opération, on marquoit combien de minutes s'étoient écoulées par chaque werfte. Je fis marquer auffi
le tems qu'on employoit à fuivre chaque direction fenfible du *Witim*,
ainfi que tous les endroits remarquables, & les rivieres qui tomboient
dans celle-ci. Je voulus encore que toutes les fois qu'il furviendroit un
embarras dans quelque paffage, on marquât le tems de fa durée, & que ce
tems étant déduit du nombre des werftes, ne fût point compté. On devoit pareillement obferver quand la riviere augmentoit de rapidité d'un
jour à l'autre, & régler fur cela le nombre de minutes qu'il falloit compter pour un werfte. Comme, malgré toutes ces précautions, il pouvoit
encore échapper quelques erreurs, pour les diminuer autant qu'il feroit
poffible, & donner à nos gens le tems de fe repofer, j'ordonnai de ne

jamais marcher que jufqu'à minuit, & d'arrêter jufqu'au jour. C'eſt d'après ces regles que j'ai marqué les diſtances telles qu'on les verra ci-après.

Le voyage alloit fort lentement. Nous paſsâmes vers les 3 heures après midi devant l'embouchure du ruiſſeau nommé *Buſtraja*, & vers minuit, nous en atteignîmes un autre, vis à-vis duquel nous nous arrêtâmes. Le 2 Août, vers les 9 heures, nous rencontrâmes quantité de groſſes pierres qui s'étendoient dans la riviere, à la longueur d'environ huit braſſes, & où ſon cours étoit fort rapide. Les habitans donnent à ce paſſage le nom de *Buk*. Il fallut mettre tous nos Travailleurs à terre, & ils étoient dix à tirer le Bâtiment contre le fil de l'eau. Ce Bâtiment étoit fort léger, & n'étoit chargé que de vivres pour huit jours; cependant on avoit une peine infinie à le tirer; de plus, le cable s'étant caſſé, il fut rejetté aſſez loin, & nous fûmes en danger de nous briſer contre les pierres. Nous parvînmes enfin à remonter, & le vent devint favorable. Nous n'avions point de voiles, parce qu'on n'eſt pas ici dans l'uſage de s'en ſervir; pour y ſuppléer, nous fîmes étendre deux vieilles *voelockes*, qui nous avancerent conſidérablement, & ſoulagerent beaucoup les Travailleurs. Vers les 6 heures du ſoir, nous paſsâmes devant l'embouchure du ruiſſeau de *Lupanowa*, & nous trouvant vers minuit à quelques werſtes au-deſſus de *Podſelawoſcha-Rietſchka*, nous nous y arrêtâmes. Les quatre derniers werſtes furent fort pénibles pour les Travailleurs: ils étoient ſouvent obligés, par la proximité des montagnes eſcarpées qui bordoient la riviere, d'entrer aſſez profondément dans l'eau, & il y avoit quantité de bas-fonds qui embarraſſoient encore le paſſage. Les bas-fonds du *Witim* portent ici le nom de *Schiwera* & de *Sakos*. *Schiwera* déſigne une grande étendue de riviere, qui devient une eſpece de bas-fond par la quantité des pierres qui s'y ſont atteries. *Sakos* ſignifie une langue de terre, ou un détroit long & pierreux, qui ſort d'une Iſle ou du continent, & forme un bas-fond.

Nous vîmes ce même jour au-loin des montagnes entierement pelées à leur ſommet: les gens du pays & ceux d'au-delà du lac *Baikal* les nomment *Golzy*.

Le 3 Août, nous reconnûmes dans la matinée *Malaja-Jaſowaja-Rietſchka*, & le ruiſſeau nommé *Bolſchaja*. Nous eûmes auſſi la vue de quantité de montagnes, ſoit au loin, ſoit près du rivage, appellés *Oronzi*. Elles étoient pelées pour la plûpart, & compoſées de fragmens de roc. Nous atteignîmes vers minuit l'embouchure du ruiſſeau *Bartſchicha*.

Notre Guide, à cet endroit, m'ayant aſſuré que ſi l'on ne s'arrêtoit pas la nuit, nous pourrions nous trouver le 5 vers midi à l'embouchure de la riviere de *Mama*, comme il me parut néceſſaire de prendre à ce point la hauteur du Soleil, je fis marcher preſque toute la nuit pour gagner un jour, & pour accélérer autant le voyage. Vers 2 heures après midi, nous paſsâmes devant l'embouchure du ruiſſeau *Maximicha*, qui vient de la droite. Le paſſage depuis *Bolſchaja Jaſowaju* juſqu'ici, ne fut pas fort incommode pour les Travailleurs; la riviere n'alloit plus ſi vîte, & l'on avoit par-tout pied ſur le rivage. Mais au-deſſus de *Maximicha*, il fallut tirer le Bâtiment à toutes mains, parce que la riviere étoit redevenue rapide, sur-tout vers le rivage, par la quantité de pierres qui y étoient entassées, & dans bien des endroits les bords étoient tellement escarpés, qu'on y trouvoit à peine où mettre le pied, ce qui continua pendant quatre werstes. Le Guide n'osoit entreprendre de faire remonter le Bateau autrement qu'en le faisant tirer, parce que la riviere étoit trop profonde pour qu'on pût le pousser avec des perches. Le rivage étoit d'ailleurs fort étroit, & de tems en tems embarrassé de grosses pierres, qu'il étoit impossible de franchir ; il falloit par conséquent faire des détours aussi dangereux que pénibles. Deux Travailleurs s'arrêtoient à chaque pierre qu'ils rencontroient, jettoient le cable aux autres, & ceux-ci faisoient le tour de la pierre : il fallut donc faire reposer notre monde, & passer ici la nuit.

Nous nous remîmes en route vers les 4 heures du matin, & le passage ne fut pas meilleur que la veille. Nous n'avions guere fait plus de deux werstes, que nous rencontrâmes deux Isles, appellées *Mamskie-Ostrowa*. On ne pouvoit passer entre ces Isles & le rivage, parce que la riviere y étoit trop basse. Il fallut aller les longer du côté de l'Est ; ce qui fut très-pénible pour les Travailleurs qui étoient souvent obligés de passer dans l'eau. Lorsque nous arrivâmes à l'endroit marqué par des points le long de l'Isle inférieure, le courant étoit si fort, qu'il fallut des travaux extraordinaires pour empêcher qu'il ne nous fît échouer entre ces deux Isles. Nous atteignîmes avec beaucoup de peine l'Isle supérieure, & nous nous trouvâmes dans le même cas. Nous parvînmes encore avant midi à *Nischnaja-Mama-Ricka*, où nous entrâmes ; nous remontâmes un peu le *Mama*, & nous nous arrêtâmes pendant quelques heures. La source de cette riviere est fort éloignée ; elle a près de cent brasses de largeur à son embouchure, & son cours est Nord-Est. On peut la remonter avec de petites *kajutes* pendant trois cens werstes, jusqu'à ce qu'elle se partage en deux bras. Elle est sur-tout fort fréquentée par rapport au talc, dont la plus grande partie est tirée des montagnes situées sur cette riviere, ou sur des ruisseaux qui s'y jettent. On prend aussi sur ses bords des zibelines d'une très-bonne espece. Ses rivages sont par-tout fort montagneux, comme tout le pays intérieur. Pendant que nous étions arrêtés, nos Travailleurs s'occuperent à prendre du poisson. Ils avoient apporté pour la pêche une fourche de fer à trois dents, dont chacune avoit cinq pouces de longueur. Le fer étoit attaché à une perche longue de deux brasses. Avec cette fourche, ils guettoient dans le Bâtiment le poisson qui passoit. Quand ils en appercevoient un, ils plongeoient la fourche & le tiroient de l'eau. Je leur en vis prendre beaucoup de cette façon. Cette sorte de pêche ne se fait pourtant guere que la nuit, parce que c'est pendant la nuit que le poisson ordinairement se tient près des bords de la riviere. On va dans une Barque le long du rivage, tenant toujours la fourche à la main. Sur le devant de la Barque est un gril de fer, sur lequel on fait un feu clair, ou, au défaut de gril, on y tient de l'écorce de bouleau allumée qu'on renouvelle de tems en tems. L'écorce ou le bois qui brûle sur le gril, jette une si grande clarté, qu'on voit clairement tout ce qui est dans l'eau, & par conséquent les poissons que l'on veut enfourcher. Cette façon de pêcher est si sûre, que nos Travailleurs, comptant sur cette ressource, n'emportoient jamais du poisson d'un endroit à l'autre, & cependant n'en manquoient point. On a des fourches de toutes grandeurs, suivant la grosseur des poissons qu'on veut prendre; elles sont aussi plus courtes ou plus longues, selon la profondeur des rivieres où l'on veut pêcher. Ce genre de pêche est appellé *rybulutschit* ; il n'est pas particulier aux habitans des bords du *Lena*, on le pratique encore au-delà du lac *Baikal*, & même en Russie.

Vers les 3 heures après midi, nous passâmes à rames la *Mama*, & nous remontâmes le *Witim*. Après quoi je fis toucher au rivage, pour faire reposer mon monde.

Nous partîmes le lendemain matin, & vers les 9 heures, nous atteignîmes le ruisseau *Kolotowka*, qui tombe dans le *Witim* ; la Mine de talc qu'on exploitoit cette année, est dans les environs de ce ruisseau. A neuf verstes plus bas, nous passâmes devant une petite Isle, située au milieu de la riviere, & dont la figure est presque ronde. Elle n'est composée que de rochers, & est nommée pour cette raison *Kamenojostrow*. Il sort de cette Isle un long banc de rocher, qui ne s'éleve guere hors de l'eau; elle n'est pas tout-à-fait pelée, car nous y vîmes quelques sapins & quelques trembles blancs. Avant d'arriver au ruisseau *Kolotowka*, nous apperçûmes de la fumée dans un grand terrein du même côté. Notre Guide nous dit que cette fumée indiquoit des gens qui cherchoient du talc. Nous en vîmes encore à droite près de l'embouchure de la *Mama*, qui provenoit aussi des *Promuschlenies* ou Exploiteurs de talc. Les *Sliudniki* (c'est ainsi qu'on nomme ceux qui vont à la découverte du talc, appellé *slidua*), dès qu'ils en ont trouvé une Mine, y mettent le feu, pour en découvrir encore d'autres dans le même canton. Comme toutes les montagnes sont couvertes de mousse & d'arbres, on ne peut pas voir extérieurement ce qu'elles renferment dans leur sein ; mais quand la mousse & les racines sont consumées, le brillant du talc le fait découvrir au Soleil, & l'on en trouve par ce moyen beaucoup qui resteroit caché. A notre arrivée près du ruisseau de *Kolotowka*, nous vîmes une grande Barque couverte, amarrée au rivage, & la cabane des *Promuschlenies*. Heureusement pour nous il étoit fête ce jour-là ; car les *Promuschlenies* ne restent jamais dans leur habitation que les Dimanches ou les Fêtes, & toute cette contrée est si sauvage, qu'il faudroit courir long-tems pour en rencontrer. Ils ne se font point de chemins sur lesquels on puisse les suivre, & peu de Mines de talc durent assez long-tems, pour qu'il s'en forme un par les allées & venues des passans. Les *Promuschlenies* étoient couchés dans leur cabane, hors de laquelle étoit le four qui leur servoit à cuire leur pain. Ce four étoit construit de pierre, sans terre glaise ; c'est une commodité dont ils ne sauroient se passer. Quelque loin qu'ils aillent, ils n'emportent jamais de pain dur ; ils cuisent de tems en tems, & ont ainsi l'avantage de pouvoir toujours faire du *Quas*.

J'eus envie de visiter dès ce jour même les Mines de talc qui étoient dans le voisinage, & toute ma Compagnie ayant la même curiosité que moi, nous nous mîmes en route sous la conduite d'un *Promuschlenie*, qui fut notre guide. Il nous fit remonter le ruisseau de *Kolotowka* : nous fûmes ensuite obligés de le passer à gué deux fois, & dans deux endroits où il étoit rapide & profond, & nous le passâmes sur un arbre qu'on avoit mis à-travers. Le reste du chemin donnoit par des bois, dont une partie étoit en feu; dans d'autres endroits, ces bois étoient si touffus, que nous eûmes beaucoup de peine à percer. Il nous falloit quelquefois passer par-dessus des arbres, & sans cesse monter & descendre quantité de petites montagnes. En certains endroits, le chemin le long du ruisseau étoit si étroit, qu'on n'auroit pû faire un faux pas sans tomber dans l'eau. Comme les arbres étoient encore tout trempés de la pluie qui étoit tombée la nuit précédente, quand nous fûmes rendus aux Mines de talc, à trois werstes ou environ de la cabane des *Promuschlenies*, nous étions fort mouillés & fort las. Nous ne vîmes pourtant point de Mines, mais seulement quelques ouvertures faites dans un rocher qui s'élevoit du ruisseau, & où l'on ne travailloit que depuis trois semaines. Les *Promuschlenies* n'ont d'autres moyens pour dompter le rocher, que le marteau & le feu; ils ignorent absolument la maniere de le faire sauter avec de la poudre. Le talc qui paroissoit dans le roc, se trouve dans une pierre grise mi-partie de *quartz*, jaune-pâle. Il ne s'étend pas par veines, il est dispersé par morceaux de différens diametres & plats, quelquefois entiers, & quelquefois fendus par des veines qui les traversent. Après avoir satisfait notre curiosité sur les deux Mines, nous revînmes par le même chemin que nous avions pris en y allant. A peine fûmes-nous de retour, qu'il tomba une pluie des plus fortes qui dura jusqu'au lendemain 8 heures du matin. Il nous restoit deux autres Mines ou carrieres de talc à voir, l'une fort éloignée, l'autre très-proche, mais fort inférieure à la premiere, & dans laquelle le talc étoit tout coupé. Je dépêchai l'Etudiant *Kraschenninikow* pour visiter celle-ci, & m'en faire un rapport exact. Je partis ensuite à 9 heures pour aller examiner moi-même la Mine éloignée; je fus conduit par le même chemin que la veille, mais j'eus infiniment plus de peine. Les chemins d'abord étoient glissans, & le ruisseau qu'il fallut encore passer sur un arbre jetté en travers, étoit fort gonflé par la pluie. Nous étions obligés de gravir sur les rochers avec les mains, de percer continuellement à-travers des bois fort épais, de monter & descendre des arbres. Après avoir ainsi fait deux werstes, le chemin à la gauche du ruisseau donnoit par une montagne fort escarpée. Quoiqu'il ne fût que de deux werstes, je fus une heure & demie à monter : mais tout pénible qu'il étoit, ces incommodités n'approchoient point de celle que nous causerent de petites mouches, appellées *moschki*. Elles s'étoient déja fait sentir la veille, & nous les avions trouvées fort incommodes; mais nous ne les avions pas encore visitées dans leur véritable séjour. Plus j'avançois sur la montagne, plus j'en étois tourmenté : l'air sembloit être peuplé de *moschki*. Ces insectes n'épargnent aucune partie du visage, & ils en veulent sur-tout aux yeux. Enfin nous parvînmes à la Mine de talc, ou je restai pendant plus d'une heure à considérer les travaux qui me firent beaucoup de plaisir. Je rejoignis notre Bateau sur

les

les 5 heures du foir avec le vifage fort maltraité des *mofchkis*, & les pieds en très-mauvais état. L'Etudiant *Krafchenninikow* étoit revenu quelques heures avant moi.

Les recherches du talc fur le *Witim* ont commencé en 1689 ; mais dès 1680, on en avoit découvert fur un ruiffeau nommé *Edimak*, qui tombe dans la *Tontora* ; deux ans après, fur celui de *Mamufchkan* ; & en 1688, fur la riviere de *Seja*. Il paroît que cette matiere étoit plus recherchée dans ce tems qu'elle ne l'eft aujourd'hui. Il fuffifoit alors que quelqu'un indiquât du talc, pour qu'il vînt auffitôt des ordres d'en exploiter autant qu'on pourroit.

Ce n'eft qu'à l'an 1705 qu'on peut rapporter les premieres recherches du talc faites fur le *Witim* ; comme il fut trouvé d'une qualité fupérieure, les Mines les plus célebres, exploitées jufqu'alors fur d'autres rivieres, furent entierement négligées. Cependant l'exploitation des meilleures Mines du *Witim* ne dure pas long-tems ; foit que la génération du talc ait befoin de l'effet de l'air, & qu'il s'en trouve peu dans la profondeur de la Mine, foit qu'il devienne trop pénible, à des gens qui n'ont que des marteaux, des cifeaux, & d'autres ferremens pour rompre le roc, de pénétrer plus avant. Le talc (69) le plus eftimé, eft celui qui eft tranfparent comme de l'eau claire ; celui qui tire fur le verdâtre, n'a pas à beaucoup près la même valeur. On confidere auffi principalement la grandeur des tables. On en a trouvé de confidérables, & qui avoient près de deux aunes en quarré ; mais celles-ci font très-rares. Les tables de trois quarts ou d'une aune font déja très-cheres, & fe payent fur le lieu un ou deux roubles la livre. Le plus commun eft d'un quart-d'aune, il coute huit à dix roubles le *pud*. La préparation du talc confifte à le fendre par lames, avec un couteau mince à deux tranchans ; en faifant gliffer le fer entre les lames, le talc fe fend comme on veut. On s'en fert dans toute la Sibérie, au-lieu de vîtres, pour les fenêtres & les lanternes. Il n'eft point de verre plus clair & plus net que le bon talc. Dans les Villages de la Ruffie, & même dans un grand nombre de petites Villes, on l'emploie au même ufage. La Marine Ruffe en fait une grande confommation ; tous les vitrages des Vaiffeaux font de talc, parce qu'outre fa tranfparence, il n'eft pas caffant, & qu'il réfifte aux plus fortes fecouffes du canon. Cependant il eft fujet à s'altérer : quand il eft long-tems expofé à l'air, il s'y forme peu-à-peu des taches qui le rendent opaque, ou la pouffiere s'y attache, & il eft affez difficile d'en ôter la craffe & l'impreffion de la fumée, fans altérer fa fubftance.

Je quittai les Mines vers les 6 heures du foir, pour me remettre en route. J'allai toujours à rames tant qu'il fit jour ; & pendant la nuit, je m'abandonnai au courant. Le lendemain, je continuai d'aller à rames, & je ne fis arrêter qu'à un feul endroit, pour chercher une plante que je voulois en emporter fraîche, afin de la faire deffiner. J'atteignis fur les 9 heures du foir l'embouchure du *Witim*, & à 10 heures je rejoignis notre petite Flotte académique. En allant, j'avois toujours tenu le ri-

---

(69) Ce talc eft apparemment notre *gypfe*, & le *lapis fpecularis* des Anciens.

vage gauche du *Witim*, parce que le fort du courant étoit sur le rivage droit ; mais en descendant la riviere, je faisois presque toujours tenir le milieu ou le rivage droit, & par cette manœuvre le Bâtiment ne toucha jamais sur aucun bas-fond. Plus nous remontions le *Witim*, plus nous trouvions de montagnes. La plûpart sont couvertes de bois épais, & l'on y trouve, avec toutes les sortes d'arbres qui croissent sur les bords du *Lena*, des trembles noirs & blancs, ainsi qu'une espece de petits cedres appellés *Slanez*, qu'on voit rarement sur ce fleuve. Le cours du *Witim*, au-moins dans les endroits où j'ai passé cette riviere, n'est pas fort rapide ; il parcourt en certains endroits deux à trois werstes dans une heure, & dans d'autres beaucoup moins. Sa source, qui est fort éloignée, est la même que celle du *Bargusin*. Environ vers le milieu de son cours, est une grande cataracte, qu'aucun Bâtiment ne sauroit passer. Le lendemain de mon départ pour les Mines de talc, les Soldats que nous avions détachés à *Tschetschinsk* pour courir après nos Fuyards, étoient revenus sur nos Bâtimens, sans avoir rattrapé personne ; mais ayant rencontré deux hommes sans passeport, ils les avoient amenés. Nous avions déja pris de ces sortes de gens sur nos Bâtimens, parce qu'il étoit à présumer que c'étoient des Déserteurs de l'expédition de *Kamtschatka*, à laquelle par ce moyen nous pouvions les rendre. Quant aux nôtres, dont la plûpart étoient des Slufchiwies, comme en s'échappant ils ne s'étoient pas pourvus de vivres, la faim les empêcha d'aller plus loin que *Kureskaja D* ; & les Soldats envoyés à leur poursuite, nous en ramenerent quelques-uns qui n'avoient vécu que de baies d'arbres & d'arbustes, au défaut d'autre nourriture.

Pendant notre séjour à *Witimskaja-Sloboda*, nous vîmes faire la récolte. On serroit alors les foins ; on coupoit les orges & les seigles d'Hiver : ceux qui avoient semé de bonne heure leurs avoines & les seigles d'Eté, avoient déja fait leur récolte ; enfin ce qui restoit encore dans les champs, devoit être retiré sous huit jours. Nous fûmes d'autant plus surpris de trouver la récolte si avancée, que la latitude septentrionale du lieu est de $59^d. 28'$. Mais les habitans nous dirent que quand les années étoient aussi bonnes qu'étoit celle-ci, sur-tout pour le bled, la récolte ne se faisoit jamais plus tard. Il y avoit eu pendant l'Eté très-peu de nuits froides, & dans le jour il faisoit toujours fort chaud. Nous profitâmes de la circonstance : nous prîmes sur nos Bâtimens dix Travailleurs du territoire de *Witim*, & en arrivant à *Witimskaja-Sloboda*, nous renvoyâmes vingt hommes de *Tschetschinsk*.

Le 11, nous passâmes devant *Peledinskaja*, Slobode aussi peuplée que *Witimsk*, & nous marchâmes toute la nuit, sans presque nous servir de rames ; nous vîmes bien des endroits inhabités, & deux Villages où il n'y avoit qu'une seule maison, avec quelques terres labourables. *Chamrina* ou *Fedossia-Kornilowa-Saimka*, l'un de ces Villages, a été bâti par un Russe nommé *Feodosei Kornilow*, qui s'étoit rendu célebre par le commerce du talc. Il avoit seul la permission de l'exploiter, & il remettoit à la Caisse Impériale le cinquieme, au-lieu du dixieme, de tout le talc qu'il avoit ramassé. Il est maintenant permis, comme auparavant, à chacun de fouiller les carrieres de talc, & l'on n'est obligé d'en fournir à la Caisse que le dixieme. L'autre Village, appellé *Nedostrielowa-Saimka*, tire son nom d'un homme qui vivoit encore à notre passage, quoique âgé déja de cent huit ans, & qui se portoit assez bien. Le même jour, nous passâmes plusieurs ruisseaux, les uns poissonneux, les autres stériles.

Il s'éleva vers le soir un grand vent, qui nous poussoit avec violence contre le rivage gauche. On fit tous les efforts imaginables pour ne pas quitter le rivage droit, parce que si nous eussions approché de l'autre, nous n'aurions pû nous en tirer tant qu'auroit duré ce vent. Heureusement il cessa bientôt, & nous fûmes en état de poursuivre notre route, comme nous fîmes pendant la nuit. Le lendemain au jour, nous eûmes un brouillard si épais, qu'on ne voyoit pas à dix brasses devant soi, ce qui mit un peu de confusion dans notre petite flotte. Il commença sur les 7 heures à se dissiper, & nous arrivâmes vers le midi vis-à-vis l'embouchure de la riviere de *Ninja*, où nous nous arrêtâmes. Depuis *Witimsk*, les bords du *Lena* n'avoient pas à beaucoup près un air si sauvage qu'auparavant ; les montagnes étoient beaucoup plus basses, & chargées de bois moins épais. Dans bien des endroits, sur-tout à la rive gauche, on ne voyoit que des montagnes éloignées, & le terrein entre elles & le rivage étoit fort bas. Le cours du fleuve étoit, comme à l'ordinaire, entre Est & Nord. Sa rapidité étoit à-peu-près la même qu'aux environs de *Witimsk* ; cependant nous rencontrions de tems en tems quelques endroits où elle étoit extrêmement ralentie, ce qui arrive ordinairement lorsqu'une montagne avance un peu dans le fleuve, & qu'il entre dans les terres.

Nous avions envoyé ici de *Witimsk* du monde en avant, à l'effet de rassembler quelques *Jakutes*, pour aider aux travaux de nos Bâtimens. Ils se tiennent en assez grand nombre sur la *Ninja*, mais non près de son embouchure. On nous en amena vingt, sous la conduite de deux petits Princes (*Kniætzi*), qui joignoient à cette éminente dignité celle de *Schamans*. Nous trouvâmes ici un Slufchiwie d'*Olecminsk*, qui étoit un Jakute Russe. Il avoit commencé à bâtir une maison au-dessus de l'embouchure de la *Ninja*, mais qui n'étoit pas encore achevée, parce que la Chancellerie de *Jakutzk* l'avoit mandé deux fois en cette Ville, ce qui avoit interrompu ses travaux. Il faisoit commerce de bétail, & il avoit alors environ trente à quarante bœufs, avec autant de chevaux, dont il laissoit le soin à quelques *Jakutes* qu'il nourrissoit pour cela. Il parloit également bien le Russe & le patois des Jakutes. Il avoit été *Prikaschtschik* ou Commandant d'*Olecminskoi-Ostrog*, emploi qui lui donnant toute autorité sur les *Jakutes* du canton, l'avoit mis dans la situation la plus favorable pour les piller ; & c'étoit vraisemblablement par ce moyen qu'il avoit acquis ses richesses.

Nous restâmes en cet endroit jusqu'au 13, que nous en partîmes vers les 2 heures après midi. Ce jour & le suivant, il fit un tems sombre & pluvieux ; mais le vent nous fut favorable, & quelques-uns de nos petits Bâtimens qui s'étoient agréé des especes de voiles, allerent de cette façon aussi vîte que ceux qui ramoient continuellement. Ce n'est en effet que par entêtement qu'on ne se sert pas de voiles en descendant le *Lena*, sur-tout dans ces districts où le fleuve a par-tout une profondeur suffisante. Le 15, nous atteignîmes les *Gustlnie-Gori*, montagnes situées au-dessous du ruisseau nommé *Perejemnaja*. Ce sont deux montagnes de forme triangulaire, qui s'élevent l'une près de l'autre sur la rive droite du fleuve. Elles sont composées de différentes couches de marne, nuancées alternativement de rouge foncé, & de verd tirant au bleu. Ces couches sont presque horisontales ; celles de la montagne supérieure penchent un peu vers le haut du fleuve ; & les autres un peu vers le bas ; les couches rouges sont les plus épaisses, les vertes sont plus molles, & la pluie en détache aisément des parcelles qu'elle fait couler le long de la montagne. La ressemblance vraie ou fausse que les premiers Russes qui les virent, leur trouverent avec un instrument de musique usité chez eux, & nommé *gusli*, leur ont fait donner le nom qu'elles portent. Ces montagnes sont fort célebres dans l'Histoire de *Jakutzk*. C'est une ancienne tradition parmi les *Jakutes*, que leurs ancêtres ont habité les districts supérieurs du Lena, mais qu'étant opprimés & persécutés par les Burætes, un grand nombre d'entr'eux quitterent volontairement le pays, & descendirent le Lena avec leurs femmes, leurs enfans & leurs bestiaux. On ajoute qu'il en resta cependant une partie qui résista d'abord aux Burætes, mais que l'opiniâtreté de leurs ennemis obligerent enfin de tout abandonner ; que ceux-ci n'ayant pas même eu le tems de se sauver dans les Barques, s'étoient saisis de la premiere poutre qu'ils avoient trouvée, sur laquelle ils avoient descendu le Lena ; qu'ensuite ils s'étoient réunis avec leurs compatriotes, qui avoient déja pris possession des cantons inférieurs du fleuve ; que ces derniers, quoique dénués de tout à leur arrivée dans ces nouvelles possessions, avoient enfin acquis, soit par leurs travaux, soit par leurs mariages avec les enfans des premiers, une aisance égale à la leur ; qu'au reste, ces anciens *Jakutes* étant une Nation belliqueuse, les riches avoient entierement dépouillé ceux qui n'avoient pu parvenir à se faire une condition stable, & en avoient fait des esclaves ; que ne trouvant plus rien à piller entr'eux, & ayant appris que les Tungules de *Patoma* étoient à leur aise, ils avoient marché contre eux de l'endroit où est aujourd'hui *Jakutzk*, qu'ils prétendent avoir été leur premiere résidence, & que dans le district des deux montagnes, ils en avoient détruit beaucoup. Les Tungules de *Patoma* & les Jakutes qui habitent de l'autre côté du Lena, sont entr'eux dans une guerre perpétuelle. Les Jakutes prétendent que ce canton de *Patoma* leur appartient aussi-bien qu'aux Tungules, & ils y vont même à la chasse ; mais les Tungules les chassent eux-mêmes, & un Tungule vient aisément à bout de dix Jakutes, parce que les Tungules savent bien mieux tirer de l'arc.

Depuis la *Ninja* jusqu'aux *Gustlnie-Gori*, le *Lena* gardoit toujours son cours entre Est & Sud, & l'on rencontroit quantité d'endroits bas & unis le long des rivages. Nous eûmes dans cette partie du fleuve une incommodité d'une autre espece. L'air rempli du fumée nous apportoit une forte odeur de tourbes brûlées. Il y avoit vraisemblablement quelque terrein de tourbe en feu, dont le vent nous envoyoit la vapeur.

Quoiqu'il fît beaucoup de vent, nous allâmes toute la nuit du 15. A quelques werstes avant l'embouchure d'un ruisseau nommé le grand *Tschirendis*, le *Lena* s'élargissoit considérablement, & dans cet espace nous rencontrâmes quantité d'Isles formées la plûpart d'un sable stérile. Nous passâmes devant *Momotowa D.* & *Gorochowa-Saimka*, situés sur le rivage gauche dans les terres, & nous arrivâmes vers les 7 heures à *Olecminskoi-Ostrog*. Le fleuve, près de cet Ostrog, commençoit à se rétrécir. Les Isles de cet endroit du *Lena* sont en partie habitées par des Jakutes, en partie désertes.

On nous avoit parlé d'une saline qui rendoit, disoit-on, le sel tout fait, & d'une montagne de sel, d'où l'on tiroit un sel de roche crystallisé, situées l'une & l'autre près du ruisseau nommé *Kaptendei*. Notre premier soin fut d'envoyer voir ces salines. Quoiqu'au rapport de ceux qui prétendoient les connoître, elles fussent à dix journées du lieu où nous nous trouvions, & que le chemin fût très-pénible par la quantité de petites rivieres & de marais qu'il falloit passer, comme dans toute la Sibérie nous n'avions rien vu de semblable, nous crûmes qu'une production aussi singuliere méritoit d'être examinée de près. L'éloignement & la difficulté du voyage ne balancerent point un instant cette résolution, parce que nous connoissions trop l'esprit des Sibériens, dont l'usage est de représenter tout fort difficile, pour que l'on n'entreprenne rien. Ainsi nous choisîmes l'Etudiant *Kraschenninikow* pour faire ce voyage, & nous lui associâmes un Officier des Mines, un Tireur, un Soldat, un Interprete & un Guide. On nous amena le 19 des chevaux pour cette petite caravanne, & nous la fîmes partir. Notre objet étant toujours que ces sortes d'excursions pussent tourner au profit de la Géographie, nous chargeâmes l'Etudiant de décrire & de calculer le plus exactement qu'il pourroit, par le moyen d'une boussole, tout le chemin qu'il feroit en allant & en revenant, comme aussi de prendre des connoissances précises des rivieres & des ruisseaux qu'il rencontreroit. En conséquence, malgré le froid qui commençoit à se faire sentir, & dont nos Bâtimens ne nous garantissoient guere, nous résolûmes d'attendre son retour, sans aller plus loin.

Le 21, M. Muller voulut encore voir la diablerie d'un Schaman Jakute, & j'y assistai. On dressa une jurte d'écorce de bouleau, telle que sont les jurtes d'Eté, tout près du rivage & des Bâtimens, & l'on fit du feu au-devant. Le Schaman étoit un petit homme trapu, maigre & robuste, qui avoit des cheveux noirs assez longs, & qui étoit fort laid de visage. Il se déshabilla dans la jurte, & revêtit la robe magique qui n'avoit rien de particulier ; mais par ses grimaces, ses contorsions, ses mouvemens, ses agitations & ses hurlemens, il renchérit sur tous les Schamans que nous avions vus jusqu'alors. Ses longs cheveux noirs qui se mêloient de plus en plus, lui donnoient l'air d'une Furie, & bientôt il nous fit voir en effet de véritables fureurs. Il se jettoit sur tous ceux qu'il rencontroit dans la jurte, & il en chassa tout le monde. Si je ne savois pas ce que l'exercice joint à une force extraordinaire du corps peut mettre un homme en état de faire, je n'aurois jamais pû comprendre d'où il tiroit tant de force. Après s'être bien tourmenté, il parut comme épuisé, prêt à défaillir ; mais deux Jakutes le soutinrent & l'empêcherent de tomber : car lorsqu'un Schaman tombe en défaillance ou par terre pendant ses opérations magiques, c'est un accident qui, selon eux, porte malheur à toute la Nation. Il fit quelques divinations mêlées de faux & de vrai, comme elles le sont toutes ; puis se mit à prophétiser, & s'appercevant qu'il nous ennuyoit, il finit de lui-même de bonne grace. Pour accréditer ce Schaman, on disoit qu'il avoit erré comme un fou pendant trois ans dans les bois, ne se nourrissant que d'écorce d'arbres, & qu'il avoit vécu tout ce tems dans la plus grande intimité avec les Diables du pays.

Religion des Jakutes.

Les *Jakutes* supposent deux Etres souverains, l'un cause de tout le bien, & l'autre du mal (70). Chacun de ces Etres a sa famille. Plusieurs Diables, selon eux, ont femmes & enfans. Tel ordre de Diables fait du mal aux bestiaux, tel autre aux hommes faits, tel autre aux enfans, &c. Certains Démons habitent les nuées, & d'autres fort avant dans la terre (71). Il en est de même de leurs Dieux. Les uns ont soin des bestiaux, les autres procurent une bonne chasse, d'autres protegent les hommes, &c. mais ils résident tous fort hauts dans les airs. Quand un Schaman veut dénoncer un Voleur, il appelle tous les Diables par leurs noms, & les consulte sur ce sujet : mais comme les Diables, à ce qu'ils disent, aiment trop leurs aises pour venir à lui, il va lui-même les trouver dans leurs jurtes, que les Jakutes se figurent toutes semblables aux leurs.

Superstitions des Jakutes.

Lorsqu'un Jakute est malade, c'est, selon l'opinion de ces peuples, qu'un Diable s'est déja emparé de son ame ; ensorte que son corps doit bientôt périr, si l'ame ne lui est pas restituée. Un Loup, disent-ils, ne se montre pas volontairement aux Bergers, après avoir volé un mouton ; il en est de même du Diable qui a escamoter une ame. Un Schaman auroit beau questionner tous les Diables au sujet de l'ame en question, aucun d'eux n'avouera l'avoir dérobée. Il faut donc alors avoir recours aux Dieux qui protegent les hommes, & c'est d'eux qu'on apprend le nom du Voleur. Le Schaman alors va trouver ce Diable, & s'arrange avec lui, de façon qu'il l'oblige de remettre l'ame où il l'avoit prise. Comme ces Diables sont intéressés, & que tout leur est bon, on leur fait d'avance des présens de peaux d'écureuils, de fouines, d'hermines &c. & pour peu qu'ils aient envie de manger du cheval, on leur en promet un. Si le malade meurt, il faut que le Diable se contente de ce qu'il a reçu. S'il revient en santé, on tue le cheval promis. Enfin comme il n'y a point de Jakute qui ne veuille s'enrichir, c'est-à-dire, qui ne desire ardemment que ses bestiaux réussissent, que sa chasse soit heureuse, abondante &c, il faut qu'il en coute pour faire effectuer ses vœux ; & c'est toujours le Schaman qui en est l'instrument & le médiateur, c'est lui qui obtient tout des Dieux & des Diables.

Aussitôt que le Printems est venu, les Jakutes amassent tout le lait de jument dont les poulains peuvent se passer. Les provisions de chaque fa-

(70) Les hommes paroissent tous portés assez naturellement au Manichéisme ; & presque tous les Sauvages sont Manichéens. (71) Voilà les Sylphes & les Gnomes.

mille font au-moins de dix à quinze *wiedros*. Ils font fermenter ce lait, comme les Tatares, les Buraetes & les Tungufes de Sibérie font fermenter celui dont ils veulent diftiller de l'eau-de-vie. Quand ils ont la quantité requife de lait, ils invitent le Schaman du lieu. A fon arrivée, toute la famille fe pare de fes plus beaux habits ; ils ajuftent principalement de leur mieux un jeune homme de douze à quinze ans. Le Schaman qui vient dans fon habillement ordinaire, & non dans l'habit de cérémonie avec lequel il fe montre au Diable, fe place au milieu de la jurte, le vifage tourné vers l'Orient ; il prend dans la main gauche un pot avec du lait de jument fermenté, & dans la droite une cueillere de bois. Toute la famille eft affife en cercle, à la réferve du jeune homme, qui fe tient aux pieds du Schaman fur le genou droit. Celui-ci, en s'inclinant chaque fois, appelle fucceffivement tous les Dieux des Jakutes les uns après les autres, & chaque fois qu'il en nomme un, jette en l'air une cueillerée de lait ; c'eft ce qu'ils appellent *nourrir les Dieux*, pour gagner leur amitié. Mais comme le Schaman ne fait pas fi ces Dieux fe contenteront d'un feul coup de boiffon, il répete trois fois la même chofe, & triple par conféquent la dofe. Quand les Dieux font bien repus au gré du Sorcier, il fort de la jurte fuivi de tous les affiftans, & l'on s'arrange encore en cercle autour de lui. Il commence alors à boire lui-même, avec un grand air de dévotion, du lait qui eft refté dans le pot. Il fe met même à genou pour boire, & s'incline avant & après avoir bu ; enfuite il préfente le pot au jeune homme qui le reçoit à genou, & avec beaucoup de refpect. Ce jeune homme en boit quelques traits, puis fait paffer fucceffivement le même pot à toute la famille, en s'inclinant chaque fois, & continue ainfi jufqu'à ce que le pot foit vuidé. Cette cérémonie ne fe fait jamais qu'avec du lait de jument ; les Dieux des Jakutes ne veulent point abfolument de lait de vache. Au refte, l'ivrognerie termine ici, comme ailleurs, la plûpart des fêtes. Tout le lait de jument que l'on a pu mettre en réferve, doit être bu dans la journée ; & tant qu'il en refte une goutte, perfonne ne quitte.

La Chiromancie eft fort en vogue chez les Jakutes, & ce font encore les Schamans qui fe font réfervés tous les fecrets de cet art auffi menteur que leurs fortileges. Le Schaman que M. Muller avoit fait venir, s'en mêloit, & il nous fit quelques prédictions dont nous ne fûmes point médiocrement frappés. Il nous dit, entr'autres chofes, que toute notre Compagnie s'en retourneroit l'Eté fuivant, comme elle étoit venue ; mais que celui qui étoit en avant (c'étoit M. *de la Croyere*), & fa fuite ne reviendroient pas.

Cependant le froid qui devenoit très-vif, commençoit à faire de fortes impreffions fur la conftitution de M. Muller. Le Soleil paroiffoit rarement, & les tempêtes étoient fréquentes ; ainfi notre féjour dans des Bâtimens qui n'étoient propres qu'à voyager en Eté, ne pouvoit être que fort incommode & mal fain. M. Muller réfolut donc de prendre les devants pour *Jakutzk*, & partit le 25 à 10 heures du matin. Obligé de refter en arriere avec le Peintre & le furplus de notre monde, je fis calfater ma cabane, & l'on y mit un petit poêle qui me garantit du froid.

Olecminskoi-Oſtrog eſt ſitué ſur le rivage gauche du *Lena*, dans une petite plaine, & tire ſon nom de la riviére d'*Olecma*, qui ſe jette à ſeize werſtes au-deſſous du côté droit. Ce Fort eſt ancien, & des premiers tems où les Souverains de Ruſſie envoyerent lever les tributs des Nations idolâtres des bords de ce fleuve. Ce ne fut d'abord qu'un Fortin ſans tours, ſans Egliſe, qui fut conſtruit un peu au-deſſous de celui qui ſubſiſte aujourd'hui. Il n'y avoit qu'une ſeule maiſon qui ſervoit de retraite aux Sluſchiwies détachés pour l'exaction du tribut. Les pelleteries qu'il produiſoit, & les vivres de la Garniſon étoient gardées dans deux Chambres au-dedans de l'Oſtrog. Comme, vers l'an 1660, nombre d'habitans du canton cherchant des climats plus doux, ſe retirerent dans les environs de la Daurie vers le fleuve *Amur*, & s'y établirent, on ne voulut point laiſſer dépeupler entierement les bords du *Lena*. Pour empêcher la déſertion, on établit en 1662, près de cet Oſtrog, ſur l'embouchure de la riviere d'*Olecma*, où paſſoient néceſſairement ceux qui ſe retiroient en Daurie, une Garde avec ordre de les arrêter; mais depuis que les environs de la Daurie ont été cédés aux Chinois, on a ceſſé de garder ce paſſage. Le nouvel Oſtrog eſt compoſé d'une Egliſe, d'un logement pour le *Prikaſchtſchik*, d'une maiſon où l'on reçoit les pelleteries de tribut, d'une autre élevée de deux étages où ſont gardées les pelleteries & les munitions de guerre, d'un Magaſin à bled, d'un Bureau de péage, de deux chambres, dont l'une ſert de Cabaret à eau-de-vie, d'un Cabaret à biere, de quatre maiſons habitées par des Sluſchiwies, de quelques autres cabanes en ruine, & de quelques jurtes. Tout le territoire d'*Olecminsk* ne contient qu'environ quarante-ſix payſans diſperſés dans des hameaux ſéparés les uns des autres, & le même nombre qui demeure dans des jurtes. Les environs de l'Oſtrog ne ſont pas plus ſtériles que ceux de *Witimsk*, la latitude entre ces deux poſtes ne differant que de 55 minutes, dont *Olecminsk* eſt plus au Nord. Cependant l'étendüe du terrein entre *Witimsk* & *Olecminsk* ſuffiroit pour nourrir une grande quantité d'habitans, parce que le ſol en eſt bon, & qu'il y a beaucoup de champs qui n'ont beſoin que de culture. Le ſeigle, l'orge, l'avoine & le chanvre y viennent très-bien; le bled d'Eté même y mûrit dans certaines années; mais il paroît qu'on ne fait point ici grand cas du froment, qui pourroit y réuſſir de même. Quelque pauvre que ſoit un payſan, il a toujours à ſes gages, pour le travail des terres, au-moins un *Jakute*, & travaille fort peu lui-même. Il paye le tribut pour ſon homme, & lui fournit ſa nourriture, ce qui ne lui coute pas plus que s'il nourriſſoit un chien. S'il recolte un peu de bled, il en garde à peine aſſez pour ſa nourriture pendant l'Hiver, & ne s'embarraſſe guere d'en manquer. La maniere de vivre des *Jakutes* ne lui eſt pas étrangere, & il ſait s'en accommoder pendant quelque tems. Il vend le bled dont il croit n'avoir pas beſoin, & en boit l'argent. La plus grande partie du bled que ces cantons produiſent, eſt employée à faire de l'eau-de-vie, qui n'exige pas à beaucoup près autant de feu qu'ailleurs. Il eſt rare qu'au retour du Printems il reſte de l'année précédente au payſan autant de bled qu'il lui en faut pour la ſemaille: il faut qu'il attende qu'on en apporte des cantons plus hauts; d'où il arrive que ſon bled étant

ſemé

fomé beaucoup plus tard que dans les cantons fupérieurs qui font encore plus méridionaux, ne parvient pas à fa maturité. En Hiver, les Payfans s'adonnent ordinairement à la chaffe des écureuils ; ils attrapent auffi quelques renards, & la chaffe des zibelines eft pour eux une autre reffource ; mais tout le produit de ces chaffes eft converti en boiffon. Pendant mon féjour dans ce lieu, un fimple payfan but dans un feul jour pour cinq roubles de biere ou d'eau-de-vie. Au refte, les *Jakutes* qui font un peu à leur aife, vivent de même, fi ce n'eft qu'ils ne boivent pas fans ceffe, parce qu'ils n'ont point d'eau-de-vie ; ils reftent dans une inaction continuelle, en quoi tous les peuples de ces cantons, à l'exception des Tungufes, font confifter le bien fuprême. On ne trouve guere ici de Ruffes qui entendent leur Langue maternelle ; mais ils parlent tous très-bien la Langue Jakute. Plufieurs Ruffes vivent dans des jurtes parmi les Jakutes, & à leur maniere, fans fe piquer d'être plus propres ou plus difficiles qu'eux. Les oignons, fi communs par-tout, même en Ruffie & dans prefque tous les autres diftricts de la Sibérie, font très-peu connus dans ce canton. Il n'y a que quelques habitans qui fement des raves, des radis, des choux, des carottes, & le tout encore eft fort négligé. Les Ruffes euxmêmes font contens, pourvu qu'ils aient, comme les Jakutes, nombre de bœufs, de vaches & de chevaux. Ils ont cependant des cochons & des poules ; mais ils ne font pas dans l'ufage d'avoir des moutons. En récompenfe, on ne voit nulle part autant de fouris que dans le canton d'*Olecminsk*, & l'on n'y trouve pas un feul chat. Les rats qui pourroient en quelque forte fuppléer au défaut des chats pour la deftruction des fouris, font les délices des Jakutes ; & ils leur font fi vivement la chaffe, qu'ils en ont prefque épuifé l'efpece. Auffi la plus grande partie du peu de bled qui fe recueille, & qu'on ne vend pas pour boire, tourne-t-elle au profit des fouris plutôt qu'à celui des hommes. La façon de vivre des Slufchivies qui appartiennent à l'Oftrog, n'eft guere moins extraordinaire. Ils font tous affez bien, parce qu'ils pillent continuellement les Jakutes. Toute leur occupation confifte à boire. Pendant qu'ils levent les tributs, ils amaffent des provifions pour toute l'année, même plus qu'ils n'en fauroient confommer.

Le 31 Août au foir, il s'éleva de l'Occident une tempête qui nous tourmenta toute la nuit ; je n'en éprouvai jamais de pareilles fur aucune riviere. Les flots battoient nos Bâtimens avec une violence & une fureur inouies. Tout y craquoit, & la mauvaife conftruction de ces Bâtimens nous faifoit tout craindre ; cependant ils réfifterent, & ne furent point endommagés. La tempête ceffa vers les 3 heures du matin, & fe termina par une forte pluie, qui ne fut pas de longue durée. Comme, malgré toutes les précautions qu'on avoit pû prendre pour empêcher nos Bateaux d'être pouffés vers la terre, il n'avoit pas été poffible de tenir contre la force du vent, dès qu'il eut ceffé, notre premier foin fut de remettre les Bâtimens à flot. On en vint à bout, mais le mien fut à l'inftant rempli d'eau. Dès le commencement de la tempête, j'avois heureufement fait porter en-haut tout ce qui étoit au fond de la cale : ainfi rien ne fut endommagé. Ceux du même Bâtiment, qui n'avoient pas pris cette précaution, n'eurent pas le même bonheur.

Le premier Septembre, *Pierre Skobelzin* & *Wafili Scheilow*, Géodéfiftes, que nous avions envoyés dans l'Eté de l'année précédente de *Nertfchinsk* vers la fource de la riviere d'*Ud*, vinrent de *Jakutzh*. Ils s'en retournoient à *Irkutzk*, où ils alloient prendre une nouvelle expédition de la Chancellerie du lieu pour ces mêmes diftricts, parce que le voyage qu'ils devoient faire, n'étoit pas fini. Ils avoient avec eux le Guide que nous avions découvert à *Selenginsk*, & feulement fept Slufchiwies qui leur étoient reftés fideles, tous les autres ayant déferté. Après avoir fait environ la moitié du chemin qui leur étoit ordonné, ils avoient hiverné fur le *Bolfchaja-Jelowaja*, d'où ils s'étoient rendus au Printems en patins le long de ce ruifleau jufqu'à l'endroit où il fe jette dans le *Ninkfa*. Ils y avoient conftruit une Barque, & avant que le *Lena* fût dégelé, ils avoient defcendu, avec la premiere eau, le *Ninkfa* & l'*Olecma*. Ils étoient enfuite reftés à *Olecminskoi-Oftrog* environ quinze jours, étoient arrivés le 3 Juin à *Jakutzk*, & en étoient partis le 19 Août. Ils s'arrêtèrent avec nous jufqu'au lendemain au foir, & continuerent enfuite leur route.

Le 3 Septembre au matin, l'Etudiant *Krafcheninnikow* revint auffi de la fource & de la montagne de fel. Il étoit arrivé le 20 Août précédent à la fource de fel, y étoit refté quelque tems, & s'étoit remis en chemin dès le même jour. Le lendemain matin, il s'étoit rendu à la montagne de fel, & en étoit parti le jour fuivant. La fource de fel eft fituée à deux cens trente werftes ou environ en ligne droite d'*Olecminskoi-Oftrog*, entre le Nord-Nord-Oueft & le Nord-Oueft quart de Sud. Elle n'eft pas feule; il y en a plufieurs autres qui fortent de terre fur le rivage droit du *Kaptendei*, dans un terrein bas, long d'environ cent vingt braffes, fur trente de largeur. On ne voit aujourd'hui bien diftinctement que deux fources, d'où fort abondamment, avec l'eau, du fel blanc comme la neige, & reffemblant à un fable très-fin. Ce fel s'attache autour de la fource, & s'y entaffe par monceaux, que l'on prendroit pour des monceaux de pierres formées d'un beau fable blanc. A peu de diftance de la fource, le courant forme de petits lacs où l'eau s'amaffe; mais elle n'eft plus affez forte, pour que le fel s'y précipite. La montagne de fel eft à trente werftes à l'Orient des fources, &, comme elles, fur le rivage droit du *Kaptendei*. Elle a trente braffes de hauteur, & de l'Orient à l'Occident deux cens dix braffes de longueur. Depuis le pied jufqu'aux deux tiers de fa hauteur, elle eft compofée de cryftaux cubiques de fel affez gros, où l'on ne trouve pas le moindre mélange de terre ou d'autre matiere hétérogene. La montagne, à fon fommet, eft couverte d'une terre glaife rougeâtre, dont on tire un talc blanc de la plus belle efpece, & elle eft fort rapide du côté de la riviere. Le fel de la fource eft précifément de même qualité que celui de la montagne, & la nature ne fauroit produire un meilleur fel de cuifine. Les habitans d'*Olecminsk* nomment le fel de la montagne *fel rouge*, parce qu'ils n'en ont vraifemblablement guere vu d'autre que celui où eft attachée la glaife rouge dont cette montagne eft couverte: càr ils ne fe donnent pas la peine d'aller chercher leur sel sur le dos du mont ; ils se contentent de recueillir celui que les pluies en détachent & font couler avec la glaise, ou d'en abattre quelques morceaux du pied de la montagne. Cependant ils s'accordent tous à dire, que ce sel n'est bon à rien, & que tout ce qu'on en sale, se gâte ; mais il y a bien de l'apparence qu'ils ne le décrient, que dans la crainte qu'on leur en défende l'usage. Quant au sel de la source, il fut connu dès les premiers tems que les Russes s'emparerent de ces cantons.

A l'occasion de ces recherches faites sur le sel, j'appris qu'à la même distance, c'est-à-dire, à sept ou huit journées d'*Olecminskoi-Ostrog*, près de la source & du côté septentrional du ruisseau nommé *Tabubunda* ou *Tabussungda*, il y avoit encore un lac ou une source salée, que les Jakutes appellent *Tustack*. Ce lac, dans les tems humides, a environ deux brasses & demie de diametre, & un demi-pied ou un pied de profondeur ; mais par un tems sec, son diametre est à peine de deux aunes, & l'eau salée paroît toute blanche. Le sel se précipite au fond en forme de cryftaux cubiques. Entre la source de sel, située sur le ruisseau de *Kaptendei*, & ce lac salé, on compte cinq journées ou cent trente-cinq werstes. Les journées communes de *Jakutzk* se comptent par traites de chevaux de charge, avec lesquels on fait communément dans un jour deux ou trois *koss*. Le *koss* de *Jakutzk* n'est pas une mesure plus déterminée, que les heures de chemin le sont en Allemagne : il fait environ dix werstes.

Pendant tout le tems que je passai à *Olecminskoi-Ostrog*, je n'eus pas un seul beau jour. Le Ciel étoit toujours orageux, & les tempêtes venoient ordinairement d'entre Sud-Ouest & Nord-Ouest. Dans les derniers jours, les feuilles tomboient déja des arbres, toutes les plantes se fanoient, & les ouragans amenoient quelquefois de la neige. Le froid augmentoit peu-à-peu, & il étoit déja au point où il est ordinairement en Allemagne à la fin de l'Automne. L'eau geloit les matins, & nous avions de tems en tems des gelées blanches : ainsi nous ne pouvions plus retarder notre départ. J'augmentai le nombre de nos Travailleurs de quatorze Jakutes, & de huit paysans Russes, & je partis le 4 Septembre vers le midi.

Vers les 3 heures, nous passâmes devant l'embouchure de la riviere d'*Olecma*, au-dessous de laquelle commence un champ qui remplit le long du Lena une étendue de vingt-six werstes, & qui porte le nom de *Bogatoi-Nawolock*, parce qu'on y trouvoit autrefois quantité de zibelines & de renards. Le soir, nous passâmes encore devant un ruisseau salé qui tombe dans le Lena du côté gauche. J'envoyai chercher de son eau ; elle avoit un goût fort salé, & elle soutint toutes les épreuves que j'avois faites des autres ruisseaux salins qui tombent dans le fleuve. Le 5, après avoir heureusement vogué tout le jour, sans le secours des rames, nous eûmes vers le soir un tems orageux. Le vent poussoit nos Bâtimens avec violence sur la rive gauche ; mais je ne jugeai pas à propos d'y faire arrêter, parce qu'ils auroient plus souffert que dans la grande eau. Enfin avant que d'arriver près du ruisseau nommé *Bolschaja-Talba*, nous échouâmes sur un banc de sable ; mais nous fûmes bientôt débarrassés. Le lendemain matin à 3 heures, j'échouai encore sur un banc de sable qui étoit au milieu de la riviere, & il fallut bien du tems pour nous dégager; tous nos Manouvriers furent obligés d'aller à l'eau; ils travaillerent pendant plus d'une heure à nous détacher du sable, & la tempête duroit encore lorsque le Bâtiment fut remis à flot. Elle se calma vers les 7 heures, & toute la matinée fut assez belle. Les autres Bâtimens étoient restés beaucoup en arriere, & presque hors de la portée de la vue; mais pour faire relever les Jakutes qui étoient sur nos Bâtimens, je fis diligence pour arriver encore de jour à Chatuk-Ari, où il y a une poste Jakute. Vers midi, le vent nous devint favorable, & je fis faire une petite voile, qui nous fit avancer beaucoup. Vers les 5 heures du soir, nous arrivâmes près de Chatuk-Aul (Isle de bouleaux), située sur la rive gauche du Lena. Les Jakutes qui devoient être changés contre les Travailleurs d'Olecminsk, étoient déja prêts. M. Muller, en passant par-là, avoit laissé un Soldat pour les rassembler; mais je fus obligé d'attendre que tous nos Bateaux fussent réunis. Je les attendis jusqu'à minuit, il n'en parut aucun. Je me retirai, pour prendre un peu de repos, & je donnai ordre de partir pendant la nuit aussitôt qu'ils seroient arrivés. Le lendemain, personne n'eut encore de nouvelles de nos quatre Bâtimens restés en arriere, ce qui me fit craindre qu'il ne leur fût arrivé quelqu'accident. Pour m'en assurer, je dépêchai un Soldat à cheval, avec ordre de courir jusqu'à ce qu'il rencontrât les Bâtimens, & de m'en apporter sur le champ des nouvelles; il revint avec les Bâtimens vers le midi. La raison de leur retard, c'est qu'ils avoient été arrêtés sur les mêmes bancs de sable que moi, & qu'il avoit fallu travailler toute la nuit pour se débarrasser. De plus, personne m'ayant vu passer, ils s'étoient arrêtés sur le rivage pendant une demi-journée pour m'attendre, & du lieu où ils avoient échoué, ils avoient envoyé du monde en arriere pour me chercher. Nous partîmes ensemble par un vent violent de Nord-Est qui nous étoit directement contraire; à l'entrée de la nuit le vent se calma, & nous profitâmes cette nuit, pour la premiere fois du clair de Lune, le Ciel ayant été couvert jusqu'alors de nuées épaisses.

Vers les 6 heures du matin, nous atteignîmes un endroit du Lena fort célebre par une suite de montagnes placées sur la rive gauche du fleuve, qui forment comme des especes de colonnes élevées dans des directions différentes. Ce lieu qui frappe tous les Voyageurs, est appelé Stolbi. Je fis arrêter le Bâtiment à deux werstes au-dessous de l'endroit où commence cette colonnade de montagnes, tant pour les voir de près, que pour examiner la Mine de fer qu'on y exploitoit depuis l'année précédente pour la Compagnie de Kamtschatka. Ces montagnes colonniformes font un spectacle aussi singulier que curieux. Depuis leur pied, jusqu'à leur sommet, de grandes pieces de rocher, s'élevent les unes en forme de colonnes rondes, d'autres comme des cheminées quarrées, d'autres encore comme de grands murs de pierre, de la hauteur de dix à quinze brasses: on s'imagineroit voir les ruines d'une grande Ville. Plus on en est éloigné, plus le coup-d'œil est beau, parce que les pieces de rocher, placées les unes derriere les autres, prennent toutes fortes de formes, selon le point de vûe d'où on les regarde. Les arbres qui se trouvent entre leurs intervalles, augmentent encore la beauté du coup-d'œil. Ces montagnes occupent une étendue de trente-cinq werstes; elles diminuent par gradation, & se perdent enfin tout-à-fait. La pierre dont les colonnes sont formées, est en partie sablonneuse & de toutes sortes de couleurs, & en partie d'un marbre rouge agréablement varié. Enfin à une certaine distance, ces montagnes pyramidales ou colonniformes, représentent exactement tout ce qui compose la perspective des Villes, tours, clochers, péristiles & autres édifices. Entre les rochers ainsi figurés en colonnes, on trouve épars un bon minérai de fer, & l'on voit au pied de la montagne où commence la perspective, deux cabanes construites avec des broussailles en forme de jurte, où les Ouvriers se retirent la nuit & les jours de fête. Je me rendis à cette montagne, dont la hauteur est d'environ trois quarts de werste, & j'y trouvai les Ouvriers travaillant. Je n'avois encore vu nulle part exploiter si lestement une Mine.

Le minérai est presque toujours mêlé avec une terre ferrugineuse, jaune ou rouge, & on l'exploite simplement avec des pelles. Huit à dix Ouvriers sont en état de ramasser quatre à cinq cens puds de minérai dans un jour. On le jette dans une caisse de bois, & quand elle est pleine, on la couvre de plusieurs gros morceaux de bois, & l'on y met le feu. Quand le tout est brûlé, le minérai se trouve suffisamment rôti, & l'on en remplit des sacs de cuir. Chacun de ces sacs a une sangle, par laquelle un homme l'attache à son dos, & il descend ainsi la montagne en courant avec une vîtesse étonnante : un long bâton qui pend à la sangle, lui sert à se retenir lorsqu'il rencontre un endroit glissant. La descente de la montagne est une affaire de quatre minutes ; aussi chaque Porteur la monte-t-il & la descend-il huit à dix fois par jour. Toute la Mine est transportée en Bateaux aux Sawodes, dont je parlerai dans la suite.

Je quittai ce lieu vers les 10 heures du matin. Le fleuve commençoit ici à s'élargir, & il avoit jusqu'à trois werstes de largeur. Nous rencontrâmes encore quelques Isles. Je fis arrêter vers les 4 heures après midi près de l'Isle des Melefes (*Tit-Aru*), pour faire relever, s'il étoit possible, nos Jakutes qui étoient extrêmement fatigués (72), par d'autres Travailleurs. L'Isle des Melefes est remplie de Jakutes ; mais comme le Préposé Russe, à qui j'envoyai demander du monde, étoit à *Jakuzk*, les Jakutes, à la seule vue de nos Bâtimens, s'étoient tous sauvés. Ainsi, après m'être arrêté près de l'Isle une bonne heure, je fis marcher par un fort vent de Nord-Est, que la fin du jour fit cesser. Nous eûmes une belle nuit, fort claire, & vers les 11 heures, nous vîmes un anneau autour de la Lune ; mais vers minuit, après être descendus environ quinze werstes le long d'une Isle, appellée *Tojon-Aru*, tous nos Bâtimens échouerent sur le sable au milieu de la riviere. Comme le mien étoit le premier, il

(71) Les Travailleurs Jakutes, dit M. Gmelin, sont, en comparaison des Travailleurs Russes, comme les Buretes sont à l'égard de leurs chevaux.

avança le plus avant sur le banc de sable ; tous les Travailleurs de la petite Flotte furent obligés de venir à mon secours pour me débarrasser, on en vint enfin à bout à la pointe du jour. Nous aurions dû nous tenir plus près du rivage droit du *Lena*, mais nous n'avions pas un seul Guide qui fût bien le chemin. A 7 heures du matin, nous arrivâmes, par un grand brouillard, à l'endroit du fleuve où les Bâtimens qui vont à *Jakutzk*, passent ordinairement avec le secours des rames du rivage droit au rivage gauche ; mais nos Travailleurs nous assûrerent, qu'en continuant d'aller sur le côté gauche, & ne connoissant pas bien le cours & les Isles du fleuve, on n'appercevroit point *Jakutzk*, & qu'on iroit droit à *Schigan*. Le vent qui souffloit, étoit encore Nord-Est ; il devint si violent, que nous ne pûmes avancer d'un pas, & que nos Travailleurs furent extrêmement fatigués.

Vers les 2 heures après midi, nous nous trouvâmes près de *Pokrowskoi-Monastir*, & j'y fis faire halte, tant pour chercher un bon Pilote, que pour attendre un meilleur tems. J'eus bientôt trouvé le Pilote, mais le tems ne changea pas. Ce lieu n'avoit rien qui pût m'arrêter. Le Couvent, bâti vers l'an 1718 ou 1719, étoit brûlé depuis quatre ans. Il n'en restoit plus que quelques misérables cellules, & quelques chambres noires occupées par des personnes qui appartenoient au Couvent. Il y avoit aussi dans le voisinage cinq ou six jurtes de Jakutes nouvellement baptisés. Tout cela fut bientôt vu, & quand je revins au Bateau, le vent étoit devenu si violent, qu'il fut en grand danger, parce que le rivage étoit pierreux. Je résolus donc d'aller plus loin, & de chercher un endroit où les Bâtimens fussent au-moins en sûreté. On ne put avancer que la pouppe en devant ; car toutes les fois que nous voulions présenter la proue en marchant, le vent retournoit le Bateau. Nous partîmes à 5 heures, & à 7 nous n'avions pas encore fait trois werstes ; mais les Bâtimens étoient moins exposés dans la grande eau. Le vent se calma un peu, & nous atteignîmes vers les 10 heures un bon rivage, où le vent qui avoit recommencé à souffler aussi fort qu'auparavant, n'avoit point de prise sur nous. J'y fis faire halte, & j'attendis le calme. Sur le rivage gauche étoit une Isle, appellée *Masaru-Aruta*, près de laquelle nous nous étions arrêtés. Le vent souffla pendant toute la nuit avec la plus grande violence ; mais s'étant un peu calmé à la pointe du jour, nous continuâmes de marcher. Nous n'eûmes pas fait plus d'un werste que le vent recommença aussi fort qu'auparavant, & nous eûmes de la peine à atteindre le bord de l'Isle à son extrémité inférieure. Le même vent continua toute la journée, & le Ciel fut toujours couvert de nuages épais. Le tems s'étant éclairci le soir, & le vent ayant un peu baissé, je voulus profiter du moment pour aller plus loin. Nous nous disposions à passer au côté droit du *Lena*, & nous allâmes assez bien d'abord ; mais bientôt le vent sauta au Nord-Nord-Ouest, & devint plus fort qu'il n'avoit été. Quatre hommes mis au gouvernail, & deux à chaque rame ne furent point capables de retenir le Bâtiment. Le vent nous poussoit à la vérité vers le rivage droit, mais bien plus près que nous ne l'aurions souhaité. Nos gens eurent des peines infinies à gouverner les Bâtimens jusqu'à ce qu'on pût les mettre à l'abri, pour les empêcher d'être brisés en pieces. Nous étions vis-à-vis *Charjalak-Aru*, lorsque nous abordâmes au rivage : ce fut au-dessous de cet endroit que nous vîmes la fin des Isles, qui dans le Printèms s'étendent beaucoup plus loin, & continuent d'une file jusqu'à *Schigan*. Il ne fut pas possible d'aller plus loin, parce qu'il falloit regagner d'ici le rivage gauche, d'où l'on étoit repoussé par la violence du vent. Comme il y a dans cet endroit quantité de bas-fonds, il falloit aller tantôt à droite & tantôt à gauche. Nous ne marchâmes point de la nuit. Le tems se calma à la pointe du jour, & nous tentâmes de traverser à force de rames ; mais nous n'étions pas à moitié chemin, que le vent fraichit, de maniere que le Bâtiment fut tourné de la pouppe à la proue, & malgré toute notre résistance, nous fûmes encore repoussés sur la rive droite, où nous fûmes pris sur un banc de sable. Nous étions malheureusement presque vis-à-vis un entonnoir qu'enfiloit le vent : c'étoit une vallée d'où, lors même que l'air sur le fleuve étoit le plus calme, il venoit toujours un vent très-vif. Je fis travailler tout notre monde, pour nous dégager du banc de sable & nous éloigner du rivage droit, afin que, s'il n'étoit pas possible de parvenir au rivage gauche, nous pussions gagner un endroit où nous fussions moins exposés au vent. Enfin, après des travaux infinis, nous fûmes assez heureux pour atteindre le rivage gauche, & plus nous en approchions, plus nous trouvions de calme, parce que le rivage en cet endroit est élevé de quinze à vingt brasses, & garantit ainsi le fleuve du vent qui vient de ce côté-là. Vis-à-vis cet endroit, est l'embouchure du *Tanga*, ruisseau sur lequel sont bâties les Sawodes ou Fonderies de fer, dont on a parlé ci-dessus. J'avois envie de les aller voir, mais je n'osois faire arrêter les Bateaux par un tems si variable, de crainte qu'avant mon retour il ne s'élevât quelque nouvelle tempête qui m'empêcheroit de les rejoindre. D'ailleurs nous ne pouvions arriver trop-tôt à *Jakutzk*, puisque nos gens n'avoient plus de provisions, & que ce jour même il n'y avoit presque plus rien à manger. Ainsi nous dirigeâmes notre marche tout droit vers cette Ville. Dans ce même endroit, où le haut rivage prend une autre direction, le *Lena* se divise en trois bras. Nous descendîmes par le bras du milieu ; mais nous fûmes à peine écartés du rivage gauche qui nous avoit garantis du vent, qu'il nous tourmenta de nouveau. Cependant à force de manœuvres & de travaux, nous parvînmes à l'embouchure du bras vers les 11 heures du matin. De-là, nous servant toujours de rames, nous passâmes devant plusieurs Isles, entre lesquelles il falloit aller tantôt à droite & tantôt à gauche, pour éviter les bancs de sable, ce qui ne put se faire sans un bon Pilote. Enfin au coucher du Soleil, nous fûmes rendus à *Jakutzk*, & nous atteignîmes la basse Ville.

J'y trouvai mes Collegues en bonne santé, & la Troupe académique fut par ce moyen toute réunie. M. de l'Isle de la Croyere étoit arrivé le 20 Juin, & M. Muller le 31 Octobre. Quant au détachement de la Marine, nous trouvâmes le Capitaine *Beering*, Commandant de l'expédition maritime, le Lieutenant *Waxel*, & le sieur *Butzkowski*, Chirurgien de l'Etat-Major. Peu de tems après, arriverent encore le Lieutenant *Jendaurow*, le

Chirurgien *Feige*, & *Bieli*, Patron de Vaiſſeau, qui tous trois avoient été détachés pour chercher des vivres.

Le cours du *Lena* depuis *Olecminskoi-Oſtrog* avoit preſque toujours été vers l'Eſt ou le Nord-Eſt : le trajet des derniers vingt werſtes tira preſque toujours au Nord. Depuis les *Stolbi*, nous nous étions apperçus de la rareté des montagnes ; le terrein que nous avions parcouru, étoit pour la plus grande partie ſablonneux. Le bois qui n'avoit pas manqué ſur tous les bords du *Lena*, n'étoit plus à beaucoup près ſi épais que dans les diſtricts ſupérieurs ; cependant il y en avoit, nous diſoit-on, de toutes ſortes, & les ſaules n'y étoient pas moins abondans que nous les avions vus plus haut, quoiqu'il s'en trouvât peu de la grande eſpece. Depuis *Olecminskoi-Oſtrog*, nous avions remarqué le long des rivages quantité de champs, & l'on en voyoit ici de même en grand nombre. Ces champs procurent aux Jakutes l'avantage de pouvoir y laiſſer leurs beſtiaux paître à leur gré pendant tout l'Hiver. Ces beſtiaux à la vérité ne s'y engraiſſent pas beaucoup, mais ils n'y meurent pas de faim, ſur-tout lorſqu'il ne tombe pas trop de neige. Un des plus grands fléaux de Dieu pour un Jakute, eſt une neige abondante & qui reſte trop long-tems ſur la terre. Il ne fait aucunes proviſions de fourrage ; c'eſt aux beſtiaux d'en chercher où ils peuvent.

Tout ce qui étoit ſur nos Bâtimens ſoupiroit après des quartiers. Le froid ſembloit alors augmenter exprès pour nous impatienter davantage. Cependant je ne voyois guere d'apparence à trouver des quartiers convenables. Dans les Villes de Ruſſie & de Sibérie, les logemens d'ordonnance ſont aſſignés par la Police. Mais comme le Capitaine-Commandant de l'expédition de *Kamtſchatka* réſidoit pour-lors à *Jakutzk*, & qu'il avoit avec lui beaucoup d'Officiers de Marine, il avoit obtenu de la Chancellerie que la diſtribution des meilleurs quartiers de la Ville dépendroit de lui, & ſes arrangemens avoient été faits avant notre arrivée. Ainſi lorſque nous demandâmes des quartiers au Waywode, il nous dit, que ceux dont il pouvoit diſpoſer étoient très-mauvais, mais qu'il nous feroit donner les plus paſſables. A mon égard, dès le lendemain j'eus un aſſez bon logement, dont j'allai ſur le champ me mettre en poſſeſſion ; mais ceux qui furent aſſignés au Peintre, aux Etudians, à l'Interprete & au Sous-Chirurgien, n'étoient preſque pas habitables, ſur-tout dans la ſaiſon où l'on venoit d'entrer. J'ai déja fait remarquer ailleurs les incommodités des chambres noires, qui dans toute la Sibérie ſont à-peu-près les mêmes. Le papier ſur lequel on écrit, eſt noirci continuellement par la ſuie ; les Peintres qui travaillent dans ces ſortes de chambres, ſont obligés de faire des mélanges de couleurs tout différens de ceux qu'on fait d'ordinaire, parce qu'il s'y mêle néceſſairement beaucoup de noir étranger: tous ces inconvéniens ſe trouvoient dans la plûpart des chambres qu'on nous aſſigna. Quelques-unes n'avoient point de poële, ou quand on les chauffoit, il s'en exhaloit une vapeur capable de faire périr ceux qui s'y tenoient renfermés. Tous ceux à qui ces mauvaiſes chambres étoient tombées en partage, furent obligés de les aller

aller occuper, mais sous la protestation, que si leurs travaux en souffroient, ils n'en seroient pas responsables. Nous autres Lettrés, nous étions munis des ordres les plus authentiques, qui portoient injonction de nous assigner par-tout les meilleurs quartiers. Comme il nous paroissoit déplacé, que la Police dépendît d'un Officier de Marine qui ne faisoit que passer, nous nous adressâmes à la Chancellerie, & nous lui demandâmes d'autres logemens. Nous fîmes cette démarche exprès, pour ne point nous relâcher sur notre indépendance du détachement de la Marine, & ne pas nous mettre dans le cas de nous en repentir trop tard. Mais toutes nos remontrances n'aboutirent à rien. Le Waywode, qui étoit alors *Alexei Jeremeïesch Saborowkoi*, quoiqu'assez porté pour nous, nous fit bien sentir qu'il aimoit encore mieux la paix, & qu'il ne vouloit pas se commettre avec le Capitaine-Commandant. Nous sentîmes encore qu'en nous obstinant à tout brusquer, pour soutenir nos droits, nous ne ferions tort qu'à nous-mêmes & à nos travaux qui nous touchoient le plus. Ainsi nous résolûmes de prendre, autant que cela nous seroit possible, toutes les voies de la douceur & de la conciliation. Nous représentâmes qu'il seroit injuste que, par des motifs de jalousie, on laissât souffrir la cause commune, au bien de laquelle nous étions tous également obligés de concourir. Cette conduite nous réussit, & nous obtînmes peu-à-peu des quartiers passables pour nos gens. Cependant, dans la crainte qu'on ne nous traitât encore plus mal à *Ochotzk* & à *Kamtschatka*, nous rendîmes compte au Sénat & à l'Académie des Sciences du traitement qu'on nous avoit fait ici, & nous suppliâmes le premier d'envoyer des ordres séveres au détachement de la Marine, de ne pas nous troubler désormais dans nos travaux, & de nous aider au contraire dans tout ce qui pourroit dépendre de lui. Au reste, comme ici les habitans les plus riches possedent les meilleures maisons, & sont bien aises d'être exempts de logemens d'étrangers & autres. Ils savent faire à propos des présens à celui qui s'attribue la distribution des logemens d'ordonnance, & quelquefois des présens d'une grande valeur. Ainsi nous devions nous attendre au traitement que nous essuyâmes.

Tandis que nous étions occupés à disputer nos logemens, l'Hiver avançoit à grands pas. Le 19 Septembre, le *Lena* commença à charrier de la glace, & elle augmenta tellement de jour en jour jusqu'au 28 du même mois, que le fleuve en fut entierement couvert (73); le lendemain, on le passoit par-tout en traîneaux. La glace en peu de jours devint si épaisse, qu'on pouvoit en tirer des morceaux d'une épaisseur considérable pour l'usage des habitans; car on fait ici, de la glace unie, un usage dont

---

(73) Le *Lena* se prend, comme toutes les rivieres, par l'amas des glaçons qui s'attachant les uns aux autres, bouchent les passages, interceptent le cours de l'eau, & forment une surface solide. Mais on a vu quelquefois près de *Jakutzk*, au-moins à ce qu'on m'a rapporté, l'eau de ce fleuve, par une gelée subite, s'épaissir d'abord comme de la boue délayée, & puis se consolider tout-à-coup, de maniere que les Bateaux qui passoient alors avoient de la peine à gagner le bord assez promptement, pour n'être pas pris entre les glaces. On m'a dit à Petersbourg, que la même chose étoit arrivée à la *Newa*.

on n'a point d'idée ailleurs ; elle sert à calfater les maisons. Pour peu que les fenêtres d'un logis ne ferment pas comme il faut, elles ne sauroient suffisamment garantir les chambres du froid extérieur. Les caves mêmes dans lesquelles on garde la boisson, comme biere, hydromel, vin, &c. ne peuvent pas être à l'abri du grand froid par les moyens ordinaires, comme par de bonnes portes, par du fumier de cheval, &c. C'est la rigueur du froid même qui fournit le moyen le plus sûr d'empêcher qu'il ne pénétre dans les habitations. On coupe de la glace bien nette, & dans laquelle il n'y ait point d'ordures ; on en taille des morceaux de la juste grandeur des fenêtres ou des ouvertures, & on les y applique par dehors, comme on fait ailleurs de doubles chassis de verre. Pour qu'ils tiennent, on ne fait qu'y verser de l'eau qui, en se gelant, les attache fortement aux ouvertures. Ces vitraux de glace n'ôtent pas beaucoup de lumiere ; lorsqu'il y a du soleil, on voit aussi clair qu'à travers des chassis de verre ; & quelque vent qu'il fasse au-dehors, le froid n'entre jamais dans les chambres. Les gens aisés, dont les maisons ont des fenêtres, appliquent les vitraux de glace par dedans, & par-là ne souffrent point du tout des froides émanations de la glace. La boisson ne se gele pas non plus aisément dans les caves, quand leurs ouvertures ou soupiraux sont garnis de ces sortes de chassis. Ceux mêmes qui n'ont point d'autres vitraux que ces fenêtres de glace, s'en trouvent fort bien, pourvu qu'ils aient l'attention de ne pas trop rester dans les chambres après que le poële est fermé : cependant les Nationaux ne prennent guere cette précaution.

Notre Compagnie fut augmentée le 20 Septembre par l'arrivée du sieur *Pisarew*, Commandant d'*Ochotzk*, envoyé ici en exil quelque tems avant la mort de l'Impératrice *Catherine Alexiewna*. Il étoit âgé de soixante-dix ans ; mais il avoit encore tant de feu, que, sans les traits de son visage qui décéloient le vieillard, on l'eût pris à ses discours & à ses actions, pour un homme de trente ans. Il étoit venu d'*Ochotzk* en poste à franc-étrier ; il avoit fait ce long voyage (qui est de plus de huit cens werstes) en neuf jours par un froid horrible, & par des tempêtes continuelles. Le motif de sa retraite d'*Ochotzk* paroissoit fort opposé à son caractere & à sa vivacité naturelle. Il avoit eu quelques démêlés & des paroles avec le Capitaine *Spangenberg*, qui se trouvoit à *Ochotzk*, & qui étoit occupé des préparatifs nécessaires pour l'expédition maritime, dont il avoit le commandement. La crainte que cet Officier n'en vînt aux voies de fait, lui avoit fait prendre le parti de quitter *Ochotzk* ; & sans presque rien emporter avec lui, il s'étoit sauvé en poste, pour éviter son ressentiment.

La Ville de *Jakutz* est située dans une plaine, sur la rive gauche du *Lena*, qui se jette à deux cens lieues d'Allemagne plus loin dans la Mer Glaciale. Elle est coupée par en-bas ou traversée par un faux bras du fleuve, qui se desseche ordinairement en Eté & vers l'Automne, mais qui se remplit d'eau dans le Printems, & qui produit même de tems en tems des inondations. La partie de la Ville située au-dessous de ce bras, est appellée par les habitans *Sa Logom*, la Ville d'*au-delà de la val-*

log (74), parce qu'en effet ce faux bras du fleuve, quand il est à sec, forme une espece de vallon. L'autre partie de la Ville est beaucoup plus grande ; & les deux ensemble renferment environ cinq à six cens maisons de bois, qui toutes, à l'exception d'une vingtaine au plus, n'ont pas grande apparence en-dehors, ni beaucoup de commodités en-dedans. Dans les deux Villes, il y a des Eglises, dont je ne me rappelle pas le nombre, qui n'est pourtant pas considérable : elles sont aussi bien pourvues de Cabarets à biere & à eau-de-vie. La Forteresse est bâtie de bois, & sa construction n'est pas différente de celles de *Tomsk* & de *Kusnetsk*. Elle contient deux Eglises, l'une en pierre & l'autre en bois, la maison du Waywode, la Chancellerie, les Archives, un Magasin d'eau-de-vie, un Magasin à poudre, la Caisse du tribut, &c. En-deçà de la vallée, est un Couvent d'hommes, appellé *Spaskoi-Monastir*, mais où il restoit peu de Moines.

Cette Ville, située sur un grand fleuve, dont on prétend que la largeur, mesurée à l'extrémité des deux bras qui l'arrosent, a treize werstes, abonde en toutes sortes de poissons. Il n'y a guere d'espece dont j'aie entendu parler dans toute la Sibérie qu'on n'y trouve. Le *Wolga* en Russie produit un poisson blanc, appellé *Bielaja-Rubiza*, qu'on regarde comme un mets exquis. *Witsen*, dans la seconde Edition de sa *Tartarie Orientale & Septentrionale*, page 787, parle d'un poisson de Sibérie nommé *Nelma*, qu'il dit s'appeller en Langue Russe *Bielt-Ribes*; c'est apparemment le *Bielaja-Rubiza* : plusieurs Russes au-moins sont persuadés que ces poissons sont les mêmes. Or à *Jakutzk*, on a les deux especes. Le *Bielaja-Rubiza* a le museau plus long, plus pointu, le corps plus rond, & est encore beaucoup plus blanc que le *Nelma*. Les éturgeons, & tous les poissons de cette famille, à la réserve du *Beluga* & du *Sewrjaga*, se pêchent aussi près de *Jakutzk*, & n'y sont pas moins délicats que ceux dont j'ai parlé dans la Description des environs du *Kirenga*. Au reste, les éturgeons, les sterledes & les poissons nommés *kosteri*, sont très-difficiles à distinguer. Ce n'est pas le *Lena* seul qui fournit du poisson aux habitans de *Jakutzk* ; il y a dans les environs de cette Ville plusieurs petits lacs fort poissonneux, où l'on fait de bonnes pêches, sur-tout en Hiver, quand la glace n'empêche point de pêcher. Outre le poisson, les habitans de *Jakutzk* ont encore abondamment pour leur table quantité d'oiseaux sauvages, de canards & d'oies. Ceux-ci, dont le nombre est prodigieux, descendent au Printems le *Lena*, & le remontent en Automne ; ce qui dans ces deux saisons leur procure d'amples provisions. Comme rien ne se gâte en Eté dans les caves, elles sont très-propres à conserver toutes sortes de viandes. Les *Dworjanins*, les *Dieti-Bojarkies* & les *Cosaques*, qui composent la plus grande partie des habitans, vivent donc très-bien de leur paie & des présens qu'ils reçoivent des Jakutes. Ils ont outre cela de bons troupeaux de bêtes à corne & de chevaux, dont le produit leur donne encore de l'aisance. Les Ouvriers ne manquent point à *Jakutzk* ; & quoiqu'en général il y en ait de bons, on est tellement accoutumé

(74) *Log* signifie une vallée peu profonde.

aux mauvais, qu'ils trouvent tous de quoi subsister. On y voit auſſi beaucoup de gens libres qui dans l'Automne forment des partis pour aller à la chaſſe des zibelines, & qui dans une ſeule campagne gagnent quelquefois de quoi vivre pendant deux ans. On regardoit anciennement *Jakutzk* comme le Pérou du Nord; auſſi n'y envoyoit-on pour Waywodes que ceux qu'on vouloit enrichir. Les habitans y vivoient dans une grande liberté, & ils étoient tous à leur aiſe, parce qu'on ne les employoit pas beaucoup pour le ſervice de la Couronne, & qu'on ne les troubloit point dans leur commerce. Dans ces tems-là, le moindre bon office que leur rendoit le Waywode, étoit bien récompenſé. Mais pendant mon ſéjour chez eux, ils ſe plaignoient que depuis pluſieurs Hivers il tomboit de trop fortes neiges qui faiſoient ſouffrir le bétail, & ils deſiroient un meilleur tems. Cependant ils ne ſont pas mal. L'Hiver eſt ordinairement très-rude à *Jakutzk*; mais les forêts qui ſont au-deſſus & au deſſous de la Ville, fourniſſent ſuffiſamment de bois. Juſqu'à *Siktat* même, qui eſt à cent lieues d'Allemagne au-delà de *Jakutzk*, il y a beaucoup de forêts toutes garnies de ſapins & de meleſes. Au-deſſous de *Siktat*, d'où juſqu'à la Mer Glaciale il n'y a guere que cinquante lieues d'Allemagne, on ne voit plus d'arbres, mais ſeulement des buiſſons compoſés de très-petits ſaules.

Quant à la végétation des grains, le climat n'y paroît pas propre. Il eſt vrai que le Couvent de la baſſe Ville a enſemencé autrefois quelques terreins d'orge, qui dans certaines années a mûri; mais comme elle manquoit dans d'autres tems, cette culture eſt abandonnée. Je n'ai point entendu dire qu'outre l'orge aucun autre grain ſoit parvenu à ſa pleine maturité. Mais c'eſt la qualité du climat plutôt que celle du ſol qui s'oppoſe au ſuccès des grains: car le terrein eſt noir & gras; il s'y trouve même de tems en tems des champs garnis de bouleaux clairſemés, ce qu'on regarde en Sibérie comme la marque d'une bonne terre labourable. Après tout que peut produire la terre, quelque bonne qu'elle ſoit, lorſqu'elle manque de chaleur? & quelle chaleur peut-elle avoir quand à la fin de Juin elle eſt encore gelée à la profondeur de trois pieds ou plus? *Strahlenberg* prétend que les pays les plus occidentaux ne ſauroient produire de bled, parce qu'ils ſont trop près de la Nouvelle-Zemble, dont les montagnes de glaces leur amenent un plus grand froid; en quoi ſûrement il ſe trompe. *Dubtſcheskaja-Sloboda* ſur le *Jeniſéi* eſt ſituée à-peu-près à la même latitude que *Jakutzk*, mais à quarante degrés plus à l'Occident. *Kniskoi* ſur l'*Ob* a preſque la même latitude, & eſt de vingt degrés au-moins plus à l'Occident que *Dubtſches*. Or la Nouvelle-Zemble eſt à peine de dix degrés de plus à l'Occident que *Kniſkoi*. Cependant le ſeigle même réuſſit aſſez bien à *Dubtſches* & à *Kniskoi*.

Quoique dans les environs de *Jakutzk* il y ait encore quelques montagnes, on y trouve peu ou point de ſources, & c'eſt vraiſemblablement parce que la terre eſt gelée à une certaine profondeur. Peu de tems après la fondation de *Jakutzk*, c'eſt-à-dire dans les années 1685 & 1686, on voulut creuſer un puits dans la Forteresſe. Un Coſaque nommé *Feo-*

dorow Swietogorow s'étant fait adjuger cet ouvrage, le commença le 27 Juillet vieux style 1585, & le continua jusqu'au premier Novembre. Dans tout ce tems, il avoit creusé à la profondur de huit orgies, & la terre étoit gelée par-tout. L'année suivante, il reprit son travail dès le premier Avril, & il ne trouva toujours que de la terre gelée. Depuis le mois d'Avril jusqu'au 25 Juillet, il avança de cinq orgies, & par conséquent ses fouilles étoient déja profondes de treize orgies. Ce Cosaque apparemment s'ennuya de creuser, & pour abandonner l'entreprise, il prétexta la rencontre d'un rocher qui rendoit une mauvaise odeur, ce qui ne permettoit pas de pousser plus loin. On voulut vérifier le fait : l'homme qui visita les fouilles, trouva véritablement que la terre étoit gelée à cette profondeur, & qu'il s'en exhaloit une odeur infecte ; mais il ne dit rien du rocher, & qu'il fut réel ou non, on en resta là. Au reste, puisqu'à la profondeur de treize orgies la terre étoit encore gelée, on ne pouvoit guere espérer de trouver de l'eau. Ce défaut de sources augmente de plus en plus en avançant vers la Mer, parce que le pays devient toujours plus septentrional, & que vraisemblablement la terre y dégele d'autant moins en Eté.

Le principal bras du *Lena* est, comme je l'ai dit, à quelque distance de la Ville. Or le canal qui borde ses murs, gele ordinairement jusqu'au fond, & quand on veut avoir de l'eau, il faut l'aller chercher bien loin. Nous en faisions apporter tous les matins un tonneau pour laver & pour faire la cuisine. Les Officiers de la Marine s'étoient apperçus dès le commencement de l'Hiver, que le thé fait avec de l'eau de la riviere étoit beaucoup moins agréable qu'étant fait avec de la glace. Nous voulûmes en faire l'épreuve, & nous trouvâmes la même chose. Il s'agissoit d'avoir l'attention de ne pas faire fondre la glace auprès d'un feu qui fumoit, autrement l'eau prenoit beaucoup plus que l'eau ordinaire un goût de fumée. Nous nous servîmes donc dans la suite de glace fondue pour notre thé ; & quelques Marins éprouverent qu'elle étoit encore préférable à l'eau non-gelée pour faire le *pounch*.

Le séjour de toutes les personnes réunies à *Jakutzk* pour le voyage de *Kamtschatka* rendoit cette Ville fort vivante, & nous n'y fûmes point désœuvrés, autant néanmoins que la saison put le permettre ; car la briéveté des jours, dans un climat aussi rigoureux, sous la latitude de 62^d, $2'$, n'encourageoit pas beaucoup au travail. Il faisoit à peine jour à 9 heures du matin. Quand il s'élevoit un certain vent qui faisoit tomber une poussiere de neige, on ne pouvoit rester sans lumiere aux plus belles heures de la journée, & par un tems serein on voyoit déja les étoiles avant 2 heures après-midi. La plûpart des habitans profitent de ce tems oiseux pour dormir : à peine sont-ils levés pour manger, qu'ils se recouchent encore, & quand le jour est tout-à-fait sombre, souvent ils ne se réveillent point. Nous étions bien prévenus du danger qu'il y avoit à s'abandonner trop au sommeil, & du risque que l'on couroit de gagner le scorbut : nous nous arrangeâmes en conséquence, & nous partagions notre tems entre le travail & la dissipation, sans en donner beaucoup au sommeil.

Mes occupations ordinaires étoient de mettre en ordre les observations que j'avois faites pendant l'Eté précédent. Je m'amusois beaucoup encore d'une sorte de marmottes très-communes dans le pays, & que les Russes nomment *jewraschka*. Ce joli petit animal se trouve dans les champs aux environs de *Jakutzk*, & jusque dans les caves & dans les greniers, aussi-bien dans ceux qui sont creusés sous terre, que dans ceux qui sont au-haut des maisons. Car il est bon de remarquer, que dans tout le district de *Jakutzk* il y a autant de greniers à bled sous terre qu'au dessus, parce que dans les premiers les grains sont à l'abri de l'humidité & des insectes. Tout ce qui est sous la surface de la terre à la profondeur de deux pieds, y gelant presqu'en toute saison, ni l'humidité, ni les insectes ne pénetrent guere jusqu'à cette profondeur. Les marmottes des champs, dit-on, restent dans des souterreins qu'elles se creusent, & dorment pendant tout l'Hiver; mais celles qui sont friandes de bled & de légumes, sont en mouvement l'Hiver & l'Eté, pour chercher partout leur pourriture. Cet animal a la tête presque ronde, & le museau écrasé. On ne voit point de vestige d'oreille en-dehors, & l'on ne découvre l'ouverture du canal de l'ouïe qu'en séparant le poil qui la couvre. Tout son corps, la tête comprise, n'a pas un pied de longueur. Sa queue, longue environ de quatre pouces & garnie de longs poils, est un peu ronde près du corps, & s'applatit vers l'extrémité qui est bien plus mince; elle est noirâtre, mêlée d'un peu de jaune pardessus, & tout-à-fait noire au bout. Son corps n'est pas plus gros que celui d'une souris; en-dessus, il est gris & un peu mêlangé de jaune, en-dessous, jaunâtre & semé de taches rousses. Ses pattes, qui sont toutes jaunes, sont courtes; mais celles de derriere sont plus longues que celles de devant: celles-ci ont quatre doigts, les autres cinq, & chaque doigt est muni d'une griffe noirâtre un peu crochue. Lorsqu'on prend cet animal & qu'on l'irrite, il mord très-fort, & rend un son clair, comme la marmotte ordinaire. Quand on lui donne à manger, il se tient assis sur ses pattes de derriere, & mange avec celles de devant. Ces animaux s'accouplent dans les mois d'Avril & Mai, & font cinq à huit petits. On trouve en différens endroits de la Sibérie de véritables marmottes, mais qui different, selon les lieux, tant de grosseur que de couleur. Les Russes & les Mungales les nomment *surok*. Je voulus essayer, si l'on ne pourroit pas apprivoiser ces animaux, comme on apprivoise nos marmottes: celui sur qui je fis cet essai, s'accoutuma bientôt à manger du lait & de la viande; mais je ne m'apperçus pas au bout de six semaines, qu'il fût plus familier avec moi que le premier jour: il est vrai qu'il n'étoit pas jeune, lorsque je le fis prendre dans les champs.

Le 8 Novembre, nous fûmes invités, M. Muller & moi, avec plusieurs Officiers de Marine, à souper chez le Capitaine-Commandant, où nous nous rendîmes le soir. Vers les 9 heures, on sonna le tocsin, & l'on vint nous dire que le feu étoit à ma maison. Tout le monde y courut, mais il n'y eut pas moyen d'empêcher les progrès du feu; toute la maison étoit en flammes, & l'on ne put en-approcher. Heureusement le tems étoit calme, sans quoi la maison de M. Muller, qui étoit à côté de la mienne, auroit eu le même fort. Je vis confumer en un inftant le fruit de tous mes travaux, mes livres, mes mémoires, mes obfervations, nos inftrumens, mes hardes, mon bagage, &c. il ne me refta que ce que j'avois fur le corps ; tout mon argent, avec celui de M. Muller, qui étoit en dépôt chez moi, fut enveloppé dans l'incendie. Dans mon défaftre, à la vérité, j'eus la fatisfaction de voir mes Collegues, tout le détachement de Marine, le Waywode même, & les principaux habitans s'empreffer à l'envi les uns des autres de me confoler, & de me donner tous les fecours imaginables. On ne put jamais éteindre le feu, & toute la maifon fut réduite en cendres. Comme on n'avoit rien pu tranfporter avant ni pendant l'incendie, le Capitaine-Commandant de la Flotte fit d'abord pofer des Gardes autour de la maifon. On joignit aux Soldats deux Bas-Officiers, pour empêcher qu'on n'emportât rien. Nous retrouvâmes par ce moyen plus de la moitié de notre argent, en efpeces ou fondu. On fit encore tamifer & laver les cendres ; enforte que nous n'aurions prefque rien perdu, fi tout avoit paffé par des mains fideles. Quoiqu'on jettât continuellement de la neige, pour éteindre l'ardeur de l'embrafement, on ne put fouiller dans les cendres que le troifieme jour ; & l'on me rapporta quelques débris de livres qui, dans la difette où j'étois, me furent encore très-utiles. C'étoient, entr'autres, l'*Hiftoire des Plantes de Duclos* (Clufius), l'*Hiftoire Naturelle de Jonfton*, celle *des Coquillages de Lyfter*, &c. ils étoient endommagés & brûlés fur-tout aux marges ; je trouvai le moyen de les raccommoder, au-moins pour mon ufage. Je regrettois beaucoup la perte des *Inftitutions de Botanique de Tournefort*. J'appris que le Comte *Santi*, Gentilhomme Italien, exilé depuis 1728, & qui étoit alors à *Schigani*, en poffédoit un Exemplaire. Je lui écrivis en Langue Ruffe une lettre que je lui fis tenir ouverte par la voie de la Chancellerie de *Jakutzk*, & il voulut bien me prêter fon Exemplaire. Peu de jours après mon défaftre, nous expédiâmes un Courier au Sénat de Petersbourg & à l'Académie des Sciences, pour demander un Supplément de livres & d'inftrumens qui nous fut accordé.

Je n'ai jamais pu découvrir ce qui pouvoit avoir caufé cet incendie ; car j'avois laiffé dans la maifon un Domeftique, & j'avois emporté la clef de ma chambre. Il y avoit de plus devant cette chambre des Sentinelles qu'on relevoit régulierement. Je n'avois point laiffé de lumiere ; mon Valet, en fortant, l'avoit portée devant moi. Les Sentinelles & le Domeftique que j'avois laiffé dans la maifon, furent amenés le lendemain devant le Waywode, & interrogés : d'autres perfonnes qui demeuroient dans la même maifon, & quelques Exilés que mon Hôte faifoit travailler, & qui demeuroient précifément au-deffous de moi, fubirent de pareils interrogatoires ; mais on n'en put rien tirer. Ils difoient tous unanimement, que le feu avoit paru tout-à-coup, & qu'ils ne favoient point par où l'incendie avoit commencé. On voulut me perfuader que c'étoient les Exilés qui, pour avoir occafion de piller, avoient mis le feu ; il eft vrai qu'ils font la plûpart des gens de la lie du peuple, & capables de tout : mais quand ils auroient avoué le fait, je n'en aurois pas été plus avancé.

HISTOIRE GÉNÉRALE

L'Hiver de cette année fut très-doux, relativement au climat; cependant on éprouva de tems en tems des froids exceffifs. J'en penfai porter de triftes marques un jour que je courus en traîneau pendant l'efpace d'une demi-lieue avec quelques perfonnes. Nous fortions d'un poêle bien chaud; nous étions bien garnis de peliffes; nous n'avions mis que fix minutes à faire le trajet, nous trouvâmes en arrivant une chambre bien chaude, & nous avions tous le nez gelé.

Un homme qui a fait beaucoup d'obfervations de Phyfique, principalement fur le barometre, m'écrivit un jour que le mercure du fien étoit gelé. Je me rendis chez lui fur le champ, pour voir cette merveille qui me paroiffoit incroyable. Sa maifon étoit plus éloignée de la mienne que celle où j'avois penfé laiffer mon nez; cependant le froid ne me fit pas tant d'impreffion, ce qui d'abord me fit douter de la congélation qu'on m'annonçoit. A mon arrivée, je vis en effet que le mercure n'étoit pas réuni, mais divifé en plufieurs petits cylindres qui paroiffoient compacts, & je remarquai entre les globules du vif-argent de petites parcelles de glace. Il me vint auffi-tôt dans l'efprit que le mercure ayant été lavé avec du vinaigre & du fel, comme on fait ordinairement, pour le nettoyer, ces gouttes glacées pouvoient provenir de ce qu'il n'avoit pas été bien effuyé. Le Maître du barometre m'avoua que le mercure avoit été lavé avec du vinaigre, mais que pour cette circonftance, s'il avoit été bien ou mal effuyé, il n'en favoit rien. Sur mon obfervation, le mercure fut ôté du barometre & fi bien effuyé, qu'étant remis dans fon tube par un froid bien plus confidérable, on n'y vit plus la plus petite parcelle de glace. Depuis, pendant la continuation du froid, & pendant toute la durée d'un autre beaucoup plus vif qui furvint enfuite, on expofa du mercure à l'air dans des vafes plats, bien ouverts, & tournés au Nord; mais on ne s'apperçut jamais qu'il s'y formât la moindre glace. Je fuis donc bien éloigné d'alléguer cette prétendue congélation de mercure comme une preuve de la rigueur du froid qu'il fait dans ces climats. De plus, les habitans m'affurerent que le plus grand froid de cet Hiver n'approchoit pas de celui qu'ils avoient effuyé dans certaines années. On raconte même qu'il y eut un Hiver où le froid fut à un tel degré, qu'un Waywode, en allant de fa maifon à la Chancellerie, qui n'en étoit pas éloignée de plus de vingt à vingt-cinq braffes, quoiqu'il fût enveloppé dans une longue peliffe, & qu'il eût un capuchon fourré qui lui couvroit toute la tête, eut les mains, les pieds & le nez gelés, & qu'on eut beaucoup de peine à le rétablir de cet accident. Pendant l'Hiver que nous paffâmes à *Jakutzk*, le thermometre marquoit quelquefois deux cens quarante degrés au-deffous de Zéro, felon la divifion de M. *de Lifle*: ce qui faifoit environ 72 degrés, de même au-deffous de Zéro, felon le thermometre de *Fahrenheit*. On juge bien que fous un pareil Ciel les hommes font fouvent fujets à avoir des membres gelés: voici les indices du mal, & les remedes qu'on y apporte. Un membre qui vient d'être gelé, n'a plus aucun fentiment; il n'y refte aucune trace de rougeur, & il eft plus blanc qu'aucun autre endroit du corps. Pour rétablir la partie gelée, on confeille ordinairement de la frotter bien fort avec de la la neige. Lorsqu'on commence à s'appercevoir que quelque fentiment y revient, on continue le frottement ; mais au-lieu de neige, on ufe d'eau froide. Quand la congélation n'a pas duré bien long-tems, & n'eft arrivée qu'en paffant d'une maifon à une autre, le remede le plus prompt, eft de bien frotter le membre avec un morceau de laine. Ce moyen eft en ufage à *Jakutzk*, & je l'ai moi-même éprouvé avec affez de fuccès. Mais quand le membre a été gelé pendant un tems confidérable, les frottemens avec la neige, avec de l'eau froide, & avec la laine ne fervent à rien. Il faut dans ce cas plonger d'abord le membre gelé dans la neige, enfuite dans l'eau froide, & l'y tenir très-long-tems, après quoi l'on en vient au frottement. Les Jakutes, dont les Ruffes ont adopté la méthode, couvrent les membres gelés de fiente de vache ou de terre glaife, ou de ces deux chofes mêlées enfemble en mêmetems. On prétend que ce remede diffipe peu-à-peu l'inflammation du membre gelé, & lui rend la vie ; il eft encore regardé comme un bon préfervatif. La plûpart des Jakutes, lorfqu'ils font obligés de faire un voyage un peu long par un grand froid, enduifent de cette efpece d'onguent toutes les parties dont on craint la congélation ; & tous affûrent que, s'ils n'en font pas entierement garantis, cet enduit fait du-moins que l'effet de la gelée n'eft pas fi prompt. Je ne répéterai point les fables que M. *Strahlenberg* a débitées fur leur compte ; mais je puis affûrer, pour l'avoir vu, que les Jakutes ont des mortiers faits de fumier de vache, confolidé par la glace, dans lefquels ils pilent du poiffon fec, des racines, des baies, du poivre & du fel.

L'Hiver fe paffa plus vîte que nous ne l'aurions imaginé, & nous nous amufâmes auffi-bien que nous aurions pû faire dans la Ville la plus floriffante. Nous n'eûmes point même à regretter le thé, ni le pounch des Sociétés de Petersbourg. Le *Pounch*, boiffon Angloife, a été introduite en Ruffie & en Sibérie par les Anglois embarqués autrefois en affez grand nombre fur la Flotte Ruffe. La façon dont fe fait le *pounch*, eft maintenant connue par toute l'Europe. On fait fondre une demi-livre de fucre dans trois pintes d'eau, & l'on y verfe un bon verre de jus de citron ; ou l'on prend deux ou trois citrons dont on exprime le jus dans l'eau, & on y fait tremper l'écorce. On y mêle enfuite une pinte ou deux pintes d'eau-de-vie, felon la force ou la légereté qu'on veut donner au *pounch*. Les Officiers de Marine avoient une petite provifion de jus de citron, qui n'alla pas loin. Ils avoient auffi de l'huile de cédra, dont quelques gouttes fuffifoient pour donner un goût de citron à la même quantité de *pounch* ; & cette provifion étoit plus forte que l'autre. Pour rendre leur pounch plus agréable, en lui donnant un goût aigrelet, ils avoient effayé avec fuccès d'y mêler le jus de certaines grofeilles rouges, qui viennent abondamment dans les environs de *Jakutzk*. On eft à Petersbourg dans l'ufage de faire le pounch avec de l'eau-de-vie diftillée du ris ou du fucre (75), que les Anglois y apportent de l'Amérique : on fe fervoit ici d'eau-de-vie commune, qu'il ne falloit pourtant pas brûler, pour ne

(75) C'eft le Rum & le *Tafia*.
Tome XVIII.

pas altérer l'odeur du pounch. Quelques-uns y employoient de l'eau-de-vie de France, qui lui donnoit en effet un très-bon goût. Malgré toutes ces variétés, nous nous accommodions fort bien du pounch fait à la manière Jakute. Il y avoit de nos Voyageurs qui s'étoient pourvus de vin du Rhin & d'autres vins étrangers, qu'ils avoient apportés de Petersbourg. On trouvoit à *Jakutzk* à acheter du vin rouge, qui coutoit le plus cher un florin la pinte : car jusqu'aux extrémités de la Russie, on ne peut se passer de vin rouge, parce qu'il n'est pas permis de se servir d'autre vin pour la Communion. C'est pour cela que les Marchands en portent par-tout ; & dans ces dernieres années, il en étoit venu plus qu'à l'ordinaire, par rapport à l'expédition de *Kamtschatka*. Des gens dignes de foi m'ont assuré, que, dans certaines années, où les Marchands ne s'en étoient pas pourvus, les Eglises l'avoient payé jusqu'à 48 florins la pinte. Ici les gens du commun préferent à toute autre l'eau-de-vie de grains la plus foible ; & si on peut les en croire, il s'en trouve quelquefois de si foible, qu'on y voit nager des poissons. Comme la Couronne s'est réservé le droit exclusif de débiter de l'eau-de-vie, la plus grande partie de ce qui s'en consomme dans la Ville, y est envoyée d'*Irkutzk*. Ceux qui l'apportent, dans le long trajet qu'ils font obligés de faire sur le Lena, donnent de tems en tems des atteintes aux tonnes d'eau-de-vie, & ont grand soin de remplacer ce qu'ils ont bu avec de l'eau du fleuve. Voilà comme il peut arriver qu'on voie quelquefois nager, dans cette eau-de-vie, de petits poissons, dont l'élément ne sauroit être fort altéré par le mélange du peu d'eau-de-vie qu'on a laissé dans les tonnes. La bienséance même, parmi les femmes, est de présenter quelque chose à toute personne qui leur rend visite : c'est ordinairement une *schale* ou un gobelet d'eau-de-vie, qui tient environ un chopine ou quatorze onces, que l'on présente, & il est d'usage de répéter plusieurs fois cette civilité. Or si cette eau de-vie étoit un peu forte, que deviendroit la tête de ces femmes ? Elles seroient donc obligées de faire sans cesse des impolitesses, en refusant de boire à toutes les santés qu'on leur porte. Ainsi c'est peut-être par égard pour les Dames que l'eau-de-vie de ces cantons est si foible. Cependant on y trouve quelquefois de l'eau-de-vie double, ou tirée d'autres substances que du grain. Les uns l'adoucissent avec du sucre ou du miel ; d'autres distillent leur eau-de-vie avec des herbes odoriférentes, ou avec des racines, des écorces, des aromates, &c. En général, on regarde ici l'eau-de-vie, forte ou foible, comme une boisson absolument nécessaire pour la conservation de la vie & de la santé par rapport au froid du climat.

Les habitans de *Jakutzk* font plusieurs sortes de confitures, dont la principale est faite de poisson gelé. Ils ont aussi toutes sortes de baies ou de petits fruits qui ont leur agrément. Tels sont les groseilles rouges & noires (76), les *krauselbeeren* (77), les *Moosbeeren* (78), les framboises

(76) *Ribes vulgare acidum rubrum*, J. B. Kistiza Russ. & *Ribes nigrum vulgo dictum*. Ejusd. *Smorodina* Russ.

(77) *Vitis Idæa semper virens fructu rubro*. Ejusd. *Brusniza* Russ.
(78) *Oxicoccus* S. *Vaccinia palustris*. Tournef. Inst. *Glukwa* Russ.

jaunes (79), les *Braunbeeren* rouges (80), les *Steinbeeren* (81) &c. Ces baies, hors le tems de leur maturité, se présentent toujours gelées. On a déjà dit que, par la nature du terrain, tout se geloit dans les caves, & restoit gelé. En quelque tems, en quelque saison qu'on serve ces baies, elles paroissent toujours dans l'état le plus parfait où elles puissent être, sans aucune altération, & telles que la nature les a produites. Enfin tant qu'elles restent gelées, elles conservent parfaitement leur forme extérieure, & ce qu'on appelle la fleur des fruits ; mais en restant long-tems dans une chambre à poêle, elles se dégelent peu-à-peu, contractent des rides, & perdent toute leur apparence : aussi les habitans de *Jakutzk* les mangent-ils toutes gelées. Ce sont ces sortes de rafraîchissemens, joints au froid du dehors, qui, selon les habitans, leur rendent l'usage de l'eau-de-vie indispensable, sans quoi ils seroient exposés à des coliques perpétuelles.

Au reste, la maniere de vivre des Jakutes ne differe pas beaucoup de celle des autres Nations de Sibérie. Ils ne se soucient guere de pain. Ils mangent les racines du bec-d'oie (82), en Langue Jakute *kægengest* ; de la pimpinelle (83) ou pimprenelle, *emujach* ; de l'arum (84), *mieka-atschin* ; des lys qui viennent dans le pays, appellés *korun* (85) ; d'un certain *hedysarum*, dont les fleurs sont d'un jaune pâle, appellé ici *sardana* (86), [cette derniere racine ne vient pas dans les environs de *Jakutzk*, mais se trouve en très-grande abondance sur les bords du fleuve *Jana*, qui se jette dans la Mer Glaciale, d'où les Jakutes de ce canton, freres & compatriotes de ceux-ci, l'apportent pour entretenir avec eux un commerce d'amitié] ; d'une autre espece d'*hedysarum*, qui a des fleurs couleur de pourpre, commun en Sibérie où il a différens noms, & aux environs de *Jakutzk*. Les Jakutes mangent ces deux racines toutes crues ; mais ils font sécher & pulvériser les autres, pour en faire de la bouillie. Ils trouvent souvent quelques-unes de ces racines dans des trous de souris, parce que ces animaux en sont aussi friands que les Jakutes. Toutes les sortes d'ails & d'oignons qui viennent d'eux-mêmes aux environs de *Jakutzk*, & particulierement l'ail à larges feuilles (87), sont aussi des délices pour eux. Ils grattent encore l'écorce intérieure des jeunes sapins, la font sécher, & après l'avoir mise en poudre, ils en assaisonnent leurs ragoûts. Quant à la nourriture qu'ils tirent des animaux, ils mangent d'abord les animaux domestiques, comme les chevaux & les vaches, mais ils ne les tuent pas volontiers ; ils attendent ordinairement qu'ils soient morts de maladie

---

(79) *Chamæmorus*, Clusii, Raii. *Moroschka* Russ.

(80) *Rubus foliis ternatis, caule inermi uniflore*. Linn. Snec. *Kniascheniza* Russ.

(81) *Chamærubus saxatilis*. Bauh. Pin. p. 479. *Kostenitza* Russ.

(82) *Anserina officinalis, argentille, potentilla, argentine, aigremoine sauvage, tanaise sauvage*.

(83) *Pimpinella sylvestris*, sive *sanguisorba major*. Dodon. Pempl. 105.

(84) *Bistorta Alpina minor*. Bauhin. Pin. 192. *Arum*.

(85) *Lilium purpureo-croceum majus*, & *lilium floribus reflexis latifolium*. Bauh. Pin. 97.

(86) *Hedysarum saxatile, siliqua lævi floribus punpureis inodorum*. Amman Ruthen. 116. n°. 152. 153.

(87) *Allium radice oblonga, reticulo obducta*. Hall. de Allii genere naturali, Opusculis Botanicis insert. p. 375.

ou par quelque accident. Ils aiment beaucoup plus la chair de cheval que celle de vache, & la chair du poulain que celle du cheval fait. Ils n'ont point de moutons, parce que les chiens du pays en font autant de ravage que pourroient faire les loups ; ce qui incommode beaucoup les Russes qui ont des troupeaux. Cet animal d'ailleurs ne paroît pas trop convenir dans les climats froids, puisqu'il ne peut guere y trouver sa nourriture, sans risquer sa vie. Ils n'ont pas non plus de cochons, parce qu'ils n'aiment pas cette viande, & cela sans superstition. Les souris, surtout quand elles sont un peu grosses, & les petites marmottes, qui ne leur coutent aucune peine à prendre, sont un de leurs meilleurs mets. Quand j'avois disséqué quelques-uns de ces animaux, & qu'après les avoir gardés quelque tems, ils commençoient à se corrompre, si mon Domestique voyoit passer quelques Jakutes, il les leur offroit. Nous avions ordinairement un grand feu dans la cour pour notre cuisine. Les Jakutes à l'instant faisoient une petite broche ; & après avoir ôté la peau de l'animal qu'on leur avoit donné, ils l'embrochoient & le tournoient devant le feu. Quand un endroit étoit rôti, ils le coupoient pour l'avaler bien vite, & continuoient de présenter le reste au feu pour le manger à mesure, jusqu'à ce que tout fut dévoré : ce qui se faisoit en très-peu de tems.

Les Jakutes vont à la chasse, & tuent toutes sortes de gibier ; mais comme ils sont un peu paresseux, lorsqu'ils chassent les zibelines, ils ne les poursuivent pas à beaucoup près à des distances aussi éloignées que les Russes & les Tungufes ; aussi prennent-ils rarement en ce genre quelque chose de beau : car il est certain que plus les lieux sont habités, moins il y a de zibelines, ou plus l'espece en est médiocre. Cependant ils mangent encore la chair de ces animaux, ainsi que les renards, les hermines, les écureuils, les lievres, les daims, les élans, les rennes, les ours, les goulus.

Ils ne sont pas plus délicats sur le choix du gibier à plume ou des oiseaux, si ce n'est que les plus gros sont ceux qu'ils recherchent le plus. Au Printems & dans l'Automne, où passent le plus de canards & d'oies, ils les guettent & en tuent un grand nombre, pour en faire des provisions qu'ils consomment peu-à-peu. Si parmi ces volatiles il se trouve quelque héron, quelque grue, quelque cigogne blanche ou noire, quelque cygne &c, ils s'en accommodent tout aussi bien ; ils ne sont pas même dégoûtés des gros oiseaux de proie, tels que les aigles, les milans, &c.

Leurs habitations n'ont rien de particulier, sinon qu'ils n'en changent pas aussi souvent que les autres Nations idolâtres. Leurs jurtes d'Hiver sont communément bâties de poutres minces, & recouvertes par en-haut de terre & d'argille. Ils bouchent les intervalles des poutres avec de la mousse, & ne laissent que deux ouvertures, l'une qui sert d'entrée, l'autre dans le toît pour laisser passer la fumée. Leurs jurtes d'Eté ne different point de celles des Tungufes : elles sont couvertes & revêtues en-dehors d'écorce de bouleaux. Le foyer, dans toutes les jurtes d'Eté ou d'Hiver, est au milieu, & l'on y voit toujours un chauderon de fer suspendu par une cremailliere qui vient d'en-haut, & rempli de viande ou d'autres comeſtibles. Les Jakutes, comme bien d'autres Nations, n'ont point de repas réglés, ni de tems preſcrit pour prendre leur refection : chacun mange quand & tant qu'il veut. Ils forgent ordinairement eux-mêmes leurs chauderons ; & la plûpart, pour épargner le fer, font les parois de ces chauderons d'écorce de bouleau, qu'ils ſavent ſi bien unir avec le fer, qu'ils fuyent rarement. Leurs ſoufflets ne ſont pas commodes : ce ſont deux ſacs de cuir, à l'un deſquels eſt adapté un tuyau de fer ; l'autre communique au premier par un trou étroit, & l'air extérieur y entre, comme à l'ordinaire, par une ouverture un peu plus étroite que celle de nos ſoufflets. On ferme alternativement cette ouverture pour chaſſer l'air dans l'autre ſac, & il faut beaucoup d'exercice pour parvenir à bien faire aller ce ſoufflet. Il m'a paru qu'il faiſoit bien moins d'effet que les nôtres ; mais les Jakutes s'en contentent. On voit, tant par leurs chauderons que par tous les petits uſtenſiles qu'ils font aſſez proprement, qu'ils n'entendent pas mal l'art de forger. Ils ſavent auſſi-bien garnir les coffres ; & les Jakutes de *Willui* y excellent ; ils en font en même-tems la menuiſerie, qui n'eſt pas mal faite.

Ils ont un grand nombre d'Idoles, mais faites un peu moins groſſierement & mieux vêtues que celles des Tunguſes ; elles reſſemblent aux poupées d'Allemagne, qui paroiſſent leur avoir ſervi de modeles. Ils en font tout le même uſage, & leur rendent à-peu-près le même culte que les autres Nations idolâtres, dont j'ai décrit les ſuperſtitions.

Les Jakutes enterrent aujourd'hui leurs morts, ce qu'ils ont apparemment appris des Ruſſes. Ils croient tout endroit propre à cet uſage, & n'ont point de ſépultures particulieres. La vue d'un bel arbre flatte beaucoup un Jakute ; & lorſqu'il en affectionne un, il l'indique à ſes parens, pour qu'on l'enterre au pied de cet arbre. Autrefois ils brûloient leurs morts, ou les expoſoient ſur des arbres, ou les laiſſoient dans la jurte où ils avoient expiré, en l'abandonnant. On nous dit auſſi que, dans ce tems-là, lorſqu'il mouroit quelque Jakute de diſtinction, un de ſes Domeſtiques favoris ſe faiſoit brûler dans un bucher, conſtruit avec un certain appareil, pour accompagner ſon Maître, & le ſervir dans l'autre vie. Mais depuis que les Jakutes ſont ſoumis à la domination des Ruſſes, cet uſage payen eſt aboli. Ainſi rien de plus faux que ce qu'avance M. *Strahlenberg* (88), que les Jakutes qui meurent à *Jakutzk* même, reſtent dans les rues, où leurs cadavres ſont traînés & quelquefois dévorés par les chiens, comme ſi les Ruſſes ſouffriroient une pareille horreur. D'ailleurs les Jakutes, peuple humain, ſont fort éloignés de traiter le cadavre d'un homme, comme la charogne d'un animal. Ils ont pourtant un autre uſage, qui ne paroîtra guere moins révoltant, & dont il n'y a peut-être point d'exemples chez aucun autre peuple du monde : lorſqu'une femme Jakute eſt accouchée d'un enfant, la premiere perſonne qui entre dans la jurte, donne le nom au nouveau-né. Le pere s'empare du *placenta*, le fait cuire, & s'en régale avec ſes parens ou ſes amis.

(88) Dans l'Hiſtoire des parties Septentrionales & Orientales de l'Europe & de l'Aſie, p. 377, 378.

Nous eûmes un Printems admirable, pour une Ville où d'ordinaire le froid est très-rigoureux, & dure fort long-tems. Dès le mois d'Avril, les champs étoient couverts de coquelourdes ou passefleurs (89), & l'on jouissoit avec plaisir du grand air. Le fleuve étoit dégelé le 11 Mai, & l'Hiver disparut tout-à-coup. Le 14 au soir, le *Lena* n'avoit plus de glace. Au commencement de Mai, on m'avertit que l'eau du fleuve augmentoit; ce qui me donna la curiosité d'observer l'augmentation & la diminution des eaux, pour juger si l'une & l'autre ne se faisoit pas selon certaines regles. Pour cet effet, je fis enfoncer des pilotis dans deux endroits où la force de l'eau n'étoit pas considérable, & je fis marquer diverses mesures ou divisions. Je pris toutes les précautions nécessaires pour garantir ces pilotis de tout accident; on les visitoit tous les jours matin & soir, afin que s'il s'en trouvoit de dérangés ou d'endommagés, de quelque façon que ce fût, on pût du-moins conserver les autres. Cette attention me réussit, & mes observations furent faites sans interruption (90).

Le 20 Mai, je me rendis avec M. Muller sur les 2 heures après-midi à la Forge de fer, que je ne pus pas visiter en allant à *Jakutzk*, à cause du mauvais tems, & nous y allâmes par eau. Comme il falloit remonter le fleuve & passer du côté droit, notre voyage fut assez lent. Tantôt il falloit tirer le Bateau, tantôt on alloit à rames, ce ne fut qu'à minuit que nous atteignîmes l'embouchure du ruisseau de *Tera*, où est la Fonderie. Les eaux de ce ruisseau sont si basses, que notre Bâtiment ne put remonter au-delà d'un demi-werst, & que nous fûmes obligés de passer la nuit sur l'eau. La Sawode étant dans la forêt, à quatre werstes au-dessus de l'embouchure du ruisseau, le lendemain de grand matin nous nous y rendîmes à pied.

Cette Fonderie est composée d'un magasin, dans lequel demeure l'Inspecteur de la Forge (*Uprawitel*), d'une maison occupée par les Ecrivains, & de quelques cabanes d'Ouvriers. Le principal bâtiment consiste en trois cabanes, dans l'une desquelles on forge le fer qui a été fondu dans les deux autres. Dans chacun des deux endroits où l'on fond, il y a douze à quinze fourneaux, construits comme ceux dont on a parlé page 153. Quand le minérai est réduit en poudre, on le met dans le fourneau avec des charbons, & l'on en tire des morceaux d'un à deux puds. Chaque fourneau peut être chargé jusqu'à trois fois par jour. On purifie les blocs dans la Forge, pour former ensuite des barres; ce qui se fait par le moyen d'un gros marteau que l'eau fait mouvoir, ainsi que deux soufflets de fonte (91).

Nous retournâmes l'après-midi vers 2 heures à notre Bâtiment, nous quittâmes les environs des Forges, & nous revînmes vers les 7 heures du soir à *Jakutzk*.

Le 24 Mai, je partis à cheval, accompagné de l'Etudiant *Kraschéninni-*

---

(89) *Pulsatilla*, *Anemones folio*.
(90) Le résultat de ces observations est dans l'Original Allemand.
(91) Cette Fonderie, établie exprès en ce lieu pour l'expédition de Kamtschatka, s'est bien améliorée depuis. C'est de-là qu'on a tiré des ancres, & beaucoup de ferrailles pour l'usage des Bâtimens employés à cette expédition.

kow & d'un Cofaque Jakute, pour aller vifiter des Mines de charbon qu'on exploitoit, à peu de diftance de la Ville, fur la rive gauche du fleuve. Le chemin paffoit par un champ affez uni jufqu'à la riviere de *Marcha* que nous traversâmes : de-là nous arrivâmes au ruiffeau nommé *Buluft-Urjak*, ruiffeau glacé, parce qu'on y voit fouvent, dit-on, des glaces même en plein Eté ; & vers midi, nous atteignîmes quelques jurtes Jakutes, où nous changeâmes de chevaux. Cet endroit porte le nom d'*Urchaju*. A trois werftes plus loin, nous paffâmes par un champ tout nud, appellé *Kuldem*, près duquel eft un pâturage appartenant au Couvent de *Spaskoi* à *Jakutzk*. Au bout de ce champ, je traverfai encore une fois le *Buluft*, le long duquel je continuai de marcher pendant l'efpace d'une lieue ; nous nous trouvâmes enfuite dans une forêt de fapins qui brûloit, & qui étoit de tems en tems fi pierreufe & fi marécageufe, que nous eûmes bien de la peine à nous en tirer. Parvenus au bout de cette forêt, nous defcendîmes une pente fort efcarpée ; nous paffâmes le ruiffeau nommé *Jelowa*, & nous marchâmes le long de ce ruiffeau jufqu'au *Lena*. Nous trouvâmes alors devant nous un gros rocher, nommé *Surgujew-Kamen*, entre lequel & le rivage du fleuve nous fuivîmes pendant cinq werftes un chemin très-pierreux, fort furpris que nos chevaux puffent y tenir. Enfin, après avoir encore fait deux werftes, nous trouvâmes près du rivage les Mines de charbon, qui m'avoient fait entreprendre ce pénible voyage. J'avois envoyé en avant dans ce même endroit nos deux Officiers des Mines, pour bien examiner la fituation de la montagne, afin qu'à mon arrivée je puffe voir quelle étoit la profondeur de la Mine. Elle eft fituée vis-à-vis d'une Ifle appellée *Berefowoi*. Le charbon de terre fe trouve à deux ou trois orgies du *Lena* ; il s'étend horifontalement fort loin en longueur, & fon épaiffeur eft de dix à onze pouces. Au refte, il n'eft pas d'une bonne qualité ; car tant qu'il eft dans la terre, il eft humide & ferme ; mais auffi-tôt qu'il eft expofé à l'air, il tombe par morceaux, enforte qu'on ne doit le regarder que comme une terre réfineufe. J'en fis faire un effai, pour m'affurer s'il étoit bon à fondre le fer : mais il brûloit mal, & rendoit trop peu de chaleur.

Quant au rocher nommé *Surgujew*, on me dit que les Jakutes lui rendoient un culte comme à une divinité, parce qu'ils lui attribuoient le pouvoir d'exciter des tempêtes qui pouvoient faire bien du tort à leurs chaffes. Cette fuperftition reffemble à celle des Buraetes, qui n'ofent approcher du *Schamanskoi-Kamen*, fitué dans les environs de *Jakutzk*, de crainte de s'attirer quelque malheur. Les Jakutes qui ont toute la même idée de leur *Surgujew*, lui font des facrifices, pour qu'il leur foit favorable. J'allai me promener fur ce rocher, pour voir quelque chofe de ces facrifices. Je trouvai, un peu au-deffus de la Mine de charbon, dans une petite vallée, quantité d'offrandes, confiftant en de petits rubans de crin, longs de quatre pouces, & je n'en voulus pas voir davantage.

Je repris donc vers le foir le chemin de *Jakutzk* ; & après avoir marché toute la nuit, j'y fus rendu le lendemain 25, à 5 heures du foir.

Quoique nous fuffions las de voir des Sorciers & des fortileges, on nous parla d'une jeune Sorciere dont on racontoit des prodiges, & M.

Muller la fit venir. Elle avoua d'abord qu'elle étoit Sorciere, & nous dit qu'elle avoit porté son art au point qu'elle étoit en état, avec le secours du Démon, de se plonger un couteau dans le corps, sans en être endommagée le moins du monde. Le jour & l'heure pris pour ce grand spectacle, elle se rendit exactement à la jurte, où l'on devoit se rassembler. Après tous les préliminaires de la diablerie qui furent longs, après nous avoir fait entendre, par le seul organe de sa voix, les cris de différens animaux, elle se mit à converser familierement avec les Démons qu'elle seule voyoit. Nous l'attendions au coup de couteau. On lui en donna un fort trenchant, & elle parut réellement se l'être plongée dans le corps, de maniere que la lame sortoit de l'autre côté. Elle opéroit si adroitement ce prestige, que tout le monde y fut trompé. Je portai dans le moment la main à l'endroit où elle s'étoit frappée, pour sentir si le couteau étoit effectivement dans le corps; mais, sans se déconcerter, elle me dit sur le champ, que le Diable ne vouloit pas lui obéir cette fois, & qu'il falloit remettre la partie. La folie étoit commencée, il falloit bien aller jusqu'au bout; nous lui donnâmes rendez-vous pour le lendemain au soir. Quoiqu'elle eût avoué tout haut que le couteau n'étoit pas entré dans son corps, tous les Jakutes crurent le contraire; ils s'imaginoient que les Diables lui avoient ordonné de cacher la vérité du fait, par rapport à nous autres infideles. Le lendemain, à l'heure marquée, la cérémonie recommença, & le coup de couteau fut mieux assené que la veille; elle se le plongea réellement dans le ventre, & le retira plein de sang. Je tâtai la plaie, je l'en vis tirer un morceau de l'*omentum*, qu'elle se coupa, fit griller sur le charbon, & mangea. On peut juger quelles furent cette fois la surprise & l'admiration des Jakutes. La Sorciere n'étoit nullement émue, & sembloit n'avoir rien fait d'extraordinaire. Elle se rendit à la maison de M. Muller, où elle étoit hebergée, mit sur sa plaie un emplâtre de résine de melese, avec de l'écorce de bouleau, & se banda le corps avec des chiffons. Mais ce qu'il y eut de plus singulier, c'est une espece de procès-verbal qu'on lui fit signer, & par lequel elle déclaroit : » Qu'elle ne s'étoit jamais enfoncé de couteau dans le corps, avant » d'avoir travaillé devant nous ; que son intention même d'abord n'étoit » point d'aller jusque là, qu'elle s'étoit seulement proposé de nous » tromper, aussi-bien que les Jakutes, en faisant glisser adroitement le » couteau entre la peau & la robe ; que les Jakutes n'avoient jamais » douté de la vérité du prestige, mais que nous l'avions trop bien observée ; qu'au reste elle avoit entendu dire à gens du métier, que » quand on se donneroit effectivement un coup de couteau, on n'en » mourroit pas, pourvu que l'on mangeât un petit morceau de sa pro- » pre graisse ; qu'elle s'en étoit souvenu la veille, & qu'elle s'étoit armée de courage, pour ne pas décréditer son art devant nous ; que » maintenant qu'on l'engageoit amiablement à confesser la vérité, elle » ne pouvoit cacher que jusqu'alors elle avoit trompé les Jakutes, » pour mettre son art en réputation ». Sa plaie qu'elle ne pansa que deux fois, fut entierement guérie le sixieme jour, & vraisemblablement sa jeunesse contribua beaucoup à cette prompte guérison.

On

On vient de dire que la jeune Sorciere signa sa déclaration ; c'est ce qui mérite d'être expliqué. Les Jakutes n'ont point d'écriture particuliere, & ne se servent pas non plus de celle d'aucune autre Nation. Chacun se choisit un caractere, dont il se sert au besoin, lorsqu'il s'agit d'attester par écrit quelque chose. L'Interprete qui signe en même-tems, certifie que ce caractere est celui du Jakute qui parle dans l'acte, & que son intention a été fidelement conçue dans cet écrit. Ces caracteres ne sont donc pas réguliers ; ce sont toutes sortes de figures arbitraires.

Dans un voyage que nous fîmes, M. Muller & moi, pour rendre visite à un Prince ou Notable Jakute, nous apprîmes un usage de ces peuples, qui nous montre combien l'amitié est plus honorée dans le sein de la Barbarie, que chez la plûpart des Nations polies. Quand deux Jakutes, qui ont vécu quelque tems dans une liaison particuliere, viennent à se séparer, parce que l'un d'eux fait un grand voyage, leur séparation se fait toujours dans un endroit où il y a des arbres. Les adieux faits, quand le Voyageur est parti, celui qui reste monte sur un arbre, & en abat les branches. C'est la marque d'amitié la plus forte que puisse donner un Jakute à l'ami dont il est séparé. Il s'en glorifie parmi ses concitoyens ; & lorsqu'il apprend la mort de son Pilade, c'est un grand motif de consolation pour lui, qu'il fait bien valoir, d'avoir fait un bel abattis en mémoire de son ami.

Il se fait parmi les Jakutes une grande consommation de lait de jument, tant pour leurs sacrifices, que pour leurs festins particuliers & les usages domestiques, & c'est leur boisson favorite. Ils sont généralement assez grands mangeurs ; mais ce que M. *Strahlenberg* dit de leur gourmandise, est outré. Je n'ai jamais vu, ni ouï dire, que dans leurs jours de fêtes ils se déshabillassent tout nuds, pour mieux se remplir le ventre.

Un jour me promenant dans les environs de la Ville, je rencontrai un Jakute qui tenoit à la main une petite baguette, avec laquelle il faisoit plusieurs mouvemens qui exciterent ma curiosité. J'avois avec moi un Cosaque, qui parloit fort bien la Langue Jakute : il m'expliqua d'abord ce que c'étoit, & le Jakute que je fis questionner, n'en fit point mystere. Il faisoit fort chaud ce jour-là ; & comme le Jakute avoit encore à marcher long-tems pour arriver à sa jurte, il vouloit se procurer de la fraîcheur. Or voici le moyen qu'emploie un Jakute pour avoir de l'air ou du vent. Il prend une de ces pierres qu'on trouve quelquefois dans le corps des animaux ou des poissons, l'enveloppe dans du crin de cheval, & l'attache à une petite baguette qu'il agite en marchant, & en proférant ces paroles qu'il adresse à son Bezoar : *Je renonce à pere & à mere, & je desire voir ta vertu*. Il met après cela sa baguette en travers sur une branche d'arbre. Aussi tôt, dit-on, il s'éleve un vent frais qui soulage beaucoup le Voyageur, & lui rend la chaleur supportable.

Il me restoit à voir aux environs de *Jakutzk* le prétendu volcan, dont parle *Strahlenberg* ; mais je ne savois où le trouver, tant il varie sur sa situation. Ce volcan, selon lui, jettoit des cendres, que l'on croyoit être des fleurs de sel ammoniac. Mais après l'avoir situé (page 328) sur le *Chatanga*, non loin de la Mer Glaciale & du fleuve *Jenisti*, il le place

Tome *XVIII.*   Q q

(page 379) à peu de distance de *Jakutzk* vers l'Ouest, près de la source du ruisseau nommé *Wilgui* ; puis dans sa Carte, qui est postérieure à sa Relation, le même volcan est transporté entre deux fleuves, entre l'*Olenck* & le *Lena*, à la hauteur de *Schigan*. Ainsi ne sachant où prendre ce curieux volcan, & quelques informations que je fisse, personne ne pouvant m'en donner des notions sûres, il fallut renoncer à le voir. Ce ne fut que deux ans après qu'en passant à *Jeniseisk* & à *Mangasea* je fus instruit de sa véritable situation par des gens qui avoient demeuré sur le *Chatanga*, & qui en connoissoient tous les environs. Voici donc sur cet article à quoi l'on peut s'en tenir. Le rivage du *Chatanga*, au-dessous de *Ponoma-rewa-Simowie*, s'étend vers la Mer dans l'espace de huit à dix werstes, & est quelquefois élevé de quinze brasses. Les couches inférieures du sol paroissent être du sable pur ; vient ensuite du charbon de terre, dont la couche en certains endroits a trois à quatre brasses d'épaisseur. Au charbon succede encore du sable recouvert de terre. Du haut de ce rivage élevé, on voit s'élever de tems en tems de la fumée ; & quand on approche des endroits d'où elle sort, on voit du feu, tel que celui que fait le charbon. On peut en approcher sans danger : car quoique tout ce rivage soit couvert de neiges pendant l'Hiver, on distingue aisément la neige qui couvre les endroits brûlans de celle des autres. Ce feu n'a que quelques lignes d'épaisseur, & ressemble à une légere bruine, d'où les Russes lui ont donné le nom de *Kursjak*. Il y en avoit en effet autrefois quelques-uns de ces terreins brûlans, près desquels on trouvoit de bon sel ammoniac, & une matiere rouge, dont on tiroit aussi par la cuisson de ce même sel. Les Orfevres & les Potiers d'étain de *Jeniséi* & de *Mangasea* préferent encore beaucoup le sel ammoniac du *Chatanga* à celui qui vient des pays étrangers, parce que, selon eux, il rend davantage. Mais les endroits où l'on ramassoit ce sel, sont entierement consumés, & les nouvelles couches qui brûlent, sont comblées de terre à mesure. Voilà tout le merveilleux de ce prétendu volcan. On n'a jamais senti sur le *Chatanga* la moindre secousse de tremblement de terre ; on n'a jamais vu de pierres ponces, ni de scories vomies par les flammes ; le feu de ces terreins n'a jamais été plus vif qu'un simple feu de charbons, tel qu'il est en effet ; les mêmes gens m'ont même assûré que ces charbons ardens sont fort communs dans tous ces cantons septentrionaux, que les bords de la Mer qui s'étendent du fleuve *Jeniséi* à l'Est vers le *Lena*, en sont remplis, & qu'il y en a à telle profondeur, qu'ils sont arrosés de l'eau de la Mer.

Avant de quitter *Jakutzk*, on ne sera pas fâché de voir comment les environs de cette Ville furent découverts, au-moins suivant la tradition des Cosaques de *Mangasea* que j'ai recueillie.

Peuda, Aventurier Russe, ayant entendu parler de conquêtes, & brûlant d'illustrer son nom, se mit à la tête de quarante hommes qu'il avoit ramassés tant en Russie qu'en Sibérie, pour tenter fortune dans cette derniere Province. Il parvient au fleuve *Jeniséi*, & descend jusqu'à *Mangasea*. Là, il apprend que les bords du *Nischnaja-Tunguska*, qui s'y jette un peu au-dessus de cette Ville, sont habités par des Nations idolâtres,

& que vers fa fource eft un autre grand fleuve, dont les bords font auffi fort peuplés. Il prend auffi-tôt la réfolution de remonter cette riviere, & d'en vifiter tous les environs. Il fe conftruit pour cet effet le nombre de Bâtimens néceffaires ; & dans le premier Eté, il n'avance que jufqu'aux environs de la riviere de *Nifchnaja-Kotfchoma*. Les Tungufes lui avoient fermé le paffage, en faifant de grands abattis d'arbres qu'ils avoient jettés en travers de la riviere, & qui arrêterent fes Bâtimens. Il fut donc obligé de paffer l'Hiver dans ces environs, & pour cet effet, il fe conftruifit une cabane connue encore aujourd'hui fous le nom de *Nifchnoje-Pendina-Simowje*. Cette cabane déplût beaucoup aux Tungufes, & ils l'attaquerent à différentes reprifes ; mais comme ils n'avoient que des arcs & des fleches, le brave Ruffe n'eut pas de peine à les repouffer chaque fois avec les armes à feu dont il étoit muni. L'Eté fuivant, il regagna fes Bateaux. Plus les Tungufes avoient fenti fes forces, plus ils jugerent qu'il falloit s'oppofer à fes entreprifes, & l'empêcher de les approcher davantage. Ils le harcelerent donc l'Eté fuivant, de maniere qu'il ne put pas même arriver jufqu'à la *Serednaja-Kotfchoma*. Il fut obligé de mettre pied à terre une feconde fois au-deffous de cette riviere, & d'y conftruire une cabane pour y paffer encore l'Hiver. Les Tungufes voyant qu'ils ne pouvoient l'attaquer avec fuccès ni fur l'eau, ni dans fes cabanes, le laifferent tranquille dans fon quartier d'Hiver ; & le troifieme Eté, lorfqu'il monta plus haut, ils ne l'inquiéterent plus du tout. Ainfi notre Ruffe atteignit, fans aucun obftacle, le canton de *Nifchnaja-Tunguska*, où commence le diftrict fitué entre le *Tunguska* & le *Tfchetfchuiskoi* fur le *Lena*. Or il y a bien de l'apparence qu'il s'étoit procuré quelques connoiffances du pays, foit par fes propres Emiffaires, foit par les rapports de quelques Voyageurs qui y avoient pénétré ; car il y fut à peine rendu, qu'il entreprit le voyage de terre. Il ne favoit pas que les Tungufes y avoient raffemblé toutes leurs forces. Ils s'oppoferent vigoureufement à fon paffage, & l'obligerent encore de bâtir une cabane fur la montagne de *Jurjew*, pour y paffer l'Hiver comme il pourroit. Heureufement pour notre Aventurier, qu'ayant déja beaucoup fouffert des Tungufes, il étoit endurci par leurs hoftilités continuelles. Cependant ils ne fe rebutoient point, & revenoient toujours à la charge ; mais toutes les fois qu'au commencement du combat il tomboit parmi les Tungufes une malheureufe balle, ils prenoient la fuite avec beaucoup de précipitation : quelquefois les efcarmouches étoient fi acharnées, qu'il y avoit beaucoup de fang répandu ; mais la victoire fut toujours du côté du courageux *Penda*. Ce fut ainfi qu'en difputant, pour ainfi dire, pied à pied le terrein, il parvint jufqu'au *Lena* dans le quatrieme Printems. Après s'être conftruit les Bâtimens néceffaires, il defcendit ce fleuve jufqu'aux environs de *Jakutzk* ; enfuite il le remonta jufqu'aux environs de *Werchölensk* ; de-là s'étant porté par la fteppe vers l'*Angara*, il fuivit cette riviere & le *Tunguska*, pour retourner à *Jenifeisk*. Il y écrivit des Mémoires de fes découvertes & de fes expéditions, ce qui occafionna par la fuite la population de ces cantons-là.

J'attendois impatiemment à *Jakutzk* le tems de notre départ pour

Ochotzk. Je me repréſentois le plaiſir que j'aurois à voir ce beau Port, & la Mer Orientale de Sibérie, ou, comme l'appelle l'*Atlas Ruſſe*, la Mer de *Kamtſchatka*, parce qu'elle s'étend en effet entre la Preſqu'Iſle de *Kamtſchatka* & les environs du fleuve *Ochota*, ainſi que la ſinuoſité que cette mer forme vers le Nord, ou le golfe de *Penſchinskoi*; puis de paſſer au *Kamtſchatka*, & de décrire toutes ces contrées inconnues, comme le portoit notre inſtruction. Depuis le commencement de l'année 1737, nous nous étions tous occupés à faire les arrangemens néceſſaires pour ce voyage. C'étoit le détachement de la Marine qui devoit faire la fourniture de nos vivres; c'eſt pourquoi dès l'année 1734, nous trouvant tous raſſemblés à *Tobolsk* avec les Officiers de ce détachement, nous avions eu la précaution de préſenter au Capitaine-Commandant un état de vivres & des proviſions, dont notre Compagnie auroit beſoin à *Kamtſchatka* pour ſubſiſter. Comme maintenant nous voyions de près l'état des affaires, & que nous nous ſouvenions des peines que nous avions déja ſouffertes dans des endroits habités, pour nous loger ſeulement; il nous étoit aiſé de conclurre que n'étant pas bien approviſionnés, on nous feroit eſſuyer bien d'autres miſeres dans l'immenſe éloignement dont le Kamtſchatka eſt de Petersbourg. Nous nous adreſſâmes donc par écrit au Capitaine-Commandant, pour ſavoir, s'il pourroit fournir, pour notre réſidence au *Kamtſchatka*, tous les approviſionnemens que nous lui avions déja demandés à *Tobolsk*, & dans combien de tems il comptoit pouvoir effectuer cette fourniture. On nous répondit leſtement, que le détachement de Marine devoit commencer naturellement par s'approviſionner lui-même, & qu'il n'étoit point du tout dans le cas de ſonger à tranſporter des vivres pour nous. Sur cette réponſe, nous nous adreſſâmes à la Chancellerie de *Jakutzk*, & nous la preſsâmes de ſe charger de ce ſoin. Elle, nous donna pareillement toutes ſortes de défaites, & nous répondit enfin poſitivement, qu'elle ſe trouvoit déja chargée d'un aſſez peſant fardeau de la part du détachement de la Marine; que tous les gens, dont elle pouvoit diſpoſer, n'étoient que trop occupés à tranſporter à *Ochotzk* les vivres dont il avoit beſoin; que par conſéquent elle ne pourroit fournir un ſeul homme pour le tranſport de nos proviſions; qu'elle n'avoit même point de vivres à nous céder; qu'en un mot, on ne ſavoit pas quand on ſeroit en état de nous fournir ni vivres, ni gens pour les tranſporter. Voilà d'abord où nous en étions pour un point auſſi eſſentiel que celui de la ſubſiſtance. Outre cela, nous ne ſavions pas ſeulement comment paſſer la mer, pour parvenir à *Ochotzk*. Suivant les ordres du Sénat, le détachement de la Marine étoit chargé de ce ſoin. Notre Compagnie étoit aſſez nombreuſe, & il falloit abſolument pourvoir à ſon paſſage. Les ordres portoient de plus, qu'on nous procureroit toutes nos commodités ſur les Bâtimens. Nous nous adreſſâmes donc encore, pour ce point, aux Officiers de Marine, & nous demandâmes, ſi l'on nous pourroit paſſer commodément? La réponſe fut conforme à la premiere: le détachement, nous diſoit-on, étoit aſſez embarraſſé de lui-même, & ne ſavoit pas, s'il pourroit ſeulement nous recevoir. On ajoutoit, que la Chancellerie d'*Ochotzk* avoit des Bâtimens &

des hommes, dont il falloit nous servir, si nous voulions passer. Le Sieur *Pisarew*, Commandant du Port d'*Ochotzk*, étoit encore à *Jakutzk* ; nous voulûmes savoir de lui le véritable état des affaires. Nous avions lieu d'avoir en lui toute sorte de confiance, & même de croire qu'il nous vouloit du bien : il nous fit sa réponse par écrit. Elle portoit, qu'un des deux Bâtimens d'*Ochotzk* étoit resté à *Kamtschatka* à cause de sa vetusté, & que l'autre étoit en très-mauvais état ; qu'il falloit par conséquent en construire un neuf, & qu'il pouvoit nous le faire espérer, mais qu'il ne savoit pas quand cette construction se feroit. Il n'y avoit donc de tous côtés qu'incertitude sur le tems & sur les moyens de continuer notre voyage jusqu'au terme qui nous étoit prescrit. Or il ne nous parut pas convenable d'attendre l'événement à *Jakutzk*, parce que M. *Muller* avoit ramassé tous les Mémoires qu'il avoit ordre de recueillir sur les Jakutes & sur tous les lieux de ce district. De mon côté, j'en avois écrit presque toute l'Histoire naturelle, & le terrein qui me restoit à parcourir me paroissoit trop stérile, pour valoir la peine de m'arrêter plus long-tems. Enfin M. *de la Croyere* croyoit les observations qu'il avoit faites à *Jakutzk*, pour en fixer la longitude & la latitude, très-suffisantes pour déterminer la vraie situation du lieu. D'ailleurs nous étions persuadés que la Description du *Kamtschatka* ne manqueroit pas de se faire, parce que c'étoit le principal objet de l'expédition dont nous faisions partie.

Toutes ces considérations murement pesées, nous délibérâmes, entre nous trois Professeurs, sur le parti que nous avions à prendre. On ne pouvoit nous blâmer de n'avoir point entrepris le voyage de *Kamtschatka*, au risque évident de manquer de tout ; ainsi rien ne paroissoit plus naturel que de différer ce voyage. M. *de l'Isle de la Croyere* crut nécessaire de faire encore des observations astronomiques dans les cantons septentrionaux, pour y trouver un point fixe dont la longitude & la latitude connues servissent à déterminer plus sûrement celles des autres lieux. Il résolut donc, en attendant que les choses fussent disposées au gré de notre Compagnie, de descendre le *Lena*, & de gagner par les chemins d'Hiver la riviere d'*Olenck*, où il comptoit trouver des habitations Russes, & par conséquent être aidé dans ses travaux. Nous nous engageâmes, M. Muller & moi, de joindre aux observations astronomiques qu'il devoit mieux entendre que nous, toutes celles que nous pourrions faire au profit des Sciences, & nous lui promîmes de lui faire part de nos remarques.

A mon égard, comme la plus grande partie des desseins que j'avois faits l'année précédente sur le *Lena*, & presque toutes mes descriptions avoient malheureusement péri dans l'incendie de ma maison à *Jakutzk*, je crus ne pouvoir mieux employer mon tems qu'à travailler à réparer cette perte. Les Slufchiwies que nous avions amenés avec nous l'année précédente, étoient encore à *Jakutzk*, parce que nous comptions nous en servir pour le transport de nos vivres à *Judomskoi-Krest* & à *Ochotzk* : ainsi nous étions les maîtres de les employer encore sur les Bâtimens. J'avois aussi résolu d'hiverner sur le *Lena*, afin qu'au premier avis que j'aurois des ar-

VOYAGE EN SIBÉRIE.

1737.

rangemens faits à *Ochotzk* pour le voyage de *Kamtschatka*, je puffe reprendre fans délai la route de *Jakutzk*, & de-là paffer à *Ochotzk*. M. *Muller* avoit encore quelques recherches à faire dans les diftricts fupérieurs du même fleuve. D'ailleurs depuis l'Hiver précédent, fa fanté étoit fort chancelante, ce que certains fymptomes de fa maladie nous faifoient attribuer à l'air froid de *Jakutzk*. Il efpéroit donc, s'il pouvoit paffer l'Hiver fuivant dans un climat plus tempéré, fe rétablir & recouvrer de nouvelles forces pour le grand voyage que nous efpérions faire auffi-tôt que nous pourrions l'entreprendre. Déterminés par ces raifons & par la longue habitude qui nous avoit accoutumés l'un à l'autre, nous réfolûmes de faire enfemble notre voyage intermédiaire.

Notre grand voyage au *Kamtfchatka* n'étoit ainfi que retardé. Cependant confidérant qu'il y avoit déja quatre années que nous étions partis de Petersbourg, tandis qu'on nous avoit fait efpérer que notre voyage ne dureroit en tout que cinq ans, nous comprimes que quand tout réuffiroit à notre gré, quand nous trouverions toutes les facilités poffibles pour paffer au *Kamtfchatka*, il y auroit déja cinq ans d'écoulés, & qu'il falloit compter encore au-moins deux ans, outre le tems de notre féjour dans cette Prefqu'Ifle, pour notre retour. Nous n'avions d'ailleurs nullement envie d'habiter éternellement les contrées fauvages de la Sibérie. Nous trouvâmes donc à propos de faire d'avance de telles difpofitions, que, quand nous arriverions au *Kamtfchatka*, nous puffions trouver de l'ouvrage fait, pour n'être pas obligés d'y faire une trop longue réfidence. Ces préparatifs fe réduifoient à nous faire conftruire des logemens propres pour nos travaux. Nous voulions avoir un jardin à *Bolfcherezkoi-Oftrog*, dans l'endroit le plus méridional du pays, où l'on cultiveroit, autant qu'il feroit poffible, les plantes fauvages du *Kamtfchatka*. Il s'agiffoit encore d'y faire commencer des obfervations météorologiques, de marquer avec foin le flux & reflux du golfe de *Kamtfchatka*, de décrire exactement le volcan & les pays chauds, ainfi que les poiffons, les quadrupedes, & généralement tous les animaux vivans fur la terre & dans l'eau, les oifeaux & tout ce que la Mer jette fur fes bords, de faire de tout des collections, de raffembler en même tems tous les Mémoires qu'on pourroit trouver fur les *Kamtfchadales*, les *Corjakes* & les *Kuriles*, tant pour les traditions de leur origine, que par rapport à leur façon de vivre, leurs habillemens, leur culte, leurs ufages, leurs mœurs, leur commerce, &c. le tout d'après des Relations authentiques.

Pour remplir ces différens objets, nous choifîmes unanimement le Sieur *Krafcheninnikow*, actuellement Profeffeur de Botanique à Petersbourg, fujet alors extrêmement diftingué, dont le zèle & l'application n'avoient plus befoin d'autres épreuves. On lui donna, pour l'aider dans fes travaux, un Ecrivain. Nous prîmes en même tems toutes les mefures néceffaires pour le faire rendre commodément à *Ochotzk*, & lui faire paffer avec fûreté la Mer de *Kamtfchatka*; nos arrangemens à fon égard réuffirent fi bien, qu'il ne fut pas traverfé dans tout ce qu'il avoit à faire au *Kamtfchatka*. Il partit cette même année dans l'Automne, fur un Bâtiment que la Chancellerie d'*Ochotzk* voulut bien expédier pour *Kamtfchat-*

Départ de M. Krafcheninnikow pour Kamtfchatka.

ka. Nous lui donnâmes d'amples inſtructions par écrit ; & le 5 Juillet ſur les 10 heures, il ſe rendit de l'autre côté du *Lena*, d'où il ne tarda pas de prendre la route d'*Ochotzk*.

Le voyage de *Jakutzk* à *Ochotzk* ſe fait de deux façons différentes, par terre & par eau. Par eau, l'on deſcend le *Lena* juſqu'à l'*Aldan*, & on remonte l'*Aldan* juſqu'au *Biela-Reka*, qui s'y jette. Cette route eſt fort pénible, & prend bien du tems. Pendant que le chemin en droiture ne fait que deux cens quatre-vingt-dix werſtes, le paſſage ſur les rivieres en fait plus de cinq cens : c'eſt pourquoi on ne prend pas volontiers cette route. On a conſtruit au *Biela-Reka* pluſieurs magaſins, où l'on tranſporte les vivres en traîneau par les chemins d'Hiver.

Le chemin de terre, en partant de *Jakutzk*, conduit au ruiſſeau de *Tatta* ; de *Jakutzk* à ce ruiſſeau, on compte cent ſoixante-dix-huit werſtes ; de-là juſqu'à la riviere d'*Amga*, quarante-quatre werſtes ; depuis l'*Amga* juſqu'à l'*Aldan* & la *Biela-Reka*, ſoixante-huit werſtes. On remonte enſuite la *Biela* juſqu'au *Judoma*, puis le *Judoma* preſque juſqu'à ſa ſource, où l'on voit auſſi quelques habitations & quelques magaſins de vivres. Là ſe préſentent encore deux chemins, l'un preſqu'entierement par eau, l'autre par terre. La ſource de la riviere de *Bludnaja* eſt environ à quarante werſtes de celle du *Judoma*, & elle ſe réunit à l'*Urak*, appellé dans l'Atlas Ruſſe *Urom*, qui ſe rend à la mer à l'Occident d'*Ochotzk*. Il eſt arrivé tant de malheurs ſur l'*Urak* par la quantité de rochers dont il eſt rempli, & par l'impétuoſité de ſes eaux, qu'on préfere le chemin de terre. Cependant ce chemin de terre paſſe par-deſſus des montagnes affreuſes, qui ne ſont point praticables pour les voitures ; il faut tout tranſporter ſur des chevaux de ſomme ou ſur des rennes, & ſur chacun de ces animaux on ne peut pas charger au-delà de cinq puds ou de deux cens livres. La farine que l'on tranſporte, eſt empaquetée & foulée dans deux ſacs de cuir, dont chacun tient environ un pud & demi. Ces ſacs tiennent enſemble par une large corroie, de façon qu'il pend un ſac de chaque côté du cheval ou du renne. Les Tungures des environs d'*Ochotzk* fourniſſent les rennes pour le tranſport des uſtenſiles de voyage ; les chevaux ſont pour la plûpart amenés de *Jakutzk*, & la bonne herbe qui ſe trouve en abondance ſur la route, leur fournit de quoi ſubſiſter. Il y a très-peu de chevaux à *Ochotzk*, faute de fourrage : il eſt vrai qu'au défaut d'herbe, les chevaux s'accommodent des bourgeons des petits ſaules ; mais c'eſt un très-mauvais fourrage, qui ne leur donne ni embonpoint, ni vigueur.

Pour reprendre le chemin de *Jakutzk* à *Ochotzk*, quand on a paſſé l'*Aldan*, on longe la *Biela*, & l'on remonte cette riviere juſqu'au ruiſſeau de *Tſchagdala*, ce qui fait un eſpace de cent quarante werſtes. Dans ce trajet, on paſſe à la droite de la *Biela* devant un rocher remarquable, appellé *Wietrennoi-Kamen*, Rocher de vent. De *Tſchagdala*, après avoir fait quinze werſtes, on arrive à la riviere de *Junakan*, le long de laquelle on fait encore vingt-deux werſtes en remontant. De-là le chemin donne ſur des montagnes, puis ramene encore à la *Biela*. Près de la *Junakan* eſt un petit lac, que les Jakutes appellent *Bus-Kiol*, Lac glacé, parce qu'on y voit de la glace, même dans les plus fortes chaleurs de l'Eté. Après avoir regagné la *Biela*, le chemin continue le long de cette riviere pendant cinq werftes, après quoi l'on s'en détourne ; & on fait encore trente-quatre werftes, pour arriver aux bords de la *Juna*. Au bout de quarante-un werftes, on parvient au ruiſſeau de *Werblinſhja*. En continuant de marcher, on rencontre ſur ce ruiſſeau deux endroits qu'on ne voit jamais ſans glace, parce qu'elle n'y fond peut-être jamais ; l'un très-petit, nommé *Kutſchugoi Taryn* ; l'autre plus ſpacieux, appellé *Capitan-Taryn*. A 50 werftes du dernier, on paſſe encore *Keil-Taryn*, ſur les bords du ruiſſeau d'*Akatſchan*, lieu non moins ſingulier que les deux précédens, où l'on voit tous les jours ſe former la glace, ſans qu'on puiſſe en découvrir la cauſe. Comme le froid y eſt exceſſif, perſonne juſqu'ici n'a peut-être été tenté d'y reſter aſſez long-tems pour examiner ce phénomene. A vingt werftes de-là, on trouve un bois aſſez conſidérable, appellé *Bolſchie-Gari*, & vingt werftes encore plus bas, un autre bois appellé *Marit-Gari*, où l'on ne ſent aucun froid. A quinze autres werftes enſuite, on eſt rendu ſur la riviere de *Judoma* & à *Judomskoi-Kreſt*, où il fait fort froid, quoiqu'on n'y voie cependant de la glace hors le tems ordinaire. De *Judomskoi-Kreſt*, entrepôt de vivres, on va par terre gagner l'*Urak*, & le trajet eſt de ſoixante-cinq werftes. On en deſcend trente-cinq avec le courant, & l'on arrive au chantier d'*Uratzkoi*, où l'on conſtruit, on charge, on dépêche des Bâtimens de vivres pour *Ochotzk*. A quarante-ſept werftes au-deſſous, on arrive à la grande cataracte de l'*Urak*, & l'on marche encore quatre werftes le long de ce fleuve. On le quitte au bout de treize werftes, pour ſuivre les bords du *Bludnaya* ; pendant l'eſpace de vingt-huit werftes & à l'embouchure de ce ruiſſeau, on traverſe un champ appellé *Bobrowoje-Pole*, Champ du Caſtor. Au-deſſous de cette embouchure, on reprend l'*Urak*. Après une marche de quarante-ſix werftes, on parvient au ruiſſeau de *Dſcholokon*, qui ſe jette dans l'*Ochota* ; à ſeize werftes au-delà, on ſe trouve à l'ancien Oſtrog d'*Ochotzk*, & enfin au bout de trois werftes, on eſt rendu dans ce Port. Ainſi le chemin de terre eſt de neuf cens dix-neuf werftes.

Ce chemin eſt extrêmement pénible, parce qu'on paſſe preſque toujours des montagnes & des bois la plûpart très-marécageux. Les bois ſont preſqu'uniquement plantés de meleſes & de bouleaux. On voit de tems en tems quelques ſapins ou quelques trembles, mais ils ſont rares. On rencontre fort peu de plaines, ſi ce n'eſt près des grandes rivieres, telles que la *Juna*, la *Biela*, l'*Urak* & l'*Ochota*, d'où les montagnes ſont un peu éloignées. Dans tous ces endroits, il y a des champs agréables ; mais le chemin n'en eſt pas moins pénible par la quantité d'endroits eſcarpés & de mauvais pas que l'on rencontre ; ce qui oblige les Voyageurs de marcher à pied la plûpart du tems, & de mener leurs chevaux par la bride. Un pareil voyage ne peut guere avoir d'attrait pour toute autre eſpece d'hommes que pour un Botaniſte, que le ſpectacle de la nature dédommage bien des incommodités qu'il eſſuie. Mais ſi ce voyage eſt pénible, il n'eſt pas moins long ; c'eſt preſque avoir été en poſte que de l'avoir fait dans un mois. On y emploie ordinairement au moins ſix ſemaines ;

femaines ; & de plus, ce voyage entraîne beaucoup d'embarras ; on ne peut l'entreprendre fans avoir beaucoup de chevaux pour porter les vivres, dont on a befoin en route, & dans les lieux où l'on féjourne. Il faut donc avoir grand foin des chevaux ; mais, dans un fi long voyage, il n'eft pas poffible qu'il n'arrive des accidens qui vous arrêtent en chemin. Cette route n'étant pas praticable pour aucune forte de voiture, & la célérité que demande le tranfport des vivres, ne permettant pas toujours de le faire par eau, on a d'abord cru que les chameaux étoient les animaux les plus convenables pour être employés à cet ufage. Pour effayer de leur fervice, on fit venir à *Jakutzk* un chameau, que les Jakutes prirent pour un monftre, & qui les effraya beaucoup. La petite-vérole commençoit alors à faire des ravages dans la Ville ; les Jakutes s'imaginerent que le chameau en étoit la caufe. Ils devoient pourtant fe fouvenir que la petite-vérole avoit déja regné à *Jakutzk*, fans qu'elle y eût été apportée par un chameau, puifqu'il n'avoit jamais paru de ces animaux dans le canton ; mais comme, felon leur doctrine, toutes les maladies étant de vrais maux, font l'ouvrage d'autant de Démons qu'il y a de maladies différentes (92), ils n'héfiterent pas à regarder le chameau comme le Diable de la petite-vérole. Le chameau, quoiqu'il en foit, fut chargé de vivres & d'autres marchandifes ; il fortit de la Ville au grand contentement des Jakutes ; il alla jufqu'au ruiffeau de *Werbliufchja*, auquel il a donné fon nom (93), & y mourut fans arriver à *Ochotzk*. On jugea de-là, non fans fondement, que ces pays étoient trop froids pour les chameaux ; les pays montagneux femblent auffi leur être contraires ; ils pourroient s'accommoder mieux des fteppes & des plaines qui ne font pas trop froides.

M. *Krafcheninnikow* prit le chemin de terre ; il emporta tous les inftrumens & les uftenfiles dont il avoit befoin pour fes obfervations, avec des provifions pour deux ans.

Auffi-tôt qu'il fut parti, M. *Muller* & moi nous prîmes les arrangemens néceffaires pour notre départ de *Jakutzk*. Il nous fallut trois *Dofchtfchennikes* ; nous choifîmes les meilleurs Bâtimens de ceux que nous avions amenés, & que nous avions bien fait réparer dès le Printems ; ils étoient munis de mâts & de voiles. Il nous falloit fur chaque Dofchtfchennike feize Travailleurs, & dix fur la Kajuke. Nous ramenâmes avec nous les Slufchiwies qui nous avoient conduits à *Jakutzk*. Pour completter le nombre de Travailleurs néceffaires, la Chancellerie de cette Ville nous fournit des Payfans qu'on avoit ramaffés de différens endroits, & qui devoient être tranfportés au *Kamtfchatka* pour peupler ces Cantons, mais qui, par différens obftacles, n'ayant point encore pu fe rendre au rendez-

(92) C'eft un refte des fuperftitions anciennes : car Origene (*contra Celfum*, lib. 8.) dit que, dans la Mythologie Egyptienne, il y avoit trente-fix Démons ou Dieux aëriens, qui avoient partagé entr'eux le corps de l'homme, compofé d'autant de parties : de forte que chacun en commandoit une. Il ajoute que les Egyptiens favoient, dans leur Langue, les noms de ces prétendus Génies, & qu'ils croioient, qu'en invoquant chacun d'eux, felon la partie malade du corps à laquelle il étoit prépofé, on en obtenoit la guérifon. *Voyez* le Clerc, *Hiftoire de la Médecine*, page 14.

(93) *Werbliufchia*, Ruiffeau du Chameau.

vous qui leur étoit marqué, se trouvoient ici sans rien faire. On y joignit ensuite quelques paysans des bords de l'*Amga*, qui, par goût pour la façon de vivre des Jakutes, avoient renoncé la plûpart à l'Agriculture, comme les paysans d'*Olekminsk*, & pouvoient s'absenter pendant quelque tems de leurs maisons, sans faire tort à leurs affaires domestiques, avec quelques Marchands qui, pour dettes de la Couronne, étoient condamnés aux travaux publics. Tous ces gens là étoient rassemblés dès le 7 Juillet. Ce jour, nous allâmes occuper nos Bâtimens, & nous prîmes avec nous les deux Dessinateurs, l'Interprete *Jachontow*, l'Etudiant *Gorlanow*, l'Apprentif Géographe *Makscheew*, deux Officiers des Mines, un Tireur & neuf Soldats. M. *de la Croyere* s'étoit réservé le Sous-Chirurgien, parce qu'il croyoit en avoir plus besoin que nous dans le pénible & dangereux voyage qu'il entreprenoit dans la partie inférieure du *Lena* & vers l'*Olenek*, & que je pouvois en tout cas en faire les fonctions dans ma Troupe.

Nous avions résolu de ne pas quitter *Jakutzk* que M. *Krascheninnikow* ne fût parti pour *Kamtschatka*. Nous apprîmes le 9 Juillet par une Lettre de sa main son départ pour *Ochotzk*, & nous partîmes aussi sans délai par un tems calme. Nous allâmes d'abord fort lentement, parce qu'il fallut tirer les Bateaux ; mais, pour perdre au-moins la Ville de vue, nous fîmes ramer à toutes forces, & nous arrivâmes vers les 11 heures du soir à l'extrémité inférieure de l'Isle de *Tialbjaruk-Aru*, dont la distance est de seize werstes.

Le 10, au lever du Soleil, nous quittâmes cet endroit, & nous fîmes encore tirer les Bâtimens contre le courant du fleuve. Comme le vent, sans être fort, nous étoit contraire ; nous partageâmes les Travailleurs de chaque Bâtiment en deux parties ; nous en envoyâmes la moitié à terre, pour tirer les Bateaux, & nous les faisions relever de quatre heures en quatre heures par l'autre moitié. Par ce moyen, sans aller bien vite, nous ne cessâmes point de marcher. Cette lenteur me fut favorable pour mes observations sur l'Histoire naturelle. Notre navigation jusqu'au 12 n'eut de remarquable, outre les variations ordinaires du vent, qu'un long brouillard, qui rendoit la lumiere du Soleil presqu'aussi sombre que celle de la Lune, sinon qu'il paroissoit un peu plus rouge. Nos Travailleurs nous assuroient que ce brouillard venoit de la mer.

Le 14, vers les 10 heures du matin, nous atteignîmes l'extrémité inférieure des *Stolbi* ou montagnes colomniformes. Nous les avions dépassées de quelques werstes, lorsque le Bâtiment de M. *Muller* commença à prendre beaucoup d'eau. Cet accident nous obligea de nous arrêter pour découvrir l'ouverture. Nous fûmes d'ailleurs obligés d'attendre notre *Kajuke*, qui n'ayant qu'une mauvaise voile, étoit restée en arriere, & qui ne put nous joindre que vers le minuit.

Pendant toute la journée du 15, nous marchâmes si lentement, que j'eus le tems de mettre par écrit les articles sur lesquels je voulois être instruit par notre troisieme Collegue (M. *de la Croyere*), pour profiter du singulier voyage qu'il étoit allé faire tout seul. Comme je présumois qu'il pouvoit être encore à *Jakutzk*, ce fut là que je lui adressai cet écrit. Je lui marquois : 1°. « DE faire faire, dans les cantons inférieurs du *Lena* & dans

» les environs de la Mer Glaciale, une notice exacte, en Langue Russe,
» de tous les quadrupedes, oiseaux, arbres, buissons, baies, poissons
» de mer & de riviere ; & s'il rencontroit quelque chose qu'il ne connût
» pas, ou dont il n'eût pas entendu prononcer le nom, de tâcher d'en
» avoir un échantillon pour l'emporter avec lui. 2°. Que, dans la notice
» des oiseaux, il falloit observer le tems où ils arrivent dans les lieux
» qu'ils fréquentent, & celui où ils les abandonnent, ou spécifier s'ils
» y restent toujours, de quelle façon & en quels endroits préférable-
» ment à d'autres ils passent l'Hiver. 3°. Qu'il mît entre des papiers, avec
» leurs fleurs & leurs fruits, toutes les plantes qui se trouveroient dans
» les cantons inférieurs du *Lena* ou sur les bords de la Mer. Glaciale.
» 4°. Qu'il fît faire des collections de toutes les plantes marines & des
» autres productions, telles que les coquillages, écrevisses, crabes,
» oursins de mer, coraux &c. que la mer jetteroit sur ses bords. 5°. Qu'en
» particulier il s'assûrât si les ours blancs ne quittent jamais les bords
» de la mer, s'ils remontent quelquefois aussi les rivieres ou même
» s'avancent dans les terres, & à quelle distance ils s'éloignent de la mer ;
» en quoi consiste principalement leur nourriture ; si pendant l'Hiver ils
» se tiennent couchés dans des cavernes comme les autres ours, sans
» reparoître jusqu'au Printems, ou si, selon le rapport de quelques Voya-
» geurs, ils vont chercher leur nourriture pendant tout l'Hiver, &
» même dans cette saison plutôt que dans toute autre ; si, à l'approche
» du Printems ou dans l'Eté, on ne remarque point que leur poil change
» de couleur ; s'il n'y a pas une espece particuliere de chasse pour pren-
» dre ces animaux, ou si on les tue seulement par occasion, & de quelles
» armes on se sert contre eux. 6°. Qu'il prît aussi toutes les informations
» nécessaires sur les renards bleus & blancs qui se trouvent dans les en-
» virons de la Mer Glaciale, & qu'il s'instruisît particulierement, si ce
» sont des especes différentes ; qu'il étoit aisé de s'en assûrer, en les sur-
» prenant dans leurs trous lorsqu'ils ont des petits, parce que si l'on y
» trouvoit constamment des renards blancs ou gris, & jamais de cou-
» leurs mêlées, il seroit très-vraisemblable que les especes sont diffé-
» rentes, & que si au contraire on en trouvoit de blancs & de gris mê-
» lés, cela prouveroit qu'il n'y a qu'une seule espece ; qu'à cette oc-
» casion il tâchât d'emporter un de ces renards vivans, afin que sa figure
» pût être représentée d'après nature ; qu'en même tems il s'informât
» quelle est la nourriture ordinaire de ces animaux ; s'ils mangent une
» espece particuliere de rats, ou des lievres, ou des poules de ma-
» rais (94), comme le rapportent quelques Voyageurs ; s'ils ont la même
» nourriture Hiver & Eté, & si pendant cette derniere saison ils ne
» font pas quelquefois la chasse aux oies qui remplissent alors ces districts
» septentrionaux. Qu'il s'instruisît aussi du tems où on les voit plus fré-
» quemment que dans d'autres ; s'ils ne quittent pas quelquefois de cer-
» tains cantons pendant quelques années, comme font les renards de
» l'Europe, & quelles raisons donnent les habitans du pays, lorsque
» ces animaux se trouvent plus abondans en certaines années. Jusqu'à

(94) *Lagopus.*

» quelle hauteur ils remontent les rivieres ; s'ils font auſſi leurs trous
» près des bords ; ſi de-là ils vont gagner les bois ; s'ils ſe tiennent tou-
» jours ſur les bords de la mer, ou tantôt ſur la mer & tantôt ſur les
» rivieres. A quelle hauteur ils font leurs trous au-deſſus de la ligne ho-
» riſontale de ces rivieres ou de la mer. De quelle grandeur ſont ces trous,
» & s'ils ſont horiſontaux, droits ou courbes ; s'ils ont une ou pluſieurs
» entrées ; ſi chaque couple de renards a ſa caverne particuliere, ou ſi
» pluſieurs couples vivent enſemble ; s'ils viſitent leurs trous pendant
» toute l'année, & en quel ordre ils les viſitent , ou s'ils courent quel-
» quefois un mois ou deux pour chercher leur proie ; s'ils ſe creuſent
» de nouvelles tannieres tous les ans, ou s'ils ſe contentent de la même
» pendant pluſieurs années ou pendant toute leur vie ; ſi quelquefois un
» renard ne va pas occuper une tanniere abandonnée par un autre, ou
» s'ils ne s'emparent pas des logis les uns des autres par ruſe ou par ſur-
» priſe ; ſi ces renards marchent ſeuls ou par troupes ; dans quel tems
» ils s'accouplent, & combien de tems ils reſtent ordinairement en
» chaleur ; combien de tems ils portent ; en quel tems de l'année ils
» mettent bas leurs petits, combien à-la-fois, & combien de tems ils les
» allaitent ; quel changement de couleurs éprouve leur poil depuis leur
» naiſſance dans le cours d'une année entiere , & quels noms les Chaſ-
» ſeurs leur donnent ſuivant leurs différens âges. Si ces renards étant par-
» venus à un certain âge, ne changent pas un peu tous les ans ; ſi , par
» exemple, les renards blancs n'augmentent pas de blancheur en vieil-
» liſſant, & ſi la couleur bleue des autres ne devient pas plus foncée ;
» s'ils aboient comme des chiens, & pendant toute l'année, ou ſeulement
» en tems de chaleur. Qu'il décrivît exactement la chaſſe de ces ani-
» maux, & la maniere dont elle ſe fait, ſoit par une, ſoit par pluſieurs
» perſonnes. S'il n'y a point parmi les Chaſſeurs quelque ſuperſtition par
» rapport à la dénomination des différentes parties de ces animaux, ou
» dans leurs préparations pour ces ſortes de chaſſes ; ce que les Chaſſeurs
» emportent pour leur nourriture. S'ils ſe ſervent de tentes, & quels
» ſont leurs habillemens pour cette chaſſe ; combien de tems elle dure,
» & combien à-peu-près de renards un Chaſſeur prend pendant ſon Hi-
» ver, lorſqu'ils ſont abondans. 7°. Qu'il fît creuſer la terre en différens
» endroits élevés & bas, & en différentes ſaiſons, principalement depuis le
» mois de Mai juſqu'au mois de Septembre, pour ſavoir juſqu'à quelle pro-
» fondeur la terre n'étoit pas gelée, & par-là connoître les changemens dont
» elle eſt ſuſceptible. 8°. Qu'il fît auſſi couper la glace, tant de la mer que
» des rivieres, en différens mois, pour en meſurer l'épaiſſeur. 9°. Qu'il
» employât tous les moyens poſſibles près des Chaſſeurs & des habitans
» du pays, dût-il même dépêcher des gens exprès vers les bords du *Lena*,
» ou des rivieres qui s'y jettent, pour découvrir, s'il y en avoit d'enfouis
» quelque part, des os de *Mammunt*, dont on vit ſortir de terre quel-
» que indice ; qu'il fît creuſer, pour cet effet, dans les endroits où l'on en
» ſoupçonnoit ; qu'il marquât la profondeur à laquelle ſeroient ſitués ces
» os, la hauteur de la ligne horiſontale à la mer, & même, s'il étoit poſſi-
» ble, la ſituation de la terre en-haut & en-bas, tant, ſelon ſa nature,

» que selon son épaisseur & son inclinaison ; qu'il nous procurât un des-
» sein de la position de ces os, lequel fît connoître s'ils étoient tous cou-
» chés horisontalement, ou de telle autre façon, dans quelle direction
» & sous quel angle ; qu'il prît garde encore, si entre ces os il ne se
» trouvoit pas des fragmens d'arbres ; qu'il envoyât un échantillon de
» chaque chose, & sur-tout des os de *Mammunt* ».

Le 16 au matin, nous vîmes arriver l'Etudiant *Tretjakow* que nous avions laissé dans l'Automne précédent à *Uſt-Kut*, pour s'y occuper à des observations météorologiques qu'il n'avoit pû faire, parce qu'il étoit tombé malade.

Le 17, après un violent orage & une forte pluie qui perça par-tout, nous entendîmes un grand bruit d'eau, & un fracas épouvantable. Le bruit des eaux étoit causé par celle qui tomboit des montagnes avec la rapidité des torrens ; & le fracas qui l'accompagnoit, provenoit de l'éboulement des terres dont il se détachoit de gros quartiers arrachés par la violence des eaux. Il en tomba un à peu de distance d'un de nos Bâtimens, qui l'auroit fait abîmer, s'il l'eût atteint.

Le 24, vers les 7 heures du soir, nous vîmes un beau Météore qui se présenta au Midi. C'étoit une pyramide de feu qui s'élevoit du côté de l'horison jusqu'à quinze degrés ; & du côté opposé au Soleil brilloit en même-tems un bel arc-en-ciel.

Le 25, nous rencontrâmes des Radeaux destinés pour *Jakutzk*. Comme nous avions des Lettres à faire pour cette Ville, & que les Conducteurs des Radeaux voulurent bien les attendre, nous les fîmes arrêter vis-à-vis la riviere de *Lamana*, où nous nous trouvions alors. Nos Lettres furent prêtes vers les 3 heures du matin, & un instant après, les Radeaux continuerent leur route.

Le 26, nous atteignîmes à 11 heures du matin *Oleckminskoi-Oſtrog*, où nous jugeâmes à propos de nous arrêter quelques jours.

Nous avions pour cela deux raisons : 1°. Nous n'avions pas un nombre suffisant de Travailleurs, & il falloit nous en pourvoir. 2°. Depuis *Jakutzk* jusqu'à cet Oſtrog, nous nous étions occupés à faire la Relation de notre voyage, & le rapport de toutes nos affaires depuis un an. Il étoit question d'achever ce travail & de l'envoyer au Sénat : nous y employâmes six jours ; tout fut fait le premier Août ; & le même jour, vers les 7 heures du soir, nous expédiâmes un Soldat pour porter nos dépêches à Petersbourg. Comme nous avions en même-tems fait une recrue de Travailleurs, n'ayant plus rien à faire ici, nous en partîmes le 2 Août au soir par un tems fort calme, & nous continuâmes notre route.

Le 6, nous perdîmes un Soldat, nommé *Medwedow*, qui étoit malade depuis un mois, & qui, dans les derniers jours de sa vie, souffrit horriblement. Nous le fîmes enterrer dès la pointe du jour, selon les rites de son Eglise.

Le 9, vers les 8 heures du soir, nous observâmes au Nord-Nord-Est une rougeur qui pâlit bientôt, devint très-lumin.use, & d'où sortoit une bande claire en forme d'arc, mais qui dura peu, & ne forma jamais le demi-cercle entier. Il parut au même instant, toujours au zénith, une rougcur extraordinaire, & une bande fort large de la même couleur venant de l'Oueſt-Nord-Oueſt, mais qui ne touchoit pas l'horiſon. D'autres bandes ſuccéderent à celle-ci entre le Nord & l'Oueſt, les unes d'un rouge foncé, les autres pâles. Le zénith étoit d'une beauté admirable, & tout ſembloit ſe diſpoſer à nous donner le ſpectacle d'une Aurore Boréale parfaite; mais vers 9 heures, tout diſparut, quoique le Ciel reſtât fort ſerein pendant toute la nuit.

Le 12, vers les 10 heures & demie du ſoir, étant arrêtés un peu au-deſſus de *Kumak-Urjak*, Ruiſſeau-de-Sable, nous vîmes une Aurore Boréale, qui occupoit tout le Ciel entre Nord-Eſt & Nord-Oueſt. Directement au Nord, il y avoit un arc lumineux, au-deſſous duquel tout étoit obſcur, & de cet arc ſortoient des rayons fort clairs. Du côté occidental de l'arc, partoient encore d'autres rayons fort ſerrés d'un beau rouge, qui touchoient tout-à-fait l'horiſon, & dont la tranſparence laiſſoit voir les Etoiles. Dans l'arc ſeul on pouvoit obſerver quelque mouvement; mais il s'effaça le premier; les rayons diſparurent enſuite, & vers les 11 heures, le météore étoit entierement diſſipé.

Arrivés à *Witimskaja-Sloboda*, nous fîmes obligés de chercher des Travailleurs, pour pouvoir renvoyer quelques payſans d'*Olecminsk*. Il ne fut pas d'abord aiſé d'en trouver. Les habitans étoient en pleine moiſſon, & il ne falloit pas les troubler dans de pareils travaux. Ceux qui n'étoient pas occupés à la récolte, étoient dans les cantons ſupérieurs du *Witim*, pour exploiter du *Marien-Glas*, ou verre de Moſcovie, qui eſt une eſpece de talc. Mais dès le 18, nous vîmes revenir des Mines quelques payſans de *Tſetſchinsk*, & le lendemain il en arriva encore de *Witimsk*. Nous avions toujours avec nous des Sluſchiwies de *Jakutzk*, qui nous avoient été donnés pour nous conduire juſqu'à l'endroit où nous devions établir notre quartier d'Hiver. Mais le 20, il y en eut deux qui prirent la fuite. Nous craignîmes que, ſi nous faiſions un plus long ſéjour en cet endroit, leur exemple ne fût imité des autres; ainſi, quoique nous n'euſſions encore que dix nouveaux Travailleurs, nous réſolûmes de partir le 21 de grand matin.

Le 25, nous repaſsâmes les *Schtſcheki*, montagnes dont j'ai déja parlé en décrivant notre route pour *Jakutzk*; & comme nous marchions fort lentement, j'eus le loiſir de les mieux obſerver. Les couches dont elles étoient compoſées, ſe croiſoient d'une façon ſinguliere : les unes étoient exactement horiſontales, les autres inclinées vers le bas, & dont la pente alloit quelquefois juſqu'à la moitié d'un angle droit; d'autres tournoient à l'Oueſt, & d'autres à l'Eſt; quelques-unes étoient courbées plus ou moins. Ces différentes directions de couches ne ſe trouvoient pas ſeulement dans les diverſes montagnes qui forment la chaîne des *Schtſcheki*; la même variété ſe voyoit quelquefois dans une ſeule montagne. Il ſera donc bien difficile d'accorder ces irrégularités avec les regles que nous autres hommes avons imaginées, pour expliquer la façon dont s'eſt formé l'intérieur de la terre. Nous avons parlé, dans notre route à *Jakutzk*, d'un bras du *Lena*, dont l'eau alloit contre le courant du grand lit. Pour nous aſſûrer de ce phénomene, nous fîmes paſſer par ce bras un de nos Bâtimens & une petite Barque, l'un & l'autre garni de monde. Les deux Bâtimens furent en effet pouffés dans un fens contraire au courant de la grande eau.

Dans ce même paffage, ceux qui conduifoient la Kajuke s'efforcerent de la faire paffer fur un petit banc de fable qui fe trouvoit à leur rencontre, & la firent verfer; ce qui caufa la perte de bien des chofes qu'on avoit mifes fur le pont. Nous laiffâmes ce Bâtiment en arriere avec un nombre de Travailleurs fuffifant, pour repêcher ce qu'on pourroit retirer de l'eau, & il nous rejoignit le 27.

Le 30, nous trouvant à *Spologenskaja-Sloboda*, nous fîmes réflexion qu'il y auroit une forte d'injuftice à mener plus loin avec nous les payfans d'*Amga* & de *Kamtfchatka*, comme auffi à ne pas renvoyer ceux de *Witimsk*. Nous n'avions pû jufque-là nous en paffer, parce qu'il falloit gagner un endroit où nous puffions commodément paffer l'Hiver. Les Slufchiwies ne fuffifoient pas pour tirer nos Bâtimens; & quelqu'envie que nous euffions de renvoyer tous ces payfans, nous ne pouvions en avoir d'autres à leur place, à moins de dépouiller les Villages de tous leurs habitans. Dans cet embarras, les payfans nous fuggérerent eux-mêmes l'idée de faire tirer nos Bâtimens par des chevaux qui ne pouvoient pas nous manquer. Ainfi, le 30 au matin, nous renvoyâmes les payfans d'*Amga*, de *Kamtfchatka* & de *Witimsk*, & nous réglâmes que dans la fuite chaque Dofchtfchennik feroit tiré par fix chevaux, & la Kajuke par quatre. Mais à tout événement, & pour les cas où les Bâtimens ne pourroient être tirés que par des hommes, nous prîmes avec nos Slufchiwies autant de payfans, enforte que fur chacun des gros Bâtimens il y avoit quinze Travailleurs, & dix fur la Kajuke. Ce même jour, vers les 4 heures du foir, nous fîmes le premier effai des chevaux, & nous éprouvâmes d'abord qu'il n'étoit pas poffible de nous en fervir par-tout : car il nous fallut paffer devant un banc de fable, où les Bâtimens devoient être conduits avec beaucoup de précaution, & tirés tantôt plus fort, tantôt moins, ce qu'on ne pouvoit apprendre aux chevaux. Cependant le banc de fable paffé, les chevaux nous fervirent bien. Nous nous trouvâmes vers les 7 heures du foir vis-à-vis le Village de *Sacharorskaja*, & ce même foir, on nous envoya de nouveaux chevaux qui vinrent nous joindre à la nage. Mais les gens du pays nous confeillerent de refter tranquilles pendant la nuit, parce qu'il y avoit autour de nous quantité de bas-fonds, qu'il étoit difficile de paffer dans les ténebres fans danger. Nous fuivîmes d'autant plus volontiers ce confeil, que nous étions fort fatigués de la pluie que nous avions effuyée pendant tout le jour.

Enfin, après une navigation affez pénible, nous arrivâmes le 3 Septembre à la vue de *Kirenskoi-Oftrog*, que nous avions choifi pour notre habitation d'Automne & d'Hiver. Le dernier jour de notre voyage fut fi ferein & fi chaud, qu'il égaloit la plus belle journée d'Eté. Mais le froid que nous éprouvions déja depuis quelque tems tous les foirs, & même le jour, quand le tems étoit couvert, nous fit fonger à nous procurer des habitations chaudes.

Dès le 4 du mois, nous allâmes occuper ces habitations. Nous les trouvâmes si commodes & si claires, que nous eûmes lieu d'en être contens, sur-tout dans un endroit qui n'est proprement qu'un Bourg. Nous fîmes ôter les agrès de nos Bâtimens ; on les mit avec les autres ustensiles, ainsi que les Bâtimens mêmes, dans des lieux à l'abri des injures du tems, & de tout dommage, à la rupture des glaces. Nous gardâmes avec nous les Cosaques que nous avions amenés tant des cantons supérieurs du *Lena* que de *Jakutzk*, pour pouvoir nous en servir dans notre retour en cette Ville, au premier avis que nous aurions au Printems des dispositions qu'on auroit faites pour notre voyage de *Kamtschatka*.

Le lieu dont nous avions fait choix pour notre quartier d'Hiver, étoit tel que nous pouvions le desirer. Nous n'étions pas importunés de visites, ni obligés à des correspondances inutiles avec les Chancelleries ; rien ne pouvoit donc nous distraire des occupations dont nous étions accablés, & moi principalement à cause du grand nombre d'observations que j'avois ramassées pendant l'Eté précédent. Cependant, pour nous dissiper un peu, nous avions établi parmi nous une petite Société, & heureusement nous pensions tous les uns comme les autres. Cette Société d'ailleurs ne prenoit rien sur nos devoirs ; car nous aimions tous le travail, & nous nous étions fait une loi de ne pas nous faire perdre de tems mal à propos.

Ce lieu de plus étoit très-bien situé pour toutes nos correspondances ; nous étions à portée d'y recevoir de tems en tems des nouvelles de Petersbourg, de Tobolsk, d'Irkutzk, de Jakutzk, d'Ochotzk, &c, parce qu'entre ces Villes & le Détachement de Kamtschatka il alloit & venoit continuellement des Couriers qui ne pouvoient pas passer par l'Ostrog ou nous hivernions, sans que nous en fussions avertis.

Le 5 Septembre, nous vîmes tomber la premiere neige, qui ne fut pas fort abondante. La nuit du 5 au 6, le froid devint assez vif, & il y eut de la glace. Je commençai vers ce tems-là mes observations météorologiques (95), & je les suivis pendant les mois d'Octobre, Novembre & Décembre.

[Voici les principaux phénomènes, & les singularités remarquées par M. *Gmelin*.]

Le 28 Octobre, vers les 7 heures du soir, après une neige fondante, on vit pendant une demi-heure un anneau lumineux & pâle autour de la Lune, & une demi-heure après un arc lumineux vers le Nord, qui pouvoit être de 30 degrés. L'espace entre l'arc & l'horison étoit tout noir.

Le 25 Novembre, l'air ayant été trouble toute la journée, les poutres des maisons & des fenêtres craquerent pendant toute la nuit. Le lendemain 26, par la même disposition de l'air, la glace qui s'étoit attachée aux vîtres, au dedans des chambres, de l'épaisseur d'une ligne tint contre la chaleur des poëles. Quand on passoit d'une chambre chaude dans un endroit froid, on sentoit une contraction subite des narines.

Le 27 Novembre, à 2 heures après midi, par un tems couvert, le

(95) Elles sont toutes exactement rapportées dans l'Original Allemand.

thermometre

thermometre étoit à 265 degrés ; le mercure montoit continuellement, & une demi-heure après, il étoit au 195ᵉ degré. Pendant cette variation, M. *Gmelin* ne quitta point le thermometre qui étoit toujours resté à sa place, sans être exposé au vent, ni à aucune autre chaleur qu'à celle de l'air. La même variation dans le mercure fut observée le 11 Décembre suivant par un tems serein.

Le 5 Décembre, après un tems serein, peu de tems avant le coucher du Soleil, on vit des deux côtés de cet astre, dans un éloignement de quinze diametres solaires, une colonne colorée comme l'Arc-en-Ciel, dont la partie rouge étoit tournée vers le Soleil, & qui disparut dès qu'il fut couché. Le lendemain 6, le même phénomene revint du côté du Midi, & fut vu depuis 11 heures jusqu'à 12. La hauteur de la colonne étoit de cinq à six degrés. Le tems fut presque toujours serein, & il tomboit de l'air de très-minces particules de glace.

Ce même jour 6 Décembre, le tems étant resté couvert avec une brouine qui mouilloit comme la rosée, on vit, depuis une heure après minuit jusqu'à quatre heures & demie du matin, une *Aurore Boréale* admirable. Il y avoit entre Nord-quart-d'Est & Nord-Nord-Ouest un arc très-brillant, d'où s'élevoient très-rapidement des rayons d'un beau rouge, couleur de feu. Ce qu'il y avoit de singulier, c'est que le côté du Couchant, où l'on ne voyoit ni arc, ni rayons, étoit éclairé d'une clarté tout-à-fait extraordinaire.

M. *Gmelin*, après le détail aussi long qu'exact de ses observations météorologiques, revient aux irrégularités du thermometre arrivées les 27 Novembre & 11 Décembre. Il rapporte que la même chose arriva pour la troisieme fois à *Kirenga* le 9 Janvier de l'année suivante 1738 ; que vers minuit le thermometre, après avoir marqué pendant deux fois vingt-quatre heures le 217ᵉ degré de celui de M. *de Lisle*, sans aucune variation, marqua tout-d'un-coup 275 ; & qu'il n'apperçut aucun dérangement dans le thermometre, sinon qu'on voyoit quelques petites bulles d'air entre les globules du mercure. Il ajoute que le grand froid pouvoit avoir fait sortir ces bulles d'air des interstices du mercure, puisqu'elles y rentrerent, & que la même observation fut faite le 29 Décembre de la même année, sur le barometre où le mercure se soutint à une hauteur extraordinaire. Il donne ensuite ses conjectures sur cette espece de phénomene.

QUE sait-on, dit-il, si l'air, qui est très-subtilement divisé dans le mercure du thermometre, en se ramassant en petites bulles visibles, ne grossit pas intérieurement la masse du fluide minéral contenu dans le tuyau ? Ou faut-il regarder cette portion d'air comme coexistante avec le mercure, mais avec la faculté de se dilater dans beaucoup de circonstances ? Cependant lorsque, par un grand froid, cet air est chassé des interstices du mercure, le fluide minéral devroit se condenser, & se tenir par conséquent dans un tuyau si étroit beaucoup plus bas qu'à l'ordinaire : mais alors il faudroit encore supposer que l'air sorti des interstices du mercure ne peut pas occuper dans le tuyau autant d'espace qu'il en occupoit dans ces interstices. M. *Gmelin* avoit déja dit ailleurs (96), qu'une humidité aqueuse adhérente à un thermometre, lorsqu'on le transporte dans un endroit plus chaud, pouvoit faire descendre le mercure, & il demandoit si l'on pouvoit expliquer par-là le fait de ses deux observations ? Il fait ici l'aveu qui coûte tant d'ordinaire à ceux qui croient savoir quelque chose, & plus aux Philosophes qu'aux autres : il déclare qu'il ne se sent point en état d'appuyer aucune de ces opinions par des raisons suffisantes, & il en conclut seulement, que dans les thermometres dont il s'est servi, il s'est trouvé quelque défaut, d'où résulte, dans certaines circonstances, & principalement par un grand froid, l'effet singulier qu'il a décrit. Il desire au surplus, que quelqu'un plus clair-voyant que lui puisse découvrir ce défaut ; il n'a proposé ses conjectures que pour engager de plus habiles gens à réfléchir sur cet objet, & à produire les leurs. Reprenons l'historique de son Journal.

Rien ne troubloit la tranquillité dont nous jouissions à *Kirenga*, sans la maladie de M. *Muller*, qui dès l'Hiver précédent en avoit senti des atteintes à *Jakutzk* : voici quel étoit son état. Ses forces étoient extrêmement diminuées ; il avoit l'esprit abattu, beaucoup de vapeurs, des oppressions de poitrine, & un froid presque continuel aux pieds, même dans les chambres chauffées d'un poële. A ces accidens, se joignoit un grand battement de cœur, qui troubloit souvent son sommeil. Je jugeai les fréquentes saignées nécessaires, par rapport à la violence des accidens ; mais, quoiqu'au besoin je fusse en état de les administrer moi-même, je ne crus pas devoir m'en charger. On a vu que nous avions laissé notre Sous-Chirurgien avec M. *de la Croyere* à *Jakutzk* ; nous apprîmes qu'il y avoit un Chirurgien à *Irkutzk*, pour le service de la Caravane Chinoise. Il fut donc résolu que M. *Muller* partiroit pour *Irkutzk* muni d'une consultation par écrit, & de médicamens de ma main ; qu'il se feroit faire toutes les saignées qu'exigeoit son état, & qu'il me donneroit fréquemment de ses nouvelles, pour que je pusse le gouverner jusqu'à ce qu'il fût rétabli. M. *Muller* pouvoit en même tems nous être fort utile à *Irkutzk*, puisqu'après le refus que le Détachement de Marine avoit fait de nous fournir des vivres pour *Kamtschatka*, cette fourniture dépendoit de la Chancellerie d'*Irkutzk*, & que, pour peu qu'elle fût possible, ou qu'on ne manquât pas de bonne volonté, nous ne pouvions pas mieux nous adresser. Le 5 Novembre, la terre étoit couverte de neige ; mais il y avoit lieu de craindre qu'il n'y en eût point sur toute la route jusqu'à *Irkutzk*. La nécessité fit passer par-dessus cette difficulté. M. *Muller* partit le 6, & le chemin heureusement se trouva bon. Ainsi je restai seul à *Kirenga*.

J'allois quelquefois me promener dans le Couvent du lieu. Il n'y avoit plus de Moines, mais seulement une espece de Supérieur Ecclésiastique, qui me recevoit très-poliment toutes les fois que j'allois le voir, & me rendoit de tems en tems aussi des visites. Le 21 Novembre, jour de la Présentation de Notre-Dame, je vis se rassembler dans l'Ostrog un grand nombre de femmes & de filles, non seulement du lieu, mais encore de

(96) Dans la Préface de la *Flora Sibirica*, Tome I. p. 77, 80.

plusieurs endroits éloignés, & toutes en habits de fête, tandis que les hommes, habillés à leur ordinaire, sembloient n'y prendre aucune part. J'appris en effet, que les femmes prévenues que cette fête les regardoit plus particulierement que les hommes, parce que la Mere de Dieu étoit de leur sexe, en faisoient seules les honneurs.

Depuis notre séparation, M. *Muller* m'écrivoit souvent, & me rendoit compte de l'état de sa santé. Des médicamens narcotiques préparés avec les différentes gommes, l'usage fréquent du sel ammoniac volatile préparé avec le sel fixe de tartre, & dix-sept saignées qui lui furent faites en deux mois, & dans lesquelles on lui tiroit chaque fois cinq à six onces de sang, rétablirent entierement sa santé.

Pendant sa maladie & sa convalescence, il s'occupa de nos affaires près de la Chancellerie d'*Irkutzk*. Il employa les motifs les plus pressans, & fit les plus fortes sollicitations pour la déterminer à faire transporter à *Ochotzk* & à *Kamtschatka* les vivres dont nous pourrions avoir besoin, pour n'être pas arrêtés dans notre voyage ; & on lui promit de faire tout ce qui seroit possible.

De mon côté, j'expédiai si bien mes travaux d'Hiver, que, dès le mois de Janvier 1738, j'eus achevé de mettre au net toutes mes observations d'Histoire Naturelle & mes Descriptions. Les Peintres qui avoient aussi fini leurs desseins, commencerent à les copier, pour que nous pussions les envoyer au Sénat de Petersbourg, qui devoit ensuite les faire passer à l'Académie des Sciences. Enfin l'Hiver fut bien employé par tout ce qui étoit avec moi.

La riviere de *Nischnaja-Tunguska* n'étant pas éloignée de *Kirenga*, je fus curieux de visiter ses bords, sur lesquels je savois qu'il y avoit beaucoup de Tungufes. Il ne s'agissoit que de trouver des gens qui connussent ces Tungufes, ou qui eussent assez d'autorité sur eux, pour les engager à nous envoyer ceux d'entre eux qui savoient au moins nommer les choses par leurs noms. Il se présenta bientôt la meilleure occasion que nous pussions souhaiter. La riviere de *Nischnaja-Tunguska* se jette dans le *Jenisei*, près du Couvent de *Turuchanskoi-Troitzkoi*, un peu au-dessus de *Mangasea* : ainsi tous les Tungufes établis le long de la riviere, sont dépendans de cette Ville, d'où l'on envoye tous les ans du monde pour lever sur eux le tribut. Or le recouvrement du tribut se fait au commencement de l'année, parce qu'on peut voyager alors commodément dans ces cantons, & qu'on ne rencontre les Tungufes dans leurs bois que pendant l'Hiver, ces peuples se tenant dans l'Eté sur les rivieres qu'ils traversent souvent à la nage, pour donner la chasse aux rennes. Les Receveurs du tribut, qui sont ordinairement des Cosaques, & qu'on nommoit ici *Baschlaki*, arriverent vers la fin de Janvier, & d'abord s'adresserent à moi. Ils me promirent de m'amener des Tungufes en état de m'instruire sur tout ce que je pourrois desirer d'eux ; ce qui n'auroit pas autrefois été fort aisé. Il n'y a pas quarante ans que les Tungufes se battoient souvent contre ces Receveurs de tribut, & qu'ils en tuoient ; mais aussi les *Baschlaki* leur faisoient souvent des injustices, soit en exigeant un plus fort tribut qu'à l'ordinaire, soit en l'exigeant plusieurs fois

Ss ij

pour certaines années, dans lesquelles il avoit été payé. Les Tungufes ont la réputation, très-bien fondée, selon ce que j'en ai pu voir, d'être d'honnêtes gens; ils ont le menfonge & l'impofture en horreur, & ne fouffrent point d'injuftice, fans en tirer vengeance auffi-tôt qu'ils peuvent en trouver l'occafion. Avant qu'ils fuffent fous la domination des Ruffes, c'étoit une Nation libre, divifée en différentes tribus; chacune étoit indépendante, & fouvent elles fe faifoient la guerre. Le parti victorieux faifoit la loi à l'autre; les conditions étoient exécutées fur le champ: par-là toutes les querelles étoient terminées. Ils portoient des cuiraffes, & n'avoient d'autres armes que des fleches, comme il en eft encore aujourd'hui fort peu qui aient des armes à feu. Ceux qui habitent les bords du *Nifchnaja-Tunguska* ne fe fervent dans leurs expéditions ni de chiens, ni de rennes; ils portent eux-mêmes tout leur équipage. Ils avoient autrefois des cuiraffes de deux façons, comme les Cofaques de *Krafnojarsk*, les unes compofées de lames, & les autres d'anneaux de fer. Cependant les Tungufes n'ayant jamais eu de liaifon avec les Cofaques de *Krafnojarsk*, on ne peut pas dire que les uns aient tranfmis la forme de ces cuiraffes aux autres. Cette armure, qui paroit fuffire en effet contre les fleches, a peut-être été en ufage chez tous les peuples de la Sibérie. Les Cofaques de *Krafnojarsk* ont fait autrefois la guerre aux Cofaques de *Kirgifoi*, & les ont chaffés dans la Calmouquie; or ceux-ci fe fervoient, dit-on, de ces fortes de cuiraffes, & c'eft d'eux vraifemblablement que les Cofaques de *Krafnojarsk* tiennent cette armure. Les mœurs des Tungufes font bien adoucies depuis qu'ils font fous la domination Ruffe: ils ont vû de meilleurs exemples, & lorfque ces exemples ne les ont pas corrigés, ils ont été retenus par les loix, étant devenus tous membres d'un même corps foumis à des Souverains remplis d'humanité. Ainfi l'ufage des cuiraffes s'eft aboli peu-à-peu. Les Tungufes d'aujourd'hui font en général fort éveillés & très-vifs; ils aiment naturellement la juftice; ils font auffi fort glorieux, & dans leurs affemblées, ils fe plaifent à s'entretenir des anciens Tungufes, dont ils racontent beaucoup d'hiftoires, & fur-tout de fanglans combats contre des hommes & des animaux.

J'ai déja remarqué que cette Nation fe peignoit le vifage, & s'y faifoit imprimer par le moyen du feu toutes fortes de figures bleues ou noires. Ces fortes de ftigmates qu'ils n'ont garde de trouver plus ridicules que nous ne trouvons le fard où les mouches, dont nos femmes croient être bien parées, eft un grand ornement à leurs yeux. C'eft ainfi que les *Tfchukfchi*, peuple qui habite le Nord-Eft de la Sibérie, fur la Mer Glaciale, aiment à fe paffer une dent de vache marine de chaque côté des joues par un trou qu'on y a fait & entretenu dès l'enfance. C'étoit chez les Anciens une diftinction réfervée pour les Héros & les grands Capitaines, que ces figures imprimées fur le vifage & quelquefois fur le corps. Depuis qu'ils font devenus communs, ils n'ont plus été regardés que comme de fimples ornemens.

Je reviens aux Receveurs des tributs: foit que ceux d'aujourd'hui foient plus honnêtes gens que leurs prédéceffeurs, foit que les Tungufes humanifés ne foient plus fi vindicatifs, on n'entend plus parler de meurtres, & ces derniers payent les tributs avec la plus grande docilité. Peut-être aussi les *Baschlaki* ne demandent-ils rien au-delà de ce qu'il leur est ordonné de recevoir, comme la Couronne en effet n'exige que ce qui a été réglé dans le tems de la premiere conquête que les Russes ont faite du pays. Les *Baschlaki* de cette année me tinrent parole; ils m'amenerent des Tungufes qui connoissoient parfaitement le pays qu'ils occupoient, & je tirai d'eux sans peine tout ce qu'ils en savoient, tout ce que je voulois en savoir. Comme les instructions que j'en reçus regardoient principalement la Géographie, M. *Muller*, à qui je les fis passer, en est resté Dépositaire. Je marquai à mes Tungufes la curiosité que j'avois de voir comment ils s'appliquoient sur la peau les figures qu'ils se faisoient au visage: ils me dirent, qu'ils connoissoient un enfant à qui ses parens avoient résolu de procurer cet ornement, & ils me promirent de faire de leur mieux pour les engager à se transporter chez moi, afin que l'opération se fît en ma présence. Mais ils ajouterent, que je ne pourrois pas me dispenser de permettre à toute la famille de me venir voir. J'acceptai volontiers la condition; je fis de plus quelques présens aux Tungufes, en leur promettant de bien régaler toute cette famille, & de lui faire des présens dont elle seroit contente.

Peu de jours après, je vis arriver chez moi cette famille qui consistoit en un homme, une femme & trois enfans. Je leur cédai dans ma maison une chambre noire à poële; mais à peine y eurent-ils été quelques heures, que l'homme vint me demander la permission de s'établir dans la cour, parce qu'il ne leur étoit pas possible de supporter la chaleur de la chambre à poële. Dans l'instant même, il assembla quelque jalons dont il forma sa tente, & attacha, en guise de porte, une espece de couverture d'écorce de tilleul que je lui fournis, & fit du feu au milieu. Deux autres couvertures de pareille étoffe que je lui donnai encore, & deux peaux de rennes qu'il avoit apportées, firent des lits pour toute la famille, & ils s'y accommoderent fort bien. Je l'approvisionnai de tabac de la Chine, & d'une pipe de laiton, du même pays. Je lui fis donner de la viande pour la faire cuire à sa fantaisie, une quantité d'orge proportionnée, & autant de lait qu'il en voulut. Ils parurent tous fort contens, & resterent dix jours chez moi. La femme avoit apporté de l'ouvrage dont elle s'occupoit: elle faisoit pour son fils, âgé de treize ans, une pélisse qu'elle cousoit avec du fil fait de nerfs de rennes fendus: je lui fis présent de quelques aiguilles de la Chine, qui lui firent beaucoup de plaisir. Elle aimoit beaucoup à fumer, aussi-bien que son mari & son fils: l'homme remplissoit d'abord la pipe, l'allumoit & en tiroit quelques gorgées de fumée, ensuite il la présentoit à sa femme, qui la donnoit à son fils; celui ci la rendoit à son pere, & la pipe passoit ainsi de main en main jusqu'à ce qu'elle fût finie. Dès le lendemain de leur arrivée, ils commencerent l'opération pour laquelle ils étoient venus; & comme cette besogne regardoit principalement la femme, voici de quelle maniere elle y procéda. Elle prit de la craie noire, qui se trouve sur les rivages élevés du *Nischnaja-Tunguska*; elle la broya sur une meule à la main, & au-lieu d'eau, elle l'arrosoit de salive. Quand elle en eut suffisamment broyé, elle prit du fil commun, l'enfila, le passa dans cette espece de pâte ou de bouillie de craie, & se mit à former de petits points sur les joues d'une fille de six ans, jusqu'à ce que le dessein qu'elle traçoit fût achevé. Pendant cette opération, le pere tenoit l'enfant entre ses genoux, & serroit impitoyablement sa tête entre ses mains. Le pauvre enfant souffroit beaucoup, & ne cessoit de crier, malgré les caresses du pere & de la mere. La broderie des deux joues faite, il s'agissoit de broder encore le menton & le front ; je les priai de remettre le reste de l'ouvrage à un autre tems. On voyoit des gouttes de sang sortir de tous les points de la broderie, & la femme frottoit à mesure, vraisemblablement pour mieux faire entrer la couleur. Une demi-heure après, tout le visage de l'enfant s'enfla, & parut fort enflammé ; les Tungufes, sans en être effrayés, ne firent autre chose que de le frotter avec un peu de saindoux que je leur fis donner. Quand ils sont chez eux, ils se servent indifféremment de toute sorte de graisse. Deux ou trois jours après, le visage étoit encore plus enflé ; il commençoit même à suppurer. Je leur conseillai de tenir l'enfant dans un endroit chaud, & outre le saindoux qu'ils y mettoient deux fois par jour sur son visage, d'y appliquer de tems en tems de petites compresses chaudes. Ils suivirent mon conseil, & par-là prévinrent la grande suppuration. Ils parurent fort contens de voir leur fille guérie au bout de huit jours, tandis qu'ordinairement la guérison en demande au-moins quinze. Le dessein des figures avoit parfaitement réussi, elles étoient d'un bleu clair, & ils m'assurerent que dans peu de tems elles deviendroient d'une couleur plus foncée. La matiere dont ils teignent leur fil, n'est pas toujours de la craie noire. Bien des Tungufes, pour cette teinture, se servent de la suie qui s'attache aux chauderons de fer par-dehors, lorsqu'ils font cuire leurs viandes. Ils la broyent & la préparent comme la craire noire.

Dès que M. Muller m'eut marqué qu'il n'y avoit aucun secours à espérer de la Chancellerie d'*Irkutzk* pour le voyage du *Kamtschatka*, je résolus de l'aller joindre. Comme j'avois passé dans cette Ville une partie de l'Automne en 1735, j'y étois encore attiré par la beauté de ses environs qui m'offroient des champs, des bois, des montagnes, des marécages, &c. spectacle agréable pour un Naturaliste. Je communiquai mon dessein à M. *Muller*, qui l'approuva. Ainsi vers la fin de Février, je m'apprêtai pour passer à *Irkutzk* avec tout mon monde. Je laissai les Bâtimens qui nous avoient amenés, avec tous leurs ustensiles, à l'Escoutet du lieu, & je renvoyai les Cosaques à *Irkutzk*, d'où ils nous étoient venus. Je fis prendre aussi les devans aux Dessinateurs avec une partie de mes ustensiles. Enfin je partis moi-même vers les 7 heures du soir. Dans ma marche jusqu'au 8 du mois, je passai par *Kriwoluzkaja-Sloboda* ; par *Skobolska*, Village au-delà duquel les éturgeons & les sterledes ne remontent point le *Lena* ; par *Maskowa*, Bourg célebre par les framboises jaunes qu'il produit ; par *Nasarowa-Tajurskaja*, où je trouvai le Soldat que j'avois envoyé à *Irkutzk* chercher l'argent dont j'avois besoin pour faire ma route, avec un Cosaque chargé de cet argent que la Chancellerie avoit expédié en mêmetems, suivant ma demande ; par *Podymachinskaja*, où je vis un Vieillard âgé de quatre-vingt-sept ans, qui avoit toujours bu & qui buvoit encore beaucoup d'eau-de-vie, ce qui ne l'avoit pas empêché d'avoir un grand nombre d'enfans, ni de conserver jusque-là sa tête & sa vue qu'il avoit très bonnes, ainsi qu'un goëtre très-gros; qu'il portoit depuis sa jeunesse; par *Takurimowskaja D.* & *Uſt-Kutzkoi-Oſtrog*, où je fus obligé, faute de chevaux, de m'arrêter jusqu'au lendemain; par *Schangina*, *Simowie* bâtie par un Cosaque d'*Irkutzk*, appellé *Schangin*, dans le tems qu'il étoit chargé de la Ferme de l'eau-de-vie pour le diſtrict d'*Orlenga*; enfin par *Omolaewa*, *Skoknina*, *Taraſſowa*, *Baſſowa D*, *Tomſchina*, *Botow*, *Uſt-Ilginskaja*, *Tuturskaja-Sloboda*, *Marka*, *Worobjewa*, & par *Wercholenkoi-Oſtrog*, où je trouvai les Deſſinateurs qui étoient partis deux jours avant moi. Ils avoient été obligés de s'arrêter à ce poſte, parce qu'ils avoient appris que le chemin depuis *Mansjurka*, par la ſteppe, n'étoit guere praticable, faute de neige. Heureuſement j'avois amené toutes les roues des voitures qui n'étoient pas emballées à leur départ. Or le lieu où nous nous trouvions ne manquant point d'Ouvriers, nous jugeâmes à propos de faire attacher les roues aux voitures, & il fallut m'arrêter auſſi juſqu'à ce que ma berline, venue juſque-là ſur un traineau, fût poſée ſur ſes roues.

Le 9, toutes les voitures étant prêtes, je partis avec tout mon monde. Ce jour au ſoir, nous atteignîmes *Katſcheg* ou *Katſchega*, Village abondant en chevaux; le lendemain matin, nous paſsâmes le *Lena* pour la derniere fois dans ce voyage, & nous nous rendîmes à *Bolſchaja-Mansjurskaja-Sloboda* (97).

A la ſortie de *Mansjurka*, le chemin donnoit par un champ bordé des deux côtés de collines & de monticules. A dix werſtes ou environ de la Slobode ſur la ſteppe, nous paſsâmes deux habitations de payſans. Près de la premiere, commençoit un bois de meleſes aſſez clair, qui s'étendoit à la diſtance de huit werſtes. Quoiqu'il ne ſoit point d'uſage en Sibérie de bâtir dans un endroit où il n'y a point d'eau, on n'en voyoit point aux environs de la derniere; mais le payſan nous dit que l'exceſſive ſécherèſſe de l'Eté précédent avoit tari une ſource qui n'étoit pas loin de-là. Il ajouta de plus, que tout le terrein avoit été brûlé, & que l'incendie n'avoit ceſſé qu'en Décembre; que le gazon, ou la tourbe qui couvre ce terrein, avoit entretenu le feu; qu'enfin après tout cet incendie avoit fait quelque bien au pays, puiſqu'un grand nombre de marais, ſitués au pied des montagnes, avoient été entierement deſſéchés.

Le défaut de neige ralentiſſant beaucoup la marche des traîneaux qui portoient nos équipages, nous ne parvînmes que le 11 à *Kokorina*, ſimowie ſituée fort agréablement ſur une hauteur. Près de cette habitation

(97) Le *Lena*, en remontant vers ſa ſource, ſe partage en trois diviſions qui courent, l'une au Septentrion, l'autre au Midi, & la troiſieme entre ces deux là. Sur le bras ſeptentrional, eſt un aſſez beau Village ou Bourg, appartenant au Couvent de *Kirenga*, & appellée *Amginskaja-Sloboda*, ou riviere d'*Amga*. Le bras intermédiaire n'a point de nom; il eſt regardé proprement comme la ſource du *Lena*. Le bras méridional eſt ce qu'on appelle la riviere de *Mansjurka*, qui tombe dans le fleuve à quinze werſtes au-deſſus de l'*Amga*. Ce ſont là les trois moyennes rivieres dont ſe forme le *Lena*, qui devient enſuite un fleuve ſi conſidérable, & qui parcourt tant de pays.

à la distance d'un werst, coule une grosse source, qui, dans l'Eté, prend la forme d'un ruisseau, & dont l'eau est excellente. Depuis que nous avions dépassé *Munsjurka*, les *Burætes* ou *Bratskis* nous avoient fourni des chevaux; mais ils étoient si mauvais, que notre voyage alloit fort lentement. Cependant nous arrivâmes le même jour au soir à *Ust-Ordinskhje-Sunowje*, où nous ne trouvâmes pas un seul cheval de relais. Cette habitation est située sur la *Kuda*, où se jette près de-là le ruisseau d'*Orda*. L'eau de la riviere & celle du ruisseau ont également l'odeur & le goût si mauvais, qu'elles ne sont presque pas potables; ce qui provient de plusieurs petits ruisseaux salins qu'ils reçoivent. Mais comme il n'y a point dans le voisinage de meilleure eau que celle-ci, il faut, malgré soi, s'en contenter. La maison étoit alors occupée par un Suédois, natif de Stockholm, qui parloit bon Allemand. Après avoir fait une courte halte, nous poursuivîmes notre route par *Ojezkaja-Kudinskaja-Sloboda*, où je trouvai M. *Muller*, qui étoit venu au-devant de nous. Nous ne partîmes de ce dernier endroit que le lendemain matin, & nous fûmes rendus à 9 heures à *Irkutzk*.

M. *Gmelin*, dans le récit de ce voyage que nous avons beaucoup abrégé, fait, à l'occasion d'un Exilé, nommé *Glasimow*, qui avoit établi à *Tajuöskaja* une Fabrique d'eau-de-vie, la remarque suivante. Ces sortes de gens, dit-il, font quelquefois fortune dans leur exil. La plûpart de ces Exilés sont des gens ruinés & accablés de dettes à la charge de la Couronne. Quand on les rélegue en Sibérie, on ne leur défend pas d'employer toute leur industrie pour pouvoir subsister, & quiconque a quelque sentiment d'honneur, trouve encore plus d'occasion en Sibérie qu'en Russie de vivre honnêtement, & de rétablir ses affaires; ensorte que, pour quelques-uns, pour ceux qui ont l'amour du travail, cette contrée devient une terre de promission.

Quand M. Gmelin passa à *Ust-Kutzkoi-Ostrog*, les habitans lui apprirent, comme une nouveauté, que les geais avoient hiverné chez eux. Cependant ces oiseaux, quoiqu'ennemis du grand froid, se risquent jusqu'au-delà du 59° degré de latitude septentrionale; & si l'on n'en voit point, ni à une certaine hauteur du *Lena*, ni dans le district de *Mangasea*, ni dans toute l'étendue comprise entre *Ust-Kutzk* jusqu'à l'Océan oriental, près d'*Ochotzk*, ni le long de la Mer Glaciale jusqu'au-delà du promontoire de *Tschukstchi*, on en retrouve à *Kamschaska*; ce qui permet de douter que ce soit toujours le degré du froid qui les écarte, ou la température de l'air qui les invite à séjourner dans un canton plutôt que dans un autre.

J'arrivai malade à *Irkutzk*. Nous avions essuyé dans la route depuis *Kirenga* des tems horribles, & les frimats m'avoient pénétré le corps. J'en fus quitte heureusement pour un très-gros rhume, avec des douleurs d'oreilles, & même un peu de surdité, ce qui fut l'affaire d'un petit nombre de jours.

Le Sous-Statthalter *Bibikow*, que nous trouvâmes à *Irkutzk*, étoit un très-galant homme, & un homme d'esprit. Nous réunîmes, M. *Muller* & moi, nos sollicitations pour en obtenir les provisions nécessaires pour le voyage

voyage de *Kamtfchatka*, que nous ne perdions point de vue. Mais il nous fit voir que les fournitures qu'il avoit à faire pour le Détachement de la Marine, le mettoient abfolument hors d'état d'en faire pour nous. Les provifions que ces Officiers exigeoient, étoient fi énormes, qu'il n'étoit même guere poffible de les tranfporter toutes pendant l'Eté. Enfin il nous fit clairement entendre, qu'il falloit d'abord fervir la Marine, & qu'après cela fes premiers foins feroient pour nous. Il nous fit pourtant efpérer qu'on pourroit nous céder une partie des vivres exigés par le Détachement de Marine, fi la livraifon qui devoit fe faire au Printems fur l'*Urac*, étoit abondante. Ainfi par-là nous comprîmes que, fi notre voyage avoit lieu, il tireroit beaucoup en longueur. C'étoit déja la cinquieme année que nous étions en route, & cependant nous ne voyions point d'apparence à parvenir fitôt au terme d'où nous puffions envifager directement notre retour. Il étoit donc naturel d'en conclurre, qu'à compter de notre départ de Ruffie, il s'écouleroit bien fix ans avant que nous puffions atteindre ce terme ; que notre féjour au *Kamtfchatka* & notre retour confommeroient encore fix autres années, & que nous aurions par conféquent beaucoup de peine à nous tirer de ces miférables pays ; quoi qu'en nous faifant partir, on nous eût fait efpérer que nous pourrions être de retour dans cinq ans. L'envie de voir beaucoup de chofes nouvelles pour nous, nous avoit déterminés à entreprendre ce long & pénible voyage. Nous étions tous à-peu-près dans un âge à pouvoir en fupporter les fatigues ; notre utile curiofité n'étoit pas encore éteinte, & nos forces, ou du moins les miennes, fubfiftoient encore dans toute leur vigueur. Mais nous ne pouvions éviter beaucoup d'incommodités & d'inconvéniens inféparables d'un pareil voyage. Les plus petits inconvéniens trop multipliés font d'abord leur impreffion fur l'efprit, & enfuite fur le corps même qu'ils dérangent à la longue ; mais ils operent plus promptement fur les uns, & plus lentement fur les autres. On ne pouvoit attribuer la caufe de la maladie de M. *Muller* qu'à toutes ces incommodités, & fur-tout aux contradictions que nous avions fouvent effuyées. J'étois apparemment moins fenfible, puifqu'elles n'avoient pas fait autant d'impreffion fur moi ; mais je ne pouvois pas calculer jufqu'où s'étendroit l'efpece d'impaffibilité dont j'avois joui jufqu'alors. Nous convînmes donc, M. Muller & moi, d'écrire au Sénat de Petersbourg, pour folliciter notre retour. Dès le Printems, j'avois prié l'Académie de m'envoyer un aide, parce que je ne pouvois fuffire, pour le peu de tems que j'avois à refter dans chaque endroit, à obferver & à décrire toutes les fingularités dont je devois rendre compte ; je favois que fur mes repréfentations on avoit fait choix du Sieur *Steller*, & que dès la fin de l'année 1737 il s'étoit mis en route pour me venir joindre. Je repréfentai dans ma requête que ce que j'avois à faire à *Ochotzk* & à *Kamtfchatka*, pourroit être effectué par M. *Krafchennenikow* qui y étoit déja, & par M. *Steller* qui venant dans le pays avec des forces toutes nouvelles, pourroit, auffi-bien que moi, paffer jufque-là ; qu'enfin il y avoit une infinité d'endroits de la Sibérie où je n'avois pas encore été, qui méritoient d'être vus & décrits. J'offrois en même tems, fi l'on m'accordoit mon retour, de parcourir tous ces endroits, & d'en écrire l'Histoire Naturelle. M. *Muller* pouvoit sans doute exposer les mêmes motifs; mais le plus puissant de tous pour lui étoit le dérangement de sa santé, que j'attestai de la maniere la plus authentique. Il avoit déja ramassé de bons Mémoires sur le *Kamtschatka*, & il pouvoit s'en promettre encore de M. *Kraschenninikow*; aussi mettoit-il en question, si on ne pourroit pas y envoyer à sa place un Représentant, pour traiter l'Histoire Politique du pays, comme il y en avoit un pour l'Histoire Naturelle. Nos requêtes partirent dans le mois de Mai; mais nous n'attendions pas sitôt la réponse.

Nos requêtes expédiées, nous ne pensâmes plus qu'à continuer nos observations. Les Bratskis, avec qui nous étions très-bien, devoient faire un grand sacrifice aux Dieux, pour se procurer une bonne année; ils nous inviterent au repas qui accompagne cette Fête, & ne voulant rien négliger, nous crûmes devoir nous y rendre. Nous partîmes le 25 Mai d'*Irkutzk*; & après avoir passé par les Slobodes de *Kudinskaja* & d'*Ojezkaja*, nous arrivâmes à 10 heures de la nuit à *Kammennoi-Kapsal*, où nous trouvâmes plusieurs jurtes de Bratskis.

La Fête commença le lendemain dès le lever du Soleil. On avoit planté un rang de bouleaux, dans l'étendue d'environ deux orgies, le long du *Kuda*. Derriere ces arbres étoient trois Bratskis, dont l'un à genou tenoit dans sa main une branche de bouleau tournée vers le Soleil levant, & marmottoit continuellement assez haut. On nous dit qu'il invoquoit les Dieux. Les deux autres qui étoient debout, tenoient chacun une jatte de bois remplie d'une boisson composée de parties égales de lait de jument aigri, & d'eau-de-vie distillée du même lait. Ils jetterent par trois fois leurs jattes en l'air; après quoi l'on nous dit, que leur Dieu principal s'étoit rendu aux instances du Prêtre, avoit passé le ruisseau &, s'étoit présenté à eux, qu'ils avoient été au-devant de lui, qu'il avoit paru content de leur offrande, & qu'il s'en étoit retourné. Nous vîmes ensuite immoler un mouton, qui fut bientôt dépecé, cuit & dévoré par les Assistans. La Fête finit par des danses que les femmes formerent entr'elles, & par une espece de lutte que firent les hommes. Tout fut fini vers les 4 heures après midi; mais comme nous avions promis aux Bratskis de passer deux nuits avec eux, nous leur tînmes parole. Pour nous amuser, ils firent venir un Sorcier, qui ne nous fit voir autre chose que ce que nous avions déja vu plusieurs fois.

Le 27 au matin, après avoir remercié les Bratskis qui, sans se douter de notre ennui chez eux, croyoient nous avoir bien divertis, nous prîmes congé d'eux. Nous traversâmes les mêmes Villages par lesquels nous étions venus, & nous arrivâmes à *Irkutzk* vers les 6. heures du soir. Nous y reprîmes nos occupations ordinaires, & les environs de cette Ville m'offrirent abondamment de quoi herboriser ou faire d'autres observations. Le 25 Juin, je fis encore, avec M. *Muller*, un petit voyage. Nous passâmes l'*Angara*; nous descendîmes cette riviere, en traversant le Village de *Schitkina D*, jusqu'à un de ses bras qui est desséché, sur lequel est une maison appartenante au Couvent des Moines de *Wordnu*-

sensk d'Irkutzk, & nous y arrivâmes par un herbage admirable. De-là nous continuâmes notre route par un très-mauvais chemin, & presque toujours par des bois. Vers les 11 heures de la nuit, nous atteignîmes encore une autre maison de Couvent, située sur la riviere de *Kitoi*, où nous attendîmes le jour. Dès qu'il parut, le lendemain 26, nous passâmes la *Kitoi*, que nous suivîmes pendant quelques werstes, & nous arrivâmes chez une Tribu de Bratskis, qui célébroient une Fête pareille à celle que nous venions de voir.

Nous y fûmes très-bien reçus; mais nous nous y arrêtâmes peu; nous voulûmes revoir les Fabriques de drap & de fer, situées sur le ruisseau de *Telma*, dans le voisinage, & les Bratskis nous fournirent des chevaux pour cette promenade. Mais à peine étions-nous montés à cheval, que celui de M. *Muller* s'étant cabré, le renversa sous lui. La cause de cet accident fut la bride à branche dont il se servoit, & à laquelle les chevaux des Bratskis ne sont pas accoutumés. Cet accident n'interrompit point notre voyage. Après avoir visité mon Collegue, n'ayant pû découvrir ni dislocation, ni fracture, & n'y ayant nulle trace de sang, je le fis mettre dans la voiture qui nous avoit amenés, & je l'accompagnai à cheval. Notre chemin alloit le long de la grande route, qui conduit à *Krasnojarsk*. Nous passâmes devant un beau champ, cultivé par un Buræte qui avoit embrassé la Religion Greque, & qui étoit très-content de son état; ensuite par des bois. Nous arrivâmes à 7 heures à la Forge de fer, dont il est parlé page 235; & le premier soin qui m'occupa, quand nous y fûmes rendus, ce fut de faire préparer un bain pour M. *Muller*, qui ressentoit de grandes douleurs, sur-tout dans les reins où il paroissoit un peu d'enflure. Aussi-tôt que le bain fut chaud, il y entra, & la forte transpiration qu'il lui procura, le tira d'affaire.

On compte d'*Irkutzk* jusqu'à cette Fonderie soixante werstes. Le ruisseau de *Telma* est le seul de tous ceux de ce canton & même des rivieres, qui ne se gele pas dans l'Hiver: il est par conséquent très-propre pour tous les ouvrages hydrauliques qu'on pourroit y construire. On étoit depuis long-tems dans l'usage de fondre la Mine de fer à *Baschmakowa*, Village voisin, & de se servir de fourneaux portatifs. Lorsqu'on résolut de faire des fontes plus considérables pour l'expédition de *Kamtschatka*, ce ruisseau parut le plus convenable pour la construction d'une Fonderie. On y éleva d'abord une digue & quelques maisons. La Forge étant presqu'achevée, la Mine de fer dégénéra; celle du *Lena* fut trouvée meilleure & plus facile à exploiter, & des ordres du College des Mines firent abandonner les ouvrages du *Telma*. Cependant les frais de la nouvelle construction étant faits, au-lieu de Fonderie, on y établit deux Moulins, l'un près des maisons, l'autre plus haut, dont le produit a, dit-on, dédommagé de la plus grande partie des frais qu'avoit couté cette construction. Depuis 1737, quatre habitans d'*Irkutzk* étant allés à Moscou, ont obtenu de la Prikasie Sibérienne, moyennant quinze cens roubles, la propriété de ces ouvrages, avec la liberté d'y établir une Fabrique de draps. C'est pour cela qu'on y construisoit alors un troisieme Moulin. Comme il plut toute la nuit & toute la matinée du lendemain, nous fûmes obligés de nous arrêter tout ce tems dans cette Fabrique. Dès que la pluie eut cessé, nous retournâmes chez les Bratskis, dont nous n'avions pas pris congé. Ils nous avoient promis la veille de faire l'*Inauguration d'un cheval*, pour que nous vissions cette cérémonie, & ils nous attendoient avec impatience. Selon leur rite, cette inauguration ou consécration, pour être efficace, doit se faire avant midi, & il étoit déjà 5 heures : mais tel est parmi eux le pouvoir de la foi sur l'esprit du peuple, qu'il suffisoit que le Prêtre dît hautement, qu'il n'étoit pas encore midi, pour qu'on le crût sans chicanner. C'étoit un cheval blanc, couleur déjà consacrée par la Religion, qu'il s'agissoit d'inaugurer. Le Prêtre, après avoir proféré quelques paroles sur le cheval qu'un homme tenoit, lui donna un petit coup, en signe de la liberté qu'on lui rendoit, & on le laissa courir. Il faut que ce cheval n'ait jamais été monté dans sa vie, & en vertu de sa consécration, il jouit d'un sort assez heureux ; mais à la mort du Maître qui l'a fait inaugurer, il sert de victime aux Dieux, & de régal aux Bratskis qui finissent par le manger. Nous passâmes le *Kitoi* de jour ; la pluie qui avoit entraîné les ponts, avoit rendu les chemins si mauvais, que nous n'arrivâmes que fort tard à *Schilkina D*, & que nous passâmes la nuit à *Archireiskoi Dworez*. Le 28 avant midi, nous fûmes de retour à *Irkutzk*.

Avant ce petit voyage, nous avions de nouveau sollicité le Sous-Statthalter de pourvoir à notre approvisionnement pour le *Kamtschatka*, & de déclarer par écrit sur quoi nous pouvions compter. Nous trouvâmes, à notre retour, cette déclaration en bonne forme. Elle portoit que la Chancellerie d'*Irkutzk* ne voyoit aucun moyen de faire de plus d'un an cette fourniture ; qu'en supposant même que toutes choses allassent à son gré, elle ne pouvoit nous donner aucune assurance d'être en état de partir avant deux ans ; qu'elle nous conseilloit donc en attendant qu'elle pût effectuer ce qu'elle desiroit, de nous transporter dans les endroits où nous n'avions pas encore été, ou dans ceux que le tems ne nous avoit pas permis de bien observer. Les raisons de la Chancellerie étoient sans replique, & suffisoient pour nous justifier à l'égard de nos Supérieurs des délais de notre grand voyage. Il ne s'agissoit que de décider où nous irions pour employer utilement tout ce tems-là. Tous les cantons de l'*Angara* & du *Tunguska* au-dessous d'*Irkutzk*, & celui de *Jenisti* m'étoient inconnus, par rapport à l'Histoire Naturelle ; il manquoit de même à M. *Muller* beaucoup de notions historiques de ces mêmes contrées, & il espéroit en tirer beaucoup des Bratskis, que nous verrions en les parcourant. Ces bonnes gens pouvoient nous apprendre ce que le peu de séjour que nous avions fait avec eux, leur avoit fait oublier, ou ce que le peu de confiance qu'ils avoient eu d'abord pour nous, les avoit engagés à nous cacher. Ainsi nous fûmes bientôt d'accord sur notre plan. Nous résolûmes d'employer l'Automne à voyager par eau dans les pays dont la connoissance nous paroissoit nécessaire, & nous demandâmes à la Chancellerie trois Dofchtfchennikes pour nous & pour nos équipages, avec un nombre suffisant de Travailleurs. Nous voulions aborder à *Jeniseisk*, & passer l'Hiver dans cette Ville, afin d'être à portée & prêts au

Printems, pour accélérer notre voyage, au cas que l'affaire de l'approvisionnement prît une autre tournure.

Pendant mon séjour à *Irkutzk*, je fus curieux de m'instruire plus particulierement de la nature & du prix des marchandises provenant de la Chine, qui font l'objet du commerce des Chinois avec les Russes en Sibérie. Ces marchandises, dont une partie est détaillée à la page 192, consistent principalement en étoffes de soie, fil & cotton de toute espece, d'une ou de plusieurs couleurs, simples ou mêlées, fines ou communes; en tabac jaune & noir, sucre blanc & noir en poudre, perles rondes & demi-perles, peaux de tigres & de pantheres, rhubarbe, cuivre blanc, or, argent, biere, neuf especes de thé différentes, pipes de laiton, vergetes, rubans, corail de diverses couleurs, éventails, balances, rideaux, boussoles, serrures, vermicelli, confitures, tasses de coco pour l'eau-de-vie, plats de coco & vernissés, soucoupes vernissées & rouges, petits plats incrustés de nacre de perle, petits plats à jour, theyeres d'argent, theyeres de cuivre doré, Almanachs Chinois, &c. (98).

Les Chinois font avec la moëlle d'un certain roseau des fleurs artificielles, que les Russes nomment improprement *fleurs de papier*. Leurs vermicelli ressemblent à ceux d'Espagne pour la finesse. Leurs dragées & leur confitures font faites de sucre pur & de graine de pavot. Ils portent encore en Sibérie des *abaques* ou machines arithmétiques, toutes semblables à celles des Russes. Leurs balances font de simples leviers, qui ont un point d'appui mobile, *hypomochlium*.

Le *Tarasun* qu'ils exportent encore, est une boisson qui fermente, & que les Russes comparent au vin. Je l'ai désignée sous le nom général de *biere*, parce qu'elle n'est pas faite avec des raisins. Le *tarasun* a en effet la couleur de vin ; il cause même une forte ivresse, lorsqu'on en boit beaucoup, & quelques verres suffisent pour enivrer quelqu'un qui n'est pas accoutumé d'en boire. J'ai trouvé cette boisson fort désagréable, ce qui peut provenir de la malpropreté des vaisseaux, dans lesquels on la fait : car l'eau-de-vie de la Chine, qui ne manque pourtant pas de force, a une assez mauvaise odeur. Il paroît que la malpropreté est aussi naturelle aux Chinois, malgré leur politesse, qu'à toutes les Nations payennes. Au reste, tous les Chinois, sans en excepter les femmes, souffrent aisément & même aiment beaucoup d'odeurs insupportables à la plûpart des Européens (99).

Voici comment les Chinois font le *tarasun*. J'en tiens la composition d'un Prêtre Russe, qui avoit été dans la Chine avec une Caravanne marchande, & qui s'étoit fort appliqué à connoître les usages & la maniere de vivre de cette Nation. On prend de l'orge ou du froment dont on fait de la drêche, & on la fait moudre grossierement. On la met dans

---

(98) L'Original Allemand, Tome III. depuis la page 38, jusqu'à la page 51 inclusivement, contient un second tarif des marchandises de la Chine, avec les prix tels qu'ils étoient établis en 1738 sur les frontieres Russe & Chinoise, & leurs noms Russes, Allemands, Mungales & Chinois.

(99) M. Gmelin cite à ce sujet un Ouvrage de M. *Rieger*, ancien Médecin de Russie, intitulé : *Lexicon rerum naturalium & arte factarum*, Art. *Ambra*, p. 471.

un vase, où on la remue avec un peu d'eau chaude pour l'humecter seulement, & on la couvre. On fait ensuite bouillir de l'eau; on en verse un peu sur la drêche qu'on écrase alors en la remuant, afin qu'il ne reste point de grumeleaux, & qu'elle soit bien imbibée, & l'on couvre encore le vase. On continue de cette maniere à verser de l'eau bouillante, & à remuer & à broyer la drêche, jusqu'à ce que l'eau en ait suffisamment pris la teinture, & soit même un peu visqueuse, comme l'est la troisieme eau qu'on tire de la drêche en brassant de la biere. On laisse refroidir le tout, & on le transvase dans un vaisseau plus étroit : on y ajoute un peu de houblon, pressé dans des moules faits à-peu près comme nos briques. On ferme exactement le vase, & on l'enterre. On laisse ainsi tout fermenter ensemble; & comme le houblon de la Chine, par sa pression dans les moules, est déja bien disposé à fermenter, on n'a pas besoin d'y mettre un levain particulier. Aussi-tôt que ce mélange entre en fermentation, on y regarde de tems en tems pour voir quand elle sera finie, ce que l'affaissement de la matiere fait connoître. La fermentation étant jugée suffisante, on verse tout cela dans des sacs de grosse toile, dont l'ouverture est liée bien ferme. On en fait sortir la liqueur sous la presse, dont on voit ici le dessein, & on la met sur le champ dans un baril, qui est gardé dans la cave bien bouché avec un bondon. On voit par cette description que le *tarasun* est une sorte de biere, qui étant bien faite & dans des vases propres, pourroit être aussi bonne & d'aussi bon goût que la double biere de Suede, ou la biere forte d'Angleterre.

L'eau-de-vie des Chinois se fait ainsi. On prend de la drêche d'avoine ou d'orge, ou parties égales de l'une & de l'autre. Cette drêche est moulue encore plus grosse que pour le tarasun; puis jettée dans un vase où on la remue peu-à-peu, & couverte avec soin. Pendant qu'elle repose, on fait bouillir du houblon dans une petite quantité d'eau, pour qu'il reste épais. Quand le houblon est cuit, on y mêle une forte dose de bon levain, & on laisse refroidir le tout. Cette matiere étant réduite à-peu-près au même degré de chaleur que celui de la drêche infusée, on les mêle ensemble; on transvase ce mélange dans un autre vaisseau qu'on enterre encore après l'avoir bien bouché, & on le laisse ainsi fermenter. Plus il s'aigrit, plus on en tire de liqueur spiritueuse. Pendant cette fermentation, on prépare le fourneau destiné à la distillation de l'eau-de-vie, & on y ajuste une grande chaudiere, mais peu profonde, de fer fondu ou forgé. Quand la matiere a fermenté le tems qu'il faut, on remplit entierement d'eau cette chaudiere, & l'on fait au-dessous un grand feu. Dès que l'eau commence à bouillir, on met sur la chaudiere une grille de fer, sur cette grille une grille de bois plus étroite, & sur celle-ci un cylindre aussi de bois, encore plus étroit. On étend la drêche par couche dans le cylindre sur ces grilles, mais on n'en met à-la-fois qu'une certaine mesure, & on l'y laisse un peu de tems, pour que la vapeur de l'eau qui bout dans le chauderon, la pénetre. Aussi-tôt que la vapeur aqueuse a pénétré une premiere couche, on en met une autre de la même épaisseur; & l'on continue ainsi jusqu'à ce que le cylindre soit rempli. Ensuite on y met un couvercle qui ferme bien, & on le bouche hermétiquement. A ce couvercle est adapté un tuyau de cuivre, sous lequel on met un baquet de moyenne grandeur avec de l'eau froide, où l'on jette même de la glace. On pose dans cette eau froide un vase d'étain, qui sert de récipient à l'eau-de-vie qui distille par le tuyau du cylindre. Pendant toute l'opération, le feu du fourneau est réglé de maniere que l'eau bout toujours à petits bouillons, ce qui fait épaissir l'eau-de-vie. Lorsqu'elle commence à entraîner trop de flegme, on ôte le feu du fourneau; on ouvre le cylindre distillatoire, on en retire la drêche distillée; & on y en met de nouvelle que l'on distille de la même maniere, jusqu'à ce qu'on ait tiré l'eau-de-vie de toute la drêche fermentée (1).

Les trois Bâtimens que nous avions demandés à la Chancellerie d'*Irkutzk* furent prêts à la fin de Juillet, & munis de tous les ustensiles nécessaires. On nous avoit accordé pour chaque Bâtiment seize Travailleurs, outre deux hommes pour le gouvernail, & pour les trois Bâtimens ensemble deux Pilotes-Côtiers. Il n'est pas difficile à *Irkutzk* de rassembler de ces Travailleurs. On n'a qu'à faire une visite dans les Marchés, & demander à la plûpart des gens qui s'y trouvent leurs passeports, il y en aura toujours quelques-uns qui n'en auront point. Or, par un réglement fait pour tout l'Empire de Russie, personne ne peut voyager sans passeport. Tous ceux qu'on trouve sans en avoir, doivent être arrêtés & renvoyés à l'endroit d'où ils sont venus. Il se trouvoit donc assez de gens échappés de la Province de *Tobolsk* ou de celle de *Jeniseisk*, & qui, par cette occasion, pouvoient retourner dans leur pays, sans qu'il leur en coutât rien. Nous fîmes la répartition de nos Bâtimens, de cette maniere, M. *Muller* en occupa un, moi un autre avec les Etudians, & nous donnâmes le troisieme aux Dessinateurs & à l'Apprentif Géographe.

Le dernier jour de Juillet, nous nous rendîmes tous chacun à notre bord; mais nous restâmes jusqu'au lendemain devant la Ville, parce que les Travailleurs n'avoient pas encore fait toutes leurs provisions de vivres. Le 2 Août, jour fixé pour notre départ, nous eûmes bien de la peine à les rassembler, & nous ne pûmes partir que vers le midi. Plusieurs d'entr'eux étoient ivres, & se mirent aussi-tôt à dormir, sans qu'on pût les réveiller en partant. Nous avions à peine marché pendant l'espace d'une heure, qu'il se trouva sur mon Bâtiment un de ces Travailleurs mort. Ses camarades me dirent, qu'il étoit arrivé fort ivre, & qu'il n'avoit pas vomi; mais qu'il ne s'étoit plaint de rien, & qu'il ne devoit pas être mort depuis long-tems. Je le fis secouer fortement, je lui ouvris une veine à chaque bras; mais il ne vint point de sang, & je ne lui trouvai aucun signe de vie. On vouloit l'enterrer le même soir, selon l'usage du pays;

(1) M. Gmelin s'étend beaucoup sur les différentes manieres de distiller l'eau-de-vie de grain, & préfere avec raison, pour la boisson usuelle indispensable dans le Nord, l'eau-de-vie un peu foible à la plus forte. Il observe à cette occasion, que l'usage de la derniere est entierement contraire à la digestion. « Les fibres de l'esto- » mac, dit il, s'endurcissent, & perdent » leur ressort. La plus grande partie de la » nourriture passe sans être digérée, & » l'on perd insensiblement l'appétit. On a » au contraire une soif perpétuelle, parce » que, par la dureté des tuniques inté- » rieures de l'estomac, il s'y fait peu de » secrétion des fluides ».

je m'y opposai, & le lendemain je le fis inhumer près de la Manufacture des draps de *Telma*, où nous étions arrivés la nuit.

Le 3, vers 9 heures du matin, nous passâmes entre deux Isles; l'une où est un Village, avec une Eglise; l'autre, où sont des salines, dont l'une appartenoit à une veuve d'*Irkutzk*, appellée *Piwowaricha*, l'autre au Couvent de *Wosnesensk* de la même Ville. On y fait tous les ans assez de sel, pour que le district d'*Irkutzk* n'ait pas besoin de sel étranger. Dans un bras de la riviere, qui coule près de la saline du Couvent, on voit en quelques endroits des sources de sel pénétrer l'eau douce, & j'en remarquai une qui sortoit d'un rocher situé dans la riviere. Le lendemain, nous arrivâmes avant le jour à *Idinskoi-Ostrog*, où nous nous arrêtâmes un peu, pour trouver quelqu'un qui pût nous conduire aux Mines de fer de ce canton. Nous en partîmes le 4, & nous avançâmes jusqu'aux jurtes des Bratskis, situées sur la rive gauche, exactement vis-à-vis la *Kasatschaja-Sloboda*, qui est sur la rive droite, mais qu'on ne peut voir par rapport à quantité d'Isles qui la masquent. J'y pris des chevaux, & je fis arrêter mon Bâtiment. M. *Muller*, avec le sien, s'avança jusqu'à *Balaganskoi-Ostrog*. Après avoir passé plusieurs districts montagneux, en partie couverts de bois, en partie tout nuds, je parvins aux Mines qui sont à sept werstes dans les terres. Elles se trouvent sur deux montagnes, situées fort près l'une de l'autre. On fait descendre des paysans dans ces Mines avec des cordes, & le fort des travaux se fait dans l'Automne, quand la moisson est passée. On n'avoit pas osé jusqu'alors pousser les travaux bien loin, parce qu'on craignoit que la montagne ne croulât. Près des deux Mines, on a construit des cabanes & des fourneaux, où l'on fond des masses de deux puds à deux puds & demi.

J'eus bientôt tout vu, & je vins rejoindre mon Bâtiment que je fis partir aussi-tôt, ensorte que j'arrivai vers le soir sans aucun obstacle devant *Balagansk*, où je trouvai M. *Muller* qui m'y avoit devancé. Nous fîmes ici quelques dispositions pour la suite de notre voyage, & nous y restâmes jusqu'au 6, que nous nous rendîmes aux jurtes des Bratskis, situées à six werstes au-dessous de l'Ostrog & de la riviere d'*Ungar*.

Nous vîmes encore beaucoup de prétendus sortileges, ou plutôt de prestiges assez grossiers, qui ne valent pas à beaucoup près nos tours de Gibeciere.

Le 7, on nous fit assister au *Tailga*, fête que les Bratskis célebrent en l'honneur de leurs Dieux, & qui finit par un grand festin. Le sacrifice qui s'y fait, est de huit moutons & d'un poulain.

Comme les Bratskis de ce canton ont de toutes sortes de bestiaux, nous desirions leur voir apprêter un mets fort en vogue au-delà du lac *Baikal*, & qui consiste à faire rôtir la chair d'un animal dans sa propre peau. Ils n'en avoient aucune connoissance; mais notre Interprete qui avoit vécu avec les habitans d'au-delà du lac, offrit de nous régaler au-moins de l'apprêt de ce plat de rôt, & d'en être le Cuisinier. Il prit pour cet effet un chevreau, lui tordit le col à différentes reprises jusqu'à ce qu'il fût mort, & l'habilla, sans endommager la peau, en commençant par les pattes de derriere. Pour donner plus de consistence à cette peau, il y

laissa

laissa par-tout un peu de chair. Ensuite il coupa par petits morceaux la chair & les os de l'animal, & mit à part les entrailles, ainsi que l'os de la poitrine. Pendant cette opération, on avoit mis chauffer des cailloux dans le feu, sans les faire rougir. On tint après cela la peau suspendue, la tête, qui y tenoit, en-bas ; on y fit entrer un gros caillou froid, & on lia la peau du côté de la tête fort serrée contre ce caillou, pour que la chaleur ne pût pénétrer dans cette partie. On versa dans la même peau une quantité d'eau suffisante, puis alternativement des cailloux chauds & de la chair crûe, jusqu'à ce que la peau fût plus d'à moitié remplie. Cette peau fut après cela cousue ou lacée par derriere, & l'on se mit à la tirailler, à la tordre ; mais elle fut brûlée & percée dans un endroit par une pierre trop chaude, ce qui ne seroit point arrivé, si le Cuisinier eût laissé plus de chair à la peau, comme il le reconnut lui-même. On boucha le trou comme on put avec quelques pierres ; on continua de tirailler la peau, jusqu'à ce que le poil commençât à jaunir & à se détacher, & la viande fut bientôt cuite, mais sans explosion ; car, suivant ce Cuisinier, si la peau n'eût pas été trouée, on auroit entendu un grand coup, qui est le signal de la parfaite cuisson. On arracha le poil de la peau ; on l'ouvrit, & on y trouva la viande, partie bouillie, partie rôtie, nageant dans une sausse ample & fort grasse. Toute cette viande cuite & rôtie, avec la sausse & la peau, fut mangée très-vite, & l'on jetta la tête.

Après avoir quitté les Bratskis, le même jour, 7 du mois, nous continuâmes à marcher, & nous arrivâmes le 9 pendant la nuit à *Bratskoi-Ostrog*, où nous séjournâmes pour y faire cuire du pain.

On tenoit dans les prisons du lieu environ cinquante Bratskis & Tungusses, qui avoient médité de faire un coup de main contre cet Ostrog & contre les Villages situés sur l'*Angara*. On nous dit qu'on avoit trouvé chez eux plus d'armes à feu & de poudre qu'il ne leur est permis d'en avoir ; que le complot avoit été découvert par un jeune Bratski nouvellement baptisé ; que les Bratkis & les Tungusses, dépendans de l'Ostrog même, étoient les auteurs du complot, & qu'ils s'étoient réunis avec les Bratskis d'*Udinsk* & les Tungusses d'*Ilimsk*. Deux des chefs, qui étoient dans le même cachot, s'y étoient étranglés l'un après l'autre, avec une espece de sangle, qui leur servoit de ceinture.

Nous restâmes tranquilles pendant toute la journée du 10, & nous partîmes le 11 vers midi. Chaque Bâtiment reçut ici son Pilote-Côtier pour le passage des cataractes de l'*Angara*. On eut sur-tout l'attention de bien fermer tous les endroits par où l'eau pouvoit entrer dans les Bateaux, & de boucher toutes les jointures d'étoupes pour l'empêcher d'y pénétrer. On débarrassa les ponts, afin de laisser aux Travailleurs de la place pour agir librement, & l'on mit quatre hommes à chaque gouvernail. Quand nous commençâmes à marcher, le mouvement de l'eau étoit si lent, que l'*Angara* ressembloit à un lac. Nous tenions la droite de la riviere ; au bout de quatre werstes, nous atteignîmes la premiere cataracte que nous descendîmes heureusement.

Tant que nous fûmes sur la cataracte, huit hommes ne cessoient de ramer. Le Pilote étoit à l'avant du Bateau ; & comme le bruit des eaux empêchoit d'entendre sa voix, il tenoit à la main un mouchoir, avec lequel il donnoit les signaux convenus à ceux qui étoient attachés aux gouvernails, pour indiquer celui qu'il falloit pousser. Le lit de la riviere est couvert à ce passage, dans l'étendue d'un werste, de pierres de roc, & nous passions entre ces pierres.

Les premiers Cosaques qui monterent la riviere en venant de *Jenisæisk*, trouverent près de ces cataractes une plante qu'ils prirent pour la Pulmonaire, & qui lui ressembloit en effet, tant par les feuilles que par les fleurs. Ils en mêlerent les feuilles & la racine avec d'autres herbes qu'ils faisoient cuire pour les manger, & se trouverent tellement ivres ou étourdis, qu'ils ne savoient plus ce qu'ils faisoient. Etant revenus dans leur état naturel, ils donnerent à l'une de ces cataractes le nom de *cataracte enivrante* (*Pianoi-porog*) ; & comme, après une forte ivresse, on sent quelque mal à la racine des cheveux, ils nommerent l'autre *pochmelnoi-porog* ou *cataracte de la douleur aux cheveux*.

J'ai découvert cette curieuse plante, qu'aucun Botaniste n'avoit connue avant moi : c'est l'*hyosciame* de Linnæus (2). Lorsqu'on en a fait infuser les feuilles ou la racine coupée par petits morceaux dans la biere, ou qu'on les a laissées fermenter avec cette liqueur dans le tems de sa fermentation, un seul verre de cette boisson est capable de rendre un homme absolument fou. Il parle continuellement sans savoir ce qu'il dit ; il est privé de tous ses sens, ou du-moins ses sens sont si troublés, que tout change de nature à ses yeux, qui semblent être devenus microscopiques. Il prendra, par exemple, une paille pour une poutre énorme ; une goutte d'eau, pour une riviere, & ainsi du reste. Par-tout où il marche, il s'imagine rencontrer des obstacles insurmontables. Il se forme à chaque instant les plus terribles représentations d'une mort inévitable & prochaine. Les habitans du canton se servent souvent de cette plante, pour se jouer des tours les uns aux autres, & les Négocians Russes en emportent, parce que c'est, à ce qu'ils prétendent, un remede souverain contre les hémorrhoïdes fluentes & contre l'urine de sang ; ce que je n'ai pas vérifié.

Au-dessous de la premiere cataracte, au passage de *Padunskoi-Byk* (3), l'eau fait un bruit effrayant, mais il n'y a point de danger. A douze werstes au-dessous du Byk, nous arrivâmes au Village de *Padunskaja*, situé sur la rive gauche ; il fallut y décharger les Bâtimens pour descendre la cataracte de *Padun*, & transporter tous nos bagages par terre jusqu'à *Padunskoi-Muis*, situé à cinq werstes plus bas. Dès le soir, nous fîmes donc enlever de nos Bâtimens tous nos ustensiles qui furent chargés sur des charrettes. M. Muller & moi nous campâmes pendant la nuit sous des tentes que nous avions fait dresser près du Village, afin qu'on pût faire approcher les Bâtimens de la cataracte. Les Peintres, les

(2) *Hyoscyamus foliis ovatis integerrimis, calicibus inflatis subglobosis*. Hort. Upsal. 44. 2.

(3) Ce qu'on appelle *Byk*, n'est autre chose qu'un rocher attaché au rivage, & qui s'étendant plus ou moins, entre dans la riviere, où, par sa saillie, il rend l'eau dans les environs plus rapide.

Etudians, & le reste de la Troupe, eurent envie de voir de près la cataracte de *Padun*; ils resterent pour cet effet sur les Bâtimens, & descendirent dès le même soir. Ils gagnerent à force de rames l'Isle d'*Iutei*, le long de laquelle il fallut tirer les Bateaux contre le courant pendant trois werstes. De-là ils gagnerent, en ramant toujours, une autre Isle vers la droite de l'*Angara*, & ils y passerent la nuit.

Le 12 de grand matin, nous fîmes partir nos bagages pour *Padunskoi-Muis*, & nous suivîmes à pied: nous y trouvâmes nos Bâtimens qui tous trois avoient très-bien descendu la cataracte, sans avoir souffert le moindre dommage. La cataracte de *Padun* est composée de trois chûtes, appellées *Marches* par les Russes, & la plus haute est celle du milieu. Elle s'étend dans la longueur d'un werste, & sa hauteur est de près de trois orgies: c'est la plus grande de l'*Angara*, & la plus effrayante de toutes, parce que l'eau y écume le plus; mais avec la précaution qu'on a de décharger les Bâtimens, elle n'est pas fort dangereuse. Quelquefois les Bâtimens y sont arrêtés, mais ils n'en souffrent aucun dommage, parce que tous les rochers sont unis & sans pointes, & qu'on se débarrasse aisément avec un levier; ce qui se fait de cette maniere. Lorsqu'un Bâtiment est arrêté, on descend dans l'eau un madrier derriere & tout près ce Bâtiment; on y fait plusieurs entailles; on l'arrête, autant qu'on peut, perpendiculairement au fond de la riviere, & on l'attache par en-haut avec un cordage à l'avant du Bateau. On passe ensuite, précisément au-dessus de l'endroit où il se trouve arrêté par une des courbes qui montent des deux côtés de la quille, un gros cable, dont on noue les deux bouts ensemble. Ce qui sert de levier, est une poutre parallele au Bâtiment, qu'on assujettit par le moyen d'un autre cable contre la poutre perpendiculaire & dans une de se entailles. L'autre bout du levier passe par le cable qui traverse, comme on a dit, une des courbes du Bâtiment: ce qui fait qu'au-lieu d'être exactement parallele au Bateau, sa position est un peu oblique. Or, en pesant sur le bout d'en-haut du levier, il faut que le Bâtiment se leve, parce qu'il est, pour ainsi dire, suspendu au cable, dans lequel est passé l'autre bout. Si le Bâtiment ne se détache pas dès la premiere secousse, on raccourcit un peu le cable qui forme le point d'appui du levier, ou l'on éleve ce même cable à une entaille plus haute de la poutre perpendiculaire, ou enfin on raccourcit encore le cable auquel est suspendu le Bateau.

Le lendemain matin, tous mes bagages & ustensiles ayant été rechargés dans les Bâtimens, nous continuâmes notre route par eau. Quand nous fûmes arrivés près de la longue cataracte (*Dolgoi-Porog*), le nouveau Pilote que nous avions pris, n'osa d'abord risquer de la descendre, parce que le vent étoit fort. Mais après nous être arrêtés quelque tems près du rivage, le vent s'étant un peu calmé, nous marchâmes & nous passâmes heureusement cette cataracte. Le soir, un brouillard fort épais, qui nous empêchoit de voir devant nous, nous obligea de nous arrêter près d'*Ust-Wecharewskaja D.* Au coucher du Soleil, nous fûmes témoins d'une chasse à l'ours. Nous vîmes un de ces animaux de belle taille, qui paſſoit la riviere à la nage. Nos Chaſſeurs le pourſuivirent dans une Barque, & le tuerent à coups de fuſil.

Le 14, après avoir encore paſſé une cataraête, nous vîmes l'embouchure de la riviere d'*Ilim*. Depuis ce point juſqu'à l'endroit où cette riviere ſe rend dans le *Jeniſei*, elle ne porte plus chez les Ruſſes le nom d'*Angara*, mais celui de *Tunguska*; elle change même de direction, & ſon cours, qui juſque-là avoit été du Sud au Nord, tourne ici de l'Eſt à l'Oueſt.

Le 16, nous eſſuyâmes un gros tems; nous n'arrivâmes que fort avant dans la nuit près de *Keſchemskaja-Sloboda*, & la violence du vent qui continuoit toujours, nous obligea de nous y arrêter pendant toute la journée du 17. On compte dans ce Village au-moins vingt-quatre métairies, & l'on n'y manque point de vivres. La Slobode eſt ſituée ſur l'embouchure d'un ruiſſeau, & le long de ſes bords, à ſix werſtes au-deſſus de ſon embouchure, on tire de la terre un minérai dont on fait un fer admirable. La Mine ſe trouve éparſe en petits morceaux bruns, qui ne ſont pas fort durs: elle eſt à la ſurface de la terre, & elle occupe rarement plus de deux orgies en quarré. Ici, nous vîmes arriver le ſoir deux Bâtimens chargés de chanvre, & deſtinés pour la Compagnie de *Kamtſchatka*.

Nous apprîmes encore au même endroit, qu'on continuoit toujours de rechercher les Tunguſes, & de les tranſporter à *Ilimsk* comme des ſéditieux.

Après avoir paſſé ſans accident une autre cataraête, les deux Académiciens & leur ſuite atteignirent le premier Village du territoire de *Jeniſeisk*. Dans tout le reſte du trajet, juſqu'à la jonction de la *Tunguska* avec le *Jeniſei*, M. Gmelin remarque, entr'autres choſes, le Couvent de *Kaſchinskoi*, où il n'y avoit que trois Moines, avec un Econome, dont le principal revenu provenoit d'une Fonderie de fer, ſituée ſur un ruiſſeau voiſin. La Mine ſe trouvoit ſur un *jar* ou rivage élevé, ſous différentes formes, & quelquefois ſi reſſemblante à du bois, tant par la couleur que par d'autres apparences, qu'on auroit de la peine à l'en diſtinguer autrement que par la confrontation. La néceſſité de changer ſou-*guska*, de Pilotes dans les paſſages difficiles qui ſe rencontrent ſur la Tun-vent ralentiſſoit beaucoup leur marche. Cette riviere, outre les cataractes qui s'y trouvent, eſt encore ſemée de bas-fonds, ou de fonds pierreux, nommés dans le pays *Schiwara*, & de rochers partie cachés, & partie ſortant de l'eau. Il étoit donc indiſpenſable d'avoir pour ces différens paſſages des Pilotes de chaque endroit. Mais à la ſeule vue des Dotſchennikes, la plûpart des Pilotes ſe cachoient ou ſe faiſoient attendre un tems infini. Le 20 du mois, qui étoit un Dimanche, nos Voyageurs étant à la vue de *Tſchadobskaja D*, voulurent prendre de nouveaux Pilotes; mais quoiqu'il y eût ſix métairies, ils ne trouverent pas un ſeul payſan chez lui, ils avoient tous pris la fuite. Les Voyageurs crurent qu'en emmenant avec eux huit femmes du Village, ils attireroient par ce moyen quelques hommes; mais il n'en parut aucun, & à quelque diſtance de-là, ils furent obligés de ſe débarraſſer de ces femmes.

Ils passerent le 23 à la vue de la riviere de *Tasseewo* & du ruisseau d'*Us-folka*, qui tous deux se jettent dans la *Tunguska*. Il y a sur ce ruisseau deux salines, dont l'une appartient au Couvent de la Ste Trinité de *Mangasea*, & l'autre au Couvent de S. Sauveur de *Jeniseisk*. Ces deux maisons fournissent tous les ans le sel qu'on y cuit, aux magasins de *Jeniseisk*, où il est transporté par l'*Ussolka*, la *Tasseewo* & la *Tunguska*, dans des Barques qui ont jusqu'à cinq cens puds de charge. M. Gmelin, à cette occasion, observe qu'il ne faut pas manquer le moment du transport, parce que si on le manque, on est obligé d'attendre la crue des eaux dans l'*Ussolka*, avant de pouvoir faire partir la Barque, ce qui fait quelquefois un retard d'une année entière.

En 1703, des Cosaques de cette Province donnerent avis à *Bogdan Danielowitsch Glebow*, Waywode de *Jeniseisk*, qu'on trouvoit sur la *Tunguska*, dans les environs de la riviere de *Tasseewo*, du tripoli & de l'émeril. Le tripoli n'est pas une rareté, puisqu'on en trouve presque partout, & en différens endroits de la Sibérie, particulierement sur l'*Irtisch* & sur l'*Ob*, & dans les montagnes des environs de *Jerawna*. Cependant c'est un avantage en tout pays de ne pas manquer de cette pierre, qui sert à polir divers ouvrages. Quant à l'*émeril* (sorte de Mine de fer, dont plusieurs métiers font le même usage), comme il faut qu'on l'apporte en Sibérie de Moscou, & que Moscou le tire de Hollande, cette découverte n'est point à mépriser. Cependant, M. Gmelin, après avoir essayé l'un & l'autre, a trouvé le *tripoli* fort bon, mais l'*émeril* trop mol.

Le 24, on passa la derniere cataracte de la *Tunguska*, au-dessous de laquelle une langue de terre étroite s'avance entre cette riviere & le *Jeniséi*. Les vagues n'y sont pas bien grosses, mais les rivages sont hérissés de rochers, & ont un air fort sauvage. Le courant est rapide, & le passage est principalement incommode en ce qu'il y a beaucoup de courbures, & que, dans certains endroits, il est resserré fort étroitement entre les rochers. Le même jour, on atteignit l'embouchure de la *Tunguska* dans le *Jeniséi*. Lorsqu'on examine ces deux rivieres à-la-fois, on croiroit que c'est le *Jeniséi* qui se jette dans la *Tunguska*, & non la *Tunguska* dans le *Jeniséi*. Dans l'ordre naturel, il paroit que ce sont les petites rivieres qui vont toujours chercher les grandes, & qui en sont absorbées. Ici la *Tunguska*, avant sa jonction avec le *Jeniséi*, est plus grande que ne l'est ce fleuve avant de l'avoir reçue. Les peuples idolâtres du pays regardent l'*Angara* & la *Tunguska* comme une seule & même riviere; ils les confondent même encore avec le *Jeniséi*, depuis l'embouchure de la *Tunguska* jusqu'à la Mer Glaciale; mais le *Jeniséi* au-dessus de cette embouchure porte chez eux le nom de *Kem*. C'est assez l'usage des Russes, de donner un troisieme nom à deux fortes rivieres qui se réunissent. Ainsi l'*Ingoda* & l'*Onon* forment la *Schilka*; la *Schilka* jointe à l'*Argun* forme l'*Amur*; & l'*Angara*, par sa jonction à l'*Ilim*, forme la *Tunguska*. Mais ils ne changent guere les noms des rivieres, lorsqu'elles conservent constamment une certaine direction depuis leur source jusqu'à leur embouchure. L'*Obi*, le *Jenisei* & le *Lena* vont du Sud au Nord: aussi l'*Irtisch* se jette-t-il dans l'*Obi*, & la *Tunguska* dans le *Jeniséi*, quoique ces deux rivieres soient aussi grosses ou plus grosses que les fleuves mêmes qui les reçoivent.

Dès que les Voyageurs furent entrés dans le *Jenisei*, ils eurent des deux côtés de ce fleuve des champs vastes & des plaines immenses. Il nous sembloit, dit M. Gmelin, que sortant d'une caverne obscure, nous étions tout-à-coup transportés au plus grand jour. Nous eûmes d'abord quelque peine à nous accoûtumer à ce grand air. Le même jour 24 au soir, il s'éleva tout-à-coup un vent violent suivi d'une pluie abondante qui dura long tems, ensorte que les Bâtimens ne purent arriver que le lendemain 25 au matin devant *Jeniseisk*.

Il y avoit près de quatre ans que les deux Académiciens avoient quitté cette Ville ; il falloit qu'on eût été content d'eux, puisqu'on les reçut avec beaucoup d'amitié. Ils furent cependant obligés de passer encore une nuit sur l'eau, en attendant qu'on eût préparé leurs logemens qu'ils allerent occuper le 26. M. Gmelin passa l'Automne à faire de continuelles promenades, pour herboriser & chercher des plantes. Le Colonel Cosaque, son ancien ami, étoit toujours infatigable, & quand il pouvoit trouver quelque chose de curieux, ou qu'il avoit fait quelques observations sur les effets de certaines plantes, il ne manquoit pas d'en faire part à M. Gmelin. Quoiqu'il eût plus de soixante ans, il l'accompagnoit souvent à la campagne, & marquoit un desir ardent de faire quelques découvertes dans l'Histoire naturelle.

Ce Colonel & quelques Négocians de la Ville faisoient toute la société des deux Académiciens. Le Sieur *Chruschtschow*, Waywode de *Jeniseisk*, étoit aussi fort sociable : c'étoit le même qui les avoit si bien accueillis à leur premier voyage. L'Hiver qui fut long, les retint long-tems dans cette Ville ; mais ils ne manquerent pas d'occupations.

Dès que le froid commença, M. Gmelin fit connoissance avec des gens qui avoient vécu dans les cantons inférieurs du *Jenisei*, principalement du côté de la mer, pour apprendre d'eux quelque chose sur l'Histoire naturelle du pays. Ainsi ce qu'on en trouvera dans la suite de ce Journal, est d'après le récit de ces Voyageurs Russes ou Sibériens.

Les bords de la mer, qui s'étendent depuis le rivage occidental du *Jenisei* le long de la côte du *Juratzk*, sont élevés, sans être montagneux, & tout ce terrein n'est presque qu'argille & sable. La côte de *Juratzk* est celle qui court entre l'*Obi* & le *Jenisei*. La mer tout le long de cette côte a beaucoup de bas-fonds. On y trouve quelquefois de très-grosses dents de vaches marines, & il s'en est vû qui pesoient jusqu'à quinze livres chacune. La côte qui court à l'Est, est au contraire fort pierreuse ; elle contient, comme on l'a dit, des couches de charbons de terre, & est bordée de montagnes, dont plusieurs sont toutes semblables à celles du *Witim*. Ces montagnes sont toutes fracturées ou felées, d'où il arrive souvent qu'elles s'écroulent & tombent dans la mer avec un bruit effroyable. A l'Est de *Retschischnoje-Simowje*, sur la même côte, il y a dans les montagnes beaucoup de *stalactites*, que l'auteur nomme *beurre de pierre* ; elles sont blanches, & jaunissent ensuite. Sur le sommet de ces montagnes qui ne sont pas bien hautes, on trouve par-tout d'immenses tas de coquillages qui conservent encore leur substance & leur couleur naturelles, mais vuides, & la plûpart devenus, par l'ardeur du Soleil, friables ou cassans. Ce qu'il y a de plus singulier, c'est que la mer ne jette jamais de ces sortes de coquillages.

Vers le *Piasida*, le *Tamura*, le *Chatanga*, & du côté de *Juratzk*, on voit communément beaucoup de bois entassé, & composé principalement d'arbres entiers & de poutres. Ce sont des meleses, des cedres & des pins. Le bois qu'on trouve près du bord de la mer, est frais & comme récent; l'autre est desséché.

Les glaces de la mer fondent presque toujours dans le même tems que le *Jenisei* dégele à son embouchure, ce qui arrive communément vers le 12 Juin. La mer est bientôt nettoyée, lorsqu'il souffle des vents de terre qui chassent les glaces. Une circonstance remarquable, c'est que dans les environs de *Retschischnoje-Simowje*, même après que les vents de terre n'ont pas cessé de souffler pendant quinze jours, on retrouve encore de la glace sur le bord de la mer, quand les vents de Nord & de Nord-Ouest ont soufflé seulement pendant vingt-quatre heures, sans même être violens; ce qui semble indiquer que l'origine de cette glace ne peut être fort éloignée, & que le froid doit provenir ou d'une grande Isle, ou d'un continent, & de la Mer Glaciale. Cette derniere conjecture paroît confirmée par les navigations que les Russes ont poussées à plusieurs reprises jusqu'au soixante-dix-huitieme degré de latitude septentrionale, point d'où les Vaisseaux ne pouvoient pas pénétrer plus loin par rapport aux glaces.

Si la mer se dégele tard, elle gele de bonne heure. Vers la fin du mois d'Août, on n'est plus sûr un seul jour de ne pas trouver la mer glacée. Il ne faut, avec le calme, qu'un froid médiocre, pour qu'elle soit couverte de glace dans un quart-d'heure. Mais quand elle est gelée de si bonne heure, il n'est pas sûr non plus, pendant toute l'Automne, qu'elle reste ainsi jusqu'à l'Hiver. Quoi qu'il en soit, il est certain que la mer ne se gele jamais plus tard que le premier Octobre, & qu'ordinairement elle se gele bien plûtôt.

Il pleut rarement dans le Printems à *Jeniseisk*; & pendant l'Eté, le Ciel y est presque toujours serein. Le tonnerre y est encore fort rare, & l'on ne connoît point du tout les éclairs. En Automne, il y a des brouillards continuels, & les murs distillent sans cesse dans les maisons & les cabanes; en Hiver, il y a de fréquentes tempêtes (4).

On prétend que dans la Mer Glaciale & dans les fleuves qui s'y jettent, on s'apperçoit, à quelque distance au-dessus de leurs embouchures, du flux & reflux. Un habitant de *Jenisei* assûroit à M. Gmelin qu'il y avoit dans le *Jenisei* flux & reflux deux fois en vingt-quatre heures; mais il ne paroît pas que l'Académicien ait vérifié le fait.

Depuis le commencement d'Octobre jusque vers la fin de Décembre, on voit beaucoup d'Aurores Boréales, mais qui sont de deux especes. Dans l'une, il paroît entre le Nord-Ouest & l'Ouest un arc lumineux, d'où

(4) M. Gmelin rapporte ici une suite d'observations météorologiques, faites à *Jeniseisk* depuis le mois d'Août 1735 jusqu'en 1736.

s'élevent à une hauteur médiocre quantité de colonnes lumineuses ; ces colonnes s'étendent vers différens points du Ciel, qui est tout noir au-dessous de l'arc, quoiqu'on apperçoive quelquefois les étoiles au-travers de cette noirceur. Dans l'autre espece, il paroît d'abord au Nord & au Nord-Est quelques colonnes lumineuses qui s'aggrandissent peu-à-peu, & occupent un grand espace du Ciel ; ces colonnes s'élancent avec beaucoup de rapidité, & couvrent enfin tout le Ciel jusqu'au zénith, où les rayons viennent se réunir. C'est comme un vaste pavillon brillant d'or, de rubis & de saphirs, déployé dans toute l'étendue du Ciel. On ne sauroit imaginer un plus beau spectacle : mais quand on voit, pour la premiere fois, cette Aurore Boréale, on ne peut la regarder sans effroi, parce qu'au rapport des gens du pays, elle est accompagnée d'un craquement & d'un bruit semblable à celui d'un grand feu d'artifice. Les animaux même en sont, dit-on, effrayés. Les Chasseurs qui sont à la quête des renards blancs & bleus des cantons voisins de la Mer Glaciale, sont souvent surpris par ces Aurores Boréales. Leurs chiens en sont épouvantés, refusent d'aller plus loin, & restent couchés à terre en tremblant, jusqu'à ce que le bruit ait cessé : cependant ces effrayans météores sont ordinairement suivis d'un tems fort serein.

On n'avoit depuis long-tems aucune nouvelle de M. de la Croyere : les trois Professeurs, depuis leur séparation, avoient presque toujours suivi des directions opposées qui les éloignoient de plus en plus les uns des autres. Mais le 10 Janvier 1739, on reçut de lui une Lettre sans date. Il marquoit : « QUE vers la fin d'Août 1737, il étoit parti par eau de
» *Jakutzk*, & qu'il avoit eu le bonheur d'atteindre *Siktak* ou *Siktakskoje-*
» *Simowje*, située à plus de douze cens werstes au-dessous de *Jakuzk* ;
» que de-là il avoit fait, au commencement de Décembre, un voyage
» en traîneau vers l'*Olenck*, où il avoit trouvé des habitations Russes,
» situées à la même hauteur que *Siktak* ; qu'il y étoit arrivé le 18 Janvier
» 1738 ; qu'il y étoit resté jusqu'au 5 Avril ; qu'il avoit regagné *Siktak*
» par les chemins d'Hiver, & y étoit arrivé à la fin du même mois. Il ajou-
» toit qu'au commencement de Mars il avoit pris le parti d'envoyer le Géo-
» graphe *Alexandre Iwanow* vers l'*Anabara*, avec ordre de pénétrer plus
» loin, s'il pouvoit ; mais que ce Géographe, avant d'avoir pu se met-
» tre en route, étoit mort d'une maladie qui n'avoit duré que deux ou
» trois jours ; qu'aussi-tôt qu'il avoit vu le *Lena* débarrassé de ses glaces,
» il avoit cru devoir profiter de son séjour dans ces cantons septentrio-
» naux, pour visiter les bords de la mer, ou les faire visiter par quel-
» qu'un, & ramasser les productions naturelles de végétaux, fossiles,
» ossemens d'animaux, coquillages, insectes, &c ; qu'il avoit choisi pour
» ce voyage l'Etudiant *Lucas Iwanow* & le Bailli de *Schigan* ; qu'il les
» avoit expédiés de *Siktak* vers l'embouchure du *Lena*, & leur avoit
» recommandé de parcourir exactement, & de faire la description de
» toute la côte, en leur donnant pour cet effet une ample instruction
» sur ce qu'ils avoient à faire dans tous les cas ; qu'il avoit cru faire
» lui-même une entreprise très-utile, en retournant en droiture vers la
» riviere de *Wilui*, pour la remonter autant que le permettroit la saison ;

qu'il

» qu'il s'étoit proposé de décrire le cours de cette riviere, avec toutes
» les circonstances géographiques & physiques ; qu'il avoit choisi, pour
» l'accompagner, un Etudiant & un Apprentif Géographe, *Iwan Scha-*
» *wirin* ; qu'il avoit poussé jusqu'au *Wercho-Wiluiskoi-Ostrog*, mais qu'il
» avoit appréhendé d'être pris dans les glaces, s'il eût risqué d'aller plus
» loin ; que, pour compenser par d'autres secours ce qui manquoit à la
» description de la riviere, il avoit envoyé son Géodésiste vers *Olek-*
» *minskoi-Ostrog*, avec ordre de prendre les mesures itinéraires de tout
» ce district ; qu'il espéroit par-là pouvoir du-moins déterminer sûre-
» ment le point du *Wilui*, où est *Wercho - Wiluiskoi - Ostrog*, &c. ».

M. *de la Croyere* employa tout le mois d'Août à ce voyage de *Wilui*, &
ne revint à *Jakutzk* que vers la fin de Septembre. Il fut obligé de faire les
derniers soixante-dix werstes à cheval, parce que la riviere charioit déja
considérablement. Il laissa ses Compagnons de voyage dans le Bâtiment
qui l'avoit conduit par eau, pour pénétrer aussi loin qu'il seroit possible
par les glaces ; mais ils ne purent pas atteindre *Jakutzk* en un jour, &
l'on fut obligé de transporter par terre tous les instrumens & les bagages. Outre le Géodésiste *Iwanow*, M. *de la Croyere* avoit encore perdu
un Soldat, qui mourut subitement dans un cabaret à eau-de-vie, bâti sur
l'embouchure du *Wilui*, & un Sluschiwie qui s'étoit coupé la gorge, sans
qu'on pût en deviner la raison. Un autre Soldat, qui avoit eu les membres si fortement gelés, qu'il étoit pour toute sa vie incapable de tout
service, fut renvoyé à son détachement. M. *de la Croyere* lui-même souffrit infiniment dans ce voyage, & fut souvent en grand danger. Ses
instrumens d'Astronomie étoient si fort endommagés, qu'il étoit fort difficile de les réparer.

Dans une autre Lettre du 17 Juin 1739, M. *de la Croyere*, en parlant
de tous les contre-tems qu'il avoit essuyés, entroit dans une espece de
fureur. « Il sembloit, disoit-il, que le Ciel & la Terre fussent conjurés
» contre lui, qu'ils eussent suscité tous les élémens, pour le traverser
» de toutes les façons imaginables dans les entreprises qu'il avoit for-
» mées pour l'accroissement des Sciences, au mépris même de sa vie.
» Le Ciel avoit été presque continuellement couvert de nuages ; & le
» grand froid avoit gâté tous ses instrumens météorologiques, ensorte qu'il
» ne lui restoit plus aucun de ses meilleurs thermometres, les ayant
» emportés avec lui, pour n'en pas manquer dans des lieux où il comp-
» toit pouvoir surprendre le froid presque à sa véritable source. Il ajou-
» toit que, voulant savoir jusqu'à quelle profondeur la terre étoit gelée
» dans ce rigoureux climat, il s'étoit servi de la houe, mais que la terre,
» pour éluder ses recherches, avoit pris la dureté du marbre ; qu'elle
» ne s'étoit laissé pénétrer en aucun endroit, & que les plus forts instru-
» mens de fer s'étoient brisés sous les efforts redoublés des plus robustes
» Travailleurs ; qu'il n'avoit pas trouvé l'eau plus docile ; qu'au com-
» mencement de Février, ayant fait creuser la glace jusqu'à l'eau cou-
» rante, pour voir si l'eau dans ces cantons, sans perdre sa fluidité,
» étoit susceptible d'un plus fort degré de froid, que dans les pays où
» le point de la congélation est au deux cens cinquante-deuxieme de-

» gré, selon la division de M. *de Lisle* son frere, & au trente-deuxieme
» degré, suivant la division de *Fahrenheit*, il avoit suspendu dans ce
» trou le seul thermometre qui lui restoit, & que dix à douze minutes
» après, tout-au-plus, le thermometre étoit engagé dans trois pouces
» dix lignes de glace, & si fortement pris, qu'avec toutes les précautions
» qu'il mit en usage pour le détacher de ce ciment glacial, il n'avoit pu l'en
» retirer que par pieces ; que le froid alors étoit si vif, qu'il ne pou-
» voit tenir sa main l'espace de deux minutes au grand air, sans risquer
» de l'avoir gelée ; que pendant tout le tems qu'il avoit séjourné dans ce
» canton-là, les vents avoient soufflé entre Nord-Ouest & Nord-Nord-
» Est ; qu'on ne voyoit ni Ciel ni Terre, lorsque le vent venoit tout-à-
» coup à changer de direction, & qu'il amenoit souvent une si forte
» poussiere de neige, qu'en la voyant, on auroit dit que tout l'air étoit
» converti en neige ; que le feu même, dont on pouvoit espérer au-
» moins plus de service, lui avoit quelquefois refusé les secours qu'il
» en attendoit, ayant eu souvent les doigts gelés près d'un grand feu ;
» qu'enfin l'air dans ces climats glacés avoit été pendant son séjour d'une
» si mauvaise qualité, qu'environ la moitié des habitans, quoiqu'indi-
» genes ou naturels du pays, avoient péri par des maladies épidémi-
» ques ».

Le voyage de M. *de la Croyere* n'eut donc pas le succès qu'il s'en étoit promis. S'il eût pû seulement déterminer, par d'exactes observations, la longitude de l'endroit où il avoit séjourné, dit M. *Gmelin*, son travail eût certainement été fort utile ; mais il n'avoit pas même avec lui un homme capable de compter les secondes d'une pendule ; tous ses instrumens étoient en mauvais état, & il n'avoit personne pour les réparer.

En 1722, *Pierre le Grand* ordonna à tous ceux qui pourroient trouver quelque part des cornes de *Mammount*, de s'attacher à les ramasser, ainsi que tous les autres ossemens de cet animal, de les conserver le mieux qu'il seroit possible, & de les envoyer à Petersbourg. Ces ordres furent publiés dans toutes les Villes de Sibérie, & principalement à *Jakutzk*. En conséquence, il se fit de tous côtés beaucoup de recherches, qui procurerent au Cabinet Impérial de Petersbourg des têtes, des cornes & des ossemens, tant du prétendu *Mammount*, que d'autres animaux inconnus.

Les Cosaques de *Jakutzk* s'attacherent le plus à ces sortes de recherches, parce qu'ils y trouvoient de grands avantages. On leur accordoit cinq à six chevaux de poste pour leurs voyages, & ils s'en servoient à transporter des marchandises dont ils faisoient un commerce assez lucratif. On leur payoit bien d'ailleurs toutes les curiosités de ce genre qu'ils rapportoient aux Chancelleries. Le squelette d'un *Mammount*, ou ce qui en avoit quelque apparence, étoit devenu une chose sacrée que les habitans des lieux où ils se trouvoient, & même les Commis des Péages respectoient, par rapport à sa destination, sans presque oser y toucher. Les Cosaques s'en emparoient, & ils s'étoient mis en possession d'en fournir les Chancelleries, où l'on s'en faisoit une grande affaire.

M. *Gmelin* conjecture que les prétendus os de *Mammount*, qu'il croit

fabuleux, sont de véritables os d'Eléphans; mais il ajoute qu'on trouve encore en Sibérie des os d'un autre animal, qui est une espece particuliere de bœufs inconnue ailleurs, & qu'on les confond souvent avec les premiers. Au reste, ces os d'éléphant se trouvent non-seulement dans toutes les contrées de la Sibérie, & sur-tout dans les parties méridionales, comme dans les cantons supérieurs de l'*Irtisch*, du *Tom* & du *Lena*, mais encore en plusieurs endroits de la Russie, & même d'Allemagne, où ils sont connus sous le nom d'*Ivoire fossile*. Ces sortes d'os, qu'en certains pays on prend pour des cornes, & en d'autres pour des dents, se font, dit-il, amollis dans les climats un peu chauds, & changés en ivoire fossile ; mais dans les contrées où la terre est continuellement gelée, comme dans les cantons inférieurs des rivieres qui se rendent dans la Mer Glaciale, ou sur les bords des lacs d'eau-douce, qui ne sont pas fort éloignés de cette mer, ces mêmes os se font souvent si frais, qu'*Isbrand Ides*, & depuis *Muller* (5), de qui d'autres ont copié cette fable, dit qu'on en trouve d'ensanglantés. Et, comme en matiere de fiction, les hommes, amis du merveilleux, ne restent jamais en chemin, pour rendre raison du sang que l'on croyoit voir sur ces os, on a prétendu que le *Mammount* de la Sibérie vivoit sous terre, qu'il y mouroit même quelquefois, & se trouvoit tout inhumé. *Muller* décrit ainsi le *Mammount* : « Cet animal a, dit-il,
» quatre ou cinq aunes de hauteur, & environ trois brasses de longueur;
» sa couleur est grisâtre, sa tête fort longue & son front très-large. Il
» lui sort des deux côtés, au-dessus des yeux, des cornes qu'il remue
» & croise à son gré. Il a la faculté de s'étendre considérablement en
» marchant, & de se retrécir en un plus petit volume. Ses pattes res-
» semblent par leur grosseur à des pattes d'ours ». *Isbrand Ides* est assez sincere pour avouer que de tous ceux qu'il a questionnés sur cet animal, il n'a jamais trouvé personne qui lui ait dit avoir vu un *Mammount* vivant. Quant aux os fossiles qui ressemblent à ceux de l'éléphant, on ne sauroit douter qu'ils ne soient réellement des parties de cet animal. Si l'on n'hésite point à reconnoître pour de vrais monumens de l'antiquité, toutes ces médailles (*venerandæ rubiginis*) que l'on déterre de tems en tems, pourquoi refuseroit-on de croire à tous ces os d'éléphant? Ces os, pour adopter ici l'expression de Fontenelle, sont des médaillons bien plus anciens, & plus certains peut-être encore, que toutes les médailles Greques & Romaines. Ces monumens répandus par toute la terre, sont les plus fortes preuves d'une grande révolution que le globe a subie autrefois. Les éléphans, continue M. Gmelin, pour éviter leur destruction, se sont apparemment dispersés de toutes parts. Quelques-uns ont pu, après leur mort, avoir été transportés fort loin par les seules inondations ; ceux qui, dans leur fuite, se sont trop écartés vers le Nord, ont succombé nécessairement à la rigueur du climat ; d'autres, sans avoir été si loin, ont été noyés dans les eaux, ou sont péris de lassitude. Des révolutions qui peuvent être arrivées sans aucun miracle, & par une suite des seules loix naturelles, nous ouvrent au moins une voie pour l'ex-

---

(5) *Mœurs & Usages des Ostiaques*, dans le Recueil des Voyages au Nord, p. 381, &c.

plication d'un grand nombre de phénomenes, dont on ne peut autrement rendre aucune raison probable : mais on ne doit pas se figurer que tout puisse s'expliquer par-là. Les *Woodward* & les *Scheuchzer*, en voulant tout rapporter au déluge universel, & ceux qui supposent sans preuves des inondations particulieres, ont également passé le but. L'Italien *Moro* prétend que toutes les révolutions de la terre sont provenues de l'éruption des volcans, ou des fortes secousses qu'elle a essuyées. *Théophraste*, *Pline*, *Agricola*, *Libanius* &c. & quelques autres Naturalistes ont prétendu que l'ivoire-fossile croissoit dans la terre. Ce sentiment, selon M. *Scheid* (6), est aussi absurde, aussi contraire à la nature & à toutes ses loix connues, que si l'on soutenoit que les animaux végétent & sortent de la terre comme les champignons. Mais la question n'est pas ici de savoir comment ces os sont venus dans la terre ; le fait est qu'ils y sont, & que ce sont des os d'éléphant. La grosseur de ces os varie. M. Gmelin rapporte qu'il y a des dents fraîches d'éléphant, qui ont jusqu'à dix pieds de longueur, & qui pesent 100, 140 & 148 livres. Le squelette long de trente-six aunes, qui, selon *Strahlenberg*, avoit été vu par le Peintre Russe *Remessow* sur le lac *Tschana*, ne pouvoit être que celui d'un éléphant. La conservation de ces ossemens dans les cantons voisins de la Mer Glaciale n'est pas plus surprenante, que ce que *la Peyrere* rapporte du Groënland (7). C'est à l'incorruptibilité, causée par le froid excessif, qu'il faut attribuer la raison, pour laquelle il n'y a point de différence entre les ouvrages d'ivoire & ceux que l'on fait des cornes ou dents-fossiles de Sibérie. Il est vrai qu'il s'en trouve de jaunâtres, ou qui jaunissent par la suite, d'autres qui sont brunes comme les noix de cocos, & d'autres qui sont d'un bleu tirant au noir. Les dents qui n'ont pas été suffisamment frappées de la glace qui leur fait comme une espece de vernis, ou qui ont resté pendant quelque tems exposées à l'effet de l'air, sont sujettes à s'altérer ainsi, & même à prendre d'autres couleurs, suivant la nature de l'humidité qui s'est jointe à l'action de l'air. Il seroit donc à souhaiter, selon M. *Gmelin*, que l'on connût toutes les especes d'animaux dont on trouve des ossemens en Sibérie, avec autant de certitude que l'on reconnoît l'animal à qui appartiennent les prétendus os de *Mammunt*. A l'égard de ceux qui paroissent indiquer un animal du genre des bœufs, cet animal ne seroit-il point par hasard le *Bœuf-d-Musc*, que l'on trouve principalement entre la riviere Danoise & la riviere du Loup-Marin, qui toutes deux se jettent dans la Baie d'Hudson ? Ces animaux sont plus petits que les bœufs d'Europe, mais ils ont une laine admirable (8).

Les recherches ordonnées par Pierre I. procurerent beaucoup de curio-

(6) *Præfat. ad Protogæam Leibnitii*.
(7) « Les morts qui ont été enterrés il
» y a trente ans, sont encore aussi beaux
» & aussi frais, que s'ils n'étoient morts
» que depuis un instant. Le Groënland est
» en général un pays admirable pour les
» morts ; ils n'y sont point sujets à la corruption ». *Relation du Groënland*, page 167.
(8) *Relation du Détroit & de la Baie de Hudson*, par M. *Jérémie*, page 9, dans le Recueil des Voyages au Nord, Tome VI.

sités de ce genre. Un Slufchiwie de *Jakutzk* trouva dans la terre, aux environs de l'*Indigirka*, une corne torfe, provenant du *Narwhal*, forte de baleine (9). Ces cornes reconnues depuis pour des dents, étoient anciennement fort eftimées, avant qu'on eût découvert que c'eft la dépouille d'un animal marin. La corne ou plutôt la dent de *Narwhal* a été prife long-tems pour la corne de la Licorne, animal fabuleux ou dénaturé, foit par l'ignorance des hommes, foit par une équivoque de nom, telle qu'il s'en eft trouvé dans toutes les anciennes Langues, auquel on attribuoit une force extraordinaire. On faifoit autrefois, dans la Médecine, un cas fingulier de cette corne ; on croyoit qu'elle réfiftoit à tous les poifons quels qu'ils fuffent, & qu'elle guériffoit infailliblement les maladies contagieufes. Et qui n'en feroit prefque convaincu, en lifant les feuls témoignages des Médecins d'Augsbourg qu'a ramaffés *Wormius* ? Elle étoit donc connue dès les anciens tems dans la matiere médicale, fous le nom de *vraie Licorne* (Unicornu verum) ; mais tous les Apothicaires & les Droguiftes, qui la font venir de Hollande, favent à préfent que ce n'eft autre chofe que la dent du Narwhal.

En 1741, on trouva près d'*Anadirskoi-Oftrog*, dans une terre marécageufe, une de ces dents qui pefoit onze livres, & qui fut envoyée à *Irkutzk*. La queftion eft de favoir, fi cette dent étoit venue là de la même façon que les os d'éléphant femés dans la Sibérie. M. Gmelin penche à croire que l'*Anadir*, l'un des fleuves du pays qui fe rendent dans la Mer Glaciale, peut, avec le reflux, avoir apporté quelques-unes de ces dents que l'animal, quoiqu'étranger dans cette mer, y aura laiffées. Ce qui favorife cette opinion, c'eft qu'on trouve plufieurs veftiges qui font conjecturer que la Mer Glaciale s'eft étendue autrefois bien plus loin au Sud qu'elle ne l'eft à préfent : il n'eft donc pas étonnant qu'on trouve des reftes d'animaux marins loin de la mer, & fort avant dans les terres.

Cet Académicien, pendant fon féjour à *Jakutzk*, ayant appris qu'un Cofaque de cette Ville travailloit affez proprement une certaine efpece d'os, qu'on y apportoit d'*Andirskoi-Oftrog*, & qu'il coupoit par lames ou tablettes, pour en garnir de petits coffres, fut curieux de voir ces fortes d'ouvrages. On lui dit que les os dont fe fervoit le Cofaque, étoient des dents de vache marine. Il acheta de ces dents, & il en fit faire un pareil coffre pour le Cabinet de Sa Majefté Impériale. L'animal qui fournit ces dents, eft appellé *morfch* en Langue Ruffe, & les Samojedes qui habitent fur le golfe de *Taffeewi*, près de l'embouchure de l'*Obi*, l'appellent *Tinte*, c'eft le même qu'on nomme en François *vache marine* (10), & que quelques Voyageurs du Nord ont appellé pour fa groffeur *éléphant-de-mer*. Ces animaux fe trouvent aux environs de la Nouvelle-Zemble, vers le détroit de *Weygatz* & dans toutes les Ifles jufqu'à l'*Obi* (11). On prétend qu'il y en a même jufque dans les envi-

---

(9) *Monodon* Arted. *Monoceros & Unicornu aliis. Narwhal* Worm. & Klein. Vid. J. T. Kleinii *Hift. Nat. Pifc. Nat. Prom.* Miff. II. §. 18. Tab. II. C.

(10) Linnæus, dans fon *Syftema Naturæ*, l'appelle *Phoca dentibus caninis exfertis*.
(11) *Recueil des Voyages au Nord*, T. F. p. 39. T. II. p. 269-274. T. IV. p. 11, 6 & 9.

rons du *Jenifeï*. Les vaches marines font fort communes vers la pointe de *Schalaginskoï* chez les *Tchukefchis*, qui font de leurs plus groffes dents des femelles de traîneaux ; & des moyennes, des couteaux, des haches & d'autres uftenfiles. Il faut bien qu'il s'en trouve une grande quantité depuis cet endroit jufqu'au fleuve *Anadir*, puifque toutes les dents de vache marine, dont on fait commerce à *Jakutzk*, viennent d'*Anadirskoï*. Il y a de ces mêmes animaux à la Baie d'*Hudfon*, dans l'Ifle Phelipeaux, dont les dents ont une aune de longueur, font auffi groffes que le bras, & donnent d'auffi bon ivoire que la dent d'éléphant (12). Les dents de vache marine fe vendent en Sibérie au poids. La pointe & la croute extérieure tout-autour font fi blanches & fi dures, qu'elles furpaffent même l'ivoire par la blancheur & la dureté. C'eft de ces deux parties qu'on fait ordinairement en Ruffie les jeux d'échecs. En France, en Angleterre, en Allemagne, on en fait des dents pofticheṣ. La partie marbrée de ces dents, qui s'étend depuis leur racine jufque près de la pointe, eft la plus eftimée en Sibérie ; c'eft celle qu'on choifit pour garnir les petits coffres de *Jakutzk* & différens autres ouvrages.

Je n'ai pas entendu dire, obferve M. *Gmelin*, que dans les cantons d'*Anadirskoï-Oftrog* on ait jamais été à la chaffe ou à la pêche des vaches marines pour avoir de leurs dents, dont cependant il en vient une grande quantité. Suivant le rapport qu'on lui a fait, les gens du pays trouvent ces dents détachées fur la côte de la baffe-mer, & par conféquent ils n'ont pas befoin de tuer auparavant l'animal. Il faut donc, ou que les vaches marines refaffent leurs dents en certaines faifons de l'année, & qu'elles choififfent, pour dépofer celles qu'elles quittent, certains endroits de la mer ; ou qu'elles perdent leurs dents par hafard, & peut-être en fe battant entr'elles ; ou qu'on les trouve après leur mort. J'ai appris verbalement des Cofaques de *Jakutzk*, continue M. *Gmelin*, qu'il y a pareillement chez les *Tfchukefchis* certains endroits où l'on trouve de ces dents en fi grande quantité, que non-feulement ils en font toutes fortes d'uftenfiles, mais qu'ils en forment des amas confidérables pour en faire des offrandes à leurs Dieux ; en quoi ils reffemblent beaucoup aux Lappons, qui font le même ufage de leurs os de rennes.

Chaffeurs Sibériens.

M. *Gmelin* ayant fait beaucoup de recherches fur la chaffe des rennes, & fur celle des renards blancs & bleus, rapporte, fur la foi des Chaffeurs, qu'ils s'éloignent fouvent de leurs habitations à la diftance de quarante, de cinquante & de cent werftes, pourvu qu'ils aient quelque efpérance de faire une bonne chaffe. Ainfi ces fortes de chaffes font de vrais voyages. Dans l'Hiver, où elles font les plus fréquentes, il s'élève quelquefois des tempêtes fi furieufes, qu'on ne voit pas devant foi les moindres traces de chemin, & qu'on eft forcé de refter dans l'endroit où l'on fe trouve jufqu'à ce que l'ouragan foit paffé. Comme chaque Chaffeur eft pourvu d'une petite tente, pour lui & pour fon chien, qu'il porte par-tout, il la dreffe alors, & fe met à couvert des injures du tems. Aucun ne s'expofe dans ces longues traites fans avoir des vivres

(12) *Recueil des Voyages au Nord*, Tome VI. *Relation de la Baie de Hudfon*, par Jérémie, p. 7.

pour quelques jours ; & quand la tempête dure trop long-tems, ils diminuent chaque jour quelque chose de leur portion pour en attendre la fin. Ces Chasseurs sont encore munis chacun d'une boussole, pour pouvoir retrouver leur chemin, quand les ouragans en ont confondu les traces. Quand les neiges accumulées rendent les chemins impraticables, ils ont une sorte de chaussure, avec laquelle ils glissent sur la neige sans y enfoncer. La boussole vue par M. *Gmelin*, étoit de bois, & l'aiguille aimantée marquoit assez bien. Elle indiquoit huit vents principaux, qui avoient chacun leur nom ; savoir, le *Siewer* (Nord), le *Lieto* (Sud), l'*Wstok* (Est), le *Sapod* (Ouest), le *Polunoschnik* (Nord-Est), l'*Objednik* (Sud-Est), le *Scholoanik* (Sud-Ouest), le *Glubnik* (Nord-Ouest). Tous les autres vents y étoient marqués, sans être désignés par leurs noms. Les rumbs ou vents intermédiaires étoient distingués par des lignes ou des points qui ont aussi chacun leur nom.

Reprenons le récit du voyage. L'Académie Impériale avoit fait partir le Sieur *George-Guillaume Steller*, avec un Dessinateur nommé *Decker*, pour aider M. *Gmelin* dans ses travaux sur l'Histoire Naturelle. Vers la fin de Septembre de cette année (1738), on reçut des Lettres du Dessinateur, datées de *Tomsk*, par lesquelles on apprit que ces deux nouveaux Compagnons y étoient arrivés dans l'Automne ; mais qu'avant que les chemins eussent été propres pour voyager en traîneaux, M. *Steller* étoit tombé malade d'une fievre chaude au point qu'on avoit désespéré de lui ; que le fort de la fievre étoit passé, & que les chemins étoient praticables, mais que M. *Steller* étoit encore si foible, qu'il n'osoit se remettre en route, dans la crainte de retomber. M. *Steller* ne put joindre les deux Professeurs que le 20 Janvier 1739, & ils persisterent dans leur premiere résolution de l'associer à M. *Kraschenninikow*, dont ils venoient d'apprendre alors l'arrivée au *Kamyschatka*, où il étoit rendu dès le dernier Automne. Le peu de séjour que M. *Steller* fit avec les deux Professeurs, leur fit connoître que personne n'étoit plus en état de bien remplir sa mission, c'est-à-dire, de seconder M. *Kraschenninikow* dans ses recherches sur l'Histoire naturelle du pays, dont il s'agissoit de se procurer la plus exacte connoissance. De plus, il s'offrit de lui-même à faire ce pénible voyage. M. *Gmelin* avoue de bonne foi que, s'il eût été obligé d'aller lui-même joindre à sa place M. *Kraschenninikow*, il en auroit beaucoup plus coûté au Gouvernement, parce qu'il auroit amené bien plus de monde avec lui, & qu'il auroit par conséquent eu besoin de bien plus de vivres ; mais jusqu'alors les Professeurs n'avoient pas reçu le moindre avis d'*Irkutzk* sur la possibilité de leur grand voyage. Ils représenterent à M. *Steller*, qu'il avoit beaucoup de misere à craindre, mais qu'il avoit pourtant lieu d'espérer plus de secours qu'eux, s'il pouvoit gagner sur lui d'essuyer les hauteurs des Officiers de Marine, & de s'y plier : ce qui ne convenoit pas aux Professeurs honorés des ordres immédiats de la Cour & du Sénat suprême. Mais tous les inconvéniens qu'on pût lui faire envisager, étoient pour lui de nouveaux motifs d'encouragement qui l'animoient encore plus à faire ce pénible voyage, pour lequel il se croyoit endurci par celui qu'il venoit de faire. Il n'étoit point chargé de bagage ; & comme en Sibérie il faut nécessairement porter tout son ménage avec foi, le sien étoit aussi succinct qu'il fût possible. Il se servoit du même vase pour boire de la biere, de l'hydromel & de l'eau-de-vie, & il ne buvoit point du tout de vin. Il n'avoit qu'un plat, dans lequel il apprêtoit & mangeoit tout. Il n'avoit pas besoin de Cuisinier; il faisoit tout lui-même, & avec si peu de façon, que la soupe, les légumes, le poisson, la viande, &c, se cuisoient dans le même pot, & tout ensemble. Il supportoit aisément l'odeur de sa cuisine, dans la chambre même où il travailloit. Il n'avoit besoin ni de perruque, ni de poudre; tous souliers, toutes bottes alloient à son pied : il n'étoit nullement touché des miseres d'une pareille vie, & plus il y avoit de désordre, plus il étoit gai. Au reste, autant il étoit peu difficile dans sa façon de vivre, autant il mettoit d'attention, d'ordre & d'exactitude dans tout son travail, ensorte qu'on ne pouvoit trop se reposer sur lui de tout ce qu'il entreprendroit. Il souffroit aisément la faim & la soif pendant toute une journée, pourvu qu'il pût effectuer quelque chose d'utile aux Sciences.

M. *Kraschenninikow* avoit marqué aux Professeurs, que dans son passage d'*Ochotzk* au *Kamtschatka*, il avoit pensé périr, parce que le Vaisseau qui le passoit, avoit fait en route une voie d'eau si considérable, qu'on avoit été obligé de jetter à la mer quantité de bagages, d'ustensiles, & entr'autres choses toutes les farines dont on l'avoit approvisionné pour deux ans ; qu'ensuite le Bâtiment avoit échoué sur un banc de sable à la côte de *Kamtschatka*, avant qu'il eût atteint *Bolscheretzkoi-Ostrog*; que tout le monde avoit été sauvé, mais qu'on n'avoit gagné la terre qu'avec des peines infinies. On n'eut la Relation de son voyage qu'au commencement de 1739, & les Professeurs écrivirent aussitôt aux Chancelleries d'*Irkutzk* & de *Jakutzk* pour lui procurer les plus prompts secours, sur-tout des habits & des vivres. Ils songerent ensuite à faire partir au plutôt M. *Steller*, & à le munir de tout ce qui lui étoit nécessaire. Ils le chargerent en particulier d'apporter tous les soins imaginables, pour obtenir des Chancelleries les vivres & les autres secours qu'ils leur demandoient pour lui. On travailla sans discontinuer à dresser des instructions pour le nouveau Voyageur sur toutes les observations qu'il avoit à faire. Les Professeurs y joignirent une notice de tout le travail qu'ils avoient fait jusqu'alors eux-mêmes dans la Sibérie sur l'Histoire naturelle.

Pendant ces préparatifs, l'Interprete *Ilia Jachontow*, qui, depuis le commencement du voyage, n'avoit pas quitté les Professeurs, homme d'un mérite & d'une intelligence rare, après un maladie de deux mois, mourut le 4 Mars.

Cette mort leur fut d'autant plus sensible, qu'il leur étoit d'un très-grand secours, & fort difficile à remplacer. Le portrait qu'en fait M. *Gmelin*, donne l'idée d'un sage dont les vertus avoient pour solide fondement un sentiment de religion, vrai, raisonnable, & qui ne prenoit jamais rien ni sur la facilité de ses mœurs, ni sur la douceur de son esprit. La correspondance des Professeurs avec le Sénat & avec toutes les Chancelleries de Sibérie se faisoit toujours en Langue Russe. Ils ne pouvoient avoient communiquer autrement, & la perte de *Jachontow* les privoit de tout secours. Il leur restoit un Étudiant, nommé *Alexei Gorlanow*, qui écrivoit facilement le Russe & le Latin, mais qui savoit médiocrement sa propre Langue. Cependant, comme c'étoit ce qu'ils avoient de mieux après *Jachontow*, ils avoient résolu de le donner à M. *Steller*, & la mort de l'autre ne changea rien à cette disposition. Pour suppléer à leur Interprete, ils prirent le parti de s'appliquer eux-mêmes à écrire en Langue Russe; ils réussirent en peu de tems à se faire assez bien entendre, & l'usage continuel de cette Langue la leur rendit familiere.

M. *Steller* avoit amené avec lui un Dessinateur; mais on voulut lui en donner un plus expéditif, & les Professeurs lui céderent le Sieur *Berkan*, le plus habile de ceux qu'ils avoient à leur suite. Il fut ensuite expédié avec son monde au moi de Mars, afin qu'il pût encore se rendre à *Irkutzk* par les chemins d'Hiver, & partir l'Eté suivant pour le *Kamtschatka*.

M. *de l'Isle de la Croyere*, en marquant le mauvais état où se trouvoient tous ses instrumens depuis son voyage vers la riviere d'*Olensk*, avoit prié les Professeurs de lui procurer un Artiste qui pût au-moins raccommoder ses pendules. Avant le départ de M. *Steller*, il vint heureusement à *Jenisciisk* un homme exilé par sa mauvaise conduite, qui entendoit l'Horlogerie; il eut ordre d'aller joindre M. *de la Croyere*, & partit avec M. *Steller*.

Les deux Professeurs, débarrassés de tous les soins qu'ils avoient été obligés de prendre pour faire partir M. *Steller*, songerent aux moyens d'employer, le plus utilement qu'ils pourroient, l'Eté dont on sentoit les approches. Ils n'avoient point encore passé de belle saison dans des cantons bien septentrionaux; ils porterent leurs vues sur *Jenisciisk*, qui est la Ville la plus septentrionale de toute la Sibérie. Dans leur voyage, pour se rendre en cette Ville, ils comptoient être bien à portée d'examiner les deux rivages du *Jenisci*, & que ce qu'ils n'auroient pû observer en descendant ce fleuve, ils le reprendroient au retour en le remontant. Ils se proposoient encore de completter à *Mangasea* plusieurs Relations du *Nischnaja-Tunguska*, qui leur manquoient encore; & comme ils savoient qu'à la fin de Juin il y avoit dans cette Ville une espece de Foire, où toutes les Nations idolâtres du canton se rendoient tous les ans, c'étoit pour M. *Muller* une occasion favorable d'enrichir le travail particulier qu'il faisoit sur l'Histoire de ces Nations.

Ces Professeurs, toujours bien unis & de la meilleure intelligence, avoient déja rassemblé beaucoup de curiosités naturelles, ainsi que divers habillemens des peuples étrangers répandus dans la Sibérie, & d'autres singularités appartenant à l'Histoire du pays. Depuis la derniere Relation qu'ils avoient envoyée au Sénat en 1737, il s'étoit passé bien des choses dont ils se croioient encore obligés de lui faire leur rapport, avant que d'entreprendre ce nouveau voyage. Ils commencerent donc par faire emballer tout ce qu'ils destinoient pour Petersbourg; ils rédigerent leur second rapport, & dès le mois de Mai, ils dépêcherent au Sénat un Courier chargé de toutes leurs expéditions. Ils firent ensuite leurs dispositions pour le voyage de *Jenisciisk*, choisirent les deux meilleurs Bâtimens qu'ils avoient amenés l'année précédente, les pourvurent de voiles & de Travailleurs, & se rendirent à bord le 27 Mai. Le *Jeniſei* avoit dégelé le 8 Avril, & dès le 12, on n'y voyoit plus de glace : de sorte que, depuis un mois, il faiſoit le plus beau tems du monde. On partit vers les 8 heures du soir par un vent fort & contraire, qui ne permit pas d'aller plus loin ce jour-là qu'à *Tuſchowa-Saimka*, Village situé sur le rivage gauche, où l'on fut obligé de paſſer la nuit.

Le 28, on eſſuya ſucceſſivement deux tempêtes qui ne permirent pas d'avancer au-delà de *Pogadajewa*, autre Village sur la même rive. Le vent s'étant calmé vers le soir, on marcha pendant toute la nuit & le jour ſuivant ſans s'arrêter. Dans les environs de *Jarzow-Pogoſt*, il parut sur les bords du fleuve des Tunguses & des Oſtiaques qui joignirent les Bâtimens. Ils étoient venus payer le tribut annuel ; ils ſe plaignirent aux Profeſſeurs qui les entretenoient en Langue Ruſſe, de ce que le Receveur des tributs non-ſeulement ne ſavoit pas écrire, mais n'avoit pas même d'Ecrivains, & qu'ils étoient obligés de payer ſans recevoir quittance. Voilà des Sauvages bien instruits des précautions qu'il faut prendre avec les hommes civiliſés ; car chez eux, elles ſont inutiles.

Le 30, le Bâtiment de M. *Muller* eut le bonheur d'aborder à *Worogowa-Sloboda* ; mais celui de M. *Gmelin*, pour être moins aiſé à gouverner, ou pour n'avoir pas d'auſſi bons Travailleurs, ne put ſurmonter la force du vent, & reſta expoſé aux coups d'une violente tempête qui l'empêcha de gagner le même rivage. Le dernier s'étant fait mettre à terre sur le bord oppoſé, qui ne préſentoit que de triſtes montagnes, ſe haſarda d'en monter une avec le Deſſinateur *Lurſenius* ; mais les pointes de ſapins dont elle étoit hériſſée, ne laiſſoient point faire un ſeul pas sûr, & l'on reculoit souvent au-lieu d'avancer. Etant à la fin parvenus avec beaucoup de peine au sommet, ils ne trouverent qu'un terrein marécageux ; toute la forêt étoit brûlée, & les arbres étoient couchés les uns sur les autres dans la plus grande confuſion. D'ailleurs il faiſoit fort froid, & ils ne virent pas un ſeul oiſeau ; les aunes n'étoient pas tout-à-fait en fleur. Il y avoit encore en bien des endroits de gros tas de neige ; cependant M. *Gmelin* ne laiſſa pas d'y trouver quelques plantes, qu'il cueilla ſans doute avec bien de la ſatisfaction. « Car, dit-il, » pour peu qu'un Botaniſte trouve à herboriſer, il oublie volontiers tous ſes maux ». Ils ne purent descendre la montagne qu'en ſe laiſſant gliſſer en-bas.

Le 31, vers 6 heures du matin, le tems fut fort calme, & l'on partit. On paſſa la cataracte, dont on avoit beaucoup parlé, avant de l'atteindre, mais qu'on ne put appercevoir, parce que les eaux étoient trop hautes. Le courant du fleuve n'y étoit pas plus fort qu'ailleurs. Immédiatement après, on vit à la gauche du *Jeniſei* une longue chaîne de montagnes qui s'étend fort avant dans le pays qu'elle partage en quelque ſorte en deux cantons. Le fleuve eſt aſſez étroit, tant au commencement qu'à la fin de ces montagnes, qui ont environ cinq werſtes de largeur. Tant que les montagnes durent, on voit dans le fleuve par intervalles

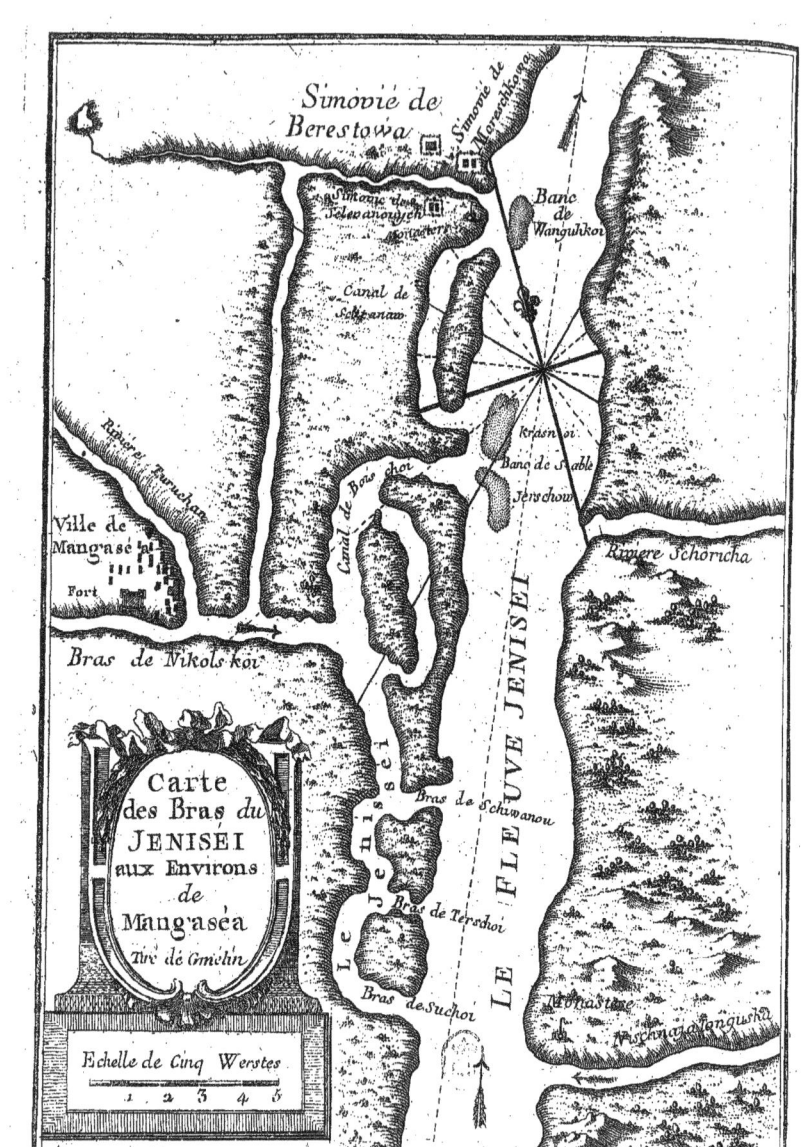

des tourbillons très-remarquables, & les Bâtimens qui en approchent, en font sensiblement attirés. On fait alors force de rames pour s'en éloigner ; mais en voulant éviter un de ces tourbillons, on risque souvent d'en rencontrer un autre. Lorsqu'on eut atteint la fin des tourbillons à l'extrémité des montagnes, on passa devant deux Isles couvertes de rochers qu'on laissa à gauche ; or ces Isles étant près du rivage, le canal qu'il fallut traverser étoit fort étroit.

On passa le même jour devant la *Tunguska-Podkammenaja*, qui se jette du côté droit dans le fleuve, & qui a sa source à un degré plus au Sud de *Nischnaja-Tunguska*, à-peu-près sous la même longitude. Les bords de cette riviere sont habités par des Tungufes, & elle est aussi célebre pour la chasse des zibelines que *Nischnaja-Tunguska*.

Le 2 Juin, les deux Bâtimens qui s'étoient perdus de vue depuis un jour ou deux, se retrouverent ensemble. Les forêts qui formoient ici les rivages, étoient si remplies de marais & tellement embarrassées d'arbres renversés à terre, qu'il n'y avoit presque point d'endroits où l'on pût avancer à une distance de dix brasses, sans risquer de tomber dans des précipices, ou de se casser bras & jambes. D'ailleurs les eaux étoient si hautes, qu'on ne pouvoit point marcher le long des rivages : il n'étoit donc pas possible aux deux Bâtimens, pour peu qu'ils fussent séparés, d'avoir des nouvelles l'un de l'autre. On ne pouvoit pas non plus communiquer par eau, parce qu'il n'y avoit point de Barque, ni de Chaloupe, qui n'eût risqué d'être renversée par les moindres vagues, & qu'on ne pouvoit obliger personne de s'y exposer. Ainsi les deux Bâtimens se trouvant rejoints, marcherent de concert. Etant arrivés à *Jubatskoje-Simowje*, sur la rive droite du fleuve, les Travailleurs demanderent à s'y arrêter, pour aller faire leurs prieres à la Chapelle du lieu ; les Professeurs y consentirent d'autant plus volontiers, qu'on attendoit quelques Ostiaques qu'ils avoient fait chercher.

Le 3 Juin, les forêts des deux côtés du *Jenisei* étoient encore remplies de neige, & l'on voyoit de tems en tems des glaces dans le fleuve même. Le tems étoit fort inconstant & très-rude ; le Soleil ne paroissoit point du tout. Ce jour & les deux suivans, la navigation fut très-pénible, tant par la violence du vent, que par la force des vagues.

Enfin le 6, les deux Bâtimens furent rendus l'un après l'autre devant la Ville de *Mangasea*. Ici le *Jenisei* se partage en plusieurs bras, dont M. *Gmelin* décrit les directions différentes avec son exactitude ordinaire, mais dont la figure ci-jointe peut donner une idée suffisante.

L'aspect de *Mangasea* n'est pas agréable. Cette Ville est située sur le rivage septentrional du bras du *Jenisei*, nommé dans le langage Sibérien *Nikolskoi-Schar* ; elle s'étend le long de ce bras, & dans l'intérieur des terres. Les maisons, quoiqu'éloignées les unes des autres, n'occupent pas un fort grand terrein, & sont tout-au-plus au nombre de cent. La Forteresse est appuyée contre un autre bras du fleuve, & à-peu-près au milieu de la Ville ; elle est quarrée, & les murailles construites de bois sont munies de quelques tours & de quelques ouvertures pour tirer ; mais sa meilleure défense est qu'on n'y craint point d'ennemi. Cette Forteresse renferme le tribunal de la Justice, où la Chancellerie de *Jeniseisk* députe ordinairement un Commissaire ou Baillif du Corps des *Dworjanins* ou *Dieti-Bojarskie*. Autrefois la plûpart des habitans de *Mangasea* étoient des Cosaques, dont on se servoit pour contenir les Idolâtres de ce canton, qui sont les Tungufes & les Samojedes. Maintenant qu'ils sont fort tranquilles, il n'y a presque point d'autres Cosaques que ceux qui sont employés pour des commissions particulieres en qualité d'Ecrivains, de Receveurs de tribut, &c. On a donc laissé éteindre un grand nombre d'emplois militaires, sans les remplir, & l'on a réformé beaucoup de Cosaques qui se sont retirés dans les terres. Ainsi, quoique les cantons inférieurs du *Jenisli* soient fort froids, ils sont extrêmement peuplés, parce que la nature y a répandu bien des avantages qui compensent la rigueur du climat. Le Baillif a son logement dans la Forteresse, où se trouvent encore des magasins pour les pelleteries, une cave à eau-de-vie, un magasin à poudre & quelques cabanes ruinées. L'Eglise Cathédrale, qui n'est que de bois, occupe la principale place. Hors de la Forteresse, est une métairie appartenant au Couvent des Moines de *Jeniseisk*, où logent les Archimandrites, lorsqu'ils viennent dans cette Ville. Il y a de plus deux Paroisses, deux cabarets & quelques vieilles maisons.

M. *Gmelin*, qui n'avoit quitté *Jeniseisk* que depuis dix jours, dit qu'il se figuroit à *Mangasea* avoir fui l'Eté pour aller trouver l'Hiver, tandis qu'au contraire il étoit allé, pour ainsi dire, au-devant du solstice d'Eté; mais il se trouvoit ici sous un climat bien froid, puisqu'il étoit sous le 58^d. 26'. de latitude septentrionale. A son départ de *Jeniseisk*, il avoit vu dans les environs tous les champs couverts de verdure; & dix jours après, il ne rencontroit que des chemins remplis de neige. Le 10 Juin, (ou 21, nouveau stile), il en tomba encore à *Mangasea*, & ce ne fut que le lendemain après midi que nos Voyageurs virent le Ciel serein pour la premiere fois depuis qu'ils eurent quitté *Jeniseisk*. Le 9, l'eau resta gelée pendant toute la journée dans les rues; & la glace étoit d'une épaisseur assez considérable. Les Professeurs, sur la foi du Printems qui ne venoit point, avoient pris pour leur logement des chambres claires, parce que les chambres noires à poëles ne leur paroissoient plus de saison; mais la continuation du froid les obligea d'y faire porter de tems en tems des rechauds de feu de charbon, qui les incommoderent autant qu'ils leur servirent à rechauffer leurs chambres.

Cependant ce reste d'Hiver ne fut pas de longue durée, & le changement de saison se fit tout-à-coup si subitement, qu'on pût à peine l'observer. Le Ciel une fois nettoyé, continua de rester serein; les brouillards qui jusqu'alors l'avoient obscurci, disparurent entierement tout-à-coup. Dès le 12, on n'avoit plus besoin de rechauds. Les hirondelles arriverent en quantité le lendemain : elles disparurent à la vérité le 16, à cause de quelques nuages & d'un vent même assez fort, qui leur fit croire apparemment qu'elles s'étoient méprises; mais elles revinrent le troisieme jour. Le Soleil étoit déja fort chaud; & dès le 14, il n'y avoit plus aucune trace de neige ni dans les rues, ni dans les champs. L'herbe venoit à vue d'œil; & s'il est possible que quelqu'un l'ait jamais vu croître, il faut que ce soit à *Mangaséa*. Le 15, on vit fleurir les violettes jaunes, qui ne viennent guere que sur les montagnes de Suisse, & sur quelques autres aussi élevées (13). Ici ces violettes croissoient en quantité sur un terrein bas entre les buissons. L'herbe, à la fin du mois de Juin, avoit un pied, & dans quelques endroits jusqu'à un pied & demi de hauteur. Depuis le 1r, on ne voyoit pas beaucoup de différence entre le jour & la nuit pour la clarté. On lisoit à près de minuit la plus petite écriture presqu'aussi-bien qu'on l'auroit lue à midi par un tems couvert dans les pays plus méridionaux. Pendant toute la nuit le Soleil étoit visible au-dessus de l'horison. Vers minuit, à la vérité, lorsqu'on étoit dans un endroit bas, on avoit de la peine à voir entierement le disque du Soleil ; mais en montant sur la tour qui n'étoit pas même fort haute, on le voyoit distinctement tout entier. On pouvoit hardiment regarder cet astre sans être ébloui, on n'en distinguoit pas les moindres rayons ; ils ne commençoient à se rendre bien sensibles qu'à plus de minuit passé. Toute la troupe des Voyageurs ne put s'empêcher, dit M. *Gmelin*, de célébrer ce magnifique spectacle que personne d'eux n'avoit vu, & que, selon toutes les apparences, ils ne devoient jamais revoir. On se mit à table dans la rue le visage tourné au Nord ; tout le monde fixoit le Soleil, sans en détourner un instant les yeux, & l'on changeoit de situation à mesure que cet astre avançoit. On jouit de ce rare spectacle jusqu'au moment où les rayons du Soleil qui prenoit insensiblement de la force, devenus trop vifs, ne pouvoient plus qu'incommoder.

M. *Gmelin* dit n'avoir jamais vu dans aucun endroit du monde un aussi grand nombre d'oiseaux rassemblés en troupes ; les plus nombreux étoient les oiseaux aquatiques, les oies de toute espece, les canards, les poules d'eau, les moëttes, les oiseaux de rivage, bécasses, ortolans, plongeurs, &c. Ce seul objet & celui des plantes ne lui donnoient aucun relâche ; c'est ici qu'il enrichit le plus la collection d'Histoire naturelle ou d'observations sur les oiseaux qu'il avoit commencée en route entre *Jenisisk* & *Mangaséa*. Quant aux plantes, il n'y trouvoit pas à beaucoup près tant de variété : c'étoient presque toutes plantes rares, mais il étoit aisé de les compter. Vers la S. Pierre, tous les champs étoient couverts de plantes & de fleurs, mais c'étoient presque par-tout les mêmes. Cependant il n'y en avoit pas moins de plaisir à herboriser, parce qu'on y entendoit un concert perpétuel formé par une infinité d'oiseaux qui cherchent les endroits un peu éloignés des grandes rivieres, pour n'être pas tourmentés par les vents.

La Ville de *Mangaséa*, dans les premiers tems de sa fondation, portoit le nom de *Nowa-Mangaséa* : c'est-à-dire, avant que la Ville actuelle fût bâtie, il y en avoit une autre plus petite, appellée aussi *Mangaséa*, située près de l'embouchure du *Tas*, fleuve qui se rend dans la Mer Glaciale à l'Ouest du *Jenisi*. Cette mer entrant vers cet endroit dans les terres, y forme un grand golfe, divisé du côté de la terre en deux

---

(13). *Viola Alpina rotundifolia*, Bauh. Pin. 199.

plus petits, qui s'étendent presque jusqu'au soixante-huitieme degré au Sud : le *Tas* se jette dans le bras oriental, & l'*Obi* dans l'occidental. Les habitans de l'ancienne Ville s'ennuierent d'un climat si froid ; dès qu'ils eurent découvert l'endroit où est aujourd'hui *Mangasia*, ils s'y établirent, & bâtirent la nouvelle Ville, à laquelle ils donnerent le nom de l'ancienne. Suivant la tradition du pays, il se faisoit autrefois un commerce considérable d'*Archangel* à *Pust-Osersk*, petite ville située à l'embouchure de la *Petschora*, qui se jette aussi dans la Mer Glaciale, ou dans la Mer du Nord ; car cette embouchure est à l'Occident du détroit de *Weygatz*. Ce même commerce s'étendoit, dit-on, jusqu'à *Obdorskoi-Ostrog*, & de-là jusqu'au vieux *Mangasia* : mais, selon M. Gmelin, il n'y a guere d'apparence qu'on y vint de plus loin que de l'*Obi*. La Ville de *Mangasia* est nommée plus communément par le peuple *Turuchansk*, d'une riviere de ce nom que reçoit le bras du *Jenisti*, sur lequel elle est située.

M. *Muller* comptoit trouver à *Mangasia* différentes Nations idolâtres, & se procurer bien des connoissances sur leurs usages, leurs langues, &c. De plus, il devoit y avoir une espece de Foire, occasionnée par la chasse que ces Nations font pendant l'Hiver sur le *Nischnaja-Tunguska*, dans les cantons inférieurs du *Jenisti*, le long du *Kureika*, du *Chantaika*, du *Dudina*, du *Chatanga*, & à l'Ouest, du côté du *Tass* & de l'*Obi*. Comme tous les Chasseurs cherchent alors à se défaire avantageusement de leurs pelleteries, il en vint de toutes parts un grand nombre à *Mangasia*. Ainsi tout s'y disposoit pour une nombreuse assemblée de Nations idolâtres. Les Chasseurs de *Chantaika* étoient arrivés ; ceux du *Chatanga* avoient député leur Prêtre qui arriva la veille de la S. Pierre. Les ôtages des Tungufes étoient aussi rendus dès le Printems avec les Receveurs des tributs (14) ; les Samojedes les plus voisins vinrent apporter le leur, & les Receveurs des tributs du *Tass* arriverent à-peu-près dans le même-tems. Plusieurs Marchands Russes & Tungufes étoient venus de *Jeniseisk*, & leurs marchandises étoient étalées dans quelques boutiques. Aussi-tôt que tout fut rassemblé, le commerce s'ouvrit ; mais il se faisoit toujours en secret & comme furtivement, soit afin qu'un Marchand ne supplantât point l'autre, soit pour que personne ne s'avisât de chercher querelle à ceux qui pouvoient être fournis d'une plus grande quantité de marchandises, & pour éviter les jalousies de commerce.

La plus grande partie des marchandises qu'on apporte à *Mangasia*, sont des zibelines, des peaux de renards blancs & bleus, appellés *pesi*, & de renards ordinaires, noires, grises & d'autres couleurs ; des loups blancs, des peaux d'ours blancs ou d'ours de mer, des peaux de jeunes ours de couleur argentine, des peaux de goulus, &c. On y apporte aussi de l'*Awam* des peaux de jeunes daims, que les Idolâtres de ce canton corroyent eux-mêmes, & dont rien n'approche pour la mollesse &

(14) Il est d'usage à *Mangasia* de garder tous les ans quelques ôtages des Nations idolâtres, qu'on ne laisse retourner chez eux, que quand on en amene d'autres dans la même saison. Ces ôtages sont nommés *Amanati*.

la douceur. Les *peszi* ou loups blancs, & les ours blancs qu'on prend le long du *Jenisei*, surpassent beaucoup en grandeur tous ceux qui viennent des autres endroits ; aussi sont-ils beaucoup plus chers que ceux de l'*Obi* ou du *Lena*. C'est pour ce genre de commerce, qu'il ne s'établit sur aucune riviere autant de Russes qu'il y en a sur le *Jenisei*. Depuis *Mangaséa* jusqu'à la mer, & même sur le bord de la mer jusqu'au *Piaseda*, & au *Chatanga*, même le long de ce dernier fleuve, on voit de tous côtés beaucoup d'habitations Russes. Il s'y rend sur-tout un grand nombre de gens non-mariés, parce que la chasse dans tous ces cantons est extrêmement lucrative. Un jeune homme qui veut gagner quelque chose, & qui sait épargner, n'a qu'à se présenter tout nud, il trouve aisément un Maître qui l'habille, & qui lui donne de bons gages ou une part dans le produit de la chasse. L'Eté, tems où l'on ne peut chasser que des rennes, on fait de fortes provisions de poissons pour la nourriture de sa famille. Quoique le *Jenisei* ne soit pas tout-à-fait aussi poissonneux que l'*Obi*, il ne laisse pas de fournir suffisamment de quoi se nourrir.

Qui croiroit, dit M. *Gmelin*, qu'à deux cens quatre-vingt werstes, audessus de *Mangaséa*, il y eût encore une Eglise Russe ? C'est celle de *Chantaiskoi-Pogost*, située à 68½ degrés de latitude septentrionale. La Paroisse à la vérité n'est composée que du presbytere & de quelques habitations de paysans, dont plusieurs même sont vuides ; mais il s'y fait un grand concours des habitations voisines, toutes habitées par des Chasseurs. Les maisons sont la plûpart isolées, pour que l'un ne puisse pas nuire à la chasse de l'autre.

Dès le 12 Juin, M. *Gmelin* avoit tiré à *Mangaséa* une ligne méridienne, pour observer la déclinaison de l'aiguille aimantée ; il l'observa à différentes reprises ce même jour au soir, & il trouva qu'elle déclinoit de huit degrés vers l'Est. Il trouva la même déclinaison le 19 suivant, dans un tems où le vent souffloit de l'Est assez fortement ; ce qu'il rapporte, dit-il, parce que dans tous les endroits de la Sibérie où il a été, il n'a pû découvrir la moindre déclinaison. Depuis le 20, il y eut quelques orages assez violens, mais qui se passerent sans aucuns dommages. Cependant les Russes & les Samojedes ne se souvenoient point d'en avoir vu depuis environ vingt-cinq ans, que le tonnerre avoit tué un Samojede près de la Ville. On observe généralement, que plus on approche de la Mer Glaciale, moins on entend de tonnerre. On prétend même que près de la mer il tonne si foiblement, que l'on n'entend rien du tout ; à-moins qu'on n'y soit fort attentif, ou que ce qu'on entend, n'est que comme un bruit souterrein, mais qu'on voit distinctement l'éclair.

La Ville de *Mangaséa* étant l'endroit le plus septentrional où l'on puisse faire des observations exactes, M. *Gmelin*, avant son départ, recommanda qu'on en fît des météorologiques. Il y avoit alors dans cette Ville un Cosaque intelligent qui savoit lire & écrire, & qui marquoit beaucoup d'envie d'être chargé de quelqu'observation. Tous les instrumens nécessaires furent portés à la Forteresse ; le barometre étoit suspendu à trois brasses ou environ de hauteur au-dessus de l'eau d'un des bras du *Jenisti*. On l'appuya contre un mur échauffé intérieurement par un poêle, afin qu'il eût une chaleur tempérée. Le thermometre étoit suspendu à un mur qui regardoit le Nord, & la boëte ou l'étui qui le renfermoit étoit percé de plusieurs trous, afin que l'air pût y pénétrer. Pour que la girouette fût exposée à tous les vents, & qu'on fût à l'abri de toute erreur en marquant les rhumbs, on l'avoit posée à l'endroit le plus élevé de la Ville. Ces dispositions faites, M. *Gmelin* ne tarda point à quitter *Mangasta*. A l'égard de M. *Muller*, il n'avoit pas encore fini ce qu'il avoit à faire dans cette Ville. Les ôtages de l'*Awam* n'étoient pas encore arrivés. Ils ont une Langue particuliere, dont il importoit beaucoup à ce Professeur de prendre quelque connoissance. M. *Gmelin* au contraire n'avoit plus de quoi s'occuper dans sa partie qui étoit l'Histoire naturelle : les oiseaux étoient presque tous déja dispersés, & les plantes commençoient à jaunir. D'ailleurs il espéroit trouver dans un autre terrein d'autres plantes, & enrichir sa collection. Il partit donc le 3 Juillet vers minuit avec un vent favorable, & à 4 heures du matin il se trouva près de *Turuchanskoi - Troitzkoi - Monastir*, où il attendit M. *Muller* en herborisant dans une campagne agréable & fort différente de celle de *Mangasta*. A son arrivée, il alla avec le Dessinateur Lursenius, qu'il avoit pris sur son Bâtiment, voir les tourbillons qui se forment dans la *Nisthnaja-Tunguska*, à quelques werstes au-dessus de son embouchure. Il y en a plusieurs des deux côtés de la riviere, & quand les eaux sont hautes, le passage entre ces deux tourbillons n'a que six toises de largeur. Si l'on s'en écarte un peu d'un côté ou d'un autre, le Bâtiment, au-lieu d'avancer, pirouette souvent dans une étendue de soixante brasses d'eau, jusqu'à ce qu'on l'en dégage à force de bras & de rames. On assure que ces tourbillons attirent au fond de l'eau de gros arbres que les crûes de la riviere y amenent quelquefois, & les revomissent un quart d'heure après brisés & déchirés en mille morceaux. Des Pêcheurs raconterent à M. *Gmelin*, qu'ils avoient eu la curiosité de descendre dans le grand tourbillon une corde avec une pierre au bout; qu'ils s'étoient apperçu que la pierre reposoit de tems en tems sur un corps solide, & que quand on l'avoit secouée, elle étoit descendue plus bas jusqu'à quatre-vingt-dix brasses ; mais qu'ayant enfin manqué de corde, ils n'avoient pu continuer l'expérience. M. *Gmelin* fit passer sur un de ces tourbillons une petite Barque qui pirouetta quelque tems, puis fut repoussée & descendit la riviere. Cette expérience l'enhardit: il voulut y passer lui-même dans une Barque ; tant qu'il fut sur le tourbillon, il sentit que la Barque vacilloit, mais ses Mariniers donnerent de si grands coups de rames, qu'ils l'empêcherent de tourner. Il faut, dit-il, que le lit de la riviere soit dans cet endroit singulierement conformé, puisque les deux rivages sont fort pierreux.

Le 5, il alla visiter le Couvent qui lui parut avoir un air fort antique ; il n'y avoit qu'un petit nombre de Moines presqu'aveugles de vieillesse. Ce Couvent dépend en quelque sorte de celui de *Jeniseisk*, & avoit autrefois d'assez gros revenus. Aucun Voyageur ne remontoit ou ne descendoit le *Jenisei*, sans y faire faire des prieres pour le succès

de

de leur voyage. Le Couvent faisoit ordinairement distribuer du pain aux étrangers, ce qui lui attiroit d'autres libéralités. Les Chasseurs s'y arrêtoient aussi, soit pour avoir des prieres, soit pour rendre des actions de grace pour les bons succès de leurs chasses. Le Couvent les régaloit, & en recevoit des présens. Ce Couvent devoit son ancienne fortune au Saint qu'on y révéroit sous le nom de *Wasili Turuchanskoi* ; mais vers l'an 1720, l'Archevêque de *Tobolsk* ne lui trouvant pas des marques de sainteté suffisantes, le fit enlever, & tout de suite inhumer : de-là est venue la décadence du Couvent.

Le 7 Juillet, M. *Muller* réjoignit M. *Gmelin*.

Les *Taffki*, que le premier attendoit, étoient arrivés à *Mangasea* dès le 4 ; ce qui lui avoit donné le tems de composer un petit Dictionnaire de leur Langue, & de ramasser quelques Mémoires sur cette Nation. Les deux Professeurs ne voulurent pas s'arrêter davantage dans cet endroit, & partirent le même jour avec un bon vent, qui les conduisit jusqu'au rivage pierreux, appellé *Karmakulnik*.

Ils marcherent pendant toute la nuit, & toute la journée du 8 jusqu'au soir, ils eurent un vent favorable qui leur permit d'aller à la voile. Sur le rivage occidental, ils virent quelques jurtes d'Ostiaques, sans pouvoir s'y arrêter. Le 10, ils se trouverent vis-à-vis l'embouchure du *Pakulicha*, où M. *Gmelin* se fit transporter dans une Barque, pour voir des pierres figurées dont on lui avoit fait un grand récit. Il suivit le même rivage occidental du *Jenisei* dans une étendue de cinq werstes, accompagné de cinq hommes, pour chercher ces merveilleuses pierres; mais ils ne trouverent autre chose que des cailloux très-communs de différentes formes, & se hâterent de réjoindre les Bâtimens qu'il falloit tirer à force de bras. Le 12, on atteignit une pointe étroite de terre, appellée *Kantagow*. M. *Gmelin* y fit arrêter pendant quelque tems, parce qu'il avoit entendu dire qu'on y trouvoit des pierres figurées, & particulierement des pierres de Lynx. On mit pied à terre à cette pointe au nombre d'environ vingt personnes, qui chercherent pendant quatre heures; on ne trouva que quatre pierres de Lynx (15), & une espece d'arbre de corail. M. *Gmelin* en particulier démêla, parmi beaucoup de pierres & de cailloux, dont ni la qualité, ni la forme n'avoient rien de bien remarquable : 1°. un minérai de fer très-pesant & fort riche, rouge en-dehors & brun en-dedans : 2°. des pierres figurées comme des oursins de mer, de l'espece appellée *Spatagus* : 3°. d'autres pierres en forme de bois pétrifié : 4°. un autre minérai de fer jaunâtre, & tenant de l'ocre, tantôt composé de plusieurs couches minces, ou de tuyaux creux de différentes figures qui provenoient des petites branches du bois, auxquelles l'ocre s'étoit attaché, tantôt semblable à la pierre de Lynx : 5°. du talc noir luisant, renfermé dans une pierre assez ressemblante à l'ardoise, & semée de petites veines de pyrite soufré : 6°. une pierre extrêmement dure & faisant du feu, dont il y avoit une grande variété, les unes étant rayées alternativement de noir & de gris, les

_____
(15) La pierre de Lynx est transparente.

autres plus moltes & rayées de blanc & de violet : 7°. des pierres d'un bleu pâle, de la dureté du marbre ; d'autres tranfparentes, jaunâtres & blanches, ayant prefque la dureté de l'agathe : 8°. une forte de pierre-à-chaux toute fibreufe (16) : 9°. une pierre fablonneufe à gros grains, noire & comme brûlée d'un côté, & rouge de l'autre (17) : 10°. du fuccin noir en petits morceaux, fort fragile & plein de crevaffes : 11°. un fragment d'os, dont la fubftance intérieure reffembloit à celle d'une vertebre de baleine, & quantité de divers cailloux, dont M. *Gmelin* fait, à fon ordinaire, un détail très-exact & très-ennuyeux.

Après la recherche de ces pierres qui ne produifit rien d'intéreffant pour l'Hiftoire naturelle, on fe rembarqua, & l'on continua de marcher. Le 13, à la pointe du jour, on paffa devant l'ancienne *Inbatskoje-Simowje*, où l'on bâtiffoit alors une nouvelle Eglife pour les Oftiaques nouvellement baptifés, celle qu'on avoit déja conftruite au commencement de leur converfion vers 1720, ayant été brûlée.

Les 14, 15 & 16, la navigation fut fort ennuyeufe, tant par l'incommodité des coufins dont on ne pouvoit fe garantir, que par toutes les courbures du fleuve qui faifoient revoir aux Voyageurs le foir les mêmes lieux qu'ils avoient vus le matin. La nuit du 16 au 17, ils eurent la vue des étoiles pour la premiere fois depuis deux mois, pendant lefquels il n'y avoit prefque point eu de nuit.

Le refte du voyage jufqu'au 25 fut affez pénible : de grandes chaleurs, des paffages dangereux ou difficiles à franchir fur un fleuve femé prefque par-tout de rochers qui le rendoient très-rapide, ou de bas-fonds & de bancs de fable, les fatigues exceffives & continuelles des Travailleurs obligés de tirer les Bâtimens fur un rivage efcarpé, pierreux & mal-fûr, la néceffité d'y fuppléer fouvent par des chevaux dont la conduite donnoit des peines infinies (18), l'embarras même d'en trouver, enfin les mauvais tems, la pluie, les orages, tous ces inconvéniens n'adoucirent pas l'ennui du trajet.

La nuit du 25 au 26 Juillet, on atteignit *Jenifeisk*, que les Bâtimens dépafferent en remontant jufqu'à la Fabrique des cuirs du Sieur *Samoilow*, Colonel des Cofaques, où les Profeffeurs defcendirent le 26, à 2 heures du matin.

Le même jour au foir, la Chancellerie, prévenue de leur arrivée par un Exprès que les Profeffeurs lui avoient dépêché le 19 de *Worogowa-Sloboda*, leur envoya des paquets qu'elle avoit reçus pour eux de Petersbourg pendant leur abfence, & des Lettres que M. *Steller* avoit écrites d'*Irkutzk*. M. *Muller* étoit difpenfé par des ordres

(16) *Marmor fixum, filamentis perpendicularibus parallelis.* Linn. Syft. Nat. 152. Ed. Stockholm. 1748.
(17) Les coralloïdes prennent fouvent cette variété de couleurs, quand ils reftent long-tems dans la terre.
(18) Un payfan ayant perdu un de fes chevaux qui fut noyé, un autre payfan, pour le confoler, lui dit qu'il devoit bien favoir que l'endroit où il s'étoit perdu, étoit un pas malencontreux, habité par les Diables qui attiroient à eux les chevaux, & qu'il les avoit vus de fes propres yeux. Le premier payfan fe paya de cette raifon, & fe réfigna tranquillement à la fantaifie des Diables qui avoient eu envie de fon cheval.

précis de la Cour, de continuer ses voyages en Sibérie ; on ordonnoit en même tems à M. *Gmelin* d'y rester, & de se préparer à faire le voyage de *Kamtschatka* le plutôt qu'il seroit possible. Ces différentes dispositions affectèrent diversement les deux Professeurs. L'ordre qui regardoit M. *Gmelin*, l'affligea beaucoup ; on voit qu'il ne redoutoit rien tant que le voyage de *Kamtschatka*, par les peines qu'il prévoyoit que la mauvaise volonté de ceux dont il devoit dépendre pour passer dans cette Presqu'Isle, lui feroit immanquablement essuyer. Cependant, en relisant leurs Lettres, les Professeurs s'apperçurent qu'à la date de leur expédition on ne savoit point encore à Petersbourg le départ de M. *Steller* pour le *Kamtschatka*, ni les difficultés que les Chancelleries continuoient de faire pour l'approvisionnement des Voyageurs. M. *Gmelin* en conséquence prit le parti d'écrire de nouveau à Petersbourg. Il marquoit qu'il s'en réferoit sur le voyage en question à ses précédentes Lettres, & que n'y ayant pas reçu de réponse, il différeroit son départ jusqu'à ce qu'il sût les dernieres résolutions de la Cour ; mais que dans l'intervalle il parcoureroit les environs du *Jenissi*, d'où il s'en retourneroit à *Krasnojarsk*, pour y attendre ses nouveaux ordres. Suivant ceux de M. *Muller*, il étoit le maître de se mettre en route pour son retour aussi-tôt qu'il jugeroit à propos.

M. *Gmelin*, en passant à *Jeniseisk*, avoit chargé quelqu'un de faire sur le *Jenissi* les mêmes observations qu'il avoit faites à *Jakutzk* sur le *Lena*, c'est-à-dire un Journal de l'augmentation & de la diminution des eaux du *Jenissi*. Le but de ces observations étoit de découvrir, s'il n'y auroit pas un certain ordre établi pour cette augmentation & diminution des eaux, qui pourroit avoir quelque influence sur la structure de la Terre, soit en général, soit en particulier, dans ces cantons septentrionaux. Il pensoit qu'en ramassant beaucoup d'observations semblables, les résultats conduiroient peut-être à s'approcher d'un pas de plus, pour en déduire une regle générale, & que si toutes les observations ne s'accordoient pas, on en seroit quitte pour faire un pas en arriere : on rend à-peu-près ses expressions. En conséquence dès le 8 Avril que le *Jenissi* fut dégelé, il fit commencer les observations, & elles avoient été continuées jusqu'au moment de son retour. Aussi n'a-t-il pas manqué de les inférer dans son Journal, où on peut les voir, Tome III. pages 246-250.

Par les Lettres de M. *Steller*, on apprenoit que dès le commencement du Printems il avoit embrassé toutes les parties de l'Histoire naturelle des contrées qu'il avoit vues, & il en envoyoit de curieuses descriptions. Mais toutes modestes qu'étoient les demandes que l'on avoit faites pour lui à la Chancellerie d'*Irkutzk*, & malgré tout ce qu'il en avoit rabattu pour ne pas être à charge, il s'étoit bientôt apperçu qu'il n'obtiendroit pas son expédition aussi promptement qu'il le desiroit. Il avoit donc pris le parti d'employer le plus utilement qu'il pourroit ce tems perdu pour l'objet le plus intéressant de son voyage, & il avoit résolu de passer le lac *Baikal* au milieu de l'Eté, de parcourir le rivage méridional & les montagnes de *Bargusinsk*, de s'en revenir à *Irkutzk* vers l'Automne, d'y mettre au net ses observations, ensuite de solliciter auprès de la Chancellerie son expédition pour *Kamtschatka*.

La Foire de *Jenifeisk*, qui se tient communément dans les premiers jours du mois d'Août, y retint les Professeurs encore quelque tems. Les Marchands Russes qui s'y rendent de la frontiere par eau, arrivent ordinairement de si bonne heure, qu'ils font d'abord un voyage à *Mangaséa*, où ils échangent quelques marchandises Chinoises, & ce qui leur est resté de marchandises Russes; ils reviennent ensuite à *Jenifeisk* avec des pelleteries de *Mangaséa*. D'autres Marchands Russes & Tatares y viennent aussi par eau de *Tobolsk*; ils passent par l'*Irtisch*, l'*Obi*, le *Ket*, & traversent le pays de *Makowskoi*, enclavé entre le *Ket* & le *Jenisti*. Les marchandises qu'ils apportent, sont pour la plus grande partie des cuirs de Russie, du tabac de *Tscherkassie*, de la toile, des bas foulés, toutes sortes d'étoffes de Russie, des couteaux, des fourchettes, des souliers, des bottes, du miel, des vins, &c. Enfin il y arrive encore des Marchands de *Krasnojarsk* avec des zibelines communes, sans compter ceux de *Jenifeisk* même, qui rapportent de *Mangaséa* toutes sortes de menues marchandises du haut & du bas pays : ainsi la Foire est bien remplie, & le commerce qui s'y fait assez considérable. Les Professeurs ne resterent à *Jenifeisk* que jusqu'au 4 Août, tems où la Foire étoit ouverte, sans être encore fort brillante, parce qu'il y manquoit quelques Bâtimens de *Mangaséa* & de *Tobolsk*. Cependant on disoit qu'elle seroit finie le 12, parce que les Marchands de *Tobolsk* ne peuvent pas s'y arrêter plus long-tems, afin de pouvoir être rendus d'assez bonne heure à *Jakutzk*, pour revendre les Bâtimens, sur lesquels ils sont venus de *Tobolsk*, aux Marchands qui sont prêts d'y aller.

Les Professeurs ne jugerent point à propos d'attendre que toute la Foire fût rassemblée, & partirent le 4 Août vers le soir. Ils remonterent le fleuve au-dessus de la Ville avec les deux Bâtimens qu'ils avoient, au moyen de vingt Travailleurs & de deux Pilotes pour chacun. Ils eurent d'abord le vent contraire, & avancerent peu pendant les trois ou quatre premiers jours; mais ils arriverent le 7 à midi à l'embouchure de la *Tunguska*. De-là tout leur trajet jusqu'à *Krasnojarsk* fut encore bien plus pénible que n'avoit été celui de *Mangaséa* à *Jenifeisk*. Ils eurent presque tous les jours des tems effroyables de furieux coups de vent, des bancs de sable très-difficiles à passer, une cataracte périlleuse, des courans rapides, plusieurs endroits du fleuve sans d'autre rivage que d'affreux rochers, sur lesquels il falloit souvent faire monter les Travailleurs pour tirer les Bâtimens. On peine en lisant le détail de ces inconvéniens si multipliés, presqu'autant que l'Auteur que nous abrégeons, & qui, pour s'en dédommager, n'en omet pas la moindre circonstance. Un des Bâtimens, dans lequel étoient les deux Professeurs, pensa périr près d'un rocher qui bordoit le fleuve.

Ce Bâtiment se trouvant alors dans le plus rapide endroit du courant, les Travailleurs qui le tiroient avec des peines inconcevables de dessus le rocher, sur lequel on leur avoit fait passer le cable, crierent tout-à-coup qu'ils ne pouvoient plus le retenir. A ces mots, on mit toutes les perches à l'eau pour pousser contre le fond, & personne ne fut exempt de ramer; les Travailleurs se sentirent bientôt soulagés, reprirent courage, & le Bâtiment fut retenu par les forces réunies de tout l'équipage. Si l'on eût été forcé de l'abandonner au courant de l'eau, il eût été brisé sur le champ contre quelqu'un des rochers entre lesquels il étoit, & Dieu sait qui s'en seroit sauvé.

Après quinze jours de navigation, & un trajet de près de trois cens werstes, le 19, à la pointe du jour, les deux Bâtimens remonterent le fleuve à la rive droite jusqu'à une Isle située vis-à-vis de *Krasnojarsk*. On passa dans l'Isle, & de son extrémité supérieure, on se rendit dans la Ville à 8 heures du matin.

Les pluies presque continuelles ne permirent pas à M. *Gmelin* de faire beaucoup d'observations dans les environs de *Krasnojarsk*; mais comme il avoit résolu de voyager désormais par terre, il s'occupa pendant plusieurs jours à faire toutes ses dispositions pour les travaux auxquels il comptoit se livrer dans ses nouveaux voyages, & à faire emballer ses instrumens dans des caisses.

Le 24 Août, les deux Professeurs partirent après le Soleil couché, & arriverent à 11 heures de nuit au Village de *Rostoozow*, où ils attendirent le jour. Ils traverserent le lendemain par un chemin détestable une forêt épaisse. Après une traite de quatorze werstes, ils passerent par le petit *Katscha*, & le soir devant la source du grand *Katscha*; de-là dans la nuit ils atteignirent le petit *Kemtschik* où ils prirent gîte.

Ils ne trouverent, pendant les deux premiers jours de marche, que des lieux sauvages, fort stériles en plantes, & ne s'y arrêterent qu'autant qu'il falloit pour rafraîchir leurs chevaux. Le 26, après le coucher du Soleil, ils furent rendus sur les bords du grand *Kemtschik* qu'ils passerent, pour se loger dans la Simowje située de l'autre côté du fleuve. Ils n'eurent dans cette route d'autre incommodité que la rencontre de quantité de petits ruisseaux, dont le passage trop fréquent devenoit ennuyeux. Le 27, ils arriverent à midi par des chemins beaucoup meilleurs à l'*Ujuss* (on écrit ordinairement *Ijuss*), ruisseaux considérables, qu'ils passerent sur des Barques liées ensemble, & couvertes d'un pont. Ils comptoient changer en cet endroit tous leurs chevaux fatigués, ayant envoyé en avant un Interprete Tatare, pour leur en ramasser de frais; mais pendant que cet Interprete leur rendoit compte de sa mission, tous les Tatares se sauverent. Cependant ils attraperent quelques chevaux d'un Village Russe, situé près de-là qui leur servirent bien. Après avoir marché tout le jour par des steppes & des chemins assez bons, ils parvinrent vers les 10 heures du soir près d'un ruisseau appellé *Akatuk*; mais les Tatares qui habitoient ce canton, s'étoient encore sauvés. Le ruisseau d'*Akatuk*, près duquel ils camperent la nuit, se jette dans le *Borsja*, & celui-ci dans l'*Ujus*. Le 28, ils traverserent avec leurs chevaux, malgré leur fatigue, quelques plaines & une steppe jusqu'au ruisseau de *Tscheretsch*. La steppe étoit parsemée de plantes rares & très-belles. Les fleurs les plus communes étoient la plante connue dans les jardins d'Allemagne sous le nom de *Fleur de Jerusalem*, & les Violettes de la Pentecôte. Les Chaſſeurs qui les accompagnoient, tirerent auſſi quelques jolis oiſeaux. Enfin ils vinrent à bout d'apprivoiſer les Tatares, & de ramaſſer un ſi bon nombre de leurs chevaux, qu'il ne leur en échappa pas un ſeul. Ils avoient ſuivi juſqu'alors le chemin de *Kraſnojarsk* à *Tomsk* ; le 29, il leur fallut quitter le chemin de *Tomsk*, & prendre celui qui conduiſoit aux Mines de *Kraſnojarsk*.

Ce même jour 29, ils furent obligés de paſſer la riviere de *Tſcherefch*; mais il falloit pour cela un pont, ce qu'ils n'apprirent que quand ils furent près de la riviere, autrement ils auroient envoyé du monde en avant, pour en conſtruire un. On y fit travailler auſſi-tôt, & l'on y employa toute la matinée, enſorte que ce ne fut qu'à une heure après midi que l'on put gagner un lieu de rafraîchiſſement près d'un ruiſſeau, qui ſe jette dans le *Bieloje-Oſero*. La ſituation de tout ce pays étoit admirable, & M. *Gmelin* trouva ſur la ſteppe des tréſors pour la Botanique : c'eſt pourquoi les Profeſſeurs réſolurent d'y paſſer la nuit. Cependant, comme les Tatares leur amenerent des chevaux frais, ils paſſerent le ruiſſeau, traverſerent quantité de petites collines, & s'établirent pour la nuit un peu plus loin, afin d'être en état de partir le lendemain de bonne heure.

Le 30 Août, nos Voyageurs traverſerent encore pluſieurs autres ſteppes, & arriverent vers les 10 heures du matin avec beaucoup de pluie & de vent au *Lac Utſchjur*, Lac ſalé, long environ de deux werſtes, & de trente braſſes de largeur, d'où l'on tire de très-bon ſel. Au Nord de ce lac eſt une ſource d'eau douce, qui leur fournit leur boiſſon : ils virent ici quantité de beaux oiſeaux. Près de l'endroit où ils s'arrêterent pour dîner, eſt une montagne, appellée du même nom que le lac, que M. *Gmelin* recommande expreſſément aux recherches des Botaniſtes, qui pourroient y paſſer après lui. Il fut très-ſurpris de trouver dans une ſaiſon avancée des plantes ſi belles & ſi rares ; auſſi marque-t il qu'il monta & deſcendit cinq à ſix fois cette montagne. Entre le fleuve & le lac *Utſchjur*, il y avoit pluſieurs tombeaux des anciens Tatares. Chacun de ces tombeaux formoit un quarré long, dont l'intérieur étoit plat dans les uns, & élevé dans les autres. On en ouvrit quelques-uns de ceux qui paroiſſoient les mieux conſervés ; M. *Gmelin* s'y arrêta long-tems, & y trouva quantité de curioſités naturelles dont il ne dit pas un mot, malgré ſon attention à tout détailler, à circonſtancier les moindres choſes. Après avoir quitté ces tombeaux, on paſſa devant pluſieurs lacs ſalés & d'eau douce. De-là continuant de marcher entre deux chaînes de montagnes, on atteignit vers les 9 heures du ſoir *Kara-Ijuſs-Reka*, où l'on avoit envoyé du monde en avant, pour faire conſtruire un Radeau, ſur lequel il falloit paſſer les inſtrumens & les bagages. Le Radeau ſe trouva prêt à l'arrivée des Profeſſeurs. Comme la ſituation du lieu étoit admirable pour des recherches botaniques, & que les montagnes voiſines étoient parſemées de plantes rares, on y paſſa la nuit.

Le lendemain, après avoir dîné, les Profeſſeurs allerent ſe promener à cheval pour viſiter une ſtatue de pierre, ou une eſpece de buſte aſſez fameux dans cet endroit, & qu'on prétend être un reſte des anciens

Tatares qui ont habité le canton. Ce monument, que les Tatares nomment *Chofain-Kifs*, se voit sur la route dans la steppe à deux werstes de la riviere. La tête qui est couverte d'une sorte de bonnet de forme singuliere, ne tient pas au corps, & on l'ôte quand on veut. Les Professeurs firent prendre le dessein de ce mauvais buste, pour avoir un monument de l'ancienne sculpture des Tatares.

On partit de-là le premier Septembre à la pointe du jour ; & après avoir traversé plusieurs steppes, on atteignit le Radeau que l'on avoit fait faire la veille par des gens envoyés exprès pour cela, & l'on fit passer les bagages. Les Professeurs s'arrêterent quelque tems à converser avec les Tatares de *Kaftinzk*, qui campoient de l'autre côté de la riviere, où l'on trouva beaucoup de jurtes Tatares, qui descendent du territoire de *Krafnojarsk* : car ceux qu'on avoit rencontrés jusque-là, étoient du territoire de *Tomsk*, & ils sont distingués des autres en ce qu'ils n'ont pas un seul mouton, parce que leurs chiens les déchirent. Les Tatares de *Kaftinzk* au contraire en ont de fort grands troupeaux. On passa le lendemain deux lacs salés, dont l'un est si riche, qu'en Eté le sel s'y cryftallife de lui-même, non en petits cubes, mais à-peu-près comme le falpêtre. On n'en voyoit pourtant que sur les bords ; il ne s'en étoit pas formé cette année au fond du lac, parce que les pluies avoient été trop fréquentes.

Le 3 Septembre, on se trouva d'assez bonne heure à la source du *Karufch*, d'où il fallut monter une montagne qui conduifit au lac *Igir*. Cette route donnoit par une forêt de melefes entrecoupée de petites collines, & embarrassée par quantité d'arbres couchés à terre. Elle n'étoit pas praticable pour les voitures, & les Tatares ne se souvenoient point d'avoir vu de Voyageurs qui l'eussent frayée avant ceux-ci, excepté le Docteur *Messerschmidt*.

Le 4, on passa devant une idole de pierre, représentant un ours assis sur ses pattes de derriere. Cette divinité quadrupede occupoit le fond d'une niche pratiquée dans un rocher, & la sculpture en étoit à-peu-près du goût du *Chofain-Kifs*. On arriva le même jour chez les Tatares de *Kufnezk*, appellés *Sagai*, & les Professeurs s'y arrêterent. Le chemin n'étoit presque par-tout qu'une steppe bien unie, sur laquelle il y avoit encore un grand nombre d'anciens tombeaux. Les environs étoient remplis de belles plantes ; mais la saifon étoit trop avancée, & la plûpart n'avoient plus de graines. Les Tatares de ce canton sont encore différens des autres, en ce qu'ils ont des troupeaux de chevres qui sont négligées ailleurs.

Le 6, on s'écarta un peu pour aller voir des Mines ; on trouva près d'un petit ruisseau quelques maisons de Mineurs, dans une enceinte entourée de chevaux de frife, & à peu de distance une Mine ouverte, dans laquelle les Professeurs descendirent. La plus grande partie du minérai incrusté dans une pierre molle, étoit verd & bleu. Il y en avoit de rayé, comme l'antimoine, & d'un bleu clair. Toutes les Mines de ce canton, appellées *Sirenskoi-Rudnik*, (parce qu'elles sont voisines du ruisseau nommé *Ulu Syr*, le grand Syr), furent visitées successivement. On continua ensuite à marcher par un tems agréable & chaud, & les Professeurs passerent à cheval plusieurs montagnes, pour se rendre encore aux Mines appellées *Basinkkoi-Rudnik*, qui sont sur une de ces montagnes. M. *Gmelin* examina plusieurs de ces Mines. Il y en avoit une dont le minérai étoit verd, & se trouvoit dans un beau *quartz* blanc. Au bas de la montagne où étoit celle-ci, il y avoit quelques barraques pour les Mineurs & un bain; mais où l'on ne trouva personne. On partit de-là, & l'on côtoya un ruisseau (le *Busa*) qui conduisit jusqu'à la riviere d'*Askisch* où étoient des jurtes Tatares, près desquelles on avoit fait arrêter les bagages, & on s'y établit pour passer la nuit. Le lendemain, les Professeurs ayant appris qu'il y avoit encore dans les environs une antiquité Tatare, monterent dès le matin à cheval, traverserent une vallée entre deux chaînes de montagnes le long de l'*Askisch* en descendant, & trouverent sur la rive gauche de cette riviere un rocher long de quelques brasses, & un peu creusé du côté de l'eau. On voyoit dans cette cavité un bloc informe d'*Alabastrite* (19) appuyé contre le fond de la niche, qui avoit naturellement des enfoncemens & des élévations, où une imagination échauffée pouvoit chercher les traits d'une vieille femme. C'est pourquoi cette pierre est appellée *Kurtujack* en Langue Tatare. Près de ce bloc étoit une autre pierre de même espece, mais plus petite, qui, configurée à-peu-près de même, pouvoit être regardée comme l'enfant de l'autre. Cet endroit étoit environné de broussailles & d'arbustes, auxquels les Tatares les plus dévots, qui n'ont presqu'aucune idée de Dieu, suspendoient leurs offrandes, sans imaginer seulement s'il en pouvoit résulter pour eux du bien ou du mal.

Les Tatares *Beltires*, se trouvant sur cette route campés sur les bords d'un ruisseau nommé *Tio*, les Professeurs voulurent les voir, & l'on traversa, pour s'y rendre, une steppe couverte de reglisse. Leur façon de vivre ne differe pas beaucoup de celle de Tatares de *Kustinzk*. Les *Beltires* ont de plus que tous les autres Tatares, une charge fort onéreuse. Ils sont obligés de payer un tribut aux Calmoucs, qui savent fort bien l'extorquer de force, lorsqu'ils ne le payent pas de bonne volonté, au moyen d'une espece de question qu'ils leur font souffrir. Ils leur appliquent à chaque joue un petit morceau de bois, d'où pendent des cordes qui s'attachent derriere la tête; on lie ces cordes ensemble, & on les serre si fort, que les joues sont très-douloureusement comprimées par le morceau de bois. La compression est quelquefois si forte, que le Tatare donne à la fin tout ce que le Calmouc lui demande. Cette sorte de torture en rappelle une autre, dont se servent les Commandans de *Jakutzk*, lorsqu'ils vont dans des Ostrogs éloignés. Ils font mettre à l'homme dont ils veulent tirer quelque chose, une forte bande autour de la tête, & la font serrer si fort au moyen d'un bâton que l'on tourne, que le patient est obligé de donner ce qu'on lui demande, ou avouer ce qu'on veut savoir de lui. Une partie du tribut que les Beltires payent aux Calmoucs consiste en fer, & l'autre en cuir de Russie; mais le tout est fort modique. L'année précédente, les Exacteurs Calmoucs avoient été pris

(19) Faux Albâtre.

par

par les Tatares *Sagai*, & conduits prisonniers à *Abakansk*, où ils furent gardés quelque tems, puis relâchés, vraisemblablement par des ordres supérieurs.

Le 8, vers les 10 heures du matin, les deux Professeurs, après avoir renvoyé à leur quartier sur l'*Askisch* les voitures & les petits équipages qu'ils avoient avec eux, longerent à cheval la riviere d'*Abakan* par une belle steppe. Ils virent, dans cette promenade, beaucoup de vieux tombeaux & de grandes pierres, sur lesquelles étoient gravés différens caracteres, des croix, des cercles, des chevaux, & d'autres figures, le tout d'une maniere très-informe, de sorte qu'on pouvoit à peine distinguer ce que c'étoit. Le soir, au coucher du Soleil, ils furent rendus au quartier, & tout ce jour, ainsi que le précédent, ils eurent de fortes chaleurs, presqu'égales à celles de l'Eté.

Le 9 au matin, ils retournerent de l'*Askisch* au grand *Syr*. Là, quelques Tatares les ayant avertis, que, dans leur tournée aux Mines de *Baseskoi*, ils avoient oublié de voir une Grotte souterreine, M. *Gmelin* fut curieux d'y aller. Cette Grotte est au-dessous des Mines, sur une montagne fort élevée, & elle a trois ouvertures, dont la premiere est au Sud-Ouest : elle s'étend dans le haut de la montagne, de la longueur d'environ treize brasses, a environ une brasse & demie de hauteur, & sa plus grande largeur est à-peu-près de quatre brasses. Quelques restes d'échafaudage & des coques d'œufs trouvées dans cette Grotte, indiquoient assez qu'elle avoit autrefois servi de retraite à des créatures humaines. Pendant que M. *Gmelin* étoit encore occupé à considérer cette Grotte, deux Mineurs lui parlerent d'un autre souterrein, dont l'éloignement fit passer au Professeur l'envie de le voir ; mais voici l'idée qu'ils lui en donnerent. Entre les Mines du territoire de *Krasnojarsk*, coule un ruisseau, nommé *Koxa*, dont la source est formée de cinq autres petits ruisseaux, appellés par les gens du pays *Bras*, en langage Sibérien *Rossathi*, & qui se jette dans l'*Abakan*. Près du cinquieme bras, qui est le plus éloigné de cette riviere, s'éleve une montagne où est une Grotte, dans laquelle il faut se faire descendre perpendiculairement à la profondeur de cinq brasses. Cette Grotte, au rapport des Mineurs, est fort large, & comme une grande chambre : on y voit aussi des restes de marches ou d'échafauds, qui font présumer qu'elle a servi d'asyle à quelques nouveaux Troglodites.

En quittant la premiere Grotte, on marcha vers l'*Abakan*, & l'on traversa une steppe montagneuse. A moitié chemin, il y avoit sur la steppe un marais qu'il fallut traverser en faisant tirer les voitures par des hommes, parce que les chevaux enfonçoient trop. Il y avoit à la vérité une espece de pont, mais on n'osoit pas s'y fier. Comme les Professeurs avoient envie de voir encore les Mines de *Krasnojarsk*, on poussa jusqu'à l'endroit de l'*Abakan*, où l'on passa pour aller à ces Mines ; mais pour ce passage, il n'y avoit que deux hommes qui demeuroient près de la riviere dans une espece de hute ou de caverne souterreine. Ces hommes avoient deux Barques, mais si délabrées, qu'il falloit continuellement vuider l'eau qui y entroit de toutes parts. On lia ces deux Barques ensemble telles qu'elles étoient, & on passa dessus une voiture ou deux charettes à-la-fois. On fit toute la diligence possible, parce qu'il étoit déja tard, & qu'on étoit fatigué de la grande chaleur du jour. Enfin tout fut passé, hommes & bagages, avant la nuit, à l'exception d'une seule personne qui ne voulut pas s'exposer dans l'obscurité, & l'on resta sur l'autre bord pour attendre le jour. Le 10 au matin, comme on étoit près de partir, on vit arriver les Tatares *Kaibales* avec un grand nombre de chevaux ; mais ceux qu'avoient les Voyageurs étant déja attelés, on les fit marcher jusqu'à la premiere Poste. On campa ensuite sur le ruisseau de *Kal*, qui se perd dans la terre à peu de distance d'*Abakan*, & l'on y resta jusqu'à trois heures de l'après-dînée. Les Tatares apporterent une espece de truites, qui se pêchent près de-là dans l'*Abakan*, & dont on s'accommoda bien. On choisit les meilleurs chevaux de ceux que les Tatares avoient amenés, & l'on continua la route. On atteignit le même jour le commencement du mont *Sajan*, & l'on y passa la nuit qui fut très-orageuse.

Le 11, les Professeurs allerent voir une Mine, située sur le rivage occidental du *Jenisti*, à l'entrée de la chaîne des montagnes, & sur la plus haute du canton ; ils trouverent que la Mine en étoit molle, verte, & mêlée d'une pierre ressemblante au minéral de foie (*Leber-Ertz*.) Ils remarquerent encore une espece de Mine verte, qui ressembloit par sa substance aux *malachites*, mais aussi fragile que des scories, & une autre Mine rouge. Par les essais qu'on avoit déja faits de cette Mine rouge & de la verte, on avoit tiré d'un quintal environ quarante-huit à soixante livres de cuivre pur. M. *Gmelin* étoit étonné que la Nature opérât dans ces contrées tout différemment qu'en Allemagne, où les meilleurs minéraux se trouvent à de très-grandes profondeurs, tandis qu'ils se présentoient sous ses pas à la surface de la terre. « Seroient-ils donc engendrés ici, dit ce Professeur, » & auroient-ils été transportés par quelqu'accident dans » les profondeurs d'Allemagne ? Si la terre anciennement a été dissoute, » comme le croit l'ingénieux *Woodward* ; si tout a été confondu & s'est » ensuite affaissé, les métaux, comme les corps les plus pesans de toutes » les substances terrestres, auront sans doute été au fond ». Il prétend avoir découvert beaucoup d'autres traces qui prouvent que la terre de Sibérie n'a pas souffert depuis le commencement du monde autant de révolutions que celle d'Allemagne. Mais il craint, dit-il, d'inspirer aux Philosophes, qui recherchent quel a été le premier état de la terre, trop de desir ou de curiosité de se transporter en Sibérie, pays qui, dans le fond, a bien plus besoin de gens qui le cultivent, que de Raisonneurs qui viendroient simplement pour l'examiner. C'est en faisant ces réflexions qu'il descendit la montagne, & quoiqu'elle fût fort escarpée, il ne regretta pas sa fatigue, parce qu'il en rapporta plusieurs belles plantes.

Au retour des Mines, on descendit en voiture le long du *Jenisti* jusqu'aux environs de *Sajanskoi-Ostrog*, où il y avoit du monde en avant, pour y faire construire un Radeau, qui se trouva prêt à l'arrivée de la

Troupe ; mais les Professeurs apprennant que le chemin sur le rivage occidental du *Jenisli* étoit impraticable, se contenterent de faire passer ce fleuve à quelques-uns de leurs gens, pour cuire du pain, dont on manquoit depuis quelques jours. M. *Muller* passa avec eux pour faire la description de l'Ostrog, & M. *Gmelin* s'amusa en l'attendant avec les plantes & les oiseaux.

Le 12, vers midi, les gens qu'on avoit envoyés cuire du pain à l'Ostrog, vinrent réjoindre la Troupe, & l'on se remit bientôt en marche. On avança par une grande steppe, malgré le mauvais tems qui dura presque jusqu'au soir, au-dessous de *Kamennoi-Ostrow*, Isle fort célebre par la quantité de houblon qu'elle produit ; & après avoir traversé deux autres Isles, on parvint à la chûte du jour au passage fréquenté par les Ouvriers des Mines, où l'on prit gîte pour la nuit. Le lendemain, on se disposa à passer le fleuve avec les bagages. On trouva pour cet effet trois Barques attachées les unes aux autres. Le fleuve n'étant ni fort large, ni bien rapide, comme on s'y prit dès la pointe du jour, tout fut passé de bonne heure, & l'on fut rendu dans l'après-dînée aux Mines de *Lukasa*.

Les bâtimens des Mines sont situés sur le ruisseau de ce nom, qui se jette dans le *Jenisli* à neuf wérstes plus bas, & ils étoient destinés à fondre le cuivre qui se trouve en grande quantité dans tout ce canton. On travailloit alors sans relâche à une digue tirée au travers du vallon où la riviere a son cours, d'environ soixante brasses de longueur, sur douze de largeur. Il y avoit un Inspecteur ou Directeur des Mines, un Caissier, un Fondeur, quelques Soldats nouvellement recrutés, & plus de cent Exilés, gens du commun, dont l'inspection étoit confiée à un Lieutenant d'Artillerie. Les Bâtimens achevés consistoient en une Eglise, en beaucoup de maisons bâties à-peu-près comme celles de Catherinenbourg, mais déja fort infectées de punaises, en un Hôpital, un attelier pour les Menuisiers, quelques autres atteliers & une Forge, une Chancellerie, un Cabaret, &c. L'Hôpital étoit sous l'inspection d'un Apprentif Chirurgien, à qui l'on avoit ôté tous médicamens, pour qu'il n'empoisonnât personne par ignorance. Ces Bâtimens sont sur le rivage gauche ou septentrional. Les maisons qui en dépendent, ainsi que l'Eglise, sont entourées de chevaux de frise des deux côtés jusqu'à la vallée ; & on y fait si bonne garde, qu'il n'est point permis d'y entrer, sans avoir été annoncé au Lieutenant.

Non loin des Mines, on voit dans la forêt par intervalles quantité de creux, dont quelques-uns ont une brasse en quarré. Plusieurs de ces excavations ont des pierres saillantes, que l'on croyoit être des restes de fourneaux à fonte des anciens habitans. Les Professeurs firent découvrir un de ces fourneaux, pour en avoir une idée. Il étoit d'une forme alongée, & construit de pierres liées avec un ciment de terre & de sable. Aux environs de ces fourneaux, il y avoit de gros tas de scories de fer, & quelques-unes de cuivre. Il falloit que ces fourneaux de fonte fussent bien anciens, puisqu'entre les pierres on voyoit de grosses racines de sapins, qui avoient percé & qui étoient entrelassées partout.

Les Professeurs ayant envie de voir encore les Mines d'*Irba*, avant de se rendre à *Abakansk*, firent prendre les devans pour cette Ville aux deux Deffinateurs, & à la plus grande partie de leurs bagages, avec ordre de les y attendre. Ils firent conftruire quatre Radeaux à l'embouchure du *Lukafa* dans le *Jenifli*, & firent chercher des chevaux frais qui leur furent amenés le 16 au foir de *Beikotonskoi-Uluss*, par la Tribu des *Kaibales*.

Le 17, ils fe mirent en route, & après avoir marché toute la journée par une pluie prefque continuelle, ils arriverent le foir à la riviere de *Tuba*. Ils ne trouverent en cet endroit qu'une maifon avec deux chambres, l'une où l'on avoit feulement commencé de conftruire un poële; l'autre à poële & à bain. Il y avoit auffi quelques hommes attachés aux Mines d'*Irba*, pour faire du foin, afin que ceux qui paffent en Hiver dans ces cantons-là, puffent y trouver du fourrage pour leurs chevaux. L'homme qui paffoit les Voyageurs fur la *Tuba*, étoit un pauvre Exilé. Les Profeffeurs, à leur arrivée dans ce lieu, ne voyant point avec eux l'Etudiant *Tretjakow*, expédierent pendant la nuit un Tatare pour le chercher, & le lendemain détacherent encore un Chaffeur pour en avoir des nouvelles. Cependant ils pafferent la *Tuba* dans une grande Barque avec leurs voitures de nuit, & continuerent leur route. Ils rencontrerent des montagnes qui fatiguerent tellement leurs chevaux, qu'ils refuferent d'aller au-delà de l'*Erefchet*, ruiffeau qui tombe dans l'*Irba*, & près duquel ils furent obligés de faire halte. C'eft-là qu'ils eurent des nouvelles de l'Etudiant, qui étoit arrivé fur les bords de la *Tuba* immédiatement après leur départ, & qui étoit démonté, fon cheval devenu fougueux, s'étant échappé après l'avoir jetté à terre.

Le 19, à la pointe du jour, on fe remit en marche, & l'on fut rendu à 9 heures du matin aux Mines d'*Irba*. La fatigue des mauvais chemins, & de la pluie qu'on avoit effuyée pendant près de vingt-quatre heures, obligea les Profeffeurs de prendre un jour de repos. L'Etudiant *Tretjakow* les joignit le même jour en affez mauvais état.

La pluie ayant ceffé vers le foir, les Profeffeurs monterent à cheval pour aller voir la Mine de fer. La montagne où eft cette Mine, n'eft éloignée des Bâtimens qui fervent à l'exploiter, que d'environ deux werftes fur la rive gauche de l'*Irba*. On avoit d'abord commencé à l'ouvrir fur le fommet de la montagne, qui eft rapide & très-haute; mais comme on a trouvé par la fuite qu'elle occupoit prefque toute l'étendue de cette montagne, on a creufé plus bas pour faciliter le travail. Au pied de la même montagne, du côté du Midi, étoit une Fonderie compofée de fix fourneaux à la main, dans lefquels, en attendant que le grand fourneau fut conftruit, on fondoit de petites maffes de mine, dont on tiroit, difoit-on, la moitié de fer.

Le lendemain, les Profeffeurs allerent encore vifiter la digue qui n'étoit achevée que depuis fix femaines: elle a cent foixante-dix braffes de longueur, & neuf de largeur, fur cinq pieds d'élévation feulement. La Mine de cuivre eft dans une montagne vis-à-vis la digue, à la gauche de l'*Irba*.

Après avoir quitté les Mines d'*Irba*, on marcha toute l'après-dînée fur une steppe montagneufe, coupée d'un grand nombre de ruiffeaux qui avoient de très-mauvais ponts. On s'avança jufqu'à la riviere de *Schufch* qui fe jette dans la *Tuba*, & dont le pont eft en meilleur état; on y trouva des relais, que les Tatares avoient amenés; & le lendemain 21, à la pointe du jour, on continua de marcher jufqu'au ruiffeau nommé *Tfchirim*, qui fe jette dans le *Solba*, comme celui-ci fe rend dans la *Schufch*. Le chemin étoit toujours montagneux, & toujours interrompu par des ruiffeaux dont les ponts menaçoient ruine. Enfin à la chûte du jour, on parvint au Village de *Schalabolina*, où l'on attela des chevaux Ruffes aux voitures, & l'on fut rendu dans la nuit à *Abakanskoi-Oftrog*, avec ceux de la fuite des Profeffeurs qui étoient partis par eau de *Lukafa*. M. *Gmelin*, dans ce voyage, avoit entendu parler d'une racine que les Tatares amaffent au Printems, & qu'ils font fécher pour la mettre dans leur bouillie; on la lui montra, & il reconnut que c'étoit la racine du chien-dent. On lui dit que cette racine croiffoit en abondance chez les Tatares *Sagai*, & près d'un ruiffeau qui en a pris le nom de *Befs*, ainfi qu'ils appellent cette plante (20).

Pour fe repofer un peu des fatigues du voyage, on refta dans l'Oftrog jufqu'au 25 Septembre. Ce même jour, les deux Profeffeurs entreprirent encore un autre voyage, & menerent avec eux le Deffinateur *Decker*, laiffant le Sieur *Lurfenius* avec le refte de leur fuite. Ils partirent à 7 heures du matin dans leur voiture ordinaire, & au bout d'environ quatre werftes, ils pafferent deux bras du *Jenifti*, dont les eaux avoient crû la nuit précédente. Ils s'arrêterent à dîner fur le bord du fleuve, & virent des traces de la premiere neige de la faifon. De-là s'éloignant du *Jenifti*, ils marcherent vers *Kopon-Karagai* (21), lieu ainfi nommé, parce qu'il y a un petit bois de fapin, qui de loin reffemble par fa figure à une meule de foin. Près de ce bois, & dans les environs, on voit quantité d'anciens tombeaux de Tatares, qui devoient donner autrefois un air fort refpectable à ce lieu, & où l'on a trouvé beaucoup de richeffes. Il y avoit encore dans ce canton un homme connu de tout le monde fous le nom de *Selenga*, parce qu'il avoit autrefois vécu pendant quelque tems dans le diftrict de *Selenginsk*, & qui vivoit ici depuis trente ans. C'étoit un grand Fureteur de tombeaux: il s'étoit établi dans ce vafte cimetiere, & s'y étoit conftruit une cabane fouterraine, où il fe tenoit folitaire fans aucune fociété, fi ce n'eft lorfqu'il lui prenoit fantaifie de paffer quelques momens au cabaret. Cet homme, éveillé ou endormi, n'étoit jamais fans une pioche & une bêche. La pioche lui fervoit à lever les groffes pierres, & la bêche à déployer la terre & les cendres des tombeaux qu'il fouilloit continuellement. Il avoit déja, difoit-on, trouvé des tréfors, mais il fe gardoit bien ni d'amaffer, ni d'enfouir, de crainte qu'il ne vînt après lui quelqu'autre *Selenga*, qui fût piocher & bêcher auffi-bien que lui. Les Tatares qui le connoiffoient bien, croioient que c'étoit en punition de fon crime qu'il ne pouvoit

(20) Elle eft décrite fous le nom d'*Erythronium* dans la *Flora Sibir.* Tome I, p. 39, 40, 41. Tab. VII.

(21) *Karagai* veut dire un fapin, & *Kopon*, une meule de foin.

garder ce qu'il enlevoit aux morts dont il troubloit le repos. Lui croyoit au contraire, que c'étoit pour un Chrétien, se rendre coupable que de conserver les restes d'un Tatare. Il étoit devenu depuis dix ans paralytique de sa main gauche, qui s'étoit desséchée, ce qui l'obligeoit d'attacher sa bêche au bras infirme, & de l'enfoncer dans la terre avec sa poitrine.

M. *Muller* visita seul une partie de ces tombeaux, parce que M. *Gmelin*, qui avoit alors un gros rhume, ne put l'accompagner : ainsi ce que ce dernier en rapporte est d'après M. *Muller*. Quelques-uns de ces tombeaux avoient un certain air de grandeur, & c'étoient ceux que les Tatares nomment *Majaki*. Ces tombeaux environnés de longues pierres quarrées, ont un grand contour. Ils ne sont pas fort profonds, & les corps qui sont couchés au milieu, sont ordinairement assez bien conservés à quelques ossemens près qui manquent à la plûpart. Ce qu'on trouve dans les tombeaux les plus riches, c'est de l'or & de l'argent travaillés ; ce sont des vases, des ceintures, des boucles d'oreilles, des bracelets, & d'autres ornemens semblables ; les boucles d'oreilles & les bracelets sont toujours d'or. Il y a des ceintures, dont le dessous est de cuir, & le dessus de velours verd, qui sont garnies de petites plaques d'or. Les vases les plus rares sont ceux qui sont plats ; les plus communs sont de petits pots d'argent, de forme ronde, couverts ou sans couvercle. La plûpart de ces pots sont tout unis, mais quelques-uns sont ciselés. Il y a des vases d'or pur, & d'autres seulement dorés. Ces différens vases sont placés près de la tête dans les tombeaux où les corps sont entiers. On en tire aussi des vases de terre, dont quelques-uns ont la forme de creusets, d'autres ressemblent à certains grands vases de la Chine à col étroit ; ces derniers sont d'une terre solide & vernissée. On trouve encore souvent dans ces tombeaux près des corps une tête de cheval, dont la bouche, enfoncée dans la terre, est garnie d'une bride semblable à celles d'Allemagne, avec des bossettes d'argent ; certaines têtes de cheval sont sans brides. Il y a de plus, dans quelques tombeaux, des étriers de fer, encore exactement de la même forme que ceux d'Allemagne ; ces étriers sont quelquefois couverts de lames d'argent assez épaisses, qui semblent n'y être que collées. On y voit aussi quelquefois, au-lieu de tête de cheval, une tête de mouton, couverte d'une mince feuille d'or que l'on prendroit pour du clinquant. Un de ces Dépouilleurs de morts, dit M. *Gmelin*, avoit trouvé dans un très-riche tombeau qu'il avoit exactement fouillé, un couteau d'acier de forme Chinoise, sur la lame duquel étoit soudé un serpent d'or. Enfin, parmi des ossemens brûlés, on a trouvé de l'or en petits lingots. Il faut observer que tous les corps ont la tête tournée vers le Nord.

Il y a plusieurs sortes de tombeaux, que les gens du pays distinguent par différens noms. Les tombeaux dont *Selenga* tiroit le plus d'or & d'argent, & presque toujours en lingots, sont ceux qui ne contenoient que des ossemens brûlés ; ce qui semble indiquer que l'usage de brûler les morts, avec une partie de leurs richesses, qui fut autrefois & qui est encore aujourd'hui commun à tant de peuples, a eu lieu chez les anciens Tatares, quoique dans la suite il ait varié.

Il y a de ces tombeaux placés sur des élévations de terre, qui forment de petites collines. On y a trouvé quelquefois des corps renfermés dans des cercueils de bois de melese, garnis de clous de fer, avec beaucoup de feuilles d'or battu, dont le corps ou le visage avoit peut-être été couvert, & des petites figures d'animaux de fonte ou de cuivre doré, des chandeliers ou des plaques de cuivre, enfin des fers, des lances, des haches de combat, des fleches, des restes de bottes, &c. Ceux qui ont fait le plus de recherches sur ces tombeaux, ont remarqué, comme une sorte de loi générale, que les anciens Tatares enterroient les pauvres près des forêts ou des bois, & les riches dans les champs les plus agréables, dans ceux qui avoient de belles vues, sur-tout du côté des rivieres.

De *Kopon-Karagai*, les Professeurs & leur suite tournerent leurs pas vers la *Koxa*; mais les Voituriers s'étant égarés dans la route, on ne put arriver à cette riviere qu'en pleine nuit, & dans un endroit si marécageux, qu'il n'y eut pas moyen d'y passer. L'eau d'ailleurs y étoit si trouble, qu'elle n'étoit pas potable. De plus, il n'y avoit d'autre bois que quelques broussailles de saules, & il faisoit un froid excessif. On dépêcha du monde pour choisir un meilleur hospice sur la *Koxa*, & sur leur rapport, on remonta plus haut la riviere. On y trouva du-moins assez de bois pour toute la troupe, & de l'eau propre à boire. A la pointe du jour, on se remit en marche; on eut bientôt atteint une Mine; située près de la riviere que l'on avoit commencé à exploiter l'Eté précédent, & les Professeurs s'y arrêterent. Le mineral est une pierre brune, assez dure, mais fendue naturellement en plusieurs morceaux qui contient les plus belles fleurs de cuivre, tant vertes que bleues. Dans le voisinage de cette Mine, il n'y a point de bois: elle est comme dans un champ, seulement un peu plus élevé que ceux qui sont situés sur la *Koxa*. C'est une singularité de la Sibérie, déja observée par M. *Gmelin*, que les minéraux y sont comme répandus sur la surface de la terre, sans y entrer bien profondément. On avoit construit près de cette Mine une mauvaise cahutte de branches d'arbres & de broussailles, couverte de foin. Pour l'exploiter, on y avoit envoyé quelques Exilés avec un Mineur; mais les Exilés avoient déserté, & le Mineur ne voulant pas rester seul, avoit aussi pris son parti, ensorte que l'on n'y trouva personne.

M. *Muller* voulut aller voir sur l'*Uybat* quelques antiquités, dont on lui avoit parlé; il prit avec lui le Sieur *Decker*, pour dessiner ce qu'il trouveroit de curieux, & laissa M. *Gmelin* retourner seul à *Abakanskoi-Ostrog*. Deux jours après, savoir le 28 au soir, M. *Muller* revint de l'*Uybat*. Il s'étoit égaré la nuit par un tems effroyable, & avoit passée sans bois & sans eau.

M. *Gmelin*, pendant le séjour d'*Abansk*, y trouva des gens qui avoient été dans la Calmouquie, & aux environs des montagnes de *Sajan*. Il apprit d'eux plusieurs choses qu'il rapporte ici sur leur témoignage. Au midi de ces montagnes, entre deux ruisseaux qui se jettent dans le *Jenisei*, on voit deux figures d'hommes, l'une vis-à-vis de l'autre qui ont chacune un chapeau Chinois, de forme ronde, des moustaches noires, les levres rouges, & qui tiennent un livre. Aux pieds de chacune, est couché un gros lion, accompagné d'un plus petit. Au-dessus de l'embouchure du *Bargn*, qui est un de ces mêmes ruisseaux, il y a une montagne appellée *Ongon-Kaja*; & au-bas de la montagne, un rocher, dans lequel on a creusé une Grotte. On y voit un Chan, ou un Seigneur Tatare assis sur une table de pierre, & ayant à ses pieds un coffre de pierre où sont renfermés quantité d'écrits. A côté de cette figure, est celle d'un homme tenant un sabre nud à la main; & à chaque côté de l'entrée, deux autres figures, l'une de même armée d'un sabre, l'autre tenant une hallebarde (22).

Le 29, après midi, les Professeurs allerent voir sur une montagne, à huit werstes d'*Abakansk*, des retranchemens des anciens Tatares, consistant en deux fossés, l'un encore assez profond, mais qui paroissoit l'avoir été beaucoup plus, & dont la terre étoit jettée sur le revers comme pour former un rempart, l'autre peu profond, & tiré du milieu de la montagne.

Il fallut quitter *Abakansk*. On fit partir le 30 deux Radeaux, avec les bagages; & le premier Octobre, les Radeaux destinés pour les Professeurs & les Peintres, se mirent pareillement en route. Les deux Professeurs prirent les devants dans une Chaloupe, & firent arrêter au-dessus d'une grande Isle, située vis-à-vis *Kopun-Karagai*, & y monterent à cheval. Ils se rendirent aux tombeaux dont on a parlé, & trouverent l'intrépide Fosseyeur *Selenga* avec sa bêche & sa pioche. Tous ces tombeaux, ou la plus grande partie, avoient été bien fouillés depuis vingt ans que l'on avoit commencé ces sortes de recherches, & ils avoient enrichi plusieurs particuliers du canton; mais on ne faisoit plus alors que glaner.

Les Professeurs ayant quitté les tombeaux, passerent le *Gerba*, & s'arrêterent près de *Jerbinskaja D*, situé sur le même bras du *Jenisei* qu'ils venoient de traverser. Leur Chaloupe arriva presqu'en même tems; mais voulant attendre leurs Radeaux dont ils n'avoient point de nouvelles, ils étoient résolus de se loger comme ils pourroient dans le Village. Aussi-tôt qu'ils eurent appris que les Radeaux étoient passés, ils se remirent

---

(22) Le dixieme Tome des *Mémoires de l'Académie de Petersbourg* contient un *Mémoire de M. Muller sur les écrits en Langue Tungusse, trouvés en Sibérie*, où la même Grotte est représentée bien différemment, & décrite ainsi, p. 454, 455: " A dix lieues ou environ au-dessous de l'embouchure du *Kemtschuk*, fleuve qui forme les limites de l'Empire de Russie & de celui de la Chine du côté des Tatares Mongols, à deux lieues au-dessous & à l'Ouest de la riviere de *Dschakul* ou *Tschokul* qui se jette dans le *Jenisei*, & à trois lieues de la rive occidentale de ce fleuve, à l'endroit où la fameuse chaîne des monts *Sajan* commence vers le Midi à s'applanir, est une caverne creusée de main d'hommes au bas d'un rocher qui tient à la derniere montagne. L'entrée de cette caverne tournée vers le fleuve, est si étroite & si basse, qu'on ne peut y passer sans plier le corps, & son étendue intérieure n'excede point celle d'une orgie cubique ou quarrée. Des deux côtés de l'entrée, il y a des figures humaines sculptées dans le roc en demi-bosse, & qui n'ont guere plus de moitié de grandeur naturelle. Au-dessus dans une niche qui subsiste encore, il y avoit une statue de pierre représentant un homme assis sur ses jambes; elle fut enlevée en 1721, par quelques Idolâtres du pays. Au fond de la caverne en face, sont trois Idoles de même grandeur, & taillées aussi dans le roc de la même maniere que celles de l'entrée. La figure du milieu est assise à la Chinoise sur un siége à trois pieds ". La représentation de cette Grotte, gravée d'après un dessein fait à *Krasnojarsk*, est jointe au Mémoire.

dans

dans la Chaloupe, & les atteignirent en defcendant le fleuve. Un grand vent qui bientôt après s'éleva, accompagné d'une forte pluie qui dura jufqu'au lendemain matin, les obligea de defcendre à terre, & de refter fous la tente.

Le 2 Octobre, le vent s'étant un peu calmé, on fe remit en route, & l'on entra dans le diftrict de *Jenifeisk*. On paffa dans ce trajet devant un rocher, près duquel M. *Meſſerſchmidt* avoit fait naufrage, mais dont heureufement il s'étoit fauvé avec tout fon monde, & avec la plus grande partie de fon bagage. Après avoir encore paſſé *Worowskaja-Protoka*, le Bras des Voleurs, ainfi nommé, parce que les *Kirgifes* demeuroient anciennement fur fes bords, & une Ifle longue d'environ huit werftes que ce bras renferme, on mit pied à terre à l'entrée de la nuit. On trouva des jurtes de *Kaſtinʒ* à l'endroit où l'on defcendit, & l'on y vit deux Sorciers. Ces Sorciers reviennent fouvent dans le Journal de M. *Gmelin*; mais il faut remarquer, d'après lui, une derniere fois, qu'en Sibérie ce nom de *Sorcier* & de *Sorciere* n'effraie perfonne. Les gens qui font ce miférable métier, n'ont pas même aucunes mauvaifes intentions; & fi leurs Diables n'en favent pas plus qu'eux, comme il y a bien de l'apparence, il faut qu'ils foient bien imbécilles. Les Sorciers de Sibérie ne font donc (comme par-tout ailleurs) que des fripons, qui profitant de la fuperftition & de l'ignorance de gens encore plus ftupides qu'eux, trouvent par-là leur fubfiftance, fans beaucoup de peine. Au refte, les deux Sorciers de *Kaſtinʒ* méritoient quelque diftinction : c'étoient un homme & une femme qui chaffoient de race. Ils defcendoient tous deux de peres en fils de Sorciers, ce qu'ils regardoient tellement comme un vrai titre de nobleffe, qu'ils offrirent aux Profeffeurs de leur prouver jufqu'à fept degrés nets de filiation de Sorcier en Sorcier. L'emploi d'ailleurs eft fort honorable aux yeux du peuple, qui ne voit dans ces pauvres gens que des efprits élevés ou d'un ordre fupérieur au fien.

Le 3 Octobre, on continua de marcher, & après une traite auffi fatiguante, dont la rigueur de la faifon rendoit les incommodités encore plus fenfibles, on fut rendu le 7 à 10 heures du matin à *Krafnojarsk*.

Ce dernier voyage des Profeffeurs avoit duré près de cinq mois ; ils avoient befoin de repos, tant pour reprendre de nouvelles forces, que pour rédiger les obfervations qu'ils avoient faites dans le cours de l'Eté. Ils s'empreſſerent donc d'occuper leur quartier d'Hiver, & reprirent leurs anciens logemens. Ils reçurent un très-bon accueil des habitans qui les connoiſſoient déja, mais qui, felon l'obfervation de M. *Gmelin*, n'auroient peut-être point été fâchés d'être tout-à-fait délivrés d'eux.

Les Tatares que les Profeffeurs virent en grand nombre dans cette campagne, & parmi lefquels ils converferent, étoient généralement d'une figure qu'aucun Européen ne pouvoit trouver défagréable. Ils n'avoient pas les yeux trop enfoncés dans la tête, ni le haut du vifage plat, ni le nez écrafé ; & toute leur phyfionomie s'éloignoit peu de l'air Européen. Ils étoient prefque tous bien faits ; il étoit rare au-moins de trouver parmi eux des gens contrefaits, ou trop gras. Ils étoient communément un peu

Tome XVIII. Bbb

maigres, & de plus vifs, alertes, capables d'affaires, humains, polis, assez parleurs, mais sinceres & honnêtes gens. Cependant on dit, qu'en fait de commerce, il faut être avec eux sur ses gardes, parce qu'ils croient que c'est être habile que d'y tromper quelqu'un. Ils prétendent que personne ne doit risquer d'acheter une marchandise qu'il ne connoît pas; que quand il croit la connoître, il a des yeux aussi-bien que le Vendeur, & que c'est une pure sottise de sa part, s'il est trompé. On n'a jamais entendu dire qu'ils aient volé sur les grands chemins, ni qu'ils se volent les uns les autres, ou même les Russes, & qu'ils aient jamais fait mal à personne de propos délibéré. On n'entend guere encore parler chez eux de débauches de femmes, ni d'ivrognerie; cependant ils ne sont pas tout-à-fait exempts de ces vices. Comme ils ont beaucoup de bestiaux, & particulierement de chevaux, ils sont dans l'usage, ainsi que les autres peuples idolâtres, de distiller de l'eau-de-vie de jument; & quand ils en ont abondamment, ils s'en régalent volontiers. Lorsqu'ils viennent dans les Villes ou dans les Villages Russes, ils visitent quelquefois les cabarets, ou boivent chez ceux qui les invitent quelques coups d'eau-de-vie ou de biere de plus qu'ils n'en peuvent supporter. Mais on peut dire en général, & c'est une justice qu'on leur doit, qu'ils ne sont pas naturellement adonnés à l'intempérance. Les deux sexes aiment beaucoup à fumer du tabac, ce qu'ils ont de commun avec les autres peuples idolâtres, & ils en prennent l'habitude dès l'âge de dix ou douze ans. Ils préferent à tout autre le tabac de la Chine; celui de *Tscherkassie* n'est que pour les pauvres, qui le mêlent avec l'écorce de bouleaux, tant par économie, que pour tempérer sa violence. Les Tatares ont un respect singulier pour les morts, & sur-tout pour leurs ancêtres. Quoiqu'ils sachent bien qu'on a tiré beaucoup d'or & d'argent de leurs tombeaux, on n'entend pas dire, que l'envie soit venue à aucun Tatare de s'enrichir de cette façon. Ils prennent deux, trois, & jusqu'à quatre femmes; mais les pauvres se contentent d'une seule. Ils sont naturellement fort mal-propres, ce qui les enlaidit beaucoup; les femmes même, celles qui s'aiment le plus & qui se croient jolies, ressemblent à nos plus sales servantes, & les hommes aux valets de paysans (23). On ne voit encore chez eux presqu'aucunes traces de Religion, & ce sont peut-être les Payens les plus purs ou les plus francs qui existent. Aucun Mahométan ne peut se vanter d'avoir attiré un seul Tatare à sa Religion. Aucun Mongole n'a réussi à leur faire respecter ses superstitieuses pillules, ou ses idoles de terre sigillée. Malheureusement la Religion Chrétienne n'a pas trouvé plus d'accès chez eux, quoiqu'on ait fait bien des tentatives pour l'y introduire. Quand on leur en parle, ils montrent du doigt les tombeaux de leurs ancêtres, & disent, qu'en pillant ces tombeaux, on a bien pu voir qu'il y a eu parmi eux des gens riches, qui pendant leur vie ont joui très-abondamment de ce qui flatte le plus les hommes; que ces biens leur étoient venus dans le sein d'une croyance simple qu'ils tenoient par tradition de leurs ancêtres; que peut-être falloit-il attribuer l'espece de décadence où ils se trouvoient à

(23) Chez les Tatares, il n'y a que les hommes & les filles qui portent des ceintures.

ce qu'ils n'étoient plus si attachés aux anciennes mœurs & aux usages de leurs peres, & qu'enfin cette décadence augmenteroit infailliblement, s'ils s'exposoient à subir une révolution aussi forte que le seroit leur passage au Christianisme.

M. *Gmelin* revient encore à ses Sorciers, mais il s'agit ici de ceux des Tatares de *Katschinsk* qui, quoiqu'au fond peu différens de tous ceux dont il a décrit les mauvaises farces, ont des usages particuliers, qu'il a cru dignes de remarque (24). Cependant nous préférons au détail qu'il fait d'une nouvelle diablerie, ses réflexions sur le génie des peuples qui croient à ces Sorciers.

Il paroît, dit M. *Gmelin*, qu'ils se soucient peu de l'Etre suprême, & qu'ils pensent que tout pouvoir a été donné sur la terre aux Diables, pour faire à leur gré du bien ou du mal aux hommes. Ils font grand usage de l'encens & de quelques autres fumigations. Quelques-uns, comme les Tatares de *Kusneizk*, en faisant des sacrifices aux Diables, pour ne pas donner une mauvaise opinion de leur culte, tâchent de persuader aux Russes, & en général aux Chrétiens, qu'ils les font en l'honneur de Dieu. Il y a donc bien de l'apparence, que tout ce qu'ils disent de Dieu, n'est qu'un jargon très-équivoque, ou que, s'ils admettent un Etre souverainement bon, ils croient dépendre du-moins autant des mauvais esprits. Leurs enfans mêmes, qu'ils font souvent assister aux scènes de sorcellerie, dont ils se régalent volontiers, sans y soupçonner le moindre mal, n'en sont point du tout effrayés; ils sont au contraire accoutumés à marquer beaucoup de respect pour les esprits mal-faisans. M. *Gmelin* remarqua, dans la diablerie des Sorciers de *Katschinsk*, un enfant d'environ trois ans, qui prêtoit la plus grande attention, & qui paroissoit prendre à ce spectacle un plaisir infini. Malgré le bruit épouvantable que faisoit une Sorciere affreuse, possédée de tous les Diables du pays, cet enfant ne marquoit pas la moindre peur. De-là il conclut que, pour réussir à leur faire goûter la Religion Chrétienne, il faudroit travailler d'abord à leur bien inculquer, qu'il n'y a rien absolument de bon ni de mauvais à attendre de tous leurs prétendus esprits, & que les Diables n'ont aucun pouvoir actuel sur les hommes. On tâcheroit ensuite de leur faire comprendre, qu'il existe un Etre parfait, dont la bonté même est l'essence, qui seul a tout pouvoir dans le Ciel & sur la Terre, parce que lui seul a tout créé, & que lui seul conserve tout. C'est après cela qu'on pourroit leur parler de Jesus-Christ, dont on leur prouveroit dabord la nécessité, puis la réalité.

Le 14 Décembre, on fit à *Krasnojarsk* une terrible justice d'une femme du peuple, qui avoit assassiné son mari. On l'enterra toute vivante, & elle fut mise debout dans une fosse jusqu'au col: on foula même la terre autour d'elle, mais légerement, parce qu'on espéroit qu'elle auroit sa grace, qui ne lui fut point accordée. Elle étoit depuis douze ans en prison, mais ses protections avoient retardé jusque-là son jugement. Cette affreuse inhumation est le supplice ordinaire, dont les Loix de Russie pu-

Punition d'une femme qui assassine son mari.

(24) Le Chien est un animal profane, que les Sorciers des Tatares ont soin de bannir de tous les lieux où ils operent.

Bbb ij

niffent les femmes qui ont attenté à la vie de leurs maris (25). Pierre le Grand le faifoit fubir aux femmes qui défaifoient leurs enfans ; & peu de tems avant fa mort, on en vit un célebre exemple. M. *Gmelin*, curieux de fuivre ce genre de mort, fe faifoit informer de jour en jour de l'état de la patiente. Quoiqu'on eût mis des Gardes auprès d'elle, pour empêcher qu'on ne lui portât aucune efpece de nourriture ; de bonnes ames lui portoient de tems en tems quelques coups d'eau-de-vie ou de biere, & par fois même quelque chofe à manger. Ces attentions n'empêcherent pas fes forces de l'abandonner peu-à-peu ; les alimens qu'on lui faifoit prendre ne faifoient probablement que prolonger fes tourmens, ou les aggraver, au-lieu de les adoucir. Quelques jours avant d'expirer, elle tomba dans une forte d'infenfibilité totale ; & à fa mort qui arriva le 27 au foir, elle paroiffoit n'être qu'endormie.

Le peuple fait à *Krafnojarsk* d'effroyables excès d'eau-de-vie. Quoique cette liqueur y foit foible, la quantité fupplée à la force, & fait toujours périr quelqu'un. Une femme, dans le même mois de Décembre, y mourut fur le champ d'un pareil excès. Quelques Ecrivains Polonois rapportent que l'eau-de-vie, dont on fait de grandes débauches en Pologne, y emporte beaucoup de monde ; ils ajoutent, qu'à quelques-uns de ceux qui ont trop bu de cette liqueur, il fort de leur bouche, un inftant avant qu'ils expirent, une flamme bleue, qui continue de brûler quelque tems après leur mort. On avoit dit à M. *Gmelin*, que la même chofe arrivoit en Sibérie, & même en Ruffie ; mais il avoue, que quelques foins qu'il fe foit donnés pour voir un de ces volcans de cadavres, il n'a jamais pu y parvenir.

Fête des Sages-Femmes. Le 26 Décembre, feconde Fête de Noël, on vit fortir de l'Eglife un grand nombre de Sages-Femmes, dans leurs plus beaux atours. C'étoient non-feulement les Matrones de la Ville, mais encore celles des Villages voifins qui s'étoient raffemblées pour leur Fête. Elle ont pris ce jour, parce que Jefus-Chrift étant né la veille, & fa naiffance, à ce qu'elles croient, ayant confidérablement occupé les Sages-Femmes de ce tems-là, elles ont dû le lendemain fe réjouir de l'heureux accouchement de la Vierge-Mere. Elles s'en retournerent en effet le foir pleines de vin & d'eau-de-vie.

Depuis le 27 Décembre jufqu'au jour des Rois, auquel l'Eglife Greque célebre le Baptême du Jourdain, il y eut, parmi les jeunes gens des deux fexes, des divertiffemens continuels, de grandes affemblées, & des promenades, tant à pied qu'en traîneau.

Le 5 Janvier, les jeunes filles vont le foir ou la nuit deux ou trois enfemble, & quelquefois en plus grand nombre, dans les petites rues, dans les carrefours ou dans quelque endroit obfcur, comme cave ou bain, prêter l'oreille au moindre bruit, pour voir fi elles n'apprendront rien de leur deftinée future, en écoutant bien de tous côtés ; d'où vient le nom Ruffe *Sluffchit*, de l'*écoute*, donné à cette efpece de Fête. On juge bien que les jeunes gens ne manquent point de les épier, de les furprendre, &

---

(25) C'étoit auffi celui des Veftales convaincues d'avoir donné atteinte à leur chafteté.

de leur faire des niches, qui sûrement leur sont bien rendues.

Le 20 Janvier, il passa par *Krasnojarsk* un Soldat que M. *Steller* avoit dépêché d'*Irkutzk* au Sénat de Petersbourg. Ce Soldat avoit avec lui quelques caisses & quelques ballots remplis de curiosités naturelles, que M. *Steller* avoit rassemblées dans l'Eté de 1739. Il les envoyoit au Sénat avec les descriptions qu'il en avoit faites jointes au récit de ses voyages, & au plan qu'il s'étoit formé pour la suite. Il y avoit pour M. *Gmelin* une Lettre très-courte, où il marquoit simplement que le tems ne lui avoit pas permis d'adresser ses envois aux Professeurs, & les prioit de faire ensorte que le Soldat qu'il en avoit chargé fût bientôt expédié au Sénat. Le procédé de M. *Steller* piqua vivement les deux Professeurs. On l'avoit envoyé en Sibérie, principalement pour seconder M. *Gmelin*, & pour exécuter ce que les Professeurs jugeroient à propos de lui faire faire. Après sa déclaration volontaire, qu'il feroit avec plaisir le voyage de *Kamtschatka*, ils avoient réglé sa destination pour cette Presqu'Isle. Il tenoit d'eux la commission qui regardoit ce voyage, ainsi que toutes ses instructions sur le même objet ; ces instructions contenoient la condition très-précise de leur écrire fréquemment, & quand il trouveroit quelque chose de curieux ou de nouveau pour l'Histoire naturelle, de le leur adresser directement, pour qu'ils pussent l'envoyer à Petersbourg. Pour rendre son travail plus utile, & pour que tout se fît de concert, M. *Gmelin* lui avoit communiqué toutes les découvertes faites par lui jusque-là, & une liste de tous ses desseins ; il lui avoit promis de faire tous les ans la même chose, afin qu'aucun d'eux ne prît la peine de décrire inutilement ce qu'un autre auroit déja recueilli, & qu'on ne fît pas de desseins doubles. Ce Professeur lui avoit encore tout récemment fait part de plusieurs observations qu'il avoit faites dans le dernier Eté, & devoit lui envoyer incessamment de nouvelles plantes seches. On ne savoit donc que penser de la démarche de M. *Steller*, si ce n'est qu'on voyoit bien qu'il cherchoit à se rendre indépendant des Professeurs. Ceux-ci étoient fort embarrassés. Ouvrir des caisses & des ballots, scellés du sceau de la Chancellerie d'*Irkutzk* & du cachet de M. *Steller*, c'étoit beaucoup prendre sur eux ; mais en faire l'expédition, sans savoir ce qu'on envoyoit, leur paroissoit aussi ridicule que contraire au bon ordre. Comme la Chancellerie d'*Irkutzk* savoit bien que la destination de M. *Steller* pour le *Kamtschatka* ne venoit point immédiatement du Sénat, mais des Professeurs, & qu'il lui étoit aisé de voir qu'un simple Coopérateur ne pouvoit rien envoyer à la Cour, sans la participation de ses Commettans ; ceux-ci crurent être autorisés par les circonstances à visiter les ballots. Ainsi ne touchant point au paquet qui contenoit les missives du Sieur *Steller* au Sénat & à l'Académie, ils ouvrirent celui qui contenoit ses observations & les caisses où étoient les plantes & autres curiosités naturelles ; ils en retrancherent ce qu'ils jugerent inutiles, & ils garderent quelques morceaux, pour les envoyer par une autre occasion. Le reste fut promptement remis dans les balles, & le Soldat fut expédié dès le 27. Il fut aussi Porteur d'une Lettre au Sénat, par laquelle les deux Professeurs lui rendoient compte de toute cette affaire, sans en supprimer la moindre circonstance, & le supplioient de donner ses

VOYAGE EN SIBÉRIE.
1740.

ordres sur la conduite qu'il lui plairoit de prescrire au Sieur *Steller*.
On ne pouvoit être plus unis que l'étoient les deux Professeurs, *Muller* & *Gmelin* ; rien n'avoit jamais altéré leur bonne intelligence, & cette concorde entre Gens de Lettres est bien rare. Mais quelqu'agrément qu'ils eussent à voyager & à résider ensemble, il fallut enfin se séparer. M. *Muller*, qui ne pouvoit plus supporter les froids excessifs de ces climats éloignés, voulut se rapprocher de Petersbourg, & faire le voyage de *Tomsk*. M. *Gmelin* attendoit encore la réponse du Sénat aux dernieres représentations qu'il lui avoit faites, pour être dispensé du voyage de *Kamtschatka* ; il craignoit qu'on n'eût de la peine à lui accorder son retour, comme quelques amis de Petersbourg l'en avoient déja prévenu. Il ne pouvoit donc pas pousser plus loin vers l'Occident, afin que, s'il lui venoit des ordres précis de la Cour de passer à *Kamtschatka*, il n'eût pas tant de chemin à faire pour s'y rendre. En attendant qu'il fût définitivement les intentions de la Cour, M. *Muller*, pour lui ménager les moyens de le rejoindre, lui promit qu'à moins qu'il n'y fût obligé par une nécessité absolue, il ne presseroit pas beaucoup son retour, d'autant plus qu'il avoit encore à faire un grand nombre de recherches, principalement pour l'Histoire des Ostiaques : ce qui le retiendroit pour le moins tout l'Eté suivant en Sibérie. Les Professeurs se séparerent le 2 Février, à cinq heures du soir, & se partagerent ainsi leur monde, M. *Muller* emmena le Peintre *Decker*, l'Etudiant *Tretjakow*, l'Apprentif Arpenteur *Makscheew*, un Tireur, & quatre Soldats pour son escorte. Il prit la route de *Tomsk*, & quinze jours après, M. *Gmelin* apprit par une Lettre qu'il reçut de lui, qu'il y étoit arrivé. Il se proposoit de continuer pendant le reste de l'Hiver les recherches qu'il avoit commencé de faire dès l'année 1734 dans les Archives du lieu, & de se procurer des copies de toutes les pieces qui pouvoient servir à composer l'Histoire de la Nation. Il voulut tellement expédier ce travail, qu'il pût être en état au premier dégel de descendre le *Tom* & l'*Obi* jusqu'à *Beresow*, pour atteindre encore avant l'Hiver, par l'*Ob* & l'*Irtisch*, la Ville de *Tobolsk*. Ainsi, dans ce voyage, il comptoit éclaircir entierement l'Histoire des Ostiaques, en passant chez ces peuples, & en même tems ramasser des plantes, faire dessiner des oiseaux, former de bons Catalogues des poissons & des quadrupedes du pays, & faire empailler ou conserver dans l'esprit-de-vin tout ce qu'il pourroit. Les deux Professeurs s'étoient promis d'entretenir une correspondance continuelle, & de se communiquer de tems en tems leurs travaux. M. *Muller* s'étoit engagé à aider M. *Gmelin* dans ses recherches sur l'Histoire naturelle ; celui-ci de son côté devoit soigneusement recueillir, & mettre même par écrit tout ce qui pouvoit concerner la Géographie & l'Histoire des Peuples, toutes les fois que l'occasion s'en présenteroit, pour l'envoyer à M. *Muller*, & le lui communiquer en personne, s'ils pouvoient se rejoindre.

M. *Gmelin* ayant avec lui un Interprête fort versé dans les différens idiomes des Tatares, voulut avoir une idée de la Musique & de la Poésie de ces peuples. Après avoir fait chanter devant lui quelques chansons des *Bratskis*, des *Katschinskis*, des *Kamaschinzis* & des *Kotowzis*, il en fit

DES VOYAGES. 383

noter une de chaque Nation, en fit copier quelques-unes, & se les fit expliquer. Voici une chanson des *Bratskis*.

Kemniche borgoffine nacholchadsi balneze,
Kollebachem beemmene arichin dogalsaba.
Dallanaien adon doñi zara ferdi belele;
Abe tone baritsche koogotschine, mordonai,
Urtu zachai termedene epzinulam ku-jagbe :
Edsche tone baritsche koogotschine mordonai.
Barjon tala ollotone jerensibe belele.
Abe tone gargaidsche koogotschine m'ordonai.

TRADUCTION.

Là, sur le lac se promenent des roseaux agités;
Et moi, jeune homme, je suis terrassé par l'eau-de-vie.
Parmi cinq fois trente chevaux, il en est de couleur de renard, (c'est-à-dire, roux):
Pere, prends-le; le fils monte ce cheval.
Dans le coin, derriere la grille, est, parmi les hardes, une ceinture rouge;
Mere, donne-la-moi. Le fils monte à cheval.
Près de la porte, dans le coin, il y a soixante fleches;
Pere, donne-les moi. Le fils monte à cheval.

Chanson des *Katschinzi*. C'est une Veuve dont le mari a été tué qui parle : elle feint que son esprit est entré dans une Canne.

1. *Kulge tuschken koging di der oi senem, Dschenargusch!*
2. *Korub ater merging di der oi senem, Dschenargusch!*
3. *Dschinnaimnang kalbasogban, oi senem, Dschenargusch!*
4. *Dschewalirge barbasogan, oi senem, Dschenargusch!*
5. *Chanteturge utschedarbem, oi senem, Dschenargusch!*
6. *Kartagusch tuschei darben, oi senem, Dschenargusch!*

TRADUCTION.

Sur le lac, il s'est abattu une Canne de Mars, ô cher Dschenargusch!
Si je l'avois vue, je l'aurois tirée, elle étoit à moi, ô mon cher!
Je conserve soigneusement mon amour, ô mon cher!
Je n'épouserai jamais un méchant homme, ô mon cher!
Je prendrois mon vol dans les airs, ô cher Dschenargusch,
Si je pouvois voler comme un épervier, ô mon cher!

Ces chansons ne sont pas recherchées : elles sont simples, comme les mœurs de ceux qui les chantent; elles disent peu de chose, parce qu'ils ont peu d'idées à peindre. Mais on voit que l'usage des refreins, si ancien dans les chansons, s'est établi naturellement par-tout (26).

Dès que le mois de Mars fut venu, les environs de *Krasnojarsk* s'embellirent de jour en jour. Un pays coupé de montagnes & de prairies, étoit tout fait pour un Botaniste; aussi M. *Gmelin* y fit-il un ample récolte d'observations sur les plantes. La neige dans ce terrein sablonneux se

(26) On en verra deux autres plus bas.

fond vîte; la chaleur a bientôt pénétré le sol, & donne un prompt accroissement aux productions végétales. En fondant, la neige fournit aux graines & aux racines des plantes ce qu'il leur faut d'humidité, pour que celles-là puissent germer, & celles-ci pousser des tiges & des feuilles. Ainsi l'on voit beaucoup de plantes en pleines fleurs dès le mois de Mars ou au commencement d'Avril, & dans ce dernier mois, les graines des plantes moins hâtives sont mûres. S'il survient une gelée, elle leur fait rarement du tort, parce que le vent enleve chaque jour l'humidité superflue; & quand il en resteroit encore, elle s'écoule aisément par la pente du terrain. On a essayé de faire venir dans les jardins des plantes champêtres; malgré tous les soins du Jardinier, elles n'y réussissent guere, parce qu'on ne sauroit leur procurer les avantages dont elles jouissent naturellement dans leur air natal. M. Gmelin ayant ramassé de la graine très-mûre d'une espece d'*Androsace* (27), qui croît en différens endroits de la Sibérie, en a envoyé à Petersbourg, & même en a apporté en Allemagne. On l'a semée de différentes façons, & dans les deux saisons contraires au Printems & en Automne. Lorsqu'elle levoit dans l'Automne, elle étoit sûrement gelée dans l'Hiver; & quand elle venoit au Printems, quoiqu'avec la plus belle apparence, ou le moindre froid la faisoit périr, ou l'humidité la pourrissoit, ou même une chaleur un peu forte en desséchoit la racine.

Un Soldat, qui passoit par *Krasnojarsk*, apprit à M. *Gmelin* que M. *Steller* étoit parti le 6 Mars pour se rendre au *Lena*, qu'au premier dégel il devoit descendre ce fleuve jusqu'à *Jakutzk*, & qu'il avoit même résolu de pousser dans ce même Eté jusqu'à *Ochotzk*.

Pendant que M. *Gmelin* étoit encore à *Krasnojarsk*, on lui apporta, tant morts que vivans, plusieurs de ces oiseaux, que les Russes nomment *Moineaux d'eau* (28). On lui dit que pendant l'Hiver cet oiseau se plongeoit souvent dans les sources & dans les ruisseaux où il attrapoit toutes sortes d'insectes. Un Tatare *Arinzi* lui ayant parlé d'un autre oiseau, dont les Oiseleurs attachent les plumes à leurs filets, pour se procurer une bonne chasse, M. *Gmelin* s'en fit apporter un, & le reconnut pour être précisément le même Moineau d'eau. Les Tatares assurent, qu'il est dans l'Eté d'un beau bleu céleste. Si l'on peut compter sur leur rapport, c'est peut-être le *Cyanos*, ou l'oiseau bleu de Bellon, ou le Merle rouge à tête bleue de Frisch (*Turdus, Tab. IV. tot. op. 32. Edward I. p. 18*). M. *Gmelin* panche d'autant plus à croire que c'est le dernier, que Frisch, dans la Description qu'il en fait, lui donne la même nourriture, la même grosseur & la même forme, & qu'il ajoute qu'il devient un peu différent en Hiver. Les Russes & les Tatares confondent le Moineau d'eau & le Roi-Pêcheur ou l'*Alcyon* (29), quoiqu'ils n'aient de commun que l'inclination

(27) *Androsace calycibus fructuum maximis*, Linn Hort. Cliff. p. 50. Ce nom, dit M. Gmelin, convient parfaitement à la plante de Sibérie; mais il n'est pas sûr que ce soit la même que M. *Linnæus* veut désigner.

(28) *Merula aquatica*, Gesneri, Jonst. Willugb. Ray, Syn. n. 66. *Motacilla pectore albo, corpore nigro*. Linn. Faun. Suec. p. 82. n. 216. *Turdus aquaticus*, Klein. Hist. Av. p. 68.

(29) *Ispida* omn. Aut. aquatique

aquatique. Les plumes de ces oiseaux servent, tant aux Tatares qu'aux Ostiaques, à toutes sortes de superstitions. Les Tatares, après avoir arraché ces plumes, les jettent dans l'eau, & conservent avec un grand soin celles qui surnagent. Ils s'imaginent qu'il suffit de toucher une femme ou quelque partie de son vêtement avec une de ces plumes, pour qu'elle devienne amoureuse de celui qui l'a touchée. Un Ostiaque racontoit à M. *Gmelin*, que quand quelqu'un chez eux pouvoit attraper un de ces oiseaux, il lui enlevoit la peau avec le bec & les pattes, puis l'enfermoit dans sa bourse, & que tant qu'on avoit cette peau, on étoit heureux. Il se mit en même tems à pleurer, & lorsqu'on lui en demanda la raison, il répondit que, pour avoir malheureusement perdu une de ces peaux, il avoit aussi perdu sa femme & son bien.

Les Tungufes de la *Nischnaja-Tunguska* vantent aussi beaucoup les propriétés du *pivert bleu* (30), appellé en Langue Russe le *petit pivert*, *l'aveugle imbécile* & le *petit bœuf*. Ils font rôtir cet oiseau, le pilent, y mêlent de la graisse quelconque, excepté de celle d'ours, parce qu'elle se corrompt trop vîte, & ils enduisent de ce mêlange les fleches dont ils se servent à la chasse. Les *Jakutes* frottent aussi du sang ou de la chair de ces mêmes oiseaux les fleches, qu'ils ajustent sur leurs arcs automates (31). Ils prétendent qu'un animal frappé d'une pareille fleche, tombe à l'endroit même, sans pouvoir faire un pas de plus.

M. *Gmelin* partit de *Krasnojarsk* le 16 Juin, vers les 6 heures du soir, accompagné du Dessinateur *Lursenius*, d'un Tireur, d'un Cosaque, & de quelques Soldats. Ils passerent le *Jeniséi* dans un grand Bâtiment, avec leurs voitures & leurs chevaux ; & de l'autre côté du fleuve, ils prirent la route de terre.

Le 18, ils traverserent entre le *Balai* & l'*Ujar*, ruisseau très-poissonneux, un pays fertile & très-agréable. Ils virent parmi des peupliers de très-beaux rosiers, dont la Nature seule avoit fait les frais. Il y avoit une Maison de Poste, dont le Maître les accueillit bien. M. *Gmelin*, étonné qu'un si beau pays ne fût point habité, lui en demanda la raison : il répondit que quelques paysans avoient demandé la permission de s'y établir, mais qu'elle leur avoit été refusée.

Le 20 suivant, M. *Gmelin* & sa suite passerent encore par un très-bon pays, entrerent dans les campagnes cultivées de *Kansk*, & arriverent à la fin du jour à *Kanskoi-Ostrog*, où ils séjournerent pour prendre un peu de repos, jusqu'au 22 au soir. La plus grande incommodité qu'ils avoient essuyée dans ce trajet, étoit celle des cousins & des mouches.

Ce jour 22, les bagages & les voitures furent mis sur un Radeau, pour passer de l'autre côté de la riviere de *Kan*, où l'on fut campé toute la nuit. Le lendemain, on traversa des forêts épaisses, un ruisseau profond, sur lequel on ne pût passer les bagages qu'à dos de chevaux, & des campagnes assez riantes, dont quelques-unes étoient couvertes de *turbans* de Turquie. Cette plante, dont la fleur est d'un beau rouge, & qui fait l'ornement de bien des jardins en Allemagne, donnoit un air de magnificence

(30) *Sitta*, seu *Picus Cinereus*. (31) Voyez p. 149.

à ces champs. On campa dans le pays des *Affans*, près d'un ruisseau bordé de sapins, & entre des arbres, pour se défendre de la chaleur qui étoit fort grande. On fit auffi du feu, pour se délivrer par le moyen de la fumée des coufins & des mouches, dont on étoit cruellement tourmenté. Près de l'endroit où l'on étoit établi, il y avoit un melese haut d'environ dix braffes, & de trois pieds d'épaiffeur, sur lequel étoit tombé le tonnerre quelques jours auparavant. L'arbre depuis le haut jusqu'à la racine, n'étoit proprement qu'une découpure, que la foudre avoit faite en serpentant, enforte qu'il étoit criblé ou presque par-tout percé à jour. Cependant il étoit encore verd, & les feuilles en paroiffoient fraîches. On continua de marcher vers le soir jusqu'à la source d'un ruiffeau, nommé en Ruffe *Jetfcha*, qui se jette dans le *Tanai*, où l'on s'arrêta encore quelque tems. Pendant que l'on s'y repofoit, on entendit beaucoup le Râle (*orlygometra*), nommé en Ruffe *dergatfch*. Comme les Affanes, qui se trouvoient alors avec M. *Gmelin*, s'entretenoient de cet oifeau, il leur demanda où il se retiroit en Hiver, puifqu'il n'avoit pas le vol fort, & qu'il ne cherchoit qu'à se sauver en courant lorfqu'il étoit pourfuivi ? Il fe laiffoit en effet chaffer d'un endroit à l'autre par les gens du Profeffeur, qui cherchoient à l'attraper, mais il n'effaya pas une seule fois de se sauver en volant. Les Affanes lui répondirent unanimement, que tous les Tatares du territoire de *Krafnojarsk* favoient bien que cet oifeau, par fes propres forces, ne pouvoit guere paffer dans d'autres pays; mais qu'ils étoient tous perfuadés, que quand les grues s'en vont en Automne, elles prennent chacune un râle sur leur dos, & les transportent dans les pays chauds.

On marcha jufqu'à la nuit, & le 24, on arriva de bonne heure à *Rofchderiwenskoi-Sielo*, sur le rivage occidental de l'*Uffolka*, où M. Gmelin avoit réfolu de s'arrêter quelques jours. Ce Village appartenoit au Colonel des Cofaques de *Jenifeisk*, ami particulier de ce Profeffeur; c'étoit une raison pour y féjourner.

Ce Village formé depuis environ dix ans, étoit alors composé de dix métairies, d'une maison de Maître, & d'un Presbytere. L'Eglife dédiée à la Naiffance de Jefus-Chrift venoit d'être achevée, & avoit été consacrée quelques jours avant Noël. L'eau de l'*Uffolka* gele dans ce canton pendant l'Hiver prefque jufqu'au fond, & le peu d'eau qui reste contracte un fi mauvais goût, qu'elle fait mourir les beftiaux. Le pays au reste est agréable; il y a beaucoup de champs d'une terre noire & graffe, mêlés de bois, qui sont très-propres à la culture. Le seigle d'Hiver y vient parfaitement bien; mais le seigle d'Eté & le froment y profitent peu. Les Tatares Affanes sont plus éloignés. A fix werftes environ au-deffous de ce Village, on voyoit quelques-unes de leurs jurtes, établies feulement depuis deux ans par la confiance que ces Tatares ont pris peu-à-peu pour les habitans Ruffes. Les pâturages sont excellens, & toutes fortes de bestiaux y réuffiffent bien, si ce n'est que les loups y font, comme dans toute la Sibérie, d'horribles ravages. Le Propriétaire du lieu n'y fait élever d'autres bêtes à laine que des moutons de Calmouquie (32), qui non-

(32) *Ovis laticauda*, Ray. Synopf. ahimal. quadrup. p. 74.

seulement s'y portent à merveille, mais multiplient encore beaucoup, en conservant bien leur espece. Ils ont à la vérité la laine encore plus rude que les moutons de Russie, mais ils sont beaucoup plus gros; leur chair a bien meilleur goût, & ils sont plus de profit. Les paysans de Sibérie ont déja fait plusieurs expériences pour élever de cette espece; mais jusqu'alors elle n'avoit pas réussi: ou les moutons avoient dégénéré peu-à-peu, ou ils étoient morts les uns après les autres. En Russie même, on a plus d'une fois cherché les moyens d'y multiplier les moutons de Calmouquie; on avoit soin de ne les faire accoupler qu'entre eux, & d'empêcher qu'il ne s'en fît le moindre mêlange avec d'autres especes; malgré toutes les précautions que l'on a pu prendre, après quelques générations, l'espece a changé; la queue de ces moutons est devenue beaucoup plus mince, & le corps a sensiblement décrû.

Il est une autre espece de moutons sauvages, nommés en Langue Mongole *Argali*, qui se trouvent dans les cantons méridionaux & montagneux au-delà de l'*Irtisch*, tant au Sud-Ouest vers la Calmouquie & le long de la riviere de *Buchturma*, que vers l'Orient dans les montagnes de l'*Obi*, du *Jenisti*, du lac *Baikal* même, jusqu'à la mer & au *Kamtschatka*. Ces animaux sont si estimés dans cette Presqu'Isle, & dans les Isles voisines des *Kuriles*, des *Korjakes* & des *Kamtschadales*, que quand on veut désigner un mets excellent, on dit qu'il approche, pour le goût, de la graisse de ces animaux.

Ces animaux sont extrêmement vifs, qualité qui semble les exclure de la classe des moutons, & les ranger plutôt dans celle des cerfs. L'*Argali*, par sa forme extérieure, c'est-à-dire, par la tête, le cou, les jambes, & la queue qu'il a très courte, ressemble en effet assez au cerf, si ce n'est qu'il est encore plus sauvage. Les plus gros *Argali* sont à-peu-près de la taille d'un daim. Celui que vit M. *Gmelin* n'étoit guere âgé que de trois ans, suivant l'estime des Chasseurs, & cependant dix hommes n'oserent l'attaquer. Sa hauteur étoit d'une aune & demie de Russie, & sa longueur depuis la naissance des cornes étoit d'une aune trois quarts. Ses cornes sont placées au-dessus des yeux; elles se courbent d'abord en arriere, reviennent ensuite en avant, & forment plusieurs circonvolutions. Si l'on peut s'en rapporter à la tradition du pays, toute sa force consiste dans ses cornes. Les béliers de cette espece se battent souvent, & quelquefois avec tant d'acharnement, qu'ils se brisent ou s'abattent les cornes; c'est ce qui fait qu'il n'est point rare de trouver dans la steppe de ces sortes de cornes, dont l'ouverture près de la tête est assez grande, pour que les petits renards s'y nichent. On peut juger de la force qu'il faut pour abattre une corne qui, tant que l'animal est vivant, augmente continuellement d'épaisseur, de longueur & de dureté. Une de ces cornes bien venue, mesurée selon sa courbure, a jusqu'à deux aunes de longueur, pese entre trente & quarante livres de Russie, & à sa naissance a deux pouces ou deux pouces & demi d'épaisseur. Les cornes de l'*Argali*, vu par M. *Gmelin*, étoient d'un jaune clair; mais plus l'animal vieillit, plus ses cornes brunissent. Ses oreilles sont pointues, assez larges, & il les porte fort droites. Il a le pied fourchu, les jambes de devant hautes de trois quarts d'aune, & celles de derriere un peu plus. Quand l'animal se tient debout dans la plaine, ses pieds de devant sont toujours tendus & droits, & ceux de derriere sont courbés ; mais cette courbure paroît diminuer à proportion que les endroits par où passe l'animal, sont plus escarpés. La couleur de tout le corps est grisâtre, & mêlée de brun. Il a le long du dos une raie jaune ou rousse, & la croupe, le dedans du pied & le ventre marqués de la même couleur. Cette couleur dure depuis le commencement d'Août pendant l'Automne & l'Hiver jusqu'au Printems, & à l'approche de cette saison, l'animal mue & devient par-tout d'une couleur fauve. Sa seconde mue arrive vers la fin de Juillet. Telle est la figure des mâles. Les femelles sont plus petites, & quoiqu'elles aient des cornes, ainsi que les béliers, ces cornes sont très-minces en comparaison de celles que l'on vient de décrire, & elles ne grossissent guere avec l'âge.

Les parties intérieures, dans ces animaux, sont conformées comme dans les autres bêtes qui ruminent. L'estomac a quatre cavités, & la vésicule du fiel est considérable. Leur chair est bonne à manger, & son goût est à-peu-près celui du chevreuil. Sa graisse sur-tout est délicieuse, au rapport des *Kamtschadales*. La nourriture de ces animaux est de l'herbe. Ils s'accouplent en Automne, & mettent bas au Printems un ou deux petits.

Cet animal, par le poil, la forme, la vivacité, même par le goût de sa chair, appartient à la classe des cerfs & des biches. La durée de son bois qui ne tombe point, l'exclut de cette classe. La courbure de ses cornes repliées circulairement, lui donnent quelque ressemblance avec les moutons ; le défaut de laine & son caractere inquiet & vif l'en distinguent totalement. Sa robe & son séjour sur les rochers ou sur les hauteurs, & ses fréquens combats le rapprochent de la classe des bouquetins ou des chevres ; le défaut de barbe & la figure de ses cornes lui en refusent les principaux attributs. Ne pourroit-on pas, dit M. *Gmelin*, lui assigner une classe particuliere, & le reconnoître pour le *Musimon* des Anciens ? Il ressemble au-moins beaucoup à la description qu'en donne *Pline*, & sur-tout *Gesner* (33).

Le 25 Juin, M. *Gmelin* & le Dessinateur *Lursenius*, devenu son Compagnon de voyage, allerent à cheval voir des bouleaux qui avoient été frappés du tonnerre d'une façon assez bisarre, & dont la singularité l'a engagé à faire graver la figure. Les paysans de Sibérie sont fort attentifs à remarquer les endroits où le tonnerre est tombé, parce qu'ils esperent, disent-ils, trouver au bout de trois ans la pierre de tonnerre qui s'éleve alors peu-à-peu par sa propre force, ou par les mouvemens de la terre qui ne souffre point, selon eux, dans son sein de matiere hétérogene. Cette opinion des pierres de tonnerre est établie généralement dans toute la Sibérie, & même en Russie parmi le peuple. M. *Gmelin*, à qui l'on montra quelques-unes de ces pierres de tonnerre, les reconnut pour de vrais cailloux formés en pointes de fleches, dont se servoient probablement,

---

(33) *Histor. Animal.* Lib. I. de quadrup. vivipar. p. 394, 395. M. de Buffon en parle sous le nom de *Mouflon*, Hist. Nat. Tome XI. in-4°. p. 352.

au défaut de fer, les anciens habitans de Sibérie dans les guerres qu'ils se faisoient les uns aux autres. Les Sibériens ont beaucoup de vénération pour ces sortes de pierres ; ils les croient un remede sûr contre les points de côtés. Ils les mettent pour cet effet dans un vase, où ils ont versé de l'eau-de-vie, & les y laissent pendant quelque tems. Quiconque boit de cette infusion, est délivré sur le champ de son point de côté, pourvù qu'il ait de la foi.

Les 26 & 27 Juin, on marcha sans rencontrer rien de remarquable, jusqu'à ce qu'on fût arrivé à *Tasseewskoi-Ostrog*, sur la rive droite de l'*Us-solka*. Ce Fort a été bâti depuis 1733 sur les ruines d'un plus ancien, pour contenir les Calmoucs. Dans l'enceinte de cet Ostrog, il y a une Eglise dédiée à S. Nicolas le Thaumaturge, un Magasin de sel, un à poudre, un petit Arsenal, où sont deux canons de fer, beaucoup de mousquets & de fusils, avec les munitions nécessaires, & un Corps-de-Garde. Le Commandant demeure hors de l'Ostrog, & plus bas. Dans la maison qu'il occupe, est un tribunal qui dépend de *Jeniseisk*, comme tout le lieu. Ce Fort n'est pas actuellement d'un grand usage, parce que les Tatares & les Tunguses du canton s'humanisent de plus en plus, & deviennent de jour en jour moins sauvages. Ils n'avoient pas auparavant une idée fort nette de la subordination qu'on exigeoit d'eux : ils regardoient comme ennemis tous les hommes qui n'étoient pas de leur Nation, & ils croioient, en les pillant, remplir un de leurs premiers devoirs.

Tout ce canton est sujet à de violens orages ; mais de mémoire d'homme, on n'en essuya jamais de semblable à celui qui l'année précédente avoit désolé le pays. Le 27 Mai 1739, on vit deux nuages chargés d'eau, l'un venant du Midi, l'autre de l'Ouest, se réunir & ne former bientôt qu'une seule nuée, qui en s'élevant prit la forme d'une colonne. Cette nuée étoit extrêmement sombre dans toute sa circonférence, mais transparente au milieu comme le talc ou verre de Moscovie. Dans le même tems, on entendit retentir l'air d'un sifflement & d'un bruit affreux : un épais tourbillon de poussiere répandit une telle obscurité, qu'on ne voyoit point devant soi. L'ouragan ne dura pas plus d'un demi-quart d'heure ; mais il fit dans ce peu de tems les plus grands ravages. Un petit bois d'environ cent brasses de largeur fût entierement rasé, le vent en avoit déraciné tous les arbres ; de gros melèses très-sains & très-hauts (34) avoient été enlevés de terre, & portés les uns à la distance d'un werste, d'autres plus loin, & d'autres à un tel éloignement, qu'on n'a jamais pu les retrouver. Deux âcres de terre qu'un Cosaque avoit ensemencés de seigle, furent couverts des arbres que le vent y avoit jettés. On remarqua que les seuls arbres que l'ouragan avoit épargnés, étoient des arbres foibles & pourris qui se trouvoient au milieu des autres. Personne ne put observer ce qui se passa pendant l'orage, ni la direction que suivoit le vent, parce que chacun étoit rentré chez soi, & qu'on se cachoit même sous les bancs ou sous le plancher (35), soit pour se mettre à l'abri des

---

(34) Il n'y a guere de bois plus dur que le melese, les Charpentiers & les Menuisiers le travaillent avec beaucoup de peine.

(35) Dans les chambres des gens du

accidens, soit pour n'en pas être témoin. Le vent découvrit beaucoup de maisons, & en emporta la couverture; il en abattit même un grand nombre, dispersa le bled des magasins & des granges, brisa ou enleva une infinité d'ustensiles & de meubles, enfin saccagea toute la contrée, & fit seul autant de désordres qu'en auroient pu faire l'horde la plus nombreuse & la plus destructive. Un berceau suspendu dans une chambre, & dans lequel étoit un enfant, fut d'abord couvert de poussiere, puis environné de toutes parts des poutres de la maison qui s'étoit entierement écroulée, sans que l'enfant eût le moindre mal. Une paysanne qui se trouvoit alors dans le bain avec ses enfans, fut blessée par la chûte d'une planche; mais quoique le bain fût presqu'entierement détruit, les enfans n'eurent pas une égratignure. Il périt dans ce furieux ouragan quantité de bestiaux & d'animaux domestiques. Un jeune paysan se trouvant en route près de *Tasseewskoi-Ostrog*, fut enlevé de son cheval, & jetté à plus de vingt brasses; heureusement pour lui qu'en voyageant ainsi dans l'air, il eut l'adresse de s'accrocher à un bouleau, sans quoi il eût été jetté bien plus loin. Le sang lui sortoit par la bouche, les oreilles, le nez & les yeux, & il eut le front enfoncé; son cheval fut jetté fort loin de lui presqu'en aussi mauvais état. Une jeune paysanne qui, pendant l'orage, étoit sur l'escalier d'une maison, fut de même enlevée par le vent, & jettée à la distance de cinq brasses, couverte de tous côtés des poutres que l'ouragan avoit arrachées des maisons, & dangereusement blessée.

On dressa juridiquement un procès-verbal du désastre causé par cette effroyable tempête, où l'on reçut les dépositions de tous ceux qui avoient souffert quelque dommage. C'est de-là que M. *Gmelin* a tiré la longue narration qu'il en fait, & que nous avons extrêmement abrégée. Par le résultat des informations, il paroît que l'ouragan partit d'entre le Sud & l'Ouest, & qu'ensuite il tourna vers le Nord-Est, ou plutôt vers l'Est-Nord-Est. On ne vit rien de ses effets au-dessus du ruisseau *Schumicha*, où le terrein est tout uni, & sans arbres; mais il n'est guere vraisemblable qu'ils aient été bornés dans un si petit espace. Le 27 Mai 1739 fut le jour que les Professeurs, *Muller* & *Gmelin*, quitterent *Jeniseisk*; il étoit fort orageux, & un Marchand venu d'*Irkutzk* par eau, raconta que ce jour même, vers une heure après-midi (tems précis de la tempête de *Tasseewskoi*), il avoit vu près d'*Ust-Tunguskoi-Pogost* un homme en Bateau sur le *Jeniséi*, qu'il s'étoit élevé tout-à-coup un coup de vent qui avoit à peine duré deux minutes; que le Bateau avoit été renversé, que l'homme avoit été jetté dans l'eau, mais qu'étant heureusement fort près du rivage, il s'étoit sauvé.

Les habitans de *Tasseewskoi-Ostrog* sont tous différens des autres Sibériens, avec lesquels ils n'ont presqu'aucun commerce. Ils vivent entr'eux & avec les Idolâtres du lieu, & ne voyagent point ou fort rarement. C'est chez eux qu'on peut prendre une idée précise des mœurs & du

commun, au dessous du plancher sur lequel on marche, il y a presque toujours une espece de cave, dont la descente est dans la chambre même, & où l'on garde les provisions d'Hiver & d'Eté.

génie naturel des véritables Sibériens, sans aucun mélange de mœurs étrangeres. Quoiqu'ils aient de très-belles terres, dont la culture suffiroit pour les faire vivre fort à leur aise, ils ne s'occupent presque que de la chasse. La moindre mauvaise année leur fait abandonner leurs champs, pour se livrer à la poursuite des animaux, ce qui dure plusieurs années de suite, jusqu'à ce que quelqu'exemple frappant les rappelle à la culture de la terre, ou que le mauvais succès de leurs chasses les y fasse renoncer pour quelque tems. Ils ont beaucoup de liaison avec les Tungufes de l'*Ona* & de la *Tunguska*, dont les plus pauvres viennent travailler chez eux; le paysan les nourrit, & paye pour eux le tribut annuel qu'ils doivent à la Couronne. Quelque grand & bien bâti que soit ce lieu, il n'y avoit que cinq charrettes, parce que les paysans n'amenent pas ordinairement leur bled chez eux en Hiver. Ce n'est qu'en cette saison qu'ils le battent dans les champs, & ils l'amenent en traîneau.

Le 28 Juin, une heure avant le lever du Soleil, M. *Gmelin* continua sa route à cheval, accompagné de deux Tireurs, d'un Ecrivain & de deux Cosaques, le long de l'*Ussolka* en la descendant. Le soir ayant passé cette riviere dans une Barque, il se rendit à la métairie d'un Couvent de Moines établis à *Jeniseisk*, où il passa la nuit. Cet endroit étoit composé de quelques habitations presque en ruine, d'une maison, avec une chambre destinée pour un Prélat, si par hasard il en venoit quelqu'un, d'une autre où logeoit le Moine qui avoit l'inspection du lieu, de deux magasins, de trois bâtimens pour des Ouvriers, & d'une forge.

Le 29, M. *Gmelin* voulut se transporter de très-grand matin aux Salines. Les gens du lieu lui proposerent, avant de partir, de goûter leur biere, qui, disoient-ils, n'étoit pas faite avec le houblon ordinaire, mais avec une autre espece qui croît chez eux, & qu'ils appellent *schasta*. Ils prétendoient que la *schasta* donnoit à la biere le même goût que le houblon ordinaire, mais qu'il la rendoit moins malfaisante. M. *Gmelin* goûta de cette biere, & se fit montrer la plante qui entroit dans sa composition. Il trouva que c'étoit une mousse particuliere qui s'attache en Sibérie aux seuls pins, & qui en Europe croît plus fréquemment sur les chênes & sur les frênes (36), arbres qui ne se trouvent point en Sibérie. Cette mousse de Sibérie est fort amere; & c'est apparemment cette amertume qui lui donne à-peu-près la propriété du houblon. La Saline qu'alla voir M. *Gmelin*, est située dans un marais, qui pour cela n'est pas salé. Elle est formée de trois sources peu éloignées l'une de l'autre, & fort proches de l'*Ussolka*. Cette Saline produit du sel blanc comme la neige, mais presque toujours mêlé de sable, ce qui fait qu'il ne sale pas beaucoup, & elle n'est pas fort abondante.

M. *Gmelin* la quitta bientôt, pour aller voir celle du Couvent de *Mangasea-Troitzkoi*, qu'il n'avoit pas vue la veille. Cette derniere n'a qu'une seule source; mais si riche, que l'eau n'y manque jamais, quand on y cuiroit continuellement: cependant on n'y cuit qu'en Hiver, suivant

---

(36) *Lichenoides pulmoneum reticulatum vulgare, marginibus peltiferis.* Dill. Hist. Musc. p. 212. Tab. XXIX. A. B. C. n. 13. *Pulmonaria.* Dorst. Lon. Fuchs. & alion.

l'usage de Sibérie. Le sel qu'on y fait n'est pas si blanc que le précédent, mais salé mieux, & n'a pas tant de sable. La source en est tout près de l'*Ussolka*, & enchâssée à l'ordinaire comme un puits. Les dépendances de cette Saline, sont une Eglise dédiée à la Naissance de S. Jean-Baptiste, une métairie, sept petites maisons pour les Ouvriers & les Domestiques du Couvent, une Forge, un Grenier à sel, un Moulin à bled que l'eau de l'*Ussolka* fait tourner, & une Etable pour les bestiaux du lieu.

La Fête de S. Pierre & de S. Paul arrêta M. *Gmelin* le reste du jour à *Tasseewskoi-Ostrog*. On a vu ci-devant que dans les Villages de Sibérie, où il y a des Eglises, les Fêtes de Dédicace sont comme autant de *Kermesses*, où les profusions de biere & de l'eau-de-vie qui s'y font, rassemblent tous les paysans des environs. Les Tunguses des bords de l'*Ona*, qui ont des chevaux, connoissent si bien ces sortes de fêtes, que pour peu qu'ils puissent épargner quelque chose, ils s'y rendent avec leurs familles, pour prendre part aux réjouissances, & remplissent les cabarets. Ces Tunguses parlent presque tous la Langue du pays, qui leur est devenue familiere par leur commerce avec les Russes. Un Tunguse entrant dans la chambre de M. *Gmelin*, fit le signe de la croix à la mode Russe. Le Professeur lui en demanda la raison, & s'il étoit baptisé ? Il répondit que non ; mais qu'il faisoit ce signe, parce qu'on l'exigeoit de lui, quand il entroit au cabaret, & qu'il croyoit qu'il falloit aussi le faire en entrant dans toutes les maisons. La plûpart des Tunguses en général, tant hommes que femmes, portoient ici des habillemens Russes ; mais il étoit aisé de les distinguer, tant à leur air, qu'aux figures qu'ils s'impriment sur le visage. Ils ne se piquent pas d'ailleurs d'une grande propreté ; comme suivant l'usage des autres Nations idolâtres, ils ne se lavent jamais, ils ont un air sale, qui, avec leur puanteur, les décele d'abord. C'est pour cela que les Russes les ont mis sur le pied d'apporter dans les cabarets leurs tasses pour boire, & qu'on ne leur donne jamais de celles où boivent les Chrétiens.

M. *Gmelin*, avec sa suite, partit de ce lieu vers le soir, & le lendemain, premier Juillet, il fut rendu à *Kanskoi-Ostrog*, où il s'arrêta quelques jours, tant pour faire reposer son monde, que pour visiter les environs.

Le 4 Juillet, on se remit en route ; & après trois jours de marche, on arriva le 7 au soir à *Krasnojarsk*. M. *Gmelin*, à son retour, trouva dans les environs de cette Ville le regne végétal en très-bon état. Il avoit poussé quelques plantes qu'il n'avoit pas vues en partant ; & celles qu'il avoit laissées encore foibles, étoient mûries ou montées en graines. Ainsi le voyage qu'il avoit fait, loin d'interrompre ses recherches, lui avoit préparé de quoi l'occuper à son retour. Mais quoiqu'il eût joui chez les Jakutes & les Buraetes d'un spectacle à-peu-près semblable, il regrettoit de n'avoir pas vu les fêtes vernales des Tatares, c'est à-dire les offrandes & les sacrifices qu'ils font au Printems, parce qu'il croyoit ces fêtes entierement passées.

Cependant le 12, il fut averti qu'à deux jours de-là il y auroit chez les Tatares *Katschinzi* une pareille fête ; & le 14 étant monté à cheval, accompagné d'un Interprete Tatare, il partit avant le lever du Soleil, pour se rendre

rendre à *Schiloschin-Uluss*, jurte de Tatares, où il s'en trouva un grand nombre de rassemblés. La premiere offrande qu'il vit faire fut celle du tabac de la Chine, que le Schaman jetta partie en l'air, & partie dans le feu, pour attirer l'attention des esprits. On jetta ensuite du lait de jument en l'air, pour les abreuver & se les rendre favorables. Le premier sacrifice fut fait au Soleil & à la Lune ; les autres, à tous les lieux circonvoisins, dans l'ordre où ils étoient situés, comme au rivage *Scheschi*, au rivage *Sello*, à la montagne *Tokwak*, au ruisseau *Esir*, à la riviere *Abakan*, &c.

L'idée que ces Idolâtres ont de Dieu, c'est qu'il ne sauroit faire que du bien, & qu'il ne fait jamais du mal à aucune créature. Par cette raison même ils le négligent : ils croient que l'Etre, bon par essence, doit nécessairement faire du bien, sans qu'on soit obligé de le lui demander, ni qu'on lui en ait grande obligation. Ainsi toute leur dévotion se tourne vers l'Etre mal-faisant ou le Diable. Ce sont toujours les Démons qui sont chez ces peuples les Héros de ces sortes de fêtes. C'est pour eux qu'est destiné le lait de jument que l'on jette en l'air, & le Sorcier a grand soin de leur dire, qu'ils sont les maîtres de boire autant qu'ils voudront, qu'on n'y regardera point de près, qu'on est même persuadé que cette boisson a été créée pour eux, & qu'il n'en appartient aux Tatares que ce qu'ils veulent bien leur en laisser par pure grace, &c.

M. *Gmelin*, à l'occasion de ces libations d'acide ou d'eau-de-vie de lait de jument dont les Tatares font un si grand usage, observe que ce lait fermenté a une odeur vineuse, sans qu'il y entre aucune sorte de grains, ce qui fait qu'il donne un esprit approchant de celui qu'on tire du vin distillé. Or, dit-il, puisque le lait est le fluide animal qui approche le plus du suc nourricier, & celui qui est le moins altéré, le lait des animaux qui n'ont d'autre nourriture que les plantes, contient un esprit végétal qui tient de la nature de l'eau-de-vie.

Le 26 Juillet, M. *Gmelin* étant de retour à *Krasnojarsk*, assista à l'exécution d'une femme Tatare âgée de vingt-cinq ans, qui avoit été baptisée. Cette femme excessivement jalouse, (la jalousie est de tous climats), pour se venger des infidélités de son mari, lui avoit coupé la tête. Elle fut enterrée vivante, comme celle que M. *Gmelin* vit l'Hiver précédent au même endroit, & elle mourut le cinquieme jour. Les Tatares croioient que leurs Démons l'avoient portée à ce crime, pour qu'elle fût elle-même punie d'avoir abandonné la foi de ses peres, & embrassé le Christianisme. Ils ne pouvoient guere s'en expliquer autrement la cause morale ; car la jalousie, parmi tous ces Idolâtres, est très-rare & presqu'inconnue, parce que la polygamie qui leur est permise, les en exempte.

Depuis le 10 Juillet, on vit arriver à *Krasnojarsk* beaucoup de Tatares qui s'y rendoient de tous côtés, pour payer leurs tributs à la Couronne. Suivant un ancien usage, qui s'observe encore, quand les Tatares payent ce tribut, on les régale de vin & de biere, & on leur donne un cheval. Comme ils n'étoient pas encore tous arrivés, les premiers venus furent obligés d'attendre les autres, pour être régalés tous ensemble. La fête se fit le 16, dans la Forteresse. Les Tatares étant déja bien abreuvés & presqu'ivres, on leur amena le cheval destiné pour leur repas. Deux Tatares sauterent l'un après l'autre sur le cheval, & le firent galopper à toutes jambes autour de la cour ; ils n'avoient pas besoin d'éperons pour le faire aller, & d'ailleurs on n'en connoît point l'usage en Sibérie. D'autres Tatares armés de bâtons, se tenoient prêts à tomber sur l'animal, & se mirent à l'assommer. Les Cavaliers furent bientôt à terre, & on acheva le pauvre cheval. Cinq Tatares des plus forts s'assirent dessus, pour l'assujettir. On commença par lui couper la tête ; il fut ensuite écorché & dépecé en plusieurs morceaux. Tous les Tatares alors, semblables à des loups affamés, se jetterent sur cette proie, & chacun en emporta ce qu'il put attraper. Ainsi dans une demi-heure au plus, le cheval fut tué, mis en pieces, & si bien déchiré, qu'on n'en vit bientôt aucun vestige : car chacun emportant sa part, la traînoit dans un coin pour la faire cuire, & tout fut expédié dans une demi-heure.

M. *Gmelin* toujours occupé de ses recherches botaniques, ne manquoit aucune occasion de se procurer de nouvelles plantes. Quand il ne pouvoit pas sortir, il envoyoit herboriser à sa place un Cosaque qu'il avoit instruit depuis plusieurs années, & qui ne manquoit guere de lui apporter quelque chose de curieux. Il le récompensoit pour chaque plante qu'il n'avoit pas vue l'année précédente, en botanisant avec lui ; ce qui rendoit le Cosaque d'autant plus ardent à découvrir de nouvelles plantes, qu'il en étoit lui-même naturellement amateur. Le Professeur se reposant donc sur son Botaniste Cosaque, pour la continuation des recherches qu'ils faisoient ensemble dans les environs de *Krasnojarsk*, eut envie de faire une excursion sur la riviere de *Mana*, contrée que M. *Messerschmids* avoit toujours regardée comme très-propre à fournir de l'occupation à un Naturaliste, & son voyage fut fixé au commencement d'Août lors prochain. Environ quinze jours auparavant, il demanda pour ce voyage à la Chancellerie de *Krasnojarsk* deux gros Bateaux, avec leurs dépendances, & le nombre suffisant de Travailleurs.

Le 4, tout étant prêt, il se mit en possession d'un de ces Bateaux, & mit dans l'autre un Ecrivain, son Botaniste Cosaque, & deux Tireurs. Il prit avec lui quelques Soldats, & laissa le Dessinateur à *Krasnojarsk*, où il avoit à dessiner quelques plantes que M. *Gmelin* conservoit dans un petit jardin qu'il avoit planté. On partit ce même jour vers le midi.

Le 6, les deux Bâtimens quitterent le *Jenisti*, & entrerent dans la *Mana* par son embouchure, qui a près de cent cinquante brasses de largeur. On avoit beaucoup de peine à remonter cette riviere ; il falloit tirer les Bateaux le long du rivage gauche où l'on étoit passé, & l'on alloit fort lentement. M. *Gmelin* profita de cette lenteur, pour faire mesurer avec une chaîne le chemin le long de ce rivage. L'endroit le plus remarquable où l'on passa dans cette journée fut *Magnit-Kamen*, Rocher-Rond, qui sort de la riviere vers le rivage droit, & autour duquel l'eau fait un tourbillon rapide. Bien des Radeaux, en descendant la riviere, échouent & se brisent contre cet écueil. Les premiers paysans, à qui cet accident arriva, s'imaginerent que le rocher attiroit naturellement les

Radeaux, & lui donnerent en conséquence le nom de *Magnit* (37), Aiman. Les Bâtimens rencontrerent encore un grand nombre de rochers, de bancs de pierre & de bas-fonds, qui donnent en divers endroits beaucoup de rapidité à cette riviere, & en rendent la navigation périlleuse, ou du moins très-pénible. Elle est aussi fort tortueuse, & remplie de sinuosités ou de courbures ; ce qui fait que M. *Messerschmidt* ne la nomme guere en Latin, sans y ajouter l'épithete d'*ambitiosus*, pour dire apparemment qu'elle affecte de se remontrer plusieurs fois sur les mêmes bords, ce qui est l'effet naturel des courbures.

Depuis l'embouchure de la *Mana*, il s'éleve à la rive droite de cette riviere une chaîne de montagnes très-hautes, qui suit à-peu-près tout son cours. Le 9, on se trouva vis-à-vis une montagne, appellée *Malenskoï-Kamen*, presque toute composée de feuilles d'alun noir. Dans les endroits dénués de terre & d'herbe, il sort d'entre les fentes du rocher un alun jaune, fort gras & très-mol, sous la forme de petites gouttes, qui, après avoir été quelques jours à l'air, blanchit & durcit. L'apparence onctueuse de cet alun lui a fait donner le nom de *Beurre de roche*. On en emporte & on en envoye bien loin, parce que le peuple lui attribue beaucoup de vertus, & ne se sert guere d'autre remede dans la diarrhée (38). Il y a dans cette même montagne un petit enfoncement semblable à l'ouverture d'un four, où l'on trouve abondamment de cette matiere, parce qu'elle ne peut pas être emportée par les pluies ; mais la montagne est fort escarpée, & M. *Gmelin* eut bien de la peine à y monter. Une de

---

(37) Si ce nom ne vient pas du mot Latin *Magnes*, n'en seroit-il pas le primitif ?

(38) Le *beurre de roche* en Langue du pays est nommé *kamennoje-maslo*.

« Tous ceux qui confereront, dit-il, avec » l'idée qu'il en donne, l'article *Kamina-* » *Masla*, que M. Strahlenberg a, sous ce » nom estropié, inséré dans sa Relation de » Sibérie, pourront croire que je parle » ici de toute autre chose, puisque son » beurre de roche est factice, & le mien, » une production naturelle. Je ne conçois » pas même en cet endroit ce qu'il veut » dire. J'ai bien entendu parler à *Tomsk* » d'un beurre de roche, qu'on y fait avec » des feuilles d'alun, & M. Strahlenberg » rapporte presqu'entierement le procédé ; mais il n'a vraisemblablement pas » bien compris le récit qu'on lui a fait, & » il critique fort mal à propos l'Auteur » des *Révolutions de Russie*. On trouve du » beurre de roche sur un grand nombre » de montagnes de la Sibérie, sur le » mont *Urali*, dans les montagnes de *Jenisisk*, du *Baikal*, de *Bargusinsk*, du » *Lena*, & d'autres. J'ai ramassé dans mon » voyage, sur celles qui bordent la *Mana*, continue M. *Gmelin*, » une grande quantité de ce beurre ; & pour en connoître » la nature, j'ai fait quantité d'expérien» ces, dont nous croyons devoir épargner l'ennui aux Lecteurs. Après une infinité d'opérations chymiques, toutes bien détaillées dans l'Original Allemand, « j'ob» tins enfin deux crystaux, dit M. *Gmelin*, » & j'eus un sel fort approchant de celui » de *Glauber*, mais qui ne se fondoit pas » si promptement. Les premiers crystaux » vûs au microscope paroissoient alongés, » sexangulaires & obtus ; ils étoient trans» parens, & tiroient un peu sur le jaune. » Aux derniers, on ne distinguoit pas bien » les pointes ; ils paroissoient pour la plûpart composés de petites lames presque » rondes ».

Le résultat du Professeur, est que le beurre de roche, tel qu'il sort des feuilles d'alun, paroît contenir un acide salin ou rompu avec le sel lixiviel minéral ; d'où il conjecture, qu'il renferme un peu de fer lié à une matiere grasse, dont il avoue ne pouvoir assigner l'espece, mais qu'il croit être la seule cause pour laquelle l'acide du beurre de roche ne se précipite pas en vitriol avec le fer qu'il recéle.

ces montagnes est nommée la *Montagne bleue*, parce qu'il s'y trouve, ainsi que sur quelques autres, une sorte de terre métallique verte & molle.

On remarque que, quoiqu'il tombe en Hiver beaucoup de neige dans ce canton, on en voit très-peu sur ces montagnes, où par conséquent l'herbe & les fleurs printannieres croissent bien plutôt que dans aucun autre endroit du pays. C'est apparemment par cette raison qu'on trouve alors sur ces montagnes une grande quantité de cerfs, dont on y voyoit des traces bien marquées, sur-tout dans les hauteurs où ils avoient mangé tant de terre, qu'il y avoit de tous côtés beaucoup de creux. Cette terre a un goût de sel, que beaucoup d'animaux, & sur-tout les cerfs, aiment à l'excès.

Au-dessous du *Siokjul*, ruisseau qui se jette dans la *Mana*, au pied d'un rocher qui s'éleve sur le rivage occidental, est une Grotte naturelle. Le rocher touche à la riviere, & l'eau par conséquent va jusqu'à l'entrée de la Grotte, qui a près de trois brasses de largeur, & deux brasses & demie de hauteur. La Grotte est un peu oblique, & s'enfonce en montant dans le rocher à la profondeur d'environ trois brasses.

Au-dessus de ce même ruisseau, est encore un rocher fort escarpé, qui avance sur la riviere, & sur lequel on voyoit la figure d'un tambour magique des Tatares peint en rouge.

Le 11, à la pointe du jour, les deux Bâtimens du Professeur passerent la cataracte, qui n'est pas bien fameuse, quoique fort sensible pendant l'espace d'environ cinquante brasses. Il y a sur le bord septentrional des rochers escarpés encore très-riches en beurre de roche (39). Cette cataracte est aussi remplie de rochers, & fait un grand bruit. Le cours de la riviere, au-dessous, étoit à-peu-près Ouest-Nord-Ouest, & Nord, au-dessus. Le voyage alloit fort lentement, à cause de tous les endroits rapides, où les Mariniers avoient du travail. On ne vit presque pendant tout le jour que des Isles, dont la riviere étoit couverte. Celles qui sont nommées *Bobrowie*, conservent la mémoire des castors qui étoient autrefois dans ces cantons-là. C'est une tradition parmi les Tatares qui habitent ces déserts, que trois familles de castors y étoient établies, il y a environ un siecle ; ce qui peut faire conjecturer, qu'anciennement il y en a eu bien davantage. Il en est de même des autres contrées de la Sibérie. On dit presque par-tout qu'il y avoit autrefois des castors. Comme il étoit fort aisé de découvrir leurs habitations, qui sont régulieres & quelquefois considérables, on n'a pas eu de peine à les exterminer. Ainsi l'on a détruit sans ressource un animal innocent, qui n'est nullement nuisible à l'homme, & qui pouvoit lui devenir très-utile, pour avoir donné, par son habileté à se bâtir des habitations solides, des

(39) Ce beurre de roche est beaucoup plus beau & plus blanc que l'autre ; il ressemble parfaitement à l'alun végétal, autrement dit *alun de plume*. M. *Gmelin* fit sur cette substance les mêmes opérations que sur la premiere, & le procès-verbal qu'il en fait est tout aussi minutieux, tout aussi prolixe que le premier. Il en tira aussi un peu de sel de *Glauber*, ou fort approchant du *sel admirable* ; mais il ne put en obtenir du fer.

marques de son intelligence, & des indices de sa retraite. Les habitants d'*Olekma* convenoient alors que depuis quarante ans on n'avoit point vu de castors dans leurs cantons, & il n'y en avoit plus depuis cinquante ans sur le *Kerenga*. Où l'on en trouvoit encore le plus, c'étoit dans les cantons supérieurs du *Jenisei* & sur l'*Obi*, mais le nombre en diminuoit tous les jours. On a donc presque éteint la race de l'animal le plus doux & le plus admirable, tandis que tout fourmille d'animaux cruels & voraces, d'oiseaux de proie, d'ours & de loups.

Chaque famille de castors, dit *Isbrand Ides*, sur le témoignage des habitans de Sibérie, s'assemblent au Printems; ils vont deux à deux à la chasse contre les castors, leurs semblables. Quand ils ont le bonheur d'en attraper, ils ne les tuent pas, car ils ne les regardent pas comme leurs ennemis; ils les amenent à leurs habitations, où ils les emploient, comme leurs esclaves, à toutes sortes d'ouvrages. Tout castor captif, ajoute-t-on, devient maigre en peu de tems, à force de travail, & son poil se dresse comme celui d'un chien en colere. Ce castor est à la vérité malheureux d'avoir été pris; mais, si tout cela n'est point une fable, on ne peut voir un procédé plus honnête que celui des castors qui l'ont fait prisonnier, à-moins qu'après un certain tems ils n'aient la charitable attention de relâcher leurs captifs.

Dans les environs des Isles des Castors, la riviere a pour le moins la largeur d'un werste. Le 12, la navigation continua d'être extrêmement difficile & fatigante, tant par le grand nombre d'Isles qui faisoient faire des allées & venues continuelles, que par la rapidité du courant, & sur-tout par le mauvais état des rivages qui, dans beaucoup d'endroits, étoient si fort embarrassés de broussailles, qu'on étoit obligé de faire souvent un tour considérable avec les cables, & de pousser les Bateaux avec des perches. Le chemin de terre depuis *Krasnojarsk* jusqu'à *Abakansk* va en remontant la *Mana*, qu'on peut traverser à cheval par les basses eaux. De-là on remonte encore l'*Urju-Mana*, autre riviere qui s'y jette du côté méridional, jusqu'à *Derbina D*, situé sur le *Jenisei*.

Ce même jour, 12 au soir, les Travailleurs qui étoient occupés à tirer les Bateaux, virent venir de loin à eux à pas comptés un animal, que les uns prirent pour un *Goulu*, & d'autres pour un ours. Ils avancerent près de l'animal, & reconnurent que c'étoit en effet un goulu. Après lui avoir donné quelques coups de bâton, ils le prirent vivant, & l'apporterent à M. *Gmelin* : comme il étoit mourant, le Professeur le fit achever. Les Chasseurs Sibériens, dit-il, lui avoient unanimement tant vanté la finesse de cet animal, & son adresse extraordinaire, soit pour attraper les animaux dont il fait sa proie, soit pour obtenir par la ruse ce qu'il ne peut avoir par la force, & pour éviter les pieges que lui tendent les hommes, qu'il fut fort surpris que le goulu fût venu comme de dessein prémédité au-devant de ses ennemis, pour se faire tuer. *Isbrand Ides* rapporte que le goulu est un animal très-méchant, qui ne sort que pour piller, & qui ne vit que de proie. Il ajoute que cet animal se tient caché dans le feuillage des arbres, jusqu'à ce qu'il voie passer un cerf, un élan, un daim, ou un lievre; qu'il s'élance alors tout-à-coup comme un trait,

& avec beaucoup d'adreſſe ſur ſa proie, & la ſaiſit avec ſes dents au milieu du corps ; qu'il continue de le déchirer juſqu'à ce que l'animal ait ceſſé de vivre ; qu'enſuite il le mange tout entier, avec la peau & le poil. Le même rapporte encore ce fait. Un Waywode qui gardoit dans ſa maiſon un goulu pour ſon plaiſir, le fit un jour jetter dans l'eau, & lâcha deux chiens après lui. Le goulu en ſaiſit un par la tête, le plongea dans l'eau, & l'y tint juſqu'à ce qu'il fût noyé. Il alla ſur le champ à l'autre, qui certainement auroit eu le même ſort, ſans un gros morceau de bois qu'un des aſſiſtans jetta du bord de l'eau entre les deux bêtes ; ce qui donna de l'embarras au goulu, & au chien le tems de ſe ſauver. La façon dont le goulu s'embuſque pour attraper les bêtes dont il ſe nourrit, eſt confirmée par tous les Chaſſeurs, avec cette ſeule différence que, ſelon quelques-uns, le goulu ſaute d'entre les arbres ſur le dos de l'animal, & que le tenant une fois par le col, il en eſt bientôt le maître. A l'égard des cerfs, on aſſure qu'il n'en attaque guere d'au-deſſous, ni d'au-deſſus d'un an. Le renne & le muſc ſont ſes principales délices ; mais, au reſte, il n'eſt dégoûté d'aucun animal vivant ou mort, pourvu qu'il puiſſe l'attraper. Les écureuils, les renards rouges, ou blancs, ou bleus, tout lui eſt bon. Les lievres, les perdrix, les coqs de bruyere, les poules d'eau, &c. ſervent encore à ſes repas. Or on voit que ce n'eſt pas par ſa force qu'il vient à bout de la plûpart de ces animaux, même des plus petits, puiſqu'il les attaque comme un voleur de grand chemin, ou les ſurprend dans leur gîte. Quant aux rennes, il les chaſſe en tournant toujours autour d'un arbre ; lorſqu'il les a bien étourdis, il ſaute ſur l'arbre ; le pauvre renne croyant toujours l'avoir à ſes trouſſes, continue de courir en tournant : alors le goulu s'élance tout-d'un-coup ſur lui, & le dévore. Pour la volaille, les renards, les lievres & pareils animaux, il ne fait que les ſurprendre au gîte ; mais il a la fineſſe de ne pas y arriver bruſquement, ni de ſe montrer de front ; il tourne pluſieurs fois autour de ces animaux, en rampant comme un chat, d'un air doucereux, & ſans marquer de mauvais deſſein, juſqu'à ce que les voyant immobiles, il ſoit aſſuré qu'ils ſont endormis : alors faiſant peu-à-peu ſes approches, il fait ſi bien les prendre, qu'ils ne peuvent échapper de ſes pattes. Il n'a pas même de répugnance pour les animaux morts & pour les charognes ; ce qu'il peut trouver ſans peine, lui eſt toujours agréable. Il ſuit clandeſtinement les piéges que les Chaſſeurs tendent aux différens animaux : il ſe garde bien d'y donner lui-même ; mais il trouve le moyen de dévorer l'animal pris dans les trapes, ſoit en entier, ſoit en partie. Les Chaſſeurs des renards blancs & bleus, qui ſont dans les cantons de la Mer Glaciale, ſe plaignent beaucoup du tort que leur font les goulus. L'homme, que l'intérêt accoutume à tout, eſt, dit-on, le ſeul animal qui puiſſe vivre également ſous la ligne & ſous le pole du Nord. Le goulu, non moins intéreſſé que l'homme, pour ſatisfaire ſon ventre, a le même avantage. Il court du Sud au Nord, & du Nord au Sud, pourvu qu'il trouve à manger. Le froid fortifie ſes fibres, & rend ſa digeſtion plus aiſée, plus prompte. La chaleur fait circuler plus rapidement ſes ſucs, & lui fait faire en moins de tems les fecrétions néceſſaires pour la diſſolution des alimens qu'elles ne ſe feroient ſous un climat froid. Il profite, & ſe porte bien par-tout, quoique ſa ſanté ſemble contredire tous les principes de la Phyſiologie, dont probablement il ne s'embarraſſe guere, & malgré laquelle il jouit toujours d'un excellent embonpoint. On lui a donné le nom de *goulu*, parce qu'il mange incroyablement. M. *Gmelin* a ſouvent queſtionné des gens qui paſſoient jours & nuits parmi les bêtes ſauvages, pour ſavoir d'eux s'il eſt bien vrai que cet animal ſe mette entre deux arbres fort ſerrés, pour faire ſortir, par la preſſion, les excrémens qui le ſurchargent, faire place à de nouvelle mangeaille, & ſatisfaire ainſi de nouveau ſon inſatiabilité. Perſonne n'a pu lui confirmer le fait, & il a bien l'air d'une fable.

Le 13, on continua de marcher, & les mêmes difficultés que la veille ralentirent la navigation. On paſſa devant une contrée fort coupée de ruiſſeaux & de rivieres qui nourrit beaucoup d'élans, & devant une montagne où il croit beaucoup de lys rouges.

Le 16, après une journée très-pénible, dans laquelle on ne put faire que quinze werſtes (environ quatre lieues), M. *Gmelin* reçut un Exprès de *Kraſnojarsk*, qui lui apporta un paquet & des Lettres de Petersbourg. Par ces Lettres, on lui faiſoit eſpérer ſon retour en Ruſſie, & on lui conſeilloit de ſe rapprocher peu-à-peu de Petersbourg, parce que ſon rappel poſitif ne tarderoit pas à venir. Il y avoit dans le même paquet une Lettre de M. *Alexandre Guillaume Martini*, que l'Académie Impériale lui envoyoit, pour lui ſervir de Copiſte, comme il en avoit demandé un, pour les Ouvrages Latins & Allemands qu'il avoit à faire tranſcrire. Le Sieur *Martini* ſe trouvant à Petersbourg, préciſément dans le tems que le Profeſſeur avoit demandé ce ſecours, & ayant un extrême deſir de voyager, s'étoit offert & préſenté lui-même. Il accompagnoit M. le Profeſſeur *Fiſcher*, que l'on envoyoit, comme on l'a dit, pour remplacer M. *Muller*, en qualité d'Adjoint pour l'Hiſtoire Politique. Il l'avoit quitté dans les environs de la Ville de *Narym*, & il arriva le 14 Août à *Kraſnojarsk*, d'où, ſur ſes inſtances, la Chancellerie avoit dépêché le Courier. De pareilles nouvelles, dans des lieux ſi éloignés, ſi ſauvages, étoient pour moi, dit M. *Gmelin*, comme la manne qui tomba du Ciel dans le déſert de l'Arabie.

Le 17, M. *Gmelin* prit la réſolution de ne pas aller plus loin, parce qu'il avoit preſque toujours été obligé de reſter dans ſon Bateau, ſans pouvoir ſe promener ſur les bords de la riviere, qui étoient fort rarement praticables, & il fit ſes diſpoſitions pour retourner à *Kraſnojarsk*.

Le lendemain 18, vers les 9 heures du matin, après une bonne gelée blanche, on s'embarqua pour le retour. L'après-dînée, M. *Gmelin* alla viſiter les montagnes voiſines du ruiſſeau *Dſchir-Dſkul*, & les plantes qu'elles produiſent; enſuite on continua de marcher.

Le 20, on paſſa beaucoup d'endroits où l'on fut obligé de traîner à force de bras les deux Bâtimens ſur des bancs de ſable. La riviere étoit conſidérablement diminuée depuis qu'on l'avoit remontée dans ces mêmes endroits, & elle diminuoit tellement encore tous les jours, que ſi M. *Gmelin* eût été plus avant & eût tardé son retour d'une semaine, il ne l'auroit plus trouvée navigable.

Le 21, on partit de grand matin ; les eaux en décroissant sembloient donner de l'éperon aux Bateaux, & l'on alloit fort vîte. Le Bâtiment où étoit M. *Gmelin*, qui marchoit le premier, se trouvant vis-à-vis le ruisseau nommé *Beret*, on entendit tout-à-coup des cris affreux. Ils venoient du second Bâtiment, qui s'étoit brisé contre un rocher, & qui couloit bas ; heureusement la riviere avoit peu de profondeur, autrement tous ceux qui ne savoient pas nager, eussent péri. Tout ce qui étoit dans le Bateau fut mouillé ; mais tous les hommes furent sauvés. M. *Gmelin* fit tirer le Bateau naufragé sur le rivage ; on le vuida, pour le visiter, & pour voir si on ne pouvoit point le remettre au-moins en état d'aller jusqu'à *Krasnojarsk* ; mais le fond & les poutres de traverse étoient entierement fracassés, ensorte qu'il étoit impossible, avec les outils qu'on avoit portés, d'y faire les principales réparations. Comme on avoit du bois à discrétion de tous côtés sur cette riviere, il parût plus court de construire un Radeau, pour transporter les bagages jusqu'au Village d'*Owsjanskaja*, tandis que les hommes qui auroient trop chargé le Radeau, iroient à pied jusque-là. M. *Gmelin* n'attendit pas que le Radeau fût construit, & continua de marcher ; mais ce ne fut pas sans peine & sans frayeur par la quantité de rochers que la baisse des eaux découvroit, & qui paroissoit étonner ses guides mêmes. Enfin on redoubla d'efforts pour parvenir promptement à l'embouchure de la riviere, & on l'atteignit le même jour vers une heure après midi. On apperçut d'abord entre l'eau du *Jenisti* & celle de la *Mana* une différence considérable pour la couleur. L'eau de la riviere étoit beaucoup plus noire que celle du fleuve, & dans l'endroit où elles se mêloient, les deux eaux étoient écumantes & troubles. Le Bâtiment passa fort heureusement l'embouchure, & l'on trouva le *Jenisti* fort gonflé. C'est par cette raison qu'en descendant le Bateau n'avoit été arrêté dans la *Mana* par aucun bas-fond, l'accroissement des eaux du *Jenisti* l'ayant toujours tenu à flot. On gagna de-là, sans la moindre inquiétude, le Village d'*Owsjanskaja*, où M. *Gmelin* fut obligé d'arrêter, pour faire sécher quelques plantes & une partie des bagages, qui avoient été mouillées. Vers les 4 heures, on se remit en marche, & l'on fut rendu avant le coucher du Soleil à *Krasnojarsk*.

M. *Gmelin*, à son arrivée, y trouva le Nouveau-venu de Petersbourg, dont la vue lui fit beaucoup de plaisir ; mais il fut obligé d'aller sur le champ voir le Dessinateur qu'il avoit laissé dans cette Ville, & qui étoit fort incommodé. Il le trouva levé, mais avec un grand dérangement de tête, qui cependant ne l'empêcha point de faire assez bien le détail de sa maladie. Un Allemand qui demeuroit depuis quelques années à *Krasnojarsk*, lui avoit dit quelques jours auparavant, que dans le jardin du Waywode il y avoit des panais admirables. Le Dessinateur aimant beaucoup ces racines, avoit prié l'Allemand de lui en procurer un plat, & il l'avoit mangé ce jour même avec le plus grand appétit ; mais bientôt après, il avoit senti un serrement de gosier extraordinaire, avec une grande envie de dormir : or il avoit commencé par rendre une bonne partie

partie de ces racines, & s'étoit même provoqué le vomissement ; ensuite cédant au sommeil, il s'étoit jetté sur son lit, où il avoit dormi quatre heures. Il sentit alors une pesanteur extrême de tête, & tout tournoit autour de lui. M. *Gmelin* envoya chercher des mêmes racines qu'avoit mangées le malade, avec toute la plante ; & il la reconnut d'abord pour la *jusquiame*. Il fit boire au Dessinateur, à petits coups, un grand verre de jus de groseilles, & le malade fut tout aussi-tôt soulagé. Un *pounch* léger, moitié eau, moitié eau-de-vie & jus de groseilles, par portions égales, acheva sa guérison. M. *Gmelin* trouva dans M. *Martini* une espece de compatriote ; ce dernier étoit originaire de Philipsbourg, mais il avoit vécu plusieurs années dans le pays de Wittemberg.

Le lendemain arriverent encore les gens de la suite de M. *Gmelin* qu'on avoit laissés en arriere, & qui amenoient sur un Radeau les bagages. Ils avoient passé la nuit à l'endroit où le Bâtiment avoit échoué, parce qu'on n'avoit pu achever le Radeau que fort tard, & qu'ils n'avoient pas osé se mettre en route dans la nuit. Ils étoient partis dès 7 heures du matin, sans avoir eu aucun obstacle. M. *Martini*, dans son voyage de Petersbourg à *Krasnojarsk* & dans les environs de cette derniere Ville, avoit ramassé beaucoup de plantes qu'il fit voir à M. *Gmelin*. Ainsi c'étoit pour ce Professeur un bon aide de Botanique. Il étoit de plus fort versé dans l'art d'essayer les métaux, & dans tous les procédés chymiques. Un pareil Copiste étoit donc un excellent Coopérateur. M. *Gmelin* fit le même jour 22 Août, dans l'après-dînée, une promenade avec lui. Aucune plante, quelque petite qu'elle fût, n'échappa à M. *Martini* ; & comme il s'étoit pourvu d'un fusil, il tira deux fort jolis oiseaux.

M. *Gmelin*, à son retour à *Krasnojarsk*, trouva encore une Lettre d'*Irkutzk*, contenant la Relation d'un affreux tremblement de terre, arrivé le 6 Décembre 1737, dans le pays des *Kuriles* & dans les Isles voisines. Cette Relation datée d'*Ochotzk* & du 28 Novembre 1738, étoit l'ouvrage du Major-Général *Skornjakow-Pisarew*. Elle portoit, que plusieurs rochers sur les bords de la Mer avoient été brisés en morceaux ; que les secousses du tremblement avoient été senties sur la mer même ; qu'on y avoit vu divers météores de feu qui s'étendoient fort loin ; que les petits magasins des peuples idolâtres, qui étoient bâtis sur des pilotis, avoient été renversés ; que les eaux de la mer s'étoient horriblement gonflées, & jusqu'à la hauteur de trente brasses au-dessus du niveau des autres eaux ; que la mer avoit jetté des pierres du poids de cent livres & davantage, jusque dans l'intérieur des terres ; que les flots avoient non-seulement entraîné les magasins des Idolâtres, mais encore tous les Bateaux dont ils se servent pour la chasse des castors & des autres animaux marins du *Kamtschatka*, & que chez les *Kuriles*, ainsi que dans les Isles voisines, il n'étoit presque point resté de Bateaux ni de filets de Pêcheurs.

Cependant la Sibérie a été jusqu'à présent peu sujette aux tremblemens de terre. Le lieu le plus occidental de tous ceux qui en ont senti, est *Krasnojarsk* ; mais ils ont été rares ou peu sensibles. Les plus fréquens & les plus forts sont arrivés à *Irkutzk* ; on y a vu tomber quelquefois des cheminées, & les cloches se faisoient entendre. Il y en a eu à *Bargufinsk*, à *Selenginsk*, à *Nertfchinsk*, à *Argunsk*, & dans tous les endroits intermédiaires, ainfi que fur le lac *Baikal*, & aux environs. Au refte, ces tremblemens arrivent dans tous les tems de l'année : celui de la Province d'*Argunsk*, dont on a parlé, eft périodique, puifqu'il arrive tous les Printems. Ils font fort rares fur le *Lena* & fur la *Nifchnaja-Tunguska*.

Tous les tremblemens de terre qu'on éprouve en Sibérie, femblent tirer leur fource des terreins qui font au-deffous & aux environs du lac *Baikal* : 1°. on ne les fent bien que dans la proximité de ce lac, & dans les endroits qui l'environnent de près ; 2°. ils fe font fentir avec plus de violence tout près de ce lac, que plus loin ; 3°. il y a des fources de foufre autour du lac *Baikal*, comme dans le voifinage de *Bargufinsk*, fur le lac même près du ruiffeau *Tierka* d'où l'eau fort toute chaude, & fur le ruiffeau *Kabania*. Le lac *Baikal*, dans les environs de la riviere de *Bargufin*, jette auffi beaucoup de malthe (40), que les habitans du pays brûlent dans les lampes. Il fe trouve en gros morceaux, à-peu-près de la groffeur d'un moëllon, & toujours mêlé d'une matiere blanche, qui reffemble extérieurement à l'agaric du melefe, mais qu'il eft aifé d'en féparer en faifant fondre la malthe à petit feu, cette matiere blanche furnageant toujours en forme d'écume.

Isbrand Ides rapporte qu'au-deffus d'*Irkutzk*, à l'Eft, près d'un Couvent fitué vis-à-vis l'embouchure de l'*Irkus*, on rencontre dans une plaine une grande crevaffe, par laquelle il fortoit autrefois du feu : il ajoute que de fon tems il s'en exhaloit encore un peu de chaleur, lorfqu'on y enfonçoit un bâton, & qu'on en remuoit les cendres. M. *Gmelin* dit que, malgré toutes les informations qu'il a faites, il n'a pu découvrir cette fente. Cependant, puifqu'*Isbrand Ides* en parle comme d'une chofe connue de fon tems, & qu'il paroît l'avoir vu lui-même, il paroît affez vraifemblable que cette crevaffe ou ce refte de volcan a réellement exifté. Dans le *Kamtfchatka*, près du grand volcan de cette Prefqu'Ifle, il y a des tremblemens de terre terribles, qui, dit-on, ne cedent en rien à ceux d'Italie ; & comme on dit, qu'il y a de même des volcans dans les Ifles, que l'on croit fituées à la file depuis le *Kamtfchatka* jufqu'au Japon, il y a bien de l'apparence que toute la partie d'entre le Japon & le Kamtfchatka eft fujette à des tremblemens de terre.

A la Relation d'*Ochozk*, étoit jointe l'Annonce d'un Charlatan de la Chine, contenant la defcription des vertus du *Bezoar de Goa*, & traduite fur l'Imprimé Chinois. Le *Bezoar de Goa* s'appelle en Langue Chinoife *Boo-Sin-Schi*, ce qui fignifie *Pierre qui fortifie le cœur*. Quand on veut fe fervir de ce bezoar, on le racle auffi fin que de la farine, & on le prend, foit dans le *tarafun*, biere des Chinois dont on a parlé, foit dans de l'eau commune. C'eft un prétendu fpécifique pour toutes fortes de fievres froides & ardentes, pour toutes les affections cardiaques, contre la petite-vérole, contre toutes les maladies malignes, & pour une infinité d'autres auxquelles on eft fujet à la Chine, fur-tout à Pekin, où la bonne eau eft fort rare.

(40) *Bitumen tenax nigrum*, Linn. Syft. Nat. Ed. Stockh. 1748. p. 168, n. 3.

DES VOYAGES.

L'Interprete Tatare, que M. *Gmelin* avoit laissé à *Krasnojarsk* pendant son voyage sur la *Mana*, voulut le régaler à son retour de quelques Chansons Tatares qu'il avoit acquises. M. *Gmelin* en choisit deux, qui sont celles dont les Tatares font le plus de cas, & qu'ils chantent le plus volontiers.

I.
CHANSON DES TATARES DE SAGAY.

Agatem dschilne berku tsack, zona idu (41).
Agar la suga salkisten, zona idu
Ol ber salna kuss besem
Balichem og bargai chollutschen
Atteck la bene tingnet keng.
Al kem neng da kotschire
Agaber tungma derbetken.
Al bot bengneng eschege.

TRADUCTION, vers pour vers.

Le crin du cheval blanc est épais, *zona idu*;
Sur la riviere qui coule, je veux faire un radeau;
Si je ne viens pas à bout de lier ce radeau,
Je soumets ma tête à l'esclavage.
Le cheval (entier) & la jument sont venus des deux côtés
De la riviere, où sont des fleurs de sel.
Le grand & le petit frere rodent
A la porte du Waywode.

Cette Chanson n'est pas fort claire; mais quand on demandoit à l'Interprete d'y donner au-moins quelque sens, il se retranchoit à dire que le caractere de la Chanson Tatare étoit toujours d'être énigmatique Il ajoutoit seulement que celle-ci avoit été faite pour une fille amoureuse, qui avoit donné un rendez-vous à son amant, dans un endroit où la terre produisoit des fleurs de sel, & que le cheval qu'elle montoit avoit une forte criniere.

II.
CHANSON DES TATARES TSCHATZKI.

Ai (42) *Oesol, Oesol, Oesol* (43), *emme osolchari ku si mele*
Kusimbile anchaschemne da Oesoche (44) *gealder den*
Kuschun uticher usche chada torna tuscher tuschaka,
Orus borat dschja-a seda oi gakire tschetscheder
Oi neschbolgan dschjan amna da ibga leb nansandak.

TRADUCTION.

Chez Oesol, Oesol, Oesol, j'ai les regards attentifs.
Oesoche t'a donné ses yeux & ses sourcils;
Moi, Corbeau, je veux voler loin, *pour voir si la grue tombera dans le filet.*
Tandis que les Russes & les Buraetes ennemis
Se massacrent dans la vallée,
En badinant *avec toi*, mon cœur, je te prendrois dans la jurte, & je t'emmenerois au plus vite.

Cette seconde Chanson est l'ouvrage d'un Tatare amoureux d'une fille

(41) Cri de joie qui revient à chaque vers.
(42) Particule mise simplement pour exciter l'attention.
(43) Nom du pere de la fille.
(44) Nom de l'amant, qui signifie aussi un Corbeau.

dont le père ne pouvoit pas le souffrir. Un des plus forts gages de l'amour chez les Tatares, c'est de se donner réciproquement, ou de se promettre, les yeux & les sourcils.

Dans les Lettres de Petersbourg que reçut M. *Gmelin*, le Préſident de l'Académie Impériale l'aſſûroit qu'on avoit réſolu de ſolliciter vivement ſon retour en Ruſſie ; que l'Académie avoit joint ſes repréſentations à celles qu'il avoit faites au Sénat, & qu'il pouvoit être preſque ſûr de recevoir de la Cour une réponſe à ſon gré. En conſéquence M. *Gmelin* réſolut de profiter de l'Automne pour faire le voyage de *Tomsk* par les chemins d'Eté. Pluſieurs raiſons l'y déterminerent. Il vouloit voir ſur la route quelques endroits entre *Kraſnojarsk* & *Tomsk*. Or il ne pouvoit pas l'entreprendre en Hiver, & il ne vouloit pas non plus différer juſqu'au Printems. Ainſi après quelques promenades dans les environs de *Kraſnojarsk*, où M. *Martini* lui fut d'un très-grand ſecours, il fit ſes diſpoſitions pour ſon départ.

Le 8 Septembre, vers les 4 heures du ſoir, il partit avec tout ſon monde par un très-beau tems ; on arriva vers 10 heures de la nuit au Village de *Jelowaja*, où l'on trouva une troupe de deux cens Exilés, tous gens du commun, qu'on envoyoit aux Mines du diſtrict de *Kraſnojarsk*. Le 9, on ſe remit en route, & l'on arriva vers le midi à *Malaja-Katſcha* par un chemin ſec, mais très-incommode par la profondeur des ornieres. On ne put avancer preſque pas à pas que juſqu'au ruiſſeau de *Maloi-Kemtſchuk*, où l'on ne fut même rendu qu'au commencement de la nuit. Comme on apprit que le chemin au-delà étoit encore plus mauvais, on n'oſa riſquer d'aller plus loin. Une demi-heure ou environ avant minuit, il s'éleva directement au Nord, près de l'horiſon qui étoit ſombre, une nuée fort claire. Cette clarté ſe changea bientôt en un feu, qui n'occupoit cependant qu'un petit eſpace. On vit immédiatement après trois colonnes fort claires s'élever à la hauteur de près de trente degrés ; mais elles diſparurent à l'inſtant. La nuée, couleur de feu, changea ſucceſſivement de différens degrés de clarté, & enſuite pâliſſant, s'étendit vers l'Eſt. Un inſtant après, le Ciel ſe couvrit entierement de nuées ſombres ; puis il s'éleva un grand vent du Sud-Oueſt, qui cacha ſous les nuages toute l'Aurore Boréale. Le vent continuant à ſouffler, le Ciel s'éclaircit, & l'on apperçut fort diſtinctement une clarté au Nord, dont l'horiſon étoit tellement éclairé, qu'on auroit cru qu'il étoit pleine-lune. Ces phénomenes continuerent juſque vers une heure & demie du matin, que le Ciel ſe couvrit de nuages épais, pendant qu'il reſtoit toujours une clarté extraordinaire. Le vent qui ſouffloit violemment, finit vers les 5 heures par une pluie, ſuivie d'une furieuſe tempête venant de Sud-Oueſt ; l'ouragan, mêlé de tems en tems de pluie, continua pendant deux heures ; le vent s'adoucit enſuite un peu, mais ſe ſoutint toujours avec la pluie qui revenoit par intervalles.

Ce mauvais tems n'empêcha point M. *Gmelin* & ſa ſuite de continuer leur route le 10 à la pointe du jour. Pendant l'eſpace de quatre werſtes, le chemin fut ſi mauvais, qu'il fallut preſque porter les voitures & les charrettes. Le chemin devint un peu meilleur dans la ſuite, & l'on arriva vers les 9 heures du matin au ruisseau *Mostowaju*. On s'amusa dans cet endroit quelque tems avec des biches qui étoient en rut, & les Chasseurs en tuerent une. Tout ce district étoit rempli de coqs & de poules de bruyere; on en tua aussi quelques-uns pour la cuisine des Voyageurs, ce qui ayant retardé leur marche, fit qu'ils n'arriverent qu'à la nuit au *Bolschoi-Kemtschvk*.

Le 11, on passa la riviere d'*Ijuss*, &, au moyen des relais Tatares qui ne manquerent point, ainsi que de quelques charrettes pour les bagages, on avança beaucoup ce jour-là & le lendemain. La nuit du 12 au 13, il fit une forte gelée. La nuit du 14, un Tatare de la suite de M. *Gmelin* attachant des malles sur une charrette, ne fit pas attention à son propre poids, & renversa sur lui la charrette avec toute sa charge. Il perdit à l'instant toute connoissance. Le Professeur y courut vite, lui frotta le visage & les tempes d'esprit de corne de cerf, lui en fit respirer par le nez, & en fit entrer dans sa bouche; mais il ne donnoit d'autre signe de vie qu'une respiration très-foible, & son pouls l'étoit encore plus. On ne put découvrir aucune blessure à sa tête. M. *Gmelin* lui fit une saignée au bras, & lui tira dix onces de sang. Cette opération le fit beaucoup écumer de la bouche. On continua de le frotter pendant la nuit avec l'esprit de corne de cerf, & on lui en donnoit vingt gouttes de trois en trois heures. Il commença le lendemain à remuer, à se tourner de côté & d'autre, & à prononcer quelques mots; mais la tête étoit dérangée & fort enflée par derriere. On le laissa dans la jurte où l'on se trouvoit, avec des gens pour le soigner, & une bonne quantité d'esprit de corne de cerf. M. *Gmelin* ordonna de le tenir chaudement, & l'abandonna à la Providence, en laissant encore deux médecines, l'une pour le lendemain, & l'autre pour lui faire prendre dans deux jours, s'il étoit encore envie; car la jeunesse & la bonne constitution du malade sembloient donner quelque espérance. Le lendemain 15, dès 6 heures du matin, M. *Gmelin* continua sa route avec M. *Martini*, pour se rendre au *Kia*. Il fit prendre un détour pour voir d'un certain minéral, le premier peut-être qui ait fait naître l'idée de chercher des Mines en Sibérie. Quelques Mineurs Grecs, avec nombre d'Ouvriers, avoient séjourné dans ces cantons-là pendant près de trois ans, depuis 1698 jusqu'en 1701. M. *Gmelin*, curieux de voir ces anciennes Mines, partit à cheval avec M. *Martini* pour gagner une montagne située à cinq werstes des jurtes établies sur le *Tuss-Jul*. Cette montagne avoit environ quarante à cinquante brasses de hauteur, & s'étendoit à plus d'un werste du Sud-Est au Nord-Ouest. On y trouva quelques conduits à différentes hauteurs, que M. *Gmelin* fit rouvrir. Sous la terre, il y avoit d'abord des masses d'une marne grasse, jaune ou rouge, & quelquefois brune ou verdâtre. Ces masses s'étendoient à la profondeur d'environ deux pieds dans la montagne. Plus bas venoit une glaise jaune, sans mélange de marne. Telle étoit toute la montagne depuis le haut jusqu'en bas, & elle étoit presqu'entierement chauve ou pelée, ce qui caractérise ordinairement une montagne à Mines; aussi le minérai de celle-ci pouvoit-il être exploité simplement à coups de haches. Au pied coule le ruisseau *Chaschtat* dans la même direction que la montagne. Il y avoit près de ce ruisseau des restes de fourneaux à fonte, savoir des briques & des scories, avec quelques vestiges de maisons ou de logemens pour les Ouvriers. La situation du lieu est fort avantageuse pour une Forteresse : du côté Septentrional, un ruisseau qui se jette à trois werstes de-là dans le *Tuss-Jul* ; à l'Occident, un marais qui rendroit de ce côté-là l'accès difficile ; & au-delà du marais une autre montagne, qui a la même apparence que la précédente.

Dans le tems qu'on découvrit ces Mines, les environs de *Tomsk* & de *Krasnojarsk* étoient encore fort peu sûrs. Les Tatares de la contrée payoient dans certaines années le tribut, selon qu'il leur en prenoit fantaisie, & dans d'autres ne le payoient pas. Les Cosaques *Kirgisses*, qui, pour la plûpart, payoient tribut au Chan des Calmoucs, excitoient dans le pays beaucoup de troubles. On résolut donc de se défaire de ce turbulent voisinage, de chasser à main armée de la Sibérie les *Kirgisses*, & de les abandonner entierement aux Calmoucs par des traités faits avec eux. Un certain *Stepan Tupalskoï*, Sin Bojarskoï de *Tomsk*, fut envoyé en 1696 par la Chancellerie de cette Ville dans les territoires montagneux des Tatares qui étoient sur la frontiere, pour y lever les tributs. Tandis qu'il faisoit cette levée, *Myschan-Kailatschakow*, Kniasez de la *Schuiskaja-Wolost*, remit à *Tupalskoï* un morceau de Mine, & tous les Tatares du canton certifierent au Receveur des tributs que, chez *Boschtuchan*, Prince des Calmoucs, on fondoit cette Mine, & qu'on en tiroit de l'argent. Sur ce rapport, *Wasili Rschewskoï*, Waywode de *Tomsk*, renvoya sur le champ le *Tupalskoï* au Kniasez, pour l'engager à lui montrer l'endroit où se trouvoit cette Mine : ce que celui-ci fit sans hésiter. Il mena le Receveur au ruisseau *Koschtak* (45), sur lequel étoit la Mine ; *Tupalskoï* en fit d'abord exploiter sur le lieu le poids de huit pouds, qu'il apporta lui-même à *Tomsk* avec le Kniasez qu'il y amena. Ce dernier demanda la permission de se retirer du pays des *Kirgisses*, & de venir s'établir dans celui de *Tomsk* sous la protection de Sa Majesté Czarienne : ce qui lui fut accordé. On commença par envoyer à Moscou du minérai de *Koschtak*, pour en faire l'essai. A la seule vue du minérai, un Essayeur Grec, nommé *Alexandre Lewandjan*, qui étoit alors à Moscou, s'écria d'abord avec étonnement ; Où a-t-on trouvé cette Mine ? Quand on creusera plus profondement, on trouvera la vraie Mine d'argent. On envoya dans le même tems à *Riga* un échantillon du même minérai, pour avoir l'avis des Essayeurs. Ils répondirent, que ne sachant pas si cet échantillon avoit été pris au haut de la Mine, ou dans la profondeur, on n'en pouvoit rien dire de positif ; que si on vouloit le fondre, l'argent qui en proviendroit, ne payeroit pas les frais de la fonte ; mais qu'il y avoit de l'apparence, que le minérai dans la profondeur étoit plus riche que ne le promettoit l'échantillon. On donna au Grec quatre livres de cette mine, & à un Allemand, nommé *Timothée Lewkin*, deux livres, pour en faire séparément des essais. L'Essayeur Grec tira de ses quatre livres un demi-solotnik d'argent fin,

(45) A l'occasion de l'ortographe que suit M. Gmelin, il observe qu'on change volontiers en Russe le *k* en *ch*, & l'*o* en *a*.

Lewkin en tira aussi quelqu'argent ; il déclara que trente pouds de cette mine devoient rendre soixante-douze solotnik d'argent, & il ajouta que si on creusoit plus avant, le minérai devoit s'améliorer. L'Essayeur *Nicolas Miller* de *Riga* écrivit, que le minérai paroissoit bon ; qu'il devoit être fort riche dans la profondeur, attendu que les métaux s'y trouvoient toujours plus abondamment ; qu'il l'avoit essayé comme argent, & qu'il avoit en effet trouvé des traces de ce métal, d'où, suivant son calcul, il conjectureroit que dans un quintal de matiere il devoit y avoir une once & demie, ou, dans trois pouds, selon le poids de Russie, sept solotnik & demi d'argent pur ; qu'enfin si dans tout autre pays on trouvoit une pareille Mine, on ne balanceroit pas à l'exploiter avec les plus fortes espérances. En conséquence, il vint un ordre de Moscou (18 Décembre 1696) de faire partir sur le champ l'Essayeur Grec *Lewandjan* pour *Tomsk*, avec douze Ouvriers qu'il demandoit ; le Waywode de *Tomsk* eut ordre en même tems de fournir deux Maîtres Forgerons & trente Ouvriers, pour fabriquer les instrumens de fer nécessaires pour la Forge, de donner partout à l'Essayeur, pour la sûreté de sa personne, des escortes composées de Cosaques, tant à pied qu'à cheval ; de faire bâtir une maison près de la Mine, avec un Ostrog qu'il fortiferoit le mieux qu'il seroit possible, &c. Avec ces ordre, on envoya cinq cens roubles pour le payement des Ouvriers ; on régla la condition de l'Essayeur Grec, & ce qu'on exigeoit de lui.

Lewandjan partit de Moscou le 21 Février 1697, & arriva le 7 Juillet suivant à *Tomsk*. Le Waywode avoit déja fait ramasser des échantillons de toutes les veines de la Mine. Ainsi l'on commença les fontes, & seize pouds de minérai fondus en présence du Waywode rendirent vingt-cinq solotnik d'argent le plus fin.

Cet essai fait, le 26 Août, *Lewandjan* se mit en route pour se rendre, avec tout son monde, au ruisseau de *Kaschtak*. Il eut pour escorte un Régiment de Cosaques, tant Infanterie que Cavalerie, des *Murses Tchatki*, des Calmoucs blancs & d'autres Tatares, le tout faisant huit cens hommes. Il étoit ordonné à ces troupes de bâtir aux environs de la Mine une espece d'Ostrog, & des tours avec des poëles, où les Travailleurs & les Troupes pourroient se retirer en cas d'attaque. On fit voiturer en même tems au *Kaschtak*, par eau & par terre, tous les matériaux, les ustensiles & les vivres nécessaires pour tant de monde.

Lewandjan, avec sa suite, arriva le 15 Septembre au ruisseau *Kaschtak*, & voyant que le minérai d'argent se trouvoit dans un endroit marécageux, il commença par faire creuser, pour pratiquer un écoulement des eaux au-dessous ; le froid & plusieurs autres obstacles l'obligerent d'aller chercher une autre veine de la même Mine sur deux montagnes, situées vis-à-vis les fouilles. Les Ouvriers y travailloient depuis trois jours, lorsqu'ils furent attaqués par les *Kirgises* ; il y en eut plusieurs de blessés ; deux Grecs que les ennemis trouverent dans les champs, furent fort maltraités, & les *Kirgises* enleverent beaucoup de chevaux. Les *Kirgises* se retirerent deux jours après cette expédition ; mais dès le lendemain le Régiment de Cosaques, qui formoit la Garnison du lieu, reprit le chemin de *Tomsk*. *Lewandjan* laiſſa ſes camarades dans l'Oſtrog avec les Ouvriers, & ſe ſauva de même à *Tomsk*. Le Waywode fit inutilement beaucoup de démarches, pour faire continuer les travaux des Mines. Enfin il vint des ordres du Czar, de faire ceſſer entierement les travaux des Mines, & de renvoyer tous les Ouvriers.

M. *Gmelin* fit eſſayer par M. *Martini* le minérai de l'une des deux montagnes où s'étendoit cette Mine, & il ne rendit dans le réſultat que du plomb granulé.

Le Profeſſeur quitta le même jour à midi les environs de *Kaſchtak*, & après une traite de dix werſtes, on ſe retrouva dans le grand chemin. Les voitures de M. *Gmelin* & de M. *Martini* les attendoient au ruiſſeau de *Kalba*. De-là continuant leur route, ils arriverent avant la nuit au ruiſſeau *Kija*, qu'ils paſſerent avec leur ſuite ſur un Radeau.

M. *Gmelin*, dans ce voyage, avoit encore à voir d'autres Mines, ſituées ſur le ruiſſeau de *Koſchuk*, qui tombe dans le *Kija*. Un Tatare s'offrit de l'y conduire, & il fit ſes diſpoſitions pour s'y rendre. Il ordonna à tout ſon monde de ſe rendre avec les voitures au ruiſſeau de *Tunda*, & de l'y attendre : il prit avec lui très-peu de bagage, & ne voulut ſe charger de vivres que pour deux jours. Sa compagnie étoit compoſée de M. *Martini*, d'un Soldat, d'un Tireur, d'un Coſaque, d'un Domeſtique & du Guide ; chacun eut ordre de prendre auſſi ſeulement pour deux jours de vivres, & l'on repaſſa le *Kija* dans le même endroit où on l'avoit paſſé la veille, parce que le chemin étoit plus commode ſur le rivage oriental.

Le 16, vers les 11 heures du matin, il prit la route du *Koſchuk* ; il marcha toute la journée le long du rivage oriental du *Kija*, qui s'éloignoit preſque toujours d'un ou de deux werſtes du chemin, à-travers un champ ſec & bien uni. On avoit à droite ſur le rivage occidental du *Kija* ou *Kea*, ſuivant les Tatares, une ſeule montagne aſſez droite ; mais à gauche, on voyoit une chaîne d'une grande étendue. On deſcendit ſur le rivage pierreux du *Kija*, que l'on remonta dans l'eſpace de quelques werſtes, & l'on arriva vis-à-vis le *Koſchuk*. Il fallut en cet endroit attacher deux Barques enſemble, avec leſquelles on traverſa le *Kija* ; les chevaux paſſerent à la nage, & enſuite on remonta à cheval. Après avoir fait environ un werſte & demi le long du *Koſchuk*, on trouva une habitation de Tatares, différente de leurs habitations ordinaires. Elle avoit une double enceinte formée par des planches inclinées obliquement, & elle étoit couverte de lattes minces chargées de beaucoup de foin, pour empêcher la pluie de pénétrer. C'eſt là que gîtoit toute la famille Tatare, & devant cette cabane il y avoit du feu. Ces ſortes de cabanes, appellées *ſchelaſch* en Langue Ruſſe, ſont d'un grand uſage à la chaſſe, & particulierement à celle des zibelines. Les Tatares viennent dans ces cantons en Automne, parce que c'eſt le tems où les daims quittent ordinairement les bois, vont dans dans les ſteppes, & paſſent néceſſairement les rivieres à la nage. Or, comme dans ces cantons, ils ſont obligés de paſſer le *Kija* & le *Koſchuk* aux endroits où ſont les cabanes des Chaſſeurs, on les guette, & on les tue à coups de fuſil ſur le rivage oriental. La nuit tombant lorſqu'on fut rendu ſur le *Koſchuk* ;

M. Gmelin

M. *Gmelin* fit dreſſer ſa tente au pied de la montagne. Il tomba pendant toute la nuit une forte pluie, accompagnée de tempête; l'eau couloit de la montagne comme un torrent, & battoit la tente qu'on ne pouvoit tranſporter ailleurs, parce que le vallon étoit fort étroit. M. *Gmelin*, pour n'être pas inondé, fit creuſer des deux côtés de ſa tente ſur la montagne même un petit foſſé qui conduiſant l'eau vers la riviere, fit qu'il reſta du-moins à ſec.

Le Profeſſeur s'informa d'abord ſur le lieu ce que c'étoit. que cette pierre que l'on prétendoit être un minérai d'argent, & on lui dit qu'elle étoit toute blanche. Il crut que c'étoit apparemment une eſpece particuliere, qui, ſans contenir de métal, pourroit être intéreſſante pour l'Hiſtoire Naturelle; il ne voulut point encourir le reproche d'avoir été ſi près du terrein qui produiſoit ce prétendu minérai d'argent, ſans l'avoir vu par ſes propres yeux, & il réſolut de s'y tranſporter.

Les eaux pendant la nuit s'étoient fort gonflées, & croiſſoient encore. Son Guide lui repréſenta, que, s'il vouloit aller voir la prétendue Mine d'argent, il ne pourroit pas s'y rendre à cheval en droiture, ni ſuivre toujours le même rivage du *Koſchuk*, mais qu'il rencontreroit beaucoup de rochers, qui l'obligeroient de paſſer & de repaſſer continuellement d'un rivage à l'autre. Or l'eau du *Koſchuk* alloit déja juſqu'à la ſelle des chevaux qu'on y faiſoit entrer. De plus, les eaux continuant de groſſir, il y avoit à craindre qu'elles ne devinſſent encore plus hautes. On ne pouvoit pas ſe riſquer dans des Barques, par la grande rapidité du courant qui alloit comme un trait d'arbalete: d'ailleurs, les Barques de ce canton ne portoient à-la-fois qu'un ſeul homme, ce qui l'auroit obligé de conduire lui-même la ſienne, en quoi il ſe défioit de ſon adreſſe. Il fit donc partir le Guide à ſa place, avec le Soldat & le Coſaque qu'il avoit amenés juſque-là. Ces gens plus accoutumés que lui à de pareilles courſes, en cas que les eaux vinſſent à croître encore tout-à-coup, pouvoient ſe ſauver dans les montagnes. Il leur recommanda de lui apporter des échantillons non-ſeulement de la Mine d'argent, mais encore de toutes les pierres qui s'y trouveroient; & avec le reſte de ſon monde, il s'arrêta ſur le *Koſchuk*, pour voir la Mine de cuivre qui n'en étoit pas éloignée. Après avoir paſſé ce ruiſſeau, à la diſtance d'un werſte, il vit une montagne qui de loin lui paroiſſoit verte, & qui pouvoit avoir cinquante à ſoixante braſſes de longueur, ſur dix à douze braſſes de hauteur. Cette montagne étoit compoſée extérieurement d'une pierre dure & noirâtre, parſemée de ſpath rouge, & de petites veines de pyrite qui reſſembloit par la couleur au pyrite d'eau. On voyoit ſur cette pierre des fleurs de cuivre vertes. M. *Gmelin* ne préſumoit pas que ce minérai tînt beaucoup de cuivre, & qu'on en pût tirer du quintal plus d'une demi-livre. Il reſta près de la Mine une partie de la matinée, & revint à midi à la cabane Tatare. Le reſte du jour & toute la nuit, il tomba une pluie abondante, accompagnée d'un très-grand vent, qui ne lui permit pas de ſortir de ſa tente: cependant, dit-il, tout ce canton avoit des curioſités pour un Botaniſte, & ce qu'il y avoit déja pu ramaſſer de plantes, lui faisoit présumer qu'il en auroit fait une ample récolte, s'il avoit été possible d'herborifer.

Le 18 au matin, il y eut un furieux orage, suivi d'une pluie très-violente qui dura jusqu'à 11 heures du matin ; les ruisseaux ne cessoient de groffir, ce qui donnoit de l'inquiétude pour les gens qui étoient allés aux Mines d'argent, & l'on ne pouvoit quitter cet endroit, sans avoir au-moins de leurs nouvelles. On ne les attendit pas long-tems : ils arriverent heureusement ce même jour. L'échantillon qu'ils apporterent, n'étoit autre chose qu'un quartz blanc pris mal-adroitement pour un minérai. M. *Gmelin* fut donc au-moins satisfait de s'être épargné ce voyage inutile, & de l'avoir laissé faire à gens plus accoutumés que lui aux fatigues & aux mauvais tems. Après les avoir laissé reposer un peu, on prit congé des Tatares, & l'on se remit en route pour *Tomsk*. Au moment de partir, on vit arriver le sieur *Cléopin*, habile Maître de Mines, que M. *Gmelin* avoit connu en 1734 à Catherinenbourg. Il alloit, par ordre du College des Mines, voir la prétendue Mine d'argent, dont l'échantillon du Professeur ne lui donna pas grande idée. En le quittant, M. *Gmelin* & le Sieur *Martini* s'embarquerent pour passer la *Kija*, & monterent à cheval au bord occidental de cette riviere. On marcha le long du rivage jusqu'à la montagne de *Tobachten*; de-là, on traversa une steppe, & l'on parvint à l'ancien chemin de *Tomsk*, où l'on n'alloit autrefois qu'à cheval. Il étoit tellement embarrassé, qu'on eut beaucoup de peine à s'en tirer. Outre une quantité prodigieuse de roseaux, on rencontroit de tems en tems des marais, où les chevaux enfonçoient jusqu'à la sangle. Le soir, vers les 8 heures, on fut rendu près du ruisseau *Dschewolych*, qui se jette dans la *Kija*. Ses bords étoient fort élevés, & couverts d'une herbe épaisse & si haute, que M. *Gmelin* ne trouvoit point d'endroit propre à poser sa tente. Il ordonnoit donc aux gens de sa suite de couper l'herbe, & de nettoyer la place, lorsque l'Interprete Tatare, surpris d'un pareil ordre, pria le Professeur de le laisser faire. Il choisit aussi-tôt la place qui lui parut la plus convenable ; se jetta sur le dos à terre, & s'y roula, comme s'il eût été en convulsion. En moins de deux minutes, la place fut unie, comme si on l'eût fauchée ; l'herbe étoit couchée par-tout également ; elle ne formoit plus qu'une espece de tapis ou de matelas excellent pour se reposer, & un gazon admirable.

La journée du 19 fut doublement pénible, & par les mauvais chemins qu'il fallut passer, & par la disette des vivres qui manquoient déja depuis un jour. A 4 heures de l'après-dînée, M. *Gmelin* & sa suite atteignirent un ruisseau, près duquel étoient leurs bagages que les Tatares avoient amenés, ce qui fit heureusement cesser leur diete. Une heure après, on se remit en marche, & l'on arriva vers les 8 heures du soir à la source du *Keldetsch*, où l'on s'établit jusqu'au lendemain.

Le 20, on en partit dès la pointe du jour ; on traversa beaucoup de forêts de frêne & de bouleaux, & les chemins furent aussi mauvais que la veille. Cependant le froid qui se faisoit déja sentir assez vivement, obligea M. *Gmelin* de presser sa marche ; il profita du clair de lune pour passer la *Jaja* sur des Radeaux, & sans attendre les bagages qui étoient restés en arriere, il poussa jusqu'à *Spaskoje-Sielo*, pour passer la nuit dans une chambre à poêle.

Le lendemain 21, tout le monde se trouvant rassemblé, on se remit en marche à midi, & l'on marcha toute la nuit, malgré le froid & la gelée. A la pointe du jour, on se trouva à *Nikolskaje-Sielo*, Village célebre par une Image de S. Nicolas, que le Clergé de *Tomsk*, les principaux habitans, & toutes les ames dévotes vont chercher au Printems. On s'y arrêta quelques heures, pour attendre les voitures qui n'étoient pas arrivées. Enfin le 22, M. *Gmelin* fut rendu vers les 10 heures du matin à *Tomsk*. Il avoit envoyé en avant pour prévenir de son arrivée le Waywode, ainsi que M. *Fischer* (46) son nouvel Adjoint, & avoir un logement; mais celui qui lui fut assigné étoit si sombre, qu'il auroit fallu avoir de la lumiere allumée presque tout le jour, ce qui l'empêcha de l'occuper. Cependant il sollicita tant le Waywode, qu'il obtint un logement plus commode, & dans lequel il put donner une chambre à M. *Martini*. *Tomsk*, observe M. *Gmelin*, est une Ville où il y a beaucoup de bonnes maisons; mais là, comme ailleurs, personne n'aime à loger des étrangers, principalement d'une autre Religion : c'est pourquoi tous ceux qui ont des maisons logeables, vont d'abord trouver le Waywode, pour se faire exempter de la craie, & le Waywode y trouve son compte : car ces exemptions ne s'obtiennent pas pour rien. Cependant comme il n'ose pas se compromettre ouvertement avec ceux qui voyagent par ordre de la Cour, il tâche de ménager & ces Voyageurs & les principaux habitans, sans perdre l'occasion de faire bien payer ses complaisances à ceux-ci.

M. *Fischer*, parti de Petersbourg dès le commencement de l'année, avoit passé à *Tobolsk* sur la fin de l'Hiver, & étoit arrivé par eau à *Tomsk* dès le 26 Août. Il étoit chargé de completter ce qui manquoit aux recherches faites par M. *Muller* sur l'Histoire des Peuples de Sibérie. Il avoit heureusement rencontré ce Professeur sur l'*Obi*, près de *Narins*; il avoit pris Langue avec lui, & M. *Muller* lui avoit donné par écrit toutes les instructions nécessaires, pour l'initier dans l'Histoire des Peuples de la Sibérie. Mais le principal objet de sa mission, étoit l'Histoire de *Kamtschatka*, sur laquelle M. *Fischer* espéroit trouver beaucoup de recherches faites avant lui par MM. *Kraschenninikow* & *Steller*. Il resta quelques mois à *Tomsk*, & profita du séjour de M. *Gmelin*, pour tirer de lui tous les éclaircissemens qui pouvoient lui manquer.

M. *Gmelin* étoit encore à *Tomsk*, lorsqu'on apprit par des dépêches de la Cour, que la Princesse Anne, épouse du Prince de Brunswick & fille de la sœur de l'Impératrice, étoit accouchée d'un Prince, que l'Impératrice venoit de nommer Grand-Duc & présomptif Héritier du Trône; il étoit en même tems ordonné à tous les habitans de l'Empire Russe de lui prêter foi & hommage. Cette cérémonie se fit sans retard dans l'Eglise Cathédrale de *Tomsk*. Environ vingt jours après, arriva la triste nouvelle de la mort d'*Anne Joannowna*, avec la publication de l'avénement au Trône d'*Iwan Federowitsch*,

VOYAGE EN SIBÉRIE.

1740.

Arrivée de M. Gmelin à Tomsk.

___
(46) Depuis Professeur de l'Académie Impériale de Petersbourg.

Fff ij

& du testament de l'Impératrice défunte qui nommoit *Ernest de Biren*, Duc de Courlande, Régent de l'Empire pendant la minorité de l'Empereur. Il fallut prêter un nouveau serment; & l'on vit ici sur bien des visages, que tout le monde n'étoit pas content de ces dispositions. Cependant les murmures n'éclaterent point, & tout se passa publiquement avec beaucoup de tranquillité. Vingt jours après, on reçut à *Tomsk* de nouvelles dépêches, par lesquelles on notifioit que le Duc de Courlande ayant été dépouillé de la régence de l'Empire, & relégué en Sibérie, personne n'eut à respecter ses ordres. Cette derniere publication se fit dans l'Eglise, & on vit tous les visages s'éclaircir.

M. *Fischer* partit de *Tomsk* le 23 Janvier 1741, pour arriver dès cet Hiver à *Irkutz*. Comme il étoit chargé d'une grosse famille, ce qui l'empêchoit d'aller bien vîte, il ne voulut pas même attendre l'arrivée d'un Interprete qu'on avoit accordé aux deux Professeurs à la place de celui qu'ils avoient perdu à *Jeniseisk*. Cet Interprete, nommé *Lindenau*, & qui étoit Suédois ou Livonien, n'arriva que le 16 Février, & partit le 22 pour aller réjoindre M. *Fischer* dans sa route. Il avoit vu M. *Muller* à Tobolsk, où ce Professeur s'étoit rendu après le voyage qu'il avoit fait à *Beresow* l'Eté précédent; & M. *Muller* sentant qu'il pouvoit se passer de lui, l'avoit envoyé à M. *Gmelin*. Or ce dernier pouvant s'en passer aussi, l'envoya tout de suite à M. *Fischer*, qui n'entendant pas encore bien le Russe, en avoit plus de besoin que lui.

Par les événemens dont M. *Gmelin* fut témoin pendant son séjour à *Tomsk*, il paroît que les incendies sont fréquens dans cette Ville. Le Professeur en essuya lui-même un assez fâcheux, dont il fait la description avec son exactitude ordinaire. Ces incendies sont causés ordinairement par les Fabriques d'eau-de-vie, malgré les défenses sévères du Gouvernement, qui s'est réservé le privilege exclusif de la fabrication & du commerce de cette denrée. Quoique les membres de la Chancellerie communément n'ignorent pas quels sont les contrevenans, des présens honnêtes leur ferment les yeux, & assûrent l'impunité aux coupables; lorsque la fraude est trop notoire, ils sont interrogés publiquement, mais toujours absous sans restriction.

Comme l'Hiver fut très-doux à *Tomsk*, M. *Gmelin* fit quelques voyages avec le Waywode, & parcourut plusieurs Villages Russes & Tatares. Les Tatares de ce canton sont tous Mahométans, & leurs habitations sont fort propres. Il y avoit toujours dans leurs chambres un grand feu très-clair, qu'on entretenoit jusqu'à ce qu'on allât se coucher. Alors on laissoit tout-à-fait consommer le feu, & l'on bouchoit la cheminée avec un sac rempli de laine, qu'on faisoit entrer de force dans son ouverture. Toute la chaleur se conservoit dans la chambre, malgré les gelées piquantes de la nuit, & personne n'y avoit froid.

M. *Gmelin* fit à *Tomsk* beaucoup d'observations météorologiques, qu'il a inférées dans son Journal, & il y vit deux phénomenes qu'il décrit de cette maniere.

Le 17 Novembre 1740, il y eut, depuis onze heures & demie jusqu'à une heure après midi, des deux côtés du Soleil, deux parhelies environnés de couleurs semblables à celles de l'iris ; ils étoient terminés en-bas par un cercle pâle, au-dessus duquel étoit une colonne de feu. Le 12 Janvier 1741, entre 8 & 9 heures du soir, il parut au Nord-Ouest une rougeur éclatante, à laquelle se réunirent deux bandes de la même couleur. Le Ciel se couvrit presqu'aussi-tôt de légers nuages, qui firent disparoître cette rougeur ; mais on vit ensuite quatre ou cinq colonnes lumineuses s'élever derriere les nuages qui s'étant épaissis peu-à-peu, firent dissiper le météore.

Les habitans de *Tomsk* font du tems de la Pentecôte un Carnaval continuel, pendant lequel tous les Ouvriers renoncent au travail, & passent les journées entieres au cabaret, ou en débauche. La superstition a aussi son tems & ses fêtes, à *Tomsk* comme en bien d'autres endroits.

Le 8 Mai, vers les 11 heures du matin, on transféra dans la Cathédrale de cette Ville, au son de toutes les cloches, l'Image miraculeuse de S. Nicolas de *Semilufch-Noje* ou *Nicolskoje-Selo*. On l'avoit apportée la veille au soir jusqu'à un Village peu éloigné de *Tomsk*, afin qu'on pût y arriver de bonne heure, & que l'éclat du jour servît encore à la solemnité.

Quelques personnes étoient allées jusqu'au Village d'où l'on apportoit la sainte Image, d'autres l'attendoient à la couchée ; tous commencerent la fête par des prieres, & passerent la nuit à boire.

Il y eut des particuliers qui se contenterent de se rendre au-devant de l'Image à deux werstes de *Tomsk*, & d'autres sous la porte même de la Ville. Certains dévots voulant se faire un mérite de porter cette Image, en sollicitoient la permission auprès des Prêtres, & ne l'obtenoient qu'au moyen d'une somme mesurée sur leur dévotion. L'Image resta pendant un mois exposée dans l'Eglise, à la vue & au culte des fideles, & l'affluence fut toujours très-considérable.

Quelques habitans qui se croioient trop grands Seigneurs pour faire la premiere visite au Saint, ou qui étoient retenus par des maladies, firent venir l'Image dans leur maison : les uns, pour voir de ses miracles ; les autres, pour se faire bénir, & pour lui demander du soulagement.

On marqua bien plus de dévotion encore pour l'Image de la Vierge, surnommée d'*Odegitria*, qui réside ordinairement sur l'*Obi* à *Bogorodskoje-Selo*. Le 21 Mai est le jour auquel cette Image honore tous les ans de sa présence la Ville de *Tomsk*. Selon l'usage, on y envoya un *Sinbojarskoï* de cette Ville quelques jours auparavant, pour amener l'Image avec le Prêtre qui en a la garde. Le Waywode & plusieurs Bourgeois notables passerent le *Tom*, pour l'apporter en Procession dans la Ville. La dévotion générale, bien-loin d'être troublée ou refroidie par une forte pluie qui tomboit ce jour-là, n'en parut que plus ardente. On alla jusqu'à une lieue à pied sur la route de *Bogorodskoje* ; mais l'Image n'arrivoit point, ce qui commençoit à donner de l'inquiétude. On attendoit donc impatiemment le retour des dévots les plus empressés à se rendre au-devant de cette Image, pour savoir le moment de son arrivée. A l'apparition des premiers qui annonçoient son approche, des cris de joie retentirent de toutes parts, & l'on fit sur le champ sonner toutes les cloches de la Ville. Toutes les rues par où devoit passer l'Image, furent bientôt remplies de monde. Enfin le Bateau qui devoit l'apporter, arrive, & l'on apprend qu'elle n'y est pas, au grand étonnement du peuple. On murmure d'abord ; on finit par éclater en injures ; les uns, contre le Prêtre du Village, qui d'abord est taxé d'ivrognerie ; les autres, contre le Clergé de la Ville, pour avoir négligé d'envoyer un ordre à ce Prêtre d'apporter l'Image, comme c'étoit l'usage tous les ans. En conséquence le *Sakas* (c'est ainsi qu'on appelle l'Officier Ecclésiastique, chargé des affaires qui concernent le culte & les cérémonies religieuses) envoya quelques jours après un ordre au Prêtre du lieu, d'apporter l'Image le 28 ; & le même jour, elle fut déposée dans la Cathédrale avec beaucoup de solemnité. Je n'ai pas pu savoir exactement, observe M. *Gmelin*, pourquoi le *Sakas* différa son ordre de huit jours ; mais j'appris que, contre la coutume, on ne s'étoit pas adressé à lui avant de partir, pour en obtenir un ordre par écrit au Prêtre dépositaire de l'Image, le Waywode ayant cru que l'ordre verbal qu'il lui faisoit porter par son *Sin-Bojarskoi* suffisoit ; mais cet Ecclésiastique, qui ne vouloit reconnoître que ses Supérieurs, avoit refusé d'apporter l'Image sans un ordre exprès du Clergé.

M. Gmelin partit de *Tomsk* le premier Juin, & après avoir traversé différens ruisseaux, quelques Villages, & des forêts de sapins & de bouleaux, qui ne méritent pas de nous arrêter autant que lui, il arriva le 5 à *Abakanskoje-Simowje*, près de laquelle il vit des tombeaux des anciens Tatares, dont quelques-uns avoient été ouverts. Ceux auxquels on n'avoit pas touché, représentoient de petites collines rondes faites de terre, vraisemblablement parce qu'il n'y a point de pierre dans le voisinage.

Le même jour, il alla voir les restes d'une ancienne Forteresse qui sont à trois werstes de la simowje, au milieu d'un bois, nommé *Karaguay*, à peu de distance de l'*Obi*. Ces restes représentent un quarré long, dont les petits côtés parallèles au fleuve ont treize brasses de long, & les côtés vingt brasses. Du côté méridional, le terrein est escarpé ; mais du côté de l'eau, il est entouré d'un fossé. A trois cens brasses ou environ au Sud-Sud-Ouest, est un lac, qui peut avoir quarante brasses de longueur, sur quinze de largeur, appellé *Ik-Chanin* ; & à un werste & demi, coule la rivière *Ujen*, dans une direction parallèle au cours de l'*Obi*. A quelque distance de-là, au Sud-Sud-Est, est la source de l'*Abachanssu*, qu'un bois empêche de voir. La Planche ci-jointe représente le Fort dans la vraie proportion de toutes ses parties, mais les lieux voisins sont rapportés tels qu'on pouvoit les juger de la Forteresse.

Il y a chez les Tatares une ancienne tradition, que, dans ces cantons, & principalement dans l'*Ik-Karagai*, il y a eu anciennement de grandes chasses d'élans : ils croient qu'*Ik-Karagai* s'appelloit anciennement *Kik-Karagai*. Or *Kik* signifie en Langue Tatare un *Élan*.

Le 6, le Professeur se trouva à *Or-Aul* ou *Orskie-Jurti*, situé le long du rivage oriental de l'*Obi*. C'est un Village considérable de Tatares, à deux cens cinq werstes de *Tomsk*, composé de trente maisons de *Tschatzkis*, & de quinze de *Barabintzis*. Ces derniers payent un tribut à la Couronne, & douze des autres en reçoivent au contraire des gages. Ils ont leur Eglise ou *Metschud* au centre du Village, & leur cimetiere ou *masaret*

est au milieu d'un bois à gauche de la grande route. Aux environs du lieu, il se fait dans l'*Obi* une très-bonne pêche d'éturgeons & de sterledes : de sorte que les habitans non-seulement en ont assez pour eux, mais sont encore en état d'en fournir abondamment l'Ostrog.

On s'arrêta fort peu dans ce Village, & l'on continua de marcher le long de l'*Obi* jusqu'à la riviere d'*Ujen*, qui sort de la *Tschaus*, & se jette dans l'*Obi*, après un cours de cent quinze werstes, qui est très-lent à cause des sinuosités qu'elle fait.

Entre l'*Ujen* & l'*Obi*, on voit un grand nombre de lacs, que la Nature a formés peut-être exprès, selon M. *Gmelin*, pour porter à l'*Obi*, dans ce grand éloignement, une certaine quantité d'eau du côté occidental, par des conduits souterreins. Nous ne devons pas douter, dit-il, qu'il n'y ait dans les eaux de notre globe un arrangement admirable, qui, bien connu, nous apprendroit à construire des ouvrages hydrauliques beaucoup plus curieux que ceux que nous avons. On a beau faire : nos machines sont trop compliquées, & ne peuvent point opérer avec cette simplicité, cette économie, dont la Nature donne par-tout l'exemple (47). Depuis le Village Tatare jusqu'à la riviere d'*Ujen*, on rencontre beaucoup de tombeaux Tatares. Tout le terrein, depuis le passage sur l'*Obi* jusqu'au passage sur l'*Ujen*, est si bas (à la réserve des bois de sapins du Village Tatare & de la Simowje), qu'il est communément sous l'eau pendant tout le Printems ; c'est pourquoi on n'y voit point d'habitations Russes. Le Russe en général aime assez l'eau, quand il en est le maître ; mais il ne l'aime plus, dès qu'il faut lui obéir. Les Tatares tirent un assez bon parti de ce canton : car quand les eaux se sont écoulées, ils y sement toutes sortes de bleds d'Eté, qui viennent fort vîte, & réussissent presque toujours. Après avoir traversé le Village de *Skalenskaja*, & passé la riviere de *Skala*, on arriva à *Tschauskoi-Ostrog*, que les Chancelleries appellent mal-à-propos *Tschenskoi-Ostrog*, puisque le nom de la riviere qui a été donné à l'Ostrog, est *Tschaus* & non pas *Tschens*.

Cette Forteresse a été construite en 1713, sur le rivage occidental de la riviere de *Tschaus*, à cinquante-huit werstes de *Taschérinskoi-Stanetz*, & à cent vingt-deux de *Tomsk*, pour garantir le pays des ravages de la *Casatschja-Horda*, qui faisoit des courses jusque dans les environs d'*Umretrewinskoi-Ostrog* ; aussi depuis bien des années, ces brigands n'ont-ils osé s'avancer jusque-là. La situation de la Forteresse est très-avantageuse, & elle abonde en tout ce qu'il faut pour la vie. C'est, comme toutes les autres, un quarré long de poutres couchées, avec des fossés & des chevaux de frise. Cette Forteresse contient différens bâtimens, comme un Arsenal, des Corps-de-Gardes, des Magasins de vivres & de munitions, le logement du Commandant, une Eglise dédiée au Pro-

---

(47) Le Professeur eut pu s'épargner ces réflexions, qui peuvent être vraies, s'il eût fait attention, qu'il donne six lignes plus bas l'origine de ces lacs, sans aller chercher des vues & des combinaisons dont la Nature nous fait un secret. Il n'y a sans doute rien d'étonnant à voir un grand nombre de lacs dans un canton fort bas, qui est inondé tous les ans au Printems.

phete Elie, & des entrepôts d'eau-de-vie qui appartiennent à la Couronne. Les maisons des particuliers sont situées partie au-dessus, partie au-dessous de la Forteresse, & l'on en compte quatre-vingt.

La riviere de *Tschausk*, près de l'*Ostrog*, a quinze à vingt brasses de largeur. Elle est si profonde, qu'elle porte les plus gros Bâtimens depuis le Printems jusqu'à l'Automne; mais elle manque d'eau depuis l'endroit où l'*Ujen* en sort, jusqu'à son embouchure. Les Russes ne lui donnent le nom de *Tschaus* qu'après que la riviere d'*Ojesch* s'est unie avec elle; plus haut, ils l'appellent *Kasyk*. Les Tatares au contraire l'appellent *Tschaus* même bien avant cette jonction. Cette riviere, dans son origine, est formée, selon eux, de deux ruisseaux, de l'*Akasyk* & de *Omurtka*; celui-ci tombe dans le premier, & les Russes l'appellent *Kriwodanawka*. Les Tatares peuvent alléguer en leur faveur, que dès les plus anciens tems la dénomination n'a pas été différente chez eux, & que la direction de l'eau depuis l'*Omurtka* jusqu'à l'embouchure du *Tschaus* n'a point du tout changé. Or l'*Omureka* prend sa source à l'Ouest, & l'*Akasyk* à l'Est, près de *Obi*. Ils disent encore que l'*Akasyk* est une eau qui, près de sa source, a d'abord la forme d'un lac, puis celle d'un ruisseau, & qui ensuite redevient lac; que *Kasyk* signifie un pieu, & *Akasyk* un endroit entouré de pieux pour serrer les poissons. Les Russes ne nient rien de tout cela; mais ils prétendent, que l'eau du *Kasyk* est si singuliere, non-seulement jusqu'à l'*Omurtka*, mais jusqu'à l'*Ojesch*, qu'il ressemble tantôt à un lac, tantôt à un ruisseau; & ils soutiennent que tant qu'une eau conserve la même apparence, elle doit aussi conserver son nom. Ils ont également raison, & peut-être l'entêtement seul est-il cause que chacun s'en tient à son opinion.

Les habitans de *Tschanskoi-Ostrog* sont pour la plûpart à leur aise, & & le seroient encore davantage, s'ils étoient moins ivrognes. Ils ont beaucoup de bestiaux, & sont très-bien situés pour cela; car ils sont entourés de belle prairies bien arrosées. On voit sur la rive orientale du *Tschaus* plusieurs petits bras qui la forment, & sur le côté occidental un grand nombre de lacs. On tue ici fort peu de bœufs, parce que, suivant un ancien usage, celui qui tue une bête, en présente un morceau à l'Escoutet, & est obligé de vendre le reste à crédit. Depuis que la route du quartier de *Baraba* est fréquentée, les habitans de *Tschauskoi* se sont fait un bon revenu en nourrissant des chevaux de poste, qu'on est obligé de mener jusqu'à *Bergomaskaja-Sloboda*, parce que les Tatares de la steppe de *Baraba* sont si pauvres, qu'ils n'ont point de chevaux.

Le 13, M. *Gmelin* se remit en route, & arriva le 15 à *Pisannaja-Bereja*. Il observe, en passant, que ce nom lui vient de l'usage où l'on étoit dans le tems que ces cantons étoient infestés de voleurs, d'y envoyer trois Cosaques de *Tschauskoi-Ostrog*, pour le visiter. Pour être assuré que les Cosaques avoient rempli leur devoir, ils étoient obligés de mettre dans le creux d'un bouleau désigné un écrit de leur main; cet écrit étoit rapporté par ceux qui étoient dépêchés au même endroit la semaine suivante; ils en laissoient un pareil à leur tour, & cette espece de contrôle se faisoit ainsi successivement.

Après

Après quatre jours de marche à-travers des lieux très-marécageux, coupés par une infinité de lacs & de petites rivieres abondantes en poissons, appellés *Tſchebaki* (49), il arriva le 17 près du lac *Taktemyſch*, sur les bords duquel il avoit fait venir un Sorcier Tatare de *Baraba*.

Celui-ci n'avoit pas l'air d'un homme consommé dans son métier, car il étoit très-jeune ; & dans cet art apparament, ainsi que dans la Médecine, l'âge est nécessaire plus que dans tout autre, à celui qui le professe, pour mériter de la confiance.

Il attendit, comme à l'ordinaire, la chûte du jour, & il invita les Spectateurs pour ce moment. On alluma un grand feu en plein air ; ce qui fit grand plaisir aux assistans, car il faisoit très-froid. Le Sorcier, qui s'appelle ici *Kan*, comme chez les Tatares de *Kraſnojarſk*, parut d'abord vouloir se plaindre d'un si grand feu ; cependant la crainte d'avoir besoin de chaleur comme les autres, l'empêcha de faire éclater sa mauvaise humeur. Il s'assit enfin à la façon des Tatares, & mit son tambour devant lui, ayant le visage tourné au Sud. Il commença son jeu en battant doucement du tambour, & pendant assez long-tems ; il mit ensuite plus de force dans ses coups, mugit de tems en tems comme un bœuf, puis contrefit l'ours ; il sifloit aussi quelquefois, mais chantoit fort peu. On le vit, après cela, ricaner & s'agiter de côté & d'autre ; tout-d'un-coup il fit un bond, & dansa un peu ; mais toutes ses singeries faisoient voir qu'il étoit un pauvre Sorcier. Il dit enfin, comme avec douleur, que les Diables ne le servoient pas bien, parce qu'il y avoit beaucoup de Russes, & qu'ils craignoient & fuyoient les croix qu'ils portoient sur eux. Tous les Russes sortirent, & il recommença à battre son tambour ; mais il dit que le feu étoit trop grand, & beaucoup trop clair pour les Diables qui aiment les ténebres. Le feu fut diminué, & le Sorcier battit encore le tambour, sans en être plus avancé. Il déclara qu'un de ses Diables subalternes étoit arrivé, mais que le principal ne vouloit pas venir ; & que ce subalterne étoit si entêté, qu'il ne vouloit pas laisser approcher les autres petits Diables qui étoient à ses ordres. Il ajouta que ses deux principaux Diables s'appelloient *Tafch* & *Aitan*.

Le tambour magique étoit rond, garni de deux traverses, dont celle d'en-haut étoit de bois, & celle d'au-dessous de fer. Il y avoit aussi, comme à l'ordinaire, un morceau de bois plus large, qui coupoit perpendiculairement les deux bâtons par le milieu, & au-haut de ce morceau de bois étoit sculptée une très-mauvaise tête, avec un long nez. Le reste du bois représentoit la poitrine, le bas du corps & les pieds. Cette partie étoit couverte de différens haillons, qui étoient un peu plus épais du côté de la poitrine, & qui se terminoient en-bas en chiffons, formant une espece de jupon. La couverture du tambour étoit une peau de cheval corroyée, & la baguette qui étoit de la forme ordinaire, étoit pareillement couverte d'un morceau de peau de cheval, dont le poil étoit en-dehors. L'habillement du Sorcier ne différoit en rien de celui d'un

---

(49) *Cyprinus quincuncialis, cui pinna offículorum viginti*, Arted. p. 17, n°. 7.

autre Tatare. La rondeur du tambour, & l'idole représentée sur le bâton perpendiculaire, sont les seules choses qui distinguent sensiblement un Sorcier de *Barabinsk* des autres Sorciers de Sibérie.

Le 18, M. *Gmelin* atteignit *Ubinskoi-Pass* (49), à deux cens sept werstes de *Tschanskoi-Ostrog*. Ce *Pass* est une place ronde, qui a quatre-vingt-trois brasses de circonférence, & est entourée d'un fossé étroit & peu profond, garnie de pieux, & plus loin, de chevaux de frise. Dans l'enceinte du fossé, il y a un Ostrog bâti en quarré de poutres couchées, assez minces, à hauteur d'homme ; & sur les côtés oriental & méridional, on a pratiqué cinq misérables Casernes, où l'on entretient une Garnison de cinquante hommes, tant Russes que Tatares. Cet Ostrog dépend de *Kainskoi-Pass*, & le Commandant réside au premier endroit. Sa situation est dans une plaine sans eau, à la réserve de celle qu'on tire des puits qu'on a trouvés en creusant seulement à une brasse de profondeur. Cette eau sent un peu le soufre, & a un petit goût de sel, de même que celle des différens marais par où l'on avoit passé à peu de distance de l'Ostrog. On n'a ici d'autre bois de charpente que du bouleau ; encore faut-il l'amener d'environ huit werstes. Les Cosaques présenterent, il y a cinq ans, une requête pour avoir la permission de transporter ce *Pass* à la riviere de *Kargat*, où l'eau est bonne, où d'ailleurs il y a plus de bois dans le voisinage, & même plus de commodités pour la vie ; mais ils ne l'avoient pas encore obtenue. Ceux qui habitent ce canton, vivoient déjà depuis six ans sans femmes & sans bestiaux, ne mangeant en Eté que du poisson, & l'Hiver le seul gibier que le hasard leur amenoit. A quatre werstes de-là, sont des Tatares de la *Wolost* de *Barabintz* ; qui ont avec eux leur Kan ou Sorcier. C'étoit un vieillard respectable, qui avoit presque perdu la vue, & qui croyoit que les Diables soumis à son obéissance, étoient aussi aveugles. Il commandoit à trois Diables principaux, *Prodal*, *Aking-Chan*, *Akinek*, qu'il consultoit à son gré, & dont il prétendoit recevoir de bons conseils. Il fut à peine nuit, qu'il dit qu'il étoit tems de commencer ses opérations. Il déclara aussi qu'on pouvoit choisir l'endroit où on voudroit pour y établir la scène, & rassembler des spectateurs en tel nombre & de telle Nation qu'on voudroit, attendu qu'il présumoit assez de son habileté & de la docilité de ses Diables, pour être assuré qu'ils seroient à ses ordres, malgré toutes les croix qui pourroient se trouver dans l'assemblée. Après cette déclaration, il invita lui-même les Russes à l'honorer de leur présence.

Son tambour, & les autres instrumens de son métier, étoient semblables à ceux du Sorcier de *Baraba*, & dans ses habillemens, il ne différoit en rien de ses compatriotes. On se persuade aisément que ses sortileges n'eurent pas plus de succès que ceux des autres ; mais ses singeries & ses postures furent assez divertissantes. Il appelloit les Diables à haute voix, il chantoit des chansons pour les attirer, il feignoit d'en voir un, & il demandoit à un autre, pourquoi il ne venoit pas ? Il les invitoit à paroître,

───────────
(49) *Pass*, est une sorte de Fort qui tient de l'Ostrog & de la Forteresse. On en verra ci-après l'explication.

en leur criant que l'assemblée n'étoit composée que de braves gens. C'étoit là l'action principale de la comédie qu'il donnoit. Il la coupoit quelquefois par des intermedes divertissans, où il jouoit lui seul le rôle des *Mimes* & des *Embolaires* (*) des Romains. Il prenoit différentes postures, & faisoit toutes sortes de mommeries muettes, tantôt passant sur des charbons ardens, quoiqu'il fût nuds pieds, & tantôt tenant seulement une jambe exposée sur le feu, ou se roulant par terre avec beaucoup de légereté. Il imitoit les *Embolaires*, en chantant d'une voix aiguë, ou en bredouillant beaucoup sans rien dire, ou enfin en riant à gorge déployée.

Tous ces Sorciers payens ont des principes généraux, sur lesquels ils s'accordent unanimement. Par exemple, ils conviennent tous que personne ne peut se faire Sorcier soi-même ; qu'il faut être appellé & choisi par le Diable ; qu'aucun Sorcier ne doit se faire un tambour, sans ses ordres, & qu'il faut aussi lui donner la forme qu'il prescrit lui-même. Aussi savent-ils bien faire valoir ce défaut de formalité contre ceux de leur profession, dont la vocation est douteuse.

Ce que ce dernier Jongleur avoit de singulier, c'est qu'il se vantoit que les Diables venoient à lui non-seulement du Couchant, mais de tous les coins du monde d'où il les appelloit, & qu'il se présentoient à lui sous toutes sortes de formes, sous celles d'un homme, d'un quadrupede, d'un oiseau, &c, mais toujours le corps couvert de poil, même sous la forme humaine. Tous les autres Sorciers rapportent cette derniere particularité, & il semble qu'un corps vélu est parmi tous les hommes quelque chose de fort hideux.

Le 21, M. *Gmelin* se trouva à *Kamskoi-Pass*, petit Fort situé sur le bord occidental de la riviere *Om*. Ce Fort ressemblant à tous ceux qui sont répandus dans la Sibérie, la description en est inutile. Le Commandant de ce *Pass* a sous ses ordres deux cens Cosaques, dont cinquante sont en Garnison à *Ubinskoi-Pass*.

Le mot de *Pass*, qui ne se trouve employé que dans le voyage de notre Professeur au *Baraba*, signifie, selon sa conjecture, *passage* : on construit ces *Pass*, pour garantir les routes & les habitans des incursions des Voleurs de la *Casatschia-Horda*.

Comme, dans le *Baraba*, il n'y a point de bois de charpente, tel qu'il en faut pour construire les Ostrogs, on se sert de poutres de bouleau, que l'on couche les unes sur les autres, pour les fortifier.

Les environs du Pass *Kamskoi* sont agréables, & consistent en belles plaines ouvertes & fertiles, où l'on trouve de grandes forêts de bouleaux, dont les habitans font peu d'usage ; car quoique ce bois soit plus dur que ne l'est le bouleau des autres pays, ils se plaignent qu'il se pourrit très-promptement. Il seroit question de savoir si cette mauvaise qualité ne lui vient pas de ce qu'on le coupe dans un tems défavorable. Ce seroit

---

(*) Les *Embolaires* étoient des especes de Farceurs. Cette dénomination vient du Latin *Embolium*, formé des mots Grecs, Ἐμβάλλω, *je jette*, & ἐν, *dans*. L'*Embolium* étoit proprement une sorte de prélude théatral, qui consistoit en danses, en gestes comiques, en représentations pantomimes, &c.

Ggg ij

la seule incommodité qu'auroient à souffrir les Colonies qu'on voudroit établir dans le *Baraba*, & peut-être pourroit-on y trouver quelque remede, si l'on s'occupoit sérieusement de ces établissemens. Ce qui est certain, c'est que le canton mérite l'attention du Gouvernement. Si l'on parvenoit à empêcher cette prompte putréfaction du bouleau, quand ce bois manqueroit pour le chauffage, on découvriroit sûrement dans les marais du pays assez de tourbe, pour suppléer à son défaut.

On peut regarder tout ce *Baraba* comme un terrein très-propre au labour. Celui qu'on ne voudroit pas employer à cet usage, feroit d'excellentes prairies, où l'on nourriroit une très-grande quantité de bestiaux, & tout ce qui seroit mis en culture, donneroit du bled en quantité, de maniere que les établissemens que l'on feroit dans ce canton seroient assûrés d'y trouver les besoins physiques.

Il ne s'y rencontre pas à la vérité une grande variété de poisson, mais il y est en abondance, & les lacs, qui sont en grand nombre dans le *Baraba*, sont remplis de corbans.

Les Tatares salent en Eté les poissons, & pourroient s'en nourrir aussi dans l'Hiver, quand cette saison ne leur fourniroit pas de gibier. Vers les sources des torrens, il y a quantité de biches & d'élans. Les renards, les hermines & les écureuils y sont aussi très-communs; mais les premiers Colons seroient les seuls qui profiteroient de cet avantage : car il est sûr que les animaux deviendroient plus rares, à mesure que les hommes deviendroient plus nombreux. Il est vrai qu'on pourroit trouver d'autres avantages, qui feroient oublier la perte des premiers, comme l'ont éprouvé tous les habitans Russes établis en Sibérie. Il semble qu'il y ait une sorte de destin qui regle le moral de notre univers, comme l'attraction en regle le physique. Ce destin marque les époques du principe & du terme de tous les établissemens des hommes, sans que la prudence humaine puisse jamais ni les avancer, ni les reculer. Il vient un tems où l'on est étonné de n'avoir pas pensé à faire telle ou telle chose, malgré les avantages évidens qu'elle présentoit, & l'on ne peut rendre raison de cette négligence qu'en avouant que l'idée n'en est pas venue, ou qu'elle s'est d'abord offerte dans un lointain qui la rendoit ou peu sensible ou obscure.

M. *Gmelin* fit encore jouer ici un Sorcier, afin de s'assûrer si les différences qu'on remarquoit entre les deux Sorciers qu'il avoit vus dans ces cantons, & ceux des autres peuples de Sibérie, provenoient de la fantaisie de chacun d'eux, ou si ces différences venoient d'une façon de penser particuliere & propre à chaque contrée. Ce dernier Sorcier étoit un vieillard, qu'une longue barbe grise rendoit vénérable. Il n'avoit que ses habits ordinaires, & ne portoit ni bas ni culotte. Son tambour, semblable par la forme à ceux des précédens, n'en différoit qu'en ce qu'il étoit fort petit, & qu'il y avoit quatre anneaux de fer attachés pour en augmenter le bruit, quand on le battoit. Les autres instrumens étoient semblables à ceux que l'on a décrits, ou du-moins on n'y remarquoit aucune différence essentielle.

Le Schaman fit ses exercices à-peu-près de la même façon que les autres, & ses bouffonneries, ses postures, ses sauts dans le feu, son adresse à manger des charbons ardens, tout cela pouvoit étonner & faire rire des Sibériens, mais des personnes éclairées n'y auroient vu que des motifs de pitié & de mépris.

Sur ce que le curieux Voyageur lui demanda où il avoit connu *Kan-Uten*, *Jektari* & *Kan-Bure*, trois Diables d'importance, il répondit, que comme Dieu procure à chaque créature les moyens de pourvoir à sa subsistance; il devoit croire que c'étoit Dieu qui lui avoit procuré la connoissance de ces trois Diables, pour le mettre en état de vivre avec tous les secrets qu'ils pouvoient apprendre à un homme.

Le 23 Juin fut un jour très-agréable à M. *Gmelin*, parce qu'on lui apporta la nouvelle que le Sénat lui permettoit de retourner à Petersbourg. La joie qu'il en eut ne l'empêcha pas de continuer sa route, & le même jour il visita *Tartaskoi-Pass*, qu'il décrit comme un Fort aussi misérable par la maniere dont il est construit, que par le petit nombre de bâtimens qu'il renferme, & qui même tombent en ruines. Ce *Pass* a pour sa défense un canon de fer, qui porte un boulet d'une demi-livre, & cinquante Cosaques commandés par un Capitaine (*Sotnik*). On les releve tous les ans de *Tara*, de même que les Cosaques des autres *Pass* sont relevés de *Tomsk*. C'est du-moins ce qu'on devroit faire ; mais quelquefois on les oublie, & ils y restent cinq à six ans.

Au reste ce *Pass* est dans la situation la plus avantageuse du monde; très-souvent il est entouré d'eau ; ses environs sont inondés, comme ceux du *Kainskoi-Pass*, pendant le Printems, & présentent après la retraite des eaux de belles prairies, qui pourroient être aussi utiles qu'elles sont agréables à la vue. Personne ne s'est encore avisé d'en labourer quelques morceaux, & la paresse trouve plus commode de faire venir des farines de loin, que de prendre la double peine de cultiver & d'ensemencer, pour avoir encore la fatigue de recueillir & de convertir les grains en farine.

Notre Voyageur rencontra encore le 25 de nouveaux tombeaux de Tatares qui étoient fort élevés, & tous construits de terre. Il vit aussi de tems en tems la terre couverte de fleurs de sel.

Un Devin d'une nouvelle espece l'arrêta quelques instans. C'étoit un *Jacuterater*, nom de ceux qui devinent par le moyen d'un arc. Il eut l'honnêteté de demander à M. *Gmelin* ce qu'il vouloit savoir, & ce Professeur desira d'être informé si la *Casatschia-Orda* viendroit dans l'Automne. Aussi-tôt le Devin prit la corde de son arc avec le pouce & l'index de la main droite, & de ces deux doigts agita son arc, qui, par son dernier mouvement, revint vers lui, ce qui fut une réponse favorable, dont le résultat étoit que l'on n'auroit point cette année à craindre la *Casatschia-Orda*.

Lorsque l'arc se meut irrégulierement, & ne prend pas son repos du côté du Devin, c'est un fort mauvais augure. Quelquefois cet homme donne à son arc un mouvement latéral, qui mécontente beaucoup les Tatares qui le consultent, parce qu'alors il faut qu'ils aient recours à un Sorcier, pour qu'il conjure les Diables de laisser agir l'arc en liberté, &

prédire ce qu'on veut savoir. Ainsi le *Jacuterater* trouve un double profit à être en même tems Magicien, parce qu'il peut souvent mettre ceux qui le consultent dans le cas de le payer pour ses opérations magiques, & pour l'exercice de l'arc. Cependant tous ceux qui se mêlent de magie, regardent la profession de *Jacuterater* comme vile & indigne de la profession de Schaman ou Kan. D'ailleurs ils persuadent à leurs compatriotes, qu'un entretien direct avec les Démons est bien plus noble & plus sûr encore pour apprendre des choses secrettes, que le mouvement qu'un arc reçoit par une force cachée, dont on ne connoît ni la source ni l'étendue.

Le 26, notre Professeur traversa un Village de Tatares *Bakmas* de la *Wolost-Lubei*, composé de neuf jurtes. Il étoit situé sur le bord du lac *Jarlu*, nom qui signifie *pauvre*, & qu'on lui a donné, parce qu'il nourrit fort peu de poissons. Il passa ensuite devant un autre Village de dix-huit jurtes de Tatares. Il vit toujours un grand nombre de petits lacs, parmi lesquels il cite l'*Ugui*, pour être le plus considérable, ayant neuf werstes de long & autant de large : il étoit remarquable en ce qu'une grande Isle, située à son bord méridional, avoit été changé en Presqu'Isle, & étoit demeurée jointe à la terre ferme par la retraite de l'eau qui l'en séparoit.

Avant de quitter les Tatares de *Barabinsk*, il ne sera pas inutile d'en représenter encore quelques-uns, pour les mieux faire connoître. C'est un peuple vagabond, comme les autres Payens de Sibérie, qui change deux fois par ans de demeure l'Hiver & Eté. Mais ils marchent communément par troupes dans les mêmes cantons, où ils ont passé l'Eté ou l'Hiver précédent, & ils entretiennent des vaches, des bœufs & quelques chevaux.

Cette Nation est peu nombreuse, & Payenne en grande partie ; aussi a-t-elle ses Sorciers, comme on vient de le voir. Elle vit de ses bestiaux, & de poissons, dont il y a de prodigieuses quantités dans les lacs qui sont fort nombreux dans le *Baraba*, ainsi que de toutes sortes de gibier, sur-tout de canards sauvages & de plongeons, qui tous habitent ces lacs. On dit qu'il y a parmi les *Barabinskis* quelques familles qui embrassent la Religion Mahométane, parce que les Tatares Mahométans & limitrophes, tant du côté de l'Orient que du côté de l'Occident, leur envoyent des missions secrettes de leurs Imans, pour les convertir. Cependant les défenses séveres de la Cour de Russie empêchent que ces Missionnaires n'exercent leurs fonctions publiquement, ni fréquemment.

Le 28, M. *Gmelin* passa par plusieurs Villages Russes, dans lesquels il trouva tout le monde ivre, hommes, femmes & enfans. Comme ces Villageois avoient apprêté leur biere & leur eau-de-vie, pour célébrer dignement la Fête de S. Pierre & de S. Paul, vraisemblablement ils s'étoient essayés en l'attendant, & c'est ce qu'ils appellent *aller au-devant des Saints*. Plus on prend de jours d'avance, & plus on croit les honorer, c'est-à-dire, que de s'enivrer plusieurs jours avant une Fête, c'est donner, selon eux, la plus grande marque de dévotion.

Il arriva le même jour à la *Bergamazkaja-Sloboda*, située sur le rivage méridional de la riviere de *Tara*. Elle tire son nom du ruisseau *Bergamak*, qui se jette dans le *Tara* du côté septentrional, à cinq werstes au-dessous de la Slobode. Cette Slobode a cinquante-deux habitations, dans lesquelles demeurent trente paysans, six *Bielo-Mestnie-Kasaki*, & vingt-six *Rasnoyschinzi*. Outre ces habitations, il y a encore un cabaret & une maison pour ceux qui desservent l'Eglise. A l'extrémité supérieure de la Slobode, à quelque distance du rivage de la *Tara*, on a construit une Forteresse avec des poutres couchées, laquelle est défendue, comme toutes les autres, par des fossés, des pallissades, des chevaux de frise, & environnée de différens magasins pour les armes, & pour toute espece de munitions. La riviere de *Tara*, sur laquelle cette Forteresse est bâtie, mérite d'être remarquée par rapport à l'inégalité de ses bords, & à cause des dégradations périodiques qu'elle fait tous les ans. Le bord méridional de cette riviere étant très-élevé, tandis que le bord opposé est par-tout fort bas, & sujet à des inondations fréquentes, il arrive que chaque année les eaux emportent une partie considérable de cette rive méridionale, de sorte qu'on est obligé de transporter les bâtimens qui en sont voisins plus avant dans les terres. Peut-être, observe notre Voyageur, cet inconvénient n'est-il pas bien important pour les vivans, parce qu'ils peuvent prendre leurs précautions ; mais à l'égard des morts, l'accident est plus funeste, en ce que les eaux ne respectant pas leur sépulture, enleve les tristes restes de leur existence, & les transporte fort loin de cette terre natale si chérie, où chaque habitant est bien aise de reposer avec ses ancêtres. Il y avoit sur ce rivage méridional un cimetiere, dont la moitié avoit déja été emportée.

Au-delà de la *Tara* ou sur son bord septentrional, on voit des montagnes basses qui s'étendent, dit-on, jusqu'à *Tobolsk*, & sur lesquelles, ainsi que dans les plaines, il y a beaucoup de bois, presque tous pins & sapins.

Le 30, M. *Gmelin* arriva sur l'*Irtisch*, qu'il passa ; il remarqua que les Russes du Village de *Schtschnewa* n'étoient pas moins dévots que les paysans qu'il avoit vus le 28 ; car ils avoient si bien reconduit S. Pierre & S. Paul, qu'à la réserve des enfans à la mammelle, tout le reste étoit noyé dans la débauche.

M. *Gmelin* étant arrivé le premier Juillet dans la Ville de *Tara*, s'arrête avec complaisance à raconter quelques discussions qu'il eut pour son logement, & qui n'ont rien d'intéressant ; mais dont le résultat prouve que les Waywodes sont très-avides d'argent, & sont tous dans l'usage de sacrifier à l'intérêt leur devoir & la justice. Comme dans le Printems précédent une troupe de Voleurs-Cosaques avoit désolé les bords de la riviere d'*Ischim*, & en avoient enlevé vingt personnes, avec une grande quantité de bestiaux, on avoit détaché à leur poursuite sept cens hommes, tant Soldats que Cosaques ; & à l'arrivée du Professeur à *Tara*, on n'avoit point encore de nouvelles du succès de ce détachement. Ces excursions l'obligerent donc à renoncer au projet qu'il avoit formé de parcourir les environs de *Tara*. Ainsi, quoique le Waywode de cette Ville, qui avoit des raisons de desirer l'éloignement de notre Voyageur, comme un témoin dangereux de ses injustices, cherchât à le dégoûter d'un long séjour, en lui faisant dire par ses Emissaires, que le tems des maladies épidémiques approchoit, & qu'elles étoient sur-tout funestes aux Etrangers, M. *Gmelin* marqua un généreux mépris pour la mort, & même répondit à tous ceux qui vouloient l'effrayer, qu'en fa qualité de Médecin, il fe croyoit obligé d'examiner la nature de ces maladies, & que, comme homme, fa confcience lui faifoit un devoir de ne pas abandonner de braves citoyens dans des conjonctures fi funeftes.

Voici comment il rend compte de cette maladie épidémique, qui attaque également les hommes & les chevaux.

Dans les mois de Juin & Juillet, rarement dans d'autres tems, il furvient aux hommes, fans diftinction d'âge, ni de fexe, mais plûtôt à ceux d'un âge moyen, dans une partie du corps, dont aucune n'eft exceptée, une tache d'environ un quart de pouce d'étendue, de couleur pâle & livide, quelquefois rouge, marquée à fon centre d'un point noir, infenfible à l'attouchement, dure, & paroiffant un peu élevée au-deffus de la peau. Dans quatre à cinq jours, elle devient groffe comme le poing, fans changer de couleur, ni de dureté. Le malade fent d'abord une foif très-ardente, & une laffitude confidérable: il perd l'appétit, & l'envie de dormir l'accable continuellement; des vertiges le prennent, dès qu'il fe tient debout, & il fent beaucoup d'oppreffion à la poitrine. Au bout de quelques jours, la refpiration devient difficile, & fon haleine eft de mauvaife odeur. Le malade ne pouvant fe tenir long-tems dans une même pofture, eft fans ceffe dans l'agitation, & l'ardeur de la foif augmente toujours. Si tous ces fymptômes font fuivis d'une fueur abondante, ils finiffent bientôt par la mort, qui arrive aux perfonnes robuftes le dixieme ou l'onzieme jour; & plus promptement aux perfonnes délicates. Dans tout le cours de la maladie, on ne fe plaint que de grands maux de tête: la langue ne s'enfle pas; le vifage n'a point mauvaife couleur; la falive eft toujours naturelle, & les malades font toutes leurs évacuations à l'ordinaire; ils confervent même toujours la tête faine, jamais ils n'ont ni tranfport au cerveau, ni délire.

Ces fymptômes font rares aujourd'hui, & n'ont été obfervés qu'anciennement, lorfqu'on ne connoiffoit ni la maladie, ni la façon de la traiter. Elle n'eft pas feulement commune à *Tara*, mais encore plus haut dans toutes les Forterefies le long de l'*Irtifch*, ainfi que dans toute la Calmouquie, & dans les environs des Slobodes des Provinces de *Tobolsk* & d'*Ifetzk*. Comme cette maladie eft toujours contagieufe, & qu'elle fe manifefte par des tumeurs, on lui a donné, en Langue Ruffe, le nom de *Bubons peftilentiels*, & on appelle les tumeurs *Jafwa-Morewaja*. Toute maladie contagieufe eft appellée, en Ruffe, *Powetrie*, & ce nom exprime bien le caractere épidémique. On appelle la pefte *Morewoje-Powetrie*, & fouvent on donne ce même nom à la maladie en queftion. Cependant elle eft fort éloignée de la pefte, comme on le verra d'abord par la maniere de la guérir, qu'on dit être infaillible.

Auffi-tôt qu'on apperçoit fur le corps une de ces taches qui annoncent la maladie en queftion, on envoie, ou l'on va foi-même chez le Médecin, qui eft ordinairement un Cofaque, ou un Médecin de beftiaux. Il mord jufqu'au fang & dans tout fon contour cette tache qui prend le nom de *tumeur*, fi elle eft élevée au-deffus de la peau; ou bien il enfonce dans

dans le milieu une aiguille jufqu'à ce que le malade fente la piquure. Il pouffe enfuite cette aiguille dans quatre directions paralleles, & à égale diftance, puis il la fait avancer de l'une à l'autre, jufqu'à ce qu'elle embraffe toute la circonférence de la tumeur : alors il la mord dans le même fens, non pas auffi profondément que s'il ne fe fût pas fervi de l'aiguille. Il mâche enfin du tabac de *Tfchercaffie*, répand fur le tabac mâché un peu de falmiac, & fait du tout un cataplafme qu'il applique fur la plaie. On renouvelle ce panfement deux ou trois fois dans les vingt-quatre heures, & la tumeur fe diffipe ordinairement en peu de jours. Il n'eft pas à craindre que les autres parties du corps en foient infectées ; la partie malade reprend bient-tôt fa couleur naturelle, & les plaies fe guériffent promptement. Mais, felon les Médecins, ce traitement n'opere pas feul la guérifon : il faut que le malade s'abftienne de toute boiffon, autant qu'il eft poffible ; & quand la foif le tourmente, il ne doit prendre abfolument autre chofe que du quas commun acide, un peu chaud ; on prétend que le thé, l'eau crue & l'eau-de-vie font dangereux. Le malade doit encore s'abftenir de fruits à coffe, de lait, & de tout comeftible où il entre de la pâte qui n'ait pas fermenté. On lui permet du pain fec trempé dans du bouillon de poulet & du radis crud. Toute chair, hors celle de poulet, eft nuifible. Entre les poiffons, le brochet eft auffi très-contraire ; mais le corban, fec ou cuit, eft excellent pour rétablir la fanté. Les Médecins que j'ai confultés à ce fujet, ajoute M. *Gmelin*, m'ont dit avoir obfervé dans leurs piquures, que la chair infenfible n'a pas la même couleur que l'autre chair, qu'au contraire elle eft un peu bleuâtre, à-peu-près comme la viande féchée à l'air (50).

Cette maladie fait fouvent de grands ravages parmi les hommes de ces cantons ; & on prétend qu'elle eft pareillement très-fréquente parmi les chevaux. C'eft dans ces mêmes mois de Juin & Juillet, & jamais en d'autres, qu'on l'obferve auffi dans ces animaux, & on lui donne le même nom qu'à la maladie des hommes. Il s'éleve en quelque partie du corps du cheval une tumeur, qui eft de la groffeur du poing, lorfqu'on l'apperçoit. Elle eft dure, & cependant beaucoup moins que dans l'homme. Elle groffit très-promptement, mais plus ou moins felon la nature du fujet ; & dans vingt-quatre ou quarante-huit heures, elle parvient fouvent à la groffeur d'une tête de mouton. Les chevaux font alors fort abattus ; ils ont la tête baiffée, un air trifte, & refufent de manger. Si on les laiffe faire, ils courent à l'eau, & boivent confidérablement ; quelques-uns s'y jettent, nagent pendant quelque-tems, & fe noyent à la fin, vraifemblablement parce que les forces leur manquent. Quand la tumeur mûrit, ce qui arrive ordinairement dans un ou deux jours, elle devient plus molle ; mais elle

(50) L'ufage de fécher la viande à l'air pour l'emporter en voyage, ou la garder, eft plus commun en Ruffie & en Sibérie que la méthode de la fumer, qui n'y a été introduite que dans les derniers tems, & qui n'eft encore que peu répandue parmi le peuple. La viande féchée à l'air n'a point de mauvais goût, quand elle n'eft pas vieille ; mais au bout de deux mois, elle devient rance, & ceux qui font accoutumés à la viande fumée, ne pourroient pas goûter de celle qui a été féchée. Le peuple Ruffe n'étant pas encore beaucoup accoutumé au fel, fait fort peu de cas des viandes fumées.

Tome XVIII.

ne s'ouvre jamais d'elle-même, & le cheval périt ordinairement, quand même en ce moment on ouvriroit la tumeur. Pour guérir l'animal, il ne faut pas attendre qu'elle soit mûre. Dès qu'on l'apperçoit, on y fait d'abord une incision avec un couteau, & on brûle avec un fer rouge toutes les chairs insensibles, ou l'on introduit dans la tumeur un instrument trenchant que l'on tourne de tous côtés; quelquefois on fait simplement un seton à cette tumeur, en y passant, par le moyen d'une forte aiguille qui la traverse une corde qu'on laisse dans la plaie, & qu'on tire de tems en tems, soit en avant, soit en arriere, jusqu'à ce que le cheval creve ou soit rétabli. Il arrive par fois que la tumeur a jusqu'à un demi pied de hauteur. Sa substance intérieure est jaune, comme du vieux lard, & elle en a la consistance. La poitrine & les parties génitales sont principalement les endroits que cette maladie attaque dans les chevaux; & il y a toujours plus d'espérance, quand la tumeur est à la poitrine, que quand elle est aux parties. Pendant la cure, on tient les chevaux dans une écurie sombre. On ne leur donne point d'eau, mais de tems en tems un peu de *quas* acide & tiéde. On ne leur donne à manger précisément que pour les empêcher de mourir de faim; d'ailleurs dans cet état, ils n'ont point d'appétit. C'est de cette façon que bien de chevaux se rétablissent. Mais comme on ne veut pas se donner la peine de nourrir ces animaux chez soi, & qu'on aime mieux les laisser courir dans les prés, il arrive que bien des chevaux périssent avant qu'on s'apperçoive qu'ils sont malades; ou l'on s'en apperçoit si tard, que tous les remedes deviennent inutiles. On est aussi dans l'usage, aussi-tôt qu'on sait qu'un cheval est atteint de cette maladie, de le séparer des autres, de même que les hommes, parce que dans les premieres années que cette maladie parut, on s'imagina, comme on l'a toujours cru depuis, qu'elle étoit contagieuse. Quoique ces soins ne soient point blamables, ils sont peu fondés aujourd'hui, puisqu'on doute fort de la contagion de ce venin. Il y a encore une circonstance dans la maladie des chevaux, qui, si elle est vraie, mérite beaucoup l'attention des Naturalistes. On prétend avoir observé que, dans les deux mois que cette maladie est fréquente, un jour n'est pas si dangereux que l'autre. On dit que souvent les chevaux tombent pendant deux ou trois jours de suite; qu'ils ont après cela du relâche pour quelques jours; que la violence de la maladie reprend ensuite, & puis diminue, comme si cette espece de maladie étoit intermittente, & avoit, ainsi que la fievre, ses bons & ses mauvais jours. Si le fait est vrai, il est très-difficile d'en rendre raison, à moins qu'on ne suppose la maladie toujours la même, & les gens plus attentifs à leurs chevaux dans certains jours, & plus négligens dans d'autres; de sorte qu'on pourroit expliquer par-là l'alternative des bons & des mauvais jours. Quelques-uns prétendent que ce mal est plus violent par les grandes chaleurs: & peut-être est-ce en effet les seules intempéries de l'air qui causent ces variations dans cette maladie, comme elles en produisent en quelques autres; mais en ce cas ces alternatives n'observeroient pas un ordre aussi régulier qu'on prétend l'avoir remarqué. On ajoute que les bêtes à corne sont peu sujettes à ces tumeurs, & les moutons encore moins que les vaches. On dit cependant qu'aux uns & aux autres il en survient quelquefois, mais que, par rapport à l'épaisseur de leur poil, on ne les voit guere que quand elles sont mûres : c'est pourquoi ces animaux périssent ordinairement, avant qu'on s'apperçoive de leur maladie. Au reste, ces gens-là la savent bien distinguer des maladies des vaches & des moutons, qui n'ont rien de commun avec celle-ci, & qui arrivent plutôt dans les mois d'Automne, que dans l'Eté. Il y a souvent des maladies parmi les bestiaux, sans qu'un seul cheval en soit affecté; mais elles ne se déclarent point par une tumeur. Le bétail a un air triste, avec beaucoup d'obstructions, & il enfle par tout le corps immédiatement avant de mourir ; mais jusqu'à présent on n'a guere essayé de remede contre ce mal. Les seuls Tunguses & les Burætes qui ont leurs bestiaux dans les champs au-delà du lac *Baikal*, se vantent, dit-on, qu'il n'y a jamais eu de maladie dans leurs troupeaux.

Autant que peut s'étendre la mémoire des Russes, ou la tradition des Sibériens, on ne se souvient pas d'avoir jamais vu la peste en Sibérie.

M. *Gmelin* s'arrête ici à faire connoître un Livre de Médecine en grande vénération parmi les Tatares. M. *Muller*, qui l'avoit acheté à *Tobolsk*, le lui avoit envoyé à *Tomsk* au commencement de 1741. Or M. *Gmelin* n'ayant pu trouver personne à *Tomsk* en état de lire ce Livre, il le fit parcourir & expliquer en sa présence par les Mullas Mahométans de *Tara*, qu'il assembla, & qui lui en donnerent une idée.

Nous suivrons volontiers ce Professeur dans les détails qu'il donne sur ce monument curieux, non qu'il intéresse par des nouveautés utiles, mais parce que les extravagances & les absurdités qu'il renferme, sont propres à démontrer combien les Arabes & les Persans étoient peu instruits avant Mahomet, & à quel point l'ignorance & la superstition qu'elle produit peuvent dégrader le sens commun.

Les Tatares appellent le Livre en question, le *Livre du Médecin Jusuphi*, & Jusuphi, c'est *Joseph*. On prétend que l'Alkoran fait mention de cet Auteur ; c'est ce qui rendoit l'acquisition de ce Livre très-difficile & très-précieuse : car le nom d'un homme, dont l'Alkoran fait mention, est dans une très-haute réputation chez les Musulmans. Ce manuscrit vient originairement de la Bibliotheque d'un Chan de *Jerkeni*, dans la petite *Bucharie* ; & l'on voit au commencement & dans quelques feuilles du milieu, des sceaux de ce Chan. Dans la conquête de la petite *Bucharie*, les Calmoucs s'étoient saisis de ce Livre, & l'avoient apporté à *Tobolsk*, où il étoit tombé entre les mains d'*Achunawasbakeew*, homme fort savant dans la Langue Arabe, & dans toutes celles qui y sont analogues; aussi l'on voit que ce Possesseur a mis son cachet ordinaire à la premiere page, & qu'il a fait en différens endroits des remarques de sa propre main.

Ce Manuscrit est de forme oblongue, grand *in-octavo*, & composé de plusieurs parties. Le premier Livre, à la tête duquel est un cartouche peint en bleu & en or, est écrit en Langue Persane entre des lignes d'or & des lignes bleues, & composé de quarante-deux feuillets. L'Auteur est *Abul*, fils du Philosophe *Abdulletif*. Le second Livre, qui donne vraisemblablement le nom à tout l'Ouvrage, contient soixante-seize feuillets. Son Auteur est *Jusiph*, fils de *Mahomet*, qui étoit fils d'un autre *Jusiph*. Ce Livre est aussi écrit en Langue Persane, mais non entre des lignes, ni avec autant de propreté que le premier ; il est presque tout écrit d'encre noire, entremêlé de lettres rouges. Il s'y trouve un Supplément d'onze feuillets, dictés par Jusiph à un Mulla, nommé *Schaban*. Le corps de l'écriture est le même que le précédent. Suivent deux feuillets, contenant une espece de *Postscriptum*, où l'on exhorte ceux entre les mains de qui tombera ce livre à le lire avec attention, & on leur promet qu'ils gagneront par-là la grace de Dieu. Ensuite vient un *Phall* en Langue Persane, de trois feuillets seulement. *Phall* est une roue de fortune, par laquelle on cherche à apprendre l'avenir. On voit en effet dans ce manuscrit beaucoup de roues figurées comme dans les prétendus Grimoires Européens, & de plus quelque chose d'écrit dans les différentes divisions. Il n'est pas donné à tout le monde de se servir de ces roues : ce secret est réservé à un *Achun* ou à un Docteur très-savant, ainsi que les Mahométans l'assûrerent à M. Gmelin. Six feuillets de ce livre contiennent un souhait écrit en Langue Arabe & en Langue Persane, par lequel on demande à Dieu d'être heureux & d'être aimé des grands Seigneurs. Il est dit au même endroit, que le succès en immanquable pour tous ceux qui le répéteront mille quatre-vingt fois. On trouve ensuite un feuillet collé, de plus petit format que l'Ouvrage, & rempli de simples noms de médicamens Persans ; il est précédé d'un autre feuillet qui contient l'éloge de l'homme qui a donné la liste de ces médicamens, avec une Note en Langue Arabe : puis le *Scheuchulislam*. Scheuch, en Langue Turque ou Tatare, dans laquelle sont les six feuillets suivans, signifie un homme demeurant dans une Ville ou dans un désert, qui prie Dieu sans cesse, qui mene une vie sainte & fuit les richesses, qui enseigne une excellente morale à ceux qui viennent le consulter, & qui les instruit quelquefois dans l'Art de guérir les maladies. Ainsi ce titre veut dire un *Scheuch pour le peuple*. Ce petit Traité contient l'indication de plusieurs médicamens pour certains cas.

1°. Dans les morsures de chien, des cheveux d'homme brûlés, dont on répand les cendres sur la plaie, sont un remede éprouvé.

2°. Dans toutes plaies ouvertes, quelques vieilles & de quelque nature qu'elles soient, les mêmes cendres mêlées avec du vinaigre & appliquées, sont spécifiques. On peut aussi s'en servir pour des morsures de chien, tant sur les hommes que sur les bestiaux.

3°. Ces mêmes cendres mêlées avec du vinaigre & appliquées sur une dent malade, en appaisent la douleur sur le champ.

4°. Faire prendre à un Maniaque de l'urine d'homme mêlée avec du lait de femme, est un moyen sûr de le ramener à la raison.

5°. Le vers solitaire bien séché & pilé, donne une poudre qui, répandue dans l'œil, dissipe la cataracte.

Il s'y trouve encore bien d'autres extravagances de cette nature qu'on passe sous silence, pour ne pas abuser de la patience du Lecteur. Ces mêmes six feuillets comprennent plusieurs autres remedes, entremêlés de prieres à Dieu, du Philosophe *Bukerat*, d'un certain *Mahomet*, fils de *Zacharie*, & d'un autre Philosophe, nommé *Dschalinus*, qui sont à-peu-près de la même trempe.

6°. Ensuite viennent quelques matieres de Médecine, écrites en Langue Persane.

7°. On recommande en Langue Turque le sang de grenouille contre certains maux des yeux, le suc de fumier de cheval contre la surdité (51), & quelques autres remedes.

8°. Un *Phall* en Langue Persane, pour savoir s'il tombera de la neige ou de la pluie, ou s'il fera beau ou mauvais tems : cet article occupe une page. Dans une autre, est écrit en gros caracteres un mot qui a été dit par Mahomet, ainsi qu'une priere en Langue Persane.

9°. On rencontre une page blanche & dix-sept feuillets & demi en Langue Turque, qui contiennent d'abord l'éloge de l'Auteur qui est Médecin, & qui prétend avoir puisé son savoir dans les écrits de plusieurs Philosophes. Il donne, dans une espece de Préface, des regles sur la façon de se conduire chez un malade où l'on est appelé. Il soutient qu'un malade a une action contre un Médecin qui lui donne une mauvaise médecine dont il meurt, & que si on ne peut obtenir justice contre lui, on doit se consoler par l'espérance qu'il en sera puni dans l'autre monde.

10°. Ici sont deux lignes en Langue Arabe, qui marquent que *Mahamet*, fils de *Zacharie*, est auteur de ce Livre. Il compte sept maladies de la tête, & traite des maladies du nez, des oreilles, des yeux, des dents, de la bouche & du col. Il parle des maladies de la poitrine & du bas-ventre, & de quelques autres qui proviennent de trop de chaleur & de trop de froid.

11°. Se voit une page, à laquelle est jointe une cédule, qui sont l'une & l'autre remplies de noms de médicamens.

12°. Une page en Langue Persane, qui apprend quel jour est bon ou mauvais, & quand il fait bon voyager.

13°. Deux pages & demie en Langue Persane, indiquant les bonnes & les mauvaises heures du jour.

14°. Un feuillet & les trois quarts d'une page, contenant des chansons Persanes, sous le titre de *Nasim*.

15°. Quel jour il fait bon se tailler un habit (52), & le mettre pour la premiere fois.

16°. Deux pages en Langue Persane, contenant un *Phall*, par le moyen duquel un homme tombant malade, peut savoir s'il mourra, ou s'il en rechappera, quelle est la nature de sa maladie, & quelle espece d'aumônes il faut faire, pour en revenir. Sur la seconde page, sont encore quelques lignes qui indiquent en quel tems du jour il fait bon voyager.

17°. *Nasim*, ou trois pages, qui contiennent en Langue Persane une instruction pour les gens de mauvaise conduite.

---

(51) Un Russe qui étoit présent à la traduction, dit que le remede contre la surdité étoit bon en Eté, mais non en Hiver.

(52) Le Mardi & le Samedi sont fort décriés dans un autre Manuscrit en Langue Tatare. Il y est dit que celui qui se fait couper un habit ces jours-là, le perdra par des vols, ou s'y noyera, & qu'il aura toutes sortes de malheurs, tant qu'il portera cet habit.

18°. Une page contenant deux recettes en Langue Turque contre la gale : on les donne pour si efficaces, que si un homme avoit eu la gale pendant quarante ans, il en sera guéri radicalement par l'usage de ces médicamens.

19°. La derniere page ne contient autre chose qu'un avis où l'on apprend que l'Ouvrage entier contient cent soixante & dix-sept pages.

Je pense bien, dit M. *Gmelin*, que la Médecine ne tirera pas beaucoup d'utilité de ce Livre antique, rempli de pratiques puériles & superstitieuses ; mais il fait voir que les Arabes & les Persans modernes ne sont guere plus savans que ceux du tems de cet Ouvrage. Les Tatares Mahométans n'ont pas moins d'ignorance, & ajoutent encore de nouvelles superstitions à celles que leur ont transmises les anciens Ecrivains Arabes & Persans. Le hasard m'ayant fait tomber entre les mains quelques feuillets manuscrits d'un petit Ouvrage Tatare, je me les fis expliquer par mon assemblée de *Mullas*. J'aurois honte d'en donner l'explication, si elle ne servoit à prouver ce que je viens d'avancer. On y trouvoit les recettes suivantes. 1°. Dans les plaies ouvertes, un remede certain est de sécher & de piler le cordon ombilical d'un enfant, & d'en saupoudrer la plaie : mais pour la plus grande efficacité du remede, il faut que cet enfant soit né d'une vierge qui n'ait pas vu d'homme auparavant. 2°. Dans la tumeur des testicules, il faut réduire en poudre l'os frontal d'un homme mort depuis long-tems, qu'on trouve quelquefois aux environs des tombeaux, mêler cette poudre avec du vinaigre, & l'appliquer sur les parties affectées. Quand un homme est long-tems malingre, sans être bien malade, & sans pouvoir dire ce qu'il a, il faut couper la tête d'un radis, le creuser, & mettre dans cette ouverture sept grains de poivre, avec une poignée de *karny-aryk*, drogue Chinoise, en grains plus gros que ceux de poivre & qui sont fendus. Il faut ensuite remettre sur le radis le morceau qu'on en a coupé, l'entourer de toutes parts de fumier de cheval, verser un peu d'eau par-dessus, & faire attention lorsqu'il s'en élevera quelques vapeurs; car alors il faut que le malade reçoive toute cette vapeur dans l'anus.

M. *Gmelin* donne quelques observations météorologiques, qu'on peut voir dans l'Ouvrage Allemand. Nous en extrairons seulement ce qu'il rapporte d'un phénomene, que sa rareté & sa singularité rendent digne de l'attention des Physiciens Le mois d'Août avoit commencé par des jours sereins. La nuit du 2 au 3, il s'éleva vers les 11 heures au Nord-Nord-Ouest des colonnes de feu, montant à une hauteur considérable vers le zénith. Elles étoient au nombre de dix, & n'avoient ni une grande clarté, ni un mouvement fort sensible; elles paroissoient tantôt plus enflammées, & tantôt plus pâles. Le Ciel se noircit enfin tout-à-fait entre ces colonnes, cette ombre noire les couvrit bientôt aussi, & vers les onze heures & demie tout le Ciel fut caché par les nuages. Ce phénomene ne fut suivi d'aucun changement de tems, mais de plusieurs jours sereins & calmes. L'Eté fut très-chaud, très-sec, de maniere que les foins qui font la principale recolte des environs de *Tara*, furent très-abondans & bien conservés. La moisson fut également heureuse & très-fertile. Le bled, le seigle, l'orge, l'avoine, n'avoient eu rien à souffrir des gelées dans leur première poussée; un tems sec favorisa, autant qu'on pouvoit le desirer, leur fleuriſon, & la grande chaleur acheva de combler les souhaits du Cultivateur en mûrissant si promptement tous les grains, qu'on commença la moisson dès les premiers jours d'Août. Au 15 Décembre, les plantes & l'herbe des champs & des prés étoient si seches, qu'on eût dit que le froid eût produit cet effet. La terre étoit chaude à l'attouchement, & peut-être, remarque M. *Gmelin*, cette chaleur seule fut-elle cauſe que la maladie épidémique des hommes & des chevaux, dont on a parlé ci-devant, dura plus de six semaines, non-ſeulement dans la Ville de *Tara*, mais encore dans les Villages aux environs.

M. *Gmelin* ajoute ici quelques remarques sur les habitans de *Tara*, dont il n'avoit eu que des notions imparfaites dans son premier voyage. Les habitans ne sont pas si pauvres qu'il l'avoit cru dabord ; il s'y trouve des particuliers extrêmement riches. Tout y est fort cher, hors les vivres. Quoique l'eau-de-vie de vin soit d'un prix exorbitant, qui est de deux roubles & quarante copeques, le *wedro*, les habitans en font beaucoup de consommation : mais ils achetent peu d'eau-de-vie de grains; chacun en fabrique pour l'uſage de ſa maiſon, car la farine y vaut rarement plus de cinq copeques le poud. Cependant cette fabrication est contre les loix, & n'a lieu que par la négligence des Chancelleries. La permission de fabriquer se paye dans toute la Sibérie ſuivant la *tare* des chaudieres, qui ſont timbrées ordinairement par les préposés des Chancelleries. Comme les habitans de *Tara* n'ont jamais pu obtenir cette permiſſion, ils s'entendent avec le Gouverneur, & font eux-mêmes leurs eaux-de-vie, moyennant la rétribution qu'ils lui payent.

Il y a peu de commerce à *Tara*, & il ne ſe fait que par les gens riches, qui, selon l'expreſſion de notre Auteur, se tiennent tous par la main pour faire le monopole. La plus conſidérable partie de leur commerce ne ſe fait pas dans la Ville, mais dans la Forteresse de *Jamyſchewa* & à la Foire d'*Irbitſch*. Dans le premier endroit, ils échangent des marchandiſes Ruſſes contre celles de Calmouquie, & à la Foire d'*Irbitſch*, ils donnent les marchandiſes Calmouques pour celles de Ruſſie. Les Calmoucs viennent ordinairement tous les ans, ſoit en Eté, ſoit en Automne, à *Jamyſchewa*, pour y attendre les Marchands Ruſſes.

Le 16 Août, M. *Gmelin* partit de *Tara* ; il reçut en chemin la nouvelle que M. *Muller* étoit dangereuſement malade à Catherinenbourg, & deſiroit fort de l'avoir auprès de lui, ce qui le détermina à l'aller trouver.

Le 20, il traverſa deux Villages où il ne reſtoit plus que les maiſons. Une partie des habitans avoit été ou brûlée, ou enlevée, ou massacrée par des voleurs de la *Casatschia-Horda*, qui y avoient fait une irruption le 4 Juin précédent. Le reste des habitans, qui avoit échappé à la fureur des Brigands, étoit allé s'établir dans un autre endroit. Suivant le rapport de notre Voyageur, fondé sur des témoignages authentiques, les assaſſins de la *Casatschia-Horda* avoient maſſacré trois hommes & un garçon, & brûlé huit femmes & neuf filles, tant grandes que petites. Ils avoient emmené avec eux un homme & quatre garçons, trois femmes, trois grandes filles & cinq petites. Un vieillard qui s'étoit caché sous le plancher de sa chambre, ayant malheureusement été apperçu par ces scélérats, ils lui avoient coupé les bras & les jambes, & l'avoient laissé baigné dans son sang. Outre tous ces ravages, les Lesatki avoient emmené quatre-vingt-dix chevaux ou poulains, & cent cinquante-trois bêtes à corne. On détacha à leur poursuite cent Dragons & trois cens soixante-dix *Wapisnie Casatschi*, qui les atteignirent au bout de huit jours sur le bord d'un lac, au pied des montagnes, dans le canton de *Sarai-Bor*. Quoique les Brigands fussent campés dans un lieu avantageux, qui ne permettoit pas de les approcher de fort près, on les attaqua cependant, & on ne sait pas la perte qu'ils firent ; du côté des Russes, il y eut six hommes tués, & dix-huit blessés : ils perdirent aussi quinze chevaux. On enleva aux *Casatschi* trente-cinq bêtes à cornes, quatre cens vingt-sept chevaux ou poulains, & dix hommes de Nation Russe. Les armes dont se servent ces Brigands, sont des *turki*, sorte de mousquets, qui portent trois fois plus loin que les *wintouka*, ou mousquets Russes ; & c'est ce qui empêche que, dans tous les cas, on puisse beaucoup les approcher.

La frontière de Russie a beaucoup souffert de ces Brigands depuis quelques années, & principalement depuis 1728. Toute la steppe de *Barabinzk*, les Villages au-dessus de la Ville de *Tara* sur l'*Irtisch*, les Villages sur l'*Osch*, l'*Ajew*, *Wagai*, *Jamurtha*, & toutes les Slobodes des districts supérieurs du *Tobol* ont été cruellement ravagées par leurs incursions. Si l'on faisoit le dénombrement des hommes & des bestiaux qu'ils ont massacrés ou enlevés, on seroit sûrement étonné de le trouver si considérable. C'est en vain qu'on croit se mettre à couvert de ces bandits en faisant des traités avec eux : comme ils ne sont pas tous subordonnés au même Chef, si l'on porte des plaintes à ceux qui sont en paix avec le Gouvernement Russe, ils répondent que ce ne sont point des gens de leur Horde qui ont commis des hostilités, mais d'autres Nations qui ne dépendent pas d'eux, & il faut se contenter de cette excuse. En effet, il est très-difficile de savoir de quelle Horde est une troupe de Brigands qu'on voit une fois par hasard ou à l'improviste, & sous quelle dénomination elle est connue. Il n'y a guere plus d'espérance de les réduire par des traités, à-moins qu'on n'en fasse avec tous les Chefs, & qu'on ne prenne des ôtages ; mais alors tant de Voleurs rassemblés exposeroient à un danger continuel, & plus grand que celui qu'on voudroit prévenir.

Le moyen le plus sûr seroit de leur inspirer la terreur des supplices par des exemples séveres sur ceux de ces bandits qu'on pourroit attraper : sans cela, on verra toujours les désordres se multiplier, & quelques jours ils entraîneront les suites les plus funestes. Car dans le nombre des hommes qu'ils emmenent, il s'en trouve toujours quelques-uns qui sont disposés à embrasser une vie qui promet de l'aisance en proportion de la force & du courage.

Jamais on n'avoit entendu parler des ravages de la *Casatschia* dans des cantons si éloignés ; il y a donc bien de l'apparence qu'ils y ont été amenés par des fugitifs.

Au rapport de ceux qui ont été ramenés après l'expédition de *Sarai-Bor*,

Bor, le Chef des Brigands étoit un *Jesachnoï* (53) Tatare. On a pareillement appris que des Tatares *Barabinskoi* s'étoient réfugiés parmi eux, & que même ils avoient des Guides Russes.

Le 28 Août, M. *Gmelin* arriva sur les bords de la riviere de *Tobol*; après avoir traversé ou vu un grand nombre d'autres rivieres, de ruisseaux & de lacs, sur lesquels il donne, à son ordinaire, des détails qui ne sont rien moins qu'amusans. Il remarque que le terrein des deux côtés du *Tobol* est fort bas & marécageux, & qu'il s'y forme quantité de lacs, dont les uns subsistent quelque tems, les autres disparoissent bientôt. Ces derniers formés par les inondations qui arrivent chaque année au Printems, se sechent peu-à-peu, & mériteroient bien plutôt le nom de *mares* ou de *fondrieres*. Il passe ensuite à la description de *Jalutorouskoi-Ostrog*, situé sur le rivage septentrional d'un bras du *Tobol*, & sur un lac qu'il ne nomme pas.

La premiere fondation de cet Ostrog se fit en 1659, sous le regne de Czar *Alexei Michailowitsch*, & l'on choisit exprès cet endroit, parce qu'il domine tout le terrein qui l'environne. Cette Forteresse n'est pas autrement construite que les autres; des poutres couchées forment les défenses extérieures, avec des fossés, des chevaux de frise, & des tours de bois, munies de six canons de fer d'une livre & demie & de trois livres de balles. Il y a tous les bâtimens nécessaires dans l'intérieur d'un Fort, tels que des Casernes, des Magasins à sel, à bled, un Arsenal, une Eglise, une Chancellerie, & des logemens pour le Commandant & les Officiers. Hors de cet Ostrog, sont deux cens quinze habitations, dans lesquelles sont comprises les maisons des Prêtres, des Officiers de la Chancellerie, & une Eglise dédiée à *Sergei*, le miraculeux Radunien. L'*Uprawitel* ou Commandant de cet Ostrog, étoit un Colonel nommé *d'Origny*, que M. *Gmelin* avoit connu à *Tomsk*, où il avoit été exilé pour avoir maltraité ses Supérieurs. Quoiqu'il commandât, il ne jouissoit pas de toute sa liberté, c'est-à-dire, qu'il n'étoit pas relevé de son exil; mais des considérations particulieres lui avoient fait accorder le commandement de *Jalutorouskoi-Ostrog*. Notre Professeur se loue beaucoup de ses politesses & de son zèle à entrer dans toutes ses vues.

Cette heureuse rencontre, jointe à la nouvelle qu'il reçut que M. *Muller* étoit parfaitement rétabli, & qu'il alloit visiter la Province d'*Iset*, le détermina à séjourner un mois à *Batschjamskaja - Sloboda*. Il rapporte qu'il fut témoin des travaux qui se faisoient alors pour le bien de la Slobode. Leur objet étoit de ramener les eaux du *Tobol* dans le lit principal ou méridional qui passoit le long des habitations, & qui s'étoit desséché depuis le Printems précédent, au point qu'il falloit aller à plusieurs werstes chercher de l'eau potable. Quatre cens hommes furent employés pendant quinze jours à construire une double digue, dans le lit septentrional, à l'endroit où le *Tobol* se divise en deux bras. On creusa l'ouverture du lit méridional, & en fermant entierement la digue du lit

---

(53) Tatare qui a payé tribut à la Couronne de Russie, & qui s'est soustrait de sa domination.

opposé, on parvint à faire refluer toutes les eaux du *Tobol* dans le premier lit ; mais l'ouvrage ne fut pas de longue durée. La violence des eaux ayant emporté quelques pilotis, la digue se rompit, & les choses revinrent au même état où elles étoient avant les travaux. On les recommença peu de tems après ; & l'on réussit beaucoup mieux.

Le 19, M. *Muller* étant venu joindre M. *Gmelin*, celui-ci donne le détail des observations météorologiques qu'ils firent ensemble, & fait entr'autres le détail d'une aurore boréale qu'il représente de cette maniere.

Le 20, vers les 11 heures du soir, on vit au Nord-Ouest plusieurs colonnes de feu ; à minuit, la rougeur disparut, & elles resterent pâles. Au même instant, l'endroit du Ciel, qui étoit fort au-dessous de ces colonnes, noir, s'éclaircit. Pendant que l'aurore boréale étoit dans l'état le plus brillant, le Ciel se couvrit tout-à-coup des nuages sombres du Sud à l'Ouest, & immédiatement après, il s'éleva un fort vent d'Ouest, qui nettoya tout-à fait le Ciel. A mesure que le Ciel s'éclaircissoit, l'aurore boréale devenoit plus pâle ; cependant il resta jusqu'au crépuscule du matin quelques colonnes, mais dont la lumiere étoit foible.

Les environs de *Jalutorouskoi-Ostrog* sont fort agréables : ils consistent en de belles plaines, très-bien exposées au Soleil, dont quelques-unes sont couvertes de bois de bouleaux & de sapins. Le terrein qui s'étend environ vingt werstes en montant le *Tobol*, est en pâturage, à cause des inondations qui ne permettent pas de le labourer, & on y nourrit un très-grand nombre de chevaux. A l'Ouest & au Nord de la Slobode, sont des terres labourables d'un bon rapport. Les habitans de ce canton sont en général fort riches en chevaux ; mais il n'y a guere d'année qu'il n'en périsse un grand nombre par des maladies semblables à celle qui regne sur l'*Irtisch*. Ils nourrissent aussi beaucoup de bêtes à cornes & de moutons. Les derniers sont communément sujets à une maladie qui revient tous les ans, & qui enleve tout-à-coup un troupeau entier ; on prétend que cette maladie est extrêmement contagieuse, & qu'en moins d'une demi-heure, les testicules, & immédiatement après la tête, s'étant enflés, le mouton tombe mort.

Le district de *Jalutorouskoi-Ostrog* dépend, comme celui d'*Ischim*, de la Chancellerie de *Tobolsk*, & de cet Ostrog dépendent onze Slobodes, qui ont toutes sous elles un bon nombre de Villages. Tous les Commissaires des Slobodes sont subordonnés au Commandant. Ce district a anciennement beaucoup souffert des invasions de la *Casatschia-Horda* & des *Baschkires* ; mais depuis quelques années, il est plus tranquille, & toutes les invasions d'aujourd'hui ne consistent ordinairement qu'en quelques vols. Il est vrai qu'il y a peu d'endroits en Sibérie, suivant M. *Gmelin*, où ils soient plus communs. Dans la premiere semaine qu'il demeura dans l'Ostrog, il ne se passa pas une seule nuit qu'il n'y eût quelqu'un de volé.

Cette même année, des voleurs avoient enlevé dix chevaux dans un Village dépendant de la *Sysaskaja-Sloboda*, & c'est ce qui donna lieu à l'aventure suivante. Un Lieutenant qui étoit en Garnison dans ces environs, se mit à la poursuite de ces voleurs à la tête de cent cinquante hommes, & suivit leur route jusqu'à un endroit où il y avoit une grande quantité de houblon répandue par terre. Les brigands qui emmenoient les chevaux, ayant rencontré plusieurs paysans sortis pour ramasser ce houblon, qui en rapportoient chacun leur charge, les avoient attaqués & faits esclaves ; comme ils avoient besoin de sacs, ils avoient jetté le houblon de côté & d'autre & emporté les sacs. Le Lieutenant qui rencontra tous ces tas de houblon, crut que c'étoit des provisions pour les voleurs qu'il jugea être en grand nombre, & dont il eut peur. Il fit ramasser ce houblon par ses Soldats, & revint au Fort en triomphe avec ce butin, heureux que son expédition eût eu tant de succès sans avoir versé une seule goutte de sang.

Le 27, M. *Gmelin* se mit en route avec M. *Muller*. Après avoir traversé des bois de bouleaux & de sapins, ils allerent visiter *Archangelskaja Monastirskaja Saimka*, dont dépendent quatre-vingt habitations. M. *Gmelin* observe, à ce sujet, que les modestes habitans de ce Couvent donnent le nom simple de *Saimka* à ce grand nombre de maisons qui leur appartiennent, apparemment par des vues d'une humilité aussi adroite qu'intéressée ; car les grands mots de *Sielo*, de *Pogost* & de *Slobode* seroient trop relevés, ils annonceroient de grands biens, & c'est précisément ce qu'ils veulent cacher, dans la crainte que le Gouvernement ne trouvât bon de partager avec eux. Ils arriverent ensuite à *Isetkoi-Ostrog*, situé sur la rive septentrionale de l'*Iset*, près du lac *Lebjaschje*, qui veut dire *des lignes*.

Cet Ostrog appartenoit autrefois à *Tobolsk* ; mais en 1737, lorsqu'on forma la Province d'*Iset*, il y fut compris, & en devint une annexe. Il a, comme les autres Ostrogs de ces cantons, un Commandant ou *Uprawitel*, de qui dépendent les Commissaires de quelques Slobodes qui appartiennent à cet Ostrog. Nos Voyageurs ayant appris qu'il se trouvoit quatre hermaphrodites en deux Villages peu éloignés de l'Ostrog, ils se les firent apporter. C'étoient quatre enfans. Il y avoit une si grande ressemblance dans leurs parties naturelles, qu'on pouvoit croire que c'étoit une espece d'hommes particuliere. Ces parties étoient si peu distinctes, qu'à la simple inspection on ne pouvoit distinguer à quel sexe elles appartenoient. Le Prêtre du lieu avoit placé ces hermaphrodites dans la classe des mâles, & leur avoit donné des noms d'hommes, & il paroît qu'il ne s'étoit pas trompé, quoique M. *Gmelin* les eût jugés plutôt femelles. A la priere des Académiciens & sur leur rapport, le Sénat de Petersbourg y fit apporter ces hermaphrodites en 1743, & MM. *Weitbrecht* & *Wilde*, Médecins, les déclarerent mâles ; ce qui a été justifié par l'événement & par les observations exactes de M. *Kaaw Boerhaave*, Anatomiste de l'Académie des Sciences (54).

L'Ostrog d'*Isetkoi* a, par sa situation & la fertilité de ses environs, les mêmes avantages que *Jalutorouskoi*, & même il en a d'autres qui manquent à ce dernier, en ce que les vols y sont très-rares, & que les ames

(54) Voyez le Tome I. des *Nov. Comment. Academ. Petropolitanæ.*

pieuses ont de quoi exercer leur dévotion & leur charité dans le Couvent de *Raphailouskoi*, qui n'est éloigné du Fort que de cinq werstes.

Le 11 Octobre, les Professeurs virent célébrer à *Tiumen*, où ils étoient arrivés le 4, la victoire que les Russes venoient de remporter sur les Suédois, près de *Wilmanstrand*. Il y eut des prieres solemnelles, & des salves d'artillerie.

La Ville de *Tiumen* est située dans une plaine agréable, sur le rivage méridional de la riviere de *Tura*, dans laquelle tombe le ruisseau de *Tiumenka*, après avoir traversé la Ville.

On passe ce ruisseau sur un pont qui a quatre-vingt-trois brasses de longueur & cinq de largeur. Au-bas de ce pont, est une Forteresse entourée de palissades, autrefois quarrée, & aujourd'hui d'une forme irréguliere, parce que du côté de la *Tura* les eaux en ont emporté différentes parties, & qu'on a été obligé de construire de plus en plus dans les terres. L'étendue de la Forteresse, le long de la riviere de *Tura*, est de quatre-vingt brasses, & le long du *Tiumenka*, de soixante-treize. Sa longueur près du pont a quinze brasses, & soixante-quatre du côté opposé entre la *Tura* & le *Tiumenka*. Sur ses flancs du côté de la riviere, sont deux portes avec deux tours, dont l'une est appellée *Jegorieuskaja*, & l'autre *Spaskaja-Baschnia*. Entre *Spaskaja-Baschia* & la *Tura*, est une Eglise de pierre dédiée à l'Annonciation de la Vierge Marie, dont les murs servent à la Forteresse. En-dedans du Fort & à côté de cette Eglise, on en voit une autre de bois presque ruinée, qui est dédiée à la Naissance de la Vierge Marie. La Forteresse comprend encore l'Hôtel du Waywode, la Chancellerie, l'Arsenal & deux Magasins de sel. Vers le côté inférieur de la *Tura*, sont six Eglises de bois, un Couvent de Religieuses avec leur Eglise, un Marché environné de quelques boutiques, un Hôtel de Ville, un Bureau de Péages, & cinq cens maisons d'habitans. Tous ces bâtimens occupent en longueur un espace de six cens treize toises. Au Midi de la Ville, est un autre Ostrog, qui s'étend depuis la *Tura* jusqu'au *Tiumenka*, & qui est défendu par des remparts, des fossés, des pieux, & des chevaux de frise. Au-dessus du *Tiumenka*, sur le même rivage méridional, est *Jamskaja-Sloboda*, lieu composé de deux cens quarante-sept habitations, qui sont occupées, non par de simples voituriers, mais par des gens de tout état, on y voit un Couvent de Moines entouré d'un mur, & qui n'en fait pas le moindre ornement. Il y a de plus trois Eglises bâties de pierre, & plusieurs Couvens, les uns de pierre, les autres de bois. Au rivage septentrional de la *Tura*, vis-à-vis de *Tiumen* est un autre Fauxbourg, habité en partie par des Russes, en partie par des Tatares Mahométans & par des Buchares. Les premiers occupent cent quinze maisons, & ils ont une Eglise; les Tatares & les Buchares n'en occupent que vingt-sept, & ont une metsched pour leur culte. Le terrein où est ce Fauxbourg étant fort bas, il est souvent sujet à des inondations. On voit encore sur le *Tiumenka* des restes d'une ancienne fortification Tatare, avec des remparts & des fossés, semblables à tous les autres restes d'antiquité de ce genre répandus en Sibérie. D'ailleurs c'est un fait incontestable, & prouvé par tous les Historiens du pays, que dans les environs de *Tiumen* il y avoit anciennement une Ville Tatare.

La maladie dont il a été fait mention ci-dessus, s'étoit pareillement enracinée depuis trois à quatre ans dans quelques-unes des Forteresses nouvellement bâties, pour se garantir des invasions des *Baschkires*. Je fus étonné, dit M. *Gmelin*, qu'elle commençât au mois de Juin à faire du ravage, quoique cependant l'Eté ne fût pas venu de bonne heure. Un jeune paysan, en labourant la terre, avoit senti quinze jours avant mon arrivée à *Tetschinskaja-Sloboda*, une dureté au menton venue subitement. Il la prit d'abord pour la maladie, & en effet c'en étoit le symptome ; il piqua la tumeur au-dessous avec une aiguille, comme on fait ordinairement, la frotta de salmiac, y appliqua du tabac de *Tscherkassie* mâché, & pansa la plaie, sans cesser ses travaux de labourage. On me dit, à la vérité, qu'il avoit manqué en cela, parce que la maladie exigeoit qu'on se tînt dans un lieu sombre, depuis le commencement jusqu'à la fin. Mais on ne jugea cette précaution indispensable qu'après avoir vu les mauvaises suites de la conduite du malade. Il est possible que l'effet du Soleil ait causé dans la plaie une inflammation, qui sans cela peut-être n'eût pas eu lieu. L'endroit piqué commença quelque tems après à s'enfler, & il y vint une douleur aiguë. Le malade garda depuis la maison, & se soumit aux regles de diete qu'on prescrit en pareille occasion. Il ne fut pas tourmenté de la soif ; mais il lui survint d'autres accidens sinistres. La tumeur augmentoit de jour en jour, & vers le douzieme, elle étoit devenue si forte, qu'il ne pouvoit plus ni avaler, ni respirer. Un *Baschkir* lui conseilla d'y appliquer du fumier chaud de cochon ; la tumeur diminua un peu, & la douleur étoit supportable, tant que le fumier y restoit ; mais aussitôt qu'on l'avoit ôté, la tumeur augmentoit de nouveau. Le malade perdit l'appétit tout-à-fait le 15, sentit de l'oppression à la poitrine, & fut sans espérance. On apprit qu'il étoit arrivé un Médecin dans la Ville ; on vint me demander du secours. Mais comme je n'avois jamais rien appris de cette maladie que par ouï-dire, je ne pus me résoudre à rien ordonner, d'autant plus qu'on m'avoit assûré, que quand cette maladie étoit parvenue à un certain point, la mort étoit inévitable. Ceux qui étoient venus me chercher, ne voulurent pas recevoir mes excuses ; ils les prirent pour une mauvaise volonté de ma part, & me dirent, que quand même le malade mourroit de mes médicamens, on ne m'attribueroit pas sa mort, puisqu'ils étoient persuadés que si je ne lui en donnois point, il succomberoit infailliblement à cette maladie. Je fus donc, pour ainsi dire, obligé d'essayer mon bonheur sur lui. Je croyois qu'il pourroit y avoir quelque espérance de guérison, si on pouvoit faire suppurer la tumeur, & rendre la fluidité au sang qui commençoit à entrer en stagnation. Je croyois encore qu'il falloit s'y prendre promptement, pour que les médicamens pussent prévenir la mort. C'est pourquoi je fis sur le champ une incision jusqu'au fond de la tumeur ; j'arrêtai le sang avec de l'eau-de-vie, parce que je n'avois pas autre chose, & je mis du précipité rouge dans la plaie. J'appliquai ensuite un emplâtre émollient, que je fixai avec une bande, & je fis donner au malade, toutes les trois heures, quatre grains de mercure doux. La suppuration de la plaie se fit le lendemain ; l'oppression de la poitrine cessa ; le malade n'eut plus de difficulté d'avaler, ni de prendre haleine, & me parut hors de danger à mon départ.

M. *Gmelin* partit de *Tetschinskaja-Sloboda* le 18 Juin ; il détacha M. *Martini* pour visiter les lacs salés de ces cantons, & ils se réunirent le 24 à *Itkulskaja-Krepost.*

M. *Martini* rapporta au Professeur, qu'il avoit vu différens lacs, un entr'autres appellé *Karai-Kul*, bien empoissonné de corbans, quoique ses eaux fussent salées. On prétend qu'il y a trente-cinq ans que ses eaux étoient tout-à-fait douces, & qu'alors elles nourrissoient des loches, mais que dès que l'eau fut devenue salée, elles périrent toutes.

Un autre lac, appellé *Treustan*, étoit devenu salé & amer depuis quarante ans, & ses eaux avoient de plus un goût de soufre qui avoit fait mourir tous les poissons, dont il étoit bien pourvu avant ce changement. D'autres lacs, dont les eaux donnoient par l'ébulition de fort bon sel, ne nourrissoient point de poissons, mais servoient de retraite à des canards, & à des oyes d'une moyenne grosseur, qui étoient blanches, avec les ailes noires & l'estomac d'un rouge-brun ; les *Baschkires* les appellent *Italja-Kass.* M. *Martini* trouva dans tous ces cantons le terrein argilleux.

Il paroît par le grand nombre de lacs dont toute cette contrée est remplie, qu'elle est très-unie, & extrêmement humide depuis l'*Irtisch* jusqu'au *Jaik.*

Ce canton est élevé d'ailleurs, & semble former un réservoir, tant pour les rivieres qui tombent dans l'*Irtisch*, que pour celles qui se rendent dans le *Jaik*. Il faut observer qu'au milieu des lacs d'eau douce, il s'en trouve de petits qui sont salés & *vice-versa* ; qu'un lac d'eau douce se change souvent en lac salé, & un lac salé en lac d'eau douce ; que quelques-uns se dessechent, & qu'il en naît d'autres dans des endroits où il n'y en avoit pas auparavant : ce qui vraisemblablement influe sur l'organisation de la terre, & peut contribuer beaucoup à connoître sa nature.

M. *Gmelin* arriva le 27 à *Tschebarkalskaja-Krepost*, Forteresse située sur un petit golfe formé par le lac *Tschebar*, dans lequel on compte douze Isles.

Cette Forteresse, construite en 1736, a été la premiere de celles qu'on a élevées contre les *Baschkires*. Au commencement de l'expédition d'*Ohrenbourg*, comme on voulut transporter des vivres de la riviere d'*Iset* à la riviere de *Jaik*, & que les *Baschkires* faisoient par-tout une forte résistance, on fut obligé de chercher un endroit assez proche du *Jaik*, pour le fortifier, & soutenir de-là le transport des vivres. Ainsi on bâtit cette Forteresse fort à la hâte. Mais l'année suivante, on eut plus de tems, & avec un renfort de troupes qu'on reçut, on en construisit une nouvelle, à laquelle on ajouta un rempart de terre, & d'autres fortifications avec plusieurs bâtimens. Au côté septentrional de la Forteresse, on a bâti trois rangs d'habitations pour des paysans, qui se sont rassemblés ici de toutes sortes de districts, du territoire de *Tobolsk*, de la Province d'*Iset*, &c, & qui, en cas de besoin, font service de Cosaques ; c'est pourquoi ils ne payent rien à la Couronne, non plus que les paysans des autres Forteresses des mêmes cantons. On a assigné pour dix hommes un *desjatina* de terrein, qui contient cinquante brasses en quarré, & ils sont obligés de le labourer & de le cultiver pour la Couronne, qui fournit seulement la semence. On a déja bâti cent vingt-cinq maisons, qui sont habitées par trois cens trente-six familles, & chaque jour on en éleve de nouvelles. Assez près de ces habitations est la *Casatschia-Sloboda*, qui n'a aujourd'hui que vingt-cinq habitations, occupées par cent-un Cosaques effectifs rassemblés de différentes Villes de Sibérie. Il y a aussi parmi eux des dragons réformés & des gens nouvellement enrôlés. Entre la *Casatschia-Sloboda* & la Forteresse, on avoit bâti cette année une Eglise à l'Apparition du Christ, & l'on avoit marqué une place pour un Marché.

La Garnison de la Forteresse est composée de soixante-six hommes, tirés des deux Régimens d'Infanterie de *Jeniseisk* & de *Tobolsk*, & trente-deux hommes tirés de différentes Villes de Sibérie. La situation de la Forteresse est agréable; mais il n'y a point de champs de bled dans le voisinage, parce que le terrein est fort pierreux, & que dans la plûpart des endroits le sol est peu profond; ce n'est qu'à quinze à vingt werstes qu'on voit quantité de champs très-fertiles. L'air paroît être fort sain dans ce district: la maladie épidémique d'hommes & de bestiaux, dont il a été parlé ci-devant, & qui depuis quelques années a passé de l'*Irtisch* dans la Province d'*Iset*, & dans les Forteresses situées à l'Est de *Tschebarkul*, ne s'y est pas encore fait sentir. Cette Forteresse est abondamment pourvue de poissons; car non-seulement le lac *Tschebar*, mais plusieurs autres du voisinage sont très-poissonneux. Depuis bien des années, & même avant qu'il y eût ici la moindre habitation Russe, les *Promyschlenie* ont exploité du *marien-glas* ou verre de Moscovie (55) aux environs du lac *Dshelandsyk*. Ce talc est net à la vérité, mais fort petit, & il est rare d'en trouver un morceau qui ait un quart d'arschine en quarré. Le *Miass* n'est pas éloigné de cette Forteresse; & sur cette riviere, ainsi que sur les ruisseaux qui s'y jettent, on fait une très-riche chasse de castors; car jusqu'à présent les *Baschkires* les ayant bien ménagés, ils peuvent compter de faire encore long-tems de bonnes chasses. Les castors de ce canton sont d'une bonne espece, & passablement noirs.

Cet endroit étoit habité, il n'y a pas long-tems, par un grand nombre de *Baschkires*, & ils l'appelloient leur *Cœur* ou leur *Pays favori*; mais leur esprit remuant & indocile a été cause qu'on les en a chassés, de façon qu'ils ne peuvent voir sans regret que les Russes y prosperent. Les Baschkires, que ceux-ci traitoient au commencement avec beaucoup de douceur, ne les menaçoient que du fer & du feu, dès qu'ils approchoient leurs frontieres. Ils faisoient encore de fréquentes irruptions dans les possessions Russes, & même attaquoient les Forteresses, dont cependant ils étoient repoussés avec beaucoup de perte. Mais ils revenoient bientôt à la charge, recommençoient leurs pillages, & les Russes avoient beaucoup à souffrir du voisinage de ces Brigands acharnés contr'eux. On les força, il y a quelques années, de promettre à l'Empire Russe un certain tribut; mais ils ne le payoient que quand ils vouloient. Loin qu'on pût les

(55) C'est une espece de talc différent de celui de Montmartre.

soumettre à ce devoir, ni par représentations, ni par menaces, ils continuerent leurs ravages.

La Ruſſie s'étant propoſé en 1734 d'envoyer aux diſtricts ſitués au Sud de *Samara* une Compagnie, qui ſe trouvoit obligée de paſſer ſur la frontiere des pays habités par les Baſchkires, on leur envoya demander le paſſage. Ils promirent de reſter en paix, & députerent même à la Cour Impériale de Petersbourg, pour en faire ſolemnellement la promeſſe. Cependant on eut à peine fait les diſpoſitions néceſſaires pour ce voyage, que l'eſprit ſéditieux des Baſchkires ſe ranima, & qu'ils voulurent abſolument empêcher le paſſage: c'eſt ce qui donna lieu à l'expédition d'*Ohrenbourg*, qui dura pendant quelques années. Pour mettre une bonne fois les Baſchkires à la raiſon, on envahit leur pays, on s'en empara même tout-à-fait, & on chercha les moyens de les contenir, tant par pluſieurs Forthereſſes qui furent conſtruites chez eux, que par quelques diſpoſitions qui, loin d'être tyranniques, ne reſpiroient au contraire que l'humanité même, & beaucoup de ſageſſe. Ils ont ſouvent promis d'être plus ſages, & on s'en eſt fié à leur parole; mais on a fait l'expérience, qu'on ne pouvoit les réprimer que par des moyens violens. Ils ſentent aujourd'hui qu'ils ſe ſont mal conduits, & ils voient que toutes leurs forces comparées à celles des Ruſſes ſont trop inégales pour y réſiſter; auſſi ſont-ils fort humiliés, & tremblent-ils à préſent à la vue d'un Ruſſe.

Il y a dans ces cantons un grand nombre de ſerpens & de viperes. On tue beaucoup des premiers, mais on porte un reſpect ſingulier aux viperes en Ruſſie & en Sibérie, & on les épargne ſoigneuſement, parce qu'on croit que, ſi on fait du mal à cette eſpece de reptiles, ils ſe vengeront d'une maniere terrible. On raconte à ce ſujet bien des aventures, où l'on ne voit qu'une ſuperſtition ridicule. Il y a cependant aujourd'hui des gens qui en ont ſecoué le joug; & j'ai vu, dit M. *Gmelin*, un Soldat qui tua quinze viperes en un jour. « J'ÉTOIS à peine arrivé dans cette For-
» tereſſe, qu'on me pria d'aller voir un autre Soldat malade. Il y avoit deux
» jours qu'il s'étoit gliſſé, diſoit-il, dans ſon corps, pendant qu'il dormoit,
» un ſerpent qui s'y promenoit, & le chatouilloit de tems en tems d'une
» maniere fort incommode. J'eus beau lui ſoutenir qu'il ne ſavoit ce qu'il
» diſoit: il prétendoit abſolument avoir un ſerpent dans le corps. Je regar-
» dai ce que ſentoit le malade, non comme l'effet d'une imagination
» frappée, mais comme des accidens cauſés par un ver ſolitaire; je lui
» donnai un peu de poudre d'aloës, avec du mercure doux, & dès qu'il
» en eut pris une doſe, il rendit en effet un ver ſolitaire. Pendant quel-
» ques jours de ſuite, il prétendoit ſentir encore remuer le ſerpent. Le
» quatrieme jour, on me dit que le malade avoit rendu des œufs de
» vipere. Les ſymptomes des grandes douleurs & le mouvement d'une
» matiere qui s'agitoit, duroient toujours, & étoient plus violens vers
» le ſoir. Le malade vouloit que le ſerpent fût venu juſqu'auprès de ſon
» cœur, & il craignoit qu'il ne le mangeât. Le quatrieme jour, il dor-
» mit une partie de l'après-dînée, à ſon réveil: il dit qu'il ſe trouvoit
» fort ſoulagé, & qu'il avoit bien ſenti que la vipere l'avoit quitté. Perſonne
» ne l'ayant vu partir, on prit fort inutilement la peine de la chercher par-
» tout.

» tout. Peu de tems avant mon départ, on vint me dire de la part du ma-
» lade, que la vipere étoit rentrée dans son corps, ou qu'elle n'en étoit
» vraisemblablement pas sortie. Je ne répondis qu'en ordonnant encore de
» la poudre vermifuge ».

Le 15 Juillet, M. *Gmelin* visita la grande montagne d'*Aiman*. C'est, à proprement parler, une chaîne de montagnes, qui s'étend du Nord au Sud à la longueur environ trois werstes, & qui, du côté occidental, est divisée par huit vallons de différentes profondeurs, qui la coupent en autant de parties séparées. Du côté oriental, est une steppe assez ouverte, dont la partie occidentale est éloignée d'environ cinq à six werstes du *Jaïk* : du même côté, & au pied de la montagne, passe encore un ruisseau sans nom, qui, à deux werstes au-dessous de-là va se jetter dans le *Jaïk*. La septieme partie ou section de la montagne, à compter de l'extrémité septentrionale, est la plus haute de toutes, & sa hauteur perpendiculaire peut être de quatre-vingt ou quatre-vingt-dix brasses. C'est celle-ci qui produit aussi le meilleur aimant, non pas au sommet qui est formé d'une pierre blanche tirant sur le jaune, & qui participe d'une espece de jaspe, mais à environ huit brasses au-dessous. On voit là des pierres du poids de deux mille cinq cens ou de trois mille livres, qu'on prendroit de loin pour des pierres de grès, & qui ont toutes la vertu de l'aimant. Quoiqu'elles soient couvertes de mousse, elles ne laissent pas d'attirer le fer ou l'acier, à la distance de plus d'un pouce. Les côtés exposés à l'air ont la plus forte vertu magnétique ; ceux qui sont enfoncés en terre, en ont beaucoup moins. D'un autre côté, les parties les plus exposées à l'air & au tems, sont moins dures, & par conséquent moins propres à être armées. Une pierre d'aimant, de la grandeur que l'on vient de décrire, est composée de quantité de petits aimans, qui operent en différentes directions. Pour les bien travailler, il faudroit les séparer en les sciant, afin que tout le morceau qui renferme la vertu de chaque aimant particulier conservât son intégrité ; on obtiendroit vraisemblablement de cette façon des aimans d'une grande vertu. On coupe ici des morceaux à tout hasard, & il s'en trouve plusieurs qui ne valent rien du tout, soit parce qu'on abat un morceau de pierre, qui n'a point de vertu magnétique, ou qui n'en renferme qu'une petite parcelle, soit que dans un seul morceau il y ait deux ou trois aimans réunis. A la vérité, ces morceaux ont une vertu magnétique ; mais comme elle n'a pas sa direction vers un même point, il n'est pas étonnant que l'effet d'un pareil aimant soit sujet à bien des variations.

L'aimant de cette montagne, à la réserve de celui qui est exposé à l'air, est d'une grande dureté, taché de noir, & rempli de tubérosités qui ont de petites parties anguleuses, comme on en voit souvent à la surface de la pierre sanguine, dont il ne differe que par la couleur ; mais souvent, au-lieu de ces parties anguleuses, on ne voit qu'une espece de terre d'ocre. En général, les aimans qui ont ces petites parties anguleuses, ont moins de vertu que les autres. L'endroit de la montagne, où sont les aimans, est presque entierement composé d'une bonne Mine d'acier,

Tome XVIII. Kkk

qu'on tire par petits morceaux entre les pierres d'aimant. Toute la section de la montagne la plus élevée renferme une pareille mine ; mais plus elle s'abaisse, moins elle contient de métal. Plus bas, au-dessous de la montagne d'aimant, il y a d'autres pierres ferrugineuses, mais qui rendroient fort peu de fer, si on vouloit les faire fondre. Les morceaux qu'on en tire ont la couleur du métal, & sont très-lourds. Ils sont inégaux en dedans, & ont presque l'air de scories, sinon qu'on y trouve beaucoup de ces parties anguleuses. Ces morceaux ressemblent assez par l'extérieur aux pierres d'aimant ; mais ceux qu'on tire à huit brasses au-dessous du roc, n'ont plus aucune vertu. Entre ces pierres, on trouve d'autres morceaux de roc qui paroissent composés de très-petites particules de fer, dont ils montrent en effet la couleur. La pierre par elle-même est pesante à la vérité, mais fort molle ; les particules intérieurement sont comme si elles étoient brûlées, & elles n'ont que peu ou point de vertu magnétique. On trouve aussi de tems en tems un minérai brun de fer dans des couches épaisses d'un pouce ; mais il rend peu de métal. La section la plus méridionale, ou la huitieme partie de la montagne, ressemble en tout à la septieme, sinon qu'elle est plus basse. Les aimans de cette derniere section n'ont pas été trouvés d'une aussi bonne qualité. Toute la montagne est couverte de plantes & d'herbes, qui sont presque par-tout assez hautes. On voit aussi par intervalles à mi-côté & dans les vallées de petits bouquets de bouleaux. Cette montagne au reste, outre cet aimant, n'a qu'une pierre sauvage, si ce n'est qu'en certains endroits, on rencontre de la pierre de chaux.

On prétend qu'il n'y a que vingt ans ou environ que les *Baschkires* ont connu ces Mines de fer & d'aimant ; ce qui paroît assez vraisemblable, puisque le nom Baschkire de la montagne s'accorde avec celui que porte le petit *Utasse*, situé au Nord, où l'on n'a jamais découvert le moindre vestige de Mine. Les gens du pays ne peuvent pas même rendre raison de l'origine du mot *Utasse* ; ils croient qu'il dérive du nom d'un ancien Commandant Baschkiré qui a demeuré dans ces cantons, comme plusieurs autres montagnes de ces districts portent des noms qui ont de semblables étymologies. Il n'y a que peu d'années que les Baschkires avoient encore leurs Fonderies au pied oriental de la montagne ; ils y fondoient le minérai dans des fourneaux à la main, où il se formoit en gruaux, dont, au-lieu de fer, ils tiroient, dit-on, le meilleur acier. Ils avoient choisi pour cet effet le minérai qui abondoit le plus en particules anguleuses ; & ils avoient trouvé que la mine qui est à la surface, n'est pas aussi riche que celle qu'on tire à quelques pieds de profondeur. Le *Jaïk* a, dans les environs de la montagne d'Aimant, environ douze brasses de largeur. Il est guéable en cet endroit, & encore plus cinq werstes plus bas, où il est moins profond. C'est par-là que la *Casatschia-Horda* a ordinairement passé ce fleuve, quand elle a voulu faire des irruptions sur les Baschkires, qui résident pour la plûpart sur son rivage occidental. Elle avoit pris ce même chemin le Printems dernier, & ils avoient emmené près de deux cens trente chevaux Baschkires ; mais depuis on a pris de bonnes mesures pour défendre ces gués, & pour empêcher partout le passage du *Jaik*.

M. *Gmelin* observe qu'il trouva dans ce canton de très-belles fraises, & des cerisiers hâtifs, c'est-à-dire, de l'espece de ceux qui donnent du fruit dans le mois de Mai. Il y a aussi dans les environs de cette même Forteresse de *Tschebarkulskaja-Krepost* beaucoup de tilleuls, dont on emploie la grosse écorce, & l'écorce la plus fine (*bast*) pour des souliers. On exploite aussi près de la Forteresse une pierre grise & molle, dont on fabrique des soucoupes, des tasses, des pipes à tabac, des boutons de chemise, &c. On humecte cette terre d'huile de lin, & elle donne aux choses fabriquées une belle couleur noire.

Les Baschkires, dont on a déja tant parlé, menent une vie semblable à celle des autres Tatares. Ils ont des habitations différentes pour l'Hiver & pour l'Eté, & elles sont construites de la même maniere que celle des *Woilokes*, des *Bratskis* & des Tatares de *Krasnojarsk*; ils tiennent auprès de leurs jurtes leurs chevaux, leurs bestiaux, & quelques chameaux à deux bosses, qui se multiplient bien dans ces cantons. Ils nourrissent aussi des poules, usage qui est peu pratiqué par les autres Tatares. Ceux d'entre eux qui sont pauvres ont pour habitations d'Eté des perches plantées circulairement, réjointes par les extrémités, & couvertes de broussailles.

Ils ne cultivent encore que très-peu de terres, & ils ne sement que de l'avoine & de l'orge. Ils se contentent pour leur nourriture de ces deux sortes de grains, avec le lait & la chair de leurs bestiaux. Ils usent encore de l'oignon du turban de Turquie, & de la racine d'une espece particuliere de fleur, appellée *campanula*, & en Langue Baschkire, *atlyk*, dont se servent aussi les Tatares de *Krasnojarsk*. Cependant ceux qui sont à leur aise, achetent quelquefois de la farine dans les Villages Russes. L'hydromel étoit autrefois une boisson fort usitée parmi eux; mais un an avant leur derniere révolte, les abeilles ont commencé à se perdre parmi eux. Il est à présumer que pendant les troubles qui désoloient le pays des Baschkires, les abeilles en ont été chassées par la fumée ou par d'autres incommodités, & se sont retirées ailleurs. On assure, dit M. *Gmelin*, qu'elles y reviennent en très-petite quantité, & que les Baschkires courent après elles, pour recueillir le produit de leurs travaux. La boisson ordinaire des gens aisés est du lait de jument aigre; les pauvres se contentent de boire de l'eau.

Il y a parmi ces peuples des hommes rusés & alertes: tel étoit le Commandant ou Tarchan d'un Village de la Nation qui visita M. *Gmelin*. On apprit à notre Professeur, que ce Tarchan, qui avoit plusieurs fois harcelé les Russes, & qui leur avoit enlevé plusieurs convois, avoit malgré cela eu l'adresse de se faire confirmer dans sa dignité de Commandant, même après les disgraces de sa Nation. Il avoit, dit M. *Gmelin*, un air frais & leste; il portoit l'habit ordinaire de Tatare, & un sabre qui étoit la marque de son commandement. Il avoit cinq femmes, & un grand nombre d'enfans.

On prétend que les Baschkires ont une ancienne maxime d'état, qui

Kkk ij

n'est rien moins que barbare, & qu'ils ne manquent jamais de pratiques dans l'occasion ; c'est que toutes les fois qu'ils servent de guides aux Russes, ils les conduisent par des marais & par des endroits presqu'impraticables. Aussi les Russes n'aiment-ils point à se servir de pareils Conducteurs.

Comme la plûpart des Baschkires, qui restent de la derniere révolte, demeurent sur la route depuis *Tschebarkul*, c'est vraisemblablement par cette raison que le Lieutenant-Colonel de cette Forteresse avoit voulu, à force de tracasseries & de difficultés, détourner notre Professeur de suivre cette route, de crainte qu'il ne fût informé des vexations qu'il exerçoit sur ces peuples. Quelques Baschkires habitent encore dans les districts supérieurs du *Jaik*, & près de la Ville d'*Uffa* ; car il ne leur est plus permis de s'établir dans les montagnes, afin qu'on soit en état de mieux veiller sur leur conduite.

Près du Village de *Schillowa*, sont les Mines de *Schillow-Iserkoi*. Elles étoient autrefois très-célebres par la qualité du cuivre qu'elles donnoient ; mais les veines du minérai s'étant perdues, on avoit cessé d'y travailler jusqu'en 1736, qu'on avoit repris les travaux.

J'entrai dans cette Mine, dit M. *Gmelin*, par le *Stolle* (ou la décharge des eaux), qui avoit sa sortie vers la riviere d'*Iset*, & qui entroit dans la montagne du côté du Nord. A vingt-cinq brasses de l'entrée, est un conduit à jour, qui communique à un autre rempli d'eau, & impraticable ainsi que le premier. A quinze orgies plus loin, est un autre conduit à jour, & à dix-huit orgies de-là, un troisieme ; ils sont tous devenus inutiles. A quelque distance enfin est encore un conduit à jour de la profondeur de six orgies, & au-dessous une gallerie de quatre orgies & demie, qui aboutit à l'endroit où l'on exploite à présent. On y a appliqué une pompe pour épuiser l'eau. On en tire, dans un espace large d'environ une demie aune, un *kies*, ou gravier brun tenant cuivre. De cet endroit qui va en plongeant, on a bâti en montant obliquement au-dessus du *Stolle*, & on y a creusé des conduits d'une orgie & demie de largeur. Le filon va parallelement à l'horison encore près de cinq orgies, au bout desquelles est un autre conduit à jour qui est exploitable, & qui a huit orgies de profondeur. De-là on a creusé & exploité jusqu'à dix orgies, mais on n'y découvre plus de minérai ; on rencontre seulement quantité de veines de chaux, qui peut-être écrasent les filons de la mine. Je sortis par ce dernier conduit avec beaucoup de peine, parce que les galleries se trouvent tout-à-fait perpendiculaires, & quelquefois même jettées obliquement en arriere. On peut dire en général, que ce bâtiment de mines n'est pas construit commodément. La gallerie perpendiculaire où l'on exploite le *kies* est si étroite, qu'il fallut, pour ainsi dire, me plier en deux pour y descendre.

Le minérai de cette Mine est aisé à exploiter ; mais de cette facilité même, il en résulte l'inconvénient qu'il est plus difficile d'y construire un bâtiment, attendu que la nature de la montagne, où se trouve beaucoup de veines de chaux, & d'une terre blanche aussi calcaire, rend le terrein peu solide, & peut causer de forts éboulemens.

DES VOYAGES.

Outre le beau *kies* brun de cuivre, qui eſt ſouvent aſſez denſe, on a quelquefois auſſi trouvé dans cette Mine un gravier d'eau d'un jaune pâle, & une eſpece de pierre de cuivre d'un jaune brun & aſſez riche, dans laquelle on trouve ſouvent des paillettes de cuivre vertes, très-fermes & de différentes formes. Cette Mine eſt exploitée par un Officier des Mines, deux Compagnons Mineurs, & cinquante Apprentifs, pour la commodité deſquels on bâtiſſoit alors une loge.

L'eſpérance qu'on fonde ſur le produit futur de cette Mine, eſt très-médiocre. Les graviers qu'on exploite dans les galleries perpendiculaires, ſe plongent de plus en plus, & dégénerent : d'ailleurs l'eau y cauſe beaucoup d'incommodités, qui s'augmentent à meſure qu'on avance le bâtiment de la Mine, & à la fin elles pourront devenir intariſſables. Ce ſeroit d'ailleurs perdre du tems & des frais que de conſtruire de grandes machines pour dompter les eaux, puiſqu'on voit déja que les *kies* dégénerent, au-lieu de s'améliorer ; & il eſt à craindre que, ſuivant la nature des Mines de Sibérie, ils ne ſe perdent tout-à-fait. Les veines horiſontales qui étoient dans le *Stolle*, ſont déja perdues. Depuis l'entrée du *Stolle* le plus ſeptentrional, on a meſuré vingt cinq orgies vers le Nord, & de-là on a pouſſé une gallerie de cinq braſſes, pour chercher les conduits ; mais on n'a rien trouvé. Il eſt au contraire à préſumer que la Nature n'avoit produit du minérai que juſqu'à l'endroit où on en a rencontré. On ne trouve dans toute la Sibérie aucune veine qui aille bien loin. Depuis que je connois la Nature, dit M. *Gmelin*, je m'apperçois qu'elle ſuit par-tout ſes propres loix, & qu'elle promet beaucoup toutes les fois qu'on veut un peu ſuivre ſes traces ; mais en général, il paroît bien que Dieu n'a point conſulté les hommes pour l'ordre de ſes productions. Si l'on m'objecte qu'il eſt très-vraiſemblable que les loix de la Nature ſont uniformes par-tout ; que par conſéquent ces loix doivent être les mêmes en Sibérie qu'en Allemagne ; que dans cette derniere contrée les meilleurs minéraux ſont dans la profondeur de la terre, & que par conſéquent il en doit être de même en Sibérie : je répondrai, qu'il eſt bien vrai que la Nature eſt par-tout la même dans ſes effets, quant à ce qui regarde ſes loix générales ; mais que, quand par un accident particulier qui eſt hors de ces loix & qui les dérange, les choſes ſont bouleverſées, on ne peut plus les comparer entr'elles, à-moins qu'on ne tienne en même tems compte de ce bouleverſement.

Le 3, M. *Gmelin* arriva à Catherinenbourg, Ville fondée en 1723, pour faciliter l'exploitation des Mines de fer qui ſe trouvent aux environs. Juſqu'à l'année 1735, il y avoit eu une Fonderie de fer de deux grands fourneaux, qui étoient occupés continuellement ; mais ils furent tranſportés alors à la Fonderie de *Werchnoi-Iſeʒkoi*, & on fit en même tems quelque changement dans la Fonderie de cuivre. Juſqu'alors on avoit fondu le minérai de cuivre dans une Fonderie particuliere, qui avoit trois fourneaux courbes, & quatre foyers ; dont deux à cuiſſon où l'on faiſoit cuire le cuivre noir qui venoit tout fondu de *Poleuskoi*, & que l'on refondoit enſuite en blocs, pour en ſéparer le fer ; mais tous ces ouvrages ont été tranſférés à *Poleuskoi*. Maintenant voici, dit M. *Gmelin*, quel eſt l'état de la Fonderie de Catherinenbourg, & des ouvrages que l'on fait agir. 1°. Trois grandes forges à barres, où l'on apporte le fer crud par eau des Fonderies de *Werchnoi-Isetkoi* par le réservoir ou baffin de Catherinenbourg; 2°. une grande Forge pour les plaques de fer, composée de deux foyers & de deux gros marteaux, pour changer les barres de fer en plaques pour les toîts; 3°. une forge d'ancres, composée de cinq foyers & d'un gros marteau; 4°. un attelier où les barres de fer sont coupées par le moyen d'une machine, en plusieurs barres plus petites, & rendues unies & alongées moyennant une autre machine; 5°. une petite forge à barres, avec un petit foyer & un petit marteau à cet usage; 6°. un attelier pour des ouvrages d'acier crud, de huit foyers, & de deux marteaux d'alonge; 7°. un attelier pour les ouvrages fins d'acier, de trois foyers & de deux marteaux d'alonge pour le battre; 8°. un attelier pour du fil de fer, avec un petit foyer, un petit marteau d'alonge & douze tenailles; 9°. une forge de vingt-huit foyers, où se forgent tous les outils nécessaires pour les ouvrages des Mines & des Fonderies, & où tous les soufflets sont dirigés par le moyen d'une roue hydraulique; 10°. deux moulins à scies, l'un de deux, l'autre de trois tours. Ces derniers sont établis depuis le commencement des ouvrages; les premiers ont été construits à la place de la Fonderie de fer, qui a été transférée à *Werchnoi-Isetkoi*; 11°. un moulin à bled de trois tours. Les autres ouvrages ou atteliers, dont l'eau n'est pas la force mouvante, sont: 12°. une Forge de clous de quatre foyers; 13°. une Serrurerie de quatre foyers; 14°. un attelier pour du fer-blanc; 15°. un attelier pour étamer des plaques de fer, avec un foyer; 16°. un attelier où l'on fabrique des soufflets; 17°. une Forge de chauderons, où l'on fabriquoit autrefois toutes sortes de vases de cuivre & de fer-blanc pour le débit, mais qui a cessé depuis quelques années; 18°. un attelier pour des ouvrages au tour; 19°. un endroit où l'on fait des modeles de toutes sortes de machines de Mines & de Fonderies, & de grandes pompes à feu à la Hollandoise; 20°. un attelier pour polir des pierres; 21°. un laboratoire où on essaye les minéraux, avec un fourneau d'essayeur & un foyer; 22°. enfin une maison où, depuis trois ans, on travaille & on polit un marbre gris, mêlé de veines blanches, qu'on apporte d'une carriere située à trente-cinq verstes de Catherinenbourg, sur le chemin de *Poleuskoi*, pour en faire des tables & des colonnes. Depuis 1735, il a été ordonné de couper en plaques tout le cuivre provenant des Fonderies Sibériennes de *Permie* & de *Kungur*, pour en fabriquer la petite monnoie, comme les *denuschki* & les *Poluschki*, & de l'envoyer à la Monnoie de Moscou. On avoit permis d'en fabriquer à Catherinenbourg; mais cette permission a été révoquée en 1740, & il a été ordonné de nouveau de faire simplement les plaques, pour les envoyer directement à Moscou. On doit pour cet effet compter, parmi les établissemens de Catherinenbourg, quelques autres ouvrages & atteliers, dont les six premiers sont des ouvrages hydrauliques: savoir, 23°. une Fonderie de cuivre, d'un fourneau & de quatre foyers; 24°. deux atteliers, où le cuivre est battu en plaques, chacun de deux foyers, de deux gros marteaux, & de trois grosses paires de forces à chaque marteau, pour couper les plaques de cuivre en bandes étroites ; 25°. un attelier de trois tours, pour étendre d'avantage & applatir ces bandes en largeur & en épaisseur, suivant que l'exige la grandeur & l'épaisseur de la monnoie ; 26°. deux atteliers, où les mêmes plaques de cuivre sont coupées en petits ronds avec une vitesse extraordinaire, moyennant deux machines particulieres, l'une de neuf, l'autre de douze tours ; 27°. un tour pour travailler les cylindres des machines à applatir ; 28°. une Forge de trois foyers ; 29°. une Forge à main, aussi de trois foyers ; 30°. une salle où l'on examinoit les plaques rondes des monnoies, pour voir si elles étoient régulieres ; 31°. une autre salle où les plaques des monnoies étoient triées & délivrées aux Monnoyeurs, pour y mettre le coin, & où on recevoit d'eux celles qui avoient été marquées. Mais ces deux atteliers ne subsistent plus, non plus que ce qui suit : 32°. un fourneau à faire rougir les plaques ; 33°. un attelier pour cordonner les plaques rondes, de deux bancs, chacun a dix machines pour faire les cordons, dont six pour des *denuschki*, & quatre pour des *poluschki* (56) ; 34°. trois maisons, chacune de deux chambres, où les plaques de monnoie cordonnées sont frappées au coin, avec vingt-quatre presses, dont vingt-deux pour des *denuschki*, & deux pour des *poluschki*. Toutes ces machines, ainsi que les précédentes, ont été démontées, & doivent être envoyées à Moscou ; 35°. un attelier pour tailler ou graver les coins ; 36°. une presse pour imprimer ces coins. On pourroit de même faire cesser ici ces travaux, mais on les continue pour envoyer à Moscou des coins tout faits ; 37°. une chambre voûtée de pierre pour garder l'argent monnoyé, à côté de laquelle est le Bureau de la Monnoie. Ces bâtimens, à commencer par la salle où l'on visitoit les plaques rondes des monnoies, occupent un emplacement quarré, de sorte cependant qu'entre les maisons on a laissé quelques places vuides, environnées de palissades, & qu'il n'y a qu'une seule entrée dans la cour, où est une garde. Le Bureau des Fonderies seul a une entrée au dehors, mais de laquelle on ne peut pas pénétrer dans la cour intérieure. Tous ces atteliers & bâtimens se trouvent entre les autres ouvrages des Mines, soit dans l'endroit même où étoit auparavant la Fonderie de cuivre, soit de tous les côtés où l'on a pu les placer commodément.

La Ville de Catherinenbourg avoit été un peu élargie du coté occidental depuis le dernier séjour de M. Gmelin. Après avoir détruit le rempart, on avoit formé, à la place de la ligne droite des courtines, un rang de palissades, avec deux angles saillans.

On compte dans cette Ville près de quatre cens soixante maisons. Hors des ouvrages de fortification, au-dessus & des deux côtés du réservoir, & au-dessous, des deux côtés de la riviere d'*Isét*, il y a encore des

---

(56) *Denuschki* est une monnoie qui vaut un demi-copeque. Le nominatif est *denuschka*. *Denuschka* est un diminutif. *Denga* est proprement le mot qui exprime un demi-copeque. *Dengi* est le pluriel, mais on s'en sert plus fréquemment, pour exprimer l'argent en général. *Poluschki* est le pluriel de *poluschka*, qui signifie un quart de copeque.

Fauxbourgs habités en partie par des Exilés, en partie par des gens libres, qui, depuis la fondation de la Ville, se sont établis pour commercer, ou pour faire le métier de manouvriers. A l'extrémité du Fauxbourg supérieur, au côté oriental du réservoir & sur une hauteur, est un grand bâtiment qui est la demeure du premier Commandant, avec un jardin fort vaste qui domine sur toute la Ville. A l'extrémité du Fauxbourg inférieur, il y a sur le bord oriental de la riviere d'*Iset* un Hôpital, avec un jardin de plantes médicinales.

La Garnison est composée de deux Compagnies de Soldats, commandées par un Capitaine. La Garde d'Artillerie est composée d'un Capitaine d'Artillerie, de trois Bas-Officiers, & de trente-six Artilleurs.

Il y a dans la Chancellerie des Mines deux Officiers qui servent d'Assesseurs. Le Tribunal Provincial, la Chambre de Justice (57), & la Police sont des Jurisdictions particulieres. Les premieres sont administrées par le Lieutenant-Colonel, qui est aussi Commandant ; & la Police, par le Capitaine qui commande la Garnison. Chacune de ces Jurisdictions a un Secrétaire qui revise les anciens comptes. Les Officiers du péage, qui perçoivent en même tems le produit des cabarets de tout le territoire de Catherinenbourg, dépendent du Gouvernement de *Tobolsk*.

Les 9 & 10 Août, il y eut un grand vent, qui fit beaucoup parler & raisonner d'une prétendue prophétie portant, que Catherinenbourg devoit périr à un *Spassow-den*, c'est-à-dire, le premier, le six ou le quinze d'Août, & que peu d'habitans resteroient en vie. Quoiqu'en général, les habitans eussent ajouté bien peu de foi à cette prophétie, cependant on en parloit toujours. Un Ecrivain fut convaincu d'avoir divulgué cette prophétie ; & comme il avoit nommé un vieillard, pour en être l'auteur, on lui donna des Soldats pour l'aider à le découvrir ; mais on ne put jamais le trouver. Or, suivant une Ordonnance de Pierre I, celui qui nommoit l'auteur d'une prophétie, sans pouvoir le représenter, devoit être réputé le Prophete lui-même, & comme tel, gardé dans les prisons, jusqu'à ce que le tems de sa prophétie fût venu. On devoit ensuite examiner d'où il avoit tiré sa prophétie, & le punir selon l'exigence du cas, pour s'être mêlé d'un métier où il n'entendoit rien.

Le premier & le six Août étant passés, l'Ecrivain déclara que le 15 se passeroit de même, sans qu'il y eût rien à craindre pour la Ville ; que ce n'avoit jamais été son avis ; qu'il n'avoit rien prophétisé ; & qu'il étoit bien malheureux pour lui de n'avoir pû déterrer le vrai Prophete. Cependant, pour ne pas laisser cet homme sans punition, & pour ôter toute inquiétude aux habitans sur le sort de leur Ville, on tira le faux Prophete de sa prison ; & après l'avoir exposé pendant quelque tems au Marché, on lui fit subir la peine du *knouth*, ce qui le mit en fort mauvais état. Il n'y eut en effet aucun malheur dans les trois jours que le Prophete avoit indiqués, à-moins qu'on ne voulût compter plusieurs incendies qui arriverent dans les forêts, & qui brûlerent des arbres, mais non des maisons; ce qui pourtant causa quelque frayeur aux habitans de Catherinenbourg.

(57) Semskaja & Sudnaja-Cantora.

Mais

Mais la nuit du 25 au 26 Août, ils en eurent une autre bien plus vive par l'incendie d'un Moulin à ſcier qui fut réduit en cendres, & d'autres uſines qui furent auſſi conſumées en très-peu de tems. Si le vent eût été plus à l'Oueſt & plus fort, toute la Ville auroit été brûlée.

Le 11 Août, il y eut une gelée blanche ſi forte, que la plûpart des légumes furent gelés; & que les bleds qui étoient encore dans les champs ſouffrirent beaucoup.

A deux werſtes au-deſſus de Catherinenbourg, ſur les bords de l'*Iſet*, eſt la Fonderie de *Werch-Iſetzkoi*, appellée communément *Werchnaja-Plotina*. Le bâtiment conſtruit en 1725 renferme trois Forges. Au moyen d'une digue & d'un bâtardeau, on a formé un canal de douze à treize werſtes, qui ſert de réſervoir, pour fournir, au beſoin, de l'eau aux Forges de Catherinenbourg. Le fer crud qui ne peut pas ſe travailler à *Werchnaja-Plotina*, eſt apporté dans cette Ville par de petites Barques, qui viennent le charger juſque ſous les machines, & qui, par le jeu d'une ou de deux écluſes, ſont enſuite élevées & conduites ſous les murs de Catherinenbourg (58).

(58) M. l'Abbé *Chappe d'Auteroche*, qui a viſité les Mines de Catherinenbourg, [il écrit *Katerinbourg*], en donne auſſi des détails qui ont le double mérite d'être beaucoup moins prolixes, & bien plus récens que ceux de M. *Gmelin*, puiſque cet Académicien a fait ſes obſervations en 1761: tems où l'Académie, ſuivant les ordres du Roi, l'avoit envoyé à *Tobolsk*, pour obſerver le paſſage de Vénus ſur le Soleil. *Voyez* les Mémoires de l'Académie des Sciences de Paris, pour l'année 1761, p. 337.

« J'arrivai de Tobolsk à Katerin-
» bourg, dit l'Académicien François, après
» avoir traverſé une plaine de cent lieues
» environ, ſi marécageuſe, que j'étois
» obligé d'envoyer en avant un Soldat,
» pour rendre le chemin praticable dans
» bien des endroits, en y jettant des faſci-
» nes. Cette Ville eſt ſituée à l'Orient
» d'une chaîne de montagnes, & la Ruſſie
» y fait exploiter la plus grande partie de
» les Mines. Le tems ne me permettant
» pas d'y faire des obſervations aſtrono-
» miques, je m'en dédommageai en viſi-
» tant les Mines, après en avoir obtenu
» la permiſſion par grace ſpéciale.

» Les Mines d'or ſont ſituées dans les
» terres, tandis qu'on ne les trouve que
» dans les montagnes preſque par-tout ail-
» leurs; une terre ſablonneuſe & griſâtre
» les indique; à peine a-t-on creuſé deux
» pieds, que le filon paroît. Il eſt diſpoſé
» le plus ſouvent du Midi au Nord, & n'a
» ordinairement de hauteur que quatorze

» toiſes environ; on trouve l'eau immédia-
» tement après, & de l'ocre rouge, qui
» annonce la limite des filons. Ils ſont paral-
» leles entr'eux, & les galleries principales
» ſont diſtribuées perpendiculairement aux
» filons: l'étendue des filons du Nord au
» Midi eſt de vingt à trente toiſes, & leur
» largeur de quatre à cinq pouces vers la
» partie ſupérieure; celle-ci eſt toujours la
» plus riche; ils diminuent enſuite de lar-
» geur & de qualité, à meſure qu'on deſ-
» cend plus bas. On voit le contraire dans
» preſque toutes les autres Mines connues.

» Les terres qui ſéparent les filons, ſont ſa-
» blonneuſes, ſouvent ſemblables à une eſ-
» pece de glaiſe ſans conſiſtance; elles for-
» ment quelquefois des pierres aſſez dures;
» mais on eſt obligé généralement de ſou-
» tenir les galleries par des charpentes. Le
» filon eſt une eſpece de rocher noirâtre, un
» peu terreux, & c'eſt le plus riche. Il n'eſt
» d'autre fois que du *quartz*, en bloc ou en
» forme de cryſtaux à facettes, de ſix à
» ſept lignes de diametre, mais ſouvent ſi
» peu liés enſemble, qu'on les ſépare avec
» le doigt. Le filon contient beaucoup de
» topaſes, de l'eſpece de celles de Bohe-
» me; elles ſont taillées comme les cryſ-
» taux, mais très-alongées & de différen-
» tes groſſeurs. Le produit de ces Mines
» d'or eſt ſi modique, qu'on n'en retire
» pas ſouvent les frais de la dépenſe, quoi-
» que la main-d'œuvre y ſoit toujours à
» vil prix, à cauſe des eſclaves qu'on em-
» ploie.

» Les Mines d'argent ne méritent pas

Tome XVIII.

M. *Gmelin* remarqua près de cette Fonderie un puits dont l'eau lui parut contenir des parties ferrugineuses, & qui pourroit, à son avis, être salutaire dans différentes maladies.

Il visita le 21 Août la Forge de *Neiwjanski*, bâtie en 1701 aux dépens du Gouvernement, & donnée en propriété à *Nikita Demidow*. Les eaux de la *Neiwa*, après avoir arrosé la Sawode de *Neiwjanskoi*, font mouvoir cette Forge. La Mine s'exploite en partie, sur la riviere de *Neiwa*, en partie sur le ruisseau de *Schurald*. Celle qui vient de la montagne d'aimant donne un fer très-malléable. Il y a une petite Fonderie de cuivre, où l'on amene tous les ans, des Mines de *Koliwano-Woskresenski*, une grande quantité de cuivre noir. Tous les bâtimens servant à la Forge sont situés au-dessous de la digue, des deux côtés de la *Neiwa*, dans un vallon, & sont munis de fourneaux, de marteaux, de tours, de meules, &c. On y bat le fer crud en barres & en plaques ; on y fabrique du fer-blanc, toutes sortes de gros outils, de l'acier, des ancres, des vases de cuivre & de fer, des faux & d'autres instrumens trenchans ; on y fond des cloches ; on y étame le fer-blanc & le cuivre, & l'on y fait différens ouvrages de Serrurerie.

Sur le rivage gauche ou occidental de la riviere, vis-à-vis la digue, est une Forteresse quarrée de bois, munie de sept tours, & dans l'intérieur de laquelle est une vieille Eglise aussi de bois, sous le titre *de la Glorification de Jesus-Christ*. A la place de cette Eglise, on devoit en bâtir une de pierre, & le clocher étoit fait, mais il avoit déja perdu son à-plomb ; aussi les Architectes du pays ne sont-ils pas fameux. Il y avoit même des colonnes de fer fondu assez hautes, qu'on se proposoit d'employer à cette Eglise.

La maison du Maître de la Forge, qui étoit alors *Akensi-Demidow*, Conseiller d'Etat., est dans la Forteresse même. On compte dans la Ville près de huit cens maisons, situées presque toutes sur les bords de la riviere. Ces maisons sont alignées, ce qui fait que la plûpart des rues sont assez larges. Quoiqu'elles n'aient presque ni parapet, ni pavé, elles sont pendant toute l'année fort propres, parce qu'on a tiré le long de chacune un fossé qui lui sert d'égout, & que les côtés des maisons sont rehaussés avec du gravier. Les vivres y sont en abondance ; mais la

„ qu'on en parle ; le sol est le même que „ celui des Mines d'or, Mines plus utiles „ aux Physiciens qu'à la Russie, en ce „ qu'elles offrent aux premiers les recherches les plus intéressantes.

„ Les Mines de cuivre sont aussi généralement d'un produit médiocre ; leur „ base est de la glaise, & quelquefois une „ espece d'ocre.

„ Les Mines de fer, en revanche, semblent dédommager la Russie de la médiocrité de toutes celles dont on vient „ de parler, par leur abondance & par „ leur richesse ; elles produisent encore un „ fer, dont la bonté ne laisse rien à désirer.

„ Il s'en trouve indifféremment dans tous „ les environs de la Ville de *Katerinbourg* : „ il y en a en roche & en grains mêlés „ ensemble ; les premieres produisent la „ plûpart cinquante livres au cent, & les „ dernieres quarante. On abandonne partout celles-ci dans quelques endroits, „ comme étant d'un produit médiocre. *Katerinbourg* est aussi le dépôt des marbres, „ jaspes, porphires, & autres pierres de „ cette espece, qu'on trouve en quantité „ en Sibérie, sur-tout des cornalines & „ des sardoines, qui viennent du côté de „ *Jakoutz* & de *Nertzinsch*.

viande est un peu plus chere qu'ailleurs ; ce qui provient, dit-on, de ce que les Bouchers sont obligés de remettre au Maître de la Forge la peau de chaque bœuf ou vache au prix de vingt-cinq copeques, & le poud de suif crud à raison de trente. Le cuivre travaillé s'y vend bien ; aussi tous les ouvrages qui s'y font, coquemars pour le thé & autres ustensiles, sont-ils tournés fort proprement, & d'une grande solidité.

Il y a parmi les habitans beaucoup de non-conformistes, appellés Staro-Werzi, *Vieux-Croyans*, & l'on a pour eux bien des égards. Comme ils n'aiment pas les Allemands, M. *Demidow* eut la complaisance de ne loger chez eux aucun Voyageur de la Troupe académique ; en quoi, dit M. *Gmelin*, il nous rendit un grand service. Car les Russes souffrent volontiers qu'un Allemand boive dans leur verre, se serve de leurs ustensiles, & qu'il entre dans leur chambre, sans faire le signe de la croix : mais un Vieux-Croyant est scandalisé, si l'on en use aussi librement avec lui, & ne pardonne point l'omission de la moindre formalité.

L'eau-de-vie est défendue à *Neiwjanskoi*, sous punition arbitraire ; ce qui n'empêche pas que la Loi ne soit souvent enfreinte par les Russes, & qu'ils ne s'enivrent en secret. Or un Vieux-Croyant s'imagine, que c'est un énorme péché que de boire de l'eau-de-vie, & fait à cette occasion bien de l'étalage de sa grande sobriété. Une seule goutte de cette liqueur est, selon lui, digne de l'enfer. On dit cependant que, quand ils ont une fois avalé un verre d'eau-de-vie, il est bientôt suivi de plusieurs autres. Dès qu'ils ont franchi le pas, la force attractive du premier verre agissant toujours, ils contractent une soif cynique, qui leur fait mendier sans honte chez les Russes de quoi l'éteindre. Ils ne se font plus alors de scrupule de boire avec tout le monde ; mais ils portent avec eux leurs tasses. Car le péché de s'enivrer ne leur paroît rien en comparaison de celui qu'ils croiroient faire, s'ils buvoient dans le même vase qu'un Russe. Ils s'imaginent que tout homme attaché à l'Eglise Greque est absolument impur & profane, & que c'est une tache contagieuse.

Ces Vieux-Croyans sont en apparence les plus honnêtes gens du monde ; & quand on les connoît, on croiroit qu'il ne leur est pas possible de tromper personne. C'est dans cette idée que Pierre le Grand leur avoit accordé le droit exclusif de vendre de l'eau-de-vie. On avoit été séduit par les dehors de cette probité rigoureuse dont ils se parent tous plus ou moins, & par la répugnance qu'ils affectoient pour l'eau-de-vie ; mais ils furent enfin démasqués. On découvrit, parmi ces saintes gens, des ivrognes & des imposteurs. L'Empereur qui détestoit l'hypocrisie, les chassa tous de son service. Ils ne furent plus regardés que comme des Pharisiens qui, le parjure dans le cœur, osent parler de leur innocence à Dieu même, & lui marquer leur étonnement de ce qu'il pardonne au monde les doutes qu'il forme sur leur haute vertu. Par une suite de cet esprit pharisaïque & dévot, ils aiment la fainéantise, & feignent toujours d'être en méditation ou en priere.

Le premier Septembre, M. *Gmelin* alla visiter une autre Fonderie construite depuis 1725, & appartenant au Sieur *Akinsei-Nikitisch Demidow*.

On y forge des barres, du fil de fer, de l'acier, & l'on y fond du cuivre noir des Mines de *Koliwa*. Toutes les machines sont mues par l'eau du *Tagil*, contenue à cet effet par une digue. On y fond aussi des cloches de toute grandeur, & de tout poids. Il y a quelques années que l'on fondit pour la Cathédrale de *Tobolsk* une cloche qui pesoit deux cens pouds. On compte dans cette Fonderie environ six cens habitations particulieres, situées la plûpart sur le bord de la riviere à l'Ouest. Tous les ans deux ou trois Bateaux, chargés de barres de fer & d'ouvrages de cuivre, en partent pour se rendre à *Tobolsk* & dans d'autres Villes de Sibérie où ces ouvrages se vendent ; mais un des plus beaux établissemens qu'on y voie, dit M. *Gmelin*, c'est que le Maître de la Fonderie occupe toutes les mains capables de travail.

La montagne d'où le minérai se tire, n'est qu'à un werste de la Fonderie ; sa circonférence est d'environ trois werstes, & sa hauteur de trente orgies. Depuis le pied jusqu'au sommet, elle est composée d'une Mine fort riche, qui fournit le fer le plus malléable de toutes les Mines de ce district. On a souvent trouvé de très-bon aimant dans cette Mine ; aussi porte-t-elle depuis long-tems le nom de *Montagne d'Aimant*. Le Propriétaire en possède un morceau pesant treize livres, qui soutient en l'air un petit canon de quarante.

A un werste & demi de la Montagne d'aimant, est une autre Fonderie nommée *Wuiskoi-Sawoda*, & située sur le *Wuja*, ruisseau qui se jette du côté de l'Occident dans le *Tagil*. Elle est composée d'une Forge de fer & d'une Forge de cuivre. La découverte d'une montagne entiere de ce dernier métal, faite au Nord du *Wuja*, a donné lieu à l'établissement de celle-ci. On a tiré long-tems de cette montagne d'excellent cuivre, & une belle fleur verte légerement rayée ; mais le produit ne payant pas aujourd'hui les frais du charbon, on ne fond plus dans la derniere Forge que du cuivre noir de *Kolywa*.

On compte, près de ces ouvrages, environ deux cens habitations dispersées des deux côtés ; on y voit beaucoup de poudre d'or pour l'écriture, provenant d'un talc doré, qui se trouve à quatre werstes au-dessous de *Wuiskoi-Sawoda*, sur la rive gauche du *Tagil* ; & ce talc est mêlé de quelques mauvais grenats.

Sur la rive orientale du *Tagil*, est une montagne fort escarpée, nommée *Medwiedka* ou *Medwied-Sched-Kamen*. On donne en Russie le nom de *Kamen* à toutes les montagnes, que les *Wogules* appellent *Hoba-Jelping* ou *Jelping-Kut*. Ces peuples adoroient, dit-on, autrefois les montagnes & leur faisoient des sacrifices. Peut-être leur rendent-ils encore secretement quelque culte, quoiqu'ils professent publiquement la Religion Chrétienne, & qu'ils n'osent plus faire aucun acte extérieur d'Idolâtrie.

Le 9, M. *Gmelin* se rendit à *Kuschwinskoi* ou *Blagodat-Kuschwinskoi-Sawode*, Fabrique de fer, établie en 1735 aux dépens de la Couronne, & donnée en 1739 au Baron de *Schænberg*, ci-devant Directeur-Général des Mines ; la Couronne en avoit repris la propriété depuis peu de tems. *Blagodat* est le nom de la montagne qui fournit la Mine de fer. Elle excede en hauteur & par son contour toutes celles des environs ; aussi la Mine dont elle est formée presque toute entière, est d'une telle richesse, qu'elle lui a fait donner le nom de *Don excellent*, que signifie *Blagodat*. On y trouve en certains endroits de la pierre d'aimant d'assez bonne espece. Il y avoit déja dans ce lieu plus de cent maisons de construites, & on avoit jetté les fondemens d'une Eglise qui devoit être dédiée à la Prophetesse Anne.

Le Professeur employa toute la journée du 2 Septembre à visiter les Fonderies & la montagne de *Blagodat*. Il faisoit un très-mauvais tems, & il étoit fort enrhumé. La violence du vent qui le pénétroit de tous côtés, l'obligeoit, en gravissant la montagne, de se tenir au roc, pour n'être pas renversé, ce qui le fatiguoit beaucoup ; mais son courage lui réussit ; il fut tout-à-fait délivré de son rhume.

Le 3, il alla voir encore les Mines de cuivre de *Polowinnoi-Rudnik*, situées au Nord du ruisseau nommé *Plowinnaja*. Il étoit accompagné du Sieur *Vogt*, ci-devant Secrétaire du Baron de *Schænberg*, & qui avoit alors l'inspection de ses ouvrages. Cette Mine, découverte par un Mineur Saxon, n'étoit entamée que depuis le Printems de 1741. On y exploitoit un beau verre rouge de cuivre & le cuivre pur.

Les Fonderies de *Turinsk* sont situées à quatre ou cinq werstes au-dessous de l'embouchure du *Kuschwa* dans la riviere de *Tura* ; on y bat le fer crud de *Kuschwinsk*, & la *Tura* qu'on a resserrée par une digue fait aller tous les ouvrages.

Sur le sommet d'une montagne située au Couchant du *Kuschwa*, qui est une des plus hautes du canton, & sur une montagne voisine, on a trouvé d'anciens ustensiles de cuivre, singulierement ciselés. On avoit encore trouvé, cette année même dans le mois de Mai, une Idole Wogule de fer. Elle avoit la figure d'une grande pique ou d'une hallebarde ; que les Chasseurs *Wogules* élevoient autrefois, à ce qu'on prétend, sur une longue perche de sapin au-haut d'une montagne, où se faisoient les cérémonies de leur culte. Tous les ans au mois de Septembre, avant de partir pour la chasse, ils venoient avec un de leurs Prêtres adresser leurs prieres à cet instrument. Ils s'inclinoient devant la pique, & répétoient plusieurs fois cette formule : *Dieu benisse la Chasse* (59).

M. *Gmelin* se transporta le 7 à la *Montagne d'Asbete* ou d'*Amianthe*, appellée communément *Bumaschnaja* ou *Schelkowaja-Gora*, c'est-à-dire, *Montagne de Papier* ou *de Soie*. Elle est située sur le rivage oriental du *Tagil*. Il y avoit environ trente ans que la découverte de ce fossile étoit faite. On avoit envoyé de Catherinenbourg des gens pour l'exploiter, & l'on voit encore les traces de leurs travaux sur la montagne ; mais la tuile & les autres ouvrages d'*asbete* qu'on y avoit fabriqués ne promettant point beaucoup de profit, l'entreprise a été abandonnée. La pierre de la montagne est molle, friable, & de différentes couleurs, bleue, verte, noire, mais le plus souvent toute grise. Sa direction est d'ordinaire à l'Orient, & presque perpendiculaire. Les veines d'asbete ont toutes sortes de directions : elles ont quelquefois l'épaisseur de deux ou trois

---

(59) *Torom Schotware*. C'est peut-être cet usage qui a fait soupçonner que les *Wogules* adoroient les montagnes.

lignes, & vont rarement jusqu'à celle d'un pouce. Tant qu'on n'en éparpille pas les filamens, la pierre a la couleur d'un verre luisant & verdâtre ; mais pour peu qu'on les touche, il s'en détache un petit duvet si délié, qu'il égale presque la soie la plus fine. Il s'en trouve aussi des veines qui semblent ne pas être mûres ; d'autres qui paroissent trop vieilles, ou qui ne sont pas filamenteuses & tombent en poussiere au simple attouchement. Entre la véritable pierre d'*asbete*, il se trouve une autre pierre verte, qui se divise comme l'*asbete* en filamens, mais roides & pierreux. Cette pierre verte n'est peut-être autre chose qu'une *asbete* qui n'est pas mûre. M. *Gmelin* conjecture que la pierre grise est la matrice de l'*asbete* ; que cette pierre devient avec le tems verte & filamenteuse ; qu'elle s'amollit ensuite, & se change en *asbete*. Il ne fit pas fouiller sur cette montagne ; mais il trouva dans les décombres & dans les pierres sauvages des morceaux assez curieux, pour le dédommager de ses peines. La plus grande carriere qu'il y ait sur le sommet de la montagne, a deux brasses de profondeur ; mais comme elle est remplie d'eau, les Curieux n'y trouvent pas leur compte. Cette eau vient vraisemblablement d'une source, puisqu'elle ne se desseche dans aucun tems de l'année.

M. *Gmelin* décrivant toujours ce qu'il voit avec cette exactitude minutieuse qu'on lui reproche justement, ne fait pas grace à ses Lecteurs d'un seul fourneau de toutes ces Forges. Le 14 Septembre, il vit celle de *Byngonskoi* ou de *Bynkonskoi-Sawoda*, établie sur la *Neiwa* depuis 1718. On y fabrique de l'acier, du fer-blanc, & du laiton.

La *Neiwa* arrêtée ici par une digue, forme un grand réservoir, que l'on passe sur un pont fort long. C'est dans ce bassin, au-dessus de la digue, que tombe le ruisseau de *Bynga*, qui donne le nom à la Fonderie. Ce ruisseau joint à la *Neiwa* fournit une si grande abondance d'eau, que non-seulement les travaux peuvent aller en tout tems, mais qu'il s'en écoule encore beaucoup en pure perte. Sur le bord du *Bynga*, est une Tannerie & un Village. Les fouloirs de la Tannerie sont mis en mouvement par l'eau du *Bynga*, qu'un bâtardeau fait gonfler. On apporte à *Byngonskoi-Sawoda* le fer crud de *Nischno-Tagilskoi-Sawoda*, pour le travailler. Le cuivre, pour les ouvrages de laiton, vient principalement des Mines de *Soksun*, dans le territoire de *Kungur*, & on le préfere pour sa malléabilité à celui de *Kolywansk*. La calamine qu'on emploie pour faire le laiton, est tirée d'Allemagne. L'argille manque dans ce canton, il faut en tirer de Russie ; car toute l'argille de Sibérie, ne pouvant soutenir un feu violent, ne vaut rien pour des creusets d'essai, ni pour des creusets de fonte. Près de la Fonderie de *Byngonsk*, on compte environ cent soixante-dix maisons, situées la plûpart sur le rivage occidental de la *Neiwa*.

On rapporte, dit M. *Gmelin*, qu'un paysan trouva, dans la terre près d'une petite Forteresse, une grosse pierre transparente de la couleur du béril, qui pesoit cinquante livres. Elle fut envoyée à Catherinenbourg, d'où l'on fit partir aussi-tôt des Ouvriers, pour chercher des bérils. Ils fouillerent de tous côtés, & n'en trouverent aucune trace. On voit encore aujourd'hui ces fouilles.

Le 16, M. *Gmelin* alla visiter les bords du ruisseau d'*Alabasch*, où d'*Alabafchka*, parce qu'il avoit entendu dire qu'on y trouvoit de belles topafes très-dures, & d'un fort beau jaune. Il vit une efpece de carriere en plein champ, près de laquelle on avoit fouillé. Le terrein, dit-il, eft une argille ou glaife rougeâtre, dans laquelle on trouve des cryftaux noirs & fales, des pierres tenant du quartz & mêlées de talc, & des topafes qui ont la même forme que les cryftaux de plomb. Il n'eut pas le bonheur d'en rencontrer une feule, mais on lui en montra de taillées, qui avoient une eau beaucoup plus pure & plus belle que les topafes de Saxe. Les topafes de Sibérie en général reffemblent fi fort à celles d'Orient, qu'il faut être bien connoiffeur pour en faire la différence.

M. *Gmelin* fe rendit le même jour à *Alapawskoi-Sawoda*, Forge appartenant à la Couronne & du diftrict de Catherinenbourg. On y fond un fer qui paffoit pour le meilleur de la Couronne, jufqu'à la découverte des Mines de *Kufchwinsk* & de *Kamensk*, fur la riviere d'*Ifet*.

Le 22, M. *Gmelin* fe rendit au Village de *Liaga*, pour examiner un minérai qu'on avoit découvert l'année précédente, & qu'on croyoit un minérai d'argent. La Mine qu'on avoit ouverte dans cette idée, eft fur le rivage oriental du *Tagil*, à un werfte au-deffus du Village de *Bobailowa*. Dans tout cet efpace, le rivage eft formé d'une ardoife noirâtre qui contient des pyrites, & dont les couches font prefque perpendiculaires. Au-deffous, on n'a rien découvert que de la pierre à chaux & du roc fauvage. Entre cette ardoife, il y a des veines de la largeur de quatre doigts jufqu'à celle d'un pied, qui ont différentes directions. Quelques-unes font formées d'un quartz graveleux, d'autres de fpath blanc. Celui-là eft entremêlé d'un beau fable de couleur d'or & de couleur de cuivre. On trouve auffi prefque par-tout une matiere noirâtre, qui reffemble quelquefois à de la marcaffite de plomb, & qu'on reconnoît le plus fouvent pour ce qu'on appelle *Bley-Glantz*. Cette marcaffite eft aigre & fort caffante. La pyrite y eft rarement en maffe; l'air lui donne une couleur d'ocre, & la rend molle & friable, comme le font certaines fleurs de cuivre. La marcaffite (*Bley-Glantz*) fe change à l'air en une maffe noirâtre & fragile; d'où l'on peut inférer que cette matiere ne renferme ni plomb ni argent.

Le 24, M. *Gmelin* traverfa un Village Tatare, dont les habitans payent tribut à la Couronne. Ils ont été convertis & baptifés en même tems que les *Wogules*, par un Archevêque de *Tobolsk*, qui étoit un des plus fameux Convertiffeurs qu'il y ait jamais eu. Il eft vrai que, quand l'aveuglement des Tatares ne cédoit pas aux humieres de fon zèle, & que quelques-uns refufoient de recevoir le Baptême, il les faifoit jetter dans la riviere par des Soldats; après quoi ils étoient reconnus pour Chrétiens bien & duement baptifés. Tous les vieillards qui refufoient abfolument de fe foumettre à la Religion Chrétienne, étoient emmenés par fon ordre à *Tobolsk*, & baptifés de force. Ces Payens, qui avoient des idoles de bois, de cuivre, de fer, d'argent, ou des *fetiches* de toute efpece, ont encore à préfent un air un peu plus fauvage que les autres Tatares. On dit que leur férocité fe découvre fur-tout lorfqu'ils font ivres, & qu'alors ils jouent aifément du couteau. Ils ont ordinairement dans leurs jurtes l'image de quelque Saint, selon l'usage des Grecs ; mais on assure que les vieillards qui se trouvent encore parmi eux, ne sont pas entierement exempts des superstitions du Paganisme.

Le 25, M. *Gmelin* atteignit *Turinsk*, Ville sur laquelle il fait les observations suivantes.

Les vivres n'y manquent pas plus que les bonnes terres labourables & les bestiaux. Le prix des vivres est très-modique, & le poud de bœuf ne valoit alors que vingt ou trente copeques. La viande de *Turinska* a un goût si excellent, qu'on ne peut en trouver de meilleure dans toute la Sibérie. Tous les Ouvriers, à l'exception des Maréchaux, sont fort rares à *Turinsk*, & ces derniers, comme presque tous les Maréchaux Sibériens, ne se contentent pas d'un seul métier : ils font en même tems celui de Dentistes, c'est-à-dire, ils se mêlent d'arracher les dents. On se persuade en Sibérie que, pour bien faire cette opération, il faut un homme vigoureux & un instrument bien fort : or c'est ce qui ne sauroit mieux se trouver que chez un Maréchal. Aussi un homme de cette profession en Sibérie est-il comme le *Médecin malgré lui* de Moliere : il doit être Dentiste à quelque prix que ce soit. Ces gens-là se servent, pour arracher les dents, de tenailles aussi fortes que les plus grosses tenailles dont se servent les Orfevres, pour manier leurs creusets dans le feu ; & souvent, au lieu d'une dent, ils en arrachent une demi-douzaine à-la-fois, avec un morceau de la mâchoire.

On a de la peine à trouver à *Turinsk* un Tailleur d'habit ou un Cordonnier ; & quand même on en trouveroit, on ne peut en tirer de l'ouvrage, parce qu'on y vit suivant la maxime généralement reçue en Sibérie, qu'on ne doit travailler que par un extrême besoin, & qu'il ne faut manquer aucune occasion de boire. Le premier Octobre, est une Fête consacrée à la protection & intercession de Marie, ce qui de droit amene une *Kermesse*. En ce jour solemnel il est donc d'usage, que chacun ait dans sa maison de la biere, ou même le plus souvent de l'eau-de-vie, & de plus qu'on reçoive & qu'on loge tous ceux qui viennent voir la Fête. Ces réjouissances durent pendant huit jours sans interruption. Immédiatement après cette grande Fête, il se fit une dédicace d'Eglise dans un Village situé à douze werstes de la Ville, & tous les Citadins ne manquerent pas de s'y rendre, pour avoir occasion de *s'arroser l'ame*. C'est ainsi que finit le mois d'Octobre, que les Allemands appellent *Mois de vin* ou *de Vendange*, & qu'on pourroit appeller ici *Mois de biere & d'eau-de-vie*. Le premier Novembre amena un changement de décoration. Depuis ce jour, qui est consacré à la mémoire des saints Damien & *Kusma*, les jeunes filles de la Ville s'assemblent, pendant six jours consécutifs, tantôt dans une maison, tantôt dans une autre, & se divertissent à chanter, à danser, à boire de la biere & de l'eau-de-vie. De leur côté, les jeunes amans, pour saisir l'heure du Berger, ont grand soin, avec la permission du beau sexe, de se mettre de la partie. Ces assemblées sont appellées *Bratschini*. Tant qu'elles durent, on entend un bruit continuel dans les rues. Comme on approchoit alors du petit Carême qui commence le 15 Novembre,

Novembre, on crut, suivant l'ancien usage, qu'il seroit déraisonnable de passer ce petit nombre de jours dans la tristesse, & les réjouissances furent continuées jusqu'au 15.

Le 14 Octobre, M. *Gmelin* rejoignit M. *Muller* à *Werchoturie*, où il trouva les Commis de la Douane, honnêtes & empressés, parce qu'il n'avoit point de marchandises sujettes aux droits. Aussi, par reconnoissance, les appelle-t-il *des Sangsues qui ne mordent pas quand il n'y a rien à tirer*.

La Ville de *Werchoturie* est située sur le rivage gauche de la riviere de *Tura*, qui y coule du Nord au Sud. Elle tire son nom de ce que son territoire occupe les cantons supérieurs de cette riviere. Un rocher escarpé, brisé & élevé de six brasses au-dessus de l'eau, dont est formé le rivage, a occasionné le choix de cet emplacement. On appelle ce rocher *Troitzkoi-Kamen* (Rocher de la Trinité), du nom de la Cathédrale de la Ville, qui est dédiée à la Sainte-Trinité. Un autre rocher, à peu de distance & au-dessous du précédent, mais un peu moins haut, porte le nom de *Prokowskoi-Kamen*, Rocher du Rosaire (60). Outre ces deux rochers qui joignent la riviere, tout le sol de la Ville n'est presqu'un roc continuel ; c'est par cette raison qu'on n'a pratiqué des caves qu'à quelque distance, dans des endroits où la terre est molle. Trois petits ruisseaux, *Derni*, *Swjaga* & *Kolatschik*, traversent la Ville, & se rendent dans la *Tura*. On trouve à *Werchoturie* tout ce qu'on peut désirer dans une grande Ville, des Eglises, des Couvens, des Places pour les Marchés, des Boutiques pour les Marchands, des Magasins pour les marchandises, des Cabarets à biere & à eau-de-vie, &c. On y voit encore une Forteresse, une Chancellerie, un logement pour le Waywode, & des Magasins Royaux pour les armes & pour des vivres de toute espece. Nous ne nous arrêterons pas, avec l'Ecrivain dont nous abrégeons le voyage, à donner les dimensions de tous ces bâtimens, parce que nous sommes persuadés que ce détail, après tant d'autres, ne pourroit qu'ennuyer les Lecteurs François.

Le nombre des maisons de la Ville, tant en-deçà qu'au-delà de la riviere, monte aujourd'hui à deux cens quarante-sept, presque toutes habitées par des Marchands. Dans un incendie arrivé en 1738, qui ne parvint pas aux maisons d'au-delà de la *Tura*, ni au Fauxbourg des Voituriers, il y eut deux cens quarante-neuf maisons de brûlées, & par conséquent plus qu'il n'en reste à présent ; aussi voit-on encore bien des emplacemens vuides.

La Ville est traversée dans toute sa longueur par une grande rue, qui est couverte & pavée, pour ainsi dire, de poutres, ainsi que la Slobode des Voituriers.

Comme, suivant les ordres de la Cour, tout ce qui entre en Sibérie

---

(60) Je n'ai pu, dit M. *Gmelin*, traduire autrement. *Pokrow* est, dans l'Eglise Greque, le nom de la Fête qui tombe au premier Octobre. Il est traduit, dans l'Almanach Russe-Allemand, par *Protection* & *Intercession de Marie*. Or, comme dans l'Eglise Romaine la Fête du Rosaire tombe à ce même jour, j'ai cru, par cet équivalent, me faire mieux entendre.

& qui en fort, doit être exactement visité ici, on a placé, à un werste de la Forteresse, deux Bureaux de péage, sur la grande route qui va à *Werchoturie*, tant du côté de Russie, que de celui de Sibérie. L'un est au-delà du Couvent de *Potrowsk*, & parce qu'il est près de la riviere, il est appellé *Plesowskaja*; l'autre est au-delà de la Slobode des Voituriers, & porte le nom de *Borowskaja*, parce que de-là le chemin conduit dans une forêt. L'un & l'autre ont un Corps-de-Garde & une Barriere, près de laquelle il y a toujours des Commis. La premiere route, qui est sur le bord de la *Tura*, n'est fréquentée qu'en Hiver. En Eté, lorsque le chemin est à quelqu'éloignement de la riviere, les Gardes du péage se placent sur ce chemin à distance égale de la Forteresse, quoiqu'il n'y ait là ni Corps-de-Garde, ni Barrieres; & ils se tiennent sur la route même en pleine campagne.

La situation de la Ville est assez agréable, & l'air y est passablement sain. Il ne vient pas beaucoup de bled dans ses environs, mais les Villages situés sur le *Tagil*, en amenent suffisamment, ce qui ne laisse pas que de renchérir cette denrée. Il paroit d'ailleurs qu'on s'y occupe peu de l'Agriculture; & quand on semeroit du bled, il y a toute apparence qu'on négligeroit souvent la récolte, pour aller courir les forêts, où la chasse offre de plus grands avantages. Les arbres qu'en Sibérie on appelle *Cedres* (61), viennent fort abondamment dans le canton de *Werchoturie*; & quand les fruits donnent, on laisse tout autre ouvrage pour les cueillir. Ces fruits se mangent cruds, & c'est leur principal usage en Russie & en Sibérie. On en tire aussi une huile fort agréable, dont les gens aisés se servent pour faire la friture en Carême: ainsi l'on voit qu'il doit s'en faire une grande consommation tous les ans. Cette huile de cedre est par elle-même d'un bon débit par toute la Russie, & fort estimée même à Petersbourg. Ainsi *Werchoturie* a de grands avantages pour ce commerce, puisque c'est le premier endroit d'où l'on puisse porter des cedres en Russie. C'est par cette raison que, quand on voyage de Sibérie en Russie, on fait des provisions de cedres à *Werchoturie*, où l'on en forme des magasins pour les envois. Pendant mon séjour, dit notre Professeur, on achetoit le poud de cedres quinze copeques, prix dont la médiocrité fait voir qu'ils doivent être en abondance, & qu'on en préfere la récolte à celle de bled.

Les bêtes à corne ne sont pas moins communes ici que les chevaux, ce qui fait que la viande n'y est pas chere. La *Tura* a très-peu de poissons; mais ce défaut est bien réparé par tous les lacs poissonneux qui sont dans ces cantons en grand nombre.

Les habitans faisant beaucoup de commerce avec les Marchands de Russie, qu'ils regardent même comme étrangers, sont assez sociables & affables pour tous les étrangers en général. Il arrive souvent, que des Marchands Russes, après avoir fait, pendant plusieurs années, le commerce en Sibérie, arrivent à la fin de l'Hiver à *Werchoturie*, & de-là passent à *Solikams* à l'entrée du Printems, pour continuer leur voyage en Russie par

(61) *Pinus foliis quinis, cono erecto, nucleo eduli.* Hall. Stirp. Helvet. 150. n°. 4.

eau fur le *Kama* ou le *Wolga*. On les voit encore plus fréquemment arriver par les chemins d'Hiver de Ruffie en cette Ville, où ils attendent le Printems pour aller à *Tobolsk* à la premiere ouverture des eaux. Dans l'un & l'autre cas, ils féjournent à *Werchoturie*. Leur féjour apprend donc aux habitans qu'ils fréquentent, qu'il eft ailleurs que chez eux des hommes qui les valent ; auffi les *Werchoturiens* paroiffent-ils s'humaniser de jour en jour : d'où l'on peut conclure, que fi on vouloit établir en Sibérie une Académie de mœurs, elle ne pourroit être mieux placée que dans cette Ville. Une pareille Académie pourroit influer falutairement fur bien des têtes Sibériennes. A mon égard, ajoute M. *Gmelin*, je ne faurois m'empêcher, en quittant ces pays éloignés, de fouhaiter au-moins qu'il n'y ait plus autant de rudeffe dans les mœurs, qu'il y a d'âpreté dans le climat, & que le moral, au défaut du phyfique, s'adouciffe un peu ; car la plûpart des Sibériens croyant que hors de leur pays il n'y a point d'hommes raifonnables, ont bien de la peine à defcendre au niveau de ceux qui voyagent chez eux. Je crois leur devoir ces vœux falutaires, quand ce ne feroit que par reconnoiffance du bien qu'ils m'ont fait quelquefois, même fans le vouloir.

Les obfervations faites fur le barometre par MM. Gmelin & Muller, pour déterminer la hauteur des monts de *Werchoturie*, qui font les *Monts Riphées* des Anciens, ne nous apprennent rien, finon que le barometre, dans le Village de *Kyria* qui eft fort élevé, indiquoit 26 pieds de Paris $\frac{20}{100}$, tandis qu'il étoit à *Werchoturie* de 2663 & de 2653. On y fupplée par les détails qu'on doit à M. l'Abbé Chappe d'Auteroche, dont nous avons déja parlé. « Je partis de *Solikamska* le 2 Avril, dit l'Académicien François (62), » & je trouvai prefqu'auffi-tôt les montagnes de » *Werkoturie*. Elles forment une chaîne, qu'on doit confidérer comme » une branche du mont *Caucafe*, qui part du Midi, & fépare l'Afie de » l'Europe jufqu'à la Mer Glaciale. Les montagnes de cette chaîne font » très-petites, n'ayant que cinquante à quatre-vingt toifes de hauteur, » mais les rampes en font très-rapides ; elles font toutes couvertes de » pins, fapins & bouleaux, & les chemins y font affreux ».

M. *Gmelin* donne enfuite la defcription d'un phénomene qu'il obferva à *Werchoturie* le premier Décembre, & s'exprime ainfi. Vers les cinq heures du foir, on vit deux parafelenes, une de chaque côté de la Lune. Celle qui étoit à droite du fpectateur, avoit beaucoup plus d'éclat que l'autre, & brilloit des couleurs de l'arc-en-ciel ; elle lançoit même un rayon fort brillant, qui étoit parallele à l'horifon. La parafelene de la gauche étoit beaucoup plus pâle, & jettoit pareillement un rayon, mais beaucoup moins lumineux que le premier, & que l'on pouvoit à peine diftinguer. Dans le même tems il fe forma, à la diftance d'environ quinze à feize diametres de la Lune, un halo ou anneau autour de la Lune, & de cet anneau, en montant dans un éloignement d'environ vingt diametres, on voyoit un arc lumineux, dont les pointes étoient tournées en-haut. Enfin les deux parafelenes prirent une clarté extrêmement brillante ; mais

---

(62) Mémoires de l'Académie des Sciences, pour 1761, p. 341.

toujours la lumiere de celle de la droite étoit la plus claire, & elle communiquoit les couleurs variées de l'iris au rayon lumineux qui s'en échappoit horifontalement. Immédiatement après, on vit paroître précifément au-haut du halo, entre la Lune & l'Arc luifant, un nouvel arc (*c*) d'un cercle affez grand, qui, par fa partie convexe, touchoit ce halo, mais dont la lumiere étoit fort pâle. Les rayons des deux parafelenes commencerent enfuite à s'étendre de plus en plus, de forte qu'ils embrafferent enfin tout le Ciel, & formerent un nouvel halo qui, dans fa circonférence extérieure, renferma la véritable Lune. Le dernier arc (*e*) fembloit être une reverbération de ce halo, comme l'arc (*d*) l'étoit du halo (*cccc*). Dans le plus grand halo, on voyoit encore deux autres parafelenes (*bb*), placées vis-à-vis les premieres (*aa*), dont elles paroiffoient être des reverbérations. Nous remarquâmes auffi que les parafelenes étoient fort claires, ainfi que les côtés du halo qui étoient les plus près de la Lune, & que les autres parties de l'anneau étoient au contraire fort fombres. La durée de ce phénomène fut d'environ une heure entiere, au bout de laquelle il difparut petit-à-petit, enforte qu'à 11 heures on ne voyoit plus que la Lune & un halo pâle (*cccc*) ».

M. *Gmelin* fort impatient d'arriver à Petersbourg, partit de *Werchoturie* le 8 Décembre, fans s'embarraffer du froid qui étoit déja très-piquant, ni de l'âpreté des chemins qui, dans cette faifon, devenoient encore plus difficiles fur les montagnes. Le même jour, il vifita *Liaginskoi*, Pogoft & *Sawode*. C'eft une Fonderie fituée fur le ruiffeau *Liala*, qui avoit été bâtie fur l'efpérance que le minérai de cuivre, trouvé très-riche à l'effai, continueroit à donner quinze pour cent ; mais on a été bien vîte détrompé, & elle a été abandonnée. Cependant depuis quelques années, comme on s'eft apperçu que la pyrite, qui fe trouve dans la montagne, contenoit affez de cuivre pour en tirer du vitriol, on a établi un fourneau feulement pour la fondre.

On a encore trouvé, en 1735 & 1736, deux endroits proches l'un de l'autre dans les montagnes de *Werchoturie*, qui, fans être fort riches en minéraux, fuffifent cependant pour entretenir une Fonderie. Enfin peu-à-peu il s'y eft formé deux Mines, connues fous les noms de *Kundfchakowsk* & de *Girelsk*, qui ne font qu'à cent braffes l'une de l'autre, & elles fourniffent aujourd'hui la Fonderie de *Liaginskoi*.

On ne peut pas travailler dans ces Mines en hiver, mais on en voiture le minérai, dont le quintal, l'un portant l'autre, rend jufqu'à deux livres de cuivre. Il reffemble à un beau pyrite de cuivre, mêlé de veines irrégulieres d'un quartz noirâtre, qui a la propriété de devenir, peu-à-peu, gris comme une efpece de glaife, enfuite transparent & blanc comme de l'eau, & même un peu brillant. Lorfqu'on fond ce minérai, il fe précipite au-deffous du régule une autre matiere qui reffemble au *wolfram*, mais qui eft plus pefante. Elle mériteroit bien qu'on en examinât les propriétés.

Le 12 Décembre, M. *Gmelin* ayant placé un barometre fur une des montagnes de *Werchoturie*, le barometre marqua invariablement depuis 9 heures jufqu'à 11, 25,32. Pendant toute la journée, on n'apperçut pas le moindre changement dans l'air ; il n'y avoit pas de vent , mais il faisoit un froid très-vif. Dans cette situation , le thermometre marquoit au haut de la même montagne de *Pawda* 201 , ou , selon la division de *Fahrenheit*, environ 26 dégrés au-dessous de zéro.

Le 12 , le thermometre étoit à 214 degrés , c'est-à-dire , à 41 degrés au-dessous de zéro , suivant *Fahrenheit*.

Les Voituriers se plaignoient beaucoup du nez & des oreilles. Les habitans du Village de *Kossoph* que M. *Gmelin* visita le même jour , se plaignoient aussi beaucoup du froid , & lui dirent que les bleds parvenoient rarement à leur maturité. Leur principale subsistance consiste donc en gibier qui est très-abondant dans ce canton ; il y a sur-tout beaucoup d'Elans , & dans une heure , on lui en offrit une douzaine à acheter. Le museau & la langue de ces animaux y passent pour des mets friands , & M. *Gmelin* avoue qu'il ne les a pas trouvé mauvais.

Le 12 , il fit un froid extraordinaire : tout le mercure du thermometre s'étoit retiré dans le globe inférieur , & les divisions dans le petit tube alloient à 260 , ou , selon *Fahrenheit*, à $95\frac{8\,9}{}$ au-dessous de zéro.

La Ville de *Solikamskaja* , où M. *Gmelin* rejoignit M. *Muller* le 11 , est bâtie sur les bords de la riviere d'*Ussolka* ; & renferme environ six cens maisons , toutes bâties de bois , mais dont quelques-unes sont très-commodes.

Quant aux bâtimens publics, il y a deux Eglises Cathédrales de pierre : l'une d'Eté , dédiée à la Sainte Trinité , avec deux autres petites Eglises à côté , dédiées à S. Jean le Précurseur , & à S. Nicolas le Miraculeux. L'autre consacrée au même Thaumaturge S. Nicolas , & dont on se sert en Hiver , parce qu'on peut l'échauffer avec un poële. Ces deux Eglises sont si près l'une de l'autre , qu'elles ont un clocher commun de pierre , au-dessous duquel est la Chancellerie. On y voit aussi le Bureau des péages & la maison du Waywode , l'un & l'autre de bois , la Prison aussi de construction Russe , avec un Ostrog entouré de poutres droites , & huit Cabarets. Entre la Cathédrale d'Eté & la Chancellerie , est encore une autre Eglise de pierre pour l'Hiver , dédiée à la Naissance de Jesus-Christ , avec une petite Chapelle à côté consacrée à sa Résurrection. On voit du même côté trois grandes rues , dont une nommée *Bogojawlenskaja*, de l'Apparition , s'étend le long de l'*Ussolka* , & renferme encore une Eglise de pierre pour l'Hiver , dédiée à l'Apparition du Christ , avec une Eglise latérale , sous l'invocation de S. Clément , Pape.

A l'extrémité de cette rue , est un Couvent de Religieuses , *Spaskoi* , dans lequel est une Eglise de pierre pour l'Hiver , dédiée à la Protection & Intercession de Marie , & une Eglise d'Eté , dédiée à la Glorification du Christ. Ces deux Eglises sont sous le même toit , & ne sont séparées que par un mur. Dix cellules de bois servent d'habitation à l'Abbesse & aux Religieuses , & tous les bâtimens de la maison sont compris dans un enclos de bois.

L'autre grande rue , appellée *Spaskaja* , est au-bas de l'*Ussolka*. On y voit une Eglise de pierre pour l'Hiver , dédiée à l'Archange Michel , & une Eglise latérale pour l'Eté , dédiée à l'Image du Sauveur , non faite de main d'homme. Dans cette rue, se trouve aussi l'Hôtel-de-Ville, & à son extrémité un Couvent de Moines, sous le titre de l'*Ascension*, avec deux Eglises de pierre, l'une pour l'Eté, dédiée à l'Ascension de Jesus-Christ, avec une Chapelle d'Hiver, dédiée à l'Annonciation de Marie; l'autre Eglise aussi d'Eté, dédiée aux Apôtres S. Pierre & S. Paul, avec une Eglise latérale d'Hiver, deux chambres ou cellules de pierre, & une de bois qui en comprend deux. La troisieme grande rue est appellée *la rue de Werchoturie*, & descend le long de l'*Ussolka*. Dans cette rue, aux environs de la Cathédrale, il y a quatre-vingt-trois Boutiques, deux Hôpitaux, l'un pour les hommes, l'autre pour les femmes, & quatre Salines appartenant à un habitant. A la droite de l'*Ussolka*, est encore une grande rue, appellée la *rue de Moscou*. Dans cette rue, se trouvent quatre Cabarets, un Bain public, & quarante-quatre Salines, dont deux appartiennent au Couvent, & les autres à différens Particuliers; mais plusieurs de ces Salines ne travaillent pas, & sont vuides. A peu de distance des Salines d'en-haut, coule l'*Usinka*, ruisseau qui a sa source à deux werstes plus loin, & qui se jette dans l'*Ussolka*. Environ à dix werstes au-dessous de l'embouchure de ce ruisseau, est un égout creusé dans l'étendue de deux werstes, pour faciliter l'écoulement des eaux des marais, & dessécher les environs des Salines. On l'appelle dans la Langue du pays *Kopanez*. L'embouchure de l'*Ussolka* dans le *Kama* est à sept werstes de la Ville (63).

Laissons parler M. *Gmelin*, puisque les détails où nous allons entrer lui sont personnels, & qu'ils font connoître en même tems les mœurs des contrées qu'il décrit.

« On étoit, dit-il, en Carême; il étoit commencé dès le 15 Décembre,
» & il finissoit le jour de Noël. Il étoit assez difficile d'avoir de la viande;
» mais nous profitâmes du séjour d'un Allemand de qualité, qui se trou-
» voit exilé dans cette Ville, & qui avoit pris des arrangemens, pour ne
» pas manquer de viande. Il nous envoyoit de tems en tems quelque
» chose de ses provisions, & cette complaisance nous fit un grand bien.
» Nous n'avions pas non plus à nous plaindre de la société des habitans
» de la Ville, qui sont assez bien policés. Nous recevions sur-tout
» des politesses singulieres de M. *Demidow*, fils du Conseiller d'Etat. Sa
» maison nous étoit ouverte, & nous y étions toujours bien reçus. Sa
» femme, remplie d'attention & de prévenance envers tout le monde,
» contribuoit encore à la rendre plus agréable. La maniere dont ses enfans
» étoient élevés, nous causa d'autant plus de surprise, qu'on trouveroit
» difficilement l'exemple d'une pareille éducation. Nous vîmes des enfans
» de cinq à huit ans aussi polis, aussi formés, que s'ils avoient eu le dou-
» ble de leur âge, & qui savoient non-seulement plusieurs Langues, mais
» encore une infinité de choses. Le Maître de la maison possede une belle

(63) M. l'Abbé *Chappe* dit que *Solikamska* est une petite Ville située sur le bord de la *Kama*. Il semble qu'une Ville à la distance d'environ une lieue & demie d'une riviere, ne sauroit être sur ses bords. On ne releve cette petite faute que pour les Géographes, qui ne peuvent mettre trop de précision & d'exactitude dans leurs Cartes. *Mém. de l'Académ.* déja cités, p. 340.

» Apothicairerie, & connoît parfaitement toutes les drogues. Il est grand
» amateur de l'Histoire Naturelle, & principalement de la Botanique. Il
» me fit voir une quantité prodigieuse de plantes séchées dans des porte-
» feuilles, & il cultive à grand frais un très-beau jardin, dans lequel il
» y a une orangerie digne d'un Prince. Personne avant lui ne s'étoit
» avisé de donner dans de pareilles recherches. Il est presque venu à bout
» d'arracher les habitans à leurs préjugés, & à cette ignorance qui s'é-
» crioit sans cesse : *A quoi tout cela sert-il ? Quel avantage en retire-
» t-on* &c ? Nous renouvellâmes aussi connoissance avec M. *Furtschennin-*
» *now*, homme fort aimable : c'est le même dont nous avions admiré
» la vivacité singuliere en 1735, étant à *Kiachta* sur les frontieres de la
» Chine. Il avoit alors un emploi dans le Bureau des péages ; mais un bon
» mariage l'avoit depuis fort enrichi. Il a plusieurs Fonderies & des For-
» ges de cuivre, tant dans le voisinage, que dans la *Permie* ; il possede
» encore plusieurs Salines, & une maison fort ornée & superbement bâtie
» en comparaison de celles de *Solikamsk*. Il étoit revenu depuis peu de
» Petersbourg, où il avoit obtenu, du College Impérial des Mines, des
» Lettres-Patentes, qui lui donnoient permission de composer & de tra-
» vailler toutes sortes de vases d'un certain métal jaune, qui est fort mal-
» léable & fort ductile, & qui, par sa couleur, ressemble à de l'or. Il
» avoit déja, pour cet effet, arrangé quelques maisons hors de la Ville,
» & il fit commencer les travaux en notre présence. Nous vîmes une sou-
» coupe de ce métal, qu'il avoit fait battre, & qui avoit fort bien réussi.
» Je la garde précieusement, par rapport à la perfection & du métal & de
» l'ouvrage. L'Inventeur m'a assûré qu'il n'entroit dans cette composition
» que du cuivre & du zink, & que sa ductilité n'étoit dûe qu'à un tour
» de main qu'il falloit lui donner dans la fusion. J'ai beaucoup de raison
» pour le croire, puisque le laiton tire sa couleur du zink, & que la
» pierre calaminaire n'est qu'un minéral de zink. Mais, après des essais
» que j'ai faits moi-même, je crois qu'il est difficile de trouver ce tour-
» de-main, & que c'est réellement un secret de l'Artiste, que de produire,
» par le mélange du zink & du cuivre, un métal ductile d'un jaune foncé.
» Cependant, sans l'avoir appris, j'ai réussi quelquefois, en tâtonnant.
» Comme il y a à *Solikamsk* un très-grand nombre de Salines, que le
» sel de ces cantons, & en général celui de la *Permie*, passe en Russie pour
» le meilleur, & qu'on y en porte une prodigieuse quantité, je me suis
» donné beaucoup de peine, pour acquérir des connoissances exactes de
» toutes ces Salines. J'en ai visité toutes les sources, & j'ai pris note de
» tout ce qui m'a paru dans ce genre intéressant & curieux ».

La prolixité de ces Notes nous oblige d'abandonner M. *Gmelin* dans le long détail qu'il en fait.

La grande Saline est *Nikitskaja*, qui appartient à M. *Demidow* de *Soli-kamsk*. Elle est sur le rivage droit du ruisseau nommé *Usinka*. La cuve a onze arschines de longueur, environ autant de largeur, & huit de profondeur. Elle est entretenue par une source du même nom, qui n'a pas plus de dix pouces de diametre. Du haut de l'enceinte de la source jusqu'à l'eau, on compte dix brasses : mais comme cette source ne suffit pas tout-à-fait pour entretenir la Saline, on y supplée par les eaux d'une autre source, appellée *Orel* (Aigle), dont le diametre a huit pouces, & la profondeur jusqu'à l'eau huit brasses & demie. Une portion de sel est cuite en vingt-quatre heures, & rend vingt-huit sacs. Dans ces vingt-quatre heures, on consomme sept cordes de bois long, c'est-à-dire, sept cordes cubiques. Une *semaine de sel* (c'est ici le terme) est de dix-huit jours, dans lesquels on cuit quatorze portions de sel. On emploie près de la source six hommes à faire monter & à verser l'eau ; & ils se relayent deux à deux toutes les trois heures. Chaque couple fournit dans ce tems fixe deux cens wedres ou seaux d'eau salée.

M. *Gmelin* compte ici quarante-sept autres Salines, dont quelques-unes appartiennent encore à M. *Demidow*, & les autres à différens particuliers.

La description de la premiere peut suffire à des Lecteurs intelligens, pour avoir une idée de toutes les Salines de *Solikamsk*, en aggrandissant ou rétrécissant les chaudieres, & de leur produit, suivant l'abondance & le degré de salure de la source. Notre Professeur, qui ne fait pas grace à ses Lecteurs de la moindre circonstance, a employé dix-sept grandes pages à rapporter les noms de toutes ces Salines, & les dimensions de leurs chaudieres. Ceux qui pourroient par hasard être curieux de ces munities, auront recours à l'Original Allemand.

Le Professeur n'est pas moins prolixe en parlant des Mines qui sont aux environs de *Solikamsk*, & des Forges qui servent à les exploiter. Il résulte de son récit qu'en général ces Mines sont très-pauvres, & qu'il faut rassembler du minérai de bien des endroits, pour entretenir une Fonderie. C'est pourquoi le Gouvernement laisse à tout le monde la liberté de chercher du minérai, & de l'exploiter pour son compte.

Il arrive aussi de-là, qu'il n'y a point de monopole, & que chacun vend le fruit de ses recherches au prix qu'il veut. Quelquefois plusieurs paysans forment une société, pour exploiter en commun une Mine qu'ils ont découverte, & qu'ils vendent à leur gré, sans que personne les contrarie. Chacun peut également entamer une Mine, & bâtir des Fonderies, & des Forges où il veut, pourvu qu'il n'anticipe pas sur les prétentions d'un autre qui en est déja Propriétaire. On obtient cette permission, sans la moindre difficulté.

Dans les Forges même qui appartiennent à la Couronne, on achete des paysans le minérai qu'ils peuvent fournir, pourvu qu'il soit d'une bonne qualité. Cette faculté des habitans de la campagne leur procure une certaine aisance, sans qu'ils aient beaucoup de peine ; car ils n'ont pas besoin de fouiller bien profondément pour tirer le minérai, & l'exploitation coute ici bien moins de travail qu'ailleurs.

La plûpart des minéraux se trouvent dans des ardoises ou dans des sables, qui par-tout sont fort mols ; & les Mines, principalement celles de cuivre, sont très-abondantes dans ces cantons. M. *Gmelin* s'étoit logé dans le Couvent de *Pyschora*, à deux lieues de *Solikamsk*, pour avoir le tems de visiter les Mines des environs. Voici la description qu'il fait de ce Couvent, où il eut lieu d'admirer une régularité, une simplicité, dont il y a peu d'exemples dans les riches Couvens de cette partie de l'Europe, qui se glorifie de n'être pas schismatique.

« Dans cette maison, dit-il, nous ne fûmes pas bien régalés, mais on » nous fit un très-bon accueil. La façon de vivre de ces Moines paroît » être la même qu'elle étoit du tems de leur Fondateur. Leur nourriture » & leur boisson sont si frugales & si simples, qu'il nous auroit été difficile » de boire & de manger avec la Communauté. Cependant ce Couvent » qui possede plusieurs excellentes Salines aux environs, est fort riche, » & comprend un grand nombre de bâtimens ; c'est ce qui rend la so- » briété ou plutôt toute la vie de ces Religieux d'autant plus digne d'admi- » ration ».

Les détails que donne le Professeur sur la nature des terreins où se trouvent ces sources, ainsi que sur les avantages & les désavantages des sources salées, peuvent être intéressans pour ceux qui voudront tenter de pareilles découvertes. Par-tout où l'on veut trouver des sources de sel, on regarde comme une bonne marque, lorsqu'en creusant on rencontre une glaise grise. Cette glaise, dans les sources de *Solikamsk*, contient une petite marcassite formée en dez, d'une couleur d'or pâle. Dans celles de *Stroganow* & de *Pyskora*, cette glaise est pure & sans aucun mélange, à cette différence près, que l'odeur de soufre y est plus forte que dans celles de *Solikamsk*. La terre grise est toujours une marque certaine, que la source salée n'est pas éloignée : un autre indice aussi sûr, c'est quand la terre, quelque couleur qu'elle ait naturellement, prend, dans le tems des chaleurs, une couleur blanche ou crayeuse. La terre rouge est d'un mauvais présage ; elle annonce qu'on ne trouvera pas sitôt ce qu'on cherche. Quelquefois les sources sont fort aisées à creuser, à cause de la légereté du terrein ; mais c'est un inconvénient, parce que la terre qui cede aisément à l'eau, bouche à la fin la source, si l'on n'a le soin de la nettoyer souvent, ce qui cause de la dépense. D'autres au contraire sont difficiles à creuser par rapport à la dureté de la terre, & il faut quelquefois plusieurs années pour en achever l'ouverture. Mais lorsqu'elle est une fois faite, elle dure très-long-tems. L'eau du rivage n'y pénetre pas sitôt, & n'endommage pas la source ; d'ailleurs la terre qui l'environne, n'éboule pas, & il ne s'y fait point d'obstruction. On doit encore observer en général, que plus les sources sont profondes, plus elles ont d'eau, & par conséquent sont durables.

M. *Gmelin*, depuis son départ de *Solikamsk*, c'est-à-dire, depuis le 3 Janvier jusqu'au 12, donne une triste & froide énumération des Villages & des ruisseaux qu'il eut à traverser, pour arriver à la Ville de *Ust-Jug-Welikoi*, dans le territoire d'Archangel. On supprime ces détails minutieux, pour ne pas encourir les mêmes reproches que le Professeur Allemand.

Ust-Jug-Welikoi est bâtie sur la rive gauche de la riviere de *Suchona*, à un werste ou environ au-dessus de sa réunion avec la riviere de *Jug*. Cette derniere a donné son nom à la Ville, bâtie anciennement à son embouchure, & que sa mauvaise situation a obligé de transporter à l'endroit où elle est aujourd'hui. La Ville s'étend le long de la *Suchona* à

Tome XVIII. Nnn

trois werftes & demi, & elle a environ un demi-werfte de largeur. Elle eft divifée en deux parties égales par une caverne ou grotte qui la traverfe; la partie inférieure s'appelle communément, au-delà de la Vallée, *Sa-Logom*. Dans la partie fupérieure, à peu de diftance & au-deffus de la caverne, on voit les reftes d'une efpece de rempart de terre, avec un foffé en dehors, du fond duquel jufqu'au haut du rempart il peut y avoir quatre braffes; ce rempart a environ un werfte de tour, & il paroît qu'il y avoit autrefois une Fortereffe. La Ville contient un grand nombre d'Eglifes: 1°. une de pierre pour l'Hiver, dédiée à l'Image de notre Sauveur, qui n'eft pas faite de main d'homme, avec deux autels érigés en mémoire de S. *Barlaam* & de Ste Catherine, Martyre; 2°. une Eglife de pierre, double & de deux étages, dont une pour l'Eté, dédiée à l'Afcenfion du Chrift, & une Eglife chaude pour l'Hiver, qui eft fous la même dédicace, avec deux autres Eglifes d'Eté, l'une dédiée à S. *Démétrius*, le Miraculeux de *Priluzk*, l'autre à tous les Saints. [Près de cette derniere Eglife, eft la Paroiffe de *Bogoflowsk*, à la place de laquelle on bâtiffoit alors une Eglife de pierre, dont le clocher, déja conftruit, fervoit tant à cette Eglife qu'à celle de la Paroiffe]; 3°. une Eglife d'Hiver, en mémoire de la Martyre Sainte Barbe, près de laquelle eft une Eglife d'Eté en pierre, dédiée à la Sainte-Trinité: un même clocher fert encore pour les deux Eglifes; 4°. une Eglife d'Eté de pierre, dédiée à S. Nicolas, & tout auprès une Eglife d'Hiver en l'honneur de S. Démétrius, furnommé *Mirotfchiwoi*; 5°. une Eglife d'Hiver de pierre, dédiée à la Nativité de Marie, avec une autre Eglife au-deffus, confacrée à la Nativité du Chrift: le clocher eft de bois; 6°. la Cathédrale de pierre pour l'Eté, fous le titre de l'Affomption de Marie, avec une Eglife attenant, auffi pour l'Eté, dont les titulaires font le Patriarche S. Siméon & la Prophéteffe Anne. Tout auprès de la Cathédrale, eft le Palais Archiépifcopal, avec quatre Paroiffes: favoir, une Eglife d'Hiver, dédiée à S. Blaife; l'Eglife de S. Jean, furnommée *Jurodiwoi*, dans laquelle eft un corps faint; l'Eglife d'Eté de S. Procope, dans laquelle eft pareillement un corps faint; une autre, dédiée à S. Jean le Précurfeur, avec une Eglife au-deffus, confacrée à la Nativité de Marie. L'Eglife du Précurfeur eft appelée *Saupokoinaja*, nom d'un Négociant d'*Uftjug*, nommé *Dolgaja-Sapis*, qui, dit-on, *l'a bâtie pour fon falut*. Ces quatre Paroiffes & la Cathédrale n'ont qu'un feul & même clocher. Le Palais Archiépifcopal eft compofé de quatre grands bâtimens de pierre, avec deux caves de même conftruction, entre lefquelles eft une Eglife auffi bâtie de même. Vis-à-vis ce Palais, eft la Chancellerie Eccléfiaftique (*Duchownoi-Prikas*) toute bâtie en bois. Au-deffus de la Cathédrale, en remontant la *Suchona*, on trouve encore les Eglifes fuivantes: favoir, une Eglife d'Hiver de pierre, dédiée au Prophete Elie, avec une autre Eglife au-deffus, qui n'étoit pas encore confacrée; une Eglife d'Hiver de pierre, fous le titre de S. Léon, près de laquelle on voit les ruines d'une autre Eglife de bois, qui étoit dédiée au même Pape; & une Eglife de bois, confacré à la Réfurrection de Jefus-Chrift. On m'a conté, dit M. *Gmelin*, que les habitans de la Ville avoient autrefois fait vœu de bâtir en cet endroit une Eglife de bois dans une feule journée ; ce qu'ils exécuterent si heureusement, qu'en effet le bois fut coupé, l'Eglife bâtie, & consacrée dans le même jour. Cette Eglife étant tombée en ruine, elle a été remplacée par les deux qu'on vient d'indiquer ; &, pour conferver la mémoire d'une conftruction si rapide, celle de la Réfurrection eft toujours appellée *Obidennaja*. Au-deffous de la caverne, *Sa-Logom*, on voit une Eglife d'Hiver de pierre, & tout auprès une Eglife d'Eté, consacrée à la rencontre de Jefus-Chrift & de S. Siméon, avec deux autels, l'un d'Hiver, dédié à S. Nicolas, l'autre d'Eté, dédié encore à S. Siméon le Patriarche & à la Prophéteffe Anne, avec un clocher de pierre ; une Eglife de pierre, fous l'invocation de S. Georges, à côté de laquelle eft une Eglife d'Eté, avec un clocher de bois ; une Eglife de bois, consacrée aux Apôtres S. Pierre & S. Paul, près de laquelle on en a bâti depuis une de pierre ; une vieille Eglife ruinée, de bois, en l'honneur de S. Siméon, furnommé *Stolpnik*, à la place de laquelle on en bâtiffoit une de pierre fous le même nom ; une Eglife d'Hiver, avec un autel pour l'Eté, fous le titre de S. Etienne. Dans l'étage au-deffus eft une grande Eglife, qui n'étoit pas encore consacrée.

Les autres bâtimens publics confiftent en une Chancellerie conftruite de bois, qui eft fur la place du Marché, une Prifon, la maifon du Waywode, un Hôtel-de-Ville, une maifon où les Marchands s'affemblent, un Bureau de péage, un Magafin d'eau-de-vie, fept Cabarets, environ quarante Boutiques, un Hôpital partagé en deux pour les hommes & pour les femmes, auprès duquel eft une Eglife, dédiée à S. Alexandre-*Nefskoi*.

De cette Ville dépend encore *Dymowskaja-Sloboda*, bâtie fur le côté droit de la *Suchona*, vis-à-vis la Cathédrale, & qui a deux Eglifes en pierre & en bois.

Dans fon enceinte & aux environs, on compte cinq Couvens, dont quatre d'hommes & un de femmes. Il eft fuperflu d'ajouter, ainfi que M. Gmelin, que chacun de ces Couvens a des Eglifes d'Hiver & d'Eté, & à quels Saints elles font dédiées ; mais nous ne devons pas omettre un miracle attefté par tous les habitans, & attribué à Saint Jean, furnommé *Juridowoi*. Si les Lecteurs ne reftent pas convaincus de la vérité du prodige, au-moins le feront-ils, que rien n'eft plus propre à créer des miracles que l'ignorance, mere de la crédulité & de la fuperftition.

Le Saint crut devoir un jour annoncer aux habitans d'*Uftjug-Welikoi*, que l'énormité de leurs péchés alloit leur attirer la colere du Ciel & la deftruction de leur Ville, s'ils ne fe hâtoient de marquer un vif répentir par les prieres les plus ferventes. A peine le nouveau Jonas eut fini fon exhortation, que tout le monde faifi de frayeur & touché jufqu'aux lârmes courut aux pieds des autels fe répandre en actes de contrition. Pendant ce tems, un nuage épais & très-noir étoit fufpendu directement fur la Ville, & fembloit ménacer de l'écrafer ; mais un vent impétueux qui s'éleva tout-à-coup, porta la nuée à trente werftes de la Ville, à peu de diftance de la riviere de *Suchona*. Là cette nuée s'ouvrit, & laiffa tomber plus de cent quintaux de pierres d'une groffeur énorme, qu'on a laiffées au même endroit, pour conferver la mémoire de l'événement.

La situation de la Ville d'*Uſtjug-Welikoï* est très-commode pour le commerce qui se fait par eau, entre les Villes d'*Archangel* & de *Wologda*; c'est pourquoi la plûpart des habitans sont Négocians, & quelques-uns même fort riches. La *Dwina* qui se forme de la réunion des deux rivieres *Jug* & *Suchona*, & qui se jette dans la Mer Blanche à trente werstes au-deſſous d'Archangel, a par-tout une profondeur suffisante pour recevoir les plus grosses Barques.

On passe ordinairement par *Uſtjug*, en allant de Russie en Sibérie. Les Marchands prennent aussi communément leur route par *Uſtjug*; & lorsqu'ils vont en droiture à Petersbourg, ce chemin est sans contredit le plus court. S'ils vont à Moscou, ils ne font d'autre détour que par *Wiatka*, qui tourne au Sud. Ils ont deux raisons pour prendre la route d'*Uſtjug*: premierement, c'est la plus sûre; secondement, elle est rarement fréquentée de ceux qui voyagent par ordre de la Cour, ce qui fait que les paysans sont plus traitables pour le louage des chevaux. Les habitans ont donc été vraisemblablement civilisés par le commerce qu'ils font, & par les voyages qu'ils leur occasionnent. Aussi sont-ils bien plus polis que ceux des autres petites Villes du pays. On y voit aussi quelques maisons bâties d'un assez bon goût. L'amour de la nouveauté même a porté quelques-uns des habitans à bannir les bancs de leurs chambres, tandis que d'autres les conservent avec un respect religieux, parce que leurs ancêtres s'en sont bien trouvés. On voit ici de fort belles brêmes & des truites, ainsi que beaucoup d'autres poissons plus communs. Tout ce que les rivieres ne fourniſſent pas, comme saumons, stokvis, leberdans, soles grandes & petites, harengs, &c. est tiré d'Archangel. La *Dwina* & la *Suchona* ont aussi des écrevisses.

Les fruits de la terre ne réuſſiſſent pas également toutes les années; celle de 1740 fut fort mauvaise, & l'on s'en plaignoit encore dans plusieurs Villages.

Cependant quoique la hauteur du pole soit de 61^d. 15^l. la terre y est aſſez fertile, & certainement, dit M. *Gmelin*, on ne trouveroit pas la même latitude dans la Sibérie.

Le 20, ce Professeur arriva à *Totma*, Ville située sur la rive gauche de la *Suchona*, qui dépend de la Province de *Wologda*. Elle fut d'abord bâtie à dix werstes au-deſſous de l'endroit où elle est située, sur la riviere de *Totma*, un peu au-deſſus de son embouchure; mais son emplacement avoit beaucoup d'incommodités. C'est pourquoi dès que l'on eut découvert les Salines qui sont dans le voisinage de celui-ci, on y a transporté la nouvelle Ville.

Il y a deux Eglises Cathédrales bâties de bois, l'une pour l'Hiver, dédiée à l'Apparition du Christ, & l'autre à la Nativité de la Vierge. Elles ont un clocher & une horloge sonnante. Les Paroisses, situées à quelque distance de la riviere, sont, une Eglise d'Hiver, dédiée à S. Démétri, le Miraculeux de *Wologotzk*; une Eglise d'Eté, consacrée à la Résurrection de Jesus-Christ, avec deux autels qui portent le nom de l'Aſſomption de la Vierge, & ceux de S. Procope & de S. Jean, Saints révérés à *Uſtjug*. Tout près de la derniere Eglise, on en a bâti une troisieme, sous le titre de S. André *Jurodiwoi*, le Miraculeux de *Totma*, & sur son tombeau où l'on prétend qu'on a trouvé son corps exempt de corruption. M. *Gmelin* compte encore ici dix autres Eglises, dédiées à différents Saints, dont quelques-uns sont peu connus ailleurs qu'en Russie.

Les bâtimens publics consistent en une Chancellerie, une maison pour le Waywode, une Prison, deux Bureaux de péage, l'un pour la perception des droits, & l'autre pour le débit de l'eau-de-vie, un Hôtel-de-Ville, environ six Boutiques marchandes, dix-sept autres Boutiques où se distribuent la viande & le poisson, & au milieu du Marché, une Chapelle dédiée à la Glorification de Jesus-Christ. Les maisons de la Ville occupent un emplacement long d'un demi-werste, & sont environ au nombre de cent cinquante, dont une trentaine dans *Selena-Sloboda*. La plûpart des habitans, tant de la Ville que de la Slobode, sont des Négocians, mais peu riches, autant qu'on peut du-moins en juger par leurs maisons qui sont mal bâties & ont un air misérable.

Sur le bord méridional de la *Suchona*, vis-à-vis la *Selena-Sloboda*, il y a un Couvent de Religieuses, avec deux Eglises, l'une pour l'Hiver, l'autre pour l'Eté, & dix cellules. Ce Couvent est entouré d'un enclos, hors duquel il y a des logemens pour les Desservans de l'Eglise, & des étables à vaches.

A peu de distance de la Ville, à l'embouchure du ruisseau *Kawda* qui se jette dans le *Pessia-Denga*, sur une pointe de terre, entre ces deux ruisseaux, est un Couvent de Moines, appellé *Sumorin*; il est composé de dix cellules, & entouré d'un Ostrog, avec une habitation au-dehors.

Sur la rive droite du *Kawda*, on voit quatorze Salines en fort bon état, dont la moitié appartient au Couvent de *Spassa-Prilutzki*; l'autre à celui de *Spassa-Kamenski*, tous deux situés à *Wologda*. Ces Salines ont deux sources de sel, dont chacune a quatre-vingt-dix brasses de profondeur. L'eau de ces sources monte si haut dans le puits, qu'elle n'est qu'à quatre brasses du bord. Elle n'a point d'odeur, mais le goût piquant, & un peu amer. Les sceaux pour puiser le sel sont de la même forme que ceux de *Solikamsk*, si ce n'est qu'ils sont beaucoup plus grands. Comme l'eau salée est foible, il faut trois fois vingt-quatre heures pour faire le sel, & on ne peut pas le cuire à un trop grand feu, parce que moins l'eau a de salure, plus elle monte aisément. Le sel est fort blanc & crystallin, sans être trop âcre; mais il laisse un petit goût amer sur la langue. Pendant la cuisson, il s'en attache beaucoup en peu de tems aux chaudieres, ce qui fait qu'elles s'usent bientôt, & qu'on est obligé de les raccommoder souvent. Les habitans se servent de ce sel, en guise de chaux, pour blanchir leurs poëles. Comme les sources sont extrêmement abondantes, malgré la consommation qui s'en fait, on n'en manque jamais. Les Ouvriers croient même avoir observé que, plus on y puise, plus la salure augmente. Cependant, malgré cet avantage, ces Salines ne travaillent pas pendant tout l'Hiver, parce qu'on ne peut y amener une quantité suffisante de bois. Il y a pour le service de chaque Saline huit hommes employés, savoir, un Cuiseur & un Sous-Cuiseur de sel, cinq Verseurs d'eau, & un Ouvrier détaché pour aller & venir. Près de ces Salines, il y a trois Eglises de bois, dont une d'Hiver, dédiée à S. Nicolas; une d'Eté, à la Résurrection du Chrift ; & une autre auffi d'Eté, à la mémoire de *Piotnizo Pro-kofio*, dans laquelle repofe le corps incorruptible de *Maxime Jurodiwoi*, faint Tartare.

Le 25 Janvier, M. *Gmelin*, après plufieurs écarts dont il donne tous les détails, fut rendu à *Wologda*. Cette Ville, qui portoit anciennement le nom de *Nafon* (63), eft affife fur les deux rives de la *Wologda*, riviere qui lui donne fon nom, & s'étend principalement fur la rive droite. Ce qui la rend un peu recommandable, ce font les reftes d'une Forterefle de pierre, bâtie, à ce qu'on prétend, par le Czar *Iwan Wafilowitfch*, lorfqu'il y faifoit fa réfidence. Les flancs de cette Forterefle du côté de l'eau ; ainfi que ceux des côtés méridional & feptentrional, étoient de pierre, & le quatrieme de bois. Sa longueur & fa largeur étoient à-peu-près égales, & d'environ un werfte & demi. Les murs étoient entourés d'un rempart de terre défendu par des foffés, dont un fervoit de canal à un ruiffeau qui tombe dans la *Wologda*. Dans cette Forterefle, dont il ne refte plus que des ruines, on voit une Eglife de pierre, décorée du nom de Cathédrale, avec un Cimetiere, & un Palais Archiépifcopal auffi bâti de pierre & entouré d'un mur fort haut. Cette Forterefle comprend encore plufieurs autres Eglifes qui font autant de Paroiffes.

Les autres bâtimens publics de *Wologda* font la Chancellerie, la maifon du Waywode, l'Hôtel-de-Ville, le Bureau du péage, une Caferne, la Prifon, un Oftrog formé de poutres droites, un Hôtel pour le commerce, avec des Boutiques de bois, & trois Cabarets.

Au-deffous & au-deffus de la Forterefle, fur le rivage droit de la riviere, il y a quantité de maifons. La partie fupérieure de la Ville eft divifée en deux parties prefqu'égales par le *Kaifarow-Ruffchei*, ruiffeau qui fe jette en cet endroit dans la *Wologda*.

On voit par les longs détails que donne M. *Gmelin* fur cette Ville, qu'elle renferme cinquante-fix Eglifes Paroiffiales, & deux Couvens, dont un d'hommes, & un de femmes affez confidérable.

Suivant un dénombrement fait depuis peu, ajoute-t-il, on compte dans la Ville de *Wologda* & dans la Forterefle mille fix cens foixante-quatorze maifons, qui s'étendent à près de fix werftes le long de la riviere. Elles font prefque toutes habitées par des Marchands, & c'étoit autrefois une Ville très-commerçante. Aujourd'hui elle n'a d'autre commerce qu'avec Archangel, où l'on paffe dans de groffes Barques, dont la riviere près de la Ville eft toute couverte. Le plus grand commerce eft celui du chanvre, du camboui, du fuif, de la potafle, & des *ragofches* ou nattes tiffues d'écorce de tilleul. On y apporte d'Archangel toutes fortes de marchandifes étrangeres, qui fe vendent à affez bon compte, mais qui ne font pas abondantes, attendu que l'importation ne s'en fait que fuivant la confommation annuelle du Commerçant qui les fait venir. La Slobode Allemande étoit autrefois plus confidérable qu'elle n'eft aujourd'hui : il s'y étoit anciennement retiré beaucoup d'Allemands & de Hollandois ; &, après

(63) Si quelque Sarmate en étoit le fondateur, un Savant de la trempe d'*Olaüs Rusbeck* ne manqueroit pas de faire honneur de cette origine à Ovide, dont la Ville auroit porté le furnom.

la révolte de la Ville de *Narwa* en Livonie, les Allemands s'y sont fort multipliés. La plus grande partie des habitans de *Narwa*, qui furent envoyés ici Prisonniers, y firent peu-à-peu de bons établissemens ; ils acquirent même insensiblement plus de liberté, & obtinrent la permission d'avoir un Ministre Luthérien, pour faire le service de leur Religion. Pierre I. voulant ensuite repeupler la Ville de *Narwa*, permit aux habitans de *Wologda* de s'en retourner chez eux. Mais ils étoient si bien établis, & tellement accoutumés dans cette Ville, que la plûpart refuserent de la quitter, & qu'on fut obligé de les y forcer par des ordres exprès de l'Empereur. Quelques-uns cependant obtinrent la permission d'y rester. Il y avoit donc encore près de trente maisons Allemandes à *Wologda*, lors de l'incendie qui s'alluma dans la haute Ville, & qui consuma toute la Slobode Allemande avec un grand nombre de maisons Russes. La plus grande partie des Allemands ayant perdu par-là tout leur bien, en partirent, & il ne resta que quelques familles qui occupent six maisons. Depuis quelques années, un Chirurgien envoyé par la Cour en qualité de Chirurgien Municipal, a augmenté le nombre de ces habitans ; mais ils ne sauroient s'accoutumer à cet homme, & ils regardent cet établissement comme une tyrannie à leur égard.

On comprend encore dans cette Ville deux Slobodes de Voituriers, qui se trouvent l'une & l'autre sur le rivage droit de la *Wologda*. La supérieure est à deux werstes au-dessus de la Ville, & l'inférieure bien plus proche. Elles ont chacune une Eglise de bois.

Un peu plus haut que la premiere, sur le rivage gauche du fleuve, est encore un Couvent de Moines, appellé *Pritutzkoi-Monastir*, dans lequel il y a quatre Eglises de pierre. Au-dessus de la porte du Couvent, est l'Eglise du Soldat *Flodor*, avec un clocher & une horloge sonnante. Les cellules, l'infirmerie, la boulangerie, la cuisine & la cave sont toutes de pierre, ainsi que l'enceinte du Couvent qui forme un quarré, muni d'une tour à chaque angle. Hors de ce mur, est une autre maison de pierre, habitée par les Laïcs qui dépendent du Monastere. Près de ce Couvent, est encore une Slobode, dans laquelle il y a deux Eglises, une d'Hiver bâtie de pierre, & l'autre d'Eté bâtie de bois, avec une Chapelle dédiée au Saint de *Pritutzk*. Cette Slobode est habitée par des paysans dépendans des Moines.

La Poste d'Archangel passe par *Wologda*. De Moscou, elle arrive ordinairement le Mercredi, & d'Archangel le Jeudi. On compte de *Vologda* jusqu'à Archangel en droiture huit cens werstes. Le chemin est fort montagneux, & si escarpé dans certains endroits, qu'il faut descendre les traineaux des montagnes avec des cordages.

Les deux Académiciens résolus de continuer leur route pour Petersbourg, sans plus s'arrêter nulle part, firent ici quelque séjour, malgré l'obscurité des logemens qu'on leur avoit donnés, presque toutes les maisons de la Ville étant d'ancienne construction. Ils en trouverent les habitans fort éloignés de la politesse qu'ils avoient remarquée dans ceux d'*Ustjug*.

Dans le tems que cette Ville étoit plus florissante, le Stadhouder d'Archangel y venoit passer l'Hiver, pour terminer les affaires d'une certaine importance ; mais le Waywode qui résidoit alors à *Wologda* étoit en état d'expédier lui seul plus d'affaires qu'il ne s'en présentoit ; c'est pourquoi les Stadhouders d'Archangel n'y venoient plus que tous les quatre ou cinq ans.

Les Académiciens en partirent en poste le 31 Janvier vers les 5 heures du soir. Ils avoient deux chemins à choisir, l'un montagneux & fort désert ; l'autre qui passe par *Bielofero*, beaucoup plus long que le premier, mais uni & fort peuplé : ils préférerent le dernier comme le plus commode pour eux. Ils passerent d'abord par *Jamskaja-Sloboda* au-dessus de la Ville, & par le Village de *Priluzkoje*, appartenant au Couvent de *Priluzk*. Ce Village est composé d'environ cent habitations, & est situé sur la rive gauche de la *Wologda*, qu'ils traverserent ici pour la derniere fois. Après avoir passé les Villages de *Triphanowa* & *Tsiingina*, & le ruisseau *Jatka*, qui se jette dans le lac de *Rubinskoje*, ils furent rendus à 10 heures du soir à *Ilunskoje* ou *Rubenskoje-Selo*. Ce lieu situé sur le lac, dont l'étendue est de près de cinquante werstes du Sud-Est au Nord-Ouest, en longueur, appartenoit alors à *Pierre Michailowitfch Soltikow* & *Alexei Michailowitfch Pufchkin*. Il y a quatre-vingt-dix habitations de paysans qui en dépendent, & il s'y tient un Marché tous les Vendredis. On y voit une Eglise de bois pour l'Hiver, dédiée à S. Démétri de *Selunsk*, & on en bâtissoit une de pierre pour l'Eté, qu'on devoit dédier au Prophete Elie. Le lac est poissonneux, & l'on y pêche des brochets, des perches, des loches, des lamproies, & d'autres poissons particuliers au pays ; il reçoit plusieurs ruisseaux, & en forme d'autres. La principale riviere qui en sort, est la *Suchona*, qui court du côté de Nord-Est à dix werstes du Village. La Troupe Académique obligée, par la fatigue des chevaux, de s'arrêter en cet endroit, en partit le premier Février, vers les 3 heures du matin. A un werste de-là, ils trouverent un Couvent de Moines, appellé *Pefefchnoi-Monaftir*, & situé au Nord-Ouest du ruisseau *Stipinskaja* ou *Bogorodskaja* à la distance d'un demi-werste du lac. Ce Couvent est entouré d'un enclos de bois ; il y a trois chambres, une Boulangerie & deux Eglises de bois, l'une pour l'Hiver, l'autre pour l'Eté. Ils reconnurent ensuite dans leur route les Villages suivans : *Motweewskaja*, composé de dix habitations, & situé sur la rive occidentale du ruisseau *Motweeka* ; *Obroffowa*, de cinq habitations, situé sur le bord oriental du ruisseau *Schnia* ; *Jewlefchewa*, de dix habitations ; *Sdwydfchenkoje*, de quinze habitations, sur le bord oriental du *Wodlo*, ruisseau qui se jette à un demi-werste au-dessous dans *Rubenskoje-Ofero*. [Les Villages & les Bourgs sont en grand nombre, & se touchent presque dans ce canton] : *Starogo-Selo*, sur le bord occidental du *Wodlo*, de dix maisons de paysans ; *Boriffowa-Selifchtfche*, à côté d'un étang, d'une seule maison ; *Nowoja*, de cinq maisons ; *Kokjewa*, d'un pareil nombre de maisons ; *Pheodotoma*, de huit maisons ; *Podofernaja*, sur le bord d'un ruisseau nommé *Pufchka*, de sept maisons ; *Schillowa*, de quatre maisons ; *Kotfowa*, de six maisons ; *Mikulinskaja*, sur le bord oriental du ruisseau *Mikulina*, de quinze maisons. Vis-à-vis ce dernier Village, dans une Isle du lac *Rubenskoi*,

Rubenskoi, qui a près de deux werstes de circonférence, est le Couvent nommé *Kamennoi*. Il est entouré d'un enclos de bois, composé de dix chambres, d'une Infirmerie & d'une Boulangerie, & gouverné par un Archimandrite. Il y a trois Eglises de pierre.

Jusqu'au Bourg suivant, ils eurent encore six Villages : *Pawschino*, situé sur le bord occidental du *Serpiza*, ruisseau, & composé de cinq maisons ; *Knikschewo*, de dix maisons ; *Wladischna*, de huit maisons ; *Kurtjumowa*, de quinze habitations ; *Sibilowa*, sur le bord oriental du *Jelma*, ruisseau qui se jette à deux werstes de-là dans le lac *Rubenskoi*, composé de trois habitations, & appartenant à l'Hôpital de Moscou, & *Perchnewa*, de dix habitations. Vers les 9 heures du matin, ils atteignirent le Bourg de *Nawlinskoi*, situé sur le rivage oriental de la riviere de *Bolschaja-Jelma*, qui se jette à deux werstes au-dessous dans le lac *Rubenskoi*. Ce Bourg est d'environ trente habitations, & il appartient en partie à l'Hôpital de Moscou. Après une halte de quelques heures, on se remit en route, & l'on passa par *Andreewskaja-Feodora*, de dix habitations ; *Kargassewa*, de vingt maisons de paysans ; *Rischtschowa*, de quinze habitations ; *Schukowa*, sur le bord oriental du ruisseau nommé *Schukowka*, de quinze habitations ; *Alexina*, de six habitations ; *Kobelowa*, *Iwana & Borisa Semenowitscha*, de dix habitations ; *Monastirjowa*, & *Wasilia Jepiphanowa*, de cinq habitations ; [vis-à-vis de ce dernier Village, à droite du chemin, est une Eglise dédiée à la Sainte-Vierge, sous le titre de *Protection & Intercession de Marie*. Non loin de-là, est *Gemskoi Monastir*, sur le bord oriental du ruisseau nommé *Krutez*, où sont six chambres de Religieux, une Boulangerie & deux Eglises, le tout entouré d'un enclos de bois. Le Couvent est gouverné par un Igumen.] *Beresnikowa*, de dix maisons ; *Witinskaja*, de huit maisons, situé à la droite du chemin ; *Wlodisnaja*, de vingt maisons, à la gauche & vis-à-vis le précédent ; *Diledlewa*, de cinq maisons ; *Schtschetino*, de deux maisons ; *Stepanowa*, de deux habitations ; *Selischtsche*, de dix ; *Roslowska*, de cinq ; *Kolyschkina*, de six ; *Nephedowa*, composé de dix habitations, & appartenant à trois différens Seigneurs. Tout ce canton, qui s'étend le long du lac *Rubenskoi*, tient de la nature des steppes ; les chemins étoient peu couverts de neige, ce qui fatigua beaucoup les chevaux. Les autres Villages qu'on rencontra dans cette route, sont : *Myschakwa*, d'une seule habitation ; *Matwiewskaja*, de trois habitations ; *Subkowa*, de six habitations ; puis dix autres Villages & un Bourg, tous appartenant au Couvent de *Kyrilow*, savoir : *Ostanina*, de cinq habitations ; *Kudrewtschewo*, situé sur un ruisseau, de cinq habitations ; *Wagrino*, de six ; *Golowkina*, de trois ; *Kozugina*, sur une source, d'une habitation seulement ; *Gora*, de cinq ; *Joltuchowa*, de deux ; *Arganowa*, sur un ruisseau, de deux ; *Djunowa*, sur un ruisseau ; *Konutina*, de quatre habitations ; & *Nikolskoi-Pogost*, situé sur le lac *Nikolskoi*, long d'environ sept werstes. Ce lac qui est poissonneux, a un écoulement vers le *Schocksna*. Le Bourg consiste en une Eglise, & en deux habitations pour les Desservans. De cette station, l'on poussa jusqu'au Village de *Bulanowa*, composé de sept habitations de Voituriers, & qui

Tome XVIII. Ooo

est une Poste, où l'on devoit entretenir quinze chevaux. On compte de la Ville de *Wologda* jusqu'ici quatre-vingt werstes; on y arriva vers minuit. Vis-à-vis le Village de *Kudrewtschewo*, est une extrémité du lac *Rubenskoi*. Entre ce lac & le Village de *Wagrino*, est le *Krutez*, ruisseau qui forme de ce côté-là les limites du territoire de *Wologda* & de *Bieloserska*.

On en partit avec des relais le 2 Février, vers 6 heures du matin, & l'on passa par les Villages qui suivent : *Sakossia*, de six maisons, dont les habitans sont obligés de fournir tous les ans, outre les droits ordinaires, un certain nombre de faucons à la Cour ; pourquoi on leur donne le nom de *Fauconniers*, Sokolniki ; *Krutez*, appartenant au Couvent de *Kyrilow*, & d'une seule habitation ; *Ditjetowa*, de dix habitations ; *Kischinskaja* & *Perchina*, l'un de cinq & l'autre de trois habitations de paysans, appartenant au Couvent de *Pharaphont* ; *Ameljanka*, sur le lac *Perschinskoi* ou *Saulumskoi*, de trois habitations ; *Kriwoscheino*, d'une seule habitation ; [ces deux derniers Villages appartiennent au Couvent de *Kirilowskoi*, qui n'est éloigné que de deux werstes.] *Kirilowskoi Monastir* est entre deux lacs, le *Dolgoi* & le *Siawernoi*, dont le premier a environ deux werstes de longueur, sur une largeur d'un quart de werste, & l'autre est à-peu-près long & large d'un werste. Il y a le grand & le petit Couvent. Dans le premier, toutes les chambres des Religieux sont de pierre, & disposées en quarré, comme une Forteresse, avec une tour de pierre à chaque angle. Dans l'enceinte des quatre murs formés par les cellules & les tours, on compte sept Eglises de pierre, qui sont, 1°. la Cathédrale, sous le titre de l'*Ascension de Jesus-Christ*, avec trois autels ; le premier dédié à la mémoire de *Kyrilo* (S.t Cyrille), Fondateur de ce Couvent, qui, pour le distinguer d'un autre Saint du même nom, est surnommé *Bieloserskoi*, & dont le corps y repose ; le second, consacré à la mémoire du Grand-Duc *Wladimir* ; & le troisieme, à S. Epiphane de Chypre : 2°. une Eglise, sous le titre de l'*Introduction de Jesus-Christ dans le Temple* (Fwedenija Bogorodizi), pour l'Eté, & attenant un réfectoire pour les Freres du Couvent : 3°. une Eglise consacrée à la Glorification de Jesus-Christ : 4°. une autre, dédiée à Irene (*Irina*), Martyre : 5°. une autre, à l'Archange Gabriel, avec un second autel consacré à l'Empereur Constantin & à l'Impératrice Helene : 6°. une autre, fondée par *Jephim* le Grand : 7°. une autre enfin au-dessus de la porte du Couvent, consacrée à *Jean Spitatelia* ou l'Hospitalier. A l'Orient du Monastere, est jointe une enceinte murée qui renferme le petit Couvent, avec deux Eglises ; l'une pour l'Eté, consacrée à la Naissance de S. Jean-Baptiste ; l'autre d'Hiver, sous le nom de *Sergei de Radon*, avec un autel, sous l'invocation de Denys ou Dionyse de *Gluschitzk*. Il y a de plus une Chapelle de bois, & tout auprès un Magasin assez grand. Ces deux derniers édifices sont des restes des ouvrages du premier Fondateur, qui, à ce qu'on dit, les a bâtis seul de ses propres mains ; il y a trois-cens ans. On prétend que ces bâtimens sont encore dans leur premier état, par rapport à la sainteté de leur Architecte ; on ajoute même, qu'ils feront incorruptibles comme son corps. Ce qu'il y a de certain, c'est qu'ils ont un air très-antique, sans être nullement dégradés. Au-dessous de ces Couvens, on voit une Hôtellerie pour les Voyageurs, toute construite en bois, & dans son enceinte deux autres bâtimens de même construction. Les deux Couvens & l'Hôtellerie sont entourés d'une muraille fortifiée d'une tour de pierre à chaque angle. Il y a, dans le petit Couvent, un Moulin à bled établi sur un canal, qu'on a tiré du *Dolgoi* dans le lac *Siewernoi*. Hors du Couvent, on trouve encore trois Eglises bâties de bois, qui sont celles d'*André Perwoswannoi*, de *Jean le Guerrier*, & de *Methodius*, Patriarche de Jérusalem. Près du même Monastere est une Slobode d'environ quatre cens habitans. Ce Couvent a un grand air de magnificence, & il paroit presque tout entouré d'eau. C'est la résidence d'un Archimandrite, & l'on compte jusqu'à soixante-dix mille paysans qui en dépendent.

On quitta cet endroit le 3 Février, & l'on traversa les Villages de *Dobrilowa*, sur le lac *Jegorowskoi*, de sept habitations ; de *Wlassowa*, fief noble, de six ; *Stepanowskaja*, de deux habitations ; *Patschewa*, de trois habitations ; *Wognemkoi-Prichod*, sur le rivage gauche ou oriental de la riviere de *Schoksna*, qui se jette dans le *Mologa*, comme celui-ci dans le *Wolga*, près de *Rybinskoi-Pogost*. Le chemin le plus droit pour *Bielofersk*, est de passer le *Schoksna* aux environs d'une Eglise, dédiée à la Nativité de Jésus-Christ. Or cette riviere étant ouverte depuis le jour des Rois, on se servoit, pour la passer, d'un radeau qu'on tiroit d'un rivage à l'autre, pour abréger le chemin. Les Académiciens s'y rendirent, pour passer de l'autre côté ; mais peu de jours avant leur arrivée, les glaçons avoient emporté & mis en pieces le radeau. Ils furent donc obligés de faire un détour d'environ dix werstes, en côtoyant toujours le rivage oriental de la *Schoksna*, jusqu'à l'endroit où elle sort du *Bielosero*, & où elle étoit débarrassée des glaces. Ils virent dans cette route le Village de *Kossino*, de cinq habitations ; *Paraphontowkoi*, appartenant au Couvent du même nom, où est une Chapelle des Apôtres saint Pierre & saint Paul, avec deux étables ou écuries, & une maison habitée par un Moine du Couvent, qui a l'inspection sur le lieu ; *Pidnia*, sur le rivage droit ou septentrional d'un ruisseau de même nom, qui, à la distance d'environ un werste, se jette dans la *Schoksna*. De-là, les Académiciens longeant toujours le rivage oriental de la *Schoksna*, passerent les Villages de *Popkowa*, de deux habitations ; *Welikoselie Kyrilowskago-Monastir*, de deux habitations ; *Krochino*, appartenant au Couvent de *Paraphontowsk*, & situé un peu au-dessous de l'embouchure de la *Schoksna*, sur le même rivage. Ils virent près de *Krochino* quantité de gros Bâtimens, appellés *Strugi*, parce que c'est à cet endroit où chargent & déchargent les Bâtimens qui vont au *Wolga*, ou qui en viennent. Les rivages de la *Schoksna*, que l'on prétend avoir toute l'année la même profondeur, ce qui la rend très-navigable, sont bas & unis, avec un fond pierreux. A vingt werstes ou environ au-dessous de son embouchure, il y a, dit-on, une grande cataracte qui s'étend jusqu'à douze werstes, & sur laquelle il périt quelquefois des Bâtimens. Au reste, cette riviere est fort commode pour ces cantons, où l'on cultive peu de bled, & qui sont fort sujets à de mauvaises années, parce que, par son moyen, on peut tirer tous les ans du *Wolga* toutes sortes de provisions, même à peu de frais. Vis-à-vis *Krochino-Selo*, sur le rivage occidental de la *Schoksna*, on voit *Troiz-Schokshinskoi-Monastir*, composé de trois chambres, d'une Boulangerie & de deux Eglises de bois ; l'une pour l'Eté, portant le nom de *Demetri* de Selunsk ; l'autre pour l'Hiver, dédiée à la sainte Vierge, sous le titre de l'*Annonciation*. Le Couvent est entouré d'un enclos de bois, hors duquel est une Slobode de six habitations qui appartiennent au Couvent. Il y avoit de-là deux werstes à faire, pour atteindre le *Bieloi-Osero*, qui étoit encore glacé ; on fut obligé de côtoyer, dans l'espace d'environ neuf werstes, le rivage méridional de ce lac jusqu'à la Ville, à laquelle il donne son nom. Le lac *Bieloi-Osero* peut avoir cinquante werstes de longueur de l'Est à l'Ouest, ou de la riviere de *Schoksna* jusqu'à celle de *Kowschoi* ; sa largeur est de vingt à trente werstes. Il reçoit un grand nombre de ruisseaux, & la *Schoksna* est la seule riviere qui en sorte. L'eau de la *Sioks*, par un long calme, est si claire, que, malgré sa grande profondeur, on voit les pierres qui sont au fond ; mais lorsqu'il fait un peu de vent, son eau mêlée d'une glaise ou d'une argille très-fine, devient alors blanchâtre : de sorte que dans le *Wolga*, dont l'eau est fort noire, cette riviere forme une ligne blanche, qui s'étend fort loin. Le lac de *Bieloi-Osero* est fort poissonneux. Les plus petits poissons sont les *Snetki*, qu'on transporte fort loin en Hiver par toute la Russie, & qui font un mets fort agréable (64). On y pêche aussi d'excellentes perches, des sandats (*Lucio-perca*), des brêmes, une sorte d'éperlans, des loches, des sterledes, & quantité d'écrevisses qui ressemblent à celles du *Wolga*, mais dont le goût est un peu bourbeux.

Biel-Osero est une Ville du territoire de *Weliko-Nowogrode*, située en ligne droite à cent trente werstes de la Ville de *Wologda*, & à trente de *Kyrilowskoi-Monastir*, sur le rivage méridional de *Bieloje-Osero*. A l'extrémité des habitations vers l'Occident, est une Forteresse, qui consiste en un rempart de terre quarré, muni de tourelles, & entouré d'un fossé. Il y a dans cette Forteresse deux Eglises de pierre, l'une pour l'Eté, consacrée à la Glorification du Christ ; l'autre pour l'Hiver, dédiée à S. Basile. On y voit aussi le Palais Archiépiscopal, la Chancellerie, l'Hôtel du Waywode, tous édifices de bois, & une Prison. Tous ces Bâtimens sont entourés d'un Ostrog de gros pieux, d'un autre Ostrog, dans lequel on gardoit autrefois les prisonniers Turcs, de quatre étangs remplis de poissons pour la Cour Impériale, & de quinze habitations pour les Officiers de la Chancellerie & pour les Soldats. A l'Est de la Forteresse, il y a encore dans la Ville dix-huit Eglises ou Chapelles d'Hiver & d'Eté, de bois & de pierre.

Cette Ville s'étend le long du lac, & renferme environ cinq cens mai-

(64) *Voyez* la partie Orientale & Septentrionale de l'Europe & de l'Asie, de *Strahlenberg*, p. 420, de l'Edition Allemande, au mot *Snetok*.

fons, occupées pour la plus grande partie par des Marchands. Sur la place du Marché, on voit une quarantaine de boutiques, où l'on vend toutes fortes de chofes, ainfi que du poiffon & de la viande. Du nombre des bâtimens publics, font encore l'Hôtel-de-Ville & quatre Cabarets.

A environ un werfte & demi de la Ville, vers la *Schokfna*, eft une Slobode appellée *Jamskaja*, qui n'eft pas bien confidérable, puifque la Pofte n'eft obligée d'y tenir que quinze chevaux. Dans cette Slobode eft une Eglife de bois pour l'Hiver, dédiée à la célebre Martyre *Proskowia-Piatniza*. Au Sud, ou vis-à-vis de la Forterefle dans les terres, eft un Couvent d'hommes, appellé *Spaffo-Gorskoi-Monaftir*, dans lequel font une Eglife de pierre pour l'Eté, & tout auprès une Eglife de bois ruinée. Il n'y avoit alors que deux Religieux. L'enceinte extérieure du Couvent n'eft qu'un fimple enclos de planches.

La Ville de *Biel-Ofero* a, dit-on, porté autrefois le nom de *Sofnowez*, & l'endroit où elle eft fituée eft fon troifieme emplacement. La premiere Ville où réfidoit *Sineus*, étoit fur le rivage feptentrional du lac, vis-à-vis celle-ci, dans un éloignement de trente werftes. *Wladimer*, furnommé le *Grand*, la fit enfuite bâtir fur l'embouchure de la *Schokfna*, à peu de diftance & au-deffous du Couvent de *Troizkoi*, d'où elle a été transférée au lieu où elle eft, il y a environ trois cens ans. On paroît être affez content de fa fituation actuelle; mais elle eft un peu incommodée par les Cofaques du Don & par les Calmoucs qu'on y a mis en quartier, & dont la façon de vivre eft mal affortie aux mœurs des Nations policées.

Les deux Profeffeurs arriverent dans cette Ville le 3 Février, à une heure après midi; & quoique ce qu'il y avoit à voir, leur parût mériter quelque féjour, ils ne voulurent point s'y arrêter, tant par rapport au mauvais tems qu'il faifoit depuis quelques jours, que dans la crainte de ne plus trouver que de mauvais chevaux pour le refte de leur voyage. Ainfi ayant promptement ramaffé leurs relais, ils en partirent dès le foir même. Au moment de leur départ, vers les 8 heures, ils virent une Aurore boréale fous la forme d'un arc, éclairée en-haut & en-bas, mais fans le moindre mouvement, & qui ne paroiffoit pas devoir être de longue durée. Ils pafferent par *Maixo-Selo*, où font vingt habitations de payfans qui dépendent du Couvent de *Troiz-Schocksk*. Ce lieu eft fitué fur le *Maixa*, ruiffeau qui fe jette dans le *Bieloje-Ofero*. A pareille diftance eft *Kunus*, Village d'environ quarante maifons appartenant au Couvent de *Kyrilow*, & fitué fur la rive occidentale d'un ruiffeau du même nom. Plus loin eft *Priftlok-Salmaffa* ou *Antufchowa-Selo*, appartenant au même Couvent; ils y arriverent un peu après minuit, & par la fatigue des chevaux ils furent obligés d'y coucher. Ils ne purent fe remettre en route que le 4, vers les 8 heures du matin, & partirent moitié avec leurs mêmes chevaux, moitié avec des relais.

Ils virent en paffant le *Mondoma*, ruiffeau qui fe jette dans le Bieloje-Ofero; *Piatnizkoi*, petite Paroiffe compofée de deux habitations pour les Deffervans, & fituée fur un lac du même nom; *Stanowaja*, Village de fix habitations, fitué fur un ruiffeau; *Rutfchkina* ou *Nowoferskaja*, de quatre habitations, appartenant au Couvent de *Nowofersk*; & à la sortie de ce Village, un petit bois par où le chemin étoit étroit, montagneux, rempli d'ornieres, & par conséquent très-mauvais. On l'appelle *Wolkowskoi-Pereiefok*, parce qu'il conduit au Village de *Wolkowa*, situé sur *Nowoje-Ofero*, & composé de cinq habitations. Le Nowoje-Ofero (Nouveau-Lac) a près de cinq werstes de longueur, sur trois de largeur. On le traversa jusqu'à *Nowoserskoi-Monastir*, Couvent bâti dans une Isle du lac. Ce Couvent a deux Eglises de pierre ; & l'on prétend y posséder le corps incorruptible de S. Cyrille, Thaumaturge du lieu. Il y a, pour l'habitation des Moines & de l'*Igumen* (Abbé ou Supérieur de la maison), vingt cellules de bois & deux de pierre, une Boulangerie aussi de pierre, & une Infirmerie de bois, à la place de laquelle on en construisoit une autre de pierre. Le Couvent est entouré d'un enclos de bois, hors duquel est encore une Eglise dédiée à S. Nicolas, bâtie depuis peu. On assuroit à M. *Gmelin*, que le *Nowoje Ofero*, ainsi que les lacs de *Dolgoi* & de *Siewernoi*, se gonfloient quelquefois si fort, que l'eau montoit au niveau des toits des maisons, sans toutefois excéder les rivages qui sont fort bas, & causer jamais dans la campagne la moindre inondation. Ce phénomene, qui feroit un miracle, est attribué par le peuple aux Saints qui sont conservés dans le Couvent ; aussi les invoque-t-on dans le tems des crues, pour qu'ils ne laissent point les eaux passer les bornes qui leur sont prescrites par la Nature. Si on vouloit expliquer ce phénomene par des causes purement naturelles, il faudroit supposer que ces rivages sont doués d'une vertu répulsive d'une force étonnante. Il se tient toutes les années, le jour de S. Cyrille, dans le Couvent de *Nowofersk*, une Foire, où l'on vend toutes sortes d'ustensiles, comme des traîneaux, de la poterie, &c. qui sont apportés des Villages voisins. Les Professeurs & leur suite profiterent de cet avantage, & trouverent pour relayer plus de chevaux qu'il ne leur en falloit. Ces chevaux les conduisirent d'abord à *Kabulino*, Village de quinze habitations, situé à un bon werste du Couvent, sur le *Nowaja*, ruisseau qui sort du *Nowoje-Ofero*, & qui se jette dans le lac *Wand*. De-là nos Voyageurs passerent au Village d'*Uftje* de quinze habitations, appartenant au Couvent de *Nowofersk*, & situé sur l'embouchure du *Nowaja* ; puis sur le lac *Wand* par *Kalinina*, autre Village de quinze habitations. La route jusque-là paroissoit admirable, & les chevaux n'avoient presque point à tirer ; cependant ils furent si fatigués dans ce peu de chemin, que l'on fut obligé de s'arrêter sur les dix heures du soir, & qu'on ne put continuer de marcher que le 5 à une heure après minuit. La terre, près du dernier Village, entre fort avant dans le lac, que l'on passa pour éviter les détours. La largeur du *Wand* est de deux à quatre werstes, & sa longueur d'environ huit werstes.

Depuis ce lac, le chemin alloit par des bois, & les conduisit à *Priljowa*, Village de six habitations ; ensuite à *Posadnikowa*, Village de cinq maisons, & à celui d'*Okyschewa*, situé sur une source, où la fatigue des chevaux les obligea encore de s'arrêter. M. *Gmelin*, dans celui-ci, remarque, outre quinze maisons, deux Eglises, l'une pour l'Hiver, & l'autre pour l'Eté,

Il donne encore ici la nomenclature des lieux suivans : savoir, de *Tschuk-fschin*, fief noble, consistant en deux Villages ; *Rakunowa*, de cinq habitations ; *Jephtina*, Village de deux habitations, près duquel ils passerent le *Schokta*, ruisseau qui se jette dans la riviere de *Suda* ; *Sadnoi Dwor Kuliginskoi Wolosti*, de deux habitations ; *Kuliga*, situé sur un ruisseau de même nom, qui se jette dans la même riviere, composé de dix habitations de paysans, & appartenant au Général *Wolkow* ; *Sumschina*, de cinq habitations ; *Ignatowa*, de deux habitations ; *Warnokuschka*, de quatre habitations, situé sur le rivage oriental de la *Suda*, qu'il passa dans cet endroit près duquel elle se jette dans la *Schoksna* ; & *Borissowa*, situé sur la même riviere de *Suda*, de six habitations. Ils eurent là bien de la peine à ramasser des relais. Les habitans se sauvoient avec leurs chevaux dans les bois, & ils n'en purent obtenir qu'un très-petit nombre. Ils rencontrerent ensuite *Pustoschka*, Village de quatre habitations, situé sur le bord oriental du *Tschuschbaika*, ruisseau qui se jette encore dans la *Suda* ; *Possniakowa*, aussi de quatre habitations, du même côté ; *Serchliowa*, situé près du *Kolp*, ruisseau tombant dans la *Suda* à la distance de cent werstes, & où commence le district de Nowogrod ; *Konezkaja*, de trois habitations, situé sur le même rivage du *Kolp*, & où ils arriverent en longeant ce ruisseau ; *Pliossa*, de trois habitations, situé sur le même rivage ; *Sajetnitschja*, composé de deux habitations, & de la maison du Propriétaire ; *Ploskoje-Selo-Korobischtschenskogo-Prichodu*, lieu situé encore sur le *Kolp*, de six habitations, outre une Chapelle dédiée au Prophete Elie, & où ils ne trouverent ni relai, ni avoine, ni presque de foin, l'année précédente ayant manqué, *Perchina-Grigorja Maximowitscha-Puilowa*, de quatre habitations ; *Korobischtsche-Pogost*, Village où il y a deux Eglises, & où ils eurent quelques chevaux à changer ; *Lissizina-Selo*, où est une Chapelle dédiée à la Nativité de la Vierge ; *Listwenka-Selo*, Paroisse consistant en quatre habitations de paysans, une maison pour le Seigneur, une Eglise consacrée à la Vierge, & une maison pour les Desservans ; & *Serebrinskaja*, de huit maisons de paysans, où les Professeurs prirent le parti de se reposer, parce que le chemin depuis *Korobischtsche* les avoit menés presque continuellement par des bois de pins & de sapins, embarrassés d'une quantité prodigieuse de souches & de pierres, ce qui avoit tellement fatigué les chevaux, que les voitures n'arriverent que fort tard dans la nuit.

Le 8 Février, on passa la *Lit*, qui se jette dans le *Tschagoda*, comme celui-ci dans le *Mologa* ; & l'on traversa successivement *Saborja*, Village de trois habitations ; *Stechnowa*, de sept habitations, où les paysans fournirent des relais ; *Wagaischowa*, de deux habitations ; *Wjas*, de trois habitations ; *Gorka*, de deux habitations ; *Plutna*, de cinq habitations, Village à deux werstes duquel on passa l'*Oblomna*, ruisseau qui se jette dans la riviere de *Lit* ; *Welikago-Sela*, de trois habitations, situé près d'une source qui court dans le *Somina*, comme celui-ci dans le *Tschagoda* ; *Podbereschie*, de dix habitations & de la maison du Seigneur, situé de même sur une source & sur le rivage oriental du lac de *Somina*, dont la longueur est d'un werste, & la largeur de près de cent cinquante brasses ;

Suderew-Rutſchei & *Dolgomudo-Rutſchei*, ruiſſeaux qui ſe jettent encore tous deux dans le même lac ; *Maſchewo*, de huit habitations, ſur le même lac ; & *Jephimowa*, de douze habitations, ſitué ſur le lac *Kraſſowskoje*, & ſur la rive occidentale du *Rutſchei-Kraſſnokowkoi*, qui traverſe le *Somina*.

Les Profeſſeurs furent rendus dans le dernier, vers les 10 heures du ſoir, & ils comptoient y trouver des relais, parce que ce Village, ainſi que le précédent, appartient au Domaine, & que les ordres de la Cour ſont ordinairement plus reſpectés dans ces ſortes de lieux, que dans les terres des Gentilshommes, ſur leſquelles ils avoient paſſé depuis *Nowoſirskoi-Monaſtir*. Mais *Jephimowa* eſt voiſin de *Podbereſchje*, qu'on peut regarder comme la porte d'un repaire de bandits établis dans ce canton. En effet le Seigneur du dernier Village vint joindre la Troupe académique à ſes traineaux avec un air égaré & fort en colere, de ce qu'on avoit pris un trop grand nombre de ſes payſans pour la conduite des voitures. On le renvoya fort ſéchement, en lui faiſant entendre que ſes payſans ne dévoient avoir aucune préférence ſur ceux du Domaine, & qu'il étoit juſte de leur faire porter le même fardeau. Il parut céder à cette raiſon ; mais lorſque les voitures qui portoient les bagages arriverent dans le lieu, elles furent accueillies par dix payſans avec des torches allumées, qui, le couteau à la main, voulurent en ôter les chevaux. Ils s'en tinrent aux menaces, & cependant enleverent un cheval.

Le 9, les Profeſſeurs & leur ſuite arrivés au Village de *Sucha-Nowa*, entrerent ſur les terres de *Nowogrod*. Ils paſſerent *Michalowa*, *Staroſtina*, *Ignatiewa*, *Charlowa*, & la riviere *Typhina* ou *Tichurina*, qui ſe jette dans celle de *Sjaſs*. Comme les ſources de la *Tichurina* & de la *Suda* ne ſont ſéparées que par un marais, le Czar Pierre I. avoit projetté de faire creuſer un canal entre ces deux ſources, & par ce moyen le *Wolga* auroit pû être joint au canal de *Ladoga* plus commodément que par le *Twerza* & le *Mſta* ; mais la mort prématurée de ce Prince a interrompu ce beau projet, ainſi que bien d'autres.

Le reſte du voyage juſqu'à Petersbourg n'eſt encore qu'une longue énumération de Villages, de Couvens, d'Egliſes, de rivieres & de ruiſſeaux qui n'ont rien de particulier. La *Typhina*, que les Profeſſeurs paſſerent & repaſſerent pluſieurs fois, court dans le lac *Oſerkoje*, ſur lequel eſt ſitué *Koſskowa*, Village de quinze habitations.

Le 10 Février, ils atteignirent la grande route de Moſcou, qui, avant la conſtruction du chemin de *Perſpective*, étoit, dit-on, la ſeule qui fût fréquentée, & qui l'eſt encore beaucoup. Depuis ce point, les ſeuls endroits de quelque conſidération qu'ils rencontrerent juſqu'à Petersbourg, furent *Tichwina* ou *Typhina*, lieu très-commerçant, ſur la riviere du même nom, compoſé de mille cinq cens maiſons ; & la Ville du *Vieux-Lagoda*, où ils arriverent par le *Wolchow* ſur la glace, le 11 vers le ſoir.

M. *Muller*, qui depuis *Nowoſersk* avoit toujours pris les devants, en étoit déjà parti, ce qui fit que M. *Gmelin* eut de la peine à trouver des relais. Il envoya pour en chercher juſqu'au *Nouveau-Lagoda*, où réſidoit le Waywode,

wode, parce que dans le Vieux-Ladoga il n'y avoit personne qui eût la moindre apparence d'y commander. Sur ses instances, le Secrétaire du Waywode dépêcha des ordres aux Villages des environs pour amener des relais ; mais les paysans n'obéirent qu'après avoir essuyé quelques voies de fait, & les chevaux qu'ils amenerent le lendemain, étoient pitoyables. Cependant M. Gmelin profita des circonstances qui l'arrêtoient malgré lui, pour visiter cette petite Ville, qu'il décrit de cette maniere.

Gorod-Staraja-Ladoga est situé sur le rivage gauche du *Wolchow*, à un demi-werste au-dessous du Couvent de *Nicolai*. Près des maisons de la Ville, & au-dessous de l'embouchure du *Ladoschka*, ruisseau qui s'y jette dans le *Wolchow*, on voit les restes d'une Forteresse construite de pierres de grès & de pierres de chaux, de la hauteur d'environ quinze brasses, & d'une brasse de profondeur, qui étoit toute entourée d'eau, au moyen d'un canal qu'on avoit creusé pour conduire les eaux du *Wolchow* dans le *Ladoschka*. Dans l'enclos des murs de cette Forteresse, il y a deux Eglises, l'une de pierre pour l'Eté, dédiée à S. Georges ; l'autre pour l'Hiver, à S. Démétri ou Démétrius de *Selunsk*. On y voit environ cinquante maisons. La Ville a été plus grande autrefois ; mais depuis la construction du canal de *Ladoga*, plusieurs habitans se sont retirés au *Nouveau-Ladoga*, & l'on y a transféré le Waywode, comme y étant plus nécessaire.

Le 12, M. *Gmelin* se remit en route avec ses mauvais chevaux. Il pouvoit aller par le Nouveau-Ladoga & par le canal ; mais il préféra le plus court chemin.

Arrivé à *Tschaplina*, Village situé près d'un canal, de trente habitations, & appartenant au domaine, il espéroit y trouver des chevaux ; mais dès qu'on le vit, les paysans se sauverent dans les bois avec leurs chevaux ; & les Soldats qui l'accompagnoient, ayant voulu les poursuivre, en furent poursuivis à leur tour à grands coups de bâton. M. *Gmelin*, voyant qu'il ne seroit pas ici le plus fort, s'arma de patience ; & se rendit tranquillement au Village de *Luscha*, situé sur un ruisseau du même nom, qui, après s'être perdu dans un marais, en sort pour se jetter dans un autre ruisseau aboutissant au canal. « Nos chevaux, dit-il, étoient en si mauvais état, » qu'on auroit dû les coucher dans les traîneaux, & nous atteler à leur » place ». Il fit demander des relais au Seigneur du Village ; mais il en eut un refus des plus nets. Il dépêcha donc deux Soldats dans les Villages voisins, pour tâcher d'attraper quelques chevaux ; mais une trentaine de paysans, armés de bons bâtons, s'attrouperent & détacherent un homme d'entr'eux, chargé d'aller trouver les Soldats de l'escorte, & de faire semblant de tomber par hasard entre leurs mains. Les Soldats lui commanderent de les mener au *Staroste* du lieu. Le paysan feignit de les y conduire ; mais il les mena vers l'endroit où ses camarades étoient embusqués, les appella, & courant les joindre, dit aux Soldats : *Voilà le Starofte.* Tous ces paysans se jetterent à-la-fois sur les pauvres Soldats, les maltraiterent cruellement, sans épargner le Voiturier qui les avoit amenés, détacherent le cheval de son traîneau, & les forcerent tous trois de se sauver par la fuite. Ils revinrent joindre M. *Gmelin* dans la nuit, chacun la tête cassée. Ainsi au-lieu d'attraper, dans cette expédition, des chevaux, M. *Gmelin* en perdit un, & quatre de ses Voituriers désertèrent ; mais comme ils n'emmenerent pas leurs chevaux, leur fuite ne fit pas un grand tort, parce qu'au pis aller, les Soldats & les Valets de l'Escorte académique pouvoient faire les fonctions de Voituriers. Cependant la perte du cheval enlevé par les paysans, ne pouvoit être réparée que par un autre cheval. Le hasard en procura un. Un de ces coquins qui s'étoit enivré croyant nos Voyageurs partis, revint dans la nuit au Village où ils couchoient. Il fut arrêté, & on lui prit son cheval, qu'on fit marcher sur le champ avec les autres qui étoient reposés.

Le 13 au matin, on fut rendu à *Woipola*, Village de douze habitations, situé encore sur un ruisseau. Quant aux voitures qui portoient les bagages, elles se trouvérent arrêtées dans un Village à six werstes en arriere, parce que les chevaux étoient si las, qu'il n'étoit pas possible de les faire avancer. Cependant, après un peu de repos, à force de les pousser, les voitures arriverent dans l'après-dînée. Mais il fallut encore essuyer une aventure pareille à celle du 12. Des Soldats avoient attrapé un cheval dans le Village de *Sibala*, situé à deux werstes du dernier, & ils l'emmenoient, lorsqu'une troupe de paysans se mit à courir après eux, & les attaqua. Les Soldats se défendirent bien, & les Voituriers se mirent de la partie ; mais ils ne furent pas les plus forts. Les paysans reprirent leur cheval, & la plûpart des Soldats furent fort maltraités. Un, entr'autres, s'étant avisé de lâcher son fusil, chargé simplement à poudre, pour en imposer aux paysans, ceux-ci se jetterent sur lui, arracherent le fusil de ses mains, & le lui casserent sur le corps. Un des Voituriers eut l'os de la hanche cassé d'un coup de bâton. Je me consolois, dit M. *Gmelin*, en pensant que je m'approchois de plus en plus du corps de la place ; & par la considération qu'il ne faut pas se rebuter d'être repoussé de tems en tems par les sorties de l'ennemi : car c'est ainsi que je regardois tous les obstacles qui ralentissoient mon retour. Ainsi au-lieu de me laisser abattre par ces petits incidens, je ne songeois qu'à gagner promptement Petersbourg, pour être à l'abri de pareilles aventures. On vint enfin à bout de ramasser à *Woipola* neuf chevaux, avec lesquels on relaya comme on put ; on se remit à marcher le même jour 13 Février, vers les 7 heures du soir, & l'on quitta le territoire de *Nowogrod*, pour entrer sur celui de Petersbourg.

Le 14, nos Voyageurs rencontrerent à *Wagrisska*, Village d'environ dix habitations, un grand nombre de voitures chargées de stockfis pour la Cour, qui attendoient des relais depuis trois fois vingt-quatre heures ; ce qui leur ôta toute idée de tenter seulement d'en avoir. Il fallut donc se contenter de faire repaître les chevaux, & les laisser reposer.

Le 15, on atteignit de bonne heure l'embouchure du *Moika* & de la *Newa* ; ainsi l'on se trouva dans le chemin qui conduit le long de cette riviere de *Schluffelbourg* à Petersbourg.

On arriva vers le midi à *Tossna*, Village sur la *Newa*, habité par des Pêcheurs & des Pâtissiers, & environné de hauteurs qui fatiguerent extrêmement les chevaux. Comme on marchoit avec beaucoup de lenteur, on prit en paſſant tous les chevaux qu'on put attraper. M. *Gmelin* vit à la ſortie du Village un foſſé, qu'on lui dit être un reſte d'un ancien retranchement Suédois.

Après une marche fort lente de dix à douze werſtes, on parvint à une Briquerie, habitée par cinquante Fabriquans qui fourniſſent preſque toutes les briques qu'on emploie dans les bâtimens à Petersbourg. Il y a une Egliſe conſacrée à la Glorification du Chriſt. Le 16, vers les 2 heures du matin, on fut rendu à *Smolenskaja-Jamskoja*, Village de trente maiſons, habitées par des Voituriers. On y trouva quelques relais, qu'on n'obtint qu'à force de ſollicitations. On atteignit enſuite *Newskoi-Monaſtir*, que l'obſcurité ne permit pas à M. *Gmelin* de voir, & dont il ne dit rien par cette raiſon. De-là juſqu'à Petersbourg, le chemin fut fort incommode, parce qu'on ſe trouva bientôt dans le chemin de *Perſpective*, où l'on rencontra d'abord des ſables & enſuite des pierres. « ENFIN vers 5 heures du
» matin, j'arrivai, dit M. *Gmelin*, dans la Ville de *Petersbourg*, après la-
» quelle je ſoupirois depuis ſi long-tems. Je remerciai le Tout Puiſſant
» de m'avoir ramené, en bonne ſanté, après un voyage auſſi pénible, auſſi
» long; d'avoir bien voulu me donner tant de marques de ſa providence,
» & de m'avoir fait contempler de mes propres yeux tant de merveilles
» de ſa toute-puiſſance & de ſa ſageſſe ».

Fin du Journal.

VOYAGES
TENTÉS
PAR LES RUSSES,

Pour passer par le Lena dans la Mer Glaciale, & par le Nord-Est au Kamtschatka,

Tirés du Journal de M. Gmelin, *Tome* II.

Pour ne pas interrompre l'Itinéraire de M. *Gmelin*, ni faire perdre trop long tems de vue de Voyageur, on a cru devoir détacher de son Journal ces deux Voyages, qui proprement appartiennent à l'expédition de *Kamtschatka*.

Au mois de Juin 1736, on fit à *Jakutzk* un détachement de cinquante-deux hommes, destiné à chercher un passage au Nord-Est dans la Mer de *Kamtschatka*. Il étoit commandé par le Lieutenant *Lassenius*, Danois de naissance, bon Marin, qui s'étoit offert de lui-même, & auquel on avoit joint le Sous-Pilote *Basile Rtischschew*. Le Bâtiment, sur lequel ils furent embarqués, avoit été construit à *Jakutzk*; il avoit la forme d'une Barque, & lorsqu'il fut lancé à l'eau, on lui avoit donné le nom d'*Irkutzk*. Le détachement partit de *Jakutzk* le 26 Juin. Comme la riviere n'avoit pas assez d'eau, pour qu'on pût charger dans cette Barque tous les vivres & les ustensiles nécessaires, tout ce qui n'y put pas tenir fut chargé sur deux Bâtimens ordinaires, c'est-à-dire, sur des Doschtschenniks qui partirent deux jours après, & l'atteignirent le 10 Juillet. Ils arriverent ensemble le 15 du même mois près de *Schigani*; & comme la riviere est en cet endroit beaucoup plus profonde, un des deux Bâtimens déchargea tous les vivres qu'il portoit dans la Barque, & fut renvoyé vuide à *Jakutzk*. La Barque & l'autre Bâtiment continuerent leur route en descendant le *Lena*. Ils allerent d'abord assez lentement, à cause des vents contraires, & furent plus d'une fois obligés de s'arrêter trois à quatre jours. Ce ne fut que le 4 Août au soir qu'ils atteignirent le golfe que le *Lena* forme un peu avant son embouchure, & le 5 au matin, ils arriverent à l'embouchure même près de *Kukowskoi-Muis*. Ce même jour, ils éleverent sur ce promontoire une colonne de trente-six pieds de haut, pour pouvoir la reconnoître de loin. Ils chargerent aussi tous les vivres, & la cargaison du second Bâtiment dans la Barque, laquelle alors porta six pieds d'eau.

Le 6, vers les quatre heures du soir, ils mirent en mer, & dirigerent leur course à l'Est-Nord-Est; mais le vent contraire les força deux heures après de jetter l'ancre. Jusqu'au 9, ils tenterent de tems en tems d'avancer ; mais le vent varioit toujours , & quand il étoit favorable , il étoit trop foible. Ils dirigerent leur courfe entre Sud-Eft & Sud ; mais ils n'avancerent guere davantage. D'ailleurs ils furent quelquefois obligés de s'arrêter, pour prendre des connoiffances fur la nature du canal. Le 8, la Chaloupe ayant été détachée dans l'après-midi pour un pareil objet, elle ne revint que le lendemain matin. Le même jour , ils dreflerent dans l'Ifle de *Bukowskoi* une feconde colonne de trente-fix pieds. Le 9, après minuit , ils tenterent d'aller plus loin ; mais quelques heures après , ils furent pris d'un calme accompagné de brouillards. Il fallut d'ailleurs attendre la Chaloupe , & ils jetterent l'ancre. La Chaloupe arrivée deux heures après , le vent tourna à l'Eft-Sud-Eft : ils remirent à la voile , en portant au Sud ; mais ils furent pouffés au Sud-Oueft , & le vent ayant bientôt tourné à l'Eft-quart-Nord , ils porterent au Sud-quart-d'Eft , mais furent pouffés au Sud-Oueft-quart-d'Oueft. Peu de tems après , le vent tourna droit à l'Eft , & l'on s'apperçut que le Bâtiment faifoit eau ; ainfi l'on revint à l'ancre. Le vent fut encore fort variable jufqu'au 11. Ce jour , à fept heures du matin, on mit à la voile avec un vent frais de Sud-Oueft , & la route fut dirigée au Sud-Sud-Eft & à l'Eft-Sud-Eft ; mais on fut encore repouffé au Sud-Eft-quart-d'Eft & à l'Oueft. Deux heures après, le vent tourna tout-à-fait à l'Oueft ; on porta donc à l'Eft-quart-Nord & à l'Eft-Sud-Eft , & en moins de deux heures , on eut la vue de fortes glaces à l'Eft : on jetta l'ancre vers midi , & bientôt on fut entouré de glaces. Deux heures après, les glaces ayant un peu difparu , on remit à la voile , mais il s'éleva peu après un vent très-fort ; & vers les huit heures du foir , une violente tempête emporta le gros cable de la principale voile. Vers les dix heures & demie , on fut obligé de revenir à l'ancre.

Le 12, vers les trois heures du matin, le vent s'adoucit, & l'on remit à la voile avec un vent de Nord-quart-Oueft ; ils porterent à l'Eft-Nord-Eft ; mais ils furent pouffés à l'Eft-quart-Sud. Le vent tourna peu de tems après à l'Eft-quart-Nord & à l'Eft ; on courut donc fucceffivement Sud-Oueft-quart-Oueft , Sud-Oueft & Sud-Eft. Vers les trois heures après midi , ils furent entourés de tant de glaces , & une neige fine obfcurcit tellement le jour , qu'on fut encore obligé de revenir à l'ancre ; ce qui fit que l'on penfa dès le 13 à chercher un Port pour hiverner. On profita vers le midi d'un vent d'Eft, pour gagner la côte , & on l'approcha de fort près vers les quatre heures du foir ; mais on ne trouva point d'endroit propre à aborder. Ainfi l'on remit à la voile avec un vent de Nord-Oueft le 14, à cinq heures du foir. Bientôt après un calme qui furvint obligea de jetter l'ancre. Cependant on fonda plufieurs fleuves , pour tâcher d'en trouver un où l'on pût entrer ; & n'en ayant point trouvé jufqu'au 15, il fallut remettre à la voile, en tirant au Nord-Oueft & au Nord-Oueft-quart-d'Oueft. Il y eut un calme vers le midi , & l'on détacha la Chaloupe qui revint fans avoir fait la moindre découverte. On réfolut donc unanimement le 16 de retourner au *Karaulach*, & depuis ce moment on ne fut occupé que des moyens de l'atteindre. Ils entrerent en effet dans fon embouchure le 18 à midi , & prirent terre à un werfte au-deffus. Ce mouillage paroissoit même propre pour un gros Navire, puisqu'il y avoit huit à quinze pieds d'eau. On prétend toutefois que ce fleuve est beaucoup moins profond plus haut, & qu'il se desseche presqu'entierement en Automne: il semble en effet qu'à son embouchure il doit sa profondeur uniquement à la mer; son eau du-moins n'est autre chose que l'eau toute pure de la mer, ou en est tellement mêlangée, qu'elle n'est point potable. Ce fleuve est appellé en Langue Jakute *Kara-Urak* (Ruisseau-Noir), d'où vraisemblablement on a fait par corruption *Karaulach*. La latitude du lieu où se trouvoit ce détachement, étoit d'environ 71 degrés.

Le premier soin du Commandant fut de construire des quartiers d'Hiver. On trouva cependant en cet endroit cinq vieilles jurtes des *Jukarigis*, sorte de Jakutes qui habitent principalement les montagnes, & la plus grande partie du détachement auroit pu y être logée. Mais le Commandant aima mieux loger tout son monde ensemble, parce qu'il s'étoit apperçu que dans l'équipage on murmuroit déja beaucoup contre lui. Il profita du bois que la mer avoit jetté sur la côte (1), pour construire une Caserne de soixante-seize pieds de longueur, large de vingt-cinq & demi, & haute de dix-sept. Il en fit bien calfater les fentes avec de la mousse, pour la garantir, autant qu'il étoit possible, contre le froid; & cette loge fut partagée par trois cloisons en quatre pieces: il en garda une pour lui, donna l'autre au Prêtre, la troisieme aux Bas-Officiers, & la quatrieme aux Matelots & aux Soldats. Ces quatre chambres avoient trois poëles construits de terre-glaise battue (2), comme le sont communément les poëles Russes dans les Villages. On ne sauroit mieux les comparer qu'à nos fours à cuire du pain, sinon qu'ils sont beaucoup plus épais & plus hauts; la construction intérieure est la même. On les durcit aussi comme les fours au feu, & l'on y met tant de bois, que la flamme sort pour la plus grande partie en-dehors. On y cuit du pain & toutes sortes de victuailles. Quelques-uns de ces poëles ont des cheminées; d'autres n'en ont point, & à leur place on fait un trou dans le mur, qu'on ouvre & qu'on ferme comme on veut, pour laisser sortir la fumée, & conserver la chaleur dans la chambre. On bâtit encore à côté de la Caserne une chambre à bain, dont le commun des Russes ne sauroit se passer, avec quelques autres usines. Le 12 Septembre, on s'établit dans la Caserne, & tout le détachement alors étoit en bonne santé, à l'exception d'un Soldat. Le 14 Octobre, on détacha six hommes, avec la relation du voyage, jusqu'à l'endroit où l'on s'étoit avancé, & des arrangemens pris pour y passer l'Hiver. Le froid augmenta considérablement dès la fin d'Octobre, & le

---

(1) Il n'y a point de forêts à deux cens werstes de la Mer Glaciale, & cependant ses bords sont couverts d'une quantité prodigieuse de bois que les flots y apportent apparemment d'assez loin, & si abondamment, qu'en quelques endroits on voit d'énormes monceaux de bois entassés les uns sur les autres. Ces arbres que charie la mer, sont la plûpart des melesès & des sapins.

(2) Cette glaise est appellée *Il* en Langue Russe. Tout le terrein de la côte est à la surface couvert de cette espece de limon, qui a cependant peu de profondeur. Les *Jukarigis* assûroient que tout ce terrein avoit autrefois été couvert d'eau, & ce limon vraisemblablement en provient.

scorbut fit en même tems ses ravages. Le Soleil, dont la présence avoit jusque-là soutenu le courage des Voyageurs, prit congé d'eux le 5 Novembre, & plusieurs gens de l'équipage le virent pour la derniere fois. Le Commandant sentit dès-lors les dangereux effets des murmures qui s'étoient élevés contre lui dès le commencement du voyage. On l'accusa de haute trahison ; accusation d'autant moins fondée, qu'en lui supposant les plus mauvaises intentions du monde, il étoit hors d'état de faire le moindre mal. Sur ce crime imaginaire, on lui ôta sur le champ le commandement qui fut donné d'une voix unanime au Sous-Pilote *Ruschtschew*. Cependant dès la mi-Novembre, le scorbut avoit déja fait des progrès parmi les Voyageurs. Le Lieutenant *Lassenius* en fut emporté le 18 Décembre, & peu de jours après il en mourut un autre homme : ce Lieutenant étoit d'une constitution si vigoureuse, que sans le fond de chagrin qui le minoit, il se fût vraisemblablement tiré de cette maladie. Le 19 Janvier, le Soleil reparut pour la premiere fois. On se flattoit que son retour rétabliroit peu-à-peu les gens de l'équipage, qui étoient tous plus ou moins atteints du scorbut ; mais dans ce mois, il en mourut neuf, dans chacun des mois de Février & de Mars, douze, & trois en Avril. Le Sous-Chirurgien *Kkrener*, qui avoit long-tems résisté, & qui seul pouvoit secourir les autres, mourut vers le milieu de Mars, & le Géometre *Pierre Baskakow* le suivit deux jours après.

Les symptomes de ce scorbut, étoient au commencement de vives douleurs aux endroits où l'on avoit eu quelque blessure, ou quelque mal. On perdoit d'abord l'appétit, & l'on éprouvoit de grandes lassitudes, avec des envies extraordinaires de dormir. Les jambes commençoient ensuite à s'enfler, & l'on y appercevoit des taches bleues. Les malades éternuoient beaucoup, & en éternuant ils sentoient dans les reins de fortes douleurs. Toutes les dents étoient ébranlées, la bouche sentoit mauvais, & le corps s'enfloit à la fin. Tous ces symptomes étoient accompagnés d'une soif ardente, d'une toux seche, & d'un tenesme si considérable, que plusieurs malades étoient des deux ou trois semaines sans aller à la selle. Les plus forts purgatifs ne faisoient aucun effet ; mais les uns, avant de mourir, avoient des envies d'évacuer ; d'autres mouroient en évacuant ; & ceux qui étoient parvenus à avoir le ventre libre, éprouvoient une vraie diarrhée, qui dégéneroit bientôt en dissenterie, & les emportoit (3). Quant au Lieutenant *Lassenius*, vers la fin de sa maladie, il lui étoit survenu une grosse fievre, une oppression de poitrine, & une insensibilité générale dans toutes les parties du corps, avec un hoquet violent, & il mourut dans ses hoquets. Son corps, dont le côté droit singulierement étoit couvert de taches bleues, fut ouvert : on trouva dans la vessie beaucoup de sang épais & d'urine, qui s'y étoient arrêtés. Le poumon droit étoit enveloppé de matieres visqueuses ; le gosier étoit enflammé, le cœur & la veine cave remplis de sang noir, & les reins comme

(3) Il paroît que c'est de la même espece de scorbut que fut attaqué l'équipage de *Monk*, Capitaine Danois, dans la Baie d'Hudson, à 63 deg. 20 min. de latitude Septentrionale. Voyez le *Recueil des Voyages du Nord*, Tome I. & la Peyrere, *Relation du Groënland*, p. 180.

gangrenés; l'estomac seul étoit sain & sans aucun vice. Au reste, cette maladie étoit inévitable dans les circonstances. 1°. L'endroit où l'on hivernoit étoit fort près de la mer; 2°. on éprouvoit continuellement dans la Caserne un froid terrible : car, malgré la quantité prodigieuse de bois qu'on brûloit, on ne pouvoit jamais parvenir à bien échauffer le poële. On ne sentoit même la chaleur, qu'en se mettant directement à son ouverture qui donnoit dans la chambre. Le Lieutenant, outre le poële qu'il tenoit toujours allumé chez lui, avoit, dans sa chambre une grande terrine pleine de charbons ardens, ce qui ne l'avoit pas empêché de sentir encore bien du froid. 3°. Le plancher de la Caserne étoit toujours humide, & le lambris couvert de glaces. 4°. Enfin on étoit quelquefois obligé de laisser les corps morts pendant cinq à six jours dans la Caserne, avant de pouvoir les porter dehors : les tempêtes & les ouragans affreux qui régnent ordinairement alors dans ces climats rigoureux, ne permettoient à personne de s'exposer au grand air; on eut risqué d'être englouti sur le champ & suffoqué dans les neiges.

Quant aux vivres, on distribuoit tous les mois à chaque homme trente livres de farine de seigle, cinq livres de gruau d'avoine, & une livre de sel. Le Lieutenant n'avoit fait, dit-on, les rations si petites, que pour ne pas se trouver dans le cas de manquer; mais l'équipage en avoit fortement murmuré. Il attribuoit à cette économie l'accroissement du scorbut; & par cette raison, dès qu'il fut mort, il s'étoit fait donner des rations plus fortes, ce qui n'avoit pas occasionné la moindre diminution dans la maladie. Pour la distribution de l'eau-de-vie, elle s'étoit faite, soit du vivant du Lieutenant, soit après sa mort, selon les loix de la mer. On s'étoit servi de neige fondue, tant pour cuire les alimens & pour la boisson ordinaire, que pour tous les médicamens & les décoctions.

Il n'est pas aisé de rendre raison, comment les huit hommes qui eurent le bonheur de surmonter tant de maux, purent se conserver. Ils respiroient tous le même air; il avoient la même demeure, la même nourriture & la même boisson que ceux qui moururent. Mais on remarque, que ces huit hommes étoient de tout l'équipage les seuls qui jouissoient d'une santé parfaite. D'ailleurs ils avoient fait continuellement de l'exercice, en s'occupant à fendre du bois, & à soigner les malades. Il n'y avoit que le Prêtre Russe qui, sans avoir fait le moindre travail, eût trouvé le secret d'échapper. Il attribuoit à la cheminée qu'il avoit fait construire dans sa chambre, d'avoir été garanti du mal. Il croyoit; & peut-être avec assez de raison, que la quantité de vapeurs qui s'élevoient continuellement dans la Caserne, tant de l'humidité de la charpente, que de la glaise des poëles, étoit la principale cause des ravages affreux & rapides de la maladie. C'étoit donc pour dissiper ces vapeurs, & pour renouveller l'air de sa chambre, qu'il s'étoit fait faire cette cheminée. Au reste, ces huit hommes n'avoient point été plus exempts que les autres du tenesme dont les accidens étoient si funestes. Au commencement de Février, lorsque le Soleil reparut & fit appercevoir de l'accroissement des jours, ils se trouverent incommodés, mais beaucoup moins violemment que les autres, Comme ils attribuoient leur conservation à leur vie active & laborieuse, ils avoient déterminé entr'eux entr'eux, qu'aucun des huit ne dormiroit pas plus de quatre heures chaque nuit ; que quand quelqu'un d'entr'eux s'endormiroit dans le jour, on lui jetteroit de l'eau froide sur le corps pour l'éveiller ; & qu'enfin on ne seroit pas un instant sans travailler ou s'agiter de quelque façon que ce fût. Malgré toutes ces précautions, le Sous-Pilote ne put éviter d'avoir des enflures aux jambes. Ils commencerent tous en Mars à boire de la décoction des pointes de sapin, &, suivant l'avis d'un *Jukagire*, ils furent quinze jours à ne manger autre chose que des poissons cruds & gelés, dont ils se trouverent très-bien. Il y a bien de l'apparence encore que le retour du Soleil contribua beaucoup à leur guérison : car ils assûroient que, malgré l'horrible froid qui n'étoit point adouci, ils avoient senti l'effet de ses rayons sur leur corps. Le Prêtre étoit même déja si bien rétabli dans le mois d'Avril, qu'il fit près de cent werstes sur la glace en patins jusqu'à *Bukowskoi-Muis*, revint de même, & quinze jours après fit encore un pareil voyage.

L'autre détachement, destiné à chercher un chemin par le Nord-Ouest jusqu'à l'embouchure du *Jenisli*, avoit, dans la même année 1735, descendu le *Lena* depuis *Jakutzk*. Le Lieutenant *Prontschischtschew*, savant & habile Marin, en étoit Commandant. Le Bâtiment qu'il montoit, n'étoit qu'une Chaloupe double, en réputation d'être excellente voiliere & de se manier avec beaucoup de facilité. Elle partit de *Jakutzk* un jour plus tard que l'autre Barque ; mais elle l'atteignit le 16 Juillet près de *Schigani*, & ces deux Bâtimens continuerent leur route vers l'embouchure du *Lena*. Le 30 Juillet, le Lieutenant *Prontschischtschew* se trouva sur l'*Agus-Ajegos*, ruisseau qui se jette dans le *Lena*, & que les nouvelles Cartes appellent *Agifs-Jego*. Dans les environs, vers le milieu du fleuve, est un rocher, formant une espece d'Isle, appellé *Stolb*, Colonne ; il est à 72^d. 6'. de latitude septentrionale. De-là le *Lena* se divise en quatre grands bras, dont chacun tombe par une embouchure particuliere dans la Mer Glaciale. Le bras occidental est appellé sur les lieux *Schegalazkaja-Protoka*, & dans les Cartes *Nastitstazkaja-Protoka* ; le plus près de celui-ci, est le *Tumazkaja*, nommé dans les Cartes *Krestjazkaja* ; le troisieme a nom *Kulazkaja* ; & le quatrieme, *Wostoschnoja*, l'Oriental, ou *Bukowskaja*. Le troisieme tombe droit dans la Mer Glaciale, & pourroit, avec raison, être appellé le *Bras Oriental*. *Bikowskaja* tombe au Sud-Est, dans le Golfe de *Sawastjanowa*. Le Lieutenant *Prontschischtschew* examina dans tous les bras du fleuve la profondeur & les autres qualités des eaux ; & quoique le chemin fût le plus court par les bras occidentaux, il les trouva si sales, & si remplis de vase, qu'il prit le parti de passer par *Bukowskaja*. Ces recherches l'arrêterent au point qu'il arriva à l'embouchure du *Lena* deux jours plus tard que l'autre Bâtiment. Il s'y trouva à la latitude de 70^d. 4'. Vers le Nord & l'Est, il eut continuellement la vue de beaucoup de glaces, & les glaçons avoient depuis quatre jusqu'à dix brasses de hauteur. Il passa pourtant ; & depuis cette latitude, il courut environ cent milles d'Italie, toujours entre le Sud & l'Ouest. Le 25 Août, il arriva à l'*Olenek*, où ayant fait prendre la hauteur du Soleil, il trouva la latitude de 72^d. 30'. Le froid étoit déja devenu terrible ; tous les cables du Bâtiment étoient gelés, & le Bâtiment même étoit si fort endommagé par les glaces, qu'il faisoit deux pouces d'eau dans une heure. Quand on auroit voulu risquer de pousser plus avant à l'Ouest, personne dans le Bâtiment n'avoit connoissance de ces parages. On résolut néanmoins d'entrer dans l'embouchure de l'*Olenek*, ce qu'on fit effectivement le premier Septembre. A la distance d'environ trente werstes de l'embouchure du fleuve, on trouva douze *Promyschlenies* Russes qui s'étoient établis sur le bord du fleuve avec leurs femmes & leurs enfans, & y avoient bâti des maisons. Le Lieutenant prit ses quartiers chez eux, fit construire encore deux chambres, & s'y établit. Le 11 Novembre, il envoya un détail de toutes ces circonstances au grand détachement de la Marine, & alors tout son monde étoit en parfaite santé.

Le Capitaine-Commandant ayant reçu les rapports de ces deux voyages par mer, crut, en vertu des instructions qu'il avoit lui-même de l'Amirauté Impériale, être autorisé à faire poursuivre l'entreprise. Pour cet effet, il donna ordre au Lieutenant *Prontschischtschew*, dans l'Eté de 1736, de quitter l'embouchure de l'*Olenek*, & de continuer sa route. Pour la continuation du voyage commencé par le Lieutenant *Lassenius*, on dépêcha pareillement *Dmitri Laptiew*, autre Lieutenant de Vaisseau, & on lui donna pour Pilote le Lieutenant *Plautin*, bon homme de mer. Il ne se trouva personne pour remplacer le Géometre : c'est pourquoi les Officiers du bord se chargerent des travaux qui regardoient la Géographie. Le nouveau détachement partit de bonne heure, & arriva à l'embouchure du *Lena* pendant que la mer étoit encore couverte de glaces. Le Lieutenant *Laptiew* côtoya la Mer Glaciale avec de petites Barques, & alla à pied jusqu'au *Karaulach*, où étoit la Barque avec l'équipage, arrivé dès le 9 Juin précédent ; mais il ne put débarquer que le 5 Août. Il fallut même auparavant amener la Barque devant l'embouchure du *Lena*, pour charger des vivres, de sorte qu'il ne remit en mer que le 15 suivant. On attendoit avec impatience le rapport du succès de son voyage ; mais on ne l'eut qu'au milieu de Mars de l'année 1737, & en voici le résultat. Le Lieutenant, qui étoit curieux de bons Livres, avoit lu vraisemblablement quelque part, que plusieurs de ceux qui avoient été dans ces mers, avoient conseillé, pour trouver un passage à l'Océan oriental, de passer plutôt par la pleine mer, que de suivre les côtes : c'étoit aussi le système du feu Lieutenant *Lassenius*. Ils étoient par conséquent tous deux déterminés à tenter la pleine mer. Non-seulement ils prenoient par-là le chemin le plus court, mais ils espéroient en même tems éviter par ce moyen les glaces qui s'amassent ordinairement sur les côtes. En mettant en mer, tout parut si bien seconder leur entreprise, qu'avec le vent le plus favorable qu'ils pussent souhaiter, ils coururent droit au Nord-Est pendant trois fois vingt-quatre heures. Encouragés par ces succès, ils croioient déja toucher au but ; mais au bout de trois jours, lorsqu'ils n'y pensoient pas, ils trouverent devant eux une mer toute de glace aussi solide qu'un rocher, & où l'on ne voyoit d'issue ni à l'Est ni au Nord. Ils s'en assurerent en détachant des Chaloupes de tous côtés, & prirent même, de gens qui connoissoient ces parages, des certificats par écrit, que la mer y étoit glacée depuis long-tems d'une année à l'autre. S'ils eussent pris le parti d'attendre en cet endroit que la mer se dégelât par hasard, ils auroient risqué d'être pris dans les glaces, & peut-être ne s'en seroient pas tirés. On tint conseil sur cette position, & il fut unanimement résolu de retourner à l'embouchure du *Lena*. On eut le bonheur de la retrouver, quoiqu'il ne restât plus que quatre points du compas pour pouvoir y être rendu, & l'on y arriva le 25 Août. On y entra donc, & l'on remonta jusqu'au ruisseau *Chotufch-tach*, qui s'y jette sur la gauche. Il y avoit déja tant de glaces, que la Barque fut forcée d'hiverner. Le scorbut commença dès le mois de Novembre à faire sentir ses atteintes ; mais comme il y avoit sur les montagnes voisines une grande quantité de petits cedres (4), appellés dans le pays *Slanez*, le Lieutenant s'imagina que, par rapport à leur ressemblance avec le pin & le sapin, ils pourroient également servir de remedes contre le scorbut. Il voulut en essayer, & l'on en fit des décoctions dont l'effet fut salutaire & si prompt, qu'en peu de jours tous ses malades furent bien rétablis.

Il mit en mer de l'*Olenek* au commencement d'Août 1736. Sa femme qui, par attachement, avoit voulu faire le voyage avec lui, étoit alors, aussi-bien que lui, malade du scorbut ; ce qui ne l'empêcha pas de s'embarquer, soit qu'il espérât de se rétablir à la mer, soit qu'il se crût obligé de sacrifier sa santé à son devoir. Ils arriverent le 3 Août à l'embouchure du fleuve *Anabara*, qu'ils trouverent à la latitude de 73^d. 1'. Ils y entrerent, parce qu'ils avoient ordre de faire quelques recherches au sujet d'une Mine, que l'on prétendoit se trouver sur le bord du fleuve. On détacha, pour le remonter, le Géometre *Tfchekin* avec quelques hommes ; il ne revint que le 10, & l'on remit sur le champ à la voile pour gagner le *Chatanga*. Mais ils n'avoient pas encore atteint ce dernier fleuve, qu'ils furent entourés de tant de glaces, qu'ils eurent beaucoup de peine à passer. Depuis le *Chatanga*, la glace s'étendoit fort avant dans la mer : c'est pourquoi serrant la côte, ils entrerent dans le fleuve. Ils étoient alors à 74^d. 9'. de latitude. Ils trouverent sur la rive occidentale quelques barraques vuides, & ils apprirent qu'à cent cinquante werstes plus haut, il y avoit des habitans qui descendoient quelquefois. Ils continuerent de longer la côte presque toujours au Nord, jusqu'à l'embouchure du fleuve *Tamur* ou *Taimur*, où ils arriverent le 18. Les environs paroissoient fort stériles ; on n'y voyoit absolument point de bois, pas même de bois canard ou flotté, & le fleuve avoit si peu de profondeur, qu'il devoit être glacé jusqu'au fond pendant l'Hiver. Ainsi ne pouvant pas y faire la moindre relâche, ils pousserent plus loin le long de la côte depuis le *Taimur* vers le *Pjafida*. Près de la côte, il y avoit plusieurs grandes Isles environnées de glaces qui paroissoient immobiles, ce qui leur fit présumer qu'elles y avoient resté pendant tout l'Eté précédent. Ils gagnerent par conséquent la haute-mer, dans le dessein de tourner ces Isles du côté du Nord. Ils trou-

(4) *Pinus foliis quinis, cono erecto, nucleo eduli.* Hall. Helv. p. 150. j. *Pumilo conis minoribus.* Flor. Sibir. 179. Tab. XXXIX.

verent en effet au Nord une mer assez nette, sinon qu'ils virent beaucoup de glaces entre les Isles. Ils atteignirent la derniere à la latitude de 77^d. 25'. mais ils perdirent aussitôt toute espérance d'aller plus loin. Le froid étoit considérablement augmenté. Entre cette derniere Isle & la côte, & même plus avant dans la mer, il y avoit d'énormes glaces immobiles & solides. Ils essayerent cependant de s'avancer encore au Nord, & ils avoient déja fait environ six milles d'Italie, lorsqu'ils furent aveuglés par un brouillard si épais, qu'ils ne savoient plus où ils étoient, ni ce qui étoit autour d'eux ; & quand le brouillard fut dissipé, ils ne virent plus devant eux & de tous côtés que des glaces. Celles qui s'étendoient dans la mer étoient encore mobiles, mais si proches les unes des autres, qu'une Chaloupe auroit à peine eu de la place pour y passer ; outre cela, quelques efforts que l'on fît pour porter au Nord, on fut toujours poussé par les glaces au Nord-Est. Tous ces inconvéniens réunis effrayerent nos Navigateurs, & leur firent craindre d'être arrêtés dans les glaces. Le Commandant, dont la maladie augmentoit de jour en jour, tint conseil, & il fut résolu de s'en retourner. Revenus aux environs du *Taimur*, ils essuyerent aussitôt un calme ; la mer commença à se geler, & fut bientôt toute couverte de glaces flottantes. Les connoissances qu'on avoit acquises alors de ces dangereux parages, donnerent plus d'appréhension que jamais d'être interceptés par les glaces ; la Providence les tira de l'embarras où ils se trouvoient. A peine avoient-ils passé vingt-quatre heures à cette station, que le vent dissipa les glaces mobiles, & rompit celles qui fermoient la mer. Après avoir essuyé beaucoup de dangers, ils revinrent le 29 Août à l'embouchure de l'*Olenek*, & le brave Lieutenant mourut deux heures après son arrivée. Sa femme le suivit de près, plutôt par le chagrin de sa perte, que par l'effet de la maladie. Quoique ce bon Officier n'eût pas réussi dans son entreprise, il avoit fait tout ce qu'on pouvoit exiger de lui. Le reste du détachement, excepté le Sous-Chirurgien, conserva la vie & la santé (5).

D'autre part, le Pilote *Plautin* arriva dans l'Eté de 1737 à *Jakutzk* sur un de ces Bâtimens en usage dans la Sibérie, nommés *Dotschetniks*. Il apporta divers ustensiles & quelques provisions de bouche, qu'on avoit tirés de la Barque l'*Irkutzk*. Deux jours après, la Barque elle-même arriva avec tous ceux qu'elle avoit menés, à l'exception d'un seul homme. Le Capitaine-Commandant partit le même jour pour *Ochotzk*, afin d'y faire ses dispositions pour le grand voyage. Le Pilote *Plautin* fut rétabli dans sa place de Lieutenant, & suivit le détachement de Marine à *Ochotzk*. Le Lieutenant *Laptiew* resta à *Jakutzk*, & dans l'Hiver de 1737 ou 1738, il se rendit à Petersbourg, apparemment par ordre de la Cour, pour rendre compte verbalement de son voyage. Il revint en 1739 en Sibérie ; & aussitôt que les eaux furent ouvertes, il se mit en route pour *Jakutzk*. Il redescendit le *Lena* avec la même Barque l'*Irkutzk*. *Chariton Laptiew*, son cousin, aussi Lieutenant de Vaisseau, connu pour très-habile Marin, arriva

(5) Ce détail est tiré de la Relation du Pilote *Semen Tschelufchkin*, du 14 Septembre 1733.

avec lui à *Jakutz*, & fut chargé du commandement de la double Chaloupe qui étoit dans l'*Olenek*, à la place du Lieutenant *Prontfchifchtfchew*. Il eut pour Pilote *Tfcheljuskin*, qui avoit déja servi dans les deux voyages de l'Officier qu'il remplaçoit. Ces deux Lieutenans avoient ordre de faire toutes les tentatives imaginables pour trouver le passage qu'on cherchoit, ou du moins d'aller par mer aussi loin qu'il seroit possible, & de faire le reste du voyage à pied le long de la côte, afin qu'on pût en avoir une Description exacte. Et comme, par les rapports du voyage de *Prontfchifch-tfchew*, on commençoit à douter de la possibilité des découvertes qu'on vouloit faire, pour s'en assûrer, on fit partir en même tems de *Mangafea* un autre détachement de Marine, avec ordre de déboucher par le fleuve *Jenifei*, pour se porter au Nord-Est.

On a vu dans le Journal de M. *Gmelin*, page 117, que, pendant son séjour à *Tobolsk*, un Lieutenant de la Flotte Russe, nommé *Owzin*, en étoit parti en 1734 avec une Chaloupe double, pour naviger de l'embouchure de l'*Obi*, jusqu'à celle du *Jenifei*. Il sortit en effet deux fois de l'embouchure de l'*Obi*, mais sans pouvoir aller plus loin. On expédia donc pour la Sibérie un Maître ou Pilote de la Flotte nommée *Kofche-low*, qui, après avoir fait construire à *Tobolsk* un Bâtiment en forme de Barque, partit dans ce Bâtiment pour joindre le détachement d'*Owzin* resté à *Berefow*, & tâcher ensuite ensemble de pénétrer dans l'embouchure du *Jenifei*. Quand il l'eut joint, la Barque fut laissée près de *Mangafea* avec un petit détachement de Marine. *Kofchelow* & le Lieutenant partirent dans la Chaloupe double, & se rendirent à *Jenifeisk*, où le premier resta, tandis que l'autre alla faire un voyage à Petersbourg. C'est cette Barque laissée à *Mangafea* qui fut destinée à essayer un passage au Nord-Est par l'embouchure du *Lena*. La Chaloupe la *Jakutzk* partit de *Jakutzk* deux jours après cette Barque, & celle-ci mit en mer le 29 Juillet. Par les Relations les plus modernes, tirées des Archives de *Jakutzk* & communiquées à M. *Muller*, il paroît que vers la fin du dernier siecle on se faisoit presque tous les ans des voyages par mer de l'embouchure du *Lena* jusqu'à *Kolyma* sur les Dofchtfchenikes ordinaires, & par gens du commun, qui n'avoient aucune idée de navigation. Aussi voit-on dans ces Archives beaucoup de malheurs arrivés par l'inexpérience ou par la témérité de ces Navigateurs ignorans, & qui sans doute étoient cause qu'on avoit depuis entierement renoncé à ces sortes d'entreprises. Cependant un seul homme, avec un petit Bâtiment qui n'étoit pas plus gros qu'une Barque de Pêcheur, avoit passé de *Kolyma* devant *Tfchuketfchoi-Nos*, & il étoit parvenu à la Presqu'Isle du *Kamtfchatka*. Toutes les Relations dont on vient de parler, portent qu'on a toujours côtoyé la terre, où l'on a trouvé un canal étroit à la vérité, mais libre de glaces, & suffisamment praticable. On sait d'ailleurs, par des Relations plus récentes & très-authentiques, que la côte méridionale va toujours en s'élargissant, & que la terre s'accroît vers la mer, comme dans les endroits même où il y a de l'eau, la côte a toujours plus de bas-fonds. Peut-être pourroit-on en conclure que cette côte est aujourd'hui conformée autrement qu'elle n'étoit autrefois. Peut-être existe-t-il des langues de terre qui s'étendent fort loin en mer, & qui n'avoient point été vues, parce qu'elles étoient couvertes d'eau : peut-être encore les Dofchrfchenikes qui ne tirent pas tant d'eau que d'autres Bâtimens, ont-ils pu paffer plus aifément que ceux qui font faits pour la mer. La Barque l'*Irkutzk*, qui defcendit d'affez bonne heure le *Lena*, ne put cependant mettre en mer avant le 29 Juillet. Le 15 Août, elle doubla un Cap fort étroit, qui s'avance fort avant dans la mer, & que le Lieutenant eftimoit être *Swiatoi-Nofs*, nom que l'on donnoit anciennement à un autre Cap, qui gît au-delà de l'*Indigirka*. Or il avoit encore loin à courir depuis *Swiatoi-Nofs* jufqu'à l'*Indigirka*; mais il atteignit ce fleuve à 72^d. 2'. de latitude, en traverfant toujours des glaces flottantes. L'*Indigirka* a quatre embouchures, par lefquelles ce fleuve fe décharge dans la mer, mais toutes fi fales & fi peu profondes, qu'il ne put entrer dans aucune. Il fut donc obligé de refter en mer, & de flotter, pour ainfi dire, au milieu des glaces, jufqu'à ce qu'il y fut pris le premier Septembre. Bientôt après, il s'éleva une tempête qui rompit les glaces, & qui pouffa la Barque plus loin, de forte qu'elle erra au hafard jufqu'au 8 Septembre. Le lendemain, la Barque fut encore arrêtée dans les glaces, & la mer fe gela fi fort, que dès le 10 Septembre on put tranfporter les uftenfiles à terre fur la glace. Le Bâtiment étoit alors à foixante werftes des embouchures de l'*Indigirka*. On prit le parti de le décharger entierement; le Lieutenant hiverna à terre avec tout fon monde, qui eut le bonheur de ne pas tomber malade, ou dont il perdit fort peu. On laiffa dans la Barque une Garde, qu'on relevoit de tems en tems. Ils ne pouvoient manquer de vivres, puifqu'il n'y a guere de fleuves au Nord dont les bords foient auffi peuplés que celui-ci. D'ailleurs la mer leur fourniffoit des provifions confidérables. Outre les chiens marins & les ours blancs qu'on trouve en grande quantité parmi les glaces, il y avoit de ces poiffons de cinquante à foixante pieds de longueur, qui jettent de l'eau comme les baleines, & il en paffoit par troupes. Leur chair eft blanche, & d'un très-bon goût. Ce poiffon reffemble à celui que les Allemands appellent vache-marine, *manati*. On obferva que depuis *Swiatoi-Nofs*, la mer s'abaiffoit beaucoup le long des côtes, & que le terrein y étoit fort plat. On a auffi remarqué jufqu'à préfent que depuis ce même Cap jufqu'à *Kolyma*, il ne tombe dans la mer aucun fleuve, dont l'embouchure foit affez profonde pour qu'un Bâtiment un peu gros puiffe y entrer. Le Printems fuivant, on fe donna toutes les peines imaginables pour fauver la Barque, & on l'amena même à la côte toute endommagée qu'elle étoit. Mais il y a bien de l'apparence qu'elle ne fut plus d'aucun fervice; car le Lieutenant fit encore un voyage jufqu'au *Kolyma* dans de petits Bâtimens. Il pouffa même jufqu'à *Amadyrfkoi-Oftrog*, & il a donné une Defcription de toute la côte jufqu'à cet endroit, qui fut en 1740 le terme de fa Navigation. Pour récompenfe de fes travaux il fut nommé Capitaine de la Flotte, & dès 1741 ou 1742, il étoit de retour à Cronftadt.

Quant à l'autre voyage entrepris au Nord-Oueft, tout ce que l'on en peut favoir, c'eſt que la double Chaloupe, commandée en 1739 par le Lieutenant *Chariton Laptiew*, n'arriva pas juſqu'à l'embouchure du *Jeniſei* ; que cet Officier hiverna ſur les bords du *Chatanga* ; que l'année ſuivante il fut conſtaté, tant par ce voyage, que par celui de *Mangaſea*, qu'entre les fleuves *Pjaſiga* ou *Pjaſida* & *Tamur* ou *Taimur*, il y a des terres qui s'avancent ſi conſidérablement dans la mer du côté du Nord, qu'avant d'en avoir atteint le bout, on trouve la mer couverte de glaces ; que ni le Vaiſſeau de *Mangaſea*, ni celui du *Lena* n'ont pu doubler ce Cap ; qu'enfin l'un ou l'autre, & peut-être tous les deux, ſe ſont briſés entre les glaces, ſans que perſonne cependant ait péri.

RELATION
NOUVELLE
DE LA SAMOJEDIE
ET
DES SAMOJEDES.

IL est déja parlé de cette contrée & des peuples qui l'habitent au quinzieme Volume de cet Ouvrage (1) ; cependant les observations que nous donnons ici sur le même sujet, loin d'être une répétition de ce qu'on a vu, ont le double avantage d'être fort récentes & presqu'inconnues en France.

À l'égard de l'Observateur anonyme, à qui elles sont dues, & du degré de créance qu'il mérite, c'est dans les termes mêmes de l'Editeur de cette Relation (2) que nous donnerons une idée de sa personne, de ses connoissances, & de son exactitude.

Préface de l'Editeur.

» Le Mémoire que l'on publie, mérite, dit-on, d'être distingué de la
» foule des écrits qui paroissent si fréquemment sous ce titre, par le neuf,
» le singulier & le vrai qui s'y trouvent réunis.

» Celui à qui nous en sommes redevables, connoît très-bien, quoiqu'é-
» tranger, le vaste Empire de Russie. C'est un homme d'esprit, employé
» depuis long-tems en ce pays, d'abord dans le militaire, & à présent
» dans les affaires civiles.

» A un fond de connoissances acquises, il joint toutes les qualités qui
» constituent un bon Observateur, une ardente curiosité pour toutes les
» productions de la nature, beaucoup d'attention, & une sagacité très-
» étendue. On se convaincra facilement qu'un tel éloge n'est point outré,
» par la lecture de son Mémoire ; mais l'on en trouveroit un plus grand
» nombre de preuves encore dans le Supplément que ce même Ecrivain
» a fait pour le *Dictionnaire de Savary*, relativement aux Articles qui con-
» cernent la Russie, si, comme il est à desirer, il se détermine à en faire
» présent au Public. La vérité & l'exactitude qui caractérisent tous les
» Ouvrages qui sortent de sa plume, leur donnent une supériorité incon-
» testable sur tout ce qui a paru jusqu'ici dans le même genre.

» Ce Recueil d'observations a fait partie des Mémoires envoyés à M.
» *de Voltaire*, pour son Histoire de l'Empire de Russie sous Pierre le Grand,

(1) Page 107.
(2) Mémoire sur les Samojedes & les Lappons, avec cette épigraphe : *Hos Natura modos primum dedit*. A Konigsberg en Prusse 1762. *Voyez* le Journal Encyclopédique du mois de Novembre 1762.

» mais

» mais cet illustre Auteur n'en a fait qu'un usage superficiel, ainsi que de
» tous les documens que S. Ex. M. le Chambellan *Iwan Iwanowitsch de*
» *Schwwalow* lui avoit fournis, avec la permission de sa Cour ; c'est du-
» moins le reproche que lui fait le Docteur *Büsching*, si connu par les
» services importans qu'il a rendus à la Géographie, dans la Préface qu'il
» a mise à la tête d'une Traduction Allemande de l'Histoire de Pierre le
» Grand de M. *de Voltaire* ».

Le mérite du Mémoire en question nous porteroit volontiers à le donner purement & simplement tel qu'il a été publié ; mais nous avons cru devoir, d'une part, y joindre quelques observations qui n'y seront point étrangeres, & de l'autre, en retrancher ce qui a rapport aux Lapons, pour en faire usage dans la suite, lorsque nous traiterons de ces peuples, d'après une excellente Histoire, publiée en Allemand depuis quelques années par le savant Professeur, M. *Hoegstrooms*.

PARMI le grand nombre de Relations de voyages, dont le Public est inondé, il s'en trouve fort peu où le caractere & les mœurs de plusieurs peuples sauvages, dispersés en différentes parties du monde connu, aient été développés d'une maniere satisfaisante ; ou si celles que l'on a sur un même peuple de sauvages sont assez détaillées, elles s'accordent si peu entr'elles sur les faits, qu'un Lecteur avide de s'instruire, ne fait autre chose, après les avoir lues, que douter & suspendre son jugement.

Les unes nous représentent ces sauvages comme des especes d'animaux antropoformes, auxquels c'est faire beaucoup de grace que de leur accorder quelque conformité avec le reste du genre humain du côté de la figure : heureux encore, si on ne leur conteste pas le bon sens naturel à tous les hommes, parce qu'on trouve de la différence entre leurs manieres & les nôtres, & qu'on n'examine les étrangers qu'à travers le voile des préjugés que l'on a généralement en faveur de sa nation, & de ses usages particuliers.

D'autres Relations nous font envisager ces sauvages comme trop peu différens de nous, & déguisés seulement sous un masque bisarre & nouveau pour nous. Par un attachement singulier à ce principe favori, & généralement reçu, que les hommes sont par-tout les mêmes, on leur prête ici les idées, les vices & les vertus que l'on a vus dans les sociétés polies, & qu'on imagine être inhérens à l'espece humaine, comme le don de la parole. Observateurs trop bornés pour appercevoir toute la distance qu'il y a de l'homme inculte & sauvage, qui tient encore à l'état primitif de la nature, à l'homme civilisé qui s'en éloigne en raison de la politesse ou de la culture qu'il a reçue, ils confondent ensemble ces deux êtres si différens, & ne nous montrent à l'extrémité du globe, au milieu des plus affreux deserts, que leurs semblables, en proie à toutes les passions dont ils sont dévorés.

Il seroit néanmoins très-important, pour l'Histoire Naturelle de l'homme, d'avoir des notions plus précises de tous les individus qui conservent encore quelques traits originaux de l'homme sortant des mains de la nature ; on seroit, par l'examen, en état de reconnoître ce qu'il a gagné ou perdu

498 HISTOIRE GÉNÉRALE

RELATION DES SAMOJEDES.

dans les sociétés & par l'éducation. Mais comment espérer d'avoir de semblables observations, tant que l'on ne saura rien de ces peuples que sur la foi de Navigateurs ou de Marchands, occupés de bien d'autres vues ou de leurs seuls intérêts?

Ce que l'on peut donc faire de mieux, pour suppléer à ce défaut, c'est d'approfondir, lorsque l'occasion s'en présente, la vérité des relations qu'on a sur des peuples éloignés, d'en rectifier les erreurs, & par-là de mettre les Savans en état d'y puiser des idées justes & fondées, qui puissent leur épargner au moins le désagrément de voir crouler tout leur système, lorsqu'ils en ont établi la base sur des faits chimériques & faux tirés de Relations peu sûres & totalement infideles.

Ce qu'on vient de dire en général des connoissances imparfaites que l'on a de la plûpart des Nations sauvages se trouve vrai, sur-tout à l'égard des *Samojedes* & des *Lappons*, sujets de l'Empire de Russie.

Il n'y a guere plus d'un siecle que le nom même de *Samojede* étoit presque inconnu dans l'Europe. Depuis, plusieurs Voyageurs, & particulierement *Olearius*, *Isbrand-Ides*, le célebre *Witzen* & *Corneille le Bruyn*, se sont appliqués à connoître les mœurs & le génie de ces peuples, & ils ont donné au Public ce qu'ils en ont pu apprendre; mais leurs Relations sont très-défectueuses & très-erronnées, & leurs erreurs confirmées par les observations sur les Samojedes qu'on a publiées à Petersbourg en 1732, se sont établies, faute d'instructions plus exactes. Il n'est donc pas étonnant que tout ce qui a paru dans la suite sur le même sujet, soit aussi marqué du sceau de l'ignorance & du mensonge, puisque l'on n'a fait que copier des Voyageurs très-mal instruits eux-mêmes.

Comme mon sort a voulu que je fisse un assez long séjour à Archangel, dans le voisinage des Samojedes, j'ai cru ne pouvoir mieux employer une partie de mon loisir, qu'à examiner de près leurs usages & leurs mœurs. Après avoir consulté tout ce qui avoit été publié sur ce sujet, j'ai fait un Recueil abrégé des particularités les plus intéressantes que j'y ai trouvées, en m'attachant à discerner avec soin le vrai du faux, & en y joignant les idées particulieres que je me suis faites du caractere & du naturel de ces Nations sauvages, après les avoir étudiées d'un œil attentif & impartial.

Sans prétendre au titre d'habile Observateur, je me féliciterai d'avoir rempli le but que je me suis proposé; si je réunis à désabuser une bonne fois le Public de tout ce qu'on lui a donné jusqu'ici d'incertain & de faux sur ces peuples, & je trouverai une récompense très flatteuse dans la satisfaction qui me restera d'avoir contribué de tout mon pouvoir à la découverte de quelques vérités historiques.

Quand je parle de la Ville d'Archangel, comme d'un endroit voisin de ces peuples, je ne prétends point accréditer ce qui est rapporté dans la plûpart des Relations de voyages faits en Russie, savoir qu'on trouve les premiers établissemens des colonies Samojedes aux environs de cette Ville. Il est très-certain qu'on n'en rencontre qu'à la distance de trois ou quatre cens werstes (3). Si l'on a vu de tems en tems quelques Samojedes à Ar-

(3) A soixante-quinze ou à cent lieues de France.

changel, c'est en Hiver, & ils n'y viennent que pour y amener avec leurs rennes des huiles de poisson & d'autres marchandises pour le compte de quelques Marchands ou Paysans, qui ont soin de les entretenir eux & leurs rennes.

Ce qui a donné lieu à cette erreur, c'est qu'il y a eu autrefois, & même encore au commencement de ce siecle, quelques familles Samojedes aux gages des habitans d'Archangel, qui, suivant la coutume de ces peuples, campoient aux environs de cette Ville, pour chercher de la pâture à leurs rennes. Quelques Voyageurs en ayant vus en cet endroit, particulierement *Corneille le Bruyn* qui est entré à ce sujet dans un grand détail, ont assûré positivement que c'est près de la Ville d'Archangel que commencent la Samojedie & les établissemens des Samojedes. Au reste, depuis plus de trente ans, il n'y a plus aucune famille Samojede établie aux environs d'Archangel ; il est constant d'ailleurs que ces peuples n'ont jamais habité les côtes de la Mer-Blanche, & n'ont jamais été employés par les Russes à la pêche des chiens marins, des vaches marines, & des autres animaux dont on tire de l'huile, comme le portent plusieurs Relations.

Le véritable commencement des habitations des Samojedes, si l'on en peut supposer chez des peuples qui n'ont pas de résidence fixe, ne se trouve que dans le district de *Mezene*, au-delà du fleuve de ce nom, à la distance de trois ou quatre cens werstes d'Archangel.

La colonie qui s'y trouve actuellement, & qui vit dispersée à la maniere de ces peuples, chaque famille à part, sans former de Villages ou de Communautés d'aucune espece, ne consiste que dans trois cens familles environ, qui descendent toutes de deux Tribus différentes, l'une appellée *Laghe*, & l'autre *Wanoute* : distinctions exactement observées entr'eux.

Cette colonie porte le nom d'*Objondire* ; une autre qui en est voisine, mais plus près de *Petzora*, est nommée *Tihijondire* ; celle des environs de *Pouftozer*, vis-à-vis le détroit de *Weigats*, appellée communément *Gougorskoi*, se donne elle-même le nom de *Guaritzi*.

Cette Nation sauvage occupe l'étendue de plus de trente degrés le long des côtes de l'Océan septentrional & de la Mer Glaciale, entre les 66 & 70^d. de latitude boréale, à compter depuis la riviere de *Mezene*, tirant vers l'Orient au-delà de l'*Obi* jusqu'à celle de *Jenissi*, & peut-être plus loin, parce qu'on ne sait pas encore bien quelles sont les bornes précises de leurs habitations.

Tous ces Samojedes dispersés dans des déserts d'une si vaste étendue, ont sans contredit une origine commune, ainsi que le démontre évidemment la conformité de leur physionomie, de leurs mœurs, de leurs manieres de vivre, & même de leur langage, quoiqu'ils soient partagés en différentes tribus ou familles, plus ou moins éloignées des habitations Russes.

Je suis bien éloigné d'adopter le sentiment de ceux qui supposent que les Lappons & les Samojedes ne font qu'une seule & même Nation. M. *de Buffon*, qui s'est justement acquis le plus grand nom dans la République des Lettres, se trompe évidemment, lorsqu'il avance d'une maniere aussi positive qu'il le fait dans son *Histoire Naturelle*, que les Lappons,

Rrr ij

RELATION DES SAMOIEDES.

les *Zembliens*, les *Borandiens*, les *Samojedes*, & tous les Tatares du Nord font des peuples qui descendent d'une même race. Il faut remarquer d'abord en passant, qu'il parle d'un peuple qui n'existe qu'en idée, lorsqu'il fait mention des *Zembliens*, puisqu'il est certain que le pays qu'on appelle *Nouvelle-Zemble* ou *Zemle*, ce qui signifie en Langue Russe *Nouvelle-Terre*, n'a pas d'habitans. Il ne paroît pas mieux fondé dans ce qu'il dit des *Borandiens*, dont on ignore jusqu'au nom même dans tout le Nord, & que l'on ne pourroit d'ailleurs que difficilement reconnoître à la description qu'il en donne. Il suppose encore une chose absolument hasardée, lorsqu'il prend pour une même Nation les Lappons, les Samojedes, & tous les peuples Tatares du Nord ; puisqu'il ne faut que faire attention à la diversité des physionomies, des mœurs & du langage de ces peuples, pour se convaincre qu'ils sont d'une race différente, comme on le prouvera par la suite.

Digression sur la Nouvelle-Zemble.

Qu'on me permette une petite digression au sujet de la Nouvelle-Zemble dont je viens de parler, on y trouvera quelques particularités intéressantes que je tiens de personnes instruites, & qui nous mettront à portée de découvrir ce qui a pu faire présumer que cette Isle avoit des habitans.

[Comme les Russes, habitans de *Mézene* & des environs d'Archangel, sont depuis un grand nombre d'années en possession d'aller à la pêche des *walruses*, ou vaches marines, sur les côtes de la Nouvelle-Zemble, & même d'y passer l'Hiver, toutes les côtes leur en sont bien connues. Il est donc constaté par le rapport unanime de tous ceux qui ont abordé dans cette Isle, qu'elle est séparée du continent par le détroit de *Weigats* ; qu'elle commence sous le 71ᵉ degré ; qu'elle s'étend en ligne droite vers le Nord jusqu'au 75ᵉ degré 4 minutes de latitude septentrionale, & qu'elle comprend de l'autre côté une étendue de 7 degrés de l'Ouest à l'Est. Justement au milieu de cette Isle, ou, pour parler avec plus de précision, sous le 73ᵉ degré de latitude du côté de l'Est, il se trouve une espece de canal ou de détroit qui traversant toute l'Isle, & tournant vers le Nord-Ouest, tombe dans la Mer du Nord, du côté de l'Occident, sous le 73ᵉ degré 3 minutes de latitude, où il coupe cette Isle presque en deux parties égales.

On ignore si ce détroit est quelquefois navigable ; ce qu'il y a de certain, c'est qu'on l'a toujours trouvé couvert de glaces, & par cette raison, on n'a jamais bien pu le reconnoître.

Le trajet, pour aller d'Archangel ou des côtes de Mezene à la Nouvelle-Zemble, se fait sans beaucoup de risque, en passant près de *Kandanoves* & de l'Isle *Kaïgnew*. Quelque peu versés que soient dans la Navigation les gens qui font ce voyage, ils en savent assez pour ne pas manquer les baies qui se trouvent sur les côtes de ce pays, & qui leur sont déja connues. Aussi y a-t-il toujours un assez grand nombre de gens prêts à entreprendre cette pêche, quoique d'ailleurs le profit qui leur en revient, soit fort modique.

Ces voyages se font dans de petits Bâtimens construits à l'ancienne maniere du pays, dont l'équipage consiste ordinairement en dix ou douze hommes qui n'ont d'autres appointemens que la part qu'on leur donne dans le produit de la pêche, après en avoir prélevé les frais de l'équipement, & la portion principale réservée au Propriétaire du Navire.

Ce pays, du moins autant qu'on le connoît à présent, est entierement désert & stérile. Il ne produit que fort peu d'herbes, on n'y trouve ni arbres, ni broffailles, de façon que ceux qui s'y rendent pour la pêche, sont obligés de se pourvoir de bois pour avoir du feu.

Il est vrai que de tous ceux qui ont pris terre dans l'Isle, il n'en est aucun qui ait pénétré dans l'intérieur à plus de cinquante ou soixante werstes; ce qui pourroit laisser croire qu'il se trouve peut-être au centre de l'Isle quelques terreins plus fertiles, & même des habitans. Cependant comme les bords ont été depuis long-tems fréquentés dans toute la circonférence par un grand nombre de gens que la pêche y attire, sans qu'on ait jamais découvert la moindre trace d'habitans; que d'ailleurs on n'y trouve point d'autres animaux que ceux qui se nourrissent de poisson ou de mousse, tels que les ours blancs, les renards blancs & les rennes, & pas un de ceux qui vivent de baies, d'herbes, de racines ou de bourgeons d'arbrisseaux, il est très-probable que cette Isle ne renferme point d'habitans, & que son intérieur est aussi dépourvu de bois que le sont ses côtes.

Il y a beaucoup d'apparence en même tems, que ceux qui ont été pris pour habitans naturels de ce pays, étoient des hommes appartenans à l'équipage de quelque Bâtiment Russe, d'autant plus que les Pêcheurs ont coutume de se servir pour ces voyages d'habillemens à la façon des Samojedes. Cependant le froid n'y est pas aussi violent qu'on pourroit se l'imaginer. Des Navigateurs, qui ont hiverné plusieurs fois, tant dans la Nouvelle-Zemble qu'au Spitzberg, m'ont assuré qu'ils avoient trouvé le froid de la Nouvelle-Zemble très-modéré, en comparaison de celui du Spitzberg, qui est aussi plus près du pole de quelques degrés.

Dans cette derniere Isle, on ne jouit pendant les mois de l'Hiver d'aucun crépuscule. Ce n'est qu'à la seule position des étoiles qui sont continuellement visibles, qu'on peut distinguer le jour de la nuit; au-lieu que dans la Nouvelle-Zemble, les jours sont toujours marqués par une foible lumiere qui paroît aux heures de midi, même dans le tems où le Soleil ne se montre pas.

La personne qui m'a rapporté ces particularités, perdit, il y a huit à neuf ans, vingt-quatre hommes de l'équipage de quelques Bâtimens qu'elle avoit envoyés à la Nouvelle-Zemble, pour y passer l'Hiver; on les trouva tous morts dans l'endroit où ils s'étoient établis. Ce malheur arrive fréquemment à ceux qui y font un trop long séjour; mais il ne faut pas s'obstiner à croire que c'est l'excès du froid qui les fait périr. Il faut attribuer leur mort à des brouillards épais, malfaisans, qui sont causés d'ordinaire par la putréfaction des herbes & des mousses du rivage de la mer. Lorsque la gelée tarde trop à venir, ces vapeurs empestées empoisonnent, étouffent ceux qui les respirent. Ce qui confirme ce fait, c'est qu'il se trouva dans le même tems une colonie de Mezene composée de vingt hommes, qui avoient construit leurs cabanes à cent werstes de celles des autres, & qu'il n'en mourut aucun. Ils revinrent tous l'année suivante en bonne santé; mais ils assurerent qu'ils avoient beaucoup souffert des brouillards, & qu'ils avoient été tous malades.

RELATION DES SAMOJEDES.

La puanteur de ces brouillards, au rapport de tous ceux qui ont fréquenté la Zemble, est quelque chose d'insupportable, dont on ne peut donner une idée ; les effets en sont sur-tout très-funestes, lorsque les vents de mer les poussent dans un tems de dégel vers l'endroit où les Pêcheurs hivernent.

On sait, par une ancienne tradition, que sous le regne du Czar *Iwan Wasilewitz*, du tems de la destruction de *Nowogrod*, quelques familles Russes se réfugierent & s'établirent dans la Nouvelle-Zemble. Un paysan qui s'étoit soustrait à la domination des *Stroganow*, s'y étoit aussi retiré avec sa femme & ses enfans. Plusieurs Russes connoissent encore les endroits qui furent habités par ces fugitifs, & les désignent même par leurs noms ; mais les descendans de ces malheureux ont tous péri dans le même tems, vraisemblablement par les impressions de ces vapeurs pestilentielles.

On prétend qu'on avoit autrefois découvert dans la Nouvelle-Zemble une Mine d'argent, & que par cette raison l'endroit fut appellé *Serebronka*, nom qu'il porte encore aujourd'hui. Celui qui m'a rapporté le fait de la Mine & les autres, m'a dit en même tems, qu'il n'avoit pu vérifier si ces traditions sont bien sûres, quoiqu'il soit toujours fort attentif à s'assûrer de la vérité dans les recherches de cette nature.

L'existence de cette Mine d'argent, en la supposant véritable, n'auroit rien d'extraordinaire, puisqu'il passe pour constant dans la Russie, que, sous le regne de l'Impératrice *Anne*, on trouva dans une petite Isle déserte de la Mer-Blanche, quelques rochers incrustés presque par-tout des plus riches Mines d'argent qu'on eût jamais vues, ce qui fut reconnu à Petersbourg, où l'on en avoit envoyé de grandes barres. On se promettoit même déja d'immenses richesses de cette heureuse découverte ; mais en creusant le rocher, on s'apperçut que l'intérieur ne contenoit pas la moindre trace de Mine ; que c'étoit une simple incrustation peut-être aussi ancienne que le monde, & qu'il faut apparemment rapporter encore au déluge qui résout aujourd'hui tant de problêmes.]

Figure des Samojedes.

POUR revenir aux *Samojedes*, dont nous nous sommes un peu écartés, ces hommes sont pour la plûpart d'une taille au-dessous de la moyenne. Je n'en ai vu aucun qui n'eût plus de quatre pieds, quoique ce soit la hauteur la plus considérable qu'on leur accorde en général, par une suite de la tradition des Pigmées, dont on veut qu'ils réalisent la fable. Il y en avoit même qui passoient la taille moyenne, & qui avoient jusqu'à six pieds de hauteur. Ils ont le corps dur & nerveux, d'une structure large & quarrée, les jambes courtes & les pieds petits, le cou très-court & la tête grosse à proportion de leur corps, le visage applati, les yeux noirs & médiocrement ouverts, le nez tellement écrasé, que le bout en est à-peu-près au niveau de l'os de la mâchoire supérieure qu'ils ont très-forte & fort-élevée, la bouche grande & les levres minces. Leurs cheveux qui sont noirs comme du jais, mais extrêmement durs & forts, leur pendent sur les épaules & sont très-lisses ; leur teint est d'un brun fort jaunâtre ; leurs oreilles sont grandes & rehaussées.

Les hommes ont fort peu ou presque point de barbe ; & leur tête, ainsi que celle des femmes, est la seule partie de leur corps où il y ait du poil. Reste à examiner, si c'est un défaut naturel, une qualité particuliere à leur race, ou l'effet d'un simple préjugé qui leur faisant attacher au poil quelque idée de difformité, les porte à l'arracher par-tout où il en paroît. Quoi qu'il en soit, les femmes, entr'autres, ont un très-grand intérêt à ne point laisser subsister de poil sur leur corps, quand la nature leur en donneroit, puisque, suivant l'usage de ces peuples, un mari seroit en droit de rendre à ses parens la fille qu'il auroit prise pour femme, & de se faire rendre ce qu'il leur auroit donné, s'il lui trouvoit du poil ailleurs qu'à la tête. Il est vrai qu'un semblable cas doit être fort rare, quand même ils seroient naturellement sujets à cette végétation naturelle, qu'ils regardent apparemment comme une grande imperfection, puisqu'un homme épouse ordinairement une fille dès l'âge de dix ans. Aussi, parmi ces peuples, est-il fort commun de voir des meres-enfans d'onze ou de douze ans au plus ; mais par compensation, ces meres précoces, après trente ans, cessent de l'être. Ne seroit-ce pas dans cette coutume de marier les filles avant l'âge ordinaire de maturité, ainsi que dans la liberté qu'ont les hommes d'acheter autant de femmes qu'ils peuvent en payer, qu'il faut chercher les raisons physiques du peu de fécondité des *Samojedes*, & peut-être de la petitesse de leur taille ?

La physionomie des femmes ressemble exactement à celle des hommes, excepté qu'elles ont des traits un peu plus délicats, le corps plus mince, la jambe plus courte, & le pied encore plus petit. D'ailleurs il est fort difficile de distinguer les deux sexes à l'extérieur & par les habits, qui ne sont presque pas différens.

Les hommes & les femmes, comme chez tous les peuples sauvages des pays septentrionaux, portent des fourrures de rennes, dont le poil est tourné en-dehors, & cousues ensemble ; ce qui fait un habillement tout d'une piece, qui leur serre & couvre très-bien tout le corps. Cet habillement est si propre à leurs besoins dans le rude climat qu'ils habitent, que les Russes & les autres Nations qui se trouvent dans la nécessité de voyager dans leur pays, s'habillent de même. La seule distinction qu'on reconnoisse aux habits des femmes, consiste en quelques morceaux de draps de différentes couleurs, dont elles bordent leurs fourrures ; & les plus jeunes d'entre elles prennent quelquefois le soin d'arranger leurs cheveux en deux ou trois tresses qui leur pendent derriere la tête.

Ceux qui ont prétendu que les femmes *Samojedes* ne sont point sujettes aux évacuations périodiques, se sont trompés : c'est une particularité, sur laquelle j'ai pris des informations très-exactes ; mais il est vrai que leurs purgations sont très-foibles.

Une autre particularité physique des femmes *Samojedes*, qui m'a paru très-curieuse, & dont mes recherches à ce sujet m'ont également assuré, c'est qu'elles ont toutes les mamelles plattes, petites, molles en tout tems, lors mêmes qu'elles sont encore vierges, & que le bout en est toujours noir comme du charbon. On pourroit croire que cet accident est l'effet des mariages prématurés des filles, s'il n'étoit constant que cet attribut leur est commun avec les *Lapponnes*, quoique les dernieres ne se marient jamais avant l'âge de quinze ans. Il faut donc en chercher quelqu'autre raison, soit dans la constitution physique, soit dans la nourriture de ces peuples.

Leurs habitations.

Leurs tentes, composées de morceaux d'écorce d'arbre, cousus ensemble & couverts de quelques peaux de rennes, sont dressées en forme pyramidale sur des bâtons de moyenne grosseur. Ils ménagent au haut de cette tente, une ouverture pour donner passage à la fumée, & pour augmenter la chaleur en la fermant. On voit par-là que tout ce qu'on raconte de leurs habitations souterreines, n'est rien moins que fondé. Comme il leur est très-facile de plier ces tentes, & de les transporter d'un endroit à l'autre par le moyen de leurs rennes, cette maniere de se loger est sans contredit la plus convenable à la vie errante, qu'ils sont obligés de mener : car le terroir ne produisant absolument rien de propre à leur nourriture, ils se trouvent dans la nécessité de changer souvent de demeure, pour chercher le bois qu'il leur faut, & la mousse qui sert de fourrage à leurs rennes.

C'est encore une des raisons qui, jointe aux intérêts de leur chasse, les empêche de demeurer ensemble en grand nombre ; car rarement trouve-t-on plus de deux ou trois tentes qui soient voisines l'une de l'autre ; & comme leurs déserts sont d'une étendue immense, ils peuvent changer de place aussi souvent que leurs besoins le demandent, sans se faire aucun tort les uns aux autres.

En Eté, ils préferent les environs des rivieres, pour profiter avec plus de facilité de la pêche ; mais ils se tiennent toujours éloignés à quelque distance les uns des autres, sans former jamais de société.

Leurs occupations.

Après avoir pourvu à leur nourriture, soin dont les hommes sont chargés dans chaque famille, tandis que l'occupation des femmes est de coudre les habits, d'entretenir le feu, & d'avoir soin des enfans, il n'y a plus rien qui les intéresse ; & ils végetent tranquillement en s'amusant à leur maniere sur des peaux de rennes étendues au tour du feu dans leur cabane. Les douceurs de l'oisiveté tiennent lieu de toutes les passions à ces peuples, & la nécessité seule peut les tirer de cette vie inactive. Cet amour de l'oisiveté est un des traits principaux auxquels on reconnoît l'homme sauvage abandonné à la nature.

Leur nourriture.

La chasse en Hiver & la pêche en Eté leur fournissent abondamment la nourriture nécessaire. Ils sont également habiles à ces deux exercices ; & comme les rennes font toutes leurs richesses, ils tâchent d'en prendre & d'en entretenir en aussi grand nombre qu'ils peuvent. Ces animaux conviennent d'autant mieux à la paresse naturelle de ces peuples, que leur entretien ne demande aucun soin, & qu'ils cherchent eux-mêmes sous la neige la mousse dont ils se nourrissent. D'ailleurs quelqu'espece d'animal qu'ils prennent à la chasse, ils le jugent propre à leur nourriture, & ne dédaignent pas même de faire le même usage des cadavres des animaux qu'ils trouvent morts. Quelque révoltant que nous paroisse ce goût des *Samojedes*, ils ne sont pourtant pas en cela plus sauvages que les *Chinois*, qui, comme on sait, tout polis, tout civilisés qu'ils sont, s'accommodent aussi des charognes.

Les

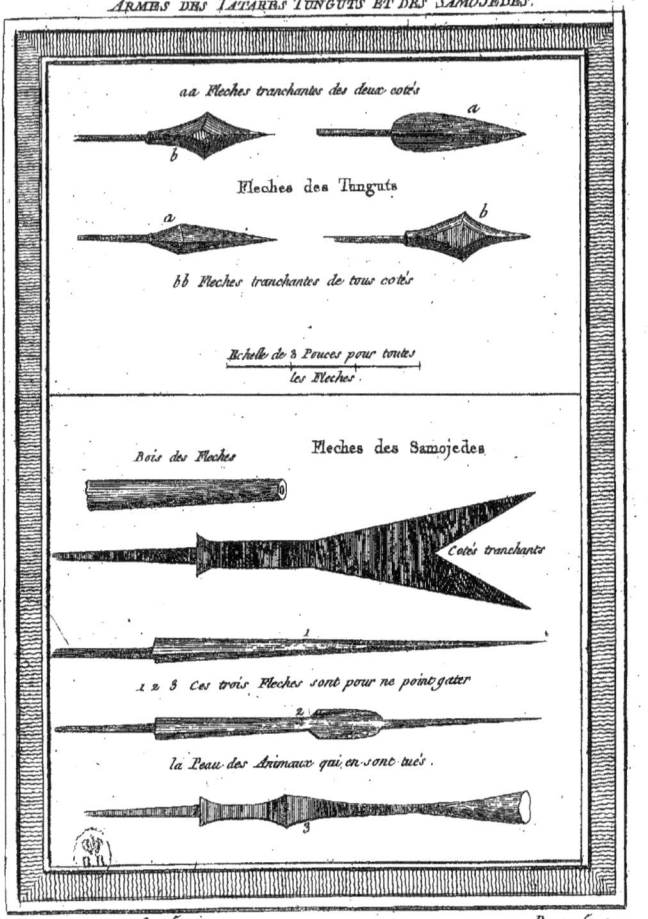

Les Samojedes exceptent pourtant du nombre des animaux qu'ils mangent, les chiens, les chats, l'hermine & l'écureuil, sans que j'aie pu découvrir la raison de cette distinction. Quant à la chair des rennes, ils la mangent toujours crue : c'est pour eux une délicatesse que de boire tout chaud le sang de ces animaux ; ils prétendent même que cette boisson leur sert de préservatif contre le scorbut ; mais ils ne connoissent point l'usage d'en tirer du lait, comme plusieurs Ecrivains l'ont dit sans fondement.

Ils mangent de même le poisson tout crud, de quelque espece qu'il puisse être ; mais pour les autres sortes de viandes, ils préferent de les faire cuire ; & comme ils n'ont point d'heures fixées pour leurs repas, il y a toujours une chaudiere remplie de quelques viandes, sur le feu qu'ils entretiennent au milieu de leurs tentes, afin que chacun de ceux qui composent la famille, puisse manger quand bon lui semble.

A l'égard du nom de *Samojede*, on n'est communément pas d'accord sur son étymologie. Les uns croient que ce nom répond à celui d'*antropophage*, donné anciennement à ces peuples, parce qu'on les avoit vu manger de la chair crue, que l'on prenoit pour de la chair humaine ; d'où l'on avoit inféré qu'ils mangeoient les corps morts de leur propre espece, aussi-bien que ceux de leurs ennemis, à la façon des *Cannibales*. Mais il y a long-tems qu'on est revenu de cette injuste erreur sur leur compte, & l'on sait même par la tradition de ces peuples, que ce barbare usage n'a jamais subsisté parmi eux.

D'autres prétendent que le mot *Samoje* signifie dans la Langue de ces peuples *un habitant de la contrée*, & que c'est de-là simplement que provient leur dénomination. Cette origine paroîtroit assez naturelle, si la supposition qui lui sert de base n'étoit pas destituée de preuve. Mais comme il est certain qu'il ne se trouve point dans leur Langue de mot approchant de celui de *Samoje*, & que, dans leur idiome, ils se donnent eux-mêmes les noms de *Minez* & de *Chasowo*, on voit que cette derniere étymologie est purement chimérique, comme tant d'autres adoptées sans discussion.

Il convient donc à mon avis d'en chercher une qui ait du rapport avec la Langue des Nations voisines. Or, comme il est certain que les *Finnois* ont anciennement habité la plus grande partie des contrées du Nord, le mot de *Sooma*, qui signifie en Langue Finnoise un *marais*, peut bien avoir servi d'origine au nom de *Samojede* : c'est aussi vraisemblablement l'étymologie du nom de *Samalantsch*, que les Lappons se donnent dans leur propre Langue, & celle du nom de *Somaemejes*, que les Careliens affectent à leurs nations.

Dans les Chancelleries Russes, les *Samojedes* sont désignés par le nom de *Sirognesʒi*, Mangeurs de choses crues. Voilà tout ce que j'ai pu découvrir de moins incertain sur le nom de ces peuples.

Pour ce qui regarde le tems où les *Samojedes* ont passé sous la domination Russe, presque tous les Historiens s'accordent à en fixer l'époque au regne du Czar *Fedor Iwanowitz*. C'est sous ce regne qu'on prétend que les rapports faits par un certain *Onecko*, qui faisoit un commerce fort

RELATION DES SAMOJEDES.

lucratif dans ce pays-là, avoient fait naître le deffein de le foumettre. On ajoute que la conquête du pays ne fut achevée que fous le regne de fon fucceffeur le Czar *Borris*, & qu'on y parvint, en y faifant conftruire des Forts & même quelques Villes. Cependant j'ai lieu de croire qu'on fe trompe encore fur ce point : car j'ai vu des Ordonnances publiées dans les premieres années du regne de l'Empereur *Pierre I.* concernant les arrangemens à prendre, pour la perception des tributs des *Samojedes*, où il eft expreffément fait mention de Lettres-Patentes accordées à ces peuples plus de foixante ans avant le regne de Czar *Fedor Iwanowitz*, & par lefquelles on leur accorde la permiffion de recueillir par eux-mêmes le tribut qu'ils devoient payer en pelleteries. D'ailleurs il eft certain qu'il n'a jamais été queftion de conftruire aucune Ville, ni aucun Fort pour affujettir les Samojedes, & qu'actuellement même il n'en exifte point dans la contrée qu'ils habitent. C'eft dans de petites Villes fituées aux environs de leur pays, & habitées par des colonies Ruffes, que l'on reçoit leur tribut appellé *jeflak*. Il confifte en une fourrure de la valeur de vingt-cinq copecs, que tout homme capable de fe fervir de l'arc doit livrer tous les ans, & chaque forte de pelleterie fe trouve évaluée à un certain prix. Mais comme il s'agit ici d'un fait qui fe trouve contredit par tous ceux qui ont écrit fur cette matiere, & que les Curieux pourront voir avec plaifir une piece originale dans le ftyle de ce tems-là, j'ai cru devoir joindre ici la traduction d'une des Ordonnances dont je viens de parler. L'original en eft confervé dans les archives de la Chancellerie de *Puftofer*.

Ancienne Ordonnance en faveur des Samojedes.

« DE la part des Czars & grands Princes, *Jean Alexeiwitz* & *Pierre Alexeiwitz*, Souverains de toutes les Ruffies, la Grande, la Petite & la Blanche, à nôtre Stolnick & Gouverneur à Puftofer, *Jean Matweowitz Kaflire*. Il nous a été préfenté à nous grands Seigneurs une Requête des *Samojedes Gougorski* & *Petfcherski*, où ces peuples nous expofent qu'ils fe trouvent en poffeffion de Lettres-Patentes accordées à eux par nos ancêtres dans les tems reculés, lorfque ces peuples demanderent en l'année 7033 (qui revient à l'an 1525 de l'ere ordinaire) d'être reçus fous la domination du grand Seigneur Czar & grand Prince, *Wafili Iwanowitz*, Souverain de toutes les Ruffies, de bienheureufe mémoire, par lefquelles il a été ordonné, qu'ils devoient être reçus en qualité de fujets fous notre main puiffante, & protégés contre toute infulte étrangere, moyennant qu'ils payeroient leur tribut en pelleterie à *Petchora* & à *Puftofer*. Dans la fuite des tems, & nommément l'an 7105 (qui revient à notre année 1597), il a été accordé à ces mêmes peuples *Samojedes*, par notre bifayeul, le grand Seigneur Czar & grand Prince, *Fedor Iwanowitz*, Souverain de toutes les Ruffies, de bienheureufe mémoire, qu'ils ne payeroient leur tribut qu'en conformité des anciens Regiftres à *Pouftofer*, & qu'ils auroient la permiffion de recueillir ce tribut-là entr'eux par eux-mêmes. Et comme à préfent, fuivant les plaintes qu'ils forment, on leur demande ce tribut à *Berefowa* & dans le *Mefden*, fans leur donner de quittances du payement qu'ils en font, & qu'on les oblige à payer une feconde fois ce même tribut à *Puftofer* : en conformité des Lettres-Patentes qui fubfiftent, ils fupplient

» qu'il soit enjoint de procéder à leur égard d'une maniere conforme
» aux Ordonnances précédentes ; qu'ils aient la permission d'amasser leur
» tribut en pelleteries entre eux-mêmes dans un seul endroit, & nom-
» mément à *Pustoser*, & qu'il soit défendu de le leur demander une seconde
» fois à *Beresowa* & dans le *Mesten*, & de leur faire violence, afin qu'ils
» ne soient pas forcés de se débander, & d'abandonner le pays, ce qui
» feroit perdre le tribut au Souverain. Il nous a été également repré-
» senté par les *Karatschcskoi Samojedes* & les familles en dépendantes,
» dans une Requête signée des marques usitées parmi ces peuples, qu'ils
» livrent chaque année un grand nombre de pelleteries en tribut à notre
» Receveur à *Beresowa*, & ne sachant pas si ledit tribut parvient en son
» entier à nous, Grands Seigneurs, à Moscow, ils ont donné une spécifica-
» tion, signée de leurs marques usitées, du surplus, qu'ils payent annuel-
» lement à notre Receveur à *Pustoser*, le Soldat *Stainka Wolouquenin*. C'est
» donc sur ces Requêtes que nous ordonnons, que tu ayes immédiate-
» ment, après avoir reçu ces présentes Lettres, à prendre des arrange-
» mens pour que lesdits *Samojedes Gongorski* & *Petscherski* ne soient plus
» forcés à payer d'autre tribut que celui qui leur a été imposé par les
» Lettres-Patentes de nos ancêtres, & par la présente; qu'ils aient la per-
» mission d'amasser ce tribut-là par eux-mêmes en conformité de leur
» Requête, suivant les anciens Registres, & qu'on leur accorde pour
» Receveur dudit tribut celui d'entre les gens de notre service, qu'ils
» choisiront eux-mêmes ; que tu ayes en outre soin, que lesdits Rece-
» veurs du tribut ne fassent point de violence à ces peuples *Samojedes*,
» en demandant & extorquant d'eux à leur propre profit au-delà de ce
» qui leur a été imposé, & que le tout ayant été amassé, soit porté à
» *Pustoser*, comme par le passé. Et lorsque ces peuples seront accoutumés
» à payer leur tribut à *Pustoser*, tu auras à nous envoyer ledit tribut
» chaque année régulierement, sans permettre qu'il y ait des arrera-
» ges, & cela par le Receveur accompagné d'un *Samojede*, tel qu'ils
» voudront le choisir entr'eux, & de le faire porter directement à nous
» Grands Seigneurs à Moscow, dans la Chancellerie ou *Pricasie* de *Nowo-*
» *gorod* ; qu'on ne demande point de tribut pour la seconde fois à ces
» *Samojedes Gongorski* & *Petscherski* à *Beresowa* ou dans le *Mesten* ;
» qu'ils soient protégés contre toute insulte étrangere, & que tu ayes
» une attention particuliere qu'on ne leur fasse aucune violence. Et après
» avoir lu ces présentes Lettres, & en avoir pris copie de ta propre main,
» pour être gardée dans les Archives de ta Chancellerie, tu auras à re-
» mettre l'Original de ces Lettres-Patentes à ces *Samojedes*, afin qu'elles
» puissent leur servir à l'égard des autres Waywodes ou Officiers, qui
» pourront te succéder dans l'emploi dont tu es revêtu. Donné à
» Moscow en l'année 7192 (qui revient à l'an 1684), le 9 Juillet ».
L'Original de cette Piece est signée de la main du Diack (5) *Procophei*
Wosnizin, & collationné par le Sous-Diack *Alexei Ferfanow*.

A l'occasion de *Pustoser*, dont il est fait mention dans cette Ordonnance,

(5) Dignité qui, suivant l'usage de ce tems-là, répond à celle de Chancelier ou de Secrétaire d'Etat.

RELATION DES SAMOJEDES. il faut obferver que, conformément aux informations tirées des Archives de la Chancellerie de cette Ville, la Nation, dont les defcendans habitent aujourd'hui cette contrée, avant d'avoir embraffé le Chriftianifme, (il y a deux cens à trois cens ans, fuivant la tradition du pays), avoit porté le nom de *Tfchudi*, qui fignifie *Finnois* en Langue Ruffe.

Les *Samojedes* qui vivoient dans les marais, ou dans les déferts voifins, donnant de l'inquiétude aux colonies Ruffes, on bâtit la petite Ville de *Puftofer*, pour fe mettre en état de défenfe contre les étrangers, qui pourroient aborder de ce côté-là par mer, comme le portent leurs anciennes traditions. C'eft auffi pour le même objet, qu'en 7156 (c'eft-à-dire, en 1648) on y établit cinquante Soldats, avec leurs femmes & leurs enfans, qui s'y rendirent de *Cholmogor* aux environs d'Archangel. Actuellement il y a toujours une Compagnie de Soldats tirés de la Garnifon d'Archangel même. Ainfi, malgré la ftérilité du pays, le petit nombre & la mifere de leurs habitans, l'induftrie de ces gens-là rend le pofte de Waywode de *Puftofer* très-lucratif pour l'Officier qui en eft revêtu.

Puftofer, le feul endroit dans le pays des *Samojedes*, à qui l'on donne le nom de Ville, quoique ce ne foit proprement qu'un Village, eft fitué à cent werftes ou environ des bords de la Mer Glaciale, à peu de diftance du détroit de *Weigatz*. L'air y eft fi froid, & le terroir fi ingrat, qu'il ne produit aucune forte de bled, ni de fruit; mais le lac qui lui donne fon nom (6), eft très-poiffonneux. C'eft à quoi fe réduit tout ce qu'il y a de remarquable dans cette contrée, inconnue au refte de la terre.

Religion des Samojedes. La Religion des *Samojedes* eft fort fimple. Ceux qui prétendent que les feules lumieres de la raifon humaine fuffifent pour former un fyftême de Religion, font obligés de convenir qu'un femblable fyftême conçu & arrangé par des hommes dans l'état de pure nature, comme le font les *Samojedes*, ne pourroit être que très-obfcur & très-imparfait. Auffi toute leur croyance fe réduit-elle au petit nombre d'articles fuivans.

Ils admettent l'exiftence d'un Etre fuprême, Créateur de tout, fouverainement bon & bienfaifant: qualité qui, fuivant leur façon de penfer, les difpenfe de lui rendre aucun culte, & de lui adreffer des prieres, parce qu'ils fuppofent que cet Etre ne prend aucun intérêt aux chofes d'icibas; qu'il n'exige point par conféquent de culte des hommes, & même qu'il n'en a pas befoin. Ils joignent à cette idée, celle d'un Etre éternel & invifible, très-puiffant, quoique fubordonné au premier, & enclin à faire du mal; c'eft à cet Etre-là qu'ils attribuent tous les maux qui leur arrivent dans cette vie. Cependant ils ne lui rendent non plus aucune forte de culte, quoiqu'ils le craignent beaucoup. S'ils font quelques cas des confeils de leurs *Koedefnicks* ou *Tadebes*, ce n'eft qu'à caufe des relations qu'ils croient que ces gens-là ont avec cet Etre malin, fe foumettant d'ailleurs avec une efpece d'infenfibilité à tous les maux qui peuvent leur furvenir, faute de connoître les moyens de les détourner.

Le Soleil & la Lune leur tiennent encore lieu de Divinités fubalternes:

(6) Le mot Ruffe d'*Ofero* fignifie un lac, & *Puflo* eft un défert: de-là le nom de *Puftofer*.

c'est par leur entremise qu'ils croient que l'Etre souverain leur fait part de ses faveurs ; mais ils leur rendent aussi peu de culte qu'aux idoles ou fétiches qu'ils portent sur eux, suivant les conseils de leurs *Koedesnicks*. Ils semblent même faire peu de cas de ces idoles ; & s'ils s'en chargent, ce n'est que par l'attachement qu'ils paroissent avoir aux traditions de leurs ancêtres, dont les *Koedesnicks* sont les dépositaires & les interpretes.

On trouve aussi chez eux quelques idées de l'immortalité de l'ame, & d'un état de rétribution dans une autre vie ; mais tout cela ne se réduit qu'à une espece de Métempsycose. Ce sentiment, quelque obscur qu'il soit, semble indiquer que ces peuples descendent de quelque Nation Asiatique, qui habitoit autrefois dans le voisinage des Indes.

C'est en conséquence de leur sentiment sur la transmigration des ames, qu'ils ont coutume de mettre dans les tombeaux de ceux qu'ils enterrent, les habits du défunt, son arc, ses fleches, & tout ce qui lui appartient, parce qu'il se pourroit, disent-ils, que le défunt en eût besoin dans un autre monde, & qu'il ne convient à personne de s'approprier ce qui appartient à autrui. On voit par-là que, si le dogme de l'immortalité de l'ame fait partie de leur Religion, ce n'est que comme une simple possibilité, à l'égard de laquelle il leur reste encore des doutes.

Enfin on ne trouve parmi eux aucune de ces cérémonies religieuses en usage parmi les autres peuples de la terre, dans certaines circonstances de la vie. Il n'est question de leurs *Koedesnicks* ni à l'occasion de leurs mariages, ni à la naissance de leurs enfans, ni aux enterremens : tout le ministere de cette espece de Prêtres se borne à leur donner des avis & des idoles de leur façon, lorsqu'il arrive qu'ils sont plus malheureux que de coutume dans leurs chasses, ou qu'il leur survient quelque maladie. Il seroit très-difficile d'amener ces peuples au Christianisme, parce que leur entendement est trop borné pour concevoir des choses qui sont hors de la portée des sens, & qu'ils croient leur sort trop heureux, pour y desirer quelque changement.

Les *Samojedes* sont aussi simples dans leur morale que dans leurs dogmes. Ils ne connoissent aucune loi, & ignorent même jusqu'aux noms des *vices* & des *vertus* (7). S'ils s'abstiennent de faire du mal, c'est par un simple instinct de la nature (8). Il est vrai qu'ils sont dans l'usage d'avoir chacun leurs femmes en propre, & d'éviter scrupuleusement dans leurs mariages les degrés de consanguinité ou de parenté, jusqu'à qu'un homme n'épousera jamais une fille qui descend, comme lui, d'une même famille, à quelque degré d'éloignement que ce soit. Quoique quelques Ecrivains aient avancé le contraire, le fait est certain. Ils prennent soin de leurs enfans, jusqu'à ce qu'ils soient parvenus à l'âge où ils peuvent pourvoir eux-mêmes à leur subsistance.

(7) Tous les peuples de la terre, sans exception, ont été vraisemblablement de même, & tels que Justin représente les Scythes, Liv. II. ch. 2. *Tanto in illis plus proficit vitiorum ignoratio, quam cognitio virtutis.* La vertu est le contraire du vice, & le suppose nécessairement. La chasteté qui n'auroit ni desirs, ni passions à combattre, ne seroit plus, en quelque sorte, qu'un défaut d'organisation, une froideur, une impassibilité naturelle.

(8) *Justitia ingeniis gentis culta, non legibus.* Ibid.

Tous ces usages qu'ils observent religieusement entr'eux, ne sont que les fruits d'une tradition qu'ils ont reçue de leurs ancêtres, & l'on pourroit avec fondement regarder cette tradition comme une loi. Mais on ne trouve pas qu'elle leur défende d'assassiner, de voler, ou de se mettre par la force en possession des filles & des femmes d'autrui. Cependant, s'il faut en croire ces bonnes gens qui paroissent trop simples pour se déguiser, il est bien peu d'exemples que de pareils crimes aient été commis parmi eux. Quand on leur demande la raison d'une semblable retenue, puisqu'ils avouent eux-mêmes qu'ils ne connoissent aucun principe qui dût les détourner de ces actions, ils répondent tout simplement : qu'il est très-aisé à chacun de pourvoir à ses besoins, & qu'il n'est pas bon de s'approprier ce qui appartient à un autre. Pour le meurtre, ils ne comprennent pas comment un homme peut s'aviser de tuer un de ses semblables. A l'égard des femmes, ils pensent que celle qu'ils ont la commodité d'acheter à fort peu de frais, peut aussi-bien contenter leurs desirs naturels, qu'une autre qu'ils trouveroient peut-être plus à leur gré, mais qu'ils ne pourroient posséder que par la violence.

On voit par-tout ce qui vient d'être dit, qu'ils ne connoissent d'autres besoins que ceux de la simple nature, c'est-à-dire, la nourriture, l'usage des femmes, & le repos.

Comme ils sont d'un goût grossier & très-facile à contenter, l'extrême indifférence qu'ils contractent par rapport au choix de leurs femmes, leur tient lieu de principe, & les fait agir conséquemment, sans même le savoir.

Leurs sens & leurs facultés sont dans une juste combinaison avec leur façon d'être & d'exister. Ils ont la vue perçante, l'ouïe très-fine, & la main sûre ; ils tirent de l'arc avec une justesse admirable, & sont d'une légereté extraordinaire à la course. Toutes ces qualités qui leur sont naturelles & d'une nécessité absolue, pour pourvoir à leurs besoins, ont été perfectionnées par un exercice continuel. Ils ont au contraire le goût grossier, l'odorat foible, le tact émoussé ; ce qui vient de ce que les objets qui les environnent, sont de nature à ne pouvoir produire aucune sensation délicate.

On conçoit aisément que l'ambition & l'intérêt, ces deux grands ressorts qui mettent en mouvement tout le genre humain, & qui sont dans la société les mobiles de toutes les actions, bonnes ou mauvaises, ainsi que de tous les vices qui marchent à la suite, comme l'envie, la dissimulation, les intrigues, les injures, les desseins de vengeance, la médisance, la calomnie, le mensonge, n'entrent pour rien dans le système moral de ces peuples ; au-moins est-il certain que leur Langue manque de termes, pour exprimer ces différens vices, qui font tant de ravages dans les sociétés les plus polies.

On croira sans peine que la maniere de vivre de ces peuples doit être conforme à la simplicité de leurs notions, & à la stérilité du pays qu'ils habitent. Quoique plusieurs Auteurs assûrent que les *Samojedes* ont des Princes, des Juges ou Maîtres, auxquels ils obéissent avec beaucoup de soumission, il est certain qu'ils n'en ont jamais connus, & qu'actuellement il n'en existe point parmi eux. Ils payent sans répugnance le tribut qui leur est imposé en fourrures, sans connoître d'autre sujettion envers le Souverain : ils se soumettent à ce payement de bon gré, parce qu'ils ont vu pratiquer la même chose à leurs peres, & qu'ils savent qu'en cas de refus, on sauroit bien les y forcer.

RELATION DES SAMOJEDES.

Au reste, ils sont parfaitement indépendans les uns des autres; & s'ils ont quelque déférence, ce n'est que pour les plus vieux de chaque famille, & pour les *Koedesnickes*, dont ils prennent quelquefois les conseils, sans que cela les engage jamais à se soumettre à eux.

Quand on dit que les rennes sont les seules richesses des Samojedes, il faut supposer qu'ils ne connoissent point l'usage des monnoies, & la différence qu'il y a entre le prix & la valeur des métaux, à l'exception de quelques-uns qui habitent dans le voisinage des Russes, dont ils peuvent avoir appris cette distinction. Ils se servent de leurs rennes pour l'achat des filles, dont ils font leurs femmes; mais quoiqu'en convenant du prix avec leurs peres, il leur soit permis de prendre autant de femmes qu'ils en veulent, il est rare qu'ils ayent plus de cinq femmes, & la plûpart se bornent à deux. Il y a des filles, pour lesquelles on paye cent & jusqu'à cent cinquante rennes; mais ils sont en droit de les renvoyer à leurs parens, & de reprendre ce qu'ils en ont donné, lorsqu'ils ont sujet de n'en être pas contens. Comme leurs femmes sont accoutumées à enfanter presque sans douleur, ils les soupçonnent d'infidélité & d'avoir eu commerce avec quelque étranger, dès qu'ils voient arriver le contraire. C'est là le principalement le cas où ils les battent & les maltraitent, pour leur faire avouer leur faute; si la femme confesse le fait, ils la renvoyent aussitôt à ses parens, & s'en font rendre le prix. Quoiqu'on dise présentement le contraire dans des Ecrivains même récens, ces faits n'en sont pas moins certains. M. *de Buffon* assure comme une chose avérée, que non-seulement ils ne connoissent point la jalousie, mais qu'ils offrent même leurs filles & leurs femmes aux premiers venus. Cet habile Naturaliste a eu de fort mauvais mémoires. Les femmes des *Samojèdes* ont tant de pudeur, qu'on est obligé d'user d'artifice pour les engager à découvrir quelque partie de leur corps, quoiqu'il soit assez difficile de comprendre pourquoi elles attachent une idée de honte à laisser voir quelque nudité. Les deux sexes ignorent l'usage des bains, & ne se lavent jamais le corps, ce qui les rend très-sales, & d'une très-mauvaise odeur.

Usage des rennes pour les échanges & aux très besoins de la société.

Cette maniere de vivre si misérable, fait sans doute horreur à tout homme né & élevé dans la société : cependant ces peuples ne laissent pas d'être toujours gais, exempts de chagrin, & très-contens de leur sort. J'ai connu quelques *Samojedes*, qui avoient vu les Villes de Moscow & de Petersbourg, & qui par conséquent avoient pu remarquer les avantages & les commodités, dont les peuples civilisés jouissent, mais qui n'en paroissoient pas fort touchés. Ils ont constamment préféré leur façon de vivre à tout ce qu'ils avoient vu de plus attrayant & de plus voluptueux au milieu des Russes, tant ils ont d'éloignement pour la servitude, la dépendance, & pour tout ce qui peut interrompre leur repos, ou leur penchant déterminé pour la paresse.

RELATION DES SAMOJEDES.

Ils aiment à fumer du tabac, & à boire des liqueurs fortes, quand ils en trouvent chez l'étranger ; mais ils en quittent l'usage, sans la moindre marque de regret. Cette stupide insensibilité leur est si naturelle, qu'aucun objet, quelque nouveau qu'il soit pour eux, ne les frappe que très-légerement. Il peut bien réveiller leur attention pour un instant, mais à coup sûr il n'excite pas leurs desirs.

Exemple singulier de leur apathie.

J'ai fait l'expérience de leur apathie. Je fis un jour assembler dans une chambre plusieurs *Samojedes* des deux sexes, pour les examiner de plus près. Mais quoique j'eusse laissé sur la table de l'argent, des fruits & des liqueurs fortes, dont je leur avois fait goûter, & tout ce que je pus imaginer de plus propre à tenter leurs desirs ; quoique j'eusse même abandonné la chambre à leur discrétion, ayant fait retirer mes domestiques, & m'étant retiré moi-même dans un coin, d'où je pouvois les observer sans en être vu, ils ne sortirent point de leur indifférence ; ils resterent tranquillement assis par terre, les jambes croisées, sans toucher à la moindre chose. Il n'y eut que les miroirs qui leur causerent d'abord une sorte de surprise ; mais un moment après, il ne paroissoient plus y faire attention.

NOTICE

NOTICE
PARTICULIERE
DES OSTIACKS,
Autre Peuple de la Sibérie.

LEs *Ostiacks*, peuple voisin des Samojedes, ne méritent pas moins, par leur singularité, d'être connus.

Aucun Voyageur n'a donné de détail un peu circonstancié sur ces peuples, si ce n'est M. *Muller*, Officier Allemand, exilé en Sibérie (1). Mais comme sa Relation n'est encore qu'un tableau très-imparfait de cette Nation, nous avons cru devoir y ajouter bien des traits empruntés des meilleurs Ecrivains qui ont parlé de la Sibérie, & sur-tout du Baron de *Strahlenberg* (2), Officier Suédois, déja cité en plusieurs endroits de cette Collection. Cette Notice sera du-moins le résultat des connoissances les plus exactes que nous ayons jusqu'à présent des *Ostiacks*.

IL N'EST pas aisé de déterminer d'une maniere précise la situation & l'étendue du pays qu'habitent les *Ostiacks*, parce qu'ils changent de demeure suivant le besoin qu'ils ont de pourvoir à leur nourriture, soit par la pêche, soit par la chasse. Nos Cartes d'Europe représentent communément ces peuples comme habitans des bords occidentaux de l'*Obi*, mais sans marquer les dimensions de la contrée qu'ils occupent. Celle qui a été donnée à Petersbourg en 1758 (3), pour servir à faire connoître les découvertes des Russes, place les *Ostiacks* en deux endroits différens de la Sibérie, savoir : 1°. entre le 59 & le 60° degrés de latitude, & les 174 & 180° de longitude, dans une Isle formée par la riviere de *Tschulim* & celle de *Ket*, qui passe à *Jeniseisk* & se jette, ainsi que la premiere, dans l'*Obi*; 2°. entre les 61 & 62° degrés de latitude, & les 181 & 185° de longitude, sur les rives orientales de l'*Obi*, & non loin de *Surgut*.

Situation du pays des Ostiacks, leur figure, leurs habillemens, &c.

Il paroît que ces peuples sont les restes d'une Nation ancienne, beaucoup plus nombreuse qu'elle ne l'est aujourd'hui, puisqu'on nous assure que le nom d'*Ostiack*, qui leur a été donné par les Russes, signifie *restant*,

Leur origine.

---

(1) *Recueil des Voyages au Nord*, par Bernard. Vol. III.
(2) *Description de l'Empire de Russie*, par Strahlenberg; *Relation du Voyage d'Isbrand Ydes à la Chine* ; la *Flora Sibirica*, de M. Gmelin ; *Histoire de Pierre le Grand*, par M. de Voltaire.
Tome XVIII.

(3) On en donnera une copie dans le second Volume, à la tête de la Description du Kamtschatka, avec les corrections que M. de Lisle y a faites, d'après les nouvelles connoissances que l'on a acquises sur ces contrées.

Ttt

NOTICE DES OSTIACKS. Dans leur Langue, les *Oſtiacks* s'appellent *Choutiſcki*, & nomment leur patrie *Gandimick*.

Leur figure. Ces peuples, ainſi que tous ceux qui habitent ſous un ciel rigoureux, dont les effets ſont d'engourdir la nature ou d'en arrêter les progrès, ne parviennent pour l'ordinaire qu'à une hauteur médiocre. Leur taille eſt cependant aſſez bien proportionnée, & leurs traits différent peu de ceux des Ruſſes. Leurs cheveux ſont toujours ou blonds ou roux.

Leur habillement. Des peaux d'ours, de rennes & d'autres animaux leur ſervent à faire des vêtemens pour l'Hiver. En Eté, ils en ont d'autres, provenant de la dépouille de certains poiſſons, & ſur-tout d'éturgeons. En toutes ſaiſons, leurs bas & leurs ſouliers qui tiennent enſemble, ſont faits de peaux de poiſſon. Par-deſſus cet habillement, qui eſt à-peu-près taillé comme une robe, ils mettent en Hiver une camiſole fort courte, mais ample, à laquelle tient une eſpece de capuchon ou de bonnet, qu'ils ne relevent ſur leur tête que lorſqu'il pleut. Si le froid eſt exceſſif, ils mettent deux de ces camiſoles l'une ſur l'autre. Cette circonſtance fait époque parmi ces peuples; & pour déſigner un Hiver très-rude, ils diſent qu'ils portoient deux camiſoles.

Au reſte, rien n'eſt plus ſimple que la façon de tous ces habillemens. Ils emploient les dépouilles des animaux, ſans prendre la peine de les paſſer, & ſans y donner aucune autre préparation. Un Oſtiack a-t-il beſoin d'un bonnet? Il court à la chaſſe, tue une oie ſauvage, un cigne ou un autre oiſeau, le dépouille ſur le champ, & fait un bonnet de ſa peau.

L'habillement des femmes chez les Oſtiacks, ainſi que chez tous les peuples ſauvages, ne differe de celui des hommes que par les différens embelliſſemens, dont le deſir de plaire leur inſpire le goût, & qui ſont proportionnés à leurs facultés. Les femmes les plus riches portent des habillemens de drap rouge, qui eſt la ſuprême magnificence parmi toutes les Nations de la Sibérie. Leur coëffure eſt compoſée de bandes de toile peinte de différentes couleurs, avec leſquelles elles s'enveloppent la tête, de façon que leur viſage eſt preſque entierement caché. Celles qui portent le drap rouge, ont une eſpece de voile de damas ou d'autre étoffe de ſoie de la Chine. Elles ont auſſi, comme les Tunguſes, l'uſage de ſe faire des marques noires au viſage & aux mains.

Le logement de ces peuples conſiſte, comme chez les Samojedes, en de petites huttes quarrées, dont la couverture & les parois ſont d'écorces de bouleau couſues enſemble. Au-dedans de ces habitations & le long des parois, s'éleve, un peu au-deſſus de l'aire, une eſpece d'eſtrade ou de banc, en forme de coffre, & rempli de raclure de bois, qui leur ſert de lit. Le foyer eſt au milieu de la cabane, dont la couverture eſt percée en cet endroit d'une ouverture ſuffiſante pour donner une iſſue à la fumée.

Tous leurs meubles conſiſtent en une marmite de pierre ou de fer, en filets, en arcs, en fleches, & en uſtenſiles de ménage faits d'écorce de bouleau, dans leſquels ils boivent & mangent. Quelques-uns ont un ou deux couteaux, & c'eſt une grande opulence que de poſſéder une hache de fer, ou un pareil inſtrument.

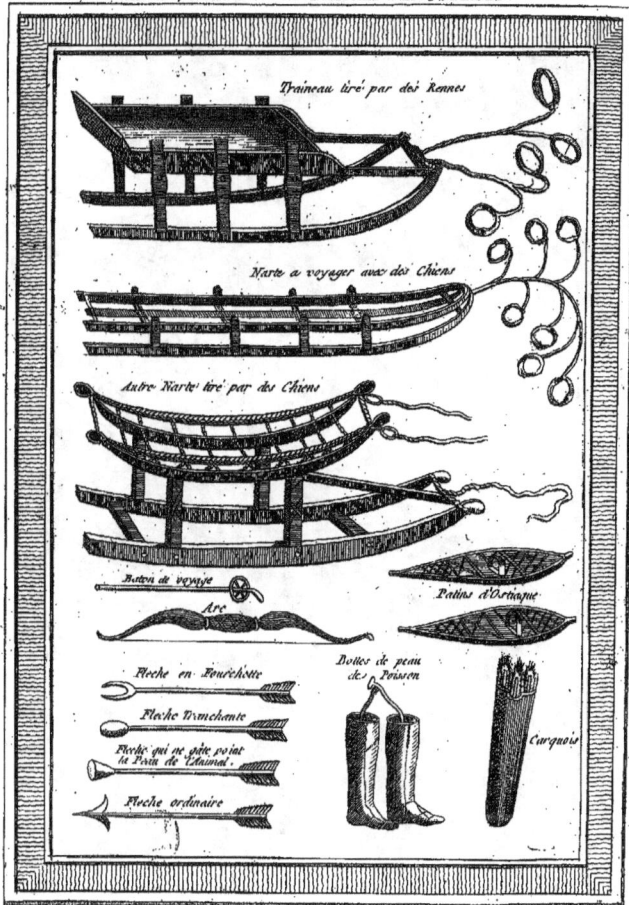

Traineau tiré par des chiens.

Un Ostiack considérable, & qui avoit dans sa Nation le titre de *Knées*, étant venu à bord du Vaisseau d'*Isbrand Ydes*, envoyé du Czar Pierre I. à la Chine (4) invita cet Ambassadeur à l'aller voir, & le conduisit lui-même à sa résidence. « Elle étoit, dit *Isbrand Ydes*, comme les autres ha-
» bitations, d'écorces d'arbres assez mal cousues. Quatre femmes que j'y
» trouvai, composoient le *harem* du prétendu Prince. La plus jeune
» avoit une jupe de drap rouge, avec des ornemens de corail & de verre
» autour du col, à sa ceinture, & dans ses cheveux, qui pendoient en
» tresses sur ses épaules. Elle avoit aussi de grandes boucles aux oreilles,
» d'où tomboient des grains de corail enfilés. Tout l'ameublement de ce
» Prince ne consistoit qu'en quelques berceaux, & en quelques coffres
» faits d'écorce, dans lesquels étoient les lits tous remplis de raclure de
» bois, qui avoit la mollesse de la plume. Les berceaux placés à l'extrémité
» de la cabane, étoient remplis d'enfans nuds. Pour toute batterie de cuisine,
» il y avoit une seule marmite, des plats, des assiettes, des chaudrons,
» & d'autres vaisseaux de cette espece, tous faits aussi d'écorce d'arbre,
» mais dont apparemment on ne pouvoit se servir sur le feu, quand il
» y avoit de la flamme ».

L'Agriculture étant inconnue aux Ostiacks, leur pays ne produit que quelques racines sauvages, & leur nourriture ordinaire est le fruit de leur chasse ou de leur pêche. Ils mangent la viande avec des racines, & à demi-cuite ; mais ils mangent le poisson crud, frais ou sec, & ne boivent que de l'eau.

Ils paroissent faire grand cas du sang chaud de quelque animal que ce soit. Aussi lorsqu'ils tuent un renne, un ours ou tout autre quadrupede, leur premier soin est de recueillir le sang qui coule de ses blessures, & de le boire. Un morceau de poisson sec trempé dans de l'huile de baleine, ou même un grand verre de cette huile, est encore pour eux un mets exquis.

Quelques-uns entretiennent des rennes, pour tirer leurs traîneaux ; mais le plus grand nombre éleve des chiens de trait pour cet usage. Ils attelent depuis six jusqu'à douze chiens à un traîneau long de quatre à cinq aunes, sur une demi-aune de largeur (5).

« A moins de l'avoir vu, dit M. *Muller*, on auroit peine à croire avec
» quelle agilité, quelle vitesse ces chiens tirent les traîneaux. Dès qu'ils
» sont en marche, ils ne cessent de hurler & d'aboyer que lorsqu'ils ont
» atteint le premier relais. Si la traite est plus longue qu'à l'ordinaire, ils
» se couchent d'eux-mêmes devant le traîneau, & se reposent un instant.
» On leur donne un peu de poisson sec ; & après ce léger rafraîchisse-
» ment, ils reprennent leur train jusqu'au relais. Quatre de ces chiens
» tirent très bien en un jour un traîneau chargé de trois cens livres pen-
» dant douze ou quinze lieues. Dans la partie septentrionale de la Sibé-
» rie, on se sert fort communément de traîneaux tirés par ces animaux,
» soit pour voyager, soit pour transporter des marchandises. Il y a des

(4) Sa Relation, en ce qui concerne la Chine est rapportée au cinquieme Volume de cet Ouvrage.

(5) Il est question ici de l'aune d'Allemagne, qui est de 22 pouces, c'est à dire, la moitié de celle de France.

HISTOIRE GÉNÉRALE

NOTICE DES OSTIACKS.
» Postes aux chiens établies comme celles d'Europe avec des relais réglés » de distance en distance. Plus un Voyageur est pressé, plus on met de » chiens à son traîneau ».

Quoique les filles des Ostiacks soient généralement laides, & qu'elles ajoutent encore à leur difformité naturelle le défaut d'être fort dégoûtantes, par la mal propreté des haillons qui leur servent de vêtemens, elles se piquent cependant de coquetterie, & le desir de plaire les agite autant que les Européennes.

Les hommes de leur côté ressentent aussi le pouvoir de l'amour, & n'omettent aucun des petits soins qui peuvent les conduire à leur but. Comme une seule femme ne leur suffit pas, ils en prennent autant qu'ils en peuvent entretenir. Dès qu'une femme a quarante ans, c'est une véritable vieille à leurs yeux, & ils ne l'approchent plus. Cependant au-lieu de renvoyer leurs douairieres, ils les gardent pour avoir soin du ménage, & servir la jeune femme qui est devenue la compagne & la femme du Maître. Lorsqu'un Ostiack a le cœur pris, voici de quelle maniere se font les demandes de mariage.

Mariages des Ostiacks.
Un ami de l'amoureux va négocier avec le pere de la fille, qui rarement l'estime moins de cent roubles. On porte cette parole, on marchande. Si l'amant consent au marché, il propose de donner en payement différens effets, comme, par exemple, son bateau sur le pied de trente roubles, son chien pour vingt, ses filets pour le même prix, &c. jusqu'à ce que, suivant son estimation qui est toujours fort haute & à son avantage, il atteigne à-peu-près la somme qui lui est demandée. Le beau-pere futur est-il d'accord ? il promet de livrer sa fille dans un tems préfix & marqué. Jusqu'à ce terme, l'amoureux n'a d'autre ressource auprès de sa belle que le langage des yeux ; car il ne lui est pas permis de lui rendre aucune visite, ni de lui parler.

Lorsqu'il va voir le pere & la mere, il entre à reculons, pour ne pas les regarder en face. S'il leur parle, il tient toujours sa tête tournée de côté, pour marquer son respect & sa soumission.

Au tems dont on est convenu, l'amant vient recevoir sa future des mains de son pere, qui la lui livre en présence des parens & des amis assemblés. Il recommande ensuite aux époux de vivre en bonne union, & de s'aimer comme mari & femme. C'est dans cette courte exhortation que consiste toute la cérémonie du mariage. Ceux qui en ont le moyen, régalent tous les assistans d'un verre d'eau-de-vie, & c'est le sceau d'une parfaite union.

Ordinairement un pere se défait de sa fille dès l'âge de huit à neuf ans, afin qu'elle puisse mieux s'accoutumer à l'humeur de son mari. Celui-ci consomme son mariage, lorsque la nature en a marqué l'instant.

Les degrés de parenté ne mettent aucun obstacle à ces unions conjugales. Un fils n'épouse pas sa mere, parce que les meres sans doute sont déja vieilles lorsque leurs enfans sont nubiles ; mais on voit des peres faire leurs femmes de leurs propres filles, & des freres épouser leurs sœurs.

Lorsqu'un mari ne se sent plus de goût pour sa femme, il est le maître de la renvoyer & d'en prendre une autre. On remarque néanmoins qu'en pareil cas l'équité naturelle l'emporte presque toujours sur les mouvemens déréglés de leurs desirs.

Ils ont aussi la louable coutume de faire habiter leurs femmes dans une cabane séparée, non-seulement pendant tout le tems de leurs couches, mais encore chaque fois qu'elles ont leurs indispositions périodiques.

Ces femmes ne paroissent avoir aucune inquiétude sur le tems de leur accouchement ; elle ne prennent par conséquent aucune de ces précautions que la délicatesse des Européennes leur rend presqu'indispensables. Il arrive souvent, même en Hiver, qu'étant en marche pour changer de demeure, l'instant du travail les surprend & les force de s'arrêter. Comme elles n'ont point alors de tentes prêtes, elles se contentent de s'asseoir, avec les autres femmes de la famille, au premier endroit, fût-il même couvert de neige, & elles accouchent sans paroître ressentir aucune douleur, sans témoigner du-moins de mauvaise humeur, ni le moindre mécontentement. Le premier soin des femmes qui se trouvent à leur délivrance, est de couvrir entierement de neige le nouveau-né, pour l'endurcir au froid, & de l'y laisser jusqu'à ce qu'il crie. Alors la mere prend son enfant dans son sein, & continue sa route avec les autres femmes.

Dès que l'on est arrivé à l'endroit où l'on doit s'établir, les nouvelles accouchées ont un logement à l'écart, & il n'est permis à personne, pas même à leurs maris, de les approcher. Une vieille femme leur sert à-la-fois de garde & de compagne pendant quatre ou cinq semaines. Au bout de ce tems, on allume un grand feu au milieu de la cabane, & l'accouchée saute par-dessus. Cette sorte de purification achevée, elle va avec son enfant retrouver son mari, qui la reçoit ou la renvoie, selon qu'il le juge à propos.

Les occupations des hommes sont, comme celles de tous les peuples sauvages, la chasse & la pêche. En Eté, ils font sécher une partie du poisson qu'ils prennent, afin d'en faire une provision pour l'Hiver, & la chasse suppléée encore à leurs besoins.

Dès que l'Hiver s'est déclaré par la neige & par les glaces, les Ostiacks vont courir les bois & les déserts avec leurs chiens, pour chasser les martres, les zibelines, les renards, les ours, &c.

Lorsqu'ils ont tué un de ces derniers animaux, ils l'écorchent, lui coupent la tête, & la suspendent avec la peau à un arbre, autour duquel ils font cérémoniellement plusieurs tours, comme pour honorer ces dépouilles. Ils font ensuite des lamentations, ou des grimaces de douleur autour du cadavre, & lui font de grandes excuses de lui avoir donné la mort. *Qui t'a ôté la vie ?* lui demandent-ils tous en chœur ; & ils répondent, *ce sont les Russes. Qui t'a coupé la tête ? C'est la hache d'un Russe. Qui t'a ouvert le ventre ? C'est le couteau d'un Russe. Nous t'en demandons pardon pour lui.*

Cette pratique extravagante est fondée sur une imagination de ces peuples. Ils croient que l'ame de l'ours, qui est errante dans les bois, pourroit se venger sur eux à la premiere occasion, s'ils n'avoient soin de l'appaiser, & de lui faire cette espece de réparation, pour l'avoir obligée de quitter le corps où elle avoit établi sa demeure.

NOTICE DES OSTIACKS.

Outre les soins du ménage & de la cuisine qui ne regardent qu'elles, les femmes Ostiaques s'occupent encore à préparer & à filer, d'une maniere particuliere, de certaines orties ; elles en font de la toile & des rideaux, pour se défendre, dans le tems du sommeil, des moucherons qui sont toujours fort incommodes pendant l'Eté, sur-tout dans les forêts & aux environs des lacs. Quoique cette toile ait un peu de roideur, elle leur sert encore à faire des mouchoirs pour mettre sur leur tête, & on les peint de différentes couleurs.

Rien ne paroît faire plus de plaisir aux deux sexes, que de fumer du tabac ; mais leur méthode est très-différente de celle des autres Nations. Ils mettent d'abord un peu d'eau dans leur bouche, & tirent le plus qu'ils peuvent de fumée, pour l'avaler avec cette eau. A peine ont-ils pipé trois ou quatre fois, qu'ils tombent à terre sans connoissance. Ils demeurent ainsi souvent étendus pendant un quart-d'heure, les yeux fixes, la bouche béante, le visage couvert d'écume & de sérosités, qui distillent des yeux, de la bouche & du nez. On croiroit voir un épileptique dans les convulsions de sa crise.

Quelquéfois ces malheureux sont les victimes de cette étrange façon de fumer. Les uns en sont suffoqués ou tombent en défaillance ; d'autres se trouvant alors sur le bord d'une riviere, d'un lac, ou près du feu, se noyent ou se brûlent.

Les femmes accoutument de bonne heure leurs enfans à fumer ; & il semble que cette habitude pourroit leur être utile en effet, si elle étoit modérée, en ce qu'elle leur tient lieu de médecine, en opérant l'évacuation des humeurs, que produisent abondamment en eux le poisson cru & la mauvaise nourriture dont ils font usage. Quoique généralement parlant, la propreté paroisse inconnue aux Ostiacks, & que tout l'extérieur des femmes n'inspire que le dégoût, elles ont cependant un soin particulier de se tenir le corps propre. Elles portent en tout tems sur elles, avec une ceinture de la même forme que celles que la jalousie a fait inventer aux maris de certaines contrées de l'Europe, un petit paquet composé de filets de l'écorce la plus mince du saule (6). Cette matiere absorbe toute l'humidité, toute espece de transpiration. Chaque fois que des besoins naturels les obligent de déranger la ceinture, elles mettent un nouveau paquet d'écorce ; & elles en ont toujours une provision avec elles, sur-tout dans les tems critiques.

Si l'amour dans ces climats rigoureux se fait sentir assez vivement, la jalousie marche à sa suite aussi-bien que dans nos contrées ; mais les effets n'en sont jamais funestes. Ils se bornent à quelques pratiques superstitieuses, & les seules peut être au monde qui produisent quelque bien réel ; car comme leur objet est d'éviter ou de prévenir un mal imaginaire, dans l'un & l'autre cas elles contribuent du-moins à tranquilliser le jaloux. Un Ostiack, tourmenté de cette passion, coupe du poil de la peau d'un ours, & le porte à celui qu'il soupçonne d'occasionner l'infidélité de sa femme. Si ce dernier est innocent, il accepte ce poil ; mais s'il est coupable, il

(6) *Salix foliis eliptico lanceolatis, serratis, subtus sericeis, vimine fragili. Salix maxima fragilis, alba, hirsuta,* Flora Sibirica, Tom. I. p. 159.

avoue le fait, & convient à l'amiable avec le mari du prix de l'infidele que le premier répudie, & que l'autre épouse. Ils agissent tous de bonne foi dans ces circonstances, & de maniere ou d'autre, le jaloux est délivré de toute inquiétude.

Ils se persuadent que, dans le cas où un homme coupable d'adultere seroit assez hardi pour accepter le poil qu'on lui présente, l'ame de l'ours, dont il provient, ne manqueroit pas de le faire périr au bout de trois jours. Si l'homme soupçonné du crime continue donc à se bien porter, tous les soupçons du jaloux s'évanouissent; il se croit dans son tort, & met tous ses soins à les faire oublier à sa femme. Celle-ci de son côté ne manque pas de montrer, à cette occasion, ou une orgueilleuse confiance, ou une sensibilité délicate, qui n'est souvent qu'un artifice, pour mieux couvrir sa perfidie.

Une paresse excessive, commune à tous les peuples errans, tient les Ostiacks dans une perpétuelle inaction, à moins que le besoin de pourvoir à leur subsistance ne vienne les en tirer. Travailler pour amasser, est pour eux une idée étrange qui n'entre pas dans leur esprit.

L'art de mesurer le tems & de compter les années, est absolument ignoré de ces peuples: les neiges leur servent de calendriers. Comme il neige long-tems & régulierement chaque Hiver, mais que dans l'Eté toutes ces neiges disparoissent, ils disent: *Je suis âgé de tant de neiges*, comme nous disons, *j'ai tant d'années*. Au reste, le même usage subsiste parmi tous les peuples de la Sibérie, qui habitent les cantons septentrionaux.

Le plus grand effort de prévoyance que paroissent faire les Ostiacks, c'est de ramasser en Eté quelques provisions pour l'Hiver. Encore est-il assez probable, qu'ils ne prennent cette précaution, que parce qu'ils l'ont vu prendre à leurs ancêtres, non par une prudence raisonnée, ni par des vues sur l'avenir.

Lorsque les Officiers Suédois, dit M. *Muller*, leur remontroient, qu'ils vivoient en hommes bien moins qu'en bêtes, leur réponse étoit que leurs peres avoient de tout tems vécu de cette façon, & qu'ils prétendoient en faire de même. A l'égard du présent, disoient-ils, nous voyons beaucoup de Russes qui, malgré les peines qu'ils se donnent, quoiqu'ils s'épuisent à travailler, & qu'ils prétendent avoir une Religion toute divine, ne laissent pas d'être plus malheureux que nous. Quant à l'avenir, il est si incertain, que nous nous en reposons sur les soins de celui qui nous a créés.

Les Ostiacks n'ayant que fort peu de besoins, le commerce qu'ils font est très-médiocre. Il se réduit à échanger des pelleteries contre du pain, contre du tabac, de la rassade ou verroterie, des ustensiles & des outils de fer, tels qu'une hache, des clous, des couteaux, &c.

Comme ils ne savent ni lire ni écrire, & que cependant ils desirent quelquefois de se procurer des denrées, dont ils ont besoin, sans avoir à donner aucune sûreté au Marchand, ils se font des marques sur les mains en présence de leurs Créanciers, afin que ceux-ci puissent les distinguer sûrement de leurs compatriotes, & promettent de livrer dans le tems préfix, en échange de ce qu'ils reçoivent, ce qu'on leur a demandé. Jamais on on ne voit un Oſtiack manquer à ſes engagemens. Aux termes convenus, ils apportent, avec l'attention la plus ſcrupuleuſe, le poiſſon ſec, les pelleteries, & ce qui a été ſtipulé dans le marché qu'ils ont fait. Ils font voir en même tems les marques qu'ils portent ſur les mains, on les efface, & tout eſt terminé.

Si les Oſtiacks ſont pareſſeux, le caractere excellent qu'ils ont tous rachete bien ce défaut ; c'eſt parmi eux qu'il faut chercher l'humanité la plus ſimple & la plus pure. Malgré l'ignorance profonde dans laquelle ils vivent, quoiqu'ils n'aient que des notions très-obſcures & très-imparfaites de Dieu, ils ſont naturellement bons, doux, pleins de charité.

On ne voit chez les Oſtiacks, dit M. *Strahlenberg*, aucun libertinage ; ni vol, ni parjure, ni ivrognerie, ni aucuns de ces vices groſſiers, ſi communs même parmi les Nations polies. On trouveroit difficilement parmi eux un ſeul homme atteint de ces vices, à-moins que ce ne ſoit quelqu'un de ces Oſtiacks dégénérés, qui vivent avec les Ruſſes corrompus, & qui contractent inſenſiblement leurs habitudes vicieuſes.

L'Officier Suédois, dont nous rapportons le témoignage, y joint cet exemple.

« En 1722, dit-il, ayant reçu la nouvelle que la paix étoit conclue
» dans le Nord, entre la Suede & la Ruſſie, je partis de la Ville de
» *Craſnojarsk* ſur le *Jeniſii*, ſans autre compagnie que celle d'un jeune
» Domeſtique Suédois, de l'âge de quatorze ou quinze ans. Le Com-
» mandant de *Craſnojarsk* m'avoit donné un Conducteur Ruſſe qui devoit
» m'accompagner, mais il s'étoit enfui, & je me trouvai réduit à traverſer
» ſeul avec mon jeune homme de vaſtes contrées, qui n'étoient habités
» que par des payens.

» J'avois fait conſtruire un train de bois, ſur lequel je deſcendis la ri-
» viere de *Czulim* juſques dans le fleuve *Obi* ; j'étois muni d'un ordre du
» Commandant de *Craſnojarsk*, qui m'autoriſoit à prendre de diſtance en
» diſtance cinq Tatares payens pour ramer. Etant ainſi ſeul & abandonné
» de mon Guide Ruſſe qui devoit auſſi me ſervir d'Interprete, je montrai
» mon paſſeport aux Tatares qui me donnerent ſur le champ tous les ſe-
» cours qui dépendoient d'eux, & me conduiſirent paiſiblement d'une
» habitation à l'autre. il faut que je diſe à leur louange, que je ne perdis
» rien avec eux, quoiqu'il leur fût bien facile de me voler, puiſque je
» dormois la nuit ſur mon train de bois, & que ſouvent ils s'étoient re-
» levés trois ou quatre fois avant que je fuſſe éveillé.

» J'avoue en même tems, que je n'aurois pas voulu riſquer de voyager
» auſſi ſolitairement entre *Tobolsk* & *Moſcow*, où les Ruſſes *Rosbonickes*,
» quoique baptiſés & Chrétiens, n'auroient certainement pas manqué de
» m'enlever la plus grande partie de mes effets.

» Certaines raiſons m'obligerent de m'arrêter pendant quinze jours
» chez les Oſtiacks ſur le fleuve *Obi*. Je logeai dans leurs cabanes ; le peu
» de pelleterie que j'avois reſta pendant tout mon ſéjour dans une tente
» ouverte, habitée par une nombreuſe famille, & je ne perdis pas la
» moindre choſe.

(7) Tome II. page 41.

Voici

DES VOYAGES.

♭ Voici encore un trait de la probité de ces peuples qu'un Marchand NOTICE DES
Russe m'a raconté. OSTIACKS.

» Ce Marchand allant de *Tobolsk* à *Beresow*, Ville située à douze jour-
» nées au Nord de la premiere, passa la nuit dans une cabane d'Ostiacks.
» Le lendemain matin, il perdit à quelques werstes de sa couchée une
» bourse, dans laquelle il y avoit environ cent roubles. Les routes de
» ces cantons ne sont guere fréquentées; mais le fils même de l'Ostiack,
» qui avoit donné l'hospitalité au Russe, allant un jour à la chasse,
» passa par hasard à l'endroit où cette bourse étoit tombée, & la regar-
» da sans la ramasser. De retour à la cabane, il se contenta de dire, qu'il
» avoit vu sur le chemin une bourse pleine d'argent, & qu'il l'y avoit
» laissée. Son pere le renvoya aussitôt sur le lieu, & lui ordonna de cou-
» vrir la bourse d'une branche d'arbre, afin de la dérober aux yeux des
» passans, & qu'elle pût être retrouvée à cette même place par celui à
» qui elle appartenoit, si jamais il venoit la chercher. La bourse resta
» donc à cet endroit pendant plus de trois mois. Lorsque le Russe qui
» l'avoit perdue revint de *Beresow*, il alla loger encore chez le même
» Ostiack, & lui raconta le malheur qu'il avoit eu de perdre sa bourse
» le jour même qu'il étoit parti de chez lui. L'Ostiack charmé de pouvoir
» lui faire retrouver son bien, lui dit : *C'est donc toi qui as perdu une
» bourse? Eh bien, sois tranquille. Je vais te donner mon fils, qui te con-
» duira sur la place où elle est; tu pourras la ramasser toi-même.* Le Marchand
» en effet trouva sa bourse au même endroit où elle étoit tombée ».

A l'exception des Waywodes, que le Gouvernement de Russie établit
chez les Ostiacks pour les gouverner & pour lever les impôts, il n'y a
point de Chefs ou de Supérieurs reconnus dans la Nation, & l'on n'y fait
aucune distinction de rangs de naissance, & de qualités. Quelques-uns
pourtant parmi eux prennent le titre de *Knées*, & s'approprient le domaine de certaines rivieres; mais malgré ces prétentions, ils sont fort
peu respectés des autres, & ces *Knées* n'exercent aucune sorte de jurisdiction.

Chaque pere de famille est chargé de la police de sa maison, & termine
seul à l'amiable les petits différends qui peuvent y survenir. Dans les
affaires graves, ils ont recours aux Waywodes, ou ils appellent les Ministres de leurs Idoles, pour les juger. La contestation se termine ordinairement par une sentence que le Prêtre prononce, comme si elle lui étoit
inspirée; mais l'Idole, dont il est l'organe, n'oublie pas ses intérêts; car il
y a une amende de pelleterie imposée, & le Ministre, comme de raison,
est chargé de la recevoir pour l'Idole.

La Religion de ces peuples consiste à rendre quelque culte à ces Idoles, Religion des
& ils en ont de deux sortes : de publiques, qui sont révérées de toute la Ostiacks.
Nation; de domestiques, que chaque pere de famille se fabrique lui-même,
& dont le culte particulier se borne à sa maison.

Ces deux especes d'Idoles ne sont communément que des troncs d'arbres, ou des buches arrondies par le haut, pour représenter une tête,
dont les yeux sont marqués par deux trous, la bouche par un autre trou,

Tome XVIII. V v v.

le nez par un relief quelconque, le tout si grossierement façonné, qu'il n'y a que des yeux d'Ostiacks qui puissent y voir une divinité.

En 1714, lorsque le Pere *Philotée*, Archevêque de *Tobolsk*, se rendit chez les Ostiacks pour les convertir, on trouva chez eux quelques idoles publiques d'une belle fonte, qui paroissoient être venues de la Chine. Ils adoroient aussi de grandes plaques de cuivre, sur lesquelles étoient représentées en relief différentes figures d'animaux, tels que des cerfs, des chiens, des ours, &c.

Les idoles particulieres sont couvertes de soie ou d'autres étoffes, suivant les facultés de chaque famille. Lorsque ces Idoles paroissent ne pas prendre assez d'intérêt à leurs petites fortunes, ils les dépouillent, les maltraitent, & quelquefois même les jettent au feu ou dans l'eau, & en fabriquent d'autres. Mais lorsqu'ils prosperent, lorsqu'ils croient avoir à se louer de la protection de leurs Dieux, il n'y a point d'honneurs dont ils ne les comblent à leur maniere. Ils les caressent tendrement, ils les couvrent des fourrures les plus précieuses, de peaux de renards noirs & zibelines; ils les placent à l'endroit le plus honorable de leur cabane; ils leur offrent en sacrifice des animaux, des poissons, & les barbouillent de leur graisse, comme un mets très-agréable pour eux.

Ordinairement un pere de famille est à-la-fois Prêtre, Sorcier, & Fabriquant d'idoles, & il en distribue à ceux qui en veulent. Lui seul a le droit de leur offrir des sacrifices, de les consulter & de rendre les oracles qu'elles lui dictent. Avant d'aller à la chasse & à la pêche, l'idole est consultée, & l'on se conduit suivant le succès heureux ou malheureux que promet sa réponse.

Quelques Ostiacks ont aussi, comme les Lappons, des tambours magiques, dont ils se servent pour savoir, par exemple, si telle personne mourra ou relevera de sa maladie, si la pêche sera bonne, si l'on retrouvera quelque chose que l'on a perdue, & généralement pour toutes les sortes de divinations, auxquelles on voit encore tant d'imbéciles ajouter foi, même chez les peuples les plus éclairés & les plus polis.

Lorsqu'une femme a perdu son mari, dit M. *Muller*, elle témoigne sa douleur en faisant fabriquer promptement une idole qu'elle habille des vêtemens du défunt. Elle la couche ensuite avec elle, & la place pendant le jour devant ses yeux pour se rappeller la mémoire du mort, & pour s'exciter en même tems à pleurer sa perte. Cette cérémonie se continue pendant une année entiere, & chaque jour doit être marqué par des larmes. Voilà l'Histoire de *Laodamie*.

L'année du dueil étant révolue, l'idole est dépouillée & réleguée dans un coin jusqu'à ce qu'on en ait besoin pour une pareille cérémonie. Une femme qui n'observeroit pas cette pratique, seroit déshonorée. Elle passeroit pour n'avoir pas aimé son mari, & sa vertu seroit violemment soupçonnée.

Les dogmes de leur Religion ne sont pas en aussi grand nombre que les pratiques extérieures de leur culte. *Strahlenberg* rapporte que voyageant parmi eux, il leur demanda où ils croyoient que leurs ames alloient après la mort, & qu'ils lui répondirent : « Que ceux qui mouroient d'une

» mort violente, ou en faisant la guerre aux ours, alloient droit au Ciel;
» mais que ceux qui mouroient dans leur lit ou d'une mort naturelle,
» étoient obligés de servir long-tems sous de terre, près d'un Dieu
» sévere & dur ».

Ceci, dit l'Officier Suédois, pourroit faire présumer que les Ostiacks descendent des premiers Cimbres qui ont habité la Russie. Car Valere Maxime attribue à ces Cimbres la même façon de penser, lorsqu'il écrit qu'ils sautent de joie dans une action, comme allant à une mort glorieuse; & qu'au contraire lorsqu'ils sont malades, ils se désolent, comme se croyant menacés d'une mort ignominieuse.

Les Ostiacks, quoique voisins des Samojedes, en different beaucoup par le langage, & ces peuples ne peuvent s'entendre sans Interpretes. La Langue Ostiaque a bien plus de rapport, suivant *Strahlenberg*, avec celle des habitans de la *Permie*, d'où l'on croit qu'ils se retirerent, lorsque le Christianisme fut introduit dans cette Province Russe qui confine à la Lapponie. Cette origine paroît d'autant plus vraisemblable, qu'il se trouve beaucoup plus de conformité par les mœurs & la religion entre les Ostiacks & les Lappons, que les premiers n'en ont en effet avec aucun autre peuple de la Sibérie.

Les Ostiacks étant soumis à l'Empire, chaque fois que la Russie change de Maitre, il est d'usage de leur faire prêter un nouveau serment de fidélité ; c'est le Waywode établi chez eux qui reçoit ce serment, & en voici la formule.

On rassemble les Ostiacks dans une cour, où est étendu par terre une peau d'ours, avec une hache, & un morceau de pain dont on leur distribue à tous une petite partie.

Avant de le manger, ils prononcent les paroles suivantes : *Au cas que je ne demeure pas toute ma vie fidele à mon Souverain ; si je me révolte contre lui de mon propre mouvement & avec connoissance ; si je néglige de lui rendre les devoirs qui lui sont dus, ou si je l'offense en quelque maniere que ce soit, puisse cet ours me déchirer au milieu des bois : que ce pain que je vais manger, m'étouffe sur le champ : que ce couteau me donne la mort, & que cette hache m'abatte la tête.* On n'a pas d'exemple qu'ils aient violé leur serment, quoiqu'on les ait souvent inquiétés pour cause de Religion.

Quelques tentatives qu'on ait faites pour amener les Ostiacks au Christianisme, on n'a pu faire parmi eux qu'un très-petit nombre de vrais Chrétiens. La vie errante qu'ils menent dans les forêts, & qui rend d'abord inutile l'établissement des Prêtres & des Eglises; les anciennes habitudes de leurs peres, soit en matiere de culte, soit par rapport aux mariages, sont autant d'obstacles aux progrès du Christianisme chez des peuples qui se rappellent sans cesse que leur ancêtres ont vécu heureusement dans leur Religion, & que les Russes leur paroissent plus misérables qu'eux.

Le grand Convertisseur *Philoïée*, à qui la plus grande partie des Idolâtres Sibériens doivent le Baptême, (si c'est conférer ce Sacrement que de faire jetter dans l'eau par des Dragons des Payens attachés à leur créance), cet Archevêque de Tobolsk visita les Ostiacks dans les années 1712, 1713 & 1714, pour les convertir. Quelques-uns se plongerent volontai-

NOWICH DES OSTIACKS. rement dans l'eau baptismale, mais le plus grand nombre refusa de se soumettre à la cérémonie. Le ministere des Soldats Russes fut heureusement employé ; moitié par force, moitié par crainte, on parvint à en baptiser quatre à cinq mille.

Tout le fruit que les Ostiacks ont donc retiré de la Mission de l'Archevêque de *Tobolsk*, c'est que depuis ce tems ils se disent Chrétiens ; mais le sont-ils en effet ? On en peut juger par toutes leurs superstitions, par leurs cérémonies religieuses, enfin par l'idée qu'ils avoient des récompenses de la vie future, lorsque huit à dix ans après leur conversion ils firent à M. *Strahlenberg* la réponse que nous avons rapportée.

Il seroit difficile de trouver sur la terre, dit encore le même, des hommes plus insensibles & plus intrépides que le sont les Ostiacks. Les approches de la mort leur causent si peu de frayeur & d'inquiétude, que ni les remedes propres à l'éloigner, ni les moyens de prévenir la maladie ne sont point chez eux l'objet des moindres recherches & des moindres soins.

L'excessive malpropreté dans laquelle ils vivent, les viandes crues & infectes dont ils se nourrissent, leur causent des maladies scorbutiques, ou des éruptions cutanées, semblables à la lepre, & si terribles, qu'on peut dire qu'ils pourrissent tout vivans. Cet amour de la vie, que la Nature a gravé si profondément dans tous les hommes pour les rendre attentifs à leur conservation, cette horreur qui fait reculer toutes les créatures devant tout ce qui peut tendre à leur destruction, n'entrent point dans l'ame d'un Ostiack. Leur survient-il un ulcere au visage, à un bras, à une jambe ou à quelque autre partie du corps, ils n'y font pas la moindre attention ; ils voient tranquillement cet ulcere faire des progrès, s'étendre & ronger petit-à-petit les autres parties de leur corps ; ils voient leurs membres tout pourris se séparer du tronc les uns après les autres, sans marquer aucune douleur, sans jetter aucune plainte ; enfin dans ces instans douloureux, où l'ame près de succomber sous le poids des maux qui détruisent son enveloppe, n'envisage qu'avec horreur cette destruction, les Ostiacks montrent une insensibilité, une résignation apathique, que l'on trouve à peine dans les animaux les plus stupides, & qui doit d'autant plus surprendre qu'elle n'est pas l'effet d'un fanatisme d'opinions, tel que celui dont se paroient les Philosophes Stoïciens.

Enterremens des Ostiacks. Les enterremens des Ostiacks se font sans cérémonies religieuses. La famille du mort s'assemble ; on habille le cadavre, & on l'enterre, en mettant à côté de lui son couteau, son arc, une fleche, & les ustensiles de ménage qui lui appartenoient. Si c'est en Hiver, on le cache dans la neige ; & lorsque l'Eté est venu, on fait une fosse, & on l'y dépose en présence de tous ses parens.

EXTRAIT

D'un Voyage fait en 1740 à Beresow en Sibérie, aux dépens de la Cour Impériale, par M. DE LISLE, Doyen de l'Académie Royale des Sciences, alors Professeur d'Astronomie à l'Académie de Petersbourg, pour y observer le passage de Mercure sur le disque du Soleil, & du Journal de M. Kœnigsfeld, qui l'acoompagnoit (1).

M. DE LISLE, avec sa suite, partit de Petersbourg le 28 Février 1740. Il étoit précédé par un Officier des Gardes de Sa Majesté Impériale, qui couroit en avant, pour indiquer la route, par des Billets qu'il laissoit en chaque endroit, & pour faire préparer des relais. Il passa sans beaucoup de peine les montagnes appellées *Valdai Gori* On lui avoit exagéré les difficultés des chemins & des détours qu'elles obligeoient de faire ; il ne trouva rien de tout cela.

La seule aventure qu'il eut, avant d'arriver à Moscou, c'est l'inquiétude que donna le traîneau qui portoit la Caisse Impériale, destinée pour les dépenses du voyage. Il resta quelque tems en arriere, & l'on craignoit qu'il n'eût été détourné dans un petit bois près de *Nowogrod*. Après l'avoir attendu l'espace d'une heure, heureusement le traîneau parut. Le Soldat qui l'escortoit, s'excusa sur ce qu'étant éloigné des autres, parce qu'il avoit de plus mauvais chevaux, il avoit crié plusieurs fois, sans pouvoir se faire entendre. On en fut donc quitte pour la peur, & le Soldat pour quelques coups de bâton, qui ne lui couterent guere plus à recevoir, qu'il n'en couta sans doute au Major (2), qui accompagnoit les Voyageurs, de les lui faire donner.

A l'occasion des chevaux Russes, M. *de Lisle* admiroit sur-tout le courage de ces animaux, & leur *infatigabilité*, si l'on veut, dit-il, lui permettre ce grand mot. On est surpris de voir ces pauvres chevaux, qui sont de la plus chetive apparence, attachés à des traîneaux fort pesans, qu'ils sembleroient ne pouvoir pas seulement remuer, venir à bout de les tirer toujours galopant pendant des heures entieres ; & lorsqu'on les croit rendus, quoique le terme soit éloigné de quinze à vingt werstes, on est encore plus étonné que ces mêmes chevaux, sans se reposer, sans manger ni boire, retrouvent des forces pour faire avec autant ou plus de vitesse le reste de la traite. Les cris de leurs Conducteurs, qui ne cessent pas un seul instant & qui redoublent jusqu'à la fin de la course, contribuent apparemment à les animer. Car tous les Voituriers Russes, soit qu'ils veuillent pousser leurs chevaux, soit qu'ils les laissent aller leur pas, s'entre-

(1) Manuscrits du Cabinet de M. de Lisle, maintenant au dépôt de la Marine.
(2) M. Soltanow.

EXTRAIT D'UN VOYAGE EN SIBÉRIE.
M. DE L'ISLE, 1740.

tiennent continuellement avec eux, tantôt de fort bonne amitié, tantôt à grands coups de fouet ou de bâton.

Le 3, M. *de Lisle* fut rendu à Moscou, où l'on célébroit alors la paix qui venoit d'être conclue avec la Suede. Il y resta très-peu de tems, & seulement celui qu'il crut devoir employer aux visites les plus nécessaires. Il vit, dans cette ancienne Capitale, une Eglise Catholique, desservie par deux ou trois Capucins qui vivoient exactement dans toute la rigueur de la pauvreté séraphique. Le peu de Catholiques qui se trouvent à Moscou, ne contribue pas à les enrichir. Cette maison est sous la protection de l'Empereur, & ses armes sont sur la porte.

M. *de Lisle* voyageant dans l'Hiver, & qui pis est, pendant le Carême des Russes, avoit quelque peine à trouver des subsistances telles que les demandoit sa santé. A *Wolodimir*, où l'on arriva le 7, il ne put se faire donner même des œufs & du lait. Les gens du pays craignoient de se rendre complices du péché, qu'ils imaginoient que les Voyageurs auroient fait en mangeant des mets si simples.

Ils en furent dédommagés à *Kusmodemianskoi*, où ils arriverent le 11, après avoir passé la haute montagne de *Belozerkoi*, qui est rapide & dangereuse : ils y furent très-bien reçus. On leur apporta du pain blanc, du sel & du sucre, & ils en furent quittes pour quelques verres d'eau-de-vie de France.

Au sortir de la Ville, ils traverserent le *Wolga*, & entrerent dans un bois de cent vingt werstes, où ils ne trouverent qu'une seule habitation, appellée *Kouma* ou *Cumja*, & composée de deux ou trois maisons. C'est, dit-on, la premiere habitation des *Czeremisses*. Ils n'y virent cependant qu'une femme qui les attendoit avec un grand feu. Son habillement n'alloit que jusqu'à ses genoux ; c'étoit une espece de casaque de gros drap gris blanc, & fort large ; elle avoit des bottines de cuir noir, & un bonnet Russe fort ample, garni en-dedans de peau de mouton noir. On prétend qu'il y a dans ce bois des ours, des élans, des rennes, des cerfs, des loups & des martres. Tout ce canton n'est presque qu'une longue forêt, où l'on ne trouve plus de Voituriers Russes ; on y est conduit par des *Czeremisses* ou des *Tschuwachis &c.* qui n'entendent pas la Langue Russe, & à qui par conséquent on ne peut parler, à moins de traîner par-tout un Interprete avec soi. Celui qui conduisoit la voiture de M. *de Lisle* avoit avec lui son petit *Czeremisse*, à peine âgé de sept ans. Il l'avoit fait monter sur un des chevaux de devant ; car dans les chemins étroits & tortueux qu'il faut suivre au-travers de ces bois, on ne peut atteler les chevaux qu'en échelle, encore faut-il que les traîneaux ne soient pas fort larges pour pouvoir passer. Ces *Czeremisses* n'ont de fêtes particulieres que celle du premier jour de l'an ; ils célebrent les autres avec les Russes, mais ils n'observent aucun jeûne. Ils mangent des chevaux, & jusqu'à des chiens. La Langue des *Czeremisses*, selon M. *Kœnigsfeld*, a beaucoup d'analogie avec l'idiome Finnois ; elle semble avoir encore emprunté quelque chose de la Langue Latine & du Russe (3).

A *Sansschurskoi*, où nos Voyageurs passerent le 12, ils remarquerent de très-belles femmes.

(3) Il en donne dans son Journal un petit Glossaire.

DES VOYAGES.

Le 14, ils arriverent à *Chlinow* ou *Wiatska*, Capitale de la Province qu'ils traverſoient. C'eſt un bel & grand endroit, où l'on voit pluſieurs maiſons de pierre, une grande Egliſe, appartenant à un Monaſtere, bâtie en quarré, & dont le dôme qui a été doré, donne beaucoup d'éclat à la Ville, vingt-ſept Egliſes toutes de pierre, une en bois, & une maiſon de Ville aſſez ſpacieuſe. On entre & l'on ſort de cette Ville par une tour octogone, dont la porte eſt formée d'un grillage de bois. *Clinow* eſt ſituée ſur la *Wetka*, riviere dont les bords ſont décorés de deux maiſons religieuſes, l'une d'hommes & l'autre de filles.

EXTRAIT D'UN VOYAGE EN SI-BÉRIE. M. DE LISLE. 1740.

On paſſa le 14 à *Karanoa*, lieu habité par des Tatares, qui de-là ſont nommés *Tatares Karanoaiſchis*. Ils ſont naturellement affables, & exercent bien l'hoſpitalité. Pour parvenir à leur territoire, on traverſe une très-longue forêt. A l'arrivée des Voyageurs, ils étoient à la Moſquée; ceux-ci furent curieux de voir leurs dévotions, & y entrerent. Ils remarquerent dans tous les Tatares un recueillement égal au reſpect qu'ils ont pour ce lieu de priere; ils étoient tous à genoux ſur des tapis. Les murs du temple étoient couverts d'étoffes de diverſes couleurs. Il y a dans les Moſquées des Tatares des lampes qui brûlent continuellement, & leurs femmes n'y entrent jamais. Ils vouloient que les Voyageurs quittaſſent, comme eux, leur chauſſure, pour y entrer; mais on n'en voulut rien faire, & chacun prit ſur ſoi le haſard du péché.

A trente-cinq werſtes de cet endroit, à *Bolſchoi-Pogoſt*, commencent les vrais *Wotaikes*, peuple groſſier, ſtupide & idolâtre, dont le pays s'étend dans une forêt. Ces *Wotaikes* adorent dans leurs temples, nommés *Qua*, un bœuf qui repréſente à leurs yeux on ne ſait quelle divinité; où il n'y a point de bœuf, ils rendent ce culte à une oie. Ils n'ont aucune connoiſſance des tems, des jours & des heures; ils n'ont pas non plus de fêtes, quoiqu'ils aient un Prêtre auſſi éclairé qu'eux. Ils n'ont aucun uſage de l'Ecriture; tout ſe tranſmet chez eux par une ſimple tradition orale, & c'eſt l'enfance de la raiſon. Ils ont une idée très-obſcure de la création de l'homme, qu'ils racontent de cette maniere. Ils prétendent que Dieu, qu'ils nomment *Atees*, fit un homme, ſur lequel cracha le *Schaitan*, & que c'eſt de-là qu'eſt provenue la perverſité de la nature humaine. Leur mariage eſt abſolument ſans façon. Quand un homme trouve une fille de ſon goût, il commence par exercer les droits de mari, enſuite il la reconnoît pour ſa femme, & s'établit chez ſon pere où il demeure juſqu'à ſa mort. La coëffure des femmes conſiſte en un bonnet haut de deux pieds & à trois étages, ornés de petites lames d'étain ou d'argent, & de grains de verre de différentes couleurs.

Avant d'arriver ſur les terres du Baron de *Stroganow*, terres très-étendues (4), dont ce Seigneur avoit donné à Moſcou à M. *de Liſle* une Carte manuſcrite, ce Profeſſeur rencontra M. *Fiſcher*, avec ſa femme & ſes enfans, qui alloit joindre M. *Gmelin*. Il étoient couchés dans une voiture auſſi large qu'un grand lit.

Le 18, M. *de Liſle* & ſa compagnie joignirent à *Ilginskoi-Selo*, gros Bourg

(4) M. de Liſle dit préciſément que ces terres n'ont guere moins d'étendue qu'une des plus grandes Provinces de France.

des mêmes terres, M. *Lange*, Vice-Gouverneur de *Tobolsk*, qui les précédoit immédiatement, & prirent le caffé chez lui ; ils le quitterent bien-tôt pour continuer leur route.

Ils furent bien accueillis par-tout fur les terres du Baron de *Stroganow*. Les *Prikatfches*, ou Officiers du Seigneur, s'empreffoient avec zèle à les prévenir. Dès qu'ils étoient arrivés dans quelque endroit affez confidérable, pour y trouver un *Prikatfche*, ils étoient conduits dans la maifon Seigneuriale, dont ces Officiers font ordinairement les Concierges. Toutes ces maifons, dit M. *de Lifle*, étoient bien entretenues, bien chauffées, & d'abord on leur préfentoit toutes fortes de rafraîchiffemens, qui ne leur coutoient rien. A *Sludowa* on leur fit préfent d'oies, de canards & de poulets d'Inde vivans, ainfi que de pain blanc & d'autres provifions. Ces utiles attentions étoient au-moins payées de paroles, dit M. *de Lifle*. Nous leur promettions d'en rendre compte à leur Maître, & je faifois exactement écrire leurs noms fur des tablettes.

En paffant à *Tumen* le 18, ils virent les Fonderies de cuivre, & arriverent le 19 à *Nowofail* ou *Solikamskoi*, gros Bourg ainfi nommé des Fabriques de fel, établies fur la riviere de *Kama* (5), & dont on remarque ici que les habitans font polis & riches. Il faut peut-être dire, *riches & polis* : la politeffe fuit aifément l'abondance, quand celle-ci ne la fait point oublier. M. *de Lifle* fut curieux de voir faire le fel. En creufant la terre, dans ce canton-là, comme pour faire des puits, l'eau qu'on découvre fe trouve falée. On la fait monter du fond de ces fortes de puits en-haut avec des pompes très-fimples, que des chevaux font agir. Elle eft conduite par des goutieres dans un grand réfervoir quarré de cinquante à foixante pieds de longueur ou de largeur, & hautes feulement d'un pied. Le réfervoir, qui n'eft proprement qu'une grande chaudiere, eft conftruit de feuilles de fer, & foutenu par des barres de même métal, comme fur un gril. Au-deffous on entretient un feu de bois continuel, pour faire bouillir l'eau ; cette eau, par fon évaporation, dépofe fon fel, & des hommes tout nuds, placés fur des planches près de la chaudiere, le ramaffent avec une efpece de rateau de bois, attaché à une longue perche, & le mettent en monceaux. Il y a plus de cent maifons deftinées à ce travail ; mais ce fel n'eft pas fi bon que le fel marin, & que le fel gemme.

Sortis de *Solikamskoi* pour aller à l'Eft, nos Voyageurs paflerent pendant la nuit du 21 à *Molzau*, le plus mauvais pas des montagnes de *Werchoture*, où finit l'Europe & commence l'Afie. La plus remarquable, eft celle de *Kapat*, qu'on a percée pour y pratiquer le chemin qui conduit à *Tobolsk*. Ils virent près de *Kirga*, à droite & à gauche, de hautes montagnes qui s'élèvent au-deffus des bois, & forment comme de longues murailles ; & à vingt werftes du même Village, un bois que dix ans auparavant la foudre du ciel avoit prefque entierement confumé. Ainfi trois femaines après leur départ de Petersbourg, ils fe trouvoient en Afie. Ils paflerent encore le même jour 21 les *Pandinskoi-Kamen*, longue chaîne de rochers d'environ cent foixante-dix pieds de hauteur, dont quelques pointes reffemblent à de petites tours couvertes de mouffe.

(5) *Voyez* le Journal de Gmelin, p. 88.

A Selo-Spatio ou *Wogulska*, distance de quarante-cinq werstes, commence la nation des *Wogulzes* qui habitent une forêt où l'arbre, appellé *Picta*, croît en abondance. Ces peuples ressemblent beaucoup aux Calmoucks. Il y avoit alors vingt-deux ans que, par les soins du Vice-Roi *Petrowitz Gagarin*, ils avoient embrassé la Religion Greque ou Russe.

EXTRAIT D'UN VOYAGE EN SIBÉRIE. M. DE LISLE. 1740.

Le 22, M. *de Lisle* & sa suite arrivèrent à *Werchoture*. A l'entrée de cette Ville, est un passage étroit formé par la nature, dont les Russes ont fait une barrière pour empêcher que rien ne sorte ou n'entre, d'Europe en Asie & d'Asie en Europe, sans payer les droits de la Douane. Nos Voyageurs en furent exempts, parce qu'on ne pouvoit pas visiter leurs caisses, sans les arrêter trop long-tems, & l'on s'en tint à leurs déclarations. A la sortie de *Werchoture*, on rencontre encore des rochers qui s'élevent à droite & à gauche, & qu'on a joints par des palissades avec une porte pour garder le passage. C'est-là proprement l'entrée de la Sibérie.

En passant le 23 à *Turinsk*, ils eurent la visite du Commandant, Officier Prussien ou Suédois, nommé *Wedinger*, qui leur fit toute sorte de politesses, & les traita de son mieux. Il parloit Allemand, Latin & un peu François. Le 25, ils ressentirent un froid très-piquant; la hauteur du mercure à quatre heures du matin se trouvoit à 180°.

Ce même jour, après avoir passé la Ville de *Tumen*, & les Villages de *Safonowa*, *Pokrowska-Selo*, *Iska*, *Nerdinskoi*, *Lipowska-Sardawa*, lieu situé sur le *Tobol*, & où les Marchands de Sibérie sont visités, & *Sertakowa*, ils arriverent à *Turbinskaja*, où est la premiere jurte des Tatares les plus humanisés de toute la Sibérie, nommés Tatares *Jasdisch* ou *Krasnojartis*. Ces Tatares sont propres, dit M. *Kænigsfeld*; ils vivent à la façon des peuples de l'Orient. Dans leurs habitations, nommées *jurtes* ou *yurtes*, du nom qu'ils donnoient à leurs tentes ou cabanes, ils ont, comme les Persans & les Turcs, des tapis étendus sur des estrades élevées d'environ deux pieds de terre; & quelques-uns de ces tapis sont de toile grise. On y voit de petits fourneaux, sur lesquels est un grand chaudron, où cuit continuellement une sorte de bouillie, qu'ils préferent au pain de froment, quoiqu'ils n'en manquent pas.

De *Turbinskaja*, M. *de Lisle* & sa suite se rendirent tout d'une traite à *Tobolsk*. Le Gouverneur avoit envoyé au-devant d'eux un Soldat de la Garnison, pour les conduire à la Ville. On fit mettre les Soldats en haie dans la grande rue, pour les recevoir, & ils furent salués des Officiers qui étoient à leur tête. Aussi-tôt que M. *de Lisle* fut au quartier qu'on lui avoit destiné, un Officier vint le complimenter de la part du Gouverneur (6), & lui offrir tout ce qui dépendoit de lui. Il reçut encore ce jour-là beaucoup d'autres visites, & le Gouverneur lui envoya les rafraichissemens du pays, consistant en deux grands vases de cuivre, l'un plein d'hydromel, l'autre rempli de bière. Le lendemain, M. *de Lisle*, avec tout son monde, alla rendre ses devoirs au Gouverneur. Il leur fit présenter du caffé, des pipes & du poisson sec, en guise de massepains. Il voulut même les retenir à dîner, ce que M. *de Lisle* refusa, parce que c'étoit un jour maigre, & qu'il avoit besoin d'alimens plus sains que du poisson. Du

(6) C'étoit M. *Peters Iwanowitz Buturlin*.

EXTRAIT D'UN VOYAGE EN SIBÉRIE. M. DE LISLE. 1740.

reste, on ne peut rien ajouter aux honneurs qui lui furent rendus : on avoit posé une Garde à la porte de sa chambre, & on lui avoit donné plusieurs Soldats pour faire ses commissions & celles de toutes les personnes de sa suite.

Au sortir de chez le Gouverneur, le Chirurgien-Major (M. *Holtz*) que M. *de Lisle*, accompagné de M. *Kœnigsfeld*, alla voir, les mena chez la Comtesse *Proskowia Petrowna*, née *Tatarinow*, épouse du Comte *Santi*, Maître des Cérémonies de la Cour, qui fut exilé à *Ilginskoi-Ostrog*, sous le regne de l'Impératrice *Catherine Alexiewna*. Le Comte *Santi* l'avoit épousée à Moscou peu de tems après y être arrivé, sans savoir qu'il devoit être envoyé plus loin. On ne lui avoit pas permis de le suivre ; elle n'avoit pas même la liberté de retourner à Moscou dans sa famille, & elle vivoit fort retirée à *Tobolsk*. Elle avoit avec elle une sœur, dont le mari eut la tête tranchée en cette Ville le 30 Juillet 1739. Cette Dame, qui joignoit à la plus aimable figure beaucoup de goût pour les belles connoissances, ayant entendu parler des Astronomes qui alloient à *Berezow*, avoit desiré les voir & les entretenir : ce fut l'objet de leur visite. Le lendemain, il vint chez M. *de Lisle* un Domestique de sa part, portant dans des serviettes bien blanches deux grandes assiettes, l'une remplie de petits pains tout frais, l'autre d'oranges de la Chine, confites & applaties comme des poires tapées. M. *de Lisle* lui renvoya le soir six bouteilles de vin de France, en la faisant assurer qu'il ne partiroit pas sans prendre congé d'elle ; ce qu'il ne manqua pas de faire.

Deux jours après l'arrivée de la Troupe Astronomique à *Tobolsk*, ces Voyageurs furent fort surpris d'entendre dès le matin sonner toutes les cloches de la Ville, pour le Métropolitain qui venoit de mourir âgé de soixante seize ans. C'étoit le dernier Métropolitain qui fût dans toute la Russie. Pierre I. ayant jugé à propos de supprimer cette dignité, n'en avoit laissé jouir celui-ci jusqu'à sa mort, qu'en considération de ses services & de son grand âge. Ce Prélat se nommoit *Antoine*. M. *de Lisle* l'alla voir dans l'Eglise de la Forteresse ; il y étoit couché dans son cercueil à visage découvert, avec ses habits sacerdotaux, les mains jointes sur sa poitrine où reposoit un livre. Il avoit sur la tête une espece de capuchon blanc, qu'il n'étoit permis qu'aux Métropolitains de porter, & qui a pris fin avec lui.

La Ville de *Tobolsk* est bâtie sur une montagne ; elle est environnée de murailles & de tours, suivant l'ancienne maniere de fortifier. Il y a deux Fauxbourgs, l'un en-haut où demeuroit le Gouverneur, & l'autre en-bas au pied de la montagne, dont toutes les maisons sont de bois à la maniere Russe, & fort ornées d'images. Les boutiques des Marchands, où l'on trouve abondamment des marchandises de la Chine, sont dans la Ville, construites en pierre, & voûtées. La Cathédrale est distinguée par un dôme tout couvert de cuivre doré.

Dès le 26, M. *de Lisle*, M. *Kœnigsfeld*, le Major *Soltanow*, & l'Enseigne *Gregoriew*, tinrent conseil sur la route qu'ils avoient à prendre, & résolurent de quitter *Tobolsk* le 28. En conséquence M. *de Lisle* prit avec le Gouverneur les arrangemens nécessaires pour la continuation de leur voyage. Il en obtint quinze Soldats, dont quelques-uns étoient Menuisiers, d'autres Serruriers, & tous Charpentiers: cette derniere profession est la plus utile, & la plus étendue dans le Nord. Ainsi le séjour de nos Voyageurs à *Tobolsk* fut très-court.

Pendant les trois nuits qu'y coucha M. *de Lisle* entre deux draps & déshabillé, ce qui ne lui étoit point arrivé depuis Moscou, il fut frappé d'un symptome extraordinaire qu'il éprouva chaque nuit. Outre que son sommeil n'étoit pas profond, il sentoit continuellement un petit tremblement par-tout le corps, sans nulle douleur. Il n'y fit pas d'abord beaucoup d'attention; mais ce tremblement ayant continué la nuit suivante, il crut qu'il provenoit du balancement des sangles du lit. Il examina son lit au jour; il n'y avoit point de sangles, mais des planches très-solides & très-fermes. Enfin la troisieme nuit ayant senti la même agitation, & cherchant à en découvrir la cause, il reconnut que c'étoit un mouvement imprimé à toutes les parties de son corps, par les secousses continuelles qu'il avoit reçues dans la route depuis Moscou, n'ayant dormi que dans la voiture & toujours en chemin.

Le 27, M. *Kœnigsfeld* & le Chirurgien-Major de *Tobolsk* allerent ensemble prendre du thé chez la Veuve d'un Prince Tatare, mort depuis quatre ans, nommé *Suberakowitsch*, & de l'ancienne maison de *Kusma*, qui a donné des Czars à la Sibérie. Cette Veuve avoit deux filles assez jolies, & proprement habillées à leur maniere. Elles portoient de longues robes de damas, d'où pendoient de tous côtés des perles & de l'argent. Le soir de leur départ, elle les régala de *baiter*, sorte de gâteau ou de pain blanc.

Le premier endroit où, depuis *Tobolsk*, on s'arrêta le 30 Mars, dans l'après-dînée, pour prendre quelques chevaux frais, fut *Mursinskoi-Yurta*, à douze werstes de *Demianskoi-Jam*. Ce fut-là que nos Voyageurs trouverent les premiers Ostiacks baptisés ou soumis à la Religion Greque. Le lendemain, dernier du mois, ils s'arrêterent encore à *Philinskoi-Powos*, chez un Ostiack, qui leur fit voir ses armes. Elles consistoient en un arc long de sept pieds, & des fleches garnies de fer, mais assez grossierement faites. L'une de ces fleches, dont il se servoit à la chasse des petits-gris, étoit armée d'un petit cône de bois renversé, qui tue l'animal sans endommager sa peau. Ce peuple ne vit presque que de poisson; aussi tout sent-il le poisson chez eux. A deux werstes de-là, ils rencontrerent un Ostiack allant à la chasse avec un chien qui l'aidoit à se soutenir sur la neige. Il avoit un arc de bois de cedre, & un bâton fait en forme de bêche. Le bout de ce bâton étoit garni d'un os pointu de la forme d'une dent, & d'une raquette qui empêche le bâton d'enfoncer dans la neige, comme le côté fait en bêche sert au contraire à la creuser, pour s'y enterrer pendant la nuit, quand le Chasseur est dans les bois, & qu'il veut dormir. Sur son épaule droite étoit attaché un carquois fait de peau de renne, & rempli de fleches. Ils trouverent encore sur cette route plusieurs *Nartes* ou traîneaux d'Ostiacks tirés par des chiens. Ces chiens se ressemblent presque tous. Ils sont de moyenne taille, ont le nez pointu, les oreilles longues en pointe, & presque comme celles des loups, le dessus du corps noir, & le ventre, les jambes, le dessous du col & de la queue blancs. Ils ont des corroies passées autour des reins, & sont attachés au traîneau par des cordes. Les traîneaux sont fort légers ; ce ne sont que des baguettes d'osier, dont l'assemblage est cependant assez fort pour porter un homme & son équipage. C'est dans ces voitures que les Ostiacks font toutes leurs courses, tantôt attachés au traîneau, couchés, & même dormant; tantôt suivant à pied leurs chiens avec des raquettes ou de minces planches à leurs pieds, pour se soutenir sur la neige, & vétus la plûpart de peau d'élans. Ils étoient, dans cet équipage, très-utiles à nos Voyageurs, auxquels ils servoient de guides. On les envoyoit souvent faire des traites de cinquante à soixante werstes, pour faire préparer les chevaux qui pourroient se trouver sur la route, & ces courses étoient fort promptement faites.

A *Demianskoi-Jam*, & dans quelques autres endroits, où se trouvent des Russes mêlés avec les Ostiacks, les derniers s'empressoient d'apporter en présent de petites peaux de renards communs, de sables & de castors, dont ils ne vouloient rien recevoir, & l'on s'accommoda de quelques-unes.

On arriva le premier Avril au matin à *Samarowskoi-Jam*, situé sur le pied d'une haute montagne sur l'*Irtisch*; ce fut là que l'on quitta ce fleuve, pour prendre l'*Obi*, qui étoit encore couvert de glace & de neige. M. *Kœnigsfeld* dit avoir appris en cet endroit, comme un fait aussi vrai qu'il est singulier, que sur les bords de la *Konda*, riviere qui tombe dans l'*Irtisch*, les ours couchent parmi les vaches & les moutons, sans leur faire aucun mal ; au-lieu qu'à *Samarowskoi*, ces animaux déterrent même les morts, pour les dévorer. Il se trouvoit ici un Lieutenant Suédois, nommé *Berg*, fait prisonnier à *Wibourg*, qui avoit embrassé la Religion Russe. Au rapport de cet Officier, les Ostiacks ont un Dieu nommé *Mastrico*, dont l'Idole étoit adorée autrefois depuis *Narim* sur l'*Obi* jusqu'à *Samarowskoi-Jam* ; mais on a détruit & brûlé plus de quinze cens de ces Idoles.

Arrivés le 3 Avril à *Linsch* vers les dix heures du soir, ils y trouverent un Ostiack & sa femme tous deux enivrés du tabac qu'ils fumoient, & dont ils avaloient la fumée, suivant leur usage. C'est-là le vomitif ordinaire qu'ils emploient pour se débarrasser l'estomac des glaires qui les incommodent, ou du poisson qu'ils n'ont pu digérer, parce qu'ils le mangent sans sel. Ils commencent par se remplir la bouche d'eau, & tirent ensuite la fumée qui leur provoque aussitôt le vomissement. Leur pipe est une petite pierre quarrée, à laquelle ils adaptent un tuyau de bois enveloppé d'une corroie & de la longueur d'un pied.

Tous les Ostiacks qu'ils rencontroient dans cette route, avoient quelques singularités. Ils en virent qui étoient couverts, hommes & femmes, de peaux de poisson d'un jaune flambé, qui faisoit un assez bel effet, ou d'autres couleurs. La plûpart de ces habillemens sont de peaux de Loutres, qui sont fort communes chez eux & si grandes qu'elles ont quelquefois jusqu'à trois pieds de longueur. Et croiroit-on que la vanité, qu'une sorte de luxe s'en mêlât ? Les femmes savent teindre ces peaux en rouge avec le suc de certaines plantes, & orner ainsi de diverses manieres leurs habillemens & ceux de leurs maris. Leurs lits & leurs couffins sont aussi couverts de ces peaux par compartimens qui ne sont pas désagréables.

Les huttes ou cabanes des Ostiacks, aussi nommées jurtes, *yurta*, ont cela de particulier, que, quoiqu'il y ait des cheminées où le feu ne manque point, on n'y est pas incommodé de la fumée comme chez les Tatares & les Russes mêmes. Au haut de ces jurtes, à la couverture, est un trou ovale, de près de deux pieds de diametre, par où passe la lumiere, & qui se bouche la nuit avec du jonc. La meche de leurs lampes est faite d'une espece de lin qu'on tire du *Talnik*, arbre assez ressemblant au saule d'Europe, & ils y brûlent de la graisse de poisson. Autour de leur chambre, regne une estrade élevée de terre d'environ un pied, & large ou profonde de cinq à six. C'est là qu'ils établissent leurs lits, qui ne consistent que dans des nattes de joncs de différentes couleurs, avec un coussin couvert de peau de poisson & garni de plumes. Le fond de leur estrade est tapissé de ces mêmes nattes, peintes de couleurs obscures & par compartimens. Au fond de ces sombres alcoves, nous avons presque toujours vu, dit M. *de Lisle*, les femmes accroupies sur leurs talons, tournant le dos à la compagnie, & le nez sur leurs nattes. Est-ce timidité, pudeur naturelle, ou la crainte d'enflammer les Etrangers qui sont curieux de les voir? Leur laideur est, pour leur chasteté, la sauve-garde la plus sûre.

Cependant quelque hideux que soient ces gens-là, ils ont d'assez beaux enfans, dont les visages sont ronds, potelés & fort blancs; tandis que les Ostiacks, hommes & femmes, ont presque tous généralement les joues creuses, & le teint livide ou huileux, ce qui provient de la graisse des poissons, dont ils font leur principale nourriture. Il n'y a dans ces cabanes ni fenêtres, ni tables; mais quand plusieurs familles logent ensemble dans une même jurte, elle est partagée en autant de cellules, & chacune mange tranquillement à part les provisions qu'elle a faites.

La variété du spectacle, dans ces contrées incultes & sauvages, dédommage peu le Voyageur des peines & des incommodités qu'il essuie. L'Officier qui avoit précédé les nôtres, n'avoit pu établir de relais pour eux qu'à-peu-près de cent werstes en cent werstes. Leur équipage étoit d'ailleurs augmenté tant par les nouveaux Soldats qu'ils avoient pris à *Tobolsk*, que par les provisions qu'ils avoient été obligés de faire pour deux ou trois mois. Les chemins étoient détestables, & les chevaux très-mal nourris ne marchoient qu'avec beaucoup de peine. Ces animaux dans ce pays-là ne connoissent point l'avoine: ils n'ont que de très-mauvais foin, & le plus souvent de méchante herbe séchée, qui vaut à peine la grosse paille. Au reste, les bestiaux n'ont pas une meilleure nourriture. On ne donne à manger aux vaches que de l'écorce de saule, & l'on peut juger par-là de la qualité de leur lait.

Le 4, on atteignit à dix heures du soir *Troitskoi-Monastir*. Le Supérieur accueillit bien les Voyageurs, & leur donna, pour rafraîchissement, un pain du poids de quarante livres, avec deux grandes mesures, l'une de biere, & l'autre de *quas*.

Ils s'arrêterent le 5, qui étoit le Samedi-Saint au soir, dans un lieu nommé *Chounigorskoi-Pogoſt*, ſuivant M. *de Liſle*, ou *Zamoſofska-Yurta*, ſelon M. *Kœnigsfeld* ; ils y trouverent une Egliſe & un Prêtre Ruſſe. Ils deſcendirent chez le Prêtre, homme affable, natif de l'*Ukraine*, qui faiſoit depuis douze ans les fonctions de Curé parmi les Oſtiacks du voiſinage. Le lendemain, jour de Pâques, ils ſe rendirent à l'Egliſe Ruſſe, pour y entendre l'Office. Tous les Oſtiacks du lieu & des environs, tant hommes que femmes, y aſſiſterent ſéparés les uns des autres. Les femmes étoient cachées derriere un grand rideau de toile, & avoient encore de grandes ſerviettes ſur la tête, en forme de voiles de Religieuſes. On y donna la Communion ſous les deux eſpeces, ſuivant le rit Grec, à pluſieurs enfans nouveau-nés. Après le ſervice, ils furent invités à manger par le Prêtre Ruſſe, & quoiqu'ils euſſent fait préparer leur dîner dans ſa cuiſine, ils accepterent le ſien. Ils voulurent lui payer ſa dépenſe ; mais leur montrant ſes images, il leur dit, qu'il croyoit être obligé de donner gratuitement ce qu'il recevoit de la providence de Dieu. Parmi ces images, il y en avoit une qui repréſentoit trois viſages ſur une ſeule tête, ce qui déſignoit la ſainte Trinité, ou un Dieu en trois Perſonnes. Ces trois viſages étoient exactement ſemblables, & tels que les Ruſſes repréſentent ordinairement la face de Jeſus-Chriſt, avec une mouſtache noire, & une barbe à deux pointes de même couleur. Les trois faces n'avoient enſemble qu'un ſeul front & quatre yeux, mais trois nez, trois bouches & trois mentons. On voit aſſez communément de ces ſortes d'images à Petersbourg.

M. *de Liſle* & ſa ſuite, après avoir pris congé du bon Curé Ruſſe, avec promeſſe de venir à leur retour partager encore avec lui ce que la Providence lui auroit envoyé pendant ce tems-là, continuerent leur fatigante route ſur les neiges & les glaces de l'*Obi*. Plus ils avançoient, plus les difficultés du chemin ſembloient renaître ou s'accroître même ſous leurs pas. Les jurtes, après leſquels hommes & chevaux ſoupiroient, étoient de plus en plus clair-ſemées ou écartées les unes des autres. La plûpart même étoient abandonnées, parce que celles d'Eté ne ſont habitées que dans cette ſaiſon qui eſt le tems de la pêche ; & dans quelques-unes de celles où ils trouverent du monde, ils virent la plus grande miſere.

Le mauvais tems ayant obligé M. *Kœnigsfeld* de s'arrêter le 8 à *Nurumowo* chez un Oſtiack nouvellement baptiſé, qui ſe nommoit *Conſtantin*, cet homme, âgé de cinquante ans, lui aſſûra qu'il ne ſe ſouvenoit point d'avoir vu une année auſſi mauvaiſe que celle où l'on étoit alors, & qu'on ne trouvoit ni gibier, ni poiſſon. Il ajouta que pluſieurs d'entre eux étoient morts de faim ; mais que la Cour Impériale avoit envoyé des ordres, tant à *Bereſow* qu'à *Troitskoi-Monaſtir*, de donner à chaque famille de la farine, ſuivant le nombre des bouches dont elle étoit compoſée, à condition cependant qu'elles la payeroient quand les années ſeroient meilleures.

Dans une autre jurte d'Oſtiacks, à deux cent werſtes de *Bereſow*, le même trouva des gens extenués par la faim, qui, pour tâcher de ſe procurer une ſubſtance quelconque & s'empêcher de mourir, faiſoient cuire de l'écorce de ſapin, celle qui touche immédiatement le bois de l'arbre, qui lui ſert en quelque façon d'épiderme. Ces pauvres gens lui demanderent un peu de pain & du tabac ; il leur fit donner un pain noir & deux petits paquets de tabac en feuilles, de celui qu'on nomme *libet* ; ils reçurent le tout avec une joie infinie, en disant, qu'ils alloient reprendre quelque force, & prier Dieu *de le rendre semblable à l'air*, c'est-à-dire apparemment *impassible* ; car, dans la Langue des Ostiacks, l'Air, le Ciel, & Dieu même, sont appellés d'un même mot, qui signifie *dur, impénétrable*.

EXTRAIT D'UN VOYAGE EN SIBÉRIE.
M. DE LISLE.
1740.

Enfin le 9 Avril, à six heures ou environ du soir, après des peines & des fatigues extraordinaires, par un froid très-vif, le vent qui étoit Nord-Est soufflant avec beaucoup de violence, & faisant tomber une neige fine très-piquante, la Troupe Astronomique fut rendue à *Beresow*, que M. *de Lisle* appelle le *non plus ultrà* des chevaux. Les traîneaux chargés des bagages ne purent arriver en même tems, parce que les chevaux, obligés de nager, pour ainsi dire, dans la neige où ils enfonçoient jusqu'au poitrail, étoient extrêmement harassés. A un werste de la Ville, M. *Kœnigsfeld* eut le malheur de tomber dans la riviere de *Sofwa*, sur laquelle est bâti *Beresow*, & un de ses chevaux s'y noya. Il fut obligé de faire dételer un autre cheval, & d'envoyer chercher dans la Ville six hommes pour aider son monde à retirer son traîneau qui étoit enfoncé dans la glace. L'eau y étant entrée, son coffre étoit attaché au traîneau, & comme scellé ; aussi quelques-uns de ses Livres furent-ils mouillés. Du reste, on en fut quitte pour la peur & pour la perte d'un cheval.

Arrivée des Astronomes à Beresow.

Le Waywode ou Gouverneur de *Beresow*, qui étoit alors *Fœdor Iwanoff Schulginoff*, ancien Lieutenant dans le Régiment des Gardes *Préobroginski*, averti la veille de l'arrivée de MM. *de Lisle, Kœnigsfeld*, & leur Compagnie, tant par les Lettres du Gouverneur de *Tobolsk*, que par un Soldat qu'il avoit envoyé sur leur route à la derniere jurte, leur fit aussitôt distribuer leurs quartiers de logement. M. *de Lisle* fut logé dans la maison la plus distinguée de la Ville, dans celle de l'Hetman des Cosaques. L'Hetman qui étoit un jeune homme, étoit absent de chez lui ; sa mere se retira dans une petite chambre avec ses enfans, pour laisser à M. *de Lisle* le reste de la maison libre. On logea M. *Kœnigsfeld* chez un Dixainier des Cosaques, & il se loue beaucoup de ses Hôtes. A l'arrivée de nos Voyageurs, chacun s'empressa de faire à M. *de Lisle* des présens de crême, de pieces de veau, de canards, d'oies, & de ragoûts Russes ; il lui fallut dans la suite faire des provisions, telles qu'une Ville assez misérable & mal fournie pouvoit en procurer, & plusieurs choses étoient cheres.

Il y avoit encore douze jours jusqu'à l'observation, qui étoit le principal but du voyage. Mais on avertit les Astronomes, qu'il ne leur seroit pas possible de faire venir leurs instrumens par terre, tant par la hauteur des neiges, que parce que les rennes perdent leur force en Hiver, & que c'est le tems où portent leurs femelles. Ainsi la rigueur de la saison jointe à la difficulté des chemins ne permettant pas d'aller plus loin, ils résolurent de rester à *Beresow*, & d'y attendre les Bateaux qu'on devoit leur envoyer de *Tobolsk*. Comme la Ville est bâtie sur une montagne, le premier soin de M. *de Lisle* fut de chercher un endroit propre à y élever un Observatoire. Il trouva fort heureusement à deux cens pas de sa demeure

EXTRAIT D'UN VOYAGE EN SI-BÉRIE.
M. DE LISLE.
1740.

une vieille maison abandonnée & sans toît, située sur le bord de la rivière (de la *Sofwa*), & où l'horison étoit entierement libre du même côté à l'Orient, l'endroit du Ciel à observer. L'Observatoire fut bientôt dressé ; on y établit les instrumens, & les pendules furent réglées. En attendant le jour du phénomene, MM. *de Lisle* & *Kœnigsfeld* rendirent visite au Major *André Iwanowitsch Karpoff*, venu nouvellement de *Tobolsk* avec cinquante hommes, pour garder les Prisonniers d'Etat. Il leur fit voir du haut d'un clocher l'Ostrog où ces Prisonniers sont détenus sous une forte Garde, qui est changée tous les ans. Cette Forteresse est construite au-delà d'une petite riviere, sur laquelle est un pont qui y aboutit. Ils virent aussi la maison du Major qui est obligé d'être continuellement sur les lieux, & l'Eglise qu'a fait bâtir le fameux Prince *Menschikoff*, qui y est inhumé sous l'autel.

Ils furent curieux d'essayer des *Narten* ou traîneaux du pays ; ils se firent tirer par des rennes le long de la riviere à la distance de deux werstes. On va très-vîte, parce que les rennes sont fort légers à la course ; mais ils s'échauffent trop, & se lassent facilement. On les fait courir en les poussant avec une longue baguette qui se termine en bouton, & on les conduit par le moyen d'une courroie attachée à leur bois, & qu'on tient à gauche.

Bouvreuils blancs.

Il y a dans ce canton des pivoines ou bouvreuils blancs, dont le dos est un peu noirâtre, & grisonne vers l'Eté. Ces oiseaux ont le chant agréable, fin, & beaucoup plus beau que les pivoines d'Europe.

L'Observatoire bien établi, MM. *de Lisle* & *Kœnigsfeld* y faisoient de tems en tems des observations. Ayant pris l'élévation du pole de *Beresow*, sans correction, ils trouverent qu'elle étoit de 64^d. 3'. 39". & par conséquent que la différence entre le Méridien de Bologne & celui de Beresow étoit de 3 heures 30'.

On voit quelquefois ici tomber encore de la neige vers la fin de Juin, & les bords de l'*Obi* ne sont entierement secs qu'au mois d'Août. Lorsque l'Eté est pluvieux, ce fleuve débordé, couvre quelquefois jusqu'à cinquante werstes de terrain, & forme des ravines ou des mares très-difficiles à passer, sur-tout en Hiver, parce qu'on ne trouve en ces endroits là aucune jurte, & qu'on ne voit de toutes parts que le ciel & la neige. Quand l'eau séjourne trop long-tems sur la terre, comme en 1737, toute l'herbe est entierement gâtée ; l'intérieur des tuyaux n'est rempli que de limon, ce qui fait périr tout le bétail, dont on trouve les intestins pleins de sable ou de terre grasse.

Mauvais succès de l'observation qui étoit l'objet du Voyage.

Le 22 Avril, jour du passage de Mercure sur le disque du Soleil, tout étoit préparé pour l'observation de ce curieux phénomene ; malheureusement le Ciel fut couvert dans le tems du passage, & le Soleil ne parut que plus d'une heure après. M. *de Lisle* s'en dédommagea par plusieurs autres observations, dont il rendit compte à l'Académie Impériale.

Le 12 Mai, les glaces étant fondues, on vit passer sur la *Sofwa* plusieurs Ostiacks en canots. Ils sont ordinairement deux dans chaque nacelle ; & ces nacelles, qui n'ont pas plus de sept pieds de longueur, sur deux pieds de largeur, sont si petites, que deux hommes peuvent les porter

porter d'un lieu dans un autre. Lorsqu'ils sont sur terre, ils ont toujours avec eux deux chiens, par lesquels ils la font tirer jusqu'à ce qu'ils aient gagné quelque jurte, ou quelque autre riviere qu'ils veulent passer. Ainsi les chiens leur sont d'une grande ressource en toute saison; ce sont, pour ainsi dire, leurs esclaves. On a déja remarqué que ces chiens ressemblent beaucoup à nos loups d'Europe, tant pour la couleur & le poil, que pour la taille. Il y en a cependant de noirs, un peu plus délicats que les gris, & dont l'habitude est de faire pendant la nuit beaucoup de hurlemens.

Une des principales curiosités de *Beresow*, est le magasin des pelleteries appartenant à Sa Majesté Impériale. C'est le dépôt des pelleteries que l'on tire de six *Wolots*; & chaque *Wolot* est un district composé de six ou sept jurtes, & quelquefois d'un plus grand nombre. La principale jurte d'un *Wolot* est celle du *Knées* ou Chef des Ostiacks, qui n'a pourtant d'autre prérogative que celle de porter ce titre, & de payer un tribut plus fort que les autres.

Le 13 Mai, dans l'après-dînée, pendant que les Astronomes étoient occupés à faire des observations, il survint un si terrible orage, qu'ils furent obligés de convenir qu'ils n'en avoient jamais vu de pareil en Europe. L'écho duroit, à chaque coup, trente à quarante minutes. Cependant, au rapport des gens du pays, les orages sont encore beaucoup plus violens dans le mois d'Août, mais ne sont pas fréquens; ils causent même peu de dommage aux environs de la Ville, attendu la rareté des habitations, & fondent ordinairement dans les forêts.

Il y a dans ce canton beaucoup de castors établis très-commodément sur les rivages des rivières, & qui ne sont pas moins ingénieux, moins bons architectes que les castors du Canada; mais on croit avoir remarqué des distinctions parmi eux. Leurs habitations ont plusieurs issues couvertes ou cachées dans la terre à diverses distances, assez éloignées les unes des autres; & ce sont les castors artisans, subordonnés aux autres, qui sont chargés de faire ces sortes de travaux. Ils ont, dit-on, encore des postes avancés, & des sentinelles perdues qui se relevent de tems en tems. Enfin ils n'en cedent point pour la finesse & les ruses aux castors de l'Amérique. M. *Kœnigsfeld* alla voir, à vingt-cinq werstes de *Beresow*, sur la *Sosva*, un de ces logemens, & fit découvrir quatre chemins qui y aboutissoient. Les chiens des Ostiacks savent bien empêcher ces animaux de se sauver; mais les castors encore plus fins qu'eux, s'enfoncent à leur approche dans l'eau, & par-là leur échappent.

La nuit du 18 au 19, il y eut un ouragan furieux venu de l'Orient, qui fit sortir la *Sosva* de son lit, & inonda la campagne à près de sept werstes, tellement que *Beresow* sembloit s'élever du milieu d'un grand lac. Il fut suivi d'un si grand froid, que le lendemain matin on pouvoit, sans enfoncer, marcher sur la boue, & passer les mares qui s'étoient formées; mais comme nos Astronomes avoient laissé à *Tobolsk* leurs thermometres, dont quelques-uns s'étoient déja cassés en chemin, pour ne pas les endommager en les transportant, on ne put déterminer le degré du froid.

M. *de Lisle* ayant fait toutes les observations que les circonstances lui

EXTRAIT D'UN VOYAGE EN SIBÉRIE.
M. DE LISLE.
1740.

avoient permis de faire à *Beresow*, quoique la principale eût manqué, on se dispoſa à quitter cette Ville, & à regagner *Tobolsk* par eau. Les Bâtimens qu'on en attendoit pour ce voyage étant arrivés & en état de marcher, le départ fut fixé au 22 Mai. Deux jours auparavant, M. *de Lisle* eut occaſion d'acheter trois dents prétendues de *Mammout*, qui peſoient enſemble ſept livres, & il les emporta.

Enfin, le jour marqué pour l'embarquement, à cinq heures & demie du ſoir, M. *de Lisle* & ſa ſuite entrerent dans le Dotſchetnick, qui devoit les conduire à *Tobolsk*. Ils s'éloignerent du rivage à la vue d'une foule de peuple ; en partant, ils furent ſalués par la mouſqueterie des Coſaques, & furent accompagnés à la diſtance de deux werſtes, tant par le Waywode, que par le Major commis à la garde des Priſonniers, & par un autre Officier. Ils paſſerent pendant la nuit deux Iſles, dans l'une deſquelles des Coſaques de leur eſcorte trouverent un faucon Oriental, qui avoit de grands yeux pleins de feu & des ſerres bleuâtres.

Le lendemain, quelques-uns des mêmes Coſaques apporterent encore des œufs de canards & d'oies. Le ſoir, on paſſa l'embouchure du petit *Obi*. On avoit le vent en pouppe, & le plus beau tems du monde ; mais il faiſoit froid, & le vent étoit ſi fort, que les vagues écumoient beaucoup. Il y avoit près des ſentinelles des lanternes allumées, qui brûloient toute la nuit. Cette même nuit, on fut obligé de s'arrêter pendant trois heures, parce qu'une des Chaloupes avoit été détachée par la violence des vagues, & que les Coſaques étoient allé la chercher. Auſſitôt qu'ils l'eurent ramenée, on hiſſa les voiles, & l'on continua de marcher avec un vent favorable.

Le 24, vers midi, deux Oſtiacks dans une petite nacelle, faite d'une ſeule piece de bois, furent pouſſés par le vent vers le Bâtiment de nos Voyageurs. Ils étoient accroupis ſur leurs genoux, tenant chacun à la main une rame pointue, & ſe balançant ſur les vagues. Les Coſaques leur jetterent une corde pour les faire approcher du Dotſchetnick. Ils apportoient des canards frais & trois brochets vivans, dont ils ne voulurent point d'argent, parce qu'ils n'en font aucun cas, & reçurent en payement du tabac & de l'eau-de-vie.

Le même jour au ſoir, avant huit heures, on commençoit à diſtinguer à la diſtance d'environ vingt werſtes les bords du grand *Obi*, ou plutôt les montagnes de l'Eſt, & les hauteurs de ſes bords qui paroiſſoient dans la perſpective, comme une longue ſuite de pyramides bleues ; bientôt l'on quitta le petit *Obi*, & l'on entra dans l'embouchure du grand. Cette plage d'eau eſt comme une petite mer. Il y avoit alors une grande quantité de canards de diverſes eſpeces, & des cignes qui s'élevoient fort haut dans l'air pour ſe rendre vers les montagnes. La nuit étant chaude & ſereine, les moucherons, qui ſont au-moins trois fois auſſi gros que ceux de l'Europe, ſe ramaſſerent peu-à-peu, & devinrent ſi incommodes, que chacun fut obligé de prendre ſa coëffe de crin (7) & de s'en couvrir la tête. Le Bâtiment eut beaucoup de peine à doubler le petit cap, ou le coude que

(7) On en a vu la Deſcription à la page 131.

forme en cet endroit l'*Obi*, parce que le vent qui étoit Nord, y devenoit contraire.

Environ au milieu de la nuit, deux grands Bateaux d'Oſtiacks, qu'on nomme dans le pays *Cechaaps*, aborderent encore les Voyageurs, & leur apporterent beaucoup de canards fraîchement tués, & d'œufs d'oies ſauvages qui furent encore payés en tabac.

Le 25 Mai, à ſix heures du matin, les Coſaques de l'équipage apperçurent deux Dotſchetſnicks, qui louvoyoient ſur le fleuve par un vent de Nord. Leur Officier jugea d'abord que ces Bâtimens venoient de *Tobolsk*. En effet, dès qu'ils ſe furent approchés à deux cens pas de celui de M. *de Liſle*, on y reconnut des Soldats de *Tobolsk*, & l'on envoya vers eux des Coſaques pour leur demander d'où ils venoient, & où ils alloient. Ces deux Bateaux, l'un chargé de ſel & l'autre de bled, étoient envoyés de *Tobolsk* pour venir trouver les Aſtronomes à *Bereſow* ; ils apporterent à M. *de Liſle* trois grands thermometres, avec un petit, dont il n'avoit pas voulu ſe charger dans ſon voyage par terre, aimant mieux les faire venir par eau, parce qu'ils couroient moins de riſque d'être endommagés. On prit de ces deux Bâtimens une voile, quelques cables & une ancre, qui furent échangés contre de pareils agrès moins bons. Pendant cet échange, qui dura quelque tems, le Dotſchetnik étant à l'ancre & le tems fort doux, M. *Kœnigsfeld* & M. *Soltanow*, accompagnés de deux Soldats, voulurent gravir ſur les montagnes à l'Eſt de l'*Obi*, ce qu'ils ne firent pas ſans peine & ſans fatigue. Ils entrerent dans une épaiſſe forêt, & cueillirent quelques pommes de cedre. Mais n'oſant trop s'enfoncer dans les bois, de crainte de s'égarer, & de rencontrer quelques bêtes féroces, ſoit ours, ſoit *peſtzis*, ſortes de renards qui s'y trouvent en grand nombre, ils regagnerent leur Bâtiment au plus vite.

Le même jour dans l'après-dînée, le vent étant entierement tombé, M. *Kœnigsfeld*, M. *Soltanow* & l'Enſeigne ſe mirent dans une des Chaloupes à quatre rames, & firent un trajet d'environ quinze werſtes le long de la côte orientale de l'*Obi*, juſqu'à *Schorckaskoi-Pogoſt*. Ils virent dans ce trajet ſortir d'entre les roſeaux une grande quantité de canards & d'oies ſauvages, qui paſſoient en volant fort près d'eux ; mais n'ayant point pris d'armes à feu, parce qu'ils ne s'étoient point attendu à trouver une telle abondance de gibier, ils ſe contenterent de les regarder. Au reſte, ſi ce n'étoit le plaiſir qu'ils auroient eu à les tirer, ils n'en valoient guere la peine, puiſque chaque coup de fuſil leur auroit coûté dix fois plus que ne coute dans ces cantons un canard ou une oie ſauvage, qu'on peut avoir des Oſtiacks pour une pipe ou pour deux feuilles de tabac, les Oſtiacks en ayant toujours qu'ils apportent aux Voyageurs par demi-douzaines ou par douzaines entieres. Ils les attrapent facilement, & à peu de frais, avec des filets qu'ils tendent entre les buiſſons & les petits ruiſſeaux, & ils en prennent aſſez ſouvent d'un coup de filet quatre-vingt, cent, & cent cinquante à-la-fois. Le Prêtre ou Curé du Pogoſt, nommé *Waſili* (Baſile) *Lewin*, ne ſe trouva point chez lui. Il étoit allé, pour une quinzaine de jours, viſiter les jurtes d'Eté, ſituées ſur les bords occidentaux de l'*Obi*. Cependant on célébra vers le ſoir la Fête de la

Pentecôte, & la femme du Prêtre accueillit de son mieux les trois Voyageurs. Elle leur donna des œufs de poule & d'oie, du lait bouilli & du *schangis*, qui est un mets Russien. Cette femme, gaie de son naturel, les entretint agréablement. Tandis qu'elle apprêtoit le souper, ils allerent se promener sur une haute montagne où ils cueillirent des roses d'Asie, d'un rouge ponceau très-vif. Après le souper, ils se promenerent encore au pied de la montagne le long de l'*Obi*. Les nouveaux Géographes, dit M. *Kœnigsfeld*, font servir communément ce fleuve de bornes entre l'Europe & l'Asie. Mais il croit que *Tobolsk* bâti sur l'*Irtisch*, dont la plûpart des habitans sont Tatares, doit être considérée plutôt comme une Ville Asiatique, que comme une Ville Européenne, & que les Géographes ont reculé trop loin de ce côté-là les limites de l'Europe, en les poussant jusqu'a l'*Obi*.

Ils rejoignirent le Dotschetnik à près de minuit par un tems presqu'aussi clair qu'en plein jour, les rayons du Soleil paroissant une grande partie de la nuit durant le crépuscule.

Le 26 Mai au matin, ils rencontrerent sur l'*Obi* un Bâtiment Marchand de *Tobolsk*. Ce Bâtiment portoit au Nord, & conduisoit à *Beresow* la femme du Géodesiste *Kasimirow*. Ils apperçurent vers le midi, à la distance de quinze werstes, *Ketskoi-Monastir*; & à trois heures, ils rangerent de fort près la côte orientale de l'*Obi*. Comme le vent s'affoiblit beaucoup, M. *Kœnigsfeld*, avec quelques autres, prit encore la Chaloupe pour se rendre à terre, & visiter le Couvent. Ils furent bien reçus du Supérieur, & quelques-uns d'entre eux y acheterent des peaux de zibelines & d'autres fourrures. Ils s'en retournerent au bout d'une heure; le Supérieur du Couvent les vint voir à bord, & les accompagna pendant quelques werstes; ensuite il fallut se séparer, parce qu'il y avoit un calme & un *mys*, ou petit cap formé par les détours de l'*Obi*, qu'on fut obligé de doubler, ce qu'on ne pouvoit faire qu'en tirant le Bâtiment avec des cordages. En cet endroit, les Voyageurs étoient exactement à cent soixante-dix werstes de *Beresow*. Ils reconnurent à dix heures du soir *Kurmusuganski*, jurte d'Hiver, où quelques-uns de la Troupe, dans le passage au mois de Mars, avoient acheté des patins, des arcs, & d'autres ustensiles d'Ostiacks. Cette jurte étoit abandonnée jusqu'au retour de l'Hiver, les habitans ayant passé sur le bord occidental de l'*Obi* dans leur jurte d'Eté, pour faire leurs chasses & leur pêche. A minuit, deux canots d'Ostiacks vinrent aborder le Bâtiment, & y apporterent du poisson vivant de différente espece, dont on s'accommoda pour du bacun.

M. *Kœnigsfeld* observe que, depuis le milieu de l'*Obi*, ce fleuve est semé de plusieurs Isles, dont une entr'autres, située à trois werstes ou environ de *Ketskoi-Monastir*, est de figure ronde, & d'environ cinq werstes de tour. Ces Isles n'étoient point, dit il, marquées sur la Carte du fleuve qui lui avoit été donnée à *Tobolsk*. Il ajoute qu'il en vit une couverte de l'arbre nommée *Talnik*, dont le verd soyeux faisoit le plus bel effet, & qu'il eut beaucoup de plaisir à contempler une pelouse longue d'environ trois werstes, qui formoit un magnifique aspect.

Ainsi la Nature, pour varier ses tableaux, a ménagé dans les contrées les plus sauvages, & dans les lieux mêmes qui semblent n'en présenter que les ruines, des points de vue agréables, & tels quelquefois qu'on n'en trouve point dans les plus riantes contrées.

EXTRAIT D'UN VOYAGE EN SIBÉRIE.
M. DE LISLE.
1740.

Le 28, pendant la nuit, près d'un rivage escarpé, nommé *le grand Jar*, le Bâtiment de nos Voyageurs donna sur un petit écueil, dont le choc les effraya beaucoup. Mais les Cosaques s'étant armés de longues perches garnies de crocs, les tirerent bientôt de danger.

Ils passerent le 29 devant une large riviere, nommée *Wochlim*, qui vient du Nord dans le pays des Ostiacks, & va se rendre dans l'*Obi*. Ils avoient auparavant rencontré une Isle, où ils virent deux ou trois habitations d'Ostiacks qui s'y établissent dans l'Eté pour la pêche. M. *Kœnigsfeld* détacha un Ostiack avec la Chaloupe, pour y acheter des habillemens, ou quelques peaux de poisson. Il s'éleva dans l'après-dînée un vent de Nord peu violent, mais si froid, que chacun fut obligé de reprendre les pelisses. La nuit suivante fut très-froide, quoique le vent ne fût presque plus sensible; on couroit à l'Est, & l'on avançoit peu, malgré la force du courant.

Le 30, à huit heures du matin, on se trouvoit aux environs de *Katpaizki*. Le cap, dont l'étendue en cet endroit est en longueur de sept werstes, gît ici à l'Est, & est tout couvert de longs & grands arbres. On l'apperçoit de loin à l'horison comme une petite nuée bleue, à la distance de trente-cinq werstes, suivant l'estime des Cosaques. Il s'en voit un semblable près de la jonction de l'*Irtisch* avec l'*Obi*; mais il s'étend au Nord-Est, & à cinq werstes vers le Sud.

La beauté du tems invita la Troupe astronomique à prendre la grande Chaloupe, avec quatre Soldats, pour aller à l'Ouest aux jurtes *Trojetski*, dont on étoit éloigné de vingt-cinq werstes, le Dotschetsnik tendant à l'Est. Près de ces jurtes, est une Eglise, située sur le bord d'un ruisseau, qui est formé par l'*Obi*. Le Prêtre du lieu reçut la Troupe avec beaucoup d'affabilité, & la régala de sterlettes fraîches & de lait. La nuit qui survint les empêcha de jouir long-tems du chant des oiseaux qui, dans ces cantons, sont admirables, & d'une grande variété. M. *Kœnigsfeld*, qui avoit porté son fusil, en tua quelques-uns, dont le plumage étoit le plus beau du monde. Les extrémités de leurs ailes étoit d'un verd de pré clair, & les ailes d'un bleu de saphir mêlé de ponceau. Il tua aussi d'une petite espece d'oies sauvages, nommée *Looht* par les Ostiacks. Ces oies ont les ailes & le dos d'un bleu foncé, ressemblant à l'émail; leur estomac est rougeâtre, & au sommet de la tête, elles ont une tache bleue de forme ovale, avec une tache rouge de chaque côté du col. Depuis la tête jusqu'à l'estomac regne une raie argentée de la largeur d'un tuyau de plume, qui fait encore un très-bel effet. Ici le bord oriental de l'*Obi* n'est plus si élevé, mais convert de grands arbres serrés les uns près des autres, entre lesquels on voit des cedres, dont la hauteur se fait remarquer. On revint le 31, à trois heures du matin, dans le grand Bâtiment, & l'on continua de marcher; mais le vent étant tout-à-fait contraire, on avança peu dans la matinée. Comme on se trouvoit alors à l'endroit où l'*Obi* est le plus

EXTRAIT D'UN VOYAGE EN SIBÉRIE. M. DE LISLE. 1746.

rapide, parce qu'on n'étoit plus qu'à vingt-cinq werstes de sa jonction avec l'*Irtisch*, qui se fait avec une rapidité surprenante, le vent s'étant beaucoup renforcé, ainsi que les vagues, pour n'être point portés en arriere, on jetta l'ancre, & on y resta huit à neuf heures. Le vent s'étant enfin calmé, on leva l'ancre, & l'on se servit des rames. Il y en avoit sur le Bâtiment dix-sept, & deux hommes à chaque rame. Les Pilotes craignant de manquer l'embouchure de l'*Irtisch*, on avoit fait venir dès quatre heures du matin trois Ostiacks de *Trojeuski*, qui connoissoient parfaitement le fleuve, avec leurs canots, pour conduire le Bâtiment dans cette embouchure. Car on a remarqué que l'*Irtisch* y change toutes les années de profondeur à la débacle des glaces. La plus grande profondeur de son lit est tantôt Nord-Est, tantôt Nord-Ouest, & tantôt mitoyenne en tirant au Nord. Cette riviere détruit un de ses bords, & ajoute à l'autre : elle s'étend d'un côté, & de l'autre elle découvre une plaine. Ainsi par ces changemens qui se font chaque année, ceux qui navigent sur l'*Obi* sont toujours embarrassés lorsqu'il faut passer par cette embouchure. Ce même jour, un Soldat de l'équipage apporta à M. *Kœnigsfeld* trois fleurs de cedre avec le fruit. Il avoit couru quelques risques, en montant fort haut sur l'arbre pour les cueillir : aussi fut-il récompensé d'une mesure d'eau-de-vie, dont il fut très-content. Les pommes de cedre ont dix à douze lignes & quelquefois plus de longueur. Le fruit qu'elles renferment ressemble assez à de petites feves de caffé, & le goût en est beaucoup plus agréable que celui des amandes. Il s'éleva vers le soir une si prodigieuse quantité de moucherons, que l'air en fut presqu'obscurci, & que l'on fut obligé, pour s'en défaire, de brûler de la poudre à canon. On aborda la nuit à une Isle fort agréable, d'environ quatre cens pas de circonférence, dont les bords au niveau de la surface de l'eau étoient fort humides. Elle étoit toute couverte de grands & beaux arbres qui sembloient se peindre dans l'eau, ce qui faisoit un tableau charmant.

Le premier Juin, après-midi, on entra dans un ruisseau qui communique à l'*Irtisch*, & on laissa sur la gauche le confluent de cette riviere avec l'*Obi*. L'endroit où se joignent ces deux plages d'eau, semble une petite mer ; cependant, avec le téléscope, on pouvoit encore appercevoir le bord oriental de l'*Obi*, & reconnoître l'embouchure de l'*Irtisch*. Le côté gauche du ruisseau étoit bordé d'un grand nombre de *Talniks*, qui, par la beauté de leur verdure, y répandoient beaucoup d'agrément. A droite, étoit un long tapis d'herbe très-haute, entremêlée d'arbres ; ensorte qu'en voguant sur le ruisseau, qui n'a pas plus de largeur que la petite *Newa*, on croyoit traverser les plus belles allées du monde.

On quitta ce ruisseau la nuit du 2 Juin, & l'on entra dans l'*Irtisch*. A huit heures du matin, on apperçut les montagnes de *Samarow*, distantes d'environ cinq werstes ; mais on n'en voyoit point le pied, à cause du long promontoire qui s'avance en cet endroit dans l'*Irtisch*, & qui en cachoit la vue.

A midi, l'on arriva à *Samarowski-Jam*, où la Troupe astronomique fit encore la rencontre de M. *Fischer*, qui alloit se rendre par l'*Obi* près de MM. *Gmelin* & *Muller*.

Fleur et Fruit d'un Cèdre Oriental.

a la Fleur
b le Fruit
c les Feuilles

M. *de Lifle* & M. *Kœnigsfeld* s'occuperent dans l'après-dînée à transporter leurs instrumens à terre ; ils choisirent un endroit commode sur une montagne, & y établirent un Observatoire en si peu de tems, que dès le même soir M. le Professeur *de Lisle* y prit les hauteurs du Soleil. Le lendemain, les deux Astronomes continuerent les observations correspondantes, & déterminerent en même tems l'heure vraie de minuit.

Le 3, ils observerent encore la hauteur du Soleil $a = 37^d.25'.30''$. & par le calcul ils trouverent que l'élévation du pole étoit $60^d.56'.15''$. de latitude Boréale. Ils voulurent aussi prendre vers la nuit avec l'instrument Anglois la hauteur d'*Arcturus*, & sa culmination ; mais le Ciel se trouva couvert de nuages, & le tems paroissant se tourner à la pluie, ils abandonnerent l'entreprise, & résolurent de partir.

On s'occupa donc le 4 à embarquer les instrumens, & à quelques affaires économiques, pour remonter le soir dans le grand Bâtiment. Les deux Astronomes allerent prendre congé de M. *Fischer*, qui se disposoit à partir aussi dans la nuit, pour continuer sa route.

Le 6, il y eut un orage effroyable mêlé de pluie, de grêle, d'éclairs & de tonnerre, qui dura toute la journée & toute la nuit. La noirceur du Ciel, qui étoit entierement couvert de gros nuages bruns, teignoit l'eau de la même couleur. Il sembloit aussi de tems en tems que l'on voguât sur une mer de feu ; les éclairs en se réfléchissant dans l'eau, faisoient un effet plus effrayant que n'en produit aucun orage sur terre. On rencontra pourtant le soir un Bâtiment Sibérien qui alloit à *Tomsk*, & dont le cours étoit Nord-Nord-Est. Il portoit un petit pavillon blanc, rouge & bleu, qui est celui des Marchands de Sibérie.

Le 8, vers les six heures du soir, on passa les *Kalpatsky-Jurti*, & comme on étoit fort près de terre, on descendit pour faire sur la verdure une promenade d'environ quatre werstes. Il fallut passer un petit ruisseau, avant d'arriver aux jurtes ; c'est ce qu'on fit les uns après les autres dans un de ces petits canots d'Ostiacks, qu'un homme seul porte sans aucune peine à la distance de plusieurs werstes. Un homme de la Compagnie fit renverser le petit esquif & tomba dans l'eau, mais assez près du bord. Il en fut retiré par les Ostiacks qui se trouverent à portée ; mais comme le courant étoit fort rapide, par la jonction de plusieurs ruisseaux qui l'accéléroit, il fut emporté à quinze pas du lieu où il étoit tombé. Toute la Compagnie se rendit aux jurtes, & fut très-bien reçue des Ostiacks, qui sont ici plus civilisés que ceux qui vivent sur les bords de l'*Obi*. Elle y étoit encore, lorsqu'on apperçut à une portée de fusil de-là du côté du Couchant une grande aigle orientale, toute grise, qui fondit sur un jeune canard sauvage, le prit dans ses serres jaunes comme de l'or, & s'éleva dans les airs. On se mit à crier, à frapper des mains, pour lui faire abandonner sa proie ; mais elle ne s'effraya de rien, & prenant son vol vers l'Est au-dessus de l'*Irtisch*, on la perdit bientôt de vue. Ces jeunes canards sont si privés, qu'un Domestique de la Troupe les attiroit en contrefaisant le cris des vieux canards, & les prenoit avec la main.

Le 10, dans l'après-dînée, on passa les *Semeikowi-Jurti*, près desquels on apperçut sur le côté plat de l'*Irtifch* deux arbres taillés à cinq pieds l'un de l'autre, & fort près du bord. On y lisoit les noms de plusieurs personnes qui s'étoient noyés en cet endroit, les uns dans le mois de Mai, les autres au mois de Juillet 1739. L'*Irtifch* est dans tout ce canton d'une telle rapidité, qu'on le prendroit pour un torrent qui se précipite du haut de quelque rocher.

On passa le lendemain dans la nuit la riviere de *Staroi*, qui vient du pays des *Oftiacks*, à trente werstes des bords de l'*Irtifch*. D'autres disent qu'elle sort de l'*Irtifch* même, qu'elle y rentre ensuite, qu'elle forme une Isle de trente werstes de circuit, & que ses embouchures ne sont éloignées que de cinq werstes l'une de l'autre. On voit sur le bord de cette riviere les ruines d'un Village que les habitans ont déferté, soit parce qu'ils étoient trop incommodés des bêtes sauvages qui dévoroient continuellement leur bétail, soit parce que les Oftiacks avoient cessé de les approvisionner de gibier & de poisson. MM. *de Lifle* & *Kœnigsfeld* remarquerent que l'élévation de pole y étoit la même qu'à Petersbourg, c'est-à-dire, de près de 60ᵈ. Ils virent le Soleil se coucher à neuf heures quinze minutes, & le crépuscule durer toute la nuit, mais si clair, qu'on pouvoit écrire & calculer comme en plein jour.

Le 12 Juin, se trouvant à *Philinskoi-Pogoft* sous la même élévation de pole qu'à Petersbourg, ils s'attendoient à voir le matin le lever du Soleil à la même heure, c'est-à-dire, à deux heures quarante-cinq minutes; mais ils s'apperçurent que leurs montres, qu'ils avoient réglées le 4 à *Samarowf-koi-Jam*, retardoient de neuf minutes.

On voyoit ici plusieurs rangs de *Talnicks* s'avancer dans l'*Irtifch*, & y former des allées. La beauté des arbres & du coup-d'œil tenta la curiosité de M. *Kœnigsfeld* & de quelques autres. Ils prirent la Chaloupe, & se firent conduire vers ces arbres au pied du Pogoft, situé sur une montagne qui forme un des bords de l'*Irtifch*. Cette montagne, composée de terre grasse & de cailloux, est tellement escarpée, qu'elle semble être à pic ou perpendiculaire. Ils visiterent encore une jurte d'Oftiacks, qu'ils trouverent sous métamorphosés en Russes, au-moins quant à l'habillement. Un d'eux fit présent à M. *Kœnigsfeld* de trois sterlettes vivantes, & d'un bonnet de plumes de canard sauvage, très-proprement cousues ensemble. Après avoir fait chez eux quelques emplettes d'arcs & autres ustensiles, on remonta dans le Bâtiment pour continuer la route. Il passa presqu'aussitôt à leur vue un petit Bâtiment de *Tobolsk*, sur lequel étoit un Prêtre Russe à barbe grise, assez près du gouvernail. Il tenoit sous son bras un grand Livre, & il avoit la face tournée vers l'Eglise du Pogoft, dont on voyoit encore la pointe. Il prioit Dieu si ardemment, malgré la pluie qui tomboit à verse, que l'eau couloit à grands flots, tant de sa tête & de sa barbe, que de ses habits & de son Livre. Le Bâtiment, qui prenoit son cours vers *Surgut*, portoit un Gentilhomme Russe & deux Soldats de *Tobolsk*.

On avança tellement dans la nuit du 13, à la voile, que le lendemain 14, à huit heures du matin, on se trouva vis-à-vis le Bourg de *Zorna-Jarcka*, lieu très-agréable, & situé sur une montagne, comme tous ceux des bords de l'*Irtisch* que le *Talnick* orne encore ici de son verd charmant. On commence en cet endroit à semer du bled : le pain qu'on y fait est de pur orge, mais d'assez bon goût. Le soir, à huit heures, le Bâtiment aborda vis-à-vis de *Demianskoi-Jam*, encore situé sur une hauteur considérable, & où l'on arrive par un passage étroit. Le Prêtre *Antoine*, Aumônier de la Troupe, célébra l'Office du soir ou les Vêpres dans une des deux Eglises. Il fit des prieres pour l'Impératrice, pour la famille Impériale, & rendit à Dieu des actions de graces pour l'heureux retour des Voyageurs. Toutes les personnes de l'expédition, étrangers & nationaux, y assisterent avec d'autant plus de ferveur, que depuis leur départ de *Beresow* ils n'étoient entrés dans aucune Eglise. L'endroit est abondant en toute sorte de vivres ; on y trouve du pain, du laitage, des poules, des œufs, du mouton, du poisson, &c.

EXTRAIT D'UN VOYAGE EN SIBÉRIE.
M. DE LISLE.
1741.

On en partit le lendemain, & l'on se rembarqua à deux heures après-midi. A un demi-werste du lieu, la *Demianska* se jette dans l'*Irtisch*. L'embouchure de cette riviere a près de quatre-vingt toises de largeur, & elle coule à l'Est-Sud-Est de *Demianskoi*, près d'un petit lac qui se rend aussi dans le fleuve. L'eau de la *Demianska* est plus noire & plus claire que celle de l'*Irtisch*, qui est trouble & blanchâtre ; aussi la différence de leurs eaux se fait-elle remarquer, à leur confluent, par une ligne noire, qui se perd peu-à-peu dans l'*Irtisch*. A quatre heures, on perdit entierement de vue *Demianskoi-Jam*, qu'on peut voir à la distance de quinze werstes. On voguoit dans une courbure Nord-Nord-Ouest, & l'on passa *Kakui*, Village situé sur un ruisseau. M. *Kœnigsfeld* remarqua sur la rive gauche de ce ruisseau, dans l'étendue d'environ quinze toises, quantité de trous les uns près des autres, & de la largeur d'un rouble, qui servent, dit-on, de retraites à de petits oiseaux, nommés *Streschy*. Ces oiseaux sont grisâtres, & plus petits de la moitié que l'hirondelle. Ils volent avec une rapidité extraordinaire, & sont très-farouches. On en voyoit environ cinq à six cens voler pêle-mêle autour de ces trous, y entrer & en sortir, & toujours en mouvement, comme des moucherons.

Le 17, vers les dix heures du soir, on vit une Isle flottante, d'environ six toises de circonférence, qui descendoit l'*Irtisch*. Les Géodésistes de la Troupe furent curieux de la voir de près, & s'y firent porter ; ils estimerent son épaisseur d'environ une toise & demie. Ces Isles ne sont autre chose que les pointes de terre avancées des caps que forme l'*Irtisch* par ses détours. Comme l'eau coule rapidement dans ces endroits-là, elle mine peu-à-peu la terre, & détache du continent ces morceaux que l'on voit flotter. Sa rapidité est aussi grande dans ce canton qu'à son embouchure dans l'*Obi*, & il la doit à la jonction du *Tobol*, qui se fait, à près de deux werstes de *Tobolsk*, avec plus d'impétuosité que n'en a l'*Irtisch*.

On apperçut encore le 18 deux Isles flottantes, dont l'une étoit arrêtée près des bords du fleuve. Il y avoit sur celle-ci quatre à cinq petits arbres & un pilier ; l'autre portoit aussi quelques arbrisseaux & beaucoup de broussailles. Elles auroient pu contenir vingt à trente personnes, & les porter pendant un millier de werstes, sans crainte qu'elles vinssent à se

Isles flottantes.

diſſoudre ; car ces Iſles ſont aſſez bien cimentées. Elles ont pour baſe une ſorte de *tuf*, que les habitans nomment *turadra* ; elles ſont recouvertes d'une mouſſe épaiſſe, & entrelacée d'une infinité de petites branches, qu'on a beaucoup de peine à entamer avec la hache ; & ſous cette mouſſe, eſt une terre noire, tenace & peſante. Ces Iſles flottantes ſe forment encore d'une autre maniere. Ce ſont quelquefois des fragmens d'un *Jar* bourbeux, qui s'en détachent ; ce qu'on nomme un *Jar*, eſt un côteau ou un monticule qui s'éleve ſur le bord d'une riviere ou d'un fleuve. On prétend que ces morceaux de terre couverts d'arbres & de buiſſons tombent dans l'eau ſens deſſus deſſous, c'eſt-à-dire, la cime des arbres en-bas ; que la peſanteur de la terre fait qu'ils ſe retournent & ſe retrouvent ſur l'eau dans leur ſituation naturelle, les arbres au-deſſus ; qu'enſuite pouſſés par les vents & entraînés par le courant du fleuve, ils flottent juſqu'à ce que rencontrant quelque pointe de terre avancée, ils s'arrêtent & s'y attachent. C'eſt ce qui fait qu'auprès de certains Villages, ou d'autres lieux connus, les Voyageurs ſont ſurpris de voir de ces Iſles qui n'y étoient point autrefois, & de n'en plus trouver dans certains endroits où ils en avoient vues.

Le lendemain de grand matin, on paſſa les jurtes *Jéſaulski*, où l'on rencontra les premiers Tatares. L'après-dînée, comme on voguoit le long de la côte, M. *Kœnigsfeld* remarqua ſur quelques branches de *Talnick* des coſſes ou ſiliques jaunes & rouges ; il en cueillit quelques-unes, & les ayant ouvertes, il trouva dans chacune un ver d'un beau bleu foncé, long d'environ trois ou quatre lignes.

Le 20, on vit le dernier Village Ruſſe, nommé *Stenkina*, & l'on entra dans le territoire des Tatares. Comme on paſſa fort près de ce Village, M. *Kœnigsfeld* & quelques autres paſſagers voulurent mettre pied à terre. Il faiſoit une chaleur exceſſive, & aux moucherons qui étoient déja fort incommodes, s'étoit joint une autre eſpece d'inſecte, de la groſſeur d'une araignée ordinaire, mais plus long, qui piquoit horriblement. Quelques ſecondes après la piquure, il ſe formoit à l'endroit piqué une tumeur de la largeur d'un ducat, qui cauſoit une douleur très-vive. Le lendemain, l'endroit devenoit violet, & enſuite jaune. Les Ruſſes nomment cet inſecte *Obidy*. Après avoir marché l'eſpace d'un werſte, on rencontra un petit ruiſſeau, large d'environ dix à douze toiſes, qu'il fallut paſſer & repaſſer dans un petit *Chap* d'Oſtiack, fait d'une ſeule piece, & qui ne pouvoit contenir que deux perſonnes à-la-fois. Le Batelier qui ſuivoit, le portoit ſur ſon dos. On gagna le Village où l'on prit des proviſions fraîches, & enſuite, pour éviter les ruiſſeaux, on marcha vers l'Eſt à-travers un petit bois. Comme on étoit un peu diſperſé, on entendit tout-à-coup quelques-uns de la Troupe jetter des cris effroyables. M. *Kœnigsfeld* croyant qu'ils étoient attaqués par quelque bête féroce, fit courir vers eux un Soldat. On lui cria qu'il y avoit un énorme ſerpent ; il s'approcha de l'endroit, & vit l'animal ſe traîner dans l'herbe, avec un ſifflement affreux & prodigieuſement vite. Son dos étoit d'un bleu d'émail, & ſon ventre d'un jaune d'or foncé, parſemé de taches noires. Il avoit près de ſix pieds de longueur, & ſa groſſeur étoit d'environ deux pouces à

deux pouces & demi. Comme on n'avoit point apporté d'armes, on laissa ÉXTRAIT D'UN
échapper ce ferpent. Quand tout le monde fut rentré dans le Bâtiment, VOYAGE EN SIN
on fit encore trois werftes à la rame, pour se rendre aux jurtes d'Eté BÉRIE.
des Tatares Karimski, où l'on arriva vers les sept heures du soir. Ce jour M. DE LISLE
étoit juftement un Vendredi, qui eft leur Dimanche; ainfi on étoit à por- 1740.
tée de voir leurs cérémonies religieufes.

Lorfque nos Voyageurs furent à terre, la premiere chofe qu'ils virent, fut un feftin qui fe faifoit chez un riche Tatare. Il y avoit dans le veftibule de fa maifon cinq femmes Tatares, habillées de différentes étoffes de laine bleue à fleurs, & dont la tête étoit couverte de bonnets de diverfes couleurs. Le veftibule avoit à-peu-près la forme d'un demi-théatre. Ces femmes fortirent & confidérerent curieufement les Voyageurs, qui leur rendirent bien leur attention. Les femmes Tatares portent fous leurs longs habits de grandes culottes, qui leur defcendent jufqu'à la cheville du pied. Les hommes ont tous fous leurs bonnets des collets verds ou violets, & ne fe découvrent jamais pour perfonne. Ceux qui fe trouvoient dans cette maifon, étoient affis tranquillement & fumoient avec de petites pipes de cuivre, hommes & femmes; ils buvoient tous d'une certaine boiffon compofée d'avoine, où l'on avoit mêlé un peu d'eau-devie; ce qui étoit donner une petite entorfe à la loi de Mahomet qu'ils profeffent. Le Soleil étant couché, leur priere commença. Un Prêtre Tatare fe mit à genoux fur le bord de l'Irtifch, le vifage tourné vers le Sud, fe leva enfuite, récita debout quelques formules, s'agenouilla de nouveau, fe profterna la face en terre, & refta quelque tems dans cette pofture. Un autre Tatare joignit le Prêtre, defcendit le bord de la riviere pour s'approcher plus près de l'eau, défit fes larges chauffes, & fe lava le derriere, les mains, le vifage, puis vint fe mettre à côté du Prêtre pour prier enfemble. Ils jetterent leurs babouches à quelques pas d'eux, & refterent à genoux la tête couverte, avec leurs bas ou bottines de cuir. Ils étoient agenouillés vis-à-vis l'un de l'autre, tournés l'un vers le Nord, & l'autre au Sud; l'un ayant les mains étendues, l'autre les tenant élevées. Leur priere dura près d'une demi-heure, & fut faite avec beaucoup de recueillement, fans que la préfence des Etrangers qui les environnoient leur caufât la moindre diftraction. Le Prêtre répétoit fouvent, Jefchowa Ellai, formule qui revient à celle des Grecs, Kyrie eleifon mou; l'autre répondoit, Ufnir ou Amen. De leur côté, les femmes qui n'entrent jamais dans les Mofquées, ni dans aucun lieu public de priere, faifoient en même tems la leur en particulier dans la maifon. La priere finie, les Tatares préfenterent du thé aux Voyageurs, & les congédierent fort poliment.

Les femmes Tatares fe marient à treize ans. Auffitôt qu'il naît une fille, on lui donne un nom. Les garçons font ordinairement circoncis à l'âge de cinq ans; mais la circoncifion fe remet quelquefois jufqu'à l'âge de quinze. Si l'enfant meurt avant ce tems fans être circoncis, ils croient qu'il eft fauvé; mais paffé cet âge, ceux qui meurent incirconcis, font en état de péché, & n'ont point de part au Paradis de Mahomet. Les

Tatares en général sont fort hospitaliers, & fort humains; mais les plus civilisés de tous & les plus affables, sont ceux de *Tobolsk*.

Le 21, au matin, on eut la vue des jurtes d'Hiver de *Karimski*. L'*Irtisch* fait en cet endroit une des plus grandes courbures qu'il y ait dans l'étendue de ce fleuve; elle étoit bien marquée sur la Carte Russe. A dix heures, on passa les *Natsinskaja-Sastawa*, lieu près duquel coule la *Natsinska*, petite riviere qui tombe dans l'*Irtisch*, & dont l'embouchure peut avoir quarante à cinquante toises de largeur. Leur confluent est marqué par une pointe de terre, renfermée entre l'*Irtisch* qui coule Sud-Sud-Est & la riviere qui va Sud-Sud-Ouest. Cet endroit est habité par des Russes & des Tatares.

La journée du 22 fut très-chaude, quoiqu'il eût plu presque toute la nuit précédente, & les Bateliers eurent beaucoup à souffrir. On passa vers le midi dans un ruisseau qui forme, avec l'*Irtisch*, vers l'Est, une Isle de deux werstes de circonférence, où il y avoit quelques jurtes Tatares d'Eté. M. *Kœnigsfeld* ayant pris la Chaloupe du Bâtiment, se promena près des bords de l'isle, & mit pied à terre près des jurtes. Il rencontra un Tatare, qui l'invita à entrer chez lui. Il y trouva beaucoup de femmes & de filles. Une de ces filles, entr'autres, avoit de grands cheveux noirs en tresse, qui lui descendoient jusqu'à mi-jambe, & d'ailleurs elle étoit assez jolie. Il vit encore un petit garçon d'environ un an, circoncis depuis trois semaines, dont la plaie étoit environnée d'un morceau de toile de coton, & qui faisoit un fort bel enfant.

Enfin le 23, après-midi, l'on apperçut le Château de *Tobolsk*, bâti sur une haute montagne, & positivement à deux heures le Bâtiment arriva sous le Château même, où l'on jetta l'ancre. Tout l'équipage mit pied à terre, après un mois & vingt heures de navigation depuis *Beresow*.

Nous montâmes au Château, dit M. *Kœnigsfeld*, par un escalier de deux cens soixante-dix marches, mais qui a des repos & des bancs. Cet escalier est l'ouvrage de M. *Zerkaski*, Ministre du Cabinet; ci-devant Gouverneur de *Tobolsk*. Nous rendîmes aussitôt visite à M. *Butturlin*, Gouverneur actuel, parce que nous nous trouvions près de son Hôtel. Nous nous promenâmes aussi quelque tems dans ce Château spacieux; nous visitâmes le tombeau du Métropolitain *Antoine*, construit depuis notre départ, & nous allâmes ensuite voir un puits profond de cinquante toises, creusé dans la montagne par les Prisonniers Suédois, qui en avoient donné le plan. On y trouve de la glace dans le fort de l'Eté: un des boyaux même y étoit alors tellement pris, qu'on eut de la peine à le dégager & à le tirer. Toute la machine consistoit en une grande roue que l'on faisoit tourner, en un rouleau, & en deux autres roues qui faisoient élever les seaux alternativement. Le Métropolitain faisoit, dit-on, tourner par des ours la maîtresse roue. De-là, nous allâmes voir la grosse cloche, que le même Prélat avoit fait faire à ses frais, & qui avoit été fondue dans les Forges de *Demidow*. Elle avoit coûté huit mille roubles, suivant l'inscription qui est en Langue Russe, & dont les caracteres sont argentés. Près de l'appentis de bois où on la gardoit, nous considérâmes les fondemens du nouveau clocher où elle devoit être suspendue. Nous sortîmes ensuite du Château, & nous descendîmes la montagne. Arrivés dans le quartier des Tatares, nous vîmes un *Meesin* qui, du haut de la tour d'une Mosquée, appelloit à haute voix ceux de sa Religion, pour les inviter à la priere du soir.

Le 24, vers le midi, nous observâmes la distance qu'il y avoit du Soleil au zénith, & nous trouvâmes qu'elle étoit de 35ᵈ. 11′. 30″. Nous calculâmes ensuite l'élévation du pole, & elle se trouva de 58ᵈ. 12′. 34″. ce qui répondoit exactement aux observations faites en 1733 & 1734, par M. *de Lisle de la Croyere*, qui avoit aussi trouvé la différence des Méridiens entre Petersbourg & Tobolsk de 2ᵈ. 32′. 0″.

Nous allâmes le 26 occuper les logemens qui nous avoient été assignés par le Maître de la Police. C'étoit alors M. *Iwan Iwanowitsch Stragow*, ci-devant Echanson de la Cour, depuis relégué à Tobolsk, & ensuite élevé à cette charge. Le même jour, nous commençâmes à voir la Ville. Le Sieur *Holtzen*, premier Chirurgien, nous conduisit d'abord à l'Ecole-Militaire, établie par les Prisonniers Suédois. La jeunesse y apprenoit à lire, à écrire, l'Arithmétique, les élémens de la Géométrie, & les exercices du fusil. Nous vîmes un piquet composé d'Eleves, & une Garde avec son Tambour ; mais leurs fusils & leurs hallebardes n'étoient que de bois. Près de cette Ecole, est un pont construit sur la riviere de *Kurdumka*, dont les eaux, selon les habitans, ont la propriété de faire contracter à ceux en boivent, le naturel des Sibériens. Le soir, nous entendîmes un grand bruit de cloches qui venoit du Château : c'étoit pour annoncer l'anniversaire de la bataille de *Pultowa*, dont la célébration se faisoit le lendemain, & se renouvelloit tous les ans. Nous fûmes priés ce même jour 27 à dîner chez le Gouverneur, qui nous reçut avec des politesses infinies.

Le 28, j'allai dans quelques maisons de Tatares, & entr'autres chez la Princesse *Suberakowitsch*, que j'avois déja vue à notre passage au mois de Mars ; j'y trouvai le Secrétaire des Tatares, qui est aussi de cette Nation, & je lui présentai une piece d'argent qu'il prit sans façon. Les Tatares de *Tobolsk* aiment beaucoup ce métal, & l'on obtient tout d'eux avec de l'argent. A midi, je vis passer trente-cinq Tatares à cheval, & bien armés d'arcs & de fleches. Ils étoient commandés pour aller contre les *Baskirs*, qui faisoient des incursions. Chaque Ville ou autre lieu de ce district fournit, pour ces sortes d'expéditions, son contingent, tant en Tatares qu'en Soldats. On avoit détaché d'ici un Brigadier & deux Régimens, dont un de Dragons.

Nous fûmes encore invités à dîner le 29, Fête de S. Pierre & de S. Paul, chez M. *Alferiowitsch Zelischow*, homme de Justice, & nous y trouvâmes une belle compagnie de Dames Sibériennes.

Le lendemain, nous allâmes rendre visite au Prélat qui, depuis la mort du Métropolitain *Antoine*, étoit le chef du Monastere de *Tobolsk* ; il se nommoit *Oniky*. Il nous reçut très-agréablement ; il nous fit voir sa Bibliotheque, composée de près de cent Volumes ou Manuscrits Russes d'Histoire & de Théologie, de quelques Livres imprimés en Langue Esclavonne, & de plusieurs Manuscrits Esclavons, contenant les vies de quelques pieux personnages. Nous traversâmes le jardin du Couvent, où je remarquai une petite Chapelle de bois, pour aller dans un corridor; on nous y fit voir une corne presque entiere de *Mammout*, à ce qu'on disoit, & plusieurs autres ossemens du même animal d'une grandeur extraordinaire. Nous y vîmes encore une tête toute entiere, avec la mâchoire inférieure, & les dents molaires attachées à leurs alvéoles. M. *de Lisle* jugea que c'étoit la tête d'un *Hippopotame*, parce qu'elle lui sembloit trop petite pour être celle d'un éléphant. Sur le mur du corridor enduit de plâtre, étoit appliquée une Carte de la Terre-Sainte, représentée en grand & coloriée. Cette sorte d'enluminure est la fresque de Sibérie, & ne fait point un mauvais effet. Ce curieux Ecclésiastique nous assûra que l'année précédente (1739) un Marchand Sibérien, nommé *Kugla*, avoit trouvé, près de *Jeniseisk*, une tête entiere de Mammout d'une grosseur étonnante. Cette découverte avoit encore ajouté quelque chose à la célébrité du Marchand, déja très-fameux à *Tobolsk* pour sa force prodigieuse. Il avoit lutté, corps à corps, avec un ours blanc, qui l'avoit saisi dans le tems qu'il puisoit de l'eau. Il avoit tué cet animal, l'avoit ensuite écorché, & en avoit présenté la peau au précédent Gouverneur; mais avant qu'il pût se reconnoître, l'ours lui avoit emporté les fesses, & ce combat lui coûtoit cher.

La chaleur commença, dès le premier Juillet, à se faire vivement sentir. Pendant tout ce mois & jusqu'au milieu d'Août, le Soleil est si brûlant à *Tobolsk*, qu'il n'est presque pas possible de rien faire. Aussi les boutiques des Marchands ne s'ouvrent-elles alors que dans l'après-dînée. Les principaux habitans sont généralement dans l'usage de faire la méridienne depuis onze heures du matin jusqu'à trois ou quatre heures. On ne voit agir dans cet intervalle que les Esclaves & les Domestiques. Tant que durerent ces grandes chaleurs, je ne pus manger faute d'appétit, & je ne vécus que de thé de la Chine qui est excellent ici.

Nous fûmes curieux de voir quelques boutiques, & nous entrâmes, entr'autres, chez un Marchand qui faisoit beaucoup de commerce avec les Chinois à *Kiakta*, sur la frontiere de Sibérie. Il avoit un ample magasin de porcelaines de toutes especes. Il nous fit voir un très-beau morceau de peinture Chinoise, sur du papier aussi fin que la plus fine gaze; elle représentoit l'audience que donne l'Empereur de la Chine aux Kans des Calmoucks. Les Kans sont à genoux, & les yeux baissés au pied du Trône Impérial. L'Empereur est environné de sa Cour & des Mandarins, & sa musique est près des marches du Trône.

Je rendis aussi plusieurs visites à l'Archevêque *Onicky*. Un jour, je lui présentai la Carte du théatre de la guerre de Turquie, & la Description d'une horloge universelle, par *Isaac Bruchner*, en Russe; il reçut mon présent avec beaucoup de plaisir, & me donna du thé de la Chine. Une autrefois m'ayant prié de lui faire observer la Lune avec le télescope de *Newton*, j'empruntai celui de M. *de Lisle*; mais le Ciel ce soir-là se couvrit de nuages, & la Lune ne fut point visible. Quelques jours après, je fis porter un télescope Grégorien dans le plus haut clocher du Château, & nous y montâmes ensemble, suivis de plusieurs curieux. Je dirigeai le télescope vers une Mosquée Tatare, éloignée au-moins de vingt werstes,

& située au milieu d'un bois agréable. Nous y apperçûmes distinctement un Tatare à cheval, ce qui fit bien du plaisir à l'Archévêque. Ensuite nous observâmes *Abalak*, situé à vingt-cinq werstes de *Tobolsk*, & nous découvrîmes l'Eglise de pierre, avec les trois dômes, ainsi que plusieurs Villages au-delà de l'*Irtisch*.

Je montai le 6 dans l'après-dînée à cheval, & j'allai avec quelques-uns de notre Compagnie à *Jabalak* ou *Abalak*, où résidoit autrefois un fameux Tatare, nommé *Abala*, qui avoit des troupes à sa solde. Cet endroit situé au Nord-Ouest, est sur des hauteurs qui courent de ce côté-là depuis *Tobolsk*. On y voit une grande Eglise de pierre bâtie en quarré, avec quatre dômes, & au milieu d'une place qui n'est point entourée de palissades, comme les Ostrogs, une maison de force, où sont gardés quelques Prisonniers par des Soldats. L'*Irtisch* lave le pied de la montagne, & de-là nous considérions les grands détours que fait ce fleuve. Il subsiste encore ici quelques ruines de l'ancienne Ville Tatare, qui y avoit été bâtie par les Kans de la maison de *Kuzumg*, & plusieurs tombeaux. Nous vîmes aussi *Staraja-Sibirka*, ainsi appellée d'une rivière du même nom, qui se jette dans l'*Irtisch*, & dont les bords, malgré sa petitesse, sont hauts de trente à quarante toises.

Le 8, Fête de S. Procope, nous visitâmes à cette occasion l'Eglise Cathédrale. Cette Eglise est intérieurement assez propre, & elle est ornée de peintures: ce sont d'anciens Peres de l'Eglise Greque, peints à fresque sur la muraille, avec différens attributs. L'autel est un ouvrage de sculpture bien doré. La principale cérémonie consistoit en une Procession, où furent portées autour du Château l'Image de la Vierge, & celles de quelques autres Saints, avec un nombreux luminaire. C'étoit pour la troisieme fois que l'on promenoit cette Vierge. Dès le 6 Juillet au matin, elle avoit été portée en grande pompe à *Bréobragenskoi-Selo*, qui est à trois werstes d'*Abalak*; elle y étoit restée la nuit en dépôt dans l'Eglise du lieu, & l'on y avoit chanté Matines. Plusieurs milliers de personnes des deux sexes avoient composé son cortege; il y avoit principalement tant de femmes & de filles, toutes vêtues de soie, toutes bien fardées, que, sans rien exagérer, on peut dire qu'elles étoient mille femmes contre cent hommes. La même foule suivit l'Image, le lendemain 7, au Monastere d'*Iwanowskoi*, situé à sept werstes de *Tobolsk*; elle y passa la nuit, & ce fut encore une belle occasion de plaisirs, sans doute innocens, pour la dévote assemblée. Enfin le 8 au matin, la Vierge avoit été rapportée dans la Cathédrale. Toutes les Processions finies par celle de *Tobolsk*, l'après-midi les femmes & les filles allerent se divertir sur l'herbe, près des fortifications de la Ville.

Ces fortifications consistent en un rempart de gazon, entouré de chevaux de frise, muni d'un bon fossé & de plusieurs batteries. Ce rempart s'étend depuis le côté du fleuve Est-Nord-Est, jusqu'à l'autre bord Est-Sud-Est. Au-devant est une grande plaine, capable de contenir jusqu'à cent mille hommes, qui pourroient y camper à leur aise. Elle aboutit à un petit bois, où plusieurs habitans de la Ville ont des maisons de plaisance, bâties fort simplement à la Russienne.

Nous y étions de tems en tems invités, & les Belles Asiatiques que nous y trouvions, en faisoient le principal agrément pour nous; car tous les autres amusemens qui nous étoient offerts par les Russes, ne nous piquoient pas extrêmement.

J'eus un jour de grand matin la visite d'un Seigneur Tatare, du nom de *Kuzum*, & de l'ancienne maison des Kans. Il me fit beaucoup de questions concernant l'Astronomie & la Géographie. Il me demandoit, entr'autres choses, pourquoi le Soleil ne se couchoit point alors à *Obdorskoi*, ni à *Nasimskoi*, comme il l'avoit appris de quelques Samojedes? Je lui fis voir que ces endroits-là sont situés au-delà du cercle polaire arctique, & d'abord il comprit les raisons de la durée du jour dans cette contrée. A la vue d'un globe que je lui montrai, pour le convaincre que la Terre est sphérique, il me demanda, s'il y avoit des hommes par-tout sur cette surface; & lorsqu'il m'entendit assurer qu'il y avoit au-dessous de nous des hommes dont les pieds étoient tournés vers les nôtres, des Antipodes en un mot, après en avoir ri de tout son cœur, il me fit cette objection puérile : *S'il y avoit des hommes au-dessous de nous*, disoit-il en tenant le globe, *il faudroit nécessairement qu'ils tombassent.* « Qu'entendez-vous, répondis-je, par tomber? N'est-ce pas lorsque perdant l'équilibre par quelque choc, ou parce que nos pieds ont rencontré quelque chose, notre corps est jetté de son long sur la base qui le portoit »? Oui, sans doute. « Tomber de cette façon, n'est donc autre chose que tendre vers la terre? Or si les hommes qui sont sous nos pieds tomboient, ce seroit sur la terre & dans le même sens: car il ne leur seroit pas possible de tomber dans un sens contraire, autrement il faudroit qu'ils eussent le don de voler comme les oiseaux, & que quittant le sol, ils s'élevassent dans l'air. Mais nos Antipodes, aussi pesans que nous, pressent la terre de la même façon, & c'est le centre de gravité où nous tendons tous egalement ». Il voulut savoir encore, pourquoi il faisoit plus chaud à *Irkutzk*, à *Peking*, à *Jamischowa*, &c. qu'à *Tobolsk*, à *Beresow*, à *Nasimskoi*. Je lui fis comprendre que les premieres de ces Villes étant situées plus près de l'équateur & de l'écliptique ou de la route du Soleil (dont le plus grand éloignement, dans le solstice, est de vingt-trois degrés & demi), éprouvoient beaucoup plus que les autres toute la force de ses rayons, parce qu'ils y tomboient bien plus verticalement. Un miroir me servit à lui démontrer, que plus les rayons ont d'intensité directe, plus ils sont fortement repoussés, parce qu'ils sont réfléchis dans la même direction; ce qui en augmente extrêmement la chaleur. Je satisfis ainsi de mon mieux à toutes les questions qu'il me fit, mon plus grand embarras étant de pouvoir me mettre à sa portée, & il parut content de moi. Après avoir pris le thé, mais à la Tatare, sans sucre, & fumé quelques pipes de *schaar*, dans des pipes d'acier dont je m'étois pourvu pour les visites de cette espece, il prit congé de moi en Langue Russe, en se servant de termes ampoulés à la maniere des Orientaux.

Depuis notre séjour à *Tobolsk*, M. *de Lisle* faisoit presque tous les jours des leçons d'Astronomie pratique aux Géodésistes que l'Amirauté lui envoyoit, & je lui servois d'Interprete. Il fut obligé, vers la mi-Juillet, de discontinuer

discontinuer les leçons pour quelques jours, à cause d'une humeur qui lui survint à la main gauche, & qui lui causoit beaucoup de douleur.

Pendant ces petites vacations, on me fit voir un homme d'environ trente ans, d'une taille ordinaire, mais dont la tête étoit un peu grosse. Il avoit sur les os latéraux du crâne deux éminences de la longueur d'un pouce, & de nature calleuse. Cet homme étoit simple d'esprit, mais très-vigoureux. Il n'étoit pas plus vêtu dans l'Hiver qu'en Eté, & la couleur de son corps étoit par-tout d'un brun foncé.

On apprit le 16, au soir, que la Princesse *Dolgorowki*, née Comtesse de *Scheremetoff*, étoit arrivée par eau à *Surgum*, qui n'est qu'à sept werstes de *Tobolsk*. Toutes les Dames de distinction allerent en voitures au-devant d'elle, pour la conduire dans la Ville. Mais après avoir reçu les complimens ordinaires, elle aima mieux rester dans son Dotschetnik, & venir par eau à *Tobolsk*. Elle y aborda le lendemain matin à deux heures, & elle eut pendant la journée les visites de toute la Ville. Les Asiatiques ne sont guere moins cérémonieux que les Européens, & leur politesse est souvent aussi bien entendue que la nôtre. Parmi les personnes de condition & gens non-mariés, l'usage à *Tobolsk* est que, quand un homme baise la main d'une Demoiselle, elle lui donne un baiser sur la tempe.

Je fus encore visité, le 19 Juillet, par un homme fort considéré parmi les Tatares, par *Habus Alim*. Le surnom d'*Halim* est un mot Arabe, qui signifie *Pansophe*, homme qui possede toutes les sciences. Plusieurs Tatares ont de ces noms magnifiques, à l'instar des Orientaux. Celui-ci m'entretint de la Langue Tatare, & de ses singularités. Après avoir pris le thé que je lui fis servir, comme il vit le Soleil couché, & qu'il étoit par conséquent trop tard pour aller à la Mosquée, pour ne pas manquer sa priere, il alla se déchausser dans le vestibule de la maison où j'étois logé, monta dans un escalier sur le derriere, se mit à genoux sur les degrés, la face tournée vers le Midi, & pria très-dévotement, sans s'embarrasser qu'on le regardât. Le lendemain, il vint me revoir, &, suivant la maniere des Orientaux, pour me remercier sans doute de l'avoir reçu poliment, il me fit présent d'un Manuscrit Arabe *in-4°*. contenant l'Histoire de Jesus-Christ. Je lui fis quelques questions sur ce Livre; il me dit que, suivant le calcul des Tatares, le monde avoit existé avant Adam pendant 620, 960 ans; & que depuis Adam jusqu'à nos jours, il y en avoit environ 7000 d'écoulés. Ce dernier calcul differe peu de celui des Russes, ou plutôt des Grecs, qui comptoient alors 7248 ans depuis la création du monde. Quant au premier, il n'y auroit pas grand avantage à disputer avec des gens si bien instruits de ce qui s'est fait avant Adam.

Le 20, Fête du Prophete Elie, fut un jour de solemnité qu'on célébra par des dévotions, & par un grand festin. L'Image de la Vierge d'*Abalack* fut encore portée en pompe au Monastere d'*Iwanowskoi*. Ce Couvent est dans une situation charmante. Il y a derriere les murs un petit bois, & sur la droite à une portée de fusil une petite riviere, qui répandent dans ce lieu beaucoup d'agrémens, l'un par son couvert, l'autre par la beauté de ses eaux. Nous y allâmes à cheval un peu avant le coucher du Soleil, & revînmes dès le même soir.

Tome XVIII. AAaa

EXTRAIT D'UN VOYAGE EN SIBÉRIE.
M. DE L'ISLE. 1740.

M. *de Lisle* ayant terminé toutes les recherches de Géographie & d'Histoire qu'il avoit pu faire à *Tobolsk*, on résolut le 21 d'en partir dans deux jours, & de prendre la route de *Casan*. Ainsi le soir même, on fut averti par le Caporal de se tenir prêt pour le 23. La veille du départ fut employée à prendre congé du Gouverneur, des personnes les plus notables, & des connoissances qu'on avoit faites à *Tobolsk*.

Départ de Tobolsk.

Le 23, tout le monde se rendit chez M. *de Lisle*, & à trois heures & demie, nous sortîmes de Tobolsk accompagnés de quelques amis. Au bout d'une heure, nous arrivâmes au passage de l'*Irtisch* qui nous prit beaucoup de tems, parce que les Bacs ne pouvoient contenir que quatre chariots, & quelques chevaux. C'est pourquoi M. *de Lisle* & moi, nous nous fîmes passer les premiers, & nous laissâmes nos chariots sous la conduite des Soldats.

Pendant le transport, il survint une forte pluie accompagnée de tonnerre, qui nous obligea de nous réfugier sous des arbres. Sous cet asyle peu commode, nous eûmes la visite d'un *Achun* Tatare ; il étoit accompagné de trois autres Prêtres de la même jurte, située dans le voisinage à quelques werstes de-là. Les *Achuns*, sorte de dignité Ecclésiastique parmi les Tatares Musulmans, sont ordinairement créés à la Mecque ou en Boukarie. Celui-ci étoit revêtu d'une étoffe de soie violette, & son turban étoit bordé d'une toile de coton blanche. C'étoit un vieillard de soixante-quinze à quatre-vingt ans, qui parloit assez bien le Russe, ce qui nous fit entrer en conversation avec lui pendant qu'on passoit nos bagages. Il nous parla de Mahomet, de l'Alcoran, & de Jesus-Christ, qu'ils reconnoissent pour un grand Prophete. Il prétendoit « que le plus puissant Intercesseur » auprès de Dieu que pussent avoir les hommes, étoit Mahomet, & qu'A- » dam, Noé, ni même Jesus-Christ ne pouvoient en servir : Adam, parce » qu'il avoit violé les Commandemens de Dieu ; Noé, parce qu'il s'étoit eni- » vré ; Jesus-Christ, parce qu'ayant passé pour un Dieu qui avoit revêtu » la nature humaine, un Dieu n'en pouvoit prier un autre ». Comme le tems de la priere alloit commencer, les quatre Tatares nous quitterent, & allerent se laver sur le bord de l'*Irtisch*. Nous poursuivîmes notre chemin ; & à neuf heures du soir, nous passâmes sur un bac la riviere de *Medianca*, près d'un Village du même nom, qui est à huit werstes de *Tobolsk*, & nous la repassâmes à minuit.

Après avoir encore passé, les 24, 25 & 26, plusieurs autres rivieres, la *Plaska*, l'*Opoluka*, l'*Engina*, dont les bords sont très-escarpés, le lac *Baikalowo*, deux fois la *Tobol*, la *Berosouka*, l'*Isku*, l'*Ussalka*, & la *Tura*, sur laquelle est située *Tumen* ou *Tiamen*, nous entrâmes le 26, à neuf heures du soir, dans cette derniere Ville, où nous allâmes aussi-tôt occuper les logemens que le Waywode nous avoit assignés. *Tumen*, comme on l'a déjà dit, est entierement bâti de bois, excepté l'Eglise & le Monastere qui communique à la Ville par un pont de bois, élevé de douze toises. Cette Ville, dont la situation est très-belle, est environnée de palissades, de tours, & en quelques endroits, de chevaux de frise. Elle a commerce avec toute la Sibérie, la Chine & Casan. On y fait des tapis de laine assez recherchés. Les habitans ne sont pas aussi polis que ceux de *Tobolsk*, & paroissent fort avides d'argent. On trouve ici de fort bons chevaux, & les vivres y font en abondance. L'indisposition de M. *Saltanow*, qui eut un violent accès de fievre, nous obligea d'y séjourner le 27. Nous en partîmes le 28, à dix heures du matin, & nous y vîmes arriver un chariot de voyage fermé, accompagné de plusieurs autres voitures, dans lequel étoit un Prisonnier d'Etat que l'on transportoit en Sibérie. Il étoit conduit par un Lieutenant du Régiment d'Astracan, & par trois Soldats. Il y avoit à *Tobolsk* un Major qui l'attendoit avec des ordres cachetés.

Nous arrivâmes le 29 au soir à *Japanzin*, petite Ville située dans un pays fertile, abondant en grains & autres denrées, mais peu marchande, & dont le commerce est borné à la Sibérie. Elle venoit d'essuyer un incendie qui avoit consumé une Eglise & soixante & douze maisons. Nous y fûmes très-bien reçus du Waywode (M. *Veding*). Le mauvais tems nous ayant obligés d'y passer la nuit, il nous invita le lendemain à dîner, & je n'ai jamais vu d'aussi belles & d'aussi grosses framboises que celles qui nous furent présentées par Madame la Waywode. Nous quittâmes *Japanzin* le 30, à six heures du soir.

Le 31 Juillet nous eûmes de très-mauvais chemins. Avant d'arriver à *Vominow*, Village où nous nous arrêtâmes la nuit, nous passâmes sur un très-mauvais pont la riviere de *Kirtimkowa*, près d'un Village de même nom, habité par de nouveaux Chrétiens de la nation des *Wogultzes*. Ce pont étoit si étroit que deux chevaux ne pouvoient y passer de front, & que les roues des voitures portoient positivement sur les bords. Il fallut donc dételer tous les chevaux, & se faire traîner, comme on put, dans l'obscurité de la nuit, malgré le danger du passage, dont quelques-uns des nôtres, qui étoient endormis, n'eurent aucune connoissance.

Après avoir passé, le premier Août, la riviere de *Tagil*, qui se jette dans la *Tura*, le village de *Siderowa*, où nous fîmes reposer nos chevaux, & *Sosdinskoi-Pogost*, où l'on voit une très-belle Eglise de pierre, que le Prince Gagarin y avoit fait bâtir à ses dépens, peu de tems après sa disgrace, nous fûmes rendus le 2, à onze heures du matin, à la derniere Ville de la Sibérie, du côté de l'Europe, à *Verchoture*. Nous y vîmes M. *Korsikow*, qui venoit d'y être exilé, pour les affaires du Knées *Czerkassen*, avec sa femme, Polonoise très-aimable. Nous quittâmes cette Ville à huit heures du soir.

Le 3, nous vîmes les mines de cuivre de *Celi*; nous passâmes à gué la *Tura* avec nos chevaux & nos voitures, ensuite les premieres montagnes de *Verchoturie*, dont le pénible passage, qui est très-dangereux la nuit, se fit heureusement de jour, & nous atteignîmes fort tard, ainsi que bien fatigués, *Wogulskoi-Selo*, où nous nous arrêtâmes chez un Wogultze nouvellement baptisé.

Le lendemain, 4 Août, nous passâmes enfin la haute & difficile montagne de *Podinskoi-Kamen*. Il faut monter ici continuellement environ pendant l'espace de douze werstes, & faire en descendant le même trajet. Le chemin est rempli de rochers si raboteux, qu'on tombe d'une pierre sur une autre, & qu'on est étrangement cahotté. Avant d'arriver à cette montagne, on traverse plusieurs petites rivieres, dont quelques-unes sont si profondes, que l'eau entre dans les voitures & les fait nager. Nous fûmes

EXTRAIT D'UN VOYAGE EN SIBÉRIE. M. DE LISLE. 1740.

rendus au soleil couchant, à *Kirga*, Village appartenant au Baron de *Stroganow*, & du diſtrict de *Caſan*. Le ciel étant alors fort ſerein, j'examinai pendant la nuit la perſpective de ces montagnes, qui forment comme de hautes murailles, & s'étendent du Nord à l'Oueſt en droite ligne, auſſi loin que la vue peut porter. Ces montagnes, au rapport des Géodeſiſtes Ruſſes, paſſant derriere *Obdorskoi*, vont toujours en continuant juſqu'à la côte du Nord, & s'y joignent. Du côté du Sud, elles vont ſe réunir au Caucaſe, & s'étendent juſqu'à la mer Caſpienne. C'eſt par cette chaîne de montagnes, que l'on découvre dans un eſpace de quatre-vingt à cent vingt werſtes (environ trente lieues de France) au-deſſus des bois & des forêts, & qui paroiſſent en quelques endroits comme des nuages bleuâtres, que la Nature a ſéparé l'Europe de l'Aſie : c'eſt pourquoi je ne puis comprendre comment certains Géographes ont pu prolonger les bornes de l'Europe juſqu'à l'*Obi*, & pourquoi d'autres au contraire les ont rapprochées juſqu'à la *Kama*. Pour moi, je ſuis de l'avis de ceux qui terminent l'Europe aux montagnes de *Werchoturie*, & je penſe que les monts *Riphées* (c'eſt leur ancien nom), ſont comme de hauts murs ou des bornes poſées par la Nature même, pour fermer aux Européens de ce côté-là le paſſage en Aſie.

Le 7, nous rencontrâmes à *Uſſalka* pluſieurs Voyageurs qui venoient de Petersbourg, & à qui nous nous empreſſâmes d'en demander des nouvelles, comme gens qui depuis ſix mois, errans parmi les *Oſtiacks* & autres Sauvages de la Sibérie, avions été hors du monde & relegués dans les déſerts du Nord. Nous arrivâmes le même jour au ſoir à *Solikamskoi*, où nous nous arrêtâmes juſqu'au lendemain matin. Pendant le court ſéjour que nous fîmes en cette Ville, nous revîmes les Salines Impériales, & je les examinai mieux que dans notre premier paſſage. Tout le travail s'y fait de main d'homme. On ne voit que des hommes employés à puiſer l'eau jour & nuit d'une trentaine de ſources ou de puits ſalins, & deux hommes qui ſe relevent ſont attachés à chaque puits. Ils n'ont que trois copecs, qui font à-peu-près trois ſols de France, pour deux cens ſeaux d'eau. Les puits ont depuis trente juſqu'à quarante toiſes de profondeur. Les chaudieres où l'on cuit le ſel ſont très-grandes, & pour les chauffer, on brûle douze à treize cordes de bois. Il faut qu'elles bouillent pendant deux jours ſans diſcontinuer, pour que le ſel ſoit formé.

Salines de Solikamskoi.

Le lendemain, M. *de Liſle* eût la viſite du Waywode, qui étoit alors le Knées *Kuropaïkin* ; on nous amena, dans l'après midi, des chevaux frais, & nous arrivâmes, à huit heures du ſoir, à *Novaja-Uſſoot*. Le *Prikaſch* ou l'Inſpecteur du lieu vint nous prendre dans une Chaloupe, & nous fit traverſer la riviere qui eſt la *Kama* ; enſuite il nous aſſigna de très-bons quartiers. Nous étions ſur les terres du Baron de *Stroganow*, & par-tout les ordres étoient donnés pour nous faire la meilleure réception.

Notre Voyage juſqu'à *Caſan* devant ſe continuer par eau, il fallut nous préparer un Bâtiment, ce qui nous obligeoit de faire en cet endroit un ſéjour de quelques ſemaines. M. *de Liſle* ayant réſolu de mettre ce ſéjour à profit, dès le 9 nous cherchâmes un lieu favorable pour faire nos obſervations. Il s'en trouva un à vingt pas de la riviere, où tout le côté de l'Eſt &

DES VOYAGES. 557

celui du Sud étoient à découvert, mais où du côté du Nord il y avoit quelques bâtimens qui nous gênoient un peu. Aussitôt que nos instrumens furent arrivés, on s'occupa d'abord à réparer ceux qui étoient endommagés; ils l'étoient presque tous plus ou moins, & nous ne pouvions nous attendre à autre chose, dans une pareille route, nous étant hâtés comme nous avions fait, pour ne point manquer les observations de Mercure, que nous fîmes à *Novoi-Usool*.

Nos instrumens furent très-promptement réparés, & dès le 11 nous commençâmes à faire quelques observations. Ce même jour, à onze heures du soir, étant chez M. *de Lisle*, nous apperçûmes dans le Ciel, vers le Nord, une longue trace d'un rouge enflammé. Cette apparition ne trompa point quelques habitans du lieu; ils jugerent qu'il y avoit un incendie à *Solikamskoi*, d'où nous étions éloignés de 29 werstes. Le lendemain matin on apprit en effet que le feu avoit pris dans cette Ville à deux magasins de poudre, & que deux personnes y avoient péri.

On ne put les deux jours suivans faire aucune observation à cause de la pluie, du vent du Nord qui étoit très-violent, & des nuages; mais le 24, le tems s'étant mis au beau, on prit non-seulement quelques hauteurs du Soleil, mais encore la distance de cet astre au zénith, que nous trouvâmes de 48ᵈ. 34′. 0″. d'où ayant calculé la hauteur du pôle de *Novoi-Usool*, je la trouvai de 59ᵈ. 32′. 0″. Nous nous étions préparés à observer la nuit les éclipses des Satellites: le Ciel étoit sans nuages & serein vers l'Est, on voyoit même distinctement, à onze heures & demie, Jupiter à l'horison; mais à minuit, lorsqu'il fut question d'opérer, il vint des nuages qui nous cacherent le Ciel.

Pendant qu'on préparoit le Bâtiment qui devoit nous transporter à *Casan*, nous faisions de tems-en-tems quelques observations, & M. *de Lisle* donnoit des leçons d'Astronomie aux Géodesistes de l'Amirauté, auxquelles j'assistois toujours pour les interpréter en langue Russe.

Le 18, au soir, la Princesse *Dolgorouki*, qui alloit se rendre par eau à *Nischnoi*, passa par *Novoi-Usool*, y séjourna le 19, & partit le 20. Un soir me retirant dans mon quartier avec un de nos Interpretes, & passant près d'un chantier de bois, j'apperçus un homme de fort mauvaise mine, qui tenoit une espece de massue, & à quelques pas de lui quatre ou cinq drôles de même trempe. Nous mîmes aussitôt l'épée à la main, & le Soldat qui nous accompagnoit se mit en devoir de les sabrer; mais ils prirent la fuite. Nous les poursuivîmes un instant, & les ayant perdus de vue, nous ne jugeâmes point à propos de nous engager trop avant dans le chantier qui leur servoit de retraite, parce qu'il y avoit tout auprès un Cabaret où il pouvoit se trouver un plus grand nombre de ces coquins. Il est d'ailleurs très-dangereux d'aller dans ces endroits-là, sans être armé. Il y a tout à craindre du peuple qui est grossier & presque toujours ivre, mais principalement de ceux qui travaillent aux Salines; aussi se passe-t-il rarement une soirée où il n'y ait de fortes batteries.

Le 23, le matin à trois heures, M. *de Lisle* observa une émersion du premier Satellite de Jupiter.

A la fin d'Août, notre Bâtiment étant prêt, nous nous disposâmes à quitter *Novoi-Usool*. Comme il étoit d'une longueur suffisante, nous y avions

EXTRAIT D'UN VOYAGE EN SIBÉRIE. M. DE LISLE. 1740.

EXTRAIT D'UN VOYAGE EN SIBÉRIE.
M. DE LISLE. 1740.

fait pratiquer un endroit particulier pour nos instrumens, & des chambres séparées pour chacun de nous. Il y avoit des deux côtés quatre grandes fenêtres, & il étoit monté de douze rames, à chacune desquelles étoient attachés deux hommes qui ramoient sans discontinuer. On y avoit mis une bonne voile, avec un pavillon bleu sur lequel étoit la Croix de S. André, & un grand étendart blanc, placé près du gouvernail, qui portoit encore la même Croix. Nous avions trente hommes qu'on changeoit à tous les endroits marqués sur la liste des lieux où l'on devoit relâcher, & deux Pilotes chargés de nous conduire jusqu'à *Casan*. Tous les Soldats & les Rameurs, étoient aux ordres de l'Enseigne qui nous accompagnoit, & chacun d'eux, outre son devoir actuel, étoit encore chargé de quelque fonction; comme on sçavoit que j'avois été sur mer, on me donna la direction des logemens, des pavillons & d'autres agrès. Tout notre monde étant rassemblé & rendu au Bâtiment, le 2 Septembre, à sept heures & demie du soir, nous mîmes à la voile & nous partîmes. Nous passâmes pendant la nuit la Ville d'*Orlow*.

Le lendemain, vers les neuf heures du matin, nous nous trouvâmes vis-à-vis les Forges de *Tama*, & quelques sujets de M. le Baron de *Stroganow* nous firent présent de trente perdrix. L'Inspecteur *Ziphilin*, chez qui nous avions dîné le jour de notre départ, nous atteignit dans l'après-dînée. Notre Sentinelle l'arraisonna, & il fut reçu dans notre Bâtiment.

Le 4, un coup de vent cassa le bâton de notre pavillon, qui fut rétabli sur-le-champ. Nous passâmes *Uskotswo-Selo*, dont l'Inspecteur vint en bateau nous aborder, & fit présent à M. *de Lisle* de diverses sortes de poissons & d'autres vivres.

Nous arrivâmes le 5 au matin à *Slutka*, & nous nous rendîmes à dix heures, avec l'Inspecteur *Ziphilin*, de l'autre côté de la *Kama*, pour voir l'endroit où l'on avoit projetté de faire un canal. On devoit se servir, pour cette entreprise, de deux petites rivieres peu éloignées que nous vîmes, & qui sont la *Lonwa* & la *Lacwa*. Elles tirent leur source des montagnes voisines, & s'étendent à quinze ou vingt werstes. A l'endroit où nous descendîmes, nous trouvâmes dix chevaux sellés que nous montâmes pour aller reconnoître tout le terrein. Nous avions pris nos instrumens avec nous, pour en lever le plan; mais la quantité d'arbres & l'épaisseur des bois nous empêcherent d'opérer. Ainsi, après avoir fait environ vingt werstes, exposés au vent & à la pluie, nous regagnâmes notre bateau & nous continuâmes notre route.

Nous passâmes le 6, au matin, à *Palasnoi-Selo*, où commence le territoire de *Zusolskoi*, dont l'Inspecteur a sous lui quatorze mille hommes, comme celui du territoire d'*Orlow* en a sous son inspection vingt-huit mille. Cette population peut faire juger combien le pays rapporte à la Couronne, puisqu'à supposer que la capitation ne soit que d'un rouble par tête, elle se monteroit, pour les deux districts, à quarante-deux mille roubles, sans parler du sel qui se transporte chaque année à *Nischnoi*, ni de ce que la Couronne tire encore des autres terres appartenantes à la maison de *Stroganow*.

Le 7, la violence du vent Sud-Ouest, qui dura toute la journée, ralentit beaucoup notre marche, & nous n'arrivâmes que le soir à *Nischny-Muly*, où nous achetâmes pour peu de chose quelques vases vernissés, qu'on y

fait avec certaines racines d'arbre, & qui, à l'exception du vernis, n'en cedent point pour la propreté à ceux de la Chine. L'Inspecteur du lieu nous fournit, suivant les ordres qu'il avoit reçus, toutes sortes de provisions de vivres.

Je montai le 8, à neuf heures & demie du soir, sur le tillac du Bâtiment, & trouvant le Ciel assez serein, parce que le vent d'Ouest étoit tombé, je me mis à l'examiner. Je fixai ma vue sur Vénus, & je remarquai que sa réflexion, sur les eaux tranquilles de la *Kama*, étoit aussi forte que celle de la Lune, quand elle est dans son premier quartier. Il faut observer que, suivant le méridien de Petersbourg, Vénus auroit dû se lever au Nord-Est, à trois heures du matin; or elle étoit déjà levée près de *Tabar*, où je la voyois, à neuf heures quarante-cinq minutes, & elle étoit à-peu-près à trente-une secondes au-dessus de l'horison.

Ce même jour 8, les leçons que M. *de Lisle* avoit toujours eu soin de faire aux Géodesistes Russes, recommencerent sur le Bâtiment, & j'y assistai comme à l'ordinaire, pour lui servir d'Interprete.

Arrivés à *Tabarach-Selo*, où nous touchâmes pendant la nuit, l'Inspecteur du lieu nous fit apporter des moutons vivans, des poules, des canards, & d'autres provisions. Il nous fit donner encore un homme pour avoir l'œil sur les Rameurs. Le lendemain 9, nous atteignîmes à midi *Belajowka-Selo*; ce dernier endroit dépendant de MM. *de Stroganow*, l'Inspecteur vint comme les autres nous complimenter, & nous fit apporter plusieurs provisions de bouche. Une heure après nous poursuivîmes notre route, & nous prîmes le chemin d'*Ossa*, Ville Basckire; mais avant d'y arriver, nous vîmes, du côté des plaines bordées par la Kama, *Pokrowskoi*, Village que les *Bascikires* avoient détruit & brûlé lors de leur révolte en 1737. Nous arrivâmes dans l'après-dînée à *Ossa*. Cette Ville est bâtie sur une hauteur; une petite riviere de même nom, qui sort de la *Kama*, & qui s'y rejoint à la distance d'un werste & demi, coule près de ses murs au Sud-Sud-Est. Elle est environnée d'une plaine de deux werstes ou environ d'étendue, & d'un petit bois d'où les *Bascikires* sortirent en 1737, & vinrent jusqu'aux chevaux de frise. Ils avoient encore fait récemment une tentative sur la Ville, mais ils avoient été repoussés par la Garnison, qui consistoit en cinq cens hommes de Troupes régulieres, tous Cosaques. Ces Troupes les reçurent bravement à coups de fusil & de canon, ensorte qu'après un combat de deux heures, ils furent obligés de se retirer; mais ils ne furent point poursuivis, parce qu'outre qu'ils étoient forts de plus de deux mille hommes, ils avoient encore en embuscade, derriere le petit bois, un Corps de plus de deux mille chevaux, qui fut découvert par des Espions Cosaques. Nous nous arrêtâmes dans cette Ville jusqu'au lendemain 10, que nous en partîmes à midi, avec une escorte de Cosaques armés d'arcs & de fleches, de pertuisanes & de piques. Nous passâmes à deux heures un Village abandonné & ruiné depuis trois ans par des Voleurs attroupés qui infestoient le pays, & dont les bois qui sont sur les bords de la riviere, ainsi que les Isles qu'on voit en quantité dans ce canton, favorisoient les brigandages. Pour nous mettre à l'abri des surprises, on prit le parti de poser toutes les nuits une Sentinelle qui restoit trois heures en fac-

EXTRAIT D'UN VOYAGE EN SIBÉRIE.
M. DE LISLE.
1740.

tion, bien armée, avec vingt cartouches dans sa gibeciere, & qui avoit ordre de ne laisser approcher aucun bateau plus près que de cinq toises, sous quelque prétexte que ce fût.

Le 12, étant à la vue de *Seigaika-Selo*, par un Ciel serein & un beau Soleil, pendant qu'on changeoit nos Rameurs, ce qui prenoit toujours quelque tems, M. *de Lisle* fit porter le grand quart de cercle sur les bords de la riviere, pour observer la distance du Soleil au zenith; elle fut trouvée de 56ᵈ. 46′. 0″. d'où ayant calculé l'élévation du pole de ce lieu, je la fixai à 56ᵈ. 43′. 31″.

La nuit suivante, comme j'étois de garde, je vis deux grands Bateaux chargés de sel, que la tempête avoit jettés sur une Isle de la *Kama*, avec leurs charges, qu'on transportoit de *Novoi-Usool* à *Nischnoi*. Ils étoient conduits & gardés par des gens du Baron de *Stroganow*. Ces Bateaux de sel, appellés *Lodjes*, ont environ trente-cinq toises de longueur, & neuf ou quelquefois plus de largeur. Ils portent quatre cens quatre-vingt à cinq cens Rameurs ou gens de travail, soixante à soixante & dix rames, & trois ou quatre canons.

Nous entrâmes le lendemain sur le territoire d'*Usa* & sur celui des *Baschires*, qui sont continuellement en course: aussi nos Sentinelles faisoient-elles bonne garde, *Selo-Sarapul*, que nous passâmes à six heures du matin, est muni contre leurs excursions à l'Ouest, d'un mur de poutres quarrées & de chevaux de frise. Il est bâti sur le bras droit de la *Kama*, dans une plaine qui court Sud & Nord, & jouit d'une belle vue. Le rivage est couvert de Bâtimens qui remontent & descendent sans cesse la riviere, en-sorte qu'on le prendroit pour un Port. Nous ne quittâmes cet endroit qu'à près d'une heure; le signal du départ fut donné par un coup de canon, & nous arborâmes aussitôt notre étendart. Nous n'avions pas encore fait un werste, que le vent redoublant de violence nous devint si contraire, qu'on fut obligé de jetter l'ancre & d'y rester environ quatre heures. Le toit de notre cuisine fut emporté d'un coup de vent & jetté dans l'eau. A midi le Ciel étant devenu serein, on profita du Soleil pour mettre à terre le grand quart de cercle, & nous prîmes la hauteur du pole. Le mauvais tems reprit le soir & continua le lendemain avec un vent de Nord si froid, qu'on vit de la glace sur notre bord. Nous arrivâmes dans la nuit à la petite Ville de *Karjacula*, située positivement au Nord, sur les bords de la Kama. *Karja*, étant un mot Tatare qui signifie *noir*, l'endroit est ainsi nommé de l'usage où sont les habitans de porter des bonnets noirs & des souliers d'écorce d'arbre teinte en noir.

Le 15, on s'arrêta pour changer de Rameurs à *Pianoibor*. Là finit à l'Orient le territoire d'*Usa* qui s'étend du côté du Midi jusqu'à l'*Ik*, riviere que reçoit la *Kama*, & qui prend sa source dans le désert de *Jaitska*, confinant à la *Kalmouquie*.

Entre *Pianoibor* & le Village d'*Usinskoi*, où l'*Ik* se jette dans la *Kama* par une embouchure d'environ douze toises de largeur que nous passâmes le 16, on voit plusieurs Isles appellées *Lodjekini*, & fort décriées par les meurtres qu'y commettent, pendant les nuits de l'automne, les brigands qui infestent toute cette route & qui arrêtent les moindres Nacelles. La premiere de ces Isles nommée *Lodjeka*, parce qu'elle a la figure d'une nacelle,

celle, a des bords fort élevés, & au milieu un monticule couvert de grands arbres, d'où l'on peut découvrir de loin sans être vû tout ce qui passe sur la riviere. Il y a des chemins creusés sous terre & des cavernes, où les brigands se retirent; mais nous n'eûmes point la curiosité de descendre dans l'Isle pour les voir. Les Tatares *Usinski*, nation très-grossiere, sont dans le voisinage de ces Isles, à la rive droite de la *Kama*.

EXTRAIT D'UN VOYAGE EN SIBÉRIE.
M. DE LISLE.
1740.

Nous vîmes encore le 17, après avoir passé *Bogatoslog*, un bois de haute futaye, fort épais, & une espece de petit golfe, qui recéloient autrefois beaucoup de voleurs. Ce même jour au matin, nous prîmes la Chaloupe avec quelques Soldats, & nous nous rendîmes au Monastere de *Troitskoi*, nommé autrement *Zortowo-Gorodisck*. On y voit les ruines de cinq tours de pierre, & une vieille muraille qui a trente à quarante toises de circonférence. C'étoit anciennement, dit-on, un Temple d'Idole à l'usage des Tatares, que le Czar *Iwan-Wasilowitz* fit détruire. La *Kama* forme ici deux Isles assez grandes. A la droite de cette riviere, vis-à-vis le Couvent, est *Alabuga*, assez grand Village, que sa Pêcherie rend considérable. Nous vîmes sur la riviere plus de six cens petits Bateaux de Pêcheurs, qui contenoient beaucoup de monde, la plûpart, à ce qu'on nous dit, gens très-suspects. Le soir passant à *Roschetswenskoi*, nous y trouvâmes un Archimandrite, qui fut curieux de voir les ordres du Gouvernement concernant notre mission. Il attendoit en ce lieu l'Archevêque de Casan, *Lucas*, qui après avoir été Prédicateur du Corps des Cadets à Petersbourg, étoit revêtu depuis deux ans de cette dignité. Il faisoit la visite de son Diocèse, & voyageoit avec une suite de soixante & dix chevaux.

Le 18, comme nous fûmes obligés de passer pendant la nuit par un ruisseau qui n'avoit pas plus de vingt-cinq toises de largeur, & dont les bords étoient garnis d'arbres épais, nous restâmes tous sous les armes, jusqu'à ce qu'on fût sorti du détroit, ce qui dura jusqu'à minuit. Nous trouvâmes à la gauche de ce ruisseau beaucoup de gens ramassés autour d'un grand feu. Notre Sentinelle leur demanda qui ils étoient. Comme ils virent que nous nous tenions sur nos gardes, ils dirent qu'ils étoient des Pêcheurs, & ils avoient en effet la mine d'être des pêcheurs d'hommes. On nous dit que ce passage étoit un vrai coupe-gorge & un repaire de voleurs. Ils avoient, au printems-dernier, assommé un Prêtre Russe, brûlé quelques habitans d'un Village voisin, & fait plusieurs vols.

Nous nous arrêtâmes le 19 à *Prigorodoc-Laiscowo*, pour y changer de Rameurs, ce qui nous tint près de six heures. Cet endroit est situé à la droite de la *Kama*, qui forme ici un grand coude, & il y a vis-à-vis une assez grande Isle. Le Fort a deux faces tournées vers la riviere & munies de chevaux de frise, de tours de bois, & d'une muraille de fortes poutres. Derriere est une plaine unie, & à gauche un grand bois fort épais. Il s'y tient chaque année une Foire où se rendent beaucoup de voleurs de grand chemin & de brigands, pour y acheter de la poudre à tirer ou d'autres provisions. On en fait pourtant une exacte recherche, & quand on en découvre, ils sont conduits à *Casan* où on leur fait bonne justice. Il faut d'ailleurs être bien muni d'armes, quand on passe par cet endroit, parce que les habitans sont eux-mêmes insolens jusqu'à la férocité, & ne respectent per-

Tome XVIII. BBbb

sonne. Nous pafsâmes à trois heures de nuit l'embouchure de la *Kama.*

Le 20, à *Selo-Bagorodieskoio*, où nous fûmes rendus le matin, nous fîmes changer notre gouvernail, le premier ne pouvant plus nous fervir fur la *Wolga* dont nous approchions. Ce Village avoit été brûlé l'année précédente au printems; l'Églife, le bâtiment contigu qui appartenoit à l'Archevêque de *Cafan*, & quarante autres maifons avoient été confumés, & il n'en reftoit plus que dix. Nous prîmes ici quarante Rameurs, dont la moitié étoit deftinée à tirer notre Bateau le long du rivage avec un cable. Le pas le plus dangereux du canton, par rapport aux voleurs, eft *Saltitskoi-Kaback*, entre *Cafan* & la *Kama*; nous le pafsâmes pendant la nuit avec toutes fortes de précautions. Toutes les armes avoient été déchargées & rechargées de nouveau. Heureufement la nuit étoit claire & la Lune nous fervit bien, obligés comme nous étions de ferrer la rive droite du *Wolga* à la portée du piftolet, parce qu'on nous tiroit à la corde. Le rivage en certains endroits avoit bien cinquante pieds d'élévation, & il étoit tout couvert d'arbres; en d'autres endroits il n'avoit pas plus de cinq pieds, mais il y avoit de même des arbres jufques fur les bords de l'eau. En quelques endroits de ce rivage, on trouve de bel albâtre fort blanc, dont je pris quelques échantillons. Cette nuit tous nos poftes furent doublés, à caufe de certains foupçons que l'on eut d'être attaqués par les voleurs, & ils n'étoient pas fans fondement.

Au dernier endroit où nous avions changé de Rameurs, un d'eux s'informa de notre Pilote, qui connoiffoit parfaitement & la *Kama* & le *Wolga*, puifque c'étoit le quarante neuvieme voyage qu'il y faifoit, combien nous avions de fufils. Le Pilote lui dit ingénument, qu'excepté ceux que pouvoient avoir les Rameurs, nous n'en avions pas plus de vingt, & que les Soldats en avoient cinq, ce qui faifoit en tout vingt-cinq coups que nous avions à tirer. Le foir la queftion du Rameur lui étant revenue dans l'efprit, ce Pilote, qui étoit honnête homme, & à qui principalement ce Bâtiment étoit confié, m'en fit part; nous prîmes fur cela nos mefures. La lanterne fut allumée toute la nuit; chacun eut encore de la lumiere dans fa cabane & fe jetta tout habillé fur fon lit, les armes toutes prêtes. Quant aux Rameurs, ils étoient armés, comme ils le font ordinairement fur les Batimens de la Couronne, c'eft-à-dire, de pertuifannes, d'arcs & de fleches.

Nous atteignîmes le 21, à fept heures du matin, *Selo-Zalanga*, où nous devions changer de Rameurs pour la derniere fois, & comme c'étoit un Dimanche, nous eûmes affez de peine à en trouver. M. *de Lifle* dépêcha l'Enfeigne & l'Interprète à cheval, pour aller à *Cafan* donner avis de notre arrivée au Vice-gouverneur, & lui montrer les ordres fignés de S. M. I.

Le 22, vers les huit heures du matin, nous pafsâmes l'embouchure de la *Kafancka;* à la gauche de cette riviere nous remarquâmes une digue ou jettée qui s'avançoit dans le canal, & un peu plus loin le Monaftere de *Silantoff*, fitué à trois werftes de *Cafan*. A notre approche de cette Ville, l'eau s'étant trouvée trop baffe pour y faire arriver notre Bâtiment, nous jettâmes l'ancre à près d'une lieue de l'Amirauté. On nous envoya l'après-midi une chaloupe qui nous conduifit à la Ville, & après y avoir fait quelques tours, nous retournâmes paffer la nuit dans notre Bâtiment; mais le lendemain nous le quittâmes, pour aller occuper les logemens qu'on nous avoit assignés.

Nous commençâmes dès ce même jour 23, à faire quelques observations, & le 25 M. *de Lisle* continua de faire les leçons d'Astronomie aux Géodesistes.

Le 26 nous calculâmes l'élévation du pole à *Casan*, & nous la trouvâmes de 55ᵈ. 43′. 19 ¹/². Nous visitâmes le 29 les Archives du Gouvernement, pour y faire quelques recherches concernant la Géographie & l'Histoire. Nous n'y trouvâmes de bien curieux qu'une Carte d'environ cent cinquante ans, & quelques anciennes Chroniques. Mais au Bureau de l'Amirauté, où nous allâmes le même jour, nous vîmes une assez grande quantité de Plans géographiques, dont on promit à M. *de Lisle* de lui communiquer la liste. Nous voulumes aussi visiter la Chancellerie de l'Archevêché, mais l'Archevêque nous fit dire qu'il n'y avoit absolument rien qui concernât la Géographie ou l'Histoire. Cependant il s'offrit de nous faire voir le Seminaire qu'il avoit fondé, ce qui n'étoit pas ce que nous cherchions.

Le 2 Octobre, on célébra l'anniversaire de la prise de *Casan*, qui appartenoit à la Russie depuis cent quatre-vingt-huit ans, ayant été conquise sur un Prince Tartare par le Czar *Iwan-Wasilowits*, l'an 1552. La fête du premier Métropolitain de *Casan*, nommé *Guria*, fut aussi célébrée le 4. Ce Prélat qui fut placé sur ce Siège par le même Czar, le remplit environ vingt ans avec beaucoup de sagesse. On prétend que son corps est incorruptible. Il est déposé à la cathédrale dans un cercueil, où on le voit avec un habillement de velours cramoisi galonné d'or & la mitre sur la tête. Il a le visage couvert, mais sa main droite est exposée aux regards & à la dévotion du peuple, qui à force de la baiser l'a rendue toute noire. Le cercueil est environné d'un grillage de cuivre dont le travail est très-bon. Ce jour nous dinâmes chez l'Archevêque; & dans l'après-midi M. *de Lisle* l'amusa beaucoup, en lui faisant voir avec le télescope Grégorien divers objets éloignés de vingt à vingt-cinq werstes. Sa curiosité satisfaite, il nous invita à venir passer le reste du jour à sa maison de plaisance, nommée *Jerusalem*, & située à une petite lieue de la Ville; en y arrivant, nous fûmes salués de neuf coups de canon. Nous y vîmes une assez belle Eglise de pierre, avec d'autres bâtimens & un jardin spacieux. Nous passâmes ensuite dans une galerie où nous entendîmes un concert de voix exécuté par des *Czerkesses*, qui dura bien avant dans la nuit.

Le 6, nous commençâmes à faire des dispositions pour notre départ, & le Prince *Gagarin* donna ses ordres, pour faire préparer nos voitures. Le 9, M. *de Lisle* me prit avec lui, pour aller rendre visite au Prince de *Kaket* qui venoit d'arriver à *Casan*. Il nous reçut très-poliment, & voulut bien nous accompagner à la Slobode des Tatares, dont il entendoit la Langue. Nous entrâmes d'abord dans la Mosquée où le service se fait selon le rit d'Ali, comme chez les Persans (8). La priere finie, nous entrâmes en conversation avec l'Abas qui nous invita à venir chez lui. M. *de Lisle* lui montra le Manuscrit qu'il avoit acheté d'un Tatare; on lui dit qu'il n'étoit

_____
(8) M. Kœnigsfeld avoit mis par méprise, *chez les Turcs*, qui suivent l'interprétation d'Omar.

EXTRAIT D'UN VOYAGE EN SIBÉRIE.
M. DE LISLE. 1740.
Des Tchuwaschis.

point écrit en Langue Tatare, mais en langage Ufarcien ou Persan, que l'Abas n'entendoit point.

Le 11, tous les chevaux nécessaires étant rassemblés, nous sortîmes de Casan à cinq heures du soir, & le lendemain vers midi, nous passâmes le *Wolga*. Nous traversâmes le 13 le dernier Village Russe de ce canton, & nous nous trouvâmes parmi les *Tschuwaschis*. Voici ce que j'ai remarqué de ces peuples.

Les *Tschuwachis* en général sont de bonne taille ; ils ont la tête noire & rasée. Leurs habits ont à-peu-près la forme de ceux des Anglois avec un collet, bordés de rouge, qui leur pend derriere le dos. Les femmes ont, pour habillement ordinaire, une espece de souquenille de toile, faite comme une grande & large chemise. Elles portent sur la tête un bonnet garni de copecs, & recouvert d'un voile qui s'éleve en pointe comme un cornet d'épices. Elles se ceignent le corps d'une ceinture, dont les deux bouts sont garnis d'une houppe, ornés de grains de verre de diverses couleurs, & pendent derriere elles. Nous en vîmes plusieurs avec qui on auroit pû faire connoissance, qui n'étoient rien moins que farouches, qui paroissoient même d'une complexion amoureuse, qui n'auroient peut-être pas été cruelles, & dont, selon les apparences, on seroit venu à bout moyennant quelques friandises. Il s'en trouve d'assez jolies, qui ont les traits du visage délicat & la taille fine. Elles ont la plûpart les cheveux noirs, & sont fort propres. Elles mangent du pain & du sel, & rien de crud. Leur boisson ordinaire, appellée *auroın*, est faite d'eau & de lait aigre, mêlés ensemble en égale quantité. C'est aussi la boisson des Tatares & des Calmoucks. Ils ont encore une sorte de biere blanche qu'ils font cuire avec du miel, & dont ils s'enivrent. Nous trouvâmes dans la premiere de leurs habitations, qu'ils nomment *Burkes*, un lieu consacré à leurs Idoles. Il étoit environné de planches, & renfermoit plusieurs chênes d'où pendoient les dépouilles de quelques animaux, ou des peaux de différentes bêtes. J'y remarquai une grande table oblongue, avec un foyer ou une espece d'autel, près duquel ils tuent les animaux qu'ils immolent à leurs Dieux, les rôtissent & s'enivrent. Ils ont deux Fêtes principales : l'une qui se célebre vers le tems de notre Pâque, & l'autre après la moisson, pour rendre graces à Dieu des biens qu'il leur a donnés. Dans les Villages de leur district, appellés *Jaal* en leur Langue, & toujours situés au fond des forêts, leurs maisons sont éloignées les unes des autres d'environ cinquante pas.

Le 14, nous atteignîmes, à deux heures après-midi, *Zabackfaar*. Cette Ville est située près du rivage droit du *Wolga*, & par conséquent exposée aux inondations de ce fleuve, quand il se déborde au Printems. Mais les maisons sont construites ici, comme dans tous les lieux bâtis sur le *Wolga*, relativement à cette incommodité ; on monte par de hauts degrés dans les chambres. Il y a dans cette Ville dix Eglises de pierre, & quelques maisons aussi de pierre, appartenantes à des Marchands dont la plûpart sont à leur aise. Elle commerce avec Astracan & Moscou, où elle envoie du cuir rouge (ce qu'on appelle apparemment *cuir de Rouffi* ou de *Ruffie*) du suif & du bled, marchandises dont elle abonde. Elle est environnée d'habitations de *Tschouwaschis*, qui ne sont pas aussi civilisés que ceux des environs de Casan. Les *Tschouwaschis* de *Zabackfaar* sont sans Religion

& sans Prêtres. Cependant, pour complaire aux Russes & n'en être point maltraités, ils font semblant d'honorer la Vierge & S. Nicolas, en leur offrant & brûlant des cierges. Leur jour de repos est le Vendredi, comme chez les Tatares.

Quand un *Tschouwaski* veut manger, il se tourne vers l'Orient, & commence par faire sa priere la tête découverte. Il coupe ensuite avec ses dents un petit morceau de pain qu'il jette à terre du même côté, & mange le reste. Je demandai à l'un d'eux, s'il savoit qu'il y a un Dieu, créateur du ciel & de la terre. Il me répondit : « COMMENT ne le sau-
» rois-je pas ? Il faut bien nécessairement qu'il y ait un Etre plus grand
» que nous tous ensemble, & qui a produit toutes choses «. Pourquoi donc, repliquai-je, ne vous faites-vous point baptiser, & n'embrassez-vous point la Religion Chrétienne ? Il se mit à rire, & toute sa réponse fut que ce n'étoit point leur usage.

Les enterremens des *Tschouwaskis* sont très-simples : ils ne font qu'envelopper le corps dans de la toile, & le mettent en terre ; ils élevent ensuite au-dessus du côté du Levant un pilier creux, & puis se retirent. Leurs cimetieres sont remplis de ces piliers, dont quelques-uns sont de pierre, avec des inscriptions en leur Langue.

La plûpart de ceux qui se marient, sont obligés d'acheter leurs femmes ; & voici comment se font ces sortes de marchés. Le pere du garçon va voir celui de la fille, qui tient de la biere prête pour le recevoir ; il fait la demande pour son fils, & comme ils boivent aussitôt ensemble dans de petites jattes de bois à manche, il glisse dans le vase de celui dont il marchande la fille, avant qu'il ait bu, quelques roubles, & boit le sien après l'avoir salué. Quand le pere de la fille a vuidé sa jatte & trouvé l'argent, si le prix lui convient, il remercie l'autre & le marché est conclu. Sinon, il remplit de nouveau sa coupe, & boit à son tour au pere du garçon qui remet encore des roubles, jusqu'à ce que le premier soit content. Les deux peres, en faisant ce marché, s'enivrent ordinairement si bien l'un & l'autre, qu'ils ne savent plus ce qu'ils font. Quelques uns enlevent leurs maîtresses, & sans autre formalité s'en mettent en possession ; mais de cette maniere, ils risquent assez souvent d'être assommés.

Les *Tschuwaskis* se tiennent chez eux assez proprement ; leurs femmes sont agissantes & d'une bonne constitution, qui les fait parvenir à une grande vieillesse. Leurs maisons sont beaucoup plus propres que celles des paysans Russes. Il y a dans toutes des estrades, comme dans celles des Tatares, & un four, comme chez les Russes, avec une cheminée construite à la façon des premiers.

Le 15 Octobre, nous quittâmes *Zabacksaar* ; mais passant, l'Enseigne & moi, devant la maison du Waywode, il nous pressa d'entrer chez lui, & nous fit mettre pied à terre. Il nous retint même à dîner ; & comme c'étoit un jour de Fête, il nous fit grande chere en poisson. Il nous donna ensuite un Soldat pour nous servir de guide, avec ordre de nous conduire jusqu'à nos bagages. Quand nous les eûmes rejoints, comme il commençoit à faire nuit, & qu'il étoit tombé beaucoup de neige, nous prîmes le parti d'entrer dans la premiere *Burke* ou habitation de *Tschouwaskis*, que nous rencontrâmes, tant pour y prendre un traîneau, que pour nous reposer un peu, ayant fait depuis Cafan tout le chemin à cheval. Nous nous arrêtâmes quelques heures chez ces bonnes gens, & l'hôteſſe, jeune femme intelligente, fit notre ſouper que nous trouvâmes bon. Comme elle entendoit raillerie, nous badinâmes avec elle par le moyen de notre Interprete, qui parloit très-bien leur Langue. Elle avoit les cheveux d'un fort beau noir, la taille bien faite, tous les traits agréables, & un peu l'air d'une Italienne. Cette femme étoit belle-fille du Staroſte, & avoit coûté à ſon mari dix écus. Je lui dis, comme une galanterie à ſon uſage, qu'elle valoit bien le double & le triple de cet argent. Le mari ſe mit à rire, & trouva le compliment de ſon goût. Nous rencontrâmes dans ce Village un Sergent des *Préobraginski*, qui conduiſoit des Priſonniers d'Etat. Ils avoient déja des traîneaux, & comme il y avoit beaucoup de neige, nous ſuivîmes leur exemple ; nous en prîmes à *Kuſmodemianskoi*, où nous arrivâmes le lendemain. Cette Ville eſt ſur la droite du *Wolga*. Il y a quelques Egliſes de pierres, mais d'aſſez mauvaiſes maiſons. Elle fait un petit commerce ſur le fleuve, & le pain y eſt à très-bon marché.

Nous paſsâmes le 17, dans la nuit, à cinq werſtes de-là, un Village des *Tſcheremiſſes*, appellé *Jamangeſek*, & nous nous y arrêtâmes juſqu'au ſoir.

Le 19, nous vînmes à *Selo-Lisky*, & nous y fîmes une petite halte. Quelques perſonnes de la Troupe y acheterent de la toile, dont il ſe tranſporte tous les ans de ce Bourg une aſſez grande quantité au-delà du *Wolga*, à la Foire de *Mackario*, diſtant de deux werſtes, qui ſe tient vers la Fête de S. Pierre & S. Paul. Nous paſsâmes vers la nuit quelques montagnes un peu froides, ainſi que pluſieurs chemins non-frayés, parce qu'il n'y avoit point aſſez de neige pour nos traîneaux ſur les chemins ordinaires, & nous arrivâmes à *Selo-Rabotnoi*. Ce Village qui appartenoit à S. A. I. la Princeſſe Eliſabeth (depuis Impératrice de Ruſſie), tire ſon nom de *Rabotnoi*, dont la ſignification en Langue Ruſſe, eſt *travail*, de ce que le Czar *Iwan Waſilowitz* y conſtruiſit de ſes propres mains en quelques jours une Egliſe de bois. Il eſt tout près des bords du fleuve, ſur lequel le bois fut charié.

Près de *Selo-Katniza*, où nous paſsâmes le 20 ſur un pont de Barques la *Kudma*, riviere que reçoit le *Wolga*, un de nos Voituriers ſe caſſa la jambe, & fut obligé de reſter dans ce Village. Nous arrivâmes le même jour à *Niſcknoi*, & la nuit toute la Ville fut illuminée pour l'avénement au Trône Impérial du Prince *Jean de Brunſwick-Bevern*. On publia le lendemain, au ſon du tambour, un Edit concernant les Incendiaires exécutés à Petersbourg le 17 Juillet 1737.

M. *de Liſle* ayant réſolu de ſéjourner en cette Ville juſqu'à ce qu'il y eût aſſez de neige pour continuer commodément notre route, nous nous diſpoſâmes à faire des obſervations Aſtronomiques, principalement ſur Jupiter & ſur la Lune, dont on attendoit une éclipſe le 28.

Le 24, nous obſervâmes l'immerſion du premier ſatellite de Jupiter, & nous trouvâmes que le Méridien de *Niſcknoi* différoit de celui de Caſan de 4°. Le ſoir, nous allâmes rendre viſite à M. *Stepan-Sebaſtianowits Krukow*, Lieutenant-Colonel, qui commandoit les Dragons chargés de nettoyer le pays des Voleurs de grand chemin, & qui parcouroit continuellement, pour cet effet, les bords du *Wolga*. Il nous régala d'une aſbouse ou melon d'eau, & de raisins d'Astracan confits dans du sirop qui provenoient des vignes d'un François, nommé Boset.

M. *Krukow* nous ayant prêté le lendemain 25 son carrosse, nous allâmes rendre nos devoirs au Major-Général *Naumow*, qui remplissoit alors la place du Vice-Gouverneur *Velinski*. Cet Officier, qui avoit quarante ans de services, avoit obtenu sa retraite, & devoit être relevé par le Prince *Gagarin*. Il nous reçut très-civilement, & nous conta bien des particularités sur la façon de vivre des Kalmoucks. A midi, nous prîmes la hauteur du Soleil, & nous trouvâmes que l'élévation du pole à *Niseknoi* étoit de $56^d. 16'. 5\frac{1}{2}''$.

L'éclipse de la Lune eut lieu le 28, à 7 heures, 39'. 4''. du matin ; mais les nuages, dont le Ciel resta couvert, nous empêcherent de l'observer.

Le 29, le tems continua d'être pluvieux & neigeux ; ainsi point d'observations. M. *de Lisle* recommença ses leçons Astronomiques, qui continuerent jusqu'à notre départ, le Soleil n'ayant paru qu'une fois pendant dix jours que nous restâmes ici, & le Ciel ayant été couvert jour & nuit.

Nous allâmes, le premier Novembre, rendre visite à l'Archevêque de *Nowigorod*, qui étoit ici depuis le mois de Mars, & malade. Il pouvoit avoir cinquante ans, & parloit Latin. Il envoya à M. *de Lisle* un pain blanc d'environ quatre pieds de longueur, avec deux cruches, l'une d'hydromel, & l'autre de petite biere, telle qu'on la boit dans les maisons Religieuses.

Le 7, on publia au son du tambour la mort de l'Impératrice *Anne Iwanowna*, & l'élévation du Prince *Iwan*, son successeur, sur le Trône. Le même jour, les habitans prêterent serment de fidélité au nouvel Empereur. Le 8, tous tant que nous étions de notre expédition astronomique, nous nous rendîmes à l'Eglise Cathédrale, & nous prêtâmes aussi le serment de fidélité à l'Empereur *Iwan III*. Le serment fut d'abord récité en Langue Russe en présence de quelques Ecclésiastiques ; ensuite chacun baisa l'Evangile & la Croix, & mit son nom au-bas de l'Ecrit qui contenoit le serment. Un Officier du Régiment d'Astracan, nommé *Berens*, en avoit apporté mille copies, avec quinze manifestes.

Le lendemain 9, on proclama solemnellement *Jean III*, Empereur & Autocrateur de toutes les Russies, & le Duc de Courlande, Régent de l'Empire. Le soir, il y eut des illuminations par toute la Ville.

Le 13, le tems s'étant mis à la gelée, nous partîmes de *Niseknoi* à trois heures de l'après dînée, & jusqu'à la nuit nous ne pûmes faire que quinze werstes, à cause des mauvais chemins. Le grand traîneau de M. *de Lisle* se rompit, & nous fûmes obligés de passer la nuit dans le Village de *Nowincky*.

Nous arrivâmes le 15 au matin à *Selo-Worsmaha*, & nous nous y arrêtâmes, tant pour faire réparer les traîneaux de M. *de Lisle* qui étoient fracassés, & pour y attendre de la neige, que pour observer l'immersion du premier satellite de Jupiter qui devoit avoir lieu le lendemain. Tout se disposa pendant la nuit le plus favorablement du monde ; il faisoit une très-forte gelée, & le Ciel étoit aussi clair qu'un crystal. Jupiter & ses satellites étoient si brillans, qu'on les a rarement vus d'un pareil éclat. L'immersion que nous obſervâmes, ſe fit à 1 h. 14′. 50″. ſuivant le tube Newtonien.

Nous prîmes le 18 le chemin de *Murom*, & nous fûmes rendus le ſoir, à cinq heures, ſur les bords de l'*Occa*. Nous envoyâmes nos Soldats pour nous préparer le paſſage de cette riviere; & après avoir attendu juſqu'à huit heures, ils nous firent dire qu'il n'étoit guere poſſible de la paſſer, à cauſe de ſa rapidité & de la glace qu'elle charioit alors abondamment. Cependant nous haſardâmes de nous faire tranſporter en trois colonnes à la faveur du clair de Lune, mais ce fut avec beaucoup de difficultés. Nous n'arrivâmes tous à l'autre bord de l'*Occa* qu'à minuit, & à *Murom*, à une heure du matin. L'*Occa* eſt ici de la largeur d'un werſte, & elle coule au pied de la Ville. *Murom* eſt bâtie à la Ruſſienne, & elle fait un petit commerce le long du *Wolga* juſqu'à *Aſtracan*, qui conſiſte en cordes, cables, doubles nattes, & divers uſtenſiles de bois. Les Marchands rapportent différentes ſortes de poiſſons, & d'autres denrées d'*Aſtracan*. Les pains blancs de *Murom* ſont fort eſtimés dans toute la Ruſſie, tant pour leur bonté, que par rapport à leur grandeur.

Paſſant le 19, dans l'après-dînée, près du Village de *Bulatow*, je vis courir après nos traîneaux une jeune fille d'environ dix ans, qui n'avoit ſur elle qu'une ſimple chemiſe, quoique le froid fut exceſſif. Elle fit ainſi plus de cinquante pas en demandant l'aumône; mais les chevaux alloient à toute bride, & par conſéquent elle étoit bien éloignée de nous atteindre. Touché de compaſſion, je fis arrêter mon traîneau, pour lui donner quelque choſe. Comme elle me vit ſenſible à ſa nudité, par rapport à la rigueur du tems, cette pauvre fille ſe courbant juſqu'à terre pour me remercier, me dit qu'elle mépriſoit le froid, mais qu'elle n'avoit encore rien mangé ce jour-là, & qu'elle ſe trouveroit fort heureuſe d'avoir tous les jours de quoi appaiſer ſa faim. [Il eſt donc des créatures humaines réduites à manquer de toute ſubſiſtance, tandis qu'on ne voit point d'animaux mourir préciſément de faim; que tous trouvent leur nourriture apprêtée des mains de la Providence; qu'enfin tant d'hommes dans l'abondance regorgent de biens, dont le ſuperflu eſt ſouvent perdu pour eux-mêmes & pour les vrais néceſſiteux ? O voies incompréhenſibles de Dieu, dont je n'oſe interroger la Sageſſe !] C'eſt une réflexion de l'Auteur, qui ne méritoit pas d'être ſupprimée.

Le 20, nous nous trouvâmes ſur le bord de la *Kleſma*, riviere qui baigne *Wolodimir*, & dont la largeur fait environ la moitié de celle de l'*Occa*, dans laquelle elle ſe jette. Nous la paſsâmes en cinq colonnes, parce que nous avions quarante-ſix chevaux, & nous nous logeâmes dans la Ville pour les faire repoſer la nuit. Cette Ville a été bâtie par le Grand-Duc *Wolodimir*, qui lui a donné ſon nom. Elle eſt environnée d'un rempart d'une largeur & d'une élévation ſuffiſantes, conſtruit ſuivant l'ancienne maniere des Ruſſes, avec un petit foſſé.

Le 23, à cinq heures du matin, nous arrivâmes à Moſcou. Nous y apprîmes les révolutions qui venoient de changer la fortune du Duc de Courlande, & toute la face du Gouvernement. Le lendemain, M. *de Liſle* & moi, nous allâmes rendre nos devoirs à M. le Baron de *Stroganow*, qui vivoit avec beaucoup d'éclat à Moſcou. Nous fîmes encore le 26 notre
viſite

visite au Prince *Ufopow*, alors Gouverneur de la Ville. Il fit le plus agréable accueil à M. *de Lifle* qu'il serroit étroitement dans ses bras, & nous retint à dîner. La Princesse son épouse, Dame très-aimable & très-spirituelle, n'entendant pas le François, je l'entretins dans sa Langue des particularités de notre voyage, & sur-tout des Ostiacks, de Beresow, de l'Oby, des montagnes de Werchoture, &c. On fit dans la matinée l'opération de la taille à un homme de notre expédition, qui dès le troisieme jour fut en état de sortir, & presqu'entierement guéri le huitieme.

M. *de Lifle* alla le 27 chez le Vice-Roi, qui étoit M. *de Soltikow*, & je lui servis d'Interprete. Nous prîmes ses ordres, pour avoir communication des Cartes Géographiques & des autres Plans de l'Empire qui étoient dans les Archives du Sénat; & quatre jours après, le Secrétaire du Bureau me donna la liste de toutes ces pieces que je remis à M. *de Lifle*.

On publia le 30, dans la nouvelle Eglise, l'ordre concernant le troisieme serment que le Gouvernement actuel exigeoit de tous les sujets de l'Empire; & le 2 Décembre suivant, tous ceux de notre expédition, qui étoient de la Religion Protestante, prêterent de nouveau serment de fidélité, dans cette même Eglise, à l'Empereur de toutes les Russies, Jean III. entre les mains du Pasteur *Neubawer*.

Le 7 Décembre, on célébra dans toutes les Eglises de Moscou le jour de la naissance de S. A. I. la Princesse *Anne*, à qui la Régence de l'Empire avoit été déférée. On tira le canon de la grande place, & la Ville fut illuminée pendant toute la nuit. Le 9, la fête du nom de cette Princesse fut encore célébrée de la même maniere.

Nous allâmes voir le 11 la tour de *Suckarowa-Baschna*. C'est un bâtiment public à trois étages, surmonté d'une haute tour qui en a quatre, très-solidement bâti par les anciens *Strelitz*, & où ils tenoient leurs assemblées. Maintenant c'est une espece de College Russe, où sont entretenus soixante-onze jeunes gens, que l'on éleve & que l'on instruit dans les Sciences.

Le 12, je visitai le Couvent de filles, situé à un quart de lieue de Moscou. Leur Eglise est un beau bâtiment à cinq coupoles, où sont quatre grands tombeaux, & entr'autres celui de la Princesse *Sophie-Alexeiwna*. Il est indiqué par une Inscription en lettres d'or, qui se lit sur une pierre peinte en azur & encastrée dans la muraille. Il y avoit dans ce Monastere environ cent cinquante Religieuses, tant jeunes que vieilles. L'Abbesse étoit une Dame âgée de soixante à soixante-dix ans. Leur chant de Chœur est assez harmonieux.

J'allai voir encore le 15 la grosse cloche de Moscou, qui a été endommagée dans le grand incendie, une poutre détachée du toît l'ayant fêlée en tombant. Je vis ensuite la Cathédrale toute couverte de cuivre doré, qui n'a rien perdu de son éclat dans les divers embrasemens que la Ville a si souvent essuyés. Cette Eglise est aussi décorée de cinq dômes, suivant l'ancienne Architecture des Russes, qu'ils tenoient apparemment des Grecs du moyen âge. Ce même jour au soir, le Ciel étant fort serein, nous prîmes l'élévation de pole, & nous trouvâmes qu'elle est à Moscou de 55^d. 41'. 15".

Nous dînâmes, M. *de Lifle* & moi, le 17, chez M. le Baron *de Strogalnow* l'aîné. Après le dîner, il montra fa Bibliotheque à M. *de Lifle*, & lui fit voir plusieurs livres rares, avec divers inftrumens de Mathématique, & un petit cabinet de médailles d'or, d'argent & de bronze. Deux jours après, il lui fit préfent d'une Table Généalogique, contenant l'origine des Calmoucks & traduite en Ruffe, ainfi que d'une dent de *Rofmar*, longue de trois pieds.

Le 23, après avoir obfervé un phénomene particulier à la Lune, dont *Snellius* (9) fait mention, nous partîmes de Moſcou vers minuit, par un très-grand froid. M. *de Lifle* fut attaqué d'un mal de gorge, qui fe diffipa par le feul ufage du thé chaud. Nous arrivâmes le 25, jour de Noël, à *Twer*, où nous ne fîmes que changer de chevaux. Un de nos Soldats qui ne s'étoit pas précautionné contre le froid de la nuit, eut les pieds gelés.

Enfin, le 29 Décembre, après fix jours de marche, avec quarante-huit chevaux que nous avions, nous atteignîmes Petersbourg, où nous entrâmes fains & faufs à fix heures du foir.

(9) Célebre Aftronome, mort à Leyde en 1626.

Fin du Tome XVIII.

TABLE

DES PARAGRAPHES ET PRINCIPALES

MATIERES CONTENUES DANS CE VOLUME.

DISCOURS PRÉLIMINAIRE, suivi de l'Eloge Historique de M. l'Abbé PREVOST.

INTRODUCTION à l'Histoire particuliere de l'Islande, pages 1
§. I. Description de l'Islande, situation de cette Isle, son étendue, sa température, &c. 5
§. II. Constitution de l'Islande, nature de ses montagnes & leur différence, 7
§. III. Volcans les plus remarquables d'Islande. Description des ravages les plus terribles & les plus récens arrivés dans cette Isle, 9
§. IV. Plaines & vuées d'Islande, dont a production, &c. 11
§. V. Rivieres, eaux douces, fontaines, Sources chaudes qu'on trouve en Islande. Singularités qu'elles offrent, avantages qu'en tirent les habitans, 12
§. VI. Qualités du terroir de l'Islande, ses plantes & ses fruits, 15
§. VII. Etat de l'Agriculture en Islande; preuves que cet art y a été anciennement en vigueur, 16
§. VIII. Productions marines, forêts, arbres, bois extraordinaire qu'on trouve en creusant la terre, 17
§. IX. Genre animal, individus qu'il comprend, 18
§. X. Oiseaux domestiques & sauvages, 20
§. XI. Poisson d'Islande, 25
§. XII. Reptiles & insectes d'Islande, 35
§. XIII. Productions du genre minéral, 36
§. XIV. Peuples d'Islande, leur portrait, leurs habillemens, leurs habitations, leurs Villes, &c. 39
§. XV. Etat actuel de la population en Islande, 45
§. XVI. Caractere des Islandois, leurs dispositions aux Arts & aux Sciences, Arts méchaniques, 46
§. XVII. Commerce d'Islande; maniere dont se font les payemens; poids & mesures, 49
§. XVIII. Epoque de la découverte de l'Islande; ancienne Religion de cette Isle, 51

CCcc ij

TABLE DES PARAGRAPHES

§. XIX. *Etablissement de la Religion Chrétienne en Islande*, 55
§. XX. *Mariages des Islandois. Education des enfans. Divertissement de ces peuples ; maladies auxquelles ils sont sujets*, 58
§. XXI. *Gouvernement civil d'Islande. Revenus qu'en tire le Roi de Dannemark*, 60
§. XXII. *Tribunaux d'Islande. Maniere dont se rend la Justice. Peines capitales*, 61

DESCRIPTION DE L'ISLE DE JEAN MAYEN, OU DE LA TRINITÉ.

SITUATION *de cette Isle. Epoque de sa découverte. Ce qu'il y a de plus remarquable*, page 63

DE LA NOUVELLE-ZEMBLE.

VARIETÉ *des sentimens sur l'état de cette Terre*, pages 65
Son étendue, & qualités du pays, 66

VOYAGE DANS LA SIBÉRIE.

INTRODUCTION, pages 71
Extrait du Journal du Voyage fait en Sibérie par M. Gmelin, depuis 1733 jusqu'en 1743, 79
Description des Tschuwaches, & leur idolâtrie, 89
Arrivée de M. Gmelin & des Académiciens qui l'accompagnoient à Casan, 93
Cérémonies religieuses des Tatares, 96
Description des Jakuts, 98
Habitations, usages & mœurs des Tatares, 100
Description des Wotjackes, 101
Description des Tscheremisches, 102
Grotte de Kungur, 105
Entrée des Académiciens dans la Sibérie. Description de Catherinenbourg, 107
Arrivée de M. Gmelin à Tobolsk, 111
Noce Tatare, 112
Spectacle de Tobolsk, 115
Description de Tobolsk ; mœurs & usages de ses habitans, &c. 118 & suiv.
Description de Tara, 124
Lacs salés de Sibérie, 127 & 133
Caractere des Mariniers Tatares, 129
Cousins & mouches des bords de l'Irtisch, & les moyens de s'en garantir, 131

ET PRINCIPALES MATIERES. 573

Incendies confidérables dans les fteppes, & leurs caufes,	133
Defcription de Jamufchewa-Krepoft,	134
Defcription du Saiga, animal reffemblant au Chevreuil,	135
Monumens de Sempalat, & Defcription de la Fortereffe,	136
Sortes de melons, appellés concombres de Calmouquie,	138
Bijoux qui fe trouvent dans les tombeaux des Tatares,	141
Ruines d'Ablaikit, & ce qu'elles contiennent de remarquable,	142
Fortereffe d'Uft-Kameno-Gorskaja-Krepoft,	143
Animaux communs dans ce canton, leur chaffe & profit qu'on en retire,	144
Etat de plufieurs Mines de cuivre,	145 & 146
Habillement des femmes Tatares de la Tribu de Theleut,	150
Defcription d'un Village de Tatares Theleut, leur Religion & leur culte,	151
Habitation & habillement des Tatares d'Abnizi, & leur maniere de fondre le fer,	153
Defcription de la Ville de Kufnetz,	155
Montagne de Pifanoi-Kamen, & figures gravées qui s'y trouvent,	158
Defcription de la Ville de Tomsk pour le Commerce,	159
Religion actuelle des Tatares,	165
Origine de quelques noms des habitans de Sibérie,	166
Charlatans Sibériens,	167
Froid exceffif de la Sibérie,	168
Situation & Defcription de Krafnojarsk,	170
Grottes de Werchnaja & Nifchnaja-Pefchtfchora,	173
Schamans ou Sorciers, appellés Bæ en Langue Buræte, & leurs opérations magiques,	179
Art fingulier des Buræates à incrufter dans le fer l'argent & l'étain,	181
Arrivée des Profeffeurs à Irkutzk,	182
Turpan, espece de canard, dont la voix reffemble au fon d'une baffe de hautbois ou cromorne,	186
Entretien avec un Gelun ou Prêtre Mongole fur fa Religion & fes cérémonies,	187
Kjachta-Krepoft, Slobode formant la frontiere de la Sibérie du côté de la Chine, & commerce qui s'y fait,	190 & 192
Defcription de Selenginsk,	194
Situation & Defcription des Sawodes d'Argunsk,	205
Maladie finguliere, appellée Wutoffez,	214
Entretien avec un Lama Médecin, & fa maniere de guérir les maladies,	221
Obfervations générales fur les Tatares Tungufes,	223
Defcription & fituation de la Ville d'Udinsk,	225
Pêche abondante de l'omule, & voyages de ce poiffon,	226
Lac Baikal, & fuperftitions des Matelots,	229
Situation & Defcription de la Ville d'Irkutzk,	232
Cataractes de l'Angara, utilité de cette riviere pour la Sibérie,	239
Defcription d'Ilimsk,	241
Chaffe des zibelines, & fuperftitions des Chaffeurs,	259
Mines de talc,	271
Religion & fuperftitions des Jakutes,	278

TABLE DES PARAGRAPHES

Description de la Ville de Jakutzk,	290
Jewraschka, sorte de marmotte commune en Sibérie,	294
Maniere de vivre des Jakutes,	299
Découverte des environs de Jakutzk par un Aventurier Russe; Histoire de cet Aventurier,	306
Plante qui enivre, nommée hyosciame,	338
Os de Mammout, leur Description, &c.	347
Tombeaux des Tatares, & richesses qu'on y trouve,	374
Portraits particuliers des Tatares,	377
Fête des Sages-femmes,	380
Chansons Tatares,	383
Voyage de M. Gmelin sur les bords du Jéniséi,	385
Description de l'Argali, animal, ressemblant au cerf,	387
Violens orages fréquens dans ce canton,	389
Idée que la plûpart des Tatares ont de la divinité,	393
Beurre de roche, espece d'alun, & expériences faites par M. Gmelin,	395
Goulu, animal singulier,	397
Autres chansons des Tatares de Sagai & des Tatares Tschatzki,	403
Arrivée de M. Gmelin à Tomsk,	411
Incendies fréquens; remarques sur quelques usages & sur les mœurs des habitans de la Ville de Tomsk,	412
Sorciers, communs en Sibérie; leurs cérémonies magiques,	417
Maladies épidémiques, auxquelles sont sujets les habitans des bords de la Tara, de l'Irtisch, & autres pays voisins,	423
Livre singulier de Médecine, en grande vénération parmi les Tatares,	427
Observation d'un phénomene singulier,	430
Remarques sur les habitans de Tara,	431
Voleurs fréquens aux environs de la Tara, & pays voisins; leurs armes & leurs ravages,	432
Fertilité & situation agréable des environs de Jalutorouskoi & d'Isetzkoi,	434 & 435
Description de la Ville de Tiumen & de ses environs,	436
Forteresse de Tschebarkalskaja-Krepost, remarquable par sa situation,	439
Respect singulier qu'on porte aux viperes en Sibérie,	440
Grande montagne d'aiman,	442
Mœurs & coutumes des Baskires,	443
Retour de M. Gmelin à Catherinenbourg,	445
Description des Mines de Catherinenbourg,	449
Montagne d'Amianthe ou d'Asbete,	453
Observations sur la Ville de Turinsk & sur ses habitans,	456
Description de la Ville de Werchoturie,	457
Description de Solikamskaja & sa situation,	461
Description de la Ville d'Ust-Jug-Welikoi, dans le territoire d'Archangel,	465
Description de Totma,	468
Description & situation de Wologda,	470
Départ des Académiciens de Wologda; Description de leur route, & leur retour à Petersbourg,	472 & suiv.

VOYAGES TENTÉS PAR LES RUSSES,
pour passer par le Lena dans la Mer Glaciale, & par le Nord-Est au Kamtschatka.

Départ de Jakutzk d'un détachement de la Troupe qui avoit accompagné M. Gmelin, pour chercher un passage au Nord-Est, dans la Mer de Kamtschatka, sous les ordres de Lassenius, pages 484
Ravages que le scorbut cause parmi les Voyageurs, & dont périt le Commandant, 487

RELATION NOUVELLE DE LA SAMOJEDIE
ET DES SAMOJEDES.

Extrait d'un Mémoire sur les Samojedes, peuples voisins de la Sibérie, pages 496
Etendue de ce pays, 499
Digression sur la Nouvelle-Zemble, voisine de la Samojedie, 500
Figures des Samojedes, leur habillement, leurs mœurs, &c. 503
Ancienne Ordonnance des Czars en faveur des Samojedes, 506
Religion des Samojedes, idée qu'ils ont de l'ame, & simplicité de leur Morale, 508
Usage des rennes pour l'utilité de ces peuples; 511

NOTICE PARTICULIERE DES OSTIACKS,
AUTRE PEUPLE DE LA SIBÉRIE.

Situation du pays des Ostiacks, leur origine, leur figure, leurs habillemens, &c. pages 513
Mœurs & coutumes des Ostiacks, 516
Religion de ces peuples, 521

EXTRAIT d'un Voyage fait en 1740 à Beresow en Sibérie, aux dépens de la Cour de Russie, par M. DE LISLE, Doyen de l'Académie Royale des Sciences, &c.

Départ de M. de Lisle de Petersbourg le 28 Février 1740, pour observer à Beresow le passage de Mercure sur le disque du Soleil, & Journal de M. Kœnigsfeld qui l'accompagnoit, pages 525
Observations sur les Wotaikes, 527

576 TABLE DES PARAGRAPHES, &c.

Arrivée des Astronomes à Beresow, 535
Forteresse & Eglise où est inhumé le fameux Prince Menchikoff, qui l'avoit fait bâtir, 536
Curiosités de Beresow, castor de Sibérie, &c. 537
Retour de M. de Lisle, & observations sur les pays & sur les habitans de sa route, 538 & suiv.
Isles flottantes sur le fleuve de l'Irtisch, 545
Mœurs & coutumes des Tatares des bords de l'Irtisch, 547
Arrivée des Voyageurs à Tobolsk, leur séjour & leurs observations dans cette Ville, 548
Départ de Tobolsk, 554
Salines de Solikamskoï, 556
Arrivée des Astronomes à Casan, 562
Description des Tschuwachis ou Tschwaches, leurs mœurs, coutumes, &c. 564
Séjour de M. de Lisle à Niseknoï, 566
Arrivée des Voyageurs à Moscou, & de-là à Petersbourg, 568

Fin de la Table.

De l'Imprimerie de LE BRETON, premier Imprimeur ordinaire du Roi,
1768.

LISTE
DES CARTES ET FIGURES
POUR
LE TOME DIX-HUITIEME
IN-QUARTO
DE L'HISTOIRE DES VOYAGES.

N°.		Pages
1	Carte de l'Islande,	5
2	Animaux d'Islande,	19
3	Carte de l'Isle Jean Mayen, ou de la Trinité,	63
4	Premiere Carte de la Sibérie,	71
5	Seconde Carte de la Sibérie,	*ibid.*
6	Divers habillemens des femmes de Sibérie,	100
7	Autres habillemens des femmes de Sibérie,	102
8	Grotte de Kungur,	105
9	Plan de la Forteresse de Tobolsk,	118
10	Ruines de Sempalat,	137
11	Ruines de Kalbassin, près de celles de Sempalat,	138
12	Plan des environs & de l'enceinte particuliere du Temple d'Ablaikit, & vue de cet édifice,	142
13	Peintures du Temple d'Ablaikit, piédestaux sur lesquels étoient les idoles, & vase singulier,	*ibid.*
14	Représentations d'idoles du Temple d'Ablaikit,	*ibid.*
15	Tambours magiques servant aux Sorciers, & figures d'idoles qui se trouvent dans les jurtes des Tatares,	154
16	Vases, bijoux & ustensiles trouvés dans les tombeaux,	171
17	Monumens de sculpture & idoles trouvés dans les mêmes tombeaux,	*ibid.*
18	Pieges & arcs automates,	249
19	Carte du district de Witim, & phénomene,	267
20	Carte du fleuve Jenisei, près de Mangasea,	355
21	Grotte remplie d'idoles,	376
22	Argali, & autres animaux de Sibérie,	387
23	Plan de l'ancienne Forteresse de Karaguay,	414
24	Carte du pays des Samojedes & des Ostiacks,	496

25 Armes des Tunguts & des Samojedes,	504
26 Nartes, traineaux & fleches des Ostiacks,	515
27 Traineau tiré par des chiens,	ibid.
28 Vue de la Forteresse de Tobolsk & de Samaroskoi-Jam,	532
29 Vue de Beresow,	535
30 Autre vue de Beresow,	ibid.
31 Vue de l'Observatoire & de l'Eglise de Spaskaja à Beresow,	536
32 Vue de l'Ostrog du Waywode de Beresow & de la prison du Prince Menzikof,	ibid.
33 Vue de Schorskarskoi-Pogost & de Trojetski,	539
34 Fleur & fruit d'un cedre,	542
35 Vue de l'Eglise à cinq dômes d'Abalack,	551
36 Vue de la Ville d'Ossa,	559

N. B. *Le Phénomene indiqué à la page* 460 *se trouve sur la Carte du district de Witim*, n°. 19, *page* 267.

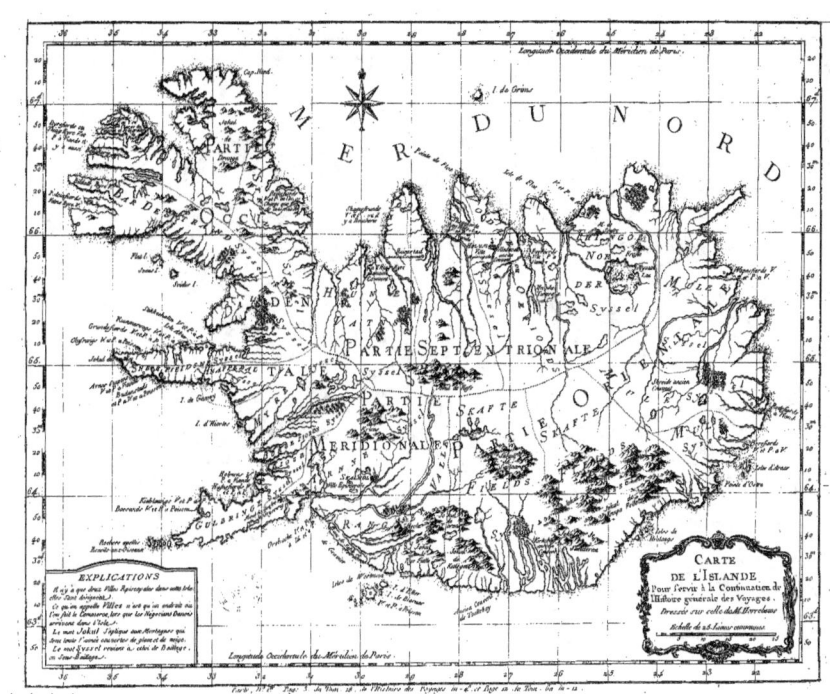

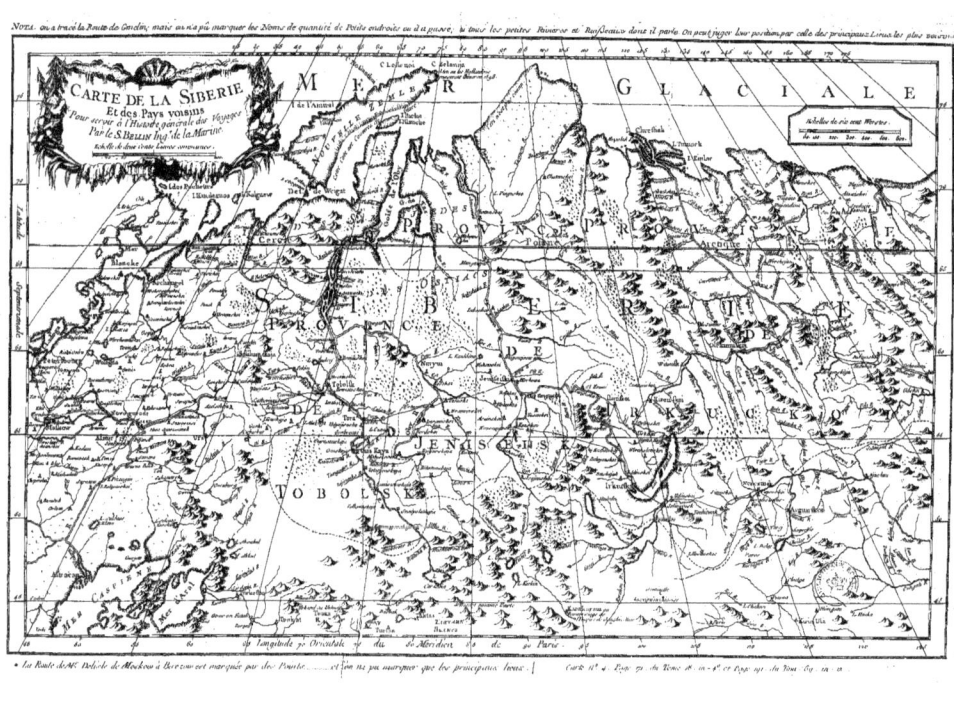

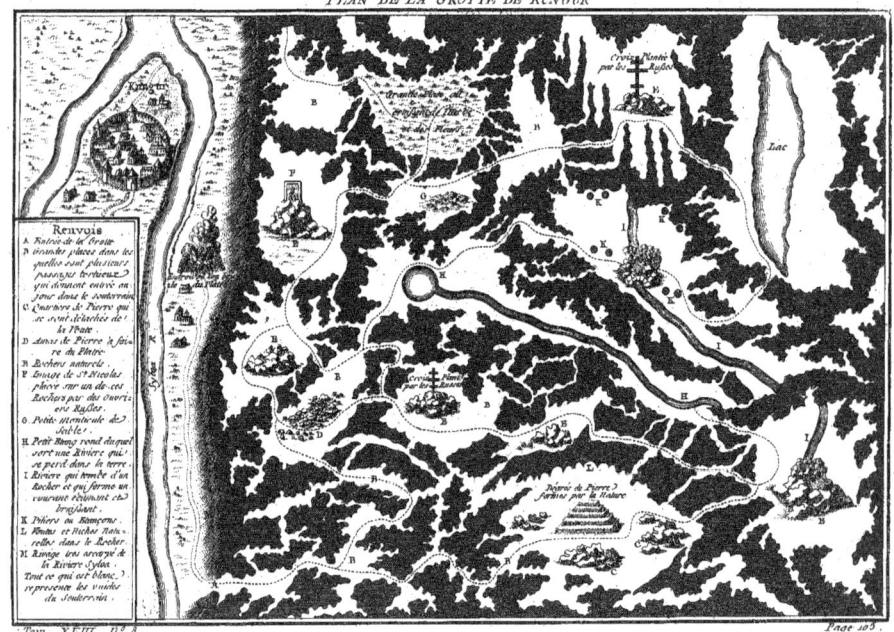

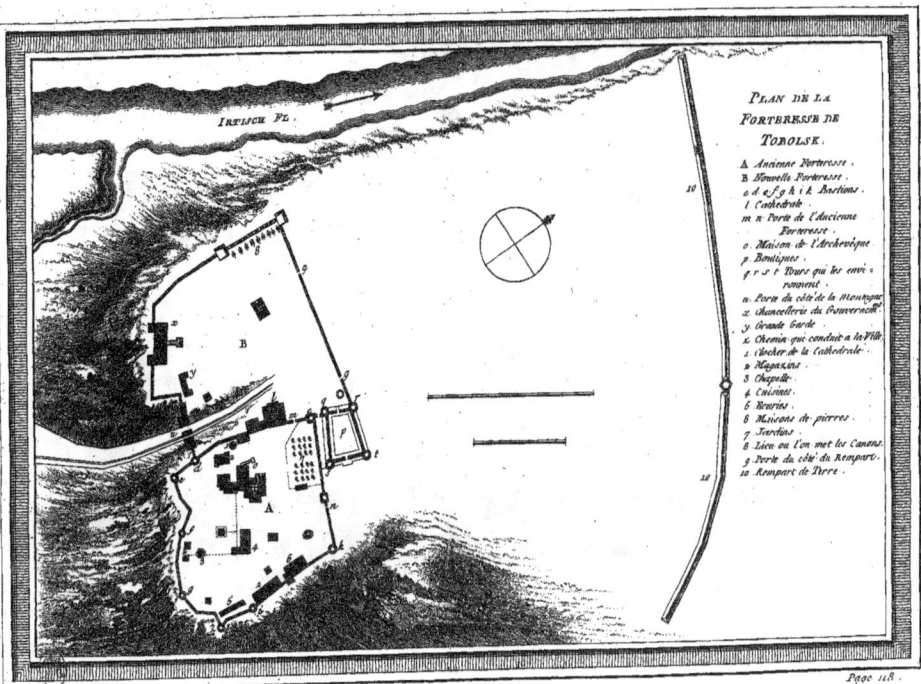

Representation d'Idoles du Temple d'Ablaikit et Caractères Mongoles.

Figure N.º 14. Page 142. du Tome 18. in-4.º et Page 398. du Tome 69. in-12.